中

关务相关法规速查手册

2023年版

《关务相关法规速查手册》编委会 编

中国海关出版社有限公司
中国·北京

目录

中册

▽农药管理

▽农产品

▽计量器具

▽机电产品

▽黄金制品

▽化妆品

▽固体废物

▽船舶管理

▽车辆管理

国际货运管理篇

海关稽查篇

海关减免税篇

▽综合管理

▽重大技术装备

▽种子种源

▽展会政策

▽新型显示产业

▽石油天然气能源

▽目录清单

▽科教及残疾人用品

▽航空器材

▽海南“零关税”

▽慈善捐赠

海关税收篇

▽综合管理

▽消费税

▽关税配额

技术进出篇

检验检疫篇

▽竹木及其制品

▽水果

▽尸骨

▽商检综合管理

▽乳品

▽其他货物

▽煤炭

▽供港澳产品

▽动物（水陆）及其产品

▽风险管理

▽出口装运前检验

进出口许可篇

农药管理

农药管理条例

（国务院令第216号）

发布日期：2017-03-16
实施日期：2022-05-01
法规类型：行政法规

（根据2001年11月29日《国务院关于修改〈农药管理条例〉的决定》第一次修订；根据2022年3月29日《国务院关于修改和废止部分行政法规的决定》第二次修订）

第一章　总　则

第一条　为了加强农药管理，保证农药质量，保障农产品质量安全和人畜安全，保护农业、林业生产和生态环境，制定本条例。

第二条　本条例所称农药，是指用于预防、控制危害农业、林业的病、虫、草、鼠和其他有害生物以及有目的地调节植物、昆虫生长的化学合成或者来源于生物、其他天然物质的一种物质或者几种物质的混合物及其制剂。

前款规定的农药包括用于不同目的、场所的下列各类：

（一）预防、控制危害农业、林业的病、虫（包括昆虫、蜱、螨）、草、鼠、软体动物和其他有害生物；

（二）预防、控制仓储以及加工场所的病、虫、鼠和其他有害生物；

（三）调节植物、昆虫生长；

（四）农业、林业产品防腐或者保鲜；

（五）预防、控制蚊、蝇、蜚蠊、鼠和其他有害生物；

（六）预防、控制危害河流堤坝、铁路、码头、机场、建筑物和其他场所的有害生物。

第三条　国务院农业主管部门负责全国的农药监督管理工作。

县级以上地方人民政府农业主管部门负责本行政区域的农药监督管理工作。

县级以上人民政府其他有关部门在各自职责范围内负责有关的农药监督管理工作。

第四条　县级以上地方人民政府应当加强对农药监督管理工作的组织领导，将农药监督管理经费列入本级政府预算，保障农药监督管理工作的开展。

第五条　农药生产企业、农药经营者应当对其生产、经营的农药的安全性、有效性负责，自觉接受政府监管和社会监督。

农药生产企业、农药经营者应当加强行业自律，规范生产、经营行为。

第六条 国家鼓励和支持研制、生产、使用安全、高效、经济的农药，推进农药专业化使用，促进农药产业升级。

对在农药研制、推广和监督管理等工作中作出突出贡献的单位和个人，按照国家有关规定予以表彰或者奖励。

第二章 农药登记

第七条 国家实行农药登记制度。农药生产企业、向中国出口农药的企业应当依照本条例的规定申请农药登记，新农药研制者可以依照本条例的规定申请农药登记。

国务院农业主管部门所属的负责农药检定工作的机构负责农药登记具体工作。省、自治区、直辖市人民政府农业主管部门所属的负责农药检定工作的机构协助做好本行政区域的农药登记具体工作。

第八条 国务院农业主管部门组织成立农药登记评审委员会，负责农药登记评审。

农药登记评审委员会由下列人员组成：

（一）国务院农业、林业、卫生、环境保护、粮食、工业行业管理、安全生产监督管理等有关部门和供销合作总社等单位推荐的农药产品化学、药效、毒理、残留、环境、质量标准和检测等方面的专家；

（二）国家食品安全风险评估专家委员会的有关专家；

（三）国务院农业、林业、卫生、环境保护、粮食、工业行业管理、安全生产监督管理等有关部门和供销合作总社等单位的代表。

农药登记评审规则由国务院农业主管部门制定。

第九条 申请农药登记的，应当进行登记试验。

农药的登记试验应当报所在地省、自治区、直辖市人民政府农业主管部门备案。

第十条 登记试验应当由国务院农业主管部门认定的登记试验单位按照国务院农业主管部门的规定进行。

与已取得中国农药登记的农药组成成分、使用范围和使用方法相同的农药，免予残留、环境试验，但已取得中国农药登记的农药依照本条例第十五条的规定在登记资料保护期内的，应当经农药登记证持有人授权同意。

登记试验单位应当对登记试验报告的真实性负责。

第十一条 登记试验结束后，申请人应当向所在地省、自治区、直辖市人民政府农业主管部门提出农药登记申请，并提交登记试验报告、标签样张和农药产品质量标准及其检验方法等申请资料；申请新农药登记的，还应当提供农药标准品。

省、自治区、直辖市人民政府农业主管部门应当自受理申请之日起20个工作日内提出初审意见，并报送国务院农业主管部门。

向中国出口农药的企业申请农药登记的，应当持本条第一款规定的资料、农药标准品以及在有关国家（地区）登记、使用的证明材料，向国务院农业主管部门提出申请。

第十二条 国务院农业主管部门受理申请或者收到省、自治区、直辖市人民政府农业主管部门报送的申请资料后，应当组织审查和登记评审，并自收到评审意见之日起20个工作日内作出审批决定，符合条件的，核发农药登记证；不符合条件的，书面通知申请人并说明理由。

第十三条 农药登记证应当载明农药名称、剂型、有效成分及其含量、毒性、使用范围、使用方法和剂量、登记证持有人、登记证号以及有效期等事项。

农药登记证有效期为5年。有效期届满，需要继续生产农药或者向中国出口农药的，农药登记证持有人应当在有效期届满90日前向国务院农业主管部门申请延续。

农药登记证载明事项发生变化的，农药登记证持有人应当按照国务院农业主管部门的规定申请变更农药登记证。

国务院农业主管部门应当及时公告农药登记证核发、延续、变更情况以及有关的农药产品质量标准号、残留限量规定、检验方法、经核准的标签等信息。

第十四条　新农药研制者可以转让其已取得登记的新农药的登记资料；农药生产企业可以向具有相应生产能力的农药生产企业转让其已取得登记的农药的登记资料。

第十五条　国家对取得首次登记的、含有新化合物的农药的申请人提交的其自己所取得且未披露的试验数据和其他数据实施保护。

自登记之日起6年内，对其他申请人未经已取得登记的申请人同意，使用前款规定的数据申请农药登记的，登记机关不予登记；但是，其他申请人提交其自己所取得的数据的除外。

除下列情况外，登记机关不得披露本条第一款规定的数据：

（一）公共利益需要；

（二）已采取措施确保该类信息不会被不正当地进行商业使用。

第三章　农药生产

第十六条　农药生产应当符合国家产业政策。国家鼓励和支持农药生产企业采用先进技术和先进管理规范，提高农药的安全性、有效性。

第十七条　国家实行农药生产许可制度。农药生产企业应当具备下列条件，并按照国务院农业主管部门的规定向省、自治区、直辖市人民政府农业主管部门申请农药生产许可证：

（一）有与所申请生产农药相适应的技术人员；

（二）有与所申请生产农药相适应的厂房、设施；

（三）有对所申请生产农药进行质量管理和质量检验的人员、仪器和设备；

（四）有保证所申请生产农药质量的规章制度。

省、自治区、直辖市人民政府农业主管部门应当自受理申请之日起20个工作日内作出审批决定，必要时应当进行实地核查。符合条件的，核发农药生产许可证；不符合条件的，书面通知申请人并说明理由。

安全生产、环境保护等法律、行政法规对企业生产条件有其他规定的，农药生产企业还应当遵守其规定。

第十八条　农药生产许可证应当载明农药生产企业名称、住所、法定代表人（负责人）、生产范围、生产地址以及有效期等事项。

农药生产许可证有效期为5年。有效期届满，需要继续生产农药的，农药生产企业应当在有效期届满90日前向省、自治区、直辖市人民政府农业主管部门申请延续。

农药生产许可证载明事项发生变化的，农药生产企业应当按照国务院农业主管部门的规定申请变更农药生产许可证。

第十九条　委托加工、分装农药的，委托人应当取得相应的农药登记证，受托人应当取得农药生产许可证。

委托人应当对委托加工、分装的农药质量负责。

第二十条　农药生产企业采购原材料，应当查验产品质量检验合格证和有关许可证明文件，不得采购、使用未依法附具产品质量检验合格证、未依法取得有关许可证明文件的原材料。

农药生产企业应当建立原材料进货记录制度，如实记录原材料的名称、有关许可证明文件编号、规格、数量、供货人名称及其联系方式、进货日期等内容。原材料进货记录应当保存2年以上。

第二十一条　农药生产企业应当严格按照产品质量标准进行生产，确保农药产品与登记农药一致。农药出厂销售，应当经质量检验合格并附具产品质量检验合格证。

农药生产企业应当建立农药出厂销售记录制度，如实记录农药的名称、规格、数量、生产日期和批号、产品质量检验信息、购货人名称及其联系方式、销售日期等内容。农药出厂销售记录应当保存 2 年以上。

第二十二条 农药包装应当符合国家有关规定，并印制或者贴有标签。国家鼓励农药生产企业使用可回收的农药包装材料。

农药标签应当按照国务院农业主管部门的规定，以中文标注农药的名称、剂型、有效成分及其含量、毒性及其标识、使用范围、使用方法和剂量、使用技术要求和注意事项、生产日期、可追溯电子信息码等内容。

剧毒、高毒农药以及使用技术要求严格的其他农药等限制使用农药的标签还应当标注“限制使用”字样，并注明使用的特别限制和特殊要求。用于食用农产品的农药的标签还应当标注安全间隔期。

第二十三条 农药生产企业不得擅自改变经核准的农药的标签内容，不得在农药的标签中标注虚假、误导使用者的内容。

农药包装过小，标签不能标注全部内容的，应当同时附具说明书，说明书的内容应当与经核准的标签内容一致。

第四章 农药经营

第二十四条 国家实行农药经营许可制度，但经营卫生用农药的除外。农药经营者应当具备下列条件，并按照国务院农业主管部门的规定向县级以上地方人民政府农业主管部门申请农药经营许可证：

（一）有具备农药和病虫害防治专业知识，熟悉农药管理规定，能够指导安全合理使用农药的经营人员；

（二）有与其他商品以及饮用水水源、生活区域等有效隔离的营业场所和仓储场所，并配备与所申请经营农药相适应的防护设施；

（三）有与所申请经营农药相适应的质量管理、台账记录、安全防护、应急处置、仓储管理等制度。

经营限制使用农药的，还应当配备相应的用药指导和病虫害防治专业技术人员，并按照所在地省、自治区、直辖市人民政府农业主管部门的规定实行定点经营。

县级以上地方人民政府农业主管部门应当自受理申请之日起 20 个工作日内作出审批决定。符合条件的，核发农药经营许可证；不符合条件的，书面通知申请人并说明理由。

第二十五条 农药经营许可证应当载明农药经营者名称、住所、负责人、经营范围以及有效期等事项。

农药经营许可证有效期为 5 年。有效期届满，需要继续经营农药的，农药经营者应当在有效期届满 90 日前向发证机关申请延续。

农药经营许可证载明事项发生变化的，农药经营者应当按照国务院农业主管部门的规定申请变更农药经营许可证。

取得农药经营许可证的农药经营者设立分支机构的，应当依法申请变更农药经营许可证，并向分支机构所在地县级以上地方人民政府农业主管部门备案，其分支机构免予办理农药经营许可证。农药经营者应当对其分支机构的经营活动负责。

第二十六条 农药经营者采购农药应当查验产品包装、标签、产品质量检验合格证以及有关许可证明文件，不得向未取得农药生产许可证的农药生产企业或者未取得农药经营许可证的其他农药经营者采购农药。

农药经营者应当建立采购台账，如实记录农药的名称、有关许可证明文件编号、规格、数量、生产企业和供货人名称及其联系方式、进货日期等内容。采购台账应当保存 2 年以上。

第二十七条 农药经营者应当建立销售台账，如实记录销售农药的名称、规格、数量、生产企业、购买人、销售日期等内容。销售台账应当保存 2 年以上。

农药经营者应当向购买人询问病虫害发生情况并科学推荐农药，必要时应当实地查看病虫害发生情况，并正确说明农药的使用范围、使用方法和剂量、使用技术要求和注意事项，不得误导购买人。

经营卫生用农药的，不适用本条第一款、第二款的规定。

第二十八条 农药经营者不得加工、分装农药，不得在农药中添加任何物质，不得采购、销售包装和标签不符合规定，未附具产品质量检验合格证，未取得有关许可证明文件的农药。

经营卫生用农药的，应当将卫生用农药与其他商品分柜销售；经营其他农药的，不得在农药经营场所内经营食品、食用农产品、饲料等。

第二十九条 境外企业不得直接在中国销售农药。境外企业在中国销售农药的，应当依法在中国设立销售机构或者委托符合条件的中国代理机构销售。

向中国出口的农药应当附具中文标签、说明书，符合产品质量标准，并经出入境检验检疫部门依法检验合格。禁止进口未取得农药登记证的农药。

办理农药进出口海关申报手续，应当按照海关总署的规定出示相关证明文件。

第五章 农药使用

第三十条 县级以上人民政府农业主管部门应当加强农药使用指导、服务工作，建立健全农药安全、合理使用制度，并按照预防为主、综合防治的要求，组织推广农药科学使用技术，规范农药使用行为。林业、粮食、卫生等部门应当加强对林业、储粮、卫生用农药安全、合理使用的技术指导，环境保护主管部门应当加强对农药使用过程中环境保护和污染防治的技术指导。

第三十一条 县级人民政府农业主管部门应当组织植物保护、农业技术推广等机构向农药使用者提供免费技术培训，提高农药安全、合理使用水平。

国家鼓励农业科研单位、有关学校、农民专业合作社、供销合作社、农业社会化服务组织和专业人员为农药使用者提供技术服务。

第三十二条 国家通过推广生物防治、物理防治、先进施药器械等措施，逐步减少农药使用量。

县级人民政府应当制定并组织实施本行政区域的农药减量计划；对实施农药减量计划、自愿减少农药使用量的农药使用者，给予鼓励和扶持。

县级人民政府农业主管部门应当鼓励和扶持设立专业化病虫害防治服务组织，并对专业化病虫害防治和限制使用农药的配药、用药进行指导、规范和管理，提高病虫害防治水平。

县级人民政府农业主管部门应当指导农药使用者有计划地轮换使用农药，减缓危害农业、林业的病、虫、草、鼠和其他有害生物的抗药性。

乡、镇人民政府应当协助开展农药使用指导、服务工作。

第三十三条 农药使用者应当遵守国家有关农药安全、合理使用制度，妥善保管农药，并在配药、用药过程中采取必要的防护措施，避免发生农药使用事故。

限制使用农药的经营者应当为农药使用者提供用药指导，并逐步提供统一用药服务。

第三十四条 农药使用者应当严格按照农药的标签标注的使用范围、使用方法和剂量、使用技术要求和注意事项使用农药，不得扩大使用范围、加大用药剂量或者改变使用方法。

农药使用者不得使用禁用的农药。

标签标注安全间隔期的农药，在农产品收获前应当按照安全间隔期的要求停止使用。

剧毒、高毒农药不得用于防治卫生害虫，不得用于蔬菜、瓜果、茶叶、菌类、中草药材的生产，不得用于水生植物的病虫害防治。

第三十五条 农药使用者应当保护环境，保护有益生物和珍稀物种，不得在饮用水水源保护区、河道内丢弃农药、农药包装物或者清洗施药器械。

严禁在饮用水水源保护区内使用农药，严禁使用农药毒鱼、虾、鸟、兽等。

第三十六条 农产品生产企业、食品和食用农产品仓储企业、专业化病虫害防治服务组织和从事农产品生产的农民专业合作社等应当建立农药使用记录，如实记录使用农药的时间、地点、对象以及农药名称、用量、生产企业等。农药使用记录应当保存2年以上。

国家鼓励其他农药使用者建立农药使用记录。

第三十七条 国家鼓励农药使用者妥善收集农药包装物等废弃物；农药生产企业、农药经营者应当回收农药废弃物，防止农药污染环境和农药中毒事故的发生。具体办法由国务院环境保护主管部门会同国务院农业主管部门、国务院财政部门等部门制定。

第三十八条 发生农药使用事故，农药使用者、农药生产企业、农药经营者和其他有关人员应当及时报告当地农业主管部门。

接到报告的农业主管部门应当立即采取措施，防止事故扩大，同时通知有关部门采取相应措施。造成农药中毒事故的，由农业主管部门和公安机关依照职责权限组织调查处理，卫生主管部门应当按照国家有关规定立即对受到伤害的人员组织医疗救治；造成环境污染事故的，由环境保护等有关部门依法组织调查处理；造成储粮药剂使用事故和农作物药害事故的，分别由粮食、农业等部门组织技术鉴定和调查处理。

第三十九条 因防治突发重大病虫害等紧急需要，国务院农业主管部门可以决定临时生产、使用规定数量的未取得登记或者禁用、限制使用的农药，必要时应当会同国务院对外贸易主管部门决定临时限制出口或者临时进口规定数量、品种的农药。

前款规定的农药，应当在使用地县级人民政府农业主管部门的监督和指导下使用。

第六章　监督管理

第四十条 县级以上人民政府农业主管部门应当定期调查统计农药生产、销售、使用情况，并及时通报本级人民政府有关部门。

县级以上地方人民政府农业主管部门应当建立农药生产、经营诚信档案并予以公布；发现违法生产、经营农药的行为涉嫌犯罪的，应当依法移送公安机关查处。

第四十一条 县级以上人民政府农业主管部门履行农药监督管理职责，可以依法采取下列措施：

（一）进入农药生产、经营、使用场所实施现场检查；

（二）对生产、经营、使用的农药实施抽查检测；

（三）向有关人员调查了解有关情况；

（四）查阅、复制合同、票据、账簿以及其他有关资料；

（五）查封、扣押违法生产、经营、使用的农药，以及用于违法生产、经营、使用农药的工具、设备、原材料等；

（六）查封违法生产、经营、使用农药的场所。

第四十二条 国家建立农药召回制度。农药生产企业发现其生产的农药对农业、林业、人畜安全、农产品质量安全、生态环境等有严重危害或者较大风险的，应当立即停止生产，通知有关经营者和使用者，向所在地农业主管部门报告，主动召回产品，并记录通知和召回情况。

农药经营者发现其经营的农药有前款规定的情形的，应当立即停止销售，通知有关生产企业、供货人和购买人，向所在地农业主管部门报告，并记录停止销售和通知情况。

农药使用者发现其使用的农药有本条第一款规定的情形的，应当立即停止使用，通知经营者，并向所在地农业主管部门报告。

第四十三条 国务院农业主管部门和省、自治区、直辖市人民政府农业主管部门应当组织负责农药检定工作的机构、植物保护机构对已登记农药的安全性和有效性进行监测。

发现已登记农药对农业、林业、人畜安全、农产品质量安全、生态环境等有严重危害或者较大风险的，国务院农业主管部门应当组织农药登记评审委员会进行评审，根据评审结果撤销、变更相应的农药登记证，必要时应当决定禁用或者限制使用并予以公告。

第四十四条 有下列情形之一的，认定为假农药：

（一）以非农药冒充农药；

（二）以此种农药冒充他种农药；

（三）农药所含有效成分种类与农药的标签、说明书标注的有效成分不符。

禁用的农药，未依法取得农药登记证而生产、进口的农药，以及未附具标签的农药，按照假农药处理。

第四十五条 有下列情形之一的，认定为劣质农药：

（一）不符合农药产品质量标准；

（二）混有导致药害等有害成分。

超过农药质量保证期的农药，按照劣质农药处理。

第四十六条 假农药、劣质农药和回收的农药废弃物等应当交由具有危险废物经营资质的单位集中处置，处置费用由相应的农药生产企业、农药经营者承担；农药生产企业、农药经营者不明确的，处置费用由所在地县级人民政府财政列支。

第四十七条 禁止伪造、变造、转让、出租、出借农药登记证、农药生产许可证、农药经营许可证等许可证明文件。

第四十八条 县级以上人民政府农业主管部门及其工作人员和负责农药检定工作的机构及其工作人员，不得参与农药生产、经营活动。

第七章 法律责任

第四十九条 县级以上人民政府农业主管部门及其工作人员有下列行为之一的，由本级人民政府责令改正；对负有责任的领导人员和直接责任人员，依法给予处分；负有责任的领导人员和直接责任人员构成犯罪的，依法追究刑事责任：

（一）不履行监督管理职责，所辖行政区域的违法农药生产、经营活动造成重大损失或者恶劣社会影响；

（二）对不符合条件的申请人准予许可或者对符合条件的申请人拒不准予许可；

（三）参与农药生产、经营活动；

（四）有其他徇私舞弊、滥用职权、玩忽职守行为。

第五十条 农药登记评审委员会组成人员在农药登记评审中谋取不正当利益的，由国务院农业主管部门从农药登记评审委员会除名；属于国家工作人员的，依法给予处分；构成犯罪的，依法追究刑事责任。

第五十一条 登记试验单位出具虚假登记试验报告的，由省、自治区、直辖市人民政府农业主管部门没收违法所得，并处5万元以上10万元以下罚款；由国务院农业主管部门从登记试验单位中除名，5年内不再受理其登记试验单位认定申请；构成犯罪的，依法追究刑事责任。

第五十二条 未取得农药生产许可证生产农药或者生产假农药的，由县级以上地方人民政府农业主管部门责令停止生产，没收违法所得、违法生产的产品和用于违法生产的工具、设备、原材料等，违法生产的产品货值金额不足1万元的，并处5万元以上10万元以下罚款，货值金额1万元以上的，并处货值金额10倍以上20倍以下罚款，由发证机关吊销农药生产许可证和相应的农药登记证；构成犯罪的，依法追究刑事责任。

取得农药生产许可证的农药生产企业不再符合规定条件继续生产农药的，由县级以上地方人民政府农业主管部门责令限期整改；逾期拒不整改或者整改后仍不符合规定条件的，由发证机关吊销农药生产许可证。

农药生产企业生产劣质农药的，由县级以上地方人民政府农业主管部门责令停止生产，没收违法所得、违法生产的产品和用于违法生产的工具、设备、原材料等，违法生产的产品货值金额不足1万元的，并处1万元以上5万元以下罚款，货值金额1万元以上的，并处货值金额5倍以上10倍以下罚款；情节严重的，由发证机关吊销农药生产许可证和相应的农药登记证；构成犯罪的，依法追究刑事责任。

委托未取得农药生产许可证的受托人加工、分装农药，或者委托加工、分装假农药、劣质农药的，对委托人和受托人均依照本条第一款、第三款的规定处罚。

第五十三条 农药生产企业有下列行为之一的，由县级以上地方人民政府农业主管部门责令改正，没收违法所得、违法生产的产品和用于违法生产的原材料等，违法生产的产品货值金额不足1万元的，并处1万元以上2万元以下罚款，货值金额1万元以上的，并处货值金额2倍以上5倍以下罚款；拒不改正或者情节严重的，由发证机关吊销农药生产许可证和相应的农药登记证：

（一）采购、使用未依法附具产品质量检验合格证、未依法取得有关许可证明文件的原材料；

（二）出厂销售未经质量检验合格并附具产品质量检验合格证的农药；

（三）生产的农药包装、标签、说明书不符合规定；

（四）不召回依法应当召回的农药。

第五十四条 农药生产企业不执行原材料进货、农药出厂销售记录制度，或者不履行农药废弃物回收义务的，由县级以上地方人民政府农业主管部门责令改正，处1万元以上5万元以下罚款；拒不改正或者情节严重的，由发证机关吊销农药生产许可证和相应的农药登记证。

第五十五条 农药经营者有下列行为之一的，由县级以上地方人民政府农业主管部门责令停止经营，没收违法所得、违法经营的农药和用于违法经营的工具、设备等，违法经营的农药货值金额不足1万元的，并处5000元以上5万元以下罚款，货值金额1万元以上的，并处货值金额5倍以上10倍以下罚款；构成犯罪的，依法追究刑事责任：

（一）违反本条例规定，未取得农药经营许可证经营农药；

（二）经营假农药；

（三）在农药中添加物质。

有前款第二项、第三项规定的行为，情节严重的，还应当由发证机关吊销农药经营许可证。

取得农药经营许可证的农药经营者不再符合规定条件继续经营农药的，由县级以上地方人民政府农业主管部门责令限期整改；逾期拒不整改或者整改后仍不符合规定条件的，由发证机关吊销农药经营许可证。

第五十六条 农药经营者经营劣质农药的，由县级以上地方人民政府农业主管部门责令停止经营，没收违法所得、违法经营的农药和用于违法经营的工具、设备等，违法经营的农药货值金额不足1万元的，并处2000元以上2万元以下罚款，货值金额1万元以上的，并处货值金额2倍以上5倍以下罚款；情节严重的，由发证机关吊销农药经营许可证；构成犯罪的，依法追究刑事责任。

第五十七条 农药经营者有下列行为之一的，由县级以上地方人民政府农业主管部门责令改正，没收违法所得和违法经营的农药，并处5000元以上5万元以下罚款；拒不改正或者情节严重的，由发证机关吊销农药经营许可证：

（一）设立分支机构未依法变更农药经营许可证，或者未向分支机构所在地县级以上地方人民政府农业主管部门备案；

（二）向未取得农药生产许可证的农药生产企业或者未取得农药经营许可证的其他农药经营者采购农药；

（三）采购、销售未附具产品质量检验合格证或者包装、标签不符合规定的农药；

（四）不停止销售依法应当召回的农药。

第五十八条 农药经营者有下列行为之一的，由县级以上地方人民政府农业主管部门责令改正；拒不改正或者情节严重的，处2000元以上2万元以下罚款，并由发证机关吊销农药经营许可证：

（一）不执行农药采购台账、销售台账制度；

（二）在卫生用农药以外的农药经营场所内经营食品、食用农产品、饲料等；

（三）未将卫生用农药与其他商品分柜销售；

（四）不履行农药废弃物回收义务。

第五十九条 境外企业直接在中国销售农药的，由县级以上地方人民政府农业主管部门责令停止销售，没收违法所得、违法经营的农药和用于违法经营的工具、设备等，违法经营的农药货值金额不足5万元的，并处5万元以上50万元以下罚款，货值金额5万元以上的，并处货值金额10倍以上20倍以下罚款，由发证机关吊销农药登记证。

取得农药登记证的境外企业向中国出口劣质农药情节严重或者出口假农药的，由国务院农业主管部门吊销相应的农药登记证。

第六十条 农药使用者有下列行为之一的，由县级人民政府农业主管部门责令改正，农药使用者为农产品生产企业、食品和食用农产品仓储企业、专业化病虫害防治服务组织和从事农产品生产的农民专业合作社等单位的，处5万元以上10万元以下罚款，农药使用者为个人的，处1万元以下罚款；构成犯罪的，依法追究刑事责任：

（一）不按照农药的标签标注的使用范围、使用方法和剂量、使用技术要求和注意事项、安全间隔期使用农药；

（二）使用禁用的农药；

（三）将剧毒、高毒农药用于防治卫生害虫，用于蔬菜、瓜果、茶叶、菌类、中草药材生产或者用于水生植物的病虫害防治；

（四）在饮用水水源保护区内使用农药；

（五）使用农药毒鱼、虾、鸟、兽等；

（六）在饮用水水源保护区、河道内丢弃农药、农药包装物或者清洗施药器械。

有前款第二项规定的行为的，县级人民政府农业主管部门还应当没收禁用的农药。

第六十一条 农产品生产企业、食品和食用农产品仓储企业、专业化病虫害防治服务组织和从事农产品生产的农民专业合作社等不执行农药使用记录制度的，由县级人民政府农业主管部门责令改正；拒不改正或者情节严重的，处2000元以上2万元以下罚款。

第六十二条 伪造、变造、转让、出租、出借农药登记证、农药生产许可证、农药经营许可证等许可证明文件的，由发证机关收缴或者予以吊销，没收违法所得，并处1万元以上5万元以下罚款；构成犯罪的，依法追究刑事责任。

第六十三条 未取得农药生产许可证生产农药，未取得农药经营许可证经营农药，或者被吊销农药登记证、农药生产许可证、农药经营许可证的，其直接负责的主管人员10年内不得从事农药生产、经营活动。

农药生产企业、农药经营者招用前款规定的人员从事农药生产、经营活动的，由发证机关吊销农药生产许可证、农药经营许可证。

被吊销农药登记证的，国务院农业主管部门5年内不再受理其农药登记申请。

第六十四条 生产、经营的农药造成农药使用者人身、财产损害的，农药使用者可以向农药生产企业要求赔偿，也可以向农药经营者要求赔偿。属于农药生产企业责任的，农药经营者赔偿后有权向农药生产企业追偿；属于农药经营者责任的，农药生产企业赔偿后有权向农药经营者追偿。

第八章 附 则

第六十五条 申请农药登记的，申请人应当按照自愿有偿的原则，与登记试验单位协商确定登记试验费用。

第六十六条 本条例自2017年6月1日起施行。

农药登记试验管理办法

（农业部令 2017 年第 6 号）

发布日期：2017-06-21
实施日期：2022-01-07
法规类型：部门规章

（根据 2018 年 12 月 6 日农业农村部令 2018 年第 2 号《农业农村部关于修改部分规章的决定》第一次修改；根据 2022 年 1 月 7 日农业农村部令 2022 年第 1 号《农业农村部关于修改和废止部分规章、规范性文件的决定》第二次修改）

第一章　总　则

第一条　为了保证农药登记试验数据的完整性、可靠性和真实性，加强农药登记试验管理，根据《农药管理条例》，制定本办法。

第二条　申请农药登记的，应当按照本办法进行登记试验。

开展农药登记试验的，申请人应当报试验所在地省级人民政府农业农村主管部门（以下简称省级农业农村部门）备案。

第三条　农业农村部负责农药登记试验单位认定及登记试验的监督管理，具体工作由农业农村部所属的负责农药检定工作的机构承担。

省级农业农村部门负责本行政区域的农药登记试验备案及相关监督管理工作，具体工作由省级农业农村部门所属的负责农药检定工作的机构承担。

第四条　省级农业农村部门应当加强农药登记试验监督管理信息化建设，及时将登记试验备案及登记试验监督管理信息上传至农业农村部规定的农药管理信息平台。

第二章　试验单位认定

第五条　申请承担农药登记试验的机构，应当具备下列条件：

（一）具有独立的法人资格，或者经法人授权同意申请并承诺承担相应法律责任；

（二）具有与申请承担登记试验范围相匹配的试验场所、环境设施条件、试验设施和仪器设备、样品及档案保存设施等；

（三）具有与其确立了合法劳动或者录用关系，且与其所申请承担登记试验范围相适应的专业技术和管理人员；

（四）建立完善的组织管理体系，配备机构负责人、质量保证部门负责人、试验项目负责人、档案管理员、样品管理员和相应的试验与工作人员等；

（五）符合农药登记试验质量管理规范，并制定了相应的标准操作规程；

（六）有完成申请试验范围相关的试验经历，并按照农药登记试验质量管理规范运行六个月以上；

（七）农业农村部规定的其他条件。

第六条　申请承担农药登记试验的机构应当向农业农村部提交以下资料：

（一）农药登记试验单位考核认定申请书；

（二）法人资格证明复印件，或者法人授权书；

（三）组织机构设置与职责；

（四）试验机构质量管理体系文件（标准操作规程）清单；

（五）试验场所、试验设施、实验室等证明材料以及仪器设备清单；

（六）专业技术和管理人员名单及相关证明材料；

（七）按照农药登记试验质量管理规范要求运行情况的说明，典型试验报告及其相关原始记录复印件。

第七条 农业农村部对申请人提交的资料进行审查，材料不齐全或者不符合法定形式的，应当当场或者在五个工作日内一次告知申请者需要补正的全部内容；申请资料齐全、符合法定形式，或者按照要求提交全部补正资料的，予以受理。

第八条 农业农村部对申请资料进行技术评审，所需时间不计算审批期限内，不得超过六个月。

第九条 技术评审包括资料审查和现场检查。

资料审查主要审查申请人组织机构、试验条件与能力匹配性、质量管理体系及相关材料的完整性、真实性和适宜性。

现场检查主要对申请人质量管理体系运行情况、试验设施设备条件、试验能力等情况进行符合性检查。

具体评审规则由农业农村部另行制定。

第十条 农业农村部根据评审结果在二十个工作日内作出审批决定，符合条件的，颁发农药登记试验单位证书；不符合条件的，书面通知申请人并说明理由。

第十一条 农药登记试验单位证书有效期为五年，应当载明试验单位名称、法定代表人（负责人）、住所、实验室地址、试验范围、证书编号、有效期等事项。

第十二条 农药登记试验单位证书有效期内，农药登记试验单位名称、法定代表人（负责人）名称或者住所发生变更的，应当向农业农村部提出变更申请，并提交变更申请表和相关证明等材料。农业农村部应当自受理变更申请之日起二十个工作日内作出变更决定。

第十三条 农药登记试验单位证书有效期内，有下列情形之一的，应当向农业农村部重新申请：

（一）试验单位机构分设或者合并的；

（二）实验室地址发生变化或者设施条件发生重大变化的；

（三）试验范围增加的；

（四）其他事项。

第十四条 农药登记试验单位证书有效期届满，需要继续从事农药登记试验的，应当在有效期届满六个月前，向农业农村部重新申请。

第十五条 农药登记试验单位证书遗失、损坏的，应当说明原因并提供相关证明材料，及时向农业农村部申请补发。

第三章　试验备案

第十六条 开展农药登记试验之前，申请人应当根据农业农村部规定的程序和要求，通过中国农药数字监督管理平台向登记试验所在地省级农业农村部门备案。备案信息包括备案主体、有效成分名称、含量及剂型、试验项目、试验地点、试验单位、试验起始年份、与试验单位签订的委托协议、安全防范措施等。新农药试验备案还包括作用机理和作用方式。

第四章　登记试验基本要求

第十七条 农药登记试验样品应当是成熟定型的产品，具有产品鉴别方法、质量控制指标和检测方法。

申请人应当对试验样品的真实性和一致性负责。

第十八条 申请人应当将试验样品提交所在地省级农药检定机构进行封样，提供农药名称、有效成分及其含量、剂型、样品生产日期、规格与数量、储存条件、质量保证期等信息，并附具产品质量符合性检验报告及相关谱图。

第十九条 所封试验样品由省级农药检定机构和申请人各留存一份，保存期限不少于两年，其余样品由申请人送至登记试验单位开展试验。

第二十条 封存试验样品不足以满足试验需求或者试验样品已超过保存期限，仍需要进行试验的，申请人应当按本办法规定重新封存样品。

第二十一条 申请人应当向农药登记试验单位提供试验样品的农药名称、含量、剂型、生产日期、储存条件、质量保证期等信息及安全风险防范措施。

农药登记试验单位应当查验封样完整性、样品信息符合性。

第二十二条 农药登记试验单位接受申请人委托开展登记试验的，应当与申请人签订协议，明确双方权利与义务。

第二十三条 农药登记试验应当按照法定农药登记试验技术准则和方法进行。尚无法定技术准则和方法的，由申请人和登记试验单位协商确定，且应当保证试验的科学性和准确性。

农药登记试验过程出现重大安全风险时，试验单位应当立即停止试验，采取相应措施防止风险进一步扩大，并报告试验所在地省级农业农村部门，通知申请人。

第二十四条 试验结束后，农药登记试验单位应当按照协议约定，向申请人出具规范的试验报告。

第二十五条 农药登记试验单位应当将试验计划、原始数据、标本、留样被试物和对照物、试验报告及与试验有关的文字材料保存至试验结束后至少七年，期满后可移交申请人保存。申请人应当保存至农药退市后至少五年。

质量容易变化的标本、被试物和对照物留样样品等，其保存期应以能够进行有效评价为期限。

试验单位应当长期保存组织机构、人员、质量保证部门检查记录、主计划表、标准操作规程等试验机构运行与质量管理记录。

第五章　监督检查

第二十六条 省级农业农村部门、农业农村部对农药登记试验单位和登记试验过程进行监督检查，重点检查以下内容：

（一）试验单位资质条件变化情况；

（二）重要试验设备、设施情况；

（三）试验地点、试验项目等备案信息是否相符；

（四）试验过程是否遵循法定的技术准则和方法；

（五）登记试验安全风险及其防范措施的落实情况；

（六）其他不符合农药登记试验质量管理规范要求或者影响登记试验质量的情况。

发现试验过程存在难以控制安全风险的，应当及时责令停止试验或者终止试验，并及时报告农业农村部。

发现试验单位不再符合规定条件的，应当责令改进或者限期整改，逾期拒不整改或者整改后仍达不到规定条件的，由农业农村部撤销其试验单位证书。

第二十七条 农药登记试验单位应当每年向农业农村部报送本年度执行农药登记试验质量管理规范的报告。

第二十八条 省级以上农业农村部门应当组织对农药登记试验所封存的农药试验样品的符合性和一致性进行监督检查，并及时将监督检查发现的问题报告农业农村部。

第二十九条 农药登记试验单位出具虚假登记试验报告的，依照《农药管理条例》第五十一条的规定处罚。

第六章　附　则

第三十条　现有农药登记试验单位无法承担的试验项目，由农业农村部指定的单位承担。

第三十一条　本办法自2017年8月1日起施行。

在本办法施行前农业部公布的农药登记试验单位，在有效期内可继续从事农药登记试验；有效期届满，需要继续从事登记试验的，应当按照本办法的规定申请试验单位认定。

农药登记管理办法

（农业部令2017年第3号）

发布日期：2017-06-21

实施日期：2022-01-07

法规类型：部门规章

（根据2018年12月6日农业农村部令2018年第2号《农业农村部关于修改部分规章的决定》第一次修改；根据2022年1月7日农业农村部令2022年第1号《农业农村部关于修改和废止部分规章、规范性文件的决定》第二次修改）

第一章　总　则

第一条　为了规范农药登记行为，加强农药登记管理，保证农药的安全性、有效性，根据《农药管理条例》，制定本办法。

第二条　在中华人民共和国境内生产、经营、使用的农药，应当取得农药登记。

未依法取得农药登记证的农药，按照假农药处理。

第三条　农业农村部负责全国农药登记管理工作，组织成立农药登记评审委员会，制定农药登记评审规则。

农业农村部所属的负责农药检定工作的机构负责全国农药登记具体工作。

第四条　省级人民政府农业农村主管部门（以下简称省级农业农村部门）负责受理本行政区域内的农药登记申请，对申请资料进行审查，提出初审意见。

省级农业农村部门负责农药检定工作的机构（以下简称省级农药检定机构）协助做好农药登记具体工作。

第五条　农药登记应当遵循科学、公平、公正、高效和便民的原则。

第六条　鼓励和支持登记安全、高效、经济的农药，加快淘汰对农业、林业、人畜安全、农产品质量安全和生态环境等风险高的农药。

第二章　基本要求

第七条　农药名称应当使用农药的中文通用名称或者简化中文通用名称，植物源农药名称可以用植物名称加提取物表示。直接使用的卫生用农药的名称用功能描述词语加剂型表示。

第八条　农药有效成分含量、剂型的设定应当符合提高质量、保护环境和促进农业可持续发展的原则。

制剂产品的配方应当科学、合理、方便使用。相同有效成分和剂型的单制剂产品，含量梯度不超过三个。混配制剂的有效成分不超过两种，除草剂、种子处理剂、信息素等有效成分不超过三种。有效成分和剂型相同的混配制剂，配比不超过三个，相同配比的总含量梯度不超过三个。不经稀释或者分散直接使用的低有效成分含量农药单独分类。有关具体要求，由农业农村部另行制定。

第九条 农业农村部根据农药助剂的毒性和危害性，适时公布和调整禁用、限用助剂名单及限量。

使用时需要添加指定助剂的，申请农药登记时，应当提交相应的试验资料。

第十条 农药产品的稀释倍数或者使用浓度，应当与施药技术相匹配。

第十一条 申请人提供的相关数据或者资料，应当能够满足风险评估的需要，产品与已登记产品在安全性、有效性等方面相当或者具有明显优势。

对申请登记产品进行审查，需要参考已登记产品风险评估结果时，遵循最大风险原则。

第十二条 申请人应当按规定提交相关材料，并对所提供资料的真实性、合法性负责。

第三章　申请与受理

第十三条 申请人应当是农药生产企业、向中国出口农药的企业或者新农药研制者。

农药生产企业，是指已经取得农药生产许可证的境内企业。向中国出口农药的企业（以下简称境外企业），是指将在境外生产的农药向中国出口的企业。新农药研制者，是指在我国境内研制开发新农药的中国公民、法人或者其他组织。

多个主体联合研制的新农药，应当明确其中一个主体作为申请人，并说明其他合作研制机构，以及相关试验样品同质性的证明材料。其他主体不得重复申请。

第十四条 境内申请人向所在地省级农业农村部门提出农药登记申请。境外企业向农业农村部提出农药登记申请。

第十五条 申请人应当提交产品化学、毒理学、药效、残留、环境影响等试验报告、风险评估报告、标签或者说明书样张、产品安全数据单、相关文献资料、申请表、申请人资质证明、资料真实性声明等申请资料。

农药登记申请资料应当真实、规范、完整、有效，具体要求由农业农村部另行制定。

第十六条 登记试验报告应当由农业农村部认定的登记试验单位出具，也可以由与中国政府有关部门签署互认协定的境外相关实验室出具；但药效、残留、环境影响等与环境条件密切相关的试验以及中国特有生物物种的登记试验应当在中国境内完成。

第十七条 申请新农药登记的，应当同时提交新农药原药和新农药制剂登记申请，并提供农药标准品。

自新农药登记之日起六年内，其他申请人提交其自己所取得的或者新农药登记证持有人授权同意的数据申请登记的，按照新农药登记申请。

第十八条 农药登记证持有人独立拥有的符合登记资料要求的完整登记资料，可以授权其他申请人使用。

按照《农药管理条例》第十四条规定转让农药登记资料的，由受让方凭双方的转让合同及符合登记资料要求的登记资料申请农药登记。

第十九条 农业农村部或者省级农业农村部门对申请人提交的申请资料，应当根据下列情况分别作出处理：

（一）不需要农药登记的，即时告知申请者不予受理；

（二）申请资料存在错误的，允许申请者当场更正；

（三）申请资料不齐全或者不符合法定形式的，应当当场或者在五个工作日内一次告知申请者需要补正的全部内容，逾期不告知的，自收到申请资料之日起即为受理；

（四）申请资料齐全、符合法定形式，或者申请者按照要求提交全部补正资料的，予以受理。

第四章 审查与决定

第二十条 省级农业农村部门应当自受理申请之日起二十个工作日内对申请人提交的资料进行初审，提出初审意见，并报送农业农村部。初审不通过的，可以根据申请人意愿，书面通知申请人并说明理由。

第二十一条 农业农村部自受理申请或者收到省级农业农村部门报送的申请资料和初审意见后，应当在九个月内完成产品化学、毒理学、药效、残留、环境影响、标签样张等的技术审查工作，并将审查意见提交农药登记评审委员会评审。

第二十二条 农药登记评审委员会在收到技术审查意见后，按照农药登记评审规则提出评审意见。

第二十三条 农药登记申请受理后，申请人可以撤回登记申请，并在补充完善相关资料后重新申请。

农业农村部根据农药登记评审委员会意见，可以要求申请人补充资料。

第二十四条 在登记审查和评审期间，申请人提交的登记申请的种类以及其所依照的技术要求和审批程序，不因为其他申请人在此期间取得农药登记证而发生变化。

新农药获得批准后，已经受理的其他申请人的新农药登记申请，可以继续按照新农药登记审批程序予以审查和评审。其他申请人也可以撤回该申请，重新提出登记申请。

第二十五条 农业农村部自收到评审意见之日起二十个工作日内作出审批决定。符合条件的，核发农药登记证；不符合条件的，书面通知申请人并说明理由。

第二十六条 农药登记证由农业农村部统一印制。

第五章 变更与延续

第二十七条 农药登记证有效期为五年。

第二十八条 农药登记证有效期内有下列情形之一的，农药登记证持有人应当向农业农村部申请变更：

（一）改变农药使用范围、使用方法或者使用剂量的；

（二）改变农药有效成分以外组成成分的；

（三）改变产品毒性级别的；

（四）原药产品有效成分含量发生改变的；

（五）产品质量标准发生变化的；

（六）农业农村部规定的其他情形。

变更农药登记证持有人的，应当提交相关证明材料，向农业农村部申请换发农药登记证。

第二十九条 有效期届满，需要继续生产农药或者向中国出口农药的，应当在有效期届满九十日前申请延续。逾期未申请延续的，应当重新申请登记。

第三十条 申请变更或者延续的，由农药登记证持有人向农业农村部提出，填写申请表并提交相关资料。

第三十一条 农业农村部应当在六个月内完成登记变更审查，形成审查意见，提交农药登记评审委员会评审，并自收到评审意见之日起二十个工作日内作出审批决定。符合条件的，准予登记变更，登记证号及有效期不变；不符合条件的，书面通知申请人并说明理由。

第三十二条 农业农村部对登记延续申请资料进行审查，在有效期届满前作出是否延续的决定。审查中发现安全性、有效性出现隐患或者风险的，提交农药登记评审委员会评审。

第六章 风险监测与评价

第三十三条 省级以上农业农村部门应当建立农药安全风险监测制度，组织农药检定机构、植保机构对已登记农药的安全性和有效性进行监测、评价。

第三十四条 监测内容包括农药对农业、林业、人畜安全、农产品质量安全、生态环境等的影响。

有下列情形之一的，应当组织开展评价：

（一）发生多起农作物药害事故的；

（二）靶标生物抗性大幅升高的；

（三）农产品农药残留多次超标的；

（四）出现多起对蜜蜂、鸟、鱼、蚕、虾、蟹等非靶标生物、天敌生物危害事件的；

（五）对地下水、地表水和土壤等产生不利影响的；

（六）对农药使用者或者接触人群、畜禽等产生健康危害的。

省级农业农村部门应当及时将监测、评价结果报告农业农村部。

第三十五条 农药登记证持有人应当收集分析农药产品的安全性、有效性变化和产品召回、生产使用过程中事故发生等情况。

第三十六条 对登记十五年以上的农药品种，农业农村部根据生产使用和产业政策变化情况，组织开展周期性评价。

第三十七条 发现已登记农药对农业、林业、人畜安全、农产品质量安全、生态环境等有严重危害或者较大风险的，农业农村部应当组织农药登记评审委员会进行评审，根据评审结果撤销或者变更相应农药登记证，必要时决定禁用或者限制使用并予以公告。

第七章　监督管理

第三十八条 有下列情形之一的，农业农村部或者省级农业农村部门不予受理农药登记申请；已经受理的，不予批准：

（一）申请资料的真实性、完整性或者规范性不符合要求；

（二）申请人不符合本办法第十三条规定的资格要求；

（三）申请人被列入国家有关部门规定的严重失信单位名单并限制其取得行政许可；

（四）申请登记农药属于国家有关部门明令禁止生产、经营、使用或者农业农村部依法不再新增登记的农药；

（五）登记试验不符合《农药管理条例》第九条、第十条规定；

（六）应当不予受理或者批准的其他情形。

申请人隐瞒有关情况或者提交虚假农药登记资料和试验样品的，一年内不受理其申请；已批准登记的，撤销农药登记证，三年内不受理其申请。被吊销农药登记证的，五年内不受理其申请。

第三十九条 对提交虚假资料和试验样品的，农业农村部将申请人的违法信息列入诚信档案，并予以公布。

第四十条 有下列情形之一的，农业农村部注销农药登记证，并予以公布：

（一）有效期届满未延续的；

（二）农药登记证持有人依法终止或者不具备农药登记申请人资格的；

（三）农药登记资料已经依法转让的；

（四）应当注销农药登记证的其他情形。

第四十一条 农业农村部推进农药登记信息平台建设，逐步实行网上办理登记申请和受理，通过农业农村部网站或者发布农药登记公告，公布农药登记证核发、延续、变更、撤销、注销情况以及有关的农药产品质量标准号、残留限量规定、检验方法、经核准的标签等信息。

第四十二条 农药登记评审委员会组成人员在农药登记评审中谋取不正当利益的，农业农村部将其从农药登记评审委员会除名；属于国家工作人员的，提请有关部门依法予以处分；构成犯罪的，依法追究刑事责任。

第四十三条 农业农村部、省级农业农村部门及其负责农药登记工作人员，应当依法履行职责，科学、客观、公正地提出审查和评审意见，对申请人提交的登记资料和尚未公开的审查、评审结果、意见负有保密义务；与申请人或者其产品（资料）具有利害关系的，应当回避；不得参与农药生产、经营活动。

第四十四条 农药登记工作人员不依法履行职责，滥用职权、徇私舞弊，索取、收受他人财物，或者谋取其他利益的，依法给予处分；自处分决定作出之日起，五年内不得从事农药登记工作。

第四十五条 任何单位和个人发现有违反本办法规定情形的，有权向农业农村部或者省级农业农村部门举报。农业农村部或者省级农业农村部门应当及时核实、处理，并为举报人保密。经查证属实，并对生产安全起到积极作用或者挽回损失较大的，按照国家有关规定予以表彰或者奖励。

第八章 附 则

第四十六条 用于特色小宗作物的农药登记，实行群组化扩大使用范围登记管理，特色小宗作物的范围由农业农村部规定。

尚无登记农药可用的特色小宗作物或者新的有害生物，省级农业农村部门可以根据当地实际情况，在确保风险可控的前提下，采取临时用药措施，并报农业农村部备案。

第四十七条 本办法下列用语的含义是：

（一）新农药，是指含有的有效成分尚未在中国批准登记的农药，包括新农药原药（母药）和新农药制剂。

（二）原药，是指在生产过程中得到的由有效成分及有关杂质组成的产品，必要时可加入少量的添加剂。

（三）母药，是指在生产过程中得到的由有效成分及有关杂质组成的产品，可含有少量必需的添加剂和适当的稀释剂。

（四）制剂，是指由农药原药（母药）和适宜的助剂加工成的，或者由生物发酵、植物提取等方法加工而成的状态稳定的农药产品。

（五）助剂，是指除有效成分以外，任何被添加在农药产品中，本身不具有农药活性和有效成分功能，但能够或者有助于提高、改善农药产品理化性能的单一组分或者多个组分的物质。

第四十八条 仅供境外使用农药的登记管理由农业农村部另行规定。

第四十九条 本办法自2017年8月1日起施行。

2017年6月1日之前，已经取得的农药临时登记证到期不予延续；已经受理尚未作出审批决定的农药登记申请，按照《农药管理条例》有关规定办理。

中华人民共和国进出口农药登记证明管理名录

（农业部公告第790号）

发布日期：2006-12-30
实施日期：2007-01-01
法规类型：规范性文件

根据世界海关组织关于2007年1月1日起实行新《商品名称及编码协调制度》的要求，

现对进出口农药的商品编号及有关要求进行相应调整。调整后的《中华人民共和国进出口农药登记证明管理名录》，自 2007 年 1 月 1 日起施行，2005 年 12 月 31 日发布的《中华人民共和国进出口农药登记证明管理名录》同时废止。

自 2007 年 1 月 1 日起，农药进出口单位应按照新名录的商品编码向农业部申请《进出口农药登记证明》。2007 年 1 月 1 日以前办理的《进出口农药登记证明》在有效期内可继续使用。

特此公告

附件：进出口农药登记证明管理名录 

关于优化农药进出口管理服务措施的公告

（农业农村部　海关总署公告第 416 号）

发布日期：2020-09-21
实施日期：2020-09-21
法规类型：规范性文件

为贯彻落实国务院“放管服”改革精神和稳外资外贸决策部署，履行《关于在国际贸易中对某些危险化学品和农药采用事先知情同意程序的鹿特丹公约》（以下简称《鹿特丹公约》）义务，便利农药进出口贸易、提高通关效率，根据《中华人民共和国海关法》《农药管理条例》有关规定，农业农村部、海关总署就优化农药进出口管理服务措施公告如下：

一、进出口的农药应在我国取得农药登记，进出口农药的单位应取得相应的农药经营许可证，并对农药的质量负责，出口的农药还应取得农药生产许可证。

二、农药进出口实行名录管理，《中华人民共和国进出口农药管理名录》（以下简称名录，最新调整的名录见附件 1）由农业农村部和海关总署共同制定，并适时调整公布。

三、进出口农药单位应在中国国际贸易单一窗口（以下简称单一窗口）（http：//www.singlewindow.cn）网上办理农药进出口通知单（以下简称通知单，见附件 2-1，2-2）。

四、向中国出口农药的企业，由其在中国设立的销售机构或委托中国代理机构办理通知单。涉及多个生产地的，还应提供相应的生产场所信息。

五、农药生产企业自营出口的，直接在单一窗口办理；农药生产企业委托贸易企业出口的，还应与贸易企业签订出口委托书；农药生产企业委托加工的，还应提供受托方的农药生产许可证和委托加工协议。仅限出口登记的农药和特殊管理的农药出口，按照相关规定执行。

六、对列入《鹿特丹公约》监管的农药（见附件 3），包括《鹿特丹公约》附件三的农药品种和农药产品，以及我国已经禁用和严格限用的农药品种，应按照《鹿特丹公约》要求履行相关手续。

七、因农药登记试验、科学研究、检验检测等特殊情况，需要进出口农药的，应提供相关用途证明材料，经确认后在单一窗口办理。

八、农业农村部农药检定所在网上审核确认进出口单位提供的信息，符合条件的，将农药进出口通知单电子数据发送海关。

九、海关特殊监管区域、保税监管场所与关境内的其他地区（海关特殊监管区域、保税监管场所除外）之间进出的农药，应当办理农药进出口通知单。海关特殊监管区域、保税监管场所与境外之间进出的农药，除列入《鹿特丹公约》的应当办理农药进出口通知单外，其余无需办理农药进出口通知单。区内企业的农药生产经营活动应当符合国家相关法律法规和政策，由海关依法实施监督管理。

十、农药进出口通知单实行一批一单管理，即进出口一批农药，办理一份农药进出口通知单，对应一份海关进出口货物报关单。农药进出口通知单有效期3个月。

十一、实施农药进出口通知单通关作业无纸化，海关凭农药进出口通知单电子数据办理通关验放手续，不再收取纸质文本。因海关等有关部门审核需要，或计算机管理系统、网络通信故障等原因，可提供纸质农药进出口通知单，海关验核纸质信息并进行纸面签注。

十二、农业农村部农药检定所和中国电子口岸数据中心具体承担相关业务工作，联系电话分别是010-59194007、010-95198。

十三、因防治突发重大病虫害等紧急需要，农业农村部必要时会同国务院有关部门决定临时限制出口或者临时进口规定数量、品种的农药。

本公告自2022年1月1日起实施。原农业部、海关总署联合发布的《关于对进出口农药实施登记证明管理的通知》（农农发〔1999〕9号），农业部、海关总署公告第1452号、第2203号同时废止。

附件：1. 中华人民共和国进出口农药管理名录（2022年）

2-1. 农药出口通知单样本（略）

2-2. 农药进口通知单样本（略）

3. 《鹿特丹公约》监管的农药

关于防蚊驱蚊类产品认定的意见

（农办法函〔2021〕19号）

发布日期：2021-09-23

实施日期：2021-09-23

法规类型：规范性文件

各省、自治区、直辖市农业农村（农牧）厅（局、委），新疆生产建设兵团农业农村局：

近年来，各地在市场监督检查中发现多种标称以植物提取成分为原料，具备防蚊驱蚊功能的“防蚊贴”“防蚊剂”“防蚊液”“驱蚊手环”等产品。我部对此类产品是否属于《农药管理条例》（以下简称《条例》）规定的农药进行了研究，现提出以下意见。

根据《条例》第二条第一款规定，农药是指用于预防、控制危害农业、林业的病、虫、草、鼠和其他有害生物以及有目的地调节植物、昆虫生长的化学合成或者来源于生物、其他天然物质的一种物质或者几种物质的混合物及其制剂。根据《条例》第二条第二款规定，农药包括用于预防、控制蚊、蝇、蜚蠊、鼠和其他有害生物的一种物质或者几种物质的混合物及其制剂。据此，判定某种产品是否属于农药，应当根据该产品的功能用途、使用场所、保护对象等进行界定。如果产品的标签、说明书标明该产品具有防蚊驱蚊功能，无论其有效成分是化学成分还是植物源性成分，该产品都属于农药范畴，依法应当按农药进行管理。

关于切实加强百草枯专项整治工作的通知

（农办农〔2020〕14号）

发布日期：2020-09-21
实施日期：2020-09-21
法规类型：规范性文件

各省、自治区、直辖市农业农村（农牧）厅（局、委），新疆生产建设兵团农业农村局：

近年来，百草枯专项整治取得明显成效，但是一些地区仍存在着非法添加百草枯、违规经营百草枯现象，导致百草枯中毒事故时有发生，造成不良社会影响。为深入贯彻落实《农药管理条例》、农业部第1745号和2445号公告、农业农村部第269号公告，严格落实百草枯监管措施，持续深入推进百草枯专项整治工作，维护人民生命健康安全，现通知如下。

一、强化证件核准，严格百草枯母药生产和出口资质

根据《行政许可法》《农药管理条例》《农药生产许可管理办法》及农业部第1745号、2445号公告有关规定，具有百草枯母药生产许可和仅供境外使用农药登记的百草枯母药生产企业，才能生产百草枯产品。2020年11月1日前，对百草枯母药生产企业的生产资质和条件进行核查，无生产许可证的不再保留其百草枯母药和制剂的仅供境外使用农药登记证。已取得百草枯母药生产许可，不再符合规定条件、无意继续生产百草枯的，不再保留其百草枯母药生产许可。已取得百草枯母药生产许可，不再符合规定条件继续生产百草枯的，要责令限期整改，逾期拒不整改或者整改后仍不符合规定条件的，由发证机关吊销其百草枯母药生产许可。现有百草枯仅供境外使用农药登记证的生产企业所在地省级农业农村部门要在2020年11月15日前，将辖区内百草枯母药生产许可证件核准情况及处理意见建议报我部农药管理司。

根据农业农村部第269号公告，百草枯母药生产企业生产的百草枯产品只能用于出口，不得在境内销售。在生产企业办理百草枯出口通知单时，应当核查农药生产企业的百草枯农药登记和生产许可证件是否齐全。在委托贸易企业代办出口通知单时，应当查验境外相关百草枯登记或进口国同意进口的证明文件、百草枯母药生产企业签署的出口代办委托书、百草枯母药生产企业出具的直接出口境外的相关证明文件以及经营范围包含限制使用农药的经营许可证。

二、强化信息监测，定期报告百草枯生产经营情况

建立百草枯生产经营月报制度，每月10日前百草枯母药生产企业所在地省级农业农村部门要向我部农药管理司报告本辖区相关企业1月至上个月末的百草枯主要生产原料（氰化钠）采购数量、百草枯母药和制剂生产数量、出口国家或地区及数量、委托出口代办贸易企业及出口国家或地区及数量等信息，及时掌握百草枯母药和制剂生产经营情况。委托贸易企业代办出口的农药生产企业，对代办出口承担监督责任，并将委托代办出口相关信息（出口时间、国家或地区、数量等）向受托代办出口的贸易企业所在地省级农业农村部门报告。

三、强化监督抽查，着重打击非法添加百草枯的行为

要加强农药市场监督检查，重点检查是否存在非法经营百草枯产品的行为。要加强对敌草快、草甘膦、草铵膦等灭生性除草剂产品的监督抽查，重点抽查是否非法添加了百草枯隐性成分，一旦发现非法添加行为要追溯求源，及时追查其进货来源和生产源头，坚决依法打击非法添加百草枯隐性成分的行为。

四、强化执法检查，坚决打击非法生产经营行为

根据农业农村部第269号公告，禁止在我国境内销售仅限出口农药产品，违者按照《农药管理条例》未取得境内使用登记有关规定查处。百草枯母药生产企业销售百草枯的对象是境外采购企业，不得销售给境内企业。百草枯母药生产企业所在地省级农业农村部门要组织执法人员加强对生产企业的百草枯原料（氰化钠）采购、生产销售台账、产品质量进行监督检查，认真检查月报数据是否属实，是否存在境内销售问题。受托代办出口的贸易企业所在地省级农业农村部门，要根据百草枯母药生产企业的委托出口代办信息，核查出口代办贸易企业实际出口的时间、国家或地区、数量是否与生产企业所报告的信息相符，是否存在境内销售问题。要适时派出检查组开展飞行检查，重点检查百草枯母药生产企业、受托出口代办贸易企业的生产经营状况，对于非法生产、经营百草枯的行为要坚决依法打击，对于非法生产、经营百草枯的“黑窝点”要依法取缔，构成犯罪的要依法移交公安机关。

农产品

农业转基因生物安全管理条例

（国务院令第 304 号）

发布日期：2001-05-23
实施日期：2017-10-07
法规类型：行政法规

（根据 2011 年 1 月 8 日国务院令第 588 号《国务院令关于废止和修改部分行政法规的决定》第一次修订；根据 2017 年 10 月 7 日国务院令第 687 号《国务院关于修改部分行政法规的决定》第二次修订）

第一章　总　则

第一条　为了加强农业转基因生物安全管理，保障人体健康和动植物、微生物安全，保护生态环境，促进农业转基因生物技术研究，制定本条例。

第二条　在中华人民共和国境内从事农业转基因生物的研究、试验、生产、加工、经营和进口、出口活动，必须遵守本条例。

第三条　本条例所称农业转基因生物，是指利用基因工程技术改变基因组构成，用于农业生产或者农产品加工的动植物、微生物及其产品，主要包括：

（一）转基因动植物（含种子、种畜禽、水产苗种）和微生物；

（二）转基因动植物、微生物产品；

（三）转基因农产品的直接加工品；

（四）含有转基因动植物、微生物或者其产品成分的种子、种畜禽、水产苗种、农药、兽药、肥料和添加剂等产品。

本条例所称农业转基因生物安全，是指防范农业转基因生物对人类、动植物、微生物和生态环境构成的危险或者潜在风险。

第四条　国务院农业行政主管部门负责全国农业转基因生物安全的监督管理工作。

县级以上地方各级人民政府农业行政主管部门负责本行政区域内的农业转基因生物安全的监督管理工作。

县级以上各级人民政府有关部门依照《中华人民共和国食品安全法》的有关规定，负责转基因食品安全的监督管理工作。

第五条　国务院建立农业转基因生物安全管理部际联席会议制度。

农业转基因生物安全管理部际联席会议由农业、科技、环境保护、卫生、外经贸、检验检疫等有关部门的负责人组成，负责研究、协调农业转基因生物安全管理工作中的重大问题。

第六条 国家对农业转基因生物安全实行分级管理评价制度。

农业转基因生物按照其对人类、动植物、微生物和生态环境的危险程度，分为Ⅰ、Ⅱ、Ⅲ、Ⅳ四个等级。具体划分标准由国务院农业行政主管部门制定。

第七条 国家建立农业转基因生物安全评价制度。

农业转基因生物安全评价的标准和技术规范，由国务院农业行政主管部门制定。

第八条 国家对农业转基因生物实行标识制度。

实施标识管理的农业转基因生物目录，由国务院农业行政主管部门商国务院有关部门制定、调整并公布。

第二章　研究与试验

第九条 国务院农业行政主管部门应当加强农业转基因生物研究与试验的安全评价管理工作，并设立农业转基因生物安全委员会，负责农业转基因生物的安全评价工作。

农业转基因生物安全委员会由从事农业转基因生物研究、生产、加工、检验检疫以及卫生、环境保护等方面的专家组成。

第十条 国务院农业行政主管部门根据农业转基因生物安全评价工作的需要，可以委托具备检测条件和能力的技术检测机构对农业转基因生物进行检测。

第十一条 从事农业转基因生物研究与试验的单位，应当具备与安全等级相适应的安全设施和措施，确保农业转基因生物研究与试验的安全，并成立农业转基因生物安全小组，负责本单位农业转基因生物研究与试验的安全工作。

第十二条 从事Ⅲ、Ⅳ级农业转基因生物研究的，应当在研究开始前向国务院农业行政主管部门报告。

第十三条 农业转基因生物试验，一般应当经过中间试验、环境释放和生产性试验三个阶段。中间试验，是指在控制系统内或者控制条件下进行的小规模试验。环境释放，是指在自然条件下采取相应安全措施所进行的中规模的试验。生产性试验，是指在生产和应用前进行的较大规模的试验。

第十四条 农业转基因生物在实验室研究结束后，需要转入中间试验的，试验单位应当向国务院农业行政主管部门报告。

第十五条 农业转基因生物试验需要从上一试验阶段转入下一试验阶段的，试验单位应当向国务院农业行政主管部门提出申请；经农业转基因生物安全委员会进行安全评价合格的，由国务院农业行政主管部门批准转入下一试验阶段。

试验单位提出前款申请，应当提供下列材料：

（一）农业转基因生物的安全等级和确定安全等级的依据；

（二）农业转基因生物技术检测机构出具的检测报告；

（三）相应的安全管理、防范措施；

（四）上一试验阶段的试验报告。

第十六条 从事农业转基因生物试验的单位在生产性试验结束后，可以向国务院农业行政主管部门申请领取农业转基因生物安全证书。

试验单位提出前款申请，应当提供下列材料：

（一）农业转基因生物的安全等级和确定安全等级的依据；

（二）生产性试验的总结报告；

（三）国务院农业行政主管部门规定的试验材料、检测方法等其他材料国务院农业行政主管部门收到申请后，应当委托具备检测条件和能力的技术检测机构进行检测，并组织农业转基因生物安全委员会进行安全评价；安全评价合格的，方可颁发农业转基因生物安全证书。

第十七条 转基因植物种子、种畜禽、水产苗种，利用农业转基因生物生产的或者含有农业转基因生物成分的种子、种畜禽、水产苗种、农药、兽药、肥料和添加剂等，在依照有关法律、行政法规的规定进行审定、登记或者评价、审批前，应当依照本条例第十六条的规定取得农业转基因生物安全证书。

第十八条 中外合作、合资或者外方独资在中华人民共和国境内从事农业转基因生物研究与试验的，应当经国务院农业行政主管部门批准。

第三章 生产与加工

第十九条 生产转基因植物种子、种畜禽、水产苗种，应当取得国务院农业行政主管部门颁发的种子、种畜禽、水产苗种生产许可证。

生产单位和个人申请转基因植物种子、种畜禽、水产苗种生产许可证，除应当符合有关法律、行政法规规定的条件外，还应当符合下列条件：

（一）取得农业转基因生物安全证书并通过品种审定；

（二）在指定的区域种植或者养殖；

（三）有相应的安全管理、防范措施；

（四）国务院农业行政主管部门规定的其他条件。

第二十条 生产转基因植物种子、种畜禽、水产苗种的单位和个人，应当建立生产档案，载明生产地点、基因及其来源、转基因的方法以及种子、种畜禽、水产苗种流向等内容。

第二十一条 单位和个人从事农业转基因生物生产、加工的，应当由国务院农业行政主管部门或者省、自治区、直辖市人民政府农业行政主管部门批准。具体办法由国务院农业行政主管部门制定。

第二十二条 从事农业转基因生物生产、加工的单位和个人，应当按照批准的品种、范围、安全管理要求和相应的技术标准组织生产、加工，并定期向所在地县级人民政府农业行政主管部门提供生产、加工、安全管理情况和产品流向的报告。

第二十三条 农业转基因生物在生产、加工过程中发生基因安全事故时，生产、加工单位和个人应当立即采取安全补救措施，并向所在地县级人民政府农业行政主管部门报告。

第二十四条 从事农业转基因生物运输、贮存的单位和个人，应当采取与农业转基因生物安全等级相适应的安全控制措施，确保农业转基因生物运输、贮存的安全。

第四章 经 营

第二十五条 经营转基因植物种子、种畜禽、水产苗种的单位和个人，应当取得国务院农业行政主管部门颁发的种子、种畜禽、水产苗种经营许可证。

经营单位和个人申请转基因植物种子、种畜禽、水产苗种经营许可证，除应当符合有关法律、行政法规规定的条件外，还应当符合下列条件：

（一）有专门的管理人员和经营档案；

（二）有相应的安全管理、防范措施；

（三）国务院农业行政主管部门规定的其他条件。

第二十六条 经营转基因植物种子、种畜禽、水产苗种的单位和个人，应当建立经营档案，载明种子、种畜禽、水产苗种的来源、贮存，运输和销售去向等内容。

第二十七条 在中华人民共和国境内销售列入农业转基因生物目录的农业转基因生物，

应当有明显的标识。

列入农业转基因生物目录的农业转基因生物，由生产、分装单位和个人负责标识；未标识的，不得销售。经营单位和个人在进货时，应当对货物和标识进行核对。经营单位和个人拆开原包装进行销售的，应当重新标识。

第二十八条 农业转基因生物标识应当载明产品中含有转基因成分的主要原料名称；有特殊销售范围要求的，还应当载明销售范围，并在指定范围内销售。

第二十九条 农业转基因生物的广告，应当经国务院农业行政主管部门审查批准后，方可刊登、播放、设置和张贴。

第五章 进口与出口

第三十条 从中华人民共和国境外引进农业转基因生物用于研究、试验的，引进单位应当向国务院农业行政主管部门提出申请；符合下列条件的，国务院农业行政主管部门方可批准：

（一）具有国务院农业行政主管部门规定的申请资格；

（二）引进的农业转基因生物在国（境）外已经进行了相应的研究、试验；

（三）有相应的安全管理、防范措施。

第三十一条 境外公司向中华人民共和国出口转基因植物种子、种畜禽、水产苗种和利用农业转基因生物生产的或者含有农业转基因生物成分的植物种子、种畜禽、水产苗种、农药、兽药、肥料和添加剂的，应当向国务院农业行政主管部门提出申请；符合下列条件的，国务院农业行政主管部门方可批准试验材料入境并依照本条例的规定进行中间试验、环境释放和生产性试验：

（一）输出国家或者地区已经允许作为相应用途并投放市场；

（二）输出国家或者地区经过科学试验证明对人类、动植物、微生物和生态环境无害；

（三）有相应的安全管理、防范措施。

生产性试验结束后，经安全评价合格，并取得农业转基因生物安全证书后，方可依照有关法律、行政法规的规定办理审定、登记或者评价、审批手续。

第三十二条 境外公司向中华人民共和国出口农业转基因生物用作加工原料的，应当向国务院农业行政主管部门提出申请，提交国务院农业行政主管部门要求的试验材料、检测方法等材料；符合下列条件，经国务院农业行政主管部门委托的、具备检测条件和能力的技术检测机构检测确认对人类、动植物、微生物和生态环境不存在危险，并经安全评价合格的，由国务院农业行政主管部门颁发农业转基因生物安全证书：

（一）输出国家或者地区已经允许作为相应用途并投放市场；

（二）输出国家或者地区经过科学试验证明对人类、动植物、微生物和生态环境无害；

（三）有相应的安全管理、防范措施。

第三十三条 从中华人民共和国境外引进农业转基因生物的，或者向中华人民共和国出口农业转基因生物的，引进单位或者境外公司应当凭国务院农业行政主管部门颁发的农业转基因生物安全证书和相关批准文件，向口岸出入境检验检疫机构报检；经检疫合格后，方可向海关申请办理有关手续。

第三十四条 农业转基因生物在中华人民共和国过境转移的，应当遵守中华人民共和国有关法律、行政法规的规定。

第三十五条 国务院农业行政主管部门应当自收到申请人申请之日起270日内作出批准或者不批准的决定，并通知申请人。

第三十六条 向中华人民共和国境外出口农产品，外方要求提供非转基因农产品证明的，由口岸出入境检验检疫机构根据国务院农业行政主管部门发布的转基因农产品信息，进行检测并出具非转基因农产品证明。

第三十七条 进口农业转基因生物，没有国务院农业行政主管部门颁发的农业转基因生物安全证书和相关批准文件的，或者与证书、批准文件不符的，作退货或者销毁处理。进口农业转基因生物不按照规定标识的，重新标识后方可入境。

第六章 监督检查

第三十八条 农业行政主管部门履行监督检查职责时，有权采取下列措施：

（一）询问被检查的研究、试验、生产、加工、经营或者进口、出口的单位和个人、利害关系人、证明人，并要求其提供与农业转基因生物安全有关的证明材料或者其他资料；

（二）查阅或者复制农业转基因生物研究、试验、生产、加工、经营或者进口、出口的有关档案、账册和资料等；

（三）要求有关单位和个人就有关农业转基因生物安全的问题作出说明；

（四）责令违反农业转基因生物安全管理的单位和个人停止违法行为；

（五）在紧急情况下，对非法研究、试验、生产、加工，经营或者进口、出口的农业转基因生物实施封存或者扣押。

第三十九条 农业行政主管部门工作人员在监督检查时，应当出示执法证件。

第四十条 有关单位和个人对农业行政主管部门的监督检查，应当予以支持、配合，不得拒绝、阻碍监督检查人员依法执行职务。

第四十一条 发现农业转基因生物对人类、动植物和生态环境存在危险时，国务院农业行政主管部门有权宣布禁止生产、加工、经营和进口，收回农业转基因生物安全证书，销毁有关存在危险的农业转基因生物。

第七章 罚 则

第四十二条 违反本条例规定，从事Ⅲ、Ⅳ级农业转基因生物研究或者进行中间试验，未向国务院农业行政主管部门报告的，由国务院农业行政主管部门责令暂停研究或者中间试验，限期改正。

第四十三条 违反本条例规定，未经批准擅自从事环境释放、生产性试验的，已获批准但未按照规定采取安全管理、防范措施的，或者超过批准范围进行试验的，由国务院农业行政主管部门或者省、自治区、直辖市人民政府农业行政主管部门依据职权，责令停止试验，并处1万元以上5万元以下的罚款。

第四十四条 违反本条例规定，在生产性试验结束后，未取得农业转基因生物安全证书，擅自将农业转基因生物投入生产和应用的，由国务院农业行政主管部门责令停止生产和应用，并处2万元以上10万元以下的罚款。

第四十五条 违反本条例第十八条规定，未经国务院农业行政主管部门批准，从事农业转基因生物研究与试验的，由国务院农业行政主管部门责令立即停止研究与试验，限期补办审批手续。

第四十六条 违反本条例规定，未经批准生产、加工农业转基因生物或者未按照批准的品种、范围、安全管理要求和技术标准生产、加工的，由国务院农业行政主管部门或者省、自治区、直辖市人民政府农业行政主管部门依据职权，责令停止生产或者加工，没收违法生产或者加工的产品及违法所得；违法所得10万元以上的，并处违法所得1倍以上5倍以下的罚款；没有违法所得或者违法所得不足10万元的，并处10万元以上20万元以下的罚款。

第四十七条 违反本条例规定，转基因植物种子、种畜禽、水产苗种的生产、经营单位和个人，未按照规定制作、保存生产、经营档案的，由县级以上人民政府农业行政主管部门依据职权，责令改正，处1000元以上1万元以下的罚款。

第四十八条 违反本条例规定，未经国务院农业行政主管部门批准，擅自进口农业转基因生物的，由国务院农业行政主管部门责令停止进口，没收已进口的产品和违法所得；违法所得10万元以上的，并处违法所得1倍以上5倍以下的罚款；没有违法所得或者违法所得不足10万元的，并处10万元以上20万元以下的罚款。

第四十九条 违反本条例规定，进口、携带、邮寄农业转基因生物未向口岸出入境检验检疫机构报检的，由口岸出入境检验检疫机构比照进出境动植物检疫法的有关规定处罚。

第五十条 违反本条例关于农业转基因生物标识管理规定的，由县级以上人民政府农业行政主管部门依据职权，责令限期改正，可以没收非法销售的产品和违法所得，并可以处1万元以上5万元以下的罚款。

第五十一条 假冒、伪造、转让或者买卖农业转基因生物有关证明文书的，由县级以上人民政府农业行政主管部门依据职权，收缴相应的证明文书，并处2万元以上10万元以下的罚款；构成犯罪的，依法追究刑事责任。

第五十二条 违反本条例规定，在研究、试验、生产、加工、贮存、运输、销售或者进口、出口农业转基因生物过程中发生基因安全事故，造成损害的，依法承担赔偿责任。

第五十三条 国务院农业行政主管部门或者省、自治区、直辖市人民政府农业行政主管部门违反本条例规定核发许可证、农业转基因生物安全证书以及其他批准文件的，或者核发许可证、农业转基因生物安全证书以及其他批准文件后不履行监督管理职责的，对直接负责的主管人员和其他直接责任人员依法给予行政处分；构成犯罪的，依法追究刑事责任。

第八章 附 则

第五十四条 本条例自公布之日起施行。

大宗农产品进口报告和信息发布管理办法（试行）

（商务部令2008年第10号）

发布日期：2008-06-24
实施日期：2008-08-01
法规类型：部门规章

第一条 为了维护对外贸易秩序，保护经营者的合法权益，提供大宗农产品进口信息服务，根据《中华人民共和国对外贸易法》（以下简称《外贸法》）、《中华人民共和国货物进出口管理条例》（以下简称《货物进出口条例》）及其他有关法律法规，制定本办法。

第二条 本办法所称大宗农产品系指生产量、消费量、贸易量、运输量等较大的关系国计民生的农产品。

第三条 商务部会同有关部门制定、调整《实行进口报告管理的大宗农产品目录》（以下简称《目录》）。

第四条 商务部委托有关组织（以下简称受委托组织）负责大宗农产品进口报告信息的收集、整理、汇总、分析和核对等日常工作。

第五条 进口《目录》项下大宗农产品的对外贸易经营者（以下简称对外贸易经营者），应向受委托组织办理本企业基本情况备案。

备案内容包括：对外贸易经营者名称、企业海关代码、对外贸易经营者备案登记表复印件、工商营业执照复印件、法定代表人和统计负责人姓名与签字等。

第六条 对外贸易经营者应填报《大宗农产品进口报告统计报表》（格式见附件），报告事项主要包括：对外贸易经营者、联系人、联系方式、商品名称、商品编码、贸易方式、贸易国（地区）、原产地国（地区）、合同号、合同数量、合同船期、装运港、预计抵港时间、实际船期、装船数量、进口报关口岸、进口数量和实际抵港日期等。

对外贸易经营者应通过相应电子报告系统向受委托组织进行报告。如无法通过电子方式报告，可下载报表传真报告。

第七条 对外贸易经营者应在下述情况发生后三个工作日内履行进口报告义务：

1. 签订进口合同；
2. 货物在装运港出运；
3. 货物抵达目的港；
4. 报告事项发生变更。

第八条 对外贸易经营者应严格遵守规定，及时、准确报告有关进口信息，并对报告内容的真实性负责，不得虚报、瞒报、伪造、篡改、迟报和拒报。

第九条 受委托组织应向商务部报告大宗农产品进口的信息情况，并提出建议。

第十条 商务部定期在商务部政府网站“大宗农产品进口信息发布专栏”对外发布《目录》项下大宗农产品进口信息。

发布内容为：预计进口数量、预计货物到港时间、实际装船时间、实际装船数量、装运港、原产地国（地区）、主要口岸进口情况等。

第十一条 受委托组织根据海关、质检相关数据核对大宗农产品对外贸易经营者报告情况，向商务部报告结果。

第十二条 对外贸易经营者违反本规定，虚报、瞒报、伪造、篡改、迟报和拒报大宗农产品有关进口信息的，商务部应向国家统计局通报。

统计部门依法对违法对外贸易经营者处以行政处罚后，商务部可以禁止违法对外贸易经营者自行政处罚决定生效之日起一年以上三年以下的期限内从事有关的对外贸易经营活动。

第十三条 对外贸易经营者违反本规定的，商务部按照《对外贸易经营者违法违规行为公告办法》的规定发布公告，并通知海关、税务、质检、外汇、工商等部门以及地方商务主管部门、行业中介组织、银行等单位。

第十四条 任何单位和个人可向商务部举报对外贸易经营者虚假报告进口信息的行为。

第十五条 商务部及受委托组织有关人员应当为履行进口信息报告义务的对外贸易经营者保守商业秘密，不得向任何企业、机构和个人透露对外贸易经营者报告的信息。违反上述规定的，依照《外贸法》第六十五条及《货物进出口条例》第七十条进行处罚。

第十六条 本办法适用于《目录》项下以各种贸易方式进行的大宗农产品进口交易，包括由境外进入保税仓库、保税区、保税港区和出口加工区等。

第十七条 《目录》、受委托组织名称以及大宗农产品进口信息发布周期由商务部以公告形式发布。

第十八条 本办法由商务部负责解释。

第十九条 本办法自2008年8月1日起实施。

附件：《大宗农产品进口报告统计报表》（略）

农业转基因生物进口安全管理办法

（农业部令第9号）

发布日期：2002-01-05
实施日期：2017-11-30
法规类型：部门规章

（根据2004年7月1日农业部令第38号《关于修订农业行政许可规章和规范性文件的决定》第一次修订；根据2017年11月30日农业部令2017年第8号《关于修改和废止部分规章、规范性文件的决定》第二次修订）

第一章　总　则

第一条　为了加强对农业转基因生物进口的安全管理，根据《农业转基因生物安全管理条例》（简称《条例》）的有关规定，制定本办法。

第二条　本办法适用于在中华人民共和国境内从事农业转基因生物进口活动的安全管理。

第三条　农业部负责农业转基因生物进口的安全管理工作。国家农业转基因生物安全委员会负责农业转基因生物进口的安全评价工作。

第四条　对于进口的农业转基因生物，按照用于研究和试验的、用于生产的以及用作加工原料的三种用途实行管理。

第二章　用于研究和试验的农业转基因生物

第五条　从中华人民共和国境外引进安全等级Ⅰ、Ⅱ的农业转基因生物进行实验研究的，引进单位应当向农业转基因生物安全管理办公室提出申请，并提供下列材料：

（一）农业部规定的申请资格文件；

（二）进口安全管理登记表（见附件）；

（三）引进农业转基因生物在国（境）外已经进行了相应的研究的证明文件；

（四）引进单位在引进过程中拟采取的安全防范措施。

经审查合格后，由农业部颁发农业转基因生物进口批准文件。引进单位应当凭此批准文件依法向有关部门办理相关手续。

第六条　从中华人民共和国境外引进安全等级Ⅲ、Ⅳ的农业转基因生物进行实验研究的和所有安全等级的农业转基因生物进行中间试验的，引进单位应当向农业部提出申请，并提供下列材料：

（一）农业部规定的申请资格文件；

（二）进口安全管理登记表（见附件）；

（三）引进农业转基因生物在国（境）外已经进行了相应研究或试验的证明文件；

（四）引进单位在引进过程中拟采取的安全防范措施；

（五）《农业转基因生物安全评价管理办法》规定的相应阶段所需的材料。经审查合格后，由农业部颁发农业转基因生物进口批准文件。引进单位应当凭此批准文件依法向有关部门办理相关手续。

第七条 从中华人民共和国境外引进农业转基因生物进行环境释放和生产性试验的，引进单位应当向农业部提出申请，并提供下列材料：

（一）农业部规定的申请资格文件；

（二）进口安全管理登记表（见附件）；

（三）引进农业转基因生物在国（境）外已经进行了相应的研究的证明文件；

（四）引进单位在引进过程中拟采取的安全防范措施；

（五）《农业转基因生物安全评价管理办法》规定的相应阶段所需的材料。经审查合格后，由农业部颁发农业转基因生物安全审批书。引进单位应当凭此审批书依法向有关部门办理相关手续。

第八条 从中华人民共和国境外引进农业转基因生物用于试验的，引进单位应当从中间试验阶段开始逐阶段向农业部申请。

第三章 用于生产的农业转基因生物

第九条 境外公司向中华人民共和国出口转基因植物种子、种畜禽、水产苗种和利用农业转基因生物生产的或者含有农业转基因生物成份的植物种子、种畜禽、水产苗种、农药、兽药、肥料和添加剂等拟用于生产应用的，应当向农业部提出申请，并提供下列材料：

（一）进口安全管理登记表（见附件）；

（二）输出国家或者地区已经允许作为相应用途并投放市场的证明文件；

（三）输出国家或者地区经过科学试验证明对人类、动植物、微生物和生态环境无害的资料；

（四）境外公司在向中华人民共和国出口过程中拟采取的安全防范措施。

（五）《农业转基因生物安全评价管理办法》规定的相应阶段所需的材料。

第十条 境外公司在提出上述申请时，应当在中间试验开始前申请，经审批同意，试验材料方可入境，并依次经过中间试验、环境释放、生产性试验三个试验阶段以及农业转基因生物安全证书申领阶段。

中间试验阶段的申请，经审查合格后，由农业部颁发农业转基因生物进口批准文件，境外公司凭此批准文件依法向有关部门办理相关手续。环境释放和生产性试验阶段的申请，经安全评价合格后，由农业部颁发农业转基因生物安全审批书，境外公司凭此审批书依法向有关部门办理相关手续。安全证书的申请，经安全评价合格后，由农业部颁发农业转基因生物安全证书，境外公司凭此证书依法向有关部门办理相关手续。

第十一条 引进的农业转基因生物在生产应用前，应取得农业转基因生物安全证书，方可依照有关种子、种畜禽、水产苗种、农药、兽药、肥料和添加剂等法律、行政法规的规定办理相应的审定、登记或者评价、审批手续。

第四章 用作加工原料的农业转基因生物

第十二条 境外公司向中华人民共和国出口农业转基因生物用作加工原料的，应当向农业部申请领取农业转基因生物安全证书。

第十三条 境外公司提出上述申请时，应当按照相关安全评价指南的要求提供下列材料：

（一）进口安全管理登记表（见附件）；

（二）安全评价申报书（见《农业转基因生物安全评价管理办法》附录Ⅴ）；

（三）输出国家或者地区已经允许作为相应用途并投放市场的证明文件；

（四）输出国家或者地区经过科学试验证明对人类、动植物、微生物和生态环境无害的资料；

（五）按要求提交农业转基因生物样品、对照样品及检测所需的试验材料、检测方法；

（六）境外公司在向中华人民共和国出口过程中拟采取的安全防范措施。

农业部收到申请后，应当组织农业转基因生物安全委员会进行安全评价，并委托具备检测条件和能力的技术检测机构进行检测；安全评价合格的，经农业部批准后，方可颁发农业转基因生物安全证书。

第十四条 在申请获得批准后，再次向中华人民共和国提出申请时，符合同一公司、同一农业转基因生物条件的，可简化安全评价申请手续，并提供以下材料：

（一）进口安全管理登记表（见附件）；

（二）农业部首次颁发的农业转基因生物安全证书复印件；

（三）境外公司在向中华人民共和国出口过程中拟采取的安全防范措施。

经审查合格后，由农业部颁发农业转基因生物安全证书。

第十五条 境外公司应当凭农业部颁发的农业转基因生物安全证书，依法向有关部门办理相关手续。

第十六条 进口用作加工原料的农业转基因生物如果具有生命活力，应当建立进口档案，载明其来源、贮存、运输等内容，并采取与农业转基因生物相适应的安全控制措施，确保农业转基因生物不进入环境。

第十七条 向中国出口农业转基因生物直接用作消费品的，依照向中国出口农业转基因生物用作加工原料的审批程序办理。

第五章　一般性规定

第十八条 农业部应当自收到申请人申请之日起270日内做批准或者不批准的决定，并通知申请人。

第十九条 进口农业转基因生物用于生产或用作加工原料的，应当在取得农业部颁发的农业转基因生物安全证书后，方能签订合同。

第二十条 进口农业转基因生物，没有国务院农业行政主管部门颁发的农业转基因生物安全证书和相关批准文件的，或者与证书、批准文件不符的，作退货或者销毁处理。

第二十一条 本办法由农业部负责解释。

第二十二条 本办法自2002年3月20日起施行。

有机产品认证管理办法

（质检总局令第155号）

发布日期：2013-11-15

实施日期：2022-11-01

法规类型：部门规章

（根据2015年8月25日国家质量监督检验检疫总局令第166号《国家质量监督检验检疫总局关于修改部分规章的决定》第一次修订；根据2022年9月29日国家市场监督管理总局令第61号《国家市场监督管理总局关于修改和废止部分部门规章的决定》第二次修订）

第一章　总　则

第一条　为了维护消费者、生产者和销售者合法权益，进一步提高有机产品质量，加强有机产品认证管理，促进生态环境保护和可持续发展，根据《中华人民共和国产品质量法》、《中华人民共和国进出口商品检验法》、《中华人民共和国认证认可条例》等法律、行政法规的规定，制定本办法。

第二条　在中华人民共和国境内从事有机产品认证以及获证有机产品生产、加工、进口和销售活动，应当遵守本办法。

第三条　本办法所称有机产品，是指生产、加工和销售符合中国有机产品国家标准的供人类消费、动物食用的产品。

本办法所称有机产品认证，是指认证机构依照本办法的规定，按照有机产品认证规则，对相关产品的生产、加工和销售活动符合中国有机产品国家标准进行的合格评定活动。

第四条　国家市场监督管理总局负责全国有机产品认证的统一管理、监督和综合协调工作。

地方市场监督管理部门负责所辖区域内有机产品认证活动的监督管理工作。

第五条　国家推行统一的有机产品认证制度，实行统一的认证目录、统一的标准和认证实施规则、统一的认证标志。

国家市场监督管理总局负责制定和调整有机产品认证目录、认证实施规则，并对外公布。

第六条　国家市场监督管理总局按照平等互利的原则组织开展有机产品认证国际合作。

开展有机产品认证国际互认活动，应当在国家对外签署的国际合作协议内进行。

第二章　认证实施

第七条　有机产品认证机构（以下简称认证机构）应当依法取得法人资格，并经国家市场监督管理总局批准后，方可从事批准范围内的有机产品认证活动。

认证机构实施认证活动的能力应当符合有关产品认证机构国家标准的要求。

从事有机产品认证检查活动的检查员，应当经国家认证人员注册机构注册后，方可从事有机产品认证检查活动。

第八条　有机产品生产者、加工者（以下统称认证委托人），可以自愿委托认证机构进行有机产品认证，并提交有机产品认证实施规则中规定的申请材料。

认证机构不得受理不符合国家规定的有机产品生产产地环境要求，以及有机产品认证目录外产品的认证委托人的认证委托。

第九条　认证机构应当自收到认证委托人申请材料之日起10日内，完成材料审核，并作出是否受理的决定。对于不予受理的，应当书面通知认证委托人，并说明理由。

认证机构应当在对认证委托人实施现场检查前5日内，将认证委托人、认证检查方案等基本信息报送至国家市场监督管理总局确定的信息系统。

第十条　认证机构受理认证委托后，认证机构应当按照有机产品认证实施规则的规定，由认证检查员对有机产品生产、加工场所进行现场检查，并应当委托具有法定资质的检验检测机构对申请认证的产品进行检验检测。

按照有机产品认证实施规则的规定，需要进行产地（基地）环境监（检）测的，由具有法定资质的监（检）测机构出具监（检）测报告，或者采信认证委托人提供的其他合法有效的环境监（检）测结论。

第十一条　符合有机产品认证要求的，认证机构应当及时向认证委托人出具有机产品认证证书，允许其使用中国有机产品认证标志；对不符合认证要求的，应当书面通知认证委托人，并说明理由。

认证机构及认证人员应当对其作出的认证结论负责。

第十二条 认证机构应当保证认证过程的完整、客观、真实，并对认证过程作出完整记录，归档留存，保证认证过程和结果具有可追溯性。

产品检验检测和环境监（检）测机构应当确保检验检测、监测结论的真实、准确，并对检验检测、监测过程作出完整记录，归档留存。产品检验检测、环境监测机构及其相关人员应当对其作出的检验检测、监测报告的内容和结论负责。

本条规定的记录保存期为5年。

第十三条 认证机构应当按照认证实施规则的规定，对获证产品及其生产、加工过程实施有效跟踪检查，以保证认证结论能够持续符合认证要求。

第十四条 认证机构应当及时向认证委托人出具有机产品销售证，以保证获证产品的认证委托人所销售的有机产品类别、范围和数量与认证证书中的记载一致。

第十五条 有机配料含量（指重量或者液体体积，不包括水和盐，下同）等于或者高于95%的加工产品，应当在获得有机产品认证后，方可在产品或者产品包装及标签上标注“有机”字样，加施有机产品认证标志。

第十六条 认证机构不得对有机配料含量低于95%的加工产品进行有机认证。

第三章 有机产品进口

第十七条 向中国出口有机产品的国家或者地区的有机产品主管机构，可以向市场监督管理总局提出有机产品认证体系等效性评估申请，国家市场监督管理总局受理其申请，并组织有关专家对提交的申请进行评估。

评估可以采取文件审查、现场检查等方式进行。

第十八条 向中国出口有机产品的国家或者地区的有机产品认证体系与中国有机产品认证体系等效的，国家市场监督管理总局可以与其主管部门签署相关备忘录。

该国家或者地区出口至中国的有机产品，依照相关备忘录的规定实施管理。

第十九条 未与国家市场监督管理总局就有机产品认证体系等效性方面签署相关备忘录的国家或者地区的进口产品，拟作为有机产品向中国出口时，应当符合中国有机产品相关法律法规和中国有机产品国家标准的要求。

第二十条 需要获得中国有机产品认证的进口产品生产商、销售商、进口商或者代理商（以下统称进口有机产品认证委托人），应当向经国家市场监督管理总局批准的认证机构提出认证委托。

第二十一条 进口有机产品认证委托人应当按照有机产品认证实施规则的规定，向认证机构提交相关申请资料和文件，其中申请书、调查表、加工工艺流程、产品配方和生产、加工过程中使用的投入品等认证申请材料、文件，应当同时提交中文版本。申请材料不符合要求的，认证机构应当不予受理其认证委托。

认证机构从事进口有机产品认证活动应当符合本办法和有机产品认证实施规则的规定，认证检查记录和检查报告等应当有中文版本。

第二十二条 进口有机产品申报入境检验检疫时，应当提交其所获中国有机产品认证证书复印件、有机产品销售证复印件、认证标志和产品标识等文件。

第二十三条 自对进口有机产品认证委托人出具有机产品认证证书起30日内，认证机构应当向国家市场监督管理总局提交以下书面材料：

（一）获证产品类别、范围和数量；

（二）进口有机产品认证委托人的名称、地址和联系方式；
（三）获证产品生产商、进口商的名称、地址和联系方式；
（四）认证证书和检查报告复印件（中外文版本）；
（五）国家市场监督管理总局规定的其他材料。

第四章　认证证书和认证标志

第二十四条　国家市场监督管理总局负责制定有机产品认证证书的基本格式、编号规则和认证标志的式样、编号规则。

第二十五条　认证证书有效期为1年。

第二十六条　认证证书应当包括以下内容：
（一）认证委托人的名称、地址；
（二）获证产品的生产者、加工者以及产地（基地）的名称、地址；
（三）获证产品的数量、产地（基地）面积和产品种类；
（四）认证类别；
（五）依据的国家标准或者技术规范；
（六）认证机构名称及其负责人签字、发证日期、有效期。

第二十七条　获证产品在认证证书有效期内，有下列情形之一的，认证委托人应当在15日内向认证机构申请变更。认证机构应当自收到认证证书变更申请之日起30日内，对认证证书进行变更：
（一）认证委托人或者有机产品生产、加工单位名称或者法人性质发生变更的；
（二）产品种类和数量减少的；
（三）其他需要变更认证证书的情形。

第二十八条　有下列情形之一的，认证机构应当在30日内注销认证证书，并对外公布：
（一）认证证书有效期届满，未申请延续使用的；
（二）获证产品不再生产的；
（三）获证产品的认证委托人申请注销的；
（四）其他需要注销认证证书的情形。

第二十九条　有下列情形之一的，认证机构应当在15日内暂停认证证书，认证证书暂停期为1至3个月，并对外公布：
（一）未按照规定使用认证证书或者认证标志的；
（二）获证产品的生产、加工、销售等活动或者管理体系不符合认证要求，且经认证机构评估在暂停期限内能够采取有效纠正或者纠正措施的；
（三）其他需要暂停认证证书的情形。

第三十条　有下列情形之一的，认证机构应当在7日内撤销认证证书，并对外公布：
（一）获证产品质量不符合国家相关法规、标准强制要求或者被检出有机产品国家标准禁用物质的；
（二）获证产品生产、加工活动中使用了有机产品国家标准禁用物质或者受到禁用物质污染的；
（三）获证产品的认证委托人虚报、瞒报获证所需信息的；
（四）获证产品的认证委托人超范围使用认证标志的；
（五）获证产品的产地（基地）环境质量不符合认证要求的；
（六）获证产品的生产、加工、销售等活动或者管理体系不符合认证要求，且在认证证书暂停期间，未采取有效纠正或者纠正措施的；

（七）获证产品在认证证书标明的生产、加工场所外进行了再次加工、分装、分割的；

（八）获证产品的认证委托人对相关方重大投诉且确有问题未能采取有效处理措施的；

（九）获证产品的认证委托人从事有机产品认证活动因违反国家农产品、食品安全管理相关法律法规，受到相关行政处罚的；

（十）获证产品的认证委托人拒不接受市场监督管理部门或者认证机构对其实施监督的；

（十一）其他需要撤销认证证书的情形。

第三十一条　有机产品认证标志为中国有机产品认证标志。

中国有机产品认证标志标有中文“中国有机产品”字样和英文“ORGANIC”字样。图案如下：

第三十二条　中国有机产品认证标志应当在认证证书限定的产品类别、范围和数量内使用。

认证机构应当按照国家市场监督管理总局统一的编号规则，对每枚认证标志进行唯一编号（以下简称有机码），并采取有效防伪、追溯技术，确保发放的每枚认证标志能够溯源到其对应的认证证书和获证产品及其生产、加工单位。

第三十三条　获证产品的认证委托人应当在获证产品或者产品的最小销售包装上，加施中国有机产品认证标志、有机码和认证机构名称。

获证产品标签、说明书及广告宣传等材料上可以印制中国有机产品认证标志，并可以按照比例放大或者缩小，但不得变形、变色。

第三十四条　有下列情形之一的，任何单位和个人不得在产品、产品最小销售包装及其标签上标注含有“有机”、“ORGANIC”等字样且可能误导公众认为该产品为有机产品的文字表述和图案：

（一）未获得有机产品认证的；

（二）获证产品在认证证书标明的生产、加工场所外进行了再次加工、分装、分割的。

第三十五条　认证证书暂停期间，获证产品的认证委托人应当暂停使用认证证书和认证标志；认证证书注销、撤销后，认证委托人应当向认证机构交回认证证书和未使用的认证标志。

第五章　监督管理

第三十六条　国家市场监督管理总局对有机产品认证活动组织实施监督检查和不定期的专项监督检查。

第三十七条　县级以上地方市场监督管理部门应当依法对所辖区域的有机产品认证活动进行监督检查，查处获证有机产品生产、加工、销售活动中的违法行为。

第三十八条　县级以上地方市场监督管理部门的监督检查的方式包括：

（一）对有机产品认证活动是否符合本办法和有机产品认证实施规则规定的监督检查；

（二）对获证产品的监督抽查；

（三）对获证产品认证、生产、加工、进口、销售单位的监督检查；

（四）对有机产品认证证书、认证标志的监督检查；

（五）对有机产品认证咨询活动是否符合相关规定的监督检查；

（六）对有机产品认证和认证咨询活动举报的调查处理；

（七）对违法行为的依法查处。

第三十九条 国家市场监督管理总局通过信息系统，定期公布有机产品认证动态信息。

认证机构在出具认证证书之前，应当按要求及时向信息系统报送有机产品认证相关信息，并获取认证证书编号。

认证机构在发放认证标志之前，应当将认证标志、有机码的相关信息上传到信息系统。

县级以上地方市场监督管理部门通过信息系统，根据认证机构报送和上传的认证相关信息，对所辖区域内开展的有机产品认证活动进行监督检查。

第四十条 获证产品的认证委托人以及有机产品销售单位和个人，在产品生产、加工、包装、贮藏、运输和销售等过程中，应当建立完善的产品质量安全追溯体系和生产、加工、销售记录档案制度。

第四十一条 有机产品销售单位和个人在采购、贮藏、运输、销售有机产品的活动中，应当符合有机产品国家标准的规定，保证销售的有机产品类别、范围和数量与销售证中的产品类别、范围和数量一致，并能够提供与正本内容一致的认证证书和有机产品销售证的复印件，以备相关行政监管部门或者消费者查询。

第四十二条 市场监督管理部门可以根据国家有关部门发布的动植物疫情、环境污染风险预警等信息，以及监督检查、消费者投诉举报、媒体反映等情况，及时发布关于有机产品认证区域、获证产品及其认证委托人、认证机构的认证风险预警信息，并采取相关应对措施。

第四十三条 获证产品的认证委托人提供虚假信息、违规使用禁用物质、超范围使用有机认证标志，或者出现产品质量安全重大事故的，认证机构5年内不得受理该企业及其生产基地、加工场所的有机产品认证委托。

第四十四条 认证委托人对认证机构的认证结论或者处理决定有异议的，可以向认证机构提出申诉。

第四十五条 任何单位和个人对有机产品认证活动中的违法行为，可以向市场监督管理部门举报。市场监督管理部门应当及时调查处理，并为举报人保密。

第六章 罚 则

第四十六条 伪造、冒用、非法买卖认证标志的，县级以上地方市场监督管理部门依照《中华人民共和国产品质量法》、《中华人民共和国进出口商品检验法》及其实施条例等法律、行政法规的规定处罚。

第四十七条 伪造、变造、冒用、非法买卖、转让、涂改认证证书的，县级以上地方市场监督管理部门责令改正，处3万元罚款。

违反本办法第三十九条第二款的规定，认证机构在其出具的认证证书上自行编制认证证书编号的，视为伪造认证证书。

第四十八条 违反本办法第三十四条的规定，在产品或者产品包装及标签上标注含有“有机”、“ORGANIC”等字样且可能误导公众认为该产品为有机产品的文字表述和图案的，县级以上地方市场监督管理部门责令改正，处3万元以下罚款。

第四十九条 认证机构有下列情形之一的，国家市场监督管理总局应当责令改正，予以警告，并对外公布：

（一）未依照本办法第三十九条第三款的规定，将有机产品认证标志、有机码上传到国家市场监督管理总局确定的信息系统的；

（二）未依照本办法第九条第二款的规定，向国家市场监督管理总局确定的信息系统报送相关认证信息或者其所报送信息失实的；

（三）未依照本办法第二十三条的规定，向国家市场监督管理总局提交相关材料备案的。

第五十条 违反本办法第十六条的规定，认证机构对有机配料含量低于95%的加工产品进行有机认证的，县级以上地方市场监督管理部门责令改正，处3万元以下罚款。

第五十一条 认证机构违反本办法第二十九条、第三十条的规定，未及时暂停或者撤销认证证书并对外公布的，依照《中华人民共和国认证认可条例》第五十九条的规定处罚。

第五十二条 认证机构、获证产品的认证委托人拒绝接受国家市场监督管理总局或者县级以上地方市场监督管理部门监督检查的，责令限期改正；逾期未改正的，处3万元以下罚款。

第五十三条 有机产品认证活动中的其他违法行为，依照有关法律、行政法规、部门规章的规定处罚。

第七章 附 则

第五十四条 有机产品认证收费应当依照国家有关价格法律、行政法规的规定执行。

第五十五条 出口的有机产品，应当符合进口国家或者地区的要求。

第五十六条 本办法所称有机配料，是指在制造或者加工有机产品时使用并存在（包括改性的形式存在）于产品中的任何物质，包括添加剂。

第五十七条 本办法由国家市场监督管理总局负责解释。

第五十八条 本办法自2014年4月1日起施行。国家质检总局2004年11月5日公布的《有机产品认证管理办法》（国家质检总局第67号令）同时废止。

关于“农产品质量安全检测机构资格认定”“境外贸易商申请农业转基因生物安全证书（进口）”“研制新兽药使用一类病原微生物审批”等3项行政许可事项实施全程电子化审批的公告

（农业农村部公告第376号）

发布日期：2020-12-24
实施日期：2020-12-24
法规类型：规范性文件

为深入贯彻落实国务院“放管服”改革精神，提高审批效率、优化服务水平，进一步方便行政许可申请人，我部决定对“农产品质量安全检测机构资格认定”“境外贸易商申请农业转基因生物安全证书（进口）”“研制新兽药使用一类病原微生物审批”等3项行政许可事项实施全程电子化审批。自2020年12月28日起，上述许可事项不再需要提交纸质申请表和申请资料，申请人可通过农业农村部政务服务平台（以下简称“平台”）提交申请并上传电子版申请资料，并在平台中即时查询受理和审批结果信息。我部将根据网上申请材料进行受理、审查并作出审批决定，不再发送纸质受理通知书和办结通知书，予以批准的，按照原方式公告或发送证书、批件。申请人应对其提交的申请资料真实性负责，对发现申请人隐瞒有关情况、提供虚假材料以及以欺骗等不正当手段取得行政许可的，按照《行政许可法》等相关法律法规进行处罚。

认监委关于发布中国新西兰有机产品认证互认安排实施事项的公告

（国家认证认可监督管理委员会公告2022年第3号）

发布日期：2022-01-28
实施日期：2022-01-28
法规类型：规范性文件

根据《中国国家认证认可监督管理委员会与新西兰初级产业部关于有机产品认证互认的安排》（以下简称《互认安排》），在满足《互认安排》要求的前提下，新西兰和中国的有机产品认证制度和结果是等效的。现将互认实施有关事项公告如下。

一、产品范围

《互认安排》适用于列入《有机产品认证目录》内产品，但不包括水产品和纺织品。有机加工产品将至少包含95%的根据新西兰官方有机产品保证计划或中国有机产品国家标准生产认证的有机原料。

二、《互认安排》框架下中国有机产品出口新西兰认证安排

（一）认证要求。在满足中国有机产品认证相关要求的基础上，出口新西兰的有机产品在土肥管理和食品添加剂、食品加工助剂等方面，还应符合《从中国出口到新西兰的有机产品中禁止使用的物质清单》要求（见附件1）。

（二）认证证书和标识。每批输往新西兰的中国有机产品均应附有中国认证机构颁发的英文有机产品认证证书（证书示例见附件2）。在新西兰销售的中国有机产品应加施中国有机产品认证标志、有机码和认证机构名称。

三、《互认安排》框架下中国进口新西兰有机产品认证安排

（一）认证要求。在满足新西兰官方有机产品保证计划要求的同时，新西兰出口到中国的有机产品在植物保护产品、食品添加剂与加工助剂等方面，还应符合《从新西兰出口到中国的有机产品中禁止使用的物质清单》要求（见附件3）。新西兰输华产品中使用的进口有机原料应获得中国有机产品认证（不含转换认证）并具有中国有机产品认证机构颁发的有机产品认证证书。

（二）认证证书和标识。在我国销售的新西兰有机产品应加施中国有机产品认证标志和有机码。

1. 在我国境内由获得我国有机产品认证机构认证的我国进口商加施。

2. 在新西兰境内由获证生产企业通过以下方式加施。

（1）在我国有机产品认证机构管理下加施。我国有机产品认证机构根据《互认安排》中列明的新西兰认证机构（见附件4）的认证结果及证书，为新西兰企业换发中国有机产品认证证书，并对新西兰获证生产企业加施中国有机认证标志和有机码进行管理。

为新西兰企业换发中国有机产品认证证书业务的我国认证机构应制定详细的换发证书方

案和要求，可采信新方认证机构的有机产品认证结果，视实际情况决定是否开展现场检查，必要时可补充远程审核。

（2）在新西兰认证机构管理下加施。新西兰认证机构在新西兰初级产业部监管下，通过中国食品农产品认证信息系统上传有机产品认证信息和备案有机码，并对获证生产企业加施中国有机产品认证标志、有机码和新西兰认证机构的标识进行管理（标识见附件 4）。

本公告自发布之日起实施。

附件：1. 从中国出口到新西兰的有机产品中禁止使用的物质清单

2. 输新有机产品认证英文证书样式示例

3. 从新西兰出口到中国的有机产品中禁止使用的物质清单

4. 新西兰认证机构名单和有机认证标识

附件 1

从中国出口到新西兰的有机产品中禁止使用的物质清单

根据《互认安排》，从中国出口到新西兰的有机产品中投入物质使用应符合以下要求：

一、土肥管理

植物生产中禁止使用人粪尿。

二、食品添加剂和食品助剂

所有食品添加剂与加工助剂应符合在《澳大利亚新西兰食品安全标准法典》（见：www. foodstandards. govt. nz）中列出的限量和限制规定。

附件 2

输新有机产品认证英文证书样式示例

根据《互认安排》，各相关认证机构按照下列样式为输新有机产品获证企业签发英文证书。

TEMPLATE OF ORGANIC CERTIFICATE

Certificate code: **************

ORGANIC PRODUCT CERTIFICATE

Name of Application(certificate holder) *************************

Address *************************

Name of producer/processor *************************

Address *************************

Category of organic product certification: production/processing (indicating specific category for production, ie, crop production, wild plant collection, livestock ane poultry production, aquaculture)

Certification basis:

GB/T 19630 Organic products—Requirements for production, processing, labeling and management system

Certification scope:

Serial No.	Name of production unit/processing site	Address of production unit/processing site	Area of production unit	Name of product	Description of product	Production capacity	quantity

(Appendix may be attached and has the same legal effect with this certificate)

This is to certify that the above listed products and their production (processing) process have been in conformity with implementation Rules for Organic Product Certification.

Initial issuance date:dd/mm/yyyy

Issuing date: dd/mm/yyyy

Expiry date: from dd/mm/yyyy to dd/mm/yyyy

Responsible person(Signature):__________ Seal of Certication Body

Name of Certification Body:

Address:

Tel.:

(Logo of Certication Body) (Logo of Accreditation Body)

附件 3

从新西兰出口到中国的有机产品中禁止使用的物质清单

根据《互认安排》，从新西兰出口到中国的有机产品中投入物质使用应符合以下要求：

一、植物保护产品

禁止使用拟除虫菊酯。

二、食品添加剂与加工助剂

所有食品添加剂与加工助剂应根据中国国家标准 GB 2760《食品安全国家标准 食品添加剂使用标准》中限定的范围和限量使用。

附件 4

新西兰认证机构名单和有机认证标识

认证机构名称	地址	有机产品认证标识			备注
AsureQuality Limited	Level 1, 7A Pacific Rise Mt Wellington Auckland 1060 New Zealand	2019 年 4 月之前包装的产品，在 2021 年 4 月前可使用此标志：CERTIFIED ORGANIC NZ1234 ASUREQUALITY	2019 年 4 月 15 日到 2022 年 4 月 15 日之间包装的产品可以使用此标志：ORGANIC Certified New Zealand 1234	2020 年 5 月 1 日之后包装的产品可以使用此标志；于 2022 年 4 月 15 日之后包装的产品必须只能使用此标志。ORGANIC Certified New Zealand 1234	唯一的生产企业代码必须印在标志内（数字“1234”的显示位置）。标志也可以印成黑色。
BioGro	115 Tory Street Te Aro Wellington 6011 New Zealand	CERTIFIED bio gro NZ CERT ORGANIC 1234			该标志通常是绿色的。如果由于包装材料的背景颜色，绿颜色标志显示不出来，BioGro 可授权以黑色或白色印刷其标志。唯一的生产企业代码必须印在标志下方（数字“1234”的显示位置）。

计量器具

中华人民共和国计量法

（主席令第28号）

发布日期：1985-09-06
实施日期：2018-10-26
法规类型：法律

（根据2009年8月27日第十一届全国人民代表大会常务委员会第十次会议《关于修改部分法律的决定》第一次修正；根据2013年12月28日第十二届全国人民代表大会常务委员会第六次会议《关于修改〈中华人民共和国海洋环境保护法〉等七部法律的决定》第二次修正；根据2015年4月24日第十二届全国人民代表大会常务委员会第十四次会议《关于修改〈中华人民共和国计量法〉等五部法律的决定》第三次修正；根据2017年12月27日第十二届全国人民代表大会常务委员会第三十一次会议《关于修改〈中华人民共和国招标投标法〉、〈中华人民共和国计量法〉的决定》第四次修正；根据2018年10月26日第十三届全国人民代表大会常务委员会第六次会议《关于修改〈中华人民共和国野生动物保护法〉等十五部法律的决定》第五次修正）

第一章 总 则

第一条 为了加强计量监督管理，保障国家计量单位制的统一和量值的准确可靠，有利于生产、贸易和科学技术的发展，适应社会主义现代化建设的需要，维护国家、人民的利益，制定本法。

第二条 在中华人民共和国境内，建立计量基准器具、计量标准器具，进行计量检定，制造、修理、销售、使用计量器具，必须遵守本法。

第三条 国家实行法定计量单位制度。

国际单位制计量单位和国家选定的其他计量单位，为国家法定计量单位。国家法定计量单位的名称、符号由国务院公布。

因特殊需要采用非法定计量单位的管理办法，由国务院计量行政部门另行制定。

第四条 国务院计量行政部门对全国计量工作实施统一监督管理。

县级以上地方人民政府计量行政部门对本行政区域内的计量工作实施监督管理。

第二章 计量基准器具、计量标准器具和计量检定

第五条 国务院计量行政部门负责建立各种计量基准器具，作为统一全国量值的最高依据。

第六条 县级以上地方人民政府计量行政部门根据本地区的需要，建立社会公用计量标准器具，经上级人民政府计量行政部门主持考核合格后使用。

第七条 国务院有关主管部门和省、自治区、直辖市人民政府有关主管部门，根据本部门的特殊需要，可以建立本部门使用的计量标准器具，其各项最高计量标准器具经同级人民政府计量行政部门主持考核合格后使用。

第八条 企业、事业单位根据需要，可以建立本单位使用的计量标准器具，其各项最高计量标准器具经有关人民政府计量行政部门主持考核合格后使用。

第九条 县级以上人民政府计量行政部门对社会公用计量标准器具，部门和企业、事业单位使用的最高计量标准器具，以及用于贸易结算、安全防护、医疗卫生、环境监测方面的列入强制检定目录的工作计量器具，实行强制检定。未按照规定申请检定或者检定不合格的，不得使用。实行强制检定的工作计量器具的目录和管理办法，由国务院制定。

对前款规定以外的其他计量标准器具和工作计量器具，使用单位应当自行定期检定或者送其他计量检定机构检定。

第十条 计量检定必须按照国家计量检定系统表进行。国家计量检定系统表由国务院计量行政部门制定。

计量检定必须执行计量检定规程。国家计量检定规程由国务院计量行政部门制定。没有国家计量检定规程的，由国务院有关主管部门和省、自治区、直辖市人民政府计量行政部门分别制定部门计量检定规程和地方计量检定规程。

第十一条 计量检定工作应当按照经济合理的原则，就地就近进行。

第三章 计量器具管理

第十二条 制造、修理计量器具的企业、事业单位，必须具有与所制造、修理的计量器具相适应的设施、人员和检定仪器设备。

第十三条 制造计量器具的企业、事业单位生产本单位未生产过的计量器具新产品，必须经省级以上人民政府计量行政部门对其样品的计量性能考核合格，方可投入生产。

第十四条 任何单位和个人不得违反规定制造、销售和进口非法定计量单位的计量器具。

第十五条 制造、修理计量器具的企业、事业单位必须对制造、修理的计量器具进行检定，保证产品计量性能合格，并对合格产品出具产品合格证。

第十六条 使用计量器具不得破坏其准确度，损害国家和消费者的利益。

第十七条 个体工商户可以制造、修理简易的计量器具。

个体工商户制造、修理计量器具的范围和管理办法，由国务院计量行政部门制定。

第四章 计量监督

第十八条 县级以上人民政府计量行政部门应当依法对制造、修理、销售、进口和使用计量器具，以及计量检定等相关计量活动进行监督检查。有关单位和个人不得拒绝、阻挠。

第十九条 县级以上人民政府计量行政部门，根据需要设置计量监督员。计量监督员管理办法，由国务院计量行政部门制定。

第二十条 县级以上人民政府计量行政部门可以根据需要设置计量检定机构，或者授权其他单位的计量检定机构，执行强制检定和其他检定、测试任务。

执行前款规定的检定、测试任务的人员，必须经考核合格。

第二十一条 处理因计量器具准确度所引起的纠纷，以国家计量基准器具或者社会公用计量标准器具检定的数据为准。

第二十二条 为社会提供公证数据的产品质量检验机构，必须经省级以上人民政府计量行政部门对其计量检定、测试的能力和可靠性考核合格。

第五章　法律责任

第二十三条　制造、销售未经考核合格的计量器具新产品的，责令停止制造、销售该种新产品，没收违法所得，可以并处罚款。

第二十四条　制造、修理、销售的计量器具不合格的，没收违法所得，可以并处罚款。

第二十五条　属于强制检定范围的计量器具，未按照规定申请检定或者检定不合格继续使用的，责令停止使用，可以并处罚款。

第二十六条　使用不合格的计量器具或者破坏计量器具准确度，给国家和消费者造成损失的，责令赔偿损失，没收计量器具和违法所得，可以并处罚款。

第二十七条　制造、销售、使用以欺骗消费者为目的的计量器具的，没收计量器具和违法所得，处以罚款；情节严重的，并对个人或者单位直接责任人员依照刑法有关规定追究刑事责任。

第二十八条　违反本法规定，制造、修理、销售的计量器具不合格，造成人身伤亡或者重大财产损失的，依照刑法有关规定，对个人或者单位直接责任人员追究刑事责任。

第二十九条　计量监督人员违法失职，情节严重的，依照刑法有关规定追究刑事责任；情节轻微的，给予行政处分。

第三十条　本法规定的行政处罚，由县级以上地方人民政府计量行政部门决定。

第三十一条　当事人对行政处罚决定不服的，可以在接到处罚通知之日起十五日内向人民法院起诉；对罚款、没收违法所得的行政处罚决定期满不起诉又不履行的，由作出行政处罚决定的机关申请人民法院强制执行。

第六章　附　则

第三十二条　中国人民解放军和国防科技工业系统计量工作的监督管理办法，由国务院、中央军事委员会依据本法另行制定。

第三十三条　国务院计量行政部门根据本法制定实施细则，报国务院批准施行。

第三十四条　本法自 1986 年 7 月 1 日起施行。

中华人民共和国进口计量器具监督管理办法实施细则

（国家技术监督局令第 44 号）

发布日期：1996-06-24
实施日期：2020-10-23
法规类型：部门规章

（根据 2015 年 8 月 25 日国家质量技术监督检验检疫总局令第 166 号第一次修订；根据 2018 年 3 月 6 日国家质量监督检验检疫总局令第 196 号第二次修订；根据 2020 年 10 月 23 日国家市场监督管理总局令第 31 号第三次修订）

第一章　总　则

第一条　为了贯彻实施《中华人民共和国进口计量器具监督管理办法》，加强对进口计量器具的监督管理，根据国家计量法律、法规的有关规定，制定本实施细则。

第二条 任何单位和个人进口计量器具，以及外商或者其代理人在中国销售计量器具，必须遵守本实施细则的规定。

《中华人民共和国进口计量器具监督管理办法》（以下简称《办法》）和本实施细则中所称的外商含外国制造商、经销商，以及港、澳、台地区的制造商、经销商。

《办法》和本实施细则中所称的外商代理人含国内经销者。

第三条 对进口计量器具的监督管理范围是《中华人民共和国依法管理的计量器具》目录内的计量器具，其中必须办理型式批准的进口计量器具的范围是《实施强制管理的计量器具目录》内监管方式为型式批准的计量器具。

第四条 国务院计量行政部门对全国的进口计量器具实施统一监督管理。

县级以上政府计量行政部门对本行政区域内的进口计量器具依法实施监督管理。

第五条 各地区、各部门的机电产品进口管理机构和海关等部门在各自的职责范围内对进口计量器具实施管理。

第二章 型式批准

第六条 凡进口或者在中国境内销售列入《实施强制管理的计量器具目录》内监管方式为型式批准的计量器具的，应当向国务院计量行政部门申请办理型式批准。未经型式批准的，不得进口或者销售。

型式批准包括计量法制审查和定型鉴定。

第七条 进口计量器具的型式批准，由外商申请办理。

外商或者其代理人在中国境内销售进口的计量器具的型式批准，由外商或者其代理人申请办理。

第八条 外商或者其代理人向国务院计量行政部门申请型式批准，必须递交以下申请资料：

（一）型式批准申请书；

（二）计量器具样机照片；

（三）计量器具技术说明书（含中文说明）。

第九条 国务院计量行政部门对型式批准的申请资料在十五日内完成计量法制审查，审查的主要内容为：

（一）是否采用我国法定计量单位；

（二）是否属于国务院明令禁止使用的计量器具；

（三）是否符合我国计量法律法规的其他要求。

第十条 国务院计量行政部门在计量法制审查合格后，确定鉴定样机的规格和数量，委托技术机构进行定型鉴定，并通知外商或者其代理人在商定的时间内向该技术机构提供试验样机和下列技术资料：

（一）技术说明；

（二）总装图、主要结构图和电路图；

（三）技术标准文件和检验方法；

（四）样机试验报告；

（五）安全保证说明；

（六）使用说明书；

（七）提供检定和铅封的标志位置说明。

第十一条 外商或者其代理人提供的定型鉴定所需要的样机，由海关在收取相当于税款的保证金后验放或者凭国务院计量行政部门的保函验放并免收关税。

第十二条 承担定型鉴定的技术机构应当在海关限定的保证期限内将样机退还外商或者其代理人并监督办理退关手续。

第十三条 定型鉴定应当按照鉴定大纲进行。鉴定大纲由承担定型鉴定的技术机构根据国家有关计量检定规程、计量技术规范或者参照国际法制计量组织的国际建议（以下简称国际建议）制定。

没有国家有关计量检定规程、计量技术规范或者国际建议的，可以按照合同的有关要求或者明示技术指标制定。

第十四条 定型鉴定的主要内容包括：外观检查，计量性能考核以及安全性、环境适应性、可靠性或者寿命试验等项目。

第十五条 定型鉴定应当在收到样机后三个月内完成，因特殊情况需要延长时间的，应当报国务院计量行政部门批准。

第十六条 承担定型鉴定的技术机构应当在试验结束后将《定型鉴定结果通知书》、《鉴定大纲》和《计量器具定型注册表》，一式两份报国务院计量行政部门审核。

承担定型鉴定的技术机构应当保留完整的定型鉴定原始资料，保存期为五年。

第十七条 定型鉴定审核合格的，由国务院计量行政部门向申请办理型式批准的外商或者其代理人颁发《中华人民共和国进口计量器具型式批准证书》，并准予其在相应的计量器具产品上和包装上使用进口计量器具型式批准的标志和编号。

定型鉴定审核不合格的，由国务院计量行政部门提出书面意见并通知申请人。

第十八条 有下列情况之一的，可以申请办理临时型式批准：

（一）确属急需的；

（二）销售量极少的；

（三）国内暂无定型鉴定能力的；

（四）展览会留购的；

（五）其他特殊需要的。

第十九条 申请办理第十八条第（一）（二）（三）（五）项所列的临时型式批准的外商或者其代理人，应当向国务院计量行政部门或者其委托的地方政府计量行政部门递交进口计量器具临时型式批准申请表和第八条所列申请资料。

申请办理第十八条第（四）项所列的临时型式批准的外商或者其代理人，应当向当地省级政府计量行政部门或者其委托的地方政府计量行政部门递交进口计量器具临时型式批准申请表和第八条所列申请资料。

第二十条 有权办理临时型式批准证书的政府计量行政部门对递交的临时型式批准申请资料进行计量法制审查，可以安排技术机构进行检定。

第二十一条 临时型式批准审查合格的，由国务院计量行政部门颁发《中华人民共和国进口计量器具临时型式批准证书》；属展览会留购的，由省级政府计量行政部门颁发《中华人民共和国进口计量器具临时型式批准证书》。

临时型式批准证书应当注明批准的数量和有效期限。

第二十二条 承担进口计量器具定型鉴定的技术机构必须经计量考核合格并经国务院计量行政部门授权后方可开展工作。

第二十三条 承担进口计量器具定型鉴定的技术机构及其工作人员，应当对申请人提供的技术资料、样机保密。

参加定型鉴定的人员不得直接从事与其承担项目相同产品的技术咨询和技术开发。

第二十四条 进口计量器具经型式批准后，由国务院计量行政部门予以公布。

第三章 法律责任

第二十五条 违反规定进口或者销售非法定计量单位的计量器具的，由县级以上政府计量行政部门依照《中华人民共和国计量法实施细则》的规定处罚。

第二十六条 进口或者销售未经国务院计量行政部门型式批准的计量器具的，由县级以上政府计量行政部门依照《中华人民共和国进口计量器具监督管理办法》的规定处罚。

第二十七条 承担进口计量器具定型鉴定的技术机构及其工作人员，违反本实施细则的规定，给申请单位造成损失的，应当按照国家有关规定，赔偿申请单位的损失，并给予直接责任人员行政处分；构成犯罪的，依法追究其刑事责任。

第四章 附 则

第二十八条 省级以上政府计量行政部门对承担进口计量器具定型鉴定的技术机构实施监督管理。

第二十九条 申请进口计量器具的型式批准、定型鉴定，应当按照国家有关规定缴纳费用。

第三十条 进口用于统一量值的标准物质的管理，参照本实施细则执行。

第三十一条 本实施细则由国家市场监督管理总局负责解释。

第三十二条 本实施细则自发布之日起施行。

中华人民共和国计量法实施细则

（国家技术监督局令第3号）

发布日期：1987-02-01
实施日期：2022-05-01
法规类型：行政法规

（根据2016年2月6日国务院令第666号《国务院关于修改部分行政法规的决定》第一次修订；根据2017年3月1日国务院令第676号《国务院关于修改和废止部分行政法规的决定》第二次修订；根据2018年3月19日国务院令第698号《国务院关于修改和废止部分行政法规的决定》第三次修订）

第一章 总 则

第一条 根据《中华人民共和国计量法》的规定，制定本细则。

第二条 国家实行法定计量单位制度。法定计量单位的名称、符号按照国务院关于在我国统一实行法定计量单位的有关规定执行。

第三条 国家有计划地发展计量事业，用现代计量技术装备各级计量检定机构，为社会主义现代化建设服务，为工农业生产、国防建设、科学实验、国内外贸易以及人民的健康、安全提供计量保证，维护国家和人民的利益。

第二章 计量基准器具和计量标准器具

第四条 计量基准器具（简称计量基准，下同）的使用必须具备下列条件：

（一）经国家鉴定合格；

（二）具有正常工作所需要的环境条件；

（三）具有称职的保存、维护、使用人员；

（四）具有完善的管理制度。

符合上述条件的，经国务院计量行政部门审批并颁发计量基准证书后，方可使用。

第五条 非经国务院计量行政部门批准，任何单位和个人不得拆卸、改装计量基准，或者自行中断其计量检定工作。

第六条 计量基准的量值应当与国际上的量值保持一致。国务院计量行政部门有权废除技术水平落后或者工作状况不适应需要的计量基准。

第七条 计量标准器具（简称计量标准，下同）的使用，必须具备下列条件：

（一）经计量检定合格；

（二）具有正常工作所需要的环境条件；

（三）具有称职的保存、维护、使用人员；

（四）具有完善的管理制度。

第八条 社会公用计量标准对社会上实施计量监督具有公证作用。县级以上地方人民政府计量行政部门建立的本行政区域内最高等级的社会公用计量标准，须向上一级人民政府计量行政部门申请考核；其他等级的，由当地人民政府计量行政部门主持考核。

经考核符合本细则第七条规定条件并取得考核合格证的，由当地县级以上人民政府计量行政部门审批颁发社会公用计量标准证书后，方可使用。

第九条 国务院有关主管部门和省、自治区、直辖市人民政府有关主管部门建立的本部门各项最高计量标准，经同级人民政府计量行政部门考核，符合本细则第七条规定条件并取得考核合格证的，由有关主管部门批准使用。

第十条 企业、事业单位建立本单位各项最高计量标准，须向与其主管部门同级的人民政府计量行政部门申请考核。乡镇企业向当地县级人民政府计量行政部门申请考核。经考核符合本细则第七条规定条件并取得考核合格证的，企业、事业单位方可使用，并向其主管部门备案。

第三章　计量检定

第十一条 使用实行强制检定的计量标准的单位和个人，应当向主持考核该项计量标准的有关人民政府计量行政部门申请周期检定。

使用实行强制检定的工作计量器具的单位和个人，应当向当地县（市）级人民政府计量行政部门指定的计量检定机构申请周期检定。当地不能检定的，向上一级人民政府计量行政部门指定的计量检定机构申请周期检定。

第十二条 企业、事业单位应当配备与生产、科研、经营管理相适应的计量检测设施，制定具体的检定管理办法和规章制度，规定本单位管理的计量器具明细目录及相应的检定周期，保证使用的非强制检定的计量器具定期检定。

第十三条 计量检定工作应当符合经济合理、就地就近的原则，不受行政区划和部门管辖的限制。

第四章　计量器具的制造和修理

第十四条 制造、修理计量器具的企业、事业单位和个体工商户须在固定的场所从事经营，具有符合国家规定的生产设施、检验条件、技术人员等，并满足安全要求。

第十五条 凡制造在全国范围内从未生产过的计量器具新产品，必须经过定型鉴定。定型鉴定合格后，应当履行型式批准手续，颁发证书。在全国范围内已经定型，而本单位未生产过的计量器具新产品，应当进行样机试验。样机试验合格后，发给合格证书。凡未经型式批准或者未取得样机试验合格证书的计量器具，不准生产。

第十六条 计量器具新产品定型鉴定，由国务院计量行政部门授权的技术机构进行；样机试验由所在地方的省级人民政府计量行政部门授权的技术机构进行。

计量器具新产品的型式，由当地省级人民政府计量行政部门批准。省级人民政府计量行政部门批准的型式，经国务院计量行政部门审核同意后，作为全国通用型式。

第十七条 申请计量器具新产品定型鉴定和样机试验的单位，应当提供新产品样机及有关技术文件、资料。

负责计量器具新产品定型鉴定和样机试验的单位，对申请单位提供的样机和技术文件、资料必须保密。

第十八条 对企业、事业单位制造、修理计量器具的质量，各有关主管部门应当加强管理，县级以上人民政府计量行政部门有权进行监督检查，包括抽检和监督试验。凡无产品合格印、证，或者经检定不合格的计量器具，不准出厂。

第五章　计量器具的销售和使用

第十九条 外商在中国销售计量器具，须比照本细则第十五条的规定向国务院计量行政部门申请型式批准。

第二十条 县级以上地方人民政府计量行政部门对当地销售的计量器具实施监督检查。凡没有产品合格印、证标志的计量器具不得销售。

第二十一条 任何单位和个人不得经营销售残次计量器具零配件，不得使用残次零配件组装和修理计量器具。

第二十二条 任何单位和个人不准在工作岗位上使用无检定合格印、证或者超过检定周期以及经检定不合格的计量器具。在教学示范中使用计量器具不受此限。

第六章　计量监督

第二十三条 国务院计量行政部门和县级以上地方人民政府计量行政部门监督和贯彻实施计量法律、法规的职责是：

（一）贯彻执行国家计量工作的方针、政策和规章制度，推行国家法定计量单位；

（二）制定和协调计量事业的发展规划，建立计量基准和社会公用计量标准，组织量值传递；

（三）对制造、修理、销售、使用计量器具实施监督；

（四）进行计量认证，组织仲裁检定，调解计量纠纷；

（五）监督检查计量法律、法规的实施情况，对违反计量法律、法规的行为，按照本细则的有关规定进行处理。

第二十四条 县级以上人民政府计量行政部门的计量管理人员，负责执行计量监督、管理任务；计量监督员负责在规定的区域、场所巡回检查，并可根据不同情况在规定的权限内对违反计量法律、法规的行为，进行现场处理，执行行政处罚。

计量监督员必须经考核合格后，由县级以上人民政府计量行政部门任命并颁发监督员证件。

第二十五条 县级以上人民政府计量行政部门依法设置的计量检定机构，为国家法定计量检定机构。其职责是：负责研究建立计量基准、社会公用计量标准，进行量值传递，执行强制检定和法律规定的其他检定、测试任务，起草技术规范，为实施计量监督提供技术保证，并承办有关计量监督工作。

第二十六条　国家法定计量检定机构的计量检定人员，必须经考核合格。

计量检定人员的技术职务系列，由国务院计量行政部门会同有关主管部门制定。

第二十七条　县级以上人民政府计量行政部门可以根据需要，采取以下形式授权其他单位的计量检定机构和技术机构，在规定的范围内执行强制检定和其他检定、测试任务：

（一）授权专业性或区域性计量检定机构，作为法定计量检定机构；

（二）授权建立社会公用计量标准；

（三）授权某一部门或某一单位的计量检定机构，对其内部使用的强制检定计量器具执行强制检定；

（四）授权有关技术机构，承担法律规定的其他检定、测试任务。

第二十八条　根据本细则第二十七条规定被授权的单位，应当遵守下列规定：

（一）被授权单位执行检定、测试任务的人员，必须经考核合格；

（二）被授权单位的相应计量标准，必须接受计量基准或者社会公用计量标准的检定；

（三）被授权单位承担授权的检定、测试工作，须接受授权单位的监督；

（四）被授权单位成为计量纠纷中当事人一方时，在双方协商不能自行解决的情况下，由县级以上有关人民政府计量行政部门进行调解和仲裁检定。

第七章　产品质量检验机构的计量认证

第二十九条　为社会提供公证数据的产品质量检验机构，必须经省级以上人民政府计量行政部门计量认证。

第三十条　产品质量检验机构计量认证的内容：

（一）计量检定、测试设备的性能；

（二）计量检定、测试设备的工作环境和人员的操作技能；

（三）保证量值统一、准确的措施及检测数据公正可靠的管理制度。

第三十一条　产品质量检验机构提出计量认证申请后，省级以上人民政府计量行政部门应指定所属的计量检定机构或者被授权的技术机构按照本细则第三十条规定的内容进行考核。考核合格后，由接受申请的省级以上人民政府计量行政部门发给计量认证合格证书。未取得计量认证合格证书的，不得开展产品质量检验工作。

第三十二条　省级以上人民政府计量行政部门有权对计量认证合格的产品质量检验机构，按照本细则第三十条规定的内容进行监督检查。

第三十三条　已经取得计量认证合格证书的产品质量检验机构，需新增检验项目时，应按照本细则有关规定，申请单项计量认证。

第八章　计量调解和仲裁检定

第三十四条　县级以上人民政府计量行政部门负责计量纠纷的调解和仲裁检定，并可根据司法机关、合同管理机关、涉外仲裁机关或者其他单位的委托，指定有关计量检定机构进行仲裁检定。

第三十五条　在调解、仲裁及案件审理过程中，任何一方当事人均不得改变与计量纠纷有关的计量器具的技术状态。

第三十六条　计量纠纷当事人对仲裁检定不服的，可以在接到仲裁检定通知书之日起15日内向上一级人民政府计量行政部门申诉。上一级人民政府计量行政部门进行的仲裁检定为终局仲裁检定。

第九章　费用

第三十七条　建立计量标准申请考核，使用计量器具申请检定，制造计量器具新产品申请定型和样机试验，以及申请计量认证和仲裁检定，应当缴纳费用，具体收费办法或收费标准，由国务院计量行政部门会同国家财政、物价部门统一制定。

第三十八条　县级以上人民政府计量行政部门实施监督检查所进行的检定和试验不收费。被检查的单位有提供样机和检定试验条件的义务。

第三十九条　县级以上人民政府计量行政部门所属的计量检定机构，为贯彻计量法律、法规，实施计量监督提供技术保证所需要的经费，按照国家财政管理体制的规定，分别列入各级财政预算。

第十章　法律责任

第四十条　违反本细则第二条规定，使用非法定计量单位的，责令其改正；属出版物的，责令其停止销售，可并处1000元以下的罚款。

第四十一条　违反《中华人民共和国计量法》第十四条规定，制造、销售和进口非法定计量单位的计量器具的，责令其停止制造、销售和进口，没收计量器具和全部违法所得，可并处相当其违法所得10%至50%的罚款。

第四十二条　部门和企业、事业单位的各项最高计量标准，未经有关人民政府计量行政部门考核合格而开展计量检定的，责令其停止使用，可并处1000元以下的罚款。

第四十三条　属于强制检定范围的计量器具，未按照规定申请检定和属于非强制检定范围的计量器具未自行定期检定或者送其他计量检定机构定期检定的，以及经检定不合格继续使用的，责令其停止使用，可并处1000元以下的罚款。

第四十四条　制造、销售未经型式批准或样机试验合格的计量器具新产品的，责令其停止制造、销售，封存该种新产品，没收全部违法所得，可并处3000元以下的罚款。

第四十五条　制造、修理的计量器具未经出厂检定或者经检定不合格而出厂的，责令其停止出厂，没收全部违法所得；情节严重的，可并处3000元以下的罚款。

第四十六条　使用不合格计量器具或者破坏计量器具准确度和伪造数据，给国家和消费者造成损失的，责令其赔偿损失，没收计量器具和全部违法所得，可并处2000元以下的罚款。

第四十七条　经营销售残次计量器具零配件的，责令其停止经营销售，没收残次计量器具零配件和全部违法所得，可并处2000元以下的罚款；情节严重的，由工商行政管理部门吊销其营业执照。

第四十八条　制造、销售、使用以欺骗消费者为目的的计量器具的单位和个人，没收其计量器具和全部违法所得，可并处2000元以下的罚款；构成犯罪的，对个人或者单位直接责任人员，依法追究刑事责任。

第四十九条　个体工商户制造、修理国家规定范围以外的计量器具或者不按照规定场所从事经营活动的，责令其停止制造、修理，没收全部违法所得，可并处以500元以下的罚款。

第五十条　未取得计量认证合格证书的产品质量检验机构，为社会提供公证数据的，责令其停止检验，可并处1000元以下的罚款。

第五十一条　伪造、盗用、倒卖强制检定印、证的，没收其非法检定印、证和全部违法所得，可并处2000元以下的罚款；构成犯罪的，依法追究刑事责任。

第五十二条　计量监督管理人员违法失职，徇私舞弊，情节轻微的，给予行政处分；构成犯罪的，依法追究刑事责任。

第五十三条　负责计量器具新产品定型鉴定、样机试验的单位，违反本细则第十七条第二款规定的，应当按照国家有关规定，赔偿申请单位的损失，并给予直接责任人员行政处分；构成犯罪的，依法追究刑事责任。

第五十四条 计量检定人员有下列行为之一的，给予行政处分；构成犯罪的，依法追究刑事责任：

（一）伪造检定数据的；

（二）出具错误数据，给送检一方造成损失的；

（三）违反计量检定规程进行计量检定的；

（四）使用未经考核合格的计量标准开展检定的；

（五）未经考核合格执行计量检定的。

第五十五条 本细则规定的行政处罚，由县级以上地方人民政府计量行政部门决定。罚款1万元以上的，应当报省级人民政府计量行政部门决定。没收违法所得及罚款一律上缴国库。

本细则第四十六条规定的行政处罚，也可以由工商行政管理部门决定。

第十一章 附 则

第五十六条 本细则下列用语的含义是：

（一）计量器具是指能用以直接或间接测出被测对象量值的装置、仪器仪表、量具和用于统一量值的标准物质，包括计量基准、计量标准、工作计量器具。

（二）计量检定是指为评定计量器具的计量性能，确定其是否合格所进行的全部工作。

（三）定型鉴定是指对计量器具新产品样机的计量性能进行全面审查、考核。

（四）计量认证是指政府计量行政部门对有关技术机构计量检定、测试的能力和可靠性进行的考核和证明。

（五）计量检定机构是指承担计量检定工作的有关技术机构。

（六）仲裁检定是指用计量基准或者社会公用计量标准所进行的以裁决为目的的计量检定、测试活动。

第五十七条 中国人民解放军和国防科技工业系统涉及本系统以外的计量工作的监督管理，亦适用本细则。

第五十八条 本细则有关的管理办法、管理范围和各种印、证标志，由国务院计量行政部门制定。

第五十九条 本细则由国务院计量行政部门负责解释。

第六十条 本细则自发布之日起施行。

中华人民共和国进口计量器具监督管理办法

（国家技术监督局令第 3 号）

发布日期：1989-11-04
实施日期：2016-02-06
法规类型：部门规章

（根据 2016 年 2 月 6 日国务院令第 666 号《国务院关于修改部分行政法规的决定》修订）

第一章　总　则

第一条　为加强进口计量器具的监督管理，根据《中华人民共和国计量法》和《中华人民共和国计量法实施细则》的有关规定，制定本办法。

第二条　任何单位和个人进口计量器具，以及外商（含外国制造商、经销商，下同）或其代理人在中国销售计量器具，都必须遵守本办法。

第三条　进口计量器具的监督管理，由国务院计量行政部门主管，具体实施由国务院和地方有关部门分工负责。

第二章　进口计量器具的型式批准

第四条　凡进口或外商在中国境内销售列入本办法所附《中华人民共和国进口计量器具型式审查目录》内的计量器具的，应向国务院计量行政部门申请办理型式批准。

属进口的，由外商申请型式批准。

属外商在中国境内销售的，由外商或其代理人申请型式批准。

国务院计量行政部门可根据情况变化对《中华人民共和国进口计量器具型式审查目录》作个别调整。

第五条　外商或其代理人申请型式批准，须向国务院计量行政部门递交型式批准申请书、计量器具样机照片和必要的技术资料。

国务院计量行政部门应根据外商或其代理人递交的资料进行计量法制审查。

第六条　国务院计量行政部门接受申请后，负责安排授权的技术机构进行定型鉴定，并通知外商或其代理人向承担定型鉴定的技术机构提供样机和以下技术资料：

(1)（一）计量器具的技术说明书；

(2)（二）计量器具的总装图、结构图和电路图；

(3)（三）技术标准文件和检验方法；

(4)（四）样机测试报告；

(5)（五）使用说明书。

定型鉴定所需的样机由外商或其代理人无偿提供。海关凭国务院计量行政部门的保函验放并免收关税。样机经鉴定后退还申请人。

第七条　定型鉴定按鉴定大纲进行。鉴定大纲由承担鉴定的技术机构，根据国务院计量行政部门发布的《计量器具定型鉴定技术规范》的要求制定。主要内容包括：外观检查、计量性能考核以及安全性、环境适应性、可靠性和寿命试验等。

第八条 定型鉴定的结果由承担鉴定的技术机构报国务院计量行政部门审核。经审核合格的，由国务院计量行政部门向申请人颁发《中华人民共和国进口计量器具型式批准证书》，并准予在相应的计量器具和包装上使用中华人民共和国进口计量器具型式批准的标志和编号。

第九条 承担定型鉴定的技术机构及其工作人员，对申请人提供的技术资料必须保密。

第十条 有下列情况之一的，经国务院计量行政部门同意，可申请办理临时型式批准，具体办法由国务院计量行政部门规定：

(1)（一）展览会留购的；

(2)（二）确属急需的；

(3)（三）销售量极少的；

(4)（四）国内暂无定型鉴定能力的。

第十一条 外国制造的计量器具经我国型式批准后，由国务院计量行政部门予以公布。

第三章　进口计量器具的审批

第十二条 申请进口计量器具，按国家关于进口商品的规定程序进行审批。

负责审批的有关主管部门和归口审查部门，应对申请进口《中华人民共和国依法管理的计量器具目录》内的计量器具进行法定计量单位的审查，对申请进口本办法第四条规定的计量器具审查是否经过型式批准。经审查不合规定的，审批部门不得批准进口，外贸经营单位不得办理订货手续。

海关对进口计量器具凭审批部门的批件验放。

第十三条 因特殊需要，申请进口非法定计量单位的计量器具和国务院禁止使用的其他计量器具，须经省、自治区、直辖市人民政府计量行政部门批准。

第十四条 申请进口非法定计量单位的计量器具和国务院禁止使用的其他计量器具的单位，应向省、自治区、直辖市人民政府计量行政部门提供以下材料和文件：

(1)（一）申请报告；

(2)（二）计量器具的性能及技术指标；

(3)（三）计量器具的照片和使用说明；

(4)（四）本单位上级主管部门的批件。

第四章　法律责任

第十五条 违反本办法规定，进口非法定计量单位的计量器具或国务院禁止使用的其他计量器具的，按照《中华人民共和国计量法实施细则》第四十四条规定追究法律责任。

第十六条 违反本办法第四条规定，进口或销售未经国务院计量行政部门型式批准的计量器具的，计量行政部门有权封存其计量器具，责令其补办型式批准手续，并可处以相当于进口或销售额百分之三十以下的罚款。

第十七条 承担进口计量器具定型鉴定的技术机构违反本办法第九条规定的，按照《中华人民共和国计量法实施细则》第五十八条规定追究法律责任。

第五章　附　则

第十八条 引进成套设备中配套的计量器具以及不以销售为目的的计量器具的监督管理，按国家有关规定办理。

第十九条 与本办法有关的申请书、证书和标志式样，由国务院计量行政部门统一制定。

第二十条 申请进口计量器具的型式批准和定型鉴定，应按国家有关规定缴纳费用。

第二十一条 进口用于统一量值的标准物质的监督管理，可参照本办法执行。

第二十二条 本办法由国务院计量行政部门负责解释。

第二十三条 本办法自发布之日起施行。

附

中华人民共和国进口计量器具型式审查目录

1. 衡器（含天平）
2. 传感器
3. 声级计
4. 三坐标测量机
5. 表面粗糙度测量仪
6. 大地测量仪器
7. 热量计
8. 流量计（含水表、煤气表）
9. 压力计（含血压计）
10. 温度计
11. 数字电压表
12. 场强计
13. 心、脑电图仪（机）
14. 有害气体、粉尘、水质污染监测仪
15. 电离辐射防护仪
16. 分光光度计（含紫外、红外、可见光光度计）
17. 气相、液相色谱仪
18. 温度、水分测量仪

关于取消进口计量器具销售前检定等事项的公告

（国家质检总局公告 2015 年第 58 号）

发布日期：2015-05-15

实施日期：2015-05-15

法规类型：规范性文件

2015 年 4 月 24 日，中华人民共和国主席令（第二十六号）公布了《全国人民代表大会常务委员会关于修改〈中华人民共和国计量法〉等五部法律的决定》，删去《中华人民共和国计量法》第十二条第二款和第十六条，将《中华人民共和国计量法》第十八条改为第十七条，第二款修改为：“制造、修理计量器具的个体工商户，必须经县级人民政府计量行政部门考核合格，发给《制造计量器具许可证》或者《修理计量器具许可证》。”根据这一决定，为做好相关工作，现就有关事项公告如下：

一、自2015年4月24日起，省级以上人民政府质量技术监督部门不再受理进口计量器具在销售前的检定申请。对2015年4月24日前已经受理申请但尚未完成的，依照《质量监督检验检疫行政许可实施办法》第三十九条、第四十条等规定办理。

二、自2015年4月24日起，制造、修理计量器具企业和个体工商户要先申请工商营业执照后，再申请制造、修理计量器具许可证，各地质量技术监督部门要按照计量法律法规的相关规定继续做好制造、修理计量器具许可证的审批工作。

三、取消进口计量器具在销售前的检定后，各地质量技术监督部门要加强后续监管，进口计量器具仍要按照《中华人民共和国计量法》第九条的规定进行检定。

特此公告。

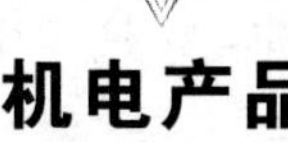

机电产品

中华人民共和国招标投标法

(主席令第 21 号)

发布日期：1999-08-30

实施日期：2017-12-28

法规类型：法律

(根据 2017 年 12 月 27 日第十二届全国人民代表大会常务委员会第三十一次会议《关于修改〈中华人民共和国招标投标法〉、〈中华人民共和国计量法〉的决定》修正)

第一章　总　则

第一条　为了规范招标投标活动，保护国家利益、社会公共利益和招标投标活动当事人的合法权益，提高经济效益，保证项目质量，制定本法。

第二条　在中华人民共和国境内进行招标投标活动，适用本法。

第三条　在中华人民共和国境内进行下列工程建设项目包括项目的勘察、设计、施工、监理以及与工程建设有关的重要设备、材料等的采购，必须进行招标：

(一) 大型基础设施、公用事业等关系社会公共利益、公众安全的项目；

(二) 全部或者部分使用国有资金投资或者国家融资的项目；

(三) 使用国际组织或者外国政府贷款、援助资金的项目。

前款所列项目的具体范围和规模标准，由国务院发展计划部门会同国务院有关部门制订，报国务院批准。

法律或者国务院对必须进行招标的其他项目的范围有规定的，依照其规定。

第四条　任何单位和个人不得将依法必须进行招标的项目化整为零或者以其他任何方式规避招标。

第五条　招标投标活动应当遵循公开、公平、公正和诚实信用的原则。

第六条　依法必须进行招标的项目，其招标投标活动不受地区或者部门的限制。任何单位和个人不得违法限制或者排斥本地区、本系统以外的法人或者其他组织参加投标，不得以任何方式非法干涉招标投标活动。

第七条　招标投标活动及其当事人应当接受依法实施的监督。

有关行政监督部门依法对招标投标活动实施监督，依法查处招标投标活动中的违法行为。

对招标投标活动的行政监督及有关部门的具体职权划分，由国务院规定。

第二章 招 标

第八条 招标人是依照本法规定提出招标项目、进行招标的法人或者其他组织。

第九条 招标项目按照国家有关规定需要履行项目审批手续的，应当先履行审批手续，取得批准。

招标人应当有进行招标项目的相应资金或者资金来源已经落实，并应当在招标文件中如实载明。

第十条 招标分为公开招标和邀请招标。

公开招标，是指招标人以招标公告的方式邀请不特定的法人或者其他组织投标。

邀请招标，是指招标人以投标邀请书的方式邀请特定的法人或者其他组织投标。

第十一条 国务院发展计划部门确定的国家重点项目和省、自治区、直辖市人民政府确定的地方重点项目不适宜公开招标的，经国务院发展计划部门或者省、自治区、直辖市人民政府批准，可以进行邀请招标。

第十二条 招标人有权自行选择招标代理机构，委托其办理招标事宜。任何单位和个人不得以任何方式为招标人指定招标代理机构。

招标人具有编制招标文件和组织评标能力的，可以自行办理招标事宜。任何单位和个人不得强制其委托招标代理机构办理招标事宜。

依法必须进行招标的项目，招标人自行办理招标事宜的，应当向有关行政监督部门备案。

第十三条 招标代理机构是依法设立、从事招标代理业务并提供相关服务的社会中介组织。

招标代理机构应当具备下列条件：

（一）有从事招标代理业务的营业场所和相应资金；

（二）有能够编制招标文件和组织评标的相应专业力量。

第十四条 招标代理机构与行政机关和其他国家机关不得存在隶属关系或者其他利益关系。

第十五条 招标代理机构应当在招标人委托的范围内办理招标事宜，并遵守本法关于招标人的规定。

第十六条 招标人采用公开招标方式的，应当发布招标公告。依法必须进行招标的项目的招标公告，应当通过国家指定的报刊、信息网络或者其他媒介发布。

招标公告应当载明招标人的名称和地址、招标项目的性质、数量、实施地点和时间以及获取招标文件的办法等事项。

第十七条 招标人采用邀请招标方式的，应当向三个以上具备承担招标项目的能力、资信良好的特定的法人或者其他组织发出投标邀请书。

投标邀请书应当载明本法第十六条第二款规定的事项。

第十八条 招标人可以根据招标项目本身的要求，在招标公告或者投标邀请书中，要求潜在投标人提供有关资质证明文件和业绩情况，并对潜在投标人进行资格审查；国家对投标人的资格条件有规定的，依照其规定。

招标人不得以不合理的条件限制或者排斥潜在投标人，不得对潜在投标人实行歧视待遇。

第十九条 招标人应当根据招标项目的特点和需要编制招标文件。招标文件应当包括招标项目的技术要求、对投标人资格审查的标准、投标报价要求和评标标准等所有实质性要求和条件以及拟签订合同的主要条款。

国家对招标项目的技术、标准有规定的，招标人应当按照其规定在招标文件中提出相应要求。

招标项目需要划分标段、确定工期的，招标人应当合理划分标段、确定工期，并在招标文件中载明。

第二十条 招标文件不得要求或者标明特定的生产供应者以及含有倾向或者排斥潜在投标人的其他内容。

第二十一条 招标人根据招标项目的具体情况，可以组织潜在投标人踏勘项目现场。

第二十二条 招标人不得向他人透露已获取招标文件的潜在投标人的名称、数量以及可能影响公平竞争的有关招标投标的其他情况。

招标人设有标底的，标底必须保密。

第二十三条 招标人对已发出的招标文件进行必要的澄清或者修改的，应当在招标文件要求提交投标文件截止时间至少十五日前，以书面形式通知所有招标文件收受人。该澄清或者修改的内容为招标文件的组成部分。

第二十四条 招标人应当确定投标人编制投标文件所需要的合理时间；但是，依法必须进行招标的项目，自招标文件开始发出之日起至投标人提交投标文件截止之日止，最短不得少于二十日。

第三章 投 标

第二十五条 投标人是响应招标、参加投标竞争的法人或者其他组织。

依法招标的科研项目允许个人参加投标的，投标的个人适用本法有关投标人的规定。

第二十六条 投标人应当具备承担招标项目的能力；国家有关规定对投标人资格条件或者招标文件对投标人资格条件有规定的，投标人应当具备规定的资格条件。

第二十七条 投标人应当按照招标文件的要求编制投标文件。投标文件应当对招标文件提出的实质性要求和条件作出响应。

招标项目属于建设施工的，投标文件的内容应当包括拟派出的项目负责人与主要技术人员的简历、业绩和拟用于完成招标项目的机械设备等。

第二十八条 投标人应当在招标文件要求提交投标文件的截止时间前，将投标文件送达投标地点。招标人收到投标文件后，应当签收保存，不得开启。投标人少于三个的，招标人应当依照本法重新招标。

在招标文件要求提交投标文件的截止时间后送达的投标文件，招标人应当拒收。

第二十九条 投标人在招标文件要求提交投标文件的截止时间前，可以补充、修改或者撤回已提交的投标文件，并书面通知招标人。补充、修改的内容为投标文件的组成部分。

第三十条 投标人根据招标文件载明的项目实际情况，拟在中标后将中标项目的部分非主体、非关键性工作进行分包的，应当在投标文件中载明。

第三十一条 两个以上法人或者其他组织可以组成一个联合体，以一个投标人的身份共同投标。

联合体各方均应当具备承担招标项目的相应能力；国家有关规定或者招标文件对投标人资格条件有规定的，联合体各方均应当具备规定的相应资格条件。由同一专业的单位组成的联合体，按照资质等级较低的单位确定资质等级。

联合体各方应当签订共同投标协议，明确约定各方拟承担的工作和责任，并将共同投标协议连同投标文件一并提交招标人。联合体中标的，联合体各方应当共同与招标人签订合同，就中标项目向招标人承担连带责任。

招标人不得强制投标人组成联合体共同投标，不得限制投标人之间的竞争。

第三十二条 投标人不得相互串通投标报价，不得排挤其他投标人的公平竞争，损害招标人或者其他投标人的合法权益。

投标人不得与招标人串通投标，损害国家利益、社会公共利益或者他人的合法权益。

禁止投标人以向招标人或者评标委员会成员行贿的手段谋取中标。

第三十三条 投标人不得以低于成本的报价竞标，也不得以他人名义投标或者以其他方式弄虚作假，骗取中标。

第四章 开标、评标和中标

第三十四条 开标应当在招标文件确定的提交投标文件截止时间的同一时间公开进行；开标地点应当为招标文件中预先确定的地点。

第三十五条 开标由招标人主持，邀请所有投标人参加。

第三十六条 开标时，由投标人或者其推选的代表检查投标文件的密封情况，也可以由招标人委托的公证机构检查并公证；经确认无误后，由工作人员当众拆封，宣读投标人名称、投标价格和投标文件的其他主要内容。

招标人在招标文件要求提交投标文件的截止时间前收到的所有投标文件，开标时都应当当众予以拆封、宣读。

开标过程应当记录，并存档备查。

第三十七条 评标由招标人依法组建的评标委员会负责。

依法必须进行招标的项目，其评标委员会由招标人的代表和有关技术、经济等方面的专家组成，成员人数为五人以上单数，其中技术、经济等方面的专家不得少于成员总数的三分之二。

前款专家应当从事相关领域工作满八年并具有高级职称或者具有同等专业水平，由招标人从国务院有关部门或者省、自治区、直辖市人民政府有关部门提供的专家名册或者招标代理机构的专家库内的相关专业的专家名单中确定；一般招标项目可以采取随机抽取方式，特殊招标项目可以由招标人直接确定。

与投标人有利害关系的人不得进入相关项目的评标委员会；已经进入的应当更换。

评标委员会成员的名单在中标结果确定前应当保密。

第三十八条 招标人应当采取必要的措施，保证评标在严格保密的情况下进行。

任何单位和个人不得非法干预、影响评标的过程和结果。

第三十九条 评标委员会可以要求投标人对投标文件中含义不明确的内容作必要的澄清或者说明，但是澄清或者说明不得超出投标文件的范围或者改变投标文件的实质性内容。

第四十条 评标委员会应当按照招标文件确定的评标标准和方法，对投标文件进行评审和比较；设有标底的，应当参考标底。评标委员会完成评标后，应当向招标人提出书面评标报告，并推荐合格的中标候选人。

招标人根据评标委员会提出的书面评标报告和推荐的中标候选人确定中标人。招标人也可以授权评标委员会直接确定中标人。

国务院对特定招标项目的评标有特别规定的，从其规定。

第四十一条 中标人的投标应当符合下列条件之一：

（一）能够最大限度地满足招标文件中规定的各项综合评价标准；

（二）能够满足招标文件的实质性要求，并且经评审的投标价格最低；但是投标价格低于成本的除外。

第四十二条 评标委员会经评审，认为所有投标都不符合招标文件要求的，可以否决所有投标。

依法必须进行招标的项目的所有投标被否决的，招标人应当依照本法重新招标。

第四十三条 在确定中标人前，招标人不得与投标人就投标价格、投标方案等实质性内容进行谈判。

第四十四条 评标委员会成员应当客观、公正地履行职务，遵守职业道德，对所提出的评审意见承担个人责任。

评标委员会成员不得私下接触投标人，不得收受投标人的财物或者其他好处。

评标委员会成员和参与评标的有关工作人员不得透露对投标文件的评审和比较、中标候选人的推荐情况以及与评标有关的其他情况。

第四十五条 中标人确定后，招标人应当向中标人发出中标通知书，并同时将中标结果通知所有未中标的投标人。

中标通知书对招标人和中标人具有法律效力。中标通知书发出后，招标人改变中标结果的，或者中标人放弃中标项目的，应当依法承担法律责任。

第四十六条 招标人和中标人应当自中标通知书发出之日起三十日内，按照招标文件和中标人的投标文件订立书面合同。招标人和中标人不得再行订立背离合同实质性内容的其他协议。

招标文件要求中标人提交履约保证金的，中标人应当提交。

第四十七条 依法必须进行招标的项目，招标人应当自确定中标人之日起十五日内，向有关行政监督部门提交招标投标情况的书面报告。

第四十八条 中标人应当按照合同约定履行义务，完成中标项目。中标人不得向他人转让中标项目，也不得将中标项目肢解后分别向他人转让。

中标人按照合同约定或者经招标人同意，可以将中标项目的部分非主体、非关键性工作分包给他人完成。接受分包的人应当具备相应的资格条件，并不得再次分包。

中标人应当就分包项目向招标人负责，接受分包的人就分包项目承担连带责任。

第五章　法律责任

第四十九条 违反本法规定，必须进行招标的项目而不招标的，将必须进行招标的项目化整为零或者以其他任何方式规避招标的，责令限期改正，可以处项目合同金额千分之五以上千分之十以下的罚款；对全部或者部分使用国有资金的项目，可以暂停项目执行或者暂停资金拨付；对单位直接负责的主管人员和其他直接责任人员依法给予处分。

第五十条 招标代理机构违反本法规定，泄露应当保密的与招标投标活动有关的情况和资料的，或者与招标人、投标人串通损害国家利益、社会公共利益或者他人合法权益的，处五万元以上二十五万元以下的罚款；对单位直接负责的主管人员和其他直接责任人员处单位罚款数额百分之五以上百分之十以下的罚款；有违法所得的，并处没收违法所得；情节严重的，禁止其一年至二年内代理依法必须进行招标的项目并予以公告，直至由工商行政管理机关吊销营业执照；构成犯罪的，依法追究刑事责任。给他人造成损失的，依法承担赔偿责任。

前款所列行为影响中标结果的，中标无效。

第五十一条 招标人以不合理的条件限制或者排斥潜在投标人的，对潜在投标人实行歧视待遇的，强制要求投标人组成联合体共同投标的，或者限制投标人之间竞争的，责令改正，可以处一万元以上五万元以下的罚款。

第五十二条 依法必须进行招标的项目的招标人向他人透露已获取招标文件的潜在投标人的名称、数量或者可能影响公平竞争的有关招标投标的其他情况的，或者泄露标底的，给予警告，可以并处一万元以上十万元以下的罚款；对单位直接负责的主管人员和其他直接责任人员依法给予处分；构成犯罪的，依法追究刑事责任。

前款所列行为影响中标结果的，中标无效。

第五十三条 投标人相互串通投标或者与招标人串通投标的，投标人以向招标人或者评标委员会成员行贿的手段谋取中标的，中标无效，处中标项目金额千分之五以上千分之十以下的罚款，对单位直接负责的主管人员和其他直接责任人员处单位罚款数额百分之五以上百分之十以下的罚款；有违法所得的，并处没收违法所得；情节严重的，取消其一年至二年内参加依法必须进行招标的项目的投标资格并予以公告，直至由工商行政管理机关吊销营业执照；构成犯罪的，依法追究刑事责任。给他人造成损失的，依法承担赔偿责任。

第五十四条 投标人以他人名义投标或者以其他方式弄虚作假，骗取中标的，中标无效，给招标人造成损失的，依法承担赔偿责任；构成犯罪的，依法追究刑事责任。

依法必须进行招标的项目的投标人有前款所列行为尚未构成犯罪的，处中标项目金额千分之五以上千分之十以下的罚款，对单位直接负责的主管人员和其他直接责任人员处单位罚款数额百分之五以上百分之十以下的罚款；有违法所得的，并处没收违法所得；情节严重的，取消其一年至三年内参加依法必须进行招标的项目的投标资格并予以公告，直至由工商行政管理机关吊销营业执照。

第五十五条 依法必须进行招标的项目，招标人违反本法规定，与投标人就投标价格、投标方案等实质性内容进行谈判的，给予警告，对单位直接负责的主管人员和其他直接责任人员依法给予处分。

前款所列行为影响中标结果的，中标无效。

第五十六条 评标委员会成员收受投标人的财物或者其他好处的，评标委员会成员或者参加评标的有关工作人员向他人透露对投标文件的评审和比较、中标候选人的推荐以及与评标有关的其他情况的，给予警告，没收收受的财物，可以并处三千元以上五万元以下的罚款，对有所列违法行为的评标委员会成员取消担任评标委员会成员的资格，不得再参加任何依法必须进行招标的项目的评标；构成犯罪的，依法追究刑事责任。

第五十七条 招标人在评标委员会依法推荐的中标候选人以外确定中标人的，依法必须进行招标的项目在所有投标被评标委员会否决后自行确定中标人的，中标无效，责令改正，可以处中标项目金额千分之五以上千分之十以下的罚款；对单位直接负责的主管人员和其他直接责任人员依法给予处分。

第五十八条 中标人将中标项目转让给他人的，将中标项目肢解后分别转让给他人的，违反本法规定将中标项目的部分主体、关键性工作分包给他人的，或者分包人再次分包的，转让、分包无效，处转让、分包项目金额千分之五以上千分之十以下的罚款；有违法所得的，并处没收违法所得；可以责令停业整顿；情节严重的，由工商行政管理机关吊销营业执照。

第五十九条 招标人与中标人不按照招标文件和中标人的投标文件订立合同的，或者招标人、中标人订立背离合同实质性内容的协议的，责令改正；可以处中标项目金额千分之五以上千分之十以下的罚款。

第六十条 中标人不履行与招标人订立的合同的，履约保证金不予退还，给招标人造成的损失超过履约保证金数额的，还应当对超过部分予以赔偿；没有提交履约保证金的，应当对招标人的损失承担赔偿责任。

中标人不按照与招标人订立的合同履行义务，情节严重的，取消其二年至五年内参加依法必须进行招标的项目的投标资格并予以公告，直至由工商行政管理机关吊销营业执照。

因不可抗力不能履行合同的，不适用前两款规定。

第六十一条 本章规定的行政处罚，由国务院规定的有关行政监督部门决定。本法已对实施行政处罚的机关作出规定的除外。

第六十二条 任何单位违反本法规定，限制或者排斥本地区、本系统以外的法人或者其他组织参加投标的，为招标人指定招标代理机构的，强制招标人委托招标代理机构办理招标事宜的，或者以其他方式干涉招标投标活动的，责令改正；对单位直接负责的主管人员和其他直接责任人员依法给予警告、记过、记大过的处分，情节较重的，依法给予降级、撤职、开除的处分。

个人利用职权进行前款违法行为的，依照前款规定追究责任。

第六十三条 对招标投标活动依法负有行政监督职责的国家机关工作人员徇私舞弊、滥用职权或者玩忽职守，构成犯罪的，依法追究刑事责任；不构成犯罪的，依法给予行政处分。

第六十四条 依法必须进行招标的项目违反本法规定，中标无效的，应当依照本法规定的中标条件从其余投标人中重新确定中标人或者依照本法重新进行招标。

第六章 附 则

第六十五条 投标人和其他利害关系人认为招标投标活动不符合本法有关规定的，有权向招标人提出异议或者依法向有关行政监督部门投诉。

第六十六条 涉及国家安全、国家秘密、抢险救灾或者属于利用扶贫资金实行以工代赈、需要使用农民工等特殊情况，不适宜进行招标的项目，按照国家有关规定可以不进行招标。

第六十七条 使用国际组织或者外国政府贷款、援助资金的项目进行招标，贷款方、资金提供方对招标投标的具体条件和程序有不同规定的，可以适用其规定，但违背中华人民共和国的社会公共利益的除外。

第六十八条 本法自2000年1月1日起施行。

中华人民共和国招标投标法实施条例

（国务院令第613号）

发布日期：2012-12-20
实施日期：2019-03-02
法规类型：行政法规

（根据2017年3月1日国务院令第676号《国务院关于修改和废止部分行政法规的决定》第一次修订；根据2018年3月19日国务院令第698号《国务院关于修改和废止部分行政法规的决定》第二次修订；根据2019年3月2日国务院令第709号《国务院关于修改部分行政法规的决定》第三次修订）

第一章 总 则

第一条 为了规范招标投标活动，根据《中华人民共和国招标投标法》（以下简称招标投标法），制定本条例。

第二条 招标投标法第三条所称工程建设项目，是指工程以及与工程建设有关的货物、服务。

前款所称工程，是指建设工程，包括建筑物和构筑物的新建、改建、扩建及其相关的装修、拆除、修缮等；所称与工程建设有关的货物，是指构成工程不可分割的组成部分，且为实现工程基本功能所必需的设备、材料等；所称与工程建设有关的服务，是指为完成工程所需的勘察、设计、监理等服务。

第三条 依法必须进行招标的工程建设项目的具体范围和规模标准，由国务院发展改革部门会同国务院有关部门制订，报国务院批准后公布施行。

第四条 国务院发展改革部门指导和协调全国招标投标工作，对国家重大建设项目的工程招标投标活动实施监督检查。国务院工业和信息化、住房城乡建设、交通运输、铁道、水利、商务等部门，按照规定的职责分工对有关招标投标活动实施监督。

县级以上地方人民政府发展改革部门指导和协调本行政区域的招标投标工作。县级以上地方人民政府有关部门按照规定的职责分工，对招标投标活动实施监督，依法查处招标投标活动中的违法行为。县级以上地方人民政府对其所属部门有关招标投标活动的监督职责分工另有规定的，从其规定。

财政部门依法对实行招标投标的政府采购工程建设项目的政府采购政策执行情况实施监督。

监察机关依法对与招标投标活动有关的监察对象实施监察。

第五条 设区的市级以上地方人民政府可以根据实际需要，建立统一规范的招标投标交易场所，为招标投标活动提供服务。招标投标交易场所不得与行政监督部门存在隶属关系，不得以营利为目的。

国家鼓励利用信息网络进行电子招标投标。

第六条 禁止国家工作人员以任何方式非法干涉招标投标活动。

第二章 招 标

第七条 按照国家有关规定需要履行项目审批、核准手续的依法必须进行招标的项目，其招标范围、招标方式、招标组织形式应当报项目审批、核准部门审批、核准。项目审批、核准部门应当及时将审批、核准确定的招标范围、招标方式、招标组织形式通报有关行政监督部门。

第八条 国有资金占控股或者主导地位的依法必须进行招标的项目，应当公开招标；但有下列情形之一的，可以邀请招标：

（一）技术复杂、有特殊要求或者受自然环境限制，只有少量潜在投标人可供选择；

（二）采用公开招标方式的费用占项目合同金额的比例过大。

有前款第二项所列情形，属于本条例第七条规定的项目，由项目审批、核准部门在审批、核准项目时作出认定；其他项目由招标人申请有关行政监督部门作出认定。

第九条 除招标投标法第六十六条规定的可以不进行招标的特殊情况外，有下列情形之一的，可以不进行招标：

（一）需要采用不可替代的专利或者专有技术；

（二）采购人依法能够自行建设、生产或者提供；

（三）已通过招标方式选定的特许经营项目投资人依法能够自行建设、生产或者提供；

（四）需要向原中标人采购工程、货物或者服务，否则将影响施工或者功能配套要求；

（五）国家规定的其他特殊情形。

招标人为适用前款规定弄虚作假的，属于招标投标法第四条规定的规避招标。

第十条 招标投标法第十二条第二款规定的招标人具有编制招标文件和组织评标能力，是指招标人具有与招标项目规模和复杂程度相适应的技术、经济等方面的专业人员。

第十一条 国务院住房城乡建设、商务、发展改革、工业和信息化等部门，按照规定的职责分工对招标代理机构依法实施监督管理。

第十二条 招标代理机构应当拥有一定数量的具备编制招标文件、组织评标等相应能力的专业人员。

第十三条 招标代理机构在招标人委托的范围内开展招标代理业务，任何单位和个人不得非法干涉。

招标代理机构代理招标业务，应当遵守招标投标法和本条例关于招标人的规定。招标代理机构不得在所代理的招标项目中投标或者代理投标，也不得为所代理的招标项目的投标人提供咨询。

第十四条 招标人应当与被委托的招标代理机构签订书面委托合同，合同约定的收费标准应当符合国家有关规定。

第十五条 公开招标的项目，应当依照招标投标法和本条例的规定发布招标公告、编制招标文件。

招标人采用资格预审办法对潜在投标人进行资格审查的，应当发布资格预审公告、编制资格预审文件。

依法必须进行招标的项目的资格预审公告和招标公告，应当在国务院发展改革部门依法指定的媒介发布。在不同媒介发布的同一招标项目的资格预审公告或者招标公告的内容应当一致。指定媒介发布依法必须进行招标的项目的境内资格预审公告、招标公告，不得收取费用。

编制依法必须进行招标的项目的资格预审文件和招标文件，应当使用国务院发展改革部门会同有关行政监督部门制定的标准文本。

第十六条 招标人应当按照资格预审公告、招标公告或者投标邀请书规定的时间、地点发售资格预审文件或者招标文件。资格预审文件或者招标文件的发售期不得少于5日。

招标人发售资格预审文件、招标文件收取的费用应当限于补偿印刷、邮寄的成本支出，不得以营利为目的。

第十七条 招标人应当合理确定提交资格预审申请文件的时间。依法必须进行招标的项目提交资格预审申请文件的时间，自资格预审文件停止发售之日起不得少于5日。

第十八条 资格预审应当按照资格预审文件载明的标准和方法进行。

国有资金占控股或者主导地位的依法必须进行招标的项目，招标人应当组建资格审查委员会审查资格预审申请文件。资格审查委员会及其成员应当遵守招标投标法和本条例有关评标委员会及其成员的规定。

第十九条 资格预审结束后，招标人应当及时向资格预审申请人发出资格预审结果通知书。未通过资格预审的申请人不具有投标资格。

通过资格预审的申请人少于3个的，应当重新招标。

第二十条 招标人采用资格后审办法对投标人进行资格审查的，应当在开标后由评标委员会按照招标文件规定的标准和方法对投标人的资格进行审查。

第二十一条 招标人可以对已发出的资格预审文件或者招标文件进行必要的澄清或者修改。澄清或者修改的内容可能影响资格预审申请文件或者投标文件编制的，招标人应当在提交资格预审申请文件截止时间至少3日前，或者投标截止时间至少15日前，以书面形式通知所有获取资格预审文件或者招标文件的潜在投标人；不足3日或者15日的，招标人应当顺延提交资格预审申请文件或者投标文件的截止时间。

第二十二条 潜在投标人或者其他利害关系人对资格预审文件有异议的，应当在提交资格预审申请文件截止时间2日前提出；对招标文件有异议的，应当在投标截止时间10日前提出。招标人应当自收到异议之日起3日内作出答复；作出答复前，应当暂停招标投标活动。

第二十三条 招标人编制的资格预审文件、招标文件的内容违反法律、行政法规的强制性规定，违反公开、公平、公正和诚实信用原则，影响资格预审结果或者潜在投标人投标的，依法必须进行招标的项目的招标人应当在修改资格预审文件或者招标文件后重新招标。

第二十四条 招标人对招标项目划分标段的，应当遵守招标投标法的有关规定，不得利用划分标段限制或者排斥潜在投标人。依法必须进行招标的项目的招标人不得利用划分标段规避招标。

第二十五条 招标人应当在招标文件中载明投标有效期。投标有效期从提交投标文件的截止之日起算。

第二十六条 招标人在招标文件中要求投标人提交投标保证金的，投标保证金不得超过招标项目估算价的2%。投标保证金有效期应当与投标有效期一致。

依法必须进行招标的项目的境内投标单位，以现金或者支票形式提交的投标保证金应当从其基本账户转出。

招标人不得挪用投标保证金。

第二十七条 招标人可以自行决定是否编制标底。一个招标项目只能有一个标底。标底必须保密。

接受委托编制标底的中介机构不得参加受托编制标底项目的投标，也不得为该项目的投标人编制投标文件或者提供咨询。

招标人设有最高投标限价的，应当在招标文件中明确最高投标限价或者最高投标限价的计算方法。招标人不得规定最低投标限价。

第二十八条 招标人不得组织单个或者部分潜在投标人踏勘项目现场。

第二十九条 招标人可以依法对工程以及与工程建设有关的货物、服务全部或者部分实行总承包招标。以暂估价形式包括在总承包范围内的工程、货物、服务属于依法必须进行招标的项目范围且达到国家规定规模标准的，应当依法进行招标。

前款所称暂估价，是指总承包招标时不能确定价格而由招标人在招标文件中暂时估定的工程、货物、服务的金额。

第三十条 对技术复杂或者无法精确拟定技术规格的项目，招标人可以分两阶段进行招标。

第一阶段，投标人按照招标公告或者投标邀请书的要求提交不带报价的技术建议，招标人根据投标人提交的技术建议确定技术标准和要求，编制招标文件。

第二阶段，招标人向在第一阶段提交技术建议的投标人提供招标文件，投标人按照招标文件的要求提交包括最终技术方案和投标报价的投标文件。

招标人要求投标人提交投标保证金的，应当在第二阶段提出。

第三十一条 招标人终止招标的，应当及时发布公告，或者以书面形式通知被邀请的或者已经获取资格预审文件、招标文件的潜在投标人。已经发售资格预审文件、招标文件或者已经收取投标保证金的，招标人应当及时退还所收取的资格预审文件、招标文件的费用，以及所收取的投标保证金及银行同期存款利息。

第三十二条 招标人不得以不合理的条件限制、排斥潜在投标人或者投标人。

招标人有下列行为之一的，属于以不合理条件限制、排斥潜在投标人或者投标人：

（一）就同一招标项目向潜在投标人或者投标人提供有差别的项目信息；

（二）设定的资格、技术、商务条件与招标项目的具体特点和实际需要不相适应或者与合同履行无关；

（三）依法必须进行招标的项目以特定行政区域或者特定行业的业绩、奖项作为加分条件或者中标条件；

（四）对潜在投标人或者投标人采取不同的资格审查或者评标标准；

（五）限定或者指定特定的专利、商标、品牌、原产地或者供应商；

（六）依法必须进行招标的项目非法限定潜在投标人或者投标人的所有制形式或者组织形式；

（七）以其他不合理条件限制、排斥潜在投标人或者投标人。

第三章　投　标

第三十三条　投标人参加依法必须进行招标的项目的投标，不受地区或者部门的限制，任何单位和个人不得非法干涉。

第三十四条　与招标人存在利害关系可能影响招标公正性的法人、其他组织或者个人，不得参加投标。

单位负责人为同一人或者存在控股、管理关系的不同单位，不得参加同一标段投标或者未划分标段的同一招标项目投标。

违反前两款规定的，相关投标均无效。

第三十五条　投标人撤回已提交的投标文件，应当在投标截止时间前书面通知招标人。招标人已收取投标保证金的，应当自收到投标人书面撤回通知之日起5日内退还。

投标截止后投标人撤销投标文件的，招标人可以不退还投标保证金。

第三十六条　未通过资格预审的申请人提交的投标文件，以及逾期送达或者不按照招标文件要求密封的投标文件，招标人应当拒收。

招标人应当如实记载投标文件的送达时间和密封情况，并存档备查。

第三十七条　招标人应当在资格预审公告、招标公告或者投标邀请书中载明是否接受联合体投标。

招标人接受联合体投标并进行资格预审的，联合体应当在提交资格预审申请文件前组成。资格预审后联合体增减、更换成员的，其投标无效。

联合体各方在同一招标项目中以自己名义单独投标或者参加其他联合体投标的，相关投标均无效。

第三十八条　投标人发生合并、分立、破产等重大变化的，应当及时书面告知招标人。投标人不再具备资格预审文件、招标文件规定的资格条件或者其投标影响招标公正性的，其投标无效。

第三十九条　禁止投标人相互串通投标。

有下列情形之一的，属于投标人相互串通投标：

（一）投标人之间协商投标报价等投标文件的实质性内容；

（二）投标人之间约定中标人；

（三）投标人之间约定部分投标人放弃投标或者中标；

（四）属于同一集团、协会、商会等组织成员的投标人按照该组织要求协同投标；

（五）投标人之间为谋取中标或者排斥特定投标人而采取的其他联合行动。

第四十条　有下列情形之一的，视为投标人相互串通投标：

（一）不同投标人的投标文件由同一单位或者个人编制；

（二）不同投标人委托同一单位或者个人办理投标事宜；

（三）不同投标人的投标文件载明的项目管理成员为同一人；

（四）不同投标人的投标文件异常一致或者投标报价呈规律性差异；

（五）不同投标人的投标文件相互混装；

（六）不同投标人的投标保证金从同一单位或者个人的账户转出。

第四十一条　禁止招标人与投标人串通投标。

有下列情形之一的，属于招标人与投标人串通投标：

（一）招标人在开标前开启投标文件并将有关信息泄露给其他投标人；

（二）招标人直接或者间接向投标人泄露标底、评标委员会成员等信息；

（三）招标人明示或者暗示投标人压低或者抬高投标报价；

（四）招标人授意投标人撤换、修改投标文件；

（五）招标人明示或者暗示投标人为特定投标人中标提供方便；

（六）招标人与投标人为谋求特定投标人中标而采取的其他串通行为。

第四十二条 使用通过受让或者租借等方式获取的资格、资质证书投标的，属于招标投标法第三十三条规定的以他人名义投标。

投标人有下列情形之一的，属于招标投标法第三十三条规定的以其他方式弄虚作假的行为：

（一）使用伪造、变造的许可证件；

（二）提供虚假的财务状况或者业绩；

（三）提供虚假的项目负责人或者主要技术人员简历、劳动关系证明；

（四）提供虚假的信用状况；

（五）其他弄虚作假的行为。

第四十三条 提交资格预审申请文件的申请人应当遵守招标投标法和本条例有关投标人的规定。

第四章 开标、评标和中标

第四十四条 招标人应当按照招标文件规定的时间、地点开标。

投标人少于3个的，不得开标；招标人应当重新招标。

投标人对开标有异议的，应当在开标现场提出，招标人应当当场作出答复，并制作记录。

第四十五条 国家实行统一的评标专家专业分类标准和管理办法。具体标准和办法由国务院发展改革部门会同国务院有关部门制定。

省级人民政府和国务院有关部门应当组建综合评标专家库。

第四十六条 除招标投标法第三十七条第三款规定的特殊招标项目外，依法必须进行招标的项目，其评标委员会的专家成员应当从评标专家库内相关专业的专家名单中以随机抽取方式确定。任何单位和个人不得以明示、暗示等任何方式指定或者变相指定参加评标委员会的专家成员。

依法必须进行招标的项目的招标人非因招标投标法和本条例规定的事由，不得更换依法确定的评标委员会成员。更换评标委员会的专家成员应当依照前款规定进行。

评标委员会成员与投标人有利害关系的，应当主动回避。

有关行政监督部门应当按照规定的职责分工，对评标委员会成员的确定方式、评标专家的抽取和评标活动进行监督。行政监督部门的工作人员不得担任本部门负责监督项目的评标委员会成员。

第四十七条 招标投标法第三十七条第三款所称特殊招标项目，是指技术复杂、专业性强或者国家有特殊要求，采取随机抽取方式确定的专家难以保证胜任评标工作的项目。

第四十八条 招标人应当向评标委员会提供评标所必需的信息，但不得明示或者暗示其倾向或者排斥特定投标人。

招标人应当根据项目规模和技术复杂程度等因素合理确定评标时间。超过三分之一的评标委员会成员认为评标时间不够的，招标人应当适当延长。

评标过程中，评标委员会成员有回避事由、擅离职守或者因健康等原因不能继续评标的，应当及时更换。被更换的评标委员会成员作出的评审结论无效，由更换后的评标委员会成员重新进行评审。

第四十九条 评标委员会成员应当依照招标投标法和本条例的规定，按照招标文件规定的评标标准和方法，客观、公正地对投标文件提出评审意见。招标文件没有规定的评标标准和方法不得作为评标的依据。

评标委员会成员不得私下接触投标人，不得收受投标人给予的财物或者其他好处，不得向招标人征询确定中标人的意向，不得接受任何单位或者个人明示或者暗示提出的倾向或者排斥特定投标人的要求，不得有其他不客观、不公正履行职务的行为。

第五十条　招标项目设有标底的，招标人应当在开标时公布。标底只能作为评标的参考，不得以投标报价是否接近标底作为中标条件，也不得以投标报价超过标底上下浮动范围作为否决投标的条件。

第五十一条　有下列情形之一的，评标委员会应当否决其投标：

（一）投标文件未经投标单位盖章和单位负责人签字；

（二）投标联合体没有提交共同投标协议；

（三）投标人不符合国家或者招标文件规定的资格条件；

（四）同一投标人提交两个以上不同的投标文件或者投标报价，但招标文件要求提交备选投标的除外；

（五）投标报价低于成本或者高于招标文件设定的最高投标限价；

（六）投标文件没有对招标文件的实质性要求和条件作出响应；

（七）投标人有串通投标、弄虚作假、行贿等违法行为。

第五十二条　投标文件中有含义不明确的内容、明显文字或者计算错误，评标委员会认为需要投标人作出必要澄清、说明的，应当书面通知该投标人。投标人的澄清、说明应当采用书面形式，并不得超出投标文件的范围或者改变投标文件的实质性内容。

评标委员会不得暗示或者诱导投标人作出澄清、说明，不得接受投标人主动提出的澄清、说明。

第五十三条　评标完成后，评标委员会应当向招标人提交书面评标报告和中标候选人名单。中标候选人应当不超过3个，并标明排序。

评标报告应当由评标委员会全体成员签字。对评标结果有不同意见的评标委员会成员应当以书面形式说明其不同意见和理由，评标报告应当注明该不同意见。评标委员会成员拒绝在评标报告上签字又不书面说明其不同意见和理由的，视为同意评标结果。

第五十四条　依法必须进行招标的项目，招标人应当自收到评标报告之日起3日内公示中标候选人，公示期不得少于3日。

投标人或者其他利害关系人对依法必须进行招标的项目的评标结果有异议的，应当在中标候选人公示期间提出。招标人应当自收到异议之日起3日内作出答复；作出答复前，应当暂停招标投标活动。

第五十五条　国有资金占控股或者主导地位的依法必须进行招标的项目，招标人应当确定排名第一的中标候选人为中标人。排名第一的中标候选人放弃中标、因不可抗力不能履行合同、不按照招标文件要求提交履约保证金，或者被查实存在影响中标结果的违法行为等情形，不符合中标条件的，招标人可以按照评标委员会提出的中标候选人名单排序依次确定其他中标候选人为中标人，也可以重新招标。

第五十六条　中标候选人的经营、财务状况发生较大变化或者存在违法行为，招标人认为可能影响其履约能力的，应当在发出中标通知书前由原评标委员会按照招标文件规定的标准和方法审查确认。

第五十七条　招标人和中标人应当依照招标投标法和本条例的规定签订书面合同，合同的标的、价款、质量、履行期限等主要条款应当与招标文件和中标人的投标文件的内容一致。招标人和中标人不得再行订立背离合同实质性内容的其他协议。

招标人最迟应当在书面合同签订后5日内向中标人和未中标的投标人退还投标保证金及银行同期存款利息。

第五十八条 招标文件要求中标人提交履约保证金的，中标人应当按照招标文件的要求提交。履约保证金不得超过中标合同金额的10%。

第五十九条 中标人应当按照合同约定履行义务，完成中标项目。中标人不得向他人转让中标项目，也不得将中标项目肢解后分别向他人转让。

中标人按照合同约定或者经招标人同意，可以将中标项目的部分非主体、非关键性工作分包给他人完成。接受分包的人应当具备相应的资格条件，并不得再次分包。

中标人应当就分包项目向招标人负责，接受分包的人就分包项目承担连带责任。

第五章 投诉与处理

第六十条 投标人或者其他利害关系人认为招标投标活动不符合法律、行政法规规定的，可以自知道或者应当知道之日起10日内向有关行政监督部门投诉。投诉应当有明确的请求和必要的证明材料。

就本条例第二十二条、第四十四条、第五十四条规定事项投诉的，应当先向招标人提出异议，异议答复期间不计算在前款规定的期限内。

第六十一条 投诉人就同一事项向两个以上有权受理的行政监督部门投诉的，由最先收到投诉的行政监督部门负责处理。

行政监督部门应当自收到投诉之日起3个工作日内决定是否受理投诉，并自受理投诉之日起30个工作日内作出书面处理决定；需要检验、检测、鉴定、专家评审的，所需时间不计算在内。

投诉人捏造事实、伪造材料或者以非法手段取得证明材料进行投诉的，行政监督部门应当予以驳回。

第六十二条 行政监督部门处理投诉，有权查阅、复制有关文件、资料，调查有关情况，相关单位和人员应当予以配合。必要时，行政监督部门可以责令暂停招标投标活动。

行政监督部门的工作人员对监督检查过程中知悉的国家秘密、商业秘密，应当依法予以保密。

第六章 法律责任

第六十三条 招标人有下列限制或者排斥潜在投标人行为之一的，由有关行政监督部门依照招标投标法第五十一条的规定处罚：

（一）依法应当公开招标的项目不按照规定在指定媒介发布资格预审公告或者招标公告；

（二）在不同媒介发布的同一招标项目的资格预审公告或者招标公告的内容不一致，影响潜在投标人申请资格预审或者投标。

依法必须进行招标的项目的招标人不按照规定发布资格预审公告或者招标公告，构成规避招标的，依照招标投标法第四十九条的规定处罚。

第六十四条 招标人有下列情形之一的，由有关行政监督部门责令改正，可以处10万元以下的罚款：

（一）依法应当公开招标而采用邀请招标；

（二）招标文件、资格预审文件的发售、澄清、修改的时限，或者确定的提交资格预审申请文件、投标文件的时限不符合招标投标法和本条例规定；

（三）接受未通过资格预审的单位或者个人参加投标；

（四）接受应当拒收的投标文件。

招标人有前款第一项、第三项、第四项所列行为之一的，对单位直接负责的主管人员和其他直接责任人员依法给予处分。

第六十五条 招标代理机构在所代理的招标项目中投标、代理投标或者向该项目投标人提供咨询的，接受委托编制标底的中介机构参加受托编制标底项目的投标或者为该项目的投标人编制投标文件、提供咨询的，依照招标投标法第五十条的规定追究法律责任。

第六十六条 招标人超过本条例规定的比例收取投标保证金、履约保证金或者不按照规定退还投标保证金及银行同期存款利息的，由有关行政监督部门责令改正，可以处5万元以下的罚款；给他人造成损失的，依法承担赔偿责任。

第六十七条 投标人相互串通投标或者与招标人串通投标的，投标人向招标人或者评标委员会成员行贿谋取中标的，中标无效；构成犯罪的，依法追究刑事责任；尚不构成犯罪的，依照招标投标法第五十三条的规定处罚。投标人未中标的，对单位的罚款金额按照招标项目合同金额依照招标投标法规定的比例计算。

投标人有下列行为之一的，属于招标投标法第五十三条规定的情节严重行为，由有关行政监督部门取消其1年至2年内参加依法必须进行招标的项目的投标资格：

（一）以行贿谋取中标；

（二）3年内2次以上串通投标；

（三）串通投标行为损害招标人、其他投标人或者国家、集体、公民的合法利益，造成直接经济损失30万元以上；

（四）其他串通投标情节严重的行为。

投标人自本条第二款规定的处罚执行期限届满之日起3年内又有该款所列违法行为之一的，或者串通投标、以行贿谋取中标情节特别严重的，由工商行政管理机关吊销营业执照。

法律、行政法规对串通投标报价行为的处罚另有规定的，从其规定。

第六十八条 投标人以他人名义投标或者以其他方式弄虚作假骗取中标的，中标无效；构成犯罪的，依法追究刑事责任；尚不构成犯罪的，依照招标投标法第五十四条的规定处罚。依法必须进行招标的项目的投标人未中标的，对单位的罚款金额按照招标项目合同金额依照招标投标法规定的比例计算。

投标人有下列行为之一的，属于招标投标法第五十四条规定的情节严重行为，由有关行政监督部门取消其1年至3年内参加依法必须进行招标的项目的投标资格：

（一）伪造、变造资格、资质证书或者其他许可证件骗取中标；

（二）3年内2次以上使用他人名义投标；

（三）弄虚作假骗取中标给招标人造成直接经济损失30万元以上；

（四）其他弄虚作假骗取中标情节严重的行为。

投标人自本条第二款规定的处罚执行期限届满之日起3年内又有该款所列违法行为之一的，或者弄虚作假骗取中标情节特别严重的，由工商行政管理机关吊销营业执照。

第六十九条 出让或者出租资格、资质证书供他人投标的，依照法律、行政法规的规定给予行政处罚；构成犯罪的，依法追究刑事责任。

第七十条 依法必须进行招标的项目的招标人不按照规定组建评标委员会，或者确定、更换评标委员会成员违反招标投标法和本条例规定的，由有关行政监督部门责令改正，可以处10万元以下的罚款，对单位直接负责的主管人员和其他直接责任人员依法给予处分；违法确定或者更换的评标委员会成员作出的评审结论无效，依法重新进行评审。

国家工作人员以任何方式非法干涉选取评标委员会成员的，依照本条例第八十条的规定追究法律责任。

第七十一条 评标委员会成员有下列行为之一的，由有关行政监督部门责令改正；情节严重的，禁止其在一定期限内参加依法必须进行招标的项目的评标；情节特别严重的，取消其担任评标委员会成员的资格：

（一）应当回避而不回避；

（二）擅离职守；

（三）不按照招标文件规定的评标标准和方法评标；

（四）私下接触投标人；

（五）向招标人征询确定中标人的意向或者接受任何单位或者个人明示或者暗示提出的倾向或者排斥特定投标人的要求；

（六）对依法应当否决的投标不提出否决意见；

（七）暗示或者诱导投标人作出澄清、说明或者接受投标人主动提出的澄清、说明；

（八）其他不客观、不公正履行职务的行为。

第七十二条 评标委员会成员收受投标人的财物或者其他好处的，没收收受的财物，处3000元以上5万元以下的罚款，取消担任评标委员会成员的资格，不得再参加依法必须进行招标的项目的评标；构成犯罪的，依法追究刑事责任。

第七十三条 依法必须进行招标的项目的招标人有下列情形之一的，由有关行政监督部门责令改正，可以处中标项目金额10‰以下的罚款；给他人造成损失的，依法承担赔偿责任；对单位直接负责的主管人员和其他直接责任人员依法给予处分：

（一）无正当理由不发出中标通知书；

（二）不按照规定确定中标人；

（三）中标通知书发出后无正当理由改变中标结果；

（四）无正当理由不与中标人订立合同；

（五）在订立合同时向中标人提出附加条件。

第七十四条 中标人无正当理由不与招标人订立合同，在签订合同时向招标人提出附加条件，或者不按照招标文件要求提交履约保证金的，取消其中标资格，投标保证金不予退还。对依法必须进行招标的项目的中标人，由有关行政监督部门责令改正，可以处中标项目金额10‰以下的罚款。

第七十五条 招标人和中标人不按照招标文件和中标人的投标文件订立合同，合同的主要条款与招标文件、中标人的投标文件的内容不一致，或者招标人、中标人订立背离合同实质性内容的协议的，由有关行政监督部门责令改正，可以处中标项目金额5‰以上10‰以下的罚款。

第七十六条 中标人将中标项目转让给他人的，将中标项目肢解后分别转让给他人的，违反招标投标法和本条例规定将中标项目的部分主体、关键性工作分包给他人的，或者分包人再次分包的，转让、分包无效，处转让、分包项目金额5‰以上10‰以下的罚款；有违法所得的，并处没收违法所得；可以责令停业整顿；情节严重的，由工商行政管理机关吊销营业执照。

第七十七条 投标人或者其他利害关系人捏造事实、伪造材料或者以非法手段取得证明材料进行投诉，给他人造成损失的，依法承担赔偿责任。

招标人不按照规定对异议作出答复，继续进行招标投标活动的，由有关行政监督部门责令改正，拒不改正或者不能改正并影响中标结果的，依照本条例第八十一条的规定处理。

第七十八条 国家建立招标投标信用制度。有关行政监督部门应当依法公告对招标人、招标代理机构、投标人、评标委员会成员等当事人违法行为的行政处理决定。

第七十九条 项目审批、核准部门不依法审批、核准项目招标范围、招标方式、招标组织形式的，对单位直接负责的主管人员和其他直接责任人员依法给予处分。

有关行政监督部门不依法履行职责，对违反招标投标法和本条例规定的行为不依法查处，或者不按照规定处理投诉、不依法公告对招标投标当事人违法行为的行政处理决定的，对直接负责的主管人员和其他直接责任人员依法给予处分。

项目审批、核准部门和有关行政监督部门的工作人员徇私舞弊、滥用职权、玩忽职守，构成犯罪的，依法追究刑事责任。

第八十条 国家工作人员利用职务便利，以直接或者间接、明示或者暗示等任何方式非法干涉招标投标活动，有下列情形之一的，依法给予记过或者记大过处分；情节严重的，依法给予降级或者撤职处分；情节特别严重的，依法给予开除处分；构成犯罪的，依法追究刑事责任：

（一）要求对依法必须进行招标的项目不招标，或者要求对依法应当公开招标的项目不公开招标；

（二）要求评标委员会成员或者招标人以其指定的投标人作为中标候选人或者中标人，或者以其他方式非法干涉评标活动，影响中标结果；

（三）以其他方式非法干涉招标投标活动。

第八十一条 依法必须进行招标的项目的招标投标活动违反招标投标法和本条例的规定，对中标结果造成实质性影响，且不能采取补救措施予以纠正的，招标、投标、中标无效，应当依法重新招标或者评标。

第七章 附 则

第八十二条 招标投标协会按照依法制定的章程开展活动，加强行业自律和服务。

第八十三条 政府采购的法律、行政法规对政府采购货物、服务的招标投标另有规定的，从其规定。

第八十四条 本条例自2012年2月1日起施行。

机电产品国际招标代理机构监督管理办法（试行）

（商务部令2016年第5号）

发布日期：2016-11-16

实施日期：2017-01-01

法规类型：部门规章

第一章 总 则

第一条 为加强机电产品国际招标代理机构（以下简称招标机构）监督管理，依据《中华人民共和国招标投标法》（以下简称招标投标法）、《中华人民共和国招标投标法实施条例》（以下简称招标投标法实施条例）等法律、行政法规以及国务院对有关部门实施招标投标活动行政监督的职责分工，制定本办法。

第二条 本办法适用于对在中华人民共和国境内从事机电产品国际招标代理业务的招标机构的监督管理。

第三条 招标机构是依法设立、从事机电产品国际招标代理业务并提供相关服务的社会中介组织。

招标机构应当具备从事招标代理业务的营业场所和相应资金；具备能够编制招标文件（中、英文）和组织评标的相应专业力量；拥有一定数量的招标专业人员。

第四条 商务部负责全国招标机构的监督管理工作；负责组织和指导对全国招标机构的监督检查工作；负责建立全国招标机构信用档案，发布招标机构信用信息；负责指导机电产品国际招标投标有关行业协会开展工作。

各省、自治区、直辖市、计划单列市、新疆生产建设兵团、沿海开放城市及经济特区商务主管部门、国务院有关部门机电产品进出口管理机构负责本地区、本部门所属招标机构的监督管理工作；负责在本地区、本行业从事机电产品国际招标代理行为的监督检查工作。

各级机电产品进出口管理机构（以下简称主管部门）及其工作人员应当依法履行职责。

第二章 招标机构注册办法

第五条 招标机构从事机电产品国际招标代理业务，应当在中国国际招标网（网址：www. chinabidding. com，以下简称招标网）免费注册，注册前应当在招标网作出诚信承诺；注册时应当在招标网如实填写《机电产品国际招标代理机构注册登记表》（以下简称《注册登记表》，附件1）和《机电产品国际招标专职从业人员名单》（以下简称《人员名单》，附件2）。

第六条 招标机构对《注册登记表》所填写的登记信息的真实性、合法性负责。因招标机构填写信息错误、遗漏、虚假，以及提供虚假证明材料引起的法律责任由其自行承担。

第七条 注册信息发生变更的，招标机构应当在相关信息变更后30日内在招标网修改相关信息。

因合并、分立而续存的招标机构，其注册信息发生变化的，应当依照前款规定办理注册信息变更；因合并、分立而解散的招标机构，应当及时在招标网办理注销；因合并、分立而新设立的招标机构，应当依照本办法在招标网重新注册。

第八条 不再从事机电产品国际招标代理业务的招标机构，应当及时在招标网注销。

招标机构已在工商部门办理注销手续或被吊销营业执照的，自营业执照注销或被吊销之日起，其招标网注册自动失效。

第三章 招标机构代理行为规范

第九条 招标机构应当遵守招标投标法、招标投标法实施条例、机电产品国际招标投标实施办法和本办法的规定；在招标代理活动中，应当依法经营、公平竞争、诚实守信，不得弄虚作假，不得损害国家利益、社会公共利益或者他人合法权益。

第十条 招标机构应当与招标人签订书面委托合同，载明委托事项和代理权限。招标机构应当在招标人委托的范围内开展招标代理业务，不得接受招标人违法的委托内容和要求；不得在所代理的招标项目中投标或者代理投标，也不得为所代理的招标项目的投标人提供咨询。

第十一条 招标机构从事机电产品国际招标代理业务的人员应当为与本机构依法存在劳动合同关系的员工，应当熟练掌握机电产品国际招标相关法律规定和政策。招标机构代理机电产品国际招标项目的负责人应当由招标专业人员担任。

第十二条 招标机构应当受招标人委托依法组织招标投标活动，协助招标人及时对异议作出答复。在招标项目所属主管部门处理投诉期间，招标机构应当按照招标项目所属主管部门要求积极予以配合。

招标机构应当按照规定及时向招标项目所属主管部门报送招标投标相关材料，并在规定的时间内将招标投标情况及其相关数据上传招标网，在招标网上发布、公示或存档的内容应当与相应书面材料一致。

招标机构应当按照有关规定妥善保存招标投标相关资料，并对评标情况和资料严格保密。

第十三条 招标机构应当积极开展招标投标相关法律规定、政策和业务培训，加强行业自律和内部管理。

第四章 信用监督管理

第十四条 商务部在招标网设立招标机构信息发布栏，公布以下信息：

（一）机构信息：招标机构名称、注册地址、企业性质、联系方式、法定代表人姓名、从事机电产品国际招标代理业务时间、人员、场所等；

（二）人员信息：机电产品国际招标专职从业人员姓名、学历、专业、职称、英语水平、劳动合同关系、从事机电产品国际招标代理业务时间、学术成果、机电产品国际招标代理主要业绩等；

（三）其他信息：招标机构职业教育培训、学术交流成果、参加社会公益活动、纳税额等；

（四）业绩记录：招标机构代理项目当年机电产品国际招标中标金额、历史年度机电产品国际招标中标金额、特定行业机电产品国际招标中标金额等；

（五）异议和投诉记录：招标机构当年及历史年度代理项目异议数量、异议率、异议结果，以及投诉数量、投诉率和投诉处理结果等；

（六）检查结果记录：本办法第十九条规定的监督检查记录；

（七）错误操作记录：招标机构在机电产品国际招标代理过程中的错误操作行为，及直接责任人员和项目名称等（招标机构主动纠正，并且未对招标项目产生实质性影响的错误操作不记录在内）；

（八）违法记录：当年及历史年度在从事机电产品国际招标代理业务过程中违法的招标机构名称、法定代表人姓名、直接责任人员姓名、项目名称、违法情况和行政处理决定等。

前款第一项至第三项由招标机构填报，由招标机构所属主管部门核实；第四项、第五项由商务部公布；第六项、第七项由招标机构或招标项目所属主管部门填写；第八项由作出行政处理决定的主管部门填写。

商务部建立全国招标机构信用档案，纳入第一款所列信息。

第十五条 任何单位和个人发现招标机构信息存在不实的，可以在招标网或通过其他书面形式向该招标机构所属主管部门提出，并提供相关证明材料。经核实，招标机构信息确实存在不实的，由招标机构所属主管部门责令限期改正。

第十六条 推动建立机电产品国际招标代理行业诚信自律体系，倡导招标机构签署行业诚信自律公约，承诺依法经营、诚实守信，共同维护公平竞争的招投标市场秩序。

第五章 行政监督管理

第十七条 招标机构在招标网完成注册登记后，应当向招标机构所属主管部门提交下列材料存档：

（一）由招标机构法定代表人签字并加盖单位公章的《注册登记表》原件；

（二）企业法人营业执照（复印件）、公司章程（复印件）并加盖单位公章；

（三）《人员名单》及相关证明材料（复印件）并加盖单位公章：身份证、劳动合同、学历（或学位）证书、职称证书、英语水平证明、注册前三个月的社会保险缴费凭证等；

（四）营业场所和资金证明材料（复印件）并加盖单位公章：房产证明（自有产权的提供房屋产权证书，非自有产权的提供房屋租赁合同和出租方房屋产权证书）、上一年度由会计师事务所出具的审计报告等（设立不满一年的企业可在下一年度补充提交）。

招标机构名称、法定代表人、营业场所发生变更的，应当在相关信息变更后30日内将变更后的由法定代表人签字并加盖单位公章的《注册登记表》及相关证明材料报送招标机构所属主管部门。机电产品国际招标专职从业人员发生变更的，应当在每年1月份将变更后的由法定代表人签字并加盖单位公章的《人员名单》及相关补充证明材料报送招标机构所属主管部门。

招标机构所属主管部门应当妥善保存招标机构的相关注册材料。

第十八条 主管部门应当加强招标机构在本地区、本行业从事机电产品国际招标代理行为的事中事后监督检查。主管部门开展监督检查工作，可以采取书面抽查、网络监测、实地检查等方式。各主管部门上年度监督检查情况，应当通过招标网于次年1月15日前报商务部。

第十九条 商务部建立随机抽取检查对象、随机选派检查人员的“双随机”抽查机制，在招标网建立招标机构名录库、招标项目库和招标检查人员名录库，根据法律法规规章修订情况和工作实际动态调整随机抽查事项清单，并及时在招标网向社会公布。

实地检查应当采用“双随机”抽查方式。实施实地检查的主管部门从招标机构名录库中随机抽取检查机构，从招标项目库中随机抽取检查项目，从招标检查人员名录库中随机选派检查人员，按照随机抽查事项清单依法实施检查。

主管部门可根据本地区、本行业招标机构和招标项目实际情况，合理确定随机抽查的比例和频次。对所属招标机构的实地检查，年度检查率应当不低于所属招标机构数量的10%。每年实地检查的所属招标项目数量，应当不少于5个或者上一年度所属招标项目数量的1%（两者以高者为准）；上一年度所属招标项目数量低于5个的，应当至少实地检查1个项目。对投诉举报多、错误操作记录多或有严重违法记录等情况的招标机构，可增加抽查频次。

主管部门开展实地检查工作，检查人员不得少于2人。检查时，主管部门可以依法查阅、复制有关文件、资料，调查有关情况，被检查机构应当予以配合。检查人员应当填写实地检查记录表，如实记录检查情况。主管部门根据检查情况形成检查结果记录，由检查人员签字后存档并在招标网公布。

商务部可以组织对全国范围内招标机构及项目进行“双随机”抽查。

第二十条 主管部门应当对招标机构是否存在下列行为依法进行监督：

（一）与招标人、投标人串通损害国家利益、社会公共利益或者他人合法权益的；

（二）在所代理的招标项目中投标、代理投标或者向该项目投标人提供咨询的；

（三）参加受托编制标底项目的投标或者为该项目的投标人编制投标文件、提供咨询的；

（四）泄露应当保密的与招标投标活动有关的情况和资料的；

（五）与招标人、投标人相互串通、搞虚假招标投标的；

（六）在进行招标机构注册登记时填写虚假信息或提供虚假证明材料的；

（七）无故废弃随机抽取的评审专家的；

（八）不按照规定及时向主管部门报送材料或者向主管部门提供虚假材料的；

（九）未在规定的时间内将招标投标情况及其相关数据上传招标网，或者在招标网上发布、公示或存档的内容与招标公告、招标文件、投标文件、评标报告等相应书面内容存在实质性不符的；

（十）不按照规定对异议作出答复，或者在投诉处理的过程中未按照主管部门要求予以配合的；

（十一）因招标机构的过失，投诉处理结果为招标无效或中标无效的；

（十二）不按照规定发出中标通知书或者擅自变更中标结果的；

（十三）未按照本办法规定及时主动办理注册信息变更的；

（十四）招标网注册失效的招标机构，或者被暂停机电产品国际招标代理业务的招标机构，继续开展新的机电产品国际招标代理业务的；

（十五）从事机电产品国际招标代理业务未在招标网注册的；

（十六）其他违反招标投标法、招标投标法实施条例、机电产品国际招标投标实施办法和本办法的行为。

第二十一条 主管部门可以责成招标机构自查，可以依法利用其他政府部门作出的检查、核查结果或者专业机构作出的专业结论。

第二十二条 主管部门应当依法履行监管职责，对检查发现的违法行为，要依法处理。

主管部门实施检查不得妨碍被检查机构正常的经营活动，不得收受被检查机构给予的财物或者其他好处。

第二十三条 主管部门应当对本地区、本部门所属招标机构进行培训和指导，组织开展机电产品国际招标法律规定、政策和业务的交流和培训。

第六章 法律责任

第二十四条 招标机构有本办法第二十条第一项至第十二项所列的行为或者其他违反招标投标法、招标投标法实施条例、机电产品国际招标投标实施办法的行为的，依照招标投标法、招标投标法实施条例、机电产品国际招标投标实施办法的有关规定处罚。

第二十五条 招标机构有本办法第二十条第十三项至第十五项所列的行为或者其他违反本办法的行为的，责令改正，可以给予警告，并处3万元以下罚款。

第二十六条 招标机构有本办法第二十条第一项至第四项行为之一，情节严重的，商务部或招标机构所属主管部门可暂停其机电产品国际招标代理业务，并在招标网上公布。

在暂停机电产品国际招标代理业务期间，招标机构不得开展新的机电产品国际招标代理业务；同一单位法定代表人和直接责任人员不得作为法定代表人在招标网另行注册招标机构。

第二十七条 本章规定的行政处罚，由相应的招标机构所属主管部门或招标项目所属主管部门决定。招标投标法、招标投标法实施条例已对实施行政处罚的机关作出规定的除外。

第二十八条 主管部门应当依法履行职责，依法查处违反招标投标法、招标投标法实施条例、机电产品国际招标投标实施办法和本办法规定的行为，依法公告对招标机构当事人违法行为的行政处理决定。

第七章 附 则

第二十九条 机电产品国际招标投标有关行业协会按照依法制定的章程开展活动，加强行业自律和服务。

第三十条 本办法所称“日”为日历日，期限的最后一日是国家法定节假日的，顺延到节假日后的次日为期限的最后一日。

第三十一条 本办法由商务部负责解释。

第三十二条 本办法自2017年1月1日起施行。《机电产品国际招标机构资格管理办法》（商务部令2012年第3号）同时废止。

附件：1. 机电产品国际招标代理机构注册登记表（略）

2. 机电产品国际招标专职从业人员名单（略）

机电产品进口管理办法

（商务部　海关总署　国家质检总局令第7号）

发布日期：2008-04-07
实施日期：2018-10-10
法规类型：部门规章

（根据2018年10月10日商务部令2018年第7号《商务部关于修改部分规章的决定》修订）

第一章　总　则

第一条　为促进对外贸易健康发展，贯彻国家产业政策，维护市场秩序，依据《中华人民共和国对外贸易法》、《中华人民共和国海关法》及《中华人民共和国货物进出口管理条例》等相关法律、行政法规，制定本办法。

第二条　本办法所称机电产品（含旧机电产品），是指机械设备、电气设备、交通运输工具、电子产品、电器产品、仪器仪表、金属制品等及其零部件、元器件。机电产品的具体范围见附件。

本办法所称旧机电产品是指具有下列情形之一的机电产品：

（一）已经使用（不含使用前测试、调试的设备），仍具备基本功能和一定使用价值的；

（二）未经使用，但超过质量保证期（非保修期）的；

（三）未经使用，但存放时间过长，部件产生明显有形损耗的；

（四）新旧部件混装的；

（五）经过翻新的。

第三条　本办法适用于将机电产品进口到中华人民共和国关境内的行为。

第四条　进口机电产品应当符合我国有关安全、卫生和环境保护等法律、行政法规和技术标准等的规定。

第五条　商务部负责全国机电产品进口管理工作。国家机电产品进出口办公室设在商务部。

各省、自治区、直辖市、计划单列市、新疆生产建设兵团、沿海开放城市、经济特区机电产品进出口办公室和国务院有关部门机电产品进出口办公室（简称为地方、部门机电办）受商务部委托，负责本地区、本部门机电产品进口管理工作。

第六条　国家对机电产品进口实行分类管理，即分为禁止进口、限制进口和自由进口三类。

基于进口监测需要，对部分自由进口的机电产品实行自动进口许可。

第二章　禁止进口

第七条　有下列情形之一的机电产品，禁止进口：

（一）为维护国家安全、社会公共利益或者公共道德，需要禁止进口的；

（二）为保护人的健康或者安全，保护动物、植物的生命或者健康，保护环境，需要禁止进口的；

（三）依照其他法律、行政法规的规定，需要禁止进口的；

（四）根据中华人民共和国所缔结或者参加的国际条约、协定的规定，需要禁止进口的。

第八条 商务部会同海关总署等相关部门制定、调整并公布《禁止进口机电产品目录》。

国家根据旧机电产品对国家安全、社会公共利益以及安全、卫生、健康、环境保护可能产生危害的程度，将超过规定制造年限的旧机电产品，合并列入上述目录。

第三章 限制进口

第九条 有下列情形之一的机电产品，限制进口：

（一）为维护国家安全、社会公共利益或者公共道德，需要限制进口的；

（二）为保护人的健康或者安全，保护动物、植物的生命或者健康，保护环境，需要限制进口的；

（三）为建立或者加快建立国内特定产业，需要限制进口的；

（四）为保障国家国际金融地位和国际收支平衡，需要限制进口的；

（五）依照其他法律、行政法规的规定，需要限制进口的；

（六）根据中华人民共和国所缔结或者参加的国际条约、协定的规定，需要限制进口的。

第十条 商务部会同海关总署制定、调整并公布《限制进口机电产品目录》。限制进口的机电产品，实行配额、许可证管理。

商务部、海关总署在各自的职责范围内，对申请、使用机电产品进口配额、许可证的活动进行监督检查。

第十一条 国家限制进口的旧机电产品称为重点旧机电产品。

商务部会同海关总署制定、调整并公布《重点旧机电产品进口目录》。

重点旧机电产品进口实行进口许可证管理。

第十二条 《限制进口机电产品目录》及《重点旧机电产品进口目录》至迟应当在实施前21天公布。在紧急情况下，应当不迟于实施之日公布。

第十三条 实行配额管理的限制进口机电产品，依据国务院颁布的有关进口货物配额管理办法的规定实施管理。

第十四条 实行进口许可证管理的机电产品，地方、部门机电办核实进口单位的申请材料后，向商务部提交。商务部审核申请材料，并在20日内决定是否签发《中华人民共和国进口许可证》（以下简称《进口许可证》）。进口单位持《进口许可证》按海关规定办理通关手续。

进口重点旧机电产品，进口单位持《进口许可证》和其他必要材料按海关规定办理通关手续。

第十五条 商务部会同海关总署制定并公布《机电产品进口许可管理实施办法》，商务部会同海关总署制定并公布《重点旧机电产品进口管理办法》。

第四章 自动进口许可

第十六条 为了监测机电产品进口情况，国家对部分自由进口的机电产品实行自动进口许可。

第十七条 商务部会同海关总署等有关部门制定、调整并公布实行自动进口许可的机电产品目录。

实行自动进口许可的机电产品目录至迟应当在实施前21天公布。

商务部、海关总署在各自的职责范围内，对申请、使用机电第十八条进口实行自动进口许可的机电产品，进口单位应当在办理海关报关手续前，向商务部或地方、部门机电办申领

《中华人民共和国自动进口许可证》（以下简称《自动进口许可证》），并持《自动进口许可证》按海关规定办理通关手续。

进口属于自动进口许可的旧机电产品（不含重点旧机电产品），进口单位持自动进口许可证和其他必要材料按海关规定办理通关手续。

第十九条 商务部会同海关总署制定并公布《机电产品自动进口许可实施办法》。

第五章 进口监控与监督

第二十条 商务部负责对全国机电产品进口情况进行统计、分析与监测。

地方、部门机电办应当依照国家统计制度的规定，及时向商务部报送本地区、本部门机电产品进口统计数据和资料。

第二十一条 经监测，如机电产品进口出现异常情况，商务部应当及时通知有关部门，并依法进行调查。

第二十二条 商务部及地方、部门机电办可以对限制进口的机电产品的进口情况依法进行检查。进口单位应当配合与协助检查，检查部门应当为进口单位保守商业秘密。

第二十三条 进口单位不得从事下列行为：

（一）进口属于禁止进口管理的机电产品，或者未经批准、许可进口属于限制进口管理的机电产品；

（二）超出批准、许可的范围进口属于限制进口管理的机电产品；

（三）伪造、变造或者买卖机电产品进口证件（包括《进口许可证》、《自动进口许可证》，下同）；

（四）以欺骗或者其他不正当手段获取机电产品进口证件；

（五）非法转让机电产品进口证件；

（六）未按法定程序申请进口；

（七）其他违反法律、行政法规有关进口机电产品规定的行为。

第六章 法律责任

第二十四条 进口单位有第二十三条规定的行为之一并构成犯罪的，依法追究刑事责任，尚不构成犯罪的，由公安、海关等具有行政处罚权的行政机关依法对相关当事人作出处理。

第二十五条 进口单位对国家行政机关作出的有关行政决定或行政处罚决定不服的，可依法申请行政复议或者提起行政诉讼。

第二十六条 进口管理工作人员玩忽职守、徇私舞弊、滥用职权的，根据情节轻重，由相应的行政主管部门按有关规定给予处罚；构成犯罪的，依法追究刑事责任。

第七章 附 则

第二十七条 下列情形，从以下规定：

（一）加工贸易项下进口的作价设备，适用本办法。

（二）加工贸易项下进口外商提供的不作价设备，除旧加工设备需要办理入境检验检疫手续外，免于办理机电产品进口证件。海关监管不作价设备，监管期限为5年。监管期满后，设备留在原企业继续使用的，经企业申请海关可解除监管，企业免于办理机电产品进口证件和入境检验检疫手续；监管期内，原设备使用单位申请提前解除监管，或监管期满后设备不再由原企业使用的，适用本办法。

加工贸易项下进口机电产品用于内销、内销产品或者留作自用的，适用本办法。

（三）外商投资企业进口机电产品用于国内销售或用于加工后国内销售的和外商投资额外

以自有资金进口新机电产品，以及进口旧机电产品的，适用本办法。

外商投资企业在投资额内进口新机电产品，经过使用，未到海关监管年限，企业要求提前解除监管并在境内自用或转内销的，适用本办法，并参照进口时的状态办理相关手续，海关凭相应的机电产品进口证件和检验检疫证明办理解除监管手续。

（四）从境外进入海关特殊监管区域或海关保税监管场所及海关特殊监管区域或海关保税监管场所之间进出的机电产品，免于办理进口证件，但属于旧机电产品的，必须办理检验检疫手续，由海关监管；从海关特殊监管区域和海关保税监管场所进入（境内）区外的机电产品，适用本办法。

从境内海关特殊监管区外进入海关特殊监管区域，供区内企业使用和供区内基础设施建设项目所需的机器设备转出区外的，如属于旧机电产品，不适用本办法。

（五）租赁贸易、补偿贸易等贸易方式进口机电产品的，适用本办法。

（六）无偿援助、捐赠或者经济往来赠送等方式进口机电产品的，适用本办法。

第二十八条 有下列情形之一的，不适用本办法：

（一）外商投资企业在投资总额内作为投资和自用进口新机电产品的；

（二）加工贸易项下为复出口而进口机电产品的；

（三）由海关监管，暂时进口后复出口或暂时出口后复进口的；

（四）进口机电产品货样、广告物品、实验品的，每批次价值不超过5000元人民币的；

（五）其他法律、行政法规另有规定的。

第二十九条 依据我国法律、法规或者我国与有关国际金融组织、外国政府贷款国达成的协议的规定，经国际招标后中标的机电产品的进口依照本办法执行。

第三十条 列入《禁止进口货物目录》的旧机电产品，在符合环境保护、安全生产的条件下，经商务部同意，可以进境维修（含再制造）并复出境。

我国驻外机构或者境外企业（中方控股）在境外购置的机电产品需调回自用的，如涉及《禁止进口货物目录》的旧机电产品，在境外购置时若为新品的，经商务部同意，可调回自用。

第三十一条 本办法所称维修，是指通过维护、修理、检测、升级或其他维修处置，使原产品（件）局部受损功能恢复或原有功能升级的生产活动。

本办法所称再制造，是指将主体部分不具备原设计性能但具备循环再生价值的原产品（件）完全拆解，经采用专门的工艺、技术对拆解的零部件进行修复、加工，产业化组装生产出再生成品，恢复或超过原产品（件）性能的生产活动。

本办法所称翻新，是指将主体部分不具备设计性能的原产品（件）通过维护、修理、检测、升级或其他处置，使原件局部受损性能恢复或原有功能升级等；或者将主体部分不具备设计性能的原产品（件）中可利用部分与新的原料、配件一同重新投入进行拆解、修复、加工或组装，恢复原产品（件）基本的使用功能或超过原件性能的活动。

第三十二条 机电产品各类进口管理证件，包括纸质证件或电子证书，可按规定通过提交纸质或电子材料的方式申请。

第三十三条 本办法由商务部、海关总署负责解释。以往有关规定凡与本办法不一致的，以本办法为准。

第三十四条 本办法自二〇〇八年五月一日起施行。原《机电产品进口管理办法》（外经贸部、海关总署、质检总局2001年第10号令）、《机电产品自动进口许可管理实施细则》（外经贸部2001年第25号令）、《关于加强旧机电产品进口的通知》（国经贸机〔1997〕877号）、《关于加强旧机电产品进口管理的补充通知》（国经贸机〔1998〕555号）、《关于进一步明确加工贸易项下外商提供的不作价进口设备解除海关监管有关问题的通知》（署法发2001年420号）、《关于进一步明确加工贸易项下外商提供的不作价进口设备解除海关监管有关问题的通知》（署法发 2002 年 348 号）、《关于“不作价设备”解除监管问题的紧急通知》（署法发〔2002〕1 号）、《海关总署办公厅关于明确加工贸易项下进口旧机电产品管理有关问题的通知》（署办法〔2002〕211 号）、《关于重申进口旧机电产品有关管理的通知》（国质检联 2001 年 42 号）、《关于进口机电产品备案与办理进口许可工作的衔接问题的通知》质检办检联〔2003〕279 号同时废止。

附件：机电产品范围（略）

机电产品进口配额管理实施细则

（对外贸易经济合作部令 2001 年第 23 号）

发布日期：2001-12-20
实施日期：2002-01-01
法规类型：部门规章

第一条 为规范机电产品进口配额管理，依据《中华人民共和国货物进出口管理条例》和《机电产品进口管理办法》，制定本细则。

第二条 本细则适用于进口单位将配额机电产品进口到中华人民共和国关境内的行为。

第三条 中华人民共和国对外贸易经济合作部（简称为外经贸部）负责会同海关总署制定、调整和公布机电产品进口配额目录，编制全国年度机电产品进口配额计划并组织实施。

第四条 外经贸部采用电子网络系统或者其他方式，与海关等有关行政管理部门进行数据交换、核查和反馈，负责对全国机电产品进口配额的执行情况进行检查、监督。

各省、自治区、直辖市和计划单列市、沿海开放城市、经济特区外经贸主管机构和国务院有关部门机电产品进出口办公室（简称为地方外经贸主管机构、部门机电办），负责对本地区、本部门机电产品进口配额的执行情况进行检查、监督并向外经贸部报告。

第五条 外经贸部应当于每年 7 月 31 日前公布下一年度全国机电产品进口配额总量。

外经贸部可以根据需要对年度机电产品配额总量进行调整，并在实施前 21 天予以公布。

第六条 申请机电产品进口配额的资格与条件：

（一）申请进口单位应当在近三年内没有逃汇、套汇、骗取出口退税、走私等违法、违规行为；

（二）申请进口单位应当具有所申请配额产品的经营权；

（三）申请进口单位应当具有连续三年进口、销售所申请配额产品的实际有效业绩；

（四）申请进口单位应当具有与所申请配额数量相适应的生产、销售、维修、服务和配件供应能力；

（五）申请进口单位应当具有良好的财务状况；

（六）新增的申请进口单位，可不具备本条（三）项规定的条件；

（七）申请自用的可不具备本条（二）、（三）、（四）、（五）项规定的资格与条件，但是应当提交合理的申请理由和适当的配额申请数量。

第七条 进口配额的申请与分配时间：

（一）每年 8 月 1 日至 8 月 31 日，申请进口单位向外经贸部提交下一年度机电产品进口配额申请，逾期不予接受申请；

（二）每年10月31日前，外经贸部进行配额分配，向获得配额的申请进口单位签发《机电产品进口配额证明》。

第八条 进口配额的再分配时间：

（一）持有配额的进口单位最迟于每年9月1日前，应当将当年不能用完的配额许可证交回外经贸部；

（二）外经贸部应当于每年9月1日起的10个工作日内，对交回的配额许可证所载明的配额进行再分配。

第九条 进口配额的分配原则：

（一）保障科研、教育、文化、卫生及其他社会公益事业进口自用的需要；

（二）优先考虑生产、销售、服务能力强的进口单位的申请；

（三）考虑申请进口单位近三年进口该配额产品的实际有效业绩；

（四）考虑将年度配额总量的一定比例分配给新增的申请进口单位；

（五）上一年度配额全部用完的，如提出要求应当适当增加下一年度配额量；上一年度配额未全部用完，并且在规定期限内没有交回未用完配额的，应当扣减下一年度配额量。

（六）对某些进口配额采用招标方式分配，具体管理办法由外经贸部制定和公布。

第十条 申请《机电产品进口配额证明》的程序：

进口属于配额管理的机电产品，申请进口单位应当如实填写《机电产品进口申请表》（如附件一）一式二份，提供申请报告及其他有关文件，向相关的地方外经贸主管机构、部门机电办办理核实手续。未设立机电办的部门，申请进口单位应当向本单位工商注册地或者法人登记地的地方外经贸主管机构办理核实手续。

经相关的地方外经贸主管机构、部门机电办核实，申请进口单位应当在规定的配额申请期限内持相关文件和《机电产品进口申请表》向外经贸部申领《机电产品进口配额证明》（如附件二）。

第十一条 进口单位持外经贸部签发的《机电产品进口配额证明》申领《进口配额许可证》，申领有效期为《机电产品进口配额证明》签发当年，在有效期内未申领《进口配额许可证》的，《机电产品进口配额证明》失效。

第十二条 《机电产品进口配额证明》一式五联。第一联（蓝色，有防伪底纹）为申领《进口配额许可证》凭证，第二联（白底绿色）为订货凭证，第三联（深红色，有防伪底纹）为海关备案凭证，第四联（白底红色）为银行售、付汇凭证，第五联（白底黑色）为配额管理机关存档。

第十三条 进口单位领取《机电产品进口配额证明》后，在有效期内因特殊原因需要变更《机电产品进口配额证明》中的进口单位、贸易方式、产品用途、产品名称、数量、金额（变化幅度超过10%的）以及设备状态等项目内容的，应当持原《机电产品进口配额证明》到原发证机关申请办理变更、换证手续；原发证机关应当收回旧证，并在换发的新证的备注栏打印“换证”字样。实际用汇额不超过原定用汇额10%的，不需变更《机电产品进口配额证明》。进口单位持《机电产品进口配额证明》申领《进口配额许可证》时，不得变更《机电产品进口配额证明》中的进口单位、贸易方式、产品用途、产品名称、数量、金额（变化幅度超过10%的）以及设备状态等项目内容。

第十四条 《机电产品进口配额证明》如有遗失，应当立即向原进口配额管理机关、原许可证管理机关和报关口岸海关三方同时挂失。如无不良后果，进口单位可向外经贸部申请补发。

第十五条 未按本细则规定申请办理《机电产品进口配额证明》及《进口配额许可证》，

先行对外签约的，外经贸部不予补办进口配额证明，海关等行政主管部门依据法律、行政法规的规定作出处理。

第十六条 有下列情形之一的，也适用本细则：

（一）进口配额产品的零部件，构成整机特征的；

（二）加工贸易项下进口配额产品用于生产内销产品或留作自用的；

（三）外商投资企业进口配额产品用于生产内销产品或内销的；

（四）租赁贸易、补偿贸易等贸易方式进口配额产品的；

（五）以无偿援助、捐赠或者经济往来赠送等方式进口配额产品的；

（六）我国驻外机构或者境外施工企业在境外购置配额产品，需调回自用的；

（七）其他法律、行政法规另有规定的。

第十七条 有下列情形之一的，不适用本细则：

（一）加工贸易项下进口复出口的；

（二）将配额产品进口到我国保税区、出口加工区并用于复出口的；

（三）由海关监管，暂时进口配额产品的；

（四）外商投资企业投资和自用进口配额产品的；

（五）其他法律、行政法规另有规定的。

第十八条 本细则由外经贸部负责解释。过去有关规定凡与本细则不一致的，以本细则为准。

第十九条 本细则自二○○二年一月一日起施行。

附件：1. 机电产品进口申请表（略）

2. 机电产品进口配额证明（略）

进口旧机电产品检验监督管理办法

（国家质检总局令第 171 号）

发布日期：2015-11-23

实施日期：2018-11-23

法规类型：部门规章

（根据 2017 年 2 月 27 日国家质检总局令第 187 号《国家质量监督检验检疫总局关于修改〈进口旧机电产品检验监督管理办法〉的决定》第一次修正；根据 2018 年 4 月 28 日海关总署令第 238 号《海关总署关于修改部分规章的决定》第二次修正；根据 2018 年 5 月 29 日海关总署令第 240 号《海关总署关于修改部分规章的决定》第三次修正；根据 2018 年 11 月 23 日海关总署令第 243 号《海关总署关于修改部分规章的决定》第四次修正）

第一章 总 则

第一条 为了规范进口旧机电产品的检验监督管理工作，根据《中华人民共和国进出口商品检验法》及其实施条例以及中华人民共和国缔结或者参加的双边或者多边条约、协定和其他具有条约性质的文件的有关规定，制定本办法。

第二条 本办法适用于国家允许进口的，在中华人民共和国境内销售、使用的旧机电产品的检验监督管理。

本办法所称旧机电产品是指具有下列情形之一的机电产品：

（一）已经使用（不含使用前测试、调试的设备），仍具备基本功能和一定使用价值的；

（二）未经使用，但是超过质量保证期（非保修期）的；

（三）未经使用，但是存放时间过长，部件产生明显有形损耗的；

（四）新旧部件混装的；

（五）经过翻新的。

第三条 海关总署主管全国进口旧机电产品检验监督管理工作。

主管海关负责所辖地区进口旧机电产品检验监督管理工作。

第四条 进口旧机电产品应当符合法律法规对安全、卫生、健康、环境保护、防止欺诈、节约能源等方面的规定，以及国家技术规范的强制性要求。

第五条 进口旧机电产品应当实施口岸查验、目的地检验以及监督管理。价值较高、涉及人身财产安全、健康、环境保护项目的高风险进口旧机电产品，还需实施装运前检验。

需实施装运前检验的进口旧机电产品清单由海关总署制定并在海关总署网站上公布。

进口旧机电产品的装运前检验结果与口岸查验、目的地检验结果不一致的，以口岸查验、目的地检验结果为准。

第六条 旧机电产品的进口商应当诚实守信，对社会和公众负责，对其进口的旧机电产品承担质量主体责任。

第二章 装运前检验

第七条 需实施装运前检验的进口旧机电产品，其收、发货人或者其代理人应当按照海关总署的规定申请主管海关或者委托检验机构实施装运前检验。

海关总署不予指定检验机构从事进口旧机电产品装运前检验。

装运前检验应当在货物启运前完成。

第八条 收、发货人或者其代理人申请海关实施装运前检验的，海关可以根据需要，组织实施或者派出检验人员参加进口旧机电产品装运前检验。

第九条 进口旧机电产品装运前检验应当按照国家技术规范的强制性要求实施。

装运前检验内容包括：

（一）对安全、卫生、健康、环境保护、防止欺诈、能源消耗等项目做出初步评价；

（二）核查产品品名、数量、规格（型号）、新旧、残损情况是否与合同、发票等贸易文件所列相符；

（三）是否包括、夹带禁止进口货物。

第十条 检验机构接受委托实施装运前检验的，应当诚实守信，按照本办法第九条以及海关总署的规定实施装运前检验。

第十一条 海关或者检验机构应当在完成装运前检验工作后，签发装运前检验证书，并随附装运前检验报告。

检验证书及随附的检验报告应当符合以下要求：

（一）检验依据准确、检验情况明晰、检验结果真实；

（二）有统一、可追溯的编号；

（三）检验报告应当包含检验依据、检验对象、现场检验情况、装运前检验机构及授权签字人签名等要求；

（四）检验证书不应含有检验报告中检验结论及处理意见为不符合本办法第四条规定的进口旧机电产品；

（五）检验证书及随附的检验报告文字应当为中文，若出具中外文对照的，以中文为准；

（六）检验证书应当有明确的有效期限，有效期限由签发机构根据进口旧机电产品情况确定，一般为半年或一年。

工程机械的检验报告除满足上述要素外，还应当逐台列明名称、HS 编码、规格型号、产地、发动机号/车架号、制造日期（年）、运行时间（小时）、检测报告、维修记录、使用说明书核查情况等内容。

第三章 进口旧机电产品检验

第十二条 进口旧机电产品运抵口岸后，收货人或者其代理人应当凭合同、发票、装箱单、提单等资料向海关办理报检手续。需实施装运前检验的，报检前还应当取得装运前检验证书。

第十三条 口岸海关对进口旧机电产品实施口岸查验。

实施口岸查验时，应当对报检资料进行逐批核查。必要时，对进口旧机电产品与报检资料是否相符进行现场核查。

口岸查验的其他工作按口岸查验的相关规定执行。

第十四条 目的地海关对进口旧机电产品实施目的地检验。

第十五条 海关对进口旧机电产品的目的地检验内容包括：一致性核查，安全、卫生、环境保护等项目检验。

（一）一致性核查：

1. 核查产品是否存在外观及包装的缺陷或者残损；

2. 核查产品的品名、规格、型号、数量、产地等货物的实际状况是否与报检资料及装运前检验结果相符；

3. 对进口旧机电产品的实际用途实施抽查，重点核查特殊贸易方式进口旧机电产品的实际使用情况是否与申报情况一致。

（二）安全项目检验：

1. 检查产品表面缺陷、安全标识和警告标记；

2. 检查产品在静止状态下的电气安全和机械安全；

3. 检验产品在运行状态下的电气安全和机械安全，以及设备运行的可靠性和稳定性。

（三）卫生、环境保护项目检验：

1. 检查产品卫生状况，涉及食品安全项目的食品加工机械及家用电器是否符合相关强制性标准；

2. 检测产品在运行状态下的噪声、粉尘含量、辐射以及排放物是否符合标准；

3. 检验产品是否符合我国能源效率有关限定标准。

（四）对装运前检验发现的不符合项目采取技术和整改措施的有效性进行验证，对装运前检验未覆盖的项目实施检验；必要时对已实施的装运前检验项目实施抽查。

（五）其他项目的检验依照同类机电产品检验的有关规定执行。

第十六条 经目的地检验，涉及人身财产安全、健康、环境保护项目不合格的，由海关责令收货人销毁、退运；其他项目不合格的，可以在海关的监督下进行技术处理，经重新检验合格的，方可销售或者使用。

经目的地检验不合格的进口旧机电产品，属成套设备及其材料的，签发不准安装使用通知书。经技术处理，并经海关重新检验合格的，方可安装使用。

第四章　监督管理

第十七条　海关对进口旧机电产品收货人及其代理人、进口商及其代理人、装运前检验机构及相关活动实施监督管理。

第十八条　检验机构应当对其所出具的装运前检验证书及随附的检验报告的真实性、准确性负责。

海关在进口旧机电产品检验监管工作中，发现检验机构出具的检验证书及随附的检验报告存在违反本办法第十一条规定，情节严重或引起严重后果的，可以发布警示通报并决定在一定时期内不予认可其出具的检验证书及随附的检验报告，但最长不得超过 3 年。

第十九条　进口旧机电产品的进口商应当建立产品进口、销售和使用记录制度，如实记录进口旧机电产品的品名、规格、数量、出口商和购货者名称及联系方式、交货日期等内容。记录应当真实，保存期限不得少于 2 年。

海关可以对本辖区内进口商的进口、销售和使用记录进行检查。

第二十条　海关对进口旧机电产品检验监管过程中发现的质量安全问题依照风险预警及快速反应的有关规定进行处置。

第二十一条　海关工作人员在履行进口旧机电产品检验监管职责中，对所知悉的商业秘密负有保密义务。

海关履行进口旧机电产品检验监管职责，应当遵守法律，维护国家利益，依照法定职权和法定程序严格执法，接受监督。

第五章　法律责任

第二十二条　擅自销售、使用未报检或者未经检验的进口旧机电产品，由海关按照《中华人民共和国进出口商品检验法实施条例》没收违法所得，并处进口旧机电产品货值金额 5%以上 20%以下罚款；构成犯罪的，依法追究刑事责任。

第二十三条　销售、使用经法定检验、抽查检验或者验证不合格的进口旧机电产品，由海关按照《中华人民共和国进出口商品检验法实施条例》责令停止销售、使用，没收违法所得和违法销售、使用的进口旧机电产品，并处违法销售、使用的进口旧机电产品货值金额等值以上 3 倍以下罚款；构成犯罪的，依法追究刑事责任。

第二十四条　擅自调换海关抽取的样品或者海关检验合格的进口旧机电产品的，由海关按照《中华人民共和国进出口商品检验法实施条例》责令改正，给予警告；情节严重的，并处旧机电产品货值金额 10%以上 50%以下罚款。

第二十五条　进口旧机电产品的收货人、代理报检企业或者报检人员不如实提供进口旧机电产品的真实情况，取得海关的有关单证，或者对法定检验的进口旧机电产品不予报检，逃避进口旧机电产品检验的，由海关按照《中华人民共和国进出口商品检验法实施条例》没收违法所得，并处进口旧机电产品货值金额 5%以上 20%以下罚款。

第二十六条　进口国家允许进口的旧机电产品未按照规定进行装运前检验的，按照国家有关规定予以退货；情节严重的，由海关按照《中华人民共和国进出口商品检验法实施条例》并处 100 万元以下罚款。

第二十七条　伪造、变造、买卖、盗窃或者使用伪造、变造的海关出具的装运前检验证书及检验报告，构成犯罪的，依法追究刑事责任；尚不够刑事处罚的，由海关按照《中华人民共和国进出口商品检验法实施条例》责令改正，没收违法所得，并处商品货值金额等值以下罚款。

第二十八条　海关工作人员在履行进口旧机电产品检验监管职责中应当秉公执法、忠于职守，不得滥用职权、玩忽职守、徇私舞弊；违法失职的，依法追究责任。

第六章　附　则

第二十九条　经特殊监管区进口的旧机电产品，按照本办法执行。

第三十条　进口旧机电产品涉及的动植物检疫和卫生检疫工作，按照进出境动植物检疫和国境卫生检疫法律法规的规定执行。

第三十一条　进口国家禁止进口的旧机电产品，应当予以退货或者销毁。

第三十二条　本办法由海关总署负责解释。

第三十三条　本办法自2016年1月1日起施行。国家质量监督检验检疫总局于2002年12月31日发布的《进口旧机电产品检验监督管理办法》和2003年8月18日发布的《进口旧机电产品检验监督程序规定》同时废止。

机电产品国际招标投标实施办法（试行）

（商务部令2014年第1号）

发布日期：2014-02-21
实施日期：2014-04-01
法规类型：部门规章

第一章　总　则

第一条　为了规范机电产品国际招标投标活动，保护国家利益、社会公共利益和招标投标活动当事人的合法权益，提高经济效益，保证项目质量，根据《中华人民共和国招标投标法》（以下简称招标投标法）、《中华人民共和国招标投标法实施条例》（以下简称招标投标法实施条例）等法律、行政法规以及国务院对有关部门实施招标投标活动行政监督的职责分工，制定本办法。

第二条　在中华人民共和国境内进行机电产品国际招标投标活动，适用本办法。

本办法所称机电产品国际招标投标活动，是指中华人民共和国境内的招标人根据采购机电产品的条件和要求，在全球范围内以招标方式邀请潜在投标人参加投标，并按照规定程序从投标人中确定中标人的一种采购行为。

本办法所称机电产品，是指机械设备、电气设备、交通运输工具、电子产品、电器产品、仪器仪表、金属制品等及其零部件、元器件。机电产品的具体范围见附件1。

第三条　机电产品国际招标投标活动应当遵循公开、公平、公正、诚实信用和择优原则。机电产品国际招标投标活动不受地区或者部门的限制。

第四条　商务部负责管理和协调全国机电产品的国际招标投标工作，制定相关规定；根据国家有关规定，负责调整、公布机电产品国际招标范围；负责监督管理全国机电产品国际招标代理机构（以下简称招标机构）；负责利用国际组织和外国政府贷款、援助资金（以下简称国外贷款、援助资金）项目机电产品国际招标投标活动的行政监督；负责组建和管理机电产品国际招标评标专家库；负责建设和管理机电产品国际招标投标电子公共服务和行政监督平台。

各省、自治区、直辖市、计划单列市、新疆生产建设兵团、沿海开放城市及经济特区商务主管部门、国务院有关部门机电产品进出口管理机构负责本地区、本部门的机电产品国际招标投标活动的行政监督和协调；负责本地区、本部门所属招标机构的监督和管理；负责本地区、本部门机电产品国际招标评标专家的日常管理。

各级机电产品进出口管理机构（以下简称主管部门）及其工作人员应当依法履行职责，不得以任何方式非法干涉招标投标活动。主管部门的工作人员对监督检查过程中知悉的国家秘密、商业秘密，应当依法予以保密。

第五条 商务部委托专门网站为机电产品国际招标投标活动提供公共服务和行政监督的平台（以下简称招标网）。机电产品国际招标投标应当在招标网上完成招标项目建档、招标过程文件存档和备案、资格预审公告发布、招标公告发布、评审专家抽取、评标结果公示、异议投诉、中标结果公告等招标投标活动的相关程序，但涉及国家秘密的招标项目除外。

招标网承办单位应当在商务部委托的范围内提供网络服务，应当遵守法律、行政法规以及本办法的规定，不得损害国家利益、社会公共利益和招投标活动当事人的合法权益，不得泄露应当保密的信息，不得拒绝或者拖延办理委托范围内事项，不得利用委托范围内事项向有关当事人收取费用。

第二章　招标范围

第六条 通过招标方式采购原产地为中国关境外的机电产品，属于下列情形的必须进行国际招标：

（一）关系社会公共利益、公众安全的基础设施、公用事业等项目中进行国际采购的机电产品；

（二）全部或者部分使用国有资金投资项目中进行国际采购的机电产品；

（三）全部或者部分使用国家融资项目中进行国际采购的机电产品；

（四）使用国外贷款、援助资金项目中进行国际采购的机电产品；

（五）政府采购项目中进行国际采购的机电产品；

（六）其他依照法律、行政法规的规定需要国际招标采购的机电产品。

已经明确采购产品的原产地在中国关境内的，可以不进行国际招标。必须通过国际招标方式采购的，任何单位和个人不得将前款项目化整为零或者以国内招标等其他任何方式规避国际招标。

商务部制定、调整并公布本条第一项所列项目包含主要产品的国际招标范围。

第七条 有下列情形之一的，可以不进行国际招标：

（一）国（境）外赠送或无偿援助的机电产品；

（二）采购供生产企业及科研机构研究开发用的样品样机；

（三）单项合同估算价在国务院规定的必须进行招标的标准以下的；

（四）采购旧机电产品；

（五）采购供生产配套、维修用零件、部件；

（六）采购供生产企业生产需要的专用模具；

（七）根据法律、行政法规的规定，其他不适宜进行国际招标采购的机电产品。

招标人不得为适用前款规定弄虚作假规避招标。

第八条 鼓励采购人采用国际招标方式采购不属于依法必须进行国际招标项目范围内的机电产品。

第三章　招　标

第九条 招标人应当在所招标项目确立、资金到位或资金来源落实并具备招标所需的技术资料和其他条件后开展国际招标活动。

按照国家有关规定需要履行项目审批、核准手续的依法必须进行招标的项目，其招标范围、招标方式、招标组织形式应当先获得项目审批、核准部门的审批、核准。

第十条 国有资金占控股或者主导地位的依法必须进行机电产品国际招标的项目，应当公开招标；但有下列情形之一的，可以邀请招标：

（一）技术复杂、有特殊要求或者受自然环境限制，只有少量潜在投标人可供选择；

（二）采用公开招标方式的费用占项目合同金额的比例过大。

有前款第二项所列情形，属于本办法第九条第二款规定的项目，招标人应当在招标前向相应的主管部门提交项目审批、核准部门审批、核准邀请招标方式的文件；其他项目采用邀请招标方式应当由招标人申请相应的主管部门作出认定。

第十一条 招标人采用委托招标的，有权自行选择招标机构为其办理招标事宜。任何单位和个人不得以任何方式为招标人指定招标机构。

招标人自行办理招标事宜的，应当具有与招标项目规模和复杂程度相适应的技术、经济等方面专业人员，具备编制国际招标文件（中、英文）和组织评标的能力。依法必须进行招标的项目，招标人自行办理招标事宜的，应当向相应主管部门备案。

第十二条 招标机构应当具备从事招标代理业务的营业场所和相应资金；具备能够编制招标文件（中、英文）和组织评标的相应专业力量；拥有一定数量的取得招标职业资格的专业人员。

招标机构从事机电产品国际招标代理业务，应当在招标网免费注册，注册时应当在招标网在线填写机电产品国际招标机构登记表。

招标机构应当在招标人委托的范围内开展招标代理业务，任何单位和个人不得非法干涉。招标机构从事机电产品国际招标业务的人员应当为与本机构依法存在劳动合同关系的员工。招标机构可以依法跨区域开展业务，任何地区和部门不得以登记备案等方式加以限制。

招标机构代理招标业务，应当遵守招标投标法、招标投标法实施条例和本办法关于招标人的规定；在招标活动中，不得弄虚作假，损害国家利益、社会公共利益和招标人、投标人的合法权益。

招标人应当与被委托的招标机构签订书面委托合同，载明委托事项和代理权限，合同约定的收费标准应当符合国家有关规定。

招标机构不得接受招标人违法的委托内容和要求；不得在所代理的招标项目中投标或者代理投标，也不得为所代理的招标项目的投标人提供咨询。

招标机构管理办法由商务部另行制定。

第十三条 发布资格预审公告、招标公告或发出投标邀请书前，招标人或招标机构应当在招标网上进行项目建档，建档内容包括项目名称、招标人名称及性质、招标方式、招标组织形式、招标机构名称、资金来源及性质、委托招标金额、项目审批或核准部门、主管部门等。

第十四条 招标人采用公开招标方式的，应当发布招标公告。

招标人采用邀请招标方式的，应当向3个以上具备承担招标项目能力、资信良好的特定法人或者其他组织发出投标邀请书。

第十五条 资格预审公告、招标公告或者投标邀请书应当载明下列内容：

（一）招标项目名称、资金到位或资金来源落实情况；

（二）招标人或招标机构名称、地址和联系方式；

（三）招标产品名称、数量、简要技术规格；

（四）获取资格预审文件或者招标文件的地点、时间、方式和费用；

（五）提交资格预审申请文件或者投标文件的地点和截止时间；

（六）开标地点和时间；

（七）对资格预审申请人或者投标人的资格要求。

第十六条 招标人不得以招标投标法实施条例第三十二条规定的情形限制、排斥潜在投标人或者投标人。

第十七条 公开招标的项目，招标人可以对潜在投标人进行资格预审。资格预审按照招标投标法实施条例的有关规定执行。国有资金占控股或者主导地位的依法必须进行招标的项目，资格审查委员会及其成员应当遵守本办法有关评标委员会及其成员的规定。

第十八条 编制依法必须进行机电产品国际招标的项目的资格预审文件和招标文件，应当使用机电产品国际招标标准文本。

第十九条 招标人根据所采购机电产品的特点和需要编制招标文件。招标文件主要包括下列内容：

（一）招标公告或投标邀请书；

（二）投标人须知及投标资料表；

（三）招标产品的名称、数量、技术要求及其他要求；

（四）评标方法和标准；

（五）合同条款；

（六）合同格式；

（七）投标文件格式及其他材料要求：

1. 投标书；
2. 开标一览表；
3. 投标分项报价表；
4. 产品说明一览表；
5. 技术规格响应/偏离表；
6. 商务条款响应/偏离表；
7. 投标保证金银行保函；
8. 单位负责人授权书；
9. 资格证明文件；
10. 履约保证金银行保函；
11. 预付款银行保函；
12. 信用证样本；
13. 要求投标人提供的其他材料。

第二十条 招标文件中应当明确评标方法和标准。机电产品国际招标的评标一般采用最低评标价法。技术含量高、工艺或技术方案复杂的大型或成套设备招标项目可采用综合评价法进行评标。所有评标方法和标准应当作为招标文件不可分割的一部分并对潜在投标人公开。招标文件中没有规定的评标方法和标准不得作为评标依据。

最低评标价法，是指在投标满足招标文件商务、技术等实质性要求的前提下，按照招标文件中规定的价格评价因素和方法进行评价，确定各投标人的评标价格，并按投标人评标价格由低到高的顺序确定中标候选人的评标方法。

综合评价法，是指在投标满足招标文件实质性要求的前提下，按照招标文件中规定的各项评价因素和方法对投标进行综合评价后，按投标人综合评价的结果由优到劣的顺序确定中标候选人的评标方法。

综合评价法应当由评价内容、评价标准、评价程序及推荐中标候选人原则等组成。综合评价法应当根据招标项目的具体需求，设定商务、技术、价格、服务及其他评价内容的标准，并对每一项评价内容赋予相应的权重。

机电产品国际招标投标综合评价法实施规范由商务部另行制定。

第二十一条 招标文件的技术、商务等条款应当清晰、明确、无歧义，不得设立歧视性条款或不合理的要求排斥潜在投标人。招标文件编制内容原则上应当满足3个以上潜在投标人能够参与竞争。招标文件的编制应当符合下列规定：

（一）对招标文件中的重要条款（参数）应当加注星号（“＊”），并注明如不满足任一带星号（“＊”）的条款（参数）将被视为不满足招标文件实质性要求，并导致投标被否决。

构成投标被否决的评标依据除重要条款（参数）不满足外，还可以包括超过一般条款（参数）中允许偏离的最大范围、最多项数。

采用最低评标价法评标的，评标依据中应当包括：一般商务和技术条款（参数）在允许偏离范围和条款数内进行评标价格调整的计算方法，每个一般技术条款（参数）的偏离加价一般为该设备投标价格的0.5%，最高不得超过该设备投标价格的1%，投标文件中没有单独列出该设备分项报价的，评标价格调整时按投标总价计算；交货期、付款条件等商务条款的偏离加价计算方法在招标文件中可以另行规定。

采用综合评价法的，应当集中列明招标文件中所有加注星号（“＊”）的重要条款（参数）。

（二）招标文件应当明确规定在实质性响应招标文件要求的前提下投标文件分项报价允许缺漏项的最大范围或比重，并注明如缺漏项超过允许的最大范围或比重，该投标将被视为实质性不满足招标文件要求，并将导致投标被否决。

（三）招标文件应当明确规定投标文件中投标人应当小签的相应内容，其中投标文件的报价部分、重要商务和技术条款（参数）响应等相应内容应当逐页小签。

（四）招标文件应当明确规定允许的投标货币和报价方式，并注明该条款是否为重要商务条款。招标文件应当明确规定不接受选择性报价或者附加条件的报价。

（五）招标人设有最高投标限价的，应当在招标文件中明确最高投标限价或者最高投标限价的计算方法。招标人不得规定最低投标限价。

（六）招标文件应当明确规定评标依据以及对投标人的业绩、财务、资信等商务条款和技术参数要求，不得使用模糊的、无明确界定的术语或指标作为重要商务或技术条款（参数）或以此作为价格调整的依据。招标文件对投标人资质提出要求的，应当列明所要求资质的名称及其认定机构和提交证明文件的形式，并要求相应资质在规定的期限内真实有效。

（七）招标人可以在招标文件中将有关行政监督部门公布的信用信息作为对投标人的资格要求的依据。

（八）招标文件内容应当符合国家有关安全、卫生、环保、质量、能耗、标准、社会责任等法律法规的规定。

（九）招标文件允许联合体投标的，应当明确规定对联合体牵头人和联合体各成员的资格条件及其他相应要求。

（十）招标文件允许投标人提供备选方案的，应当明确规定投标人在投标文件中只能提供一个备选方案并注明主选方案，且备选方案的投标价格不得高于主选方案。

（十一）招标文件应当明确计算评标总价时关境内、外产品的计算方法，并应当明确指定到货地点。除国外贷款、援助资金项目外，评标总价应当包含货物到达招标人指定到货地点之前的所有成本及费用。其中：

关境外产品为：CIF价+进口环节税+国内运输、保险费等（采用CIP、DDP等其他报价方式的，参照此方法计算评标总价）；其中投标截止时间前已经进口的产品为：销售价（含进口环节税、销售环节增值税）+国内运输、保险费等。关境内制造的产品为：出厂价（含增值税）+消费税（如适用）+国内运输、保险费等。有价格调整的，计算评标总价时，应当包含偏离加价。

（十二）招标文件应当明确投标文件的大写金额和小写金额不一致的，以大写金额为准；投标总价金额与按分项报价汇总金额不一致的，以分项报价金额计算结果为准；分项报价金额小数点有明显错位的，应以投标总价为准，并修改分项报价；应当明确招标文件、投标文件和评标报告使用语言的种类；使用两种以上语言的，应当明确当出现表述内容不一致时以何种语言文本为准。

第二十二条　招标文件应当载明投标有效期，以保证招标人有足够的时间完成组织评标、定标以及签订合同。投标有效期从招标文件规定的提交投标文件的截止之日起算。

第二十三条　招标人在招标文件中要求投标人提交投标保证金的，投标保证金不得超过招标项目估算价的2%。投标保证金有效期应当与投标有效期一致。

依法必须进行招标的项目的境内投标单位，以现金或者支票形式提交的投标保证金应当从其基本账户转出。

投标保证金可以是银行出具的银行保函或不可撤销信用证、转账支票、银行即期汇票，也可以是招标文件要求的其他合法担保形式。

联合体投标的，应当以联合体共同投标协议中约定的投标保证金缴纳方式予以提交，可以是联合体中的一方或者共同提交投标保证金，以一方名义提交投标保证金的，对联合体各方均具有约束力。

招标人不得挪用投标保证金。

第二十四条　招标人或招标机构应当在资格预审文件或招标文件开始发售之日前将资格预审文件或招标文件发售稿上传招标网存档。

第二十五条　依法必须进行招标的项目的资格预审公告和招标公告应当在符合法律规定的媒体和招标网上发布。

第二十六条　招标人应当确定投标人编制投标文件所需的合理时间。依法必须进行招标的项目，自招标文件开始发售之日起至投标截止之日止，不得少于20日。

招标文件的发售期不得少于5个工作日。

招标人发售的纸质招标文件和电子介质的招标文件具有同等法律效力，除另有约定的，出现不一致时以纸质招标文件为准。

第二十七条　招标公告规定未领购招标文件不得参加投标的，招标文件发售期截止后，购买招标文件的潜在投标人少于3个的，招标人可以依照本办法重新招标。重新招标后潜在投标人或投标人仍少于3个的，可以依照本办法第四十六条第二款有关规定执行。

第二十八条　开标前，招标人、招标机构和有关工作人员不得向他人透露已获取招标文件的潜在投标人的名称、数量以及可能影响公平竞争的有关招标投标的其他信息。

第二十九条　招标人可以对已发出的资格预审文件或者招标文件进行必要的澄清或者修改。澄清或者修改的内容可能影响资格预审申请文件或者投标文件编制的，招标人或招标机构应当在提交资格预审文件截止时间至少3日前，或者投标截止时间至少15日前，以书面形式通知所有获取资格预审文件或者招标文件的潜在投标人，并上传招标网存档；不足3日或者15日的，招标人或招标机构应当顺延提交资格预审申请文件或者投标文件的截止时间。该澄清或者修改内容为资格预审文件或者招标文件的组成部分。澄清或者修改的内容涉及到与资格预审公告或者招标公告内容不一致的，应当在原资格预审公告或者招标公告发布的媒体和招标网上发布变更公告。

因异议或投诉处理而导致对资格预审文件或者招标文件澄清或者修改的，应当按照前款规定执行。

第三十条 招标人顺延投标截止时间的，至少应当在招标文件要求提交投标文件的截止时间3日前，将变更时间书面通知所有获取招标文件的潜在投标人，并在招标网上发布变更公告。

第三十一条 除不可抗力原因外，招标文件或者资格预审文件发出后，不予退还；招标人在发布招标公告、发出投标邀请书后或者发出招标文件或资格预审文件后不得终止招标。

招标人终止招标的，应当及时发布公告，或者以书面形式通知被邀请的或者已经获取资格预审文件、招标文件的潜在投标人。已经发售资格预审文件、招标文件或者已经收取投标保证金的，招标人应当及时退还所收取的资格预审文件、招标文件的费用，以及所收取的投标保证金及银行同期存款利息。

第四章 投 标

第三十二条 投标人是响应招标、参加投标竞争的法人或其他组织。

与招标人存在利害关系可能影响招标公正性的法人或其他组织不得参加投标；接受委托参与项目前期咨询和招标文件编制的法人或其他组织不得参加受托项目的投标，也不得为该项目的投标人编制投标文件或者提供咨询。

单位负责人为同一人或者存在控股、管理关系的不同单位，不得参加同一招标项目包投标，共同组成联合体投标的除外。

违反前三款规定的，相关投标均无效。

第三十三条 投标人应当根据招标文件要求编制投标文件，并根据自己的商务能力、技术水平对招标文件提出的要求和条件在投标文件中作出真实的响应。投标文件的所有内容在投标有效期内应当有效。

第三十四条 投标人对加注星号（“*”）的重要技术条款（参数）应当在投标文件中提供技术支持资料。

技术支持资料以制造商公开发布的印刷资料、检测机构出具的检测报告或招标文件中允许的其他形式为准，凡不符合上述要求的，应当视为无效技术支持资料。

第三十五条 投标人应当提供在开标日前3个月内由其开立基本账户的银行开具的银行资信证明的原件或复印件。

第三十六条 潜在投标人或者其他利害关系人对资格预审文件有异议的，应当在提交资格预审申请文件截止时间2日前向招标人或招标机构提出，并将异议内容上传招标网；对招标文件有异议的，应当在投标截止时间10日前向招标人或招标机构提出，并将异议内容上传招标网。招标人或招标机构应当自收到异议之日起3日内作出答复，并将答复内容上传招标网；作出答复前，应当暂停招标投标活动。

第三十七条 招标人编制的资格预审文件、招标文件的内容违反法律、行政法规的强制性规定，违反公开、公平、公正和诚实信用原则，影响资格预审结果或者潜在投标人投标的，依法必须进行招标的项目的招标人应当在修改资格预审文件或者招标文件后重新招标。

第三十八条 投标人在招标文件要求的投标截止时间前，应当在招标网免费注册，注册时应当在招标网在线填写招投标注册登记表，并将由投标人加盖公章的招投标注册登记表及工商营业执照（复印件）提交至招标网；境外投标人提交所在地登记证明材料（复印件），投标人无印章的，提交由单位负责人签字的招投标注册登记表。投标截止时间前，投标人未在招标网完成注册的不得参加投标，有特殊原因的除外。

第三十九条 投标人在招标文件要求的投标截止时间前，应当将投标文件送达招标文件规定的投标地点。投标人可以在规定的投标截止时间前书面通知招标人，对已提交的投标文件进行补充、修改或撤回。补充、修改的内容应当作为投标文件的组成部分。投标人不得在投标截止时间后对投标文件进行补充、修改。

第四十条 投标人应当按照招标文件要求对投标文件进行包装和密封。投标人在投标截止时间前提交价格变更等相关内容的投标声明的，应与开标一览表一并或者单独密封，并加施明显标记，以便在开标时一并唱出。

第四十一条 未通过资格预审的申请人提交的投标文件，以及逾期送达或者不按照招标文件要求密封的投标文件，招标人应当拒收。

招标人或招标机构应当如实记载投标文件的送达时间和密封情况，并存档备查。

第四十二条 招标文件允许联合体投标的，两个以上法人或者其他组织可以组成一个联合体，以一个投标人的身份共同投标。

联合体各方均应当具备承担招标项目的相应能力；国家有关规定或者招标文件对投标人资格条件有规定的，联合体各方均应当具备规定的相应资格条件。由同一专业的单位组成的联合体，按照资质等级较低的单位确定资质等级。

联合体各方应当签订共同投标协议，明确约定各方拟承担的工作和责任，并将共同投标协议连同投标文件一并提交招标人。联合体中标的，联合体各方应当共同与招标人签订合同，就中标项目向招标人承担连带责任。

联合体各方在同一招标项目包中以自己名义单独投标或者参加其他联合体投标的，相关投标均无效。

第四十三条 投标人应当按照招标文件的要求，在提交投标文件截止时间前将投标保证金提交给招标人或招标机构。

投标人在投标截止时间前撤回已提交的投标文件，招标人或招标机构已收取投标保证金的，应当自收到投标人书面撤回通知之日起 5 日内退还。

投标截止后投标人撤销投标文件的，招标人可以不退还投标保证金。招标人主动要求延长投标有效期但投标人拒绝的，招标人应当退还投标保证金。

第四十四条 投标人发生合并、分立、破产等重大变化的，应当及时书面告知招标人。投标人不再具备资格预审文件、招标文件规定的资格条件或者其投标影响招标公正性的，其投标无效。

第四十五条 禁止招标投标法实施条例第三十九条、第四十条、第四十一条、第四十二条所规定的投标人相互串通投标、招标人与投标人串通投标、投标人以他人名义投标或者以其他方式弄虚作假的行为。

第五章　开标和评标

第四十六条 开标应当在招标文件确定的提交投标文件截止时间的同一时间公开进行；开标地点应当为招标文件中预先确定的地点。开标由招标人或招标机构主持，邀请所有投标人参加。

投标人少于 3 个的，不得开标，招标人应当依照本办法重新招标；开标后认定投标人少于 3 个的应当停止评标，招标人应当依照本办法重新招标。重新招标后投标人仍少于 3 个的，可以进入两家或一家开标评标；按国家有关规定需要履行审批、核准手续的依法必须进行招标的项目，报项目审批、核准部门审批、核准后可以不再进行招标。

认定投标人数量时，两家以上投标人的投标产品为同一家制造商或集成商生产的，按一家投标人认定。对两家以上集成商或代理商使用相同制造商产品作为其项目包的一部分，且相同产品的价格总和均超过该项目包各自投标总价 60%的，按一家投标人认定。

对于国外贷款、援助资金项目，资金提供方规定当投标截止时间到达时，投标人少于 3 个可直接进入开标程序的，可以适用其规定。

第四十七条 开标时，由投标人或者其推选的代表检查投标文件的密封情况，也可以由招标人委托的公证机构检查并公证；经确认无误后，由工作人员当众拆封，宣读投标人名称、投标价格和投标文件的其他主要内容。

招标人在招标文件要求提交投标文件的截止时间前收到的所有投标文件，开标时都应当当众予以拆封、宣读。

投标人的开标一览表、投标声明（价格变更或其他声明）都应当在开标时一并唱出，否则在评标时不予认可。投标总价中不应当包含招标文件要求以外的产品或服务的价格。

第四十八条 投标人对开标有异议的，应当在开标现场提出，招标人或招标机构应当当场作出答复，并制作记录。

第四十九条 招标人或招标机构应当在开标时制作开标记录，并在开标后3个工作日内上传招标网存档。

第五十条 评标由招标人依照本办法组建的评标委员会负责。依法必须进行招标的项目，其评标委员会由招标人的代表和从事相关领域工作满8年并具有高级职称或者具有同等专业水平的技术、经济等相关领域专家组成，成员人数为5人以上单数，其中技术、经济等方面专家人数不得少于成员总数的2/3。

第五十一条 依法必须进行招标的项目，机电产品国际招标评标所需专家原则上由招标人或招标机构在招标网上从国家、地方两级专家库内相关专业类别中采用随机抽取的方式产生。任何单位和个人不得以明示、暗示等任何方式指定或者变相指定参加评标委员会的专家成员。但技术复杂、专业性强或者国家有特殊要求，采取随机抽取方式确定的专家难以保证其胜任评标工作的特殊招标项目，报相应主管部门后，可以由招标人直接确定评标专家。

抽取评标所需的评标专家的时间不得早于开标时间3个工作日；同一项目包评标中，来自同一法人单位的评标专家不得超过评标委员会总人数的1/3。

随机抽取专家人数为实际所需专家人数。一次招标金额在1000万美元以上的国际招标项目包，所需专家的1/2以上应当从国家级专家库中抽取。

抽取工作应当使用招标网评标专家随机抽取自动通知系统。除专家不能参加和应当回避的情形外，不得废弃随机抽取的专家。

机电产品国际招标评标专家及专家库管理办法由商务部另行制定。

第五十二条 与投标人或其制造商有利害关系的人不得进入相关项目的评标委员会，评标专家不得参加与自己有利害关系的项目评标，且应当主动回避；已经进入的应当更换。主管部门的工作人员不得担任本机构负责监督项目的评标委员会成员。

依法必须进行招标的项目的招标人非因招标投标法、招标投标法实施条例和本办法规定的事由，不得更换依法确定的评标委员会成员。更换评标委员会的专家成员应当依照本办法第五十一条规定进行。

第五十三条 评标委员会成员名单在中标结果确定前应当保密，如有泄密，除追究当事人责任外，还应当报相应主管部门后及时更换。

评标前，任何人不得向评标专家透露其即将参与的评标项目招标人、投标人的有关情况及其他应当保密的信息。

招标人和招标机构应当采取必要的措施保证评标在严格保密的情况下进行。任何单位和个人不得非法干预、影响评标的过程和结果。

泄密影响中标结果的，中标无效。

第五十四条 招标人应当向评标委员会提供评标所必需的信息，但不得向评标委员会成员明示或者暗示其倾向或者排斥特定投标人。

招标人应当根据项目规模和技术复杂程度等因素合理确定评标时间。超过 1/3 的评标委员会成员认为评标时间不够的，招标人应当适当延长。

评标过程中，评标委员会成员有回避事由、擅离职守或者因健康等原因不能继续评标的，应当于评标当日报相应主管部门后按照所缺专家的人数重新随机抽取，及时更换。被更换的评标委员会成员作出的评审结论无效，由更换后的评标委员会成员重新进行评审。

第五十五条 评标委员会应当在开标当日开始进行评标。有特殊原因当天不能评标的，应当将投标文件封存，并在开标后 48 小时内开始进行评标。评标委员会成员应当依照招标投标法、招标投标法实施条例和本办法的规定，按照招标文件规定的评标方法和标准，独立、客观、公正地对投标文件提出评审意见。招标文件没有规定的评标方法和标准不得作为评标的依据。

评标委员会成员不得私下接触投标人，不得收受投标人给予的财物或者其他好处，不得向招标人征询确定中标人的意向，不得接受任何单位或者个人明示或者暗示提出的倾向或者排斥特定投标人的要求，不得有其他不客观、不公正履行职务的行为。

第五十六条 采用最低评标价法评标的，在商务、技术条款均实质性满足招标文件要求时，评标价格最低者为排名第一的中标候选人；采用综合评价法评标的，在商务、技术条款均实质性满足招标文件要求时，综合评价最优者为排名第一的中标候选人。

第五十七条 在商务评议过程中，有下列情形之一者，应予否决投标：

（一）投标人或其制造商与招标人有利害关系可能影响招标公正性的；

（二）投标人参与项目前期咨询或招标文件编制的；

（三）不同投标人单位负责人为同一人或者存在控股、管理关系的；

（四）投标文件未按招标文件的要求签署的；

（五）投标联合体没有提交共同投标协议的；

（六）投标人的投标书、资格证明材料未提供，或不符合国家规定或者招标文件要求的；

（七）同一投标人提交两个以上不同的投标方案或者投标报价的，但招标文件要求提交备选方案的除外；

（八）投标人未按招标文件要求提交投标保证金或保证金金额不足、保函有效期不足、投标保证金形式或出具投标保函的银行不符合招标文件要求的；

（九）投标文件不满足招标文件加注星号（“＊”）的重要商务条款要求的；

（十）投标报价高于招标文件设定的最高投标限价的；

（十一）投标有效期不足的；

（十二）投标人有串通投标、弄虚作假、行贿等违法行为的；

（十三）存在招标文件中规定的否决投标的其他商务条款的。

前款所列材料在开标后不得澄清、后补；招标文件要求提供原件的，应当提供原件，否则将否决其投标。

第五十八条 对经资格预审合格、且商务评议合格的投标人不能再因其资格不合格否决其投标，但在招标周期内该投标人的资格发生了实质性变化不再满足原有资格要求的除外。

第五十九条 技术评议过程中，有下列情形之一者，应予否决投标：

（一）投标文件不满足招标文件技术规格中加注星号（“＊”）的重要条款（参数）要求，或加注星号（“＊”）的重要条款（参数）无符合招标文件要求的技术资料支持的；

（二）投标文件技术规格中一般参数超出允许偏离的最大范围或最多项数的；

（三）投标文件技术规格中的响应与事实不符或虚假投标的；

（四）投标人复制招标文件的技术规格相关部分内容作为其投标文件中一部分的；

（五）存在招标文件中规定的否决投标的其他技术条款的。

第六十条 采用最低评标价法评标的，价格评议按下列原则进行：

（一）按招标文件中的评标依据进行评标。计算评标价格时，对需要进行价格调整的部分，要依据招标文件和投标文件的内容加以调整并说明。投标总价中包含的招标文件要求以外的产品或服务，在评标时不予核减；

（二）除国外贷款、援助资金项目外，计算评标总价时，以货物到达招标人指定到货地点为依据；

（三）招标文件允许以多种货币投标的，在进行价格评标时，应当以开标当日中国银行总行首次发布的外币对人民币的现汇卖出价进行投标货币对评标货币的转换以计算评标价格。

第六十一条 采用综合评价法评标时，按下列原则进行：

（一）评标办法应当充分考虑每个评价指标所有可能的投标响应，且每一种可能的投标响应应当对应一个明确的评价值，不得对应多个评价值或评价值区间，采用两步评价方法的除外。

对于总体设计、总体方案等难以量化比较的评价内容，可以采取两步评价方法：第一步，评标委员会成员独立确定投标人该项评价内容的优劣等级，根据优劣等级对应的评价值算术平均后确定该投标人该项评价内容的平均等级；第二步，评标委员会成员根据投标人的平均等级，在对应的分值区间内给出评价值。

（二）价格评价应当符合低价优先、经济节约的原则，并明确规定评议价格最低的有效投标人将获得价格评价的最高评价值，价格评价的最大可能评价值和最小可能评价值应当分别为价格最高评价值和零评价值。

（三）评标委员会应当根据综合评价值对各投标人进行排名。综合评价值相同的，依照价格、技术、商务、服务及其他评价内容的优先次序，根据分项评价值进行排名。

第六十二条 招标文件允许备选方案的，评标委员会对有备选方案的投标人进行评审时，应当以主选方案为准进行评标。备选方案应当实质性响应招标文件要求。凡提供两个以上备选方案或者未按要求注明主选方案的，该投标应当被否决。凡备选方案的投标价格高于主选方案的，该备选方案将不予采纳。

第六十三条 投标人应当根据招标文件要求和产品技术要求列出供货产品清单和分项报价。投标人投标报价缺漏项超出招标文件允许的范围或比重的，为实质性偏离招标文件要求，评标委员会应当否决其投标。缺漏项在招标文件允许的范围或比重内的，评标时应当要求投标人确认缺漏项是否包含在投标价中，确认包含的，将其他有效投标中该项的最高价计入其评标总价，并依据此评标总价对其一般商务和技术条款（参数）偏离进行价格调整；确认不包含的，评标委员会应当否决其投标；签订合同时以投标价为准。

第六十四条 投标文件中有含义不明确的内容、明显文字或者计算错误，评标委员会认为需要投标人作出必要澄清、说明的，应当书面通知该投标人。投标人的澄清、说明应当采用书面形式在评标委员会规定的时间内提交，并不得超出投标文件的范围或者改变投标文件的实质性内容。

投标人的投标文件不响应招标文件加注星号（“＊”）的重要商务和技术条款（参数），或加注星号（“＊”）的重要技术条款（参数）未提供符合招标文件要求的技术支持资料的，评标委员会不得要求其进行澄清或后补。

评标委员会不得暗示或者诱导投标人作出澄清、说明，不得接受投标人主动提出的澄清、说明。

第六十五条 评标委员会经评审，认为所有投标都不符合招标文件要求的，可以否决所有投标。

依法必须进行招标的项目的所有投标被否决的，招标人应当依照本办法重新招标。

第六十六条 评标完成后，评标委员会应当向招标人提交书面评标报告和中标候选人名单。中标候选人应当不超过3个，并标明排序。

评标委员会的每位成员应当分别填写评标委员会成员评标意见表（见附件2），评标意见表是评标报告必不可少的一部分。评标报告应当由评标委员会全体成员签字。对评标结果有不同意见的评标委员会成员应当以书面形式说明其不同意见和理由，评标报告应当注明该不同意见。评标委员会成员拒绝在评标报告上签字又不说明其不同意见和理由的，视为同意评标结果。

专家受聘承担的具体项目评审工作结束后，招标人或者招标机构应当在招标网对专家的能力、水平、履行职责等方面进行评价，评价结果分为优秀、称职和不称职。

第六章 评标结果公示和中标

第六十七条 依法必须进行招标的项目，招标人或招标机构应当依据评标报告填写《评标结果公示表》，并自收到评标委员会提交的书面评标报告之日起3日内在招标网上进行评标结果公示。评标结果应当一次性公示，公示期不得少于3日。

采用最低评标价法评标的，《评标结果公示表》中的内容包括“中标候选人排名”、“投标人及制造商名称”、“评标价格”和“评议情况”等。每个投标人的评议情况应当按商务、技术和价格评议三个方面在《评标结果公示表》中分别填写，填写的内容应当明确说明招标文件的要求和投标人的响应内容。对一般商务和技术条款（参数）偏离进行价格调整的，在评标结果公示时，招标人或招标机构应当明确公示价格调整的依据、计算方法、投标文件偏离内容及相应的调整金额。

采用综合评价法评标的，《评标结果公示表》中的内容包括“中标候选人排名”、“投标人及制造商名称”、“综合评价值”、“商务、技术、价格、服务及其他等大类评价项目的评价值”和“评议情况”等。每个投标人的评议情况应当明确说明招标文件的要求和投标人的响应内容。

使用国外贷款、援助资金的项目，招标人或招标机构应当自收到评标委员会提交的书面评标报告之日起3日内向资金提供方报送评标报告，并自获其出具不反对意见之日起3日内在招标网上进行评标结果公示。资金提供方对评标报告有反对意见的，招标人或招标机构应当及时将资金提供方的意见报相应的主管部门，并依照本办法重新招标或者重新评标。

第六十八条 评标结果进行公示后，各方当事人可以通过招标网查看评标结果公示的内容。招标人或招标机构应当应投标人的要求解释公示内容。

第六十九条 投标人或者其他利害关系人对依法必须进行招标的项目的评标结果有异议的，应当于公示期内向招标人或招标机构提出，并将异议内容上传招标网。招标人或招标机构应当在收到异议之日起3日内作出答复，并将答复内容上传招标网；作出答复前，应当暂停招标投标活动。

异议答复应当对异议问题逐项说明，但不得涉及其他投标人的投标秘密。未在评标报告中体现的不满足招标文件要求的其他方面的偏离不能作为答复异议的依据。

经原评标委员会按照招标文件规定的方法和标准审查确认，变更原评标结果的，变更后的评标结果应当依照本办法进行公示。

第七十条 招标人根据评标委员会提出的书面评标报告和推荐的中标候选人确定中标人。招标人也可以授权评标委员会直接确定中标人。国有资金占控股或者主导地位的依法必须进行招标的项目，以及使用国外贷款、援助资金的项目，招标人应当确定排名第一的中标候选人为中标人。排名第一的中标候选人放弃中标、因不可抗力不能履行合同、不按招标文件要求提交履约保证金，或者被查实存在影响中标结果的违法行为等情形，不符合中标条件的，招标人可以按照评标委员会提出的中标候选人名单排序依次确定其他中标候选人为中标人，也可以重新招标。

第七十一条 评标结果公示无异议的，公示期结束后该评标结果自动生效并进行中标结果公告；评标结果公示有异议，但是异议答复后10日内无投诉的，异议答复10日后按照异议处理结果进行公告；评标结果公示有投诉的，相应主管部门做出投诉处理决定后，按照投诉处理决定进行公告。

第七十二条 依法必须进行招标的项目，中标人确定后，招标人应当在中标结果公告后20日内向中标人发出中标通知书，并在中标结果公告后15日内将评标情况的报告（见附件3）提交至相应的主管部门。中标通知书也可以由招标人委托其招标机构发出。

使用国外贷款、援助资金的项目，异议或投诉的结果与报送资金提供方的评标报告不一致的，招标人或招标机构应当按照异议或投诉的结果修改评标报告，并将修改后的评标报告报送资金提供方，获其不反对意见后向中标人发出中标通知书。

第七十三条 中标结果公告后15日内，招标人或招标机构应当在招标网完成该项目包招标投标情况及其相关数据的存档。存档的内容应当与招标投标实际情况一致。

第七十四条 中标候选人的经营、财务状况发生较大变化或者存在违法行为，招标人认为可能影响其履约能力的，应当在发出中标通知书前由原评标委员会按照招标文件规定的方法和标准审查确认。

第七十五条 中标通知书对招标人和中标人具有法律效力。中标通知书发出后，招标人改变中标结果的，或者中标人放弃中标项目的，应当依法承担法律责任。

第七十六条 招标人和中标人应当自中标通知书发出之日起30日内，依照招标投标法、招标投标法实施条例和本办法的规定签订书面合同，合同的标的、价款、质量、履行期限等主要条款应当与招标文件和中标人的投标文件的内容一致。招标人或中标人不得拒绝或拖延与另一方签订合同。招标人和中标人不得再行订立背离合同实质性内容的其他协议。

招标人最迟应当在书面合同签订后5日内向中标人和未中标的投标人退还投标保证金及银行同期存款利息。

第七十七条 招标文件要求中标人提交履约保证金的，中标人应当按照招标文件的要求提交。履约保证金不得超过中标合同金额的10%。

第七十八条 中标产品来自关境外的，由招标人按照国家有关规定办理进口手续。

第七十九条 中标人应当按照合同约定履行义务，完成中标项目。中标人不得向他人转让中标项目，也不得将中标项目肢解后分别向他人转让。

第八十条 依法必须进行招标的项目，在国际招标过程中，因招标人的采购计划发生重大变更等原因，经项目主管部门批准，报相应的主管部门后，招标人可以重新组织招标。

第八十一条 招标人或招标机构应当按照有关规定妥善保存招标委托协议、资格预审公告、招标公告、资格预审文件、招标文件、资格预审申请文件、投标文件、异议及答复等相关资料，以及与评标相关的评标报告、专家评标意见、综合评价法评价原始记录表等资料，并对评标情况和资料严格保密。

第七章 投诉与处理

第八十二条 投标人或者其他利害关系人认为招标投标活动不符合法律、行政法规及本办法规定的，可以自知道或者应当知道之日起10日内向相应主管部门投诉。就本办法第三十六条规定事项进行投诉的，潜在投标人或者其他利害关系人应当在自领购资格预审文件或招标文件10日内向相应的主管部门提出；就本办法第四十八条规定事项进行投诉的，投标人或者其他利害关系人应当在自开标10日内向相应的主管部门提出；就本办法第六十九条规定事项进行投诉的，投标人或者其他利害关系人应当在自评标结果公示结束 10 日内向相应的主管部门提出。

就本办法第三十六条、第四十八条、第六十九条规定事项投诉的，应当先向招标人提出异议，异议答复期间不计算在前款规定的期限内。就异议事项投诉的，招标人或招标机构应当在该项目被网上投诉后 3 日内，将异议相关材料提交相应的主管部门。

第八十三条 投诉人应当于投诉期内在招标网上填写《投诉书》（见附件 4）（就异议事项进行投诉的，应当提供异议和异议答复情况及相关证明材料），并将由投诉人单位负责人或单位负责人授权的人签字并盖章的《投诉书》、单位负责人证明文件及相关材料在投诉期内送达相应的主管部门。境外投诉人所在企业无印章的，以单位负责人或单位负责人授权的人签字为准。

投诉应当有明确的请求和必要的证明材料。投诉有关材料是外文的，投诉人应当同时提供其中文译本，并以中文译本为准。

投诉人应保证其提出投诉内容及相应证明材料的真实性及来源的合法性，并承担相应的法律责任。

第八十四条 主管部门应当自收到书面投诉书之日起 3 个工作日内决定是否受理投诉，并将是否受理的决定在招标网上告知投诉人。主管部门应当自受理投诉之日起 30 个工作日内作出书面处理决定（见附件 5），并将书面处理决定在招标网上告知投诉人；需要检验、检测、鉴定、专家评审的，以及监察机关依法对与招标投标活动有关的监察对象实施调查并可能影响投诉处理决定的，所需时间不计算在内。使用国外贷款、援助资金的项目，需征求资金提供方意见的，所需时间不计算在内。

主管部门在处理投诉时，有权查阅、复制有关文件、资料，调查有关情况，相关单位和人员应当予以配合。必要时，主管部门可以责令暂停招标投标活动。

主管部门在处理投诉期间，招标人或招标机构应当就投诉的事项协助调查。

第八十五条 有下列情形之一的投诉，不予受理：

（一）就本办法第三十六条、第四十八条、第六十九条规定事项投诉，其投诉内容在提起投诉前未按照本办法的规定提出异议的；

（二）投诉人不是投标人或者其他利害关系人的；

（三）《投诉书》未按本办法有关规定签字或盖章，或者未提供单位负责人证明文件的；

（四）没有明确请求的，或者未按本办法提供相应证明材料的；

（五）涉及招标评标过程具体细节、其他投标人的商业秘密或其他投标人的投标文件具体内容但未能说明内容真实性和来源合法性的；

（六）未在规定期限内在招标网上提出的；

（七）未在规定期限内将投诉书及相关证明材料送达相应主管部门的。

第八十六条 在评标结果投诉处理过程中，发现招标文件重要商务或技术条款（参数）出现内容错误、前后矛盾或与国家相关法律法规不一致的情形，影响评标结果公正性的，当次招标无效，主管部门将在招标网上予以公布。

第八十七条 招标人对投诉的内容无法提供充分解释和说明的，主管部门可以自行组织或者责成招标人、招标机构组织专家就投诉的内容进行评审。

就本办法第三十六条规定事项投诉的，招标人或招标机构应当从专家库中随机抽取 3 人以上单数评审专家。评审专家不得作为同一项目包的评标专家。

就本办法第六十九条规定事项投诉的，招标人或招标机构应当从国家级专家库中随机抽取评审专家，国家级专家不足时，可由地方级专家库中补充，但国家级专家不得少于 2/3。评审专家不得包含参与该项目包评标的专家，并且专家人数不得少于评标专家人数。

第八十八条　投诉人拒绝配合主管部门依法进行调查的，被投诉人不提交相关证据、依据和其他有关材料的，主管部门按照现有可获得的材料对相关投诉依法作出处理。

第八十九条　投诉处理决定作出前，经主管部门同意，投诉人可以撤回投诉。投诉人申请撤回投诉的，应当以书面形式提交给主管部门，并同时在网上提出撤回投诉申请。已经查实投诉内容成立的，投诉人撤回投诉的行为不影响投诉处理决定。投诉人撤回投诉的，不得以同一的事实和理由再次进行投诉。

第九十条　主管部门经审查，对投诉事项可作出下列处理决定：

（一）投诉内容未经查实前，投诉人撤回投诉的，终止投诉处理；

（二）投诉缺乏事实根据或者法律依据的，以及投诉人捏造事实、伪造材料或者以非法手段取得证明材料进行投诉的，驳回投诉；

（三）投诉情况属实，招标投标活动确实存在不符合法律、行政法规和本办法规定的，依法作出招标无效、投标无效、中标无效、修改资格预审文件或者招标文件等决定。

第九十一条　商务部在招标网设立信息发布栏，包括下列内容：

（一）投诉汇总统计，包括年度内受到投诉的项目、招标人、招标机构名称和投诉处理结果等；

（二）招标机构代理项目投诉情况统计，包括年度内项目投诉数量、投诉率及投诉处理结果等；

（三）投标人及其他利害关系人投诉情况统计，包括年度内项目投诉数量、投诉率及不予受理投诉、驳回投诉、不良投诉（本办法第九十六条第四项的投诉行为）等；

（四）违法统计，包括年度内在招标投标活动过程中违反相关法律、行政法规和本办法的当事人、项目名称、违法情况和处罚结果。

第九十二条　主管部门应当建立投诉处理档案，并妥善保存。

第八章　法律责任

第九十三条　招标人对依法必须进行招标的项目不招标或化整为零以及以其他任何方式规避国际招标的，由相应主管部门责令限期改正，可以处项目合同金额0.5%以上1%以下的罚款；对全部或者部分使用国有资金的项目，可以通告项目主管机构暂停项目执行或者暂停资金拨付；对单位直接负责的主管人员和其他直接责任人员依法给予处分。

第九十四条　招标人有下列行为之一的，依照招标投标法、招标投标法实施条例的有关规定处罚：

（一）依法应当公开招标而采用邀请招标的；

（二）以不合理的条件限制、排斥潜在投标人的，对潜在投标人实行歧视待遇的，强制要求投标人组成联合体共同投标的，或者限制投标人之间竞争的；

（三）招标文件、资格预审文件的发售、澄清、修改的时限，或者确定的提交资格预审申请文件、投标文件的时限不符合规定的；

（四）不按照规定组建评标委员会，或者确定、更换评标委员会成员违反规定的；

（五）接受未通过资格预审的单位或者个人参加投标，或者接受应当拒收的投标文件的；

（六）违反规定，在确定中标人前与投标人就投标价格、投标方案等实质性内容进行谈判的；

（七）不按照规定确定中标人的；

（八）不按照规定对异议作出答复，继续进行招标投标活动的；

（九）无正当理由不发出中标通知书，或者中标通知书发出后无正当理由改变中标结果的；

（十）无正当理由不与中标人订立合同，或者在订立合同时向中标人提出附加条件的；

（十一）不按照招标文件和中标人的投标文件与中标人订立合同，或者与中标人订立背离合同实质性内容的协议的；

（十二）向他人透露已获取招标文件的潜在投标人的名称、数量或者可能影响公平竞争的有关招标投标的其他情况的，或者泄露标底的。

第九十五条　招标人有下列行为之一的，给予警告，并处3万元以下罚款；该行为影响到评标结果的公正性的，当次招标无效：

（一）与投标人相互串通、虚假招标投标的；

（二）以不正当手段干扰招标投标活动的；

（三）不履行与中标人订立的合同的；

（四）除本办法第九十四条第十二项所列行为外，其他泄漏应当保密的与招标投标活动有关的情况、材料或信息的；

（五）对主管部门的投诉处理决定拒不执行的；

（六）其他违反招标投标法、招标投标法实施条例和本办法的行为。

第九十六条　投标人有下列行为之一的，依照招标投标法、招标投标法实施条例的有关规定处罚：

（一）与其他投标人或者与招标人相互串通投标的；

（二）以向招标人或者评标委员会成员行贿的手段谋取中标的；

（三）以他人名义投标或者以其他方式弄虚作假，骗取中标的；

（四）捏造事实、伪造材料或者以非法手段取得证明材料进行投诉的。

有前款所列行为的投标人不得参与该项目的重新招标。

第九十七条　投标人有下列行为之一的，当次投标无效，并给予警告，并处3万元以下罚款：

（一）虚假招标投标的；

（二）以不正当手段干扰招标、评标工作的；

（三）投标文件及澄清资料与事实不符，弄虚作假的；

（四）在投诉处理过程中，提供虚假证明材料的；

（五）中标通知书发出之前与招标人签订合同的；

（六）中标的投标人不按照其投标文件和招标文件与招标人签订合同的或提供的产品不符合投标文件的；

（七）其他违反招标投标法、招标投标法实施条例和本办法的行为。

有前款所列行为的投标人不得参与该项目的重新招标。

第九十八条　中标人有下列行为之一的，依照招标投标法、招标投标法实施条例的有关规定处罚：

（一）无正当理由不与招标人订立合同的，或者在签订合同时向招标人提出附加条件的；

（二）不按照招标文件要求提交履约保证金的；

（三）不履行与招标人订立的合同的。

有前款所列行为的投标人不得参与该项目的重新招标。

第九十九条　招标机构有下列行为之一的，依照招标投标法、招标投标法实施条例的有关规定处罚：

（一）与招标人、投标人串通损害国家利益、社会公共利益或者他人合法权益的；

（二）在所代理的招标项目中投标、代理投标或者向该项目投标人提供咨询的；

（三）参加受托编制标底项目的投标或者为该项目的投标人编制投标文件、提供咨询的；

（四）泄漏应当保密的与招标投标活动有关的情况和资料的。

第一百条 招标机构有下列行为之一的，给予警告，并处3万元以下罚款；该行为影响到整个招标公正性的，当次招标无效：

（一）与招标人、投标人相互串通、搞虚假招标投标的；

（二）在进行机电产品国际招标机构登记时填写虚假信息或提供虚假证明材料的；

（三）无故废弃随机抽取的评审专家的；

（四）不按照规定及时向主管部门报送材料或者向主管部门提供虚假材料的；

（五）未在规定的时间内将招标投标情况及其相关数据上传招标网，或者在招标网上发布、公示或存档的内容与招标公告、招标文件、投标文件、评标报告等相应书面内容存在实质性不符的；

（六）不按照本办法规定对异议作出答复的，或者在投诉处理的过程中未按照主管部门要求予以配合的；

（七）因招标机构的过失，投诉处理结果为招标无效或中标无效，6个月内累计2次，或一年内累计3次的；

（八）不按照本办法规定发出中标通知书或者擅自变更中标结果的；

（九）其他违反招标投标法、招标投标法实施条例和本办法的行为。

第一百零一条 评标委员会成员有下列行为之一的，依照招标投标法、招标投标法实施条例的有关规定处罚：

（一）应当回避而不回避的；

（二）擅离职守的；

（三）不按照招标文件规定的评标方法和标准评标的；

（四）私下接触投标人的；

（五）向招标人征询确定中标人的意向或者接受任何单位或者个人明示或者暗示提出的倾向或者排斥特定投标人的要求的；

（六）暗示或者诱导投标人作出澄清、说明或者接受投标人主动提出的澄清、说明的；

（七）对依法应当否决的投标不提出否决意见的；

（八）向他人透露对投标文件的评审和比较、中标候选人的推荐以及与评标有关的其他情况的。

第一百零二条 评标委员会成员有下列行为之一的，将被从专家库名单中除名，同时在招标网上予以公告：

（一）弄虚作假，谋取私利的；

（二）在评标时拒绝出具明确书面意见的；

（三）除本办法第一百零一条第八项所列行为外，其他泄漏应当保密的与招标投标活动有关的情况和资料的；

（四）与投标人、招标人、招标机构串通的；

（五）专家1年内2次被评价为不称职的；

（六）专家无正当理由拒绝参加评标的；

（七）其他不客观公正地履行职责的行为，或违反招标投标法、招标投标法实施条例和本办法的行为。

前款所列行为影响中标结果的，中标无效。

第一百零三条 除评标委员会成员之外的其他评审专家有本办法第一百零一条和第一百零二条所列行为之一的，将被从专家库名单中除名，同时在招标网上予以公告。

第一百零四条 招标网承办单位有下列行为之一的，商务部予以警告并责令改正；情节严重的或拒不改正的，商务部可以中止或终止其委托服务协议；给招标投标活动当事人造成损失的，应当承担赔偿责任；构成犯罪的，依法追究刑事责任：

（一）超出商务部委托范围从事与委托事项相关活动的；

（二）利用承办商务部委托范围内事项向有关当事人收取费用的；

（三）无正当理由拒绝或者延误潜在投标人于投标截止时间前在招标网免费注册的；

（四）泄露应当保密的与招标投标活动有关情况和资料的；

（五）在委托范围内，利用有关当事人的信息非法获取利益的；

（六）擅自修改招标人、投标人或招标机构上传资料的；

（七）与招标人、投标人、招标机构相互串通、搞虚假招标投标的；

（八）其他违反招标投标法、招标投标法实施条例及本办法的。

第一百零五条 主管部门在处理投诉过程中，发现被投诉人单位直接负责的主管人员和其他直接责任人员有违法、违规或者违纪行为的，应当建议其行政主管机关、纪检监察部门给予处分；情节严重构成犯罪的，移送司法机关处理。

第一百零六条 主管部门不依法履行职责，对违反招标投标法、招标投标法实施条例和本办法规定的行为不依法查处，或者不按照规定处理投诉、不依法公告对招标投标当事人违法行为的行政处理决定的，对直接负责的主管人员和其他直接责任人员依法给予处分。

主管部门工作人员在招标投标活动监督过程中徇私舞弊、滥用职权、玩忽职守，构成犯罪的，依法追究刑事责任。

第一百零七条 出让或者出租资格、资质证书供他人投标的，依照法律、行政法规的规定给予行政处罚；构成犯罪的，依法追究刑事责任。

第一百零八条 依法必须进行招标的项目的招标投标活动违反招标投标法、招标投标法实施条例和本办法的规定，对中标结果造成实质性影响，且不能采取补救措施予以纠正的，招标、投标、中标无效，应当依照本办法重新招标或者重新评标。

重新评标应当由招标人依照本办法组建新的评标委员会负责。前一次参与评标的专家不得参与重新招标或者重新评标。依法必须进行招标的项目，重新评标的结果应当依照本办法进行公示。

除法律、行政法规和本办法规定外，招标人不得擅自决定重新招标或重新评标。

第一百零九条 本章规定的行政处罚，由相应的主管部门决定。招标投标法、招标投标法实施条例已对实施行政处罚的机关作出规定的除外。

第九章 附 则

第一百一十条 不属于工程建设项目，但属于固定资产投资项目的机电产品国际招标投标活动，按照本办法执行。

第一百一十一条 与机电产品有关的设计、方案、技术等国际招标投标，可参照本办法执行。

第一百一十二条 使用国外贷款、援助资金进行机电产品国际招标的，应当按照本办法的有关规定执行。贷款方、资金提供方对招标投标的具体条件和程序有不同规定的，可以适用其规定，但违背中华人民共和国的国家安全或社会公共利益的除外。

第一百一十三条 机电产品国际招标投标活动采用电子招标投标方式的，应当按照本办法和国家有关电子招标投标的规定执行。

第一百一十四条 本办法所称“单位负责人”，是指单位法定代表人或者法律、行政法规规定代表单位行使职权的主要负责人。

第一百一十五条 本办法所称“日”为日历日，期限的最后一日是国家法定节假日的，顺延到节假日后的次日为期限的最后一日。

第一百一十六条 本办法中CIF、CIP、DDP等贸易术语，应当根据国际商会（ICC）现行最新版本的《国际贸易术语解释通则》的规定解释。

第一百一十七条 本办法由商务部负责解释。

第一百一十八条 本办法自2014年4月1日起施行。《机电产品国际招标投标实施办法》（商务部2004年第13号令）同时废止。

附件：1. 机电产品范围（略）

2. 评标委员会成员评标意见表（略）

3. 评标情况的报告（略）

4. 投诉书（略）

5. 投诉处理决定书（略）

机电产品自动进口许可实施办法

（商务部　海关总署令2008年第6号）

发布日期：2008-04-07

实施日期：2019-11-30

法规类型：部门规章

（根据2018年10月10日商务部令2018年第7号《商务部关于修改部分规章的决定》第一次修订；根据2019年11月30日商务部令2019年第1号《商务部关于废止和修改部分规章的决定》第二次修订）

第一条 为了对部分自由进口的机电产品的进口情况进行监测和统计，根据《中华人民共和国对外贸易法》、《中华人民共和国货物进出口管理条例》、《货物自动进口许可管理办法》及《机电产品进口管理办法》，制定本办法。

第二条 本办法适用于将列入自动进口许可的机电产品（含相应的旧机电产品，下同）进口到中华人民共和国关境内的行为。

第三条 商务部负责全国机电产品自动进口许可的管理工作，会同海关总署等有关部门制定、调整并公布实行自动进口许可的机电产品目录。

商务部委托各省、自治区、直辖市、计划单列市、新疆生产建设兵团、沿海开放城市、经济特区机电产品进出口办公室和国务院有关部门机电产品进出口办公室（简称为地方、部门机电办）负责有关机电产品自动进口许可管理和《中华人民共和国自动进口许可证》（以下简称自动进口许可证，式样格式见附件1）的签发工作。

商务部、海关总署在各自的职责范围内，对申请、使用机电产品自动进口许可证的活动进行监督检查。

第四条 一般贸易（包括外商投资企业进口内销料件）、易货贸易、租赁、援助与赠送、捐赠等方式进口，以及我国驻外机构或者境外企业在境外购置需调回自用的属于自动进口许可机电产品目录的产品均需申请《中华人民共和国自动进口许可证》（以下简称《自动进口许可证》)。

第五条 进口属于自动进口许可的机电产品，进口单位在办理海关手续前，应当向商务部或其委托的机构申请《自动进口许可证》。

凡申请进口法律、行政法规规定应当招标的机电产品，进口单位应当在签订合同之前进行招标。

第六条 进口单位申请《自动进口许可证》，应当提供以下材料：

(一) 机电产品进口申请表（见附件1)；

(二) 营业执照复印件；

(三) 进口订货合同；

(四) 如属于下列情况的，还应提供以下材料：

1. 进口国家实行强制性认证的机电产品的，应提供《中国国家强制性产品认证证书》或《免予办理强制性产品认证证明》；

2. 投资项目下进口机电产品的，应提供项目投资主管机构出具的项目审批、核准或者备案文件（复印件)；

3. 进口旧机电产品的，应提供检验机构出具的装运前报告；

4. 进口旧机电产品用于翻新（含再制造，下同）的，应提供可从事翻新业务的相关证明材料；

5. 进口采用国际招标方式采购的机电产品，应提供机电产品国际招标中标通知书。

6. 上述规定的材料可通过国家政务服务系统联网查询的，可不再提交。

(五) 商务部规定的其他需要提交的材料。

进口单位应当对所提交的申请材料的真实性负责，经营活动应遵守国家法律、行政法规的规定。

第七条 进口《自动进口许可机电产品目录》的机电产品，还应当符合下列法律、行政法规的规定：

(一) 符合《中华人民共和国标准化法》有关保障人体健康和人身财产安全的标准、强制执行标准的规定；

(二) 符合《中华人民共和国环境保护法》等环境保护法律、行政法规的规定；

(三) 符合《中华人民共和国大气污染防治法》等大气环境保护法律、行政法规的规定；

(四) 符合《中华人民共和国认证认可条例》的有关规定；

(五) 进口烟草加工机械应符合《中华人民共和国烟草专卖法》及《中华人民共和国烟草专卖法实施细则》的有关规定；

(六) 进口计量器具应符合《中华人民共和国计量法》和《中华人民共和国进口计量器具监督管理办法》的有关规定；

(七) 进口无线电发射设备应符合《中华人民共和国无线电管理条例》的有关规定；

(八) 进口卫星电视接收设备应符合《卫星电视地面接收设施管理规定》的有关规定；

(九) 进口电子游戏机产品应符合《娱乐场所管理条例》的有关规定；

(十) 进口音频视频复制生产设备应符合《音像制品管理条例》的有关规定；

(十一) 符合我国参加的双边和多边贸易协定的有关规定；

(十二) 其他法律、行政法规有规定的。

第八条 机电产品《自动进口许可证》的申请程序如下：

(一) 进口列入《自动进口许可机电产品目录》的产品，进口单位应当向商务部或地方、部门机电办申请办理自动进口许可手续。

(二) 申请可通过书面形式或网上申请方式提交。

1. 书面申请程序：申请进口单位可到发证机构领取或从商务部授权网站下载（可复印）《机电产品进口申请表》，与其他相关书面材料一并提交到相应的主管机构。

2. 网上申请程序：申请进口单位登录商务部授权网站进入全国机电产品进口单证管理系统，按要求如实在线填写《机电产品进口申请表》并提交相应的主管机构。

第九条 机电产品《自动进口许可证》的签发程序如下：

（一）进口属于地方、部门机电办办理的机电产品，地方或者部门机电办自收到内容正确、形式完备的《机电产品进口申请表》和相关材料后，应当立即签发《自动进口许可证》；在特殊情况下，最长不超过10个工作日。

（二）进口属于商务部办理的机电产品，地方、部门机电办收到齐备的申请材料后3个工作日内将核实后的电子数据转报商务部。商务部在收到相应数据后，应当立即签发《自动进口许可证》；在特殊情况下，最长不超过10个工作日。

第十条 申请进口单位所提交的材料不实的，商务部及地方、部门机电办可不予签发机电产品《自动进口许可证》。

第十一条 进口单位凭加盖自动进口许可证专用章的《自动进口许可证》向银行办理售付汇手续，向海关办理通关手续。

进口列入《自动进口许可机电产品目录》的旧机电产品的，进口单位须持《自动进口许可证》和其他必要材料按海关规定办理通关手续。

第十二条 机电产品《自动进口许可证》实行“一批一证”或“非一批一证”管理。

“一批一证”是指同一份《自动进口许可证》不得分批次累计报关使用。

“非一批一证”是指同一份《自动进口许可证》在有效期内可以分批次累计报关使用，但累计使用不得超过6次。海关在《自动进口许可证》原件“海关验放签注栏”内以正楷字体批注后，海关留存复印件，最后一次使用后，海关留存正本。

第十三条 商务部根据海关留存的《自动进口许可证》使用记录，对《自动进口许可证》项下机电产品的进口情况进行统计。

第十四条 《自动进口许可证》在公历年内有效，有效期为6个月。实际用汇额低于或不超过原定用汇额10%的，不需变更《自动进口许可证》。

在有效期内，需要变更《自动进口许可证》中有关项目内容的，进口单位应当持原《自动进口许可证》到原签发机构申请办理变更换证手续。对交货期较长的产品，在有效期内需要延期的，进口单位应当持原《自动进口许可证》到原签发机构申请办理延期手续。

第十五条 《自动进口许可证》如有遗失，进口单位应当立即向原发证机构书面报告挂失。原发证机构收到挂失报告后，经核实后决定是否补发。

第十六条 进口单位已申领的《自动进口许可证》，如未使用或确定不需要使用时，应当及时交回原发证机构。

第十七条 有下列进口属于自动进口许可的机电产品情形之一的，适用本办法：

（一）外商投资企业进口用于国内销售或加工后国内销售的。

外商投资企业在外商投资数额之外以自有资金进口新机电产品以及进口旧机电产品的；

外商投资企业在投资额内进口新机电产品，经过使用，未到海关监管年限，企业要求提前解除监管并在境内自用或转内销的，参照进口时的状态办理相关手续；

（二）加工贸易项下进口的作价设备及加工贸易项下进口机电产品用于内销、内销产品或者留作自用的；

加工贸易项下进口的不作价设备在海关监管期内，原设备使用单位申请提前解除监管或监管期已满但设备不再由原单位使用的；

（三）从海关特殊监管区域和海关保税监管场所进入（境内）区外的；

（四）租赁贸易、补偿贸易等贸易方式进口机电产品的；

（五）无偿援助、捐赠或经济往来赠送等方式进口机电产品的。

（六）其他法律、行政法规有规定的。

第十八条 有下列进口属于自动进口许可机电产品情形之一的，不适用本办法：

（一）外商投资企业在投资总额内作为投资和自用进口的新机电产品的。

（二）加工贸易项下进口的不作价设备监管期满后留在原企业使用的；加工贸易项下为复出口而进口的；

（三）从境外进入海关特殊监管区域或海关保税监管场所及海关特殊监管区域或海关保税监管场所之间进出的；

从（境内）区外进入海关特殊监管区域或海关保税监管场所，供区内（场所内）企业使用和供区内（场所内）基础设施建设项目所需的机器设备转出区外（场所外）的；

（四）由海关监管，暂时进口后复出口或暂时出口后复进口的；

（五）进口货样和广告品、实验品，每批次价值不超过5000元人民币的。

（六）其他法律、行政法规另有规定的。

第十九条 本办法由商务部、海关总署负责解释。

第二十条 本细则自二〇〇八年五月一日起施行。原《机电产品自动进口管理实施细则》（外经贸部、海关总署2001年第25号令）同时废止。

附件1：《中华人民共和国自动进口许可证》式样（略）

附件2：机电产品进口申请表（略）

进口旧机电产品装运前检验监督管理实施细则

（海关总署公告2020年第127号）

发布日期：2020-12-11

实施日期：2021-01-01

法规类型：规范性文件

第一章 总 则

第一条 为加强和规范对进口旧机电产品装运前检验和装运前检验机构的监督管理，根据《进口旧机电产品检验监督管理办法》，制定本细则。

第二条 本细则适用于进口旧机电产品装运前检验活动以及装运前检验机构的监督管理工作。

第三条 海关总署负责对装运前检验机构及相关活动实施监督管理。

第四条 装运前检验机构应当遵守我国相关法律法规和海关总署的有关规定，以第三方身份独立、公正地开展进口旧机电产品装运前检验工作，对出具的装运前检验证书及随附的检验报告的真实性、准确性负责。

第五条 装运前检验机构不得从事和参与进口旧机电产品的生产和经营活动。

第二章 装运前检验

第六条 需实施装运前检验的进口旧机电产品，其收发货人或者其代理人应当申请由货物境内目的地直属海关，或者委托装运前检验机构实施装运前检验。

海关不予指定进口旧机电产品装运前检验机构。进口旧机电产品收发货人或者其代理人可以自行选择装运前检验机构实施装运前检验。

海关可以根据需要，组织实施或者派出检验人员参加进口旧机电产品装运前检验。

第七条 进口旧机电产品的装运前检验应当于启运前，在其境外装货地或者发货地，按照我国法律法规和技术规范的强制性要求实施。装运前检验内容包括：

（一）核查产品品名、数量、规格（型号）、新旧、残损等情况是否与合同、发票等贸易文件所列相符。

（二）是否包括、夹带禁止进口货物。

（三）对安全、卫生、健康、环境保护、防止欺诈、能源消耗等项目做出评定：

1. 属特种设备的，检查是否获得《特种设备制造许可证》或型式试验报告；

2. 属食品接触机械的，评估产品安全卫生状况是否符合食品安全国家标准；

3. 属非道路移动机械的，评估其污染物排放是否符合相关强制性要求；

4. 评估产品是否符合我国能源效率有关限定标准；

5. 核查产品是否符合我国安全准入的其他要求。

第八条 装运前检验机构应当在完成装运前检验工作后，签发装运前检验证书，并随附装运前检验报告。

装运前检验证书及随附的检验报告应当符合以下要求：

（一）检验依据准确、检验情况明晰、检验结果真实。

（二）有统一、可追溯的编号。

（三）检验报告应当包含检验依据、检验对象、现场检验情况、装运前检验机构及授权签字人签名等要素。

（四）检验证书及随附的检验报告文字应当为中文，若为中外文对照的，以中文为准。

（五）检验证书应当有明确的有效期限，有效期限由签发机构根据进口旧机电产品情况确定，一般为半年或一年。

工程机械的检验报告除满足上述要求外，还应当逐台列明名称、HS 编码、规格型号、产地、发动机号/车架号、制造日期（年）、运行时间（小时）、检测报告、维修记录、使用说明书核查情况等内容。

第九条 装运前检验机构应当分别设置检验、结果审核、证书签发等关键岗位，且保持相互独立，同时确定任职的专业背景条件，持续开展业务培训和教育，确保检验员、审核员、授权签字人熟练掌握与旧机电产品有关的我国法律法规和国家技术规范的强制性要求，以及相关的管理规定。

第十条 装运前检验机构应当依据本细则第七条的规定，制定适合本机构情况的装运前检验工作程序或者作业指导书，规范现场装运前检验活动。

第十一条 装运前检验机构应当以适当方式，真实、完整、可追溯地记录其实施的装运前检验活动过程，并妥善贮存、保管检验原始记录，原始记录至少保存 3 年。

第三章 备案管理

第十二条 海关总署对从事进口旧机电产品装运前检验的第三方检验机构实施备案管理。向海关总署办理备案手续的，应当具备以下条件：

（一）为所在国家（地区）合法注册的第三方检验机构。
（二）具备固定的办公地点或经营场所。
（三）通过ISO/IEC 17020体系认证，认证范围涵盖进口旧机电产品装运前检验作业。
（四）设立与进口旧机电产品装运前检验活动相适应的作业岗位和审核岗位。

第十三条 符合本细则第十二条规定向海关总署办理备案手续的，应当提交以下材料：
（一）进口旧机电产品装运前检验机构备案表（见附1）。
（二）所在国家（地区）合法注册的第三方检验机构资质证明。
（三）ISO/IEC 17020体系认证证明材料，认证范围应涵盖进口旧机电产品装运前检验作业。
（四）装运前检验证书授权签字人信息及印签样本。
上述材料应当使用中文，若为中外文对照的，以中文为准。

第十四条 装运前检验机构提交的材料符合要求的，予以备案。

第十五条 海关总署应当对外公开已备案的装运前检验机构信息，公开内容包括：
（一）备案编号。
（二）装运前检验机构名称（中外文）。
（三）注册国别/地区。
（四）公司地址、联系方式。

第十六条 装运前检验机构的机构名称、商业登记地址、法定代表人、出资方、所有权或检验证书授权签字人等重要信息发生变化的，应当向海关总署重新办理备案手续。
重新备案按照本细则第十二条至第十四条的规定办理。

第十七条 装运前检验机构的联系电话、传真、电子邮件等发生变化的，应当在变化后的5个工作日内告知海关总署，海关总署及时更新备案信息。

第四章　监督管理

第十八条 海关总署依照职责，以监督检查、追踪货物安全状况等形式，对装运前检验机构及其装运前检验活动实施监督管理。

第十九条 装运前检验机构应当于每年1月20日前向海关总署报送上一年度的工作报告（见附2）。报告内容应当包括机构现状及经营管理情况、装运前检验业务的实施情况、检验发现的不合格情况及其分析、大类产品安全情况分析、收到的投诉举报和被调查情况，以及其他需要报告的情况。

第二十条 海关在进口旧机电产品检验工作中，应当对装运前检验结果与实际货物的一致性进行检查，并对装运前检验机构的工作质量进行监督。发现装运前检验机构存在违反本细则第二章规定的行为的，应当及时将相关情况报送海关总署。

第二十一条 出现以下情况时，海关总署可视情况实施监督检查：
（一）海关发现装运前检验工作质量存在重大问题的。
（二）海关需要对投诉或其他情况进行核实调查的。
（三）装运前检验机构备案信息发生变化的。
（四）装运前检验机构未按规定报送年度报告或在年度报告中隐瞒有关情况的。
（五）其他有必要实施监督检查的。
监督检查可以采用文件检查、现场检查等方式实施。

第二十二条 海关总署决定采取文件检查方式实施监督检查的，装运前检验机构应当在收到通知后的10个工作日内，按要求将有关说明材料和证明文件提交海关总署。
海关总署组织专家组对装运前检验机构提供的有关说明材料和证明文件实施审查，并形成监督检查报告。

第二十三条 实施现场检查的，海关总署应当组成检查组，并将检查组人员、检查时间等事项提前告知被检查方。被检查方应当主动配合做好现场检查的各项准备工作。

第二十四条 检查组可以采取实地见证、样品采集、查阅或者复制相关资料等方式进行现场检查。被检查方应当如实反映情况，并提供必要的检查材料。检查组应当为被检查方保守技术秘密和商业秘密。

第二十五条 现场检查重点包括：

（一）按照《进口旧机电产品装运前检验机构现场检查记录表》（见附3）对装运前检验机构备案信息的真实性、检验活动的独立性和公正性、质量管理体系运行情况以及相关技术能力等进行评估。

（二）对装运前检验工作质量存在的重大问题、投诉或其他情况进行核实确认。

第二十六条 对于现场检查发现的不符合项，被检查方应当在1个月内纠正。检查组应当对纠正措施的有效性进行验证。如需再次实施现场检查的，按本细则第二十三条至第二十五条实施。

纠正措施验证完毕后，检查组汇总最终检查结果和处理意见，形成监督检查报告提交海关总署。

第二十七条 海关总署对监督检查报告进行审查，必要时可要求装运前检验机构补充提交证明材料。

监督检查报告和证明材料是海关总署对装运前检验机构实施管理措施的重要依据。

第二十八条 海关总署在监督管理中发现以下情形的，可以要求装运前检验机构限期进行整改：

（一）检验证书（含报告）违反本细则第八条规定，但情节轻微，未引起严重后果的。

（二）装运前检验机构的机构名称、商业登记地址、法定代表人、出资方、所有权或检验证书授权签字人等重要信息发生变化，未按规定向海关总署重新办理备案手续的。

（三）装运前检验机构的联系电话、传真、电子邮件等发生变化，未按规定告知海关总署更新备案信息的。

装运前检验机构限期整改期间，海关总署不予认可其检验结果。

第二十九条 海关总署在监督管理中发现以下情形的，可在一定时期内不予认可该装运前检验机构的检验结果并对外公开相关信息：

（一）检验证书（含报告）中检验依据错误、检验内容缺失或检验结果无法得到有效追溯的。不予认可的期限不超过1年。

（二）检验结果不真实，导致不合格进口旧机电产品被海关责令退运或销毁的。不予认可的期限不超过2年。

（三）对海关监督管理工作不予配合，或采取伪报瞒报、隐藏记录等手段阻碍监督检查，导致海关无法确认其出具的检验证书（含报告）的真实有效性的；未经检验，直接出具检验证书（含报告）的；装运前检验未在货物启运前完成的；伪造、变造、买卖检验证书（含报告），或者在装运前检验活动中弄虚作假的。不予认可的期限不超过3年。

（四）对于恢复认可后1个自然年度内再次发现（二）（三）项情况的，海关总署在3年内不予认可其装运前检验结果。

第三十条 海关对在一定时期内不予认可检验结果的装运前检验机构，可以撤销备案并对外公开相关信息。

第五章 附 则

第三十一条 本细则所称装运前检验，是指在进口旧机电产品运往中国境内之前，依照我国法律法规和国家技术规范的强制性要求，由海关或者装运前检验机构对其进行检验，并出具相关检验证书的行为。

进口旧机电产品的装运前检验结果与海关检验结果不一致的，以海关检验结果为准。

第三十二条 进口旧机电产品收发货人或者其代理人和装运前检验机构应当通过海关总署进口旧机电产品装运前检验监督管理信息化系统开展装运前检验和备案。

第三十三条 本细则由海关总署负责解释。

第三十四条 本细则自 2021 年 1 月 1 日起施行。

附：1. 进口旧机电产品装运前检验机构备案表（略）
　　2. 进口旧机电产品装运前检验机构年度报告（略）
　　3. 进口旧机电产品装运前检验机构现场检查记录表（略）

关于进口旧机电产品装运前检验有关问题的公告

（国家质检总局公告 2017 年第 83 号）

发布日期：2017-09-30
实施日期：2017-09-30
法规类型：规范性文件

为全面贯彻落实国务院关于取消和调整行政审批事项的改革决定，切实加强取消进口旧机电产品装运前检验机构指定后续监督管理，现就有关问题公告如下：

一、目前质检总局正在起草《进口旧机电产品检验监督管理办法》实施细则，拟对从事进口旧机电产品装运前检验的机构实施信息备案、风险管理、诚信管理等措施。质检总局将抓紧推动实施细则的制定工作，尽快向社会公布。

二、目前已在质检总局进行信息备案的装运前检验机构名单见附件。

附件：进口旧机电产品装运前检验机构备案名单

附件

进口旧机电产品装运前检验机构备案名单

1. 中国检验有限公司（注册于中国香港）
2. 中国检验认证集团北美有限公司（注册于美国洛杉矶）
3. 中国检验认证集团日本有限公司（注册于日本大阪）
4. 中国检验认证集团欧洲有限公司（注册于荷兰鹿特丹）
5. 中国检验认证集团不来梅有限公司（注册于德国不来梅）
6. 中国检验认证集团伦敦有限公司（注册于英国伦敦）
7. 中国检验认证集团马赛有限公司（注册于法国马赛）
8. 中国检验认证集团加拿大有限公司（注册于加拿大温哥华）
9. 中国检验认证集团韩国有限公司（注册于韩国首尔）

10. 中国检验认证集团澳大利亚有限公司（注册于澳大利亚悉尼）
11. 中国检验认证集团新加坡有限公司（注册于新加坡）
12. 中国检验认证集团西班牙有限公司（注册于西班牙巴塞罗那）
13. 中国检验认证集团澳门有限公司（注册于中国澳门）
14. 香港商中检实业有限公司台湾分公司（注册于中国台湾）

关于旧机电产品进口管理有关问题的公告

（国家质检总局　商务部　海关总署公告2015年第76号）

发布日期：2015-06-17
实施日期：2015-06-17
法规类型：规范性文件

根据《国务院关于取消和调整一批行政审批项目等事项的决定》（国发〔2014〕50号）的要求，质检总局已取消进口旧机电产品备案行政审批。为保护环境、确保消费者安全和健康，规范进口秩序，现将加强旧机电产品进口管理要求公告如下：

一、关于调整进口旧机电产品的备案管理

（一）《重点旧机电产品进口管理办法》（商务部、海关总署、质检总局令2008年第5号）、《机电产品进口自动许可实施办法》（商务部、海关总署令2008年第6号）、《机电产品进口管理办法》（商务部、海关总署、质检总局令2008年第7号）中涉及进口旧机电产品备案管理的相关规定不再执行。检验检疫机构在对符合条件的产品出具《入境货物通关单》时，备注栏内标注“旧机电产品”字样。

（二）根据《机电产品进口自动许可实施办法》（商务部、海关总署令2008年第6号）第六条第（四）款，“进口旧机电产品的，应提供国家质检总局授权或许可的检验检疫机构出具的进口产品的预检验报告。”需要提供预检验报告的进口产品范围按照《质检总局关于调整进口旧机电产品检验监管的公告》（质检总局2014年第145号）中《进口旧机电产品检验监管措施清单》管理措施表2执行。

二、关于加强进口旧机电产品现场检验

纳入《应逐批实施现场检验的旧机电产品目录》（见附件）的旧机电产品（原生产厂售后服务维修除外），由口岸检验检疫机构逐批依据相关产品国家技术规范的强制性要求实施现场检验。经检验，凡不符合安全、卫生、环境保护要求的，由检验检疫机构责令收货人销毁，或出具退货处理通知单并书面告知海关，海关凭退货处理通知单办理退运手续。

本公告自发布之日起生效。

附件：应逐批实施现场检验的旧机电产品目录

附件

应逐批实施现场检验的旧机电产品目录

序号	商品编码	商品名称
1	8415.1010-8415.9090	空调
2	8418.1010-8418.9999	电冰箱
3	8471.3010-8471.5090	计算机类设备
4	8528.4100-8528.5990	显示器
5	8443.3211-8443.3219	打印机
6	8471.6040-8471.9000	其他计算机输入输出部件及自动数据处理设备的其他部件
7	8516.5	微波炉
8	8516.603	电饭锅
9	8517.1100-8517.6990	电话机及移动通讯设备
10	8443.3110-8443.3190，8443.3290	传真机
11	8469.0011-8469.0030	打字机
12	8521.1011-8521.9019	录像机、放像机及激光视盘机
13	8525.8011-8525.8039	摄像机、摄录一体机及数字相机
14	8528.7110-8528.7300	电视机
15	8534.0010-8534.0090	印刷电路
16	8540.1100-8540.9990	热电子管、冷阴极管或光阴极管等
17	8542.3100-8542.9000	集成电路及微电子组件
18	8443.3911-8443.3924	复印机

关于调整进口旧机电产品检验监管的公告

（国家质检总局公告〔2014〕145 号）

发布日期：2014-12-31
实施日期：2014-12-31
法规类型：规范性文件

根据《国务院关于取消和调整一批行政审批项目等事项的决定》（国发〔2014〕50 号）的要求和《中华人民共和国进出口商品检验法》（以下简称《商检法》）、《中华人民共和国进出口商品检验法实施条例》（以下简称《商检法实施条例》）的规定，现对进口旧机电产品检验监管业务进行调整。

一、取消对进口旧机电产品实施备案管理。

二、根据《商检法实施条例》的规定，保留对国家允许进口的旧机电产品实施检验监管的相关措施，包括装运前检验、口岸查验、到货检验以及监督管理。整理并公布《实施检验监管的进口旧机电产品目录》（见附件 1）、《进口旧机电产品检验监管措施清单（2014 年版）》（以下简称《检验监管措施清单》，见附件2）。

三、列入《检验监管措施清单》管理措施表1的进口旧机电产品为禁止入境货物。

四、列入《检验监管措施清单》管理措施表2的旧机电产品进口时，收用货单位凭出入境检验检疫机构或检验机构（此前承担进口旧机电产品装运前检验业务的检验机构名单见附件3）出具的装运前检验证书及相关必备材料向入境口岸检验检疫机构（以下简称口岸机构）申报；未按照规定进行装运前检验的，按照法律法规规定处置。

五、进口未列入《检验监管措施清单》的旧机电产品，无需实施装运前检验。收用货单位凭《旧机电产品进口声明》（见附件4）及相关必备材料向口岸机构申报。

列入《检验监管措施清单》内且属于“出境维修复进口”“暂时出口复进口”“出口退货复进口”“国内转移复进口”4种特殊情况旧机电产品进口时，收用货单位凭《免〈进口旧机电产品装运前检验证书〉进口特殊情况声明》（见附件5）及相关必备材料向口岸机构申报。

列入《检验监管措施清单》管理措施表1第1项、第2项内，但经国家特别许可的旧机电产品进口时，收用货单位凭《旧机电产品进口特别声明（1）》（见附件6-1）及相关必备材料向口岸机构申报。

列入《检验监管措施清单》管理措施表1第3项、第4项内，但制冷介质为非氟氯烃物质（CFCs）的旧机电产品进口时，收用货单位凭《旧机电产品进口特别声明（2）》（见附件6-2）及相关必备材料向口岸机构申报。

六、为方便收用货单位进口旧机电产品，减少收用货单位因对进口旧机电产品检验监管政策、流程不熟悉而造成的困难，收用货单位在旧机电产品进口前，可以通过“进口旧机电产品质量安全管理信息服务平台”（http：//jjd. aqsiq. gov. cn：6889）进行在线咨询。

本公告自发布之日起生效。本公告生效日之前由出入境检验检疫机构签发的《进口旧机电产品装运前预检验备案书》《进口旧机电产品免装运前预检验证明书》在有效期内可继续使用。《关于调整进口旧机电产品检验监管工作的通知》（国质检检〔2009〕605号）同时废止。

附件：1. 实施检验监管的进口旧机电产品目录
2. 进口旧机电产品检验监管措施清单（2014年版）
3. 此前承担进口旧机电产品装运前检验业务的检验机构名单（略）
4. 旧机电产品进口声明（略）
5. 免《进口旧机电产品装运前检验证书》进口特殊情况声明（略）
6-1. 旧机电产品进口特别声明（1）（略）
6-2. 旧机电产品进口特别声明（2）（略）

附件1

实施检验监管的进口旧机电产品目录

产品类别	涉及的HS编号
一、金属制品	7309、7310、7311、7321、7322、7611、7612（除76121，7612901外）、7613、7615109010
二、机械及设备	84章（除8401，84061，8407101，8407102，8407210，8407290，84091，8409911，8412101090，8412800010，8412800020，8412901020，8412901090，8428909020，8479891，8479901，8483101，84871外）
三、电器及电子产品	85章（除8526101，8526109001，8526109011，8526109091，8526919010，8548100000外）

续表

产品类别	涉及的 HS 编号
四、运输工具	86 章； 87 章（除 8710 外）
五、仪器仪表	9006-9008、9010-9013、9015（除 9015800010，9015800020，9015900010 外）、9018-9031、9032（除 9032899002，9032900001 外）、9033
六、医用家具、办公室用金属家具、各种灯具及照明装置	9402、9405
七、其他（含电子乐器、儿童带轮玩具、带动力装置的玩具及模型、健身器械等）	7011； 9207； 95043、95045、9504901、95049021、95049029、9506911、9506919、950699、9508

附件 2

进口旧机电产品检验监管措施清单（2014 年版）

管理措施表 1

国家规定禁止进口的旧机电产品（4 类）		
序号	产品目录或范围	管理措施
1	《旧机电产品禁止进口目录》）（详见外经贸部、海关总署、质检总局公告 2001 年第 37 号）	擅自进口的，检验检疫机构应按照《商检法实施条例》规定通知海关作退运处理，情节严重的应予处罚。
2	旧玻壳、旧显像管、再生显像管、旧监视器等。（详见质检总局、发改委、信息部、海关总署、工商总局、认监委公告 2005 年第 134 号附表）	同上。
3	带有以氯氟烃物质为制冷剂的工业、商业用压缩机的旧机电产品。（详见商务部、海关总署、国家质检总局、国家环保总局公告 2005 年第 117 号附件）	同上。
4	带有以氯氟烃物质为制冷剂、发泡剂的旧家用电器产品和以氯氟烃为制冷工质的家用电器产品用压缩机的旧机电产品。（详见环保总局、发改委、商务部、海关总署、质检总局　环函〔2007〕200 号附件）	同上。

管理措施表 2

序号	设备/产品名称	设备/产品涉及的范围及描述	管理措施
（一）涉及人身健康安全、卫生、环境保护的旧机电设备/产品（15 类）			
1	化工（含石油化工）生产设备	包括但不限于：原油加工设备，乙烯、丙烯装置，合成氨装置，化肥装置，化工原料生产装置，染料生产装置，橡胶、塑料生产设备，化工生产用空气泵或真空泵、压缩机、风机、提净塔、精馏塔、蒸馏塔、热交换装置、液化器、发酵罐、反应器，与以上设备（装置、机械）配套的控制系统、输送系统、检测设备。	须经检验检疫机构或检验机构实施装运前检验（进口特殊情况除外），确认旧机电设备安全、卫生、环保要求能够符合我国法律法规和技术规范；未实施装运前检验擅自进口的，检验检疫机构应按照《商检法实施条例》规定通知海关作退运处理，情节严重的应予处罚。
2	能源、动力设备	包括但不限于：汽轮、水轮、风力、燃气、燃油发电机组，空气及其他气体压缩机械，制冷机组及热泵，与以上设备（机械）配套的控制系统、变压系统、传导系统、检测设备。	同上。
3	电子工业专用设备	包括但不限于：制造半导体单晶柱或圆晶的设备，制造半导体器件或集成电路用的设备，制造平板显示器用的设备，在印刷电路板上封装元器件的设备，与以上设备配套的控制系统、输送系统、检测设备。	同上。
4	冶金工业设备	包括但不限于：冶炼设备，压延加工设备，焦化设备，碳素制品设备，耐火材料设备，与以上设备配套的控制系统、输送系统、检测设备。	同上。
5	通讯设备	包括但不限于：光通讯设备，移动通讯设备，卫星地面站设备，与以上设备配套的控制系统、检测设备。	同上。
6	建材生产设备	包括但不限于：水泥生产、制品设备，玻璃生产及加工设备，人造纤维板生产设备，与以上设备配套的控制系统、检测设备。	同上。
7	工程施工机械	包括但不限于：起重机，叉车、升降机，推土机，筑路机及平地机，铲运机，捣固机械及压路机，机械铲、挖掘机及机铲装载机，打桩机及拔桩机，凿岩机及隧道掘进机，工程钻机。	同上。
8	金属切削机床	包括但不限于：加工中心，单工位组合机床及多工位组合机床，车床（包括车削中心），钻床、镗床、铣床、攻丝机、磨床、刨床、插床、拉床、切齿机、锯床、切断机。	同上。
9	金属非切削机床	包括但不限于：激光、超声波、放电等处理金属材料的加工机床，锻造或冲压机床，弯曲、折叠、矫直、矫平、剪切、冲孔、开槽机床，液压、机械压力机。	同上。

续表

序号	设备/产品名称	设备/产品涉及的范围及描述	管理措施
10	纺织生产机械	包括但不限于：化纤挤压、拉伸、变形或切割设备，纺织纤维预处理设备，纺纱机械，织机，后整理设备。	同上。
11	食品加工机械	包括但不限于：奶制品生产设备，饮料生产、灌装设备，糕点生产设备，果蔬加工设备，制糖及糖果生产设备，制酒设备，肉类加工设备。	同上。
12	农牧林业加工机械	包括但不限于：拖拉机、联合收割机、棉花采摘机、机动植保机械、机动脱粒机、饲料粉碎机、插秧机、铡草机，木材加工设备。	同上。
13	印刷机械	包括但不限于：制版设备，印刷设备，装订设备。	同上。
14	纸浆、造纸及纸制品机械	包括但不限于：纸浆设备，造纸设备，纸或纸板整理设备，切纸机，纸、纸板及纸塑包装设备。	同上。
15	电气产品	包括但不限于：电阻加热炉及烘箱，电阻焊接机器及装置、电弧焊接机器及装置，通过感应或介质损耗对材料进行热处理的设备，粒子加速器，电镀、电解或电泳设备及装置，激光器。	同上。

（二）国家特殊需要的旧机电产品（2类）

序号	涉及产品范围及描述	管理措施
16	国家特别许可准予进口的、列入《进口旧机电产品检验监管措施清单》（2014年版）管理措施表1的旧机电产品。	须经检验检疫机构或检验机构实施装运前检验（进口特殊情况除外），确认旧机电产品安全、卫生、环保要求能够符合我国法律法规和技术规范；未实施装运前检验擅自进口的，检验检疫机构应按照《商检法实施条例》规定通知海关作退运处理，情节严重的应予处罚。
17	省级以上政府管理部门明确批准进口的国家限制投资、限制进口的产业、产品或技术目录内的产业、产品或技术涉及的旧机电产品。	同上。

关于进一步简化旧机电设备进口手续的通知

（商产发〔2009〕166号）

发布日期：2009-04-10

实施日期：2009-04-10

法规类型：规范性文件

各省、自治区、直辖市、计划单列市和新疆生产建设兵团商务主管部门，各部门机电产品进出口办公室，广东分署、各直属海关，各直属出入境检验检疫局：

为贯彻落实国务院关于保持对外贸易稳定增长的要求，服务于钢铁、汽车、电子信息等十大产业调整振兴规划，促进我国经济平稳较快发展，经研究，对企业（含各类研究机构、大专院校等）自用进口的用于生产、研发或展览等技术水平较高、数量合理、仍有较长使用年限的旧机电设备，实行以下便利化措施：

一、简化旧机电设备进口证件申领手续

（一）涉及自动进口许可管理，且不需装船前预检验的旧机电设备，企业可凭进口合同等资料直接向机电产品进口管理部门申请办理自动进口许可证；若需进行装船前预检验，仍按现有规定办理。办理时限均不超过5个工作日。

（二）涉及进口许可证管理的旧机电设备，仍按现有规定办理。若设备的制造年限不超过5年，企业提交完备的申请材料后，各级机电产品进口管理部门应从速办理，办理时限不超过10个工作日。

二、对旧机电设备进口企业提供通关便利

海关按照旧机电设备进口企业所属类别对其进行分类管理，并按照《企业分类管理措施目录》，对其中的AA、A类企业提供相应的通关便利。

三、对进口旧机电设备给予检验检疫便利

（一）根据申请资料能够判定设备状态良好且安全、卫生和环保风险较小的旧机电设备，可免于装运前检验，仅实施到货检验。

（二）根据申请资料判定在安全、卫生或环保方面存在较大风险的旧机电设备，以及造纸、化工、冶金等大型成套设备，均按现有规定实施装运前检验。

确需进行装船前检验的，境外检验机构应克服困难，在最短工作时限内完成检验。到货检验仍按照现有规定执行，确保进口旧机电设备无环境污染、安全隐患等问题。

各进口管理部门不得受理《禁止进口货物目录（第二批）》中列明禁止进口的旧机电产品的进口证件、检验和报关申请。本通知所指旧机电设备不包括生活、办公用或用于消费的电子电器产品，或销售用各类机电产品。

进口成套设备检验和监督管理实施细则

（国检监〔1993〕38号）

发布日期：1993-03-09

实施日期：1993-04-01

法规类型：部门规章

第一章　总　则

第一条　为加强进口成套设备检验和监督管理工作，确保设备的质量和安全，维护国家利益和对外贸易各方的合法权益，根据《中华人民共和国进出口商品检验法》及其实施条例和国务院转发的《关于进口成套设备检验工作的试行规定》，制定本细则。

第二条　本细则所述的成套设备系指完整的生产线、成套装置设施（含工程项目和技术改造项目中的成套装置设施和与国产设备配套组成的成套设备中的进口关键设备）。

第三条 一切进口成套设备都必须在合同约定的期限内进行检验。未经检验的成套设备、材料不准安装使用。

第四条 进口成套设备，由商检机构实施检验或者组织实施检验；进口大型成套设备，由商检机构实施驻现场监督检查，收用货单位（包括建设单位，下同）应认真落实各项同检验工作，其主管部门应加强领导和组织协调工作。

第五条 进口大型成套设备的收用货单位应设立专门的检验机构并经所在地商检机构考核认可。进口一般成套设备的收用货单位也应指定专职检验人员，并经所在地商检机构考核认可。商检机构应对大型成套设备的建设现场派员进驻并设置办公室。

第六条 进口成套设备的质量及技术条件由买卖双方在合同中约定，有关设备的安全、卫生及在运行过程中对环境的污染必须符合我国有关法律、法规及强制性标准的规定。

进口成套设备的检验要求见本细则附件一。

第七条 进口大型成套设备的收用货单位应根据本细则第六条规定和《检验大纲导则》(另发)，制定检验计划和实施方案，报上级主管部门审查批准后送商检机构备案。并由商检机构驻现场办公室依照检验计划和实施方案对检验工作实施监督检查。

一般成套设备由所在地商检机构或者由所在地商检机构会同收用货单位制定检验计划和实施方案。

收用货单位应于对外贸易合同生效后三十日内向商检机构提供合同（包括合同附件）副本。

第二章 装运前预检验、监造或监装

第八条 对大型成套设备和在国内不具备检验条件，到货后不能进行解体检验的一般成套设备，订货单位应当在对外贸易合同中订明在出口国进行装运前预检验、监造或者监装条款。

收用货单位应当依照对外贸易合同的约定认真落实在出口国装运前的预检验、监造或者监装，主管部门应当加强监督；商检机构可以根据需要派出检验人员参加或者组织实施装运前预检验、监造或者监装。

第九条 收用货单位派出执行出国预检验、监造或者监装的人员按照商检法实施条例第四十七条的规定须经商检机构认可后方能承担出国预检验、监造或者监装的工作。

第十条 出国预检验、监造或监装人员按照《出国预检验、监造或监装检查要点》(见附件二）拟定检验方案并在出国后予以认真实施。对方案中重要内容实施确有困难，需要修改的，以及检验中发现的重要问题应及时报告有关主管部门和商检机构。

第十一条 进口成套设备在预检验、监造或监装中发现有不符合合同和有关规定的，应要求发货方予以返修、换货、整理或其他妥善处理。出国检验人员可根据需要对进口成套设备实施封识管理。

第十二条 出国检验人员在实施检验中应做好检验记录，并按检验项目写出检验报告，由出国检验的主要负责人签署意见后报有关主管部门和商检机构。

第三章 口岸登记

第十三条 进口成套设备到货后，由收用货单位或其代理接运单位向口岸或者到达站商检机构办理进口商品登记。海关凭商检机构在报关单上加盖的印章验放。

第十四条 进口成套设备在口岸或者到达站卸货时发现残损或短缺的，收用货单位或其代理接运单位应取得承运部门签证并及时向口岸或者到达站商检机构申请残损或者数量鉴定。

卸货单位对残损部分应分别卸货，分别存放，防止残损扩大。

第十五条 口岸或者到达站商检机构应及时将“到货流向单”或“到货通知单”送到货地商检机构。

第四章 到货地检验和监督管理

第十六条 收用货单位应在进口成套设备到达安装使用地点三日内，持进口到货通知单、装箱单、提单等必要的单证，向所在地商检机构中者其驻现场办公室申报开箱检验。

对开箱后不易恢复包装和安全保管的精密设备等，可根据对外贸易双方的协议，留待安装时一并开箱检验。

第十七条 经开相检验合格的进口成套设备、材料由商检机构出具《检验情况通知单》。收用货单位的设备管理部门凭《检验情况通知单》或者对外贸易双方会签并经商检机构审核备案的“开箱检验记录”等单证发放设备、材料，供安装使用。

第十八条 对经出国预检验、监造的进口成套设备或项目，到货后经开箱点验未发现异常情况的，属于下列情况之一者，由商检机构对出国预检验合格报告及有关证单进行审核后出具《检验情况通知单》。

（一）经出国检验、监督合格，其质量性能在装运及保管中不会发生变化的；

（二）经出国检验、监造合格，在国内不具备检验条件的；

（三）经出国检验、监造合格，到货后不能进行解体检验的。

第十九条 安装单位应按照检验计划和具体实施方案的要求进行安装调试，并逐项记录。商检机构应对安装调试工作实施监督检查，对未经检验的进口成套设备、材料和经检验不合格的，视情况签发《不准安装使用通知单》，并根据需要对有关设备、材料进行封识管理。不合格的设备、材料经技术处理，并向商检机构重新报验，经检验合格后，方可以安装使用。

第二十条 成套设备的试运转和试生产的考核，按对外贸易合同约定由收用货单位进行的，商检机构实施与收用货单位共同检验或监督检查；对外贸易合同约定由贸易双方共同进行的，商检机构实施监督检查。经考核合格，贸易双方验收签字，商检机构签发合格单位证后，收用货单位方能投产使用。

第二十一条 收用货单位在进口成套设备质量保证期内必须认真做好使用及维修记录，并在保证期满前一个月进行全面检查，将检查结果报上级主管部门及商检机构销案。发现问题要及时报请商检机构检验出证。

第二十二条 属下列情况之一者，由商检机构检验并出具检验证书：

（一）合同约定由商检机构检验出证的；

（二）合同约定由贸易双方检验，而卖方代表不在场，由收用货单位检验发现问题的；

（三）贸易双方对检验结果有争议，需由商检机构复验或组织复验的；

（四）卖方代表已签字认赔，但仍需凭商检机构的证书向分包厂索赔的；

（五）卖方委托收用货单位对能修复的设备进行修理后，需商检机构出具证明的。

第五章 附 则

第二十三条 收用货单位应为商检机构及派出人员实施进口成套设备的检验和监督管理提供必要的办公场所和检验条件。

第二十四条 商检机构依照本细则实施进口成套设备的检验，按国家物价局和财政部发布的《进出口商品检验、鉴定收费办法》及收费标准的规定收费。

第二十五条 对违反本细则规定的，按照《中华人民共和国进出口商品检验法》及其实施条例有关规定查处。

第二十六条 本细则由国家进出口商品检验局负责解释。

第二十七条 本细则自一九九三年四月一日起执行。

附件：1. 进口成套设备的检验要求（略）

2. 出国予检验、监造、监装要点（略）

黄金制品

黄金及黄金制品进出口管理办法

（中国人民银行　海关总署令 2015 第 1 号）

发布日期：2015-03-04
实施日期：2020-04-16
法规类型：部门规章

（根据 2020 年 4 月 16 日中国人民银行　海关总署令 2020 年第 3 号《中国人民银行　海关总署关于修改〈黄金及黄金制品进出口管理办法〉的决定（2020）》修正）

第一条　为了规范黄金及黄金制品进出口行为，加强黄金及黄金制品进出口管理，根据《中华人民共和国中国人民银行法》、《中华人民共和国海关法》和《国务院对确需保留的行政审批项目设定行政许可的决定》等法律法规，制定本办法。

第二条　本办法所称黄金是指未锻造金，黄金制品是指半制成金和金制成品等。

第三条　中国人民银行是黄金及黄金制品进出口主管部门，对黄金及黄金制品进出口实行准许证制度。

中国人民银行根据国家宏观经济调控需求，可以对黄金及黄金制品进出口的数量进行限制性审批。

列入《黄金及黄金制品进出口管理目录》的黄金及黄金制品进口或出口通关时，应当向海关提交中国人民银行及其分支机构签发的《中国人民银行黄金及黄金制品进出口准许证》（附 1）。

中国人民银行会同海关总署制定、调整并公布《黄金及黄金制品进出口管理商品目录》。

第四条　法人、其他组织以下列贸易方式进出口黄金及黄金制品的，应当按照本办法办理《中国人民银行黄金及黄金制品进出口准许证》：

（一）一般贸易；

（二）加工贸易转内销及境内购置黄金原料以加工贸易方式出口黄金制品的；

（三）海关特殊监管区域、保税监管场所与境内区外之间进出口的；

个人、法人或者其他组织因公益事业捐赠进口黄金及黄金制品的，应当按照本办法办理《中国人民银行黄金及黄金制品进出口准许证》。

个人携带黄金及黄金制品进出境的管理规定，由中国人民银行会同海关总署制定。

第五条　国家黄金储备进出口由中国人民银行办理。

金质铸币（包括金质贵金属纪念币）进出口由中国人民银行指定机构办理。

第六条 获得黄金进出口资格的市场主体应当承担平衡国内黄金市场实物供求的责任，进出口黄金应当在国务院批准的黄金现货交易所内登记，并完成初次交易。

第七条 黄金进出口和公益事业捐赠黄金制品进口申请由中国人民银行受理和审批。

黄金制品进出口申请由中国人民银行地市级以上分支机构受理，中国人民银行上海总部，各分行、营业管理部、省会（首府）城市中心支行，深圳市中心支行审批。

第八条 申请黄金进出口（除因公益事业捐赠进口黄金）的，应当具备法人资格，近 2 年内无相关违法违规行为，并且具备下列条件之一：

（一）是国务院批准的黄金交易所的金融机构会员或做市商，具备黄金业务专业人员、完善的黄金业务风险控制制度和稳定的黄金进出口渠道，所开展的黄金市场业务符合相关政策或管理规定，并且申请前两个年度黄金现货交易活跃、自营交易量排名前列；

（二）是国务院批准的黄金交易所的综合类会员，年矿产金 10 吨以上、其生产过程中的污染物排放达到国家环保标准，在境外黄金矿产投资规模达 5000 万美元以上，取得境外金矿或者共生、伴生金矿开采权，已形成矿产金生产能力，所开展的业务符合国内外相关政策或管理规定，申请前两个年度黄金现货交易活跃，自营交易量排名前列的矿产企业；

（三）在国内有连续 3 年且每年不少于 2 亿元人民币的纳税记录，在境外有色金属投资 1 亿美元以上，取得境外金矿或共生、伴生金矿开采权，已形成矿产金生产能力，所开展的业务符合国内外相关政策或管理规定的矿产企业；

（四）承担国家贵金属纪念币生产任务进口黄金的生产企业；

（五）为取得国际黄金市场品牌认证资格进出口黄金的精炼企业。

第九条 申请黄金制品进出口（除因公益事业捐赠进口黄金制品）的，应当具备法人或其他组织资格，近 2 年内无相关违法违规行为，并且具备下列条件之一：

（一）生产、加工或者使用相关黄金制品的企业，有必要的生产场所、设备和设施，生产过程中的污染物排放达到国家环保标准，有连续 3 年且年均不少于 100 万元人民币的纳税记录；

（二）适用海关认证企业管理的外贸经营企业，有连续 3 年且年均不少于 300 万元人民币的纳税记录；

（三）因国家科研项目、重点课题需要使用黄金制品的教育机构、科学研究机构等。

第十条 申请黄金进出口的，应当向中国人民银行提交下列材料：

（一）书面申请，应当载明申请人的名称、住所（办公场所）、企业概况、进出口黄金的用途和计划数量等业务情况说明。

（二）《黄金及黄金制品进出口申请表》（附 2）。

（三）加盖公章的企业法人营业执照复印件。

（四）黄金进出口合同及其复印件。

（五）加盖公章的《中华人民共和国组织机构代码证》复印件。

（六）申请人近 2 年有无违法行为的说明材料。

（七）银行业金融机构还应当提供内部黄金业务风险控制制度有关材料；申请出口黄金的还应当提交在国务院批准的黄金现货交易所实物黄金库存量证明。

（八）黄金矿产的生产企业还应当提交省级环保部门出具的污染物排放许可证件和年度达标检测报告复印件、商务部门有关境外投资批复文件复印件、银行汇出汇款证明书复印件，境外国家或者地区开采黄金有关证明，企业近 3 年的纳税记录，申请出口黄金的还应当提交由行业主管部门或自律组织出具的黄金产能证明和在国务院批准的黄金现货交易所的登记证明。

前款其他材料未发生变更再次申请黄金进出口的，只需提交前款第二项和第四项材料；前款其他材料发生变更的，比照初次申请办理。

第十一条 申请黄金制品进出口的，应当向申请人住所地的中国人民银行地市级以上分支机构提交下列材料：

（一）书面申请，应当载明申请人的名称、住所（办公场所）、企业概况、进出口黄金制品的用途和计划数量等业务情况说明；

（二）《黄金及黄金制品进出口申请表》；

（三）加盖公章的企业法人营业执照、事业单位法人证书等法定登记证书复印件；

（四）黄金制品进出口合同复印件；

（五）加盖备案登记章的《对外贸易经营者备案表》或《外商投资企业批准证书》；

（六）申请人近2年有无违法行为的说明材料；

（七）生产、加工或者使用黄金制品的企业还应当提交近3年的企业纳税记录，地市级环保部门出具的污染物排放许可证件和年度达标检测报告及其复印件；

（八）从事外贸经营的企业还应当提交适用海关认证企业管理的有关证明材料、近3年的企业纳税记录；

（九）教育机构、科学研究机构还应当提交承担国家科研项目、重点课题的证明材料；

（十）出口黄金制品的企业还应当提交在国内取得黄金原料的增值税发票等证明材料。

前款其他材料未发生变更再次申请黄金制品进出口的，只需提交前款第二项和第四项材料，教育机构、科学研究机构还应当提交前款第九项材料，出口黄金制品的企业还应当提交前款第十项规定的有关材料；前款其他材料发生变更的，比照初次申请办理。

第十二条 加工贸易因故转内销的黄金制品、转内销商品中进口料件是《黄金及黄金制品进出口管理目录》范围内商品的、在境内购置黄金原料以加工贸易方式出口黄金制品的，适用本办法第九条第一项规定的申请条件。

因加工贸易转内销的，应当按照本办法第十一条规定报送申请材料，同时，还应当提交有正当理由需要转内销的说明材料、加工贸易业务批准证复印件、加工贸易合同等材料及其复印件。

境内购置黄金原料以加工贸易方式出口黄金制品的，企业应当在加工贸易手册设立（变更）时向海关申报境内购置黄金情况，并提交《中国人民银行黄金及黄金制品进出口准许证》。

第十三条 个人、法人或者其他组织因公益事业捐赠进口黄金及黄金制品的，应当由受赠人向中国人民银行提交下列材料：

（一）符合《中华人民共和国公益事业捐赠法》规定的捐赠协议；

（二）事业单位法人证书或社会团体法人登记证书等法定登记证书及其复印件；

（三）《黄金及黄金制品进出口申请表》。

第十四条 中国人民银行应当自受理黄金及黄金制品进出口申请之日起20个工作日内做出行政许可决定。

第十五条 中国人民银行地市级分支机构应当自受理黄金制品进出口申请之日起20个工作日内将初步审查意见和全部申请材料直接报送上一级机构。上一级机构应当在收到初步审查意见和全部申请材料后20个工作日内做出行政许可决定。

中国人民银行上海总部，各分行、营业管理部、省会（首府）城市中心支行，深圳市中心支行直接受理黄金制品进出口申请的，应当自受理之日起20个工作日内做出行政许可决定。

第十六条 需要对申请材料的实质内容进行核实的，中国人民银行及其分支机构可以对申请人进行核查，核查应当由两名以上工作人员进行。

第十七条 被许可人在办理黄金及黄金制品货物进出口时，凭《中国人民银行黄金及黄金制品进出口准许证》向海关办理有关手续。

《中国人民银行黄金及黄金制品进出口准许证》实行一批一证，自签发日起40个工作日内使用。被许可人有正当理由需要延期的，可以在凭证有效期届满5个工作日前持原证向发证机构申请办理一次延期手续。

第十八条 中国人民银行及其分支机构有权对被许可人从事行政许可事项的活动进行监督检查，被许可人应当予以配合。

第十九条 被许可人应当按照中国人民银行及其分支机构的规定，及时上报黄金及黄金制品进出口许可的执行情况并且提供有关材料。

第二十条 除本办法第四条规定外，以下方式进出的黄金及黄金制品免予办理《中国人民银行黄金及黄金制品进出口准许证》，由海关实施监管：

（一）通过加工贸易方式进出的；

（二）海关特殊监管区域、保税监管场所与境外之间进出的；

（三）海关特殊监管区域、保税监管场所之间进出的；

（四）以维修、退运、暂时进出境方式进出境的。

第二十一条 除本办法第四条、第五条和第二十条规定之外，个人、法人和其他组织不得以其他任何方式进出口黄金及黄金制品。国家另有规定的除外。

第二十二条 个人、法人和其他组织进出口黄金及黄金制品应当遵守国家反洗钱和反恐怖融资有关规定。

第二十三条 黄金及黄金制品进出口发生的外汇收支，应当按照外汇管理规定办理。

第二十四条 被许可人不得有下列行为：

（一）转让、出借黄金及黄金制品进出口证件；

（二）使用伪造、变造的黄金及黄金制品进出口证件；

（三）骗取或者采用其他不正当手段获取黄金及黄金制品进出口证件；

（四）超越进出口行政许可品种、规格、数量范围；

（五）虚假捐赠进口黄金及黄金制品；

（六）进口黄金未按照规定在黄金现货交易所登记、交易；

（七）以囤积居奇等方式恶意操纵黄金交易价格，或有欺诈等其他侵犯投资者权益行为；

（八）违反黄金市场及黄金衍生品交易相关政策或管理规定；

（九）拒绝中国人民银行及其分支机构监督检查，或者在监督检查过程中隐瞒有关情况、提供虚假材料。

被许可人有前款所列行为之一的，中国人民银行及其分支机构可以暂停受理其进出口申请；情节严重的，按照《中华人民共和国中国人民银行法》第四十六条规定予以处罚。

第二十五条 中国人民银行及其分支机构可以依法撤销被许可人的黄金及黄金制品进出口证件。

第二十六条 违反本办法规定进出口黄金及黄金制品，构成走私行为或者违反海关监管规定等违法行为的，由海关依照《中华人民共和国海关法》、《中华人民共和国海关行政处罚实施条例》等法律法规处理；构成犯罪的，依法移交司法机关追究刑事责任。

第二十七条 本办法由中国人民银行、海关总署负责解释。

第二十八条 本办法自2015年4月1日起施行。

附：1. 中国人民银行黄金及黄金制品进出口准许证（略）

2. 黄金及黄金制品进出口申请表（略）

关于明确进口黄金税收政策中黄金矿砂执行现行金精矿标准的公告

（海关总署公告2021年第79号）

发布日期：2021-10-09
实施日期：2021-10-09
法规类型：规范性文件

2013年，为实施黄金进口税收政策，海关总署发布2013年第16号公告，明确将海关总署2003年第29号公告中有关黄金矿砂标准调整为工业和信息化部修订后的金精矿标准。近日工业和信息化部再次修订金精矿标准，海关总署2003年第29号公告中有关黄金矿砂应相应执行现行金精矿标准。

本公告自发布之日起施行，海关总署2013年第16号公告同时废止。

特此公告。

黄金及黄金制品进出口准许证事宜

（中国人民银行　海关总署公告2017年第5号）

发布日期：2017-05-12
实施日期：2017-07-01
法规类型：规范性文件

自2016年6月1日起实施《黄金及黄金制品进出口准许证》（以下简称《准许证》）“非一批一证”管理试点工作（见《中国人民银行　海关总署公告〔2016〕第9号》）以来，“非一批一证”《准许证》管理在简化审批手续、促进贸易便利化方面发挥了积极作用。为进一步简政放权、支持“一带一路”建设，现就扩大实施“非一批一证”《准许证》管理有关事宜公告如下：

一、实行“非一批一证”《准许证》管理的海关，除已有的北京、上海、广州、南京、青岛、深圳6个海关外，新增天津、成都、武汉、西安4个海关。其他海关，仍按照现行规定办理。

二、“非一批一证”《准许证》管理相关规定和要求，仍按《中国人民银行　海关总署公告〔2016〕第9号》执行。

本公告自2017年7月1日起施行。

黄金及黄金制品进出口事宜

（中国人民银行　海关总署公告 2016 年第 32 号）

发布日期：2016-12-29
实施日期：2017-01-01
法规类型：规范性文件

根据《黄金及黄金制品进出口管理办法》（中国人民银行　海关总署令〔2015〕第 1 号发布）的规定，中国人民银行、海关总署调整了《黄金及黄金制品进出口管理商品目录》。现就有关事项公告如下：

一、进出口“其他金化合物（海关商品编号 2843300090）”、“镶嵌钻石的黄金制首饰及其零件（海关商品编号 7113191100）”的，免予办理《中国人民银行黄金及黄金制品进出口准许证》。

二、调整后的《黄金及黄金制品进出口管理商品目录》自 2017 年 1 月 1 日起施行，中国人民银行海关总署公告 2015 第 44 号所附目录停止施行。

附件：黄金及黄金制品进出口管理商品目录（略）

关于决定开展《中国人民银行黄金及黄金制品进出口准许证》（“非一批一证”）管理试点工作有关事宜

（中国人民银行　海关总署公告 2016 年第 9 号）

发布日期：2016-04-26
实施日期：2016-06-01
法规类型：规范性文件

根据《黄金及黄金制品进出口管理办法》（中国人民银行　海关总署令〔2015〕第 1 号发布），为进一步简化审批手续，促进贸易便利化，中国人民银行、海关总署决定开展《中国人民银行黄金及黄金制品进出口准许证》（以下简称《准许证》）“非一批一证”（正、背面样式见附件）管理试点工作，现将有关事宜公告如下：

一、黄金及黄金制品进出口业务频繁的法人可以按照《黄金及黄金制品进出口管理办法》的条件和审批流程，申请“非一批一证”《准许证》。

二、实行“非一批一证”的《准许证》可以在有效期内、不超过规定数量和批次报关使用。具体做法是，海关在《准许证》正本背面“海关验放签注栏”内逐笔签注核减进（出）口的数量，报关批次最多不超过 12 次。

三、“非一批一证”《准许证》自签发之日起 6 个月内有效，逾期自行失效。

四、在“非一批一证”《准许证》允许进（出）口的数量、批次未使用完之前，海关留存每次已签注的“非一批一证”《准许证》复印件。“非一批一证”《准许证》允许进（出）口的数量、批次核扣完毕，由海关收存。

五、“非一批一证”《准许证》未使用过或未使用完毕的，被许可人应在《准许证》有效期满后10个工作日内将证件交回核发机构。

六、实行“非一批一证”《准许证》管理试点海关为北京、上海、广州、南京、青岛、深圳海关。其他海关，仍按照现行规定办理。

七、实行“非一批一证”《准许证》管理试点后，中国人民银行及其分支机构将对核发的《准许证》使用情况加强监督管理。“非一批一证”《准许证》的被许可人，应在“非一批一证”《准许证》有效期满后10个工作日内将黄金及黄金制品进出口情况（包括批次、验放日期、实际进出口数量等）报送中国人民银行及其分支机构。

八、本公告自2016年6月1日起施行。

附件：中国人民银行黄金及黄金制品进出口准许证（“非一批一证”）（略）

关于黄金及黄金制品进出口事宜[①]

（中国人民银行　海关总署联合公告2015年第44号）

发布日期：2015-12-29
实施日期：2016-01-01
法规类型：规范性文件

根据《黄金及黄金制品进出口管理办法》（中国人民银行　海关总署令〔2015〕第1号发布）的规定，中国人民银行、海关总署调整了《黄金及黄金制品进出口管理商品目录》。现就有关事项公告如下：

一、进出口“金制工业、实验室用制品（海关商品编号7115901020）”的，免予办理《中国人民银行黄金及黄金制品进出口准许证》。

二、调整后的《黄金及黄金制品进出口管理商品目录》自2016年1月1日起施行，中国人民银行海关总署公告〔2014〕第31号所附目录停止施行。

附件：黄金及黄金制品进出口管理商品目录（停止实施，略）

① 本篇法规中“黄金及黄金制品进出口管理商品目录”已被《关于调整〈黄金及黄金制品进出口管理商品目录〉有关事项》（中国人民银行　海关总署公告2016年第32号）停止施行。

化妆品

化妆品监督管理条例

（国务院令第 727 号）

发布日期：2020-06-16
实施日期：2021-01-01
法规类型：行政法规

第一章　总　则

第一条　为了规范化妆品生产经营活动，加强化妆品监督管理，保证化妆品质量安全，保障消费者健康，促进化妆品产业健康发展，制定本条例。

第二条　在中华人民共和国境内从事化妆品生产经营活动及其监督管理，应当遵守本条例。

第三条　本条例所称化妆品，是指以涂擦、喷洒或者其他类似方法，施用于皮肤、毛发、指甲、口唇等人体表面，以清洁、保护、美化、修饰为目的的日用化学工业产品。

第四条　国家按照风险程度对化妆品、化妆品原料实行分类管理。

化妆品分为特殊化妆品和普通化妆品。国家对特殊化妆品实行注册管理，对普通化妆品实行备案管理。

化妆品原料分为新原料和已使用的原料。国家对风险程度较高的化妆品新原料实行注册管理，对其他化妆品新原料实行备案管理。

第五条　国务院药品监督管理部门负责全国化妆品监督管理工作。国务院有关部门在各自职责范围内负责与化妆品有关的监督管理工作。

县级以上地方人民政府负责药品监督管理的部门负责本行政区域的化妆品监督管理工作。县级以上地方人民政府有关部门在各自职责范围内负责与化妆品有关的监督管理工作。

第六条　化妆品注册人、备案人对化妆品的质量安全和功效宣称负责。

化妆品生产经营者应当依照法律、法规、强制性国家标准、技术规范从事生产经营活动，加强管理，诚信自律，保证化妆品质量安全。

第七条　化妆品行业协会应当加强行业自律，督促引导化妆品生产经营者依法从事生产经营活动，推动行业诚信建设。

第八条　消费者协会和其他消费者组织对违反本条例规定损害消费者合法权益的行为，依法进行社会监督。

第九条　国家鼓励和支持开展化妆品研究、创新，满足消费者需求，推进化妆品品牌建设，发挥品牌引领作用。国家保护单位和个人开展化妆品研究、创新的合法权益。

国家鼓励和支持化妆品生产经营者采用先进技术和先进管理规范，提高化妆品质量安全水平；鼓励和支持运用现代科学技术，结合我国传统优势项目和特色植物资源研究开发化妆品。

第十条 国家加强化妆品监督管理信息化建设，提高在线政务服务水平，为办理化妆品行政许可、备案提供便利，推进监督管理信息共享。

第二章 原料与产品

第十一条 在我国境内首次使用于化妆品的天然或者人工原料为化妆品新原料。具有防腐、防晒、着色、染发、祛斑美白功能的化妆品新原料，经国务院药品监督管理部门注册后方可使用；其他化妆品新原料应当在使用前向国务院药品监督管理部门备案。国务院药品监督管理部门可以根据科学研究的发展，调整实行注册管理的化妆品新原料的范围，经国务院批准后实施。

第十二条 申请化妆品新原料注册或者进行化妆品新原料备案，应当提交下列资料：

（一）注册申请人、备案人的名称、地址、联系方式；

（二）新原料研制报告；

（三）新原料的制备工艺、稳定性及其质量控制标准等研究资料；

（四）新原料安全评估资料。

注册申请人、备案人应当对所提交资料的真实性、科学性负责。

第十三条 国务院药品监督管理部门应当自受理化妆品新原料注册申请之日起3个工作日内将申请资料转交技术审评机构。技术审评机构应当自收到申请资料之日起90个工作日内完成技术审评，向国务院药品监督管理部门提交审评意见。国务院药品监督管理部门应当自收到审评意见之日起20个工作日内作出决定。对符合要求的，准予注册并发给化妆品新原料注册证；对不符合要求的，不予注册并书面说明理由。

化妆品新原料备案人通过国务院药品监督管理部门在线政务服务平台提交本条例规定的备案资料后即完成备案。

国务院药品监督管理部门应当自化妆品新原料准予注册之日起、备案人提交备案资料之日起5个工作日内向社会公布注册、备案有关信息。

第十四条 经注册、备案的化妆品新原料投入使用后3年内，新原料注册人、备案人应当每年向国务院药品监督管理部门报告新原料的使用和安全情况。对存在安全问题的化妆品新原料，由国务院药品监督管理部门撤销注册或者取消备案。3年期满未发生安全问题的化妆品新原料，纳入国务院药品监督管理部门制定的已使用的化妆品原料目录。

经注册、备案的化妆品新原料纳入已使用的化妆品原料目录前，仍然按照化妆品新原料进行管理。

第十五条 禁止用于化妆品生产的原料目录由国务院药品监督管理部门制定、公布。

第十六条 用于染发、烫发、祛斑美白、防晒、防脱发的化妆品以及宣称新功效的化妆品为特殊化妆品。特殊化妆品以外的化妆品为普通化妆品。

国务院药品监督管理部门根据化妆品的功效宣称、作用部位、产品剂型、使用人群等因素，制定、公布化妆品分类规则和分类目录。

第十七条 特殊化妆品经国务院药品监督管理部门注册后方可生产、进口。国产普通化妆品应当在上市销售前向备案人所在地省、自治区、直辖市人民政府药品监督管理部门备案。进口普通化妆品应当在进口前向国务院药品监督管理部门备案。

第十八条 化妆品注册申请人、备案人应当具备下列条件：

（一）是依法设立的企业或者其他组织；

（二）有与申请注册、进行备案的产品相适应的质量管理体系；

（三）有化妆品不良反应监测与评价能力。

第十九条 申请特殊化妆品注册或者进行普通化妆品备案，应当提交下列资料：

（一）注册申请人、备案人的名称、地址、联系方式；

（二）生产企业的名称、地址、联系方式；

（三）产品名称；

（四）产品配方或者产品全成分；

（五）产品执行的标准；

（六）产品标签样稿；

（七）产品检验报告；

（八）产品安全评估资料。

注册申请人首次申请特殊化妆品注册或者备案人首次进行普通化妆品备案的，应当提交其符合本条例第十八条规定条件的证明资料。申请进口特殊化妆品注册或者进行进口普通化妆品备案的，应当同时提交产品在生产国（地区）已经上市销售的证明文件以及境外生产企业符合化妆品生产质量管理规范的证明资料；专为向我国出口生产、无法提交产品在生产国（地区）已经上市销售的证明文件的，应当提交面向我国消费者开展的相关研究和试验的资料。

注册申请人、备案人应当对所提交资料的真实性、科学性负责。

第二十条 国务院药品监督管理部门依照本条例第十三条第一款规定的化妆品新原料注册审查程序对特殊化妆品注册申请进行审查。对符合要求的，准予注册并发给特殊化妆品注册证；对不符合要求的，不予注册并书面说明理由。已经注册的特殊化妆品在生产工艺、功效宣称等方面发生实质性变化的，注册人应当向原注册部门申请变更注册。

普通化妆品备案人通过国务院药品监督管理部门在线政务服务平台提交本条例规定的备案资料后即完成备案。

省级以上人民政府药品监督管理部门应当自特殊化妆品准予注册之日起、普通化妆品备案人提交备案资料之日起5个工作日内向社会公布注册、备案有关信息。

第二十一条 化妆品新原料和化妆品注册、备案前，注册申请人、备案人应当自行或者委托专业机构开展安全评估。

从事安全评估的人员应当具备化妆品质量安全相关专业知识，并具有5年以上相关专业从业经历。

第二十二条 化妆品的功效宣称应当有充分的科学依据。化妆品注册人、备案人应当在国务院药品监督管理部门规定的专门网站公布功效宣称所依据的文献资料、研究数据或者产品功效评价资料的摘要，接受社会监督。

第二十三条 境外化妆品注册人、备案人应当指定我国境内的企业法人办理化妆品注册、备案，协助开展化妆品不良反应监测、实施产品召回。

第二十四条 特殊化妆品注册证有效期为5年。有效期届满需要延续注册的，应当在有效期届满30个工作日前提出延续注册的申请。除有本条第二款规定情形外，国务院药品监督管理部门应当在特殊化妆品注册证有效期届满前作出准予延续的决定；逾期未作决定的，视为准予延续。

有下列情形之一的，不予延续注册：

（一）注册人未在规定期限内提出延续注册申请；

（二）强制性国家标准、技术规范已经修订，申请延续注册的化妆品不能达到修订后标准、技术规范的要求。

第二十五条 国务院药品监督管理部门负责化妆品强制性国家标准的项目提出、组织起草、征求意见和技术审查。国务院标准化行政部门负责化妆品强制性国家标准的立项、编号和对外通报。

化妆品国家标准文本应当免费向社会公开。

化妆品应当符合强制性国家标准。鼓励企业制定严于强制性国家标准的企业标准。

第三章 生产经营

第二十六条 从事化妆品生产活动，应当具备下列条件：

（一）是依法设立的企业；

（二）有与生产的化妆品相适应的生产场地、环境条件、生产设施设备；

（三）有与生产的化妆品相适应的技术人员；

（四）有能对生产的化妆品进行检验的检验人员和检验设备；

（五）有保证化妆品质量安全的管理制度。

第二十七条 从事化妆品生产活动，应当向所在地省、自治区、直辖市人民政府药品监督管理部门提出申请，提交其符合本条例第二十六条规定条件的证明资料，并对资料的真实性负责。

省、自治区、直辖市人民政府药品监督管理部门应当对申请资料进行审核，对申请人的生产场所进行现场核查，并自受理化妆品生产许可申请之日起30个工作日内作出决定。对符合规定条件的，准予许可并发给化妆品生产许可证；对不符合规定条件的，不予许可并书面说明理由。

化妆品生产许可证有效期为5年。有效期届满需要延续的，依照《中华人民共和国行政许可法》的规定办理。

第二十八条 化妆品注册人、备案人可以自行生产化妆品，也可以委托其他企业生产化妆品。

委托生产化妆品的，化妆品注册人、备案人应当委托取得相应化妆品生产许可的企业，并对受委托企业（以下称受托生产企业）的生产活动进行监督，保证其按照法定要求进行生产。受托生产企业应当依照法律、法规、强制性国家标准、技术规范以及合同约定进行生产，对生产活动负责，并接受化妆品注册人、备案人的监督。

第二十九条 化妆品注册人、备案人、受托生产企业应当按照国务院药品监督管理部门制定的化妆品生产质量管理规范的要求组织生产化妆品，建立化妆品生产质量管理体系，建立并执行供应商遴选、原料验收、生产过程及质量控制、设备管理、产品检验及留样等管理制度。

化妆品注册人、备案人、受托生产企业应当按照化妆品注册或者备案资料载明的技术要求生产化妆品。

第三十条 化妆品原料、直接接触化妆品的包装材料应当符合强制性国家标准、技术规范。

不得使用超过使用期限、废弃、回收的化妆品或者化妆品原料生产化妆品。

第三十一条 化妆品注册人、备案人、受托生产企业应当建立并执行原料以及直接接触化妆品的包装材料进货查验记录制度、产品销售记录制度。进货查验记录和产品销售记录应当真实、完整，保证可追溯，保存期限不得少于产品使用期限届满后1年；产品使用期限不足1年的，记录保存期限不得少于2年。

化妆品经出厂检验合格后方可上市销售。

第三十二条 化妆品注册人、备案人、受托生产企业应当设质量安全负责人，承担相应的产品质量安全管理和产品放行职责。

质量安全负责人应当具备化妆品质量安全相关专业知识，并具有5年以上化妆品生产或者质量安全管理经验。

第三十三条 化妆品注册人、备案人、受托生产企业应当建立并执行从业人员健康管理制度。患有国务院卫生主管部门规定的有碍化妆品质量安全疾病的人员不得直接从事化妆品生产活动。

第三十四条 化妆品注册人、备案人、受托生产企业应当定期对化妆品生产质量管理规范的执行情况进行自查；生产条件发生变化，不再符合化妆品生产质量管理规范要求的，应当立即采取整改措施；可能影响化妆品质量安全的，应当立即停止生产并向所在地省、自治区、直辖市人民政府药品监督管理部门报告。

第三十五条 化妆品的最小销售单元应当有标签。标签应当符合相关法律、行政法规、强制性国家标准，内容真实、完整、准确。

进口化妆品可以直接使用中文标签，也可以加贴中文标签；加贴中文标签的，中文标签内容应当与原标签内容一致。

第三十六条 化妆品标签应当标注下列内容：

（一）产品名称、特殊化妆品注册证编号；

（二）注册人、备案人、受托生产企业的名称、地址；

（三）化妆品生产许可证编号；

（四）产品执行的标准编号；

（五）全成分；

（六）净含量；

（七）使用期限、使用方法以及必要的安全警示；

（八）法律、行政法规和强制性国家标准规定应当标注的其他内容。

第三十七条 化妆品标签禁止标注下列内容：

（一）明示或者暗示具有医疗作用的内容；

（二）虚假或者引人误解的内容；

（三）违反社会公序良俗的内容；

（四）法律、行政法规禁止标注的其他内容。

第三十八条 化妆品经营者应当建立并执行进货查验记录制度，查验供货者的市场主体登记证明、化妆品注册或者备案情况、产品出厂检验合格证明，如实记录并保存相关凭证。记录和凭证保存期限应当符合本条例第三十一条第一款的规定。

化妆品经营者不得自行配制化妆品。

第三十九条 化妆品生产经营者应当依照有关法律、法规的规定和化妆品标签标示的要求贮存、运输化妆品，定期检查并及时处理变质或者超过使用期限的化妆品。

第四十条 化妆品集中交易市场开办者、展销会举办者应当审查入场化妆品经营者的市场主体登记证明，承担入场化妆品经营者管理责任，定期对入场化妆品经营者进行检查；发现入场化妆品经营者有违反本条例规定行为的，应当及时制止并报告所在地县级人民政府负责药品监督管理的部门。

第四十一条 电子商务平台经营者应当对平台内化妆品经营者进行实名登记，承担平台内化妆品经营者管理责任，发现平台内化妆品经营者有违反本条例规定行为的，应当及时制止并报告电子商务平台经营者所在地省、自治区、直辖市人民政府药品监督管理部门；发现严重违法行为的，应当立即停止向违法的化妆品经营者提供电子商务平台服务。

平台内化妆品经营者应当全面、真实、准确、及时披露所经营化妆品的信息。

第四十二条 美容美发机构、宾馆等在经营中使用化妆品或者为消费者提供化妆品的，应当履行本条例规定的化妆品经营者义务。

第四十三条 化妆品广告的内容应当真实、合法。

化妆品广告不得明示或者暗示产品具有医疗作用，不得含有虚假或者引人误解的内容，不得欺骗、误导消费者。

第四十四条 化妆品注册人、备案人发现化妆品存在质量缺陷或者其他问题，可能危害人体健康的，应当立即停止生产，召回已经上市销售的化妆品，通知相关化妆品经营者和消费者停止经营、使用，并记录召回和通知情况。化妆品注册人、备案人应当对召回的化妆品采取补救、无害化处理、销毁等措施，并将化妆品召回和处理情况向所在地省、自治区、直辖市人民政府药品监督管理部门报告。

受托生产企业、化妆品经营者发现其生产、经营的化妆品有前款规定情形的，应当立即停止生产、经营，通知相关化妆品注册人、备案人。化妆品注册人、备案人应当立即实施召回。

负责药品监督管理的部门在监督检查中发现化妆品有本条第一款规定情形的，应当通知化妆品注册人、备案人实施召回，通知受托生产企业、化妆品经营者停止生产、经营。

化妆品注册人、备案人实施召回的，受托生产企业、化妆品经营者应当予以配合。

化妆品注册人、备案人、受托生产企业、经营者未依照本条规定实施召回或者停止生产、经营的，负责药品监督管理的部门责令其实施召回或者停止生产、经营。

第四十五条 出入境检验检疫机构依照《中华人民共和国进出口商品检验法》的规定对进口的化妆品实施检验；检验不合格的，不得进口。

进口商应当对拟进口的化妆品是否已经注册或者备案以及是否符合本条例和强制性国家标准、技术规范进行审核；审核不合格的，不得进口。进口商应当如实记录进口化妆品的信息，记录保存期限应当符合本条例第三十一条第一款的规定。

出口的化妆品应当符合进口国（地区）的标准或者合同要求。

第四章 监督管理

第四十六条 负责药品监督管理的部门对化妆品生产经营进行监督检查时，有权采取下列措施：

（一）进入生产经营场所实施现场检查；

（二）对生产经营的化妆品进行抽样检验；

（三）查阅、复制有关合同、票据、账簿以及其他有关资料；

（四）查封、扣押不符合强制性国家标准、技术规范或者有证据证明可能危害人体健康的化妆品及其原料、直接接触化妆品的包装材料，以及有证据证明用于违法生产经营的工具、设备；

（五）查封违法从事生产经营活动的场所。

第四十七条 负责药品监督管理的部门对化妆品生产经营进行监督检查时，监督检查人员不得少于2人，并应当出示执法证件。监督检查人员对监督检查中知悉的被检查单位的商业秘密，应当依法予以保密。被检查单位对监督检查应当予以配合，不得隐瞒有关情况。

负责药品监督管理的部门应当对监督检查情况和处理结果予以记录，由监督检查人员和被检查单位负责人签字；被检查单位负责人拒绝签字的，应当予以注明。

第四十八条 省级以上人民政府药品监督管理部门应当组织对化妆品进行抽样检验；对举报反映或者日常监督检查中发现问题较多的化妆品，负责药品监督管理的部门可以进行专项抽样检验。

进行抽样检验，应当支付抽取样品的费用，所需费用纳入本级政府预算。

负责药品监督管理的部门应当按照规定及时公布化妆品抽样检验结果。

第四十九条 化妆品检验机构按照国家有关认证认可的规定取得资质认定后，方可从事化妆品检验活动。化妆品检验机构的资质认定条件由国务院药品监督管理部门、国务院市场监督管理部门制定。

化妆品检验规范以及化妆品检验相关标准品管理规定，由国务院药品监督管理部门制定。

第五十条 对可能掺杂掺假或者使用禁止用于化妆品生产的原料生产的化妆品，按照化妆品国家标准规定的检验项目和检验方法无法检验的，国务院药品监督管理部门可以制定补充检验项目和检验方法，用于对化妆品的抽样检验、化妆品质量安全案件调查处理和不良反应调查处置。

第五十一条 对依照本条例规定实施的检验结论有异议的，化妆品生产经营者可以自收到检验结论之日起7个工作日内向实施抽样检验的部门或者其上一级负责药品监督管理的部门提出复检申请，由受理复检申请的部门在复检机构名录中随机确定复检机构进行复检。复检机构出具的复检结论为最终检验结论。复检机构与初检机构不得为同一机构。复检机构名录由国务院药品监督管理部门公布。

第五十二条 国家建立化妆品不良反应监测制度。化妆品注册人、备案人应当监测其上市销售化妆品的不良反应，及时开展评价，按照国务院药品监督管理部门的规定向化妆品不良反应监测机构报告。受托生产企业、化妆品经营者和医疗机构发现可能与使用化妆品有关的不良反应的，应当报告化妆品不良反应监测机构。鼓励其他单位和个人向化妆品不良反应监测机构或者负责药品监督管理的部门报告可能与使用化妆品有关的不良反应。

化妆品不良反应监测机构负责化妆品不良反应信息的收集、分析和评价，并向负责药品监督管理的部门提出处理建议。

化妆品生产经营者应当配合化妆品不良反应监测机构、负责药品监督管理的部门开展化妆品不良反应调查。

化妆品不良反应是指正常使用化妆品所引起的皮肤及其附属器官的病变，以及人体局部或者全身性的损害。

第五十三条 国家建立化妆品安全风险监测和评价制度，对影响化妆品质量安全的风险因素进行监测和评价，为制定化妆品质量安全风险控制措施和标准、开展化妆品抽样检验提供科学依据。

国家化妆品安全风险监测计划由国务院药品监督管理部门制定、发布并组织实施。国家化妆品安全风险监测计划应当明确重点监测的品种、项目和地域等。

国务院药品监督管理部门建立化妆品质量安全风险信息交流机制，组织化妆品生产经营者、检验机构、行业协会、消费者协会以及新闻媒体等就化妆品质量安全风险信息进行交流沟通。

第五十四条 对造成人体伤害或者有证据证明可能危害人体健康的化妆品，负责药品监督管理的部门可以采取责令暂停生产、经营的紧急控制措施，并发布安全警示信息；属于进口化妆品的，国家出入境检验检疫部门可以暂停进口。

第五十五条 根据科学研究的发展，对化妆品、化妆品原料的安全性有认识上的改变的，或者有证据表明化妆品、化妆品原料可能存在缺陷的，省级以上人民政府药品监督管理部门可以责令化妆品、化妆品新原料的注册人、备案人开展安全再评估或者直接组织开展安全再评估。再评估结果表明化妆品、化妆品原料不能保证安全的，由原注册部门撤销注册、备案部门取消备案，由国务院药品监督管理部门将该化妆品原料纳入禁止用于化妆品生产的原料目录，并向社会公布。

第五十六条 负责药品监督管理的部门应当依法及时公布化妆品行政许可、备案、日常监督检查结果、违法行为查处等监督管理信息。公布监督管理信息时，应当保守当事人的商业秘密。

负责药品监督管理的部门应当建立化妆品生产经营者信用档案。对有不良信用记录的化妆品生产经营者，增加监督检查频次；对有严重不良信用记录的生产经营者，按照规定实施联合惩戒。

第五十七条 化妆品生产经营过程中存在安全隐患，未及时采取措施消除的，负责药品监督管理的部门可以对化妆品生产经营者的法定代表人或者主要负责人进行责任约谈。化妆品生产经营者应当立即采取措施，进行整改，消除隐患。责任约谈情况和整改情况应当纳入化妆品生产经营者信用档案。

第五十八条 负责药品监督管理的部门应当公布本部门的网站地址、电子邮件地址或者电话，接受咨询、投诉、举报，并及时答复或者处理。对查证属实的举报，按照国家有关规定给予举报人奖励。

第五章　法律责任

第五十九条 有下列情形之一的，由负责药品监督管理的部门没收违法所得、违法生产经营的化妆品和专门用于违法生产经营的原料、包装材料、工具、设备等物品；违法生产经营的化妆品货值金额不足 1 万元的，并处 5 万元以上 15 万元以下罚款；货值金额 1 万元以上的，并处货值金额 15 倍以上 30 倍以下罚款；情节严重的，责令停产停业、由备案部门取消备案或者由原发证部门吊销化妆品许可证件，10 年内不予办理其提出的化妆品备案或者受理其提出的化妆品行政许可申请，对违法单位的法定代表人或者主要负责人、直接负责的主管人员和其他直接责任人员处以其上一年度从本单位取得收入的 3 倍以上 5 倍以下罚款，终身禁止其从事化妆品生产经营活动；构成犯罪的，依法追究刑事责任：

（一）未经许可从事化妆品生产活动，或者化妆品注册人、备案人委托未取得相应化妆品生产许可的企业生产化妆品；

（二）生产经营或者进口未经注册的特殊化妆品；

（三）使用禁止用于化妆品生产的原料、应当注册但未经注册的新原料生产化妆品，在化妆品中非法添加可能危害人体健康的物质，或者使用超过使用期限、废弃、回收的化妆品或者原料生产化妆品。

第六十条 有下列情形之一的，由负责药品监督管理的部门没收违法所得、违法生产经营的化妆品和专门用于违法生产经营的原料、包装材料、工具、设备等物品；违法生产经营的化妆品货值金额不足 1 万元的，并处 1 万元以上 5 万元以下罚款；货值金额 1 万元以上的，并处货值金额 5 倍以上 20 倍以下罚款；情节严重的，责令停产停业、由备案部门取消备案或者由原发证部门吊销化妆品许可证件，对违法单位的法定代表人或者主要负责人、直接负责的主管人员和其他直接责任人员处以其上一年度从本单位取得收入的 1 倍以上 3 倍以下罚款，10 年内禁止其从事化妆品生产经营活动；构成犯罪的，依法追究刑事责任：

（一）使用不符合强制性国家标准、技术规范的原料、直接接触化妆品的包装材料，应当备案但未备案的新原料生产化妆品，或者不按照强制性国家标准或者技术规范使用原料；

（二）生产经营不符合强制性国家标准、技术规范或者不符合化妆品注册、备案资料载明的技术要求的化妆品；

（三）未按照化妆品生产质量管理规范的要求组织生产；

（四）更改化妆品使用期限；

（五）化妆品经营者擅自配制化妆品，或者经营变质、超过使用期限的化妆品；

（六）在负责药品监督管理的部门责令其实施召回后拒不召回，或者在负责药品监督管理的部门责令停止或者暂停生产、经营后拒不停止或者暂停生产、经营。

第六十一条 有下列情形之一的，由负责药品监督管理的部门没收违法所得、违法生产经营的化妆品，并可以没收专门用于违法生产经营的原料、包装材料、工具、设备等物品；违法生产经营的化妆品货值金额不足1万元的，并处1万元以上3万元以下罚款；货值金额1万元以上的，并处货值金额3倍以上10倍以下罚款；情节严重的，责令停产停业、由备案部门取消备案或者由原发证部门吊销化妆品许可证件，对违法单位的法定代表人或者主要负责人、直接负责的主管人员和其他直接责任人员处以其上一年度从本单位取得收入的1倍以上2倍以下罚款，5年内禁止其从事化妆品生产经营活动：

（一）上市销售、经营或者进口未备案的普通化妆品；

（二）未依照本条例规定设质量安全负责人；

（三）化妆品注册人、备案人未对受托生产企业的生产活动进行监督；

（四）未依照本条例规定建立并执行从业人员健康管理制度；

（五）生产经营标签不符合本条例规定的化妆品。

生产经营的化妆品的标签存在瑕疵但不影响质量安全且不会对消费者造成误导的，由负责药品监督管理的部门责令改正；拒不改正的，处2000元以下罚款。

第六十二条 有下列情形之一的，由负责药品监督管理的部门责令改正，给予警告，并处1万元以上3万元以下罚款；情节严重的，责令停产停业，并处3万元以上5万元以下罚款，对违法单位的法定代表人或者主要负责人、直接负责的主管人员和其他直接责任人员处1万元以上3万元以下罚款：

（一）未依照本条例规定公布化妆品功效宣称依据的摘要；

（二）未依照本条例规定建立并执行进货查验记录制度、产品销售记录制度；

（三）未依照本条例规定对化妆品生产质量管理规范的执行情况进行自查；

（四）未依照本条例规定贮存、运输化妆品；

（五）未依照本条例规定监测、报告化妆品不良反应，或者对化妆品不良反应监测机构、负责药品监督管理的部门开展的化妆品不良反应调查不予配合。

进口商未依照本条例规定记录、保存进口化妆品信息的，由出入境检验检疫机构依照前款规定给予处罚。

第六十三条 化妆品新原料注册人、备案人未依照本条例规定报告化妆品新原料使用和安全情况的，由国务院药品监督管理部门责令改正，处5万元以上20万元以下罚款；情节严重的，吊销化妆品新原料注册证或者取消化妆品新原料备案，并处20万元以上50万元以下罚款。

第六十四条 在申请化妆品行政许可时提供虚假资料或者采取其他欺骗手段的，不予行政许可，已经取得行政许可的，由作出行政许可决定的部门撤销行政许可，5年内不受理其提出的化妆品相关许可申请，没收违法所得和已经生产、进口的化妆品；已经生产、进口的化妆品货值金额不足1万元的，并处5万元以上15万元以下罚款；货值金额1万元以上的，并处货值金额15倍以上30倍以下罚款；对违法单位的法定代表人或者主要负责人、直接负责的主管人员和其他直接责任人员处以其上一年度从本单位取得收入的3倍以上5倍以下罚款，终身禁止其从事化妆品生产经营活动。

伪造、变造、出租、出借或者转让化妆品许可证件的，由负责药品监督管理的部门或者原发证部门予以收缴或者吊销，没收违法所得；违法所得不足1万元的，并处5万元以上10万元以下罚款；违法所得1万元以上的，并处违法所得10倍以上20倍以下罚款；构成违反治安管理行为的，由公安机关依法给予治安管理处罚；构成犯罪的，依法追究刑事责任。

第六十五条 备案时提供虚假资料的，由备案部门取消备案，3 年内不予办理其提出的该项备案，没收违法所得和已经生产、进口的化妆品；已经生产、进口的化妆品货值金额不足 1 万元的，并处 1 万元以上 3 万元以下罚款；货值金额 1 万元以上的，并处货值金额 3 倍以上 10 倍以下罚款；情节严重的，责令停产停业直至由原发证部门吊销化妆品生产许可证，对违法单位的法定代表人或者主要负责人、直接负责的主管人员和其他直接责任人员处以其上一年度从本单位取得收入的 1 倍以上 2 倍以下罚款，5 年内禁止其从事化妆品生产经营活动。

已经备案的资料不符合要求的，由备案部门责令限期改正，其中，与化妆品、化妆品新原料安全性有关的备案资料不符合要求的，备案部门可以同时责令暂停销售、使用；逾期不改正的，由备案部门取消备案。

备案部门取消备案后，仍然使用该化妆品新原料生产化妆品或者仍然上市销售、进口该普通化妆品的，分别依照本条例第六十条、第六十一条的规定给予处罚。

第六十六条 化妆品集中交易市场开办者、展销会举办者未依照本条例规定履行审查、检查、制止、报告等管理义务的，由负责药品监督管理的部门处 2 万元以上 10 万元以下罚款；情节严重的，责令停业，并处 10 万元以上 50 万元以下罚款。

第六十七条 电子商务平台经营者未依照本条例规定履行实名登记、制止、报告、停止提供电子商务平台服务等管理义务的，由省、自治区、直辖市人民政府药品监督管理部门依照《中华人民共和国电子商务法》的规定给予处罚。

第六十八条 化妆品经营者履行了本条例规定的进货查验记录等义务，有证据证明其不知道所采购的化妆品是不符合强制性国家标准、技术规范或者不符合化妆品注册、备案资料载明的技术要求的，收缴其经营的不符合强制性国家标准、技术规范或者不符合化妆品注册、备案资料载明的技术要求的化妆品，可以免除行政处罚。

第六十九条 化妆品广告违反本条例规定的，依照《中华人民共和国广告法》的规定给予处罚；采用其他方式对化妆品作虚假或者引人误解的宣传的，依照有关法律的规定给予处罚；构成犯罪的，依法追究刑事责任。

第七十条 境外化妆品注册人、备案人指定的在我国境内的企业法人未协助开展化妆品不良反应监测、实施产品召回的，由省、自治区、直辖市人民政府药品监督管理部门责令改正，给予警告，并处 2 万元以上 10 万元以下罚款；情节严重的，处 10 万元以上 50 万元以下罚款，5 年内禁止其法定代表人或者主要负责人、直接负责的主管人员和其他直接责任人员从事化妆品生产经营活动。

境外化妆品注册人、备案人拒不履行依据本条例作出的行政处罚决定的，10 年内禁止其化妆品进口。

第七十一条 化妆品检验机构出具虚假检验报告的，由认证认可监督管理部门吊销检验机构资质证书，10 年内不受理其资质认定申请，没收所收取的检验费用，并处 5 万元以上 10 万元以下罚款；对其法定代表人或者主要负责人、直接负责的主管人员和其他直接责任人员处以其上一年度从本单位取得收入的 1 倍以上 3 倍以下罚款，依法给予或者责令给予降低岗位等级、撤职或者开除的处分，受到开除处分的，10 年内禁止其从事化妆品检验工作；构成犯罪的，依法追究刑事责任。

第七十二条 化妆品技术审评机构、化妆品不良反应监测机构和负责化妆品安全风险监测的机构未依照本条例规定履行职责，致使技术审评、不良反应监测、安全风险监测工作出现重大失误的，由负责药品监督管理的部门责令改正，给予警告，通报批评；造成严重后果的，对其法定代表人或者主要负责人、直接负责的主管人员和其他直接责任人员，依法给予或者责令给予降低岗位等级、撤职或者开除的处分。

第七十三条 化妆品生产经营者、检验机构招用、聘用不得从事化妆品生产经营活动的人员或者不得从事化妆品检验工作的人员从事化妆品生产经营或者检验的，由负责药品监督管理的部门或者其他有关部门责令改正，给予警告；拒不改正的，责令停产停业直至吊销化妆品许可证件、检验机构资质证书。

第七十四条 有下列情形之一，构成违反治安管理行为的，由公安机关依法给予治安管理处罚；构成犯罪的，依法追究刑事责任：

（一）阻碍负责药品监督管理的部门工作人员依法执行职务；

（二）伪造、销毁、隐匿证据或者隐藏、转移、变卖、损毁依法查封、扣押的物品。

第七十五条 负责药品监督管理的部门工作人员违反本条例规定，滥用职权、玩忽职守、徇私舞弊的，依法给予警告、记过或者记大过的处分；造成严重后果的，依法给予降级、撤职或者开除的处分；构成犯罪的，依法追究刑事责任。

第七十六条 违反本条例规定，造成人身、财产或者其他损害的，依法承担赔偿责任。

第六章　附　则

第七十七条 牙膏参照本条例有关普通化妆品的规定进行管理。牙膏备案人按照国家标准、行业标准进行功效评价后，可以宣称牙膏具有防龋、抑牙菌斑、抗牙本质敏感、减轻牙龈问题等功效。牙膏的具体管理办法由国务院药品监督管理部门拟订，报国务院市场监督管理部门审核、发布。

香皂不适用本条例，但是宣称具有特殊化妆品功效的适用本条例。

第七十八条 对本条例施行前已经注册的用于育发、脱毛、美乳、健美、除臭的化妆品自本条例施行之日起设置5年的过渡期，过渡期内可以继续生产、进口、销售，过渡期满后不得生产、进口、销售该化妆品。

第七十九条 本条例所称技术规范，是指尚未制定强制性国家标准、国务院药品监督管理部门结合监督管理工作需要制定的化妆品质量安全补充技术要求。

第八十条 本条例自2021年1月1日起施行。《化妆品卫生监督条例》同时废止。

进出口化妆品检验检疫监督管理办法

（国家质检总局令第143号）

发布日期：2011-08-10

实施日期：2018-11-23

法规类型：部门规章

（根据2018年4月28日海关总署令第238号《海关总署关于修改部分规章的决定》第一次修正；根据2018年5月29日海关总署令第240号《海关总署关于修改部分规章的决定》第二次修正；根据2018年11月23日海关总署令第243号《海关总署关于修改部分规章的决定》第三次修正）

第一章　总　则

第一条 为保证进出口化妆品的安全卫生质量，保护消费者身体健康，根据《中华人民共和国进出口商品检验法》及其实施条例、《化妆品卫生监督条例》和《国务院关于加强食品等产品安全监督管理的特别规定》等法律、行政法规的规定，制定本办法。

第二条 本办法适用于列入海关实施检验检疫的进出境商品目录及有关国际条约、相关法律、行政法规规定由海关检验检疫的化妆品（包括成品和半成品）的检验检疫及监督管理。

第三条 海关总署主管全国进出口化妆品检验检疫监督管理工作。

主管海关负责所辖区域进出口化妆品检验检疫监督管理工作。

第四条 进出口化妆品生产经营者应当依照法律、行政法规和相关标准从事生产经营活动，保证化妆品安全，对社会和公众负责，接受社会监督，承担社会责任。

第二章 进口化妆品检验检疫

第五条 主管海关根据我国国家技术规范的强制性要求以及我国与出口国家（地区）签订的协议、议定书规定的检验检疫要求对进口化妆品实施检验检疫。

我国尚未制定国家技术规范强制性要求的，可以参照海关总署指定的国外有关标准进行检验。

第六条 进口化妆品由口岸海关实施检验检疫。海关总署根据便利贸易和进口检验工作的需要，可以指定在其他地点检验。

第七条 海关对进口化妆品的收货人实施备案管理。进口化妆品的收货人应当如实记录进口化妆品流向，记录保存期限不得少于2年。

第八条 进口化妆品的收货人或者其代理人应当按照海关总署相关规定报检，同时提供收货人备案号。

其中首次进口的化妆品应当符合下列要求：

（一）国家实施卫生许可的化妆品，应当取得国家相关主管部门批准的进口化妆品卫生许可批件，海关对进口化妆品卫生许可批件电子数据进行系统自动比对验核；

（二）国家实施备案的化妆品，应当凭备案凭证办理报检手续；

（三）国家没有实施卫生许可或者备案的化妆品，应当提供下列材料：

1. 具有相关资质的机构出具的可能存在安全性风险物质的有关安全性评估资料；

2. 在生产国家（地区）允许生产、销售的证明文件或者原产地证明；

（四）销售包装化妆品成品除前三项外，还应当提交中文标签样张和外文标签及翻译件；

（五）非销售包装的化妆品成品还应当提供包括产品的名称、数/重量、规格、产地、生产批号和限期使用日期（生产日期和保质期）、加施包装的目的地名称、加施包装的工厂名称、地址、联系方式。

第九条 进口化妆品在取得检验检疫合格证明之前，应当存放在海关指定或者认可的场所，未经海关许可，任何单位和个人不得擅自调离、销售、使用。

第十条 海关受理报检后，对进口化妆品进行检验检疫，包括现场查验、抽样留样、实验室检验、出证等。

第十一条 现场查验内容包括货证相符情况、产品包装、标签版面格式、产品感官性状、运输工具、集装箱或者存放场所的卫生状况。

第十二条 进口化妆品成品的标签标注应当符合我国相关的法律、行政法规及国家技术规范的强制性要求。海关对化妆品标签内容是否符合法律、行政法规规定要求进行审核，对与质量有关的内容的真实性和准确性进行检验。

第十三条 进口化妆品的抽样应当按照国家有关规定执行，样品数量应当满足检验、复验、备查等使用需要。以下情况，应当加严抽样：

（一）首次进口的；

（二）曾经出现质量安全问题的；

（三）进口数量较大的。

抽样时，海关应当出具印有序列号、加盖检验检疫业务印章的《抽/采样凭证》，抽样人与收货人或者其代理人应当双方签字。

样品应当按照国家相关规定进行管理，合格样品保存至抽样后4个月，特殊用途化妆品合格样品保存至证书签发后一年，不合格样品应当保存至保质期结束。涉及案件调查的样品，应当保存至案件结束。

第十四条 需要进行实验室检验的，海关应当确定检验项目和检验要求，并将样品送具有相关资质的检验机构。检验机构应当按照要求实施检验，并在规定时间内出具检验报告。

第十五条 进口化妆品经检验检疫合格的，海关出具《入境货物检验检疫证明》，并列明货物的名称、品牌、原产国家（地区）、规格、数/重量、生产批号/生产日期等。进口化妆品取得《入境货物检验检疫证明》后，方可销售、使用。

进口化妆品经检验检疫不合格，涉及安全、健康、环境保护项目的，由海关责令当事人销毁，或者出具退货处理通知单，由当事人办理退运手续。其他项目不合格的，可以在海关的监督下进行技术处理，经重新检验检疫合格后，方可销售、使用。

第十六条 免税化妆品的收货人在向所在地直属海关申请备案时，应当提供本企业名称、地址、法定代表人、主管部门、经营范围、联系人、联系方式、产品清单等相关信息。

第十七条 离境免税化妆品应当实施进口检验，可免于加贴中文标签，免于标签的符合性检验。在《入境货物检验检疫证明》上注明该批产品仅用于离境免税店销售。

首次进口的离境免税化妆品，应当提供供货人出具的产品质量安全符合我国相关规定的声明、国外官方或者有关机构颁发的自由销售证明或者原产地证明、具有相关资质的机构出具的可能存在安全性风险物质的有关安全性评估资料、产品配方等。

海关总署对离岛免税化妆品实施检验检疫监督管理，具体办法另行制定。

第三章 出口化妆品检验检疫

第十八条 出口化妆品生产企业应当保证其出口化妆品符合进口国家（地区）标准或者合同要求。进口国家（地区）无相关标准且合同未有要求的，可以由海关总署指定相关标准。

第十九条 海关总署对出口化妆品生产企业实施备案管理。具体办法由海关总署另行制定。

第二十条 出口化妆品由产地海关实施检验检疫，口岸海关实施口岸查验。

口岸海关应当将查验不合格信息通报产地海关，并按规定将不合格信息上报上级海关。

第二十一条 出口化妆品生产企业应当建立质量管理体系并持续有效运行。海关对出口化妆品生产企业质量管理体系及运行情况进行日常监督检查。

第二十二条 出口化妆品生产企业应当建立原料采购、验收、使用管理制度，要求供应商提供原料的合格证明。

出口化妆品生产企业应当建立生产记录档案，如实记录化妆品生产过程的安全管理情况。

出口化妆品生产企业应当建立检验记录制度，依照相关规定要求对其出口化妆品进行检验，确保产品合格。

上述记录应当真实，保存期不得少于2年。

第二十三条 出口化妆品的发货人或者其代理人应当按照海关总署相关规定报检。其中首次出口的化妆品应当提供以下文件：

（一）出口化妆品生产企业备案材料；

（二）自我声明。声明企业已经取得化妆品生产许可证，且化妆品符合进口国家（地区）

相关法规和标准的要求，正常使用不会对人体健康产生危害等内容；

（三）销售包装化妆品成品应当提交外文标签样张和中文翻译件。

第二十四条 海关受理报检后，对出口化妆品进行检验检疫，包括现场查验、抽样留样、实验室检验、出证等。

第二十五条 现场查验内容包括货证相符情况、产品感官性状、产品包装、标签版面格式、运输工具、集装箱或者存放场所的卫生状况。

第二十六条 出口化妆品的抽样应当按照国家有关规定执行，样品数量应当满足检验、复验、备查等使用需要。

抽样时，海关应当出具印有序列号、加盖检验检疫业务印章的《抽/采样凭证》，抽样人与发货人或者其代理人应当双方签字。

样品应当按照国家相关规定进行管理，合格样品保存至抽样后4个月，特殊用途化妆品合格样品保存至证书签发后一年，不合格样品应当保存至保质期结束。涉及案件调查的样品，应当保存至案件结束。

第二十七条 需要进行实验室检验的，海关应当确定检验项目和检验要求，并将样品送具有相关资质的检验机构。检验机构应当按照要求实施检验，并在规定时间内出具检验报告。

第二十八条 出口化妆品经检验检疫合格，进口国家（地区）对检验检疫证书有要求的，应当按照要求同时出具有关检验检疫证书。

出口化妆品经检验检疫不合格的，可以在海关的监督下进行技术处理，经重新检验检疫合格的，方准出口。不能进行技术处理或者技术处理后重新检验仍不合格的，不准出口。

第二十九条 来料加工全部复出口的化妆品，来料进口时，能够提供符合拟复出口国家（地区）法规或者标准的证明性文件的，可免于按照我国标准进行检验；加工后的产品，按照进口国家（地区）的标准进行检验检疫。

第四章 非贸易性化妆品检验检疫

第三十条 化妆品卫生许可或者备案用样品、企业研发和宣传用的非试用样品，进口报检时应当由收货人或者其代理人提供样品的使用和处置情况说明及非销售使用承诺书，入境口岸海关进行审核备案，数量在合理使用范围的，可免于检验。收货人应当如实记录化妆品流向，记录保存期限不得少于2年。

第三十一条 进口非试用或者非销售用的展品，报检时应当提供展会主办（主管）单位出具的参展证明，可以免予检验。展览结束后，在海关监督下作退回或者销毁处理。

第三十二条 携带、邮寄进境的个人自用化妆品（包括礼品），需要在入境口岸实施检疫的，应当实施检疫。

第三十三条 外国及国际组织驻华官方机构进口自用化妆品，进境口岸所在地海关实施查验。符合外国及国际组织驻华官方机构自用物品进境检验检疫相关规定的，免于检验。

第五章 监督管理

第三十四条 报检人对检验结果有异议而申请复验的，按照国家有关规定进行复验。

第三十五条 海关对进出口化妆品的生产经营者实施分类管理制度。

第三十六条 海关对进口化妆品的收货人、出口化妆品的生产企业和发货人实施诚信管理。对有不良记录的，应当加强检验检疫和监督管理。

第三十七条 海关总署对进出口化妆品安全实施风险监测制度，组织制定和实施年度进出口化妆品安全风险监控计划。主管海关根据海关总署进出口化妆品安全风险监测计划，组织对本辖区进出口化妆品实施监测并上报结果。

主管海关应当根据进出口化妆品风险监测结果，在风险分类的基础上调整对进出口化妆品的检验检疫和监管措施。

第三十八条 海关总署对进出口化妆品建立风险预警与快速反应机制。进出口化妆品发生质量安全问题，或者国内外发生化妆品质量安全问题可能影响到进出口化妆品安全时，海关总署和主管海关应当及时启动风险预警机制，采取快速反应措施。

第三十九条 海关总署可以根据风险类型和程度，决定并公布采取以下快速反应措施：

（一）有条件地限制进出口，包括严密监控、加严检验、责令召回等；

（二）禁止进出口，就地销毁或者作退运处理；

（三）启动进出口化妆品安全应急预案。

主管海关负责快速反应措施的实施工作。

第四十条 对不确定的风险，海关总署可以参照国际通行做法在未经风险评估的情况下直接采取临时性或者应急性的快速反应措施。同时，及时收集和补充有关信息和资料，进行风险评估，确定风险的类型和程度。

第四十一条 进口化妆品存在安全问题，可能或者已经对人体健康和生命安全造成损害的，收货人应当主动召回并立即向所在地海关报告。收货人应当向社会公布有关信息，通知销售者停止销售，告知消费者停止使用，做好召回记录。收货人不主动召回的，主管海关可以责令召回。必要时，由海关总署责令其召回。

出口化妆品存在安全问题，可能或者已经对人体健康和生命安全造成损害的，出口化妆品生产企业应当采取有效措施并立即向所在地海关报告。

主管海关应当将辖区内召回情况及时向海关总署报告。

第四十二条 海关对本办法规定必须经海关检验的进出口化妆品以外的进出口化妆品，根据国家规定实施抽查检验。

第六章 法律责任

第四十三条 未经海关许可，擅自将尚未经海关检验合格的进口化妆品调离指定或者认可监管场所，有违法所得的，由海关处违法所得 3 倍以下罚款，最高不超过 3 万元；没有违法所得的，处 1 万元以下罚款。

第四十四条 将进口非试用或者非销售用的化妆品展品用于试用或者销售，有违法所得的，由海关处违法所得 3 倍以下罚款，最高不超过 3 万元；没有违法所得的，处 1 万元以下罚款。

第四十五条 不履行退运、销毁义务的，由海关处以 1 万元以下罚款。

第四十六条 海关工作人员泄露所知悉的商业秘密的，依法给予行政处分，有违法所得的，没收违法所得；构成犯罪的，依法追究刑事责任。

第四十七条 进出口化妆品生产经营者、检验检疫工作人员有其他违法行为的，按照相关法律、行政法规的规定处理。

第七章 附 则

第四十八条 本办法下列用语的含义是：

（一）化妆品是指以涂、擦、散布于人体表面任何部位（表皮、毛发、指趾甲、口唇等）或者口腔粘膜、牙齿，以达到清洁、消除不良气味、护肤、美容和修饰目的的产品；

（二）化妆品半成品是指除最后一道“灌装”或者“分装”工序外，已完成其他全部生产加工工序的化妆品；

（三）化妆品成品包括销售包装化妆品成品和非销售包装化妆品成品；

（四）销售包装化妆品成品是指以销售为主要目的，已有销售包装，与内装物一起到达消费者手中的化妆品成品；

（五）非销售包装化妆品成品是指最后一道接触内容物的工序已经完成，但尚无销售包装的化妆品成品。

第四十九条 本办法由海关总署负责解释。

第五十条 本办法自 2012 年 2 月 1 日起施行。原国家出入境检验检疫局 2000 年 4 月 1 日施行的《进出口化妆品监督检验管理办法》（局令 21 号）同时废止。

牙膏监督管理办法

（国家市场监督管理总局令第 71 号）

发布日期：2023-03-16

实施日期：2023-12-01

法规类型：部门规章

第一条 为了规范牙膏生产经营活动，加强牙膏监督管理，保证牙膏质量安全，保障消费者健康，促进牙膏产业健康发展，根据《化妆品监督管理条例》，制定本办法。

第二条 在中华人民共和国境内从事牙膏生产经营活动及其监督管理，适用本办法。

第三条 本办法所称牙膏，是指以摩擦的方式，施用于人体牙齿表面，以清洁为主要目的的膏状产品。

第四条 国家药品监督管理局负责全国牙膏监督管理工作。

县级以上地方人民政府负责药品监督管理的部门负责本行政区域的牙膏监督管理工作。

第五条 牙膏实行备案管理，牙膏备案人对牙膏的质量安全和功效宣称负责。

牙膏生产经营者应当依照法律、法规、强制性国家标准、技术规范从事生产经营活动，加强管理，诚信自律，保证牙膏产品质量安全。

第六条 境外牙膏备案人应当指定我国境内的企业法人作为境内责任人办理备案，协助开展牙膏不良反应监测、实施产品召回，并配合药品监督管理部门的监督检查工作。

第七条 牙膏行业协会应当加强行业自律，督促引导生产经营者依法从事生产经营活动，推动行业诚信建设。

第八条 在中华人民共和国境内首次使用于牙膏的天然或者人工原料为牙膏新原料。

牙膏新原料应当遵守化妆品新原料管理的有关规定，具有防腐、着色等功能的牙膏新原料，经国家药品监督管理局注册后方可使用；其他牙膏新原料实行备案管理。

已经取得注册、完成备案的牙膏新原料实行安全监测制度，安全监测的期限为 3 年。安全监测期满未发生安全问题的牙膏新原料，纳入国家药品监督管理局制定的已使用的牙膏原料目录。

第九条 牙膏备案人应当选择符合法律、法规、强制性国家标准、技术规范要求的原料用于牙膏生产，对其使用的牙膏原料安全性负责。牙膏备案人进行备案时，应当通过备案信息服务平台明确原料来源和原料安全相关信息。

第十条 国产牙膏应当在上市销售前向备案人所在地省、自治区、直辖市药品监督管理部门备案。

进口牙膏应当在进口前向国家药品监督管理局备案。国家药品监督管理局可以依法委托具备相应能力的省、自治区、直辖市药品监督管理部门实施进口牙膏备案管理工作。

第十一条 备案人或者境内责任人进行牙膏备案，应当提交下列资料：

（一）备案人的名称、地址、联系方式；

（二）生产企业的名称、地址、联系方式；

（三）产品名称；

（四）产品配方；

（五）产品执行的标准；

（六）产品标签样稿；

（七）产品检验报告；

（八）产品安全评估资料。

进口牙膏备案，应当同时提交产品在生产国（地区）已经上市销售的证明文件以及境外生产企业符合化妆品生产质量管理规范的证明资料；专为向我国出口生产、无法提交产品在生产国（地区）已经上市销售的证明文件的，应当提交面向我国消费者开展的相关研究和试验的资料。

第十二条 牙膏备案前，备案人应当自行或者委托专业机构开展安全评估。

从事安全评估的人员应当具备牙膏或者化妆品质量安全相关专业知识，并具有5年以上相关专业从业经历。

第十三条 牙膏的功效宣称应当有充分的科学依据。牙膏备案人应当在备案信息服务平台公布功效宣称所依据的文献资料、研究数据或者产品功效评价资料的摘要，接受社会监督。

国家药品监督管理局根据牙膏的功效宣称、使用人群等因素，制定、公布并调整牙膏分类目录。牙膏的功效宣称范围和用语应当符合法律、法规、强制性国家标准、技术规范和国家药品监督管理局的规定。

第十四条 牙膏的功效宣称评价应当符合法律、法规、强制性国家标准、技术规范和国家药品监督管理局规定的质量安全和功效宣称评价有关要求，保证功效宣称评价结果的科学性、准确性和可靠性。

第十五条 从事牙膏生产活动，应当依法向所在地省、自治区、直辖市药品监督管理部门申请取得生产许可。牙膏备案人、受托生产企业应当建立生产质量管理体系，按照化妆品生产质量管理规范的要求组织生产。

第十六条 牙膏不良反应报告遵循可疑即报的原则。牙膏生产经营者、医疗机构应当按照国家药品监督管理局制定的化妆品不良反应监测制度的要求，开展牙膏不良反应监测工作。

第十七条 牙膏标签应当标注下列内容：

（一）产品名称；

（二）备案人、受托生产企业的名称、地址，备案人为境外的应当同时标注境内责任人的名称、地址；

（三）生产企业的名称、地址，国产牙膏应当同时标注生产企业生产许可证编号；

（四）产品执行的标准编号；

（五）全成分；

（六）净含量；

（七）使用期限；

（八）必要的安全警示用语；

（九）法律、行政法规、强制性国家标准规定应当标注的其他内容。

根据产品特点，需要特别标注产品使用方法的，应当在销售包装可视面进行标注。

第十八条 牙膏产品名称一般由商标名、通用名和属性名三部分组成。牙膏的属性名统一使用“牙膏”字样进行表述。

非牙膏产品不得通过标注“牙膏”字样等方式欺骗误导消费者。

第十九条　牙膏标签禁止标注下列内容：

（一）明示或者暗示具有医疗作用的内容；

（二）虚假或者引人误解的内容；

（三）违反社会公序良俗的内容；

（四）法律、行政法规、强制性国家标准、技术规范禁止标注的其他内容。

第二十条　宣称适用于儿童的牙膏产品应当符合法律、行政法规、强制性国家标准、技术规范等关于儿童牙膏的规定，并按照国家药品监督管理局的规定在产品标签上进行标注。

第二十一条　牙膏及其使用的原料不符合强制性国家标准、技术规范、备案资料载明的技术要求或者本办法规定的，依照化妆品监督管理条例相关规定处理。

第二十二条　牙膏备案人、受托生产企业、经营者和境内责任人，有下列违法行为的，依照化妆品监督管理条例相关规定处理：

（一）申请牙膏行政许可或者办理备案提供虚假资料，或者伪造、变造、出租、出借、转让牙膏许可证件；

（二）未经许可从事牙膏生产活动，或者未按照化妆品生产质量管理规范的要求组织生产；

（三）在牙膏中非法添加可能危害人体健康的物质；

（四）更改牙膏使用期限；

（五）未按照本办法规定公布功效宣称依据的摘要；

（六）未按照本办法规定监测、报告牙膏不良反应；

（七）拒不实施药品监督管理部门依法作出的责令召回、责令停止或者暂停生产经营的决定；

（八）境内责任人未履行本办法规定的义务，或者境外牙膏备案人拒不履行依法作出的行政处罚决定。

第二十三条　牙膏的监督管理，本办法未作规定的，参照适用《化妆品注册备案管理办法》《化妆品生产经营监督管理办法》等的规定。

第二十四条　牙膏、牙膏新原料取得注册或者进行备案后，按照下列规则进行编号：

（一）牙膏新原料：国牙膏原注/备字+四位年份数+本年度注册/备案牙膏原料顺序数；

（二）国产牙膏：省、自治区、直辖市简称+国牙膏网备字+四位年份数+本年度行政区域内的备案产品顺序数；

（三）进口牙膏：国牙膏网备进字（境内责任人所在省、自治区、直辖市简称）+四位年份数+本年度全国备案产品顺序数；

（四）中国台湾、香港、澳门牙膏：国牙膏网备制字（境内责任人所在省、自治区、直辖市简称）+四位年份数+本年度全国备案产品顺序数。

第二十五条　本办法自2023年12月1日起施行。

化妆品注册备案管理办法

（国家市场监督管理总局令第35号）

发布日期：2021-01-07

实施日期：2021-05-01

法规类型：部门规章

第一章　总　则

第一条　为了规范化妆品注册和备案行为，保证化妆品质量安全，根据《化妆品监督管理条例》，制定本办法。

第二条　在中华人民共和国境内从事化妆品和化妆品新原料注册、备案及其监督管理活动，适用本办法。

第三条　化妆品、化妆品新原料注册，是指注册申请人依照法定程序和要求提出注册申请，药品监督管理部门对申请注册的化妆品、化妆品新原料的安全性和质量可控性进行审查，决定是否同意其申请的活动。

化妆品、化妆品新原料备案，是指备案人依照法定程序和要求，提交表明化妆品、化妆品新原料安全性和质量可控性的资料，药品监督管理部门对提交的资料存档备查的活动。

第四条　国家对特殊化妆品和风险程度较高的化妆品新原料实行注册管理，对普通化妆品和其他化妆品新原料实行备案管理。

第五条　国家药品监督管理局负责特殊化妆品、进口普通化妆品、化妆品新原料的注册和备案管理，并指导监督省、自治区、直辖市药品监督管理部门承担的化妆品备案相关工作。国家药品监督管理局可以委托具备相应能力的省、自治区、直辖市药品监督管理部门实施进口普通化妆品备案管理工作。

国家药品监督管理局化妆品技术审评机构（以下简称技术审评机构）负责特殊化妆品、化妆品新原料注册的技术审评工作，进口普通化妆品、化妆品新原料备案后的资料技术核查工作，以及化妆品新原料使用和安全情况报告的评估工作。

国家药品监督管理局行政事项受理服务机构（以下简称受理机构）、审核查验机构、不良反应监测机构、信息管理机构等专业技术机构，承担化妆品注册和备案管理所需的注册受理、现场核查、不良反应监测、信息化建设与管理等工作。

第六条　省、自治区、直辖市药品监督管理部门负责本行政区域内国产普通化妆品备案管理工作，在委托范围内以国家药品监督管理局的名义实施进口普通化妆品备案管理工作，并协助开展特殊化妆品注册现场核查等工作。

第七条　化妆品、化妆品新原料注册人、备案人依法履行产品注册、备案义务，对化妆品、化妆品新原料的质量安全负责。

化妆品、化妆品新原料注册人、备案人申请注册或者进行备案时，应当遵守有关法律、行政法规、强制性国家标准和技术规范的要求，对所提交资料的真实性和科学性负责。

第八条　注册人、备案人在境外的，应当指定我国境内的企业法人作为境内责任人。境内责任人应当履行以下义务：

（一）以注册人、备案人的名义，办理化妆品、化妆品新原料注册、备案；

（二）协助注册人、备案人开展化妆品不良反应监测、化妆品新原料安全监测与报告工作；

（三）协助注册人、备案人实施化妆品、化妆品新原料召回工作；

（四）按照与注册人、备案人的协议，对投放境内市场的化妆品、化妆品新原料承担相应的质量安全责任；

（五）配合药品监督管理部门的监督检查工作。

第九条 药品监督管理部门应当自化妆品、化妆品新原料准予注册、完成备案之日起5个工作日内，向社会公布化妆品、化妆品新原料注册和备案管理有关信息，供社会公众查询。

第十条 国家药品监督管理局加强信息化建设，为注册人、备案人提供便利化服务。

化妆品、化妆品新原料注册人、备案人按照规定通过化妆品、化妆品新原料注册备案信息服务平台（以下简称信息服务平台）申请注册、进行备案。

国家药品监督管理局制定已使用的化妆品原料目录，及时更新并向社会公开，方便企业查询。

第十一条 药品监督管理部门可以建立专家咨询机制，就技术审评、现场核查、监督检查等过程中的重要问题听取专家意见，发挥专家的技术支撑作用。

第二章 化妆品新原料注册和备案管理

第一节 化妆品新原料注册和备案

第十二条 在我国境内首次使用于化妆品的天然或者人工原料为化妆品新原料。

调整已使用的化妆品原料的使用目的、安全使用量等的，应当按照新原料注册、备案要求申请注册、进行备案。

第十三条 申请注册具有防腐、防晒、着色、染发、祛斑美白功能的化妆品新原料，应当按照国家药品监督管理局要求提交申请资料。受理机构应当自收到申请之日起5个工作日内完成对申请资料的形式审查，并根据下列情况分别作出处理：

（一）申请事项依法不需要取得注册的，作出不予受理的决定，出具不予受理通知书；

（二）申请事项依法不属于国家药品监督管理局职权范围的，应当作出不予受理的决定，出具不予受理通知书，并告知申请人向有关行政机关申请；

（三）申请资料不齐全或者不符合规定形式的，出具补正通知书，一次告知申请人需要补正的全部内容，逾期未告知的，自收到申请资料之日起即为受理；

（四）申请资料齐全、符合规定形式要求的，或者申请人按照要求提交全部补正材料的，应当受理注册申请并出具受理通知书。

受理机构应当自受理注册申请后3个工作日内，将申请资料转交技术审评机构。

第十四条 技术审评机构应当自收到申请资料之日起90个工作日内，按照技术审评的要求组织开展技术审评，并根据下列情况分别作出处理：

（一）申请资料真实完整，能够证明原料安全性和质量可控性，符合法律、行政法规、强制性国家标准和技术规范要求的，技术审评机构应当作出技术审评通过的审评结论；

（二）申请资料不真实，不能证明原料安全性、质量可控性，不符合法律、行政法规、强制性国家标准和技术规范要求的，技术审评机构应当作出技术审评不通过的审评结论；

（三）需要申请人补充资料的，应当一次告知需要补充的全部内容；申请人应当在90个工作日内按照要求一次提供补充资料，技术审评机构收到补充资料后审评时限重新计算；未在规定时限内补充资料的，技术审评机构应当作出技术审评不通过的审评结论。

第十五条 技术审评结论为审评不通过的，技术审评机构应当告知申请人并说明理由。申请人有异议的，可以自收到技术审评结论之日起20个工作日内申请复核。复核的内容仅限于原申请事项以及申请资料。

技术审评机构应当自收到复核申请之日起30个工作日内作出复核结论。

第十六条 国家药品监督管理局应当自收到技术审评结论之日起20个工作日内，对技术审评程序和结论的合法性、规范性以及完整性进行审查，并作出是否准予注册的决定。

受理机构应当自国家药品监督管理局作出行政审批决定之日起10个工作日内，向申请人发出化妆品新原料注册证或者不予注册决定书。

第十七条 技术审评机构作出技术审评结论前，申请人可以提出撤回注册申请。技术审评过程中，发现涉嫌提供虚假资料或者化妆品新原料存在安全性问题的，技术审评机构应当依法处理，申请人不得撤回注册申请。

第十八条 化妆品新原料备案人按照国家药品监督管理局的要求提交资料后即完成备案。

第二节 安全监测与报告

第十九条 已经取得注册、完成备案的化妆品新原料实行安全监测制度。安全监测的期限为3年，自首次使用化妆品新原料的化妆品取得注册或者完成备案之日起算。

第二十条 安全监测的期限内，化妆品新原料注册人、备案人可以使用该化妆品新原料生产化妆品。

化妆品注册人、备案人使用化妆品新原料生产化妆品的，相关化妆品申请注册、办理备案时应当通过信息服务平台经化妆品新原料注册人、备案人关联确认。

第二十一条 化妆品新原料注册人、备案人应当建立化妆品新原料上市后的安全风险监测和评价体系，对化妆品新原料的安全性进行追踪研究，对化妆品新原料的使用和安全情况进行持续监测和评价。

化妆品新原料注册人、备案人应当在化妆品新原料安全监测每满一年前30个工作日内，汇总、分析化妆品新原料使用和安全情况，形成年度报告报送国家药品监督管理局。

第二十二条 发现下列情况的，化妆品新原料注册人、备案人应当立即开展研究，并向技术审评机构报告：

（一）其他国家（地区）发现疑似因使用同类原料引起严重化妆品不良反应或者群体不良反应事件的；

（二）其他国家（地区）化妆品法律、法规、标准对同类原料提高使用标准、增加使用限制或者禁止使用的；

（三）其他与化妆品新原料安全有关的情况。

有证据表明化妆品新原料存在安全问题的，化妆品新原料注册人、备案人应当立即采取措施控制风险，并向技术审评机构报告。

第二十三条 使用化妆品新原料生产化妆品的化妆品注册人、备案人，应当及时向化妆品新原料注册人、备案人反馈化妆品新原料的使用和安全情况。

出现可能与化妆品新原料相关的化妆品不良反应或者安全问题时，化妆品注册人、备案人应当立即采取措施控制风险，通知化妆品新原料注册人、备案人，并按照规定向所在地省、自治区、直辖市药品监督管理部门报告。

第二十四条 省、自治区、直辖市药品监督管理部门收到使用了化妆品新原料的化妆品不良反应或者安全问题报告后，应当组织开展研判分析，认为化妆品新原料可能存在造成人体伤害或者危害人体健康等安全风险的，应当按照有关规定采取措施控制风险，并立即反馈技术审评机构。

第二十五条 技术审评机构收到省、自治区、直辖市药品监督管理部门或者化妆品新原料注册人、备案人的反馈或者报告后，应当结合不良反应监测机构的化妆品年度不良反应统计分析结果进行评估，认为通过调整化妆品新原料技术要求能够消除安全风险的，可以提出调整意见并报告国家药品监督管理局；认为存在安全性问题的，应当报请国家药品监督管理局撤销注册或者取消备案。国家药品监督管理局应当及时作出决定。

第二十六条 化妆品新原料安全监测期满3年后，技术审评机构应当向国家药品监督管理局提出化妆品新原料是否符合安全性要求的意见。

对存在安全问题的化妆品新原料，由国家药品监督管理局撤销注册或者取消备案；未发生安全问题的，由国家药品监督管理局纳入已使用的化妆品原料目录。

第二十七条 安全监测期内化妆品新原料被责令暂停使用的，化妆品注册人、备案人应当同时暂停生产、经营使用该化妆品新原料的化妆品。

第三章 化妆品注册和备案管理

第一节 一般要求

第二十八条 化妆品注册申请人、备案人应当具备下列条件：

（一）是依法设立的企业或者其他组织；

（二）有与申请注册、进行备案化妆品相适应的质量管理体系；

（三）有不良反应监测与评价的能力。

注册申请人首次申请特殊化妆品注册或者备案人首次进行普通化妆品备案的，应当提交其符合前款规定要求的证明资料。

第二十九条 化妆品注册人、备案人应当依照法律、行政法规、强制性国家标准、技术规范和注册备案管理等规定，开展化妆品研制、安全评估、注册备案检验等工作，并按照化妆品注册备案资料规范要求提交注册备案资料。

第三十条 化妆品注册人、备案人应当选择符合法律、行政法规、强制性国家标准和技术规范要求的原料用于化妆品生产，对其使用的化妆品原料安全性负责。化妆品注册人、备案人申请注册、进行备案时，应当通过信息服务平台明确原料来源和原料安全相关信息。

第三十一条 化妆品注册人、备案人委托生产化妆品的，国产化妆品应当在申请注册或者进行备案时，经化妆品生产企业通过信息服务平台关联确认委托生产关系；进口化妆品由化妆品注册人、备案人提交存在委托关系的相关材料。

第三十二条 化妆品注册人、备案人应当明确产品执行的标准，并在申请注册或者进行备案时提交药品监督管理部门。

第三十三条 化妆品注册申请人、备案人应当委托取得资质认定、满足化妆品注册和备案检验工作需要的检验机构，按照强制性国家标准、技术规范和注册备案检验规定的要求进行检验。

第二节 备案管理

第三十四条 普通化妆品上市或者进口前，备案人按照国家药品监督管理局的要求通过信息服务平台提交备案资料后即完成备案。

第三十五条 已经备案的进口普通化妆品拟在境内责任人所在省、自治区、直辖市行政区域以外的口岸进口的，应当通过信息服务平台补充填报进口口岸以及办理通关手续的联系人信息。

第三十六条 已经备案的普通化妆品，无正当理由不得随意改变产品名称；没有充分的科学依据，不得随意改变功效宣称。

已经备案的普通化妆品不得随意改变产品配方，但因原料来源改变等原因导致产品配方发生微小变化的情况除外。

备案人、境内责任人地址变化导致备案管理部门改变的，备案人应当重新进行备案。

第三十七条 普通化妆品的备案人应当每年向承担备案管理工作的药品监督管理部门报告生产、进口情况，以及符合法律法规、强制性国家标准、技术规范的情况。

已经备案的产品不再生产或者进口的，备案人应当及时报告承担备案管理工作的药品监督管理部门取消备案。

第三节 注册管理

第三十八条 特殊化妆品生产或者进口前，注册申请人应当按照国家药品监督管理局的要求提交申请资料。

特殊化妆品注册程序和时限未作规定的，适用本办法关于化妆品新原料注册的规定。

第三十九条 技术审评机构应当自收到申请资料之日起 90 个工作日内，按照技术审评的要求组织开展技术审评，并根据下列情况分别作出处理：

（一）申请资料真实完整，能够证明产品安全性和质量可控性、产品配方和产品执行的标准合理，且符合现行法律、行政法规、强制性国家标准和技术规范要求的，作出技术审评通过的审评结论；

（二）申请资料不真实，不能证明产品安全性和质量可控性、产品配方和产品执行的标准不合理，或者不符合现行法律、行政法规、强制性国家标准和技术规范要求的，作出技术审评不通过的审评结论；

（三）需要申请人补充资料的，应当一次告知需要补充的全部内容；申请人应当在 90 个工作日内按照要求一次提供补充资料，技术审评机构收到补充资料后审评时限重新计算；未在规定时限内补充资料的，技术审评机构应当作出技术审评不通过的审评结论。

第四十条 国家药品监督管理局应当自收到技术审评结论之日起 20 个工作日内，对技术审评程序和结论的合法性、规范性以及完整性进行审查，并作出是否准予注册的决定。

受理机构应当自国家药品监督管理局作出行政审批决定之日起 10 个工作日内，向申请人发出化妆品注册证或者不予注册决定书。化妆品注册证有效期 5 年。

第四十一条 已经注册的特殊化妆品的注册事项发生变化的，国家药品监督管理局根据变化事项对产品安全、功效的影响程度实施分类管理：

（一）不涉及安全性、功效宣称的事项发生变化的，注册人应当及时向国家药品监督管理局备案；

（二）涉及安全性的事项发生变化的，以及生产工艺、功效宣称等方面发生实质性变化的，注册人应当向国家药品监督管理局提出产品注册变更申请；

（三）产品名称、配方等发生变化，实质上构成新的产品的，注册人应当重新申请注册。

第四十二条 已经注册的产品不再生产或者进口的，注册人应当主动申请注销注册证。

第四节 注册证延续

第四十三条 特殊化妆品注册证有效期届满需要延续的，注册人应当在产品注册证有效期届满前 90 个工作日至 30 个工作日期间提出延续注册申请，并承诺符合强制性国家标准、技术规范的要求。注册人应当对提交资料和作出承诺的真实性、合法性负责。

逾期未提出延续注册申请的，不再受理其延续注册申请。

第四十四条 受理机构应当在收到延续注册申请后 5 个工作日内对申请资料进行形式审

查，符合要求的予以受理，并自受理之日起10个工作日内向申请人发出新的注册证。注册证有效期自原注册证有效期届满之日的次日起重新计算。

第四十五条 药品监督管理部门应当对已延续注册的特殊化妆品的申报资料和承诺进行监督，经监督检查或者技术审评发现存在不符合强制性国家标准、技术规范情形的，应当依法撤销特殊化妆品注册证。

第四章 监督管理

第四十六条 药品监督管理部门依照法律法规规定，对注册人、备案人的注册、备案相关活动进行监督检查，必要时可以对注册、备案活动涉及的单位进行延伸检查，有关单位和个人应当予以配合，不得拒绝检查和隐瞒有关情况。

第四十七条 技术审评机构在注册技术审评过程中，可以根据需要通知审核查验机构开展现场核查。境内现场核查应当在45个工作日内完成，境外现场核查应当按照境外核查相关规定执行。现场核查所用时间不计算在审评时限之内。

注册申请人应当配合现场核查工作，需要抽样检验的，应当按照要求提供样品。

第四十八条 特殊化妆品取得注册证后，注册人应当在产品投放市场前，将上市销售的产品标签图片上传至信息服务平台，供社会公众查询。

第四十九条 化妆品注册证不得转让。因企业合并、分立等法定事由导致原注册人主体资格注销，将注册人变更为新设立的企业或者其他组织的，应当按照本办法的规定申请变更注册。

变更后的注册人应当符合本办法关于注册人的规定，并对已经上市的产品承担质量安全责任。

第五十条 根据科学研究的发展，对化妆品、化妆品原料的安全性认识发生改变的，或者有证据表明化妆品、化妆品原料可能存在缺陷的，承担注册、备案管理工作的药品监督管理部门可以责令化妆品、化妆品新原料注册人、备案人开展安全再评估，或者直接组织相关原料企业和化妆品企业开展安全再评估。

再评估结果表明化妆品、化妆品原料不能保证安全的，由原注册部门撤销注册、备案部门取消备案，由国务院药品监督管理部门将该化妆品原料纳入禁止用于化妆品生产的原料目录，并向社会公布。

第五十一条 根据科学研究的发展、化妆品安全风险监测和评价等，发现化妆品原料存在安全风险，能够通过设定原料的使用范围和条件消除安全风险的，应当在已使用的化妆品原料目录中明确原料限制使用的范围和条件。

第五十二条 承担注册、备案管理工作的药品监督管理部门通过注册、备案信息无法与注册人、备案人或者境内责任人取得联系的，可以在信息服务平台将注册人、备案人、境内责任人列为重点监管对象，并通过信息服务平台予以公告。

第五十三条 药品监督管理部门根据备案人、境内责任人、化妆品生产企业的质量管理体系运行、备案后监督、产品上市后的监督检查情况等，实施风险分类分级管理。

第五十四条 药品监督管理部门、技术审评、现场核查、检验机构及其工作人员应当严格遵守法律、法规、规章和国家药品监督管理局的相关规定，保证相关工作科学、客观和公正。

第五十五条 未经注册人、备案人同意，药品监督管理部门、专业技术机构及其工作人员、参与审评的人员不得披露注册人、备案人提交的商业秘密、未披露信息或者保密商务信息，法律另有规定或者涉及国家安全、重大社会公共利益的除外。

第五章 法律责任

第五十六条 化妆品、化妆品新原料注册人未按照本办法规定申请特殊化妆品、化妆品新原料变更注册的，由原发证的药品监督管理部门责令改正，给予警告，处1万元以上3万元以下罚款。

化妆品、化妆品新原料备案人未按照本办法规定更新普通化妆品、化妆品新原料备案信息的，由承担备案管理工作的药品监督管理部门责令改正，给予警告，处5000元以上3万元以下罚款。

化妆品、化妆品新原料注册人未按照本办法的规定重新注册的，依照化妆品监督管理条例第五十九条的规定给予处罚；化妆品、化妆品新原料备案人未按照本办法的规定重新备案的，依照化妆品监督管理条例第六十一条第一款的规定给予处罚。

第五十七条 化妆品新原料注册人、备案人违反本办法第二十一条规定的，由省、自治区、直辖市药品监督管理部门责令改正；拒不改正的，处5000元以上3万元以下罚款。

第五十八条 承担备案管理工作的药品监督管理部门发现已备案化妆品、化妆品新原料的备案资料不符合要求的，应当责令限期改正，其中，与化妆品、化妆品新原料安全性有关的备案资料不符合要求的，可以同时责令暂停销售、使用。

已进行备案但备案信息尚未向社会公布的化妆品、化妆品新原料，承担备案管理工作的药品监督管理部门发现备案资料不符合要求的，可以责令备案人改正并在符合要求后向社会公布备案信息。

第五十九条 备案人存在以下情形的，承担备案管理工作的药品监督管理部门应当取消化妆品、化妆品新原料备案：

（一）备案时提交虚假资料的；

（二）已经备案的资料不符合要求，未按要求在规定期限内改正的，或者未按要求暂停化妆品、化妆品新原料销售、使用的；

（三）不属于化妆品新原料或者化妆品备案范围的。

第六章 附 则

第六十条 注册受理通知、技术审评意见告知、注册证书发放和备案信息发布、注册复核、化妆品新原料使用情况报告提交等所涉及时限以通过信息服务平台提交或者发出的时间为准。

第六十一条 化妆品最后一道接触内容物的工序在境内完成的为国产产品，在境外完成的为进口产品，在中国台湾、香港和澳门地区完成的参照进口产品管理。

以一个产品名称申请注册或者进行备案的配合使用产品或者组合包装产品，任何一剂的最后一道接触内容物的工序在境外完成的，按照进口产品管理。

第六十二条 化妆品、化妆品新原料取得注册或者进行备案后，按照下列规则进行编号。

（一）化妆品新原料备案编号规则：国妆原备字+四位年份数+本年度备案化妆品新原料顺序数。

（二）化妆品新原料注册编号规则：国妆原注字+四位年份数+本年度注册化妆品新原料顺序数。

（三）普通化妆品备案编号规则：

国产产品：省、自治区、直辖市简称+G妆网备字+四位年份数+本年度行政区域内备案产品顺序数；

进口产品：国妆网备进字（境内责任人所在省、自治区、直辖市简称）+四位年份数+本年度全国备案产品顺序数；

中国台湾、香港、澳门产品：国妆网备制字（境内责任人所在省、自治区、直辖市简称）+四位年份数+本年度全国备案产品顺序数。

（四）特殊化妆品注册编号规则：

国产产品：国妆特字+四位年份数+本年度注册产品顺序数；

进口产品：国妆特进字+四位年份数+本年度注册产品顺序数；

中国台湾、香港、澳门产品：国妆特制字+四位年份数+本年度注册产品顺序数。

第六十三条　本办法自2021年5月1日起施行。

关于实施《化妆品注册备案资料管理规定》有关事项的公告

（国家药监局公告2021年第35号）

发布日期：2021-03-05

实施日期：2021-05-01

法规类型：规范性文件

为贯彻落实《化妆品监督管理条例》《化妆品注册备案管理办法》相关规定，进一步规范化妆品注册备案管理工作，现就实施《化妆品注册备案资料管理规定》（以下简称《规定》）有关事项公告如下：

一、关于化妆品注册备案信息服务平台

为方便企业提前做好化妆品注册备案准备工作，自2021年4月1日起，境内的化妆品注册人、备案人、境内责任人和化妆品生产企业，可以通过全国一体化在线政务服务平台国家药监局网上办事大厅（https：//zwfw. nmpa. gov. cn），按照《规定》的要求在化妆品注册备案信息服务平台（以下简称新注册备案平台）提交相关资料，办理注册备案用户账号；自2021年5月1日起，化妆品注册人、备案人、境内责任人，应当通过新注册备案平台申请特殊化妆品注册或者进行普通化妆品备案。

自2021年5月1日起，原化妆品行政许可和备案信息管理系统（以下简称原注册备案平台）不再接收特殊化妆品注册申请或者普通化妆品备案。此前已在原注册备案平台提交并受理，但尚未作出审批决定的特殊化妆品注册申请，继续在原注册备案平台开展审评审批。

二、关于原注册备案平台已注册和备案的产品

为保障化妆品使用安全和消费者合法权益，在原注册备案平台已经取得注册或者完成备案的化妆品，注册人、备案人应当通过新注册备案平台，在2022年5月1日前提交产品执行的标准和产品标签样稿、填报国产普通化妆品的产品配方、上传特殊化妆品销售包装的标签图片。

三、关于化妆品原料安全相关信息的报送

自2021年5月1日起，注册人备案人申请注册或者进行备案时，应当填报产品配方原料的来源和商品名信息，其中涉及《化妆品安全技术规范》中有质量规格要求的原料，还应当提交原料的质量规格证明或者安全相关信息。

自2022年1月1日起，注册人备案人申请注册或者进行备案时，应当按照《规定》的要求，提供具有防腐、防晒、着色、染发、祛斑美白功能原料的安全相关信息。

自2023年1月1日起，注册人备案人申请注册或者进行备案时，应当按照《规定》的要求，提供全部原料的安全相关信息。此前已经取得注册或者完成备案的化妆品，注册人、备案人应当在2023年5月1日前补充提供产品配方中全部原料的安全相关信息。

四、关于祛斑美白和防脱发化妆品功效评价检验报告

自2022年1月1日起，申请祛斑美白、防脱发化妆品注册时，注册申请人应当按照规定，提交符合要求的人体功效试验报告。

2021年5月1日前申请并取得注册的祛斑美白、防脱发化妆品，注册人应当在2023年5月1日前补充提交人体功效试验报告。

2021年5月1日至12月31日期间申请并取得注册的祛斑美白、防脱发化妆品，注册人应当于2022年5月1日前补充提交符合要求的人体功效试验报告。

五、关于普通化妆品年度报告

自2022年1月1日起，通过原注册备案平台和新注册备案平台备案的普通化妆品，统一实施年度报告制度。备案人应当于每年1月1日至3月31日期间，通过新注册备案平台，提交备案时间满一年普通化妆品的年度报告。

特此公告。

关于进一步明确已取得行政许可的原进口非特殊用途化妆品注册备案管理有关事宜的通知

（国家药品监督管理局公告2022年第309号）

发布日期：2022-06-07

实施日期：2022-06-07

法规类型：规范性文件

根据《化妆品监督管理条例》《化妆品注册备案管理办法》《化妆品注册备案资料管理规定》和《国家药监局关于在全国范围实施进口非特殊用途化妆品备案管理有关事宜的公告》（2018年第88号）等法规规定，现就已取得行政许可的原进口非特殊用途化妆品注册备案管理有关事宜通知如下：

一、关于资料补录事宜

通过原注册备案平台已取得行政许可的原进口非特殊用途化妆品，原行政许可在华申报责任单位或境内责任人可在产品的行政许可有效期届满前，按照资料补录相关要求，向国家药监局行政受理服务机构提交纸质版资料，经行政受理服务部门资料形式审查后出具接收凭证。

二、关于后续备案事宜

进口普通化妆品境内责任人可依照新法规相关要求，对已取得行政许可的原进口非特殊用途化妆品，通过新备案平台，提交相关备案资料进行重新备案。原行政许可申报资料中产品检验报告、产品安全评估资料等技术性资料，符合新法规要求的，可在重新备案时作为备案资料继续使用。

重新备案时，产品行政许可有效期尚未届满的，应当在备案时提交原备案凭证和由境内责任人签章的原进口非特殊用途化妆品行政许可注销申请书（式样见附件），境内责任人与原在华申报责任单位为不同的企业法人时，还应当同时提交原在华申报责任单位签署的知情同意书。产品备案完成后，原行政许可同步注销。

附件：原进口非特殊用途化妆品行政许可注销申请书（式样）（略）

关于调整部分进口化妆品申报要求的公告

（海关总署公告 2022 年第 51 号）

发布日期：2022-06-20
实施日期：2022-06-20
法规类型：规范性文件

为了进一步规范进口化妆品申报工作，海关总署决定调整部分进口化妆品申报要求。现公告如下：

一、进口货物收货人及其代理人申报进口商品税目在 3303、3304 项下的化妆品时，应按以下规定填报报关单：

（一）化妆品的第一法定计量单位为“千克”，第二法定计量单位为“件”。

（二）包装标注含量以重量计的化妆品，按照净含量申报第一法定数量，即液体/乳状/膏状/粉状部分的重量；按照有独立包装的瓶/罐/支等数量申报第二法定数量。

（三）包装标注含量以体积计的化妆品，按照净含量 1 升 = 1 千克的换算关系申报第一法定数量，即液体/乳状/膏状/粉状部分的体积；按照有独立包装的瓶/罐/支等数量申报第二法定数量。

（四）包装标注规格为“片”或“张”的化妆品，按照净含量申报第一法定数量，即液体/乳状/膏状/粉状部分的重量，净含量以体积标注的化妆品，按照净含量 1 升 = 1 千克的换算关系申报；按照“片”或“张”的数量申报第二法定数量。

（五）其他包装标注规格的化妆品，参照本条第（二）项要求进行申报。

二、化妆品进口消费税政策仍按《财政部　国家税务总局关于调整化妆品进口环节消费税的通知》（财关税〔2016〕48 号）执行。

本公告自发布之日起执行，海关总署公告 2016 年第 55 号同时废止。

特此公告。

化妆品标签管理办法

（国家药监局公告 2021 年第 77 号）

发布日期：2021-05-31
实施日期：2021-05-31
法规类型：规范性文件

第一条 为加强化妆品标签监督管理，规范化妆品标签使用，保障消费者合法权益，根据《化妆品监督管理条例》等有关法律法规规定，制定本办法。

第二条 在中华人民共和国境内生产经营的化妆品的标签管理适用本办法。

第三条 本办法所称化妆品标签，是指产品销售包装上用以辨识说明产品基本信息、属性特征和安全警示等的文字、符号、数字、图案等标识，以及附有标识信息的包装容器、包装盒和说明书。

第四条 化妆品注册人、备案人对化妆品标签的合法性、真实性、完整性、准确性和一致性负责。

第五条 化妆品的最小销售单元应当有标签。标签应当符合相关法律、行政法规、部门规章、强制性国家标准和技术规范要求，标签内容应当合法、真实、完整、准确，并与产品注册或者备案的相关内容一致。

化妆品标签应当清晰、持久，易于辨认、识读，不得有印字脱落、粘贴不牢等现象。

第六条 化妆品应当有中文标签。中文标签应当使用规范汉字，使用其他文字或者符号的，应当在产品销售包装可视面使用规范汉字对应解释说明，网址、境外企业的名称和地址以及约定俗成的专业术语等必须使用其他文字的除外。

加贴中文标签的，中文标签有关产品安全、功效宣称的内容应当与原标签相关内容对应一致。

除注册商标之外，中文标签同一可视面上其他文字字体的字号应当小于或者等于相应的规范汉字字体的字号。

第七条 化妆品中文标签应当至少包括以下内容：

（一）产品中文名称、特殊化妆品注册证书编号；

（二）注册人、备案人的名称、地址，注册人或者备案人为境外企业的，应当同时标注境内责任人的名称、地址；

（三）生产企业的名称、地址，国产化妆品应当同时标注生产企业生产许可证编号；

（四）产品执行的标准编号；

（五）全成分；

（六）净含量；

（七）使用期限；

（八）使用方法；

（九）必要的安全警示用语；

（十）法律、行政法规和强制性国家标准规定应当标注的其他内容。

具有包装盒的产品，还应当同时在直接接触内容物的包装容器上标注产品中文名称和使用期限。

第八条 化妆品产品中文名称一般由商标名、通用名和属性名三部分组成，约定俗成、习惯使用的化妆品名称可以省略通用名或者属性名，商标名、通用名和属性名应当符合下列规定要求：

（一）商标名的使用除符合国家商标有关法律法规的规定外，还应当符合国家化妆品管理相关法律法规的规定。不得以商标名的形式宣称医疗效果或者产品不具备的功效。以暗示含有某类原料的用语作为商标名，产品配方中含有该类原料的，应当在销售包装可视面对其使用目的进行说明；产品配方不含有该类原料的，应当在销售包装可视面明确标注产品不含该类原料，相关用语仅作商标名使用；

（二）通用名应当准确、客观，可以是表明产品原料或者描述产品用途、使用部位等的文字。使用具体原料名称或者表明原料类别的词汇的，应当与产品配方成分相符，且该原料在产品中产生的功效作用应当与产品功效宣称相符。使用动物、植物或者矿物等名称描述产品的香型、颜色或者形状的，配方中可以不含此原料，命名时可以在通用名中采用动物、植物或者矿物等名称加香型、颜色或者形状的形式，也可以在属性名后加以注明；

（三）属性名应当表明产品真实的物理性状或者形态；

（四）不同产品的商标名、通用名、属性名相同时，其他需要标注的内容应当在属性名后加以注明，包括颜色或者色号、防晒指数、气味、适用发质、肤质或者特定人群等内容；

（五）商标名、通用名或者属性名单独使用时符合本条上述要求，组合使用时可能使消费者对产品功效产生歧义的，应当在销售包装可视面予以解释说明。

第九条 产品中文名称应当在销售包装可视面显著位置标注，且至少有一处以引导语引出。

化妆品中文名称不得使用字母、汉语拼音、数字、符号等进行命名，注册商标、表示防晒指数、色号、系列号，或者其他必须使用字母、汉语拼音、数字、符号等的除外。产品中文名称中的注册商标使用字母、汉语拼音、数字、符号等的，应当在产品销售包装可视面对其含义予以解释说明。

特殊化妆品注册证书编号应当是国家药品监督管理局核发的注册证书编号，在销售包装可视面进行标注。

第十条 化妆品注册人、备案人、境内责任人和生产企业的名称、地址等相关信息，应当按照下列规定在产品销售包装可视面进行标注：

（一）注册人、备案人、境内责任人和生产企业的名称和地址，应当标注产品注册证书或者备案信息载明的企业名称和地址，分别以相应的引导语引出；

（二）化妆品注册人或者备案人与生产企业相同时，可使用“注册人/生产企业”或者“备案人/生产企业”作为引导语，进行简化标注；

（三）生产企业名称和地址应当标注完成最后一道接触内容物的工序的生产企业的名称、地址。注册人、备案人同时委托多个生产企业完成最后一道接触内容物的工序的，可以同时标注各受托生产企业的名称、地址，并通过代码或者其他方式指明产品的具体生产企业；

（四）生产企业为境内的，还应当在企业名称和地址之后标注化妆品生产许可证编号，以相应的引导语引出。

第十一条 化妆品标签应当在销售包装可视面标注产品执行的标准编号，以相应的引导语引出。

第十二条 化妆品标签应当在销售包装可视面标注化妆品全部成分的原料标准中文名称，以“成分”作为引导语引出，并按照各成分在产品配方中含量的降序列出。化妆品配方中存在含量不超过0.1%（w/w）的成分的，所有不超过0.1%（w/w）的成分应当以“其他微量成分”作为引导语引出另行标注，可以不按照成分含量的降序列出。

以复配或者混合原料形式进行配方填报的，应当以其中每个成分在配方中的含量作为成分含量的排序和判别是否为微量成分的依据。

第十三条 化妆品的净含量应当使用国家法定计量单位表示，并在销售包装展示面标注。

第十四条 产品使用期限应当按照下列方式之一在销售包装可视面标注，并以相应的引导语引出：

（一）生产日期和保质期，生产日期应当使用汉字或者阿拉伯数字，以四位数年份、二位数月份和二位数日期的顺序依次进行排列标识；

（二）生产批号和限期使用日期。

具有包装盒的产品，在直接接触内容物的包装容器上标注使用期限时，除可以选择上述方式标注外，还可以采用标注生产批号和开封后使用期限的方式。

销售包装内含有多个独立包装产品时，每个独立包装应当分别标注使用期限，销售包装可视面上的使用期限应当按照其中最早到期的独立包装产品的使用期限标注；也可以分别标注单个独立包装产品的使用期限。

第十五条 为保证消费者正确使用，需要标注产品使用方法的，应当在销售包装可视面或者随附于产品的说明书中进行标注。

第十六条 存在下列情形之一的，应当以“注意”或者“警告”作为引导语，在销售包装可视面标注安全警示用语：

（一）法律、行政法规、部门规章、强制性国家标准、技术规范对化妆品限用组分、准用组分有警示用语和安全事项相关标注要求的；

（二）法律、行政法规、部门规章、强制性国家标准、技术规范对适用于儿童等特殊人群化妆品要求标注的相关注意事项的；

（三）法律、行政法规、部门规章、强制性国家标准、技术规范规定其他应当标注安全警示用语、注意事项的。

第十七条 化妆品净含量不大于15g或者15mL的小规格包装产品，仅需在销售包装可视面标注产品中文名称、特殊化妆品注册证书编号、注册人或者备案人的名称、净含量、使用期限等信息，其他应当标注的信息可以标注在随附于产品的说明书中。

具有包装盒的小规格包装产品，还应当同时在直接接触内容物的包装容器上标注产品中文名称和使用期限。

第十八条 化妆品标签中使用尚未被行业广泛使用导致消费者不易理解，但不属于禁止标注内容的创新用语的，应当在相邻位置对其含义进行解释说明。

第十九条 化妆品标签禁止通过下列方式标注或者宣称：

（一）使用医疗术语、医学名人的姓名、描述医疗作用和效果的词语或者已经批准的药品名明示或者暗示产品具有医疗作用；

（二）使用虚假、夸大、绝对化的词语进行虚假或者引人误解地描述；

（三）利用商标、图案、字体颜色大小、色差、谐音或者暗示性的文字、字母、汉语拼音、数字、符号等方式暗示医疗作用或者进行虚假宣称；

（四）使用尚未被科学界广泛接受的术语、机理编造概念误导消费者；

（五）通过编造虚假信息、贬低其他合法产品等方式误导消费者；

（六）使用虚构、伪造或者无法验证的科研成果、统计资料、调查结果、文摘、引用语等信息误导消费者；

（七）通过宣称所用原料的功能暗示产品实际不具有或者不允许宣称的功效；

（八）使用未经相关行业主管部门确认的标识、奖励等进行化妆品安全及功效相关宣称及用语；

（九）利用国家机关、事业单位、医疗机构、公益性机构等单位及其工作人员、聘任的专家的名义、形象作证明或者推荐；

（十）表示功效、安全性的断言或者保证；

（十一）标注庸俗、封建迷信或者其他违反社会公序良俗的内容；

（十二）法律、行政法规和化妆品强制性国家标准禁止标注的其他内容。

第二十条 化妆品标签存在下列情形，但不影响产品质量安全且不会对消费者造成误导的，由负责药品监督管理的部门依照《化妆品监督管理条例》第六十一条第二款规定处理：

（1）文字、符号、数字的字号不规范，或者出现多字、漏字、错别字、非规范汉字的；

（2）使用期限、净含量的标注方式和格式不规范等的；

（3）化妆品标签不清晰难以辨认、识读，或者部分印字脱落或者粘贴不牢的；

（4）化妆品成分名称不规范或者成分未按照配方含量的降序列出的；

（5）未按照本办法规定使用引导语的；

（6）产品中文名称未在显著位置标注的；

（7）其他违反本办法规定但不影响产品质量安全且不会对消费者造成误导的情形。

化妆品标签违反本办法规定，构成《化妆品监督管理条例》第六十一条第一款第（五）项规定情形的，依法予以处罚。

第二十一条 以免费试用、赠予、兑换等形式向消费者提供的化妆品，其标签适用本办法。

第二十二条 本办法所称最小销售单元等名词术语的含义如下：

最小销售单元：以产品销售为目的，将产品内容物随产品包装容器、包装盒以及产品说明书等一起交付消费者时的最小包装的产品形式。

销售包装：最小销售单元的包装。包括直接接触内容物的包装容器、放置包装容器的包装盒以及随附于产品的说明书。

内容物：包装容器内所装的产品。

展示面：化妆品在陈列时，除底面外能被消费者看到的任何面。

可视面：化妆品在不破坏销售包装的情况下，能被消费者看到的任何面。

引导语：用以引出标注内容的用语，如“产品名称”“净含量”等。

第二十三条 本办法自2022年5月1日起施行。

关于发布《化妆品新原料注册备案资料管理规定》的公告

（国家药监局公告2021年第31号）

发布日期：2021-02-26

实施日期：2021-05-01

法规类型：规范性文件

为贯彻落实《化妆品注册备案管理办法》，规范和指导化妆品新原料注册与备案工作，国家药监局制定了《化妆品新原料注册备案资料管理规定》，现予公布，自2021年5月1日起施行。

特此公告。

附件：化妆品新原料注册备案资料管理规定（略）

关于发布化妆品注册备案资料提交技术指南（试行）的通告

（国家药监局公告2021年第26号）

发布日期：2021-04-12
实施日期：2021-04-12
法规类型：规范性文件

为指导化妆品和新原料注册人、备案人规范开展注册备案和提交注册备案资料，依据《化妆品监督管理条例》《化妆品注册备案管理办法》《化妆品注册备案资料管理规定》《化妆品新原料注册备案资料管理规定》等相关规定，国家药监局组织制定了《化妆品注册备案资料提交技术指南（试行）》，现予发布。

特此通告。

附件：化妆品注册备案资料提交技术指南（试行）（略）

关于贯彻实施《化妆品监督管理条例》有关事项的公告

（国家药监局公告2020年第144号）

发布日期：2020-12-28
实施日期：2021-01-01
法规类型：规范性文件

2020年6月29日，国务院颁布《化妆品监督管理条例》（以下简称《条例》），自2021年1月1日起施行。国家药品监督管理局正在组织开展《条例》配套部门规章和规范性文件的制修订工作，并按照相关立法程序审议发布。为保证化妆品质量安全，促进化妆品产业健康发展，现就贯彻实施《条例》有关事项公告如下：

一、关于化妆品注册人、备案人

自2021年1月1日起，凡持有特殊化妆品注册证书（特殊用途化妆品行政许可批件）或者已办理普通化妆品（非特殊用途化妆品）备案的企业或者其他组织，应当按照《条例》关于化妆品注册人、备案人的要求，依法对化妆品的质量安全和功效宣称负责。

二、关于化妆品注册和备案管理

自2021年1月1日起，化妆品、化妆品新原料实行分类管理，在《条例》配套的注册、备案相关规定发布实施前，化妆品注册人、备案人应当按照现行注册备案有关规定提交注册和备案资料，化妆品新原料注册人、备案人应当按照《化妆品新原料申报与审评指南》中的资料要求提交注册和备案资料。化妆品、化妆品新原料备案人提交备案资料即完成备案；药品监督管理部门按照《条例》规定的程序和时限开展注册管理相关工作。

2021年1月1日以后作出予以注册决定的特殊化妆品，产品注册证有效期为5年。

三、关于育发等五类特殊用途化妆品过渡期管理

自2021年1月1日起，《化妆品卫生监督条例》规定的育发、脱毛、美乳、健美、除臭类特殊用途化妆品不再按照特殊化妆品管理，国家药品监督管理局不再受理相关产品的注册申请，不再发放相关特殊用途化妆品行政许可批件。此前已经受理尚未作出行政许可决定的行政许可申请，按照《条例》属于普通化妆品或者不属于化妆品的产品，国家药品监督管理局应当终止审批；按照《条例》属于特殊化妆品的产品，申请人可以调整申报资料后继续按程序审评审批。

四、关于香皂和牙膏管理

自2021年1月1日起，宣称具有特殊化妆品功效的香皂，应当按照《条例》规定申请特殊化妆品注册并取得注册证。

在《条例》配套的牙膏监督管理相关规定发布实施前，药品监督管理部门按照现行有关规定对牙膏实施监督管理。

五、关于功效宣称评价和标签管理

在《条例》配套的化妆品分类规则和分类目录、化妆品功效宣称评价规范、化妆品标签管理办法等发布实施之前，化妆品注册人、备案人暂不需要公布产品功效评价资料的摘要，化妆品功效宣称评价和标签管理按照现行有关规定执行。

六、关于化妆品生产许可

2021年1月1日起，此前已取得的《化妆品生产许可证》在有效期内继续有效，新办化妆品生产许可和许可证变更、延续、补发，依照《条例》的规定执行。在《条例》配套的化妆品生产许可管理相关规定发布实施前，化妆品生产许可资料要求等依照《化妆品生产许可工作规范》的规定执行，核发新版《化妆品生产许可证》，证书样式见附件。发放、使用电子证书的地区，电子证书样式应当与新版纸质证书样式保持一致。

七、关于违法行为查处

化妆品违法行为发生在2021年1月1日以前的，适用《化妆品卫生监督条例》，但依据《条例》认为不违法或者应当作出较轻处罚的，适用《条例》。违法行为发生在2021年1月1日以后的，适用《条例》。

特此公告。

附件：化妆品生产许可证（样式）（略）

国家药品监督管理局关于在全国范围实施进口非特殊用途化妆品备案管理有关事宜的公告

（国家药监局公告2018年第88号）

发布日期：2018-11-07
实施日期：2018-11-07
法规类型：规范性文件

为贯彻落实《国务院关于在全国推开“证照分离”改革的通知》（国发〔2018〕35号）要求，现就在全国范围实施进口非特殊用途化妆品备案管理工作有关事宜公告如下：

一、自2018年11月10日起，首次进口非特殊用途化妆品由现行审批管理和自贸试验区试点实施备案管理，调整为全国统一备案管理，国家药品监督管理部门不再受理进口非特殊用途化妆品行政许可申请。

二、进口化妆品生产企业应当在产品进口前，委托境内责任人登录国家药品监管局政务网站（www. nmpa. gov. cn）“网上办事”栏目，通过“进口非特殊用途化妆品备案管理系统”网络平台，办理备案手续，取得电子版备案凭证后方可进口。备案产品按照“国妆网备进字（境内责任人所在省份简称）+四位年份数字+六位顺序编号”的规则进行编号。

三、境内责任人注册地在天津、辽宁、上海、浙江、福建、河南、湖北、广东、重庆、四川、陕西等前期已经开展自贸试验区试点实施进口非特殊用途化妆品备案管理的省（市）行政区域范围内的，在备案系统填报上传完成电子版资料后，向所在地省级食品药品监督管理部门办理备案。有关省级食品药品监管部门应当及时制定本行政区域内备案管理相关办事指南，并向社会公开。境内责任人注册地在其他省（区、市）行政区域范围内的，在网上备案系统填报上传完成电子版资料后，向国家药品监督管理部门办理备案。

四、已经备案产品拟在境内责任人所在地省（区、市）行政区域以外的口岸进口的，应当通过备案系统补充填报进口口岸和收货人等相关信息后方可进口。

五、申请进口非特殊用途化妆品备案的进口化妆品生产企业，应当参照原食品药品监管总局发布的《关于发布上海市浦东新区进口非特殊用途化妆品备案管理工作程序（暂行）的公告》（2017年第10号）相关要求，进行境内责任人授权、备案系统用户名称注册、产品备案信息报送、备案信息凭证打印等相关工作。

关于进口非特殊用途化妆品检验报告、境内化妆品企业委托境外企业生产等有关事宜，参照原食品药品监管总局办公厅《关于明确浦东新区试点实施进口非特殊用途化妆品备案检验报告要求等有关事宜的通知》（食药监办药化管〔2017〕72号）执行。

六、2018年11月10日前申报行政许可且已被国家药品监督管理部门受理的进口非特殊用途化妆品，申报单位可在2018年11月20日前向国家药品监督管理部门撤回原行政许可申请，后续由境内责任人按照本公告相关要求备案进口。逾期未撤回的，国家药品监督管理部门将按照原程序继续开展技术审核，符合要求的核发纸质版进口非特殊用途化妆品备案凭证。

2018年11月10日前申请进口非特殊用途化妆品行政许可尚未取得批件的产品，后续可按照本公告相关要求办理备案，涉及产品安全性原因未获批准的除外。

七、按照原审批管理相关法规要求，已获进口非特殊用途化妆品行政许可，在许可有效期内可继续持国家药品监督管理部门核发的纸质版凭证办理进口，期间需要补发或纠错凭证的，按原有规定办理。

在许可有效期结束后仍需继续进口，或者有效期结束前原行政许可事项发生变更的，应当按照本公告要求重新办理备案手续后方可进口。

八、各级药品监管部门应当加大备案进口产品的事中、事后监管力度，加强与海关等有关部门的协调配合，及时通报产品质量安全信息，会同有关部门依法查处相关违法违规行为。

特此公告。

进口化妆品境内收货人备案、进口记录和销售记录管理规定

（国家质检总局公告2016年第77号）

发布日期：2016-08-15

实施日期：2022-01-01

法规类型：规范性文件

（根据海关总署公告2021年第108号《关于取消进口肉类收货人、进口化妆品境内收货人备案的公告》对相应条款修正）

第一章　总　则

第一条　为加强进口化妆品的溯源管理，保障进口化妆品质量安全，根据《中华人民共和国进出口商品检验法》及其实施条例、《化妆品卫生监督条例》及其实施细则、《国务院关于加强食品等产品安全监督管理的特别规定》和《进出口化妆品检验检疫监督管理办法》等法律、法规及规章的规定，制定本规定。

第二条　本规定适用于进口化妆品境内收货人（以下简称收货人）的进口记录和销售记录（以下简称“进口和销售记录”）管理，以及为完成进口和销售记录所必需的生产经营信息记录的监督管理；其中进口记录是指收货人记载化妆品及其相关进口信息的纸质或者电子文件，销售记录是指记载收货人将进口化妆品提供给化妆品经营者的纸质或者电子文件。

第三条　进口化妆品结关地检验检疫机构负责进口化妆品的进口和销售记录的监督管理工作。

第四条　收货人应当建立完善的化妆品进口和销售记录制度并严格执行。

第二章　进口和销售记录

第五条　收货人应当建立化妆品进口记录，并指派专人负责。

第六条　收货人建立的化妆品进口记录应当包括以下内容：

进口化妆品的名称、品牌、规格、数重量、货值、生产批号及限制使用日期或生产日期及保质期、原产地、贸易国家或者地区、生产加工企业名称及信息记录号、出口商（代理商）名称及信息记录号、施检机构、目的地、报检单号、入境时间、存放地点、联系人及电话等内容。记录格式见附件1。

第七条　为完成进口和销售记录，境内收货人应为向其提供化妆品的境外生产企业和出

口商（代理商）填写有关信息，信息包括：企业名称、地址、国家（地区）、联系人、联系方式、化妆品种类及填写人信息等内容，获得境外生产企业信息记录号和境外出口商（代理商）信息记录号，并对信息的真实性负责。境外生产企业和出口商（代理商）也可自行填写其有关信息。企业应对所记录信息的真实性负责。

第八条 收货人应当保存如下进口记录档案材料：贸易合同、提单、根据需要出具的国（境）外官方相关证书、报检单的复印件、检验检疫机构出具的《入境货物检验检疫证明》等文件副本。

第九条 收货人应当建立进口化妆品销售记录（化妆品进口后直接用于零售的除外），指派专人负责。

第十条 进口化妆品销售记录应当包括销售流向记录及召回记录等内容。

销售流向记录应当包括进口化妆品名称、规格、数重量、生产批号及限制使用日期或生产日期及保质期、销售日期、购货单位名称及联系方式、化妆品召回后处理方式等信息。记录格式见附件 2。

召回记录应当包括涉及的进口化妆品名称、规格、数重量、生产批号及限制使用日期或生产日期及保质期，召回原因，自查分析、应急处理方式，后续改进措施等信息。记录格式见附件 3。

第十一条 收货人应当保存如下销售记录档案材料：购销合同、销售发票留底联、出库单等文件原件或者复印件，自用化妆品的收货人还应当保存加工使用记录等资料。

第十二条 收货人应当妥善保存化妆品进口和销售记录，防止污染、破损和遗失。化妆品进口和销售记录保存时间不得少于产品保质期满后 6 个月；没有明确保质期的，保存期限不得少于 2 年。

第三章　监督管理

第十三条 检验检疫机构应当随时对收货人的化妆品进口和销售记录进行监督检查。对进口和销售记录填写不正确、不完善的，应当要求其更正、完善。不按要求及时更正、完善的，应加严进口化妆品检验检疫监管措施。

第十四条 收货人或者其代理人在对进口化妆品进行报检时，应当按照国家质检总局的规定提供报检材料。

第四章　附　则

第十五条 本规定所称收货人指中国大陆境内（不包括香港、澳门）与外方签订贸易合同的收货人。

第十六条 本规定自 2017 年 3 月 1 日起施行。

附件：1. 化妆品进口记录（略）

2. 进口化妆品销售记录（略）

3. 进口化妆品收货人召回记录（略）

关于调整化妆品进口环节消费税的通知

（财关税〔2016〕48 号）

发布日期：2016-09-30
实施日期：2016-10-01
法规类型：规范性文件

海关总署：

为引导合理消费，经国务院批准，对化妆品的消费税政策进行调整，现将有关问题通知如下：

一、调整化妆品进口环节消费税税目税率，具体如下：

（一）将征收范围调整为高档美容修饰类化妆品、高档护肤类化妆品。高档美容修饰类和高档护肤类化妆品界定标准为进口完税价格在 10 元/毫升（克）或 15 元/片（张）及以上。调整后的税目见附件。

（二）将进口环节消费税税率由 30%下调为 15%。

二、本通知自 2016 年 10 月 1 日起执行。

附件：化妆品进口环节消费税税目税率表

附件

化妆品进口环节消费税税目税率表

序号	ex	税则号列	商品名称	税率
1	ex	33030000	香水及花露水	15%
2	ex	33041000	唇用化妆品	15%
3	ex	33042000	眼用化妆品	15%
4	ex	33043000	指（趾）甲化妆品	15%
5	ex	33049100	粉，不论是否压紧	15%
6	ex	33049900	其他美容化妆品	15%

备注：1. “ex”标识表示非全税目商品。

2. 仅对上表进口完税价格在 10 元/毫升（克）或 15 元/片（张）及以上的商品征收消费税。

化妆品行政许可申报受理规定

（国食药监许〔2009〕856号）

发布日期：2009-12-25
实施日期：2010-04-01
法规类型：规范性文件

第一条 为规范化妆品行政许可申报受理工作，保证行政许可申报受理工作公开、公平、公正，制定本规定。

第二条 化妆品行政许可是指化妆品新原料使用、国产特殊用途化妆品生产和化妆品首次进口等的审批工作。

第三条 本规定适用于《化妆品卫生监督条例》及其实施细则中规定的化妆品行政许可申报受理工作。

第四条 国家食品药品监督管理局负责化妆品行政许可申报受理管理工作。

第五条 国产化妆品行政许可申请人应是化妆品生产企业。国产化妆品新原料行政许可申请人应是化妆品原料生产企业或化妆品生产企业。

进口化妆品行政许可申请人应是进口化妆品生产企业。进口化妆品新原料行政许可申请人应是进口化妆品新原料生产企业或化妆品生产企业。同一申请人应委托一个在中国境内依法登记注册，并具有独立法人资格的单位作为在华申报责任单位，负责代理申报有关事宜。申请人可以变更在华申报责任单位。

第六条 申请人和在华申报责任单位应当按照国家有关法律、法规、标准和规范的要求申报化妆品行政许可，对申报资料负责并承担相应的法律责任。

第七条 申请人应当向国家食品药品监督管理局提出化妆品行政许可申请，按照本规定的要求提交有关资料。

第八条 首次申报前，行政许可在华申报责任单位授权书原件应在国家食品药品监督管理局行政受理机构（以下称受理机构）进行备案。

申请人申报化妆品行政许可，应登录国家食品药品监督管理局化妆品行政许可网上申报系统，并填写相应的化妆品行政许可申请表。

第九条 化妆品行政许可批件（备案凭证）有效期四年。

申请人申请延续化妆品行政许可批件（备案凭证）有效期的，应当在化妆品行政许可批件（备案凭证）期满4个月前提出申请。

因补发化妆品行政许可批件（备案凭证）而未能在规定时限内提出延续申请的，应当在领取补发化妆品行政许可批件（备案凭证）后15日内提出延续申请，但补发申请应当在该化妆品行政许可批件（备案凭证）期满4个月前提出。

第十条 申请人在化妆品行政许可批件（备案凭证）有效期内申请变更许可事项的，应当按照有关要求提出申请并提交相应资料。配方变更或可能涉及化妆品安全性的其他变更，应当按照新产品重新申报。变更后仍使用原名称的，应当在产品外包装标识上予以注明，以区别于变更前产品。

第十一条 化妆品行政许可批件（备案凭证）损毁或遗失的，应当及时提出补发申请，但不得同时提出延续或变更申请。

第十二条 收到国家食品药品监督管理局颁发的化妆品行政许可批件（备案凭证）后，存在下列情形的，应当一次性提出纠错申请：

（一）化妆品行政许可批件（备案凭证）打印错误；

（二）化妆品行政许可批件（备案凭证）编号错误；

（三）化妆品行政许可批件（备案凭证）中出现的其他错误。

本条所规定的纠错范围，不包括申请人申报错误。

第十三条 符合下列条件之一的，申请人可以使用同一产品名称重新申报：

（一）未在规定时限内提出申请延续化妆品行政许可批件（备案凭证）有效期的；

（二）终止申报后再次申报的；

（三）主动申请注销原化妆品行政许可批件（备案凭证）的；

（四）不予行政许可后再次申报的。

因含禁用物质、限用物质超标或卫生安全性检验结果不合格等涉及产品安全性的原因未获批准的产品，不得再次申报。

第十四条 生产企业跨境委托生产（含分装）化妆品的，其最后一道接触内容物的工序在境内完成的按国产产品申报，在境外完成的按进口产品申报。

已获得化妆品行政许可批件（备案凭证）后跨境委托关系发生变化的，应按有关改变生产现场的规定重新申报。

第十五条 两剂或两剂以上必须配合使用的产品，应按一个产品申报。由境内、境外不同生产企业各生产产品一部分的，申报资料分别按照国产产品和进口产品的有关规定提供。申报时，应当注明其产品按国产产品或进口产品申报。在化妆品行政许可批件（备案凭证）备注栏中应分别载明国产剂型和进口剂型的名称、生产企业和实际生产地址。

第十六条 受理机构在接收化妆品行政许可申报资料时，应向申请人出具“申报资料签收单”，对申报资料进行形式审查，并在5个工作日内作出是否受理或补正的决定。

申报资料齐全、符合要求的，受理机构应当作出予以受理的决定，并出具“受理通知书”。不符合要求的，受理机构应当出具“申报资料补正通知书”，一次性告知申请人需要补正的全部内容。逾期不告知的，自收到申报资料之日起即为受理。补正的申报资料仍不符合要求的，受理机构可以要求继续补正。

第十七条 存在以下情形的，受理机构应当作出不予受理的决定，并出具“不予受理通知书”：

（一）申请事项依法不需要取得行政许可的；

（二）申请事项依法不属于国家食品药品监督管理局行政许可职权范围的；

（三）除本规定第九条规定的情况外，超过规定期限提出延续申请的；

（四）其他属于不予受理范围的申请。

第十八条 受理机构出具的“受理通知书”、“申报资料补正通知书”、“不予受理通知书”，均应当注明出具日期，并加盖国家食品药品监督管理局行政许可受理专用印章。通知书一式两份，一份交申请人，一份存档。

第十九条 申报资料受理后，申请人依据评审意见补充、修改申报资料的，应直接提交国家食品药品监督管理局审评机构。代理申报的，应附已经备案的行政许可在华申报责任单位授权书复印件。补充资料应针对评审意见，一次性全部提交，并注明补充资料的日期、单位并加盖公章。补充资料不得同时更改评审意见未涉及的申报资料的其他内容。

第二十条 申请人向国家食品药品监督管理局提交行政许可申报资料后，在国家食品药品监督管理局作出受理决定前，可书面申请终止申报并索回全部申报资料。已受理的，申请人在技术审评意见作出前可书面要求撤回行政许可申请，可要求退回全部资料。申请人在接到“不予行政许可决定书”或“不予延续/变更决定书”之日起6个月内，可书面要求退回下列资料：

（一）产品在生产国（地区）允许生产和销售的证明文件、化妆品企业良好生产规范证明文件及其公证书，但多个产品同时申报并使用同一证明文件原件的除外；

（二）在有效期内的原化妆品行政许可批件（备案凭证）；

（三）延续时提交的申报资料。

第二十一条 国家食品药品监督管理局应当自受理之日起六十日内，组织对申请人提交的其申报产品中可能存在安全性风险物质的有关安全性评估资料进行审查。

第二十二条 申请人和在华申报责任单位提供虚假申报资料和样品的，国家食品药品监督管理局依据《中华人民共和国行政许可法》第七十八条的规定，对该申请不予受理或不予许可，对申请人和在华申报责任单位给予警告，并在一年内不受理该行政许可。

第二十三条 本规定由国家食品药品监督管理局负责解释。

第二十四条 本规定自2010年4月1日起施行。此前发布的化妆品卫生行政许可申报受理规定与本规定不一致的，以本规定为准。

附件：化妆品行政许可申报资料要求

附件

化妆品行政许可申报资料要求

第一条 申请化妆品行政许可的，应按照《化妆品行政许可申报受理规定》的要求提交有关资料，申报资料的一般要求如下：

（一）首次申请特殊用途化妆品行政许可的，提交原件1份、复印件4份，复印件应清晰并与原件一致；

（二）申请备案、延续、变更、补发批件的，提交原件1份；

（三）除检验报告、公证文书、官方证明文件及第三方证明文件外，申报资料原件应由申请人逐页加盖公章或骑缝章；

（四）使用A4规格纸张打印，使用明显区分标志，按规定顺序排列，并装订成册；

（五）使用中国法定计量单位；

（六）申报内容应完整、清楚，同一项目的填写应当一致；

（七）所有外文（境外地址、网址、注册商标、专利名称、SPF、PFA或PA、UVA、UVB等必须使用外文的除外）均应译为规范的中文，并将译文附在相应的外文资料前；

（八）产品配方应提交文字版和电子版；

（九）文字版与电子版的填写内容应当一致。

第二条 申请国产特殊用途化妆品行政许可的，应提交下列资料：

（一）国产特殊用途化妆品行政许可申请表；

（二）产品名称命名依据；

（三）产品质量安全控制要求；

（四）产品设计包装（含产品标签、产品说明书）；

（五）经国家食品药品监督管理局认定的许可检验机构出具的检验报告及相关资料；

（六）产品中可能存在安全性风险物质的有关安全性评估资料；

（七）省级食品药品监督管理部门出具的生产卫生条件审核意见；

（八）申请育发、健美、美乳类产品的，应提交功效成份及其使用依据的科学文献资料；

（九）可能有助于行政许可的其他资料。

另附省级食品药品监督管理部门封样并未启封的样品1件。

第三条 申请进口特殊用途化妆品行政许可的，应提交下列资料：

（一）进口特殊用途化妆品行政许可申请表；

（二）产品中文名称命名依据；

（三）产品配方；

（四）生产工艺简述和简图；

（五）产品质量安全控制要求；

（六）产品原包装（含产品标签、产品说明书）；拟专为中国市场设计包装的，需同时提交产品设计包装（含产品标签、产品说明书）；

（七）经国家食品药品监督管理局认定的许可检验机构出具的检验报告及相关资料；

（八）产品中可能存在安全性风险物质的有关安全性评估资料；

（九）申请育发、健美、美乳类产品的，应提交功效成份及其使用依据的科学文献资料；

（十）已经备案的行政许可在华申报责任单位授权书复印件及行政许可在华申报责任单位营业执照复印件并加盖公章；

（十一）化妆品使用原料及原料来源符合疯牛病疫区高风险物质禁限用要求的承诺书；

（十二）产品在生产国（地区）或原产国（地区）生产和销售的证明文件；

（十三）可能有助于行政许可的其他资料。

另附许可检验机构封样并未启封的市售样品1件。

第四条 申请进口非特殊用途化妆品备案的，应提交下列资料：

（一）进口非特殊用途化妆品行政许可申请表；

（二）产品中文名称命名依据；

（三）产品配方；

（四）产品质量安全控制要求；

（五）产品原包装（含产品标签、产品说明书）；拟专为中国市场设计包装的，需同时提交产品设计包装（含产品标签、产品说明书）；

（六）经国家食品药品监督管理局认定的许可检验机构出具的检验报告及相关资料；

（七）产品中可能存在安全性风险物质的有关安全性评估料；

（八）已经备案的行政许可在华申报责任单位授权书复印件及行政许可在华申报责任单位营业执照复印件并加盖公章；

（九）化妆品使用原料及原料来源符合疯牛病疫区高风险物质禁限用要求的承诺书；

（十）产品在生产国（地区）或原产国（地区）生产和销售的证明文件；

（十一）可能有助于备案的其他资料。

另附许可检验机构封样并未启封的市售样品1件。

第五条 申请化妆品新原料行政许可的，应提交下列资料：

（一）化妆品新原料行政许可申请表；

（二）研制报告

1. 原料研发的背景、过程及相关的技术资料；

2. 原料的来源、理化特性、化学结构、分子式、分子量；

3. 原料在化妆品中的使用目的、依据、范围及使用限量。

（三）生产工艺简述及简图；

（四）原料质量安全控制要求，包括规格、检测方法、可能存在安全性风险物质及其控制等；

（五）毒理学安全性评价资料，包括原料中可能存在安全性风险物质的有关安全性评估资料；

（六）代理申报的，应提交已经备案的行政许可在华申报责任单位授权书复印件及行政许可在华申报责任单位营业执照复印件并加盖公章；

（七）可能有助于行政许可的其他资料。

另附送审样品1件。

第六条 申报产品属于下列情况的，除按以上规定提交资料外，还应当分别提交下列资料：

（一）申报产品以委托加工方式生产的，应提交以下资料：

1. 委托方与被委托方签订的委托加工协议书；

2. 进口产品应提交被委托生产企业的质量管理体系或良好生产规范的证明文件或符合生产企业所在国（地区）法规要求的化妆品生产资质证明文件；

3. 境外生产企业委托境内企业生产的国产产品还应对行政许可在华申报责任单位进行备案，提交行政许可在华申报责任单位授权书；

4. 境内生产企业委托境外企业生产的进口产品可不提交行政许可在华申报责任单位授权书、生产和销售的证明文件及产品原包装，应提交产品包装设计。

（二）实际生产企业与化妆品生产企业（申请人）属于同一集团公司的，应提交实际生产企业与化妆品生产企业（申请人）属于同一集团公司的证明文件和企业集团公司出具的产品质量保证文件。

第七条 多个实际生产企业生产同一产品可以同时申报，其中一个实际生产企业生产的产品应按上述规定提交全部资料，此外，还应提交以下资料：

（一）涉及委托生产加工关系的，提交委托生产加工协议书，进口产品还应提交被委托生产企业质量管理体系或良好生产规范的证明文件或符合生产企业所在国（地区）法规要求的化妆品生产资质证明文件；

（二）生产企业属于同一集团公司的，提交生产企业属于同一集团公司的证明文件及企业集团出具的产品质量保证文件；

（三）其他实际生产企业生产产品原包装，国产产品可提交包装设计；

（四）其他实际生产企业产品的卫生学（微生物、卫生化学）检验报告；

（五）国产产品，应提交其他实际生产企业所在地省级食品药品监督管理部门出具的生产卫生条件审核意见；

（六）进口产品，应提交其他实际生产企业化妆品使用原料及原料来源符合疯牛病疫区高风险物质禁限用要求的承诺书。

第八条 申请人对终止申报或未获行政许可的产品再次申报的，应当重新提出申请并提交申报资料。终止申报后再次申报的，还应说明终止申报及再次申报的理由；不予行政许可后再次申报的，还应提交不予行政许可（变更/延续）决定书复印件，并说明再次申报的理由。

不予行政许可的原因不涉及产品安全性的，重新申报时可以使用原检验报告复印件，国产特殊用途化妆品还可使用原生产卫生条件审核意见复印件，但原申报资料已退回申请人的除外。

第九条 申请延续行政许可（备案）有效期的，应提交以下资料：

（一）化妆品行政许可延续申请表；

（二）化妆品行政许可批件（备案凭证）原件；

（三）产品中文名称命名依据（首次申报已提交且产品名称无变化的除外）；

（四）产品配方；

（五）产品质量安全控制要求；

（六）市售产品包装（含产品标签、产品说明书），国产产品如未上市，可提交产品设计包装（含产品标签、产品说明书）；

（七）国产产品，应提交申请人所在地省级食品药品监督管理部门出具的关于产品生产、上市、监督意见书或产品未上市的审核意见；

（八）代理申报的，应提交已经备案的行政许可在华申报责任单位授权书复印件，以及行政许可在华申报责任单位营业执照复印件并加盖公章；

（九）可能有助于行政许可的其他资料。

另附未启封的市售产品1件。

第十条 申请变更行政许可事项的，应提交以下资料：

（一）化妆品行政许可变更申请表；

（二）化妆品行政许可批件（备案凭证）原件；

（三）代理申报的，应提交已经备案的行政许可在华申报责任单位授权书复印件及营业执照复印件并加盖公章；

（四）根据申请变更的内容分别提交下列资料：

1. 产品名称的变更：

（1）申请变更产品中文名称的，应在变更申请表中说明理由，并提交拟变更的产品中文名称命名依据及拟变更的产品设计包装（含产品标签、产品说明书）；进口产品外文名称不得变更；

（2）申请变更防晒产品SPF、PFA或PA值的，应当提交相应的SPF、PFA或PA值检验报告，并提交拟变更的产品设计包装（含产品标签、产品说明书）。

2. 生产企业名称、地址的变更（包括自主变更或被收购合并）：

（1）国产产品生产企业名称或地址变更，应当提交当地工商行政管理部门出具的证明文件原件或经公证的复印件、生产企业卫生许可证复印件；

（2）进口产品生产企业名称或地址变更，应当提交生产国政府主管部门或有关机构出具的相关证明文件，其中，因企业间的收购、合并而提出合法变更生产企业名称的，也可提交双方签订的收购或合并合同的复印件，证明文件需翻译成规范中文，中文译文应有中国公证机关的公证；

（3）境内企业集团内部进行调整的，应提交工商行政管理部门出具的有关证明文件；涉及台港澳投资企业或外商投资企业的，可提交经公证的《中华人民共和国外商投资企业批准证书》或《中华人民共和国台港澳侨投资企业批准证书》复印件；

（4）涉及改变生产现场的，应提交拟变更的生产企业产品的卫生学（微生物、卫生化学）检验报告；对于国产产品，还应提交拟变更的生产企业所在地省级食品药品监督管理部门出具的生产卫生条件审核意见。

3. 进口产品生产企业中文名称的变更（外文名称不变）：

（1）生产企业中文名称变更的理由；

（2）拟变更的产品设计包装（含产品标签、产品说明书）。

4. 行政许可在华申报责任单位的变更：

（1）先提交拟变更的行政许可在华申报责任单位授权书原件备案；

（2）拟变更的行政许可在华申报责任单位授权书复印件；

（3）行政许可在华申报责任单位名称或地址变更，应提交当地工商行政管理部门出具的变更证明文件原件或经公证的复印件；

（4）生产企业出具的撤销原行政许可在华申报责任单位的情况说明并经公证机关公证。

5. 实际生产企业的变更：

（1）涉及委托生产加工关系的，提交委托生产加工协议书，进口产品还应提交被委托生产企业质量管理体系或良好生产规范的证明文件或符合生产企业所在国（地区）法规要求的化妆品生产资质证明文件；

（2）生产企业属于同一集团公司的，提交生产企业属于同一集团公司的证明文件及企业集团公司出具的产品质量保证文件；

（3）拟变更的实际生产企业生产的产品原包装；

（4）拟变更的实际生产企业生产产品的卫生学（微生物、卫生化学）检验报告；

（5）国产产品，还应提交拟变更的实际生产企业所在地省级食品药品监督管理部门出具的生产卫生条件审核意见；

（6）进口产品，还应提交实际生产企业生产产品所用原料及原料来源符合疯牛病疫区高风险物质禁限用要求的承诺书。

6. 变更特殊用途化妆品类别，应按照各类别要求提交相应的资料。

7. 申请其他变更的，应详细说明理由，并提交相关证明文件。

第十一条 申请补发行政许可批件（备案凭证）的，应提交下列资料：

（一）化妆品行政许可批件（备案凭证）补发申请表；

（二）因行政许可批件（备案凭证）破损申请补发的，应提交化妆品行政许可批件（备案凭证）原件；

（三）因行政许可批件（备案凭证）遗失申请补发的，应提交省级以上（含省级）报刊刊载的遗失声明原件，遗失补发申请应在刊载遗失声明之日起20日后及时提出；

（四）代理申报的，应提交已经备案的行政许可在华申报责任单位授权书复印件，以及行政许可在华申报责任单位营业执照复印件并加盖公章。

第十二条 申请行政许可批件（备案凭证）纠错的，应提交下列资料：

（一）化妆品行政许可批件（备案凭证）纠错申请表；

（二）由申请人签章的化妆品行政许可批件（备案凭证）复印件；

（三）化妆品行政许可批件（备案凭证）原件在领取新批件（备案凭证）时交回。

第十三条 向国家食品药品监督管理局审评机构补充资料的，应提交下列资料：

（一）评审意见通知书；

（二）按评审意见提出问题顺序排列的补充资料。

第十四条 产品配方资料应符合下列要求：

（一）应以表格形式在同一张表中提供包含原料序号、原料INCI名称（国际化妆品原料名称）（国产产品除外）、标准中文名称、百分含量、使用目的等内容的配方表，字号不小于小五号宋体；

（二）应提供全部原料的名称，实际含量以百分比计，并注明有效物含量（未注明者均以有效物含量100%计）；复配原料必须以复配形式申报，并应标明各组分在其中的含量（以百分比计）；特殊情况，如含结晶水、原料存在不同的分子式或结构式等应加以说明，全部原料按含量递减顺序排列；

（三）配方原料（含复配原料中的各组分）的中文名称应按《国际化妆品原料标准中文名称目录》使用标准中文名称，无INCI名称或未列入《国际化妆品原料标准中文名称目录》的应使用《中国药典》中的名称或化学名称或植物拉丁学名，不得使用商品名或俗名，但复配原料除外；

（四）着色剂应提供《化妆品卫生规范》上载明的着色剂索引号（简称CI号），无CI号的除外；

（五）含有动物脏器组织及血液制品提取物的，应提交原料的来源、质量规格和原料生产国允许使用的证明；

（六）凡在产品配方中使用来源于石油、煤焦油的碳氢化合物（单一组分的除外）的，应在产品配方中标明相关原料的化学文摘索引号（简称CAS号）；

（七）《化妆品卫生规范》对限用物质原料有规格要求的，还应提交由原料生产商出具的该原料的质量规格证明；

（八）分装组配的多剂型产品（如染发、烫发类），或存在于同一不可拆分包装内的不同配方内容物组合而成的产品，应将各部分配方分别列出；

（九）许可检验机构对进口产品配方的确认证明，其确认日期应与检验样品的受理日期一致；

（十）凡宣称为孕妇、哺乳期妇女、儿童或婴儿使用的产品，应当提供基于安全性考虑的配方设计原则（含配方整体分析报告）、原料的选择原则和要求、生产工艺、质量控制等内容的资料。

第十五条 产品中可能存在安全性风险物质的有关安全性评估资料应根据化妆品使用原料及产品特性提出，并包括下列内容：

（一）产品中可能存在并具有安全性风险的物质名称（包括原料中带入的、生产过程中产生的物质），相关检测方法和检测数据；

（二）针对产品中可能存在的安全性风险物质的安全风险评估报告；

（三）在现有技术条件下，能够降低产品中可能存在的安全性风险物质含量的技术资料，必要时提交工艺改进的措施；

（四）植物来源的原料还应提交可能含有农药残留等污染物或提取加工过程中带入的杂质情况。

第十六条 产品质量安全控制要求应包含下列内容：

（一）颜色、气味、性状等感官指标；

（二）微生物指标（不需检测的除外）、卫生化学指标；

（三）烫发类、脱毛类、祛斑类产品以及宣称含α—羟基酸或虽不宣称含α—羟基酸，但其总量≥3%（w/w）的产品应当有pH值指标（油包水（油状产品）、粉状、粉饼类、蜡基类除外）及其检测方法；

（四）进口产品，应提交在原产国执行的产品质量安全控制要求（外文版及中文译文）。原产国执行的产品质量安全控制要求中不含本条（一）、（二）、（三）项内容的，应同时提交含相应指标的产品质量安全控制要求资料；

（五）申请人应提交产品符合《化妆品卫生规范》要求的承诺。

第十七条 国产特殊用途化妆品生产卫生条件审核意见应包括以下资料：

（一）化妆品生产卫生条件审核申请表；

（二）化妆品生产卫生条件审核表；

（三）产品配方；

（四）生产工艺简述和简图；

（五）生产设备清单；

（六）生产企业卫生许可证复印件。

第十八条 经国家食品药品监督管理局认定的许可检验机构出具的检验报告及相关资料，应符合下列要求：

（一）化妆品许可检验报告包括卫生安全性检验（微生物、卫生化学、毒理学）报告和人体安全性检验报告，其受检样品应为同一产品名称、同一生产日期/批号的产品；

（二）使用境外实验室出具的防晒指数（SPF、PFA 或 PA 值）或新原料检验报告的，应提交如下资料：

1. 出具报告的实验室已经过实验室资格认证的，应提交资格认证证书；

2. 出具报告的实验室未经过实验室资格认证的，应提交实验室严格遵循《良好临床操作规范》（Good Clinical Practice，GCP）或《良好实验室操作规范》（Good Laboratory Practice，GLP）的证明；

3. 其他有助于说明实验室资质的资料。

凡首次提交境外检验报告的，应提交上述资料的原件或经出具报告的实验室所在国（地区）行业协会、中国使（领）馆、公证处认可的复印件的确认件（含翻译件），国家食品药品监督管理局认可后，再次申报时只需提交复印件。

境外实验室检验报告应当提交原件，系列产品符合抽检要求的，至少一个产品提交原件，其他产品可提交复印件，并说明原件所在的申报产品名称。

使用境外实验室出具的检验报告，应当同时提交由相关实验室出具的送检样品与检验报告相对应关系的证明文件。

（三）许可检验机构出具的检验报告应包括以下资料：

1. 检验申请表；

2. 检验受理通知书；

3. 产品使用说明；

4. 卫生安全性检验报告（微生物、卫生化学、毒理学）；

5. 如有以下资料应提交：

（1）人体安全性检验报告（皮肤斑贴、人体试用）；

（2）防晒指数 SPF、PFA 或 PA 值检验报告；

（3）其他新增项目检测报告（如化妆品中石棉检测报告等）。

第十九条 化妆品使用原料及原料来源符合疯牛病疫区高风险物质禁限用要求的承诺书应按有关规定出具。

第二十条 进口产品原包装均提交外文原版和中文译文，及符合中国相关法律法规要求的产品中文标签（含产品说明书）。

第二十一条 生产国（地区）生产和销售的证明文件应当符合下列要求：

（一）由产品生产国或原产国（地区）政府主管部门或行业协会出具。无法提交文件原件的，可提交复印件，复印件应经出具机构或我国使（领）馆确认；

（二）应载明产品名称、生产企业名称、出具文件的机构名称并有机构印章或法定代表人（或其授权人）签名及文件出具日期；

（三）所载明的产品名称和生产企业名称应与所申报的内容完全一致；如为委托加工或其他方式生产，其证明文件所载明的生产企业与所申报的内容不一致时，应由申请人出具证明文件予以说明；必须配合使用的多剂型产品可仅提交产品进口部分的生产和销售证明文件；

（四）生产和销售证明文件如为外文，应译为规范的中文，中文译文应由中国公证机关公证。

第二十二条 被委托生产企业的质量管理体系或良好生产规范的证明文件或符合生产企业所在国（地区）法规要求的化妆品生产资质证明文件应当符合下列要求：

（一）由认证机构或第三方出具或认可。无法提交原件的，可提交复印件，复印件应由中国公证机关公证或由我国使（领）馆确认；

（二）所载明的生产企业名称和地址应与所申报的内容完全一致。

第二十三条 进口化妆品行政许可在华申报责任单位授权书应当符合下列要求：

（一）授权书应由化妆品生产企业和行政许可在华申报责任单位双方共同签署（化妆品生产企业负责人签字或盖章均可，行政许可在华申报责任单位应由法定代表人签字和盖章）并经公证机关公证；授权书为外文的，还应译成中文，并对中文译文公证；

（二）授权书应包括以下内容：授权单位名称、行政许可在华申报责任单位名称、授权有效期（至少四年）、所授权的产品范围、授权权限等；授权权限应包括委托行政许可在华申报责任单位代理申报，还可以包括代表化妆品生产企业加盖印章确认申报资料；

（三）应提交授权书原件（包括中文译文）存档备查。

第二十四条 生产和销售证明文件、质量管理体系或良好生产规范的证明文件、不同国家的生产企业同属一个集团公司的证明、委托加工协议等证明文件可同时列明多个产品。这些产品如同时申报，一个产品使用原件，其他产品可使用复印件，并书面说明原件所在的申报产品名称；这些产品如不同时申报，一个产品使用原件，其他产品需使用经公证后的复印件，并书面说明原件所在的申报产品名称。

第二十五条 经省级食品药品监督管理部门或许可检验机构封样的送审样品，应是与送检样品名称、生产日期/批号（或保质期/限用期限）、检验受理编号一致的完整包装样品，包装内应含产品说明书。因体积过小（如口红、唇膏等）而无产品说明书或将说明内容印制在产品容器上的，应在申报资料中产品包装部分提交相关说明。进口样品外包装上应加贴产品中文名称的标签，所有外文标识不得遮盖。境内企业委托境外企业生产加工的进口样品，按国产产品提交送审样品。

第二十六条 符合以下包装类型的样品应按下列规定申报：

（一）一个样品包装内有两个以上（含两个）独立小包装或能分隔的样品（如眼影、粉饼、腮红等），且以一个产品名称申报，应分别提交产品配方和检验报告；非独立包装或不能分隔的样品，应提交一份检验报告，各部分应分别提交产品配方；

（二）样品为不可拆分的组合包装，且以一个产品名称申报，其物态、原料成分不同的，应分别提交产品配方、检验报告；

（三）两剂或两剂以上必须配合使用的产品，应按一个产品申报。根据多剂型是否混合后使用的实际情况，提交混合检验报告或分别提交各自剂型的检验报告。

第二十七条 多色号系列非特殊用途化妆品，当基础配方相同，并申请抽样进行毒理检验时，可作为一组产品同时申报。每个产品申报资料中均应附上系列产品的名单、基础配方和着色剂一览表以及抽检产品名单。

多色号系列非特殊用途化妆品毒理学安全性检验，抽检比例为30%，总数不足10个以10个计；抽检时应首选含有机着色剂和/或着色剂含量高的产品进行检验。

第二十八条 多色号系列防晒化妆品，当基础配方相同，并申请抽样进行防晒功能（SPF、PFA或PA）检验时，可作为一组产品同时申报。每个产品申报资料中均应附上系列产品的名单、基础配方和着色剂一览表以及抽检产品名单。

多色号系列防晒化妆品防晒功能检验，抽检比例为20%，总数不足5个以5个计；抽检时应选着色剂含量最低的产品（或无着色剂基础配方的制品）进行检验。

第二十九条 名称相同，但香型不同或防晒指数（SPF、PFA或PA）不同的化妆品，每个产品应分别申报一个许可批件，并分别提交申报资料。

附表：1. 国产特殊用途化妆品行政许可申请表（略）

2. 进口特殊用途化妆品行政许可申请表（略）

3. 进口非特殊用途化妆品备案申请表（略）
4. 化妆品新原料行政许可申请表（略）
5. 化妆品行政许可变更申请表（略）
6. 化妆品行政许可延续申请表（略）
7. 化妆品许可批件（备案凭证）补发申请表（略）
8. 化妆品行政许可批件（备案凭证）纠错申请表（略）

关于调整从疯牛病疫区进口化妆品管理措施的公告

（国家质检总局公告 2007 年第 116 号）

发布日期：2007-07-30
实施日期：2007-07-30
法规类型：规范性文件

为进一步规范进口化妆品的管理，国家质量监督检验检疫总局、卫生部决定对从疯牛病疫区进口化妆品管理措施进行调整，现公告如下：

一、禁止含有本公告附件所列来自疯牛病疫区的高风险物质的化妆品及化妆品原料进口。来自疯牛病疫区的高风险物质清单由卫生部和国家质量监督检验检疫总局根据风险分析结果进行调整并公布。

二、进口商在向国务院卫生行政主管部门申报办理卫生许可批件（或备案证书）和向出入境检验检疫机构报检时，不再提供由疯牛病疫区国家主管部门或其授权机构出具的“化妆品证书”。

三、进口含本公告附件所列疯牛病疫区高风险物质化妆品和化妆品原料的，将依法进行处理。

四、本公告自 2007 年 8 月 31 日起实施。原中华人民共和国卫生部与国家质量监督检验检疫总局联合发布的 2002 年 1 号公告同时废止。

附件：化妆品中禁限用的来自疯牛病疫区的高风险物质清单

附件

化妆品中禁限用的来自疯牛病疫区的高风险物质清单

一、禁用物质清单

（一）牛源性物质：脑、眼、脊髓、头骨、脊椎骨（不包括尾椎骨）、脊柱、扁桃体、回肠末端、背根神经节、三叉神经节、血液和血液制品、舌（指舌肌含有杯状乳突）。

（二）羊源性物质：头骨（包括脑、神经节和眼）、脊柱（包括神经节和脊髓）、扁桃体、胸腺、脾脏、小肠、肾上腺、胰腺、肝脏以及这些组织制备的蛋白制品，血液和血液制品、舌（指舌肌含有杯状乳突）。

二、限用物质清单

（一）限用牛源性物质：骨制明胶和胶原、含蛋白的牛油脂和磷酸二钙、含蛋白的牛油脂衍生物。

（二）限用牛源性物质需满足的加工条件

1. 骨制明胶和胶原

原料骨（不包括头骨和椎骨）需经以下程序进行加工处理：

（1）高压冲洗（脱脂）；

（2）酸洗软化，去除矿物质；

（3）长时间碱处理；

（4）过滤；

（5）138℃以上至少灭菌消毒4秒，或使用可降低感染性的其他等效方法。

2. 含蛋白的牛油脂和磷酸二钙

来源于经过宰前和宰后检验的牛，并剔除了脑、眼、脊髓、脊柱、扁桃体、回肠末端等特殊风险物质。

3. 含蛋白的牛油脂衍生物

需经高温、高压的水解、皂化和酯交换方法生产。

固体废物

中华人民共和国固体废物污染环境防治法

（主席令第 43 号）

发布日期：1995-10-30
实施日期：2020-09-01
法规类型：法律

（2004 年 12 月 29 日第十届全国人民代表大会常务委员会第十三次会议第一次修订；根据 2013 年 6 月 29 日第十二届全国人民代表大会常务委员会第三次会议《关于修改〈中华人民共和国文物保护法〉等十二部法律的决定》第一次修正；根据 2015 年 4 月 24 日第十二届全国人民代表大会常务委员会第十四次会议《关于修改〈中华人民共和国港口法〉等七部法律的决定》第二次修正；根据 2016 年 11 月 7 日第十二届全国人民代表大会常务委员会第二十四次会议《关于修改〈中华人民共和国对外贸易法〉等十二部法律的决定》第三次修正；2020 年 4 月 29 日第十三届全国人民代表大会常务委员会第十七次会议第二次修订）

第一章　总　则

第一条　为了保护和改善生态环境，防治固体废物污染环境，保障公众健康，维护生态安全，推进生态文明建设，促进经济社会可持续发展，制定本法。

第二条　固体废物污染环境的防治适用本法。

固体废物污染海洋环境的防治和放射性固体废物污染环境的防治不适用本法。

第三条　国家推行绿色发展方式，促进清洁生产和循环经济发展。

国家倡导简约适度、绿色低碳的生活方式，引导公众积极参与固体废物污染环境防治。

第四条　固体废物污染环境防治坚持减量化、资源化和无害化的原则。

任何单位和个人都应当采取措施，减少固体废物的产生量，促进固体废物的综合利用，降低固体废物的危害性。

第五条　固体废物污染环境防治坚持污染担责的原则。

产生、收集、贮存、运输、利用、处置固体废物的单位和个人，应当采取措施，防止或者减少固体废物对环境的污染，对所造成的环境污染依法承担责任。

第六条　国家推行生活垃圾分类制度。

生活垃圾分类坚持政府推动、全民参与、城乡统筹、因地制宜、简便易行的原则。

第七条　地方各级人民政府对本行政区域固体废物污染环境防治负责。

国家实行固体废物污染环境防治目标责任制和考核评价制度，将固体废物污染环境防治目标完成情况纳入考核评价的内容。

第八条 各级人民政府应当加强对固体废物污染环境防治工作的领导，组织、协调、督促有关部门依法履行固体废物污染环境防治监督管理职责。

省、自治区、直辖市之间可以协商建立跨行政区域固体废物污染环境的联防联控机制，统筹规划制定、设施建设、固体废物转移等工作。

第九条 国务院生态环境主管部门对全国固体废物污染环境防治工作实施统一监督管理。国务院发展改革、工业和信息化、自然资源、住房城乡建设、交通运输、农业农村、商务、卫生健康、海关等主管部门在各自职责范围内负责固体废物污染环境防治的监督管理工作。

地方人民政府生态环境主管部门对本行政区域固体废物污染环境防治工作实施统一监督管理。地方人民政府发展改革、工业和信息化、自然资源、住房城乡建设、交通运输、农业农村、商务、卫生健康等主管部门在各自职责范围内负责固体废物污染环境防治的监督管理工作。

第十条 国家鼓励、支持固体废物污染环境防治的科学研究、技术开发、先进技术推广和科学普及，加强固体废物污染环境防治科技支撑。

第十一条 国家机关、社会团体、企业事业单位、基层群众性自治组织和新闻媒体应当加强固体废物污染环境防治宣传教育和科学普及，增强公众固体废物污染环境防治意识。

学校应当开展生活垃圾分类以及其他固体废物污染环境防治知识普及和教育。

第十二条 各级人民政府对在固体废物污染环境防治工作以及相关的综合利用活动中做出显著成绩的单位和个人，按照国家有关规定给予表彰、奖励。

第二章　监督管理

第十三条 县级以上人民政府应当将固体废物污染环境防治工作纳入国民经济和社会发展规划、生态环境保护规划，并采取有效措施减少固体废物的产生量、促进固体废物的综合利用、降低固体废物的危害性，最大限度降低固体废物填埋量。

第十四条 国务院生态环境主管部门应当会同国务院有关部门根据国家环境质量标准和国家经济、技术条件，制定固体废物鉴别标准、鉴别程序和国家固体废物污染环境防治技术标准。

第十五条 国务院标准化主管部门应当会同国务院发展改革、工业和信息化、生态环境、农业农村等主管部门，制定固体废物综合利用标准。

综合利用固体废物应当遵守生态环境法律法规，符合固体废物污染环境防治技术标准。使用固体废物综合利用产物应当符合国家规定的用途、标准。

第十六条 国务院生态环境主管部门应当会同国务院有关部门建立全国危险废物等固体废物污染环境防治信息平台，推进固体废物收集、转移、处置等全过程监控和信息化追溯。

第十七条 建设产生、贮存、利用、处置固体废物的项目，应当依法进行环境影响评价，并遵守国家有关建设项目环境保护管理的规定。

第十八条 建设项目的环境影响评价文件确定需要配套建设的固体废物污染环境防治设施，应当与主体工程同时设计、同时施工、同时投入使用。建设项目的初步设计，应当按照环境保护设计规范的要求，将固体废物污染环境防治内容纳入环境影响评价文件，落实防治固体废物污染环境和破坏生态的措施以及固体废物污染环境防治设施投资概算。

建设单位应当依照有关法律法规的规定，对配套建设的固体废物污染环境防治设施进行验收，编制验收报告，并向社会公开。

第十九条 收集、贮存、运输、利用、处置固体废物的单位和其他生产经营者，应当加强对相关设施、设备和场所的管理和维护，保证其正常运行和使用。

第二十条 产生、收集、贮存、运输、利用、处置固体废物的单位和其他生产经营者，应当采取防扬散、防流失、防渗漏或者其他防止污染环境的措施，不得擅自倾倒、堆放、丢弃、遗撒固体废物。

禁止任何单位或者个人向江河、湖泊、运河、渠道、水库及其最高水位线以下的滩地和岸坡以及法律法规规定的其他地点倾倒、堆放、贮存固体废物。

第二十一条 在生态保护红线区域、永久基本农田集中区域和其他需要特别保护的区域内，禁止建设工业固体废物、危险废物集中贮存、利用、处置的设施、场所和生活垃圾填埋场。

第二十二条 转移固体废物出省、自治区、直辖市行政区域贮存、处置的，应当向固体废物移出地的省、自治区、直辖市人民政府生态环境主管部门提出申请。移出地的省、自治区、直辖市人民政府生态环境主管部门应当及时商经接受地的省、自治区、直辖市人民政府生态环境主管部门同意后，在规定期限内批准转移该固体废物出省、自治区、直辖市行政区域。未经批准的，不得转移。

转移固体废物出省、自治区、直辖市行政区域利用的，应当报固体废物移出地的省、自治区、直辖市人民政府生态环境主管部门备案。移出地的省、自治区、直辖市人民政府生态环境主管部门应当将备案信息通报接受地的省、自治区、直辖市人民政府生态环境主管部门。

第二十三条 禁止中华人民共和国境外的固体废物进境倾倒、堆放、处置。

第二十四条 国家逐步实现固体废物零进口，由国务院生态环境主管部门会同国务院商务、发展改革、海关等主管部门组织实施。

第二十五条 海关发现进口货物疑似固体废物的，可以委托专业机构开展属性鉴别，并根据鉴别结论依法管理。

第二十六条 生态环境主管部门及其环境执法机构和其他负有固体废物污染环境防治监督管理职责的部门，在各自职责范围内有权对从事产生、收集、贮存、运输、利用、处置固体废物等活动的单位和其他生产经营者进行现场检查。被检查者应当如实反映情况，并提供必要的资料。

实施现场检查，可以采取现场监测、采集样品、查阅或者复制与固体废物污染环境防治相关的资料等措施。检查人员进行现场检查，应当出示证件。对现场检查中知悉的商业秘密应当保密。

第二十七条 有下列情形之一，生态环境主管部门和其他负有固体废物污染环境防治监督管理职责的部门，可以对违法收集、贮存、运输、利用、处置的固体废物及设施、设备、场所、工具、物品予以查封、扣押：

（一）可能造成证据灭失、被隐匿或者非法转移的；

（二）造成或者可能造成严重环境污染的。

第二十八条 生态环境主管部门应当会同有关部门建立产生、收集、贮存、运输、利用、处置固体废物的单位和其他生产经营者信用记录制度，将相关信用记录纳入全国信用信息共享平台。

第二十九条 设区的市级人民政府生态环境主管部门应当会同住房城乡建设、农业农村、卫生健康等主管部门，定期向社会发布固体废物的种类、产生量、处置能力、利用处置状况等信息。

产生、收集、贮存、运输、利用、处置固体废物的单位，应当依法及时公开固体废物污染环境防治信息，主动接受社会监督。

利用、处置固体废物的单位，应当依法向公众开放设施、场所，提高公众环境保护意识和参与程度。

第三十条　县级以上人民政府应当将工业固体废物、生活垃圾、危险废物等固体废物污染环境防治情况纳入环境状况和环境保护目标完成情况年度报告，向本级人民代表大会或者人民代表大会常务委员会报告。

第三十一条　任何单位和个人都有权对造成固体废物污染环境的单位和个人进行举报。

生态环境主管部门和其他负有固体废物污染环境防治监督管理职责的部门应当将固体废物污染环境防治举报方式向社会公布，方便公众举报。

接到举报的部门应当及时处理并对举报人的相关信息予以保密；对实名举报并查证属实的，给予奖励。

举报人举报所在单位的，该单位不得以解除、变更劳动合同或者其他方式对举报人进行打击报复。

第三章　工业固体废物

第三十二条　国务院生态环境主管部门应当会同国务院发展改革、工业和信息化等主管部门对工业固体废物对公众健康、生态环境的危害和影响程度等作出界定，制定防治工业固体废物污染环境的技术政策，组织推广先进的防治工业固体废物污染环境的生产工艺和设备。

第三十三条　国务院工业和信息化主管部门应当会同国务院有关部门组织研究开发、推广减少工业固体废物产生量和降低工业固体废物危害性的生产工艺和设备，公布限期淘汰产生严重污染环境的工业固体废物的落后生产工艺、设备的名录。

生产者、销售者、进口者、使用者应当在国务院工业和信息化主管部门会同国务院有关部门规定的期限内分别停止生产、销售、进口或者使用列入前款规定名录中的设备。生产工艺的采用者应当在国务院工业和信息化主管部门会同国务院有关部门规定的期限内停止采用列入前款规定名录中的工艺。

列入限期淘汰名录被淘汰的设备，不得转让给他人使用。

第三十四条　国务院工业和信息化主管部门应当会同国务院发展改革、生态环境等主管部门，定期发布工业固体废物综合利用技术、工艺、设备和产品导向目录，组织开展工业固体废物资源综合利用评价，推动工业固体废物综合利用。

第三十五条　县级以上地方人民政府应当制定工业固体废物污染环境防治工作规划，组织建设工业固体废物集中处置等设施，推动工业固体废物污染环境防治工作。

第三十六条　产生工业固体废物的单位应当建立健全工业固体废物产生、收集、贮存、运输、利用、处置全过程的污染环境防治责任制度，建立工业固体废物管理台账，如实记录产生工业固体废物的种类、数量、流向、贮存、利用、处置等信息，实现工业固体废物可追溯、可查询，并采取防治工业固体废物污染环境的措施。

禁止向生活垃圾收集设施中投放工业固体废物。

第三十七条　产生工业固体废物的单位委托他人运输、利用、处置工业固体废物的，应当对受托方的主体资格和技术能力进行核实，依法签订书面合同，在合同中约定污染防治要求。

受托方运输、利用、处置工业固体废物，应当依照有关法律法规的规定和合同约定履行污染防治要求，并将运输、利用、处置情况告知产生工业固体废物的单位。

产生工业固体废物的单位违反本条第一款规定的，除依照有关法律法规的规定予以处罚外，还应当与造成环境污染和生态破坏的受托方承担连带责任。

第三十八条　产生工业固体废物的单位应当依法实施清洁生产审核，合理选择和利用原材料、能源和其他资源，采用先进的生产工艺和设备，减少工业固体废物的产生量，降低工业固体废物的危害性。

第三十九条 产生工业固体废物的单位应当取得排污许可证。排污许可的具体办法和实施步骤由国务院规定。

产生工业固体废物的单位应当向所在地生态环境主管部门提供工业固体废物的种类、数量、流向、贮存、利用、处置等有关资料，以及减少工业固体废物产生、促进综合利用的具体措施，并执行排污许可管理制度的相关规定。

第四十条 产生工业固体废物的单位应当根据经济、技术条件对工业固体废物加以利用；对暂时不利用或者不能利用的，应当按照国务院生态环境等主管部门的规定建设贮存设施、场所，安全分类存放，或者采取无害化处置措施。贮存工业固体废物应当采取符合国家环境保护标准的防护措施。

建设工业固体废物贮存、处置的设施、场所，应当符合国家环境保护标准。

第四十一条 产生工业固体废物的单位终止的，应当在终止前对工业固体废物的贮存、处置的设施、场所采取污染防治措施，并对未处置的工业固体废物作出妥善处置，防止污染环境。

产生工业固体废物的单位发生变更的，变更后的单位应当按照国家有关环境保护的规定对未处置的工业固体废物及其贮存、处置的设施、场所进行安全处置或者采取有效措施保证该设施、场所安全运行。变更前当事人对工业固体废物及其贮存、处置的设施、场所的污染防治责任另有约定的，从其约定；但是，不得免除当事人的污染防治义务。

对 2005 年 4 月 1 日前已经终止的单位未处置的工业固体废物及其贮存、处置的设施、场所进行安全处置的费用，由有关人民政府承担；但是，该单位享有的土地使用权依法转让的，应当由土地使用权受让人承担处置费用。当事人另有约定的，从其约定；但是，不得免除当事人的污染防治义务。

第四十二条 矿山企业应当采取科学的开采方法和选矿工艺，减少尾矿、煤矸石、废石等矿业固体废物的产生量和贮存量。

国家鼓励采取先进工艺对尾矿、煤矸石、废石等矿业固体废物进行综合利用。

尾矿、煤矸石、废石等矿业固体废物贮存设施停止使用后，矿山企业应当按照国家有关环境保护等规定进行封场，防止造成环境污染和生态破坏。

第四章　生活垃圾

第四十三条 县级以上地方人民政府应当加快建立分类投放、分类收集、分类运输、分类处理的生活垃圾管理系统，实现生活垃圾分类制度有效覆盖。

县级以上地方人民政府应当建立生活垃圾分类工作协调机制，加强和统筹生活垃圾分类管理能力建设。

各级人民政府及其有关部门应当组织开展生活垃圾分类宣传，教育引导公众养成生活垃圾分类习惯，督促和指导生活垃圾分类工作。

第四十四条 县级以上地方人民政府应当有计划地改进燃料结构，发展清洁能源，减少燃料废渣等固体废物的产生量。

县级以上地方人民政府有关部门应当加强产品生产和流通过程管理，避免过度包装，组织净菜上市，减少生活垃圾的产生量。

第四十五条 县级以上人民政府应当统筹安排建设城乡生活垃圾收集、运输、处理设施，确定设施厂址，提高生活垃圾的综合利用和无害化处置水平，促进生活垃圾收集、处理的产业化发展，逐步建立和完善生活垃圾污染环境防治的社会服务体系。

县级以上地方人民政府有关部门应当统筹规划，合理安排回收、分拣、打包网点，促进生活垃圾的回收利用工作。

第四十六条 地方各级人民政府应当加强农村生活垃圾污染环境的防治，保护和改善农村人居环境。

国家鼓励农村生活垃圾源头减量。城乡结合部、人口密集的农村地区和其他有条件的地方，应当建立城乡一体的生活垃圾管理系统；其他农村地区应当积极探索生活垃圾管理模式，因地制宜，就近就地利用或者妥善处理生活垃圾。

第四十七条 设区的市级以上人民政府环境卫生主管部门应当制定生活垃圾清扫、收集、贮存、运输和处理设施、场所建设运行规范，发布生活垃圾分类指导目录，加强监督管理。

第四十八条 县级以上地方人民政府环境卫生等主管部门应当组织对城乡生活垃圾进行清扫、收集、运输和处理，可以通过招标等方式选择具备条件的单位从事生活垃圾的清扫、收集、运输和处理。

第四十九条 产生生活垃圾的单位、家庭和个人应当依法履行生活垃圾源头减量和分类投放义务，承担生活垃圾产生者责任。

任何单位和个人都应当依法在指定的地点分类投放生活垃圾。禁止随意倾倒、抛撒、堆放或者焚烧生活垃圾。

机关、事业单位等应当在生活垃圾分类工作中起示范带头作用。

已经分类投放的生活垃圾，应当按照规定分类收集、分类运输、分类处理。

第五十条 清扫、收集、运输、处理城乡生活垃圾，应当遵守国家有关环境保护和环境卫生管理的规定，防止污染环境。

从生活垃圾中分类并集中收集的有害垃圾，属于危险废物的，应当按照危险废物管理。

第五十一条 从事公共交通运输的经营单位，应当及时清扫、收集运输过程中产生的生活垃圾。

第五十二条 农贸市场、农产品批发市场等应当加强环境卫生管理，保持环境卫生清洁，对所产生的垃圾及时清扫、分类收集、妥善处理。

第五十三条 从事城市新区开发、旧区改建和住宅小区开发建设、村镇建设的单位，以及机场、码头、车站、公园、商场、体育场馆等公共设施、场所的经营管理单位，应当按照国家有关环境卫生的规定，配套建设生活垃圾收集设施。

县级以上地方人民政府应当统筹生活垃圾公共转运、处理设施与前款规定的收集设施的有效衔接，并加强生活垃圾分类收运体系和再生资源回收体系在规划、建设、运营等方面的融合。

第五十四条 从生活垃圾中回收的物质应当按照国家规定的用途、标准使用，不得用于生产可能危害人体健康的产品。

第五十五条 建设生活垃圾处理设施、场所，应当符合国务院生态环境主管部门和国务院住房城乡建设主管部门规定的环境保护和环境卫生标准。

鼓励相邻地区统筹生活垃圾处理设施建设，促进生活垃圾处理设施跨行政区域共建共享。

禁止擅自关闭、闲置或者拆除生活垃圾处理设施、场所；确有必要关闭、闲置或者拆除的，应当经所在地的市、县级人民政府环境卫生主管部门商所在地生态环境主管部门同意后核准，并采取防止污染环境的措施。

第五十六条 生活垃圾处理单位应当按照国家有关规定，安装使用监测设备，实时监测污染物的排放情况，将污染排放数据实时公开。监测设备应当与所在地生态环境主管部门的监控设备联网。

第五十七条 县级以上地方人民政府环境卫生主管部门负责组织开展厨余垃圾资源化、无害化处理工作。

产生、收集厨余垃圾的单位和其他生产经营者，应当将厨余垃圾交由具备相应资质条件的单位进行无害化处理。

禁止畜禽养殖场、养殖小区利用未经无害化处理的厨余垃圾饲喂畜禽。

第五十八条 县级以上地方人民政府应当按照产生者付费原则，建立生活垃圾处理收费制度。

县级以上地方人民政府制定生活垃圾处理收费标准，应当根据本地实际，结合生活垃圾分类情况，体现分类计价、计量收费等差别化管理，并充分征求公众意见。生活垃圾处理收费标准应当向社会公布。

生活垃圾处理费应当专项用于生活垃圾的收集、运输和处理等，不得挪作他用。

第五十九条 省、自治区、直辖市和设区的市、自治州可以结合实际，制定本地方生活垃圾具体管理办法。

第五章 建筑垃圾、农业固体废物等

第六十条 县级以上地方人民政府应当加强建筑垃圾污染环境的防治，建立建筑垃圾分类处理制度。

县级以上地方人民政府应当制定包括源头减量、分类处理、消纳设施和场所布局及建设等在内的建筑垃圾污染环境防治工作规划。

第六十一条 国家鼓励采用先进技术、工艺、设备和管理措施，推进建筑垃圾源头减量，建立建筑垃圾回收利用体系。

县级以上地方人民政府应当推动建筑垃圾综合利用产品应用。

第六十二条 县级以上地方人民政府环境卫生主管部门负责建筑垃圾污染环境防治工作，建立建筑垃圾全过程管理制度，规范建筑垃圾产生、收集、贮存、运输、利用、处置行为，推进综合利用，加强建筑垃圾处置设施、场所建设，保障处置安全，防止污染环境。

第六十三条 工程施工单位应当编制建筑垃圾处理方案，采取污染防治措施，并报县级以上地方人民政府环境卫生主管部门备案。

工程施工单位应当及时清运工程施工过程中产生的建筑垃圾等固体废物，并按照环境卫生主管部门的规定进行利用或者处置。

工程施工单位不得擅自倾倒、抛撒或者堆放工程施工过程中产生的建筑垃圾。

第六十四条 县级以上人民政府农业农村主管部门负责指导农业固体废物回收利用体系建设，鼓励和引导有关单位和其他生产经营者依法收集、贮存、运输、利用、处置农业固体废物，加强监督管理，防止污染环境。

第六十五条 产生秸秆、废弃农用薄膜、农药包装废弃物等农业固体废物的单位和其他生产经营者，应当采取回收利用和其他防止污染环境的措施。

从事畜禽规模养殖应当及时收集、贮存、利用或者处置养殖过程中产生的畜禽粪污等固体废物，避免造成环境污染。

禁止在人口集中地区、机场周围、交通干线附近以及当地人民政府划定的其他区域露天焚烧秸秆。

国家鼓励研究开发、生产、销售、使用在环境中可降解且无害的农用薄膜。

第六十六条 国家建立电器电子、铅蓄电池、车用动力电池等产品的生产者责任延伸制度。

电器电子、铅蓄电池、车用动力电池等产品的生产者应当按照规定以自建或者委托等方式建立与产品销售量相匹配的废旧产品回收体系，并向社会公开，实现有效回收和利用。

国家鼓励产品的生产者开展生态设计，促进资源回收利用。

第六十七条 国家对废弃电器电子产品等实行多渠道回收和集中处理制度。

禁止将废弃机动车船等交由不符合规定条件的企业或者个人回收、拆解。

拆解、利用、处置废弃电器电子产品、废弃机动车船等，应当遵守有关法律法规的规定，采取防止污染环境的措施。

第六十八条 产品和包装物的设计、制造，应当遵守国家有关清洁生产的规定。国务院标准化主管部门应当根据国家经济和技术条件、固体废物污染环境防治状况以及产品的技术要求，组织制定有关标准，防止过度包装造成环境污染。

生产经营者应当遵守限制商品过度包装的强制性标准，避免过度包装。县级以上地方人民政府市场监督管理部门和有关部门应当按照各自职责，加强对过度包装的监督管理。

生产、销售、进口依法被列入强制回收目录的产品和包装物的企业，应当按照国家有关规定对该产品和包装物进行回收。

电子商务、快递、外卖等行业应当优先采用可重复使用、易回收利用的包装物，优化物品包装，减少包装物的使用，并积极回收利用包装物。县级以上地方人民政府商务、邮政等主管部门应当加强监督管理。

国家鼓励和引导消费者使用绿色包装和减量包装。

第六十九条 国家依法禁止、限制生产、销售和使用不可降解塑料袋等一次性塑料制品。

商品零售场所开办单位、电子商务平台企业和快递企业、外卖企业应当按照国家有关规定向商务、邮政等主管部门报告塑料袋等一次性塑料制品的使用、回收情况。

国家鼓励和引导减少使用、积极回收塑料袋等一次性塑料制品，推广应用可循环、易回收、可降解的替代产品。

第七十条 旅游、住宿等行业应当按照国家有关规定推行不主动提供一次性用品。

机关、企业事业单位等的办公场所应当使用有利于保护环境的产品、设备和设施，减少使用一次性办公用品。

第七十一条 城镇污水处理设施维护运营单位或者污泥处理单位应当安全处理污泥，保证处理后的污泥符合国家有关标准，对污泥的流向、用途、用量等进行跟踪、记录，并报告城镇排水主管部门、生态环境主管部门。

县级以上人民政府城镇排水主管部门应当将污泥处理设施纳入城镇排水与污水处理规划，推动同步建设污泥处理设施与污水处理设施，鼓励协同处理，污水处理费征收标准和补偿范围应当覆盖污泥处理成本和污水处理设施正常运营成本。

第七十二条 禁止擅自倾倒、堆放、丢弃、遗撒城镇污水处理设施产生的污泥和处理后的污泥。

禁止重金属或者其他有毒有害物质含量超标的污泥进入农用地。

从事水体清淤疏浚应当按照国家有关规定处理清淤疏浚过程中产生的底泥，防止污染环境。

第七十三条 各级各类实验室及其设立单位应当加强对实验室产生的固体废物的管理，依法收集、贮存、运输、利用、处置实验室固体废物。实验室固体废物属于危险废物的，应当按照危险废物管理。

第六章　危险废物

第七十四条 危险废物污染环境的防治，适用本章规定；本章未作规定的，适用本法其他有关规定。

第七十五条 国务院生态环境主管部门应当会同国务院有关部门制定国家危险废物名录，规定统一的危险废物鉴别标准、鉴别方法、识别标志和鉴别单位管理要求。国家危险废物名录应当动态调整。

国务院生态环境主管部门根据危险废物的危害特性和产生数量，科学评估其环境风险，实施分级分类管理，建立信息化监管体系，并通过信息化手段管理、共享危险废物转移数据和信息。

第七十六条 省、自治区、直辖市人民政府应当组织有关部门编制危险废物集中处置设施、场所的建设规划，科学评估危险废物处置需求，合理布局危险废物集中处置设施、场所，确保本行政区域的危险废物得到妥善处置。

编制危险废物集中处置设施、场所的建设规划，应当征求有关行业协会、企业事业单位、专家和公众等方面的意见。

相邻省、自治区、直辖市之间可以开展区域合作，统筹建设区域性危险废物集中处置设施、场所。

第七十七条 对危险废物的容器和包装物以及收集、贮存、运输、利用、处置危险废物的设施、场所，应当按照规定设置危险废物识别标志。

第七十八条 产生危险废物的单位，应当按照国家有关规定制定危险废物管理计划；建立危险废物管理台账，如实记录有关信息，并通过国家危险废物信息管理系统向所在地生态环境主管部门申报危险废物的种类、产生量、流向、贮存、处置等有关资料。

前款所称危险废物管理计划应当包括减少危险废物产生量和降低危险废物危害性的措施以及危险废物贮存、利用、处置措施。危险废物管理计划应当报产生危险废物的单位所在地生态环境主管部门备案。

产生危险废物的单位已经取得排污许可证的，执行排污许可管理制度的规定。

第七十九条 产生危险废物的单位，应当按照国家有关规定和环境保护标准要求贮存、利用、处置危险废物，不得擅自倾倒、堆放。

第八十条 从事收集、贮存、利用、处置危险废物经营活动的单位，应当按照国家有关规定申请取得许可证。许可证的具体管理办法由国务院制定。

禁止无许可证或者未按照许可证规定从事危险废物收集、贮存、利用、处置的经营活动。

禁止将危险废物提供或者委托给无许可证的单位或者其他生产经营者从事收集、贮存、利用、处置活动。

第八十一条 收集、贮存危险废物，应当按照危险废物特性分类进行。禁止混合收集、贮存、运输、处置性质不相容而未经安全性处置的危险废物。

贮存危险废物应当采取符合国家环境保护标准的防护措施。禁止将危险废物混入非危险废物中贮存。

从事收集、贮存、利用、处置危险废物经营活动的单位，贮存危险废物不得超过一年；确需延长期限的，应当报经颁发许可证的生态环境主管部门批准；法律、行政法规另有规定的除外。

第八十二条 转移危险废物的，应当按照国家有关规定填写、运行危险废物电子或者纸质转移联单。

跨省、自治区、直辖市转移危险废物的，应当向危险废物移出地省、自治区、直辖市人民政府生态环境主管部门申请。移出地省、自治区、直辖市人民政府生态环境主管部门应当及时商经接受地省、自治区、直辖市人民政府生态环境主管部门同意后，在规定期限内批准转移该危险废物，并将批准信息通报相关省、自治区、直辖市人民政府生态环境主管部门和交通运输主管部门。未经批准的，不得转移。

危险废物转移管理应当全程管控、提高效率，具体办法由国务院生态环境主管部门会同国务院交通运输主管部门和公安部门制定。

第八十三条 运输危险废物，应当采取防止污染环境的措施，并遵守国家有关危险货物运输管理的规定。

禁止将危险废物与旅客在同一运输工具上载运。

第八十四条 收集、贮存、运输、利用、处置危险废物的场所、设施、设备和容器、包装物及其他物品转作他用时，应当按照国家有关规定经过消除污染处理，方可使用。

第八十五条 产生、收集、贮存、运输、利用、处置危险废物的单位，应当依法制定意外事故的防范措施和应急预案，并向所在地生态环境主管部门和其他负有固体废物污染环境防治监督管理职责的部门备案；生态环境主管部门和其他负有固体废物污染环境防治监督管理职责的部门应当进行检查。

第八十六条 因发生事故或者其他突发性事件，造成危险废物严重污染环境的单位，应当立即采取有效措施消除或者减轻对环境的污染危害，及时通报可能受到污染危害的单位和居民，并向所在地生态环境主管部门和有关部门报告，接受调查处理。

第八十七条 在发生或者有证据证明可能发生危险废物严重污染环境、威胁居民生命财产安全时，生态环境主管部门或者其他负有固体废物污染环境防治监督管理职责的部门应当立即向本级人民政府和上一级人民政府有关部门报告，由人民政府采取防止或者减轻危害的有效措施。有关人民政府可以根据需要责令停止导致或者可能导致环境污染事故的作业。

第八十八条 重点危险废物集中处置设施、场所退役前，运营单位应当按照国家有关规定对设施、场所采取污染防治措施。退役的费用应当预提，列入投资概算或者生产成本，专门用于重点危险废物集中处置设施、场所的退役。具体提取和管理办法，由国务院财政部门、价格主管部门会同国务院生态环境主管部门规定。

第八十九条 禁止经中华人民共和国过境转移危险废物。

第九十条 医疗废物按照国家危险废物名录管理。县级以上地方人民政府应当加强医疗废物集中处置能力建设。

县级以上人民政府卫生健康、生态环境等主管部门应当在各自职责范围内加强对医疗废物收集、贮存、运输、处置的监督管理，防止危害公众健康、污染环境。

医疗卫生机构应当依法分类收集本单位产生的医疗废物，交由医疗废物集中处置单位处置。医疗废物集中处置单位应当及时收集、运输和处置医疗废物。

医疗卫生机构和医疗废物集中处置单位，应当采取有效措施，防止医疗废物流失、泄漏、渗漏、扩散。

第九十一条 重大传染病疫情等突发事件发生时，县级以上人民政府应当统筹协调医疗废物等危险废物收集、贮存、运输、处置等工作，保障所需的车辆、场地、处置设施和防护物资。卫生健康、生态环境、环境卫生、交通运输等主管部门应当协同配合，依法履行应急处置职责。

第七章　保障措施

第九十二条 国务院有关部门、县级以上地方人民政府及其有关部门在编制国土空间规划和相关专项规划时，应当统筹生活垃圾、建筑垃圾、危险废物等固体废物转运、集中处置等设施建设需求，保障转运、集中处置等设施用地。

第九十三条 国家采取有利于固体废物污染环境防治的经济、技术政策和措施，鼓励、支持有关方面采取有利于固体废物污染环境防治的措施，加强对从事固体废物污染环境防治工作人员的培训和指导，促进固体废物污染环境防治产业专业化、规模化发展。

第九十四条 国家鼓励和支持科研单位、固体废物产生单位、固体废物利用单位、固体废物处置单位等联合攻关，研究开发固体废物综合利用、集中处置等的新技术，推动固体废物污染环境防治技术进步。

第九十五条 各级人民政府应当加强固体废物污染环境的防治，按照事权划分的原则安排必要的资金用于下列事项：

（一）固体废物污染环境防治的科学研究、技术开发；

（二）生活垃圾分类；

（三）固体废物集中处置设施建设；

（四）重大传染病疫情等突发事件产生的医疗废物等危险废物应急处置；

（五）涉及固体废物污染环境防治的其他事项。

使用资金应当加强绩效管理和审计监督，确保资金使用效益。

第九十六条 国家鼓励和支持社会力量参与固体废物污染环境防治工作，并按照国家有关规定给予政策扶持。

第九十七条 国家发展绿色金融，鼓励金融机构加大对固体废物污染环境防治项目的信贷投放。

第九十八条 从事固体废物综合利用等固体废物污染环境防治工作的，依照法律、行政法规的规定，享受税收优惠。

国家鼓励并提倡社会各界为防治固体废物污染环境捐赠财产，并依照法律、行政法规的规定，给予税收优惠。

第九十九条 收集、贮存、运输、利用、处置危险废物的单位，应当按照国家有关规定，投保环境污染责任保险。

第一百条 国家鼓励单位和个人购买、使用综合利用产品和可重复使用产品。

县级以上人民政府及其有关部门在政府采购过程中，应当优先采购综合利用产品和可重复使用产品。

第八章　法律责任

第一百零一条 生态环境主管部门或者其他负有固体废物污染环境防治监督管理职责的部门违反本法规定，有下列行为之一，由本级人民政府或者上级人民政府有关部门责令改正，对直接负责的主管人员和其他直接责任人员依法给予处分：

（一）未依法作出行政许可或者办理批准文件的；

（二）对违法行为进行包庇的；

（三）未依法查封、扣押的；

（四）发现违法行为或者接到对违法行为的举报后未予查处的；

（五）有其他滥用职权、玩忽职守、徇私舞弊等违法行为的。

依照本法规定应当作出行政处罚决定而未作出的，上级主管部门可以直接作出行政处罚决定。

第一百零二条 违反本法规定，有下列行为之一，由生态环境主管部门责令改正，处以罚款，没收违法所得；情节严重的，报经有批准权的人民政府批准，可以责令停业或者关闭：

（一）产生、收集、贮存、运输、利用、处置固体废物的单位未依法及时公开固体废物污染环境防治信息的；

（二）生活垃圾处理单位未按照国家有关规定安装使用监测设备、实时监测污染物的排放情况并公开污染排放数据的；

（三）将列入限期淘汰名录被淘汰的设备转让给他人使用的；

（四）在生态保护红线区域、永久基本农田集中区域和其他需要特别保护的区域内，建设工业固体废物、危险废物集中贮存、利用、处置的设施、场所和生活垃圾填埋场的；

（五）转移固体废物出省、自治区、直辖市行政区域贮存、处置未经批准的；

（六）转移固体废物出省、自治区、直辖市行政区域利用未报备案的；

（七）擅自倾倒、堆放、丢弃、遗撒工业固体废物，或者未采取相应防范措施，造成工业固体废物扬散、流失、渗漏或者其他环境污染的；

（八）产生工业固体废物的单位未建立固体废物管理台账并如实记录的；

（九）产生工业固体废物的单位违反本法规定委托他人运输、利用、处置工业固体废物的；

（十）贮存工业固体废物未采取符合国家环境保护标准的防护措施的；

（十一）单位和其他生产经营者违反固体废物管理其他要求，污染环境、破坏生态的。

有前款第一项、第八项行为之一，处五万元以上二十万元以下的罚款；有前款第二项、第三项、第四项、第五项、第六项、第九项、第十项、第十一项行为之一，处十万元以上一百万元以下的罚款；有前款第七项行为，处所需处置费用一倍以上三倍以下的罚款，所需处置费用不足十万元的，按十万元计算。对前款第十一项行为的处罚，有关法律、行政法规另有规定的，适用其规定。

第一百零三条 违反本法规定，以拖延、围堵、滞留执法人员等方式拒绝、阻挠监督检查，或者在接受监督检查时弄虚作假的，由生态环境主管部门或者其他负有固体废物污染环境防治监督管理职责的部门责令改正，处五万元以上二十万元以下的罚款；对直接负责的主管人员和其他直接责任人员，处二万元以上十万元以下的罚款。

第一百零四条 违反本法规定，未依法取得排污许可证产生工业固体废物的，由生态环境主管部门责令改正或者限制生产、停产整治，处十万元以上一百万元以下的罚款；情节严重的，报经有批准权的人民政府批准，责令停业或者关闭。

第一百零五条 违反本法规定，生产经营者未遵守限制商品过度包装的强制性标准的，由县级以上地方人民政府市场监督管理部门或者有关部门责令改正；拒不改正的，处二千元以上二万元以下的罚款；情节严重的，处二万元以上十万元以下的罚款。

第一百零六条 违反本法规定，未遵守国家有关禁止、限制使用不可降解塑料袋等一次性塑料制品的规定，或者未按照国家有关规定报告塑料袋等一次性塑料制品的使用情况的，由县级以上地方人民政府商务、邮政等主管部门责令改正，处一万元以上十万元以下的罚款。

第一百零七条 从事畜禽规模养殖未及时收集、贮存、利用或者处置养殖过程中产生的畜禽粪污等固体废物的，由生态环境主管部门责令改正，可以处十万元以下的罚款；情节严重的，报经有批准权的人民政府批准，责令停业或者关闭。

第一百零八条 违反本法规定，城镇污水处理设施维护运营单位或者污泥处理单位对污泥流向、用途、用量等未进行跟踪、记录，或者处理后的污泥不符合国家有关标准的，由城镇排水主管部门责令改正，给予警告；造成严重后果的，处十万元以上二十万元以下的罚款；拒不改正的，城镇排水主管部门可以指定有治理能力的单位代为治理，所需费用由违法者承担。

违反本法规定，擅自倾倒、堆放、丢弃、遗撒城镇污水处理设施产生的污泥和处理后的污泥的，由城镇排水主管部门责令改正，处二十万元以上二百万元以下的罚款，对直接负责的主管人员和其他直接责任人员处二万元以上十万元以下的罚款；造成严重后果的，处二百万元以上五百万元以下的罚款，对直接负责的主管人员和其他直接责任人员处五万元以上五十万元以下的罚款；拒不改正的，城镇排水主管部门可以指定有治理能力的单位代为治理，所需费用由违法者承担。

第一百零九条 违反本法规定，生产、销售、进口或者使用淘汰的设备，或者采用淘汰的生产工艺的，由县级以上地方人民政府指定的部门责令改正，处十万元以上一百万元以下的罚款，没收违法所得；情节严重的，由县级以上地方人民政府指定的部门提出意见，报经有批准权的人民政府批准，责令停业或者关闭。

第一百一十条 尾矿、煤矸石、废石等矿业固体废物贮存设施停止使用后，未按照国家有关环境保护规定进行封场的，由生态环境主管部门责令改正，处二十万元以上一百万元以下的罚款。

第一百一十一条 违反本法规定，有下列行为之一，由县级以上地方人民政府环境卫生主管部门责令改正，处以罚款，没收违法所得：

（一）随意倾倒、抛撒、堆放或者焚烧生活垃圾的；

（二）擅自关闭、闲置或者拆除生活垃圾处理设施、场所的；

（三）工程施工单位未编制建筑垃圾处理方案报备案，或者未及时清运施工过程中产生的固体废物的；

（四）工程施工单位擅自倾倒、抛撒或者堆放工程施工过程中产生的建筑垃圾，或者未按照规定对施工过程中产生的固体废物进行利用或者处置的；

（五）产生、收集厨余垃圾的单位和其他生产经营者未将厨余垃圾交由具备相应资质条件的单位进行无害化处理的；

（六）畜禽养殖场、养殖小区利用未经无害化处理的厨余垃圾饲喂畜禽的；

（七）在运输过程中沿途丢弃、遗撒生活垃圾的。

单位有前款第一项、第七项行为之一，处五万元以上五十万元以下的罚款；单位有前款第二项、第三项、第四项、第五项、第六项行为之一，处十万元以上一百万元以下的罚款；个人有前款第一项、第五项、第七项行为之一，处一百元以上五百元以下的罚款。

违反本法规定，未在指定的地点分类投放生活垃圾的，由县级以上地方人民政府环境卫生主管部门责令改正；情节严重的，对单位处五万元以上五十万元以下的罚款，对个人依法处以罚款。

第一百一十二条 违反本法规定，有下列行为之一，由生态环境主管部门责令改正，处以罚款，没收违法所得；情节严重的，报经有批准权的人民政府批准，可以责令停业或者关闭：

（一）未按照规定设置危险废物识别标志的；

（二）未按照国家有关规定制定危险废物管理计划或者申报危险废物有关资料的；

（三）擅自倾倒、堆放危险废物的；

（四）将危险废物提供或者委托给无许可证的单位或者其他生产经营者从事经营活动的；

（五）未按照国家有关规定填写、运行危险废物转移联单或者未经批准擅自转移危险废物的；

（六）未按照国家环境保护标准贮存、利用、处置危险废物或者将危险废物混入非危险废物中贮存的；

（七）未经安全性处置，混合收集、贮存、运输、处置具有不相容性质的危险废物的；

（八）将危险废物与旅客在同一运输工具上载运的；

（九）未经消除污染处理，将收集、贮存、运输、处置危险废物的场所、设施、设备和容器、包装物及其他物品转作他用的；

（十）未采取相应防范措施，造成危险废物扬散、流失、渗漏或者其他环境污染的；

（十一）在运输过程中沿途丢弃、遗撒危险废物的；

（十二）未制定危险废物意外事故防范措施和应急预案的；

（十三）未按照国家有关规定建立危险废物管理台账并如实记录的。

有前款第一项、第二项、第五项、第六项、第七项、第八项、第九项、第十二项、第十三项行为之一，处十万元以上一百万元以下的罚款；有前款第三项、第四项、第十项、第十一项行为之一，处所需处置费用三倍以上五倍以下的罚款，所需处置费用不足二十万元的，按二十万元计算。

第一百一十三条 违反本法规定，危险废物产生者未按照规定处置其产生的危险废物被责令改正后拒不改正的，由生态环境主管部门组织代为处置，处置费用由危险废物产生者承担；拒不承担代为处置费用的，处代为处置费用一倍以上三倍以下的罚款。

第一百一十四条 无许可证从事收集、贮存、利用、处置危险废物经营活动的，由生态环境主管部门责令改正，处一百万元以上五百万元以下的罚款，并报经有批准权的人民政府批准，责令停业或者关闭；对法定代表人、主要负责人、直接负责的主管人员和其他责任人员，处十万元以上一百万元以下的罚款。

未按照许可证规定从事收集、贮存、利用、处置危险废物经营活动的，由生态环境主管部门责令改正，限制生产、停产整治，处五十万元以上二百万元以下的罚款；对法定代表人、主要负责人、直接负责的主管人员和其他责任人员，处五万元以上五十万元以下的罚款；情节严重的，报经有批准权的人民政府批准，责令停业或者关闭，还可以由发证机关吊销许可证。

第一百一十五条 违反本法规定，将中华人民共和国境外的固体废物输入境内的，由海关责令退运该固体废物，处五十万元以上五百万元以下的罚款。

承运人对前款规定的固体废物的退运、处置，与进口者承担连带责任。

第一百一十六条 违反本法规定，经中华人民共和国过境转移危险废物的，由海关责令退运该危险废物，处五十万元以上五百万元以下的罚款。

第一百一十七条 对已经非法入境的固体废物，由省级以上人民政府生态环境主管部门依法向海关提出处理意见，海关应当依照本法第一百一十五条的规定作出处罚决定；已经造成环境污染的，由省级以上人民政府生态环境主管部门责令进口者消除污染。

第一百一十八条 违反本法规定，造成固体废物污染环境事故的，除依法承担赔偿责任外，由生态环境主管部门依照本条第二款的规定处以罚款，责令限期采取治理措施；造成重大或者特大固体废物污染环境事故的，还可以报经有批准权的人民政府批准，责令关闭。

造成一般或者较大固体废物污染环境事故的，按照事故造成的直接经济损失的一倍以上三倍以下计算罚款；造成重大或者特大固体废物污染环境事故的，按照事故造成的直接经济损失的三倍以上五倍以下计算罚款，并对法定代表人、主要负责人、直接负责的主管人员和其他责任人员处上一年度从本单位取得的收入百分之五十以下的罚款。

第一百一十九条 单位和其他生产经营者违反本法规定排放固体废物，受到罚款处罚，被责令改正的，依法作出处罚决定的行政机关应当组织复查，发现其继续实施该违法行为的，依照《中华人民共和国环境保护法》的规定按日连续处罚。

第一百二十条 违反本法规定，有下列行为之一，尚不构成犯罪的，由公安机关对法定代表人、主要负责人、直接负责的主管人员和其他责任人员处十日以上十五日以下的拘留；情节较轻的，处五日以上十日以下的拘留：

（一）擅自倾倒、堆放、丢弃、遗撒固体废物，造成严重后果的；

（二）在生态保护红线区域、永久基本农田集中区域和其他需要特别保护的区域内，建设工业固体废物、危险废物集中贮存、利用、处置的设施、场所和生活垃圾填埋场的；

（三）将危险废物提供或者委托给无许可证的单位或者其他生产经营者堆放、利用、处置的；

（四）无许可证或者未按照许可证规定从事收集、贮存、利用、处置危险废物经营活动的；

（五）未经批准擅自转移危险废物的；

（六）未采取防范措施，造成危险废物扬散、流失、渗漏或者其他严重后果的。

第一百二十一条 固体废物污染环境、破坏生态，损害国家利益、社会公共利益的，有关机关和组织可以依照《中华人民共和国环境保护法》、《中华人民共和国民事诉讼法》、《中华人民共和国行政诉讼法》等法律的规定向人民法院提起诉讼。

第一百二十二条 固体废物污染环境、破坏生态给国家造成重大损失的，由设区的市级以上地方人民政府或者其指定的部门、机构组织与造成环境污染和生态破坏的单位和其他生产经营者进行磋商，要求其承担损害赔偿责任；磋商未达成一致的，可以向人民法院提起诉讼。

对于执法过程中查获的无法确定责任人或者无法退运的固体废物，由所在地县级以上地方人民政府组织处理。

第一百二十三条 违反本法规定，构成违反治安管理行为的，由公安机关依法给予治安管理处罚；构成犯罪的，依法追究刑事责任；造成人身、财产损害的，依法承担民事责任。

第九章　附　则

第一百二十四条 本法下列用语的含义：

（一）固体废物，是指在生产、生活和其他活动中产生的丧失原有利用价值或者虽未丧失利用价值但被抛弃或者放弃的固态、半固态和置于容器中的气态的物品、物质以及法律、行政法规规定纳入固体废物管理的物品、物质。经无害化加工处理，并且符合强制性国家产品质量标准，不会危害公众健康和生态安全，或者根据固体废物鉴别标准和鉴别程序认定为不属于固体废物的除外。

（二）工业固体废物，是指在工业生产活动中产生的固体废物。

（三）生活垃圾，是指在日常生活中或者为日常生活提供服务的活动中产生的固体废物，以及法律、行政法规规定视为生活垃圾的固体废物。

（四）建筑垃圾，是指建设单位、施工单位新建、改建、扩建和拆除各类建筑物、构筑物、管网等，以及居民装饰装修房屋过程中产生的弃土、弃料和其他固体废物。

（五）农业固体废物，是指在农业生产活动中产生的固体废物。

（六）危险废物，是指列入国家危险废物名录或者根据国家规定的危险废物鉴别标准和鉴别方法认定的具有危险特性的固体废物。

（七）贮存，是指将固体废物临时置于特定设施或者场所中的活动。

（八）利用，是指从固体废物中提取物质作为原材料或者燃料的活动。

（九）处置，是指将固体废物焚烧和用其他改变固体废物的物理、化学、生物特性的方法，达到减少已产生的固体废物数量、缩小固体废物体积、减少或者消除其危险成分的活动，或者将固体废物最终置于符合环境保护规定要求的填埋场的活动。

第一百二十五条 液态废物的污染防治，适用本法；但是，排入水体的废水的污染防治适用有关法律，不适用本法。

第一百二十六条 本法自 2020 年 9 月 1 日起施行。

废弃电器电子产品回收处理管理条例

（国务院令第 551 号）

发布日期：2009-02-25
实施日期：2019-03-02
法规类型：行政法规

（根据 2019 年 3 月 2 日国务院令第 709 号《国务院关于修改部分行政法规的决定》修订）

第一章　总　则

第一条　为了规范废弃电器电子产品的回收处理活动，促进资源综合利用和循环经济发展，保护环境，保障人体健康，根据《中华人民共和国清洁生产促进法》和《中华人民共和国固体废物污染环境防治法》的有关规定，制定本条例。

第二条　本条例所称废弃电器电子产品的处理活动，是指将废弃电器电子产品进行拆解，从中提取物质作为原材料或者燃料，用改变废弃电器电子产品物理、化学特性的方法减少已产生的废弃电器电子产品数量，减少或者消除其危害成分，以及将其最终置于符合环境保护要求的填埋场的活动，不包括产品维修、翻新以及经维修、翻新后作为旧货再使用的活动。

第三条　列入《废弃电器电子产品处理目录》（以下简称《目录》）的废弃电器电子产品的回收处理及相关活动，适用本条例。

国务院资源综合利用主管部门会同国务院生态环境、工业信息产业等主管部门制订和调整《目录》，报国务院批准后实施。

第四条　国务院生态环境主管部门会同国务院资源综合利用、工业信息产业主管部门负责组织拟订废弃电器电子产品回收处理的政策措施并协调实施，负责废弃电器电子产品处理的监督管理工作。国务院商务主管部门负责废弃电器电子产品回收的管理工作。国务院财政、市场监督管理、税务、海关等主管部门在各自职责范围内负责相关管理工作。

第五条　国家对废弃电器电子产品实行多渠道回收和集中处理制度。

第六条　国家对废弃电器电子产品处理实行资格许可制度。设区的市级人民政府生态环境主管部门审批废弃电器电子产品处理企业（以下简称处理企业）资格。

第七条　国家建立废弃电器电子产品处理基金，用于废弃电器电子产品回收处理费用的补贴。电器电子产品生产者、进口电器电子产品的收货人或者其代理人应当按照规定履行废弃电器电子产品处理基金的缴纳义务。

废弃电器电子产品处理基金应当纳入预算管理，其征收、使用、管理的具体办法由国务院财政部门会同国务院生态环境、资源综合利用、工业信息产业主管部门制订，报国务院批准后施行。

制订废弃电器电子产品处理基金的征收标准和补贴标准，应当充分听取电器电子产品生产企业、处理企业、有关行业协会及专家的意见。

第八条　国家鼓励和支持废弃电器电子产品处理的科学研究、技术开发、相关技术标准的研究以及新技术、新工艺、新设备的示范、推广和应用。

第九条 属于国家禁止进口的废弃电器电子产品，不得进口。

第二章 相关方责任

第十条 电器电子产品生产者、进口电器电子产品的收货人或者其代理人生产、进口的电器电子产品应当符合国家有关电器电子产品污染控制的规定，采用有利于资源综合利用和无害化处理的设计方案，使用无毒无害或者低毒低害以及便于回收利用的材料。

电器电子产品上或者产品说明书中应当按照规定提供有关有毒有害物质含量、回收处理提示性说明等信息。

第十一条 国家鼓励电器电子产品生产者自行或者委托销售者、维修机构、售后服务机构、废弃电器电子产品回收经营者回收废弃电器电子产品。电器电子产品销售者、维修机构、售后服务机构应当在其营业场所显著位置标注废弃电器电子产品回收处理提示性信息。

回收的废弃电器电子产品应当由有废弃电器电子产品处理资格的处理企业处理。

第十二条 废弃电器电子产品回收经营者应当采取多种方式为电器电子产品使用者提供方便、快捷的回收服务。

废弃电器电子产品回收经营者对回收的废弃电器电子产品进行处理，应当依照本条例规定取得废弃电器电子产品处理资格；未取得处理资格的，应当将回收的废弃电器电子产品交有废弃电器电子产品处理资格的处理企业处理。

回收的电器电子产品经过修复后销售的，必须符合保障人体健康和人身、财产安全等国家技术规范的强制性要求，并在显著位置标识为旧货。具体管理办法由国务院商务主管部门制定。

第十三条 机关、团体、企事业单位将废弃电器电子产品交有废弃电器电子产品处理资格的处理企业处理的，依照国家有关规定办理资产核销手续。

处理涉及国家秘密的废弃电器电子产品，依照国家保密规定办理。

第十四条 国家鼓励处理企业与相关电器电子产品生产者、销售者以及废弃电器电子产品回收经营者等建立长期合作关系，回收处理废弃电器电子产品。

第十五条 处理废弃电器电子产品，应当符合国家有关资源综合利用、环境保护、劳动安全和保障人体健康的要求。

禁止采用国家明令淘汰的技术和工艺处理废弃电器电子产品。

第十六条 处理企业应当建立废弃电器电子产品处理的日常环境监测制度。

第十七条 处理企业应当建立废弃电器电子产品的数据信息管理系统，向所在地的设区的市级人民政府生态环境主管部门报送废弃电器电子产品处理的基本数据和有关情况。废弃电器电子产品处理的基本数据的保存期限不得少于3年。

第十八条 处理企业处理废弃电器电子产品，依照国家有关规定享受税收优惠。

第十九条 回收、储存、运输、处理废弃电器电子产品的单位和个人，应当遵守国家有关环境保护和环境卫生管理的规定。

第三章 监督管理

第二十条 国务院资源综合利用、市场监督管理、生态环境、工业信息产业等主管部门，依照规定的职责制定废弃电器电子产品处理的相关政策和技术规范。

第二十一条 省级人民政府生态环境主管部门会同同级资源综合利用、商务、工业信息产业主管部门编制本地区废弃电器电子产品处理发展规划，报国务院生态环境主管部门备案。

地方人民政府应当将废弃电器电子产品回收处理基础设施建设纳入城乡规划。

第二十二条 取得废弃电器电子产品处理资格，依照《中华人民共和国公司登记管理条例》等规定办理登记并在其经营范围中注明废弃电器电子产品处理的企业，方可从事废弃电器电子产品处理活动。

除本条例第三十四条规定外，禁止未取得废弃电器电子产品处理资格的单位和个人处理废弃电器电子产品。

第二十三条 申请废弃电器电子产品处理资格，应当具备下列条件：

（1）（一）具备完善的废弃电器电子产品处理设施；

（2）（二）具有对不能完全处理的废弃电器电子产品的妥善利用或者处置方案；

（3）（三）具有与所处理的废弃电器电子产品相适应的分拣、包装以及其他设备；

（4）（四）具有相关安全、质量和环境保护的专业技术人员。

第二十四条 申请废弃电器电子产品处理资格，应当向所在地的设区的市级人民政府生态环境主管部门提交书面申请，并提供相关证明材料。受理申请的生态环境主管部门应当自收到完整的申请材料之日起60日内完成审查，作出准予许可或者不予许可的决定。

第二十五条 县级以上地方人民政府生态环境主管部门应当通过书面核查和实地检查等方式，加强对废弃电器电子产品处理活动的监督检查。

第二十六条 任何单位和个人都有权对违反本条例规定的行为向有关部门检举。有关部门应当为检举人保密，并依法及时处理。

第四章　法律责任

第二十七条 违反本条例规定，电器电子产品生产者、进口电器电子产品的收货人或者其代理人生产、进口的电器电子产品上或者产品说明书中未按照规定提供有关有毒有害物质含量、回收处理提示性说明等信息的，由县级以上地方人民政府市场监督管理部门责令限期改正，处5万元以下的罚款。

第二十八条 违反本条例规定，未取得废弃电器电子产品处理资格擅自从事废弃电器电子产品处理活动的，由县级以上人民政府生态环境主管部门责令停业、关闭，没收违法所得，并处5万元以上50万元以下的罚款。

第二十九条 违反本条例规定，采用国家明令淘汰的技术和工艺处理废弃电器电子产品的，由县级以上人民政府生态环境主管部门责令限期改正；情节严重的，由设区的市级人民政府生态环境主管部门依法暂停直至撤销其废弃电器电子产品处理资格。

第三十条 处理废弃电器电子产品造成环境污染的，由县级以上人民政府生态环境主管部门按照固体废物污染环境防治的有关规定予以处罚。

第三十一条 违反本条例规定，处理企业未建立废弃电器电子产品的数据信息管理系统，未按规定报送基本数据和有关情况或者报送基本数据、有关情况不真实，或者未按规定期限保存基本数据的，由所在地的设区的市级人民政府生态环境主管部门责令限期改正，可以处5万元以下的罚款。

第三十二条 违反本条例规定，处理企业未建立日常环境监测制度或者未开展日常环境监测的，由县级以上人民政府生态环境主管部门责令限期改正，可以处5万元以下的罚款。

第三十三条 违反本条例规定，有关行政主管部门的工作人员滥用职权、玩忽职守、徇私舞弊，构成犯罪的，依法追究刑事责任；尚不构成犯罪的，依法给予处分。

第五章　附　则

第三十四条 经省级人民政府批准，可以设立废弃电器电子产品集中处理场。废弃电器电子产品集中处理场应当具有完善的污染物集中处理设施，确保符合国家或者地方制定的污染物排放标准和固体废物污染环境防治技术标准，并应当遵守本条例的有关规定。

废弃电器电子产品集中处理场应当符合国家和当地工业区设置规划，与当地土地利用规划和城乡规划相协调，并应当加快实现产业升级。

第三十五条 本条例自2011年1月1日起施行。

危险废物出口核准管理办法

（国家环境保护总局令第47号）

发布日期：2008-01-25

实施日期：2019-08-22

法规类型：部门规章

（根据2019年8月22日生态环境部令第7号《生态环境部关于废止、修改部分规章的决定》修正）

第一章 总 则

第一条 为了规范危险废物出口管理，防止环境污染，根据《控制危险废物越境转移及其处置巴塞尔公约》（以下简称《巴塞尔公约》）和有关法律、行政法规，制定本办法。

第二条 在中华人民共和国境内产生的危险废物应当尽量在境内进行无害化处置，减少出口量，降低危险废物出口转移的环境风险。

禁止向《巴塞尔公约》非缔约方出口危险废物。

第三条 产生、收集、贮存、处置、利用危险废物的单位，向中华人民共和国境外《巴塞尔公约》缔约方出口危险废物，必须取得危险废物出口核准。

本办法所称危险废物，是指列入国家危险废物名录或者根据国家规定的危险废物鉴别标准和鉴别方法认定的具有危险特性的固体废物。

《巴塞尔公约》规定的“危险废物”和“其他废物”，以及进口缔约方或者过境缔约方立法确定的“危险废物”，其出口核准管理也适用本办法。

第四条 国务院环境保护行政主管部门负责核准危险废物出口申请，并进行监督管理。

县级以上地方人民政府环境保护行政主管部门依据本办法的规定，对本行政区域内危险废物出口活动进行监督管理。

第二章 出口申请与核准

第五条 申请出口危险废物，应当向国务院环境保护行政主管部门提交下列材料：

（一）申请书。

（二）越境转移通知书（中、英文）。

（三）出口者与进口国（地区）的处置者或者利用者签订的书面协议。

（四）危险废物的基本情况数据表、物质安全技术说明书（MSDS）或者化学品安全技术说明书（CSDS）。

（五）危险废物产生情况的说明文件，主要包括危险废物的产生过程、地点、工艺和设备的说明。

（六）危险废物在进口国（地区）处置或者利用情况的说明文件，主要包括危险废物处置或者利用设施的地点、类型、处理能力以及处置或者利用中产生的废水、废气、废渣的处理方法等。

（七）处置者或者利用者在进口国（地区）获得的有关危险废物处置或者利用的授权或者许可的有效凭证。

（八）危险废物运输突发环境污染事件应急预案。

（九）危险废物运输的路线说明文件，主要包括境内运输路线（包括途经的省、市、县）、离境地点、过境国（地区）过境地点、进口国（地区）入境地点以及进口国（地区）和过境国（地区）主管部门的联系方式及通讯地址等。

（十）出口者的书面承诺文件或者有效的保险文件。出具书面承诺文件的，应当承诺在因故未完成出口活动或者由于意外事故引发环境污染时，承担危险废物退运、处置、污染消除和损失赔偿等有关费用。

（十一）出口者的营业执照。

前款所列申请材料的复印件应当加盖申请单位印章。

第六条 国务院环境保护行政主管部门根据下列情况分别作出处理：

（一）申请材料齐全、符合要求的，予以受理；

（二）申请材料不齐全或者不符合要求的，应当当场或者在5个工作日内一次告知申请单位需要补正的全部内容。

第七条 国务院环境保护行政主管部门对符合下列条件之一的，应当自受理之日起15个工作日内，作出初步核准出口决定：

（一）进口国（地区）的利用者需要将该危险废物作为再循环或者回收工业的原材料，且有相应的技术能力、必要设施、设备和场所，能以环境无害化方式利用该危险废物；

（二）中华人民共和国没有以环境无害化方式处置该危险废物所需的足够的技术能力和必要的设施、设备或者适当的处置场所，且进口国（地区）的处置者有相应的技术能力、必要设施、设备和场所，并能以环境无害化方式处置该危险废物。

国务院环境保护行政主管部门对不符合前款所列条件的，应当自受理之日起15个工作日内，作出不予核准出口决定，并书面通知申请单位。

国务院环境保护行政主管部门对受理的申请进行书面审查。需要现场核查的，应当指派两名以上工作人员进行核查。

第八条 对已作出初步核准决定的危险废物出口申请，国务院环境保护行政主管部门应当向进口国（地区）和过境国（地区）主管部门发出书面征求意见的函，并自收到同意进口和同意过境的书面意见之日起5个工作日内，作出核准出口决定。

对进口国（地区）主管部门或者过境国（地区）主管部门不同意危险废物出口或者过境的，不予核准出口申请，并书面通知申请单位。

第九条 国务院环境保护行政主管部门应当自作出核准决定之日起10个工作日内，向申请单位签发危险废物出口核准通知单。

国务院环境保护行政主管部门根据危险废物出口者提供的境内运输路线说明文件，将核准结果通知危险废物所在地和境内运输途经地区的省级人民政府环境保护行政主管部门。

省级人民政府环境保护行政主管部门应当将核准结果通知本行政区域内有关设区的市级和县级人民政府环境保护行政主管部门。

第十条 有下列情形之一的，应当重新提出申请：

（一）改变或者增加出口危险废物类别或者数量的；

（二）改变出口者、进口国（地区）的处置者或者利用者的；

（三）改变进口国（地区）、过境国（地区）的；
（四）改变出口目的的；
（五）改变出口时限的。

第十一条 危险废物出口核准通知单的有效期限不超过1年。

第三章 监督管理

第十二条 危险废物出口者应当对每一批出口的危险废物，填写《危险废物越境转移—转移单据》，一式二份。

转移单据应当随出口的危险废物从转移起点直至处置或者利用地点，并由危险废物出口者、承运人和进口国（地区）的进口者、处置者或者利用者及有关国家（地区）海关部门填写相关信息。

危险废物出口者应当将信息填写完整的转移单据，一份报国务院环境保护行政主管部门，一份自留存档。

危险废物出口者应当妥善保存自留存档的转移单据，不得擅自损毁。转移单据的保存期应不少于5年。国务院环境保护行政主管部门要求延长转移单据保存期限的，有关单位应当按照要求延长转移单据的保存期限。

第十三条 国务院环境保护行政主管部门有权检查转移单据的运行情况，也可以委托县级以上地方人民政府环境保护行政主管部门检查转移单据的运行情况。被检查单位应当接受检查，如实汇报情况。

第十四条 在危险废物运输开始10个工作日之前，危险废物出口者应当填写《运输前信息报告单》，并将其连同填写的转移单据复印件，一并报送国务院环境保护行政主管部门，并抄送危险废物移出地和境内运输途经地区的省级、设区的市级和县级人民政府环境保护行政主管部门。

第十五条 自危险废物离境之日起10个工作日内，危险废物出口者应当填写《离境信息报告单》，并将其连同危险废物出口者和相关承运人填写的转移单据复印件和危险废物出口报关单复印件，报送国务院环境保护行政主管部门。

第十六条 自危险废物进口者接收危险废物之日起10个工作日内，危险废物出口者应当填写《抵达进口国（地区）信息报告单》，并将其连同危险废物出口者、相关承运人、危险废物进口者及过境国（地区）海关、进口国（地区）海关填写完毕的转移单据复印件，一并报送国务院环境保护行政主管部门。

第十七条 自危险废物处置或者利用完毕之日起40个工作日内，危险废物出口者应当填写《处置或者利用完毕信息报告单》，并将其连同危险废物出口者、相关承运人、危险废物进口者、进口国（地区）的危险废物处置者或者利用者及过境国（地区）海关、进口国（地区）海关填写完毕的转移单据原件，一并报送国务院环境保护行政主管部门。

第十八条 自危险废物出口核准通知单有效期届满之日起20个工作日内，危险废物出口者应当填写《危险废物出口总结信息报告单》，并报送国务院环境保护行政主管部门。

第十九条 危险废物出口者应当将按照第十五条、第十六条、第十七条和第十八条的规定向国务院环境保护行政主管部门报送的有关材料，同时抄送危险废物移出地省级、设区的市级和县级人民政府环境保护行政主管部门。

第二十条 禁止伪造、变造或者买卖危险废物出口核准通知单。

第四章 罚 则

第二十一条 违反本办法规定，无危险废物出口核准通知单或者不按照危险废物出口核准通知单出口危险废物的，由县级以上人民政府环境保护行政主管部门责令改正，并处3万元以下的罚款。

不按照危险废物出口核准通知单出口危险废物，情节严重的，还可以由国务院环境保护行政主管部门撤销危险废物出口核准通知单。

第二十二条 违反本办法规定，申请危险废物出口核准的单位隐瞒有关情况或者提供虚假材料的，国务院环境保护行政主管部门不予受理其申请或者不予核准其申请，给予警告，并记载其不良记录。

第二十三条 违反本办法规定，有下列行为之一的，由县级以上人民政府环境保护行政主管部门责令改正，并处以罚款：

（一）未按规定填写转移单据的；

（二）未按规定运行转移单据的；

（三）未按规定的存档期限保管转移单据的；

（四）拒绝接受环境保护行政主管部门对转移单据执行情况进行检查的。

有前款第（一）项、第（二）项、第（三）项行为的，处3万元以下罚款；有前款第（四）项行为的，依据《固体废物污染环境防治法》第七十条的规定，予以处罚。

有前款第（一）项、第（二）项、第（四）项行为，情节严重的，由国务院环境保护行政主管部门撤销危险废物出口核准通知单。

第二十四条 违反本办法规定，未将有关信息报送国务院环境保护行政主管部门，或者未抄报有关地方人民政府环境保护行政主管部门的，由县级以上人民政府环境保护行政主管部门责令限期改正；逾期不改正的，由县级以上人民政府环境保护行政主管部门处3万元以下罚款，并记载危险废物出口者的不良记录。

第二十五条 违反本办法规定，伪造、变造或者买卖危险废物出口核准通知单的，由公安机关依据《中华人民共和国治安管理处罚法》进行处罚。

第二十六条 以欺骗、贿赂等不正当手段取得危险废物出口核准通知单的，依据《中华人民共和国行政许可法》的规定，由国务院环境保护行政主管部门撤销危险废物出口核准通知单，并处3万元以下罚款。

第二十七条 危险废物出口未能按照书面协议的规定完成时，如果在进口国通知国务院环境保护行政主管部门和《巴塞尔公约》秘书处之后90日内或者在有关国家同意的另一期限内不能作出环境上无害的处置替代安排，出口者应当负责将废物退运回国，并承担该废物的运输与处置或者利用等相关费用。

第二十八条 负责危险废物出口核准管理工作的人员玩忽职守、徇私舞弊或者滥用职权的，依法给予行政处分；构成犯罪的，依法追究刑事责任。

第五章 附 则

第二十九条 从中华人民共和国台湾地区向其他《巴塞尔公约》缔约方出口危险废物的核准，参照本办法执行。

第三十条 本办法自2008年3月1日起施行。

电器电子产品有害物质限制使用管理办法

（工业和信息化部　国家发展和改革委员会　科学技术部　财政部
环境保护部　商务部　海关总署　国家质检总局令第32号）

发布日期：2016-01-06
实施日期：2016-07-01
法规类型：部门规章

第一章　总　则

第一条　为了控制和减少电器电子产品废弃后对环境造成的污染，促进电器电子行业清洁生产和资源综合利用，鼓励绿色消费，保护环境和人体健康，根据《中华人民共和国清洁生产促进法》、《中华人民共和国固体废物污染环境防治法》、《废弃电器电子产品回收处理管理条例》等法律、行政法规，制定本办法。

第二条　在中华人民共和国境内生产、销售和进口电器电子产品，适用本办法。

第三条　本办法下列术语的含义是：

（一）电器电子产品，是指依靠电流或电磁场工作或者以产生、传输和测量电流和电磁场为目的，额定工作电压为直流电不超过1500伏特、交流电不超过1000伏特的设备及配套产品。其中涉及电能生产、传输和分配的设备除外。

（二）电器电子产品污染，是指电器电子产品中含有的有害物质超过国家标准或行业标准，对环境、资源、人类身体健康以及生命、财产安全造成破坏、损害、浪费或其他不良影响。

（三）电器电子产品有害物质限制使用，是指为减少或消除电器电子产品污染而采取的下列措施：

1. 设计、生产过程中，通过改变设计方案、调整工艺流程、更换使用材料、革新制造方式等限制使用电器电子产品中的有害物质的技术措施；

2. 设计、生产、销售以及进口过程中，标注有害物质名称及其含量，标注电器电子产品环保使用期限等措施；

3. 销售过程中，严格进货渠道，拒绝销售不符合电器电子产品有害物质限制使用国家标准或行业标准的电器电子产品；

4. 禁止进口不符合电器电子产品有害物质限制使用国家标准或行业标准的电器电子产品；

5. 国家规定的其他电器电子产品有害物质限制使用的措施。

（四）电器电子产品有害物质限制使用达标管理目录（以下简称达标管理目录），是为实施电器电子产品有害物质限制使用管理而制定的目录，包括电器电子产品类目、限制使用的有害物质种类、限制使用时间及例外要求等内容。

（五）有害物质，是指电器电子产品中含有的下列物质：

1. 铅及其化合物；

2. 汞及其化合物；

3. 镉及其化合物；
4. 六价铬化合物；
5. 多溴联苯（PBB）；
6. 多溴二苯醚（PBDE）；
7. 国家规定的其他有害物质。

（六）电器电子产品环保使用期限，是指用户按照产品说明正常使用时，电器电子产品中含有的有害物质不会发生外泄或突变，不会对环境造成严重污染或对其人身、财产造成严重损害的期限。

第四条 工业和信息化部、发展改革委、科技部、财政部、环境保护部、商务部、海关总署、质检总局在各自的职责范围内对电器电子产品有害物质限制使用进行管理和监督。

第五条 工业和信息化部会同国务院有关主管部门制定有利于电器电子产品有害物质限制使用的措施，落实电器电子产品有害物质限制使用的有关规定。

第六条 省、自治区、直辖市工业和信息化、发展改革、科技、财政、环境保护、商务、海关、质检等主管部门在各自的职责范围内，对电器电子产品有害物质限制使用实施监督管理。

省、自治区、直辖市工业和信息化主管部门负责牵头建立省级电器电子产品有害物质限制使用工作协调机制，负责协调解决本行政区域内电器电子产品有害物质限制使用工作中的重大事项及问题。

第七条 国家鼓励、支持电器电子产品有害物质限制使用的科学研究、技术开发和国际合作，积极推广电器电子产品有害物质替代与减量化等技术、装备。

第八条 工业和信息化部、国务院有关主管部门对积极开发、研制严于本办法规定的电器电子产品的组织和个人，可以给予表扬或奖励。

省、自治区、直辖市工业和信息化主管部门和其他相关主管部门对在电器电子产品有害物质限制使用工作以及相关活动中做出显著成绩的组织和个人，可以给予表扬或奖励。

第二章 电器电子产品有害物质限制使用

第九条 电器电子产品设计者在设计电器电子产品时，不得违反强制性标准或法律、行政法规和规章规定必须执行的标准，在满足工艺要求的前提下应当按照电器电子产品有害物质限制使用国家标准或行业标准，采用无害或低害、易于降解、便于回收利用等方案。

第十条 电器电子产品生产者在生产电器电子产品时，不得违反强制性标准或法律、行政法规和规章规定必须执行的标准，应当按照电器电子产品有害物质限制使用国家标准或行业标准，采用资源利用率高、易回收处理、有利于环境保护的材料、技术和工艺，限制或者淘汰有害物质在产品中的使用。

电器电子产品生产者不得将不符合本办法要求的电器电子产品出厂、销售。

第十一条 进口的电器电子产品不得违反强制性标准或法律、行政法规和规章规定必须执行的标准，应当符合电器电子产品有害物质限制使用国家标准或行业标准。

出入境检验检疫机构依法对进口的电器电子产品实施口岸验证和法定检验。海关验核出入境检验检疫机构签发的《入境货物通关单》并按规定办理通关手续。

第十二条 电器电子产品生产者、进口者制作、使用电器电子产品包装物时，不得违反强制性标准或法律、行政法规和规章规定必须执行的标准，应当采用无害、易于降解和便于回收利用的材料，遵守包装物使用的国家标准或行业标准。

第十三条 电器电子产品生产者、进口者应当按照电器电子产品有害物质限制使用标识的国家标准或行业标准，对其投放市场的电器电子产品中含有的有害物质进行标注，标明有害物质的名称、含量、所在部件及其产品可否回收利用，以及不当利用或者处置可能会对环境和人类健康造成影响的信息等；由于产品体积、形状、表面材质或功能的限制不能在产品上标注的，应当在产品说明中注明。

第十四条 电器电子产品生产者、进口者应当按照电器电子产品有害物质限制使用标识的国家标准或行业标准，在其生产或进口的电器电子产品上标注环保使用期限；由于产品体积、形状、表面材质或功能的限制不能在产品上标注的，应当在产品说明中注明。

第十五条 电器电子产品的环保使用期限由电器电子产品的生产者或进口者自行确定。相关行业组织可根据技术发展水平，制定包含产品类目、确定方法、具体期限等内容的相关电器电子产品环保使用期限的指导意见。

工业和信息化部鼓励相关行业组织将制定的电器电子产品环保使用期限的指导意见报送工业和信息化部。

第十六条 电器电子产品销售者不得销售违反电器电子产品有害物质限制使用国家标准或行业标准的电器电子产品。

第十七条 电器电子产品有害物质限制使用采取目录管理的方式。工业和信息化部根据产业发展的实际状况，商发展改革委、科技部、财政部、环境保护部、商务部、海关总署、质检总局编制、调整、发布达标管理目录。

第十八条 国家建立电器电子产品有害物质限制使用合格评定制度。纳入达标管理目录的电器电子产品，应当符合电器电子产品有害物质限制使用限量要求的国家标准或行业标准，按照电器电子产品有害物质限制使用合格评定制度进行管理。

工业和信息化部根据电器电子产品有害物质限制使用工作整体安排，向国家认证认可监督主管部门提出建立电器电子产品有害物质限制使用合格评定制度的建议。国家认证认可监督主管部门依据职能会同工业和信息化部制定、发布并组织实施合格评定制度。工业和信息化部根据实际情况，会同财政部等部门对合格评定结果建立相关采信机制。

第三章 罚 则

第十九条 违反本办法，有下列情形之一的，由商务、海关、质检等部门在各自的职责范围内依法予以处罚：

（一）电器电子产品生产者违反本办法第十条的规定，所采用的材料、技术和工艺违反电器电子产品有害物质限制使用国家标准或行业标准的，以及将不符合本办法要求的电器电子产品出厂、销售的；

（二）电器电子产品进口者违反本办法第十一条的规定，进口的电器电子产品违反电器电子产品有害物质限制使用国家标准或行业标准的；

（三）电器电子产品生产者、进口者违反本办法第十二条的规定，制作或使用的电器电子产品包装物违反包装物使用国家标准或行业标准的；

（四）电器电子产品生产者、进口者违反本办法第十三条的规定，未标注电器电子产品有害物质的名称、含量、所在部件及其产品可否回收利用，以及不当利用或者处置可能会对环境和人类健康造成影响等信息的；

（五）电器电子产品生产者、进口者违反本办法第十四条的规定，未标注电器电子产品环保使用期限的；

（六）电器电子产品销售者违反本办法第十六条的规定，销售违反电器电子产品有害物质限制使用国家标准或行业标准的电器电子产品的；

（七）电器电子产品生产者、销售者和进口者违反本办法第十七条的规定，自列入达标管理目录的电器电子产品限制使用有害物质的实施之日起，生产、销售或进口有害物质含量超过电器电子产品有害物质限制使用限量的相关国家标准或行业标准的电器电子产品的。

第二十条 有关部门的工作人员滥用职权，徇私舞弊，纵容、包庇违反本办法规定的行为的，或者帮助违反本办法规定的当事人逃避查处的，依法给予行政处分。

第四章 附 则

第二十一条 任何组织和个人有权对违反本办法规定的行为向有关部门投诉、举报。

第二十二条 本办法由工业和信息化部商发展改革委、科技部、财政部、环境保护部、商务部、海关总署、质检总局解释。

第二十三条 本办法自2016年7月1日起施行。2006年2月28日公布的《电子信息产品污染控制管理办法》（原信息产业部、发展改革委、商务部、海关总署、工商总局、质检总局、原环保总局令第39号）同时废止。

国家危险废物名录（2021年版）

（生态环境部 国家发展和改革委员会 公安部 交通运输部
国家卫生健康委员会令第15号）

发布日期：2020-11-25
实施日期：2021-01-01
法规类型：部门规章

《国家危险废物名录（2021年版）》已于2020年11月5日经生态环境部部务会议审议通过，现予公布，自2021年1月1日起施行。原环境保护部、国家发展和改革委员会、公安部发布的《国家危险废物名录》（环境保护部令第39号）同时废止。

附表：国家危险废物名录（略）

关于发布进口货物的固体废物属性鉴别程序的公告

（生态环境部 海关总署公告2023年第2号）

发布日期：2023-01-13
实施日期：2023-01-13
法规类型：规范性文件

为贯彻《中华人民共和国固体废物污染环境防治法》，进一步加强进口货物的固体废物属性鉴别工作，现发布《进口货物的固体废物属性鉴别程序》（见附件）。

该程序自发布之日起实施，《关于发布进口货物的固体废物属性鉴别程序的公告》（生态环境部 海关总署公告2018年第70号）同时废止。

特此公告。

附件：进口货物的固体废物属性鉴别程序（略）

关于调整废弃电器电子产品处理基金补贴标准的通知

（财税〔2021〕10号）

发布日期：2021-03-22
实施日期：2021-04-01
法规类型：规范性文件

各省、自治区、直辖市、计划单列市财政厅（局）、生态环境厅（局）、发展改革委、工业和信息化主管部门，新疆生产建设兵团财政局、生态环境局、发展改革委、工业和信息化局：

为完善废弃电器电子产品处理基金补贴政策，合理引导废弃电器电子产品回收处理，按照《废弃电器电子产品回收处理管理条例》、《财政部　环境保护部　国家发展改革委　工业和信息化部　海关总署　国家税务总局关于印发<废弃电器电子产品处理基金征收使用管理办法>的通知》（财综〔2012〕34号）有关规定，现对废弃电器电子产品处理基金补贴标准予以调整（调整后的标准见本通知附件），自2021年4月1日起施行。

本通知施行前已处理的废弃电器电子产品，按规定申请废弃电器电子产品处理基金补贴，按原补贴标准执行。

附件：废弃电器电子产品处理基金补贴标准（略）

关于规范再生钢铁原料进口管理有关事项的公告

（生态环境部　国家发展和改革委员会　海关总署
商务部　工业和信息化部公告2020年第78号）

发布日期：2020-12-30
实施日期：2021-01-01
法规类型：规范性文件

为规范再生钢铁原料的进口管理，推动我国钢铁行业高质量发展，现将有关事项公告如下：

一、符合《再生钢铁原料》（GB/T 39733-2020）标准的再生钢铁原料，不属于固体废物，可自由进口。

二、根据《中华人民共和国进出口税则》《进出口税则商品及品目注释》，再生钢铁原料的海关商品编码分别为：7204100010、7204210010、7204290010、7204410010、7204490030。

三、不符合《再生钢铁原料》（GB/T 39733-2020）国家标准规定的，禁止进口。

四、本公告自2021年1月1日起实施。

特此公告。

关于废止《进口可用作原料的固体废物环境保护控制标准—冶炼渣》等11项国家固体废物污染防治标准的公告

（生态环境部公告2020年第75号）

发布日期：2020-12-28

实施日期：2021-01-01

法规类型：规范性文件

为贯彻落实《中华人民共和国固体废物污染环境防治法》，按照《中共中央　国务院关于全面加强生态环境保护坚决打好污染防治攻坚战的意见》的要求，自2021年1月1日起，下列标准废止。

一、进口可用作原料的固体废物环境保护控制标准—冶炼渣（GB 16487. 2-2017）

二、进口可用作原料的固体废物环境保护控制标准—木、木制品废料（GB 16487. 3-2017）

三、进口可用作原料的固体废物环境保护控制标准—废纸或纸板（GB 16487. 4-2017）

四、进口可用作原料的固体废物环境保护控制标准—废钢铁（GB 16487. 6-2017）

五、进口可用作原料的固体废物环境保护控制标准—废有色金属（GB 16487. 7-2017）

六、进口可用作原料的固体废物环境保护控制标准—废电机（GB 16487. 8-2017）

七、进口可用作原料的固体废物环境保护控制标准—废电线电缆（GB 16487. 9-2017）

八、进口可用作原料的固体废物环境保护控制标准—废五金电器（GB 16487. 10-2017）

九、进口可用作原料的固体废物环境保护控制标准—供拆卸的船舶及其他浮动结构体（GB 16487. 11-2017）

十、进口可用作原料的固体废物环境保护控制标准—废塑料（GB 16487. 12-2017）

十一、进口可用作原料的固体废物环境保护控制标准—废汽车压件（GB 16487. 13-2017）

特此公告。

关于全面禁止进口固体废物有关事项的公告

（生态环境部　商务部　发展改革委　海关总署公告2020年第53号）

发布日期：2020-11-24

实施日期：2021-01-01

法规类型：规范性文件

《中华人民共和国固体废物污染环境防治法》于2020年4月29日，已由第十三届全国人民代表大会常务委员会第十七次会议修订通过，自2020年9月1日起施行。为贯彻落实《中华人民共和国固体废物污染环境防治法》有关固体废物进口管理的修订内容，做好相关衔接工作，现将有关事项公告如下。

一、禁止以任何方式进口固体废物。禁止我国境外的固体废物进境倾倒、堆放、处置。

二、生态环境部停止受理和审批限制进口类可用作原料的固体废物进口许可证的申请；2020年已发放的限制进口类可用作原料的固体废物进口许可证，应当在证书载明的2020年有效期内使用，逾期自行失效。

三、海关特殊监管区域和保税监管场所（包括保税区、综合保税区等海关特殊监管区域和保税物流中心（A/B型）、保税仓库等保税监管场所）内单位产生的未复运出境的固体废物，按照国内固体废物相关规定进行管理。需出区进行贮存、利用或者处置的，应向所在地海关特殊监管区域和保税监管场所地方政府行政管理部门办理相关手续，海关不再验核相关批件。

四、海关特殊监管区域和保税监管场所外开展保税维修和再制造业务单位生产作业过程中产生的未复运出境的固体废物，参照第三款规定执行。

本公告自2021年1月1日起施行。原环境保护部、海关总署、原质检总局办公厅《关于加强固体废物进口管理和执法信息共享的通知》（环办〔2011〕141号），原环境保护部、发展改革委、商务部、海关总署、原质检总局2015年第69号公告，原环境保护部、商务部、发展改革委、海关总署、原质检总局2017年第39号公告，生态环境部、商务部、发展改革委、海关总署2018年第6号公告，生态环境部、商务部、发展改革委、海关总署2018年第68号公告同时废止。

特此公告。

关于规范再生黄铜原料、再生铜原料和再生铸造铝合金原料进口管理有关事项的公告

（生态环境部　海关总署　商务部　工业和信息化部公告2020年第43号）

发布日期：2020-10-16

实施日期：2020-11-01

法规类型：规范性文件

为规范再生黄铜原料、再生铜原料和再生铸造铝合金原料的进口管理，推动再生金属产业高质量发展，现将有关事项公告如下：

一、符合《再生黄铜原料》（GB/T 38470-2019）、《再生铜原料》（GB/T 38471-2019）、《再生铸造铝合金原料》（GB/T 38472-2019）标准的再生黄铜原料、再生铜原料和再生铸造铝合金原料，不属于固体废物，可自由进口。

二、再生黄铜原料、再生铜原料和再生铸造铝合金原料的海关商品编码分别为：7404000020，7404000030和7602000020。

三、不符合《再生黄铜原料》（GB/T 38470-2019）、《再生铜原料》（GB/T 38471-2019）、《再生铸造铝合金原料》（GB/T 38472-2019）国家标准规定的禁止进口。已领取2020年铜废碎料、铝废碎料限制进口类可用作原料固体废物进口许可证的除外。

四、本公告自2020年11月1日起实施。

特此公告。

电器电子产品有害物质限制使用合格评定制度实施安排

（国家市场监督管理总局　工业和信息化部公告2019年第23号）

发布日期：2019-05-16

实施日期：2019-11-01

法规类型：规范性文件

为贯彻落实《电器电子产品有害物质限制使用管理办法》（工业和信息化部、发展改革委、科技部、财政部、环境保护部、商务部、海关总署、质检总局令第32号），加强对《电器电子产品有害物质限制使用达标管理目录》（以下简称《达标管理目录》）的管理，从源头上限制电器电子产品有害物质使用，减少产品废弃后对环境造成的污染，增加绿色产品供给，促进绿色消费，市场监管总局会同工业和信息化部就纳入《达标管理目录》的电器电子产品有害物质限制使用合格评定活动提出以下实施安排。

一、合格评定的方式

（一）电器电子产品有害物质限制使用合格评定制度包括国家统一推行的电器电子产品有害物质限制使用自愿性认证（以下简称国推自愿性认证）和电器电子产品有害物质限制使用供方符合性声明（以下简称自我声明）两种方式。国推自愿性认证是指由企业自愿申请，经第三方认证机构证明电器电子产品符合相关有害物质限制使用标准和技术规范要求，由国家统一推行并规范管理的认证活动；自我声明是指供方（包括生产者、授权代表等）为证实所提供电器电子产品满足有害物质限制使用标准和技术规范要求，自主采用合理方式完成符合性评价并对产品符合性信息予以报送的合格评定活动。

（二）纳入《达标管理目录》的电器电子产品的供方应选择国推自愿性认证或自我声明方式，完成对电器电子产品有害物质限制使用的合格评定。

（三）工业和信息化部联合市场监管总局建设电器电子产品有害物质限制使用公共服务平台（以下简称公共服务平台），实现数据共享。

公共服务平台管理纳入《达标管理目录》的电器电子产品有害物质限制使用合格评定信息、公布合格评定结果。

二、国推自愿性认证的组织实施

（一）国推自愿性认证应按照《电器电子产品有害物质限制使用自愿性认证实施规则》（见附件1）所规定的要求实施。认证机构应制定并公布相应实施细则，对各相关认证实施要求予以细化、明确。

（二）从事国推自愿性认证的认证机构（以下简称认证机构）应当依法设立，由市场监管总局批准并征求工业和信息化部意见。认证机构应符合《认证机构管理办法》的基本要求，满足GB/T 27065《合格评定产品、过程和服务认证机构要求》、RB/T 242《绿色产品认证机构要求》的相关要求，并具备从事电器电子产品有害物质限制使用认证活动相关的检验检测技术能力。

认证机构应委托取得相应资质的检验检测机构开展与自愿性认证相关的检测活动，并对依据有关检测数据作出的认证结论负责。

（三）认证机构应遵守国家相关法律法规要求，并对所认证产品实施有效地获证后监督和跟踪调查。

检验检测机构应遵守国家相关法律法规要求，按照标准、技术规范及认证机构的要求实施产品检测。

（四）认证机构应在相关产品获得认证证书 5 个工作日内将认证结果信息报送公共服务平台。工业和信息化部联合市场监管总局通过公共服务平台公布认证证书信息。

（五）认证机构应每年将国推自愿性认证的实施情况报送市场监管总局。

三、自我声明的组织实施

（一）供方应在完成产品符合性评价后，按照《电器电子产品有害物质限制使用供方符合性声明规则》（见附件 2），报送对应产品符合性信息。

（二）供方应在产品投放市场后 30 日内在公共服务平台完成符合性信息报送。工业和信息化部联合市场监管总局通过公共服务平台公布符合性声明结果信息。

（三）供方应对自我声明及相关技术支撑文件的真实性、完整性、一致性等负责，并作出公开承诺，接受社会各方监督。

四、合格评定标识

采用国推自愿性认证的产品使用图案一作为合格评定标识。采用自我声明的产品使用图案二作为合格评定标识。

图案一　　**图案二**

相关标识使用要求参见市场监管总局发布的《绿色产品标识使用管理办法》。

五、监督管理

（一）各级市场监管部门、工业和信息化管理部门会同有关部门依据法律和各自的职能职责对电器电子产品有害物质限制使用、合格评定活动及结果进行监督管理，并适时公布监督检查结果。

（二）市场监管总局会同工业和信息化部根据各自职责受理对合格评定各方违反本安排行为的举报，依法进行调查处理。

（三）对国推自愿性认证、自我声明活动中出现的违规行为，应依据法律法规进行处罚，并将涉企行政处罚信息通过国家企业信用信息公示系统及公共服务平台依法向社会公示。

六、附则

本安排由市场监管总局会同工业和信息化部共同解释。

附件：1. 电器电子产品有害物质限制使用自愿性认证实施规则（略）

2. 电器电子产品有害物质限制使用供方符合性声明规则（略）

关于进（来）料受托加工复出口免征废弃电器电子产品处理基金有关问题的公告

（财政部　国家税务总局　海关总署联合公告2014年第29号）

发布日期：2014-05-12
实施日期：2014-06-01
法规类型：规范性文件

为了完善废弃电器电子产品处理基金（以下简称基金）征收政策，现就进（来）料受托加工复出口免征基金有关问题公告如下：

一、基金缴纳义务人（以下称受托方）受外贸公司（以下称委托方）委托加工电器电子产品，其海关贸易方式为“进料加工”或“来料加工”且由委托方收回后复出口的，免征基金。

二、海关贸易方式为“进料加工”的，受托方受托加工业务免征基金，应当同时符合以下条件：

（一）委托方拥有加工贸易业务批准证（已取消商务主管部门加工贸易业务批准证的省份除外）。

（二）受托方提供与委托方签订的加工贸易合同备案委托书、协议书等证明业务真实发生的资料。

（三）委托方进料加工手（帐）册注明的加工单位是该受托方。

（四）受托方向委托方开具增值税专用发票收取加工费（含辅料费等相关费用）。

（五）原材料进口报关单上注明收货单位为该受托方。

（六）委托方出口电器电子产品，出口报关单备案号栏中载明的加工手（帐）册号与本款第三项中加工手（帐）册号一致，且注明发货单位为该受托方。

海关贸易方式为“来料加工”的，受托方受托加工业务免征基金，应当取得委托方税务机关出具的《来料加工免税证明》。

三、受托方按照《废弃电器电子产品处理基金征收管理规定》（国家税务总局公告2012年第41号）第八条的规定确定基金缴纳义务发生时间，申报免征基金，将免征数量填入“废弃电器电子产品处理基金申报表”第四栏“出口免征销售数量”。

四、受托加工产品未能复出口的，由海关在办理内销征税时一并补征基金。

五、委托方应及时将有关单证交受托方。委托方、受托方均应妥善保管进出口业务相关资料，以备税务机关、海关核查。

六、本公告自2014年6月1日起施行。

废弃电器电子产品处理基金征收使用管理办法

（财综〔2012〕34号）

发布日期：2012-05-21
实施日期：2012-07-01
法规类型：规范性文件

第一章　总　则

第一条　为了规范废弃电器电子产品处理基金征收使用管理，根据《废弃电器电子产品回收处理管理条例》（国务院令第551号，以下简称《条例》）的规定，制定本办法。

第二条　废弃电器电子产品处理基金（以下简称基金）是国家为促进废弃电器电子产品回收处理而设立的政府性基金。

第三条　基金全额上缴中央国库，纳入中央政府性基金预算管理，实行专款专用，年终结余结转下年度继续使用。

第二章　征收管理

第四条　电器电子产品生产者、进口电器电子产品的收货人或者其代理人应当按照本办法的规定履行基金缴纳义务。

电器电子产品生产者包括自主品牌生产企业和代工生产企业。

第五条　基金分别按照电器电子产品生产者销售、进口电器电子产品的收货人或者其代理人进口的电器电子产品数量定额征收。

第六条　纳入基金征收范围的电器电子产品按照《废弃电器电子产品处理目录》（以下简称《目录》）执行，具体征收范围和标准见附件。

第七条　财政部会同环境保护部、国家发展改革委、工业和信息化部根据废弃电器电子产品回收处理补贴资金的实际需要，在听取有关企业和行业协会意见的基础上，适时调整基金征收标准。

第八条　电器电子产品生产者应缴纳的基金，由国家税务局负责征收。进口电器电子产品的收货人或者其代理人应缴纳的基金，由海关负责征收。

第九条　电器电子产品生产者按季申报缴纳基金。

国家税务局对电器电子产品生产者征收基金，适用税收征收管理的规定。

第十条　进口电器电子产品的收货人或者其代理人在货物申报进口时缴纳基金。

海关对基金的征收缴库管理，按照关税征收缴库管理的规定执行。

第十一条　对采用有利于资源综合利用和无害化处理的设计方案以及使用环保和便于回收利用材料生产的电器电子产品，可以减征基金，具体办法由财政部会同环境保护部、国家发展改革委、工业和信息化部、税务总局、海关总署另行制定。

第十二条　电器电子产品生产者生产用于出口的电器电子产品免征基金，由电器电子产品生产者依据《中华人民共和国海关出口货物报关单》列明的出口产品名称和数量，向国家税务局申请从应缴纳基金的产品销售数量中扣除。

第十三条 电器电子产品生产者进口电器电子产品已缴纳基金的，国内销售时免征基金，由电器电子产品生产者依据《中华人民共和国海关进口货物报关单》和《进口废弃电器电子产品处理基金缴款书》列明的进口产品名称和数量，向国家税务局申请从应缴纳基金的产品销售数量中扣除。

第十四条 基金收入在政府收支分类科目中列103类01款75项“废弃电器电子产品处理基金收入”（新增）下的有关目级科目。

第十五条 未经国务院批准或者授权，任何地方、部门和单位不得擅自减免基金，不得改变基金征收对象、范围和标准。

第十六条 电器电子产品生产者、进口电器电子产品的收货人或者其代理人缴纳的基金计入生产经营成本，准予在计算应纳税所得额时扣除。

第三章 使用管理

第十七条 基金使用范围包括：

（一）废弃电器电子产品回收处理费用补贴；

（二）废弃电器电子产品回收处理和电器电子产品生产销售信息管理系统建设，以及相关信息采集发布支出；

（三）基金征收管理经费支出；

（四）经财政部批准与废弃电器电子产品回收处理相关的其他支出。

第十八条 依照《条例》和《废弃电器电子产品处理资格许可管理办法》（环境保护部令第13号）的规定取得废弃电器电子产品处理资格的企业（以下简称处理企业），对列入《目录》的废弃电器电子产品进行处理，可以申请基金补贴。

给予基金补贴的处理企业名单，由财政部、环境保护部会同国家发展改革委、工业和信息化部向社会公布。

第十九条 国家鼓励电器电子产品生产者自行回收处理列入《目录》的废弃电器电子产品。各省（区、市）环境保护主管部门在编制本地区废弃电器电子产品处理发展规划时，应当优先支持电器电子产品生产者设立处理企业。

第二十条 对处理企业按照实际完成拆解处理的废弃电器电子产品数量给予定额补贴。

基金补贴标准为：电视机85元/台、电冰箱80元/台、洗衣机35元/台、房间空调器35元/台、微型计算机85元/台。

上述实际完成拆解处理的废弃电器电子产品是指整机，不包括零部件或散件。

财政部会同环境保护部、国家发展改革委、工业和信息化部根据废弃电器电子产品回收处理成本变化情况，在听取有关企业和行业协会意见的基础上，适时调整基金补贴标准。

第二十一条 处理企业拆解处理废弃电器电子产品应当符合国家有关资源综合利用、环境保护的要求和相关技术规范，并按照环境保护部制定的审核办法核定废弃电器电子产品拆解处理数量后，方可获得基金补贴。

第二十二条 处理企业按季对完成拆解处理的废弃电器电子产品种类、数量进行统计，填写《废弃电器电子产品拆解处理情况表》，并在每个季度结束次月的5日前报送各省（区、市）环境保护主管部门。

第二十三条 处理企业报送《废弃电器电子产品拆解处理情况表》时，应当同时提供以下资料：

（一）废弃电器电子产品入库和出库记录报表；

（二）废弃电器电子产品拆解处理作业记录报表；

（三）废弃电器电子产品拆解产物出库和入库记录报表；

（四）废弃电器电子产品拆解产物销售凭证或处理证明。

相关报表和凭证按照环境保护部统一规定的格式报送。

第二十四条 各省（区、市）环境保护主管部门接到处理企业报送的《废弃电器电子产品拆解处理情况表》及相关资料后组织开展审核工作，并在每个季度结束次月的月底前将审核意见连同处理企业填写的《废弃电器电子产品拆解处理情况表》，以书面形式上报环境保护部。

环境保护部负责对各省（区、市）环境保护主管部门上报情况进行核实，确认每个处理企业完成拆解处理的废弃电器电子产品种类、数量，并汇总提交财政部。

财政部按照环境保护部提交的废弃电器电子产品拆解处理种类、数量和基金补贴标准，核定对每个处理企业补贴金额并支付资金。资金支付按照国库集中支付制度有关规定执行。

第二十五条 环境保护部、税务总局、海关总署等有关部门应当按照中央政府性基金预算编制的要求，编制年度基金支出预算，报财政部审核。

财政部应当按照预算管理规定审核基金支出预算并批复下达相关部门。

第二十六条 基金支出在政府收支分类科目中列211类61款“废弃电器电子产品处理基金支出”（新增）。

第四章 监督管理

第二十七条 电器电子产品生产者、进口电器电子产品的收货人或者其代理人应当分别向国家税务局、海关报送电器电子产品销售和进口的基本数据及情况，并按照规定申报缴纳基金，自觉接受国家税务局、海关的监督检查。

第二十八条 处理企业应当按照规定建立废弃电器电子产品的数据信息管理系统，跟踪记录废弃电器电子产品接收、贮存和处理，拆解产物出入库和销售，最终废弃物出入库和处理等信息，全面反映废弃电器电子产品在处理企业内部运转流程，并如实向环境保护等主管部门报送废弃电器电子产品回收和拆解处理的基本数据及情况。

第二十九条 处理企业申请基金补贴相关资料及记录废弃电器电子产品回收和拆解处理情况的原始凭证应当妥善保存备查，保存期限不得少于5年。

第三十条 环境保护部和各省（区、市）环境保护主管部门应当建立健全基金补贴审核制度，通过数据系统比对、书面核查、实地检查等方式，加强废弃电器电子产品拆解处理的环保核查和数量审核，防止弄虚作假、虚报冒领补贴资金等行为的发生。

第三十一条 财政部会同环境保护部、国家发展改革委、工业和信息化部建立实时监控废弃电器电子产品回收处理和生产销售的信息管理系统（以下简称监控系统）。

处理企业和电器电子产品生产者应当配合有关部门建立监控系统。处理企业建立的废弃电器电子产品数据信息管理系统应当与监控系统对接。电器电子产品生产者应当按照建立监控系统的要求，登记企业信息并报送电器电子产品生产销售情况。

第三十二条 财政部、审计署、环境保护部、国家发展改革委、工业和信息化部、税务总局、海关总署应当按照职责加强对基金缴纳、使用情况的监督检查，依法对基金违法违规行为进行处理、处罚。

第三十三条 有关行业协会应当协助环境保护主管部门和财政部门做好废弃电器电子产品拆解处理种类、数量的审核工作。

第三十四条 环境保护部和各省（区、市）环境保护主管部门应当分别公开全国和本地区处理企业拆解处理废弃电器电子产品及接受基金补贴情况，接受公众监督。

任何单位和个人有权监督和举报基金缴纳和使用中的违法违规问题。有关部门应当按照职责分工对单位和个人举报投拆的问题进行调查和处理。

第五章　法律责任

第三十五条　单位和个人有下列情形之一的，依照《财政违法行为处罚处分条例》（国务院令第427号）和《违反行政事业性收费和罚没收入收支两条线管理规定行政处分暂行规定》（国务院令第281号）等法律法规进行处理、处罚、处分；构成犯罪的，依法追究刑事责任：

（一）未经国务院批准或者授权，擅自减免基金或者改变基金征收范围、对象和标准的；

（二）以虚报、冒领等手段骗取基金补贴的；

（三）滞留、截留、挪用基金的；

（四）其他违反政府性基金管理规定的行为。

处理企业有第一款第（二）项行为的，取消给予基金补贴的资格，并向社会公示。

第三十六条　电器电子产品生产者违反基金征收管理规定的，由国家税务局比照税收违法行为予以行政处罚。进口电器电子产品的收货人或者其代理人违反基金征收管理规定的，由海关比照关税违法行为予以行政处罚。

第三十七条　基金征收、使用管理有关部门的工作人员违反本办法规定，在基金征收和使用管理工作中滥用职权、玩忽职守、徇私舞弊，构成犯罪的，依法追究刑事责任；尚不构成犯罪的，依法给予处分。

第六章　附　则

第三十八条　本办法由财政部、环境保护部、国家发展改革委、工业和信息化部、税务总局、海关总署负责解释。

第三十九条　本办法自2012年7月1日起执行。

附：1. 对电器电子产品生产者征收基金的产品范围和征收标准（略）

2. 对进口电器电子产品征收基金适用的商品名称、海关税则号列和征收标准（2012年版）（略）

关于征收废弃电子产品处理基金有关问题

（海关总署公告2012年第33号）

发布日期：2012-06-26

实施日期：2012-06-26

法规类型：规范性文件

经国务院批准，自2012年7月1日起，我国对进口电器电子产品征收废弃电器电子产品处理基金（以下简称基金）。根据《废弃电器电子产品回收处理管理条例》（国务院第551号令）和《财政部　环境保护部　国家发展改革委　工业和信息化部　海关总署　国家税务总局关于印发〈废弃电器电子产品处理基金征收使用管理办法〉的通知》（财综〔2012〕34号），海关负责征收进口基金。为做好基金的征收工作，现就有关事宜公告如下：

一、对2012年7月1日起申报进口的电器电子产品，收货人或者其代理人应按照有关规定向海关缴纳基金。

第一批纳入基金征收范围的电器电子产品的具体商品名称、海关商品编号和征收标准详见本公告附件。

进境邮递物品和进境旅客所携行李物品不缴纳基金。

二、以加工贸易、进境修理、租赁、暂时进出口等方式进口的电器电子产品申报进境时，海关不征收基金。如上述产品内销、为国内留购或未能在规定期限内复运出境，海关应在办理货物征免税手续的同时，征收基金。

进入海关特殊监管区域的电器电子产品，海关不征收基金；上述产品申报出区内销时，海关应在办理征免税手续的同时，征收基金。

三、基金征收的起征点为每票50元人民币。

四、海关征收基金应出具《海关进口废弃电器电子产品处理基金专用缴款书》，其格式与海关税收专用缴款书格式相同，科目填写“废弃电器电子产品处理基金”。

五、基金的征收缴库按关税征收缴库管理的有关规定执行。

特此公告。

附件：对进口电器电子产品征收基金适用的商品名称、海关商品编号和征收标准

对进口电器电子产品征收基金适用的商品名称、海关商品编号和征收标准（2012年版）

序号	产品种类	商品名称	海关商品编号	征收标准（元/台）
1	电视机	其他彩色的模拟电视接收机，带阴极射线显像管的	8528721100	13
		其他彩色的数字电视接收机，阴极射线显像管的	8528721200	13
		其他彩色的电视接收机，阴极射线显像管的	8528721900	13
		彩色的液晶显示器的模拟电视接收机	8528722100	13
		彩色的液晶显示器的数字电视接收机	8528722200	13
		其他彩色的液晶显示器的电视接收机	8528722900	13
		彩色的等离子显示器的模拟电视接收机	8528723100	13
		彩色的等离子显示器的数字电视接收机	8528723200	13
		其他彩色的等离子显示器的电视接收机	8528723900	13
		其他彩色的模拟电视接收机	8528729100	13
		其他彩色的数字电视接收机	8528729200	13
		其他彩色的电视接收机	8528729900	13
		黑白或其他单色的电视接收机	8528730000	13

续表1

序号	产品种类	商品名称	海关商品编号	征收标准（元/台）
2	电冰箱	容积>500 升冷藏-冷冻组合机（各自装有单独外门的）	8418101000	12
		200 升<容积≤500 升冷藏-冷冻组合机（各自装有单独外门的）	8418102000	12
		容积≤200 升冷藏-冷冻组合机（各自装有单独外门的）	8418103000	12
		容积>150 升压缩式家用型冷藏箱	8418211000	12
		压缩式家用型冷藏箱（50 升<容积≤150 升）	8418212000	12
		容积≤50 升压缩式家用型冷藏箱	8418213000	12
		半导体制冷式家用型冷藏箱	8418291000	12
		电气吸收式家用型冷藏箱	8418292000	12
		其他家用型冷藏箱	8418299000	12
		制冷温度>-40℃小的其他柜式冷冻箱（小的指容积≤500 升）	8418302900	12
		制冷温度>-40℃小的立式冷冻箱（小的指容积≤500 升）	8418402900	12
3	洗衣机	干衣量≤10kg 全自动波轮式洗衣机	8450111000	7
		干衣量≤10kg 全自动滚筒式洗衣机	8450112000	7
		其他干衣量≤10kg 全自动洗衣机	8450119000	7
		装有离心甩干机的非全自动洗衣机（干衣量≤10kg）	8450120000	7
		干衣量≤10kg 的其他洗衣机	8450190000	7

续表2

序号	产品种类	商品名称	海关商品编号	征收标准（元/台）
4	房间空调器	独立窗式或壁式空气调节器（装有电扇及调温、调湿装置，包括不能单独调湿的空调器）	8415101000	7
		制冷量≤4000 大卡/时分体式空调，窗式或壁式（装有电扇及调温、调湿装置，包括不能单独调湿的空调器）	8415102100	7
		4000 大卡/时<制冷量≤12046 大卡/时（14000W）分体式空调，窗式或壁式（装有电扇及调温、调湿装置，包括不能单独调湿的空调器）	8415102201	7
		其他制冷量大于 4000 大卡/时的分体式空调，窗式或壁式（装有电扇及调温、调湿装置，包括不能单独调湿的空调器）	8415102290	
		制冷量≤4000 大卡/时热泵式空调器（装有制冷装置及一个冷热循环换向阀的）	8415811000	7
		4000 大卡/时<制冷量≤12046 大卡/时（14000W）热泵式空调器（装有制冷装置及一个冷热循环换向阀的）	8415812001	7
		其他制冷量大于 4000 大卡/时的热泵式空调器（装有制冷装置及一个冷热循环换向阀的）	8415812090	
		制冷量≤4000 大卡/时的其他空调器（仅装有制冷装置，而无冷热循环装置的）	8415821000	7
		4000 大卡/时<制冷量≤12046 大卡/时（14000W）的其他空调（仅装有制冷装置，而无冷热循环装置的）	8415822001	7
		其他制冷量大于 4000 大卡/时的其他空调（仅装有制冷装置，而无冷热循环装置的）	8415822090	
5	微型计算机	便携式自动数据处理设备（重量≤10kg，至少由一个中央处理器、键盘和显示器组成）	8471300000	10
		微型机	8471414000	10
		以系统形式报验的微型机	8471494000	10
		含显示器和主机的微型机	8471504001	10
		其他的微型机的处理部件	8471504090	
		专用或主要用于 84. 71 商品的阴极射线管监视器	8528410000	10
		专用或主要用于 84. 71 商品的液晶监视器	8528511000	10
		其他专用或主要用于 84. 71 商品的监视器	8528519000	10
		专用于车载导航仪的液晶监视器	8528591001	10
		其他彩色的监视器	8528591090	10
		其他单色的监视器	8528599000	10

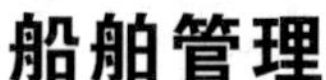

船舶管理

中华人民共和国船舶登记条例

（国务院令第 155 号）

发布日期：1994-06-02
实施日期：2014-07-29
法规类型：行政法规

（根据 2014 年 7 月 29 日国务院令第 653 号《国务院关于修改部分行政法规的决定》修订）

第一章 总 则

第一条 为了加强国家对船舶的监督管理，保障船舶登记有关各方的合法权益，制定本条例。

第二条 下列船舶应当依照本条例规定进行登记：

（一）在中华人民共和国境内有住所或者主要营业所的中国公民的船舶。

（二）依据中华人民共和国法律设立的主要营业所在中华人民共和国境内的企业法人的船舶。但是，在该法人的注册资本中有外商出资的，中方投资人的出资额不得低于 50%。

（三）中华人民共和国政府公务船舶和事业法人的船舶。

（四）中华人民共和国港务监督机构认为应当登记的其他船舶。

军事船舶、渔业船舶和体育运动船艇的登记依照有关法规的规定办理。

第三条 船舶经依法登记，取得中华人民共和国国籍，方可悬挂中华人民共和国国旗航行；未经登记的，不得悬挂中华人民共和国国旗航行。

第四条 船舶不得具有双重国籍。凡在外国登记的船舶，未中止或者注销原登记国国籍的，不得取得中华人民共和国国籍。

第五条 船舶所有权的取得、转让和消灭，应当向船舶登记机关登记；未经登记的，不得对抗第三人。

船舶由二个以上的法人或者个人共有的，应当向船舶登记机关登记；未经登记的，不得对抗第三人。

第六条 船舶抵押权、光船租赁权的设定、转移和消灭，应当向船舶登记机关登记；未经登记的，不得对抗第三人。

第七条 中国籍船舶上应持适任证书的船员，必须持有相应的中华人民共和国船员适任证书。

第八条 中华人民共和国港务监督机构是船舶登记主管机关。

各港的港务监督机构是具体实施船舶登记的机关（以下简称船舶登记机关），其管辖范围由中华人民共和国港务监督机构确定。

第九条 船舶登记港为船籍港。

船舶登记港由船舶所有人依据其住所或者主要营业所所在地就近选择，但是不得选择 2 个或者 2 个以上的船舶登记港。

第十条 一艘船舶只准使用一个名称。

船名由船籍港船舶登记机关核定。船名不得与登记在先的船舶重名或者同音。

第十一条 船舶登记机关应当建立船舶登记簿。

船舶登记机关应当允许利害关系人查阅船舶登记簿。

第十二条 国家所有的船舶由国家授予具有法人资格的全民所有制企业经营管理的，本条例有关船舶所有人的规定适用于该法人。

第二章 船舶所有权登记

第十三条 船舶所有人申请船舶所有权登记，应当向船籍港船舶登记机关交验足以证明其合法身份的文件，并提供有关船舶技术资料和船舶所有权取得的证明文件的正本、副本。

就购买取得的船舶申请船舶所有权登记的，应当提供下列文件：

（一）购船发票或者船舶的买卖合同和交接文件；

（二）原船籍港船舶登记机关出具的船舶所有权登记注销证明书；

（三）未进行抵押的证明文件或者抵押权人同意被抵押船舶转让他人的文件。

就新造船舶申请船舶所有权登记的，应当提供船舶建造合同和交接文件。但是，就建造中的船舶申请船舶所有权登记的，仅需提供船舶建造合同；就自造自用船舶申请船舶所有权登记的，应当提供足以证明其所有权取得的文件。

就因继承、赠与、依法拍卖以及法院判决取得的船舶申请船舶所有权登记的，应当提供具有相应法律效力的船舶所有权取得的证明文件。

第十四条 船籍港船舶登记机关应当对船舶所有权登记申请进行审查核实；对符合本条例规定的，应当自收到申请之日起 7 日内向船舶所有人颁发船舶所有权登记证书，授予船舶登记号码，并在船舶登记簿中载明下列事项：

（一）船舶名称、船舶呼号；

（二）船籍港和登记号码、登记标志；

（三）船舶所有人的名称、地址及其法定代表人的姓名；

（四）船舶所有权的取得方式和取得日期；

（五）船舶所有权登记日期；

（六）船舶建造商名称、建造日期和建造地点；

（七）船舶价值、船体材料和船舶主要技术数据；

（八）船舶的曾用名、原船籍港以及原船舶登记的注销或者中止的日期；

（九）船舶为数人共有的，还应当载明船舶共有人的共有情况；

（十）船舶所有人不实际使用和控制船舶的，还应当载明光船承租人或者船舶经营人的名称、地址及其法定代表人的姓名；

（十一）船舶已设定抵押权的，还应当载明船舶抵押权的设定情况。

船舶登记机关对不符合本条例规定的，应当自收到申请之日起 7 日内书面通知船舶所有人。

第三章 船舶国籍

第十五条 船舶所有人申请船舶国籍，除应当交验依照本条例取得的船舶所有权登记证书外，还应当按照船舶航区相应交验下列文件：

（一）航行国际航线的船舶，船舶所有人应当根据船舶的种类交验法定的船舶检验机构签发的下列有效船舶技术证书：

1. 国际吨位丈量证书；
2. 国际船舶载重线证书；
3. 货船构造安全证书；
4. 货船设备安全证书；
5. 乘客定额证书；
6. 客船安全证书；
7. 货船无线电报安全证书；
8. 国际防止油污证书；
9. 船舶航行安全证书；
10. 其他有关技术证书。

（二）国内航行的船舶，船舶所有人应当根据船舶的种类交验法定的船舶检验机构签发的船舶检验证书簿和其他有效船舶技术证书。

从境外购买具有外国国籍的船舶，船舶所有人在申请船舶国籍时，还应当提供原船籍港船舶登记机关出具的注销原国籍的证明书或者将于重新登记时立即注销原国籍的证明书。

对经审查符合本条例规定的船舶，船籍港船舶登记机关予以核准并发给船舶国籍证书。

第十六条 依照本条例第十三条规定申请登记的船舶，经核准后，船舶登记机关发给船舶国籍证书。船舶国籍证书的有效期为 5 年。

第十七条 向境外出售新造的船舶，船舶所有人应当持船舶所有权取得的证明文件和有效船舶技术证书，到建造地船舶登记机关申请办理临时船舶国籍证书。

从境外购买新造的船舶，船舶所有人应当持船舶所有权取得的证明文件和有效船舶技术证书，到中华人民共和国驻外大使馆、领事馆申请办理临时船舶国籍证书。

境内异地建造船舶，需要办理临时船舶国籍证书的，船舶所有人应当持船舶建造合同和交接文件以及有效船舶技术证书，到建造地船舶登记机关申请办理临时船舶国籍证书。

在境外建造船舶，船舶所有人应当持船舶建造合同和交接文件以及有效船舶技术证书，到中华人民共和国驻外大使馆、领事馆申请办理临时船舶国籍证书。

以光船条件从境外租进船舶，光船承租人应当持光船租赁合同和原船籍港船舶登记机关出具的中止或者注销原国籍的证明书，或者将于重新登记时立即中止或者注销原国籍的证明书到船舶登记机关申请办理临时船舶国籍证书。

对经审查符合本条例规定的船舶，船舶登记机关或者中华人民共和国驻外大使馆、领事馆予以核准并发给临时船舶国籍证书。

第十八条 临时船舶国籍证书的有效期一般不超过 1 年。

以光船租赁条件从境外租进的船舶，临时船舶国籍证书的期限可以根据租期确定，但是最长不得超过 2 年。光船租赁合同期限超过 2 年的，承租人应当在证书有效期内，到船籍港船舶登记机关申请换发临时船舶国籍证书。

第十九条 临时船舶国籍证书和船舶国籍证书具有同等法律效力。

第四章 船舶抵押权登记

第二十条 对 20 总吨以上的船舶设定抵押权时，抵押权人和抵押人应当持下列文件到船籍港船舶登记机关申请办理船舶抵押权登记：

（一）双方签字的书面申请书；

（二）船舶所有权登记证书或者船舶建造合同；

（三）船舶抵押合同。

该船舶设定有其他抵押权的，还应当提供有关证明文件。

船舶共有人就共有船舶设定抵押权时，还应当提供2/3以上份额或者约定份额的共有人的同意证明文件。

第二十一条 对经审查符合本条例规定的，船籍港船舶登记机关应当自收到申请之日起7日内将有关抵押人、抵押权人和船舶抵押情况以及抵押登记日期载入船舶登记簿和船舶所有权登记证书，并向抵押权人核发船舶抵押权登记证书。

第二十二条 船舶抵押权登记，包括下列主要事项：

（一）抵押权人和抵押人的姓名或者名称、地址；

（二）被抵押船舶的名称、国籍，船舶所有权登记证书的颁发机关和号码；

（三）所担保的债权数额、利息率、受偿期限。

船舶登记机关应当允许公众查询船舶抵押权的登记状况。

第二十三条 船舶抵押权转移时，抵押权人和承转人应当持船舶抵押权转移合同到船籍港船舶登记机关申请办理抵押权转移登记。

对经审查符合本条例规定的，船籍港船舶登记机关应当将承转人作为抵押权人载入船舶登记簿和船舶所有权登记证书，并向承转人核发船舶抵押权登记证书，封存原船舶抵押权登记证书。

办理船舶抵押权转移前，抵押权人应当通知抵押人。

第二十四条 同一船舶设定2个以上抵押权的，船舶登记机关应当按照抵押权登记申请日期的先后顺序进行登记，并在船舶登记簿上载明登记日期。

登记申请日期为登记日期；同日申请的，登记日期应当相同。

第五章 光船租赁登记

第二十五条 有下列情形之一的，出租人、承租人应当办理光船租赁登记：

（一）中国籍船舶以光船条件出租给本国企业的；

（二）中国企业以光船条件租进外国籍船舶的；

（三）中国籍船舶以光船条件出租境外的。

第二十六条 船舶在境内出租时，出租人和承租人应当在船舶起租前，持船舶所有权登记证书、船舶国籍证书和光船租赁合同正本、副本，到船籍港船舶登记机关申请办理光船租赁登记。

对经审查符合本条例规定的，船籍港船舶登记机关应当将船舶租赁情况分别载入船舶所有权登记证书和船舶登记簿，并向出租人、承租人核发光船租赁登记证明书各1份。

第二十七条 船舶以光船条件出租境外时，出租人应当持本条例第二十六条规定的文件到船籍港船舶登记机关申请办理光船租赁登记。

对经审查符合本条例规定的，船籍港船舶登记机关应当依照本条例第四十二条规定中止或者注销其船舶国籍，并发给光船租赁登记证明书一式2份。

第二十八条 以光船条件从境外租进船舶，承租人应当比照本条例第九条规定确定船籍港，并在船舶起租前持下列文件，到船舶登记机关申请办理光船租赁登记：

（一）光船租赁合同正本、副本；

（二）法定的船舶检验机构签发的有效船舶技术证书；

（三）原船籍港船舶登记机关出具的中止或者注销船舶国籍证明书，或者将于重新登记时立即中止或者注销船舶国籍的证明书。

对经审查符合本条例规定的，船舶登记机关应当发给光船租赁登记证明书，并应当依照本条例第十七条的规定发给临时船舶国籍证书，在船舶登记簿上载明原登记国。

第二十九条　需要延长光船租赁期限的，出租人、承租人应当在光船租赁合同期满前 15 日，持光船租赁登记证明书和续租合同正本、副本，到船舶登记机关申请办理续租登记。

第三十条　在光船租赁期间，未经出租人书面同意，承租人不得申请光船转租登记。

第六章　船舶标志和公司旗

第三十一条　船舶应当具有下列标志：

（一）船首两舷和船尾标明船名；

（二）船尾船名下方标明船籍港；

（三）船名、船籍港下方标明汉语拼音；

（四）船首和船尾两舷标明吃水标尺；

（五）船舶中部两舷标明载重线。

受船型或者尺寸限制不能在前款规定的位置标明标志的船舶，应当在船上显著位置标明船名和船籍港。

第三十二条　船舶所有人设置船舶烟囱标志、公司旗，可以向船籍港船舶登记机关申请登记，并按照规定提供标准设计图纸。

第三十三条　同一公司的船舶只准使用一个船舶烟囱标志、公司旗。

船舶烟囱标志、公司旗由船籍港船舶登记机关审核。

船舶烟囱标志、公司旗不得与登记在先的船舶烟囱标志、公司旗相同或者相似。

第三十四条　船籍港船舶登记机关对经核准予以登记的船舶烟囱标志、公司旗应当予以公告。

业经登记的船舶烟囱标志、公司旗属登记申请人专用，其他船舶或者公司不得使用。

第七章　变更登记和注销登记

第三十五条　船舶登记项目发生变更时，船舶所有人应当持船舶登记的有关证明文件和变更证明文件，到船籍港船舶登记机关办理变更登记。

第三十六条　船舶变更船籍港时，船舶所有人应当持船舶国籍证书和变更证明文件，到原船籍港船舶登记机关申请办理船籍港变更登记。对经审查符合本条例规定的，原船籍港船舶登记机关应当在船舶国籍证书签证栏内注明，并将船舶有关登记档案转交新船籍港船舶登记机关，船舶所有人再到新船籍港船舶登记机关办理登记。

第三十七条　船舶共有情况发生变更时，船舶所有人应当持船舶所有权登记证书和有关船舶共有情况变更的证明文件，到船籍港船舶登记机关办理有关变更登记。

第三十八条　船舶抵押合同变更时，抵押权人和抵押人应当持船舶所有权登记证书、船舶抵押权登记证书和船舶抵押合同变更的证明文件，到船籍港船舶登记机关办理变更登记。

对经审查符合本条例规定的，船籍港船舶登记机关应当在船舶所有权登记证书和船舶抵押权登记证书以及船舶登记簿上注明船舶抵押合同的变更事项。

第三十九条　船舶所有权发生转移时，原船舶所有人应当持船舶所有权登记证书、船舶国籍证书和其他有关证明文件到船籍港船舶登记机关办理注销登记。

对经审查符合本条例规定的，船籍港船舶登记机关应当注销该船舶在船舶登记簿上的所有权登记以及与之相关的登记，收回有关登记证书，并向船舶所有人出具相应的船舶登记注销证明书。向境外出售的船舶，船舶登记机关可以根据具体情况出具注销国籍的证明书或者将于重新登记时立即注销国籍的证明书。

第四十条 船舶灭失（含船舶拆解、船舶沉没）和船舶失踪，船舶所有人应当自船舶灭失（含船舶拆解、船舶沉没）或者船舶失踪之日起 3 个月内持船舶所有权登记证书、船舶国籍证书和有关船舶灭失（含船舶拆解、船舶沉没）、船舶失踪的证明文件，到船籍港船舶登记机关办理注销登记。经审查核实，船籍港船舶登记机关应当注销该船舶在船舶登记簿上的登记，收回有关登记证书，并向船舶所有人出具船舶登记注销证明书。

第四十一条 船舶抵押合同解除，抵押权人和抵押人应当持船舶所有权登记证书、船舶抵押权登记证书和经抵押权人签字的解除抵押合同的文件，到船籍港船舶登记机关办理注销登记。对经审查符合本条例规定的，船籍港船舶登记机关应当注销其在船舶所有权登记证书和船舶登记簿上的抵押登记的记录。

第四十二条 以光船条件出租到境外的船舶，出租人除依照本条例第二十七条规定办理光船租赁登记外，还应当办理船舶国籍的中止或者注销登记。船籍港船舶登记机关应当封存原船舶国籍证书，发给中止或者注销船舶国籍证明书。特殊情况下，船籍港船舶登记机关可以发给将于重新登记时立即中止或者注销船舶国籍的证明书。

第四十三条 光船租赁合同期满或者光船租赁关系终止，出租人应当自光船租赁合同期满或者光船租赁关系终止之日起 15 日内，持船舶所有权登记证书、光船租赁合同或者终止光船租赁关系的证明文件，到船籍港船舶登记机关办理光船租赁注销登记。

以光船条件出租到境外的船舶，出租人还应当提供承租人所在地船舶登记机关出具的注销船舶国籍证明书或者将于重新登记时立即注销船舶国籍的证明书。

经核准后，船籍港船舶登记机关应当注销其在船舶所有权登记证书和船舶登记簿上的光船租赁登记的记录，并发还原船舶国籍证书。

第四十四条 以光船条件租进的船舶，承租人应当自光船租赁合同期满或者光船租赁关系终止之日起 15 日内，持光船租赁合同、终止光船租赁关系的证明文件，到船籍港船舶登记机关办理注销登记。

以光船条件从境外租进的船舶，还应当提供临时船舶国籍证书。

经核准后，船籍港船舶登记机关应当注销其在船舶登记簿上的光船租赁登记，收回临时船舶国籍证书，并出具光船租赁登记注销证明书和临时船舶国籍注销证明书。

第八章 船舶所有权登记证书、船舶国籍证书的换发和补发

第四十五条 船舶国籍证书有效期届满前 1 年内，船舶所有人应当持船舶国籍证书和有效船舶技术证书，到船籍港船舶登记机关办理证书换发手续。

第四十六条 船舶所有权登记证书、船舶国籍证书污损不能使用的，持证人应当向船籍港船舶登记机关申请换发。

第四十七条 船舶所有权登记证书、船舶国籍证书遗失的，持证人应当书面叙明理由，附具有关证明文件，向船籍港船舶登记机关申请补发。

船籍港船舶登记机关应当在当地报纸上公告声明原证书作废。

第四十八条 船舶所有人在境外发现船舶国籍证书遗失或者污损时，应当向中华人民共和国驻外大使馆、领事馆申请办理临时船舶国籍证书，但是必须在抵达本国第一个港口后及时向船籍港船舶登记机关申请换发船舶国籍证书。

第九章 法律责任

第四十九条 假冒中华人民共和国国籍，悬挂中华人民共和国国旗航行的，由船舶登记

机关依法没收该船舶。

中国籍船舶假冒外国国籍，悬挂外国国旗航行的，适用前款规定。

第五十条　隐瞒在境内或者境外的登记事实，造成双重国籍的，由船籍港船舶登记机关吊销其船舶国籍证书，并视情节处以下列罚款：

（一）500总吨以下的船舶，处2000元以上、1万元以下的罚款；

（二）501总吨以上、10000总吨以下的船舶，处以1万元以上、5万元以下的罚款；

（三）10001总吨以上的船舶，处以5万元以上、20万元以下的罚款。

第五十一条　违反本条例规定，有下列情形之一的，船籍港船舶登记机关可以视情节给予警告、根据船舶吨位处以本条例第五十条规定的罚款数额的50%直至没收船舶登记证书：

（一）在办理登记手续时隐瞒真实情况、弄虚作假的；

（二）隐瞒登记事实，造成重复登记的；

（三）伪造、涂改船舶登记证书的。

第五十二条　不按照规定办理变更或者注销登记的，或者使用过期的船舶国籍证书或者临时船舶国籍证书的，由船籍港船舶登记机关责令其补办有关登记手续；情节严重的，可以根据船舶吨位处以本条例第五十条规定的罚款数额的10%。

第五十三条　违反本条例规定，使用他人业经登记的船舶烟囱标志、公司旗的，由船籍港船舶登记机关责令其改正；拒不改正的，可以根据船舶吨位处以本条例第五十条规定的罚款数额的10%；情节严重的，并可以吊销其船舶国籍证书或者临时船舶国籍证书。

第五十四条　船舶登记机关的工作人员滥用职权、徇私舞弊、玩忽职守、严重失职的，由所在单位或者上级机关给予行政处分；构成犯罪的，依法追究刑事责任。

第五十五条　当事人对船舶登记机关的具体行政行为不服的，可以依照国家有关法律、行政法规的规定申请复议或者提起行政诉讼。

第十章　附　则

第五十六条　本条例下列用语的含义是：

（一）“船舶”系指各类机动、非机动船舶以及其他水上移动装置，但是船舶上装备的救生艇筏和长度小于5米的艇筏除外。

（二）“渔业船舶”系指从事渔业生产的船舶以及属于水产系统为渔业生产服务的船舶。

（三）“公务船舶”系指用于政府行政管理目的的船舶。

第五十七条　除公务船舶外，船舶登记机关按照规定收取船舶登记费。船舶登记费的收费标准和管理办法，由国务院财政部门、物价行政主管部门会同国务院交通行政主管部门制定。

第五十八条　船舶登记簿、船舶国籍证书、临时船舶国籍证书、船舶所有权登记证书、船舶抵押权登记证书、光船租赁登记证明书、申请书以及其他证明书的格式，由中华人民共和国港务监督机构统一制定。

第五十九条　本条例自1995年1月1日起施行。

远洋渔业管理规定

（农业农村部令 2020 年第 2 号）

发布日期：2020-02-10

实施日期：2020-04-01

法规类型：部门规章

第一章　总　则

第一条　为加强远洋渔业管理，维护国家和远洋渔业企业及从业人员的合法权益，养护和可持续利用海洋渔业资源，促进远洋渔业持续、健康发展，根据《中华人民共和国渔业法》及有关法律、行政法规，制定本规定。

第二条　本规定所称远洋渔业，是指中华人民共和国公民、法人和其他组织到公海和他国管辖海域从事海洋捕捞以及与之配套的加工、补给和产品运输等渔业活动，但不包括到黄海、东海和南海从事的渔业活动。

第三条　国家支持、促进远洋渔业可持续发展，建立规模合理、布局科学、装备优良、配套完善、管理规范、生产安全的现代化远洋渔业产业体系。

第四条　农业农村部主管全国远洋渔业工作，负责全国远洋渔业的规划、组织和管理，会同国务院其他有关部门对远洋渔业企业执行国家有关法规和政策的情况进行监督。

省级人民政府渔业行政主管部门负责本行政区域内远洋渔业的规划、组织和监督管理。

市、县级人民政府渔业行政主管部门协助省级渔业行政主管部门做好远洋渔业相关工作。

第五条　国家鼓励远洋渔业企业依法自愿成立远洋渔业协会，加强行业自律管理，维护成员合法权益。

第六条　农业农村部对远洋渔业实行项目审批管理和企业资格认定制度，并依法对远洋渔业船舶和船员进行监督管理。

第七条　远洋渔业项目审批和企业资格认定通过农业农村部远洋渔业管理系统办理。

申请人应当提供的渔业船舶检验证书、渔业船舶登记证等法定证照、权属证明，在全国渔船动态管理系统、远洋渔业管理系统或者部门间核查能够查询到有效信息的，可以不再提供纸质材料。

第二章　远洋渔业项目申请和审批

第八条　同时具备下列条件的企业，可以从事远洋渔业，申请开展远洋渔业项目：

（一）在我国市场监管部门登记，具有独立法人资格，经营范围包括海洋（远洋）捕捞；

（二）拥有符合要求的适合从事远洋渔业的合法渔业船舶；

（三）具有承担项目运营和意外风险的经济实力；

（四）有熟知远洋渔业政策、相关法律规定、国外情况并具有 3 年以上远洋渔业生产及管理经验的专职经营管理人员；

（五）申请前的 3 年内没有被农业农村部取消远洋渔业企业资格的记录，企业主要负责人和项目负责人申请前的 3 年内没有在被农业农村部取消远洋渔业企业资格的企业担任主要负责人和项目负责人的记录。

第九条 符合本规定第八条条件的企业申请开展远洋渔业项目的，应当通过所在地省级人民政府渔业行政主管部门提出，经省级人民政府渔业行政主管部门审核同意后报农业农村部审批。中央直属企业直接报农业农村部审批。

省级人民政府渔业行政主管部门应当在10日内完成审核。

第十条 申请远洋渔业项目时，应当报送以下材料：

（一）项目申请报告。申请报告应当包括企业基本情况和条件、项目组织和经营管理计划、已开展远洋渔业项目（如有）的情况等内容，同时填写《申请远洋渔业项目基本情况表》（见附表一）。

（二）项目可行性研究报告。

（三）到他国管辖海域作业的，提供与外方的合作协议或他国政府主管部门同意入渔的证明、我驻项目所在国使（领）馆的意见；境外成立独资或合资企业的，还需提供我国商务行政主管部门出具的《企业境外投资证书》和入渔国有关政府部门出具的企业注册证明。到公海作业的，填报《公海渔业捕捞许可证申请书》（见附表二）。

（四）拟派渔船所有权证书、登记（国籍）证书、远洋渔船检验证书。属制造、更新改造、购置或进口的专业远洋渔船，需同时提供农业农村部《渔业船网工具指标批准书》；属非专业远洋渔船（具有国内有效渔业捕捞许可证转产从事远洋渔业的渔船），需同时提供国内《海洋渔业捕捞许可证》；属进口渔船，需同时提供国家机电进出口办公室批准文件。

（五）农业农村部要求的其他材料。

第十一条 农业农村部收到符合本规定第十条要求的远洋渔业项目申请后，在15个工作日内作出是否批准的决定。特殊情况需要延长决定期限的，应当及时告知申请企业延长决定期限的理由。

经审查批准远洋渔业项目申请的，农业农村部书面通知申请项目企业及其所在地省级人民政府渔业行政主管部门，并抄送国务院其他有关部门。

从事公海捕捞作业的，农业农村部批准远洋渔业项目的同时，颁发《公海渔业捕捞许可证》。

经审查不予批准远洋渔业项目申请的，农业农村部将决定及理由书面通知申请项目企业。

第十二条 对已经实施的远洋渔业项目，农业农村部根据以下不同情况分别进行确认：

（一）从国内港口离境的渔船，依据海事行政主管部门颁发的《国际航行船舶出口岸许可证》进行确认；

（二）在海上转移渔场或变更渔船所有人的渔船，依据远洋渔业项目批准文件进行确认；

（三）船舶证书到期的渔船，依据发证机关换发的有效证书进行确认；

（四）因入渔需要变更渔船国籍的，依据渔船的中国国籍中止或注销证明、入渔国政府主管部门签发的捕捞许可证和渔船登记证书、检验证书及中文翻译件进行确认。

第十三条 取得农业农村部远洋渔业项目批准后，企业持批准文件和其他有关材料，办理远洋渔业船舶和船员证书等有关手续。

第十四条 到他国管辖海域从事捕捞作业的远洋渔业项目开始执行后，企业项目负责人应当持农业农村部远洋渔业项目批准文件到我驻外使（领）馆登记，接受使（领）馆的监督和指导。

第十五条 企业在项目执行期间，应当按照农业农村部的规定及时、准确地向所在地省级人民政府渔业行政主管部门等单位报告下列情况，由省级人民政府渔业行政主管部门等单位汇总后报农业农村部：

（一）投产各渔船渔获量、主要品种、产值等生产情况。除另有规定外，应当于每月10

日前按要求报送上月生产情况；

（二）自捕水产品运回情况，按照海关总署和农业农村部的要求报告；

（三）农业农村部或国际渔业管理组织要求报告的其他情况。

第十六条 远洋渔业项目执行过程中需要改变作业国家（地区）或海域、作业类型、入渔方式、渔船数量（包括更换渔船）、渔船所有人以及重新成立独资或合资企业的，应当提供本规定第十条规定的与变更内容有关的材料，按照本规定第九条规定的程序事先报农业农村部批准。其中改变作业国家的，除提供第十条第（三）项规定的材料外，还应当提供我驻原项目所在国使（领）馆的意见。

第十七条 项目终止或执行完毕后，远洋渔业企业应当及时向省级人民政府渔业行政主管部门报告，提交项目执行情况总结，经省级人民政府渔业行政主管部门报农业农村部办理远洋渔业项目终止手续。

远洋渔业企业应当将终止项目的渔船开回国内，并在渔船入境之日起5个工作日内，将海事行政主管部门出具的《船舶进口岸手续办妥通知单》和渔政渔港监督部门出具的渔船停港证明报农业农村部。

远洋渔船终止远洋渔业项目或远洋渔业项目无法继续执行的，企业应于项目终止或停止之日起18个月内对渔船予以妥善处置，因客观原因未能在18个月内处置完毕的，可适当延长处置时间，但最长不得超过36个月。期限届满仍未妥善处置的，由省级人民政府渔业行政主管部门按《渔业船舶登记办法》等有关规定注销渔船登记。

第三章 远洋渔业企业资格认定和年审

第十八条 对于已获农业农村部批准并开始实施远洋渔业项目的企业，其生产经营情况正常，认真遵守有关法律、法规和本规定，未发生严重违规事件的，农业农村部授予其远洋渔业企业资格，并颁发《农业农村部远洋渔业企业资格证书》。

取得《农业农村部远洋渔业企业资格证书》的企业，可以根据有关规定享受国家对远洋渔业的支持政策。

第十九条 农业农村部对远洋渔业企业资格和远洋渔业项目进行年度审查。对审查合格的企业，换发当年度《农业农村部远洋渔业企业资格证书》；对审查合格的渔船，延续确认当年度远洋渔业项目。

申请年审的远洋渔业企业应当于每年1月15日以前向所在地省级人民政府渔业行政主管部门报送下列材料：

（一）上年度远洋渔业项目执行情况报告。

（二）《远洋渔业企业资格和项目年审登记表》（见附表三）。

（三）有效的渔业船舶所有权证书、国籍证书和检验证书。其中，在他国注册登记的渔船需提供登记国政府主管部门签发的渔船登记和检验证书及中文翻译件。在他国注册登记的渔船如已更新改造，还应提供原船证书注销证明及中文翻译件。

（四）到他国管辖海域从事捕捞作业的，还应提供入渔国政府主管部门颁发的捕捞许可证和企业注册证明及中文翻译件，我驻入渔国使（领）馆出具的意见等。

省级人民政府渔业行政主管部门应当对有关材料进行认真审核，对所辖区域的远洋渔业企业资格和渔船的远洋渔业项目提出审核意见，于2月15日前报农业农村部。

农业农村部于3月31日前将远洋渔业企业资格审查和远洋渔业项目确认结果书面通知省级人民政府渔业行政主管部门和有关企业，抄送国务院有关部门。

第四章 远洋渔业船舶和船员

第二十条 远洋渔船应当经渔业船舶检验机构技术检验合格、渔港监督部门依法登记，取得相关证书，符合我国法律、法规和有关国际条约的管理规定。

不得使用未取得相关证书的渔船从事远洋渔业生产。

不得使用被有关区域渔业管理组织公布的从事非法、不报告和不受管制渔业活动的渔船从事远洋渔业生产。

第二十一条 制造、更新改造、购置、进口远洋渔船或更新改造非专业远洋渔船开展远洋渔业的，应当根据《渔业捕捞许可管理规定》事先报农业农村部审批。

淘汰的远洋渔船，应当实施报废处置。

根据他国法律规定，远洋渔船需要加入他国国籍方可在他国海域作业的，应当按《渔业船舶登记办法》有关规定，办理中止或注销中国国籍登记。

第二十二条 远洋渔船应当从国家对外开放口岸出境和入境，随船携带登记（国籍）证书、检验证书、《公海捕捞许可证》以及该船适用的国际公约要求的有关证书。

第二十三条 在我国注册登记的远洋渔船，悬挂中华人民共和国国旗，按国家有关规定进行标识；在他国注册登记的远洋渔船，按登记国规定悬挂旗帜、进行标识。国际渔业组织对远洋渔船标识有规定的，按其规定执行。

第二十四条 专业远洋渔船不得在我国管辖海域从事渔业活动。

经批准到公海或他国管辖海域从事捕捞作业的非专业远洋渔船，出境前应当将《海洋渔业捕捞许可证》交回原发证机关暂存，在实施远洋渔业项目期间禁止在我国管辖海域从事渔业活动。在终止远洋渔业项目并办妥相关手续后，按《渔业捕捞许可管理规定》从原发证机构领回《海洋渔业捕捞许可证》后，方可在国内海域从事渔业生产。

第二十五条 远洋渔船应当按照规定填写渔捞日志，并接受渔业行政主管部门的监督检查。

第二十六条 远洋渔船应当按规定配备与管理船员。

远洋渔业船员应当按规定接受培训，经考试或考核合格取得相应的渔业船员证书后才能上岗，并持有海员证或护照等本人有效出入境证件。外籍、港澳台船员的管理按照国家有关规定执行。

远洋渔业船员、远洋渔业企业及项目负责人和经营管理人员应当学习国际渔业法律法规、安全生产和涉外知识，参加渔业行政主管部门或其委托机构组织的培训。

第五章　安全生产

第二十七条 远洋渔业企业承担安全生产主体责任，应当按规定设置安全生产管理机构或配备安全生产管理人员，建立安全生产责任制。

远洋渔业企业的法定代表人和主要负责人，对本企业的安全生产工作全面负责；远洋渔业项目负责人，对项目的执行、生产经营管理、渔船活动和船员负监管责任；远洋渔船船长对渔船海上航行、生产作业和锚泊安全等负直接责任。

第二十八条 远洋渔业企业应当与其聘用的远洋渔业船员或远洋渔业船员所在单位直接签订合同，为远洋渔业船员办理有关保险，按时发放工资，保障远洋渔业船员的合法权益，不得向远洋渔业船员收取不合理费用。

远洋渔业企业不得聘用未取得有效渔业船员证书的人员作为远洋渔业船员，聘用的远洋渔业船员不得超过农业农村部远洋渔业项目批准文件核定的船员数。

第二十九条 远洋渔业企业应当在远洋渔业船员出境前对其进行安全生产、外事纪律和法律知识等培训教育。

远洋渔业船员在境外应当遵守所在国法律、法规和有关国际条约、协定的规定，尊重当地的风俗习惯。

第三十条 远洋渔船船长应当认真履行《渔业船员管理办法》规定的有关职责，确保渔船正常航行和依法进行渔业生产，严禁违法进入他国管辖水域生产。

按照我国加入的国际公约或区域渔业组织要求，远洋渔船在公海或他国管辖水域被要求登临检查时，船长应当核实执法船舶及人员身份，配合经授权的执法人员对渔船实施登临检查。禁止逃避执法检查或以暴力、危险等方法抗拒执法检查。

第三十一条 到公海作业的远洋渔船，应当按照农业农村部远洋渔业项目批准文件和《公海渔业捕捞许可证》限定的作业海域、类型、时限、品种和配额作业，遵守我国缔结或者参加的国际条约、协定。

到他国管辖海域作业的远洋渔船，应当遵守我国与该国签订的渔业协议及该国的法律法规。

远洋渔船作业时应当与未授权作业海域外部界限保持安全的缓冲距离，避免赴有关国家争议海域作业。

第三十二条 远洋渔船在通过他国管辖水域前，应妥善保存渔获、捆绑覆盖渔具，并按有关规定提前通报。通过他国管辖水域时，应保持连续和匀速航行，填写航行日志，禁止从事捕捞、渔获物转运、补给等任何渔业生产活动。

渔船在他国港口内或通过他国管辖海域时，不得丢弃船上渔获物或其他杂物，不得排放油污、污水及从事其他损坏海洋生态环境的行为。

第六章 监督管理

第三十三条 禁止远洋渔业企业、渔船和船员从事、支持或协助非法、不报告和不受管制的渔业活动。

第三十四条 农业农村部发布远洋渔业从业人员“黑名单”。存在严重违法违规行为、对重大安全生产责任事故负主要责任和引发远洋渔业涉外违规事件的企业主要管理人员、项目负责人和船长，纳入远洋渔业从业人员“黑名单”管理。

纳入远洋渔业从业人员“黑名单”的企业主要管理人员、项目负责人，3 年内不得在远洋渔业企业担任主要管理人员或项目负责人。纳入远洋渔业从业人员“黑名单”的船长自被吊销职务船员证书之日起，5 年内不得申请渔业船员证书。

第三十五条 农业农村部根据管理需要对远洋渔船进行船位和渔获情况监测。远洋渔船应当根据农业农村部制定的监测计划安装渔船监测系统（VMS），并配备持有技术培训合格证的船员，保障系统正常工作，及时、准确提供真实信息。

农业农村部可根据有关国际组织的要求或管理需要向远洋渔船派遣国家观察员。远洋渔业企业和远洋渔船有义务接纳国家观察员或有关国际渔业组织派遣的观察员，协助并配合观察员工作，不得安排观察员从事与其职责无关的工作。

第三十六条 两个以上远洋渔业企业在同一国家（地区）或海域作业，或从事同品种、同类型作业，应当建立企业自我协调和自律机制，接受行业协会的指导，配合政府有关部门进行协调和管理。

第三十七条 远洋渔业企业、渔船和船员在国外发生涉外事件时，应当立即如实向农业农村部、企业所在地省级人民政府渔业行政主管部门和有关驻外使（领）馆报告，省级人民政府渔业行政主管部门接到报告后，应当立即核实情况，并提出处理意见报农业农村部和省级人民政府，由农业农村部协调提出处理意见通知驻外使领馆。发生重大涉外事件需要对外交涉的，由农业农村部商外交部提出处理意见，进行交涉。

远洋渔船发生海难等海上安全事故时，远洋渔业企业应当立即组织自救互救，并按规定向农业农村部、企业所在地省级人民政府渔业行政主管部门报告。需要紧急救助的，按照有关国际规则和国家规定执行。发生违法犯罪事件时，远洋渔业企业应当立即向所在地公安机关和边防部门报告，做好伤员救治、嫌疑人控制、现场保护等工作。

远洋渔业企业和所在地各级人民政府渔业行政主管部门应当认真负责、迅速、妥善处理涉外和海上安全事件。

第三十八条 各级人民政府渔业行政主管部门及其所属的渔政渔港监督管理机构应当会同有关部门，加强远洋渔船在国内渔业港口的监督与管理，严格执行渔船进出渔港报告制度。

除因人员病急、机件故障、遇难、避风等特殊情况外，禁止被有关国际渔业组织纳入非法、不报告和不受管制渔业活动名单的船舶进入我国港口。因人员病急、机件故障、遇难、避风等特殊情况或非法进入我国港口的，由港口所在地省级人民政府渔业行政主管部门会同同级港口、海关、边防等部门，在农业农村部、外交部等国务院有关部门指导下，依据我国法律、行政法规及我国批准或加入的相关国际条约，进行调查处理。

第七章 罚 则

第三十九条 远洋渔业企业、渔船或船员有下列违法行为的，由省级以上人民政府渔业行政主管部门或其所属的渔政渔港监督管理机构根据《中华人民共和国渔业法》《中华人民共和国野生动物保护法》和有关法律、法规予以处罚。对已经取得农业农村部远洋渔业企业资格的企业，农业农村部视情节轻重和影响大小，暂停或取消其远洋渔业企业资格。

（一）未经农业农村部批准擅自从事远洋渔业生产，或未取得《公海渔业捕捞许可证》从事公海捕捞生产的；

（二）申报或实施远洋渔业项目时隐瞒真相、弄虚作假的；

（三）不按农业农村部批准的或《公海渔业捕捞许可证》规定的作业类型、场所、时限、品种和配额生产，或未经批准进入他国管辖水域作业的；

（四）使用入渔国或有管辖权的区域渔业管理组织禁用的渔具、渔法进行捕捞，或捕捞入渔国或有管辖权的区域渔业管理组织禁止捕捞的鱼种、珍贵濒危水生野生动物或其他海洋生物的；

（五）未取得有效的船舶证书，或不符合远洋渔船的有关规定，或违反本规定招聘或派出远洋渔业船员的；

（六）妨碍或拒绝渔业行政主管部门监督管理，或在公海、他国管辖海域妨碍、拒绝有管辖权的执法人员进行检查的；

（七）不按规定报告情况和提供信息，或故意报告和提供不真实情况和信息，或不按规定填报渔捞日志的；

（八）拒绝接纳国家观察员或有管辖权的区域渔业管理组织派出的观察员或妨碍其正常工作的；

（九）故意关闭、移动、干扰船位监测、渔船自动识别等设备或故意报送虚假信息的，擅自更改船名、识别码、渔船标识或渔船参数，或擅自更换渔船主机的；

（十）被有关国际渔业组织认定从事、支持或协助了非法、不报告和不受管制的渔业活动的；

（十一）发生重大安全生产责任事故的；

（十二）发生涉外违规事件，造成严重不良影响的；

（十三）其他依法应予处罚的行为。

第四十条 被暂停农业农村部远洋渔业企业资格的企业，整改后经省级人民政府渔业行政主管部门和农业农村部审查合格的，可恢复其远洋渔业企业资格和所属渔船远洋渔业项目。1 年内经整改仍不合格的，取消其农业农村部远洋渔业企业资格。

第四十一条 当事人对渔业行政处罚有异议的，可按《中华人民共和国行政复议法》和《中华人民共和国行政诉讼法》的有关规定申请行政复议或提起行政诉讼。

第四十二条 各级人民政府渔业行政主管部门工作人员有不履行法定义务、玩忽职守、徇私舞弊等行为，尚不构成犯罪的，由所在单位或上级主管机关予以行政处分。

第八章 附 则

第四十三条 本规定所称远洋渔船是指中华人民共和国公民、法人或其他组织所有并从事远洋渔业活动的渔业船舶，包括捕捞渔船和渔业辅助船。远洋渔业船员是指在远洋渔船上工作的所有船员，包括职务船员。

本规定所称省级人民政府渔业行政主管部门包括计划单列市人民政府渔业行政主管部门。

第四十四条 本规定自2020年4月1日起施行。农业部2003年4月18日发布、2004年7月1日修正、2016年5月30日修正的《远洋渔业管理规定》同时废止。

出入境邮轮检疫管理办法

（国家质检总局令第185号）

发布日期：2016-10-25
实施日期：2023-04-15
法规类型：部门规章

（根据2018年4月28日海关总署令第238号《海关总署关于修改部分规章的决定》第一次修正；根据2018年5月29日海关总署令第240号《海关总署关于修改部分规章的决定》第二次修正；根据2023年3月9日海关总署令第262号《海关总署关于修改部分规章的决定》第三次修正）

第一章 总 则

第一条 为了规范出入境邮轮检疫监管工作，防止疫病疫情传播，促进邮轮经济发展，根据《中华人民共和国国境卫生检疫法》及其实施细则、《中华人民共和国动植物检疫法》及其实施条例、《中华人民共和国食品安全法》及其实施条例、《中华人民共和国传染病防治法》及其实施办法、《突发公共卫生事件应急条例》《国际航行船舶进出中华人民共和国口岸检查办法》等法律法规的规定，制定本办法。

第二条 本办法适用于对进出中华人民共和国国境口岸的外国籍邮轮和航行国际航线的中华人民共和国籍邮轮及相关经营、服务单位的检疫监督管理。

第三条 海关总署统一管理全国出入境邮轮检疫监管工作。

主管海关负责所辖口岸的出入境邮轮检疫监管工作。

第二章 风险管理

第四条 海关对出入境邮轮实施风险管理。

第五条 海关总署根据邮轮卫生状况、运营方及其代理人检疫风险控制能力、信用等级、现场监管情况及其他相关因素，制定邮轮检疫风险评估技术方案，确定邮轮检疫风险等级划分标准。

第六条 邮轮运营方负责建立并运行邮轮公共卫生安全体系，包括：

（一）食品安全控制计划；

（二）饮用水安全控制计划；

（三）娱乐用水安全控制计划；

（四）医学媒介生物监测计划；

（五）邮轮公共场所卫生制度；

（六）废弃物管理制度；

（七）胃肠道疾病的监测与控制体系；

（八）突发公共卫生事件应对工作机制。

第七条 邮轮运营方负责建立邮轮有害生物综合管理措施（IPM）计划，开展相关监测、防治和报告工作，控制有害生物扩散。

第八条 邮轮运营方或者其代理人按照自愿原则，可以向母港所在地海关提出风险评估申请，申请时应当提交以下资料：

（一）邮轮检疫风险评估申请书；

（二）邮轮的通风系统、生活用水供应系统、饮用水净化系统、污水处理系统的结构图。

第九条 海关总署负责组织邮轮风险评估工作，确定邮轮检疫风险等级，并对外公布。

主管海关根据风险等级确定邮轮检疫方式、卫生监督内容及频次并实施动态分类管理。

第三章 入境检疫查验

第十条 在邮轮入境前24小时或者离开上一港口后，邮轮负责人或者其代理人应当向入境口岸海关申报，提交沿途寄港、靠泊计划、人员健康情况、《船舶免予卫生控制措施/卫生控制措施证书》等信息。

如申报内容有变化，邮轮负责人或者其代理人应当及时向海关更正。

第十一条 入境邮轮应当依法接受检疫查验。

邮轮负责人或者其代理人应当向最先到达的入境口岸海关申请办理入境检疫手续，经海关准许，方可入境。

接受入境检疫的邮轮，在检疫完成以前，未经海关许可，不准上下人员，不准装卸货物、行李、邮包等物品。

第十二条 入境邮轮应当按照规定悬挂检疫信号，在指定地点等候检疫。在海关签发入境检疫证书或者通知检疫完毕之前，不得解除检疫信号。

检验检疫人员登轮检疫时，邮轮负责人或者其代理人应当配合开展工作。

第十三条 海关根据入境邮轮申报信息及邮轮检疫风险等级确定检疫方式，及时通知邮轮负责人或者其代理人，检疫方式有：

（一）靠泊检疫；

（二）随船检疫；

（三）锚地检疫；

（四）电讯检疫。

第十四条 有下列情形之一的，海关可以对入境邮轮实施随船检疫：

（一）首次入境，且入境前4周内停靠过海关总署公告、警示通报列明的发生疫情国家或者地区；

（二）首次入境，且公共卫生体系风险不明的；

（三）为便利通关需要，邮轮负责人或者其代理人申请，海关认为有必要的。

参加随船检疫人员应当为邮轮检疫在岗人员，且具有医学专业背景或者接受过系统性船舶卫生检疫业务培训的。

第十五条 有下列情形之一的，海关应当对入境邮轮实施锚地检疫：

（一）来自检疫传染病受染地区，邮轮上报告有疑似检疫传染病病例，且根据要求需对密切接触者采取集中隔离观察的；

（二）海关总署公告、警示通报有明确要求的；

（三）海关总署评定检疫风险较高的；

（四）有本办法第十四条第一款第（一）（二）项规定的情形而未实施随船检疫的；

（五）邮轮负责人或者其代理人申请，海关认为有必要的。

第十六条 邮轮经风险评估，检疫风险较低的，经邮轮负责人或者其代理人申请，海关可以实施电讯检疫。

第十七条 有本办法第十四条、第十五条、第十六条规定以外的其他情形或者在紧急情况下，海关对邮轮实施靠泊检疫。

第十八条 海关工作人员对入境邮轮实施的检疫查验内容包括：

（一）在登轮前，检查邮轮是否悬挂检疫信号；

（二）核查《船舶免于卫生控制措施证书/船舶卫生控制措施证书》、食品从业人员健康证明、来自黄热病疫区交通工具上船员和旅客的预防接种证书；

（三）检查邮轮医疗设施、航海日志、医疗日志，询问船员、旅客的健康监测情况，可以要求邮轮运营方或者其代理人签字确认；

（四）检查食品饮用水安全、医学媒介生物控制、废弃物处置和卫生状况；

（五）检查公共卫生安全体系其他相关内容。

第十九条 完成入境检疫后，对未发现染疫的邮轮，检验检疫人员应当立即签发《船舶入境卫生检疫证》；对需要实施检疫处理措施的邮轮，经检疫处理合格后，予以签发《船舶入境检疫证》。

邮轮负责人收到《船舶入境卫生检疫证》或者《船舶入境检疫证》，方可解除入境邮轮检疫信号，准予人员上下、货物装卸等。

第二十条 入境旅客、邮轮员工及其他人员应当接受检疫。

入境邮轮在中国境内停留期间，旅客、邮轮员工及其他人员不得将动植物、动植物产品和其他检疫物带离邮轮；需要带离时，应当向口岸海关申报。

第四章 出境检疫查验

第二十一条 出境邮轮在离港前4个小时，邮轮负责人或者其代理人应当向出境口岸海关申报邮轮出境检疫信息。

第二十二条 海关对出境邮轮实施检疫，未完成检疫事项的邮轮不得出境。

出境检疫完毕后，海关工作人员对出境邮轮应当签发《交通工具出境卫生检疫证书》。

海关可以根据风险评估情况确定是否实施登轮检疫。

第二十三条 对邮轮实施出境检疫完毕后，除引航员和经海关许可的人员外，其他人员不得上下邮轮，不准装卸行李、邮包、货物等物品。违反上述规定，该邮轮必须重新实施出境检疫。

出境检疫完毕后超过24小时仍未开航的出境邮轮，应当重新实施出境检疫。

第五章 检疫处理

第二十四条 有下列情形之一的，邮轮运营方应当按照海关要求，组织实施检疫处理：

（一）海关总署发布公告或者警示通报等有明确要求的；

（二）发现存在与人类健康有关的医学媒介生物或者有毒有害物质的；

（三）发现有《中华人民共和国进出境动植物检疫法》第十八条规定的名录中所列病虫害的；

（四）法律、法规规定的其他应当实施检疫处理的情形。

邮轮上泔水、动植物性废弃物及其存放场所、容器应当实施检疫处理。

检疫处理工作应当依法实施并接受海关监督。

第二十五条 邮轮上有禁止进境的动植物、动植物产品和其他检疫物的，在中国境内停留期间，不得卸离或者带离邮轮。发现有害生物扩散风险或者潜在风险的，邮轮运营方应当主动采取防范措施，并及时向海关报告。

第二十六条 经检疫处理合格的，且需下一港跟踪的邮轮，出发港海关应当及时将有关信息报送至下一港海关。

第六章 突发公共卫生事件处置

第二十七条 发生下列情形之一，邮轮负责人或者其代理人应当及时采取有效的应急处置措施，立即向口岸海关进行突发公共卫生事件报告：

（一）航行途中有人员发生疑似传染病死亡或者不明原因死亡的；

（二）发现传染病受染人或者疑似受染人，且可能构成公共卫生风险的；

（三）航行过程中6小时内出现6例及以上的消化道疾病病例，或者邮轮上有1%及以上的船员或者旅客患消化道疾病的；

（四）邮轮航行途中24小时内出现2‰以上的船员或者旅客患呼吸道传染病的；

（五）发生群体性不明原因疾病的；

（六）邮轮负责人或者其代理人认为应当报告的其他情形。

第二十八条 突发公共卫生事件报告内容应当包括：

（一）事件的基本情况，包括启运港、靠泊港和沿途寄港、停靠日期、病名或者主要症状、总人数、患病人数、死亡人数等；

（二）患病人员的监测日志、医疗记录和调查记录等；

（三）邮轮上所采取的应急处置措施及所取得的效果；

（四）法律法规要求的其他信息和资料。

第二十九条 邮轮发生突发公共卫生事件时，应当遵循统一指挥、职责明确、科学高效、反应及时、优先救治的原则。海关应当对人员医疗救治工作给予检疫便利。

第三十条 邮轮运营方应当建立完善的突发公共卫生事件处置能力，包括配备具有处置突发事件能力的专业人员、建立应急处置预案、定期开展培训和演练等。

发生突发公共卫生事件时，邮轮运营方及其代理人应当配合海关做好应急处置工作。

第三十一条 海关应当建立突发公共卫生事件的应急处置机制，做好联防联控工作，定期开展培训和演练，指导、协调邮轮运营方做好邮轮突发公共卫生事件的现场处置工作。

第三十二条 邮轮发生突发公共卫生事件时，应当依法对受染人员实施隔离，隔离期限根据医学检查结果确定；对疑似受染人员依法实施就地诊验或者留验，就地诊验或者留验期限自该人员离开感染环境的时候算起，不超过该传染病的最长潜伏期。

邮轮上发生突发公共卫生事件时，邮轮运营方可以提出申请，经海关同意，在邮轮上实施隔离留验；对不具备隔离留验条件的，应当转送至指定医疗机构。

第七章 监督管理

第三十三条 海关总署可以根据邮轮检疫风险等级确定监督管理的重点、方式和频次。

海关可以以抽查、专项检查、全项目检查等方式进行监管。必要时，可以实施采样检测。

第三十四条 检验检疫人员按照下列要求对出入境邮轮实施卫生监督：

（一）公共卫生安全管理制度是否完善；

（二）食品饮用水安全；

（三）客舱、甲板、餐厅、酒吧、影剧院、游泳池、浴池等公共场卫生状况是否保持良好；

（四）是否保持无感染源或者污染源，包括无医学媒介生物和宿主，并确保医学媒介生物控制措施的有效运行；

（五）保持废弃物密闭储存，或者具备无害化处理能力；

（六）保留完整规范的医疗记录、药品消耗及补充记录；

（七）是否建立完善的压舱水排放报告机制。

第三十五条 中国籍邮轮上的食品生产经营单位、公共场所应当取得海关颁发的国境口岸卫生许可证后方可从事生产经营活动。

第三十六条 检验检疫人员按照下列要求对出入境邮轮食品安全实施监督管理：

（一）邮轮上的食品从业人员应当持有有效的健康证明，并经过职业培训，能够按照食品安全控制要求进行操作；

（二）邮轮运营方应当向持有有效国境口岸卫生许可证的食品生产经营单位采购食品或者餐饮服务；

（三）应当建立食品进货查验制度，并保存相关档案。

第三十七条 海关对境外直供邮轮的进境食品，可以参照过境检疫模式进行监管：

（一）境外直供邮轮的动植物源性食品和水果的入境口岸、运输路线、出境口岸等相关事项，应当向配送地直属海关备案；

（二）境外直供邮轮的动植物源性食品和水果应当使用集装箱装载，按照规定的路线运输，集装箱在配送邮轮前不得开箱；

（三）境外直供邮轮食品在配送时应当接受开箱检疫。开箱时，应当由检验检疫人员现场监督，经查验铅封、核对货物种类和数量、实施检疫后方可配送邮轮。

境外直供邮轮食品不得用于其他用途。

第三十八条 对经监督管理不合格的邮轮，海关应当通知邮轮负责人或者其代理人进行整改，整改符合要求后，邮轮方可出入境。

第八章　法律责任

第三十九条 根据《中华人民共和国国境卫生检疫法》及其实施细则所规定的应当受行政处罚的行为是指：

（一）应当接受入境检疫的船舶，不悬挂检疫信号的；

（二）入境、出境的交通工具，在入境检疫之前或者在出境检疫之后，擅自上下人员，装卸行李、货物、邮包等物品的；

（三）拒绝接受检疫或者抵制卫生监督，拒不接受卫生处理的；

（四）伪造或者涂改检疫单、证、不如实申报疫情的；

（五）未经检疫的入境、出境交通工具，擅自离开检疫地点，逃避查验的；

（六）隐瞒疫情或者伪造情节的；

（七）未经检疫处理，擅自排放压舱水，移下垃圾、污物等控制的物品的；

（八）未经检疫处理，擅自移运尸体、骸骨的；

（九）未经海关检查，从交通工具上移下传染病病人造成传染病传播危险的。

具有第（一）至第（四）项行为的，由海关处以警告或者 100 元以上 5000 元以下的罚款。

具有第（五）至第（八）项行为的，处以 1000 元以上 1 万以下的罚款。

具有第（九）项行为的，处以 5000 元以上 3 万元以下的罚款。

第四十条 违反本办法，有下列情况之一的，由海关视情节轻重给予警告，或者处以 3 万元以下罚款。

（一）邮轮负责人或者其代理人未按照本办法第十条、第二十一条规定履行申报义务；

（二）邮轮运营方或者邮轮上食品生产经营单位向未持有有效国境口岸卫生许可证的食品生产经营单位采购食品的；

（三）中国籍邮轮上食品生产经营单位、公共场所未取得有效国境口岸卫生许可证，从事生产经营活动的；

（四）食品、饮用水及公共场所不符合相关法律法规及卫生标准要求，邮轮运营方拒不整改的；

（五）发生突发公共卫生事件时，邮轮运营方或者其代理人未按照海关要求及时报告或者未按照本办法第二十九条、第三十条规定实施卫生处理、除害处理、封存或者销毁处理的；

（六）邮轮运营方或者其代理人、邮轮上的食品从业人员违反本办法第二十七条、第二十八条规定的。

第四十一条 违反国境卫生检疫规定，引起检疫传染病传播或者有引起检疫传染病传播严重危险，构成犯罪的，依法追究刑事责任；尚不构成犯罪或者犯罪情节显著轻微依法不需要判处刑罚的，由海关处 5000 元以上 3 万以下罚款。

第四十二条 有下列违法行为之一的，依法追究刑事责任；尚不构成犯罪或者犯罪情节显著轻微依法不需要判处刑罚的，由海关处 2 万元以上 5 万元以下的罚款：

（一）引起重大动植物疫情的；

（二）伪造、变造动植物检疫单证、印章、标志、封识的。

引起重大动植物疫情危险，情节严重的依法追究刑事责任。

第九章　附　则

第四十三条 定班客轮可以参照本办法实施管理。

第四十四条 本办法由海关总署负责解释。

第四十五条 本办法自 2017 年 1 月 1 日起施行。

海南出入境游艇检疫管理办法

(国家质检总局令第153号)

发布日期：2013-06-05
实施日期：2018-07-01
法规类型：部门规章

(根据2018年4月28日海关总署令第238号《海关总署关于修改部分规章的决定》第一次修正；根据2018年5月29日海关总署令第240号《海关总署关于修改部分规章的决定》第二次修正)

第一章　总　则

第一条　为防止疫病疫情传入传出，规范海南出入境游艇检疫，根据《中华人民共和国国境卫生检疫法》及其实施细则、《中华人民共和国进出境动植物检疫法》及其实施条例、《国际卫生条例》等法律法规和国务院有关规定，制定本办法。

第二条　本办法适用于从海南出境、入境游艇的检疫和监督管理工作。

第三条　海关总署主管全国出入境游艇检疫监督管理工作。

海口海关负责海南出入境游艇检疫和监督管理工作。

第四条　海南出入境游艇检疫监督管理遵循先行先试、监管有效、简化手续、方便快捷的原则。

第二章　入境检疫

第五条　入境游艇必须在最先抵达的口岸接受检疫。

海关可以对入境游艇实施电讯检疫、锚地检疫、靠泊检疫或者随船检疫。

第六条　艇方或者其代理人应当在游艇抵达口岸前，向入境口岸海关申报下列事项：

(一) 游艇名称、国籍、预定抵达检疫地点的日期和时间；

(二) 发航港、最后寄港；

(三) 游艇操作人员和其他艇上人员数量及健康状况；

(四) 依法应当向海关申报并接受检疫的动植物、动植物产品和其他检疫物。

第七条　艇方或者其代理人应当在游艇到达检疫地点前12小时将确定到达的日期和时间通知海关。

第八条　无重大疫病疫情时，已取得《交通工具卫生证书》《船舶免予卫生控制措施证书/船舶卫生控制措施证书》的，艇方或者其代理人可以向海关申请电讯检疫。

未持有上述证书的，海关可以先予实施电讯检疫，艇方或者其代理人在游艇抵达检疫地点后应当申请补办。

第九条　有下列情形之一的游艇，艇方或者其代理人应当主动向海关报告，由海关在检疫锚地或者海关指定的地点实施检疫：

(一) 来自受染地区的；

（二）来自动植物疫区，国家有明确要求的；

（三）有受染病人、疑似受染病人，或者有人非因意外伤害而死亡并死因不明的；

（四）发现有啮齿动物异常死亡的。

第十条 除实施电讯检疫的以及本办法第九条规定的检疫以外的其他游艇，由海关在口岸开放码头或者经海关同意的游艇停泊水域或者码头实施靠泊检疫。

需要办理口岸临时开放手续的，按照相关规定执行。

第十一条 受入境检疫的游艇应当按照规定悬挂检疫信号等候查验，在检疫完毕并签发《船舶入境检疫证书》后，方可解除检疫信号、上下人员、装卸行李等物品。

不具备悬挂检疫信号条件的，入境时应当在检疫地点等候查验，并尽早通知海关实施检疫。

第十二条 办理入境检疫手续时，艇方或者其代理人应当向海关提交《出/入境游艇检疫总申报单》《船舶免予卫生控制措施证书/船舶卫生控制措施证书》、游艇操作人员及随艇人员名单等相关资料，必要时提供游艇航行等相关记录。来自黄热病疫区的，还应当提供艇上人员《预防接种证书》。

不能提供《船舶免予卫生控制措施证书/船舶卫生控制措施证书》的，艇方或者其代理人在游艇入境后应当向海关申请补办。

第十三条 海关依法对入境游艇上的受染病人实施隔离，对疑似受染病人实施不超过受染传染病潜伏期的留验或者就地诊验。

第十四条 入境游艇有下列情形之一的，应当实施检疫处理：

（一）来自受染地区的；

（二）被受染病人、疑似受染病人污染的；

（三）发现有与人类健康有关的医学媒介生物，超过国家卫生标准的；

（四）发现有动物一类、二类传染病、寄生虫病或者进境植物检疫性有害生物的。

第十五条 入境游艇在中国境内停留期间，艇上人员不得将所装载的动植物、动植物产品和其他检疫物带离游艇；需要带离时，应当向海关报检，相关程序及要求按照《出入境人员携带物检疫管理办法》及其他法律法规的相关规定执行。

游艇上装载有禁止进境的动植物、动植物产品和其他检疫物的，海关应当做封存或者销毁处理。

第十六条 携带犬、猫（以下简称宠物）入境的，每人每次限带1只，携带人应当向海关提供输出国家或者地区官方动物检疫机构出具的有效检疫证书和疫苗接种证书。宠物应当具有芯片或者其他有效身份证明。

第十七条 来自非狂犬病发生国家或者地区的宠物，经查验证书符合要求且现场检疫合格的，可以办理宠物入境随行手续。

来自狂犬病发生国家或者地区的宠物，应当在海关指定的隔离场所隔离30天。

工作犬，如导盲犬、搜救犬等，携带人提供相应证明且现场检疫合格的，可以免于隔离检疫。

海关对隔离检疫的宠物实行监督检查。

第十八条 入境宠物有下列情形之一的，禁止带离游艇：

（一）入境宠物无输出国家或者地区官方动物检疫机构出具的有效检疫证书和疫苗接种证书的；

（二）数量超过限额的；

（三）现场检疫不合格的。

第十九条 入境游艇经检疫查验合格的，由海关签发《船舶入境检疫证书》等证单。

第三章　出境检疫

第二十条　游艇出境时，应当在出境3小时前向出境口岸海关申报并办理出境检疫手续。办理出境检疫手续后出现人员变动或者其他特殊情况24小时内不能出境的，须重新办理。

游艇在入境口岸停留不足24小时出境的，经海关同意，在办理入境手续时，可以同时办理出境手续。

第二十一条　办理出境检疫手续时，艇方或者其代理人应当向海关提交《出/入境游艇检疫总申报单》、游艇操作人员及随艇人员名单等有关资料。入境时已提交且无变动的，经艇方或者其代理人书面声明，可以免予提供。

第二十二条　出境游艇经检疫查验合格的，由海关签发《交通工具出境卫生检疫证书》等证单。

第四章　监督管理

第二十三条　游艇入境后，发现受染病人或者突发公共卫生事件，或者有人非因意外伤害而死亡并死因不明的，艇方或者其代理人应当及时向到达的口岸海关报告，接受临时检疫。

第二十四条　游艇在境内航行、停留期间，不得擅自启封、动用海关在艇上封存的物品。

游艇上的生活垃圾、泔水、动植物性废弃物等，艇方应当放置于密封的容器中，在离艇前应当实施必要的检疫处理。

第二十五条　海关对游艇实施卫生监督，对卫生状况不良和可能导致传染病传播或者检疫性有害生物传播扩散的因素提出改进意见，并监督指导采取必要的检疫处理措施。

第二十六条　海关对游艇专用停泊水域或者码头、游艇俱乐部实施卫生监督，游艇俱乐部和艇方或者其代理人应当予以配合。

第二十七条　游艇停泊水域或者码头，满足下列条件的，经海关同意，可以在该水域或者码头实施检疫：

（一）具备管理和回收游艇废弃物、垃圾等的能力；

（二）具备对废弃物、垃圾等进行无害化处理的能力；

（三）具备相关的口岸检验检疫设施，满足海关查验和检疫处理的需求。

第二十八条　游艇在境内停留期间发生传染病疫情或者突发公共卫生事件等，海关应当及时启动应急预案，科学应对，妥善处置，防止疫病疫情扩散传播。

第二十九条　海关根据需要可以在游艇码头等场所设立工作点，实行驻点服务。

第五章　法律责任

第三十条　有下列违法行为之一的，由海关处以警告或者100元以上5000元以下的罚款：

（一）入境、出境的游艇，在入境检疫之前或者在出境检疫之后，擅自上下人员，装卸行李、货物等物品的；

（二）入境、出境的游艇拒绝接受检疫或者抵制卫生监督，拒不接受检疫处理的；

（三）伪造或者涂改卫生检疫证单的；

（四）瞒报携带禁止进境的微生物、人体组织、生物制品、血液及其制品或者其他可能引起传染病传播的动物和物品的；

（五）携带动植物、动植物产品和其他检疫物入境，未依法办理检疫审批手续或者未按照检疫审批的规定执行的。

第三十一条　有下列违法行为之一的，由海关处以1000元以上1万元以下的罚款：

（一）未经检疫或者未经检疫合格的入境、出境游艇，擅自离开检疫地点，逃避查验的；

（二）隐瞒疫情或者伪造情节的；

（三）未实施检疫处理，擅自排放压舱水，移下垃圾、污物等物品的；

（四）未实施检疫处理，擅自移运尸体、骸骨的。

第三十二条 未经检疫查验，从游艇上移下传染病病人造成传染病传播危险的，由海关处以5000元以上3万元以下的罚款。

第三十三条 有下列违法行为之一的，由海关处以3000元以上3万元以下的罚款：

（一）未经海关许可擅自将随艇进境、过境动植物、动植物产品和其他检疫物卸离游艇或者运递的；

（二）擅自调离或者处理在海关指定的隔离场所中隔离检疫的动植物的；

（三）擅自开拆、损毁检验检疫封识或者标志的；

（四）擅自抛弃随艇过境的动物尸体、排泄物、铺垫材料或者其他废弃物，或者未按规定处理游艇上的泔水、动植物性废弃物的；

（五）艇上人员违反本办法规定，携带无官方动物检疫证书，或者检疫发现有疫病疫情的宠物上岸的。

第三十四条 艇上人员有其他应当申报而未申报，或者申报的内容与实际不符的，由海关处以警告或者5000元以下的罚款。

第三十五条 出入境人员拒绝、阻碍海关及其工作人员依法执行职务的，依法移送有关部门处理。

第三十六条 受行政处罚的当事人应当在出境前履行海关作出的行政处罚决定。当事人向指定的银行缴纳罚款确有困难，经当事人提出，海关及其执法人员可以当场收缴罚款。当场收缴罚款的，必须向当事人出具罚款收据。

执法人员当场收缴的罚款，应当自收缴罚款之日起2日内，交至行政机关；在水上当场收缴的罚款，应当自抵岸之日起2日内交至行政机关；行政机关应当在2日内将罚款缴付指定的银行。

第三十七条 海关工作人员应当秉公执法、忠于职守，不得滥用职权、玩忽职守、徇私舞弊；违法失职的，依法追究责任。

第六章　附　则

第三十八条 本办法所称：

“游艇”仅限于用于游览观光、休闲娱乐等活动的具备机械推进动力装置的船舶。

“艇方”是指游艇所有人或者其使用人。

“艇上人员”包括游艇上的操作人员以及乘坐游艇的所有人员。

“游艇俱乐部”包括为出入境游艇提供游艇靠泊、保管及使用服务的依法成立的游艇俱乐部、游艇会以及其他组织。

“受染”是指受到感染或者污染（包括核放射、生物、化学因子），或者携带感染源或者污染源，包括携带医学媒介生物和宿主，可能引起国际关注的传染病或者构成其他严重公共卫生危害的。

“受染嫌疑”是指海关认为已经暴露于或者可能暴露于严重公共卫生危害，并且有可能成为传染源或者污染源。

“受染人（物）”是指受到感染或者污染或者携带感染源或者污染源以至于构成公共卫生风险的人员、宠物、行李、物品、游艇等。

“受染地区”是指需采取卫生措施的特定地理区域。

第三十九条 经海关总署批准，其他地区出入境游艇检疫监督管理工作可以参照本办法执行。

第四十条 本办法由海关总署负责解释。

第四十一条 本办法自2013年8月1日起施行。

老旧运输船舶管理规定

（交通部令2006年第8号）

发布日期：2006-07-05

实施日期：2021-08-11

法规类型：部门规章

（根据2009年11月30日交通部令2009年第14号《交通运输部关于修改〈老旧运输船舶管理规定〉的决定》第一次修正；根据2014年9月5日交通部令2014年第14号《交通运输部关于修改〈老旧运输船舶管理规定〉的决定》第二次修正；根据2017年5月23日交通部令2017年第16号《交通运输部关于修改〈老旧运输船舶管理规定〉的决定》第三次修正；根据2021年8月11日交通部令2021年第13号《交通运输部关于修改〈老旧运输船舶管理规定〉的决定》第四次修正）

第一章 总 则

第一条 为加强老旧运输船舶管理，优化水路运力结构，提高船舶技术水平，保障水路运输安全，促进水路运输事业健康发展，根据《国内水路运输管理条例》，制定本规定。

第二条 本规定适用于拥有中华人民共和国国籍，从事水路运输的海船和河船。

第三条 本规定中下列用语的含义是：

（一）船龄，是指船舶自建造完工之日起至现今的年限；

（二）购置、光租外国籍船船龄，是指船舶自建造完工之日起至国务院商务主管部门或其授权的部门和机构签发的《机电产品进口许可证》或《自动进口许可证》签发之日的年限；

（三）老旧运输船舶，是指船龄在本规定第四条、第五条规定的最低船龄以上的运输船舶；

（四）报废船舶，是指永久不能从事水路运输的船舶；

（五）废钢船，是指永久不能从事水路运输的钢质船舶；

（六）单壳油船，是指未设有符合国内船舶检验规范规定的双层底舱和双层边舱的油船（含油驳）。

第四条 老旧海船分为以下类型：

（一）船龄在10年以上的高速客船，为一类老旧海船；

（二）船龄在10年以上的客滚船、客货船、客渡船、客货渡船（包括旅客列车轮渡）、旅游船、客船，为二类老旧海船；

（三）船龄在12年以上的油船（包括沥青船）、散装化学品船、液化气船，为三类老旧海船；

（四）船龄在18年以上的散货船、矿砂船，为四类老旧海船；

（五）船龄在20年以上的货滚船、散装水泥船、冷藏船、杂货船、多用途船、集装箱船、木材船、拖轮、推轮、驳船等，为五类老旧海船。

第五条 老旧河船分为以下类型：

（一）船龄在 10 年以上的高速客船，为一类老旧河船；

（二）船龄在 10 年以上的客滚船、客货船、客渡船、客货渡船（包括旅客列车轮渡）、旅游船、客船，为二类老旧河船；

（三）船龄在 16 年以上的油船（包括沥青船）、散装化学品船、液化气船，为三类老旧河船；

（四）船龄在 18 年以上的散货船、矿砂船，为四类老旧河船；

（五）船龄在 20 年以上的货滚船、散装水泥船、冷藏船、杂货船、多用途船、集装箱船、木材船、拖轮、推轮、驳船（包括油驳）等，为五类老旧河船。

第六条 国家对老旧运输船舶实行分类技术监督管理制度，对已达到强制报废船龄的运输船舶实施强制报废制度。

第七条 根据本规定和其他有关规定，交通运输部对全国老旧运输船舶的市场准入和营运进行管理，县级以上地方人民政府交通运输主管部门或者负责水路运输管理的机构（以下统称水路运输管理部门）实施本行政区域的老旧运输船舶的市场准入和营运管理工作。

海事管理机构根据有关法律、行政法规和本规定对老旧运输船舶实施安全监督管理。

第二章 船舶购置、光租、改建管理

第八条 购置外国籍船舶或者以光船租赁条件租赁外国籍船舶从事水路运输，船舶必须符合本规定附录规定的购置、光租外国籍船舶的船龄要求，其船体、主要机电设备和安全、防污染设备等应当符合船舶法定检验技术规则。

购置、光租外国籍油船，其船体应当符合《经 1978 年议定书修订的 1973 年国际防止船舶造成污染公约》附则 I《防止油类污染规则》规定的要求。

第九条 本规定所称购置外国籍船舶、以光船租赁条件租赁外国籍船舶，包括已经从国外购置或者以光船租赁条件租赁，但尚未在中国取得合法船舶检验证书、船舶国籍证书的外国籍船舶，以及通过拍卖方式购置的外国籍船舶。

第十条 任何组织和个人不得购置外国籍废钢船从事水路运输，也不得以光船租赁条件租赁外国籍废钢船从事水路运输。

第十一条 超过本规定报废船龄的外国籍船舶不得从事国内水路运输。

第十二条 根据运力供求情况和保障运输安全的需要，交通运输部可以决定在特定的旅客运输航线和散装液体危险货物运输航线、水域暂停购置或者光租外国籍一、二、三类船舶从事水路运输。

第十三条 购置外国籍船舶或者以光船租赁条件租赁外国籍船舶改为中国籍船舶经营水路运输，购置人、承租人应当了解船舶的船龄和技术状况，并按下列程序办理有关手续：

（一）购置或者光租外国籍一、二、三类船舶前，应当按照国家有关规定向设区的市级人民政府水路运输管理部门提出增加运力的申请，并报经具有许可权限的部门批准；购置或者光租外国籍四、五类船舶，应当按有关规定在签订购置或者光租意向后 15 个工作日内向所在地设区的市级人民政府水路运输管理部门备案；

（二）购置外国籍船舶或者以光船租赁条件租赁外国籍船舶后，应依法向海事管理机构认可的船舶检验机构申请初次检验，取得其签发的船舶检验证书；

（三）购置外国籍船舶或者以光船租赁条件租赁外国籍船舶取得船舶检验证书后，应依法向海事管理机构申请船舶登记、光船租赁登记，取得其签发的船舶所有权登记证书、船舶国籍证书或者光船租赁登记证明书及临时船舶国籍证书；

（四）购置外国籍船舶或者以光船租赁条件租赁外国籍船舶取得船舶国籍证书或者光船租赁登记证明书及临时船舶国籍证书后，经营国内水路运输的，应当按有关规定申领并取得船舶营运证；经营国际运输的，于投入运营前15日向交通运输部备案。交通运输部应当自收到备案材料之日起3日内出具备案证明书。

第十四条 船舶检验机构应当严格按照有关船舶法定检验技术规则和本规定对购置的外国籍船舶或者以光船租赁条件租赁的外国籍船舶进行检验。

第十五条 船舶登记机关应当严格按照有关船舶登记规定和本规定对购置的外国籍船舶或者以光船租赁条件租赁的外国籍船舶进行登记。

第十六条 交通运输部和水路运输管理部门应当按国家有关水路运输经营管理规定和本规定对经营水路运输的申请进行审核，符合条件的，发给船舶营运证或者国际船舶备案证明书。

第十七条 四类、五类船舶不得改为一类、二类、三类船舶从事水路运输，三类船舶之间不得相互改建从事水路运输。

第十八条 改建一、二、三类老旧运输船舶，应当按运力变更的规定报原许可机关批准。

改建老旧运输船舶，必须向海事管理机构认可的船舶检验机构申请建造检验。

船舶检验机构对改建的老旧运输船舶签发船舶检验证书，应当注明改建日期，但不得改变船舶建造日期。

第十九条 老旧运输船舶经过改建，与改建前不属本规定的同一船舶类型的，其特别定期检验船龄、强制报废船龄适用于改建后老旧运输船舶类型的规定。

第三章　船舶营运管理

第二十条 船舶所有人或者经营人应采取有效措施，加强老旧运输船舶的跟踪管理，适当缩短船舶设备检修、养护检查周期和各种电气装置的绝缘电阻测量周期，严禁失修失养。

第二十一条 船舶所有人或者经营人改变老旧运输船舶的用途或航区，必须向海事管理机构认可的船舶检验机构申请临时检验，核定载重线和乘客定额、船舶构造及设备的安全性能，必要时重新丈量总吨位和净吨位。

第二十二条 海事管理机构在现场监督检查时，发现从事国内运输的老旧运输船舶不能提供有效的船舶营运证件的，应当通知船舶经营人所在地设区的市级人民政府水路运输管理部门依法处理。

第二十三条 海事管理机构应当对从事国际运输的中国籍老旧运输船舶和进出我国港口的达到本规定老旧船舶年限的外国籍运输船舶加强监督检查。

第二十四条 对处于不适航状态或者有其他妨碍、可能妨碍水上交通安全的老旧运输船舶，海事管理机构依照有关法律、行政法规的规定禁止其进港、离港，或责令其停航、改航、驶向指定地点。

第二十五条 船舶所有人或者经营人应当按照国家有关规定，向海事管理机构认可的船舶检验机构申请对营运中的老旧运输船舶定期检验。经检验不合格的，不得经营水路运输。

第二十六条 老旧运输船舶达到本规定附录规定的特别定期检验的船龄，继续经营水路运输的，船舶所有人或经营人应当在达到特别定期检验船龄的前后半年内向海事管理机构认可的船舶检验机构申请特别定期检验，取得相应的船舶检验证书，并报船舶营运证或者国际船舶备案证明书的发证机关备案。

第二十七条 经特别定期检验合格、继续经营水路运输的老旧运输船舶，船舶所有人或者经营人应当自首次特别定期检验届满一年后每年申请一次特别定期检验，取得相应的船舶检验证书，并报船舶营运证或者国际船舶备案证明书的发证机关备案。

交通运输部和水路运输管理部门发现老旧运输船舶的技术状况可能影响航行安全的，应当通知海事管理机构。

老旧运输船舶的技术状况可能影响航行安全的，海事管理机构应当责成船舶所有人或经营人向船舶检验机构申请临时检验。

第二十八条 未按本规定第二十六条、第二十七条的规定申请特别定期检验或者经特别定期检验不合格的老旧运输船舶，应予以报废。

第二十九条 达到本规定附录规定的强制报废船龄的船舶，应予以报废。

船舶检验证书、船舶营运证的有效期最长不得超过本规定附录规定的船舶强制报废船龄的日期。

第三十条 船舶报废后，其船舶营运证或者国际船舶备案证明书自报废之日起失效，船舶所有人或者经营人应在船舶报废之日起十五日内将船舶营运证或者国际船舶备案证明书交回原发证机关予以注销。其船舶检验证书由原发证机关加注“不得从事水路运输”字样。

第三十一条 禁止使用已经报废的船舶从事水路运输。

禁止使用报废船舶的设备及其他零部件拼装运输船舶从事水路运输。

第三十二条 报废船舶改作趸船、水上娱乐设施以及其他非运输设施，应符合国家有关规定。

第四章 监督和处罚

第三十三条 交通运输部和水路运输管理部门、海事管理机构应当按照有关法律、行政法规、规章的规定，对老旧运输船舶进行监督检查。

老旧运输船舶所有人或者经营人应当接受交通运输部和水路运输管理部门、海事管理机构依法进行的监督检查，如实提交有关证书、资料或者情况，不得拒绝、隐匿或者弄虚作假。

第三十四条 老旧运输船舶所有人或者经营人违反本规定第十三条第（四）项的规定，使用未取得船舶营运证的船舶从事水路运输的，按《国内水路运输管理条例》第三十四条第一款的规定给予行政处罚。

第三十五条 船舶所有人或者经营人违反本规定有关船舶登记、检验规定的，由海事管理机构按有关法律、行政法规、规章规定给予行政处罚。

第三十六条 交通运输部和水路运输管理部门、海事管理机构的工作人员玩忽职守、徇私舞弊、滥用职权的，依法给予行政处分。

第五章 附 则

第三十七条 为满足保护国家利益和加强安全管理的需要，交通运输部可以对本规定的有关船龄进行临时调整。

第三十八条 为保护水域环境，对已投入营运但未达到强制报废船龄的单壳油船实行限期淘汰。具体时间和实施范围由交通运输部另行公布。

第三十九条 仅从事水上工程作业的船舶，以及仅从事港区内作业的拖船、工作船等船舶，不适用本规定。

以上船舶和其他非营运船舶从事水路运输时，适用本规定。

第四十条 对从事中国港口至外国港口间运输的一、二类船舶，需要对船龄作出限制规定的，由双边商定。

第四十一条 本规定自2006年8月1日起施行。2001年4月9日交通部公布的《老旧运输船舶管理规定》（交通部令2001年第2号）同时废止。

附录：1. 海船船龄标准（略）
　　　2. 河船船龄标准（略）

关于中国籍客货运船舶境外维修申报纳税事项的通告

发布日期：2022-01-12
实施日期：2022-01-12
法规类型：规范性文件

为进一步规范中国籍船舶境外维修业务的申报纳税管理，根据《中华人民共和国进出口关税条例》、《中华人民共和国海关进出口货物征税管理办法》、《中华人民共和国海关审定进出口货物完税价格办法》（以下简称“《审价办法》”）等相关规定，对有关事项通告如下：

一、本通告所称“中国籍船舶境外维修”，是指中国籍客、货运船舶在关境外进行船舶维修，并复进境的行为。

二、船舶运输企业及其代理人在出境维修及复进境时，应主动向海关申报，并按海关要求办理相关进境纳税手续。

在办理船舶出境维修申报手续时，应当向海关提交该船舶的维修合同等相关单证，报关单监管方式填报“修理物品”（1300），征免性质填报“一般征税”（101），运输方式填报“其他运输”（9）。

在办理船舶复进境申报手续时，应当向海关提交该船舶的维修发票等相关单证，报关单监管方式填报“修理物品”（1300），征免性质填报“一般征税”（101），运输方式填报“其他运输”（9）。

三、境外发生紧急维修的船舶复进境时，船舶运输企业及其代理人应向海关办理申报纳税手续，报关单备注栏填写“紧急维修”字样及船舶紧急维修前离境时间。

四、境外维修的船舶，出境时已向海关报明，并且在海关规定的期限内复运进境的，以境外修理费和料件费为基础审查确定完税价格。

境外维修船舶复进境时超过海关规定期限的，由海关按照《审价办法》第二章的规定审查确定完税价格。

五、随船舶进境的维修件、零配件，按实际情况填报报关单监管方式和征免性质，并按相关规定征税。

特此通告。

关于外籍船舶在境内维修产生的废钢铁监管有关事项的通知

（环办固体函〔2020〕684号）

发布日期：2020-12-31
实施日期：2020-12-31
法规类型：规范性文件

各省、自治区、直辖市、新疆生产建设兵团生态环境厅（局）、工业和信息化主管部门，海关总署广东分署，各直属海关：

为贯彻落实《中华人民共和国固体废物污染环境防治法》《中共中央　国务院关于全面加强生态环境保护坚决打好污染防治攻坚战的意见》和《国务院办公厅关于印发禁止洋垃圾入境推进固体废物进口管理制度改革实施方案的通知》（国办发〔2017〕70号），平稳有序推进固体废物进口管理制度改革各项工作，现就外籍船舶在境内维修、改装产生的废钢铁监管事项通知如下。

一、外籍船舶在境内维修、改装产生的废钢铁，在符合国内固体废物管理相关法规标准条件下，准予在境内贮存、转移、利用和处置，不按照固体废物进口管理，无需办理固体废物进口许可证。

二、上述货物应当按规定办理进口报关纳税手续，免于交验进口许可证件，可不受限定口岸管理限制。

三、上述货物免于实施装运前检验，由海关依据相关法律法规实施检验检疫，相关国外供货商、国内收货人免于实施注册登记。国内收货人或其代理人应使用“A000000000”（9个0）、“B00000000”（8个0）和“××××000004CN”分别作为国外供货商注册登记证书号、国内收货人注册登记证书号和装运前检验证书号进行申报。

四、各地区有关部门要加强协调配合，督促修船企业进一步强化管理，促进行业绿色发展。

特此通知。

关于外籍船舶在境内维修产生的固体废物有关事项的通知

（统计函〔2020〕72号）

发布日期：2020-12-31
实施日期：2020-12-31
法规类型：规范性文件

广东分署，各直属海关：

根据生态环境部办公厅、工业和信息化部办公厅和海关总署办公厅联合制发的《关于外籍船舶在境内维修产生的废钢铁监管有关事项的通知》（环办固体函（2020）684 号），现就相关废钢铁申报和统计事项通知如下：

一、外籍船舶在境内维修、改装产生的废钢铁，在符合国内固体废物管理相关法规标准条件下办理进口手续时，监管方式应当按照“其他”（代码“9900”）申报。

二、上述废钢铁不列入海关进出口货物贸易统计，可以根据管理需要实施海关单项统计。

特此通知。

关于对国际航行船舶加注燃料油实行出口退税政策的公告

（财政部　税务总局　海关总署公告 2020 年第 4 号）

发布日期：2020-01-22

实施日期：2020-02-01

法规类型：规范性文件

现将国际航行船舶加注燃料油出口退税政策公告如下：

一、对国际航行船舶在我国沿海港口加注的燃料油，实行出口退（免）税政策，增值税出口退税率为 13%。

本公告所述燃料油，是指产品编码为“27101922”的产品。

二、海关对进入出口监管仓为国际航行船舶加注的燃料油出具出口货物报关单，纳税人凭此出口货物报关单等相关材料向税务部门申报出口退（免）税。

三、本公告自 2020 年 2 月 1 日起施行。本公告所述燃料油适用的退税率，以出口货物报关单上注明的出口日期界定。

关于加强国（境）外进口船舶和中国籍国际航行船舶从事国内水路运输管理的公告

（交通运输部公告 2018 第 53 号）

发布日期：2018-06-28

实施日期：2018-09-01

法规类型：规范性文件

为提高国内船舶运力供给质量，促进水运安全绿色发展，根据《国内水路运输管理规定》《老旧运输船舶管理规定》等有关要求，现就加强国（境）外进口船舶（以下简称进口船舶）和中国籍国际航行船舶从事国内水路运输管理的有关事项公告如下：

一、自 2018 年 9 月 1 日起，申请从事国内水路运输的进口船舶和中国籍国际航行船舶，其柴油机氮氧化物排放量应满足国际海事组织《经 1978 年议定书修订的 1973 年国际防止船舶造成污染公约》（MARPOL73/78）附则Ⅵ规定的 TierⅡ排放限值要求。

二、有关船舶检验机构、海事管理机构和水路运输管理部门要按照职责认真把关，加强对进口船舶和中国籍国际航行船舶从事国内水路运输的监督管理。

本公告有效期5年。

关于旧船舶进口技术勘验有关事项的公告

（海事局公告2018年第31号）

发布日期：2018-12-29
实施日期：2019-01-01
法规类型：规范性文件

根据《商务部关于修改部分规章的决定》（商务部令2018年第7号），《重点旧机电产品进口管理办法》对旧船舶进口技术勘验和评定工作进行了调整。为确保旧船舶进口管理工作平稳有序，现将有关事项公告如下：

一、按照规定，旧船舶申请进口单位购置或者光租外国籍船舶变更为中国籍船舶的，中华人民共和国海事局不再出具《旧船舶进口技术评定书》。

二、自2019年1月1日起，旧船舶申请进口单位应按照有关规定和工作程序，向船舶检验机构申请技术勘验，并取得其出具的《旧船舶进口检验报告》。

特此公告。

关于规范船舶进口有关税收政策问题的通知

（财关税〔2014〕5号）

发布日期：2014-01-28
实施日期：2014-01-28
法规类型：规范性文件

海关总署：

近期，一些地方、部门在未经国务院批准同意的情况下通过保税港区对进口船舶实施保税登记。为维护税收政策的权威性和严肃性，增强航运业政策与船舶工业政策之间的协调性，现就规范船舶进口的有关税收政策问题通知如下：

保税港区等海关特殊监管区域的进口保税政策不适用于并不能实际入区的进境船舶。为规范政策，避免对国内船舶工业的发展造成冲击，除符合条件可享受中资“方便旗”船回国登记进口税收政策的船舶外，其他在保税港区等海关特殊监管区域登记的进境船舶，应按进口货物的有关规定办理报关手续，统一执行现行船舶进口的税收政策，照章缴纳进口关税和进口环节增值税。

关于船舶进口有关事项的规定

（对外贸易经济合作部公告2001年第38号）

发布日期：2001-12-21

实施日期：2002-01-01

法规类型：规范性文件

根据《中华人民共和国货物进出口管理条例》和《中华人民共和国对外贸易经济合作部、海关总署、国家质量监督检验检疫总局2001年第10号令》，现将船舶进口管理有关事项规定如下：

一、申请进口船舶，须经过充分的技术经济论证，并经上级主管部门批准。

二、申请进口船舶，申请单位需申报下列材料：

（一）申请进口报告；

（二）机电产品进口申请表一式两份；

（三）营业执照复印件；

（四）有关项目的批复复印件。

三、申请进口船舶的程序为：申请进口单位持本规定要求提交的申报材料，经所在地区外经贸主管机构办理转报，到对外贸易经济合作部（简称外经贸部）申请办理批准进口手续。外经贸部在30天内审核并决定是否签发《机电产品进口许可证》或在10个工作日内签发《自动进口许可证》，海关凭《机电产品进口许可证》或《自动进口许可证》验放。

四、申请进口旧船舶，申请单位须对拟进口船舶进行技术性能检验，须由中华人民共和国海事局、中华人民共和国渔业船舶检验局对拟进口船舶进行船检，必要时，需提供交通主管部门签发的水路运输许可证或农业部远洋渔业企业资格证书（复印件）。申请单位在申请进口旧船舶时，须出具中华人民共和国海事局或中华人民共和国渔业船舶检验局开具的《旧船舶进口技术评定书》（附1）或《旧渔业船舶进口技术评定书》（附2），各类旧船舶船龄的限制年限详见《旧船舶船龄目录》（附3）。

五、本规定自2002年1月1日起执行，过去有关规定与本规定不符的，以本规定为准。

附：1.《旧船舶进口技术评定书》（略）

2.《旧渔业船舶进口技术评定书》（略）

3.《旧船舶船龄目录》（略）

国务院口岸领导小组
关于进口废旧船舶检查和交接工作的若干规定

（国口字〔1986〕29号）

发布日期：1986-09-19
实施日期：1986-09-19
法规类型：规范性文件

各有关省、自治区、直辖市，国务院有关部门、直属机构：

近年来，我国拆船业得到了较快发展，对缓解国内钢材市场和解决冶金炉料不足起了积极作用，社会效益显著。为加强进口废旧船舶的检查检验和交接工作，特制订本规定。

一、进口废旧船舶检查检验和交接工作的组织领导

（一）进口废旧船舶的检查检验和交接工作，由交船港口所在地的口岸管理机构（口岸管理委员会或口岸办公室）负责统一组织领导，由港务监督、海关、边防、卫生检疫、动植物检疫等单位按《国际航行船舶进出口联合检查进行程序与注意事项》和其他有关规定，负责联检和检查检验工作；由买船单位或买船代理部门负责组织验船、技术交接、接船、冲滩（进坞、靠码头）等工作。

（二）买船部门需外轮代理部门协助接船时，应按有关规定书面委托当地外轮代理部门，并及时提供买船合同副本、船舶规范和有关资料。代理部门根据委托，在口岸管理机构统一领导下，积极配合委托人做好有关接船工作。

（三）买船单位和买船代理在交接工作过程中，应及时、妥善地办理好进口废旧船舶的交接手续（如申报、报关、对外联络和交接签字等）。

二、进口废旧船舶检查检验和交接工作程序

（一）申报。买船单位或买船代理应在废旧船舶到港七天前，将合同副本或影印件（如合同未到，可将合同号、船名、船籍、船型、吨位、主尺度、价值、预抵港时间的订货电传、电报）送交参加检查检验和交接工作的有关单位，并办理报关、申请检查检验等有关手续。同时报当地口岸管理机构。

（二）船舶抵港期预、确报。在买船合同中，对废旧船舶抵港期的十四天、三天、一天的预、确报应作出明确规定，并要求由卖方或船方委托抵达港的外轮代理部门向买船单位和港务监督及时发出抵港期的具体预、确报，通告船舶状况（前后吃水、装载量、压舱水量、存油量等）资料。

（三）废旧船舶到港备检、备交。接到废旧船舶到港确报后，港务监督负责通知海关、边防、卫生检疫等联检单位；买船单位负责通知接船有关单位，提前到交船地点集合，准备检查检验和交接工作。

（四）检查检验工作

1. 港务监督、海关、边防、卫生检疫人员进行联检的时间，一般应不迟于废旧船舶进入联检锚地后的二十四小时。

2. 联检后，买船单位即可组织有关人员（买船代理部门、卫生检疫、动植物检疫和接船人员）登轮验船并商定交接工作有关事宜。同时卫生检疫和动植物检疫人员根据我国规定，对废旧船舶分别进行检疫工作。对不符合国际检疫标准的，应书面通知外轮船长、外轮代理和国内接船单位，并根据处理方案和合同规定向外轮船东收取费用。

3. 买船单位和买船代理负责合同检查废旧船舶状况，如符合合同条款即签收《备交通知书》，同时通知支付船款。

（五）废旧船舶的交接工作

1. 在签收《备交通知书》至船东发出交船命令期间，我方接船代表、船长、轮机长等应抓紧与外轮船长、轮机长等办理业务和技术交接。同时，买船单位与外轮船长商定交接时间。

2. 当外轮船东发出交船命令后，买船单位和买船代理即可与外轮船长办理废旧船舶交接签字手续，举行交接仪式并换挂国旗（买船单位应在交接前向港务监督申请办理好废旧船舶登记注册手续）。

3. 办理登记交接手续后，废旧船舶的产权及其风险即属买船单位。

（六）船体检查验放。外籍船员离船后，在买船单位人员陪同下，海关、边防、卫生检疫和动植物检疫人员应立即对船体分别进行检查检验工作。边防人员负责收缴船上的武器、弹药和刑具等（不包括船舶航行安全所需的仪器、设备和生活用具等）；海关人员负责没收船上的对我国政治、经济、文化、道德有害的物品和其他受管制的物品（如反动黄色的书刊、画片、唱片、录音录像带，以及赌具、毒品等）；卫生检疫人员负责查收船上的药品（含医用麻醉和消杀灭药品，不含医疗器械等），清理旧衣物；动植物检疫人员负责查收船上动植物、动植物制品及土壤；港务监督人员负责收管船上的航海资料、船舶证书或其副本。检查完毕，各检查检验单位应分别开列收缴、没收、查收的物品记录和清单，并注明品名和数量，交买船单位收存，并据单复核清点签字确认。最后由海关代表检查检验单位向接船单位宣布船体检查完毕，并经卫生、动植物检疫处理合格后准予放行。

（七）卫生、动植物检疫处理

1. 对于要进行卫生或动植物检疫处理的废旧船舶，应在冲滩（入坞、靠码头）后一周内完成。如遇卫生检疫和动植物检疫均需处理的，应协商联合处理。

2. 废旧船舶上的旧衣物和卧具等，对有实用价值的可实施卫生处理。需销毁的，应在卫生检疫部门监督下就地焚毁。

3. 卫生处理的重点应是生活舱室。动植物检疫对于油船、矿砂船、集装箱船和未曾装载动植物及其产品的散装船的货舱和大吨位油船的专用压载舱，一般不进行处理。对压舱水的卫生处理应根据检查结果而定。

三、费用问题

（一）在办理废旧船舶入境检查检验和交接手续过程中，买船单位应按规定向有关单位交付费用（其中登记注册费每艘八十元，卫生、动植物检疫费每艘分别为三百元）。

（二）为扶持拆船行业，对以拆船为目的的废旧船舶免收货物港务费。

（三）对于不符合我国卫生、动植物检疫标准，需进行除虫、消毒、蒸熏等处理的船舶，买船单位应支付处理费（其标准应根据消耗药量的成本和劳务予以计算）。对于检疫证书过期的船舶，其处理费应由船东支付。对于废旧衣物、床上用品等进行卫生处理，可向买船单位按件收取处理费。

（四）参加检查检验和交接工作的人员，由买船单位免费提供交通工具。食宿费标准按出差人员有关规定办理。

四、其他有关规定

（一）进口废旧船舶的检查检验和交接工作是一项涉外工作，参加这项工作的人员必须严格遵守外事纪律和国家有关规定。在外籍船员未离船前，我方登轮人员不得单独擅自行动。

（二）严格控制我方登轮人数。在交接工作过程中，买船单位和买船代理以及其他接船单位的人员总数一般不得超过十八人，海关、边防分别不超过四人，港务监督和外轮代理每单位一至二人，卫生、检疫和动植物检疫部门各二至三人。以上人员应一次登船。

（三）参加检查检验和交接工作的各单位，不得随意收费。需要收费的项目，应提供收费依据，作到收费合理。不得将应对外收费的项目转嫁到国内买船单位。向买船单位收取的各种费用一律用支票转帐支付。

（四）参加检查检验和交接工作的单位或个人，严禁向外籍船员索取物品和接受馈赠。任何单位和个人不得以任何借口收缴船上不属收缴范围的物品，不得向买船单位索要或私自拿取船上的物品和设备，违者严肃处理。

（五）买船合同中应注明，如发现有偷渡人员，其一切遣返费用由船方负责，并对船方另处以罚款。

五、本规定自发文之日起生效。在执行中如遇新的问题，由当地口岸管理机构负责协调处理。

关于对进口废钢船进行卫生检疫的通知

（卫防字第86号）

发布日期：1984-12-08
实施日期：1984-12-08
法规类型：规范性文件

有关省、自治区、直辖市卫生厅（局）：

随着我国经济发展和建设的需要，国家进口废钢船的数量逐年增加。为防止废钢船携带病媒昆虫、噬齿动物以及传染病传入我国，对进口废钢船必须实行卫生检疫和卫生监督，特做如下规定：一、进口废钢船在我国水域内必须遵守“中华人民共和国卫生检疫条例实施规则”第四章规定的有关事项。

二、进口废钢船在锚地（或指定的停泊点）接受卫生检疫，办理有关手续和必要的卫生处理。

三、卫生检疫机关对进口的废钢船要进行严格的卫生检查，根据卫生检查结果，确定卫生处理方案，提交船方予以配合。

四、卫生处理工作（消毒、杀虫、灭鼠），应在船舶交接前实施。在保证卫生处理效果的基础上，尽量缩短卫生处理时间。

五、对废钢船实施联合检查和卫生处理前，任何人不得上下船，不得卸下任何物品。

六、废钢船所带的一切药品、消毒剂由卫生检疫机关统一收缴处理。

七、卫生检疫和卫生处理所需费用由船主支付。

八、废钢船经检查和卫生处理，认为符合“中华人民共和国国境口岸卫生监督办法”规定的，发给《废钢船卫生合格证书》。

附件：《废钢船卫生合格证书》式样（略）

车辆管理

缺陷汽车产品召回管理条例

（国务院令第 626 号）

发布日期：2012-10-22
实施日期：2019-03-02
法规类型：行政法规

（根据 2019 年 3 月 2 日国务院令第 709 号《国务院关于修改部分行政法规的决定》修订）

第一条 为了规范缺陷汽车产品召回，加强监督管理，保障人身、财产安全，制定本条例。

第二条 在中国境内生产、销售的汽车和汽车挂车（以下统称汽车产品）的召回及其监督管理，适用本条例。

第三条 本条例所称缺陷，是指由于设计、制造、标识等原因导致的在同一批次、型号或者类别的汽车产品中普遍存在的不符合保障人身、财产安全的国家标准、行业标准的情形或者其他危及人身、财产安全的不合理的危险。

本条例所称召回，是指汽车产品生产者对其已售出的汽车产品采取措施消除缺陷的活动。

第四条 国务院产品质量监督部门负责全国缺陷汽车产品召回的监督管理工作。

国务院有关部门在各自职责范围内负责缺陷汽车产品召回的相关监督管理工作。

第五条 国务院产品质量监督部门根据工作需要，可以委托省、自治区、直辖市人民政府产品质量监督部门负责缺陷汽车产品召回监督管理的部分工作。

国务院产品质量监督部门缺陷产品召回技术机构按照国务院产品质量监督部门的规定，承担缺陷汽车产品召回的具体技术工作。

第六条 任何单位和个人有权向产品质量监督部门投诉汽车产品可能存在的缺陷，国务院产品质量监督部门应当以便于公众知晓的方式向社会公布受理投诉的电话、电子邮箱和通信地址。

国务院产品质量监督部门应当建立缺陷汽车产品召回信息管理系统，收集汇总、分析处理有关缺陷汽车产品信息。

产品质量监督部门、汽车产品主管部门、商务主管部门、海关、公安机关交通管理部门、交通运输主管部门等有关部门应当建立汽车产品的生产、销售、进口、登记检验、维修、消费者投诉、召回等信息的共享机制。

第七条 产品质量监督部门和有关部门、机构及其工作人员对履行本条例规定职责所知悉的商业秘密和个人信息，不得泄露。

第八条 对缺陷汽车产品，生产者应当依照本条例全部召回；生产者未实施召回的，国务院产品质量监督部门应当依照本条例责令其召回。

本条例所称生产者，是指在中国境内依法设立的生产汽车产品并以其名义颁发产品合格证的企业。

从中国境外进口汽车产品到境内销售的企业，视为前款所称的生产者。

第九条 生产者应当建立并保存汽车产品设计、制造、标识、检验等方面的信息记录以及汽车产品初次销售的车主信息记录，保存期不得少于10年。

第十条 生产者应当将下列信息报国务院产品质量监督部门备案：

（一）生产者基本信息；

（二）汽车产品技术参数和汽车产品初次销售的车主信息；

（三）因汽车产品存在危及人身、财产安全的故障而发生修理、更换、退货的信息；

（四）汽车产品在中国境外实施召回的信息；

（五）国务院产品质量监督部门要求备案的其他信息。

第十一条 销售、租赁、维修汽车产品的经营者（以下统称经营者）应当按照国务院产品质量监督部门的规定建立并保存汽车产品相关信息记录，保存期不得少于5年。

经营者获知汽车产品存在缺陷的，应当立即停止销售、租赁、使用缺陷汽车产品，并协助生产者实施召回。

经营者应当向国务院产品质量监督部门报告和向生产者通报所获知的汽车产品可能存在缺陷的相关信息。

第十二条 生产者获知汽车产品可能存在缺陷的，应当立即组织调查分析，并如实向国务院产品质量监督部门报告调查分析结果。

生产者确认汽车产品存在缺陷的，应当立即停止生产、销售、进口缺陷汽车产品，并实施召回。

第十三条 国务院产品质量监督部门获知汽车产品可能存在缺陷的，应当立即通知生产者开展调查分析；生产者未按照通知开展调查分析的，国务院产品质量监督部门应当开展缺陷调查。

国务院产品质量监督部门认为汽车产品可能存在会造成严重后果的缺陷的，可以直接开展缺陷调查。

第十四条 国务院产品质量监督部门开展缺陷调查，可以进入生产者、经营者的生产经营场所进行现场调查，查阅、复制相关资料和记录，向相关单位和个人了解汽车产品可能存在缺陷的情况。

生产者应当配合缺陷调查，提供调查需要的有关资料、产品和专用设备。经营者应当配合缺陷调查，提供调查需要的有关资料。

国务院产品质量监督部门不得将生产者、经营者提供的资料、产品和专用设备用于缺陷调查所需的技术检测和鉴定以外的用途。

第十五条 国务院产品质量监督部门调查认为汽车产品存在缺陷的，应当通知生产者实施召回。

生产者认为其汽车产品不存在缺陷的，可以自收到通知之日起15个工作日内向国务院产品质量监督部门提出异议，并提供证明材料。国务院产品质量监督部门应当组织与生产者无利害关系的专家对证明材料进行论证，必要时对汽车产品进行技术检测或者鉴定。

生产者既不按照通知实施召回又不在本条第二款规定期限内提出异议的，或者经国务院产品质量监督部门依照本条第二款规定组织论证、技术检测、鉴定确认汽车产品存在缺陷的，国务院产品质量监督部门应当责令生产者实施召回；生产者应当立即停止生产、销售、进口缺陷汽车产品，并实施召回。

第十六条 生产者实施召回，应当按照国务院产品质量监督部门的规定制定召回计划，并报国务院产品质量监督部门备案。修改已备案的召回计划应当重新备案。

生产者应当按照召回计划实施召回。

第十七条 生产者应当将报国务院产品质量监督部门备案的召回计划同时通报销售者，销售者应当停止销售缺陷汽车产品。

第十八条 生产者实施召回，应当以便于公众知晓的方式发布信息，告知车主汽车产品存在的缺陷、避免损害发生的应急处置方法和生产者消除缺陷的措施等事项。

国务院产品质量监督部门应当及时向社会公布已经确认的缺陷汽车产品信息以及生产者实施召回的相关信息。

车主应当配合生产者实施召回。

第十九条 对实施召回的缺陷汽车产品，生产者应当及时采取修正或者补充标识、修理、更换、退货等措施消除缺陷。

生产者应当承担消除缺陷的费用和必要的运送缺陷汽车产品的费用。

第二十条 生产者应当按照国务院产品质量监督部门的规定提交召回阶段性报告和召回总结报告。

第二十一条 国务院产品质量监督部门应当对召回实施情况进行监督，并组织与生产者无利害关系的专家对生产者消除缺陷的效果进行评估。

第二十二条 生产者违反本条例规定，有下列情形之一的，由产品质量监督部门责令改正；拒不改正的，处5万元以上20万元以下的罚款：

（一）未按照规定保存有关汽车产品、车主的信息记录；

（二）未按照规定备案有关信息、召回计划；

（三）未按照规定提交有关召回报告。

第二十三条 违反本条例规定，有下列情形之一的，由产品质量监督部门责令改正；拒不改正的，处50万元以上100万元以下的罚款；有违法所得的，并处没收违法所得；情节严重的，由许可机关吊销有关许可：

（一）生产者、经营者不配合产品质量监督部门缺陷调查；

（二）生产者未按照已备案的召回计划实施召回；

（三）生产者未将召回计划通报销售者。

第二十四条 生产者违反本条例规定，有下列情形之一的，由产品质量监督部门责令改正，处缺陷汽车产品货值金额1%以上10%以下的罚款；有违法所得的，并处没收违法所得；情节严重的，由许可机关吊销有关许可：

（一）未停止生产、销售或者进口缺陷汽车产品；

（二）隐瞒缺陷情况；

（三）经责令召回拒不召回。

第二十五条 违反本条例规定，从事缺陷汽车产品召回监督管理工作的人员有下列行为之一的，依法给予处分：

（一）将生产者、经营者提供的资料、产品和专用设备用于缺陷调查所需的技术检测和鉴定以外的用途；

（二）泄露当事人商业秘密或者个人信息；

（三）其他玩忽职守、徇私舞弊、滥用职权行为。

第二十六条 违反本条例规定，构成犯罪的，依法追究刑事责任。

第二十七条 汽车产品出厂时未随车装备的轮胎存在缺陷的，由轮胎的生产者负责召回。具体办法由国务院产品质量监督部门参照本条例制定。

第二十八条 生产者依照本条例召回缺陷汽车产品，不免除其依法应当承担的责任。

汽车产品存在本条例规定的缺陷以外的质量问题的，车主有权依照产品质量法、消费者权益保护法等法律、行政法规和国家有关规定以及合同约定，要求生产者、销售者承担修理、更换、退货、赔偿损失等相应的法律责任。

第二十九条 本条例自2013年1月1日起施行。

缺陷汽车产品召回管理条例实施办法

（国家质检总局令第176号）

发布日期：2015-11-27

实施日期：2020-10-23

法规类型：部门规章

（根据2020年10月23日国家市场监督管理总局令第31号《国家市监督管理总局关于修改部分规章的决定》修正）

第一章 总 则

第一条 根据《缺陷汽车产品召回管理条例》，制定本办法。

第二条 在中国境内生产、销售的汽车和汽车挂车（以下统称汽车产品）的召回及其监督管理，适用本办法。

第三条 汽车产品生产者（以下简称生产者）是缺陷汽车产品的召回主体。汽车产品存在缺陷的，生产者应当依照本办法实施召回。

第四条 国家市场监督管理总局（以下简称市场监管总局）负责全国缺陷汽车产品召回的监督管理工作。

第五条 市场监管总局根据工作需要，可以委托省级市场监督管理部门在本行政区域内负责缺陷汽车产品召回监督管理的部分工作。

市场监管总局缺陷产品召回技术机构（以下简称召回技术机构）按照市场监管总局的规定承担缺陷汽车产品召回信息管理、缺陷调查、召回管理中的具体技术工作。

第二章 信息管理

第六条 任何单位和个人有权向市场监督管理部门投诉汽车产品可能存在的缺陷等有关问题。

第七条 市场监管总局负责组织建立缺陷汽车产品召回信息管理系统，收集汇总、分析处理有关缺陷汽车产品信息，备案生产者信息，发布缺陷汽车产品信息和召回相关信息。

市场监管总局负责与国务院有关部门共同建立汽车产品的生产、销售、进口、登记检验、维修、事故、消费者投诉、召回等信息的共享机制。

第八条 市场监督管理部门发现本行政区域内缺陷汽车产品信息的，应当将信息逐级上报。

第九条 生产者应当建立健全汽车产品可追溯信息管理制度，确保能够及时确定缺陷汽车产品的召回范围并通知车主。

第十条 生产者应当保存以下汽车产品设计、制造、标识、检验等方面的信息：

（一）汽车产品设计、制造、标识、检验的相关文件和质量控制信息；

（二）涉及安全的汽车产品零部件生产者及零部件的设计、制造、检验信息；

（三）汽车产品生产批次及技术变更信息；

（四）其他相关信息。

生产者还应当保存车主名称、有效证件号码、通信地址、联系电话、购买日期、车辆识别代码等汽车产品初次销售的车主信息。

第十一条 生产者应当向市场监管总局备案以下信息：

（一）生产者基本信息；

（二）汽车产品技术参数和汽车产品初次销售的车主信息；

（三）因汽车产品存在危及人身、财产安全的故障而发生修理、更换、退货的信息；

（四）汽车产品在中国境外实施召回的信息；

（五）技术服务通报、公告等信息；

（六）其他需要备案的信息。

生产者依法备案的信息发生变化的，应当在20个工作日内进行更新。

第十二条 销售、租赁、维修汽车产品的经营者（以下统称经营者）应当建立并保存其经营的汽车产品型号、规格、车辆识别代码、数量、流向、购买者信息、租赁、维修等信息。

第十三条 经营者、汽车产品零部件生产者应当向市场监管总局报告所获知的汽车产品可能存在缺陷的相关信息，并通报生产者。

第三章 缺陷调查

第十四条 生产者获知汽车产品可能存在缺陷的，应当立即组织调查分析，并将调查分析结果报告市场监管总局。

生产者经调查分析确认汽车产品存在缺陷的，应当立即停止生产、销售、进口缺陷汽车产品，并实施召回；生产者经调查分析认为汽车产品不存在缺陷的，应当在报送的调查分析结果中说明分析过程、方法、风险评估意见以及分析结论等。

第十五条 市场监管总局负责组织对缺陷汽车产品召回信息管理系统收集的信息、有关单位和个人的投诉信息以及通过其他方式获取的缺陷汽车产品相关信息进行分析，发现汽车产品可能存在缺陷的，应当立即通知生产者开展相关调查分析。

生产者应当按照市场监管总局通知要求，立即开展调查分析，并如实向市场监管总局报告调查分析结果。

第十六条 召回技术机构负责组织对生产者报送的调查分析结果进行评估，并将评估结果报告市场监管总局。

第十七条 存在下列情形之一的，市场监管总局应当组织开展缺陷调查：

（一）生产者未按照通知要求开展调查分析的；

（二）经评估生产者的调查分析结果不能证明汽车产品不存在缺陷的；

（三）汽车产品可能存在造成严重后果的缺陷的；

（四）经实验检测，同一批次、型号或者类别的汽车产品可能存在不符合保障人身、财产安全的国家标准、行业标准情形的；

（五）其他需要组织开展缺陷调查的情形。

第十八条 市场监管总局、受委托的省级市场监督管理部门开展缺陷调查，可以行使以下职权：

（一）进入生产者、经营者、零部件生产者的生产经营场所进行现场调查；

（二）查阅、复制相关资料和记录，收集相关证据；

（三）向有关单位和个人了解汽车产品可能存在缺陷的情况；

（四）其他依法可以采取的措施。

第十九条 与汽车产品缺陷有关的零部件生产者应当配合缺陷调查，提供调查需要的有关资料。

第二十条 市场监管总局、受委托的省级市场监督管理部门开展缺陷调查，应当对缺陷调查获得的相关信息、资料、实物、实验检测结果和相关证据等进行分析，形成缺陷调查报告。

省级市场监督管理部门应当及时将缺陷调查报告报送市场监管总局。

第二十一条 市场监管总局可以组织对汽车产品进行风险评估，必要时向社会发布风险预警信息。

第二十二条 市场监管总局根据缺陷调查报告认为汽车产品存在缺陷的，应当向生产者发出缺陷汽车产品召回通知书，通知生产者实施召回。

生产者认为其汽车产品不存在缺陷的，可以自收到缺陷汽车产品召回通知书之日起 15 个工作日内向市场监管总局提出书面异议，并提交相关证明材料。

生产者在 15 个工作日内提出异议的，市场监管总局应当组织与生产者无利害关系的专家对生产者提交的证明材料进行论证；必要时市场监管总局可以组织对汽车产品进行技术检测或者鉴定；生产者申请听证的或者市场监管总局根据工作需要认为有必要组织听证的，可以组织听证。

第二十三条 生产者既不按照缺陷汽车产品召回通知书要求实施召回，又不在 15 个工作日内向市场监管总局提出异议的，或者经组织论证、技术检测、鉴定，确认汽车产品存在缺陷的，市场监管总局应当责令生产者召回缺陷汽车产品。

第四章 召回实施与管理

第二十四条 生产者实施召回，应当按照市场监管总局的规定制定召回计划，并自确认汽车产品存在缺陷之日起 5 个工作日内或者被责令召回之日起 5 个工作日内向市场监管总局备案；同时以有效方式通报经营者。

生产者制定召回计划，应当内容全面，客观准确，并对其内容的真实性、准确性及召回措施的有效性负责。

生产者应当按照已备案的召回计划实施召回；生产者修改已备案的召回计划，应当重新向市场监管总局备案，并提交说明材料。

第二十五条 经营者获知汽车产品存在缺陷的，应当立即停止销售、租赁、使用缺陷汽车产品，并协助生产者实施召回。

第二十六条 生产者应当自召回计划备案之日起 5 个工作日内，通过报刊、网站、广播、电视等便于公众知晓的方式发布缺陷汽车产品信息和实施召回的相关信息，30 个工作日内以挂号信等有效方式，告知车主汽车产品存在的缺陷、避免损害发生的应急处置方法和生产者消除缺陷的措施等事项。

生产者应当通过热线电话、网络平台等方式接受公众咨询。

第二十七条 车主应当积极配合生产者实施召回，消除缺陷。

第二十八条 市场监管总局应当向社会公布已经确认的缺陷汽车产品信息、生产者召回计划以及生产者实施召回的其他相关信息。

第二十九条 生产者应当保存已实施召回的汽车产品召回记录，保存期不得少于10年。

第三十条 生产者应当自召回实施之日起每3个月向市场监管总局提交一次召回阶段性报告。市场监管总局有特殊要求的，生产者应当按要求提交。

生产者应当在完成召回计划后15个工作日内，向市场监管总局提交召回总结报告。

第三十一条 生产者被责令召回的，应当立即停止生产、销售、进口缺陷汽车产品，并按照本办法的规定实施召回。

第三十二条 生产者完成召回计划后，仍有未召回的缺陷汽车产品的，应当继续实施召回。

第三十三条 对未消除缺陷的汽车产品，生产者和经营者不得销售或者交付使用。

第三十四条 市场监管总局对生产者召回实施情况进行监督或者委托省级市场监督管理部门进行监督，组织与生产者无利害关系的专家对消除缺陷的效果进行评估。

受委托对召回实施情况进行监督的省级市场监督管理部门，应当及时将有关情况报告市场监管总局。

市场监管总局通过召回实施情况监督和评估发现生产者的召回范围不准确、召回措施无法有效消除缺陷或者未能取得预期效果的，应当要求生产者再次实施召回或者采取其他相应补救措施。

第五章　法律责任

第三十五条 生产者违反本办法规定，有下列行为之一的，责令限期改正；逾期未改正的，处以1万元以上3万元以下罚款：

（一）未按规定更新备案信息的；

（二）未按规定提交调查分析结果的；

（三）未按规定保存汽车产品召回记录的；

（四）未按规定发布缺陷汽车产品信息和召回信息的。

第三十六条 零部件生产者违反本办法规定不配合缺陷调查的，责令限期改正；逾期未改正的，处以1万元以上3万元以下罚款。

第三十七条 违反本办法规定，构成《缺陷汽车产品召回管理条例》等有关法律法规规定的违法行为的，依法予以处理。

第三十八条 违反本办法规定，构成犯罪的，依法追究刑事责任。

第三十九条 本办法规定的行政处罚由违法行为发生地具有管辖权的市场监督管理部门在职责范围内依法实施；法律、行政法规另有规定的，依照法律、行政法规的规定执行。

第六章　附　则

第四十条 本办法所称汽车产品是指中华人民共和国国家标准《汽车和挂车类型的术语和定义》规定的汽车和挂车。

本办法所称生产者是指在中国境内依法设立的生产汽车产品并以其名义颁发产品合格证的企业。

从中国境外进口汽车产品到境内销售的企业视为前款所称的生产者。

第四十一条 汽车产品出厂时未随车装备的轮胎的召回及其监督管理由市场监管总局另行规定。

第四十二条 本办法由市场监管总局负责解释。

第四十三条 本办法自2016年1月1日起施行。

汽车产业发展政策

（国家发展和改革委员会令第8号）

发布日期：2004-05-21
实施日期：2009-09-01
法规类型：部门规章

（根据2009年9月1日工业和信息化部、国家发展和改革委员会令第10号《关于停止执行〈汽车产业发展政策〉有关条目的决定》修正）

为适应不断完善社会主义市场经济体制的要求以及加入世贸组织后国内外汽车产业发展的新形势，推进汽车产业结构调整和升，全面提高汽车产业国际竞争力，满足消费者对汽车产品日益增长的需求，促进汽车产业健康发展，特制定汽车产业发展政策。通过本政策的实施，使我国汽车产业在2010年前发展成为国民经济的支柱产业，为实现全面建设小康社会的目标做出更大的贡献。

第一章　政策目标

第一条　坚持发挥市场配置资源的基础性作用与政府宏观调控相结合的原则，创造公平竞争和统一的市场环境，健全汽车产业的法制化管理体系。政府职能部门依据行政法规和技术规范的强制性要求，对汽车、农用运输车（低速载货车及三轮汽车，下同）、摩托车和零部件生产企业及其产品实施管理，规范各类经济主体在汽车产业领域的市场行为。

第二条　促进汽车产业与关联产业、城市交通基础设施和环境保护协调发展。创造良好的汽车使用环境，培育健康的汽车消费市场，保护消费者权益，推动汽车私人消费。在2010年前使我国成为世界主要汽车制造国，汽车产品满足国内市场大部分需求并批量进入国际市场。

第三条　激励汽车生产企业提高研发能力和技术创新能力，积极开发具有自主知识产权的产品，实施品牌经营战略。2010年汽车生产企业要形成若干驰名的汽车、摩托车和零部件产品品牌。

第四条　推动汽车产业结构调整和重组，扩大企业规模效益，提高产业集中度，避免散、乱、低水平重复建设。通过市场竞争形成几家具有国际竞争力的大型汽车企业集团，力争到2010年跨入世界500强企业之列。

鼓励汽车生产企业按照市场规律组成企业联盟，实现优势互补和资源共享，扩大经营规模。

培育一批有比较优势的零部件企业实现规模生产并进入国际汽车零部件采购体系，积极参与国际竞争。

第二章　发展规划

第五条　国家依据汽车产业发展政策指导行业发展规划的编制。发展规划包括行业中长期发展规划和大型汽车企业集团发展规划。行业中长期发展规划由国家发展改革委会同有关部门在广泛征求意见的基础上制定，报国务院批准施行。大型汽车企业集团应根据行业中长期发展规划编制本集团发展规划。

第六条 凡具有统一规划、自主开发产品、独立的产品商标和品牌、销售服务体系管理一体化等特征的汽车企业集团，且其核心企业及所属全资子企业、控股企业和中外合资企业所生产的汽车产品国内市场占有率在15%以上的，或汽车整车年销售收入达到全行业整车销售收入15%以上的，可作为大型汽车企业集团单独编报集团发展规划，经国家发展改革委组织论证核准后实施。

第三章 技术政策

第七条 坚持引进技术和自主开发相结合的原则。跟踪研究国际前沿技术，积极开展国际合作，发展具有自主知识产权的先进适用技术。引进技术的产品要具有国际竞争力，并适应国际汽车技术规范的强制性要求发展的需要；自主开发的产品力争与国际技术水平接轨，参与国际竞争。国家在税收政策上对符合技术政策的研发活动给予支持。

第八条 国家引导和鼓励发展节能环保型小排量汽车。汽车产业要结合国家能源结构调整战略和排放标准的要求，积极开展电动汽车、车用动力电池等新型动力的研究和产业化，重点发展混合动力汽车技术和轿车柴油发动机技术。国家在科技研究、技术改造、新技术产业化、政策环境等方面采取措施，促进混合动力汽车的生产和使用。

第九条 国家支持研究开发醇燃料、天然气、混合燃料、氢燃料等新型车用燃料，鼓励汽车生产企业开发生产新型燃料汽车。

第十条 汽车产业及相关产业要注重发展和应用新技术，提高汽车的燃油经济性。2010年前，乘用车新车平均油耗比2003年降低15%以上。要依据有关节能方面技术规范的强制性要求，建立汽车产品油耗公示制度。

第十一条 积极开展轻型材料、可回收材料、环保材料等车用新材料的研究。国家适时制定最低再生材料利用率要求。

第十二条 国家支持汽车电子产品的研发和生产，积极发展汽车电子产业，加速在汽车产品、销售物流和生产企业中运用电子信息技术，推动汽车产业发展。

第四章 结构调整

第十三条 国家鼓励汽车企业集团化发展，形成新的竞争格局。在市场竞争和宏观调控相结合的基础上，通过企业间的战略重组，实现汽车产业结构优化和升级。

战略重组的目标是支持汽车生产企业以资产重组方式发展大型汽车企业集团，鼓励以优势互补、资源共享合作方式结成企业联盟，形成大型汽车企业集团、企业联盟、专用汽车生产企业协调发展的产业格局。

第十四条 汽车整车生产企业要在结构调整中提高专业化生产水平，将内部配套的零部件生产单位逐步调整为面向社会的、独立的专业化零部件生产企业。

第十五条 企业联盟要在产品研究开发、生产配套协作和销售服务等领域广泛开展合作，体现调整产品结构，优化资源配置，降低经营成本，实现规模效益和集约化发展。参与某一企业联盟的企业不应再与其他企业结成联盟，以巩固企业联盟的稳定和市场地位。国家鼓励企业联盟尽快形成以资产为纽带的经济实体。企业联盟的合作发展方案中涉及新建汽车生产企业和跨类别生产汽车的项目，按本政策有关规定执行。

第十六条 国家鼓励汽车、摩托车生产企业开展国际合作，发挥比较优势，参与国际产业分工；支持大型汽车企业集团与国外汽车集团联合兼并重组国内外汽车生产企业，扩大市场经营范围，适应汽车生产全球化趋势。

第十七条 建立汽车整车和摩托车生产企业退出机制，对不能维持正常生产经营的汽车生产企业（含现有改装车生产企业）实行特别公示。该类企业不得向非汽车、摩托车生产企业及个人转让汽车、摩托车生产资格。国家鼓励该类企业转产专用汽车、汽车零部件或与其他汽车整车生产企业进行资产重组。汽车生产企业不得买卖生产资格，破产汽车生产企业同时取消公告名录。

第五章 准入管理

第十八条 制定《道路机动车辆管理条例》。政府职能部门依据《条例》对道路机动车辆的设计、制造、认证、注册、检验、缺陷管理、维修保养、报废回收等环节进行管理。管理要做到责权分明、程序公开、操作方便、易于社会监督。

第十九条 制定道路机动车辆安全、环保、节能、防盗方面的技术规范的强制性要求。所有道路机动车辆执行统一制定的技术规范的强制性要求。要符合我国国情并积极与国际车辆技术规范的强制性要求衔接，以促进汽车产业的技术进步。不符合相应技术规范的强制性要求的道路机动车辆产品，不得生产和销售。农用运输车仅限于在 3 级以下（含 3 级）公路行驶，执行相应制定的技术规范的强制性要求。

第二十条 依据本政策和国家认证认可条例建立统一的道路机动车辆生产企业和产品的准入管理制度。符合准入管理制度规定和相关法规、技术规范的强制性要求并通过强制性产品认证的道路机动车辆产品，登录《道路机动车辆生产企业及产品公告》，由国家发展改革委和国家质检总局联合发布。公告内产品必须标识中国强制性认证（3C）标志。不得用进口汽车和进口车身组装汽车替代自产产品进行认证，禁止非法拼装和侵犯知识产权的产品流入市场。

第二十一条 公安交通管理部门依据《道路机动车辆生产企业及产品公告》和中国强制性认证（3C）标志办理车辆注册登记。

第二十二条 政府有关职能部门要按照准入管理制度对汽车、农用运输车和摩托车等产品分类设定企业生产准入条件，对生产企业及产品实行动态管理，凡不符合规定的企业或产品，撤消其在《道路机动车辆生产企业及产品公告》中的名录。企业生产准入条件中应包括产品设计开发能力、产品生产设施能力、产品生产一致性和质量控制能力、产品销售和售后服务能力等要求。

第二十三条 道路机动车辆产品认证机构和检测机构由国家质检总局商国家发展改革委后指定，并按照市场准入管理制度的具体规定开展认证和检测工作。认证机构和检测机构要具备第三方公正地位，不得与汽车生产企业存在资产、管理方面的利益关系，不得对同一产品进行重复检测和收费。国家支持具备第三方公正地位的汽车、摩托车和重点零部件检测机构规范发展。

第六章 商标品牌

第二十四条 汽车、摩托车、发动机和零部件生产企业均要增强企业和产品品牌意识，积极开发具有自主知识产权的产品，重视知识产权保护，在生产经营活动中努力提高企业品牌知名度，维护企业品牌形象。

第二十五条 汽车、摩托车、发动机和零部件生产企业均应依据《商标法》注册本企业自有的商品商标和服务商标。国家鼓励企业制定品牌发展和保护规划，努力实施品牌经营战略。

第二十六条 2005 年起，所有国产汽车和总成部件要标示生产企业的注册商品商标，在国内市场销售的整车产品要在车身外部显著位置标明生产企业商品商标和本企业名称或商品产地，如商品商标中已含有生产企业地理标志的，可不再标明商品产地。所有品牌经销商要在其销售服务场所醒目位置标示生产企业服务商标。

第七章　产品开发

第二十七条　国家支持汽车、摩托车和零部件生产企业建立产品研发机构，形成产品创新能力和自主开发能力。自主开发可采取自行开发、联合开发、委托开发等多种形式。企业自主开发产品的科研设施建设投资凡符合国家促进企业技术进步有关税收规定的，可在所得税前列支。国家将尽快出台鼓励企业自主开发的政策。

第二十八条　汽车生产企业要努力掌握汽车车身开发技术，注重产品工艺技术的开发，并尽快形成底盘和发动机开发能力。国家在产业化改造上支持大型汽车企业集团、企业联盟或汽车零部件生产企业开发具有当代先进水平和自主知识产权的整车或部件总成。

第二十九条　汽车、摩托车和零部件生产企业要积极参加国家组织的重大科技攻关项目，加强与科研机构、高等院校之间的合作研究，注重科研成果的应用和转化。

第八章　零部件及相关产业

第三十条　汽车零部件企业要适应国际产业发展趋势，积极参与主机厂的产品开发工作。在关键汽车零部件领域要逐步形成系统开发能力，在一般汽车零部件领域要形成先进的产品开发和制造能力，满足国内外市场的需要，努力进入国际汽车零部件采购体系。

第三十一条　制定零部件专项发展规划，对汽车零部件产品进行分类指导和支持，引导社会资金投向汽车零部件生产领域，促使有比较优势的零部件企业形成专业化、大批量生产和模块化供货能力。对能为多个独立的汽车整车生产企业配套和进入国际汽车零部件采购体系的零部件生产企业，国家在技术引进、技术改造、融资以及兼并重组等方面予以优先扶持。汽车整车生产企业应逐步采用电子商务、网上采购方式面向社会采购零部件。

第三十二条　根据汽车行业发展规划要求，冶金、石化化工、机械、电子、轻工、纺织、建材等汽车工业相关领域的生产企业应注重在金属材料、机械设备、工装模具、汽车电子、橡胶、工程塑料、纺织品、玻璃、车用油品等方面，提高产品水平和市场竞争能力，与汽车工业同步发展。

重点支持钢铁生产企业实现轿车用板材的供应能力；支持设立专业化的模具设计制造中心，提高汽车模具设计制造能力；支持石化企业技术进步和产品升级，使成品油、润滑油等油品质量达到国际先进水平，满足汽车产业发展的需要。

第九章　营销网络

第三十三条　国家鼓励汽车、摩托车、零部件生产企业和金融、服务贸易企业借鉴国际上成熟的汽车营销方式、管理经验和服务贸易理念，积极发展汽车服务贸易。

第三十四条　为保护汽车消费者的合法权益，使其在汽车购买和使用过程中得到良好的服务，国内外汽车生产企业凡在境内市场销售自产汽车产品的，必须尽快建立起自产汽车品牌销售和服务体系。该体系可由国内外汽车生产企业以自行投资或授权汽车经销商投资方式建立。境内外投资者在得到汽车生产企业授权并按照有关规定办理必要的手续后，均可在境内从事国产汽车或进口汽车的品牌销售和售后服务活动。

第三十五条　2005 年起，汽车生产企业自产乘用车均要实现品牌销售和服务；2006 年起，所有自产汽车产品均要实现品牌销售和服务。

第三十六条　取消现行有关小轿车销售权核准管理办法，由商务部会同国家工商总局、国家发展改革委等有关部门制定汽车品牌销售管理实施办法。汽车销售商应在工商行政管理部门核准的经营范围内开展汽车经营活动。其中不超过九座的乘用车（含二手车）品牌经销商的经营范围，经国家工商行政管理部门依照有关规定核准、公布。品牌经销商营业执照统一核准为品牌汽车销售。

第三十七条 汽车、摩托车生产企业要加强营销网络的销售管理，规范维修服务；有责任向社会公告停产车型，并采取积极措施保证在合理期限内提供可靠的配件供应用于售后服务和维修；要定期向社会公布其授权和取消授权的品牌销售或维修企业名单；对未经品牌授权和不具备经营条件的经销商，不得提供产品。

第三十八条 汽车、摩托车和零部件销售商在经营活动中应遵守国家有关法律法规。对销售国家禁止或公告停止销售的车辆的，伪造或冒用他人厂名、厂址、合格证销售车辆的，未经汽车生产企业授权或已取消授权仍使用原品牌进行汽车、配件销售和维修服务的，以及经销假冒伪劣汽车配件并为客户提供修理服务的，有关部门要依法予以处罚。

第三十九条 汽车生产企业要兼顾制造和销售服务环节的整体利益，提高综合经济效益。转让销售环节的权益给其他法人机构的，应视为原投资项目可行性研究报告重大变更，除按规定报商务部批准外，需报请原项目审批单位核准。

第十章 投资管理

第四十条 按照有利于企业自主发展和政府实施宏观调控的原则，改革政府对汽车生产企业投资项目的审批管理制度，实行备案和核准两种方式。

第四十一条 实行备案的投资项目：

1. 现有汽车、农用运输车和车用发动机生产企业自筹资金扩大同类别产品生产能力和增加品种，包括异地新建同类别产品的非独立法人生产单位。

2. 投资生产摩托车及其发动机。

3. 投资生产汽车、农用运输车和摩托车的零部件。

第四十二条 实行备案的投资项目中第1款由省级政府投资管理部门或计划单列企业集团报送国家发展改革委备案；第2、3款由企业直接报送省级政府投资管理部门备案。备案内容见附件二。

第四十三条 实行核准的投资项目：

1. 新建汽车、农用运输车、车用发动机生产企业，包括现有汽车生产企业异地建设新的独立法人生产企业。

2. 现有汽车生产企业跨产品类别生产其他类别汽车整车产品。

第四十四条 实行核准的投资项目由省级政府投资管理部门或计划单列企业集团报国家发展改革委审查，其中投资生产专用汽车的项目由省级政府投资管理部门核准后报国家发展改革委备案，新建中外合资轿车项目由国家发展改革委报国务院核准。

第四十五条 经核准的大型汽车企业集团发展规划，其所包含的项目由企业自行实施。

第四十六条 2006年1月1日前，暂停核准新建农用运输车生产企业。

第四十七条 新的投资项目应具备以下条件：

1. 新建摩托车及其发动机生产企业要具备技术开发的能力和条件，项目总投资不得低于2亿元人民币。

2. 专用汽车生产企业注册资本不得低于2000万元人民币，要具备产品开发的能力和条件。

3. 跨产品类别生产其他类汽车整车产品的投资项目，项目投资总额（含利用原有固定资产和无形资产等）不得低于15亿元人民币，企业资产负债率在50%之内，银行信用等级AAA。

4. 跨产品类别生产轿车类、其他乘用车类产品的汽车生产企业应具备批量生产汽车产品的业绩，近三年税后利润累计在10亿元以上（具有税务证明）；企业资产负债率在50%之内，银行信用等级AAA。

5. 新建汽车生产企业的投资项目，项目投资总额不得低于20亿元人民币，其中自有资金不得低于8亿元人民币，要建立产品研究开发机构，且投资不得低于5亿元人民币。新建乘用车、重型载货车生产企业投资项目应包括为整车配套的发动机生产。

新建车用发动机生产企业的投资项目，项目投资总额不得低于15亿元人民币，其中自有资金不得低于5亿元人民币，要建立研究开发机构，产品水平要满足不断提高的国家技术规范的强制性要求的要求。

6. 新建下列投资项目的生产规模不得低于：

重型载货车10000辆；

乘用车：装载4缸发动机50000辆；装载6缸发动机30000辆。

第四十八条 汽车整车、专用汽车、农用运输车和摩托车中外合资生产企业的中方股份比例不得低于50%。股票上市的汽车整车、专用汽车、农用运输车和摩托车股份公司对外出售法人股份时，中方法人之一必须相对控股且大于外资法人股之和。同一家外商可在国内建立两家（含两家）以下生产同类（乘用车类、商用车类、摩托车类）整车产品的合资企业，如与中方合资伙伴联合兼并国内其他汽车生产企业可不受两家的限制。境外具有法人资格的企业相对控股另一家企业，则视为同一家外商。

第四十九条 国内外汽车生产企业在出口加工区内投资生产出口汽车和车用发动机的项目，可不受本政策有关条款的约束，需报国务院专项审批。

第五十条 中外合资汽车生产企业合营各方延长合营期限、改变合资股比或外方股东的，需按有关规定报原审批部门办理。

第五十一条 实行核准的项目未获得核准通知的，土地管理部门不得办理土地征用，国有银行不得发放贷款，海关不办理免税，证监会不核准发行股票与上市，工商行政管理部门不办理新建企业登记注册手续。国家有关部门不受理生产企业和产品准入申请。

第十一章 进口管理

第五十二条 国家支持汽车生产企业努力提高汽车产品本地化生产能力，带动汽车零部件企业技术进步，发展汽车制造业。

第五十三条 汽车生产企业凡用进口零部件生产汽车构成整车特征的，应如实向商务部、海关总署、国家发展改革委报告，其所涉及车型的进口件必须全部在属地海关报关纳税，以便有关部门实施有效管理。

第五十四条 严格按照进口整车和零部件税率征收关税，防止关税流失。国家有关职能部门要在申领配额、进口报关、产品准入等环节进行核查。

第五十五条 汽车整车特征的认定范围为车身（含驾驶室）总成、发动机总成、变速器总成、驱动桥总成、非驱动桥总成、车架总成、转向系统、制动系统等。

第五十六条 汽车总成（系统）特征的认定范围包括整套总成散件进口，或将总成或系统逐一分解成若干关键件进口。凡进口关键件达到或超过规定数量的，即视为构成总成特征。

第五十七条 按照汽车整车特征的认定范围达到下述状态的，视为构成整车特征：

1. 进口车身（含驾驶室）、发动机两大总成装车的；

2. 进口车身（含驾驶室）和发动机两大总成之一及其余三个总成（含）以上装车的；

3. 进口除车身（含驾驶室）和发动机两大总成以外其余五个总成（含）以上装车的。

第五十八条 国家指定大连新港、天津新港、上海港、黄埔港四个沿海港口和满洲里、深圳（皇岗）两个陆地口岸，以及新疆阿拉山口口岸（进口新疆自治区自用、原产地为独联体国家的汽车整车）为整车进口口岸。进口汽车整车必须通过以上口岸进口。2005 年起，所有进口口岸保税区不得存放以进入国内市场为目的的汽车。

第五十九条 国家禁止以贸易方式和接受捐赠方式进口旧汽车和旧摩托车及其零部件，以及以废钢铁、废金属的名义进口旧汽车总成和零件进行拆解和翻新。对维修境外并复出境的上述产品可在出口加工区内进行，但不得进行旧汽车、旧摩托车的拆解和翻新业务。

第六十条 对进口整车、零部件的具体管理办法由海关总署会同有关部门制订，报国务院批准后实施。对国外送检样车、进境参展等临时进口的汽车，按照海关对暂时进出口货物的管理规定实施管理。

第十二章　汽车消费

第六十一条 培育以私人消费为主体的汽车市场，改善汽车使用环境，维护汽车消费者权益。引导汽车消费者购买和使用低能耗、低污染、小排量、新能源、新动力的汽车，加强环境保护。实现汽车工业与城市交通设施、环境保护、能源节约和相关产业协调发展。

第六十二条 建立全国统一、开放的汽车市场和管理制度，各地政府要鼓励不同地区生产的汽车在本地区市场实现公平竞争，不得对非本地生产的汽车产品实施歧视性政策或可能导致歧视性结果的措施。凡在汽车购置、使用和产权处置方面不符合国家法规和本政策要求的各种限制和附加条件，应一律予以修订或取消。

第六十三条 国家统一制定和公布针对汽车的所有行政事业性收费和政府性基金的收费项目和标准，规范汽车注册登记环节和使用过程中的政府各项收费。各地在汽车购买、登记和使用环节，不得新增行政事业性收费和政府性基金项目和金额，如确需新增，应依据法律、法规或国务院批准的文件按程序报批。除国家规定的收费项目外，任何单位不得对汽车消费者强制收取任何非经营服务性费用。对违反规定强制收取的，汽车消费者有权举报并拒绝交纳。

第六十四条 加强经营服务性收费管理。汽车使用过程中所涉及的维修保养、非法定保险、机动车停放费等经营服务性收费，应以汽车消费者自愿接受服务为原则，由经营服务单位收取。维修保养等竞争性行业的收费及标准，由经营服务者按市场原则自行确定。机动车停放等使用垄断资源进行经营服务的，其收费标准和管理办法由国务院价格主管部门或授权省级价格主管部门制定、公布并监督实施。经营服务者要在收费场所设立收费情况动态告示牌，接受公众监督。

公路收费站点的设立必须符合国家有关规定。所有收费站点均应在收费站醒目位置公布收费依据和收费标准。

第六十五条 积极发展汽车服务贸易，推动汽车消费。国家支持发展汽车信用消费。从事汽车消费信贷业务的金融机构要改进服务，完善汽车信贷抵押办法。在确保信贷安全的前提下，允许消费者以所购汽车作为抵押获取汽车消费贷款。经核准，符合条件的企业可设立专业服务于汽车销售的非银行金融机构，外资可开展汽车消费信贷、租赁等业务。努力拓展汽车租赁、驾驶员培训、储运、救援等各项业务，健全汽车行业信息统计体系，发展汽车网络信息服务和电子商务。支持有条件的单位建立消费者信用信息体系，并实现信息共享。

第六十六条 国家鼓励二手车流通。有关部门要积极创造条件，统一规范二手车交易税费征管办法，方便汽车经销企业进行二手车交易，培育和发展二手车市场。建立二手车自愿申请评估制度。除涉及国有资产的车辆外，二手车的交易价格由买卖双方商定；当事人可以自愿委托具有资质证书的中介机构进行评估，供交易时参考；任何单位和部门不得强制或变相强制对交易车辆进行评估。

第六十七条 开展二手车经营的企业，应具备相应的资金、场地和专业技术人员，经工商行政管理部门核准登记后开展经营活动。汽车销售商在销售二手车时，应向购车者提供车辆真实情况，不得隐瞒和欺诈。所销售的车辆必须具有《机动车登记证书》和《机动车行驶证》，同时具备公安交通管理部门和环境保护管理部门的有效年检证明。购车者购买的二手车如不能办理机动车转出登记和转入登记时，销售商应无条件接受退车，并承担相应的责任。

第六十八条 完善汽车保险制度。保险制度要根据消费者和投保汽车风险程度的高低来收取保费。鼓励保险业推进汽车保险产品多元化和保险费率市场化。

第六十九条 各城市人民政府要综合研究本市的交通需求和交通方式与城市道路和停车设施等交通资源平衡发展的政策和方法。制定非临时性限制行驶区域交通管制方案要实行听证制度。

第七十条 各城市人民政府应根据本市经济发展状况，以保障交通通畅、方便停车和促进汽车消费为原则，积极搞好停车场所及设施的规划和建设。制定停车场所用地政策和投资鼓励政策策，鼓励个人、集体、外资投资建设停车设施。为规范城市停车设施的建设，建设部应制定相应标准，对居住区、商业区、公共场所及娱乐场所等建立停车设施提出明确要求。

第七十一条 国家有关部门统一制定和颁布汽车排放标准，并根据国情分为现行标准和预期标准。各省、自治区、直辖市人民政府根据本地实际情况，选择实行现行标准或预期标准。如选择预期标准为现行标准的，至少提前一年公布实施日期。

第七十二条 实行全国统一的机动车登记、检验管理制度，各地不得自行制定管理办法。在申请办理机动车注册登记和年度检验时，除按国家有关法律法规和国务院规定或授权规定应当提供的凭证（机动车所有人的身份证明、机动车来历证明、国产机动车整车出厂合格证或进口机动车进口证明、有关税收凭证、法定保险的保险费缴费凭证、年度检验合格凭证等）外，公安交通管理部门不得额外要求提交其他凭证。各级人民政府和有关部门也不得要求公安交通管理部门在注册登记和年度检验时增加查验其他凭证。汽车消费者提供的手续符合国家规定的，公安交通管理部门不得拒绝办理注册登记和年度检验。

第七十三条 公安交通和环境保护管理部门要根据汽车产品类别、用途和新旧状况商有关部门制定差别化管理办法。对新车、非营运用车适当延长检验间隔时间，对老旧汽车可适当增加检验频次和检验项目。

第七十四条 公安交通管理部门核发的《机动车登记证书》在汽车租赁、汽车消费信贷、二手车交易时可作为机动车所有人的产权凭证使用，在汽车交易时必须同时将《机动车登记证书》转户。

第十三章 其 他

第七十五条 汽车行业组织、中介机构等社会团体要加强自身建设，增强服务意识，努力发挥中介组织的作用；要积极参与国际间相关业界的交流活动，在政府与企业间充分发挥桥梁和纽带作用，促进汽车产业发展。

第七十六条 香港特别行政区、澳门特别行政区和台湾地区的投资者在中国内地投资汽车工业的，从本政策的有关规定执行。

第七十七条 在道路机动车辆产品技术规范的强制性要求出台之前，暂行执行国家强制性标准。

第七十八条 本政策自发布之日起实施，由国家发展改革委负责解释。

附件 1

名词解释

一、道路机动车辆—在道路上行驶的，至少有两个车轮，且最大设计车速超过每小时 6 公里的各类机动车及其挂车。主要包括汽车、农用运输车、摩托车和其他道路运输机械及挂车。不包括利用轨道行驶的车辆，以及农业、林业、工程等非道路用各种机动机械和拖拉机。

二、汽车、专用汽车、农用运输车、摩托车—《汽车产业发展政策》所称汽车是指国家标准（GB/T 3730. 1—2001）2. 1 款定义的车辆，包括汽车整车和专用汽车；所称专用汽车是指国家标准（GB/T 3730. 1—2001）2. 1. 1. 11，2. 1. 2. 3. 5，2. 1. 2. 3. 6 款定义的车辆；所称农用运输车是指国家标准（GB18320—2001）中定义的车辆；所称摩托车是指国家标准（GB/T5359. 1—1996）中定义的车辆。

三、产品类别——按照国家标准定义的乘用车、商用车和摩托车及其细分类，其中：

（一）乘用车细分类为：

轿车类：国家标准 GB/T 3730. 1—2001 中 2. 1. 1. 1—2. 1. 1. 6

其他乘用车类（包括多用途车和运动用车）：国家标准 GB/T 3730. 1—2001 中 2. 1. 1. 7—2. 1. 1. 11

（二）商用车细分类为：

客车类：国家标准 GB/T 3730. 1—2001 中 2. 1. 2. 1

半挂牵引车及货车类：国家标准 GB/T 3730. 1—2001 中 2. 1. 2. 2，2. 1. 2. 3

四、新建汽车、农用运输车、车用发动机投资项目——新建汽车整车、专用汽车、农用运输车、车用发动机生产企业（含中外合资企业），现有汽车整车、专用汽车、农用运输车、车用发动机生产企业（含中外合资企业）变更法人股东以及异地建设新的独立法人生产企业。异地是指企业所在市、县之外。

五、项目投资总额--投资项目所需的全部固定资产（含原有固定资产和新增固定资产）投资、无形资产和流动资金的总和。

六、自主产权（自主知识产权）——通过自主开发、联合开发或委托开发获得的产品，企业拥有产品工业产权、产品改进及认可权以及产品技术转让权。

七、汽车生产企业—按照国家规定的审批程序在中国关境内合法注册的汽车整车、专用汽车生产企业（包括中外合资、合作企业）。

八、国内市场占有率—某一集团（企业）全年在国内市场整车销售量占全部国产汽车销售量的比例。

附件 2

汽车投资项目备案内容

备案内容应包括：

一、汽车生产企业或项目投资者的基本情况、法定地址，法定代表姓名。近三年企业经营业绩和银行资信。

二、投资项目建设的必要性和国内外市场分析；产品技术水平分析和技术来源（产品知识产权说明）；项目投资总额、注册资本和资金来源；生产（营业）规模、项目建设内容；建设方式、建设进度安排。

三、中外合资、合作企业外方合资、合作者基本情况，包括外商名称，注册国家、法定地址和法定代表、国籍。外方在华投资情况及经营业绩。本投资项目中外各方股份比例，投资方式和资金来源，合资期限。

四、外方技术转让、技术合作合同。

五、投资项目的经济效益分析。

六、环保、土地、银行承诺文件及所在地政府核准建设文件。

七、地方政府配套条件及优惠政策。

进口汽车检验管理办法

（国家出入境检验检验局令第 1 号）

发布日期：1999-11-22

实施日期：2018-07-01

法规类型：部门规章

（根据 2018 年 4 月 28 日海关总署令第 238 号《海关总署关于修改部分规章的决定》第一次修正；根据 2018 年 5 月 29 日海关总署令第 240 号《海关总署关于修改部分规章的决定》第二次修正）

第一条 为加强进口汽车检验管理工作，根据《中华人民共和国进出口商品检验法》（以下简称《商检法》）及其实施条例，制定本办法。

第二条 海关总署主管全国进口汽车检验监管工作，进口汽车入境口岸海关负责进口汽车入境检验工作，用户所在地海关负责进口汽车质保期内的检验管理工作。

第三条 对转关到内地的进口汽车，视通关所在地为口岸，由通关所在地海关按照本办法负责检验。

第四条 进口汽车的收货人或者代理人在货物运抵入境口岸后，应当凭合同、发票、提（运）单、装箱单等单证以及有关技术资料向口岸海关报检。

第五条 进口汽车入境口岸海关对进口汽车的检验包括：一般项目检验、安全性能检验和品质检验。

第六条 一般项目检验。在进口汽车入境时逐台核查安全标志，并进行规格、型号、数量、外观质量、随车工具、技术文件和零备件等项目的检验。

第七条 安全性能检验。按国家有关汽车的安全环保等法律法规、强制性标准和《进出口汽车安全检验规程》（SN/T0792-1999）实施检验。

第八条 品质检验。品质检验及其标准、方法等应在合同或合同附件中明确规定，进口合同无规定或规定不明确的，按《进出口汽车品质检验规程》（SN/T0791-1999）检验。

整批第一次进口的新型号汽车总数大于 300 台（含 300 台，按同一合同、同一型号、同一生产厂家计算）或总值大于一百万美元（含一百万美元）的必须实施品质检验。

批量总数小于 300 台或总值小于一百万美元的新型号进口汽车和非首次进口的汽车，海关视质量情况，对品质进行抽查检验。

品质检验的情况应抄报海关总署及有关主管海关。

第九条 海关对进口汽车的检验，可采取海关自检、与有关单位共同检验和认可检测单位检验等方式，由海关签发有关检验单证。

第十条 对大批量进口汽车，外贸经营单位和收用货主管单位应在对外贸易合同中约定在出口国装运前进行预检验、监造或监装，海关可根据需要派出检验人员参加或者组织实施在出口国的检验。

第十一条 经检验合格的进口汽车，由口岸海关签发“入境货物检验检疫证明”，并一车一单签发“进口机动车辆随车检验单”。

对进口汽车实施品质检验的，“入境货物检验检疫证明”须加附“品质检验报告”。

经检验不合格的，海关出具检验检疫证书，供有关部门对外索赔。

第十二条 进口汽车的销售单位凭海关签发的“进口机动车辆随车检验单”等有关单证到当地工商行政管理部门办理进口汽车国内销售备案手续。

第十三条 用户在国内购买进口汽车时必须取得海关签发的“进口机动车辆随车检验单”和购车发票。在办理正式牌证前，到所在地海关登检、换发“进口机动车辆检验证明”，作为到车辆管理机关办理正式牌证的依据。

第十四条 经登记的进口汽车，在质量保证期内，发现质量问题，用户应向所在地海关申请检验出证。

第十五条 各直属海关根据工作需要可委托或指定经考核符合条件的汽车检测线承担进口汽车安全性能的检测工作，并报海关总署备案。海关总署对实施进口汽车检验的检测线的测试和管理能力进行监督抽查。

第十六条 海关对未获得进口安全质量许可证书或者虽然已获得进口安全质量许可证书但未加贴检验检疫安全标志的、未按本办法检验登记的进口汽车，按《商检法》及《商检法实施条例》的有关规定处理。

第十七条 进口摩托车等其他进口机动车辆由收货人所在地海关参照本办法负责检验。

第十八条 各直属海关每半年将进口汽车质量分析报海关总署，并于 7 月 15 日和次年 1 月 15 日以前报出。

第十九条 本办法由海关总署负责解释。

第二十条 本办法自 2000 年 1 月 1 日起施行。原国家商检局下发的《国家商检局关于贯彻全国进出口汽车检验工作会议精神的通知》（国检检〔1990〕468 号文）和《国家商检局关于启用新的“进口机动车辆随车检验单”和统一制作“进口车辆检验专用章”的通知》（国检检〔1994〕30 号文）同时废止。

关于开展《货物进口证明书（汽车、摩托车）》和《进口机动车辆随车检验单》“两证合一”改革试点的公告

（海关总署公告 2023 年第 43 号）

发布日期：2023-04-28

实施日期：2023-06-01

法规类型：规范性文件

为进一步优化营商环境，提升进口机动车辆通关效率，促进我国汽车产业持续健康发展，海关总署决定在上海海关开展《货物进口证明书（汽车、摩托车）》（以下简称《证明书》）和《进口机动车辆随车检验单》（以下简称《随车单》）“两证合一”改革试点。现就有关事项公告如下：

一、自上海海关申报进口的汽车、摩托车，对原按照海关总署公告 2015 年第 34 号（关于《货物进口证明书》相关事宜的公告）、《进口汽车检验管理办法》（原国家出入境检验检疫局令第 1 号公布，根据海关总署令第 238 号、240 号修改）等相关规定需要分别签发《证明书》和《随车单》的，在进口车辆办结放行手续并经检验合格后，试点签发“两证合一”的《证明书》。

二、收货人应自进口汽车、摩托车放行并经检验合格后三年内向海关提出签发新版《证明书》申请。

三、进口非中规车的，应在报关单“规格型号”中申报原销售目的国车版、型（如“原欧规”“原美规”“原加规”“原中东规”等）。

四、收货人申请仅需原单一《证明书》或《随车单》的进口汽车、摩托车，按照原管理规定办理签发手续。

五、海关总署公告 2015 年第 34 号中与本公告不一致的，以本公告为准。

本公告自 2023 年 6 月 1 日起执行。

特此公告。

关于实施汽车国六排放标准有关事宜的公告

（生态环境部　工业和信息化部　商务部　海关总署
市场监管总局公告 2023 年第 14 号）

发布日期：2023-05-08
实施日期：2023-07-01
法规类型：规范性文件

为执行《轻型汽车污染物排放限值及测量方法（中国第六阶段）》（GB 18352. 6—2016）和《重型柴油车污染物排放限值及测量方法（中国第六阶段）》（GB 17691—2018）相关要求，落实助企纾困、稳定和扩大汽车消费相关政策，现就全国范围内全面实施轻型汽车国六排放标准 6b 阶段和重型柴油车国六排放标准 6b 阶段（以下合并简称国六排放标准 6b 阶段）有关事宜公告如下：

一、自 2023 年 7 月 1 日起，全国范围全面实施国六排放标准 6b 阶段，禁止生产、进口、销售不符合国六排放标准 6b 阶段的汽车。生产日期以机动车合格证的车辆制造日期为准，且合格证电子信息应于 2023 年 7 月 1 日 0 时前完成上传；进口日期以货物进口证明书签注运抵日期为准；销售日期以机动车销售发票日期为准。

二、针对部分实际行驶污染物排放试验（即 RDE 试验）报告结果为“仅监测”等轻型汽车国六 b 车型，给予半年销售过渡期，允许销售至 2023 年 12 月 31 日。

三、汽车生产、进口企业作为环保生产一致性管理的责任主体，应按《中华人民共和国大气污染防治法》等有关规定，在车辆出厂或入境前公开车型排放检验信息和污染控制技术信息，确保实际生产、进口的车辆符合要求。相关认证机构应依据国六排放标准 6b 阶段颁发强制性产品认证证书。

特此公告。

关于支持新能源商品汽车铁路运输服务新能源汽车产业发展的意见

（国铁运输监〔2023〕4号）

发布日期：2023-01-03
实施日期：2023-01-03
法规类型：规范性文件

各地区铁路监督管理局，各省、自治区、直辖市、计划单列市工业和信息化主管部门，各铁路局集团公司、各专业运输公司：

为深入贯彻党的二十大精神，认真贯彻落实党中央、国务院关于加快构建新发展格局、着力推动高质量发展的决策部署，支持新能源商品汽车铁路运输，更好满足新能源汽车生产企业铁路运输需求，有效服务新能源汽车产业发展，现提出以下意见。

一、总体要求

以习近平新时代中国特色社会主义思想为指导，完整、准确、全面贯彻新发展理念，服务构建新发展格局，按照党中央、国务院决策部署，统筹发展和安全，聚焦企业反映突出的新能源商品汽车铁路运输需求，明确铁路支持政策，规范铁路运输服务，加强铁路运输管理，强化铁路运输安全监管，充分发挥综合交通运输体系作用和铁路运输绿色低碳优势，积极鼓励开展新能源商品汽车铁路运输业务，不断提升铁路运输服务标准化、规范化、便利化水平，保障新能源商品汽车铁路运输安全畅通，促进降低新能源商品汽车物流成本、助力国家新能源汽车产业发展。

二、支持开展新能源商品汽车铁路运输

积极鼓励铁路运输企业开展新能源商品汽车铁路运输业务，对纳入工业和信息化部《道路机动车辆生产企业及产品公告》范围（出口新能源商品汽车产品不受此限制），采用锂离子电池驱动的插电式混合动力或纯电动新能源商品汽车，依据《铁路安全管理条例》《铁路危险货物运输安全监督管理规定》《危险货物品名表》（GB 12268）等法律法规和有关标准，铁路运输新能源商品汽车不按危险货物管理，由承托双方按照本通知要求办理运输。办理新能源商品汽车国际铁路联运，应当符合铁路合作组织《国际铁路货物联运协定》附件第2号《危险货物运送规则》等有关规定。

三、规范铁路运输条件

（一）托运新能源商品汽车时，托运人应当提供新能源商品汽车产品出厂合格证（出口新能源商品汽车不受此限制），合格证应当与实际托运的新能源商品汽车产品相符。

（二）电池荷电状态及油箱状态。新能源商品汽车的动力电池荷电状态不得超过65%。插电式混合动力汽车的油箱孔盖处于关闭状态，无泄漏、渗漏问题，铁路运输过程中不得加注、抽取油料。

（三）托运新能源商品汽车时，除装配的电池外，不得夹带备用电池和其他电池。除出厂配备的必备物品外，新能源商品汽车内部及后备箱内不得装载和夹带其他物品。

四、加强铁路运输管理

（一）保证货物安全。托运人应对提供的新能源商品汽车产品出厂合格证（出口新能源商品汽车不受此限制）的真实性负责，对托运的新能源商品汽车产品质量和安全性负责。

（二）加强承运把关。铁路运输企业承运新能源商品汽车时，应认真查验新能源商品汽车产品出厂合格证（出口新能源商品汽车不受此限制），无产品出厂合格证的不得承运。装载新能源商品汽车的铁路车辆、集装箱应当符合有关标准和安全技术规范的要求，不得使用技术状态不良、未按规定检修（验）或者达到报废年限的车辆、集装箱。使用铁路货车装载加固新能源商品汽车时，应当符合《铁路货物装载加固技术要求》（TB/T 30004）。

（三）加强应急管理。铁路运输企业、托运人等运输单位应根据《电动汽车灾害事故应急救援指南》（GB/T 38283），配备必要的应急救援器材、设备，发生突发事件后及时采取妥善的应急处置措施。

五、强化铁路运输安全监管

各地区铁路监管局要结合辖区实际，加强新能源商品汽车铁路运输安全监管，加大对谎报品名和违规运输行为的查处力度，切实维护新能源商品汽车铁路运输市场秩序，保障铁路运输安全畅通。要加大新能源商品汽车铁路运输相关法律法规和政策标准宣贯力度，指导督促铁路运输企业依法合规办理新能源商品汽车铁路运输业务。要组织铁路运输企业及时总结新能源商品汽车铁路运输经验，结合实际提出完善相关法律法规和标准的意见建议，不断完善铁路运输安全管理，确保新能源商品汽车铁路运输安全畅通。

六、强化组织保障

（一）健全工作机制。各地区铁路监管局、各省、自治区、直辖市、计划单列市工业和信息化主管部门和铁路运输企业要加强沟通协调，建立健全工作机制，动态掌握新能源汽车生产企业和铁路运输需求情况，及时协调解决铁路运输方面存在的问题，强化上下联动、横向协同，确保新能源商品汽车铁路运输安全畅通。

（二）加强信息管理。铁路运输企业要组织托运人做好新能源商品汽车运输信息录入工作，掌握新能源商品汽车运量流向。各地区铁路监管局要动态掌握辖区内新能源商品汽车运输信息，并按照要求定期报送国家铁路局。

（三）加强政策宣贯。各地区铁路监管局和铁路运输企业要通过多种方式做好政策宣贯，确保企业知晓新能源商品汽车铁路运输有关政策和安全要求，主动帮助企业办理托运手续，不断提高新能源商品汽车铁路运输服务质量。

关于进一步扩大开展二手车出口业务地区范围的通知

（商贸函〔2022〕537号）

发布日期：2022-11-08
实施日期：2022-11-08
法规类型：规范性文件

各省、自治区、直辖市及计划单列市、新疆生产建设兵团商务主管部门、公安厅（局），海关总署广东分署、各直属海关：

为贯彻落实国务院关于二手车出口工作的决策部署，积极有序扩大二手车出口，推动外贸保稳提质，经研究，决定新增14个地区开展二手车出口业务（名单见附件）。现将有关事项通知如下。

一、加强组织领导

开展二手车出口业务的地区要细化完善工作方案，建立专项工作机制，明确各方职责，加强部门联动，务实高效推进有关工作。建立本地区二手车出口信息化管理平台，实现全流程可追溯。密切跟踪本地区出口情况，定期开展总结评估，相关情况报商务部。

二、严格遴选企业

开展二手车出口业务的地区要制定本地区企业准入标准，规范遴选程序，支持具有车源整合能力、海外营销渠道、售后服务保障能力等综合竞争力较强的企业开展二手车出口业务。建立企业考核与退出机制，实行年度考核，对于不履行质量保障责任、违法违规出口不合格或盗抢、拼装、报废车辆的，暂停或取消开展二手车出口业务资格。遴选后的企业名单及年度考核结果由省级商务主管部门报商务部备案。

三、保障出口产品质量与安全

二手车出口企业是产品质量责任主体，要严格履行相关责任义务。开展二手车出口业务的地区要参照《二手乘用车出口质量要求》（WM/T8-2022）和《二手商用车辆及挂车出口质量要求》（WM/T9-2022），完善本地区二手车出口检测规范。出口车辆应当符合出口目标市场准入标准。出口国无准入标准的，出口车辆应当符合本地区二手车出口检测规范，并由符合资质的第三方检测机构出具产品检测报告。

四、提升出口质效规模

开展二手车出口业务的地区要结合本地特点，培育二手车出口相关的维修整备、检测认证、仓储物流、金融信保等配套服务体系。支持企业加快国际营销网络建设，为企业拓宽市场渠道搭建交流合作平台。指导企业通过自建、资源共享或多渠道合作等方式，建立与出口规模相适应的售后服务体系，保障售后配件供应，提供维修技术支持，建立投诉处理和售后服务快速响应机制，提升售后服务专业化水平。

五、切实履行监管职责

开展二手车出口业务的地区要按照《商务部　公安部　海关总署关于支持在条件成熟地区开展二手车出口业务的通知》（商贸函〔2019〕165号）有关规定，加强事中事后监管，有效防范各类风险。建立企业信用评价体系，规范企业经营行为，督导企业履行产品质量责任，维护中国产品海外形象。

六、持续优化营商环境

开展二手车出口业务的地区要按照《商务部办公厅公安部办公厅海关总署办公厅关于加快推进二手车出口工作有关事项的通知》（商办贸函〔2019〕335号）有关规定，在车辆交易登记、许可证申领、口岸通关、车辆注销等环节提升便利化水平，为二手车出口创造良好环境。

附件：第三批开展二手车出口业务地区名单（略）

关于二手车出口许可证申领无纸化作业有关事项的通知

（商办贸函〔2019〕297号）

发布日期：2019-08-30
实施日期：2019-08-30
法规类型：规范性文件

各省、自治区、直辖市、计划单列市及新疆生产建设兵团商务主管部门，海关总署广东分署、各直属海关：

为进一步深化“放管服”改革，提高贸易便利化水平，促进外贸稳定增长，依据有关法律、行政法规和规章的规定，商务部、海关总署决定对二手车出口许可证申领和通关实行无纸化作业。有关事项通知如下：

一、自2019年9月9日起，对二手车实行出口许可证申领和通关作业无纸化。

二、出口单位申请出口二手车的，可自行选择有纸作业或者无纸作业方式。选择无纸作业方式的出口单位，应按规定向商务部或商务部委托的机构申领《中华人民共和国出口许可证》（以下简称出口许可证）电子证书，并以通关作业无纸化方式向海关办理报关验放手续。

三、以通关作业无纸化方式向海关办理报关验放手续的出口单位，可免于提交出口许可证纸质证书。因管理需要或者其他情形需验核出口许可证纸质证书的，出口单位应当补充提交纸质证书，或者以有纸作业方式向海关办理报关验放手续。

四、海关以出口许可证件联网核查的方式验核出口许可证电子证书，不再进行纸面签注。出口许可证发证机构按照海关反馈的出口许可证件使用状态、清关数据等进行延期、变更、核销等操作。

五、对上述货物实行无纸作业的具体程序，按商务部公告2016年第82号、海关总署公告2014年第25号和《商务部办公厅关于印发〈货物进出口许可证电子证书申请签发使用规范（试行）〉的通知》（商办配函〔2015〕494号）的有关规定执行。

关于进一步规范进口机动车环保项目检验的公告

（海关总署公告2019年第168号）

发布日期：2019-10-28
实施日期：2019-11-01
法规类型：规范性文件

为进一步加强生态环境保护，打好污染防治攻坚战，推进进口机动车节能减排，确保进口机动车符合国家环保标准，根据《中华人民共和国进出口商品检验法》《中华人民共和国大气污染防治法》，海关总署决定进一步规范进口机动车环保项目检验。现将有关事宜公告如下：

一、各地海关按照《汽油车污染物排放限值及测量方法（双怠速法及简易工况法）》（GB18285-2018）、《柴油车污染物排放限值及测量方法（自由加速法及加载减速法）》（GB3847-2018）要求，实施进口机动车环保项目外观检验、车载诊断系统检查，并按不低于同车型进口数量1%的比例实施排气污染物检测。海关对监测到环保风险信息需通过型式试验实施风险评估的车型，可按现阶段环保达标标准开展型式试验。

二、进口企业应提前解除影响环保检测的运输模式或功能锁定状态。无法手动切换两驱驱动模式的全时四驱车和适时四驱等车辆，不能实施简易工况法或加载减速法检测的，可按双怠速法或自由加速法实施检测。

三、进口企业应承担遵守国家环保法律法规的主体责任，确保进口机动车符合国家环保技术规范的强制性要求。进口企业的相关车型应符合机动车和非道路移动机械环保信息公开要求。对列入强制性产品认证目录的机动车应完成环保项目型式试验，取得强制性产品认证证书。对最大设计总质量不超3500kg的M1、m^2类和N1类车辆，应符合轻型汽车燃料消耗量标识管理规定。

四、进口企业获知机动车因设计、生产缺陷或不符合规定的环境保护耐久性要求导致排放大气污染物超过标准的，环保信息公开与进口机动车不符的，在实施环保召回或环保信息公开修改的同时，应当及时向海关总署报告相应风险消减措施。

本公告自2019年11月1日起实施。

特此公告。

海关总署关于《货物进口证明书》相关事宜的公告

（海关总署公告2015年第34号）

发布日期：2015-07-29

实施日期：2015-07-29

法规类型：规范性文件

为规范《货物进口证明书》（以下简称“证明书”）管理，便利进口货物收货人或其代理人（以下简称“收货人”）办理证明书签发手续，现将有关事项公告如下：

一、证明书是指依据国家有关法律、行政法规、规章和国际公约的要求，海关在办结进口货物放行手续后，应进口货物收货人的申请所签发的证明文书。

下列情况，收货人可在办结进口货物放行手续后向海关申请签发证明书：

（一）进口汽车和摩托车整车；

（二）有特殊管理规定，明确需签发证明书的进口货物；

（三）我国所加入或缔结的国际公约要求缔约国履行签发证明书义务的进口货物；

（四）海关同意签发证明书的进口货物。

下列情况，海关不予签发证明书：

（一）暂时进境、修理物品、加工贸易、租赁贸易等将复运出境的货物（包括进口汽车和摩托车整车，下同）；

（二）复运进境的原出口货物；

（三）自境外进入海关特殊监管区域或保税监管场所的保税货物；

（四）海关特殊监管区域或保税监管场所之间进出的保税货物。

外国驻华使领馆、国际组织驻华代表机构及其人员、外商常驻机构及其常驻人员、其他非居民长期旅客等从境外进口的车辆，以及海关罚没、变卖的进口车辆仍按现行规定办理。

二、对进口汽车和摩托车整车，收货人可在向海关办理报关手续后，通过相同报关单预录入系统补充并提交汽车、摩托车具体数据，向海关申请签发证明书。

汽车具体数据包括商品项号、商品名称、规格型号、动力类型、发动机号/电动机号、排气量/电动机功率、车辆识别代号、颜色、原产国、出厂日期；摩托车具体数据包括商品项号、商品名称、规格型号、发动机号、排气量、车辆识别代号、颜色、原产国、出厂日期。

三、海关办结货物进口放行手续后，对符合本公告第一条签发条件的进口货物，可应收货人申请签发证明书。

进口汽车、摩托车整车证明书实行“一车一证”管理，即一辆汽车或摩托车仅签发一份证明书，证面签注内容获取自进口货物报关单和收货人向海关提交的补充数据；其他进口货物证明书实行“一批一证”管理，即一份进口报关单仅签发一份证明书，因报关单申报商品项较多而无法打印在一份证明书上的，实行分页签发。

四、收货人应自进口货物放行之日起三年内向海关提出签发证明书申请。因报关单申报或补传数据错误原因造成证明书数据错误的，收货人应当自证明书签发之日起三年内向原签发地海关提出换发申请。进口汽车、摩托车整车证明书因故遗失的，车辆合法所有人应当自证明书签发之日起三年内向原签发地海关提出补发申请，其他货物证明书一律不予补发。

对于超出前款规定受理时限的，海关不予受理其申请。

五、进口汽车、摩托车整车证明书因故遗失的，当前合法所有人可向原签发地海关申请补发，并递交以下材料：

（一）书面申请，申请中应如实说明车辆及证明书合法获得的来源，以及丢失的时间、地点和过程等有关情况；委托代理人的，应出具代理权限明确的《授权委托书》；

（二）申请人为原进口货物报关单经营单位、收货单位或其代理人的，需提供原进口单证复印件，其他申请人需提供购车发票、合同、协议或其他合法获得证明；

（三）公安部门报案丢失的受案证明；

（四）在省级报纸上刊登的遗失声明；

（五）申请人为法人或其他非法人组织的，应当提供营业执照、组织机构代码证副本或类似证明材料；申请人为自然人的，应当提供身份证明，委托他人办理补发手续的，还应当递交委托书及被委托人的身份证明材料；

（六）海关认为必要的其他材料。

海关受理申请后对原进口事实和证明书签发情况进行核实，并向公安部门核查上牌信息，经核实无误的，海关向申请人补发相关证明书。

六、已签发证明书的进口货物因故需退运或复运出境的，收货人应将证明书交还原签发地海关，并由海关对证明书予以作废。

七、证明书一经签发，不得在证面直接进行涂改，对于确需修改的，收货人应当在本公告第四条规定时间内向原签发地海关申请换发。

八、证明书签发内容应与进口货物办结海关验放手续时的状态信息相符。货物在境内因故发生变化或更换部件，造成与证明书签发内容不符的，海关不予受理换发或更改申请。

九、进口汽车、摩托车整车证明书仅限于公安交通管理部门在办理核发进口汽车、摩托车牌证手续时使用，不作抵押等其他用途使用，也不具有作为其他行政管理机关管理依据的效力和作用。

十、进口汽车、摩托车整车证明书和其他进口货物证明书的签发商品范围及相关管理要求，仍按海关总署、国家发改委、商务部2005年第44号公告执行。

特此公告。

关于在汽车整车进口口岸之间开展进口汽车整车转关业务的公告

（海关总署公告2014年第5号）

发布日期：2014-01-09

实施日期：2014-01-09

法规类型：规范性文件

为更好地促进地方外向型经济发展，充分发挥已设立的汽车整车进口口岸的作用，海关总署决定在汽车整车进口口岸之间开展进口汽车整车转关业务。现就有关事项公告如下：

一、在汽车整车进口口岸之间办理进口汽车整车转关手续，应当符合下列条件：

（一）办理转关运输的进口整车应当具备全程提单；

（二）承运转关进口整车的运输企业及其运输工具应当在海关办理备案登记手续，并安装定位监控装置；

（三）进口整车转关应当采用符合海关监管要求和装卸标准的集装箱装载运输。

二、进口整车的经营单位应当按照《中华人民共和国海关关于转关货物监管办法》（署令〔2001〕第89号）有关转关申报的规定，向海关办理进口整车转关手续。

三、本公告自发布之日起执行。

特此公告。

关于进一步规范汽车和摩托车产品出口秩序的通知

（商产发〔2012〕318号）

发布日期：2012-09-10

实施日期：2012-09-10

法规类型：规范性文件

为进一步转变汽车和摩托车出口发展方式，提高出口增长的质量和效益，促进产业健康发展，依据《对外贸易法》、《海关法》、《商检法》、《汽车产业发展政策》、《认证认可条例》，商务部、工业和信息化部、海关总署、质检总局、国家认监委决定对汽车和摩托车（含非公路用两轮摩托车、全地形车，产品目录见附件1、2）生产企业实行出口资质管理，对出口经营企业实行生产企业授权经营管理，并对生产企业授权实行分类管理。现将有关事项通知如下：

一、申报出口资质的生产企业应具备的条件

（一）汽车、摩托车生产企业应列入工业和信息化部《车辆生产企业及产品公告》；具备有效的国家强制性产品认证（CCC 认证）。

（二）低速汽车生产企业应列入工业和信息化部《车辆生产企业及产品公告》。

（三）非公路用两轮摩托车生产企业应具备有效的 ISO9000 企业质量管理体系认证；获得国家推行的自愿性产品认证或相关国际认证。

（四）全地形车生产企业应具备有效的 ISO9000 企业质量管理体系认证；获得相关国际认证。

（五）所有产品类别的生产企业须具备与出口保有量相适应的维修服务能力。

二、分类管理

（一）自 2013 年起，商务部、工业和信息化部、海关总署、质检总局、国家认监委依据对生产企业上报的境外售后维修服务网点的审核情况、企业出口规模，对生产企业出口授权实行分类管理。

符合出口资质条件的生产企业，可根据自身所属企业分类，授权一定数量的出口经营企业（含企业集团所属的进出口公司）出口本企业的产品；双方须在授权约定中对出口产品的质量保证、售后服务等连带法律责任予以明确。

（二）2013 年汽车和摩托车生产企业分类管理标准。

1. 汽车生产企业。

一类企业（可授权出口经营企业 7 家）：境外售后维修服务网点达到 50 个；且年出口（2011 年出口量或以 2012 年上半年所折算的全年出口量，下同）达到 10000 辆的乘用车、载货车、低速汽车生产企业，年出口达到 2000 辆的大中型客车生产企业。

二类企业（可授权出口经营企业 5 家）：境外售后维修服务网点达到 10 个；且年出口达到 2000 辆的乘用车生产企业、年出口达到 1000 辆的大中型客车生产企业、年出口达到 5000 辆的载货车、低速汽车生产企业。

三类企业（可授权出口经营企业 3 家）：境外售后维修服务网点达到 5 个；且年出口达到 500 辆的乘用车生产企业、年出口达到 200 辆的大中型客车生产企业、年出口达到 1000 辆的载货车、低速汽车生产企业。

四类企业（可授权出口经营企业 1 家）：不满足第一、二、三类企业要求，但建有境外售后维修服务网点的汽车生产企业。

五类企业（仅限自营出口）：未建有境外售后维修服务网点的汽车生产企业。

2. 摩托车（含非公路用两轮摩托车、全地形车）生产企业。

一类企业（可授权 5 家出口经营企业）：境外售后维修服务网点达到 10 个，且年出口达到 100000 辆的摩托车和非公路用两轮摩托车生产企业；境外售后维修服务网点达到 5 个、且年出口达到 10000 辆的全地形车生产企业。

二类企业（可授权 3 家出口经营企业）：境外售后维修服务网点达到 5 个，且年出口达到 10000 辆的摩托车和非公路用两轮摩托车生产企业；境外售后维修服务网点达到 3 个，且年出口达到 5000 辆的全地形车生产企业。

三类企业（可授权 1 家出口经营企业）：不满足第一、二类企业要求，但建有境外售后维修服务网点的摩托车生产企业。

四类企业（仅限自营出口）：未建有境外售后维修服务网点的摩托车生产企业。

对于同时生产多种汽车或摩托车车型的企业，以其可授权出口经营企业最多的汽车或摩托车车型为参照标准，确定其所属企业分类。

（三）商务部会同工业和信息化部、海关总署、质检总局、国家认监委，依据出口实际情况，适时调整分类管理标准。2014年起，未建有境外售后维修服务网点的生产企业不得授权或自营出口。

三、申报程序

（一）符合条件的生产企业须于每年9月10日前，将申请表（见附件3、4）、海关报关单复印件等出口证明材料、企业境外售后维修服务网点总体建设及变动情况，报至所在省、自治区、直辖市、计划单列市及新疆生产建设兵团商务主管部门（机电办）。

（二）各地商务主管部门（机电办）对企业材料进行初核并征求当地海关意见后，将相关材料和汇总表（见附件5、6）于9月30日前报至商务部（产业司）。

（三）商务部会同工业和信息化部、海关总署、质检总局、国家认监委于每年10月公示下一年度《符合申领汽车和摩托车出口许可证条件企业名单》（以下简称《名单》），并于12月正式发布。

四、资质管理的执行

（一）每年12月15日起，商务部授权的许可证发证机构凭《名单》开始发放下一年度出口许可证。出口许可证适用于一般贸易、加工贸易、边境贸易、捐赠方式出口的汽车和摩托车。

（二）企业持合同、出口许可证等必要凭证和批准文件向出入境检验检疫机构报检。出口汽车和摩托车产品应在生产地检验，并通过出入境检验检疫机构对生产企业质量保证工作的检查。

进口国对汽车和摩托车产品有准入的法律法规要求的，企业须向出入境检验检疫机构提交所出口产品符合相应准入要求的证明；进口国准入法律法规不明确的，出入境检验检疫机构按照质检总局指定的相关技术规范实施检验。

（三）企业持出口许可证和检验检疫机构签发的《出境货物通关单》向海关办理出口手续。

（四）商务部会同工业和信息化部、海关总署、质检总局、国家认监委，根据出口企业在海外市场的经营情况、《车辆生产企业及产品公告》管理情况、出口产品日常检验和监管情况、企业强制性产品认证情况，适时提出预警，并动态调整《名单》。

（五）企业有下列行为之一者，视情况可对其进行通报、警告、暂停或取消从事汽车或摩托车出口资格。

1. 提供虚假资质证明材料的；
2. 其产品被相关部门认定为侵犯知识产权的；
3. 伪造生产企业授权证明的；
4. 出口非自产或非授权企业产品的；
5. 出口产品在国外有重大质量事件并对我国出口造成重大不良影响的；
6. 有其他违反本通知规定行为和不诚信行为的。

（六）出口企业可向商务部、工业和信息化部、海关总署、质检总局、国家认监委举报违法违规企业。有关部门进行调查并作出相应处理。

五、其他事项

（一）为鼓励发展与边境接壤国家的贸易，边境地区有关省、自治区可推荐当地1-2家有实力的出口经营企业，明确与重点生产企业（一类和二类生产企业）的委托代理关系和目标出口市场后申报，此类授权不受生产企业出口授权数量限制，但生产企业在同一目标市场不得重复进行此类授权。每年申报时，当地管理部门须同时报送上一年度所推荐的出口经营企业的出口经营情况。

（二）企业以工程承包方式出口汽车和摩托车，须凭中标文件等相关证明材料申领出口许可证；企业出口非原产于中国的进口汽车、摩托车，须凭进口海关单据和出口合同申领出口许可证。

摩托车发动机和车架出口经营企业须凭具有出口资质的摩托车生产企业提供的证明（格式见附件7）申领出口许可证。

（三）本通知自发布之日起实施。原《关于规范汽车出口秩序的通知》（商产发〔2006〕629号）、《关于规范摩托车产品出口秩序的通知》（商机电发〔2005〕699号）和《关于规范摩托车产品出口秩序的补充通知》（商机电发〔2006〕44号）同时废止。

附件：1. 实行出口许可证管理的汽车产品目录（略）
2. 实行出口许可证管理的摩托车产品目录（略）
3. 符合申领汽车出口许可证条件企业申请表（略）
4. 符合申领摩托车出口许可证条件企业申请表（略）
5. 符合申领汽车出口许可证条件企业名单申请汇总表（略）
6. 符合申领摩托车出口许可证条件企业名单申请汇总表（略）
7. 摩托车发动机和车架出口证明（略）

关于常驻机构和常驻人员进境机动车辆有关事宜

（海关总署公告2010年第32号）

发布日期：2010-05-25
实施日期：2010-05-25
法规类型：规范性文件

根据国家《汽车产业发展政策》的有关管理原则，为维护国内汽车市场正常秩序，照顾常驻机构和常驻人员合理需用，现就常驻机构和常驻人员进境机动车辆有关事宜公告如下：

一、自2010年7月1日起，除按照有关政府间协定可以免税进境机动车辆的常驻机构和常驻人员、国家专门引进的高层次人才和专家以外，其他常驻机构和常驻人员不得进境旧机动车辆，对其旧机动车辆进境申请，海关不予受理。

2010年7月1日以前已按照有关规定向海关申请进境机动车辆的，可不受上款规定限制。

二、对常驻机构和常驻人员申请进境的新机动车辆，海关按照现行有关规定办理审批、征税、验放等手续。

三、本公告中所述“常驻机构”和“常驻人员”分别指海关总署令第115号和116号中的“常驻机构”和“常驻人员”。其中，“常驻机构”是指境外企业、新闻机构、经贸机构、文化团体及其他境外法人经中华人民共和国政府主管部门批准，在境内设立的常设机构；“常驻人员”是指经公安部门批准进境并在境内连续居留一年以上（含一年），期满后仍回到境外定居地的外国公民、港澳台地区人员、华侨，并且其属于上述常驻机构内的工作人员，或在海关注册登记的外商投资企业内的人员，或入境长期工作的专家。

四、本公告中所述“旧机动车辆”是指已使用过的机动车辆，“新机动车辆”是指没有使用过的机动车辆。

特此公告。

关于外国驻中国使馆和使馆人员转让免税进境机动车辆海关手续

（海关总署公告2008年第66号）

发布日期：2008-09-03
实施日期：2008-10-01
法规类型：规范性文件

根据《中华人民共和国海关对外国驻中国使馆和使馆人员进出境物品监管办法》（海关总署令第174号发布）有关规定，现将外国驻中国使馆和使馆人员（以下简称使馆和使馆人员）转让免税进境机动车辆有关手续公告如下：

一、使馆和使馆人员申请将免税进境的机动车辆转让给其他国家驻中国使馆和使馆人员时，应当由双方分别向其主管海关递交照会、《中华人民共和国海关外交公/自用物品转让申请表》（式样见附件）。

二、经主管海关审核批准后，出让方凭其主管海关开具的《中华人民共和国海关监管车辆进/出境领/销牌照通知书》（以下简称《领/销牌照通知书》）向公安交通管理部门办理机动车辆牌照注销手续，并凭《领/销牌照通知书》回执向其主管海关办理机动车辆结案手续。受让方凭其主管海关出具的《领/销牌照通知书》向公安交通管理部门办理机动车辆牌照申领手续。

三、使馆和使馆人员申请将免税进境的机动车辆转让给常驻机构和常驻人员时，比照本公告第一、二条规定办理有关手续。

四、应当补税的机动车辆，由受让方向其主管海关依法补缴税款。

五、使馆和使馆人员将免税进境的机动车辆出售给海关批准的特许经营单位时，应当由使馆和使馆人员向其主管海关递交照会及经使馆和特许经营单位盖章确认的《中华人民共和国海关外交公/自用物品转让申请表》，由使馆和使馆人员参照本公告第二条规定办理机动车辆注销牌照等结案手续。特许经营单位向其主管海关补缴税款后，海关开具《中华人民共和国海关监管车辆解除监管证明书》。

六、外国驻中国领事馆、联合国及其专门机构和其他国际组织驻中国代表机构及其人员转让免税进境机动车辆有关手续，参照上述规定办理。

本公告自2008年10月1日起实施。

附件：中华人民共和国海关外交公自用物品转让申请表（略）

对进口机动车车辆识别代号（VIN）实施入境验证管理的公告

（国家质检总局、公安部公告 2008 年第 3 号）

发布日期：2008-01-02
实施日期：2008-03-01
法规类型：规范性文件

根据《中华人民共和国进出口商品检验法》、《中华人民共和国道路交通安全法》的有关规定，决定对进口机动车实施车辆识别代号（简称 VIN）入境验证管理：

一、进口机动车的车辆识别代号（VIN）必须符合国家强制性标准《道路车辆车辆识别代号（VIN）》（GB 16735-2019）的要求。对 VIN 不符合上述标准的进口机动车，检验检疫机构将禁止其进口，公安机关不予办理注册登记手续，国家特殊需要并经批准的，以及常驻我国的境外人员、我国驻外使领馆人员自带的除外。

二、为便利进口机动车产品报检通关，在进口前，强制性产品认证证书（CCC 证书）的持有人或其授权人可向签发 CCC 证书的认证机构提交拟进口的全部机动车 VIN 和相关结构参数资料进行备案，认证机构在对上述资料进行核对、整理后上报国家质检总局及认监委，以便口岸检验检疫机构对进口机动车产品的 VIN 进行入境验证。

本公告自 2008 年 3 月 1 日起执行。

关于进口汽车成套散件认定问题的公告

（海关总署公告 2006 年第 19 号）

发布日期：2006-04-24
实施日期：2006-04-24
法规类型：规范性文件

为了规范汽车成套散件进口管理，现就持汽车成套散件许可证进口的汽车成套散件的认定问题公告如下：

一、汽车各大总成（系统）中，车身总成（车门须与车体分离）、发动机总成、变速箱总成（或发动机与变速箱共同组成动力总成）、前后桥总成、车架总成、转向系统、制动系统以独立总成（系统）或者以独立总成（系统）的散件方式进口的，方可视为汽车成套散件。

二、对持凭成套散件许可证的进口汽车散件，海关应当严格按照其报验状态，根据本公告第一条的规定办理归类、征税和验放等手续。

本公告自公布之日起施行。对本公告公布之前已经由境外发运并于 2006 年 7 月 1 日前报关进口的汽车成套散件，仍按照原做法办理。

特此公告。

关于驻外使领馆工作人员离任回国进境自用车辆缴纳车辆购置税有关问题的通知

（国税发〔2005〕180号）

发布日期：2005-11-09
实施日期：2018-06-15
法规类型：规范性文件

（根据国家税务总局公告2018年第31号《国家税务总局关于修改部分税收规范性文件的公告》修改）

各省、自治区、直辖市和计划单列市国家税务局，扬州税务进修学院，各驻外使领馆、团、处：

经国务院批准，自2005年2月1日起，我驻外使领馆工作人员离任回国入境携带的进口自用车辆（以下简称馆员进口自用车辆），免征关税。现对馆员进口自用车辆申报缴纳车辆购置税计税依据如何确定问题通知如下：

一、馆员进口自用车辆在申报缴纳车辆购置税时，主管税务机关应按照海关《专用缴款书》核定的车辆完税价格，确定车辆购置税计税依据。

二、馆员是指我驻外使领馆享受常驻人员待遇的工作人员，不包括驻港澳地区内派机构的工作人员和其他我驻境外机构的工作人员。

三、馆员在办理车辆购置税纳税申报时，除按照法律、法规、规章及规范性文件规定提供相关资料外，还应提供以下资料：

（一）我驻外使领馆出具的《驻外使领馆人员身份证明》第三联（见附件）原件；

（二）本人有效护照的原件和复印件。

四、主管税务机关对纳税申报资料审核无误后，将《驻外使领馆人员身份证明》第三联原件、护照复印件以及文件规定的其他资料一并留存，并为纳税人办理纳税申报事宜。

五、馆员进口自用车辆如发生过户或转籍行为，主管税务机关不再就关税差价补征车辆购置税。

六、国家税务总局每年初定期将上年度馆员名单在总局服务器FTP：//CENTRE/流转税司/消费税处/车购税/驻外使领馆回国人员名单上公布，请各省、区、市税务局及时将本地区人员名单下载，作为事后检查的核对资料。

七、本通知自2005年2月1日起执行。

附件：驻外使领馆人员身份证明（略）

关于执行《汽车产业发展政策》有关问题的公告

（海关总署　国家发展改革委　商务部公告 2005 年第 44 号）

发布日期：2005-09-14
实施日期：2005-09-14
法规类型：规范性文件

为贯彻落实《汽车产业发展政策》的有关规定，现将有关执行问题公告如下：

一、关于实行指定进口口岸管理的汽车范围问题

除《中华人民共和国进出口税则》货品名称为手扶拖拉机（87011000）、履带式牵引车、拖拉机（87013000）、轮式拖拉机（87019011）、其他拖拉机（87019019）、其他牵引车（87019090）、雪地行走专用车及高尔夫球车（87031000）、非公路用电动轮货运自卸车（87041030）的整车外，列入税则号列 8701-8706 和 8716 的汽车及 8429 的轮式自行机械整车，实行指定进口口岸管理。

汽车零部件、关键件进口不实行指定进口口岸管理；汽车生产企业进口全散件（CKD）或半散件（SKD）的，可在国家指定进口口岸外的企业所在地海关办理报关手续；汽车生产企业进口的构成整车特征的汽车零部件应当在企业所在地海关办理进口报关手续。

二、关于进口汽车海关签发《货物进口证明书》问题

除挂车、半挂车和轮式自行机械车外，对实行指定进口口岸管理的汽车整车，进口时，海关签发"一车一证"的汽车用《货物进口证明书》，《货物进口证明书》数据与公安部实行电子联网。

对进口挂车、半挂车、轮式专用机械车，海关签发"一批一证"的非汽车用《货物进口证明书》；其他未列入第一条实行指定进口口岸管理范围的车辆，应进口经营者要求，海关可签发"一批一证"的非汽车用《货物进口证明书》。非汽车用《货物进口证明书》数据与公安部不实行电子联网。

对从非指定进口口岸进口的以展览为目的的进口汽车，展览后需留在国内的，海关可按转关方式从指定进口口岸凭商务部门签发的进口口岸为该口岸的《自动进口许可证》办理进口手续，并签发"一车一证"的汽车用《货物进口证明书》，《货物进口证明书》数据与公安部电子联网。

三、关于海关对指定进口口岸保税区内汽车管理问题

为实现政策平稳过渡，并尽快妥善处理保税区内存放的以进入国内市场为目的的汽车，现规定如下：

（一）办理海关登记备案与确认手续

对 2005 年 9 月 30 日前运抵保税区以进入国内市场为目的的进口汽车，经营者可凭仓库存储清单和原始合同向所在地海关办理登记备案（登记备案表见附件，可复印），海关审核确认后在登记备案表上加盖印章。2004 年 12 月 31 日前和 2005 年 1 月 1 日至 9 月 30 日间运抵保税区的车辆应当分别登记。

（二）办理进口许可手续

经海关审核确认后，如经营者具备小轿车经营资格，该经营者可凭登记备案表，按现行申请程序向商务部办理《自动进口许可证》；如经营者不具备小轿车经营资格，须与具备小轿车经营资格的企业签订协议，由具备小轿车经营资格的企业凭协议和登记备案表，按现行申请程序向商务部办理《自动进口许可证》。

（三）办理进口报关手续

2004年12月31日前运抵保税区以进入国内市场为目的的进口汽车，须在2005年12月31日前向海关办理进口报关、纳税等手续；2005年1月1日至2005年9月30日间运抵保税区以进入国内市场为目的的进口汽车，须在2005年10月31日前向海关办理进口报关、纳税等手续。

（四）保税区内存放的以进入国内市场为目的进口汽车在上述规定时间内不能办理进口报关手续的，应当全部实际退运出境。自2005年10月1日起，以进入国内市场为目的的汽车应直接在口岸海关办理进口报关、纳税等手续，保税区不得再存放以进入国内市场为目的的进口汽车，保税区海关将不再为此类汽车办理进口报关、纳税等手续。

特此公告。

附件：1. 保税区仓储汽车（2004年12月31日前）存放登记备案表（略）
　　　2. 保税区仓储汽车（2005年1月1日—9月30日）存放登记备案表（略）

关于我驻外使领馆工作人员离任回国进境自用车辆有关问题

（海关总署公告2005年第41号）

发布日期：2005-06-02
实施日期：2018-01-30
法规类型：规范性文件

（根据海关总署公告2011年第73号《关于调整2005年41号公告有关内容》第一次修改；根据海关总署公告2015年第18号《关于调整〈参加车改试点的驻外使领馆名单〉的公告》第二次修改；根据海关总署公告2018年第13号《关于修订海关总署公告2005年第41号有关内容的公告》第三次修改）

经国务院批准，我驻外使领馆车辆管理制度自2005年2月1日起试行改革，新管理制度允许驻外使领馆人员离任回国时将所购自用车辆携带回国，并给予适当税收优惠。现将《驻外使领馆工作人员离任回国所携自用车辆进口税收的暂行规定》（见附件1，以下简称《暂行规定》）予以公告，并就我驻外使领馆人员离任回国进境自用车辆有关具体事宜公告如下：

一、《暂行规定》仅适用于参加车辆管理制度改革试点驻外使领馆（见附件2）中享受常驻人员待遇的工作人员（以下简称馆员），不包括驻港澳地区内派机构的工作人员和其他我常驻境外机构的工作人员。

二、根据《暂行规定》的有关规定，馆员在第一至第二个任期内，且累计任职时间2年以上（含2年，以下同），可进境1辆小轿车（含越野车，下同）；自第三个任期开始，每个标准任期（4年）任满离任可进境1辆小轿车。

考虑到实际情况，对2005年2月1日前外派任职的馆员，如在2006年2月1日前离任回国，并且在本任期内任职时间2年以上，准其进境1辆小轿车，同时不受车辆在外使用1年年限的限制；如在2006年2月1日后离任回国，有关进境车辆则受使用年限的限制（1年）。上述馆员如在外任职时间未满2年，离任回国时不准进境车辆，但其在外任职时间与本人下一任期（第二任期）任职时间累计计算2年以上的，准其于第二个任期期满回国时进境1辆小轿车，有关车辆受在外使用1年年限的限制。

对2005年2月1日后外派任职的馆员，一律按照《暂行规定》第四条规定办理。

三、馆员离任回国进境自用车辆免征进口关税，但进口环节增值税、消费税照章征收。海关以购车发票价格（驻在国外交人员免税价格）为基础，依据《暂行规定》第六条规定对车辆折旧后计算出计征税款的完税价格。但对2005年1月1日前到任，2006年12月31日前离任回国的馆员运回的二手车，如馆员无法提供二手车的新车成交价格原始发票，也可以二手车实际成交价格作为计征税款的完税价格，但不再予以折旧。

四、馆员离任回国进境自用车辆，应当按照以下规定办理有关手续：

（一）馆员应当自本人入境后1年内向其国内居住地的直属海关或者经直属海关授权的隶属海关（以下简称主管海关）提交书面申请，并提交下列单证：

1. 护照、居民身份证；

2. 我驻外使领馆出具的《驻外使领馆人员身份证明》（样式见附件3，外交部统一印制）；

3. 国内外派主管部门出具的《我国驻外使领馆人员离任回国证明书》（样式见附件4，各单位自行印制）；

4. 提（运）单、购车发票、装箱单等相关单证；

5. 《中华人民共和国海关进出境自用物品申请表》（见附件5，以下简称《申请表》）。

主管海关自接受申请之日起5个工作日内审核批准。

（二）主管海关审核批准后，进境地海关凭主管海关的审批单证和其他相关单证办理验放手续，并将车辆放行结果批注于《申请表》回执联后，退主管海关备核。

（三）馆员应当自进境地海关放行车辆之日起20个工作日内，向主管海关申领《中华人民共和国海关监管车辆进/出境领/销牌照通知书》（见附件6，以下简称《领/销牌照通知书》），依法在公安机关交通管理部门办理机动车注册登记手续，公安机关交通管理部门核发小型汽车号牌。

五、馆员离任回国进境的免税自用车辆属于海关监管车辆，监管期限为自海关放行之日起3年。在监管期限内，馆员进境的海关监管车辆不得擅自转让、出售或者进行其他处置。如馆员需转让、出售或者处置其进境的海关监管车辆，应报经主管海关批准，并持本人身份证和《机动车行驶证》向主管海关提交书面申请。主管海关审核并对有关车辆依法补征税款后，开具《中华人民共和国海关监管车辆解除监管证明书》（见附件7，以下简称《解除监管证明书》），馆员凭此依法在公安机关交通管理部门办理有关手续。

六、馆员进境自用车辆的海关监管期限届满的，应持《中华人民共和国海关公/自用车辆解除监管申请表》（见附件8）、本人身份证件和《机动车行驶证》向主管海关提出解除监管的申请。主管海关核准后，开具《解除监管证明书》，馆员凭此依法在公安机关交通管理部门办理有关手续。

七、馆员擅自转让、出售进境监管车辆，或者有其他走私、违反海关监管规定行为的，海关依照《中华人民共和国海关法》、《中华人民共和国海关行政处罚实施条例》予以处罚。

特此公告。

附件：1.《驻外使领馆工作人员离任回国所携自用车辆进口税收的暂行规定》

2.《参加车改试点的驻外使领馆名单》（略）

3.《驻外使领馆人员身份证明》（略）

4.《我国驻外使领馆人员离任回国证明书》（略）

5.《中华人民共和国海关进出境自用物品申请表》（略）

6.《中华人民共和国海关监管车辆进/出境领/销牌照通知书》（略）
7.《中华人民共和国海关监管车辆解除监管证明书》（略）
8.《中华人民共和国海关公/自用车辆解除监管申请表》（略）

附件1

驻外使领馆工作人员离任回国所携自用车辆进口税收的暂行规定

第一条 经国务院批准，为配合《驻外使领馆车辆管理体制改革方案》的顺利实施，鼓励我驻外馆员在任期内自主购车，保障我驻外使领馆正常公务活动，特制定本规定。

第二条 本规定所指馆员是我驻外使领馆享受常驻人员待遇的工作人员。

第三条 本规定中“标准任期”按馆员在国外累计任职时间满四年计。

第四条 本规定中“进境车辆”是指，在使用右舵车的国家或地区工作的馆员，其任内所用右舵车处置后所购的左舵小轿车；在使用左舵车的国家或地区工作的馆员，其任内使压一年及以上的左舵小轿车，但自本规定生效起一年内离任回国的馆员所携上述车辆，不受在任内使用年限的限制。

第五条 对满足以下条件之一的离任回国馆员，携带的一辆进境车辆，免征进口关税，但进口环节增值税、消费税照章征收：

（一）在国外累计任职时间满两年，但不超过两个标准任期的；

（二）从第三个标准任期开始，每一标准任期任满离任约。

第六条 上述进境车辆的价格从车辆购买之日起至进境之日止，按年折旧。不足一年但超过u个月的，按1年折算；不超过6个月的不予折算。但折旧后的价格最低不能低于新车价值的40%。具体折旧率如下：

（一）非洲地区按每年15%计算；

（二）其他国家或地区按每年12.5%计算。

第七条 馆员离任回国后，国内主管部门应为满足条件的馆员出具相关证明，馆员凭此证明以及购车单据和本人有效护照等有效文件提出东辆进境申请。

第八条 海关在接到馆员申请后，按本规定办理车辆的征免税手续。具体征免税和监管办法由海关总署会同有关部门另行制订。

第九条 本规定自二〇〇五年二月一日起执行。

关于开展缉私罚没车辆定点拍卖工作的通知

（国经贸贸易〔2002〕446号）

发布日期：2002-06-24
实施日期：2002-06-24
法规类型：规范性文件

各省、自治区、直辖市及新疆生产建设兵团经贸委（经委），有关地方商委（内贸行业办），海关总署广东分署，天津、上海特派办，各直属海关：

为使缉私罚没车辆得到公开、公正处理，避免国有资产流失，增加财政收入，国家经贸委和海关总署决定自本通知印发之日起，凡海关依法罚没的进口汽车、摩托车等车辆均以公开拍卖的方式处理，拍卖所得收入全额上交财政。

国家经贸委、海关总署在各地拍卖行业主管部门和直属海关推荐的基础上，确定北京机动车拍卖中心等71家企业为缉私罚没车辆定点拍卖企业（以下简称定点拍卖企业）。通过定点拍卖企业拍卖的车辆包括海关系统依法没收的进口汽车、摩托车等车辆。本通知印发后海关没收的进口汽车、摩托车等车辆，都要通过定点拍卖企业拍卖。各定点拍卖企业在拍卖缉私罚没车辆时，需提供海关《没收走私汽车摩托车证明书》和《机动车销售统一发票》（需加盖拍卖企业印章），车辆所有人凭这些手续到公安交通管理部门车辆管理所办理车辆登记。各地拍卖行业主管部门和海关可根据工作需要和拍卖企业情况的变化，适时对定点拍卖企业进行调整。

本通知自印发之日起施行。

附件：缉私罚没车辆定点拍卖企业名单（略）

海关总署关于转发公安部《关于加强右置方向盘汽车管理的通知》的通知

（署法〔2000〕607号）

发布日期：2000-10-12

实施日期：2000-10-12

法规类型：规范性文件

广东分署，各直属海关：

现将公安部《关于加强右置方向盘汽车管理的通知》（公交管〔2000〕183号，以下简称《通知》）转发各关，并就有关汽车管理问题通知如下：

根据外经贸部、国家经贸委、财政部、公安部、国家工商行政管理局、海关总署｛关于印发《关于执行〈关于禁止非法拼（组）装汽车、摩托车的通告〉的实施细则》的通知｝（〔1999〕外经贸机电发第628号），自2000年1月1日起，国家禁止以任何贸易方式和捐赠方式进口右置方向盘汽车。属海关监管车辆的使领馆和外商常驻机构公私用车辆同样适用。对申报进口的右置方向盘汽车，海关一律不接受报关，并强制退运，无法退运的，由海关依法予以处理。

汽车是国家实行严格控制的重点敏感商品，本《通知》的下发，进一步加强了国家对右置方向盘汽车的管理。请各汽车进口口岸认真执行｛关于印发《关于执行〈关于禁止非法拼（组）装汽车、摩托车的通告〉的实施细则》的通知｝和《通知》的有关规定，严格依法行政，对违反国家规定的情况，总署将予以追究。

附件

公安部《关于加强右置方向盘汽车管理的通知》

（公交管〔2000〕183号）

各省、自治区、直辖市公安厅、局，新疆生产建设兵团公安局：

1997年公安部下发的《关于实施〈汽车报废标准〉有关事项的通知》（公交管〔1997〕261号）规定，从2000年9月1日起，在我国境内注册的右置方向盘汽车不得在道路上行驶。由于多种原因，目前仍有一些右置方向盘汽车上道路行驶，其中包括正常进口的汽车、地方政府和有关团体接受外国赠送的汽车，也有一些执法部门没收处理的走私汽车。为了进一步强化我国机动车安全技术法规和通行原则的贯彻实施，巩固打击走私汽车犯罪的成果，保障交通安全，经报国务院批准，公安部发布了《公安部关于右置方向盘汽车管理有关问题的通告》。为了做好通告的贯彻实施工作，进一步加强右置方向盘汽车管理，特通知如下：

一、自公安部通告发布之日起，对于右置方向盘汽车或者右置方向盘改为左置方向盘的汽车，一律不予办理注册登记。一律不得批准右置方向盘改为左置方向盘。

二、对现有的右置方向盘汽车进行清理。对于已领取车辆号牌并达到报废标准的右置方向盘汽车，要督促车主尽快办理报废手续，不得批准延缓报废。对已办理牌证尚未达到报废标准的右置方向盘汽车，允许继续上道路行驶；达到报废标准后，按照前款规定办理。

三、对于无牌无证、利用假牌假证、挪用车辆号牌的右置方向盘汽车，按照《关于印发〈关于执行〈关于禁止非法拼（组）装汽车、摩托车的通告〉的实施细则〉的通知》（〔1999〕外经贸机电发第628号）第八条规定执行，并不得上报申领《没收走私汽车、摩托车证明书》。

四、对已达到报废标准仍上道路行驶的右置方向盘汽车，要注销车辆号牌和行驶证，送指定解体厂解体。对其中的外地车辆，应先与车辆注册地车管所核实，确属达到报废标准的，就地送指定解体厂解体，并由当地交警支队向注册地车管所出具强制报废证明；注册地车管所凭证明办理注销手续。

五、香港、澳门特别行政区入出内地的右置方向盘汽车不适用上述规定。

六、公安部通告发布后擅自将右置方向盘汽车改为左置方向盘汽车的，仍按照右置方向盘汽车对待。

七、以前有关规定与本通知不符的，按本通知执行。

执行中遇到的问题，请及时报部交通管理局。

外商投资企业投资自用进口汽车管理办法

（外经贸资发〔2000〕第376号）

发布日期：2000-07-21

实施日期：2000-07-21

法规类型：规范性文件

一、为规范外商投资企业投资自用进口汽车的管理，特制订本办法。

二、本办法适用于依法批准设立的中外合资企业、中外合作企业和外资企业（包括设在保税区、出口加工区内的外商投资企业，以下简称企业)。

三、本办法所指企业自用进口汽车包括小轿车、越野车及客车，具体商品编码见附表。

四、企业自用进口汽车所需资金总额按海关完税价格计算，不得超过企业注册资本的15%；并应按以下标准根据项目建设进度逐步配备：

(一) 企业注册资本中，外方出资额在500万美元以下的企业，在其经营期限内累计可进口不超过4辆汽车，其中小轿车不超过2辆；

(二) 企业注册资本中，外方出资额在500万美元及以上，1000万美元以下的企业，在其经营期限内累计可进口不超过6辆汽车，其中小轿车不超过3辆；

(三) 企业注册资本中，外方出资额在1000万美元及以上，3000万美元以下的企业，在其经营期限内累计可进口不超过8辆汽车，其中小轿车不超过4辆；

(四) 企业注册资本中，外方出资额在3000万美元以上的企业，在其经营期限内累计可进口不超过10辆汽车其中小轿车不超过5辆。

五、各省级外经贸外资管理部门每年根据企业的实际需求，按照规定的配车标准编制外商投资企业投资自用汽车进口计划，报外经贸部审核汇总纳入年度机电产品进口配额方案，报经国务院批准后，由外经贸部下达给各省级外经贸外资管理部门执行。

六、各省级外经贸外资管理部门要严格按照外经贸部下达的外商投资企业投资自用汽车进口计划及本管理办法所规定的配车标准审批管理，不得超标准审批。

七、企业凭外经贸部或省级外经贸外资管理部门出具的汽车进口配额批准文件向发证机关申领进口许可证，海关凭进口许可证验放。

八、企业因特殊原因，需进口汽车、小轿车数量超过本管理办法所规定的配车标准的，应通过所在地省级外经贸外资管理部门报外经贸部核准。外经贸部核准后，企业凭所在地省级外经贸外资管理部门出具的进口配额批准文件向发证机关申领进口许可证。

九、境外常设驻华机构及人员、三资企业外方常驻人员、外国专家进口的汽车仍按现行有关规定办理。

十、1996年3月31日前依法批准设立的外商投资企业购买国产汽车，可按有关规定继续享受关税优惠政策，购买的国产汽车和进口汽车应合并计算在上述配车标准之内。

十一、本管理办法由外经贸部负责解释，此前凡与本管理办法不一致的有关规定，均以本管理办法为准。

十二、本管理办法自发布之日起执行。

中华人民共和国海关对回国服务的留学人员购买免税国产汽车管理办法

(海关总署署监二〔1992〕1678号)

发布日期：1992-10-27
实施日期：1992-10-27
法规类型：部门规章

第一条 为了加强对回国服务的留学人员购买个人自用免税国产汽车的管理，根据《中华人民共和国海关法》、《中华人民共和国海关对进出境旅客行李物品监管办法》和现行有关规定，特制定本办法。

第二条 本办法适用于在国外正规大学（学院）注册学习毕（结）业和进修（包括出国进修、合作研究）期限在1年以上回国工作购买免税国产汽车的留学人员。

第三条 上述人员购买免税国产汽车，应事先由本人到所在地海关（下称备案地海关）申请办理免税手续，并向海关交验下列证件及证明文件（正本）：

1. 本人有效护照；
2. 我驻外使领馆出具的《留学人员证明》；
3. 公安部门出具的境内居留证明；
4. 聘用单位上级主管部门出具的证明；
5. 进境时经海关签章的有效申报单证；
6. 备案地海关要求提供的其他证明文件。

第四条 海关验核申请人提交的有关单证文件，对符合条件者签发《回国人员购买国产汽车准购单》（下称《准购单》），予以注册备案。

第五条 申请人持海关签发的《准购单》直接到汽车生产厂家（或生产厂家设在备案海关所在地的销售门市部）购车。生产厂家凭申请人所持的《准购单》和海关通知，按免税外汇价格计价供货。并定期向海关报告销售情况，报请办理核销结案手续。

第六条 上述人员购买的免税国产汽车，视同免税进口车辆，海关监管年限为六年。从提货之日起两年内不得过户转让。免税车辆在海关监管年限内过户转让，车辆所有人须事先报经海关批准并补税。

第七条 经海关批准过户转让的车辆，交通部门凭海关出具的证明，办理车辆购置附加费凭证的过户转让手续。新车主须补缴车辆购置附加费。

第八条 购买免税国产汽车的上述人员，每年应主动将其车辆报海关进行年审。其免税车辆已满监管年限，应向海关申请办理解除管理手续。

第九条 在海关监管年限内，免税车辆无故不接受海关年审，未经批准私自转让或非法倒卖者，海关按《海关法》及有关规定予以处理。

国际货运管理篇

中华人民共和国海商法

（主席令第64号）

发布日期：1992-11-07
实施日期：1993-07-01
法规类型：法律

第一章 总 则

第一条 为了调整海上运输关系、船舶关系，维护当事人各方的合法权益，促进海上运输和经济贸易的发展，制定本法。

第二条 本法所称海上运输，是指海上货物运输和海上旅客运输，包括海江之间、江海之间的直达运输。

本法第四章海上货物运输合同的规定，不适用于中华人民共和国港口之间的海上货物运输。

第三条 本法所称船舶，是指海船和其他海上移动式装置，但是用于军事的、政府公务的船舶和20总吨以下的小型船艇除外。

前款所称船舶，包括船舶属具。

第四条 中华人民共和国港口之间的海上运输和拖航，由悬挂中华人民共和国国旗的船舶经营。但是，法律、行政法规另有规定的除外。

非经国务院交通主管部门批准，外国籍船舶不得经营中华人民共和国港口之间的海上运输和拖航。

第五条 船舶经依法登记取得中华人民共和国国籍，有权悬挂中华人民共和国国旗航行。

船舶非法悬挂中华人民共和国国旗航行的，由有关机关予以制止，处以罚款。

第六条 海上运输由国务院交通主管部门统一管理，具体办法由国务院交通主管部门制定，报国务院批准后施行。

第二章 船 舶

第一节 船舶所有权

第七条 船舶所有权，是指船舶所有人依法对其船舶享有占有、使用、收益和处分的权利。

第八条 国家所有的船舶由国家授予具有法人资格的全民所有制企业经营管理的，本法有关船舶所有人的规定适用于该法人。

第九条 船舶所有权的取得、转让和消灭，应当向船舶登记机关登记；未经登记的，不得对抗第三人。

船舶所有权的转让，应当签订书面合同。

第十条 船舶由两个以上的法人或者个人共有的，应当向船舶登记机关登记；未经登记的，不得对抗第三人。

第二节 船舶抵押权

第十一条 船舶抵押权，是指抵押权人对于抵押人提供的作为债务担保的船舶，在抵押人不履行债务时，可以依法拍卖，从卖得的价款中优先受偿的权利。

第十二条 船舶所有人或者船舶所有人授权的人可以设定船舶抵押权。

船舶抵押权的设定，应当签订书面合同。

第十三条 设定船舶抵押权，由抵押权人和抵押人共同向船舶登记机关办理抵押权登记；未经登记的，不得对抗第三人。

船舶抵押权登记，包括下列主要项目：

（一）船舶抵押权人和抵押人的姓名或者名称、地址；

（二）被抵押船舶的名称、国籍、船舶所有权证书的颁发机关和证书号码；

（三）所担保的债权数额、利息率、受偿期限。

船舶抵押权的登记状况，允许公众查询。

第十四条 建造中的船舶可以设定船舶抵押权。

建造中的船舶办理抵押权登记，还应当向船舶登记机关提交船舶建造合同。

第十五条 除合同另有约定外，抵押人应当对被抵押船舶进行保险；未保险的，抵押权人有权对该船舶进行保险，保险费由抵押人负担。

第十六条 船舶共有人就共有船舶设定抵押权，应当取得持有三分之二以上份额的共有人的同意，共有人之间另有约定的除外。

船舶共有人设定的抵押权，不因船舶的共有权的分割而受影响。

第十七条 船舶抵押权设定后，未经抵押权人同意，抵押人不得将被抵押船舶转让给他人。

第十八条 抵押权人将被抵押船舶所担保的债权全部或者部分转让他人的，抵押权随之转移。

第十九条 同一船舶可以设定两个以上抵押权，其顺序以登记的先后为准。

同一船舶设定两个以上抵押权的，抵押权人按照抵押权登记的先后顺序，从船舶拍卖所得价款中依次受偿。同日登记的抵押权，按照同一顺序受偿。

第二十条 被抵押船舶灭失，抵押权随之消灭。由于船舶灭失得到的保险赔偿，抵押权人有权优先于其他债权人受偿。

第三节 船舶优先权

第二十一条 船舶优先权，是指海事请求人依照本法第二十二条的规定，向船舶所有人、光船承租人、船舶经营人提出海事请求，对产生该海事请求的船舶具有优先受偿的权利。

第二十二条 下列各项海事请求具有船舶优先权：

（一）船长、船员和在船上工作的其他在编人员根据劳动法律、行政法规或者劳动合同所产生的工资、其他劳动报酬、船员遣返费用和社会保险费用的给付请求；

（二）在船舶营运中发生的人身伤亡的赔偿请求；

（三）船舶吨税、引航费、港务费和其他港口规费的缴付请求；

（四）海难救助的救助款项的给付请求；

（五）船舶在营运中因侵权行为产生的财产赔偿请求。

载运2000吨以上的散装货油的船舶，持有有效的证书，证明已经进行油污损害民事责任保险或者具有相应的财务保证的，对其造成的油污损害的赔偿请求，不属于前款第（五）项规定的范围。

第二十三条 本法第二十二条第一款所列各项海事请求，依照顺序受偿。但是，第（四）项海事请求，后于第（一）项至第（三）项发生的，应当先于第（一）项至第（三）项受偿。

本法第二十二条第一款第（一）、（二）、（三）、（五）项中有两个以上海事请求的，不分先后，同时受偿；不足受偿的，按照比例受偿。第（四）项中有两个以上海事请求的，后发生的先受偿。

第二十四条 因行使船舶优先权产生的诉讼费用，保存、拍卖船舶和分配船舶价款产生的费用，以及为海事请求人的共同利益而支付的其他费用，应当从船舶拍卖所得价款中先行拨付。

第二十五条 船舶优先权先于船舶留置权受偿，船舶抵押权后于船舶留置权受偿。

前款所称船舶留置权，是指造船人、修船人在合同另一方未履行合同时，可以留置所占有的船舶，以保证造船费用或者修船费用得以偿还的权利。船舶留置权在造船人、修船人不再占有所造或者所修的船舶时消灭。

第二十六条 船舶优先权不因船舶所有权的转让而消灭。但是，船舶转让时，船舶优先权自法院应受让人申请予以公告之日起满六十日不行使的除外。

第二十七条 本法第二十二条规定的海事请求权转移的，其船舶优先权随之转移。

第二十八条 船舶优先权应当通过法院扣押产生优先权的船舶行使。

第二十九条 船舶优先权，除本法第二十六条规定的外，因下列原因之一而消灭：

（一）具有船舶优先权的海事请求，自优先权产生之日起满一年不行使；

（二）船舶经法院强制出售；

（三）船舶灭失。

前款第（一）项的一年期限，不得中止或者中断。

第三十条 本节规定不影响本法第十一章关于海事赔偿责任限制规定的实施。

第三章　船　员

第一节　一般规定

第三十一条 船员，是指包括船长在内的船上一切任职人员。

第三十二条 船长、驾驶员、轮机长、轮机员、电机员、报务员，必须由持有相应适任证书的人担任。

第三十三条 从事国际航行的船舶的中国籍船员，必须持有中华人民共和国港务监督机构颁发的海员证和有关证书。

第三十四条 船员的任用和劳动方面的权利、义务，本法没有规定的，适用有关法律、行政法规的规定。

第二节　船　长

第三十五条 船长负责船舶的管理和驾驶。

船长在其职权范围内发布的命令，船员、旅客和其他在船人员都必须执行。

船长应当采取必要的措施，保护船舶和在船人员、文件、邮件、货物以及其他财产。

第三十六条 为保障在船人员和船舶的安全，船长有权对在船上进行违法、犯罪活动的人采取禁闭或者其他必要措施，并防止其隐匿、毁灭、伪造证据。

船长采取前款措施，应当制作案情报告书，由船长和两名以上在船人员签字，连同人犯送交有关当局处理。

第三十七条 船长应当将船上发生的出生或者死亡事件记入航海日志，并在两名证人的参加下制作证明书。死亡证明书应当附有死者遗物清单。死者有遗嘱的，船长应当予以证明。死亡证明书和遗嘱由船长负责保管，并送交家属或者有关方面。

第三十八条 船舶发生海上事故，危及在船人员和财产的安全时，船长应当组织船员和其他在船人员尽力施救。在船舶的沉没、毁灭不可避免的情况下，船长可以作出弃船决定；但是，除紧急情况外，应当报经船舶所有人同意。

弃船时，船长必须采取一切措施，首先组织旅客安全离船，然后安排船员离船，船长应当最后离船。在离船前，船长应当指挥船员尽力抢救航海日志、机舱日志、油类记录簿、无线电台日志、本航次使用过的海图和文件，以及贵重物品、邮件和现金。

第三十九条 船长管理船舶和驾驶船舶的责任，不因引航员引领船舶而解除。

第四十条 船长在航行中死亡或者因故不能执行职务时，应当由驾驶员中职务最高的人代理船长职务；在下一个港口开航前，船舶所有人应当指派新船长接任。

第四章　海上货物运输合同

第一节　一般规定

第四十一条 海上货物运输合同，是指承运人收取运费，负责将托运人托运的货物经海路由一港运至另一港的合同。

第四十二条 本章下列用语的含义：

（一）“承运人”，是指本人或者委托他人以本人名义与托运人订立海上货物运输合同的人。

（二）“实际承运人”，是指接受承运人委托，从事货物运输或者部分运输的人，包括接受转委托从事此项运输的其他人。

（三）“托运人”，是指：

1. 本人或者委托他人以本人名义或者委托他人为本人与承运人订立海上货物运输合同的人；

2. 本人或者委托他人以本人名义或者委托他人为本人将货物交给与海上货物运输合同有关的承运人的人。

（四）“收货人”，是指有权提取货物的人。

（五）“货物”，包括活动物和由托运人提供的用于集装货物的集装箱、货盘或者类似的装运器具。

第四十三条 承运人或者托运人可以要求书面确认海上货物运输合同的成立。但是，航次租船合同应当书面订立。电报、电传和传真具有书面效力。

第四十四条 海上货物运输合同和作为合同凭证的提单或者其他运输单证中的条款，违反本章规定的，无效。此类条款的无效，不影响该合同和提单或者其他运输单证中其他条款的效力。将货物的保险利益转让给承运人的条款或者类似条款，无效。

第四十五条 本法第四十四条的规定不影响承运人在本章规定的承运人责任和义务之外，增加其责任和义务。

第二节　承运人的责任

第四十六条 承运人对集装箱装运的货物的责任期间，是指从装货港接收货物时起至卸货港交付货物时止，货物处于承运人掌管之下的全部期间。承运人对非集装箱装运的货物的责任期间，是指从货物装上船时起至卸下船时止，货物处于承运人掌管之下的全部期间。在承运人的责任期间，货物发生灭失或者损坏，除本节另有规定外，承运人应当负赔偿责任。

前款规定，不影响承运人就非集装箱装运的货物，在装船前和卸船后所承担的责任，达成任何协议。

第四十七条 承运人在船舶开航前和开航当时，应当谨慎处理，使船舶处于适航状态，妥善配备船员、装备船舶和配备供应品，并使货舱、冷藏舱、冷气舱和其他载货处所适于并能安全收受、载运和保管货物。

第四十八条 承运人应当妥善地、谨慎地装载、搬移、积载、运输、保管、照料和卸载所运货物。

第四十九条 承运人应当按照约定的或者习惯的或者地理上的航线将货物运往卸货港。

船舶在海上为救助或者企图救助人命或者财产而发生的绕航或者其他合理绕航，不属于违反前款规定的行为。

第五十条 货物未能在明确约定的时间内，在约定的卸货港交付的，为迟延交付。

除依照本章规定承运人不负赔偿责任的情形外，由于承运人的过失，致使货物因迟延交付而灭失或者损坏的，承运人应当负赔偿责任。

除依照本章规定承运人不负赔偿责任的情形外，由于承运人的过失，致使货物因迟延交付而遭受经济损失的，即使货物没有灭失或者损坏，承运人仍然应当负赔偿责任。

承运人未能在本条第一款规定的时间届满六十日内交付货物，有权对货物灭失提出赔偿请求的人可以认为货物已经灭失。

第五十一条 在责任期间货物发生的灭失或者损坏是由于下列原因之一造成的，承运人不负赔偿责任：

（一）船长、船员、引航员或者承运人的其他受雇人在驾驶船舶或者管理船舶中的过失；

（二）火灾，但是由于承运人本人的过失所造成的除外；

（三）天灾，海上或者其他可航水域的危险或者意外事故；

（四）战争或者武装冲突；

（五）政府或者主管部门的行为、检疫限制或者司法扣押；

（六）罢工、停工或者劳动受到限制；

（七）在海上救助或者企图救助人命或者财产；

（八）托运人、货物所有人或者他们的代理人的行为；

（九）货物的自然特性或者固有缺陷；

（十）货物包装不良或者标志欠缺、不清；

（十一）经谨慎处理仍未发现的船舶潜在缺陷；

（十二）非由于承运人或者承运人的受雇人、代理人的过失造成的其他原因。

承运人依照前款规定免除赔偿责任的，除第（二）项规定的原因外，应当负举证责任。

第五十二条 因运输活动物的固有的特殊风险造成活动物灭失或者损害的，承运人不负赔偿责任。但是，承运人应当证明业已履行托运人关于运输活动物的特别要求，并证明根据实际情况，灭失或者损害是由于此种固有的特殊风险造成的。

第五十三条 承运人在舱面上装载货物，应当同托运人达成协议，或者符合航运惯例，或者符合有关法律、行政法规的规定。

承运人依照前款规定将货物装载在舱面上，对由于此种装载的特殊风险造成的货物灭失或者损坏，不负赔偿责任。

承运人违反本条第一款规定将货物装载在舱面上，致使货物遭受灭失或者损坏的，应当负赔偿责任。

第五十四条 货物的灭失、损坏或者迟延交付是由于承运人或者承运人的受雇人、代理人的不能免除赔偿责任的原因和其他原因共同造成的，承运人仅在其不能免除赔偿责任的范围内负赔偿责任；但是，承运人对其他原因造成的灭失、损坏或者迟延交付应当负举证责任。

第五十五条 货物灭失的赔偿额，按照货物的实际价值计算；货物损坏的赔偿额，按照货物受损前后实际价值的差额或者货物的修复费用计算。

货物的实际价值，按照货物装船时的价值加保险费加运费计算。

前款规定的货物实际价值，赔偿时应当减去因货物灭失或者损坏而少付或者免付的有关费用。

第五十六条 承运人对货物的灭失或者损坏的赔偿限额，按照货物件数或者其他货运单位数计算，每件或者每个其他货运单位为666.67计算单位，或者按照货物毛重计算，每公斤为2计算单位，以二者中赔偿限额较高的为准。但是，托运人在货物装运前已经申报其性质和价值，并在提单中载明的，或者承运人与托运人已经另行约定高于本条规定的赔偿限额的除外。

货物用集装箱、货盘或者类似装运器具集装的，提单中载明装在此类装运器具中的货物件数或者其他货运单位数，视为前款所指的货物件数或者其他货运单位数；未载明的，每一装运器具视为一件或者一个单位。

装运器具不属于承运人所有或者非由承运人提供的，装运器具本身应当视为一件或者一个单位。

第五十七条 承运人对货物因迟延交付造成经济损失的赔偿限额，为所迟延交付的货物的运费数额。货物的灭失或者损坏和迟延交付同时发生的，承运人的赔偿责任限额适用本法第五十六条第一款规定的限额。

第五十八条 就海上货物运输合同所涉及的货物灭失、损坏或者迟延交付对承运人提起的任何诉讼，不论海事请求人是否合同的一方，也不论是根据合同或者是根据侵权行为提起的，均适用本章关于承运人的抗辩理由和限制赔偿责任的规定。

前款诉讼是对承运人的受雇人或者代理人提起的，经承运人的受雇人或者代理人证明，其行为是在受雇或者受委托的范围之内的，适用前款规定。

第五十九条 经证明，货物的灭失、损坏或者迟延交付是由于承运人的故意或者明知可能造成损失而轻率地作为或者不作为造成的，承运人不得援用本法第五十六条或者第五十七条限制赔偿责任的规定。

经证明，货物的灭失、损坏或者迟延交付是由于承运人的受雇人、代理人的故意或者明知可能造成损失而轻率地作为或者不作为造成的，承运人的受雇人或者代理人不得援用本法第五十六条或者第五十七条限制赔偿责任的规定。

第六十条 承运人将货物运输或者部分运输委托给实际承运人履行的，承运人仍然应当依照本章规定对全部运输负责。对实际承运人承担的运输，承运人应当对实际承运人的行为或者实际承运人的受雇人、代理人在受雇或者受委托的范围内的行为负责。

虽有前款规定，在海上运输合同中明确约定合同所包括的特定的部分运输由承运人以外的指定的实际承运人履行的，合同可以同时约定，货物在指定的实际承运人掌管期间发生的灭失、损坏或者迟延交付，承运人不负赔偿责任。

第六十一条 本章对承运人责任的规定，适用于实际承运人。对实际承运人的受雇人、代理人提起诉讼的，适用本法第五十八条第二款和第五十九条第二款的规定。

第六十二条 承运人承担本章未规定的义务或者放弃本章赋予的权利的任何特别协议，经实际承运人书面明确同意的，对实际承运人发生效力；实际承运人是否同意，不影响此项特别协议对承运人的效力。

第六十三条 承运人与实际承运人都负有赔偿责任的，应当在此项责任范围内负连带责任。

第六十四条 就货物的灭失或者损坏分别向承运人、实际承运人以及他们的受雇人、代理人提出赔偿请求的，赔偿总额不超过本法第五十六条规定的限额。

第六十五条 本法第六十条至第六十四条的规定，不影响承运人和实际承运人之间相互追偿。

第三节 托运人的责任

第六十六条 托运人托运货物，应当妥善包装，并向承运人保证，货物装船时所提供的货物的品名、标志、包数或者件数、重量或者体积的正确性；由于包装不良或者上述资料不正确，对承运人造成损失的，托运人应当负赔偿责任。

承运人依照前款规定享有的受偿权利，不影响其根据货物运输合同对托运人以外的人所承担的责任。

第六十七条 托运人应当及时向港口、海关、检疫、检验和其他主管机关办理货物运输所需要的各项手续，并将已办理各项手续的单证送交承运人；因办理各项手续的有关单证送交不及时、不完备或者不正确，使承运人的利益受到损害的，托运人应当负赔偿责任。

第六十八条 托运人托运危险货物，应当依照有关海上危险货物运输的规定，妥善包装，作出危险品标志和标签，并将其正式名称和性质以及应当采取的预防危害措施书面通知承运人；托运人未通知或者通知有误的，承运人可以在任何时间、任何地点根据情况需要将货物卸下、销毁或者使之不能为害，而不负赔偿责任。托运人对承运人因运输此类货物所受到的损害，应当负赔偿责任。

承运人知道危险货物的性质并已同意装运的，仍然可以在该项货物对于船舶、人员或者其他货物构成实际危险时，将货物卸下、销毁或者使之不能为害，而不负赔偿责任。但是，本款规定不影响共同海损的分摊。

第六十九条 托运人应当按照约定向承运人支付运费。

托运人与承运人可以约定运费由收货人支付；但是，此项约定应当在运输单证中载明。

第七十条 托运人对承运人、实际承运人所遭受的损失或者船舶所遭受的损坏，不负赔偿责任；但是，此种损失或者损坏是由于托运人或者托运人的受雇人、代理人的过失造成的除外。

托运人的受雇人、代理人对承运人、实际承运人所遭受的损失或者船舶所遭受的损坏，不负赔偿责任；但是，这种损失或者损坏是由于托运人的受雇人、代理人的过失造成的除外。

第四节 运输单证

第七十一条 提单，是指用以证明海上货物运输合同和货物已经由承运人接收或者装船，以及承运人保证据以交付货物的单证。提单中载明的向记名人交付货物，或者按照指示人的指示交付货物，或者向提单持有人交付货物的条款，构成承运人据以交付货物的保证。

第七十二条 货物由承运人接收或者装船后，应托运人的要求，承运人应当签发提单。

提单可以由承运人授权的人签发。提单由载货船舶的船长签发的，视为代表承运人签发。

第七十三条 提单内容，包括下列各项：

（一）货物的品名、标志、包数或者件数、重量或者体积，以及运输危险货物时对危险性质的说明；

（二）承运人的名称和主营业所；

（三）船舶名称；

（四）托运人的名称；

（五）收货人的名称；

（六）装货港和在装货港接收货物的日期；

（七）卸货港；

（八）多式联运提单增列接收货物地点和交付货物地点；

（九）提单的签发日期、地点和份数；

（十）运费的支付；

（十一）承运人或者其代表的签字。

提单缺少前款规定的一项或者几项的，不影响提单的性质；但是，提单应当符合本法第七十一条的规定。

第七十四条 货物装船前，承运人已经应托运人的要求签发收货待运提单或者其他单证的，货物装船完毕，托运人可以将收货待运提单或者其他单证退还承运人，以换取已装船提单；承运人也可以在收货待运提单上加注承运船舶的船名和装船日期，加注后的收货待运提单视为已装船提单。

第七十五条 承运人或者代其签发提单的人，知道或者有合理的根据怀疑提单记载的货物的品名、标志、包数或者件数、重量或者体积与实际接收的货物不符，在签发已装船提单的情况下怀疑与已装船的货物不符，或者没有适当的方法核对提单记载的，可以在提单上批注，说明不符之处、怀疑的根据或者说明无法核对。

第七十六条 承运人或者代其签发提单的人未在提单上批注货物表面状况的，视为货物的表面状况良好。

第七十七条 除依照本法第七十五条的规定作出保留外，承运人或者代其签发提单的人签发的提单，是承运人已经按照提单所载状况收到货物或者货物已经装船的初步证据；承运人向善意受让提单的包括收货人在内的第三人提出的与提单所载状况不同的证据，不予承认。

第七十八条 承运人同收货人、提单持有人之间的权利、义务关系，依据提单的规定确定。

收货人、提单持有人不承担在装货港发生的滞期费、亏舱费和其他与装货有关的费用，但是提单中明确载明上述费用由收货人、提单持有人承担的除外。

第七十九条 提单的转让，依照下列规定执行：

（一）记名提单：不得转让；

（二）指示提单：经过记名背书或者空白背书转让；

（三）不记名提单：无需背书，即可转让。

第八十条 承运人签发提单以外的单证用以证明收到待运货物的，此项单证即为订立海上货物运输合同和承运人接收该单证中所列货物的初步证据。

承运人签发的此类单证不得转让。

第五节 货物交付

第八十一条 承运人向收货人交付货物时，收货人未将货物灭失或者损坏的情况书面通知承运人的，此项交付视为承运人已经按照运输单证的记载交付以及货物状况良好的初步证据。

货物灭失或者损坏的情况非显而易见的，在货物交付的次日起连续七日内，集装箱货物交付的次日起连续十五日内，收货人未提交书面通知的，适用前款规定。

货物交付时，收货人已经会同承运人对货物进行联合检查或者检验的，无需就所查明的灭失或者损坏的情况提交书面通知。

第八十二条 承运人自向收货人交付货物的次日起连续六十日内，未收到收货人就货物因迟延交付造成经济损失而提交的书面通知的，不负赔偿责任。

第八十三条 收货人在目的港提取货物前或者承运人在目的港交付货物前，可以要求检验机构对货物状况进行检验；要求检验的一方应当支付检验费用，但是有权向造成货物损失的责任方追偿。

第八十四条 承运人和收货人对本法第八十一条和第八十三条规定的检验，应当相互提供合理的便利条件。

第八十五条 货物由实际承运人交付的，收货人依照本法第八十一条的规定向实际承运人提交的书面通知，与向承运人提交书面通知具有同等效力；向承运人提交的书面通知，与向实际承运人提交书面通知具有同等效力。

第八十六条 在卸货港无人提取货物或者收货人迟延、拒绝提取货物的，船长可以将货物卸在仓库或者其他适当场所，由此产生的费用和风险由收货人承担。

第八十七条 应当向承运人支付的运费、共同海损分摊、滞期费和承运人为货物垫付的必要费用以及应当向承运人支付的其他费用没有付清，又没有提供适当担保的，承运人可以在合理的限度内留置其货物。

第八十八条 承运人根据本法第八十七条规定留置的货物，自船舶抵达卸货港的次日起满六十日无人提取的，承运人可以申请法院裁定拍卖；货物易腐烂变质或者货物的保管费用可能超过其价值的，可以申请提前拍卖。

拍卖所得价款，用于清偿保管、拍卖货物的费用和运费以及应当向承运人支付的其他有关费用；不足的金额，承运人有权向托运人追偿；剩余的金额，退还托运人；无法退还、自拍卖之日起满一年又无人领取的，上缴国库。

第六节　合同的解除

第八十九条 船舶在装货港开航前，托运人可以要求解除合同。但是，除合同另有约定外，托运人应当向承运人支付约定运费的一半；货物已经装船的，并应当负担装货、卸货和其他与此有关的费用。

第九十条 船舶在装货港开航前，因不可抗力或者其他不能归责于承运人和托运人的原因致使合同不能履行的，双方均可以解除合同，并互相不负赔偿责任。除合同另有约定外，运费已经支付的，承运人应当将运费退还给托运人；货物已经装船的，托运人应当承担装卸费用；已经签发提单的，托运人应当将提单退还承运人。

第九十一条 因不可抗力或者其他不能归责于承运人和托运人的原因致使船舶不能在合同约定的目的港卸货的，除合同另有约定外，船长有权将货物在目的港邻近的安全港口或者地点卸载，视为已经履行合同。

船长决定将货物卸载的，应当及时通知托运人或者收货人，并考虑托运人或者收货人的利益。

第七节　航次租船合同的特别规定

第九十二条 航次租船合同，是指船舶出租人向承租人提供船舶或者船舶的部分舱位，装运约定的货物，从一港运至另一港，由承租人支付约定运费的合同。

第九十三条 航次租船合同的内容，主要包括出租人和承租人的名称、船名、船籍、载货重量、容积、货名、装货港和目的港、受载期限、装卸期限、运费、滞期费、速遣费以及其他有关事项。

第九十四条 本法第四十七条和第四十九条的规定，适用于航次租船合同的出租人。

本章其他有关合同当事人之间的权利、义务的规定，仅在航次租船合同没有约定或者没有不同约定时，适用于航次租船合同的出租人和承租人。

第九十五条 对按照航次租船合同运输的货物签发的提单，提单持有人不是承租人的，承运人与该提单持有人之间的权利、义务关系适用提单的约定。但是，提单中载明适用航次租船合同条款的，适用该航次租船合同的条款。

第九十六条 出租人应当提供约定的船舶；经承租人同意，可以更换船舶。但是，提供的船舶或者更换的船舶不符合合同约定的，承租人有权拒绝或者解除合同。

因出租人过失未提供约定的船舶致使承租人遭受损失的，出租人应当负赔偿责任。

第九十七条 出租人在约定的受载期限内未能提供船舶的，承租人有权解除合同。但是，出租人将船舶延误情况和船舶预期抵达装货港的日期通知承租人的，承租人应当自收到通知时起四十八小时内，将是否解除合同的决定通知出租人。

因出租人过失延误提供船舶致使承租人遭受损失的，出租人应当负赔偿责任。

第九十八条 航次租船合同的装货、卸货期限及其计算办法，超过装货、卸货期限后的滞期费和提前完成装货、卸货的速遣费，由双方约定。

第九十九条 承租人可以将其租用的船舶转租；转租后，原合同约定的权利和义务不受影响。

第一百条 承租人应当提供约定的货物；经出租人同意，可以更换货物。但是，更换的货物对出租人不利的，出租人有权拒绝或者解除合同。

因未提供约定的货物致使出租人遭受损失的，承租人应当负赔偿责任。

第一百零一条 出租人应当在合同约定的卸货港卸货。合同订有承租人选择卸货港条款的，在承租人未按照合同约定及时通知确定的卸货港时，船长可以从约定的选卸港中自行选定一港卸货。承租人未按照合同约定及时通知确定的卸货港，致使出租人遭受损失的，应当负赔偿责任。出租人未按照合同约定，擅自选定港口卸货致使承租人遭受损失的，应当负赔偿责任。

第八节　多式联运合同的特别规定

第一百零二条 本法所称多式联运合同，是指多式联运经营人以两种以上的不同运输方式，其中一种是海上运输方式，负责将货物从接收地运至目的地交付收货人，并收取全程运费的合同。

前款所称多式联运经营人，是指本人或者委托他人以本人名义与托运人订立多式联运合同的人。

第一百零三条 多式联运经营人对多式联运货物的责任期间，自接收货物时起至交付货物时止。

第一百零四条 多式联运经营人负责履行或者组织履行多式联运合同，并对全程运输负责。

多式联运经营人与参加多式联运的各区段承运人，可以就多式联运合同的各区段运输，另以合同约定相互之间的责任。但是，此项合同不得影响多式联运经营人对全程运输所承担的责任。

第一百零五条 货物的灭失或者损坏发生于多式联运的某一运输区段的，多式联运经营人的赔偿责任和责任限额，适用调整该区段运输方式的有关法律规定。

第一百零六条 货物的灭失或者损坏发生的运输区段不能确定的，多式联运经营人应当依照本章关于承运人赔偿责任和责任限额的规定负赔偿责任。

第五章　海上旅客运输合同

第一百零七条 海上旅客运输合同，是指承运人以适合运送旅客的船舶经海路将旅客及其行李从一港运送至另一港，由旅客支付票款的合同。

第一百零八条 本章下列用语的含义：

（一）“承运人”，是指本人或者委托他人以本人名义与旅客订立海上旅客运输合同的人。

（二）“实际承运人”，是指接受承运人委托，从事旅客运送或者部分运送的人，包括接受转委托从事此项运送的其他人。

（三）“旅客”，是指根据海上旅客运输合同运送的人；经承运人同意，根据海上货物运输合同，随船护送货物的人，视为旅客。

（四）“行李”，是指根据海上旅客运输合同由承运人载运的任何物品和车辆，但是活动物除外。

（五）“自带行李”，是指旅客自行携带、保管或者放置在客舱中的行李。

第一百零九条 本章关于承运人责任的规定，适用于实际承运人。本章关于承运人的受雇人、代理人责任的规定，适用于实际承运人的受雇人、代理人。

第一百一十条 旅客客票是海上旅客运输合同成立的凭证。

第一百一十一条 海上旅客运输的运送期间，自旅客登船时起至旅客离船时止。客票票价含接送费用的，运送期间并包括承运人经水路将旅客从岸上接到船上和从船上送到岸上的时间，但是不包括旅客在港站内、码头上或者在港口其他设施内的时间。

旅客的自带行李，运送期间同前款规定。旅客自带行李以外的其他行李，运送期间自旅客将行李交付承运人或者承运人的受雇人、代理人时起至承运人或者承运人的受雇人、代理人交还旅客时止。

第一百一十二条 旅客无票乘船、越级乘船或者超程乘船，应当按照规定补足票款，承运人可以按照规定加收票款；拒不交付的，船长有权在适当地点令其离船，承运人有权向其追偿。

第一百一十三条 旅客不得随身携带或者在行李中夹带违禁品或者易燃、易爆、有毒、有腐蚀性、有放射性以及有可能危及船上人身和财产安全的其他危险品。

承运人可以在任何时间、任何地点将旅客违反前款规定随身携带或者在行李中夹带的违禁品、危险品卸下、销毁或者使之不能为害，或者送交有关部门，而不负赔偿责任。

旅客违反本条第一款规定，造成损害的，应当负赔偿责任。

第一百一十四条 在本法第一百一十一条规定的旅客及其行李的运送期间，因承运人或者承运人的受雇人、代理人在受雇或者受委托的范围内的过失引起事故，造成旅客人身伤亡或者行李灭失、损坏的，承运人应当负赔偿责任。

请求人对承运人或者承运人的受雇人、代理人的过失，应当负举证责任；但是，本条第三款和第四款规定的情形除外。

旅客的人身伤亡或者自带行李的灭失、损坏，是由于船舶的沉没、碰撞、搁浅、爆炸、火灾所引起或者是由于船舶的缺陷所引起的，承运人或者承运人的受雇人、代理人除非提出反证，应当视为其有过失。

旅客自带行李以外的其他行李的灭失或者损坏，不论由于何种事故所引起，承运人或者承运人的受雇人、代理人除非提出反证，应当视为其有过失。

第一百一十五条 经承运人证明，旅客的人身伤亡或者行李的灭失、损坏，是由于旅客本人的过失或者旅客和承运人的共同过失造成的，可以免除或者相应减轻承运人的赔偿责任。

经承运人证明，旅客的人身伤亡或者行李的灭失、损坏，是由于旅客本人的故意造成的，或者旅客的人身伤亡是由于旅客本人健康状况造成的，承运人不负赔偿责任。

第一百一十六条 承运人对旅客的货币、金银、珠宝、有价证券或者其他贵重物品所发生的灭失、损坏，不负赔偿责任。

旅客与承运人约定将前款规定的物品交由承运人保管的，承运人应当依照本法第一百一十七条的规定负赔偿责任；双方以书面约定的赔偿限额高于本法第一百一十七条的规定的，承运人应当按照约定的数额负赔偿责任。

第一百一十七条 除本条第四款规定的情形外，承运人在每次海上旅客运输中的赔偿责任限额，依照下列规定执行：

（一）旅客人身伤亡的，每名旅客不超过46666计算单位；

（二）旅客自带行李灭失或者损坏的，每名旅客不超过833计算单位；

（三）旅客车辆包括该车辆所载行李灭失或者损坏的，每一车辆不超过3333计算单位；

（四）本款第（二）、（三）项以外的旅客其他行李灭失或者损坏的，每名旅客不超过1200计算单位。

承运人和旅客可以约定，承运人对旅客车辆和旅客车辆以外的其他行李损失的免赔额。但是，对每一车辆损失的免赔额不得超过117计算单位，对每名旅客的车辆以外的其他行李损失的免赔额不得超过13计算单位。在计算每一车辆或者每名旅客的车辆以外的其他行李的损失赔偿数额时，应当扣除约定的承运人免赔额。

承运人和旅客可以书面约定高于本条第一款规定的赔偿责任限额。

中华人民共和国港口之间的海上旅客运输，承运人的赔偿责任限额，由国务院交通主管部门制定，报国务院批准后施行。

第一百一十八条 经证明，旅客的人身伤亡或者行李的灭失、损坏，是由于承运人的故意或者明知可能造成损害而轻率地作为或者不作为造成的，承运人不得援用本法第一百一十六条和第一百一十七条限制赔偿责任的规定。

经证明，旅客的人身伤亡或者行李的灭失、损坏，是由于承运人的受雇人、代理人的故意或者明知可能造成损害而轻率地作为或者不作为造成的，承运人的受雇人、代理人不得援用本法第一百一十六条和第一百一十七条限制赔偿责任的规定。

第一百一十九条 行李发生明显损坏的，旅客应当依照下列规定向承运人或者承运人的受雇人、代理人提交书面通知：

（一）自带行李，应当在旅客离船前或者离船时提交；

（二）其他行李，应当在行李交还前或者交还时提交。

行李的损坏不明显，旅客在离船时或者行李交还时难以发现的，以及行李发生灭失的，旅客应当在离船或者行李交还或者应当交还之日起十五日内，向承运人或者承运人的受雇人、代理人提交书面通知。

旅客未依照本条第一、二款规定及时提交书面通知的，除非提出反证，视为已经完整无损地收到行李。

行李交还时，旅客已经会同承运人对行李进行联合检查或者检验的，无需提交书面通知。

第一百二十条 向承运人的受雇人、代理人提出的赔偿请求，受雇人或者代理人证明其行为是在受雇或者受委托的范围内的，有权援用本法第一百一十五条、第一百一十六条和第一百一十七条的抗辩理由和赔偿责任限制的规定。

第一百二十一条 承运人将旅客运送或者部分运送委托给实际承运人履行的，仍然应当依照本章规定，对全程运送负责。实际承运人履行运送的，承运人应当对实际承运人的行为或者实际承运人的受雇人、代理人在受雇或者受委托的范围内的行为负责。

第一百二十二条 承运人承担本章未规定的义务或者放弃本章赋予的权利的任何特别协议，经实际承运人书面明确同意的，对实际承运人发生效力；实际承运人是否同意，不影响此项特别协议对承运人的效力。

第一百二十三条 承运人与实际承运人均负有赔偿责任的，应当在此项责任限度内负连带责任。

第一百二十四条 就旅客的人身伤亡或者行李的灭失、损坏，分别向承运人、实际承运人以及他们的受雇人、代理人提出赔偿请求的，赔偿总额不得超过本法第一百一十七条规定的限额。

第一百二十五条 本法第一百二十一条至第一百二十四条的规定，不影响承运人和实际承运人之间相互追偿。

第一百二十六条 海上旅客运输合同中含有下列内容之一的条款无效：

（一）免除承运人对旅客应当承担的法定责任；

（二）降低本章规定的承运人责任限额；

（三）对本章规定的举证责任作出相反的约定；

（四）限制旅客提出赔偿请求的权利。

前款规定的合同条款的无效，不影响合同其他条款的效力。

第六章　船舶租用合同

第一节　一般规定

第一百二十七条 本章关于出租人和承租人之间权利、义务的规定，仅在船舶租用合同没有约定或者没有不同约定时适用。

第一百二十八条 船舶租用合同，包括定期租船合同和光船租赁合同，均应当书面订立。

第二节　定期租船合同

第一百二十九条 定期租船合同，是指船舶出租人向承租人提供约定的由出租人配备船员的船舶，由承租人在约定的期间内按照约定的用途使用，并支付租金的合同。

第一百三十条 定期租船合同的内容，主要包括出租人和承租人的名称、船名、船籍、船级、吨位、容积、船速、燃料消耗、航区、用途、租船期间、交船和还船的时间和地点以及条件、租金及其支付，以及其他有关事项。

第一百三十一条 出租人应当按照合同约定的时间交付船舶。

出租人违反前款规定的，承租人有权解除合同。出租人将船舶延误情况和船舶预期抵达交船港的日期通知承租人的，承租人应当自接到通知时起四十八小时内，将解除合同或者继续租用船舶的决定通知出租人。

因出租人过失延误提供船舶致使承租人遭受损失的，出租人应当负赔偿责任。

第一百三十二条 出租人交付船舶时，应当做到谨慎处理，使船舶适航。交付的船舶应当适于约定的用途。

出租人违反前款规定的，承租人有权解除合同，并有权要求赔偿因此遭受的损失。

第一百三十三条 船舶在租期内不符合约定的适航状态或者其他状态，出租人应当采取可能采取的合理措施，使之尽快恢复。

船舶不符合约定的适航状态或者其他状态而不能正常营运连续满二十四小时的，对因此而损失的营运时间，承租人不付租金，但是上述状态是由承租人造成的除外。

第一百三十四条 承租人应当保证船舶在约定航区内的安全港口或者地点之间从事约定的海上运输。

承租人违反前款规定的，出租人有权解除合同，并有权要求赔偿因此遭受的损失。

第一百三十五条 承租人应当保证船舶用于运输约定的合法的货物。

承租人将船舶用于运输活动物或者危险货物的，应当事先征得出租人的同意。

承租人违反本条第一款或者第二款的规定致使出租人遭受损失的，应当负赔偿责任。

第一百三十六条 承租人有权就船舶的营运向船长发出指示，但是不得违反定期租船合同的约定。

第一百三十七条 承租人可以将租用的船舶转租，但是应当将转租的情况及时通知出租人。租用的船舶转租后，原租船合同约定的权利和义务不受影响。

第一百三十八条 船舶所有人转让已经租出的船舶的所有权，定期租船合同约定的当事人的权利和义务不受影响，但是应当及时通知承租人。船舶所有权转让后，原租船合同由受让人和承租人继续履行。

第一百三十九条 在合同期间，船舶进行海难救助的，承租人有权获得扣除救助费用、损失赔偿、船员应得部分以及其他费用后的救助款项的一半。

第一百四十条 承租人应当按照合同约定支付租金。承租人未按照合同约定支付租金的，出租人有权解除合同，并有权要求赔偿因此遭受的损失。

第一百四十一条 承租人未向出租人支付租金或者合同约定的其他款项的，出租人对船上属于承租人的货物和财产以及转租船舶的收入有留置权。

第一百四十二条 承租人向出租人交还船舶时，该船舶应当具有与出租人交船时相同的良好状态，但是船舶本身的自然磨损除外。

船舶未能保持与交船时相同的良好状态的，承租人应当负责修复或者给予赔偿。

第一百四十三条 经合理计算，完成最后航次的日期约为合同约定的还船日期，但可能超过合同约定的还船日期的，承租人有权超期用船以完成该航次。超期期间，承租人应当按照合同约定的租金率支付租金；市场的租金率高于合同约定的租金率的，承租人应当按照市场租金率支付租金。

第三节　光船租赁合同

第一百四十四条 光船租赁合同，是指船舶出租人向承租人提供不配备船员的船舶，在约定的期间内由承租人占有、使用和营运，并向出租人支付租金的合同。

第一百四十五条 光船租赁合同的内容，主要包括出租人和承租人的名称、船名、船籍、船级、吨位、容积、航区、用途、租船期间、交船和还船的时间和地点以及条件、船舶检验、船舶的保养维修、租金及其支付、船舶保险、合同解除的时间和条件，以及其他有关事项。

第一百四十六条 出租人应当在合同约定的港口或者地点，按照合同约定的时间，向承租人交付船舶以及船舶证书。交船时，出租人应当做到谨慎处理，使船舶适航。交付的船舶应当适于合同约定的用途。

出租人违反前款规定的，承租人有权解除合同，并有权要求赔偿因此遭受的损失。

第一百四十七条 在光船租赁期间，承租人负责船舶的保养、维修。

第一百四十八条 在光船租赁期间，承租人应当按照合同约定的船舶价值，以出租人同意的保险方式为船舶进行保险，并负担保险费用。

第一百四十九条 在光船租赁期间，因承租人对船舶占有、使用和营运的原因使出租人的利益受到影响或者遭受损失的，承租人应当负责消除影响或者赔偿损失。

因船舶所有权争议或者出租人所负的债务致使船舶被扣押的，出租人应当保证承租人的利益不受影响；致使承租人遭受损失的，出租人应当负赔偿责任。

第一百五十条 在光船租赁期间，未经出租人书面同意，承租人不得转让合同的权利和义务或者以光船租赁的方式将船舶进行转租。

第一百五十一条 未经承租人事先书面同意，出租人不得在光船租赁期间对船舶设定抵押权。

出租人违反前款规定，致使承租人遭受损失的，应当负赔偿责任。

第一百五十二条 承租人应当按照合同约定支付租金。承租人未按照合同约定的时间支付租金连续超过七日的，出租人有权解除合同，并有权要求赔偿因此遭受的损失。

船舶发生灭失或者失踪的，租金应当自船舶灭失或者得知其最后消息之日起停止支付，预付租金应当按照比例退还。

第一百五十三条 本法第一百三十四条、第一百三十五条第一款、第一百四十二条和第一百四十三条的规定，适用于光船租赁合同。

第一百五十四条 订有租购条款的光船租赁合同，承租人按照合同约定向出租人付清租购费时，船舶所有权即归于承租人。

第七章 海上拖航合同

第一百五十五条 海上拖航合同，是指承拖方用拖轮将被拖物经海路从一地拖至另一地，而由被拖方支付拖航费的合同。

本章规定不适用于在港区内对船舶提供的拖轮服务。

第一百五十六条 海上拖航合同应当书面订立。海上拖航合同的内容，主要包括承拖方和被拖方的名称和住所、拖轮和被拖物的名称和主要尺度、拖轮马力、起拖地和目的地、起拖日期、拖航费及其支付方式，以及其他有关事项。

第一百五十七条 承拖方在起拖前和起拖当时，应当谨慎处理，使拖轮处于适航、适拖状态，妥善配备船员，配置拖航索具和配备供应品以及该航次必备的其他装置、设备。

被拖方在起拖前和起拖当时，应当做好被拖物的拖航准备，谨慎处理，使被拖物处于适拖状态，并向承拖方如实说明被拖物的情况，提供有关检验机构签发的被拖物适合拖航的证书和有关文件。

第一百五十八条 起拖前，因不可抗力或者其他不能归责于双方的原因致使合同不能履行的，双方均可以解除合同，并互相不负赔偿责任。除合同另有约定外，拖航费已经支付的，承拖方应当退还给被拖方。

第一百五十九条 起拖后，因不可抗力或者其他不能归责于双方的原因致使合同不能继续履行的，双方均可以解除合同，并互相不负赔偿责任。

第一百六十条 因不可抗力或者其他不能归责于双方的原因致使被拖物不能拖至目的地的，除合同另有约定外，承拖方可以在目的地的邻近地点或者拖轮船长选定的安全的港口或者锚泊地，将被拖物移交给被拖方或者其代理人，视为已经履行合同。

第一百六十一条 被拖方未按照约定支付拖航费和其他合理费用的，承拖方对被拖物有留置权。

第一百六十二条 在海上拖航过程中，承拖方或者被拖方遭受的损失，由一方的过失造成的，有过失的一方应当负赔偿责任；由双方过失造成的，各方按照过失程度的比例负赔偿责任。

虽有前款规定，经承拖方证明，被拖方的损失是由于下列原因之一造成的，承拖方不负赔偿责任：

（一）拖轮船长、船员、引航员或者承拖方的其他受雇人、代理人在驾驶拖轮或者管理拖轮中的过失；

（二）拖轮在海上救助或者企图救助人命或者财产时的过失。

本条规定仅在海上拖航合同没有约定或者没有不同约定时适用。

第一百六十三条 在海上拖航过程中，由于承拖方或者被拖方的过失，造成第三人人身伤亡或者财产损失的，承拖方和被拖方对第三人负连带赔偿责任。除合同另有约定外，一方连带支付的赔偿超过其应当承担的比例的，对另一方有追偿权。

第一百六十四条 拖轮所有人拖带其所有的或者经营的驳船载运货物，经海路由一港运至另一港的，视为海上货物运输。

第八章 船舶碰撞

第一百六十五条 船舶碰撞，是指船舶在海上或者与海相通的可航水域发生接触造成损害的事故。

前款所称船舶，包括与本法第三条所指船舶碰撞的任何其他非用于军事的或者政府公务的船艇。

第一百六十六条 船舶发生碰撞，当事船舶的船长在不严重危及本船和船上人员安全的情况下，对于相碰的船舶和船上人员必须尽力施救。

碰撞船舶的船长应当尽可能将其船舶名称、船籍港、出发港和目的港通知对方。

第一百六十七条 船舶发生碰撞，是由于不可抗力或者其他不能归责于任何一方的原因或者无法查明的原因造成的，碰撞各方互相不负赔偿责任。

第一百六十八条 船舶发生碰撞，是由于一船的过失造成的，由有过失的船舶负赔偿责任。

第一百六十九条 船舶发生碰撞，碰撞的船舶互有过失的，各船按照过失程度的比例负赔偿责任；过失程度相当或者过失程度的比例无法判定的，平均负赔偿责任。

互有过失的船舶，对碰撞造成的船舶以及船上货物和其他财产的损失，依照前款规定的比例负赔偿责任。碰撞造成第三人财产损失的，各船的赔偿责任均不超过其应当承担的比例。

互有过失的船舶，对造成的第三人的人身伤亡，负连带赔偿责任。一船连带支付的赔偿超过本条第一款规定的比例的，有权向其他有过失的船舶追偿。

第一百七十条 船舶因操纵不当或者不遵守航行规章，虽然实际上没有同其他船舶发生碰撞，但是使其他船舶以及船上的人员、货物或者其他财产遭受损失的，适用本章的规定。

第九章 海难救助

第一百七十一条 本章规定适用于在海上或者与海相通的可航水域，对遇险的船舶和其他财产进行的救助。

第一百七十二条 本章下列用语的含义：

（一）“船舶”，是指本法第三条所称的船舶和与其发生救助关系的任何其他非用于军事的或者政府公务的船艇。

（二）“财产”，是指非永久地和非有意地依附于岸线的任何财产，包括有风险的运费。

（三）“救助款项”，是指依照本章规定，被救助方应当向救助方支付的任何救助报酬、酬金或者补偿。

第一百七十三条 本章规定，不适用于海上已经就位的从事海底矿物资源的勘探、开发或者生产的固定式、浮动式平台和移动式近海钻井装置。

第一百七十四条 船长在不严重危及本船和船上人员安全的情况下，有义务尽力救助海上人命。

第一百七十五条 救助方与被救助方就海难救助达成协议，救助合同成立。

遇险船舶的船长有权代表船舶所有人订立救助合同。遇险船舶的船长或者船舶所有人有权代表船上财产所有人订立救助合同。

第一百七十六条 有下列情形之一，经一方当事人起诉或者双方当事人协议仲裁的，受理争议的法院或者仲裁机构可以判决或者裁决变更救助合同：

（一）合同在不正当的或者危险情况的影响下订立，合同条款显失公平的；

（二）根据合同支付的救助款项明显过高或者过低于实际提供的救助服务的。

第一百七十七条 在救助作业过程中，救助方对被救助方负有下列义务：

（一）以应有的谨慎进行救助；

（二）以应有的谨慎防止或者减少环境污染损害；

（三）在合理需要的情况下，寻求其他救助方援助；

（四）当被救助方合理地要求其他救助方参与救助作业时，接受此种要求，但是要求不合理的，原救助方的救助报酬金额不受影响。

第一百七十八条 在救助作业过程中，被救助方对救助方负有下列义务：

（一）与救助方通力合作；

（二）以应有的谨慎防止或者减少环境污染损害；

（三）当获救的船舶或者其他财产已经被送至安全地点时，及时接受救助方提出的合理的移交要求。

第一百七十九条 救助方对遇险的船舶和其他财产的救助，取得效果的，有权获得救助报酬；救助未取得效果的，除本法第一百八十二条或者其他法律另有规定或者合同另有约定外，无权获得救助款项。

第一百八十条 确定救助报酬，应当体现对救助作业的鼓励，并综合考虑下列各项因素：

（一）船舶和其他财产的获救的价值；

（二）救助方在防止或者减少环境污染损害方面的技能和努力；

（三）救助方的救助成效；

（四）危险的性质和程度；

（五）救助方在救助船舶、其他财产和人命方面的技能和努力；

（六）救助方所用的时间、支出的费用和遭受的损失；

（七）救助方或者救助设备所冒的责任风险和其他风险；

（八）救助方提供救助服务的及时性；

（九）用于救助作业的船舶和其他设备的可用性和使用情况；

（十）救助设备的备用状况、效能和设备的价值。

救助报酬不得超过船舶和其他财产的获救价值。

第一百八十一条 船舶和其他财产的获救价值，是指船舶和其他财产获救后的估计价值或者实际出卖的收入，扣除有关税款和海关、检疫、检验费用以及进行卸载、保管、估价、出卖而产生的费用后的价值。

前款规定的价值不包括船员的获救的私人物品和旅客的获救的自带行李的价值。

第一百八十二条 对构成环境污染损害危险的船舶或者船上货物进行的救助，救助方依照本法第一百八十条规定获得的救助报酬，少于依照本条规定可以得到的特别补偿的，救助方有权依照本条规定，从船舶所有人处获得相当于救助费用的特别补偿。

救助人进行前款规定的救助作业，取得防止或者减少环境污染损害效果的，船舶所有人依照前款规定应当向救助方支付的特别补偿可以另行增加，增加的数额可以达到救助费用的百分之三十。受理争议的法院或者仲裁机构认为适当，并且考虑到本法第一百八十条第一款的规定，可以判决或者裁决进一步增加特别补偿数额；但是，在任何情况下，增加部分不得超过救助费用的百分之一百。

本条所称救助费用，是指救助方在救助作业中直接支付的合理费用以及实际使用救助设备、投入救助人员的合理费用。确定救助费用应当考虑本法第一百八十条第一款第（八）、（九）、（十）项的规定。

在任何情况下，本条规定的全部特别补偿，只有在超过救助方依照本法第一百八十条规定能够获得的救助报酬时，方可支付，支付金额为特别补偿超过救助报酬的差额部分。

由于救助方的过失未能防止或者减少环境污染损害的，可以全部或者部分地剥夺救助方获得特别补偿的权利。

本条规定不影响船舶所有人对其他被救助方的追偿权。

第一百八十三条 救助报酬的金额，应当由获救的船舶和其他财产的各所有人，按照船舶和其他各项财产各自的获救价值占全部获救价值的比例承担。

第一百八十四条 参加同一救助作业的各救助方的救助报酬，应当根据本法第一百八十条规定的标准，由各方协商确定；协商不成的，可以提请受理争议的法院判决或者经各方协议提请仲裁机构裁决。

第一百八十五条 在救助作业中救助人命的救助方，对获救人员不得请求酬金，但是有权从救助船舶或者其他财产、防止或者减少环境污染损害的救助方获得的救助款项中，获得合理的份额。

第一百八十六条 下列救助行为无权获得救助款项：

（一）正常履行拖航合同或者其他服务合同的义务进行救助的，但是提供不属于履行上述义务的特殊劳务除外；

（二）不顾遇险的船舶的船长、船舶所有人或者其他财产所有人明确的和合理的拒绝，仍然进行救助的。

第一百八十七条 由于救助方的过失致使救助作业成为必需或者更加困难的，或者救助方有欺诈或者其他不诚实行为的，应当取消或者减少向救助方支付的救助款项。

第一百八十八条 被救助方在救助作业结束后，应当根据救助方的要求，对救助款项提供满意的担保。

在不影响前款规定的情况下，获救船舶的船舶所有人应当在获救的货物交还前，尽力使货物的所有人对其应当承担的救助款项提供满意的担保。

在未根据救助人的要求对获救的船舶或者其他财产提供满意的担保以前，未经救助方同意，不得将获救的船舶和其他财产从救助作业完成后最初到达的港口或者地点移走。

第一百八十九条 受理救助款项请求的法院或者仲裁机构，根据具体情况，在合理的条件下，可以裁定或者裁决被救助方向救助方先行支付适当的金额。

被救助方根据前款规定先行支付金额后，其根据本法第一百八十八条规定提供的担保金额应当相应扣减。

第一百九十条 对于获救满九十日的船舶和其他财产，如果被救助方不支付救助款项也不提供满意的担保，救助方可以申请法院裁定强制拍卖；对于无法保管、不易保管或者保管费用可能超过其价值的获救的船舶和其他财产，可以申请提前拍卖。

拍卖所得价款，在扣除保管和拍卖过程中的一切费用后，依照本法规定支付救助款项；剩余的金额，退还被救助方；无法退还、自拍卖之日起满一年又无人认领的，上缴国库；不足的金额，救助方有权向被救助方追偿。

第一百九十一条 同一船舶所有人的船舶之间进行的救助，救助方获得救助款项的权利适用本章规定。

第一百九十二条 国家有关主管机关从事或者控制的救助作业，救助方有权享受本章规定的关于救助作业的权利和补偿。

第十章　共同海损

第一百九十三条 共同海损，是指在同一海上航程中，船舶、货物和其他财产遭遇共同危险，为了共同安全，有意地合理地采取措施所直接造成的特殊牺牲、支付的特殊费用。

无论在航程中或者在航程结束后发生的船舶或者货物因迟延所造成的损失，包括船期损失和行市损失以及其他间接损失，均不得列入共同海损。

第一百九十四条 船舶因发生意外、牺牲或者其他特殊情况而损坏时，为了安全完成本航程，驶入避难港口、避难地点或者驶回装货港口、装货地点进行必要的修理，在该港口或者地点额外停留期间所支付的港口费，船员工资、给养，船舶所消耗的燃料、物料，为修理而卸载、储存、重装或者搬移船上货物、燃料、物料以及其他财产所造成的损失、支付的费用，应当列入共同海损。

第一百九十五条 为代替可以列为共同海损的特殊费用而支付的额外费用，可以作为代替费用列入共同海损；但是，列入共同海损的代替费用的金额，不得超过被代替的共同海损的特殊费用。

第一百九十六条 提出共同海损分摊请求的一方应当负举证责任，证明其损失应当列入共同海损。

第一百九十七条 引起共同海损特殊牺牲、特殊费用的事故，可能是由航程中一方的过失造成的，不影响该方要求分摊共同海损的权利；但是，非过失方或者过失方可以就此项过失提出赔偿请求或者进行抗辩。

第一百九十八条 船舶、货物和运费的共同海损牺牲的金额，依照下列规定确定：

（一）船舶共同海损牺牲的金额，按照实际支付的修理费，减除合理的以新换旧的扣减额计算。船舶尚未修理的，按照牺牲造成的合理贬值计算，但是不得超过估计的修理费。

船舶发生实际全损或者修理费用超过修复后的船舶价值的，共同海损牺牲金额按照该船舶在完好状态下的估计价值，减除不属于共同海损损坏的估计的修理费和该船舶受损后的价值的余额计算。

（二）货物共同海损牺牲的金额，货物灭失的，按照货物在装船时的价值加保险费加运费，减除由于牺牲无需支付的运费计算。货物损坏，在就损坏程度达成协议前售出的，按照货物在装船时的价值加保险费加运费，与出售货物净得的差额计算。

（三）运费共同海损牺牲的金额，按照货物遭受牺牲造成的运费的损失金额，减除为取得这笔运费本应支付，但是由于牺牲无需支付的营运费用计算。

第一百九十九条 共同海损应当由受益方按照各自的分摊价值的比例分摊。

船舶、货物和运费的共同海损分摊价值，分别依照下列规定确定：

（一）船舶共同海损分摊价值，按照船舶在航程终止时的完好价值，减除不属于共同海损的损失金额计算，或者按照船舶在航程终止时的实际价值，加上共同海损牺牲的金额计算。

（二）货物共同海损分摊价值，按照货物在装船时的价值加保险费加运费，减除不属于共同海损的损失金额和承运人承担风险的运费计算。货物在抵达目的港以前售出的，按照出售净得金额，加上共同海损牺牲的金额计算。

旅客的行李和私人物品，不分摊共同海损。

（三）运费分摊价值，按照承运人承担风险并于航程终止时有权收取的运费，减除为取得该项运费而在共同海损事故发生后，为完成本航程所支付的营运费用，加上共同海损牺牲的金额计算。

第二百条 未申报的货物或者谎报的货物，应当参加共同海损分摊；其遭受的特殊牺牲，不得列入共同海损。

不正当地以低于货物实际价值作为申报价值的，按照实际价值分摊共同海损；在发生共同海损牺牲时，按照申报价值计算牺牲金额。

第二百零一条 对共同海损特殊牺牲和垫付的共同海损特殊费用，应当计算利息。对垫付的共同海损特殊费用，除船员工资、给养和船舶消耗的燃料、物料外，应当计算手续费。

第二百零二条 经利益关系人要求，各分摊方应当提供共同海损担保。

以提供保证金方式进行共同海损担保的，保证金应当交由海损理算师以保管人名义存入银行。

保证金的提供、使用或者退还，不影响各方最终的分摊责任。

第二百零三条 共同海损理算，适用合同约定的理算规则；合同未约定的，适用本章的规定。

第十一章 海事赔偿责任限制

第二百零四条 船舶所有人、救助人，对本法第二百零七条所列海事赔偿请求，可以依照本章规定限制赔偿责任。

前款所称的船舶所有人，包括船舶承租人和船舶经营人。

第二百零五条 本法第二百零七条所列海事赔偿请求，不是向船舶所有人、救助人本人提出，而是向他们对其行为、过失负有责任的人员提出的，这些人员可以依照本章规定限制赔偿责任。

第二百零六条 被保险人依照本章规定可以限制赔偿责任的，对该海事赔偿请求承担责任的保险人，有权依照本章规定享受相同的赔偿责任限制。

第二百零七条 下列海事赔偿请求，除本法第二百零八条和第二百零九条另有规定外，无论赔偿责任的基础有何不同，责任人均可以依照本章规定限制赔偿责任：

（一）在船上发生的或者与船舶营运、救助作业直接相关的人身伤亡或者财产的灭失、损坏，包括对港口工程、港池、航道和助航设施造成的损坏，以及由此引起的相应损失的赔偿请求；

（二）海上货物运输因迟延交付或者旅客及其行李运输因迟延到达造成损失的赔偿请求；

（三）与船舶营运或者救助作业直接相关的，侵犯非合同权利的行为造成其他损失的赔偿请求；

（四）责任人以外的其他人，为避免或者减少责任人依照本章规定可以限制赔偿责任的损失而采取措施的赔偿请求，以及因此项措施造成进一步损失的赔偿请求。

前款所列赔偿请求，无论提出的方式有何不同，均可以限制赔偿责任。但是，第（四）项涉及责任人以合同约定支付的报酬，责任人的支付责任不得援用本条赔偿责任限制的规定。

第二百零八条 本章规定不适用于下列各项：

（一）对救助款项或者共同海损分摊的请求；

（二）中华人民共和国参加的国际油污损害民事责任公约规定的油污损害的赔偿请求；

（三）中华人民共和国参加的国际核能损害责任限制公约规定的核能损害的赔偿请求；

（四）核动力船舶造成的核能损害的赔偿请求；

（五）船舶所有人或者救助人的受雇人提出的赔偿请求，根据调整劳务合同的法律，船舶所有人或者救助人对该类赔偿请求无权限制赔偿责任，或者该项法律作了高于本章规定的赔偿限额的规定。

第二百零九条 经证明，引起赔偿请求的损失是由于责任人的故意或者明知可能造成损失而轻率地作为或者不作为造成的，责任人无权依照本章规定限制赔偿责任。

第二百一十条 除本法第二百一十一条另有规定外，海事赔偿责任限制，依照下列规定计算赔偿限额：

（一）关于人身伤亡的赔偿请求

1. 总吨位300吨至500吨的船舶，赔偿限额为333000计算单位；

2. 总吨位超过500吨的船舶，500吨以下部分适用本项第1目的规定，500吨以上的部分，应当增加下列数额：

501吨至3000吨的部分，每吨增加500计算单位；

3001吨至30000吨的部分，每吨增加333计算单位；

30001吨至70000吨的部分，每吨增加250计算单位；

超过70000吨的部分，每吨增加167计算单位。

（二）关于非人身伤亡的赔偿请求

1. 总吨位300吨至500吨的船舶，赔偿限额为167000计算单位；

2. 总吨位超过500吨的船舶，500吨以下部分适用本项第1目的规定，500吨以上的部分，应当增加下列数额：

501吨至30000吨的部分，每吨增加167计算单位；

30001吨至70000吨的部分，每吨增加125计算单位；

超过70000吨的部分，每吨增加83计算单位。

（三）依照第（一）项规定的限额，不足以支付全部人身伤亡的赔偿请求的，其差额应当与非人身伤亡的赔偿请求并列，从第（二）项数额中按照比例受偿。

（四）在不影响第（三）项关于人身伤亡赔偿请求的情况下，就港口工程、港池、航道和助航设施的损害提出的赔偿请求，应当较第（二）项中的其他赔偿请求优先受偿。

（五）不以船舶进行救助作业或者在被救船舶上进行救助作业的救助人，其责任限额按照总吨位为1500吨的船舶计算。

总吨位不满300吨的船舶，从事中华人民共和国港口之间的运输的船舶，以及从事沿海作业的船舶，其赔偿限额由国务院交通主管部门制定，报国务院批准后施行。

第二百一十一条　海上旅客运输的旅客人身伤亡赔偿责任限制，按照46666计算单位乘以船舶证书规定的载客定额计算赔偿限额，但是最高不超过25000000计算单位。

中华人民共和国港口之间海上旅客运输的旅客人身伤亡，赔偿限额由国务院交通主管部门制定，报国务院批准后施行。

第二百一十二条　本法第二百一十条和第二百一十一条规定的赔偿限额，适用于特定场合发生的事故引起的，向船舶所有人、救助人本人和他们对其行为、过失负有责任的人员提出的请求的总额。

第二百一十三条　责任人要求依照本法规定限制赔偿责任的，可以在有管辖权的法院设立责任限制基金。基金数额分别为本法第二百一十条、第二百一十一条规定的限额，加上自责任产生之日起至基金设立之日止的相应利息。

第二百一十四条　责任人设立责任限制基金后，向责任人提出请求的任何人，不得对责任人的任何财产行使任何权利；已设立责任限制基金的责任人的船舶或者其他财产已经被扣押，或者基金设立人已经提交抵押物的，法院应当及时下令释放或者责令退还。

第二百一十五条　享受本章规定的责任限制的人，就同一事故向请求人提出反请求的，双方的请求金额应当相互抵消，本章规定的赔偿限额仅适用于两个请求金额之间的差额。

第十二章　海上保险合同

第一节　一般规定

第二百一十六条　海上保险合同，是指保险人按照约定，对被保险人遭受保险事故造成保险标的的损失和产生的责任负责赔偿，而由被保险人支付保险费的合同。

前款所称保险事故，是指保险人与被保险人约定的任何海上事故，包括与海上航行有关的发生于内河或者陆上的事故。

第二百一十七条 海上保险合同的内容，主要包括下列各项：

（一）保险人名称；

（二）被保险人名称；

（三）保险标的；

（四）保险价值；

（五）保险金额；

（六）保险责任和除外责任；

（七）保险期间；

（八）保险费。

第二百一十八条 下列各项可以作为保险标的：

（一）船舶；

（二）货物；

（三）船舶营运收入，包括运费、租金、旅客票款；

（四）货物预期利润；

（五）船员工资和其他报酬；

（六）对第三人的责任；

（七）由于发生保险事故可能受到损失的其他财产和产生的责任、费用。

保险人可以将对前款保险标的的保险进行再保险。除合同另有约定外，原被保险人不得享有再保险的利益。

第二百一十九条 保险标的的保险价值由保险人与被保险人约定。

保险人与被保险人未约定保险价值的，保险价值依照下列规定计算：

（一）船舶的保险价值，是保险责任开始时船舶的价值，包括船壳、机器、设备的价值，以及船上燃料、物料、索具、给养、淡水的价值和保险费的总和；

（二）货物的保险价值，是保险责任开始时货物在起运地的发票价格或者非贸易商品在起运地的实际价值以及运费和保险费的总和；

（三）运费的保险价值，是保险责任开始时承运人应收运费总额和保险费的总和；

（四）其他保险标的的保险价值，是保险责任开始时保险标的的实际价值和保险费的总和。

第二百二十条 保险金额由保险人与被保险人约定。保险金额不得超过保险价值；超过保险价值的，超过部分无效。

第二节 合同的订立、解除和转让

第二百二十一条 被保险人提出保险要求，经保险人同意承保，并就海上保险合同的条款达成协议后，合同成立。保险人应当及时向被保险人签发保险单或者其他保险单证，并在保险单或者其他保险单证中载明当事人双方约定的合同内容。

第二百二十二条 合同订立前，被保险人应当将其知道的或者在通常业务中应当知道的有关影响保险人据以确定保险费率或者确定是否同意承保的重要情况，如实告知保险人。

保险人知道或者在通常业务中应当知道的情况，保险人没有询问的，被保险人无需告知。

第二百二十三条 由于被保险人的故意，未将本法第二百二十二条第一款规定的重要情况如实告知保险人的，保险人有权解除合同，并不退还保险费。合同解除前发生保险事故造成损失的，保险人不负赔偿责任。

不是由于被保险人的故意，未将本法第二百二十二条第一款规定的重要情况如实告知保险人的，保险人有权解除合同或者要求相应增加保险费。保险人解除合同的，对于合同解除前发生保险事故造成的损失，保险人应当负赔偿责任；但是，未告知或者错误告知的重要情况对保险事故的发生有影响的除外。

第二百二十四条 订立合同时，被保险人已经知道或者应当知道保险标的已经因发生保险事故而遭受损失的，保险人不负赔偿责任，但是有权收取保险费；保险人已经知道或者应当知道保险标的已经不可能因发生保险事故而遭受损失的，被保险人有权收回已经支付的保险费。

第二百二十五条 被保险人对同一保险标的就同一保险事故向几个保险人重复订立合同，而使该保险标的的保险金额总和超过保险标的的价值的，除合同另有约定外，被保险人可以向任何保险人提出赔偿请求。被保险人获得的赔偿金额总和不得超过保险标的的受损价值。各保险人按照其承保的保险金额同保险金额总和的比例承担赔偿责任。任何一个保险人支付的赔偿金额超过其应当承担的赔偿责任的，有权向未按照其应当承担的赔偿责任支付赔偿金额的保险人追偿。

第二百二十六条 保险责任开始前，被保险人可以要求解除合同，但是应当向保险人支付手续费，保险人应当退还保险费。

第二百二十七条 除合同另有约定外，保险责任开始后，被保险人和保险人均不得解除合同。

根据合同约定在保险责任开始后可以解除合同的，被保险人要求解除合同，保险人有权收取自保险责任开始之日起至合同解除之日止的保险费，剩余部分予以退还；保险人要求解除合同，应当将自合同解除之日起至保险期间届满之日止的保险费退还被保险人。

第二百二十八条 虽有本法第二百二十七条规定，货物运输和船舶的航次保险，保险责任开始后，被保险人不得要求解除合同。

第二百二十九条 海上货物运输保险合同可以由被保险人背书或者以其他方式转让，合同的权利、义务随之转移。合同转让时尚未支付保险费的，被保险人和合同受让人负连带支付责任。

第二百三十条 因船舶转让而转让船舶保险合同的，应当取得保险人同意。未经保险人同意，船舶保险合同从船舶转让时起解除；船舶转让发生在航次之中的，船舶保险合同至航次终了时解除。

合同解除后，保险人应当将自合同解除之日起至保险期间届满之日止的保险费退还被保险人。

第二百三十一条 被保险人在一定期间分批装运或者接受货物的，可以与保险人订立预约保险合同。预约保险合同应当由保险人签发预约保险单证加以确认。

第二百三十二条 应被保险人要求，保险人应当对依据预约保险合同分批装运的货物分别签发保险单证。

保险人分别签发的保险单证的内容与预约保险单证的内容不一致的，以分别签发的保险单证为准。

第二百三十三条 被保险人知道经预约保险合同保险的货物已经装运或者到达的情况时，应当立即通知保险人。通知的内容包括装运货物的船名、航线、货物价值和保险金额。

第三节 被保险人的义务

第二百三十四条 除合同另有约定外，被保险人应当在合同订立后立即支付保险费；被保险人支付保险费前，保险人可以拒绝签发保险单证。

第二百三十五条 被保险人违反合同约定的保证条款时，应当立即书面通知保险人。保险人收到通知后，可以解除合同，也可以要求修改承保条件、增加保险费。

第二百三十六条 一旦保险事故发生，被保险人应当立即通知保险人，并采取必要的合理措施，防止或者减少损失。被保险人收到保险人发出的有关采取防止或者减少损失的合理措施的特别通知的，应当按照保险人通知的要求处理。

对于被保险人违反前款规定所造成的扩大的损失，保险人不负赔偿责任。

第四节 保险人的责任

第二百三十七条 发生保险事故造成损失后，保险人应当及时向被保险人支付保险赔偿。

第二百三十八条 保险人赔偿保险事故造成的损失，以保险金额为限。保险金额低于保险价值的，在保险标的发生部分损失时，保险人按照保险金额与保险价值的比例负赔偿责任。

第二百三十九条 保险标的在保险期间发生几次保险事故所造成的损失，即使损失金额的总和超过保险金额，保险人也应当赔偿。但是，对发生部分损失后未经修复又发生全部损失的，保险人按照全部损失赔偿。

第二百四十条 被保险人为防止或者减少根据合同可以得到赔偿的损失而支出的必要的合理费用，为确定保险事故的性质、程度而支出的检验、估价的合理费用，以及为执行保险人的特别通知而支出的费用，应当由保险人在保险标的损失赔偿之外另行支付。

保险人对前款规定的费用的支付，以相当于保险金额的数额为限。

保险金额低于保险价值的，除合同另有约定外，保险人应当按照保险金额与保险价值的比例，支付本条规定的费用。

第二百四十一条 保险金额低于共同海损分摊价值的，保险人按照保险金额同分摊价值的比例赔偿共同海损分摊。

第二百四十二条 对于被保险人故意造成的损失，保险人不负赔偿责任。

第二百四十三条 除合同另有约定外，因下列原因之一造成货物损失的，保险人不负赔偿责任：

（一）航行迟延、交货迟延或者行市变化；

（二）货物的自然损耗、本身的缺陷和自然特性；

（三）包装不当。

第二百四十四条 除合同另有约定外，因下列原因之一造成保险船舶损失的，保险人不负赔偿责任：

（一）船舶开航时不适航，但是在船舶定期保险中被保险人不知道的除外；

（二）船舶自然磨损或者锈蚀。

运费保险比照适用本条的规定。

第五节 保险标的的损失和委付

第二百四十五条 保险标的发生保险事故后灭失，或者受到严重损坏完全失去原有形体、效用，或者不能再归被保险人所拥有的，为实际全损。

第二百四十六条 船舶发生保险事故后，认为实际全损已经不可避免，或者为避免发生实际全损所需支付的费用超过保险价值的，为推定全损。

货物发生保险事故后，认为实际全损已经不可避免，或者为避免发生实际全损所需支付的费用与继续将货物运抵目的地的费用之和超过保险价值的，为推定全损。

第二百四十七条 不属于实际全损和推定全损的损失，为部分损失。

第二百四十八条 船舶在合理时间内未从被获知最后消息的地点抵达目的地，除合同另有约定外，满两个月后仍没有获知其消息的，为船舶失踪。船舶失踪视为实际全损。

第二百四十九条　保险标的发生推定全损，被保险人要求保险人按照全部损失赔偿的，应当向保险人委付保险标的。保险人可以接受委付，也可以不接受委付，但是应当在合理的时间内将接受委付或者不接受委付的决定通知被保险人。

委付不得附带任何条件。委付一经保险人接受，不得撤回。

第二百五十条　保险人接受委付的，被保险人对委付财产的全部权利和义务转移给保险人。

第六节　保险赔偿的支付

第二百五十一条　保险事故发生后，保险人向被保险人支付保险赔偿前，可以要求被保险人提供与确认保险事故性质和损失程度有关的证明和资料。

第二百五十二条　保险标的发生保险责任范围内的损失是由第三人造成的，被保险人向第三人要求赔偿的权利，自保险人支付赔偿之日起，相应转移给保险人。

被保险人应当向保险人提供必要的文件和其所需要知道的情况，并尽力协助保险人向第三人追偿。

第二百五十三条　被保险人未经保险人同意放弃向第三人要求赔偿的权利，或者由于过失致使保险人不能行使追偿权利的，保险人可以相应扣减保险赔偿。

第二百五十四条　保险人支付保险赔偿时，可以从应支付的赔偿额中相应扣减被保险人已经从第三人取得的赔偿。

保险人从第三人取得的赔偿，超过其支付的保险赔偿的，超过部分应当退还给被保险人。

第二百五十五条　发生保险事故后，保险人有权放弃对保险标的的权利，全额支付合同约定的保险赔偿，以解除对保险标的的义务。

保险人行使前款规定的权利，应当自收到被保险人有关赔偿损失的通知之日起的七日内通知被保险人；被保险人在收到通知前，为避免或者减少损失而支付的必要的合理费用，仍然应当由保险人偿还。

第二百五十六条　除本法第二百五十五条的规定外，保险标的发生全损，保险人支付全部保险金额的，取得对保险标的的全部权利；但是，在不足额保险的情况下，保险人按照保险金额与保险价值的比例取得对保险标的的部分权利。

第十三章　时　效

第二百五十七条　就海上货物运输向承运人要求赔偿的请求权，时效期间为一年，自承运人交付或者应当交付货物之日起计算；在时效期间内或者时效期间届满后，被认定为负有责任的人向第三人提起追偿请求的，时效期间为九十日，自追偿请求人解决原赔偿请求之日起或者收到受理对其本人提起诉讼的法院的起诉状副本之日起计算。

有关航次租船合同的请求权，时效期间为二年，自知道或者应当知道权利被侵害之日起计算。

第二百五十八条　就海上旅客运输向承运人要求赔偿的请求权，时效期间为二年，分别依照下列规定计算：

（一）有关旅客人身伤害的请求权，自旅客离船或者应当离船之日起计算；

（二）有关旅客死亡的请求权，发生在运送期间的，自旅客应当离船之日起计算；因运送期间内的伤害而导致旅客离船后死亡的，自旅客死亡之日起计算，但是此期限自离船之日起不得超过三年；

（三）有关行李灭失或者损坏的请求权，自旅客离船或者应当离船之日起计算。

第二百五十九条　有关船舶租用合同的请求权，时效期间为二年，自知道或者应当知道权利被侵害之日起计算。

第二百六十条 有关海上拖航合同的请求权，时效期间为一年，自知道或者应当知道权利被侵害之日起计算。

第二百六十一条 有关船舶碰撞的请求权，时效期间为二年，自碰撞事故发生之日起计算；本法第一百六十九条第三款规定的追偿请求权，时效期间为一年，自当事人连带支付损害赔偿之日起计算。

第二百六十二条 有关海难救助的请求权，时效期间为二年，自救助作业终止之日起计算。

第二百六十三条 有关共同海损分摊的请求权，时效期间为一年，自理算结束之日起计算。

第二百六十四条 根据海上保险合同向保险人要求保险赔偿的请求权，时效期间为二年，自保险事故发生之日起计算。

第二百六十五条 有关船舶发生油污损害的请求权，时效期间为三年，自损害发生之日起计算；但是，在任何情况下时效期间不得超过从造成损害的事故发生之日起六年。

第二百六十六条 在时效期间的最后六个月内，因不可抗力或者其他障碍不能行使请求权的，时效中止。自中止时效的原因消除之日起，时效期间继续计算。

第二百六十七条 时效因请求人提起诉讼、提交仲裁或者被请求人同意履行义务而中断。但是，请求人撤回起诉、撤回仲裁或者起诉被裁定驳回的，时效不中断。

请求人申请扣船的，时效自申请扣船之日起中断。

自中断时起，时效期间重新计算。

第十四章 涉外关系的法律运用

第二百六十八条 中华人民共和国缔结或者参加的国际条约同本法有不同规定的，适用国际条约的规定；但是，中华人民共和国声明保留的条款除外。

中华人民共和国法律和中华人民共和国缔结或者参加的国际条约没有规定的，可以适用国际惯例。

第二百六十九条 合同当事人可以选择合同适用的法律，法律另有规定的除外。合同当事人没有选择的，适用与合同有最密切联系的国家的法律。

第二百七十条 船舶所有权的取得、转让和消灭，适用船旗国法律。

第二百七十一条 船舶抵押权适用船旗国法律。

船舶在光船租赁以前或者光船租赁期间，设立船舶抵押权的，适用原船舶登记国的法律。

第二百七十二条 船舶优先权，适用受理案件的法院所在地法律。

第二百七十三条 船舶碰撞的损害赔偿，适用侵权行为地法律。

船舶在公海上发生碰撞的损害赔偿，适用受理案件的法院所在地法律。

同一国籍的船舶，不论碰撞发生于何地，碰撞船舶之间的损害赔偿适用船旗国法律。

第二百七十四条 共同海损理算，适用理算地法律。

第二百七十五条 海事赔偿责任限制，适用受理案件的法院所在地法律。

第二百七十六条 依照本章规定适用外国法律或者国际惯例，不得违背中华人民共和国的社会公共利益。

第十五章 附 则

第二百七十七条 本法所称计算单位，是指国际货币基金组织规定的特别提款权；其人民币数额为法院判决之日、仲裁机构裁决之日或者当事人协议之日，按照国家外汇主管机关规定的国际货币基金组织的特别提款权对人民币的换算办法计算得出的人民币数额。

第二百七十八条 本法自1993年7月1日起施行。

中华人民共和国民用航空法

（主席令第56号）

发布日期：1995-10-30
实施日期：2021-04-29
法规类型：法律

（根据2009年8月27日第十一届全国人民代表大会常务委员会第十次会议《关于修改部分法律的决定》第一次修正；根据2015年4月24日第十二届全国人民代表大会常务委员会第十四次会议《关于修改〈中华人民共和国计量法〉等五部法律的决定》第二次修正；根据2016年11月7日第十二届全国人民代表大会常务委员会第二十四次会议《关于修改〈中华人民共和国对外贸易法〉等十二部法律的决定》第三次修正；根据2017年11月4日第十二届全国人民代表大会常务委员会第三十次会议《关于修改〈中华人民共和国会计法〉等十一部法律的决定》第四次修正；根据2018年12月29日第十三届全国人民代表大会常务委员会第七次会议《关于修改〈中华人民共和国劳动法〉等七部法律的决定》第五次修正；根据2021年4月29日第十三届全国人民代表大会常务委员会第二十八次会议《关于修改〈中华人民共和国道路交通安全法〉等八部法律的决定》第六次修正）

第一章　总　则

第一条 为了维护国家的领空主权和民用航空权利，保障民用航空活动安全和有秩序地进行，保护民用航空活动当事人各方的合法权益，促进民用航空事业的发展，制定本法。

第二条 中华人民共和国的领陆和领水之上的空域为中华人民共和国领空。中华人民共和国对领空享有完全的、排他的主权。

第三条 国务院民用航空主管部门对全国民用航空活动实施统一监督管理；根据法律和国务院的决定，在本部门的权限内，发布有关民用航空活动的规定、决定。

国务院民用航空主管部门设立的地区民用航空管理机构依照国务院民用航空主管部门的授权，监督管理各该地区的民用航空活动。

第四条 国家扶持民用航空事业的发展，鼓励和支持发展民用航空的科学研究和教育事业，提高民用航空科学技术水平。

国家扶持民用航空器制造业的发展，为民用航空活动提供安全、先进、经济、适用的民用航空器。

第二章　民用航空器国籍

第五条 本法所称民用航空器，是指除用于执行军事、海关、警察飞行任务外的航空器。

第六条 经中华人民共和国国务院民用航空主管部门依法进行国籍登记的民用航空器，具有中华人民共和国国籍，由国务院民用航空主管部门发给国籍登记证书。

国务院民用航空主管部门设立中华人民共和国民用航空器国籍登记簿，统一记载民用航空器的国籍登记事项。

第七条 下列民用航空器应当进行中华人民共和国国籍登记：

（一）中华人民共和国国家机构的民用航空器；

（二）依照中华人民共和国法律设立的企业法人的民用航空器；企业法人的注册资本中有外商出资的，其机构设置、人员组成和中方投资人的出资比例，应当符合行政法规的规定；

（三）国务院民用航空主管部门准予登记的其他民用航空器。

自境外租赁的民用航空器，承租人符合前款规定，该民用航空器的机组人员由承租人配备的，可以申请登记中华人民共和国国籍，但是必须先予注销该民用航空器原国籍登记。

第八条 依法取得中华人民共和国国籍的民用航空器，应当标明规定的国籍标志和登记标志。

第九条 民用航空器不得具有双重国籍。未注销外国国籍的民用航空器不得在中华人民共和国申请国籍登记。

第三章 民用航空器权利

第一节 一般规定

第十条 本章规定的对民用航空器的权利，包括对民用航空器构架、发动机、螺旋桨、无线电设备和其他一切为了在民用航空器上使用的，无论安装于其上或者暂时拆离的物品的权利。

第十一条 民用航空器权利人应当就下列权利分别向国务院民用航空主管部门办理权利登记：

（一）民用航空器所有权；

（二）通过购买行为取得并占有民用航空器的权利；

（三）根据租赁期限为六个月以上的租赁合同占有民用航空器的权利；

（四）民用航空器抵押权。

第十二条 国务院民用航空主管部门设立民用航空器权利登记簿。同一民用航空器的权利登记事项应当记载于同一权利登记簿中。

民用航空器权利登记事项，可以供公众查询、复制或者摘录。

第十三条 除民用航空器经依法强制拍卖外，在已经登记的民用航空器权利得到补偿或者民用航空器权利人同意之前，民用航空器的国籍登记或者权利登记不得转移至国外。

第二节 民用航空器所有权和抵押权

第十四条 民用航空器所有权的取得、转让和消灭，应当向国务院民用航空主管部门登记；未经登记的，不得对抗第三人。

民用航空器所有权的转让，应当签订书面合同。

第十五条 国家所有的民用航空器，由国家授予法人经营管理或者使用的，本法有关民用航空器所有人的规定适用于该法人。

第十六条 设定民用航空器抵押权，由抵押权人和抵押人共同向国务院民用航空主管部门办理抵押权登记；未经登记的，不得对抗第三人。

第十七条 民用航空器抵押权设定后，未经抵押权人同意，抵押人不得将被抵押民用航空器转让他人。

第三节　民用航空器优先权

第十八条　民用航空器优先权，是指债权人依照本法第十九条规定，向民用航空器所有人、承租人提出赔偿请求，对产生该赔偿请求的民用航空器具有优先受偿的权利。

第十九条　下列各项债权具有民用航空器优先权：

（一）援救该民用航空器的报酬；

（二）保管维护该民用航空器的必需费用。

前款规定的各项债权，后发生的先受偿。

第二十条　本法第十九条规定的民用航空器优先权，其债权人应当自援救或者保管维护工作终了之日起三个月内，就其债权向国务院民用航空主管部门登记。

第二十一条　为了债权人的共同利益，在执行人民法院判决以及拍卖过程中产生的费用，应当从民用航空器拍卖所得价款中先行拨付。

第二十二条　民用航空器优先权先于民用航空器抵押权受偿。

第二十三条　本法第十九条规定的债权转移的，其民用航空器优先权随之转移。

第二十四条　民用航空器优先权应当通过人民法院扣押产生优先权的民用航空器行使。

第二十五条　民用航空器优先权自援救或者保管维护工作终了之日起满三个月时终止；但是，债权人就其债权已经依照本法第二十条规定登记，并具有下列情形之一的除外：

（一）债权人、债务人已经就此项债权的金额达成协议；

（二）有关此项债权的诉讼已经开始。

民用航空器优先权不因民用航空器所有权的转让而消灭；但是，民用航空器经依法强制拍卖的除外。

第四节　民用航空器租赁

第二十六条　民用航空器租赁合同，包括融资租赁合同和其他租赁合同，应当以书面形式订立。

第二十七条　民用航空器的融资租赁，是指出租人按照承租人对供货方和民用航空器的选择，购得民用航空器，出租给承租人使用，由承租人定期交纳租金。

第二十八条　融资租赁期间，出租人依法享有民用航空器所有权，承租人依法享有民用航空器的占有、使用、收益权。

第二十九条　融资租赁期间，出租人不得干扰承租人依法占有、使用民用航空器；承租人应当适当地保管民用航空器，使之处于原交付时的状态，但是合理损耗和经出租人同意的对民用航空器的改变除外。

第三十条　融资租赁期满，承租人应当将符合本法第二十九条规定状态的民用航空器退还出租人；但是，承租人依照合同行使购买民用航空器的权利或者为继续租赁而占有民用航空器的除外。

第三十一条　民用航空器融资租赁中的供货方，不就同一损害同时对出租人和承租人承担责任。

第三十二条　融资租赁期间，经出租人同意，在不损害第三人利益的情况下，承租人可以转让其对民用航空器的占有权或者租赁合同约定的其他权利。

第三十三条　民用航空器的融资租赁和租赁期限为六个月以上的其他租赁，承租人应当就其对民用航空器的占有权向国务院民用航空主管部门办理登记；未经登记的，不得对抗第三人。

第四章　民用航空器适航管理

第三十四条　设计民用航空器及其发动机、螺旋桨和民用航空器上设备，应当向国务院民用航空主管部门申请领取型号合格证书。经审查合格的，发给型号合格证书。

第三十五条　生产、维修民用航空器及其发动机、螺旋桨和民用航空器上设备，应当向国务院民用航空主管部门申请领取生产许可证书、维修许可证书。经审查合格的，发给相应的证书。

第三十六条　外国制造人生产的任何型号的民用航空器及其发动机、螺旋桨和民用航空器上设备，首次进口中国的，该外国制造人应当向国务院民用航空主管部门申请领取型号认可证书。经审查合格的，发给型号认可证书。

已取得外国颁发的型号合格证书的民用航空器及其发动机、螺旋桨和民用航空器上设备，首次在中国境内生产的，该型号合格证书的持有人应当向国务院民用航空主管部门申请领取型号认可证书。经审查合格的，发给型号认可证书。

第三十七条　具有中华人民共和国国籍的民用航空器，应当持有国务院民用航空主管部门颁发的适航证书，方可飞行。

出口民用航空器及其发动机、螺旋桨和民用航空器上设备，制造人应当向国务院民用航空主管部门申请领取出口适航证书。经审查合格的，发给出口适航证书。

租用的外国民用航空器，应当经国务院民用航空主管部门对其原国籍登记国发给的适航证书审查认可或者另发适航证书，方可飞行。

民用航空器适航管理规定，由国务院制定。

第三十八条　民用航空器的所有人或者承租人应当按照适航证书规定的使用范围使用民用航空器，做好民用航空器的维修保养工作，保证民用航空器处于适航状态。

第五章　航空人员

第一节　一般规定

第三十九条　本法所称航空人员，是指下列从事民用航空活动的空勤人员和地面人员：

（一）空勤人员，包括驾驶员、飞行机械人员、乘务员；

（二）地面人员，包括民用航空器维修人员、空中交通管制员、飞行签派员、航空电台通信员。

第四十条　航空人员应当接受专门训练，经考核合格，取得国务院民用航空主管部门颁发的执照，方可担任其执照载明的工作。

空勤人员和空中交通管制员在取得执照前，还应当接受国务院民用航空主管部门认可的体格检查单位的检查，并取得国务院民用航空主管部门颁发的体格检查合格证书。

第四十一条　空勤人员在执行飞行任务时，应当随身携带执照和体格检查合格证书，并接受国务院民用航空主管部门的查验。

第四十二条　航空人员应当接受国务院民用航空主管部门定期或者不定期的检查和考核；经检查、考核合格的，方可继续担任其执照载明的工作。

空勤人员还应当参加定期的紧急程序训练。

空勤人员间断飞行的时间超过国务院民用航空主管部门规定时限的，应当经过检查和考核；乘务员以外的空勤人员还应当经过带飞。经检查、考核、带飞合格的，方可继续担任其执照载明的工作。

第二节　机　组

第四十三条　民用航空器机组由机长和其他空勤人员组成。机长应当由具有独立驾驶该型号民用航空器的技术和经验的驾驶员担任。

机组的组成和人员数额，应当符合国务院民用航空主管部门的规定。

第四十四条　民用航空器的操作由机长负责，机长应当严格履行职责，保护民用航空器及其所载人员和财产的安全。

机长在其职权范围内发布的命令，民用航空器所载人员都应当执行。

第四十五条　飞行前，机长应当对民用航空器实施必要的检查；未经检查，不得起飞。

机长发现民用航空器、机场、气象条件等不符合规定，不能保证飞行安全的，有权拒绝起飞。

第四十六条　飞行中，对于任何破坏民用航空器、扰乱民用航空器内秩序、危害民用航空器所载人员或者财产安全以及其他危及飞行安全的行为，在保证安全的前提下，机长有权采取必要的适当措施。

飞行中，遇到特殊情况时，为保证民用航空器及其所载人员的安全，机长有权对民用航空器作出处置。

第四十七条　机长发现机组人员不适宜执行飞行任务的，为保证飞行安全，有权提出调整。

第四十八条　民用航空器遇险时，机长有权采取一切必要措施，并指挥机组人员和航空器上其他人员采取抢救措施。在必须撤离遇险民用航空器的紧急情况下，机长必须采取措施，首先组织旅客安全离开民用航空器；未经机长允许，机组人员不得擅自离开民用航空器；机长应当最后离开民用航空器。

第四十九条　民用航空器发生事故，机长应当直接或者通过空中交通管制单位，如实将事故情况及时报告国务院民用航空主管部门。

第五十条　机长收到船舶或者其他航空器的遇险信号，或者发现遇险的船舶、航空器及其人员，应当将遇险情况及时报告就近的空中交通管制单位并给予可能的合理的援助。

第五十一条　飞行中，机长因故不能履行职务的，由仅次于机长职务的驾驶员代理机长；在下一个经停地起飞前，民用航空器所有人或者承租人应当指派新机长接任。

第五十二条　只有一名驾驶员，不需配备其他空勤人员的民用航空器，本节对机长的规定，适用于该驾驶员。

第六章　民用机场

第五十三条　本法所称民用机场，是指专供民用航空器起飞、降落、滑行、停放以及进行其他活动使用的划定区域，包括附属的建筑物、装置和设施。

本法所称民用机场不包括临时机场。

军民合用机场由国务院、中央军事委员会另行制定管理办法。

第五十四条　民用机场的建设和使用应当统筹安排、合理布局，提高机场的使用效率。

全国民用机场的布局和建设规划，由国务院民用航空主管部门会同国务院其他有关部门制定，并按照国家规定的程序，经批准后组织实施。

省、自治区、直辖市人民政府应当根据全国民用机场的布局和建设规划，制定本行政区域内的民用机场建设规划，并按照国家规定的程序报经批准后，将其纳入本级国民经济和社会发展规划。

第五十五条　民用机场建设规划应当与城市建设规划相协调。

第五十六条 新建、改建和扩建民用机场，应当符合依法制定的民用机场布局和建设规划，符合民用机场标准，并按照国家规定报经有关主管机关批准并实施。

不符合依法制定的民用机场布局和建设规划的民用机场建设项目，不得批准。

第五十七条 新建、扩建民用机场，应当由民用机场所在地县级以上地方人民政府发布公告。

前款规定的公告应当在当地主要报纸上刊登，并在拟新建、扩建机场周围地区张贴。

第五十八条 禁止在依法划定的民用机场范围内和按照国家规定划定的机场净空保护区域内从事下列活动：

（一）修建可能在空中排放大量烟雾、粉尘、火焰、废气而影响飞行安全的建筑物或者设施；

（二）修建靶场、强烈爆炸物仓库等影响飞行安全的建筑物或者设施；

（三）修建不符合机场净空要求的建筑物或者设施；

（四）设置影响机场目视助航设施使用的灯光、标志或者物体；

（五）种植影响飞行安全或者影响机场助航设施使用的植物；

（六）饲养、放飞影响飞行安全的鸟类动物和其他物体；

（七）修建影响机场电磁环境的建筑物或者设施。

禁止在依法划定的民用机场范围内放养牲畜。

第五十九条 民用机场新建、扩建的公告发布前，在依法划定的民用机场范围内和按照国家规定划定的机场净空保护区域内存在的可能影响飞行安全的建筑物、构筑物、树木、灯光和其他障碍物体，应当在规定的期限内清除；对由此造成的损失，应当给予补偿或者依法采取其他补救措施。

第六十条 民用机场新建、扩建的公告发布后，任何单位和个人违反本法和有关行政法规的规定，在依法划定的民用机场范围内和按照国家规定划定的机场净空保护区域内修建、种植或者设置影响飞行安全的建筑物、构筑物、树木、灯光和其他障碍物体的，由机场所在地县级以上地方人民政府责令清除；由此造成的损失，由修建、种植或者设置该障碍物体的人承担。

第六十一条 在民用机场及其按照国家规定划定的净空保护区域以外，对可能影响飞行安全的高大建筑物或者设施，应当按照国家有关规定设置飞行障碍灯和标志，并使其保持正常状态。

第六十二条 国务院民用航空主管部门规定的对公众开放的民用机场应当取得机场使用许可证，方可开放使用。其他民用机场应当按照国务院民用航空主管部门的规定进行备案。

申请取得机场使用许可证，应当具备下列条件，并按照国家规定经验收合格：

（一）具备与其运营业务相适应的飞行区、航站区、工作区以及服务设施和人员；

（二）具备能够保障飞行安全的空中交通管制、通信导航、气象等设施和人员；

（三）具备符合国家规定的安全保卫条件；

（四）具备处理特殊情况的应急计划以及相应的设施和人员；

（五）具备国务院民用航空主管部门规定的其他条件。

国际机场还应当具备国际通航条件，设立海关和其他口岸检查机关。

第六十三条 民用机场使用许可证由机场管理机构向国务院民用航空主管部门申请，经国务院民用航空主管部门审查批准后颁发。

第六十四条 设立国际机场，由机场所在地省级人民政府报请国务院审查批准。

国际机场的开放使用，由国务院民用航空主管部门对外公告；国际机场资料由国务院民用航空主管部门统一对外提供。

第六十五条 民用机场应当按照国务院民用航空主管部门的规定，采取措施，保证机场内人员和财产的安全。

第六十六条 供运输旅客或者货物的民用航空器使用的民用机场，应当按照国务院民用航空主管部门规定的标准，设置必要设施，为旅客和货物托运人、收货人提供良好服务。

第六十七条 民用机场管理机构应当依照环境保护法律、行政法规的规定，做好机场环境保护工作。

第六十八条 民用航空器使用民用机场及其助航设施的，应当缴纳使用费、服务费；使用费、服务费的收费标准，由国务院民用航空主管部门制定。

第六十九条 民用机场废弃或者改作他用，民用机场管理机构应当依照国家规定办理报批手续。

第七章 空中航行

第一节 空域管理

第七十条 国家对空域实行统一管理。

第七十一条 划分空域，应当兼顾民用航空和国防安全的需要以及公众的利益，使空域得到合理、充分、有效的利用。

第七十二条 空域管理的具体办法，由国务院、中央军事委员会制定。

第二节 飞行管理

第七十三条 在一个划定的管制空域内，由一个空中交通管制单位负责该空域内的航空器的空中交通管制。

第七十四条 民用航空器在管制空域内进行飞行活动，应当取得空中交通管制单位的许可。

第七十五条 民用航空器应当按照空中交通管制单位指定的航路和飞行高度飞行；因故确需偏离指定的航路或者改变飞行高度飞行的，应当取得空中交通管制单位的许可。

第七十六条 在中华人民共和国境内飞行的航空器，必须遵守统一的飞行规则。

进行目视飞行的民用航空器，应当遵守目视飞行规则，并与其他航空器、地面障碍物体保持安全距离。

进行仪表飞行的民用航空器，应当遵守仪表飞行规则。

飞行规则由国务院、中央军事委员会制定。

第七十七条 民用航空器机组人员的飞行时间、执勤时间不得超过国务院民用航空主管部门规定的时限。

民用航空器机组人员受到酒类饮料、麻醉剂或者其他药物的影响，损及工作能力的，不得执行飞行任务。

第七十八条 民用航空器除按照国家规定经特别批准外，不得飞入禁区；除遵守规定的限制条件外，不得飞入限制区。

前款规定的禁区和限制区，依照国家规定划定。

第七十九条 民用航空器不得飞越城市上空；但是，有下列情形之一的除外：

（一）起飞、降落或者指定的航路所必需的；

（二）飞行高度足以使该航空器在发生紧急情况时离开城市上空，而不致危及地面上的人员、财产安全的；

（三）按照国家规定的程序获得批准的。

第八十条 飞行中，民用航空器不得投掷物品；但是，有下列情形之一的除外：

（一）飞行安全所必需的；

（二）执行救助任务或者符合社会公共利益的其他飞行任务所必需的。

第八十一条 民用航空器未经批准不得飞出中华人民共和国领空。

对未经批准正在飞离中华人民共和国领空的民用航空器，有关部门有权根据具体情况采取必要措施，予以制止。

第三节 飞行保障

第八十二条 空中交通管制单位应当为飞行中的民用航空器提供空中交通服务，包括空中交通管制服务、飞行情报服务和告警服务。

提供空中交通管制服务，旨在防止民用航空器同航空器、民用航空器同障碍物体相撞，维持并加速空中交通的有秩序的活动。

提供飞行情报服务，旨在提供有助于安全和有效地实施飞行的情报和建议。

提供告警服务，旨在当民用航空器需要搜寻援救时，通知有关部门，并根据要求协助该有关部门进行搜寻援救。

第八十三条 空中交通管制单位发现民用航空器偏离指定航路、迷失航向时，应当迅速采取一切必要措施，使其回归航路。

第八十四条 航路上应当设置必要的导航、通信、气象和地面监视设备。

第八十五条 航路上影响飞行安全的自然障碍物体，应当在航图上标明；航路上影响飞行安全的人工障碍物体，应当设置飞行障碍灯和标志，并使其保持正常状态。

第八十六条 在距离航路边界三十公里以内的地带，禁止修建靶场和其他可能影响飞行安全的设施；但是，平射轻武器靶场除外。

在前款规定地带以外修建固定的或者临时性对空发射场，应当按照国家规定获得批准；对空发射场的发射方向，不得与航路交叉。

第八十七条 任何可能影响飞行安全的活动，应当依法获得批准，并采取确保飞行安全的必要措施，方可进行。

第八十八条 国务院民用航空主管部门应当依法对民用航空无线电台和分配给民用航空系统使用的专用频率实施管理。

任何单位或者个人使用的无线电台和其他仪器、装置，不得妨碍民用航空无线电专用频率的正常使用。对民用航空无线电专用频率造成有害干扰的，有关单位或者个人应当迅速排除干扰；未排除干扰前，应当停止使用该无线电台或者其他仪器、装置。

第八十九条 邮电通信企业应当对民用航空电信传递优先提供服务。

国家气象机构应当对民用航空气象机构提供必要的气象资料。

第四节 飞行必备文件

第九十条 从事飞行的民用航空器，应当携带下列文件：

（一）民用航空器国籍登记证书；

（二）民用航空器适航证书；

（三）机组人员相应的执照；

（四）民用航空器航行记录簿；

（五）装有无线电设备的民用航空器，其无线电台执照；

（六）载有旅客的民用航空器，其所载旅客姓名及其出发地点和目的地点的清单；

（七）载有货物的民用航空器，其所载货物的舱单和明细的申报单；

（八）根据飞行任务应当携带的其他文件。

民用航空器未按规定携带前款所列文件的，国务院民用航空主管部门或者其授权的地区民用航空管理机构可以禁止该民用航空器起飞。

第八章　公共航空运输企业

第九十一条　公共航空运输企业，是指以营利为目的，使用民用航空器运送旅客、行李、邮件或者货物的企业法人。

第九十二条　企业从事公共航空运输，应当向国务院民用航空主管部门申请领取经营许可证。

第九十三条　取得公共航空运输经营许可，应当具备下列条件：

（一）有符合国家规定的适应保证飞行安全要求的民用航空器；

（二）有必需的依法取得执照的航空人员；

（三）有不少于国务院规定的最低限额的注册资本；

（四）法律、行政法规规定的其他条件。

第九十四条　公共航空运输企业的组织形式、组织机构适用公司法的规定。

本法施行前设立的公共航空运输企业，其组织形式、组织机构不完全符合公司法规定的，可以继续沿用原有的规定，适用前款规定的日期由国务院规定。

第九十五条　公共航空运输企业应当以保证飞行安全和航班正常，提供良好服务为准则，采取有效措施，提高运输服务质量。

公共航空运输企业应当教育和要求本企业职工严格履行职责，以文明礼貌、热情周到的服务态度，认真做好旅客和货物运输的各项服务工作。

旅客运输航班延误的，应当在机场内及时通告有关情况。

第九十六条　公共航空运输企业申请经营定期航班运输（以下简称航班运输）的航线，暂停、终止经营航线，应当报经国务院民用航空主管部门批准。

公共航空运输企业经营航班运输，应当公布班期时刻。

第九十七条　公共航空运输企业的营业收费项目，由国务院民用航空主管部门确定。

国内航空运输的运价管理办法，由国务院民用航空主管部门会同国务院物价主管部门制定，报国务院批准后执行。

国际航空运输运价的制定按照中华人民共和国政府与外国政府签订的协定、协议的规定执行；没有协定、协议的，参照国际航空运输市场价格确定。

第九十八条　公共航空运输企业从事不定期运输，应当经国务院民用航空主管部门批准，并不得影响航班运输的正常经营。

第九十九条　公共航空运输企业应当依照国务院制定的公共航空运输安全保卫规定，制定安全保卫方案，并报国务院民用航空主管部门备案。

第一百条　公共航空运输企业不得运输法律、行政法规规定的禁运物品。

公共航空运输企业未经国务院民用航空主管部门批准，不得运输作战军火、作战物资。

禁止旅客随身携带法律、行政法规规定的禁运物品乘坐民用航空器。

第一百零一条　公共航空运输企业运输危险品，应当遵守国家有关规定。

禁止以非危险品品名托运危险品。

禁止旅客随身携带危险品乘坐民用航空器。除因执行公务并按照国家规定经过批准外，禁止旅客携带枪支、管制刀具乘坐民用航空器。禁止违反国务院民用航空主管部门的规定将危险品作为行李托运。

危险品品名由国务院民用航空主管部门规定并公布。

第一百零二条 公共航空运输企业不得运输拒绝接受安全检查的旅客，不得违反国家规定运输未经安全检查的行李。

公共航空运输企业必须按照国务院民用航空主管部门的规定，对承运的货物进行安全检查或者采取其他保证安全的措施。

第一百零三条 公共航空运输企业从事国际航空运输的民用航空器及其所载人员、行李、货物应当接受边防、海关等主管部门的检查；但是，检查时应当避免不必要的延误。

第一百零四条 公共航空运输企业应当依照有关法律、行政法规的规定优先运输邮件。

第一百零五条 公共航空运输企业应当投保地面第三人责任险。

第九章 公共航空运输

第一节 一般规定

第一百零六条 本章适用于公共航空运输企业使用民用航空器经营的旅客、行李或者货物的运输，包括公共航空运输企业使用民用航空器办理的免费运输。

本章不适用于使用民用航空器办理的邮件运输。

对多式联运方式的运输，本章规定适用于其中的航空运输部分。

第一百零七条 本法所称国内航空运输，是指根据当事人订立的航空运输合同，运输的出发地点、约定的经停地点和目的地点均在中华人民共和国境内的运输。

本法所称国际航空运输，是指根据当事人订立的航空运输合同，无论运输有无间断或者有无转运，运输的出发地点、目的地点或者约定的经停地点之一不在中华人民共和国境内的运输。

第一百零八条 航空运输合同各方认为几个连续的航空运输承运人办理的运输是一项单一业务活动的，无论其形式是以一个合同订立或者数个合同订立，应当视为一项不可分割的运输。

第二节 运输凭证

第一百零九条 承运人运送旅客，应当出具客票。旅客乘坐民用航空器，应当交验有效客票。

第一百一十条 客票应当包括的内容由国务院民用航空主管部门规定，至少应当包括以下内容：

（一）出发地点和目的地点；

（二）出发地点和目的地点均在中华人民共和国境内，而在境外有一个或者数个约定的经停地点的，至少注明一个经停地点；

（三）旅客航程的最终目的地点、出发地点或者约定的经停地点之一不在中华人民共和国境内，依照所适用的国际航空运输公约的规定，应当在客票上声明此项运输适用该公约的，客票上应当载有该项声明。

第一百一十一条 客票是航空旅客运输合同订立和运输合同条件的初步证据。

旅客未能出示客票、客票不符合规定或者客票遗失，不影响运输合同的存在或者有效。

在国内航空运输中，承运人同意旅客不经其出票而乘坐民用航空器的，承运人无权援用本法第一百二十八条有关赔偿责任限制的规定。

在国际航空运输中，承运人同意旅客不经其出票而乘坐民用航空器的，或者客票上未依照本法第一百一十条第（三）项的规定声明的，承运人无权援用本法第一百二十九条有关赔偿责任限制的规定。

第一百一十二条 承运人载运托运行李时，行李票可以包含在客票之内或者与客票相结合。除本法第一百一十条的规定外，行李票还应当包括下列内容：

（一）托运行李的件数和重量；

（二）需要声明托运行李在目的地点交付时的利益的，注明声明金额。

行李票是行李托运和运输合同条件的初步证据。

旅客未能出示行李票、行李票不符合规定或者行李票遗失，不影响运输合同的存在或者有效。

在国内航空运输中，承运人载运托运行李而不出具行李票的，承运人无权援用本法第一百二十八条有关赔偿责任限制的规定。

在国际航空运输中，承运人载运托运行李而不出具行李票的，或者行李票上未依照本法第一百一十条第（三）项的规定声明的，承运人无权援用本法第一百二十九条有关赔偿责任限制的规定。

第一百一十三条 承运人有权要求托运人填写航空货运单，托运人有权要求承运人接受该航空货运单。托运人未能出示航空货运单、航空货运单不符合规定或者航空货运单遗失，不影响运输合同的存在或者有效。

第一百一十四条 托运人应当填写航空货运单正本一式三份，连同货物交给承运人。

航空货运单第一份注明“交承运人”，由托运人签字、盖章；第二份注明“交收货人”，由托运人和承运人签字、盖章；第三份由承运人在接受货物后签字、盖章，交给托运人。

承运人根据托运人的请求填写航空货运单的，在没有相反证据的情况下，应当视为代托运人填写。

第一百一十五条 航空货运单应当包括的内容由国务院民用航空主管部门规定，至少应当包括以下内容：

（一）出发地点和目的地点；

（二）出发地点和目的地点均在中华人民共和国境内，而在境外有一个或者数个约定的经停地点的，至少注明一个经停地点；

（三）货物运输的最终目的地点、出发地点或者约定的经停地点之一不在中华人民共和国境内，依照所适用的国际航空运输公约的规定，应当在货运单上声明此项运输适用该公约的，货运单上应当载有该项声明。

第一百一十六条 在国内航空运输中，承运人同意未经填具航空货运单而载运货物的，承运人无权援用本法第一百二十八条有关赔偿责任限制的规定。

在国际航空运输中，承运人同意未经填具航空货运单而载运货物的，或者航空货运单上未依照本法第一百一十五条第（三）项的规定声明的，承运人无权援用本法第一百二十九条有关赔偿责任限制的规定。

第一百一十七条 托运人应当对航空货运单上所填关于货物的说明和声明的正确性负责。

因航空货运单上所填的说明和声明不符合规定、不正确或者不完全，给承运人或者承运人对之负责的其他人造成损失的，托运人应当承担赔偿责任。

第一百一十八条 航空货运单是航空货物运输合同订立和运输条件以及承运人接受货物的初步证据。

航空货运单上关于货物的重量、尺寸、包装和包装件数的说明具有初步证据的效力。除经过承运人和托运人当面查对并在航空货运单上注明经过查对或者书写关于货物的外表情况的说明外，航空货运单上关于货物的数量、体积和情况的说明不能构成不利于承运人的证据。

第一百一十九条 托运人在履行航空货物运输合同规定的义务的条件下，有权在出发地机场或者目的地机场将货物提回，或者在途中经停时中止运输，或者在目的地点或者途中要求将货物交给非航空货运单上指定的收货人，或者要求将货物运回出发地机场；但是，托运人不得因行使此种权利而使承运人或者其他托运人遭受损失，并应当偿付由此产生的费用。

托运人的指示不能执行的，承运人应当立即通知托运人。

承运人按照托运人的指示处理货物，没有要求托运人出示其所收执的航空货运单，给该航空货运单的合法持有人造成损失的，承运人应当承担责任，但是不妨碍承运人向托运人追偿。

收货人的权利依照本法第一百二十条规定开始时，托运人的权利即告终止；但是，收货人拒绝接受航空货运单或者货物，或者承运人无法同收货人联系的，托运人恢复其对货物的处置权。

第一百二十条 除本法第一百一十九条所列情形外，收货人于货物到达目的地点，并在缴付应付款项和履行航空货运单上所列运输条件后，有权要求承运人移交航空货运单并交付货物。

除另有约定外，承运人应当在货物到达后立即通知收货人。

承运人承认货物已经遗失，或者货物在应当到达之日起七日后仍未到达的，收货人有权向承运人行使航空货物运输合同所赋予的权利。

第一百二十一条 托运人和收货人在履行航空货物运输合同规定的义务的条件下，无论为本人或者他人的利益，可以以本人的名义分别行使本法第一百一十九条和第一百二十条所赋予的权利。

第一百二十二条 本法第一百一十九条、第一百二十条和第一百二十一条的规定，不影响托运人同收货人之间的相互关系，也不影响从托运人或者收货人获得权利的第三人之间的关系。

任何与本法第一百一十九条、第一百二十条和第一百二十一条规定不同的合同条款，应当在航空货运单上载明。

第一百二十三条 托运人应当提供必需的资料和文件，以便在货物交付收货人前完成法律、行政法规规定的有关手续；因没有此种资料、文件，或者此种资料、文件不充足或者不符合规定造成的损失，除由于承运人或者其受雇人、代理人的过错造成的外，托运人应当对承运人承担责任。

除法律、行政法规另有规定外，承运人没有对前款规定的资料或者文件进行检查的义务。

第三节　承运人的责任

第一百二十四条 因发生在民用航空器上或者在旅客上、下民用航空器过程中的事件，造成旅客人身伤亡的，承运人应当承担责任；但是，旅客的人身伤亡完全是由于旅客本人的健康状况造成的，承运人不承担责任。

第一百二十五条 因发生在民用航空器上或者在旅客上、下民用航空器过程中的事件，造成旅客随身携带物品毁灭、遗失或者损坏的，承运人应当承担责任。因发生在航空运输期间的事件，造成旅客的托运行李毁灭、遗失或者损坏的，承运人应当承担责任。

旅客随身携带物品或者托运行李的毁灭、遗失或者损坏完全是由于行李本身的自然属性、质量或者缺陷造成的，承运人不承担责任。

本章所称行李，包括托运行李和旅客随身携带的物品。

因发生在航空运输期间的事件，造成货物毁灭、遗失或者损坏的，承运人应当承担责任；但是，承运人证明货物的毁灭、遗失或者损坏完全是由于下列原因之一造成的，不承担责任：

（一）货物本身的自然属性、质量或者缺陷；

（二）承运人或者其受雇人、代理人以外的人包装货物的，货物包装不良；

（三）战争或者武装冲突；

（四）政府有关部门实施的与货物入境、出境或者过境有关的行为。

本条所称航空运输期间，是指在机场内、民用航空器上或者机场外降落的任何地点，托运行李、货物处于承运人掌管之下的全部期间。

航空运输期间，不包括机场外的任何陆路运输、海上运输、内河运输过程；但是，此种陆路运输、海上运输、内河运输是为了履行航空运输合同而装载、交付或者转运，在没有相反证据的情况下，所发生的损失视为在航空运输期间发生的损失。

第一百二十六条 旅客、行李或者货物在航空运输中因延误造成的损失，承运人应当承担责任；但是，承运人证明本人或者其受雇人、代理人为了避免损失的发生，已经采取一切必要措施或者不可能采取此种措施的，不承担责任。

第一百二十七条 在旅客、行李运输中，经承运人证明，损失是由索赔人的过错造成或者促成的，应当根据造成或者促成此种损失的过错的程度，相应免除或者减轻承运人的责任。旅客以外的其他人就旅客死亡或者受伤提出赔偿请求时，经承运人证明，死亡或者受伤是旅客本人的过错造成或者促成的，同样应当根据造成或者促成此种损失的过错的程度，相应免除或者减轻承运人的责任。

在货物运输中，经承运人证明，损失是由索赔人或者代行权利人的过错造成或者促成的，应当根据造成或者促成此种损失的过错的程度，相应免除或者减轻承运人的责任。

第一百二十八条 国内航空运输承运人的赔偿责任限额由国务院民用航空主管部门制定，报国务院批准后公布执行。

旅客或者托运人在交运托运行李或者货物时，特别声明在目的地点交付时的利益，并在必要时支付附加费的，除承运人证明旅客或者托运人声明的金额高于托运行李或者货物在目的地点交付时的实际利益外，承运人应当在声明金额范围内承担责任；本法第一百二十九条的其他规定，除赔偿责任限额外，适用于国内航空运输。

第一百二十九条 国际航空运输承运人的赔偿责任限额按照下列规定执行：

（一）对每名旅客的赔偿责任限额为 16600 计算单位；但是，旅客可以同承运人书面约定高于本项规定的赔偿责任限额。

（二）对托运行李或者货物的赔偿责任限额，每公斤为 17 计算单位。旅客或者托运人在交运托运行李或者货物时，特别声明在目的地点交付时的利益，并在必要时支付附加费的，除承运人证明旅客或者托运人声明的金额高于托运行李或者货物在目的地点交付时的实际利益外，承运人应当在声明金额范围内承担责任。

托运行李或者货物的一部分或者托运行李、货物中的任何物件毁灭、遗失、损坏或者延误的，用以确定承运人赔偿责任限额的重量，仅为该一包件或者数包件的总重量；但是，因托运行李或者货物的一部分或者托运行李、货物中的任何物件的毁灭、遗失、损坏或者延误，影响同一份行李票或者同一份航空货运单所列其他包件的价值的，确定承运人的赔偿责任限额时，此种包件的总重量也应当考虑在内。

（三）对每名旅客随身携带的物品的赔偿责任限额为 332 计算单位。

第一百三十条 任何旨在免除本法规定的承运人责任或者降低本法规定的赔偿责任限额的条款，均属无效；但是，此种条款的无效，不影响整个航空运输合同的效力。

第一百三十一条 有关航空运输中发生的损失的诉讼，不论其根据如何，只能依照本法规定的条件和赔偿责任限额提出，但是不妨碍谁有权提起诉讼以及他们各自的权利。

第一百三十二条 经证明，航空运输中的损失是由于承运人或者其受雇人、代理人的故意或者明知可能造成损失而轻率地作为或者不作为造成的，承运人无权援用本法第一百二十八条、第一百二十九条有关赔偿责任限制的规定；证明承运人的受雇人、代理人有此种作为或者不作为的，还应当证明该受雇人、代理人是在受雇、代理范围内行事。

第一百三十三条 就航空运输中的损失向承运人的受雇人、代理人提起诉讼时，该受雇人、代理人证明他是在受雇、代理范围内行事的，有权援用本法第一百二十八条、第一百二十九条有关赔偿责任限制的规定。

在前款规定情形下，承运人及其受雇人、代理人的赔偿总额不得超过法定的赔偿责任限额。

经证明，航空运输中的损失是由于承运人的受雇人、代理人的故意或者明知可能造成损失而轻率地作为或者不作为造成的，不适用本条第一款和第二款的规定。

第一百三十四条 旅客或者收货人收受托运行李或者货物而未提出异议，为托运行李或者货物已经完好交付并与运输凭证相符的初步证据。

托运行李或者货物发生损失的，旅客或者收货人应当在发现损失后向承运人提出异议。托运行李发生损失的，至迟应当自收到托运行李之日起七日内提出；货物发生损失的，至迟应当自收到货物之日起十四日内提出。托运行李或者货物发生延误的，至迟应当自托运行李或者货物交付旅客或者收货人处置之日起二十一日内提出。

任何异议均应当在前款规定的期间内写在运输凭证上或者另以书面提出。

除承运人有欺诈行为外，旅客或者收货人未在本条第二款规定的期间内提出异议的，不能向承运人提出索赔诉讼。

第一百三十五条 航空运输的诉讼时效期间为二年，自民用航空器到达目的地点、应当到达目的地点或者运输终止之日起计算。

第一百三十六条 由几个航空承运人办理的连续运输，接受旅客、行李或者货物的每一个承运人应当受本法规定的约束，并就其根据合同办理的运输区段作为运输合同的订约一方。

对前款规定的连续运输，除合同明文约定第一承运人应当对全程运输承担责任外，旅客或者其继承人只能对发生事故或者延误的运输区段的承运人提起诉讼。

托运行李或者货物的毁灭、遗失、损坏或者延误，旅客或者托运人有权对第一承运人提起诉讼，旅客或者收货人有权对最后承运人提起诉讼，旅客、托运人和收货人均可以对发生毁灭、遗失、损坏或者延误的运输区段的承运人提起诉讼。上述承运人应当对旅客、托运人或者收货人承担连带责任。

第四节　实际承运人履行航空运输的特别规定

第一百三十七条 本节所称缔约承运人，是指以本人名义与旅客或者托运人，或者与旅客或者托运人的代理人，订立本章调整的航空运输合同的人。

本节所称实际承运人，是指根据缔约承运人的授权，履行前款全部或者部分运输的人，不是指本章规定的连续承运人；在没有相反证明时，此种授权被认为是存在的。

第一百三十八条 除本节另有规定外，缔约承运人和实际承运人都应当受本章规定的约束。缔约承运人应当对合同约定的全部运输负责。实际承运人应当对其履行的运输负责。

第一百三十九条 实际承运人的作为和不作为，实际承运人的受雇人、代理人在受雇、代理范围内的作为和不作为，关系到实际承运人履行的运输的，应当视为缔约承运人的作为和不作为。

缔约承运人的作为和不作为，缔约承运人的受雇人、代理人在受雇、代理范围内的作为和不作为，关系到实际承运人履行的运输的，应当视为实际承运人的作为和不作为；但是，实际承运人承担的责任不因此种作为或者不作为而超过法定的赔偿责任限额。

任何有关缔约承运人承担本章未规定的义务或者放弃本章赋予的权利的特别协议，或者任何有关依照本法第一百二十八条、第一百二十九条规定所作的在目的地点交付时利益的特别声明，除经实际承运人同意外，均不得影响实际承运人。

第一百四十条 依照本章规定提出的索赔或者发出的指示，无论是向缔约承运人还是向实际承运人提出或者发出的，具有同等效力；但是，本法第一百一十九条规定的指示，只在向缔约承运人发出时，方有效。

第一百四十一条 实际承运人的受雇人、代理人或者缔约承运人的受雇人、代理人，证明他是在受雇、代理范围内行事的，就实际承运人履行的运输而言，有权援用本法第一百二十八条、第一百二十九条有关赔偿责任限制的规定，但是依照本法规定不得援用赔偿责任限制规定的除外。

第一百四十二条 对于实际承运人履行的运输，实际承运人、缔约承运人以及他们的在受雇、代理范围内行事的受雇人、代理人的赔偿总额不得超过依照本法得以从缔约承运人或者实际承运人获得赔偿的最高数额；但是，其中任何人都不承担超过对他适用的赔偿责任限额。

第一百四十三条 对实际承运人履行的运输提起的诉讼，可以分别对实际承运人或者缔约承运人提起，也可以同时对实际承运人和缔约承运人提起；被提起诉讼的承运人有权要求另一承运人参加应诉。

第一百四十四条 除本法第一百四十三条规定外，本节规定不影响实际承运人和缔约承运人之间的权利、义务。

第十章 通用航空

第一百四十五条 通用航空，是指使用民用航空器从事公共航空运输以外的民用航空活动，包括从事工业、农业、林业、渔业和建筑业的作业飞行以及医疗卫生、抢险救灾、气象探测、海洋监测、科学实验、教育训练、文化体育等方面的飞行活动。

第一百四十六条 从事通用航空活动，应当具备下列条件：

（一）有与所从事的通用航空活动相适应，符合保证飞行安全要求的民用航空器；

（二）有必需的依法取得执照的航空人员；

（三）符合法律、行政法规规定的其他条件。

从事经营性通用航空，限于企业法人。

第一百四十七条 从事非经营性通用航空的，应当向国务院民用航空主管部门备案。

从事经营性通用航空的，应当向国务院民用航空主管部门申请领取通用航空经营许可证。

第一百四十八条 通用航空企业从事经营性通用航空活动，应当与用户订立书面合同，但是紧急情况下的救护或者救灾飞行除外。

第一百四十九条 组织实施作业飞行时，应当采取有效措施，保证飞行安全，保护环境和生态平衡，防止对环境、居民、作物或者牲畜等造成损害。

第一百五十条 从事通用航空活动的，应当投保地面第三人责任险。

第十一章 搜寻援救和事故调查

第一百五十一条 民用航空器遇到紧急情况时，应当发送信号，并向空中交通管制单位报告，提出援救请求；空中交通管制单位应当立即通知搜寻援救协调中心。民用航空器在海上遇到紧急情况时，还应当向船舶和国家海上搜寻援救组织发送信号。

第一百五十二条 发现民用航空器遇到紧急情况或者收听到民用航空器遇到紧急情况的信号的单位或者个人，应当立即通知有关的搜寻援救协调中心、海上搜寻援救组织或者当地人民政府。

第一百五十三条 收到通知的搜寻援救协调中心、地方人民政府和海上搜寻援救组织，应当立即组织搜寻援救。

收到通知的搜寻援救协调中心，应当设法将已经采取的搜寻援救措施通知遇到紧急情况的民用航空器。

搜寻援救民用航空器的具体办法，由国务院规定。

第一百五十四条 执行搜寻援救任务的单位或者个人，应当尽力抢救民用航空器所载人员，按照规定对民用航空器采取抢救措施并保护现场，保存证据。

第一百五十五条 民用航空器事故的当事人以及有关人员在接受调查时，应当如实提供现场情况和与事故有关的情节。

第一百五十六条 民用航空器事故调查的组织和程序，由国务院规定。

第十二章 对地面第三人损害的赔偿责任

第一百五十七条 因飞行中的民用航空器或者从飞行中的民用航空器上落下的人或者物，造成地面（包括水面，下同）上的人身伤亡或者财产损害的，受害人有权获得赔偿；但是，所受损害并非造成损害的事故的直接后果，或者所受损害仅是民用航空器依照国家有关的空中交通规则在空中通过造成的，受害人无权要求赔偿。

前款所称飞行中，是指自民用航空器为实际起飞而使用动力时起至着陆冲程终了时止；就轻于空气的民用航空器而言，飞行中是指自其离开地面时起至其重新着地时止。

第一百五十八条 本法第一百五十七条规定的赔偿责任，由民用航空器的经营人承担。

前款所称经营人，是指损害发生时使用民用航空器的人。民用航空器的使用权已经直接或者间接地授予他人，本人保留对该民用航空器的航行控制权的，本人仍被视为经营人。

经营人的受雇人、代理人在受雇、代理过程中使用民用航空器，无论是否在其受雇、代理范围内行事，均视为经营人使用民用航空器。

民用航空器登记的所有人应当被视为经营人，并承担经营人的责任；除非在判定其责任的诉讼中，所有人证明经营人是他人，并在法律程序许可的范围内采取适当措施使该人成为诉讼当事人之一。

第一百五十九条 未经对民用航空器有航行控制权的人同意而使用民用航空器，对地面第三人造成损害的，有航行控制权的人除证明本人已经适当注意防止此种使用外，应当与该非法使用人承担连带责任。

第一百六十条 损害是武装冲突或者骚乱的直接后果，依照本章规定应当承担责任的人不承担责任。

依照本章规定应当承担责任的人对民用航空器的使用权业经国家机关依法剥夺的，不承担责任。

第一百六十一条 依照本章规定应当承担责任的人证明损害是完全由于受害人或者其受雇人、代理人的过错造成的，免除其赔偿责任；应当承担责任的人证明损害是部分由于受害人或者其受雇人、代理人的过错造成的，相应减轻其赔偿责任。但是，损害是由于受害人的受雇人、代理人的过错造成时，受害人证明其受雇人、代理人的行为超出其所授权的范围的，不免除或者不减轻应当承担责任的人的赔偿责任。

一人对另一人的死亡或者伤害提起诉讼，请求赔偿时，损害是该另一人或者其受雇人、代理人的过错造成的，适用前款规定。

第一百六十二条 两个以上的民用航空器在飞行中相撞或者相扰，造成本法第一百五十七条规定的应当赔偿的损害，或者两个以上的民用航空器共同造成此种损害的，各有关民用航空器均应当被认为已经造成此种损害，各有关民用航空器的经营人均应当承担责任。

第一百六十三条 本法第一百五十八条第四款和第一百五十九条规定的人，享有依照本章规定经营人所能援用的抗辩权。

第一百六十四条 除本章有明确规定外，经营人、所有人和本法第一百五十九条规定的应当承担责任的人，以及他们的受雇人、代理人，对于飞行中的民用航空器或者从飞行中的民用航空器上落下的人或者物造成的地面上的损害不承担责任，但是故意造成此种损害的人除外。

第一百六十五条 本章不妨碍依照本章规定应当对损害承担责任的人向他人追偿的权利。

第一百六十六条 民用航空器的经营人应当投保地面第三人责任险或者取得相应的责任担保。

第一百六十七条 保险人和担保人除享有与经营人相同的抗辩权，以及对伪造证件进行抗辩的权利外，对依照本章规定提出的赔偿请求只能进行下列抗辩：

（一）损害发生在保险或者担保终止有效后；然而保险或者担保在飞行中期满的，该项保险或者担保在飞行计划中所载下一次降落前继续有效，但是不得超过二十四小时；

（二）损害发生在保险或者担保所指定的地区范围外，除非飞行超出该范围是由于不可抗力、援助他人所必需，或者驾驶、航行或者领航上的差错造成的。

前款关于保险或者担保继续有效的规定，只在对受害人有利时适用。

第一百六十八条 仅在下列情形下，受害人可以直接对保险人或者担保人提起诉讼，但是不妨碍受害人根据有关保险合同或者担保合同的法律规定提起直接诉讼的权利：

（一）根据本法第一百六十七条第（一）项、第（二）项规定，保险或者担保继续有效的；

（二）经营人破产的。

除本法第一百六十七条第一款规定的抗辩权，保险人或者担保人对受害人依照本章规定提起的直接诉讼不得以保险或者担保的无效或者追溯力终止为由进行抗辩。

第一百六十九条 依照本法第一百六十六条规定提供的保险或者担保，应当被专门指定优先支付本章规定的赔偿。

第一百七十条 保险人应当支付给经营人的款项，在本章规定的第三人的赔偿请求未满足前，不受经营人的债权人的扣留和处理。

第一百七十一条 地面第三人损害赔偿的诉讼时效期间为二年，自损害发生之日起计算；但是，在任何情况下，时效期间不得超过自损害发生之日起三年。

第一百七十二条 本章规定不适用于下列损害：

（一）对飞行中的民用航空器或者对该航空器上的人或者物造成的损害；

（二）为受害人同经营人或者同发生损害时对民用航空器有使用权的人订立的合同所约束，或者为适用两方之间的劳动合同的法律有关职工赔偿的规定所约束的损害；

（三）核损害。

第十三章　对外国民用航空器的特别规定

第一百七十三条 外国人经营的外国民用航空器，在中华人民共和国境内从事民用航空活动，适用本章规定；本章没有规定的，适用本法其他有关规定。

第一百七十四条 外国民用航空器根据其国籍登记国政府与中华人民共和国政府签订的协定、协议的规定，或者经中华人民共和国国务院民用航空主管部门批准或者接受，方可飞入、飞出中华人民共和国领空和在中华人民共和国境内飞行、降落。

对不符合前款规定，擅自飞入、飞出中华人民共和国领空的外国民用航空器，中华人民共和国有关机关有权采取必要措施，令其在指定的机场降落；对虽然符合前款规定，但是有合理的根据认为需要对其进行检查的，有关机关有权令其在指定的机场降落。

第一百七十五条 外国民用航空器飞入中华人民共和国领空，其经营人应当提供有关证明书，证明其已经投保地面第三人责任险或者已经取得相应的责任担保；其经营人未提供有关证明书的，中华人民共和国国务院民用航空主管部门有权拒绝其飞入中华人民共和国领空。

第一百七十六条 外国民用航空器的经营人经其本国政府指定，并取得中华人民共和国国务院民用航空主管部门颁发的经营许可证，方可经营中华人民共和国政府与该外国政府签订的协定、协议规定的国际航班运输；外国民用航空器的经营人经其本国政府批准，并获得中华人民共和国国务院民用航空主管部门批准，方可经营中华人民共和国境内一地和境外一地之间的不定期航空运输。

前款规定的外国民用航空器经营人，应当依照中华人民共和国法律、行政法规的规定，制定相应的安全保卫方案，报中华人民共和国国务院民用航空主管部门备案。

第一百七十七条 外国民用航空器的经营人，不得经营中华人民共和国境内两点之间的航空运输。

第一百七十八条 外国民用航空器，应当按照中华人民共和国国务院民用航空主管部门批准的班期时刻或者飞行计划飞行；变更班期时刻或者飞行计划的，其经营人应当获得中华人民共和国国务院民用航空主管部门的批准；因故变更或者取消飞行的，其经营人应当及时报告中华人民共和国国务院民用航空主管部门。

第一百七十九条 外国民用航空器应当在中华人民共和国国务院民用航空主管部门指定的设关机场起飞或者降落。

第一百八十条 中华人民共和国国务院民用航空主管部门和其他主管机关，有权在外国民用航空器降落或者飞出时查验本法第九十条规定的文件。

外国民用航空器及其所载人员、行李、货物，应当接受中华人民共和国有关主管机关依法实施的入境出境、海关、检疫等检查。

实施前两款规定的查验、检查，应当避免不必要的延误。

第一百八十一条 外国民用航空器国籍登记国发给或者核准的民用航空器适航证书、机组人员合格证书和执照，中华人民共和国政府承认其有效；但是，发给或者核准此项证书或者执照的要求，应当等于或者高于国际民用航空组织制定的最低标准。

第一百八十二条 外国民用航空器在中华人民共和国搜寻援救区内遇险，其所有人或者国籍登记国参加搜寻援救工作，应当经中华人民共和国国务院民用航空主管部门批准或者按照两国政府协议进行。

第一百八十三条 外国民用航空器在中华人民共和国境内发生事故，其国籍登记国和其他有关国家可以指派观察员参加事故调查。事故调查报告和调查结果，由中华人民共和国国务院民用航空主管部门告知该外国民用航空器的国籍登记国和其他有关国家。

第十四章　涉外关系的法律适用

第一百八十四条 中华人民共和国缔结或者参加的国际条约同本法有不同规定的，适用国际条约的规定；但是，中华人民共和国声明保留的条款除外。

中华人民共和国法律和中华人民共和国缔结或者参加的国际条约没有规定的，可以适用国际惯例。

第一百八十五条 民用航空器所有权的取得、转让和消灭，适用民用航空器国籍登记国法律。

第一百八十六条 民用航空器抵押权适用民用航空器国籍登记国法律。

第一百八十七条 民用航空器优先权适用受理案件的法院所在地法律。

第一百八十八条 民用航空运输合同当事人可以选择合同适用的法律，但是法律另有规定的除外；合同当事人没有选择的，适用与合同有最密切联系的国家的法律。

第一百八十九条 民用航空器对地面第三人的损害赔偿，适用侵权行为地法律。

民用航空器在公海上空对水面第三人的损害赔偿，适用受理案件的法院所在地法律。

第一百九十条 依照本章规定适用外国法律或者国际惯例，不得违背中华人民共和国的社会公共利益。

第十五章 法律责任

第一百九十一条 以暴力、胁迫或者其他方法劫持航空器的，依照刑法有关规定追究刑事责任。

第一百九十二条 对飞行中的民用航空器上的人员使用暴力，危及飞行安全的，依照刑法有关规定追究刑事责任。

第一百九十三条 违反本法规定，隐匿携带炸药、雷管或者其他危险品乘坐民用航空器，或者以非危险品品名托运危险品的，依照刑法有关规定追究刑事责任。

企业事业单位犯前款罪的，判处罚金，并对直接负责的主管人员和其他直接责任人员依照前款规定追究刑事责任。

隐匿携带枪支子弹、管制刀具乘坐民用航空器的，依照刑法有关规定追究刑事责任。

第一百九十四条 公共航空运输企业违反本法第一百零一条的规定运输危险品的，由国务院民用航空主管部门没收违法所得，可以并处违法所得一倍以下的罚款。

公共航空运输企业有前款行为，导致发生重大事故的，没收违法所得，判处罚金；并对直接负责的主管人员和其他直接责任人员依照刑法有关规定追究刑事责任。

第一百九十五条 故意在使用中的民用航空器上放置危险品或者唆使他人放置危险品，足以毁坏该民用航空器，危及飞行安全的，依照刑法有关规定追究刑事责任。

第一百九十六条 故意传递虚假情报，扰乱正常飞行秩序，使公私财产遭受重大损失的，依照刑法有关规定追究刑事责任。

第一百九十七条 盗窃或者故意损毁、移动使用中的航行设施，危及飞行安全，足以使民用航空器发生坠落、毁坏危险的，依照刑法有关规定追究刑事责任。

第一百九十八条 聚众扰乱民用机场秩序的，依照刑法有关规定追究刑事责任。

第一百九十九条 航空人员玩忽职守，或者违反规章制度，导致发生重大飞行事故，造成严重后果的，依照刑法有关规定追究刑事责任。

第二百条 违反本法规定，尚不够刑事处罚，应当给予治安管理处罚的，依照治安管理处罚法的规定处罚。

第二百零一条 违反本法第三十七条的规定，民用航空器无适航证书而飞行，或者租用的外国民用航空器未经国务院民用航空主管部门对其原国籍登记国发给的适航证书审查认可或者另发适航证书而飞行的，由国务院民用航空主管部门责令停止飞行，没收违法所得，可以并处违法所得一倍以上五倍以下的罚款；没有违法所得的，处以十万元以上一百万元以下的罚款。

适航证书失效或者超过适航证书规定范围飞行的，依照前款规定处罚。

第二百零二条 违反本法第三十四条、第三十六条第二款的规定，将未取得型号合格证书、型号认可证书的民用航空器及其发动机、螺旋桨或者民用航空器上的设备投入生产的，由国务院民用航空主管部门责令停止生产，没收违法所得，可以并处违法所得一倍以下的罚款；没有违法所得的，处以五万元以上五十万元以下的罚款。

第二百零三条 违反本法第三十五条的规定，未取得生产许可证书、维修许可证书而从事生产、维修活动的，违反本法第九十二条、第一百四十七条第二款的规定，未取得公共航空运输经营许可证或者通用航空经营许可证而从事公共航空运输或者从事经营性通用航空的，国务院民用航空主管部门可以责令停止生产、维修或者经营活动。

第二百零四条 已取得本法第三十五条规定的生产许可证书、维修许可证书的企业，因生产、维修的质量问题造成严重事故的，国务院民用航空主管部门可以吊销其生产许可证书或者维修许可证书。

第二百零五条 违反本法第四十条的规定，未取得航空人员执照、体格检查合格证书而从事相应的民用航空活动的，由国务院民用航空主管部门责令停止民用航空活动，在国务院民用航空主管部门规定的限期内不得申领有关执照和证书，对其所在单位处以二十万元以下的罚款。

第二百零六条 有下列违法情形之一的，由国务院民用航空主管部门对民用航空器的机长给予警告或者吊扣执照一个月至六个月的处罚，情节较重的，可以给予吊销执照的处罚：

（一）机长违反本法第四十五条第一款的规定，未对民用航空器实施检查而起飞的；

（二）民用航空器违反本法第七十五条的规定，未按照空中交通管制单位指定的航路和飞行高度飞行，或者违反本法第七十九条的规定飞越城市上空的。

第二百零七条 违反本法第七十四条的规定，民用航空器未经空中交通管制单位许可进行飞行活动的，由国务院民用航空主管部门责令停止飞行，对该民用航空器所有人或者承租人处以一万元以上十万元以下的罚款；对该民用航空器的机长给予警告或者吊扣执照一个月至六个月的处罚，情节较重的，可以给予吊销执照的处罚。

第二百零八条 民用航空器的机长或者机组其他人员有下列行为之一的，由国务院民用航空主管部门给予警告或者吊扣执照一个月至六个月的处罚；有第（二）项或者第（三）项所列行为的，可以给予吊销执照的处罚：

（一）在执行飞行任务时，不按照本法第四十一条的规定携带执照和体格检查合格证书的；

（二）民用航空器遇险时，违反本法第四十八条的规定离开民用航空器的；

（三）违反本法第七十七条第二款的规定执行飞行任务的。

第二百零九条 违反本法第八十条的规定，民用航空器在飞行中投掷物品的，由国务院民用航空主管部门给予警告，可以对直接责任人员处以二千元以上二万元以下的罚款。

第二百一十条 违反本法第六十二条的规定，未取得机场使用许可证开放使用民用机场的，由国务院民用航空主管部门责令停止开放使用；没收违法所得，可以并处违法所得一倍以下的罚款。

第二百一十一条 公共航空运输企业、通用航空企业违反本法规定，情节较重的，除依照本法规定处罚外，国务院民用航空主管部门可以吊销其经营许可证。

从事非经营性通用航空未向国务院民用航空主管部门备案的，由国务院民用航空主管部门责令改正；逾期未改正的，处三万元以下罚款。

第二百一十二条 国务院民用航空主管部门和地区民用航空管理机构的工作人员，玩忽职守、滥用职权、徇私舞弊，构成犯罪的，依法追究刑事责任；尚不构成犯罪的，依法给予行政处分。

第十六章　附　则

第二百一十三条 本法所称计算单位，是指国际货币基金组织规定的特别提款权；其人民币数额为法院判决之日、仲裁机构裁决之日或者当事人协议之日，按照国家外汇主管机关规定的国际货币基金组织的特别提款权对人民币的换算办法计算得出的人民币数额。

第二百一十四条 国务院、中央军事委员会对无人驾驶航空器的管理另有规定的，从其规定。

第二百一十五条 本法自1996年3月1日起施行。

中华人民共和国国际海运条例

（国务院令第335号）

发布日期：2011-12-11
实施日期：2019-03-02
法规类型：行政法规

（根据2013年7月18日国务院令第638号《国务院关于废止和修改部分行政法规的决定》第一次修订；根据2016年2月6日国务院令第666号《国务院关于修改部分行政法规的决定》第二次修订；根据2019年3月2日国务院令第709号《国务院关于修改部分行政法规的决定》第三次修订）

第一章 总 则

第一条 为了规范国际海上运输活动，保护公平竞争，维护国际海上运输市场秩序，保障国际海上运输各方当事人的合法权益，制定本条例。

第二条 本条例适用于进出中华人民共和国港口的国际海上运输经营活动以及与国际海上运输相关的辅助性经营活动。

前款所称与国际海上运输相关的辅助性经营活动，包括本条例分别规定的国际船舶代理、国际船舶管理、国际海运货物装卸、国际海运货物仓储、国际海运集装箱站和堆场等业务。

第三条 从事国际海上运输经营活动以及与国际海上运输相关的辅助性经营活动，应当遵循诚实信用的原则，依法经营，公平竞争。

第四条 国务院交通主管部门和有关的地方人民政府交通主管部门依照本条例规定，对国际海上运输经营活动实施监督管理，并对与国际海上运输相关的辅助性经营活动实施有关的监督管理。

第二章 国际海上运输及其辅助性业务的经营者

第五条 经营国际船舶运输业务，应当具备下列条件：

（一）取得企业法人资格；

（二）有与经营国际海上运输业务相适应的船舶，其中必须有中国籍船舶；

（三）投入运营的船舶符合国家规定的海上交通安全技术标准；

（四）有提单、客票或者多式联运单证；

（五）有具备国务院交通主管部门规定的从业资格的高级业务管理人员。

第六条 经营国际船舶运输业务，应当向国务院交通主管部门提出申请，并附送符合本条例第五条规定条件的相关材料。国务院交通主管部门应当自受理申请之日起30日内审核完毕，作出许可或者不予许可的决定。予以许可的，向申请人颁发《国际船舶运输经营许可证》；不予许可的，应当书面通知申请人并告知理由。

国务院交通主管部门审核国际船舶运输业务申请时，应当考虑国家关于国际海上运输业发展的政策和国际海上运输市场竞争状况。

申请经营国际船舶运输业务，并同时申请经营国际班轮运输业务的，还应当附送本条例第十二条规定的相关材料，由国务院交通主管部门一并审核、登记。

第七条 经营无船承运业务，应当向国务院交通主管部门办理提单登记，并交纳保证金。

前款所称无船承运业务，是指无船承运业务经营者以承运人身份接受托运人的货载，签发自己的提单或者其他运输单证，向托运人收取运费，通过国际船舶运输经营者完成国际海上货物运输，承担承运人责任的国际海上运输经营活动。

在中国境内经营无船承运业务，应当在中国境内依法设立企业法人。

第八条 无船承运业务经营者应当在向国务院交通主管部门提出办理提单登记申请的同时，附送证明已经按照本条例的规定交纳保证金的相关材料。

前款保证金金额为 80 万元人民币；每设立一个分支机构，增加保证金 20 万元人民币。保证金应当向中国境内的银行开立专门账户交存。

保证金用于无船承运业务经营者清偿因其不履行承运人义务或者履行义务不当所产生的债务以及支付罚款。保证金及其利息，归无船承运业务经营者所有。专门账户由国务院交通主管部门实施监督。

国务院交通主管部门应当自收到无船承运业务经营者提单登记申请并交纳保证金的相关材料之日起 15 日内审核完毕。申请材料真实、齐备的，予以登记，并通知申请人；申请材料不真实或者不齐备的，不予登记，书面通知申请人并告知理由。已经办理提单登记的无船承运业务经营者，由国务院交通主管部门予以公布。

第九条 国际船舶运输经营者、无船承运业务经营者，不得将依法取得的经营资格提供给他人使用。

第十条 国际船舶运输经营者、无船承运业务经营者依照本条例的规定取得相应的经营资格后，不再具备本条例规定的条件的，国务院交通主管部门应当立即取消其经营资格。

第三章 国际海上运输及其辅助性业务经营活动

第十一条 国际船舶运输经营者经营进出中国港口的国际班轮运输业务，应当依照本条例的规定取得国际班轮运输经营资格。

未取得国际班轮运输经营资格的，不得从事国际班轮运输经营活动，不得对外公布班期、接受订舱。

以共同派船、舱位互换、联合经营等方式经营国际班轮运输的，适用本条第一款的规定。

第十二条 经营国际班轮运输业务，应当向国务院交通主管部门提出申请，并附送下列材料：

（一）国际船舶运输经营者的名称、注册地、营业执照副本、主要出资人；

（二）经营者的主要管理人员的姓名及其身份证明；

（三）运营船舶资料；

（四）拟开航的航线、班期及沿途停泊港口；

（五）运价本；

（六）提单、客票或者多式联运单证。

国务院交通主管部门应当自收到经营国际班轮运输业务申请之日起 30 日内审核完毕。申请材料真实、齐备的，予以登记，并通知申请人；申请材料不真实或者不齐备的，不予登记，书面通知申请人并告知理由。

第十三条 取得国际班轮运输经营资格的国际船舶运输经营者，应当自取得资格之日起

180日内开航；因不可抗力并经国务院交通主管部门同意，可以延期90日。逾期未开航的，国际班轮运输经营资格自期满之日起丧失。

第十四条 新开、停开国际班轮运输航线，或者变更国际班轮运输船舶、班期的，应当提前15日予以公告，并应当自行为发生之日起15日内向国务院交通主管部门备案。

第十五条 经营国际班轮运输业务的国际船舶运输经营者的运价和无船承运业务经营者的运价，应当按照规定格式向国务院交通主管部门备案。国务院交通主管部门应当指定专门机构受理运价备案。

备案的运价包括公布运价和协议运价。公布运价，是指国际船舶运输经营者和无船承运业务经营者运价本上载明的运价；协议运价，是指国际船舶运输经营者与货主、无船承运业务经营者约定的运价。

公布运价自国务院交通主管部门受理备案之日起满30日生效；协议运价自国务院交通主管部门受理备案之时起满24小时生效。

国际船舶运输经营者和无船承运业务经营者应当执行生效的备案运价。

第十六条 国际船舶运输经营者在与无船承运业务经营者订立协议运价时，应当确认无船承运业务经营者已依照本条例规定办理提单登记并交纳保证金。

第十七条 从事国际班轮运输的国际船舶运输经营者之间订立涉及中国港口的班轮公会协议、运营协议、运价协议等，应当自协议订立之日起15日内将协议副本向国务院交通主管部门备案。

第十八条 国际船舶运输经营者有下列情形之一的，应当在情形发生之日起15日内，向国务院交通主管部门备案：

（一）终止经营；

（二）减少运营船舶；

（三）变更提单、客票或者多式联运单证；

（四）在境外设立分支机构或者子公司经营国际船舶运输业务；

（五）拥有的船舶在境外注册，悬挂外国旗。

国际船舶运输经营者增加运营船舶的，增加的运营船舶必须符合国家规定的安全技术标准，并应当于投入运营前15日内向国务院交通主管部门备案。国务院交通主管部门应当自收到备案材料之日起3日内出具备案证明文件。

其他中国企业有本条第一款第（四）项、第（五）项所列情形之一的，应当依照本条第一款规定办理备案手续。

第十九条 经营国际船舶运输业务、无船承运业务和国际船舶代理业务，在中国境内收取、代为收取运费以及其他相关费用，应当向付款人出具中国税务机关统一印制的发票。

第二十条 未依照本条例的规定办理提单登记并交纳保证金的，不得经营无船承运业务。

第二十一条 经营国际船舶运输业务和无船承运业务，不得有下列行为：

（一）以低于正常、合理水平的运价提供服务，妨碍公平竞争；

（二）在会计账簿之外暗中给予托运人回扣，承揽货物；

（三）滥用优势地位，以歧视性价格或者其他限制性条件给交易对方造成损害；

（四）其他损害交易对方或者国际海上运输市场秩序的行为。

第二十二条 外国国际船舶运输经营者从事本章规定的有关国际船舶运输活动，应当遵守本条例有关规定。

外国国际船舶运输经营者不得经营中国港口之间的船舶运输业务，也不得利用租用的中国籍船舶或者舱位，或者以互换舱位等方式变相经营中国港口之间的船舶运输业务。

第二十三条 国际船舶代理经营者接受船舶所有人或者船舶承租人、船舶经营人的委托，可以经营下列业务：

（一）办理船舶进出港口手续，联系安排引航、靠泊和装卸；

（二）代签提单、运输合同，代办接受订舱业务；

（三）办理船舶、集装箱以及货物的报关手续；

（四）承揽货物、组织货载，办理货物、集装箱的托运和中转；

（五）代收运费，代办结算；

（六）组织客源，办理有关海上旅客运输业务；

（七）其他相关业务。

国际船舶代理经营者应当按照国家有关规定代扣代缴其所代理的外国国际船舶运输经营者的税款。

第二十四条 国际船舶管理经营者接受船舶所有人或者船舶承租人、船舶经营人的委托，可以经营下列业务：

（一）船舶买卖、租赁以及其他船舶资产管理；

（二）机务、海务和安排维修；

（三）船员招聘、训练和配备；

（四）保证船舶技术状况和正常航行的其他服务。

第四章 外商投资经营国际海上运输及其辅助性业务的特别规定

第二十五条 外商在中国境内投资经营国际海上运输业务以及与国际海上运输相关的辅助性业务，适用本章规定；本章没有规定的，适用本条例其他有关规定。

第二十六条 外商可以依照有关法律、行政法规以及国家其他有关规定，投资经营国际船舶运输、国际船舶代理、国际船舶管理、国际海运货物装卸、国际海运货物仓储、国际海运集装箱站和堆场业务。

第二十七条 外国国际船舶运输经营者以及外国国际海运辅助企业在中国境内设立的常驻代表机构，不得从事经营活动。

第五章 调查与处理

第二十八条 国务院交通主管部门应利害关系人的请求或者自行决定，可以对下列情形实施调查：

（一）经营国际班轮运输业务的国际船舶运输经营者之间订立的涉及中国港口的班轮公会协议、运营协议、运价协议等，可能对公平竞争造成损害的；

（二）经营国际班轮运输业务的国际船舶运输经营者通过协议产生的各类联营体，其服务涉及中国港口某一航线的承运份额，持续1年超过该航线总运量的30%，并可能对公平竞争造成损害的；

（三）有本条例第二十一条规定的行为之一的；

（四）可能损害国际海运市场公平竞争的其他行为。

第二十九条 国务院交通主管部门实施调查，应当会同国务院工商行政管理部门和价格部门（以下统称调查机关）共同进行。

第三十条 调查机关实施调查，应当成立调查组。调查组成员不少于3人。调查组可以根据需要，聘请有关专家参加工作。

调查组进行调查前，应当将调查目的、调查原因、调查期限等事项通知被调查人。调查期限不得超过1年；必要时，经调查机关批准，可以延长半年。

第三十一条 调查人员进行调查，可以向被调查人以及与其有业务往来的单位和个人了解有关情况，并可查阅、复制有关单证、协议、合同文本、会计账簿、业务函电、电子数据等有关资料。

调查人员进行调查，应当保守被调查人以及与其有业务往来的单位和个人的商业秘密。

第三十二条 被调查人应当接受调查，如实提供有关情况和资料，不得拒绝调查或者隐匿真实情况、谎报情况。

第三十三条 调查结束，调查机关应当作出调查结论，书面通知被调查人、利害关系人。

对公平竞争造成损害的，调查机关可以采取责令修改有关协议、限制班轮航班数量、中止运价本或者暂停受理运价备案、责令定期报送有关资料等禁止性、限制性措施。

第三十四条 调查机关在作出采取禁止性、限制性措施的决定前，应当告知当事人有要求举行听证的权利；当事人要求听证的，应当举行听证。

第六章 法律责任

第三十五条 未取得《国际船舶运输经营许可证》，擅自经营国际船舶运输业务的，由国务院交通主管部门或者其授权的地方人民政府交通主管部门责令停止经营；有违法所得的，没收违法所得；违法所得50万元以上的，处违法所得2倍以上5倍以下的罚款；没有违法所得或者违法所得不足50万元的，处20万元以上100万元以下的罚款。

第三十六条 未办理提单登记、交纳保证金，擅自经营无船承运业务的，由国务院交通主管部门或者其授权的地方人民政府交通主管部门责令停止经营；有违法所得的，没收违法所得；违法所得10万元以上的，处违法所得2倍以上5倍以下的罚款；没有违法所得或者违法所得不足10万元的，处5万元以上20万元以下的罚款。

第三十七条 外国国际船舶运输经营者经营中国港口之间的船舶运输业务，或者利用租用的中国籍船舶和舱位以及用互换舱位等方式经营中国港口之间的船舶运输业务的，由国务院交通主管部门或者其授权的地方人民政府交通主管部门责令停止经营；有违法所得的，没收违法所得；违法所得50万元以上的，处违法所得2倍以上5倍以下的罚款；没有违法所得或者违法所得不足50万元的，处20万元以上100万元以下的罚款。拒不停止经营的，拒绝进港；情节严重的，撤销其国际班轮运输经营资格。

第三十八条 未取得国际班轮运输经营资格，擅自经营国际班轮运输的，由国务院交通主管部门或者其授权的地方人民政府交通主管部门责令停止经营；有违法所得的，没收违法所得；违法所得50万元以上的，处违法所得2倍以上5倍以下的罚款；没有违法所得或者违法所得不足50万元的，处20万元以上100万元以下的罚款。拒不停止经营的，拒绝进港。

第三十九条 国际船舶运输经营者、无船承运业务经营者将其依法取得的经营资格提供给他人使用的，由国务院交通主管部门或者其授权的地方人民政府交通主管部门责令限期改正；逾期不改正的，撤销其经营资格。

第四十条 未履行本条例规定的备案手续的，由国务院交通主管部门或者其授权的地方人民政府交通主管部门责令限期补办备案手续；逾期不补办的，处1万元以上5万元以下的罚款，并可以撤销其相应资格。

第四十一条 未履行本条例规定的运价备案手续或者未执行备案运价的，由国务院交通主管部门或者其授权的地方人民政府交通主管部门责令限期改正，并处2万元以上10万元以下的罚款。

第四十二条 依据调查结论应当给予行政处罚或者有本条例第二十一条所列违法情形的，由交通主管部门、市场监督管理部门依照有关法律、行政法规的规定给予处罚。

第四十三条 国际船舶运输经营者与未办理提单登记并交纳保证金的无船承运业务经营者订立协议运价的，由国务院交通主管部门或者其授权的地方人民政府交通主管部门给予警告，并处2万元以上10万元以下的罚款。

第四十四条 外国国际船舶运输经营者以及外国国际海运辅助企业常驻代表机构从事经营活动的，由市场监督管理部门责令停止经营活动，并依法给予处罚。

第四十五条 拒绝调查机关及其工作人员依法实施调查，或者隐匿、谎报有关情况和资料的，由国务院交通主管部门或者其授权的地方人民政府交通主管部门责令改正，并处2万元以上10万元以下的罚款。

第四十六条 非法从事进出中国港口的国际海上运输经营活动以及与国际海上运输相关的辅助性经营活动，扰乱国际海上运输市场秩序的，依照刑法关于非法经营罪的规定，依法追究刑事责任。

第四十七条 国务院交通主管部门和有关地方人民政府交通主管部门的工作人员有下列情形之一，造成严重后果，触犯刑律的，依照刑法关于滥用职权罪、玩忽职守罪或者其他罪的规定，依法追究刑事责任；尚不够刑事处罚的，依法给予行政处分：

（一）对符合本条例规定条件的申请者不予审批、许可、登记、备案，或者对不符合本条例规定条件的申请者予以审批、许可、登记、备案的；

（二）对经过审批、许可、登记、备案的国际船舶运输经营者、无船承运业务经营者不依照本条例的规定实施监督管理，或者发现其不再具备本条例规定的条件而不撤销其相应的经营资格，或者发现其违法行为后不予以查处的；

（三）对监督检查中发现的未依法履行审批、许可、登记、备案的单位和个人擅自从事国际海上运输经营活动以及与国际海上运输相关的辅助性经营活动，不立即予以取缔，或者接到举报后不依法予以处理的。

第七章 附 则

第四十八条 香港特别行政区、澳门特别行政区和台湾地区的投资者在内地投资经营国际海上运输业务以及与国际海上运输相关的辅助性业务，比照适用本条例。

第四十九条 外国国际船舶运输经营者未经国务院交通主管部门批准，不得经营中国内地与香港特别行政区、澳门特别行政区之间的船舶运输业务，不得经营中国内地与台湾地区之间的双向直航和经第三地的船舶运输业务。

第五十条 内地与香港特别行政区、澳门特别行政区之间的海上运输，由国务院交通主管部门依照本条例制定管理办法。

内地与台湾地区之间的海上运输，依照国家有关规定执行。

第五十一条 任何国家或者地区对中华人民共和国国际海上运输经营者、船舶或者船员采取歧视性的禁止、限制或者其他类似措施的，中华人民共和国政府根据对等原则采取相应措施。

第五十二条 本条例施行前已从事国际海上运输经营活动以及与国际海上运输相关的辅助性经营活动的，应当在本条例施行之日起60日内按照本条例的规定补办有关手续。

第五十三条 本条例自2002年1月1日起施行。1990年12月5日国务院发布、1998年4月18日国务院修订发布的《中华人民共和国海上国际集装箱运输管理规定》同时废止。

国际航空运输价格管理规定

（交通运输部令 2020 年第 19 号）

发布日期：2020-10-09
实施日期：2021-01-01
法规类型：部门规章

第一章　总　则

第一条　为了规范国际航空运输价格管理，促进航空运输市场健康发展，根据《中华人民共和国民用航空法》和有关法律、行政法规，制定本规定。

第二条　本规定所称国际航空运输价格（以下简称国际航空运价），是指公共航空运输企业经营中华人民共和国境内地点与境外地点间的定期航空运输业务时，运送旅客、货物的价格及其适用条件。

国际航空运价包括国际航空旅客运价和国际航空货物运价。

国际航空旅客运价包括旅客公布运价和旅客非公布运价，国际航空货物运价包括货物公布运价和货物非公布运价。

第三条　中国民用航空局（以下简称民航局）依职责统一负责国际航空运价监督管理工作。中国民用航空地区管理局（以下简称民航地区管理局）依职责负责对本辖区范围内的国际航空运价实施监督管理。

民航局和民航地区管理局统称为民航行政机关。

第四条　国际航空运价管理遵循规范、效能、对等的原则。

第二章　国际航空运价核准与备案

第五条　中华人民共和国政府与外国政府签订的航空运输协定或者协议中规定国际航空运价需要民航局核准的，公共航空运输企业应当将旅客公布运价中的旅客普通运价和货物公布运价中的普通货物运价向民航局提出核准申请，经核准同意后方可生效使用。

公共航空运输企业申请核准国际航空运价应当取得航线经营许可。

第六条　公共航空运输企业可以通过信函、传真、电子邮件等方式，向民航局提交国际航空运价核准申请材料。申请材料应当包括拟实施的国际航空运价种类、运价水平、适用条件及其他有关材料。

第七条　民航局根据下列情况决定是否受理公共航空运输企业的核准申请：

（一）所申请的国际航空运价不属于核准范围的，应当即时告知公共航空运输企业；

（二）申请材料不齐全或者不符合规定形式的，应当于收到申请材料之日起 5 个工作日内一次告知公共航空运输企业需要补正的内容，逾期不告知的，自收到申请材料之日起即为受理；

（三）所申请的国际航空运价属于核准范围，且申请材料齐全、符合规定形式的，或者公共航空运输企业已按照民航局要求提交全部补正申请材料的，应当予以受理。

第八条　民航局依据中华人民共和国政府与外国政府签订的航空运输协定或者协议，综合考虑经营成本、市场供求状况、社会承受能力和货币兑换率等因素，对公共航空运输企业申报的国际航空运价进行核准。

第九条 民航局自受理之日起 20 个工作日内作出核准或者不予核准的决定。

第十条 经核准的国际航空运价需要调整的，公共航空运输企业应当依照本规定第五条、第六条的规定向民航局提出核准申请。民航局依照本规定第七条至第九条的规定进行核准。

第十一条 中华人民共和国政府与外国政府签订的航空运输协定或者协议中规定国际航空运价需要报民航局备案的，公共航空运输企业应当就旅客公布运价中的旅客普通运价和货物公布运价中的普通货物运价报民航局备案。

公共航空运输企业备案国际航空运价应当取得航线经营许可。

第十二条 国际航空运价实行备案的，公共航空运输企业应当于国际航空运价生效之日起 20 个工作日内，通过信函、传真、电子邮件等方式，将国际航空运价种类、运价水平、适用条件及其他有关材料，报民航局备案。

第十三条 公共航空运输企业调整已备案的国际航空运价后，应当依照本规定第十一条、第十二条的规定重新报民航局备案。

第十四条 公共航空运输企业应当遵循公开、公平和诚实信用的原则，及时、准确、全面地公布旅客公布运价和货物公布运价的水平以及适用条件。

第三章 监督管理及法律责任

第十五条 民航局定期发布、更新国际航空运价适用核准、备案管理的国家目录。

第十六条 民航行政机关应当建立监督管理机制，对国际航空运价核准、备案活动依法进行监督管理。

第十七条 民航行政机关进行国际航空运价监督管理时，可以依法采取下列措施：

（一）进入公共航空运输企业、销售代理企业的经营场所进行检查；

（二）询问当事人或者有关人员，要求其说明有关情况或者提供与国际航空运价有关的资料；

（三）查询、复制有关账簿、单据、凭证、文件以及与国际航空运价有关的其他资料。

第十八条 公共航空运输企业及其销售代理企业应当接受和配合民航行政机关依法开展的监督管理，如实提供有关资料或者情况。

第十九条 民航行政机关实施监督管理，应当遵守相关法律、法规、规章的规定，对调查过程中知悉的商业秘密负有保密义务。

第二十条 公共航空运输企业、销售代理企业不得从事下列行为：

（一）应当核准的国际航空运价未经民航局核准而实施的；

（二）在核准生效日期前实施国际航空运价；

（三）应当备案的国际航空运价未报民航局备案；

（四）未按照已核准或者已备案的价格水平及适用条件实施国际航空运价；

（五）拒绝提供监督管理所需资料或者提供虚假资料。

第二十一条 公共航空运输企业有本规定第二十条第一项至第三项所列行为之一且造成严重后果的，依法记入民航行业严重失信行为信用记录。

公共航空运输企业、销售代理企业有本规定第二十条第四项或者第五项所列行为之一的，依法记入民航行业严重失信行为信用记录。

第二十二条 公共航空运输企业有本规定第二十条第一项至第三项所列行为之一的，由民航行政机关责令改正，处 1 万元以上 2 万元以下的罚款；情节严重的，处 2 万元以上 3 万元以下的罚款。

第二十三条　公共航空运输企业、销售代理企业有本规定第二十条第四项或者第五项所列行为之一的，由民航行政机关责令改正，处2万元以上3万元以下的罚款。

公共航空运输企业、销售代理企业有本规定第二十条第四项规定的行为，构成《中华人民共和国价格法》规定的不正当价格行为的，依照价格法律、行政法规的规定执行。

第四章　附　则

第二十四条　本规定所用的术语和定义如下：

（一）旅客公布运价，是指公共航空运输企业对公众公开发布和销售的旅客运价，包括旅客普通运价和旅客特种运价。

旅客普通运价，是指适用于头等舱、公务舱和经济舱等舱位等级的最高运价。

旅客特种运价，是指除旅客普通运价以外的其他旅客公布运价。

（二）旅客非公布运价，是指公共航空运输企业根据与特定组织或者个人签订的协议，有选择性地提供给对方，而不对公众公开发布和销售的旅客运价。

（三）货物公布运价，是指公共航空运输企业对公众公开发布和销售的货物运价，包括普通货物运价、等级货物运价、指定商品运价和集装货物运价。

普通货物运价，是指在始发地与目的地之间运输货物时，根据货物的重量或者体积计收的基准运价。

等级货物运价，是指适用于某一区域内或者两个区域之间运输某些特定货物时，在普通货物运价基础上附加或者附减一定百分比的运价。

指定商品运价，是指适用于自指定始发地至指定目的地之间运输某些具有特定品名编号货物的运价。

集装货物运价，是指适用于自始发地至目的地使用集装设备运输货物的运价。

（四）货物非公布运价，是指公共航空运输企业根据与特定组织或者个人签订的协议，有选择性地提供给对方，而不对公众公开发布和销售的货物运价。

第二十五条　本规定自2021年1月1日起施行。

国际货运代理企业备案（暂行）办法

（商务部令2005年第9号）

发布日期：2005-03-02

实施日期：2016-08-18

法规类型：部门规章

（根据2016年8月18日商务部令2016年第2号《商务部关于废止和修改部分规章和规范性文件的决定》修正）

第一条　为加强对国际货物运输代理业的管理，根据《中华人民共和国对外贸易法》（以下简称《外贸法》）和《中华人民共和国国际货物运输代理业管理规定》的有关规定，制订本办法。

第二条　凡经国家工商行政管理部门依法注册登记的国际货物运输代理企业及其分支机

构（以下简称国际货代企业），应当向商务部或商务部委托的机构办理备案。

第三条 商务部是全国国际货代企业备案工作的主管部门。

第四条 国际货代企业备案工作实行全国联网和属地化管理。

商务部委托符合条件的地方商务主管部门（以下简称备案机关）负责办理本地区国际货代企业备案手续；受委托的备案机关不得自行委托其他机构进行备案。

备案机关必须具备办理备案所必需的固定的办公场所，管理、录入、技术支持、维护的专职人员以及连接商务部国际货运代理企业信息管理系统（以下简称信息管理系统）的相关设备等条件。

对于符合上述条件的备案机关，商务部可出具书面委托函，发放由商务部统一监制的备案印章，并对外公布。备案机关凭商务部的书面委托函和备案印章，通过信息管理系统办理备案手续。对于情况发生变化、不符合上述条件的以及未按本办法第六、七条规定办理备案的备案机关，商务部可收回对其委托。

第五条 国际货代企业在本地区备案机关办理备案（有计划单列市的省份仍按省和计划单列市的管理范围进行管理）。

国际货代企业备案程序如下：

（一）领取《国际货运代理企业备案表》（以下简称《备案表》）。国际货代企业可以通过商务部政府网站（http：//www. mofcom. gov. cn）下载，或到所在地备案机关领取《备案表》（样式附后）。

（二）填写《备案表》。国际货代企业应按《备案表》要求认真填写所有事项的信息，并确保所填写内容完整、准确和真实；同时认真阅读《备案表》背面的条款，并由法定代表人签字、盖章。

（三）向备案机关提交如下备案材料：

1. 按本条第二款要求填写的《备案表》；

2. 营业执照复印件；

3. 组织机构代码证书复印件；

第六条 备案机关应自收到国际货代企业提交的上述材料之日起5日内办理备案手续，在《备案表》上加盖备案印章。

第七条 备案机关在完成备案手续的同时，应当完整准确地记录和保存国际货代企业的备案信息材料，依法建立备案档案。

第八条 国际货代企业应凭加盖备案印章的《备案表》在30日内到有关部门办理开展国际货代业务所需的有关手续。从事有关业务，依照有关法律、行政法规的规定，需经有关主管机关注册的，还应当向有关主管机关注册。

第九条 《备案表》上的任何信息发生变更时，国际货代企业应比照本办法第五条的有关规定，在30日内办理《备案表》的变更手续，逾期未办理变更手续的，其《备案表》自动失效。

备案机关收到国际货代企业提交的书面材料后，应当即时予以办理变更手续。

第十条 国际货代企业应当按照《中华人民共和国国际货物运输代理业管理规定》的有关规定，按要求向商务部或其委托机关（机构）提交与其经营活动有关的文件和资料。商务部和其委托机关（机构）应当为提供者保守商业秘密。

第十一条 国际货代企业已在工商部门办理注销手续或被吊销营业执照的，自营业执照注销或被吊销之日起，《备案表》自动失效。

第十二条 备案机关应当在国际货代企业撤销备案后将有关情况及时通报海关、检验检疫、外汇、税务等部门。

第十三条 国际货代企业不得伪造、变造、涂改、出租、出借、转让和出卖《备案表》。

第十四条 备案机关在办理备案或变更备案时，不得变相收取费用。

第十五条 原经审批从事货代行业的企业应当依照本办法备案。

第十六条 外商投资国际货代企业按照《外商投资国际货物运输代理企业管理办法》有关规定办理。

第十七条 国际货代行业协会应协助政府主管部门做好企业备案工作，充分发挥行业协会的协调作用，加强行业自律。

第十八条 本办法由商务部负责解释。

第十九条 本办法自 2005 年 4 月 1 日起施行。凡与本办法不一致的规定，自本办法施行之日起废止。

附件：国际货运代理企业备案表（样式）（略）

中华人民共和国国际海运条例实施细则

（交通运输部令 2003 年第 1 号）

发布日期：2003-01-20
实施日期：2019-11-28
法规类型：部门规章

（根据 2013 年 8 月 29 日交通运输部令 2013 年第 9 号《交通运输部关于修改〈中华人民共和国国际海运条例实施细则〉的决定》第一次修正；根据 2017 年 3 月 7 日交通运输部令 2017 年第 4 号《交通运输部关于修改〈中华人民共和国国际海运条例实施细则〉的决定》第二次修正；根据 2019 年 6 月 21 日交通运输部令 2019 年第 21 号《交通运输部关于修改〈中华人民共和国国际海运条例实施细则〉的决定》第三次修正；根据 2019 年 11 月 28 日交通运输部令 2019 年第 41 号《交通运输部关于修改〈中华人民共和国国际海运条例实施细则〉的决定》第四次修正）

第一章　总　则

第一条 根据《中华人民共和国国际海运条例》（以下简称《海运条例》）的规定，制定本实施细则。

第二条 交通运输部和有关地方人民政府交通运输主管部门应当依照《海运条例》和本实施细则的规定，按照公平、高效、便利的原则，管理国际海上运输经营活动和与国际海上运输相关的辅助性经营活动，鼓励公平竞争，禁止不正当竞争。

第三条 《海运条例》和本实施细则中下列用语的含义是：

（一）国际船舶运输业务，是指国际船舶运输经营者使用自有或者经营的船舶、舱位，提供国际海上货物运输和旅客运输服务以及为完成这些服务而围绕其船舶、所载旅客或者货物开展的相关活动，包括签订有关协议、接受订舱、商定和收取客票票款和运费、签发客票和提单及其他相关运输单证、安排旅客上下船舶、安排货物装卸、安排保管、进行货物交接、安排中转运输和船舶进出港等活动。

（二）国际船舶运输经营者，包括中国国际船舶运输经营者和外国国际船舶运输经营者。其中，中国国际船舶运输经营者是指依据《海运条例》和本实施细则规定取得《国际船舶运输经营许可证》经营国际船舶运输业务的中国企业法人；外国国际船舶运输经营者是指依据外国法律设立经营进出中国港口国际船舶运输业务的外国企业。

（三）国际班轮运输业务，是指以自有或者经营的船舶，或者以《海运条例》第十一条第三款规定的方式，在固定的港口之间提供的定期国际海上货物或旅客运输。

（四）无船承运业务，是指《海运条例》第七条第二款规定的业务，包括为完成该项业务围绕其所承运的货物开展的下列活动：

（1）以承运人身份与托运人订立国际货物运输合同；

（2）以承运人身份接收货物、交付货物；

（3）签发提单或者其他运输单证；

（4）收取运费及其他服务报酬；

（5）向国际船舶运输经营者或者其他运输方式经营者为所承运的货物订舱和办理托运；

（6）支付运费或者其他运输费用；

（7）集装箱拆箱、集拼箱业务；

（8）其他相关的业务。

（五）无船承运业务经营者，包括中国无船承运业务经营者和外国无船承运业务经营者。其中中国无船承运业务经营者是指依照《海运条例》和本实施细则规定取得无船承运业务经营资格的中国企业法人；外国无船承运业务经营者是指依照外国法律设立并依照《海运条例》和本实施细则的相关规定取得经营进出中国港口货物无船承运业务资格的外国企业。

（六）国际船舶代理经营者，是指依照中国法律设立从事《海运条例》第二十三条规定业务的中国企业法人。

（七）国际船舶管理经营者，是指依照中国法律设立从事《海运条例》第二十四条规定业务的中国企业法人。

（八）外商常驻代表机构，是指外国企业或者其他经济组织在中国境内依法设立的，为其派出机构开展宣传、推介、咨询和联络活动的非营业性机构。

（九）企业商业登记文件，是指企业登记机关或者企业所在国有关当局签发的企业营业执照或者企业设立的证明文件。境外企业商业登记文件为复印件的，须有企业登记机关在复印件上的确认或者证明复印件与原件一致的公证文书。

（十）班轮公会协议，是指符合联合国《1974年班轮公会行动守则公约》定义的，由班轮公会成员之间以及班轮公会之间订立的各类协议。

（十一）运营协议，是指两个或者两个以上国际班轮运输经营者为稳定或者控制运价订立的关于在一条或者数条航线上增加或者减少船舶运力协议，以及其他协调国际班轮运输经营者共同行动的协议，包括具有上述性质内容的会议纪要；两个或者两个以上国际班轮运输经营者为提高运营效率订立的关于共同使用船舶、共同使用港口设施及其他合作经营协议和各类联盟协议、联营体协议。

（十二）运价协议，是指两个或者两个以上国际班轮运输经营者之间订立的关于收费项目及其费率、运价或者附加费等内容的协议，包括具有上述内容的会议纪要。

（十三）公布运价，是指国际班轮运输经营者和无船承运业务经营者运价本上载明的运价。运价本由运价、运价规则、承运人和托运人应当遵守的规定等内容组成。

（十四）协议运价，指国际班轮运输经营者与货主、无船承运业务经营者约定的运价，包括运价及其相关要素。协议运价以合同或者协议形式书面订立。

（十五）从业资历证明文件，是指被证明人具有3年以上从事国际海上运输或者国际海上运输辅助性经营活动经历的个人履历表。申请人须承诺对所提供从业资历的真实有效性负责。

第二章　国际海上运输及其辅助性业务的经营者

第四条　中国企业法人申请经营国际船舶运输业务，应当符合《海运条例》第五条规定的条件，考虑交通运输部公布的国际海运市场竞争状况和国家关于国际海上运输业发展的政策。

交通运输部应当在其政府网站和其他适当媒体上及时公布国际海运市场竞争状况和国家关于国际海上运输业发展的政策。上述状况和政策未经公布，不得作为拒绝申请的理由。

第五条　中国企业法人申请经营国际船舶运输业务，申请人应当向交通运输部提出申请，报送相关材料或信息，并应同时将申请材料或信息抄报企业所在地的省、自治区、直辖市人民政府交通运输主管部门。申请材料或信息应当包括：

（一）申请书；

（二）申请人的企业统一社会信用代码、公司章程的复印件；

（三）公司与船舶名称及船舶识别号；

（四）提单、客票或者多式联运单证样本；

（五）符合交通运输部规定的高级业务管理人员的从业资格证明。

有关省、自治区、直辖市人民政府交通运输主管部门自收到上述抄报材料或信息后，应当就有关材料或信息进行审核，提出意见，并应当自收到有关材料或信息之日起10个工作日内将有关意见报送交通运输部。

交通运输部收到申请人的申请材料或信息后，应当在申请材料或信息完整齐备之日起30个工作日内按照《海运条例》第五条和第六条的规定进行审核，作出许可或者不许可的决定。决定许可的，向申请人颁发《国际船舶运输经营许可证》；决定不许可的，应当书面通知申请人并告知理由。

取得《国际船舶运输经营许可证》的企业在经营国际船舶运输业务期间，应当确保本条所列有关材料持续合法有效。

第六条　中国国际船舶运输经营者在中国境内设立分支机构的，适用本实施细则第五条规定的程序。申请材料或信息应当包括：

（一）申请书；

（二）母公司的企业统一社会信用代码、公司章程的复印件；

（三）母公司的《国际船舶运输经营许可证》复印件；

（四）母公司对该分支机构经营范围的确认文件；

（五）符合交通运输部要求的高级业务管理人员的从业资格证明。

中国国际船舶运输经营者的分支机构可为其母公司所有或者经营的船舶提供办理船舶进出港口手续、安排港口作业、接受订舱、签发客票或者提单、收取运费等服务。

第七条　经营国际船舶代理业务的企业，应当在开业后30日内向交通运输部报备企业名称、注册地、联系方式、企业统一社会信用代码等信息。交通运输部定期在其政府网站或者授权发布的网站发布国际船舶代理业务经营者名称。

从事国际船舶代理业务的企业变更企业信息或者不再从事国际船舶代理经营活动的，应当在信息变更或者停止经营活动的15日内，向交通运输部备案。

第八条　国际船舶运输经营者申请经营进出中国港口国际班轮运输业务，应当向交通运输部提出申请，并报送《海运条例》第十二条规定的材料。交通运输部应当按照《海运条例》第十二条的规定进行审核。予以登记的，颁发《国际班轮运输经营资格登记证》。申请材料不真实、不齐备的，不予登记，应当书面通知申请人并告知理由。

国际船舶运输经营者依法取得经营进出中国港口国际班轮运输业务资格后，交通运输部在其政府网站或者授权发布的网站公布国际班轮运输经营者名称及其提单格式样本。

取得《国际班轮运输经营资格登记证》的企业在经营国际班轮运输业务期间，应当确保有关证书、证明持续合法有效。

第九条 申请办理无船承运业务经营者提单登记的，应当向交通运输部提出提单登记申请，报送相关材料，并应当同时将申请材料抄报企业所在地或者外国无船承运业务经营者指定的联络机构所在地的省、自治区、直辖市人民政府交通运输主管部门。申请材料应当包括：

（一）申请书；

（二）企业商业登记文件复印件；

（三）提单格式样本；

（四）保证金已交存的银行凭证复印件、保证金保函或者保证金责任保险原件。

申请人为外国无船承运业务经营者的，还应当提交本实施细则第二十二条规定的其指定的联络机构的有关材料。

有关省、自治区、直辖市人民政府交通运输主管部门自收到上述抄报材料后，应当就有关材料进行审核，提出意见，并应当自收到抄报的申请材料之日起 7 个工作日内将有关意见报送交通运输部。

交通运输部收到申请人的材料后，应当在申请材料完整齐备之日起 15 个工作日内按照《海运条例》第七条和第八条的规定进行审核。审核合格的，予以提单登记，并颁发《无船承运业务经营资格登记证》；不合格的，应当书面通知当事人并告知理由。

以保证金保函、保证金责任保险取得《无船承运业务经营资格登记证》的企业，资格登记证的有效期限与保函或者责任保险有效期一致。

第十条 外国无船承运业务经营者按照外国法律已取得经营资格且有合法财务责任保证的，在按照《海运条例》和本实施细则申请从事进出中国港口无船承运业务时，可以不向中国境内的银行交存保证金。但为了保证外国无船承运业务经营者清偿因其不履行承运人义务或者履行义务不当所产生的债务以及支付罚款，满足《海运条例》第八条第三款的规定，该外国无船承运业务经营者的政府主管部门与中国政府交通运输主管部门应就财务责任保证实现方式签订协议。

第十一条 没有在中国港口开展国际班轮运输业务，但在中国境内承揽货物、签发提单或者其他运输单证、收取运费，通过租赁国际班轮运输经营者船舶舱位提供进出中国港口国际货物运输服务；或者利用国际班轮运输经营者提供的支线服务，在中国港口承揽货物后运抵外国港口中转的，应当按照本实施细则的有关规定，取得无船承运业务经营资格。但有《海运条例》第十一条第三款规定情形的除外。

第十二条 中国的无船承运业务经营者在中国境内的分支机构，应当按照《海运条例》第八条第二款的规定交纳保证金，或者取得保证金保函、保证金责任保险，并按照本实施细则第九条的规定进行登记，取得《无船承运业务经营资格登记证》。申请登记应当提交下列材料：

（一）申请书；

（二）母公司及分支机构的企业商业登记文件复印件；

（三）母公司的《无船承运业务经营资格登记证》复印件；

（四）母公司确认该分支机构经营范围的确认文件；

（五）保证金已交存的银行凭证复印件、保证金保函或者保证金责任保险原件。

第十三条 无船承运业务经营者申请提单登记时，提单抬头名称应当与申请人名称相一致。

提单抬头名称与申请人名称不一致的，申请人应当提供说明该提单确实为申请人制作、使用的相关材料，并附送申请人对申请登记提单承担承运人责任的书面声明。

第十四条 无船承运业务经营者使用两种或者两种以上提单的，各种提单均应登记。

国际班轮运输经营者和无船承运业务经营者的登记提单发生变更的，应当于新的提单使用之日起15日前将新的提单样本格式向交通运输部备案。

第十五条 无船承运业务经营申请者交纳保证金、取得保证金保函或者保证金责任保险并办理提单登记，依法取得无船承运业务经营资格后，交通运输部在其政府网站或者授权发布的网站公布无船承运业务经营者名称及其提单格式样本。

第十六条 无船承运业务经营者应当依法在交通运输部指定的商业银行开设的无船承运业务经营者专门账户上交存保证金，保证金利息按照中国人民银行公布的相应存款利率计息。

第十七条 无船承运业务经营者交存的保证金，受国家法律保护。除下列情形外，保证金不得动用：

（一）因无船承运业务经营者不履行承运人义务或者履行义务不当，根据司法机关已生效的判决或者司法机关裁定执行的仲裁机构裁决应当承担赔偿责任的，而无船承运业务经营者拒不执行的；

（二）被交通运输主管部门依法处以罚款的，而无船承运业务经营者拒不执行的。

有前款（一）、（二）项情形需要从保证金中划拨的，应当依法进行。

无船承运业务经营者的保证金不符合《海运条例》规定数额的，交通运输部应当书面通知其补足。无船承运业务经营者自收到交通运输部书面通知之日起30日内未补足的，交通运输部应当按照《海运条例》第十条的规定取消其经营资格。

第十八条 无船承运业务经营者被交通运输部依法取消经营资格、申请终止经营或者因其他原因终止经营的，可向交通运输部申请退还保证金。交通运输部应将该申请事项在其政府网站上公示30日。

在公示期内，有关当事人认为无船承运业务经营者有本实施细则第十七条第一款第（一）项情形需要对其保证金采取保全措施的，应当在上述期限内取得司法机关的财产保全裁定。自保证金被保全之日起，交通运输部依照《海运条例》对保证金账户的监督程序结束。有关纠纷由当事双方通过司法程序解决。

公示期届满未有前款规定情形的，交通运输部应当通知保证金开户银行退还无船承运业务经营者保证金及其利息，并收缴该无船承运业务经营者的《无船承运业务经营资格登记证》。

第十九条 中国国际船舶运输经营者、中国无船承运业务经营者有下列变更情形之一的，应当向原资格许可、登记机关备案：

（一）变更企业名称；

（二）企业迁移；

（三）变更出资人；

（四）歇业、终止经营；

（五）中国籍船舶终止国际船舶运输业务。

变更企业名称的，由原资格许可、登记机关换发相关经营许可证或者经营资格登记证；企业终止经营的，应当将有关许可、登记证书交回原许可、登记机关。

第三章 国际海上运输及其辅助性业务经营活动

第二十条 国际班轮运输经营者新开或者停开国际班轮运输航线，或者变更国际班轮运输船舶、班期的，应当按照《海运条例》第十四条的规定在交通运输部指定媒体上公告，并按规定报备。

第二十一条 中国国际船舶运输经营者增加运营船舶，包括以光船租赁方式租用船舶增加运营船舶的，应当于投入运营前15日向交通运输部备案，取得备案证明文件。备案材料应当载明公司名称、注册地、船名、船舶国籍、船舶类型、船舶吨位、拟运营航线。

交通运输部收到备案材料后，应当在3个工作日内出具备案证明文件。

第二十二条 在中国港口开展国际班轮运输业务的外国国际船舶运输经营者，以及在中国委托代理人提供进出中国港口国际货物运输服务的外国无船承运业务经营者，应当在中国境内委托一个联络机构，负责代表该外国企业与中国政府有关部门就《海运条例》和本实施细则规定的有关管理及法律事宜进行联络。联络机构可以是该外国企业在中国境内设立的外商投资企业或者常驻代表机构，也可以是其他中国企业法人或者在中国境内有固定住所的其他经济组织。委托的联络机构应当向交通运输部备案，并提交下列文件或信息：

（一）联络机构说明书，载明联络机构名称、住所、联系方式及联系人；

（二）委托书副本或者复印件；

（三）委托人与联络机构的协议副本；

（四）联络机构的企业统一社会信用代码。

联络机构为该外国企业在中国境内的外商投资企业或者常驻代表机构的，不须提供本条第一款第（二）项、第（三）项文件。

联络机构或者联络机构说明书所载明的事项发生改变的，应当自发生改变之日起15日内向交通运输部备案。

第二十三条 任何单位和个人不得擅自使用国际班轮运输经营者和无船承运业务经营者已经登记的提单。

第二十四条 无船承运业务经营者需要委托代理人签发提单或者相关单证的，应当委托依法取得经营资格或者办理备案的国际船舶运输经营者、无船承运业务经营者和国际海运辅助业务经营者代理上述事项。

前款规定的经营者不得接受未办理提单登记并交存保证金或者取得保证金保函、保证金责任保险的无船承运业务经营者的委托，为其代理签发提单。

第二十五条 国际班轮运输经营者与货主和无船承运业务经营者协议运价的，应当采用书面形式。协议运价号应当在提单或者相关单证上显示。

第二十六条 国际船舶运输经营者不得接受未办理提单登记并交纳保证金或者取得保证金保函、保证金责任保险的无船承运业务经营者提供的货物或者集装箱。

第二十七条 国际班轮运输经营者和无船承运业务经营者应当将其在中国境内的船舶代理人、签发提单代理人在交通运输部指定的媒体上公布。公布事项包括代理人名称、注册地、住所、联系方式。代理人发生变动的，应当于有关代理协议生效前7日内公布上述事项。

国际班轮运输经营者、无船承运业务经营者应当及时将公布代理事项的媒体名称向交通运输部备案。

第二十八条 国际船舶运输经营者之间订立的涉及中国港口的班轮公会协议、运营协议、运价协议等，应当自协议订立之日起15日内，按下列规定向交通运输部备案：

（一）班轮公会协议，由班轮公会代表其所有经营进出中国港口海上运输的成员备案。班轮公会备案时，应当同时提供该公会的成员名单。

（二）国际船舶运输经营者之间订立的运营协议、运价协议，由参加订立协议的国际船舶运输经营者分别备案。

第二十九条 国际船舶管理经营者应当根据合同的约定和国家有关规定，履行有关船舶安全和防止污染的义务。

第三十条 国际海运业及辅助业经营者，应当按照有关统计报表制度的要求，真实、准确、完整、及时地报送相关统计信息。

第三十一条 国际船舶代理经营者、国际船舶管理经营者，不得有下列行为：

（一）以非正常、合理的收费水平提供服务，妨碍公平竞争；

（二）在会计账簿之外暗中给予客户回扣，以承揽业务；

（三）滥用优势地位，限制交易当事人自主选择国际海运辅助业务经营者，或者以其相关产业的垄断地位诱导交易当事人，排斥同业竞争；

（四）其他不正当竞争行为。

第三十二条 外国国际船舶运输经营者以及外国国际海运辅助企业的常驻代表机构不得从事经营活动，包括不得：

（一）代表其境外母公司接受订舱，签发母公司提单或者相关单证；

（二）为母公司办理结算或者收取运费及其他费用；

（三）开具境外母公司的票据；

（四）以托运人身份向国际班轮运输经营者托运货物；

（五）以外商常驻代表机构名义与客户签订业务合同。

第三十三条 国际集装箱班轮运输经营者在报备运价时，应当报备中国港口至外国基本港的出口集装箱的海运运价和附加费。

第三十四条 班轮公会、运价协议组织在中国开展业务应当遵守我国缔结或者参加的国际公约和我国的法律法规、规章及相关规定，不得损害国际海运市场公平竞争秩序。

班轮公会和运价协议组织应当与中国境内的托运人组织建立有效的协商机制。

第四章 监督检查

第三十五条 交通运输部和有关地方人民政府交通运输主管部门依照有关法律、法规和本规定，对国际海运市场实施监督检查和调查。国际海上运输业务经营者、国际海运辅助业务经营者应当配合监督检查和调查，如实提供有关凭证、文件及其他相关资料。

第三十六条 国际船舶运输经营者和无船承运业务经营者应当执行生效的备案运价。国务院交通运输主管部门根据利害关系人的请求或自行决定，组织或授权地方交通运输主管部门开展运价备案执行情况检查。

第三十七条 利害关系人认为国际海上运输业务经营者、国际海运辅助业务经营者有《海运条例》第二十八条和本实施细则第三十一条规定情形的，可依照《海运条例》第二十八条的规定请求交通运输部实施调查。请求调查时，应当提出书面调查申请，并阐述理由，提供必要的证据。

交通运输部对调查申请应当进行评估，在自收到调查申请之日起60个工作日内作出实施调查或者不予调查的决定：

（一）交通运输部认为调查申请理由不充分或者证据不足的，决定不予调查并通知调查申请人。申请人可补充理由或者证据后再次提出调查申请。

（二）交通运输部根据评估结论认为应当实施调查或者按照《海运条例》第二十八条规定自行决定调查的，应当将有关材料和评估结论通报国务院市场监督管理部门。

第三十八条 调查的实施由交通运输部会同国务院市场监督管理部门（以下简称调查机关）共同成立的调查组进行。

调查机关应当将调查组组成人员、调查事由、调查期限等情况通知被调查人。被调查人应当在调查通知送达后30日内就调查事项作出答辩。

被调查人认为调查组成员同调查申请人、被调查人或者调查事项有利害关系的，有权提出回避请求。调查机关认为回避请求成立的，应当对调查组成员进行调整。

第三十九条 被调查人接受调查时，应当根据调查组的要求提供相关数据、资料及文件等。属于商业秘密的，应当向调查组提出。调查组应当以书面形式记录备查。

调查机关和调查人员对被调查人的商业秘密应当予以保密。

被调查人发现调查人员泄露其商业秘密并有充分证据的，有权向调查机关投诉。

第四十条 调查机关对被调查人“低于正常、合理水平运价”的认定，应当考虑下列因素：

（一）同一行业内多数经营者的运价水平以及与被调查人具有同等规模经营者的运价水平；

（二）被调查人实施该运价水平的理由，包括成本构成、管理水平和盈亏状况等；

（三）是否针对特定的竞争对手并以排挤竞争对手为目的。

第四十一条 调查机关对“损害公平竞争”或者“损害交易对方”的认定，应当考虑下列因素：

（一）对旅客或者托运人自由选择承运人造成妨碍；

（二）影响旅客或者货物的正常出行或者出运；

（三）以账外暗中回扣承揽货物，扭曲市场竞争规则。

第四十二条 调查机关作出调查结论前，可举行专家咨询会议，对“损害公平竞争”或者“损害交易对方”的程度进行评估。

聘请的咨询专家不得与调查申请人、被调查人具有利害关系。

第四十三条 调查结束时，调查机关应当作出调查结论，并书面通知调查申请人和被调查人：

（一）基本事实不成立的，调查机关应当决定终止调查；

（二）基本事实存在但对市场公平竞争不造成实质损害的，调查机关可决定不对被调查人采取禁止性、限制性措施；

（三）基本事实清楚且对市场公平竞争造成实质损害的，调查机关应当根据《海运条例》的规定，对被调查人采取限制性、禁止性措施。

第四十四条 调查机关在作出采取禁止性、限制性措施的决定前，应当告知当事人有举行听证的权利；当事人要求举行听证的，应当在自调查机关通知送达之日起10日内，向调查机关书面提出；逾期未提出听证请求的，视为自动放弃请求听证的权利。

第四十五条 就本实施细则第三十一条所列情形实施调查的，调查组成员中应当包括对被调查人的业务实施管理的有关交通运输主管部门的人员。

对有本实施细则第三十一条第（三）项所列违法行为并给交易当事人或者同业竞争者造成实质损害的，调查机关可采取限制其在一定时期内扩大业务量的限制性措施。

第五章 法律责任

第四十六条 违反《海运条例》和本实施细则的规定应当予以处罚的，交通运输部或授权的省、自治区、直辖市人民政府交通运输主管部门应当按照《海运条例》第六章和本章的规定予以处罚。

交通运输部或者有关省、自治区、直辖市人民政府交通运输主管部门应当将国际海上运输及其辅助性业务经营者违反《海运条例》和本实施细则有关规定的违法行为记入信用记录，并依照有关法律、行政法规的规定予以公示。

第四十七条 外商常驻代表机构有本实施细则第三十二条规定情形的，交通运输部或者有关省、自治区、直辖市人民政府交通运输主管部门可将有关情况通报有关市场监督管理部门，由市场监督管理部门按照《海运条例》第四十四条的规定处罚。

第四十八条 班轮公会协议、运营协议和运价协议未按规定向交通运输部备案的，由交通运输部依照《海运条例》第四十条的规定，对本实施细则第二十八条规定的备案人实施处罚。班轮公会不按规定报备的，可对其公会成员予以处罚。

第四十九条 调查人员违反规定，泄露被调查人保密信息的，依法给予行政处分；造成严重后果，触犯刑律的，依法追究刑事责任。

第六章 附 则

第五十条 《海运条例》和本实施细则规定的许可、登记事项，申请人可委托代理人办理。代理人办理委托事项的，应当提供授权委托书。外国申请人或者投资者提交的公证文书，应当由申请人或者投资者所在国公证机关或者执业律师开出。

本实施细则所要求的各类文字资料应当用中文书写，如使用其他文字的，应随附中文译文。

第五十一条 对《海运条例》和本实施细则规定的备案事项的具体要求、报备方式和方法应当按照交通运输部的规定办理。

第五十二条 香港特别行政区、澳门特别行政区和台湾地区的投资者在内地投资从事国际海上运输和与国际海上运输相关的辅助性业务，比照适用《海运条例》的有关规定。

第五十三条 《海运条例》第十五条规定的公布运价和协议运价备案的具体办法，由交通运输部另行规定。

第五十四条 本实施细则自2003年3月1日起施行。交通部1985年4月11日发布的《交通部对从事国际海运船舶公司的暂行管理办法》、1990年3月2日发布的《国际船舶代理管理规定》、1990年6月20日发布的《国际班轮运输管理规定》、1992年6月9日发布的《中华人民共和国海上国际集装箱运输管理规定实施细则》、1997年10月17日发布的《外国水路运输企业常驻代表机构管理办法》同时废止。

中华人民共和国国际货物运输代理业管理规定

（对外贸易经济合作部令1995年第5号）

发布日期：1995-06-29

实施日期：1995-06-29

法规类型：部门规章

第一章 总 则

第一条 为了规范国际货物运输代理行为，保障进出口货物收货人、发货人和国际货物运输代理企业的合法权益，促进对外贸易的发展，制定本规定。

第二条 本规定所称国际货物运输代理业，是指接受进出口货物收货人、发货人的委托，以委托人的名义或者以自己的名义，为委托人办理国际货物运输及相关业务并收取服务报酬的行业。

第三条 国际货物运输代理企业必须依法取得中华人民共和国企业法人资格。

第四条 国务院对外贸易经济合作主管部门负责对全国的国际货物运输代理业实施监督管理。

省、自治区、直辖市和经济特区的人民政府对外经济贸易主管部门（以下简称地方对外贸易主管部门）依照本规定，在国务院对外贸易经济合作主管部门授权的范围内，负责对本行政区域内的国际货物运输代理业实施监督管理。

第五条 对国际货物运输代理业实施监督管理，应当遵循下列原则：

（一）适应对外贸易发展的需要，促进国际货物运输代理业的合理布局；

（二）保护公平竞争，促进国际货物运输代理业服务质量的提高。

第六条 从事国际货物运输代理业务的企业，应当遵守中华人民共和国的法律、行政法规，接受有关行业主管机关依照有关法律、行政法规规定实施的监督管理。

第二章 设立条件

第七条 设立国际货物运输代理企业，根据其行业特点，应当具备下列条件：

（一）有与其从事的国际货物运输代理业务相适应的专业人员；

（二）有固定的营业场所和必要的营业设施；

（三）有稳定的进出口货源市场。

第八条 国际货物运输代理企业的注册资本最低限额应当符合下列要求：

（一）经营海上国际货物运输代理业务的，注册资本最低限额为500万元人民币；

（二）经营航空国际货物运输代理业务的，注册资本最低限额为300万元人民币；

（三）经营陆路国际货物运输代理业务或者国际快递业务的，注册资本最低限额为200万元人民币。

经营前款两项以上业务的，注册资本最低限额为其中最高一项的限额。

国际货物运输代理企业每设立一个从事国际货物运输代理业务的分支机构，应当增加注册资本50万元。

第三章 审批程序

第九条 申请设立国际货物运输代理企业，申请人应当向拟设立国际货物运输代理企业所在地的地方对外贸易主管部门提出申请，由地方对外贸易主管部门提出意见后，转报国务院对外贸易经济合作主管部门审查批准。

国务院部门在北京的直属企业申请在北京设立国际货物运输代理企业的，可以直接向国务院对外贸易经济合作主管部门提出申请，由国务院对外贸易经济合作主管部门审查批准。

第十条 申请设立国际货物运输代理企业，应当报送下列文件：

（一）申请书；

（二）企业章程草案；

（三）负责人和主要业务人员的姓名、职务和身份证明；

（四）资信证明和营业设施情况；

（五）国务院对外贸易经济合作主管部门规定的其他文件。

第十一条 地方对外贸易主管部门应当自收到申请设立国际货物运输代理企业的申请书和其他文件之日起45天内提出意见，并转报国务院对外贸易经济合作主管部门。

国务院对外贸易经济合作主管部门应当自收到申请设立国际货物运输代理企业的申请书和其他文件之日起45天内决定批准或者不批准；对批准设立的国际货物运输代理企业，颁发批准证书。

第十二条 国际货物运输代理企业应当凭国务院对外贸易经济合作主管部门颁发的批准证书，依照有关法律、行政法规的规定，办理企业登记、税务登记手续。

第十三条 申请人自收到批准证书之日起180天内无正当理由未开始营业的，国务院对外贸易经济合作主管部门应当撤销批准证书。

第十四条 批准证书的有效期为3年。

国际货物运输代理企业在批准证书有效期届满时，需要继续从事国际货物运输代理业务的，应当在批准证书有效期届满的30天前向国务院对外贸易经济合作主管部门申请换领批准证书。

国际货物运输代理企业未依照前款规定申请换领批准证书的，其从事国际货物运输代理业务的资格自批准证书有效期届满时自动丧失。

第十五条 国际货物运输代理企业终止营业，应当依照本规定第九条规定的设立申请批准程序，报告所在地的地方对外贸易主管部门或者国务院对外贸易经济合作主管部门并缴销批准证书。

第十六条 国际货物运输代理企业申请设立从事国际货物运输代理业务的分支机构，应当依照本章规定的程序办理。

第四章 业 务

第十七条 国际货物运输代理企业可以接受委托，代为办理下列部分或者全部业务：

（一）订舱、仓储；

（二）货物的监装、监卸，集装箱拼装拆箱；

（三）国际多式联运；

（四）国际快递，私人信函除外；

（五）报关、报检、报验、保险；

（六）缮制有关单证，交付运费，结算、交付杂费；

（七）其他国际货物运输代理业务。

国际货物运输代理企业应当在批准的业务经营范围内，从事经营活动。从事前款有关业务，依照有关法律、行政法规的规定，需经有关主管机关注册的，还应当向有关主管机关注册。

国际货物运输代理企业之间也可以相互委托办理本条第一款规定的业务。

第十八条 国际货物运输代理企业应当遵循安全、迅速、准确、节省、方便的经营方针，为进出口货物的收货人、发货人提供服务。

第十九条 国际货物运输代理企业，必须依照国家有关规定确定收费标准，并在其营业地点予以公布。

第二十条 国际货物运输代理企业从事国际货物运输代理业务，必须使用经税务机关核准的发票。

第二十一条 国际货物运输代理企业应当于每年3月底前，向其所在地的地方对外贸易主管部门报送上一年度的经营情况资料。

第二十二条 国际货物运输代理企业不得有下列行为：

（一）以不正当竞争手段从事经营活动；

（二）出借、出租或者转让批准证书和有关国际货物运输代理业务单证。

第五章 罚 则

第二十三条 国际货物运输代理企业违反本规定第十九条、第二十一条规定的，由国务院对外贸易经济合作主管部门予以警告并责令限期改正；未在限期内改正的，可以撤销其批准证书。

第二十四条 国际货物运输代理企业违反本规定第十七条第二款、第二十条、第二十二条规定的，由国务院对外贸易经济合作主管部门予以警告、责令停业整顿直至撤销其批准证书；工商行政管理、海关、税务等有关主管机关并可依照有关法律、行政法规的规定予以处罚。

第二十五条 违反本规定的规定，擅自从事本规定第十七条规定的国际货物运输代理业务的，由国务院对外贸易经济合作主管部门取缔非法经营活动，并由工商行政管理机关依照有关法律、行政法规的规定予以处罚。

第二十六条 违反本规定，构成犯罪的，依法追究刑事责任。

第六章　附　则

第二十七条 国际货物运输代理企业可以依法设立国际货物运输代理业协会，协会依照其章程对会员进行协调指导，提供服务。

第二十八条 本规定自发布之日起施行。

海运　航空　铁路口岸外贸进口货物标准作业程序参考

（商贸函〔2022〕473号）

发布日期：2022-09-26
实施日期：2022-09-26
法规类型：规范性文件

为深入贯彻党中央、国务院决策部署，认真落实全国促进外贸外资平稳发展电视电话会议和全国保障物流畅通促进产业链供应链稳定电视电话会议精神，在做好疫情防控的同时，提升外贸进口货物口岸等环节流转效率，减轻企业负担，助力外贸保稳提质，我们以部分口岸主要作业程序实践做法为样本，结合国内其他口岸作业程序用时、收费等情况，梳理形成本标准作业程序参考。

一、适用范围

本参考适用于外贸进口货物自海运、航空、铁路口岸入境至实际进入流通领域前的主要作业环节。文中列明部分口岸采取的有关措施及用时、收费情况，供参考。相关作业流程考虑了新冠病毒检疫内容，对需实施动植物检疫及其他海关作业的环节未进行时间与成本测算。有关用时、收费情况反映当前部分口岸做法，不代表最优水平，各口岸应提高作业效率，有关收费应以国务院有关部门相关收费规则为准。

二、总体原则

高效统筹疫情防控与经济社会发展，按照“疫情要防住、经济要稳住、发展要安全”的要求，根据国务院应对新型冠状病毒肺炎疫情联防联控机制工作部署和最新版新型冠状病毒肺炎防控方案（目前为第九版）要求，科学、精准做好疫情防控，避免防控工作简单化、一刀切、层层加码。在确保防疫安全的前提下，提高海运、航空、铁路口岸等环节进口货物流转效率，避免增加不必要的作业、费用和货物积压，减轻企业负担，保障产业链、供应链稳定。

三、海运口岸主要作业程序

（一）货运代理企业换单。货运代理企业或货主到船舶代理企业办理提货单，并缴纳相关费用。

作业用时：相关企业当日（工作日）可完成换单。

收费情况：货运代理企业或货主按市场价向船舶代理企业支付相关费用。

（二）报关。货运代理企业或货主通过国际贸易“单一窗口”“互联网+海关”或海关现场窗口办理进口货物申报。

作业用时：海关系统即时审核处理。现场窗口收到材料后即进行审核处理并通过系统反馈回执。

收费情况：海关不向企业收取报关费用。如委托货运代理企业报关，货主按市场价向货运代理企业支付相关费用。

（三）船舶登临检查。船舶进境后，口岸海关部门对于风险布控命中或者相关规定要求的船舶实施登临检疫，签发入境检疫证书后，开展后续作业；对于未实施登临检疫的其他国际航行船舶实施电讯检疫，签发入境检疫证书后，开展后续作业。（上海、广州等海运口岸对符合一定条件的国际航行船舶船员进行新冠病毒核酸检测。登船作业人员做好个人防护，不进入船员生活区域和船舶密闭空间，并在船员核酸检测出具结果前封闭管理，不离开港区。）

作业用时：广州海运口岸从船舶靠港到可以登船作业平均需 3-4 小时。（宁波海运口岸对国际船舶船员开展核酸采样时间约 0.5 小时，向口岸外检测机构送检时间约 0.5 小时。实验室在签收样品后 4-6 小时内出具核酸检测结果。）船舶从抵达港口待泊锚地到可以装卸作业平均需 0.67 天。

收费情况：天津、上海、宁波、广州、深圳蛇口海运口岸均未向企业收取相关费用。

（四）卸船。码头作业人员将货物从船上卸下，并运至口岸指定区域。

作业用时：2021 年主要集装箱港口平均在泊时间 1.07 天。

收费情况：港口经营人按照《港口收费计费办法》有关规定，以市场价收取港口作业包干费。

（五）海关货物检查。货物如被风险布控抽中，海关查验人员依据检查作业指令对货物实施检查。〔天津海关、宁波海关等在口岸环节按照布控指令，对进口货物实施新冠病毒抽样监测和指导相关进口企业、海关查验场地（所）经营单位对判定为高风险等级的进口非冷链货物实施预防性消毒。〕

作业用时：对企业已做好检查前准备工作，能够开始实施检查并当场确定检查结果的，深圳蛇口海运口岸、宁波海运口岸检查作业 0.5-2 小时完成。（宁波海运口岸核酸采样通常 0.5-2 小时内完成。广州海运口岸核酸采样通常 0.5-3 小时内完成。实验室在签收样品后 4-6 小时内出具核酸检测结果。）

收费情况：海关不向企业收取货物检查费用。必要时抽样送检，海关抽样及样品检测均不收取费用。

（六）海关放行。对无需检查和检查无异常的货物，征税后放行；对检查异常的货物，经异常处置合格后办结相关手续予以放行，无有效处置方法的作退回或者销毁处理。

作业用时：办结海关手续的货物，即可调离口岸监管区域。

收费情况：海关不向企业收取相关费用。

（七）货主提货。货物放行后，货运代理企业或货主办理提货。

作业用时：宁波海运口岸海关放行后，企业即可预约提货。90%以上的提货车辆可在 1 小时内完成从进港至提货出港作业，平均单次提货 0.5 小时。天津海运口岸海关通知货物放行当日，企业可申请并完成提货。货运代理企业或货主在 3 天内提取货物。

收费情况：货主按港口等水运口岸收费目录清单缴纳相关费用。如委托货运代理企业提货，货主按市场价向货运代理企业支付相关费用。

四、航空口岸主要作业程序

（一）企业报关。货运代理企业或货主通过国际贸易“单一窗口”“互联网+海关”或海关现场窗口提前如实申报进口货物相关信息，为口岸有关单位研判疫情风险、加强分类管理提供依据。

作业用时：在各主要航空口岸，企业完成申报后，海关审核后即发出后续指令。

收费情况：海关不向企业收取报关费用。

（二）机坪卸机。地服人员按有关要求进行卸机，对鲜活货物予以优先保障。

作业用时：上海浦东机场 0.5 小时完成卸机。天津滨海机场、杭州萧山机场、深圳宝安机场 2 小时内完成卸机。

收费情况：各主要机场均不就卸货环节单独收取费用。

（三）入库理货。机场地服人员将货物转运货站。货站人员清点货物，确保与舱单信息一致。

作业用时：青岛胶东机场 4~5 小时完成理货。天津滨海机场 6 小时内完成理货。

收费情况：杭州萧山机场不收取入库理货费用。天津滨海机场国货航货站按照 0.5 元/千克收取货物操作费。

（四）海关货物检查。货物进口企业、海关查验场地（所）经营单位收到检查通知后，及时将待检查货物运至符合海关作业条件的场地（所），由海关查验人员依据检查作业指令对货物实施检查。

作业用时：对企业已做好检查前准备工作，能够开始实施检查并当场确定检查结果的，天津滨海机场、杭州萧山机场、深圳宝安机场检查时间约 1~3 小时。（天津滨海机场货物核酸采样 0.5~1 小时。）

收费情况：必要时抽样送检，海关抽样及样品检测均不收取费用。天津滨海机场、青岛胶东机场、杭州萧山机场未向企业收取相关费用。

（五）海关放行。对无需检查和检查无异常的货物，征税后放行；对检查异常的货物，经异常处置合格后办结相关手续予以放行，无有效处置方法的作退回或者销毁处理。

作业用时：办结海关手续的货物，即可调离口岸监管区域。

收费情况：海关不向企业收取相关费用。

（六）企业提货。货运代理企业或货主持海关放行单等提货。

作业用时：各主要机场海关对货物放行后，企业当日即可安排提货。

收费情况：青岛胶东机场、深圳宝安机场免堆期 2 天，超出后按每天 0.3 元/千克收费。

五、铁路口岸主要作业程序

（一）列车入境。外方司乘人员驾驶货运列车进入我国边境。（满洲里、绥芬河等铁路口岸边检人员接铁路部门信息预报后，以远程拍照方式采集外方司乘人员信息并验放，外方司乘人员全程不下车。）

作业用时：入境列车减速通过自动喷淋设备即完成消杀。

收费情况：各主要铁路口岸站均未向企业收取消毒费用。

（二）票据交接。口岸站将票据信息录入铁路数字口岸系统，向海关进行原始舱单电子申报并将信息共享给运单指定的口岸代理企业或收货人。

作业用时：从双方铁路办理完票据交接到完成向海关及企业发送信息，阿拉山口、霍尔果斯、满洲里、二连浩特铁路口岸作业用时为 0.5-2 小时。

收费情况：各主要铁路口岸站均未向企业收取相关费用。

（三）舱单确认。货物运抵海关监管区，海关进行舱单确认。

作业用时：各主要铁路口岸舱单信息网络自动确认，无需等待。

收费情况：海关不向企业收取相关费用。

（四）企业报关。企业收到到货通知后通过国际贸易“单一窗口”“互联网+海关”或海关现场窗口办理进口货物申报。

作业用时：报关系统或现场窗口即时审核处理。

收费情况：海关不向企业收取报关费用。

（五）货物装卸。对集装箱货物及棚车、敞车、罐车等不同车辆装载的不同包装或散堆装货物，采取龙门吊、正面吊、汽车吊、装载机、叉车、人力车等不同作业方式。

作业用时：根据不同货物品类及集装化程度，各铁路口岸采取整列多批并行作业方式压缩卸车及换装时间。

收费情况：各主要铁路口岸站严格按照国铁集团有关收费标准向企业收取相应费用。

（六）海关货物检查。货物进口企业、海关查验场地（所）经营单位收到检查通知后，及时将待检查货物运至符合海关作业条件的场地（所），由海关查验人员依据检查作业指令对货物实施检查。

作业用时：对企业已做好检查前准备工作，能够开始实施检查并当场确定检查结果的，绥芬河铁路口岸在1小时左右完成检查。（实验室在签收样品后4-6小时内出具核酸检测结果。）

收费情况：必要时抽样送检，海关抽样及样品检测均不收取费用。各主要铁路口岸均未向企业收取相关费用。

（七）海关放行。对无需检查和检查无异常的货物，征税后放行；对检查异常的货物，经异常处置合格后办结相关手续予以放行，无有效处置方法的作退回或者销毁处理。

作业用时：办结海关手续的货物，即可调离口岸监管区域。

收费情况：海关不向企业收取相关费用。

（八）企业提货。货运代理企业或货主持海关放行单等提货。

作业用时：海关对货物放行后，企业当日即可安排提货。

收费情况：各主要铁路口岸站根据实际发生按照国铁集团有关收费标准向企业收取相应费用。

附件：1. 海运口岸主要作业程序一览表

2. 航空口岸主要作业程序一览表

3. 铁路口岸主要作业程序一览表

附件1

海运口岸主要作业程序一览表

序号	作业程序	用时	收费
1	货运代理企业换单	相关企业当日（工作日）可完成换单。	货运代理企业或货主按市场价向船舶代理企业支付相关费用。
2	报关	海关系统即时审核处理。现场窗口收到材料后即进行审核处理并通过系统反馈回执。	海关不向企业收取报关费用。如委托货运代理企业报关，货主按市场价向货运代理企业支付相关费用。

续表

序号	作业程序	用时	收费
3	船舶登临检查	广州海运口岸从船舶靠港到可以登船作业平均需3-4小时。船舶从抵达港口待泊锚地到可以装卸作业平均需0.67天。	天津，上海、宁波广州、深圳蛇口海运口岸均未向企业收取相关费用。
4	卸船	2021年主要集装箱港口平均在泊时间1.07天。	港口经营人按照《港口收费计费办法》有关规定，以市场价收取港口作业包干费。
5	海关货物检查	对企业已做好检查前准备工作，能够开始实施检查并当场确定检查结果的，深圳蛇口海运口岸、宁波海运口岸检查作业0.5~2小时完成。	海关不向企业收取检查费用。必要时抽样送检，海关抽样及样品检测均不收取费用。
6	海关放行	办结海关手续的货物，即可调离口岸监管区域。	海关不向企业收取相关费用。
7	货主提货	宁波海运口岸海关放行后，企业即可预约提货。90%以上的提货车辆可在1小时内完成从进港至提货出港作业，平均单次提货0.5小时。天津海运口岸海关通知货物放行当日，企业可申请并完成提货。货运代理企业或货主在3天内提取货物。	货主按港口等水运口岸收费目录清单缴纳相关费用。如委托货运代理企业提货，货主按市场价向货运代理企业支付相关费用。

附件2

航空口岸主要作业程序一览表

序号	作业程序	用时	收费
1	企业报关	在各主要航空口岸，企业完成申报后，海关审核后即发出后续指令。	海关不向企业收取报关费用。
2	机坪卸机	上海浦东机场0.5小时完成卸机。天津滨海机场、杭州萧山机场、深圳宝安机场2小用。时内完成卸机。	各主要机场均不就卸货环节单独收取费用。
3	入库理货	青岛胶东机场4~5小时完成理货。天津滨海机场6小时内完成理货。	杭州萧山机场不收取入库理货费用。天津滨海机场国货航货站按照0.5元/千克收取货物操作费。
4	海关货物检查	对企业已做好检查前准备工作，能够开始实施检查并当场确定检查结果的，天津滨海机场、杭州萧山机场、深圳宝安机场检查时间约1~3小时。	必要时抽样送检，海关抽样及样品检测均不收取费用。天津滨海机场、青岛胶东机场、杭州萧山机场未向企业收取相关费用。
5	海关放行	办结海关手续的货物，即可调离口岸监管区域。	海关不向企业收取相关费用。
6	企业提货	各主要机场海关对货物放行后，企业当日即可安排提货。	青岛胶东机场、深圳宝安机场免堆期2天，超出后按每天0.3元/千克收费。

附件 3

铁路口岸主要作业程序一览表

序号	作业程序	用时	收费
1	列车入境	入境列车减速通过自动喷淋设备即完成消杀。	各主要铁路口岸站均未向企业收取消毒费用。
2	票据交接	从双方铁路办理完票据交接到完成向海关及企业发送信息，阿拉山口、霍尔果斯、满洲里、二连浩特铁路口岸作业用时为0.5-2小时。	各主要铁路口岸站均未向企业收取相关费用。
3	舱单确认	各主要铁路口岸舱单信息网络自动确认，无需等待。	海关不向企业收取相关费用。
4	企业报关	报关系统或现场窗口即时审核处理。	海关不向企业收取报关费用。
5	货物装卸	根据不同货物品类及集装化程度，各铁路口岸采取整列多批并行作业方式压缩卸车及换装时间。	各主要铁路口岸站严格按照国铁集团有关收费标准向企业收取相应费用。
6	海关货物检查	对企业已做好检查前准备工作，能够开始实施检查并当场确定检查结果的，绥芬河铁路口岸在1小时左右完成检查。	必要时抽样送检，海关抽样及样品检测均不收取费用。各主要铁路口岸均未向企业收取相关费用。
7	海关放行	办结海关手续的货物，即可调离口岸监管区域。	海关不向企业收取相关费用。
8	企业提货	海关对货物放行后，企业当日即可安排提货。	各主要铁路口岸站根据实际发生按照国铁集团有关收费标准向企业收取相应费用。

关于明确承运境内水运转关货物的运输企业及其船舶备案管理有关事项的公告

（海关总署公告 2022 年第 73 号）

发布日期：2022-08-09
实施日期：2022-08-09
法规类型：规范性文件

为进一步规范承运境内水运转关货物的运输企业及其船舶备案管理，现将有关事项公告如下：

一、运输企业及其船舶应当向主管地的直属海关或者经直属海关授权的隶属海关申请办理备案手续。

二、申请备案的运输企业应当符合以下条件：

（一）取得与运输企业经营范围相一致的市场主体登记；

（二）具备国内水路运输经营资格。

办理运输企业备案时，应当向海关提供承运境内水运转关货物运输企业备案申请表（附件1）。

三、已办理备案的运输企业可以对其所有或经营的船舶办理备案。办理船舶备案时，应当向海关提供下列文件：

（一）承运境内水运转关货物运输船舶备案申请表（附件2）；

（二）证明船舶为备案企业所有或经营的相关文件；

（三）船舶彩色照片（要求：前方左侧面45°；能清楚显示船名和船舶全貌）。

承运转关货物的备案船舶，应当符合海关监管条件，配备导航定位设备。

四、运输企业、船舶备案信息发生变更的，运输企业应当在信息变更之日起1个月内向备案海关申请办理备案变更手续。

五、运输企业备案的有效期与国内水路运输经营资格有效期保持一致，其船舶备案有效期不得超过运输企业备案有效期。

六、有下列情形之一的，海关可以依法注销企业及其船舶备案：

（一）企业申请注销的；

（二）企业丧失市场主体登记或国内水路运输经营资格的；

（三）法律法规规定的应当注销的其他情形。

七、境内航运企业拟开展内外贸集装箱同船运输业务或者国际航行船舶沿海捎带业务的，应当参照本公告规定办理运输企业及其船舶备案手续。

已经交通运输部批准开展沿海捎带业务的境外航运企业，应当委托境内代理人参照本公告规定办理运输企业及其船舶备案手续。

特此公告。

附件：1. 承运境内水运转关货物运输企业备案申请表（略）

2. 承运境内水运转关货物运输船舶备案申请表（略）

关于明确进出境船舶改营境内运输监管有关事项的公告

（海关总署公告2022年第70号）

发布日期：2022-08-01

实施日期：2022-08-01

法规类型：规范性文件

为进一步深化海关监管作业无纸化改革，便利和规范进出境船舶改营境内运输相关手续办理，现就有关事项公告如下：

一、本公告适用于国际航行船舶、来往港澳小型船舶等进出境船舶改营境内运输，以及再次改营进出境运输的海关监管。

二、船舶在经营进出境运输（含境内续驶）期间，按《中华人民共和国海关进出境运输工具监管办法》实施监管。

三、进出境船舶需改营境内运输的，运输工具负责人应当在向海关提交《中华人民共和国海关船舶进境申报单》《中华人民共和国海关船舶进港申报单》电子数据时，在“海关业务类型”数据项填报代码 5（改营境内运输）。

在进口货物、物品卸载完毕或者进境旅客全部下船以后，运输工具负责人向海关提交运输工具结关电子申请；海关进行审核，确认相关监管要求已完成后，反馈运输工具结关电子通知，准予运输工具解除海关监管，同时将船舶备案信息由“进出境运输”更新为“改营境内运输”。

四、已改营境内运输的船舶，如需再改营进出境运输的，运输工具负责人应当在向海关提交《水运进出境运输工具离港航行计划》电子数据时，在“是否由境内运输改营进出境运输”数据项填报代码 1（改营进出境运输）。海关进行审核后，将船舶备案信息由“改营境内运输”更新为“进出境运输”。

五、进出境船舶改营境内运输时，留存船上的船用物料、燃料、烟、酒超出自用合理数量范围的，应当按照进口货物的有关规定办理海关手续，或调拨至其他进出境船舶。

改营境内运输后使用的船用物料、燃料、烟、酒，不再享受国际航行船舶的免税优惠。

六、海关对改营船舶工作人员的监管，按照进出境旅客相关规定执行。

特此公告。

最高人民法院关于审理无正本提单交付货物案件适用法律若干问题的规定

（法释〔2009〕1 号）

发布日期：2009-02-26

实施日期：2009-03-05

法规类型：规范性文件

为正确审理无正本提单交付货物案件，根据《中华人民共和国海商法》、《中华人民共和国合同法》、《中华人民共和国民法通则》等法律，制定本规定。

第一条 本规定所称正本提单包括记名提单、指示提单和不记名提单。

第二条 承运人违反法律规定，无正本提单交付货物，损害正本提单持有人提单权利的，正本提单持有人可以要求承运人承担由此造成损失的民事责任。

第三条 承运人因无正本提单交付货物造成正本提单持有人损失的，正本提单持有人可以要求承运人承担违约责任，或者承担侵权责任。

正本提单持有人要求承运人承担无正本提单交付货物民事责任的，适用海商法规定；海商法没有规定的，适用其他法律规定。

第四条 承运人因无正本提单交付货物承担民事责任的，不适用海商法第五十六条关于限制赔偿责任的规定。

第五条 提货人凭伪造的提单向承运人提取了货物，持有正本提单的收货人可以要求承运人承担无正本提单交付货物的民事责任。

第六条 承运人因无正本提单交付货物造成正本提单持有人损失的赔偿额，按照货物装船时的价值加运费和保险费计算。

第七条 承运人依照提单载明的卸货港所在地法律规定，必须将承运到港的货物交付给当地海关或者港口当局的，不承担无正本提单交付货物的民事责任。

第八条 承运到港的货物超过法律规定期限无人向海关申报，被海关提取并依法变卖处理，或者法院依法裁定拍卖承运人留置的货物，承运人主张免除交付货物责任的，人民法院应予支持。

第九条 承运人按照记名提单托运人的要求中止运输、返还货物、变更到达地或者将货物交给其他收货人，持有记名提单的收货人要求承运人承担无正本提单交付货物民事责任的，人民法院不予支持。

第十条 承运人签发一式数份正本提单，向最先提交正本提单的人交付货物后，其他持有相同正本提单的人要求承运人承担无正本提单交付货物民事责任的，人民法院不予支持。

第十一条 正本提单持有人可以要求无正本提单交付货物的承运人与无正本提单提取货物的人承担连带赔偿责任。

第十二条 向承运人实际交付货物并持有指示提单的托运人，虽然在正本提单上没有载明其托运人身份，因承运人无正本提单交付货物，要求承运人依据海上货物运输合同承担无正本提单交付货物民事责任的，人民法院应予支持。

第十三条 在承运人未凭正本提单交付货物后，正本提单持有人与无正本提单提取货物的人就货款支付达成协议，在协议款项得不到赔付时，不影响正本提单持有人就其遭受的损失，要求承运人承担无正本提单交付货物的民事责任。

第十四条 正本提单持有人以承运人无正本提单交付货物为由提起的诉讼，适用海商法第二百五十七条的规定，时效期间为一年，自承运人应当交付货物之日起计算。

正本提单持有人以承运人与无正本提单提取货物的人共同实施无正本提单交付货物行为为由提起的侵权诉讼，诉讼时效适用本条前款规定。

第十五条 正本提单持有人以承运人无正本提单交付货物为由提起的诉讼，时效中断适用海商法第二百六十七条的规定。

正本提单持有人以承运人与无正本提单提取货物的人共同实施无正本提单交付货物行为为由提起的侵权诉讼，时效中断适用本条前款规定。

对外贸易经济合作部关于委托中国国际货运代理协会办理《中华人民共和国国际货物运输代理企业批准证书》发证及换证工作的通知

（外经贸贸促函〔2002〕798号）

发布日期：2002-11-04

实施日期：2002-11-04

法规类型：规范性文件

根据国务院行政审批改革工作的精神，为加强宏观管理，进一步发挥中介组织的作用，我部决定对《中华人民共和国国际货物运输代理企业批准证书》（以下简称《批准证书》）的发证及换证工作进行改革。现将有关事宜通知如下：

一、将《批准证书》的发证及换证工作委托中国国际货运代理协会负责。

二、领证和换证的具体手续仍按照《中华人民共和国国际货物运输代理业管理规定》及其《实施细则》（试行）的相关规定办理，即国际货运代理企业须持上述规定中列明的相关文件到中国国际货运代理协会办理领证和换证手续。

三、国际货运代理企业因名称变更需换领《批准证书》的，应按照《关于取消国际货运代理企业名称变更审批规定的通知》（〔2000〕外经贸发展运函字第2141号）的规定，到中国国际货运代理协会办理换证手续。

四、国际货运代理企业在已核准经营地域内设立分公司，应按照《关于取消国际货运代理企业在已核准经营地域内设立分公司审批规定的通知》（〔2000〕外经贸发展运函字第3303号）的规定，持有关材料到中国国际货运代理协会办理分支机构的新证领取手续。

五、中国国际货运代理协会定期从我部领取空白《批准证书》并妥善保管；将证书的使用情况进行登记，于每季度末将发证情况及电子数据报我部备案；废证、旧证定期上交我部统一处理。

六、中国国际货运代理协会应贯彻为企业服务的宗旨，做好发证和换证工作，不得就此项工作向企业收取费用。

国务院办公厅关于《中华人民共和国国际货物运输代理业管理规定》第十七条中“私人信函”解释的复函

（国办函〔2002〕66号）

发布日期：2002-07-04
实施日期：2002-07-04
法规类型：规范性文件

邮政局：

你局《关于提请国务院对〈中华人民共和国国际货物运输代理业管理规定〉第十七条“私人信函”作出解释的请示》（国邮〔2002〕262号）收悉。经国务院批准，现函复如下：

《中华人民共和国国际货物运输代理业管理规定》第十七条中的“私人信函”是指各类文件、通知以及非私人属性的单据、证件、有价证券、书稿、印刷品等以外的书信。

外经贸部关于取消国际货运代理企业在已核准经营地域内设立分公司审批规定的通知

（〔2000〕外经贸发展运函字第3303号）

发布日期：2000-12-21
实施日期：2000-12-21
法规类型：规范性文件

各省、自治区、直辖市、计划单列市外经贸委（厅、局），深圳市运输局：

为简化审批程序，加快国际货代企业的网络建设，我部决定自即日起将国际货运代理企业（以下简称“企业”）在已核准经营地域内设立分公司由审批改制为登记制。现就有关事项通知如下：

一、企业在已核准经营地域内设立分公司应符合《中华人民共和国国际货物运输代理业管理规定实施细则》（试行）第十条、第十八条（见附件一）的有关规定。

二、企业在已批准经营地域内设立分公司，如不涉及增资，凭以下文件即可到我部领取《中华人民共和国国际货物运输代理企业分支机构批准证书》：

1. 已核准经营地域内设立分公司登记表（加盖国际货代企业公章）（见附件二）；

2. 原批准证书（正、副本）；

3. 营业执照（影印件）；

4. 董事会或股东会决议；

5. 分公司负责人与主要业务人员简历；

6. 分公司固定营业场所证明。

三、如涉及注册资本增加，且投资各方按原比例增资，需另提供以下文件：

1. 验资报告；

2. 企业章程修改协议。

企业同时换领《中华人民共和国国际货物运输代理企业批准证书》。

四、如涉及注册资本增加，且不按原投资比例增资，应先报批股权变更。

五、企业应及时持《中华人民共和国国际货物运输代理企业分支机构批准证书》到当地外贸主管部门备案。

六、企业在已核准经营地域外设立分公司，仍按照现行有关规定办理。

七、本通知所指企业不含外商投资国际货运代理企业。

附件：略

对外贸易经济合作部关于取消国际货运代理企业名称变更审批规定的通知

（〔2000〕外经贸发展运函字第 2141 号）

发布日期：2000-09-01

实施日期：2000-09-01

法规类型：规范性文件

各省、自治区、直辖市、计划单列市外经贸委（厅、局），深圳市运输局：

为减化审批程序，我部决定自即日起取消对国际货运代理企业名称变更的审批。现将有关事项通知如下：

一、企业变更名称，只要不涉及企业股权变更，企业在当地工商部门核准后即可到我部办理《中华人民共和国国际货物运输代理企业批准证书》（以下简称《批准证书》）换证手续。

二、办理换证时须提交以下文件：

1. 公司董事会决议；
2. 工商部门出具的《企业名称变更核准通知书》；
3. 公司修改后的章程；
4. 原《批准证书》。

三、企业变更后的名称应符合《中华人民共和国国际货物运输代理业管理规定实施细则》（试行）第三条（见附件）的规定。

四、企业应及时持换发后的《批准证书》到当地外经贸主管部门备案。

附件：如文

附件

《中华人民共和国国际货物运输代理业管理规定实施细则》（试行）第三条：国际货运代理企业的名称、标志应当符合国家有关规定，与其业务相符合，并能表明行业特点，其名称应当含有“货运代理”、“运输服务”、“集运”或“物流”等相关字样。

中华人民共和国国际货物运输代理业管理规定实施细则

（〔1998〕外经贸运发第20号）

发布日期：1998-01-26
实施日期：2004-01-01
法规类型：规范性文件

（根据2004年1月1日商务部公告2003年第82号修订）

第一章　总　则

第一条　为维护国际货运代理市场秩序，加强对国际货运代理业的监督管理，促进我国国际货运代理业的健康发展，经国务院批准、由原商务部一九九五年六月二十九日发布的《中华人民共和国国际货物运输代理业管理规定》（以下简称《规定》）制订本细则。

第二条　国际货物运输代理企业（以下简称国际货运代理企业）可以作为进出口货物收货人、发货人的代理人，也可以作为独立经营人，从事国际货运代理业务。

国际货运代理企业作为代理人从事国际货运代理业务，是指国际货运代理企业接受进出口货物收货人、发货人或其代理人的委托，以委托人名义或者以自己的名义办理有关业务，收取代理费或佣金的行为。

国际货运代理企业作为独立经营人从事国际货运代理业务，是指国际货运代理企业接受进出口货物收货人、发货人或其代理人的委托，签发运输单证、履行运输合同并收取运费以及服务费的行为。

第三条　国际货运代理企业的名称、标志应当符合国家有关规定，与其业务相符合，并能表明行业特点，其名称应当含有“货运代理”、“运输服务”、“集运”或“物流”等相关字样。

第四条 《规定》第四条第二款中“授权的范围”是指省、自治区、直辖市、经济特区、计划单列市人民政府商务主管部门（以下简称对方对外贸易主管部门）在商务部的授权下，负责对本行政区域内国际货运代理业实施监督管理（商务部和地方商务主管部门以下统称行业主管部门），该授权范围包括：对企业经营国际货运代理业务项目申请的初审、国际货运代理企业的年审和换证审查、业务统计、业务人员培训、指导地方行业协会开展工作以及会同地方有关行政管理部门规范货运代理企业经营行为、治理货运代理市场经营秩序等工作。

国务院部门直属企业和异地企业在计划单列市（不含经济特区）设立的国际货运代理子公司、分支机构及非营业性办事机构，根据前款的授权范围，接受省对外贸易主管部门的监督管理。

任何其他单位，未经商务部授权，不得从事国际货运代理业的审批或管理工作。

第五条 商务部负责对国际货运代理企业人员的业务培训并对培训机构的资格进行审查。未经批准的单位不得从事国际货运代理企业人员的资格培训。培训机构的设立条件及培训内容、培训教材等由商务部另行规定。

从事国际货运代理业务的人员接受前款规定的培训，经考试合格后，取得国际货物运输代理资格证书。

第二章 设立条件

第六条 国际货代企业的股东可由企业法人、自然人或其他经济组织组成。与进出口贸易或国际货物运输有关、并拥有稳定货源的企业法人应当为大股东，且应在国际货代企业中控股。企业法人以外的股东不得在国际货代企业中控股。

第七条 国际货运代理企业应当依据取得中华人民共和国企业法人资格。企业组织形式为有限责任公司或股份有限公司。禁止具有行政垄断职能的单位申请投资经营国际货运代理业务。承运人以及其他可能对国际货运代理行业构成不公平竞争的企业不得申请经营国际货运代理业务。

第八条 《规定》第七条规定的营业条件包括：

（一）具有至少5名从事国际货运代理业务3年以上的业务人员，其资格由业务人员原所在企业证明；或者，取得商务部根据本细则第五条颁发的资格证书；

（二）有固定的营业场所，自有房屋、场地须提供产权证明；租赁房屋、场地，须提供租赁契约；

（三）有必要的营业设施，包括一定数量的电话、传真、计算机、短途运输工具、装卸设备、包装设备等；

（四）有稳定的进出口货源市场，是指在本地区进出口货物运量较大，货运代理行业具备进一步发展的条件和潜力，并且申报企业可以揽收到足够的货源。

第九条 企业申请的国际货运代理业务经营范围中如包括国际多式联运业务，除应当具备《规定》第七条及本细则第六条、第七条、第八条中的条件外，还应当具备下列条件：

（一）从事本细则第三十二条中有关业务3年以上；

（二）具有相应的国内、外代理网络；

（三）拥有在商务部登记备案的国际货运代理提单。

第十条 国际货运代理企业每申请设立一个分支机构，应当相应增加注册资本50万元人民币。如果企业注册资本已超过《规定》中的最低限额（海运500万元，空运300万元，陆运、快递200万元），则超过部分，可作为设立分支机构的增加资本。

第十一条 《规定》及本细则中所称分支机构是指分公司。

第三章　审批登记程序

第十二条　经营国际货运代理业务，必须取得商务部颁发的《中华人民共和国国际货物运输代理企业批准证书》（以下简称批准证书）。

申请经营国际货运代理业务的单位应当报送下列文件：

（一）申请书，包括投资者名称、申请资格说明、申请的业务项目；

（二）可行性研究报告，包括基本情况、资格说明、现有条件、市场分析、业务预测、组建方案、经济预算及发展预算等；

（三）投资者的企业法人营业执照（影印件）；

（四）董事会、股东会或股东大会决议；

（五）企业章程（或草案）；

（六）主要业务人员情况（包括学历、所学专业、业务简历、资格证书）；

（七）资信证明（会计师事务所出具的各投资者的验资报告）；

（八）投资者出资协议；

（九）法定代表人简历；

（十）国际货运代理提单（运单）样式；

（十一）企业名称预先核准函（影印件，工商行政管理部门出具）；

（十二）国际货运代理企业申请表1（附表1）；

（十三）交易条款。

以上文件除（三）、（十一）项外，均须提交正本，并加盖公章。

第十三条　行业主管部门应当对申请项目进行审核，该审核包括：

（一）项目设立的必要性；

（二）申请文件的真实性和完整性；

（三）申请人资格；

（四）申请人信誉；

（五）业务人员资格。

第十四条　地方商务主管部门对申请项目进行审核后，应将初审意见（包括建议批准的经营范围、经营地域、投资者出资比例等）及全部申请文件按照《规定》第十一条第一款的时间要求，报商务部审批。

第十五条　有下列情形之一的，商务部驳回申请，并说明理由：

（一）文件不齐；

（二）申报程序不符合要求；

（三）商务部已经通知暂停受理经营国际货运代理业务的申请。

第十六条　有下列情形之一的，商务部经过调查核实后，给予不批准批复：

（一）申请人不具备从事国际货运代理业务的资格；

（二）申请人自申报之日前5年内非法从事代理经营活动，受到国家行政管理部门的处罚；

（三）申请人故意隐瞒、谎报申报情况；

（四）其他不符合《规定》第五条有关原则的情况。

第十七条　申请人收到商务部同意的批复的，应当于批复之日起60天内持修改后的企业章程（正本），凭地方商务主管部门介绍信到商务部领取批准证书。

第十八条　企业成立并经营国际货运代理业务1年后，可申请扩大经营范围或经营地域。地方商务主管部门经过审查后，按《规定》第十一条规定的程序向商务部报批。

企业成立并经营国际货运代理业务1年后，在形成一定经营规模的条件下，可申请设立子公司或分支机构，并由该企业持其所在地地方商务主管部门的意见（国务院部门在京直属企业持商务部的征求意见函），向拟设立子公司或分支机构的地方商务主管部门（不含计划单列市）进行申报，后者按照本细则第十四条的规定向商务部报批。子公司或分支机构的经营范围不得超出其母公司或总公司。

国际货运代理企业设立非营业性的办事机构，必须报该办机构所在地行业主管部门备案并接受管理。

第十九条 企业根据本细则第十八条第一款、第二款提出的申请，除报送本细则第十二条中有关文件外，还应当报送下列文件：

（一）原国际货运代理业务批复（影印件）；

（二）批准证书（影印件）；

（三）营业执照（影印件）；

（四）国际货运代理企业申请表2（附表2，设立子公司的为附表1）；

（五）经营情况报告（含网络建设情况）；

（六）子公司法定代表人或分支机构负责人简历；

（七）上一年度年审登记表。

第二十条 企业申请设立分支机构，申请人收到同意的批复后，应当于批复之日起90天内持总公司根据本细则第十条规定增资后具有法律效力的验资报告及修改后的企业章程（正本），凭分支机构所在地地方对外贸易主管部门介绍信到商务部领取批准证书。

第二十一条 申请人逾期不办理领证手续或者自领取批准证书之日起超过180天无正当理由未开始营业的，除申请延期获准外，其国际货运代理业务经营资格自动丧失。

第二十二条 商务部可以根据国际货运代理业行业发展、布局等情况，决定在一定期限内停止受理经营国际货物运输代理业务的申请或者采取限制性措施。

商务部依照前款规定作出的决定，应当予以公告。

第二十三条 国际货运代理企业发生以下变更，必须报商务部审批，并换领批准证书：

（一）企业名称；

（二）企业类型；

（三）股权关系；

（四）注册资本减少；

（五）经营范围；

（六）经营地域。

发生以下变更，在报商务部备案后，直接换领批准证书：

（一）通讯地址或营业场所；

（二）法定代表人；

（三）注册资本增加；

（四）隶属部门。

第二十四条 国际货运代理企业应当持批准证书向工商、海关部门办理注册登记手续。

任何未取得批准证书的单位，不得在工商营业执照上使用“国际货运代理业务”或与其意思相同或相近的字样。

第四章 年审和换证

第二十五条 商务部对国际货运代理企业实行年审、换证制度。

第二十六条 商务部负责国务院部门在京直属企业的年审及全国国际货运代理企业的换

证工作。地方商务主管部门负责本行政区域内国际货运代理企业（含国务院部门直属企业及异地企业设立的子公司、分支机构）的年审工作。

第二十七条 国际货运代理企业于每年3月底前向其所在地地方商务主管部门（国务院部门在京直属企业直接向商务部）报送年审登记表（附表3）、验资报告及营业执照（影印件），申请办理年审。

年审工作的重点是审查企业的经营及遵守执行《规定》和其他有关法律、法规、规章情况。企业年审合格后，由行业主管部门在其批准证书上加盖年审合格章。

第二十八条 批准证书的有效期为3年。

企业必须在批准证书有效期届满的60天前，向地方商务主管部门申请换证。企业申请换领批准证书应当报送下列文件：

（一）申请换证登记表（附表4）；

（二）批准证书（正本）；

（三）营业执照（影印件）。

第二十九条 企业连续三年年审合格，地方商务主管部门应当于批准证书有效期届满的30天前报送商务部，申请换领批准证书。

第三十条 行业主管部门在国际货运代理企业申请换证时应当对其经营资格及经营情况进行审核，有下列情形之一的，不予换发批准证书：

（一）不符合本细则第二十七条规定；

（二）不按时办理换证手续；

（三）私自进行股权转让；

（四）擅自变更企业名称、营业场所、注册资本等主要事项而不按有关规定办理报备手续。

第三十一条 企业因自身原因逾期未申请换领批准证书，其从事国际货运代理业务的资格自批准证书有效期届满时自动丧失。商务部将对上述情况予以公布。工商行政管理部门对上述企业予以注销或责令其办理经营范围变更手续。

丧失国际货运代理业务经营资格的企业如欲继续从事该项业务，应当依照有关规定程序重新申报。

第五章 业务管理

第三十二条 国际货运代理企业可以作为代理人或者独立经营人从事经营活动。其经营范围包括：

（一）揽货、订舱（含租船、包机、包舱）、托运、仓储、包装；

（二）货物的监装、监卸、集装箱装拆箱、分拨、中转及相关的短途运输服务；

（三）报关、报检、报验、保险；

（四）缮制签发有关单证、交付运费、结算及交付杂费；

（五）国际展品、私人物品及过境货物运输代理；

（六）国际多式联运、集运（含集装箱拼箱）；

（七）国际快递（不含私人信函）；

（八）咨询及其他国际货运代理业务。

第三十三条 国际货运代理企业应当按照批准证书和营业执照所列明的经营范围和经营地域从事经营活动。

第三十四条 商务部根据行业发展情况，可委托行业协会参照国际惯例制订国际货运代理标准交易条款，国际货运代理企业无需商务部同意即可引用。国际货运代理企业也可自己制订交易条款，但必须在商务部备案后方可使用。

第三十五条 国际货运代理企业应当向行业主管部门报送业务统计，并对统计数字的真实性负责。业务统计的编报办法由商务部另行规定。

第三十六条 国际货运代理企业作为代理人接受委托办理有关业务，应当与进出口收货人、发货人签订书面委托协议。双方发生业务纠纷，应当以所签书面协议作为解决争议的依据。

国际货运代理企业作为独立经营人，从事本细则第三十二条中有关业务，应当向货主签发运输单证。与货主发生业务纠纷，应当以所签运输单证作为解决争议的依据；与实际承运人发生业务纠纷，应当以其与实际承运人所签运输合同作为解决争议的依据。

第三十七条 国际货运代理企业使用的国际货运代理提单实行登记编号制度。凡在我国境内签发的国际货运代理提单必须由国际货运代理企业报商务部登记，并在单据上注明批准编号。

国际货运代理企业应当加强对国际货运代理提单的管理工作。禁止出借。如遇遗失、版本修改等情况应当及时向商务部报备。

国际货运代理提单的转让依照下列规定执行：

（一）记名提单：不得转让；

（二）指示提单：经过记名背书或者空白背书转让；

（三）不记名提单：无需背书，即可转让。

国际货运代理提单实行责任保险制度，须到经中国人民银行批准开业的保险公司投保责任保险。

第三十八条 国际货运代理企业作为独立经营人，负责履行或组织履行国际多式联运合同时，其责任期间自接收货物时起至交付货物时止。其承担责任的基础、责任限额、免责条件以及丧失责任限制的前提依照有关法律规定确定。

第三十九条 国际货运代理企业应当使用批准证书上的企业名称和企业编号从事国际货运代理业务，并在主要办公文具及单证上印制企业名称及企业编号。

第四十条 国际货运代理企业不得将规定范围内的注册资本挪作他用。

第四十一条 国际货运代理企业不得将国际货运代理经营权转让或变相转让；不得允许其他单位、个人以该国际货运代理企业或其营业部名义从事国际货运代理业务；不得与不具有国际货运代理业务经营权的单位订立任何协议而使之可以单独或与之共同经营国际货运代理业务，收取代理费、佣金或者获得其他利益。

第四十二条 国际货运代理企业作为代理人，可向货主收取代理费，并可从承运人处取得佣金。国际货运代理企业不得以任何形式与货主分享佣金。

国际货运代理企业作为独立经营人，从事本细则第三十二条中有关业务，应当依照有关运价本向货主收取费用。此种情况下，不得从实际承运人处接受佣金。

第四十三条 外国企业（包括香港、澳门、台湾地区企业，以下同）驻华代表机构只能从事非直接经营性活动，代表该企业进行其经营范围内的业务联络、产品介绍、市场调研、技术交流等业务活动。

第四十四条 国际货运代理企业应当凭批准证书向税务机关领购发票，并按照税务机关的规定使用发票。

第四十五条 国际货运代理企业不得以发布虚假广告、分享佣金、退返回扣或其他不正当竞争手段从事经营活动。

第六章 罚 则

第四十六条 国际货运代理企业违反《规定》第十九条、第二十一条、以及本细则第二十三条第二款、第三十四条、第三十五条规定的，商务部授权地方商务主管部门予以警告并责令限期改正；未在限期内改正的，地方商务主管部门可以建议商务部撤销其批准证书。

第四十七条 国际货运代理企业违反《规定》第十七条第二款、第二十条、第二十二条及本细则第十八条第三款、第二十三条第一款、第二十四条、第二十七条、第三十三条、第三十六条、第三十七条、第三十九条、第四十条、第四十一条、第四十二条、第四十三条、第四十四条、第四十五条规定的，地方商务主管部门经商务部授权，可视情节予以警告、责令停业整顿等处罚，情节严重者，可以建议商务部撤销其批准证书。

受到撤销经营批准证书处罚的企业应当到工商行政管理部门进行相应的变更或注销登记。该企业 5 年内不得再次提出经营国际货运代理业务的申请。

受到停业整顿处罚的企业恢复开展业务应当具备下列条件：

（一）进行整顿；

（二）主要责任人受到处理或处分；

（三）符合行业主管部门要求的其他条件。

行业主管部门在收到企业恢复开展业务的申请及相关书面材料后应当进行审查，决定是否同意其恢复开展业务。

第四十八条 对违反《规定》和本细则的规定擅自从事国际货运代理业务的单位，由行业主管部门取缔其非法经营活动，并由工商行政管理机关依照有关法律、行政法规的规定予以处罚，行业主管部门对此应予以公告。地方商务主管部门公告后应当报商务部备案。该单位 5 年之内不得独立或者参与申请经营国际货运代理业务。

第七章 附 则

第四十九条 国际货运代理企业可根据自愿原则，依法成立国际货运代理协会（以下简称行业协会）。

第五十条 行业协会是以服务会员为目的的非盈利性民间社团组织，在行业主管部门的监督和指导下根据协会章程开展活动。其宗旨是推动会员企业间加强横向联系、交流信息、增进相互间协作，鼓励和监督会员企业依法经营、规范竞争，依法代表本行业利益，维护会员的合法权益，协助政府有关部门加强行业管理，促进行业的健康有序发展。

第五十一条 行业协会根据本细则第三十四条的规定制定国际货运代理标准交易条款，报商务部批准后，供本行业企业使用。

第五十二条 外商投资国际货运代理企业适用《规定》及本细则，但外商投资企业有关法律、法规、规章有规定的，从其规定。

第五十三条 本细则由商务部负责解释。

第五十四条 本细则自发布之日起施行。

海关稽查篇

中华人民共和国海关稽查条例

（国务院令第 209 号）

发布日期：1997-01-03
实施日期：2022-05-01
法规类型：行政法规

（根据 2011 年 1 月 8 日国务院令第 588 号《国务院关于废止和修改部分行政法规的决定》第一次修订；根据 2016 年 6 月 19 日国务院令第 670 号《国务院关于修改〈中华人民共和国海关稽查条例〉的决定》第二次修订；根据 2022 年 3 月 29 日国务院令第 752 号《国务院关于修改和废止部分行政法规的决定》第三次修订）

第一章　总　则

第一条　为了建立、健全海关稽查制度，加强海关监督管理，维护正常的进出口秩序和当事人的合法权益，保障国家税收收入，促进对外贸易的发展，根据《中华人民共和国海关法》（以下简称海关法），制定本条例。

第二条　本条例所称海关稽查，是指海关自进出口货物放行之日起 3 年内或者在保税货物、减免税进口货物的海关监管期限内及其后的 3 年内，对与进出口货物直接有关的企业、单位的会计账簿、会计凭证、报关单证以及其他有关资料（以下统称账簿、单证等有关资料）和有关进出口货物进行核查，监督其进出口活动的真实性和合法性。

第三条　海关对下列与进出口货物直接有关的企业、单位实施海关稽查：

（一）从事对外贸易的企业、单位；

（二）从事对外加工贸易的企业；

（三）经营保税业务的企业；

（四）使用或者经营减免税进口货物的企业、单位；

（五）从事报关业务的企业；

（六）海关总署规定的与进出口货物直接有关的其他企业、单位。

第四条　海关根据稽查工作需要，可以向有关行业协会、政府部门和相关企业等收集特定商品、行业与进出口活动有关的信息。收集的信息涉及商业秘密的，海关应当予以保密。

第五条　海关和海关工作人员执行海关稽查职务，应当客观公正，实事求是，廉洁奉公，保守被稽查人的商业秘密，不得侵犯被稽查人的合法权益。

第二章　账簿、单证等有关资料的管理

第六条　与进出口货物直接有关的企业、单位所设置、编制的会计账簿、会计凭证、会计报表和其他会计资料，应当真实、准确、完整地记录和反映进出口业务的有关情况。

第七条　与进出口货物直接有关的企业、单位应当依照有关法律、行政法规规定的保管期限，保管会计账簿、会计凭证、会计报表和其他会计资料。

报关单证、进出口单证、合同以及与进出口业务直接有关的其他资料，应当在本条例第

二条规定的期限内保管。

第八条 与进出口货物直接有关的企业、单位会计制度健全，能够通过计算机正确、完整地记账、核算的，其计算机储存和输出的会计记录视同会计资料。

第三章 海关稽查的实施

第九条 海关应当按照海关监管的要求，根据与进出口货物直接有关的企业、单位的进出口信用状况和风险状况以及进出口货物的具体情况，确定海关稽查重点。

第十条 海关进行稽查时，应当在实施稽查的3日前，书面通知被稽查人。在被稽查人有重大违法嫌疑，其账簿、单证等有关资料以及进出口货物可能被转移、隐匿、毁弃等紧急情况下，经直属海关关长或者其授权的隶属海关关长批准，海关可以不经事先通知进行稽查。

第十一条 海关进行稽查时，应当组成稽查组。稽查组的组成人员不得少于2人。

第十二条 海关进行稽查时，海关工作人员应当出示海关稽查证。

海关稽查证，由海关总署统一制发。

第十三条 海关进行稽查时，海关工作人员与被稽查人有直接利害关系的，应当回避。

第十四条 海关进行稽查时，可以行使下列职权：

（一）查阅、复制被稽查人的账簿、单证等有关资料；

（二）进入被稽查人的生产经营场所、货物存放场所，检查与进出口活动有关的生产经营情况和货物；

（三）询问被稽查人的法定代表人、主要负责人员和其他有关人员与进出口活动有关的情况和问题；

（四）经直属海关关长或者其授权的隶属海关关长批准，查询被稽查人在商业银行或者其他金融机构的存款账户。

第十五条 海关进行稽查时，发现被稽查人有可能转移、隐匿、篡改、毁弃账簿、单证等有关资料的，经直属海关关长或者其授权的隶属海关关长批准，可以查封、扣押其账簿、单证等有关资料以及相关电子数据存储介质。采取该项措施时，不得妨碍被稽查人正常的生产经营活动。

海关对有关情况查明或者取证后，应当立即解除对账簿、单证等有关资料以及相关电子数据存储介质的查封、扣押。

第十六条 海关进行稽查时，发现被稽查人的进出口货物有违反海关法和其他有关法律、行政法规规定的嫌疑的，经直属海关关长或者其授权的隶属海关关长批准，可以查封、扣押有关进出口货物。

第十七条 被稽查人应当配合海关稽查工作，并提供必要的工作条件。

第十八条 被稽查人应当接受海关稽查，如实反映情况，提供账簿、单证等有关资料，不得拒绝、拖延、隐瞒。

被稽查人使用计算机记账的，应当向海关提供记账软件、使用说明书及有关资料。

第十九条 海关查阅、复制被稽查人的账簿、单证等有关资料或者进入被稽查人的生产经营场所、货物存放场所检查时，被稽查人的法定代表人或者主要负责人员或者其指定的代表应当到场，并按照海关的要求清点账簿、打开货物存放场所、搬移货物或者开启货物包装。

第二十条 海关进行稽查时，与被稽查人有财务往来或者其他商务往来的企业、单位应当向海关如实反映被稽查人的有关情况，提供有关资料和证明材料。

第二十一条 海关进行稽查时，可以委托会计、税务等方面的专业机构就相关问题作出专业结论。

被稽查人委托会计、税务等方面的专业机构作出的专业结论，可以作为海关稽查的参考依据。

第二十二条 海关稽查组实施稽查后，应当向海关报送稽查报告。稽查报告认定被稽查人涉嫌违法的，在报送海关前应当就稽查报告认定的事实征求被稽查人的意见，被稽查人应当自收到相关材料之日起 7 日内，将其书面意见送交海关。

第二十三条 海关应当自收到稽查报告之日起 30 日内，作出海关稽查结论并送达被稽查人。

海关应当在稽查结论中说明作出结论的理由，并告知被稽查人的权利。

第四章　海关稽查的处理

第二十四条 经海关稽查，发现关税或者其他进口环节的税收少征或者漏征的，由海关依照海关法和有关税收法律、行政法规的规定向被稽查人补征；因被稽查人违反规定而造成少征或者漏征的，由海关依照海关法和有关税收法律、行政法规的规定追征。

被稽查人在海关规定的期限内仍未缴纳税款的，海关可以依照海关法第六十条第一款、第二款的规定采取强制执行措施。

第二十五条 依照本条例第十六条的规定查封、扣押的有关进出口货物，经海关稽查排除违法嫌疑的，海关应当立即解除查封、扣押；经海关稽查认定违法的，由海关依照海关法和海关行政处罚实施条例的规定处理。

第二十六条 经海关稽查，认定被稽查人有违反海关监管规定的行为的，由海关依照海关法和海关行政处罚实施条例的规定处理。

与进出口货物直接有关的企业、单位主动向海关报告其违反海关监管规定的行为，并接受海关处理的，应当从轻或者减轻行政处罚。

第二十七条 经海关稽查，发现被稽查人有走私行为，构成犯罪的，依法追究刑事责任；尚不构成犯罪的，由海关依照海关法和海关行政处罚实施条例的规定处理。

第二十八条 海关通过稽查决定补征或者追征的税款、没收的走私货物和违法所得以及收缴的罚款，全部上缴国库。

第二十九条 被稽查人同海关发生纳税争议的，依照海关法第六十四条的规定办理。

第五章　法律责任

第三十条 被稽查人有下列行为之一的，由海关责令限期改正，逾期不改正的，处 2 万元以上 10 万元以下的罚款；情节严重的，禁止其从事报关活动；对负有直接责任的主管人员和其他直接责任人员处 5000 元以上 5 万元以下的罚款；构成犯罪的，依法追究刑事责任：

（一）向海关提供虚假情况或者隐瞒重要事实；

（二）拒绝、拖延向海关提供账簿、单证等有关资料以及相关电子数据存储介质；

（三）转移、隐匿、篡改、毁弃报关单证、进出口单证、合同、与进出口业务直接有关的其他资料以及相关电子数据存储介质。

第三十一条 被稽查人未按照规定编制或者保管报关单证、进出口单证、合同以及与进出口业务直接有关的其他资料的，由海关责令限期改正，逾期不改正的，处 1 万元以上 5 万元以下的罚款；情节严重的，禁止其从事报关活动；对负有直接责任的主管人员和其他直接责任人员处 1000 元以上 5000 元以下的罚款。

第三十二条 被稽查人未按照规定设置或者编制账簿，或者转移、隐匿、篡改、毁弃账簿的，依照会计法的有关规定追究法律责任。

第三十三条 海关工作人员在稽查中玩忽职守、徇私舞弊、滥用职权，或者利用职务上的便利，收受、索取被稽查人的财物，构成犯罪的，依法追究刑事责任；尚不构成犯罪的，依法给予处分。

第六章　附　则

第三十四条　本条例自发布之日起施行。

《中华人民共和国海关稽查条例》实施办法

（海关总署令第230号）

发布日期：2016-09-26

实施日期：2016-11-01

法规类型：部门规章

（第二十七条第二项根据海关总署公告2022年第54号《关于处理主动披露涉税违规行为有关事项的公告》规定具体执行）

第一章　总　则

第一条　为有效实施《中华人民共和国海关稽查条例》（以下简称《稽查条例》），根据《中华人民共和国海关法》以及相关法律、行政法规，制定本办法。

第二条　《稽查条例》第三条所规定的与进出口货物直接有关的企业、单位包括：

（一）从事对外贸易的企业、单位；

（二）从事对外加工贸易的企业；

（三）经营保税业务的企业；

（四）使用或者经营减免税进口货物的企业、单位；

（五）从事报关业务的企业；

（六）进出口货物的实际收发货人；

（七）其他与进出口货物直接有关的企业、单位。

第三条　海关对与进出口货物直接有关的企业、单位（以下统称进出口企业、单位）的下列进出口活动实施稽查：

（一）进出口申报；

（二）进出口关税和其他税、费的缴纳；

（三）进出口许可证件和有关单证的交验；

（四）与进出口货物有关的资料记载、保管；

（五）保税货物的进口、使用、储存、维修、加工、销售、运输、展示和复出口；

（六）减免税进口货物的使用、管理；

（七）其他进出口活动。

第四条　海关根据稽查工作需要，可以通过实地查看、走访咨询、书面函询、网络调查和委托调查等方式向有关行业协会、政府部门和相关企业等开展贸易调查，收集下列信息：

（一）政府部门监督管理信息；

（二）特定行业、企业的主要状况、贸易惯例、生产经营、市场结构等信息；

（三）特定商品的结构、成份、等级、功能、用途、工艺流程、工作原理等技术指标或者技术参数以及价格等信息；

（四）其他与进出口活动有关的信息。

有关政府部门、金融机构、行业协会和相关企业等应当配合海关贸易调查，提供有关信息。

第二章 账簿、单证等资料的管理

第五条 进出口企业、单位应当依据《中华人民共和国会计法》以及其他有关法律、行政法规的规定设置、编制和保管会计账簿、会计凭证、会计报表和其他会计资料，建立内部管理制度，真实、准确、完整地记录和反映进出口活动。

进出口企业、单位应当编制和保管能够反映真实进出口活动的原始单证和记录等资料。

第六条 进出口企业、单位应当在《稽查条例》第二条规定的期限内，保管报关单证、进出口单证、合同以及与进出口业务直接有关的其他资料或者电子数据。

第三章 海关稽查的实施

第七条 海关稽查由被稽查人注册地海关实施。被稽查人注册地与货物报关地或者进出口地不一致的，也可以由报关地或者进出口地海关实施。

海关总署可以指定或者组织下级海关实施跨关区稽查。直属海关可以指定或者组织下级海关在本关区范围内实施稽查。

第八条 海关稽查应当由具备稽查执法资格的人员实施，实施稽查时应当向被稽查人出示海关稽查证。

第九条 海关实施稽查3日前，应当向被稽查人制发《海关稽查通知书》。

海关不经事先通知实施稽查的，应当在开始实施稽查时向被稽查人制发《海关稽查通知书》。

第十条 海关稽查人员实施稽查时，有下列情形之一的，应当回避：

（一）海关稽查人员与被稽查人的法定代表人或者主要负责人有近亲属关系的；

（二）海关稽查人员或者其近亲属与被稽查人有利害关系的；

（三）海关稽查人员或者其近亲属与被稽查人有其他关系，可能影响海关稽查工作正常进行的。

被稽查人有正当理由，可以对海关稽查人员提出回避申请。但在海关作出回避决定前，有关海关稽查人员不停止执行稽查任务。

第十一条 海关稽查人员查阅、复制被稽查人的会计账簿、会计凭证、报关单证以及其他有关资料（以下统称账簿、单证等有关资料）时，被稽查人的法定代表人或者主要负责人或者其指定的代表（以下统称被稽查人代表）应当到场，按照海关要求如实提供并协助海关工作。

对被稽查人的账簿、单证等有关资料进行复制的，被稽查人代表应当在确认复制资料与原件无误后，在复制资料上注明出处、页数、复制时间以及“本件与原件一致，核对无误”，并签章。

被稽查人以外文记录账簿、单证等有关资料的，应当提供符合海关要求的中文译本。

第十二条 被稽查人利用计算机、网络通信等现代信息技术手段进行经营管理的，应当向海关提供账簿、单证等有关资料的电子数据，并根据海关要求开放相关系统、提供使用说明及其他有关资料。对被稽查人的电子数据进行复制的，应当注明制作方法、制作时间、制作人、数据内容以及原始载体存放处等，并由制作人和被稽查人代表签章。

第十三条 被稽查人所在场所不具备查阅、复制工作条件的，经被稽查人同意，海关可以在其他场所查阅、复制。

海关需要在其他场所查阅、复制的，应当填写《海关稽查调审单》，经双方清点、核对后，由海关稽查人员签名和被稽查人代表在《海关稽查调审单》上签章。

第十四条 海关稽查人员进入被稽查人的生产经营场所、货物存放场所，检查与进出口活动有关的生产经营情况和货物时，被稽查人代表应当到场，按照海关的要求开启场所、搬移货物，开启、重封货物的包装等。

检查结果应当由海关稽查人员填写《检查记录》，由海关稽查人员签名和被稽查人代表在《检查记录》上签章。

第十五条 海关稽查人员询问被稽查人的法定代表人、主要负责人和其他有关人员时，应当制作《询问笔录》，并由询问人、记录人和被询问人签名确认。

第十六条 海关实施稽查时，可以向与被稽查人有财务往来或者其他商务往来的企业、单位收集与进出口活动有关的资料和证明材料，有关企业、单位应当配合海关工作。

第十七条 经直属海关关长或者其授权的隶属海关关长批准，海关可以凭《协助查询通知书》向商业银行或者其他金融机构查询被稽查人的存款账户。

第十八条 海关实施稽查时，发现被稽查人有可能转移、隐匿、篡改、毁弃账簿、单证等有关资料的，经直属海关关长或者其授权的隶属海关关长批准，可以查封、扣押其账簿、单证等有关资料及相关电子数据存储介质。

海关实施稽查时，发现被稽查人的进出口货物有违反海关法或者其他有关法律、行政法规嫌疑的，经直属海关关长或者其授权的隶属海关关长批准，可以查封、扣押有关进出口货物。

海关实施查封、扣押应当依据《中华人民共和国行政强制法》以及其他有关法律、行政法规。

第十九条 被稽查人有《稽查条例》第三十条、第三十一条所列行为之一的，海关应当制发《海关限期改正通知书》，告知被稽查人改正的内容和期限，并对改正情况进行检查。

被稽查人逾期不改正的，海关可以依据海关相关规定调整其信用等级。

第二十条 稽查组发现被稽查人涉嫌违法或者少征、漏征税款的，应当书面征求被稽查人意见，被稽查人应当自收到相关材料之日起 7 日内提出书面意见送交稽查组。

第二十一条 稽查组实施稽查后，应当向海关报送稽查报告。海关应当在收到稽查报告之日起 30 日内作出《海关稽查结论》，并送达被稽查人。

第二十二条 有下列情形之一的，经直属海关关长或者其授权的隶属海关关长批准，海关可以终结稽查：

（一）被稽查人下落不明的；

（二）被稽查人终止，无权利义务承受人的。

第二十三条 海关发现被稽查人未按照规定设置或者编制账簿，或者转移、隐匿、篡改、毁弃账簿的，应当将有关情况通报被稽查人所在地的县级以上人民政府财政部门。

第二十四条 海关实施稽查时，可以委托会计师事务所、税务师事务所或者其他具备会计、税务等相关资质和能力的专业机构，就相关问题作出专业结论，经海关认可后可以作为稽查认定事实的证据材料。被稽查人委托专业机构作出的专业结论，可以作为海关稽查的参考依据。

海关委托专业机构的，双方应当签订委托协议，明确委托事项和权利义务等。

专业机构有弄虚作假、隐瞒事实、违反保密约定等情形的，海关应当如实记录，作出相应处置，并可以通报有关主管部门或者行业协会。

第四章　主动披露

第二十五条　进出口企业、单位主动向海关书面报告其违反海关监管规定的行为并接受海关处理的，海关可以认定有关企业、单位主动披露。但有下列情形之一的除外：

（一）报告前海关已经掌握违法线索的；

（二）报告前海关已经通知被稽查人实施稽查的；

（三）报告内容严重失实或者隐瞒其他违法行为的。

第二十六条　进出口企业、单位主动披露应当向海关提交账簿、单证等有关证明材料，并对所提交材料的真实性、准确性、完整性负责。

海关应当核实主动披露的进出口企业、单位的报告，可以要求其补充有关材料。

第二十七条　对主动披露的进出口企业、单位，违反海关监管规定的，海关应当从轻或者减轻行政处罚；违法行为轻微并及时纠正，没有造成危害后果的，不予行政处罚。

对主动披露并补缴税款的进出口企业、单位，海关可以减免滞纳金。

第五章　附　则

第二十八条　本办法所规定的“日”均为自然日。文书送达或者期间开始当日，不计算在期间内。期间届满的最后一日遇休息日或者法定节假日的，应当顺延至休息日或者法定节假日之后的第一个工作日。

第二十九条　被稽查人拒绝签收稽查文书的，海关可以邀请见证人到场，说明情况，注明事由和日期，由见证人和至少两名海关稽查人员签名，把稽查文书留在被稽查人的生产经营场所。海关也可以把稽查文书留在被稽查人的生产经营场所，并采用拍照、录像等方式记录全过程，即视为被稽查人已经签收。

第三十条　被稽查人代表对相关证据材料不签章的，海关稽查人员应当在相关材料上予以注明，并由至少两名海关稽查人员签名。

海关实施查阅、复制、检查时，被稽查人代表不到场的，海关应当注明事由和日期，并由至少两名海关稽查人员签名。

第三十一条　本办法所规定的签章，是指被稽查人代表签名或者加盖被稽查人印章。

第三十二条　本办法所规定使用的稽查文书由海关总署另行公布。

第三十三条　本办法由海关总署负责解释。

第三十四条　本办法自2016年11月1日起实施。2000年1月11日海关总署令第79号公布的《〈中华人民共和国海关稽查条例〉实施办法》同时废止。

中华人民共和国海关对检举或协助查获违反海关法案件有功人员的奖励办法

（海关总署令第8号）

发布日期：1989-08-22
实施日期：2010-11-26
法规类型：部门规章

（根据2010年11月26日海关总署令第198号《海关总署关于修改部分规章的决定》修正）

第一条 根据《中华人民共和国海关法》第十三条的规定，特制定本办法。

第二条 对检举以及协助海关查获走私案件或违反海关监管规定案件的单位或个人，依照本办法，由海关发给奖励金。

前款和本办法第七条所述单位或个人不包括负有经济监督、检查、管理职能和协助海关查缉、处理违反海关法案件任务的机关及其工作人员。

第三条 对走私案件的检举人，海关按实际查获私货变价收入的百分之十以内掌握发给奖励金，最高不超过人民币十万元。对按规定应将没收物品销毁或无偿移交政府专管机关的走私案件，海关视案情和检举人贡献大小、发给检举人人民币三百元以上、五万元以下的奖励金。

第四条 对由于检举而查获的违反海关监管规定的案件，属于补征税款挽回国家经济损失的，按补税和罚款总额的百分之三以内发给检举人奖励金；对仅给予罚款处罚的违规案件，按罚款额的百分之三以内发给检举人奖励金。

第五条 同一案件有两个或两个以上检举人的，奖励金额由海关视每个检举人的贡献大小，分别发给。

第六条 对有特殊贡献的案件检举人，经海关总署批准，奖励金不受上述数额的限制。

第七条 对向海关提供案件线索或协助海关查获案件的有关单位和个人，按照贡献大小，酌情给予奖励。

第八条 对居住在境外的检举走私及违反海关监管规定案件的检举人，奖励金之部分或全部可以发给外币。

第九条 受奖的个人或单位，应在海关发出奖励通知之日起六个月内到通知单位领取，逾期不领取的，视为自动放弃。

第十条 海关为检举和协助查获走私及违反海关监管规定案件的个人和单位严格保密。

第十一条 本办法自一九八九年九月一日起实施。海关总署一九八五年一月十五日发布的《中华人民共和国海关奖励缉私办法》同时废止。

海关工作人员使用武器和警械的规定

（海关总署　公安部令第7号）

发布日期：1989-06-19
实施日期：2011-01-08
法规类型：行政法规

（根据2011年1月8日国务院令第588号《国务院关于废止和修改部分行政法规的决定》修订）

第一条　为保证海关工作人员依法使用武器和警械，履行职责，根据《中华人民共和国海关法》第六条的规定，制定本规定。

第二条　海关工作人员使用的武器和警械，经当地公安机关同意后由海关总署统一配发。海关工作人员执行缉私任务时，应当依照本规定使用武器和警械。

海关工作人员使用的武器和警械包括：轻型枪支、电警棍、手铐及其他经批准列装的武器和警械。

第三条　配发给海关的武器和警械一律公用，不配发个人专用的武器和警械。

海关工作人员持枪执行缉私任务时，应当随身携带当地公安机关核发的持枪证或者持枪通行证。

第四条　海关工作人员执行缉私任务，遇有下列情形之一的，可以开枪射击：

（一）追缉逃跑的走私团伙或者遭遇武装掩护走私，非开枪不足以制服时；

（二）走私分子或者走私嫌疑人以暴力抗拒检查，抢夺武器或者警械，威胁海关工作人员生命安全，非开枪不能自卫时；

（三）走私分子或者走私嫌疑人以暴力劫夺查扣的走私货物、物品和其他证据，非开枪不能制止时。

第五条　海关工作人员执行缉私任务，遇有下列情形之一的，可以使用警械：

（一）走私分子或者走私嫌疑人以暴力抗拒检查或者逃跑时；

（二）走私分子或者走私嫌疑人以暴力抗拒查扣走私货物、物品和其他证据时；

（三）执行缉私任务受到袭击需要自卫时；

（四）遇有其他需要使用警械的情形时。

第六条　海关工作人员使用武器或者警械时，应当以制服对方为限度。海关工作人员依照本规定第四条的规定开枪射击时，除特别紧迫的情况外，应当先口头警告或者鸣枪警告，对方一有畏服表现，应当立即停止射击。开枪射击造成人员伤亡的，应当保护现场，并立即向上级海关和当地公安机关报告。

第七条　海关工作人员违反本规定，滥用武器或者警械的，应当根据情节，依法追究有关人员的责任。

第八条　本规定自发布之日起施行。

关于处理主动披露违规行为有关事项的公告

（海关总署公告 2023 年第 127 号）

发布日期：2023-10-09
实施日期：2023-10-11
法规类型：规范性文件

为进一步优化营商环境，促进外贸高质量发展，根据《中华人民共和国海关法》《中华人民共和国行政处罚法》《中华人民共和国海关稽查条例》等有关法律法规规章的规定，现就处理进出口企业、单位在海关发现前主动披露违反海关规定的行为且及时改正的有关事项公告如下：

一、进出口企业、单位主动披露违反海关规定的行为，有下列情形之一的，不予行政处罚：

（一）自涉税违规行为发生之日起六个月以内向海关主动披露的。

（二）自涉税违规行为发生之日起超过六个月但在两年以内向海关主动披露，漏缴、少缴税款占应缴纳税款比例 30%以下的，或者漏缴、少缴税款在人民币 100 万元以下的。

（三）影响国家出口退税管理的：

1. 自违规行为发生之日起六个月以内向海关主动披露的；

2. 自违规行为发生之日起超过六个月但在两年以内向海关主动披露，影响国家出口退税管理且可能多退税款占应退税款的 30%以下，或者可能多退税款在人民币 100 万元以下的。

（四）加工贸易企业因工艺改进、使用非保税料件比例申报不准确等原因导致实际单耗低于已申报单耗，且因此产生的剩余料件、半制成品、制成品尚未处置的，或者已通过加工贸易方式复出口的。

（五）适用《中华人民共和国海关行政处罚实施条例》第十五条第（一）项规定，及时改正没有造成危害后果的：

1. 违法违规行为发生当月最后一日 24 点前，向海关主动披露且影响统计人民币总值 1000 万元以下的；

2. 违法违规行为发生当月最后一日 24 点后 3 个自然月内，向海关主动披露且影响统计人民币总值 500 万元以下的。

（六）适用《中华人民共和国海关行政处罚实施条例》第十五条第（二）项规定处理的。

（七）适用《中华人民共和国海关行政处罚实施条例》第十八条规定处理，未影响国家有关进出境的禁止性管理、出口退税管理、税款征收和许可证件管理的违反海关规定行为的。

（八）进出口企业、单位违反海关检验检疫业务规定的行为，且能够及时办理海关手续，未造成危害后果的（见附件 1）。但涉及检疫类事项，以及检验类涉及安全、环保、卫生类事项的除外。

二、进出口企业、单位主动向海关书面报告其涉税违规行为并及时改正，经海关认定为主动披露的，进出口企业、单位可依法向海关申请减免税款滞纳金。符合规定的，海关予以减免。

三、进出口企业、单位主动披露且被海关处以警告或者 100 万元以下罚款的行为，不列入海关认定企业信用状况的记录。高级认证企业主动披露违反海关规定行为的，海关立案调查期间不暂停对该企业适用相应管理措施。但检验类涉及安全、环保、卫生类事项的除外。

四、进出口企业、单位对同一违反海关规定行为（指性质相同且违反同一法律条文同一款项规定的行为）一年内（连续12个月）第二次及以上向海关主动披露的，不予适用本公告有关规定。

涉及权利人对被授权人基于同一货物进行的一次或多次权利许可，进出口企业、单位再次向海关主动披露的，不予适用本公告有关规定。

五、进出口企业、单位向海关主动披露的，需填制《主动披露报告表》（见附件2），并随附账簿、单证等材料，向报关地、实际进出口地或注册地海关报告。

本公告有效期自2023年10月11日起至2025年10月10日。海关总署公告2022年第54号同时废止。

特此公告。

附件：1. 检验检疫业务适用主动披露的情形及条件
　　　2. 主动披露报告表（略）

附件1

检验检疫业务适用主动披露的情形及条件

序号	违法行为	适用条件
1	未经海关允许，将进口食品提离海关指定或者认可的场所的	应同时符合下列情形的： 1. 提离的食品经检验检疫合格； 2. 违规食品尚未销售、使用。
2	出口未获得备案出口食品生产企业生产的食品的	应同时符合下列情形的： 1. 食品来自于国内食品生产许可企业； 2. 食品生产企业在主动披露前，完成备案的； 3. 违法食品价值不满人民币1万元的。
3	出口食品生产企业生产的出口食品未按照规定使用备案种植、养殖场原料的	应同时符合下列情形的： 1. 食品无质量安全问题； 2. 未发生食品安全事故； 3. 未被境外主管机构通报； 4. 违法食品价值不满人民币1万元的。
4	出境竹木草制品未报检的	应同时符合下列情形的： 1. 违规竹木草制品尚未实际出口； 2. 违规竹木草制品能完成补充检验检疫的； 3. 违规竹木草制品经检验检疫合格的。
5	出境竹木草制品报检与实际不符的	应同时符合下列情形的： 1. 违规竹木草制品尚未实际出口； 2. 违规竹木草制品能完成补充检验检疫的； 3. 违规竹木草制品经检验检疫合格的。
6	代理报检企业、出入境快件运营企业、报检人员未进行合理审查或工作疏忽导致骗取证单的	应同时符合下列情形的： 1. 所涉证单尚未使用； 2. 主动向海关退回证单。

关于规范海关核查工作的公告

（海关总署公告 2018 年第 195 号）

发布日期：2018-12-12
实施日期：2019-01-01
法规类型：规范性文件

为规范海关核查工作，保障海关统一执法，维护被核查人的合法权益，现对有关事项公告如下：

一、海关实施核查时，需要对被核查人的有关资料进行复制的，由被核查人的法定代表人或者主要负责人或者其指定的代表（以下统称被核查人代表）确认复制资料与原件无误后，在复制资料上注明出处、页数、复制时间以及“本件与原件一致，核对无误”并签章。有关资料需要翻译的，被核查人应当提供符合海关要求的译本，并由翻译机构盖章或者翻译人员签名。

海关对被核查人的电子数据进行复制的，应当注明制作方法、制作时间、制作人、数据内容以及原始载体存放处等，由制作人和被核查人代表签章。

二、海关进行检查时，应当制作《中华人民共和国海关检查记录》（附件 1），经双方核对无误后，由核查人员和检查场所负责人签名，被核查人代表签章。

三、海关询问被核查人的法定代表人、主要负责人和其他有关人员时，应当制作《中华人民共和国海关询问笔录》（附件 2），并由询问人、记录人和被询问人签名确认。

四、海关进行抽样、采样时，应当填写《中华人民共和国海关抽/采样凭证》（附件 3），经双方核对无误后，由核查人员签字及被核查人代表签章。

五、海关依据相关法律、行政法规、规章规定，要求被核查人进行整改的，应当制发《中华人民共和国海关核查整改通知书》（附件 4）。

六、核查结束时，海关应当填写《核查工作记录》（附件 5），经双方核对无误后，由核查人员签字及被核查人代表签章。

本公告自 2019 年 1 月 1 日起施行，《海关总署关于开展后续核查工作的公告》（海关总署公告〔2017〕28 号）号同时废止。

特此公告。

附件：1. 中华人民共和国海关检查记录（略）
2. 中华人民共和国海关询问笔录（略）
3. 中华人民共和国海关抽、采样凭证（略）
4. 中华人民共和国海关核查整改通知书（略）
5. 核查工作记录（略）

海关减免税篇

综合管理

中华人民共和国海关进出口货物减免税管理办法

（海关总署令第 245 号）

发布日期：2020-12-21
实施日期：2021-03-01
法规类型：部门规章

第一章　总　则

第一条　为了规范海关进出口货物减免税管理工作，保障行政相对人合法权益，优化营商环境，根据《中华人民共和国海关法》（以下简称《海关法》）、《中华人民共和国进出口关税条例》及有关法律和行政法规的规定，制定本办法。

第二条　进出口货物减征或者免征关税、进口环节税（以下简称减免税）事务，除法律、行政法规另有规定外，海关依照本办法实施管理。

第三条　进出口货物减免税申请人（以下简称减免税申请人）应当向其主管海关申请办理减免税审核确认、减免税货物税款担保、减免税货物后续管理等相关业务。

减免税申请人向主管海关申请办理减免税相关业务，应当按照规定提交齐全、有效、填报规范的申请材料，并对材料的真实性、准确性、完整性和规范性承担相应的法律责任。

第二章　减免税审核确认

第四条　减免税申请人按照有关进出口税收优惠政策的规定申请减免税进出口相关货物，应当在货物申报进出口前，取得相关政策规定的享受进出口税收优惠政策资格的证明材料，并凭以下材料向主管海关申请办理减免税审核确认手续：

（一）《进出口货物征免税申请表》；

（二）事业单位法人证书或者国家机关设立文件、社会团体法人登记证书、民办非企业单位法人登记证书、基金会法人登记证书等证明材料；

（三）进出口合同、发票以及相关货物的产品情况资料。

第五条　主管海关应当自受理减免税审核确认申请之日起 10 个工作日内，对减免税申请人主体资格、投资项目和进出口货物相关情况是否符合有关进出口税收优惠政策规定等情况进行审核，并出具进出口货物征税、减税或者免税的确认意见，制发《中华人民共和国海关进出口货物征免税确认通知书》（以下简称《征免税确认通知书》）。

有下列情形之一，主管海关不能在本条第一款规定期限内出具确认意见的，应当向减免税申请人说明理由：

（一）有关进出口税收优惠政策规定不明确或者涉及其他部门管理职责，需要与相关部门进一步协商、核实有关情况的；

（二）需要对货物进行化验、鉴定等，以确定其是否符合有关进出口税收优惠政策规定的。

有本条第二款规定情形的，主管海关应当自情形消除之日起10个工作日内，出具进出口货物征税、减税或者免税的确认意见，并制发《征免税确认通知书》。

第六条 减免税申请人需要变更或者撤销已出具的《征免税确认通知书》的，应当在《征免税确认通知书》有效期内向主管海关提出申请，并随附相关材料。

经审核符合规定的，主管海关应当予以变更或者撤销。予以变更的，主管海关应当重新制发《征免税确认通知书》。

第七条 《征免税确认通知书》有效期限不超过6个月，减免税申请人应当在有效期内向申报地海关办理有关进出口货物申报手续；不能在有效期内办理，需要延期的，应当在有效期内向主管海关申请办理延期手续。《征免税确认通知书》可以延期一次，延长期限不得超过6个月。

《征免税确认通知书》有效期限届满仍未使用的，其效力终止。减免税申请人需要减免税进出口该《征免税确认通知书》所列货物的，应当重新向主管海关申请办理减免税审核确认手续。

第八条 除有关进出口税收优惠政策或者其实施措施另有规定外，进出口货物征税放行后，减免税申请人申请补办减免税审核确认手续的，海关不予受理。

第三章 减免税货物税款担保

第九条 有下列情形之一的，减免税申请人可以向海关申请办理有关货物凭税款担保先予放行手续：

（一）有关进出口税收优惠政策或者其实施措施明确规定的；

（二）主管海关已经受理减免税审核确认申请，尚未办理完毕的；

（三）有关进出口税收优惠政策已经国务院批准，具体实施措施尚未明确，主管海关能够确认减免税申请人属于享受该政策范围的；

（四）其他经海关总署核准的情形。

第十条 减免税申请人需要办理有关货物凭税款担保先予放行手续的，应当在货物申报进出口前向主管海关提出申请，并随附相关材料。

主管海关应当自受理申请之日起5个工作日内出具是否准予办理担保的意见。符合本办法第九条规定情形的，主管海关应当制发《中华人民共和国海关准予办理减免税货物税款担保通知书》（以下简称《准予办理担保通知书》），并通知申报地海关；不符合有关规定情形的，制发《中华人民共和国海关不准予办理减免税货物税款担保通知书》。

第十一条 申报地海关凭主管海关制发的《准予办理担保通知书》，以及减免税申请人提供的海关依法认可的财产、权利，按照规定办理减免税货物的税款担保手续。

第十二条 《准予办理担保通知书》确定的减免税货物税款担保期限不超过6个月，主管海关可以延期1次，延长期限不得超过6个月。特殊情况仍需要延期的，应当经直属海关审核同意。

减免税货物税款担保期限届满，本办法第九条规定的有关情形仍然延续的，主管海关可以根据有关情形可能延续的时间等情况，相应延长税款担保期限，并向减免税申请人告知有关情况，同时通知申报地海关为减免税申请人办理税款担保延期手续。

第十三条 减免税申请人在减免税货物税款担保期限届满前取得《征免税确认通知书》，并已向海关办理征税、减税或者免税相关手续的，申报地海关应当解除税款担保。

第四章 减免税货物的管理

第十四条 除海关总署另有规定外，进口减免税货物的监管年限为：

（一）船舶、飞机：8年；

（二）机动车辆：6年；

（三）其他货物：3年。

监管年限自货物进口放行之日起计算。

除海关总署另有规定外，在海关监管年限内，减免税申请人应当按照海关规定保管、使用进口减免税货物，并依法接受海关监管。

第十五条 在海关监管年限内，减免税申请人应当于每年6月30日（含当日）以前向主管海关提交《减免税货物使用状况报告书》，报告减免税货物使用状况。超过规定期限未提交的，海关按照有关规定将其列入信用信息异常名录。

减免税申请人未按照前款规定报告其减免税货物使用状况，向海关申请办理减免税审核确认、减免税货物税款担保、减免税货物后续管理等相关业务的，海关不予受理。减免税申请人补报后，海关可以受理。

第十六条 在海关监管年限内，减免税货物应当在主管海关审核同意的地点使用。除有关进口税收优惠政策实施措施另有规定外，减免税货物需要变更使用地点的，减免税申请人应当向主管海关提出申请，并说明理由；经主管海关审核同意的，可以变更使用地点。

减免税货物需要移出主管海关管辖地使用的，减免税申请人应当向主管海关申请办理异地监管手续，并随附相关材料。经主管海关审核同意并通知转入地海关后，减免税申请人可以将减免税货物运至转入地海关管辖地，并接受转入地海关监管。

减免税货物在异地使用结束后，减免税申请人应当及时向转入地海关申请办结异地监管手续。经转入地海关审核同意并通知主管海关后，减免税申请人应当将减免税货物运回主管海关管辖地。

第十七条 在海关监管年限内，减免税申请人发生分立、合并、股东变更、改制等主体变更情形的，权利义务承受人应当自变更登记之日起30日内，向原减免税申请人的主管海关报告主体变更情况以及有关减免税货物的情况。

经原减免税申请人主管海关审核，需要补征税款的，权利义务承受人应当向原减免税申请人主管海关办理补税手续；可以继续享受减免税待遇的，权利义务承受人应当按照规定申请办理减免税货物结转等相关手续。

第十八条 在海关监管年限内，因破产、撤销、解散、改制或者其他情形导致减免税申请人终止，有权利义务承受人的，参照本办法第十七条的规定办理有关手续；没有权利义务承受人的，原减免税申请人或者其他依法应当承担关税及进口环节税缴纳义务的当事人，应当自资产清算之日起30日内，向原减免税申请人主管海关申请办理减免税货物的补缴税款手续。进口时免予提交许可证件的减免税货物，按照国家有关规定需要补办许可证件的，减免税申请人在办理补缴税款手续时还应当补交有关许可证件。有关减免税货物自办结上述手续之日起，解除海关监管。

第十九条 在海关监管年限内，减免税申请人要求将减免税货物退运出境或者出口的，应当经主管海关审核同意，并办理相关手续。

减免税货物自退运出境或者出口之日起，解除海关监管，海关不再对退运出境或者出口的减免税货物补征相关税款。

第二十条 减免税货物海关监管年限届满的，自动解除监管。

对海关监管年限内的减免税货物，减免税申请人要求提前解除监管的，应当向主管海关提出申请，并办理补缴税款手续。进口时免予提交许可证件的减免税货物，按照国家有关规定需要补办许可证件的，减免税申请人在办理补缴税款手续时还应当补交有关许可证件。有关减免税货物自办结上述手续之日起，解除海关监管。

减免税申请人可以自减免税货物解除监管之日起 1 年内，向主管海关申领《中华人民共和国海关进口减免税货物解除监管证明》。

第二十一条 在海关监管年限内及其后 3 年内，海关依照《海关法》《中华人民共和国海关稽查条例》等有关规定，对有关企业、单位进口和使用减免税货物情况实施稽查。

第五章 减免税货物的抵押、转让、移作他用

第二十二条 在减免税货物的海关监管年限内，经主管海关审核同意，并办理有关手续，减免税申请人可以将减免税货物抵押、转让、移作他用或者进行其他处置。

第二十三条 在海关监管年限内，进口时免予提交许可证件的减免税货物，减免税申请人向主管海关申请办理抵押、转让、移作他用或者其他处置手续时，按照国家有关规定需要补办许可证件的，应当补办相关手续。

第二十四条 在海关监管年限内，减免税申请人要求以减免税货物向银行或者非银行金融机构办理贷款抵押的，应当向主管海关提出申请，随附相关材料，并以海关依法认可的财产、权利提供税款担保。

主管海关应当对减免税申请人提交的申请材料是否齐全、有效，填报是否规范等进行审核，必要时可以实地了解减免税申请人经营状况、减免税货物使用状况等相关情况。经审核符合规定的，主管海关应当制发《中华人民共和国海关准予办理减免税货物贷款抵押通知书》；不符合规定的，应当制发《中华人民共和国海关不准予办理减免税货物贷款抵押通知书》。

减免税申请人不得以减免税货物向银行或者非银行金融机构以外的自然人、法人或者非法人组织办理贷款抵押。

第二十五条 主管海关同意以减免税货物办理贷款抵押的，减免税申请人应当自签订抵押合同、贷款合同之日起 30 日内，将抵押合同、贷款合同提交主管海关备案。

抵押合同、贷款合同的签订日期不是同一日的，按照后签订的日期计算前款规定的备案时限。

第二十六条 减免税货物贷款抵押需要延期的，减免税申请人应当在贷款抵押期限届满前，向主管海关申请办理贷款抵押的延期手续。

经审核符合规定的，主管海关应当制发《中华人民共和国海关准予办理减免税货物贷款抵押延期通知书》；不符合规定的，应当制发《中华人民共和国海关不准予办理减免税货物贷款抵押延期通知书》。

第二十七条 在海关监管年限内，减免税申请人需要将减免税货物转让给进口同一货物享受同等减免税优惠待遇的其他单位的，应当按照下列规定办理减免税货物结转手续：

（一）减免税货物的转出申请人向转出地主管海关提出申请，并随附相关材料。转出地主管海关审核同意后，通知转入地主管海关。

（二）减免税货物的转入申请人向转入地主管海关申请办理减免税审核确认手续。转入地主管海关审核同意后，制发《征免税确认通知书》。

（三）结转减免税货物的监管年限应当连续计算，转入地主管海关在剩余监管年限内对结转减免税货物继续实施后续监管。

转入地海关和转出地海关为同一海关的，参照本条第一款规定办理。

第二十八条 在海关监管年限内，减免税申请人需要将减免税货物转让给不享受进口税收优惠政策或者进口同一货物不享受同等减免税优惠待遇的其他单位的，应当事先向主管海关申请办理减免税货物补缴税款手续。进口时免予提交许可证件的减免税货物，按照国家有关规定需要补办许可证件的，减免税申请人在办理补缴税款手续时还应当补交有关许可证件。有关减免税货物自办结上述手续之日起，解除海关监管。

第二十九条 减免税货物因转让、提前解除监管以及减免税申请人发生主体变更、依法终止情形或者其他原因需要补征税款的，补税的完税价格以货物原进口时的完税价格为基础，按照减免税货物已进口时间与监管年限的比例进行折旧，其计算公式如下：

$$补税的完税价格=减免税货物原进口时的完税价格\times\left[1-\frac{减免税货物已进口时间}{监管年限\times12}\right]$$

减免税货物已进口时间自货物放行之日起按月计算。不足1个月但超过15日的，按1个月计算；不超过15日的，不予计算。

第三十条 按照本办法第二十九条规定计算减免税货物补税的完税价格的，应当按以下情形确定货物已进口时间的截止日期：

（一）转让减免税货物的，应当以主管海关接受减免税申请人申请办理补税手续之日作为截止之日；

（二）减免税申请人未经海关批准，擅自转让减免税货物的，应当以货物实际转让之日作为截止之日；实际转让之日不能确定的，应当以海关发现之日作为截止之日；

（三）在海关监管年限内，减免税申请人发生主体变更情形的，应当以变更登记之日作为截止之日；

（四）在海关监管年限内，减免税申请人发生破产、撤销、解散或者其他依法终止经营情形的，应当以人民法院宣告减免税申请人破产之日或者减免税申请人被依法认定终止生产经营活动之日作为截止之日；

（五）减免税货物提前解除监管的，应当以主管海关接受减免税申请人申请办理补缴税款手续之日作为截止之日。

第三十一条 在海关监管年限内，减免税申请人需要将减免税货物移作他用的，应当事先向主管海关提出申请。经主管海关审核同意，减免税申请人可以按照海关批准的使用单位、用途、地区将减免税货物移作他用。

本条第一款所称移作他用包括以下情形：

（一）将减免税货物交给减免税申请人以外的其他单位使用；

（二）未按照原定用途使用减免税货物；

（三）未按照原定地区使用减免税货物。

除海关总署另有规定外，按照本条第一款规定将减免税货物移作他用的，减免税申请人应当事先按照移作他用的时间补缴相应税款；移作他用时间不能确定的，应当提供税款担保，税款担保金额不得超过减免税货物剩余监管年限可能需要补缴的最高税款总额。

第三十二条 减免税申请人将减免税货物移作他用，需要补缴税款的，补税的完税价格以货物原进口时的完税价格为基础，按照需要补缴税款的时间与监管年限的比例进行折旧，其计算公式如下：

$$补税的完税价格=减免税货物原进口时的完税价格\times\left[\frac{需要补缴税款的时间}{监管年限\times365}\right]$$

上述计算公式中需要补缴税款的时间为减免税货物移作他用的实际时间，按日计算，每日实际使用不满 8 小时或者超过 8 小时的均按 1 日计算。

第三十三条 海关在办理减免税货物贷款抵押、结转、移作他用、异地监管、主体变更、退运出境或者出口、提前解除监管等后续管理业务时，应当自受理减免税申请人的申请之日起 10 个工作日内作出是否同意的决定。

因特殊情形不能在前款规定期限内作出决定的，海关应当向申请人说明理由，并自特殊情形消除之日起 10 个工作日内作出是否同意的决定。

第六章 附 则

第三十四条 在海关监管年限内，减免税申请人发生分立、合并、股东变更、改制等主体变更情形的，或者因破产、撤销、解散、改制或者其他情形导致其终止的，当事人未按照有关规定，向原减免税申请人的主管海关报告主体变更或者终止情形以及有关减免税货物的情况的，海关予以警告，责令其改正，可以处 1 万元以下罚款。

第三十五条 本办法下列用语的含义：

进出口货物减免税申请人，是指根据有关进出口税收优惠政策和相关法律、行政法规的规定，可以享受进出口税收优惠，并依照本办法向海关申请办理减免税相关业务的具有独立法人资格的企事业单位、社会团体、民办非企业单位、基金会、国家机关；具体实施投资项目，获得投资项目单位授权并经按照本条规定确定为主管海关的投资项目所在地海关同意，可以向其申请办理减免税相关业务的投资项目单位所属非法人分支机构；经海关总署确认的其他组织。

减免税申请人的主管海关，减免税申请人为企业法人的，主管海关是指其办理企业法人登记注册地的海关；减免税申请人为事业单位、社会团体、民办非企业单位、基金会、国家机关等非企业法人组织的，主管海关是指其住所地海关；减免税申请人为投资项目单位所属非法人分支机构的，主管海关是指其办理营业登记地的海关。下列特殊情况除外：

（一）投资项目所在地海关与减免税申请人办理企业法人登记注册地海关或者办理营业登记地海关不是同一海关的，投资项目所在地海关为主管海关；投资项目所在地涉及多个海关的，有关海关的共同上级海关或者共同上级海关指定的海关为主管海关；

（二）有关进出口税收优惠政策实施措施明确规定的情形；

（三）海关总署批准的其他情形。

第三十六条 本办法所列文书格式由海关总署另行制定并公告。

第三十七条 本办法由海关总署负责解释。

第三十八条 本办法自 2021 年 3 月 1 日起施行。2008 年 12 月 29 日海关总署公布的《中华人民共和国海关进出口货物减免税管理办法》（海关总署令第 179 号）同时废止。

关于《中华人民共和国海关进出口货物减免税管理办法》实施有关事项的公告

（海关总署公告 2021 年第 16 号）

发布日期：2021-02-24

实施日期：2021-03-01

法规类型：规范性文件

《中华人民共和国海关进出口货物减免税管理办法》（海关总署令第 245 号，以下简称

《办法》）于2020年12月21日发布，自2021年3月1日起施行，现将有关事项公告如下：

一、《办法》第五条中“受理减免税审核确认申请之日”是指：减免税申请人递交的申请材料符合规定，海关予以受理的，海关收到申请材料之日为受理之日；减免税申请人提交的申请材料不齐全或者不符合规定的，海关一次性告知减免税申请人需要补正的有关材料，海关收到全部补正的申请材料之日为受理之日。

减免税申请人不按规定向海关提交齐全、有效、填报规范的申请材料的，海关不予受理。

二、对于部分实行免税额度管理的税收政策，减免税申请人将该政策项下的减免税货物转让给进口同一货物享受同等减免税优惠待遇的其他单位的，转出申请人的减免税额度不予恢复，转入申请人的减免税额度按照海关审定的货物结转时的价格、数量或者应缴税款予以扣减。

减免税货物因品质或者规格原因原状退运出境，减免税申请人以无代价抵偿方式进口同一类型货物的，减免税额度不予恢复；未以无代价抵偿方式进口同一类型货物的，减免税申请人在原减免税货物退运出境之日起3个月内向海关提出申请，经海关审核同意，减免税额度可以恢复。

对于其他提前解除监管的情形，减免税额度不予恢复。

三、《办法》第六条、第七条规定的《中华人民共和国海关进出口货物征免税确认通知书》变更、撤销和延期，其办理时限参照《办法》第五条规定时限执行。

四、《办法》第十九条规定的将减免税货物退运出境或出口，报关单的“监管方式”栏目应按照贸易实际进行填报。

五、2021年3月1日前海关已出具且在有效期内的《中华人民共和国海关进出口货物征免税证明》和《中华人民共和国海关准予办理减免税货物税款担保证明》，仍可以继续使用。

六、《办法》执行过程中涉及的法律文书及相关报表格式文本详见附件1-23。

七、本公告自2021年3月1日起实施。

特此公告。

附件：法律文书及相关报表格式文本（略）

关于不再执行20种商品停止减免税规定的公告

（财政部　海关总署　国家税务总局公告2020年第36号）

发布日期：2020-08-05

实施日期：2020-08-05

法规类型：规范性文件

经国务院同意，自公告之日起，不再执行《国务院批转关税税则委员会、财政部、国家税务总局关于第二步清理关税和进口环节税减免规定意见的通知》（国发〔1994〕64号）中关于20种商品“无论任何贸易方式、任何地区、企业、单位和个人进口，一律停止减免税”的规定。

20种商品包括电视机、摄像机、录像机、放像机、音响设备、空调器、电冰箱和电冰柜、洗衣机、照相机、复印机、程控电话交换机、微型计算机及外设、电话机、无线寻呼系统、传真机、电子计算器、打字机及文字处理机、家具、灯具、餐料（指调味品、肉禽蛋菜、水产品、水果、饮料、酒、乳制品）。

自公告之日起，现行相关政策规定与本公告内容不符的，以本公告为准。

商务部办公厅关于进一步做好鼓励类外商投资企业进口设备减免税有关工作的通知

（商办资函〔2017〕367号）

发布日期：2017-09-05

实施日期：2017-09-05

法规类型：规范性文件

各省、自治区、直辖市、计划单列市、新疆生产建设兵团、副省级城市商务主管部门，各自由贸易试验区、国家级经济技术开发区：

2016年9月，第十二届全国人大常委会第二十二次会议审议通过对《外资企业法》等四部法律的修正案，决定将不涉及国家规定实施准入特别管理措施的外商投资企业设立及变更由审批改为备案管理。2016年10月，商务部发布《外商投资企业设立及变更备案管理暂行办法》（商务部令2016年第3号）（以下简称《备案办法》），明确备案机构、备案程序、监督管理和法律责任等事项；2017年7月，商务部发布《关于修订〈外商投资企业设立及变更备案管理暂行办法〉的决定》（商务部令2017年第2号），进一步完善相关规定。为深化外商投资管理体制改革，继续有效实施《国务院关于调整进口设备税收政策的通知》（国发〔1997〕37号）进口设备税收政策，根据《商务部关于做好取消鼓励类外商投资企业项目确认审批后续工作的通知》（商资函〔2015〕160号），现就进一步做好备案适用范围内鼓励类外商投资企业进口设备减免税有关工作通知如下：

一、自2017年7月30日起，对符合《外商投资产业指导目录》鼓励类条目或《中西部地区外商投资优势产业目录》条目并适用备案程序设立或增资的外商投资企业（以下简称“企业”），企业或其投资者通过外商投资综合管理信息系统（以下简称系统）在线填报相关备案报告表时，应填报外商投资鼓励类项目有关信息，包括：适用产业政策条目、项目性质、项目内容、项目投资总额（美元值）、进口设备用汇额（美元值）、项目建设年限等。企业投资经营活动涉及多项鼓励类产业政策条目的，应当按照相关条目分别填报上述信息。

对于上述外商投资鼓励类项目有关信息（进口设备用汇额和项目建设年限除外）发生变更的，备案机构应要求企业在线填报变更事项。对于增资的，应在变更事项中填报本次增资额和进口设备用汇额以及增资后的投资总额和进口设备总用汇额。

对于仅涉及进口设备用汇额和建设年限发生变更的，企业可向主管海关提交说明材料，由主管海关予以审核确认。

二、备案机构通过系统发布备案结果后，企业或其投资者可以向备案机构领取“备注”栏中含有外商投资鼓励类项目有关信息的《外商投资企业设立备案回执》或《外商投资企业变更备案回执》（以下统称《备案回执》）。

省级以下备案机构应将外商投资鼓励类项目有关信息及企业其他备案信息一并通过系统报送省级商务主管部门比对，收到反馈结果后，应通过系统告知企业或其投资者。企业或其投资者可以向备案机构领取《备案回执》。

三、备案机构应切实履行备案监督管理责任，依据《备案办法》对企业填报信息是否真实、准确、完整进行监督检查，发现企业存在违反鼓励类外商投资项目项下进口设备减免税相关法律法规规定的，应及时通报有关直属海关。

四、自2016年10月8日至本通知印发期间，适用备案程序已设立或增资的企业，对其中符合《外商投资产业指导目录》鼓励类条目或《中西部地区外商投资优势产业目录》条目，尚未根据《商务部关于做好取消鼓励类外商投资企业项目确认审批后续工作的通知》（商资函〔2015〕160号）办理进口设备减免税手续的，备案机构应当填写《外商投资鼓励类项目信息汇总表》（以下简称《汇总表》，格式见附表）。

省级以下备案机构应于2017年9月30日前将《汇总表》报所属省级商务主管部门比对汇总，省级商务主管部门应于2017年10月31日前，将所辖范围内比对汇总完毕的《汇总表》发送相关直属海关，抄送商务部（外资司）。

五、对外商投资企业的设立及变更涉及外商投资准入特别管理措施的，有关外商投资企业开展的鼓励类外商投资项目项下进口设备涉及减免税手续的相关事宜，仍按照《商务部关于做好取消鼓励类外商投资企业项目确认审批后续工作的通知》（商资函〔2015〕160号）规定办理。

六、本通知自发布之日起执行。对于执行中遇有问题，请各备案机构与各直属海关加强沟通、协调、配合，必要时向商务部（外资司）、海关总署（关税征管司）反映。

附件：外商投资鼓励类项目信息汇总表（略）

关于对外贸易救济措施进口产品停止执行进口减免税政策

（海关总署公告2009年第21号）

发布日期：2009-04-29
实施日期：2009-05-01
法规类型：规范性文件

经国务院批准，对实施对外贸易救济措施的进口产品停止执行进口减免税政策。现就有关执行事宜公告如下：

一、对从境外进口（包括从海关特殊监管区域出区进入到境内）的特定产品，自国务院关税税则委员会作出的对外贸易救济措施征税决定实施之日起，所有此类产品停止执行进口减免税政策，一律照章征收进口关税和进口环节税。

二、对执行进口减免税政策的有关产品在实施临时对外贸易救济措施期间，应先按照海关总署规定征收进口关税、进口环节税税款保证金和相应的对外贸易救济措施保证金，待有关对外贸易救济措施政策明确后再按照规定办理相关手续。

三、为便于执行该项政策，将目前正在实施对外贸易救济措施的产品作为公告附件一并对外公布。

四、自2009年5月1日起，申报进口的货物按照本公告规定执行。

特此公告。

附件：正在实施的对外贸易救济措施产品及文件汇总表（略）

关于对部分进口税收优惠政策进行相应调整涉及相关执行问题的公告

（海关总署公告2008年第103号）

发布日期：2008-12-31
实施日期：2009-01-01
法规类型：规范性文件

为配合实施增值税转型改革，经国务院批准，财政部、海关总署、税务总局联合发布2008年第43号公告，对部分进口税收优惠政策进行相应调整。现将政策调整涉及的相关执行问题公告如下：

一、自2009年1月1日起，对按照或者比照《国务院关于调整进口设备税收政策的通知》（国发〔1997〕37号，以下简称《通知》）规定享受进口税收优惠政策的下列项目和企业进口的自用设备以及按照合同随上述设备进口的技术及配套件、备件，恢复征收进口环节增值税，但继续免征关税：

（1）国家鼓励发展的国内投资项目和外商投资项目；

（2）外国政府贷款和国际金融组织贷款项目；

（3）由外商提供不作价进口设备的加工贸易企业；

（4）中西部地区外商投资优势产业项目；

（5）《海关总署关于进一步鼓励外商投资有关进口税收政策的通知》（署税〔1999〕791号）中规定的外商投资企业和外商投资设立的研究开发中心利用自有资金进行技术改造项目（以下简称自有资金项目）；

（6）软件生产企业和集成电路生产企业；

（7）城市轨道交通项目；

（8）其他比照《通知》执行的企业和项目。

二、对上述国家鼓励发展的国内投资项目和外商投资项目、外国政府贷款和国际金融组织贷款项目、中西部外商投资优势产业项目及城市轨道交通项目，按照以下规定执行：

（1）项目投资主管部门在2008年11月9日及以前已经出具《项目确认书》，其项目项下进口的自用设备以及按照合同随设备进口的技术及配套件、备件于2009年6月30日及以前向海关申报进口的，在符合原有关免税规定范围内继续免征关税和进口环节增值税。

（2）项目投资主管部门在2008年11月10日至2008年12月31日期间出具《项目确认书》，其项目项下进口的自用设备以及按照合同随设备进口的技术及配套件、备件在2009年1月1日及以后向海关申报进口的，一律恢复征收进口环节增值税，在符合原有关免税规定范围内继续免征关税；海关根据上述《项目确认书》在2008年12月31日及以前出具的《进出口货物征免税证明》（以下简称《征免税证明》）予以作废，进口单位须重新向海关申请出具免征关税，照章征收进口环节增值税的《征免税证明》。因重新出具《征免税证明》而产生的滞报金，按规定予以免征。

三、对按照《通知》执行进口税收优惠政策的1997年12月31日及以前审批、核准或备案的国内投资项目（包括技术改造项目和基本建设项目）、外商投资项目及外国政府贷款和国际金融组织贷款项目，以及自有资金项目和经认定的软件生产企业、集成电路生产企业进口的自用设备及按照合同随设备进口的技术及配套件、备件，海关在 2008 年 12 月 31 日及以前出具的《征免税证明》在有效期内继续有效，但不得延期。

四、对加工贸易外商提供的不作价设备在 2008 年 12 月 31 日及以前已经办理了加工贸易手册备案，并且在 2009 年 6 月 30 日及以前向海关申报进口的，在符合原有关免税规定范围内继续免征关税和进口环节增值税。

自 2009 年 1 月 1 日起，海关办理不作价设备加工贸易手册备案或备案变更，一律征收进口环节增值税，在符合原有关免税规定范围内继续免征关税。

五、涉及本次进口环节增值税政策调整的有关减免税货物，在 2008 年 12 月 31 日及以前已向海关申报进口的（已征税放行的除外），在符合原有关免税规定范围内继续免征关税和进口环节增值税。

六、为确保进口环节增值税政策调整的顺利进行，海关将对进口单位申请减免税的有关单证资料进行严格审核，对倒签日期等骗取减免国家税款的行为，依法予以查处。

特此公告。

关于对部分进口税收优惠政策进行调整的公告

（财政部　海关总署　国家税务总局公告 2008 年第 43 号）

发布日期：2008-12-31
实施日期：2009-01-01
法规类型：规范性文件

为配合全国增值税转型改革，规范税制，经国务院批准，对部分进口税收优惠政策进行相应调整，现将有关事项公告如下：

一、自 2009 年 1 月 1 日起，对《国务院关于调整进口设备税收政策的通知》（国发〔1997〕37 号）中国家鼓励发展的国内投资项目和外商投资项目进口的自用设备、外国政府贷款和国际金融组织贷款项目进口设备、加工贸易外商提供的不作价进口设备以及按照合同随上述设备进口的技术及配套件、备件，恢复征收进口环节增值税，在原规定范围内继续免征关税。

二、自 2009 年 1 月 1 日起，对海关总署《关于进一步鼓励外商投资有关进口税收政策的通知》（署税〔1999〕791 号）中规定的外商投资企业和外商投资设立的研究开发中心进行技术改造以及按《中西部地区外商投资优势产业目录》批准的外商投资项目进口的自用设备及其配套技术、配件、备件，恢复征收进口环节增值税，在原规定范围内继续免征关税。

三、自 2009 年 1 月 1 日起，对软件生产企业、集成电路生产企业、城市轨道交通项目以及其他比照《国务院关于调整进口设备税收政策的通知》（国发〔1997〕37 号）执行的企业和项目，进口设备及其配套技术、配件、备件，一律恢复征收进口环节增值税，在原规定范围内继续免征关税。

四、对 2008 年 11 月 10 日以前获得《国家鼓励发展的内外资项目确认书》的项目，于 2009 年 6 月 30 日及以前申报进口的设备及其配套技术、配件、备件，按原规定继续执行免征关税和进口环节增值税的政策，2009 年 7 月 1 日及以后申报进口的，一律恢复征收进口环节增值税，符合原免税规定的，继续免征关税。

关于针对海关在执行相关进口税收优惠政策适用问题的公告

（海关总署、发展改革委、财政部、商务部公告 2007 年第 35 号）

发布日期：2007-07-13

实施日期：2007-07-20

法规类型：规范性文件

为保证外商投资项目进口税收优惠政策的正确实施，营造规范、统一、公平的贸易环境，保障外商投资企业的合法权益，针对海关在执行相关进口税收优惠政策中遇到的问题，经研究，现将有关政策适用问题明确如下：

一、关于外商投资项目适用进口税收优惠政策问题

根据外商投资的法律法规规定，在中国境内依法设立，并领取中华人民共和国外商投资企业批准证书和外商投资企业营业执照等有关法律文件的中外合资经营企业、中外合作经营企业和外资企业（以下统称外商投资企业），所投资的项目符合《外商投资产业指导目录》中鼓励类或《中西部地区外商投资优势产业目录》的产业条目的，其在投资总额内进口的自用设备及随设备进口的配套技术、配件、备件（以下简称自用设备），除《外商投资项目不予免税的进口商品目录》所列商品外，免征关税和进口环节增值税。

2002 年 4 月 1 日以前批准的外商投资限制乙类项目，以及 1996 年 4 月 1 日以前批准的外商投资项目，仍可享受上述外商投资项目进口税收优惠政策。但以上外商投资项目（包括鼓励类项目），其项目单位须于 2007 年 12 月 31 日前按照现行规定持项目确认书或其他相关资料向海关申请办理减免税备案手续，并于 2010 年 12 月 31 日前向海关申请办理项目项下进口自用设备的减免税审批手续。逾期，海关不再受理上述减免税备案和审批申请。个别投资规模大，建设期长的外商投资项目，经海关总署商原出具项目确认书的国务院有关主管部门同意，可适当延长办理减免税审批手续的时限。

二、关于外商投资股份有限公司适用进口税收优惠政策问题

（一）中外投资者采取发起或募集方式在境内设立外商投资股份有限公司，或已设立的外商投资有限责任公司转变为外商投资股份有限公司，并且外资股比不低于 25%，所投资的项目符合《外商投资产业指导目录》中鼓励类或《中西部地区外商投资优势产业目录》的产业条目的，其在投资总额内进口的自用设备，可以享受外商投资项目进口税收优惠政策。

（二）内资有限责任公司和股份有限公司转变为外资股比不低于 25%的外商投资股份有限公司并且同时增资，所投资的项目符合《外商投资产业指导目录》中鼓励类或《中西部地区外商投资优势产业目录》的产业条目的，其增资部分对应的进口自用设备可享受外商投资项目进口税收优惠政策。但原项目（不含增资部分）项下进口的自用设备不能享受外商投资项目进口税收优惠政策。

（三）境内内资企业发行 B 股或发行海外股（H 股、N 股、S 股、T 股或红筹股）转化为外商投资股份有限公司，其投资项目一般不享受外商投资项目进口税收优惠政策。此类外商投资股份有限公司所投资的项目符合《外商投资产业指导目录》中鼓励类或《中西部地区外

商投资优势产业目录》的产业条目的，其在投资总额内进口的自用设备，除《国内投资项目不予免税的进口商品目录》所列商品外，可以免征关税和进口环节增值税。此前已经国务院特别批准按国内投资产业政策管理的此类外商投资股份有限公司，仍按原规定执行。

三、关于外国投资者的投资比例低于25%的外商投资企业的进口税收政策适用问题

（一）外国投资者的投资比例低于25%的外商投资企业，所投资的项目符合《外商投资产业指导目录》中鼓励类或《中西部地区外商投资优势产业目录》的产业条目的，其在投资总额内进口的自用设备，除《国内投资项目不予免税的进口商品目录》所列商品外，可以免征关税和进口环节增值税。

（二）持有外商投资企业批准证书的A股上市公司（以下简称外商投资上市公司）股权分置改革方案实施后，因增发新股或原外资法人股股东出售股份，使外资股比低于25%的，其投资项目不能享受外商投资项目进口税收优惠政策；之后即使原外资法人股股东通过回购股份等方式，使外资股比再次不低于25%的，其投资项目仍然不能享受外商投资项目进口税收优惠政策。对于股权分置改革方案实施后，外商投资上市公司增发新股，或原外资法人股股东出售股份，但外资股比不低于25%，所投资的项目符合《外商投资产业指导目录》中鼓励类或《中西部地区外商投资优势产业目录》的产业条目的，其在投资总额内进口的自用设备仍可享受外商投资项目进口税收优惠政策。

（三）外国投资者的投资比例低于25%的外商投资企业不能享受外商投资项目进口税收优惠政策，因此，此类企业不属于《海关总署关于进一步鼓励外商投资有关进口税收政策的通知》（署税〔1999〕791号）中规定的可享受有关税收优惠政策范围，不能利用自有资金免税进口自用设备。

四、关于外商投资企业境内再投资项目的进口税收政策适用问题

（一）外商投资企业向中西部地区再投资设立的企业或其通过投资控股的公司，注册资本中外资比例不低于25%，并取得外商投资企业批准证书，所投资的项目符合《外商投资产业指导目录》中鼓励类或《中西部地区外商投资优势产业目录》的产业条目的，其在投资总额内进口的自用设备，可享受外商投资项目进口税收优惠政策。

（二）外商投资企业向中西部以外地区再投资设立的企业，以及向中西部地区再投资设立的外资比例低于25%的企业（上述企业包括直接或间接含有外资成分的公司），所投资的项目仍按外商投资产业政策管理，其中符合《外商投资产业指导目录》中鼓励类或《中西部地区外商投资优势产业目录》的产业条目的，其在投资总额内进口的自用设备，除《国内投资项目不予免税的进口商品目录》所列商品外，可以免征关税和进口环节增值税。

五、本公告自2007年7月20日起执行。此前有关文件规定与本公告不一致的，以本公告为准。

特此公告。

海关总署关于进一步鼓励外商投资有关进口税收政策的通知

（署税〔1999〕791号）

发布日期：1999-11-22
实施日期：1999-09-01
法规类型：规范性文件

广东分署，各直属海关、院校：

根据国务院指示精神，为了鼓励外商投资，决定进一步扩大对外商投资企业的进口税收优惠政策，经商外经贸部、国家经贸委、财政部，现就有关问题通知如下：

一、对已设立的鼓励类和限制乙类外商投资企业、外商投资研究开发中心、先进技术型和产品出口型外商投资企业（以下简称五类企业）技术改造，在原批准的生产经营范围内进口国内不能生产或性能不能满足需要的自用设备及其配套的技术、配件、备件，可按国务院《关于调整进口设备税收政策的通知》（国发〔1997〕37号）的规定免征进口关税和进口环节税。

（一）享受本条免税优惠政策应符合以下条件：

1. 资金来源应是五类企业投资总额以外的自有资金（具体是指企业储备基金、发展基金、折旧和税后利润，下同）；

2. 进口商品用途：在原批准的生产经营范围内，对本企业原有设备更新（不包括成套设备和生产线）或维修；

3. 进口商品范围：国内不能生产或性能不能满足需要的设备（即不属于《国内投资项目不予免税的进口商品目录》的商品），以及与上述设备配套的技术、配件、备件（包括随设备进口或单独进口的）。

（2）征免税手续办理程序：

1. 进口证明的出具：由有关部门根据本条第（一）款第1、2点的规定出具《外商投资企业进口更新设备、技术及配备件证明》（格式见附件1），其中：鼓励类、限制乙类外商投资企业由原出具项目确认书的部门出具（1997年12月31日以前批准设立的上述企业由原审批部门出具）；外商投资研究开发中心由原审批部门（具体部门详见本通知第二条第（一）款第1点）出具；产品出口型企业和先进技术型企业由颁发《外商投资产品出口企业确认书》和《外商投资先进技术企业确认书》的外经贸部或省、自治区、直辖市、计划单列市的外经贸厅局出具。

2. 征免税证明的办理：企业所在地直属海关凭企业提交的上述进口证明、合同和进口许可证明等有关资料，并审核进口商品范围符合本条第（一）款第3点的规定后出具征免税证明。

（三）特殊规定：

1. 凡五类企业超出本条第（一）款第2点界定范围进行技术改造的，其进口证明应由国家或省级经贸委按审批权限出具《技术改造项目确认登记证明》（格式见附件2）。

2. 五类企业利用自有资金进行设备更新维修或技术改造，需进口属于《国内投资项目不予免税的进口商品目录》内的商品，如确属国内同类产品的性能不能满足需要的，由归口管理该类产品的国家行业主管部门审核并出具《外商投资企业设备更新或技术改造进口国内不能生产的同类设备证明》（格式见附件3），直属海关凭上述证明和《外商投资企业进口更新设备、技术及配备件证明》或《技术改造项目确认登记证明》及合同和进口许可证明等有关资料办理设备及配套技术的免税审批手续。

二、外商投资设立的研究开发中心，在投资总额内进口国内不能生产或性能不能满足需要的自用设备及其配套的技术、配件、备件，可按《国务院关于调整进口设备税收政策的通知》（国发〔1997〕37号）的规定免征进口关税和进口环节税。

（一）享受本条免税优惠政策应符合以下条件：

1. 享受单位应是经国家计委、国家经贸委、外经贸部以及各省、自治区、直辖市、计划单列市计委、经贸委、外经贸厅局批准，设立在外商投资企业内部或单独设立的专门从事产品或技术开发的研究机构；

2. 资金来源限于在投资总额内；

3. 进口商品范围：国内不能生产或性能不能满足需要的自用设备（指不属于《外商投资项目不予免税的进口商品目录》中的商品）及其配套的技术、配件、备件，但仅限于不构成生产规模的实验室或中试范畴，也不包括船舶、飞机、特种车辆和施工机械等。

（二）征免税手续办理程序：

1. 项目确认书的出具：按照上述研究机构的审批权限由国家计委、国家经贸委、对外经贸部以及各省、自治区、直辖市、计划单列市计委、经贸委、外经贸厅局按照本条第（一）款第1、2点的规定出具外商投资研究开发中心项目确认书。项目确认书的格式和内容与署税〔1997〕1062号文所附《国家鼓励发展的内外资项目确认书》相同。

2. 征免税证明的办理：企业所在地直属海关凭上述项目确认书及有关资料，比照署税〔1997〕1062号文的规定办理。

三、对符合中西部省、自治区、直辖市利用外资优势产业和优势项目目录（由国务院批准后另行发布，下同）的项目，在投资总额内进口国内不能生产或性能不能满足需要的自用设备及其配套的技术、配件、备件，除国发〔1997〕37号文规定的《外商投资项目不予免税的进口商品目录》外，免征进口关税和进口环节税。有关手续比照署税〔1997〕1062号文对外商投资项目的有关规定办理。

四、对符合中西部省、自治区、直辖市利用外资优势产业和优势项目目录的项目，在投资总额外利用自有资金进口享受税收优惠政策商品范围及免税手续比照本通知第一条对五类企业的有关规定办理。

五、符合本通知规定免税进口的货物为海关监管货物，企业不能擅自出售和转让。设备更新或技术改造而被替换的设备，如在本企业内继续使用，海关按监管年限进行管理，在监管年限内出售和转让给其他可享受进口设备税收优惠政策企业的，可免予补税，否则应照章征税。

六、企业所在地直属海关与进口地海关要加强联系配合，提高办事效率，直属海关经审核无误出具《进口货物征免税证明》后，尽快通知进口地海关办理免税验放。如企业所在地系非直属海关所在地，可由所在地处级海关受理初审，报送直属海关核准，出具征免税证明。总署将组织力量，尽快补充和调整《减免税管理系统》，将此项税收优惠政策纳入计算机管理。

七、此项税收优惠政策涉及的部门多、政策性强，各海关要认真学习领会文件精神，严格遵照执行，不得擅自扩大免税范围。要主动与地方政府和有关主管部门联系，做好宣传工作。

八、本通知自1999年9月1日起实施，但已征收的税款不予退还。在此日期以后报关进口，尚未办结征税手续的，按本通知的规定办结免税手续后，予以免税结案，已征收的保证金准予退还。

执行中的问题和情况，请及时报总署关税征管司。

附件：1. 外商投资企业进口更新设备、技术及配备件证明（略）

2. 技术改造项目确认登记证明（略）

3. 外商投资企业设备更新或技术改造进口国内不能生产的同类设备证明（略）

重大技术装备

海关总署关于执行重大技术装备进口税收政策有关事项的通知

（署税发〔2020〕224号）

发布日期：2020-12-24
实施日期：2020-12-24
法规类型：规范性文件

广东分署，各直属海关：

为继续支持我国重大技术装备制造业发展，财政部会同工业和信息化部、海关总署、税务总局、能源局制定了《重大技术装备进口税收政策管理办法》（财关税〔2020〕2号文件印发，以下简称《管理办法》），工业和信息化部根据《管理办法》有关规定，会同相关部门制定了《重大技术装备进口税收政策管理办法实施细则》（工信部联财〔2020〕118号文件印发）。为认真落实重大技术装备进口税收政策，现就政策执行中的有关事项明确如下：

一、经认定的具有免税资格的企业和核电项目业主名单（包括新享受政策、复核后或发生变更情形后继续享受政策的企业和核电项目业主名单）及其享受政策的起止时间、免税资格复核年度（以下统称"享受政策名单"），以及复核后或发生变更情形后停止享受政策、存在被列入失信联合惩戒名单等失信情况而不能继续享受政策的企业和核电项目业主名单及其停止享受政策的时间（以下统称"停止享受政策名单"），在工业和信息化部函告海关总署后，总署转发各直属海关执行。

上述停止享受政策的企业和核电项目业主在停止享受政策之日（含当日）后，向海关申报进口已享受政策的有关商品，应按规定补缴相关税款。

二、对享受政策名单内的企业和核电项目业主，为生产名单中相应的国家支持发展的重大技术装备和产品，在享受政策期限内申报进口当年度适用的《重大技术装备和产品进口关键零部件、原材料商品目录》（以下简称《零部件、原材料目录》）中相应的执行年限内的商品，免征关税和进口环节增值税。

对享受政策名单内的企业和核电项目业主申请只免征进口关税、自愿放弃免征进口环节增值税的，主管海关可以受理，并按规定为其办理减免税审核确认手续。但企业和业主在主动放弃免征进口环节增值税后的36个月内，如果再次申请免征进口环节增值税，主管海关不予受理。

三、主管海关应对照总署转发的享受政策名单、停止享受政策名单以及当年度适用的《国家支持发展的重大技术装备和产品目录》（以下简称《装备和产品目录》）和《零部件、原材料目录》，按规定对有关企业或核电项目业主进口的有关商品是否符合免税条件进行审核确认。

（一）对于《零部件、原材料目录》同时列名了一级部件和二级部件项下商品的，仅进口的二级部件项下商品可予免税；仅列名了一级部件项下商品而未列名二级部件项下商品的，进口一级部件项下商品可予免税。

（二）对于以散件形式（即未组装成一级部件或二级部件整机）进口的多个部件，其中组装后能构成《零部件、原材料目录》所列一级部件或二级部件的整机特征的有关进口部件，可予免税。

各直属海关可结合工作实际和企业诉求，对《装备和产品目录》《零部件、原材料目录》提出修订建议，于当年2月28日前报送总署（关税司）。

四、符合下列情形之一的，有关企业或核电项目业主可向主管海关申请办理有关货物凭税款担保先予放行手续：

（一）新享受政策的企业或核电项目业主名单在下年度1月1日前未印发，企业和业主可凭工业和信息化部开具的《申请享受重大技术装备进口税收政策受理通知书》向海关申请办理；

（二）复核后继续享受政策的企业或核电项目业主名单在下年度1月1日前未印发，上一享受政策期限内已享受政策的企业和核电项目业主可直接向海关申请办理；

（三）具有免税资格的企业和核电项目业主发生企业名称、公司类型、经营范围等信息变更，自完成变更登记之日起，可向海关申请办理；

（四）享受政策的企业和核电项目业主向海关报告其存在被列入失信联合惩戒名单等失信情形，自其报告之日起，可向海关申请办理。

五、重大技术装备进口税收政策项下进口有关商品的减免税审核确认手续纳入减免税管理系统管理。征免性质为：生产重大技术装备进口关键零部件及原材料（简称：重大技术装备，代码：408）。

享受政策名单中有关企业或核电项目业主首次向主管海关办理减免税审核确认手续时，《进出口货物征免税申请表》相关信息栏目填制要求如下：

（一）"减免税申请人名称"栏目填写享受政策名单内企业或核电项目业主名称；

（二）"项目名称"栏目填写享受政策名单中相应的重大技术装备和产品名称；

（三）"立项日期"栏目填写享受政策名单内企业或核电项目业主具备免税资格的起始时间；

（四）"开始日期"栏目填写向海关申请办理减免税审核确认手续的日期；

（五）"结束日期"栏目填写享受政策名单内企业或核电项目业主免税资格的截止时间；

（六）对于系统未提示必须填写的其他栏目可以不填写。

六、对按照或比照《国务院关于调整进口设备税收政策的通知》（国发〔1997〕37号）规定享受进口税收优惠政策的项目和企业（包括国家鼓励发展的国内投资项目和外商投资项目；外国政府贷款和国际金融组织贷款项目；由外商提供不作价进口设备的加工贸易企业；中西部地区外商投资优势产业项目；《海关总署关于进一步鼓励外商投资有关进口税收政策的通知》（署税〔1999〕791号）规定的外商投资企业和外商投资设立的研究开发中心利用自有资金进行技术改造项目）进口属于《进口不予免税的重大技术装备和产品目录》（以下简称《重装不免目录》）中自用设备以及按照合同随上述设备进口的技术及配套件、备件，照章征收进口税。

（一）对于在工作原理、结构、用途、功能、性能、限定的技术指标等方面与《重装不免目录》中列名商品相同的进口设备，不论用于何种行业均不予免税。对于在工作原理、结构、用途、功能、性能上与《重装不免目录》列名商品明显不同的进口设备，可认定为不属于

《重装不免目录》所列商品。

（二）对于《重装不免目录》中有两项及以上技术指标的商品，如进口相关设备有两项及以上的技术指标优于《重装不免目录》中相应商品的限定技术规格的，可认定为不属于《重装不免目录》所列商品。

（三）《重装不免目录》中同时列明了设备名称和税则号列，对因年度税则税目调整使得《重装不免目录》中所列税则号列不够准确或设备名称和对应的税则号列不一致的，应以设备的名称为准。

（四）《重装不免目录》列名的“……生产线”“……成套设备”“……系统”包含其全部组成设备，无论进口成套或部分设备，都受《重装不免目录》限制。上述生产线、成套设备或系统的组成设备成套进口并符合商品归类原则“功能机组”定义的，应一并按“功能机组”归入相应税则号列，如其技术规格优于《重装不免目录》列名商品的，则按“功能机组”归类的该成套进口组成设备符合免税条件；按照商品归类原则各组成设备应分别归类的，如该生产线、成套设备或系统的技术规格优于《重装不免目录》列名商品的，则分别归类的各组成设备也符合免税条件。

（五）《重装不免目录》中技术规格栏目中的“以上”、“以下”均不含本数。技术规格栏目中以两项及以上指标相乘形式表示的，进口设备相应的各单项技术指标必须分别优于所列指标，才符合免税条件。

七、重大技术装备进口税收政策项下免税进口的零部件、原材料属于海关监管货物，在海关监管年限内，未经海关审核同意，不得擅自转让、移作他用或进行其他处置。

在海关监管年限内，上述有关零部件、原材料全部被装配或制造为《装备和产品目录》所列装备和产品之日起，自动解除监管。企业和核电项目业主应如实记录零部件、原材料使用有关情况，能够与所装配或制造的装备和产品形成对应关系，并在向主管海关报告减免税货物使用状况时报告相关情况。

享受政策的企业和核电项目业主如违反规定，将免税进口的零部件、原材料擅自转让、移作他用或者进行其他处置，被依法追究刑事责任的，从违法行为发现之日起停止享受政策。在违法行为性质最终确定前，海关不予受理该企业或核电项目业主办理进口有关零部件、原材料减免税审核确认手续的申请，但可凭其提供的税款担保办理有关零部件、原材料先予放行手续。待违法行为性质确定后，按规定处理。

八、请各直属海关加强政策宣传解读，将本通知有关规定告知相关企业和核电项目业主，并结合本关区工作实际细化落实有关措施。对于政策执行中存在的问题，请及时向总署（关税司）反映。

《海关总署关于执行重大技术装备进口税收政策有关问题的通知》（署税发〔2014〕180号）和《海关总署关于修订执行重大技术装备进口税收政策有关条款的通知》（署税函〔2016〕119号）自本通知印发之日同时废止。

特此通知。

重大技术装备进口税收政策管理办法实施细则

（工信部联财〔2020〕118 号）

发布日期：2020-07-24

实施日期：2020-08-01

法规类型：规范性文件

第一章 总 则

第一条 为落实重大技术装备进口税收政策，根据《财政部 工业和信息化部 海关总署 税务总局 能源局关于印发〈重大技术装备进口税收政策管理办法〉的通知》（财关税〔2020〕2 号）制定本细则。

第二条 工业和信息化部会同财政部、海关总署、税务总局、能源局制定和修改本细则，省级工业和信息化主管部门（含计划单列市，下同）会同同级财政厅（局）、各直属海关、省级税务机关按照本细则做好相关工作。

第三条 申请享受重大技术装备进口税收政策的企业一般应为生产国家支持发展的重大技术装备或产品的企业，承诺具备较强的设计研发和生产制造能力以及专业比较齐全的技术人员队伍，并应当同时满足以下条件：

（一）独立法人资格；

（二）不存在违法和严重失信行为；

（三）具有核心技术和知识产权；

（四）申请享受政策的重大技术装备和产品应符合《国家支持发展的重大技术装备和产品目录》有关要求。

申请享受重大技术装备进口税收政策的核电项目业主应为核电领域承担重大技术装备依托项目的业主。

第二章 免税资格申请程序

第四条 新申请享受政策的企业和核电项目业主免税资格的认定工作每年组织 1 次。

第五条 新申请享受政策的企业和核电项目业主，应按照下年 1 月 1 日执行有效的重大技术装备进口税收政策有关目录，于当年 8 月 1 日至 8 月 31 日提交《享受重大技术装备进口税收政策申请报告》（见附件 1）。其中，地方企业通过企业所在地省级工业和信息化主管部门向工业和信息化部报送申请报告；中央企业集团下属企业、核电项目业主通过中央企业集团向工业和信息化部报送申请报告。

第六条 省级工业和信息化主管部门、中央企业集团收到申请报告后，应对照附件 1 有关要求，审核申请报告是否规范、完整，材料是否有效。其中，省级工业和信息化主管部门应会同企业所在地直属海关、省级财政厅（局）、省级税务机关对申请报告进行审核。申请报告不符合规定的，省级工业和信息化主管部门、中央企业集团应当一次性告知企业和核电项目业主需要补正的材料，企业和核电项目业主应在 5 个工作日内提交补正材料。企业和核电项目业主未按照规定报送申请报告或补正材料的，省级工业和信息化主管部门和中央企业集团不予受理。

第七条 省级工业和信息化主管部门、中央企业集团应于每年9月30日前，将审核后的申请报告报送工业和信息化部。

第八条 工业和信息化部收到申请报告后，应会同财政部、海关总署、税务总局、能源局组织相关行业专家，对照本细则第三条的规定，通过书面审核和答辩等形式，对企业和核电项目业主的免税资格进行认定，形成专家评审意见。

第九条 工业和信息化部会同财政部、海关总署、税务总局、能源局根据专家评审意见，共同研究确定下年度新享受政策的企业和核电项目业主名单及其享受政策时间、免税资格复核时间，由工业和信息化部于每年11月30日前函告海关总署，抄送税务总局、能源局、省级工业和信息化主管部门、中央企业集团。名单中的企业和核电项目业主自下年度1月1日起享受政策。

第十条 省级工业和信息化主管部门、中央企业集团应将新享受政策的企业和核电项目业主名单等信息分别告知相关企业和核电项目业主。

第十一条 特殊情况下，新享受政策的企业和核电项目业主名单未能在下年度1月1日前印发，新申请享受政策的企业和核电项目业主可凭工业和信息化部开具的《申请享受重大技术装备进口税收政策受理通知书》（见附件2），向主管海关申请办理有关零部件及原材料凭税款担保先予放行手续。

第三章 免税资格复核程序

第十二条 对已享受政策的企业和核电项目业主的免税资格每三年集中进行一次复核。

第十三条 企业和核电项目业主应按照下年1月1日执行有效的重大技术装备进口税收政策有关目录，于其免税资格复核当年的8月1日至8月31日提交《享受重大技术装备进口税收政策复核报告》（见附件3）。其中，地方企业通过企业所在地省级工业和信息化主管部门向工业和信息化部报送复核报告；中央企业集团下属企业、核电项目业主通过中央企业集团向工业和信息化部报送复核报告。

第十四条 省级工业和信息化主管部门、中央企业集团收到复核报告后，应对照附件3有关要求，审核复核报告是否规范、完整，材料是否有效。其中，省级工业和信息化主管部门应会同企业所在地直属海关、省级财政厅（局）、省级税务机关对复核报告进行审核。复核报告不符合规定的，省级工业和信息化主管部门、中央企业集团应当一次性告知企业和核电项目业主需要补正的材料，企业和核电项目业主应在5个工作日内提交补正材料。企业和核电项目业主未按照规定提交复核报告或补正材料的，视同放弃免税资格，自下年度1月1日起停止享受政策。

第十五条 省级工业和信息化主管部门、中央企业集团应于当年9月30日前，将审核后的复核报告报送工业和信息化部。

第十六条 工业和信息化部收到复核报告后，应会同财政部、海关总署、税务总局、能源局组织相关行业专家，对照本细则第三条的规定，通过书面评审和答辩等形式，对已享受政策的企业和核电项目业主的免税资格进行复核，形成专家评审意见。

第十七条 工业和信息化部会同财政部、海关总署、税务总局、能源局根据专家评审意见，共同研究确定继续享受政策的企业和核电项目业主名单及其继续享受政策时间、下一次免税资格复核时间，以及停止享受政策的企业和核电项目业主名单，由工业和信息化部于当年11月30日前函告海关总署，并抄送税务总局、能源局、省级工业和信息化主管部门、中央企业集团。继续享受政策名单中的企业和核电项目业主自下年度1月1日起享受政策。

第十八条 省级工业和信息化主管部门、中央企业集团应将继续享受政策、停止享受政策的企业和核电项目业主名单等信息分别告知相关企业和核电项目业主。

第十九条 已享受政策企业和核电项目业主于每年3月1日前将《享受重大技术装备进口税收政策年度执行情况表》(见附件4)报送省级工业和信息化主管部门或中央企业集团。省级工业和信息化主管部门或中央企业集团汇总后,于每年3月31日前报送工业和信息化部。

第二十条 已享受政策的企业和核电项目业主发生名称、公司类型、经营范围等信息变更,应在完成变更登记之日起一个月内,将有关变更情况说明通过省级工业和信息化部门或中央企业集团报送工业和信息化部。工业和信息化部应会同财政部、海关总署、税务总局、能源局确定变更后的企业和核电项目业主是否继续享受政策;不符合条件的,自变更登记之日起不再享受政策。工业和信息化部将确认结果(对停止享受政策的,应注明停止享受政策时间)函告海关总署,并抄送税务总局。

第四章 目录制修订事项

第二十一条 《国家支持发展的重大技术装备和产品目录》《重大技术装备和产品进口关键零部件、原材料商品目录》和《进口不予免税的重大技术装备和产品目录》应适时调整。调整内容包括:增加或删除国家支持发展的重大技术装备和产品,增加或删除重大技术装备和产品进口关键零部件、原材料,增加或调整进口不予免税的重大技术装备和产品,调整国家支持发展的重大技术装备和产品的技术规格、销售业绩、执行年限等,调整重大技术装备和产品进口关键零部件、原材料的单机用量、执行年限等。

第二十二条 《国家支持发展的重大技术装备和产品目录》增加及保留的重大技术装备和产品,应符合产业发展方向和目录规定的领域。《重大技术装备和产品进口关键零部件、原材料商品目录》增加及保留的关键零部件、原材料,应为生产国家支持发展的重大技术装备和产品而确有必要进口的关键零部件、原材料。《进口不予免税的重大技术装备和产品目录》增加的重大技术装备和产品,应为国内已能生产的重大技术装备和产品。

第二十三条 企业和核电项目业主如对相关目录提出修订建议,可向省级工业和信息化主管部门、有关行业协会或中央企业集团报送《重大技术装备进口税收政策有关目录修订建议报告》(见附件5)。

第二十四条 省级工业和信息化主管部门、有关行业协会、中央企业集团应对企业和核电项目业主提交的目录修订建议进行筛选和汇总,于当年3月31日前将目录修订建议汇总表和修订建议报告报送工业和信息化部。

第二十五条 财政部、海关总署、税务总局、能源局可按职责分工对目录提出修订建议,于当年3月31日前将修订建议函告工业和信息化部。

第二十六条 工业和信息化部会同财政部、海关总署、税务总局、能源局组织相关行业专家,开展目录修订评审,由工业和信息化部网上公示后(公示时间一般不少于10个工作日),按程序发布新修订的目录。

第五章 其他事项

第二十七条 2020年已享受政策的企业和核电项目业主(不含2020年新享受政策企业和核电项目业主)应于2020年8月31日前按规定提交免税资格复核报告。以后的免税资格复核工作每3年开展1次,即2022年对2020年至2022年享受政策企业和核电项目业主的免税资格进行复核,2025年对2023年至2025年享受政策企业和核电项目业主的免税资格进行复核,以此类推。

第二十八条 工业和信息化部会同有关部门适时对企业和核电项目业主执行政策情况进行监督检查和评估。享受政策的企业和核电项目业主如违反规定,将免税进口的零部件、原材料擅自转让、移作他用或者进行其他处置，被依法追究刑事责任的，从违法行为发现之日起停止享受政策。

第二十九条 享受政策的企业和核电项目业主如存在被列入失信联合惩戒名单等失信情况，由工业和信息化部会同相关部门研究企业是否能继续享受免税政策。不能继续享受免税政策的，由工业和信息化部将企业名单及停止享受政策时间等信息函告海关总署，并抄送税务总局、能源局、省级工业和信息化主管部门、中央企业集团。

第三十条 对于企业和核电项目业主存在以虚报情况获得免税资格的，取消免税资格并按有关法律法规和规定处理。

第三十一条 省级工业和信息化主管部门、中央企业集团应做好政策解读和业务辅导；对于政策实施过程中存在的问题，可及时向工业和信息化部、海关总署等相关部门反映。

第三十二条 本细则由工业和信息化部会同财政部、海关总署、税务总局、能源局负责解释。

第三十三条 本细则自 2020 年 8 月 1 日起实施。

附件：1. 享受重大技术装备进口税收政策申请报告（略）
2. 申请享受重大技术装备进口税收政策受理通知书（略）
3. 享受重大技术装备进口税收政策复核报告（略）
4. 享受重大技术装备进口税收政策年度执行情况表（略）
5. 重大技术装备进口税收政策有关目录修订建议报告（略）

重大技术装备进口税收政策管理办法

（财关税〔2020〕2 号）

发布日期：2020-01-08
实施日期：2020-01-08
法规类型：规范性文件

第一条 为提高我国企业的核心竞争力及自主创新能力，促进装备制造业的发展，贯彻落实国务院关于装备制造业振兴规划和加快振兴装备制造业有关调整进口税收政策的决定，制定本办法。

第二条 工业和信息化部会同财政部、海关总署、税务总局、能源局制定《国家支持发展的重大技术装备和产品目录》和《重大技术装备和产品进口关键零部件及原材料商品目录》后公布执行。对符合规定条件的企业及核电项目业主为生产国家支持发展的重大技术装备或产品而确有必要进口的部分关键零部件及原材料，免征关税和进口环节增值税。

第三条 对国内已能生产的重大技术装备和产品，由工业和信息化部会同财政部、海关总署、税务总局、能源局制定《进口不予免税的重大技术装备和产品目录》后公布执行。对按照或比照《国务院关于调整进口设备税收政策的通知》（国发〔1997〕37 号）规定享受进口税收优惠政策的下列项目和企业，进口《进口不予免税的重大技术装备和产品目录》中自用设备以及按照合同随上述设备进口的技术及配套件、备件，照章征收进口税收：

（一）国家鼓励发展的国内投资项目和外商投资项目；

（二）外国政府贷款和国际金融组织贷款项目；

（三）由外商提供不作价进口设备的加工贸易企业；

（四）中西部地区外商投资优势产业项目；

（五）《海关总署关于进一步鼓励外商投资有关进口税收政策的通知》（署税〔1999〕791号）规定的外商投资企业和外商投资设立的研究中心利用自有资金进行技术改造项目。

第四条 工业和信息化部会同财政部、海关总署、税务总局、能源局核定企业及核电项目业主免税资格，每年对新申请享受进口税收政策的企业及核电项目业主进行认定，每三年对已享受进口税收政策企业及核电项目业主进行复核。

第五条 取得免税资格的企业及核电项目业主可向主管海关提出申请，选择放弃免征进口环节增值税，只免征进口关税。企业及核电项目业主主动放弃免征进口环节增值税后36个月内不得再次申请免征进口环节增值税。

第六条 取得免税资格的企业及核电项目业主应按照《中华人民共和国海关进出口货物减免税管理办法》（海关总署第179号令）及海关有关规定办理有关重大技术装备或产品进口关键零部件及原材料的减免税手续。

第七条 财政部、工业和信息化部、海关总署、税务总局、能源局等有关部门及其工作人员在政策执行过程中，存在违反执行免税政策规定的行为，以及滥用职权、玩忽职守、徇私舞弊等违法违纪行为的，按照《中华人民共和国预算法》、《中华人民共和国公务员法》、《中华人民共和国监察法》《财政违法行为处罚处分条例》等国家有关规定追究相应责任；涉嫌犯罪的，依法移送司法机关处理。

第八条 工业和信息化部根据本办法另行制定并颁布实施《重大技术装备进口税收政策管理办法实施细则》。

国务院关于调整进口设备税收政策的通知

（国发〔1997〕37号）

发布日期：1997-12-29

实施日期：1997-12-29

法规类型：规范性文件

各省、自治区、直辖市人民政府，国务院各部委、各直属机构：

为进一步扩大利用外资，引进国外的先进技术和设备，促进产业结构的调整和技术进步，保持国民经济持续、快速、健康发展，国务院决定，自1998年1月1日起，对国家鼓励发展的国内投资项目和外商投资项目进口设备，在规定的范围内，免征关税和进口环节增值税。现就有关问题通知如下：

一、进口设备免税的范围

（一）对符合《外商投资产业指导目录》鼓励类和限制乙类，并转让技术的外商投资项目，在投资总额内进口的自用设备，除《外商投资项目不予免税的进口商品目录》所列商品外，免征关税和进口环节增值税。

外国政府贷款和国际金融组织贷款项目进口的自用设备、加工贸易外商提供的不作价进口设备，比照上款执行，即除《外商投资项目不予免税的进口商品目录》所列商品外，免征关税和进口环节增值税。

（二）对符合《当前国家重点鼓励发展的产业、产品和技术目录》的国内投资项目，在投资总额内进口的自用设备，除《国内投资项目不予免税的进口商品目录》所列商品外，免征关税和进口环节增值税。

（三）对符合上述规定的项目，按照合同随设备进口的技术及配套件、备件，也免征关税和进口环节增值税。

（四）在上述规定范围之外的进口设备减免税，由国务院决定。

二、进口设备免税的管理

（一）投资项目的可行性研究报告审批权限、程序，仍按国家现行有关规定执行。限额以上项目，由国家计委或国家经贸委分别审批。限额以下项目，由国务院授权的省级人民政府、国务院有关部门、计划单列市人民政府和国家试点企业集团审批，但外商投资项目须按《指导外商投资方向暂行规定》审批。审批机构在批复可行性研究报告时，对符合《外商投资产业指导目录》（附录1）鼓励类和限制乙类，或者《当前国家重点鼓励发展的产业、产品和技术目录》（附录2）的项目，或者利用外国政府贷款和国际金融组织贷款项目，按统一格式出具确认书。限额以下项目，应按项目投资性质，将确认书随可行性研究报告分别报国家计委或国家经贸委备案。对违反规定审批的单位，要严肃处理。

（二）项目单位凭项目可行性研究报告的审批机构出具的确认书，其中外商投资项目还须凭外经贸部门批准设立企业的文件和工商行政管理部门颁发的营业执照，到其主管海关办理进口免税手续。加工贸易单位进口外商提供的不作价设备，凭批准的加工贸易合同到其主管海关办理进口免税手续。海关根据这些手续并对照不予免税的商品目录进行审核。

（三）海关总署要对准予免税的项目统一编号，建立数据库，加强稽查，严格监管，并积极配合有关部门做好核查工作。

（四）各有关单位都要注意简化操作环节，精简审批程序，加快审批速度，使此项重大免税政策落到实处，收到实效。

三、结转项目进口设备的免税

（一）对1996年3月31日以前按国家规定程序批准的技术改造项目进口设备，从1998年1月1日起，按原批准的减免税设备范围，免征进口关税和进口环节增值税，由项目单位凭原批准文件到其主管海关办理免税手续。

（二）对1996年4月1日至1997年12月31日按国家规定程序批准设立的外商投资项目和国内投资项目的进口设备，以及1995年1月1日至1997年12月31日利用外国政府贷款和国际金融组织贷款项目的进口设备，从1998年1月1日起，除本规定明确不予免税的进口商品外，免征进口关税和进口环节增值税，由项目单位凭原批准的文件到其主管海关办理免税手续。

附录：《外商投资产业指导目录》（略）

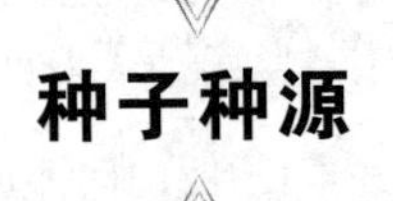

种子种源

关税征管司关于执行“十四五”期间种子种源进口税收政策有关问题的补充通知

（税管函〔2022〕6号）

发布日期：2022-01-13
实施日期：2022-01-01
法规类型：规范性文件

广东分署，各直属海关：

根据《国务院关税税则委员会关于2022年关税调整方案的通知》（税委会〔2021〕18号），自2022年1月1日起对部分税目进行调整。现就“十四五”期间进口种子种源税收政策执行有关问题通知如下：

一、农业农村部办公厅印发了《关于公布调整后〈进口种子种源免征增值税商品清单〉（第一批）的通知》（农办外〔2022〕1号，详见附件），请遵照执行。

二、将《关税征管司关于执行“十四五”期间种子种源进口税收政策有关问题的通知》（税管函〔2021〕148号）第三条第二款中“进口货物报关单的监管方式栏填写‘一般贸易’（代码：0110），征免性质栏填写‘种子种源’（代码：811）”调整为“进口货物报关单的征免性质栏填写‘种子种源’（代码：811）”。

特此通知。

关税征管司关于执行“十四五”期间种子种源进口税收政策有关问题的通知

（税管函〔2021〕148号）

发布日期：2021-12-22
实施日期：2022-01-01
法规类型：规范性文件

广东分署，各直属海关：

为落实《财政部　海关总署　税务总局关于“十四五”期间种子种源进口税收政策的通

知》（财关税〔2021〕29号，以下简称《通知》），现将政策执行中有关事项通知如下：

一、“十四五”期间种子种源进口税收政策不限定享惠的种子种源进口单位。《进口种子种源免征增值税商品清单》（以下简称《商品清单》）由农业农村部会同财政部、海关总署、税务总局、林草局制定印发。

二、对于2021年1月1日至2021年12月31日申报进口《商品清单》所列商品的，进口单位应向主管海关办理减免税审核确认手续。主管海关对照《商品清单》对进口单位的减免税申请进行审核，符合规定的，予以免征进口环节增值税，照章征收关税；不符合规定的照章征收关税和进口环节增值税。减免税审核确认手续纳入减免税系统管理，征免性质为：进口种子种源（简称：种子种源，代码：811）；对应监管方式为：一般贸易（代码：0110）。

三、2022年版《商品名称及编码协调制度》将于2022年1月1日起实施，《商品清单》中税则号列将相应调整，由农业部牵头另行公布。

对于2022年1月1日至2025年12月31日申报进口《商品清单》所列商品的，进口单位无需在货物申报进口前向主管海关办理减免税审核确认手续，应按规定直接向申报地海关办理进口货物申报手续，免征进口环节增值税，照章征收关税；进口货物报关单的监管方式栏填写“一般贸易”（代码：0110），征免性质栏填写“种子种源”（代码：811）。

四、对于2021年1月1日至第一批《商品清单》印发之后30日内申报进口属于《商品清单》范围的种子种源，已征的应免进口环节增值税依进口单位申请准予退还。申请退税的进口单位取得主管税务机关出具的《“十四五”期间种子种源进口税收政策项下进口商品已征进口环节增值税未抵扣情况表》后，于第一批《商品清单》印发之日后6个月内向主管海关办理减免税审核确认手续。

五、对于2021年1月1日至第一批《商品清单》印发之后10个工作日内申报进口，已凭税款担保进口的种子种源，进口单位应向主管海关办理减免税审核确认手续，取得《征免税确认通知书》后，向申报地海关办理征免税及担保核销手续。

六、免征进口环节增值税的种子种源办结进口放行手续后，海关不再按特定减免税货物进行后续监管。

各海关在执行中如遇有问题，请及时向总署（关税司）反映。

特此通知。

财政部　国家税务总局　海关总署关于“十四五”期间种子种源进口税收政策的通知

（财关税〔2021〕29号）

发布日期：2021-04-21

实施日期：2021-01-01

法规类型：规范性文件

各省、自治区、直辖市、计划单列市财政厅（局），新疆生产建设兵团财政局，海关总署广东分署、各直属海关，国家税务总局各省、自治区、直辖市、计划单列市税务局，财政部各地监管局，国家税务总局驻各地特派员办事处：

为提高农业质量效益和竞争力，支持引进和推广良种，现将有关进口税收政策通知如下：

一、自2021年1月1日至2025年12月31日，对符合《进口种子种源免征增值税商品清单》的进口种子种源免征进口环节增值税。

二、《进口种子种源免征增值税商品清单》由农业农村部会同财政部、海关总署、税务总局、林草局另行制定印发，并根据农林业发展情况动态调整。

三、第一批印发的《进口种子种源免征增值税商品清单》自2021年1月1日起实施，至该清单印发之日后30日内已征应免税款，准予退还。申请退税的进口单位，应当事先取得主管税务机关出具的《"十四五"期间种子种源进口税收政策项下进口商品已征进口环节增值税未抵扣情况表》（见附件），向海关申请办理退还已征进口环节增值税手续。

四、以后批次印发的清单，自印发之日后第20日起实施。

五、对本政策项下进口的种子种源，海关不再按特定减免税货物进行后续监管。

六、农业农村部、林草局加强政策执行情况评估。

七、财政等有关部门及其工作人员在政策执行过程中，存在违反执行免税政策规定的行为，以及滥用职权、玩忽职守、徇私舞弊等违法违纪行为的，依照国家有关规定追究相应责任；涉嫌犯罪的，依法追究刑事责任。

附件："十四五"期间种子种源进口税收政策项下进口商品已征进口环节增值税未抵扣情况表（略）

关于"十四五"期间种用野生动植物种源和军警用工作犬进口税收政策的通知

（财关税〔2021〕28号）

发布日期：2021-04-12

实施日期：2021-01-01

法规类型：规范性文件

各省、自治区、直辖市、计划单列市财政厅（局），新疆生产建设兵团财政局，海关总署广东分署、各直属海关，国家税务总局各省、自治区、直辖市、计划单列市税务局，财政部各地监管局，国家税务总局驻各地特派员办事处：

为加强物种资源保护，支持军警用工作犬进口利用，现将有关进口税收政策及管理措施通知如下：

一、自2021年1月1日至2025年12月31日，对具备研究和培育繁殖条件的动植物科研院所、动物园、植物园、专业动植物保护单位、养殖场、种植园进口的用于科研、育种、繁殖的野生动植物种源，以及军队、公安、安全部门（含缉私警察）进口的军警用工作犬、工作犬精液及胚胎，免征进口环节增值税。

二、《进口种用野生动植物种源免税商品清单》由林草局会同财政部、海关总署、税务总局另行制定印发，并适时动态调整。

三、申请免税进口野生动植物种源的单位，应向林草局提出申请，林草局会同财政部、海关总署、税务总局确定进口单位名单后，由林草局函告海关总署（需注明批次），抄送财政部、税务总局。

林草局函告的第一批名单，以及林草局会同财政部、海关总署、税务总局另行制定印发的第一批《进口种用野生动植物种源免税商品清单》，自2021年1月1日起实施，至第一批名单印发之日后30日内已征的应免税款，准予退还。以后批次的名单、清单，自印发之日后第20日起实施。

四、申请免税进口军警用工作犬（税则号列01061910）、工作犬精液（税则号列05119910）及胚胎（税则号列05119920）的单位，应向公安部、安全部或中央军委政治工作部（以下称主管部门）提出申请，主管部门确定进口单位名单后，出具有关工作犬和工作犬精液及胚胎属于免税范围的确认文件。有关确认文件格式由主管部门向海关总署备案。自2021年1月1日起至本通知印发之日后30日内已征的应免税款，准予退还。

五、取得免税资格的进口单位应按照海关有关规定，办理相关种用野生动植物种源和军警用工作犬的减免税手续。本通知第三、四条规定的已征应免税款，依进口单位申请准予退还。其中，已征税进口且尚未申报增值税进项税额抵扣的，应事先取得主管税务机关出具的《“十四五”期间种用野生动植物种源和军警用工作犬进口税收政策项下进口商品已征进口环节增值税未抵扣情况表》（见附件），向海关申请办理退还已征进口环节增值税手续。

六、进口单位发生名称、经营范围变更等情形的，应在政策有效期内及时将有关变更情况说明分别报送本通知第三、四条中确定该进口单位名单的相关部门。相关部门确定变更后的单位自变更登记之日起能否继续享受政策，确定结果每年至少分两批函告海关总署（并注明变更登记日期），抄送财政部、税务总局。

七、进口单位应按有关规定使用免税进口商品，如违反规定，将免税进口野生动植物种源和军警用工作犬相关商品擅自转让、移作他用或者进行其他处置，被依法追究刑事责任的，在本通知剩余有效期限内停止享受政策。

八、免税进口单位如存在以虚假情况获得免税资格，经林草局或主管部门查实后，函告海关总署，抄送财政部、税务总局，自函告之日起，该单位在本通知剩余有效期限内停止享受政策。

九、财政等有关部门及其工作人员在政策执行过程中，存在违反执行免税政策规定的行为，以及滥用职权、玩忽职守、徇私舞弊等违法违纪行为的，依照国家有关规定追究相应责任；涉嫌犯罪的，依法追究刑事责任。

十、林草局、主管部门加强政策执行情况评估。

附件：“十四五”期间种用野生动植物种源和军警用工作犬进口税收政策项下进口商品已征进口环节增值税未抵扣情况表（略）

展会政策

关于延续执行中国国际服务贸易交易会展期内销售的进口展品税收政策的通知

（财关税〔2023〕15号）

发布日期：2023-08-18

实施日期：2024-01-01

法规类型：规范性文件

为支持办好中国国际服务贸易交易会（以下称服贸会），现就有关税收政策通知如下：

一、对服贸会每个展商在展期内销售的进口展品，按附件规定的数量或金额上限，免征进口关税、进口环节增值税和消费税。附件所列1-5类展品，每个展商享受税收优惠的销售数量不超过列表规定；其他展品，每个展商享受税收优惠的销售金额不超过2万美元。

二、享受税收优惠的展品不包括烟、酒、汽车、列入《进口不予免税的重大技术装备和产品目录》的商品、濒危动植物及其产品，以及国家禁止进口商品。

三、对每个展商展期内销售的超出附件规定数量或金额上限的展品，以及展期内未销售且在展期结束后又不复运出境的展品，按照国家有关规定照章征税。

四、展商名单及展期内销售的进口展品清单，由承办单位北京市国际服务贸易事务中心或其指定单位向北京海关统一报送。

五、对享受政策的展期内销售进口展品，海关不再按特定减免税货物进行后续监管。

六、每届展会结束后6个月内，北京市国际服务贸易事务中心应向财政部、海关总署、税务总局报送政策实施情况。

七、本通知适用于2024年至2025年期间举办的服贸会。

附件：中国国际服务贸易交易会享受税收优惠政策的进口展品清单（略）

关税征管司关于执行“十四五”期间中西部地区国际性展会展期内销售的进口展品税收优惠政策的通知

（税管函〔2021〕50号）

发布日期：2021-05-28
实施日期：2021-05-28
法规类型：规范性文件

广东分署，各直属海关：

为落实《财政部　海关总署　税务总局关于“十四五”期间中西部地区国际性展会展期内销售的进口展品税收优惠政策的通知》（财关税〔2021〕21号，以下简称《通知》），现就《通知》执行中的有关事宜通知如下：

一、享受税收优惠的进口展品类别及具体免税销售限额按《通知》附件《中西部地区国际性展会享受税收优惠政策的展品清单（一）（二）》（以下简称《清单》）规定执行。其中，附件1《清单（一）》仅适用于中国—东盟博览会，附件2《清单（二）》适用于中国—东北亚博览会、中国—俄罗斯博览会、中国—阿拉伯国家博览会、中国—南亚博览会暨中国昆明进出口商品交易会、中国（青海）藏毯国际展览会、中国—亚欧博览会、中国—蒙古国博览会和中国—非洲经贸博览会。

二、对申请享受税收优惠政策的进口展品，由展会承办单位或其指定单位作为境内收货人，统一向主管海关办理进口申报和征减免税手续。

主管海关应对照《清单》、展会承办单位或其指定单位确定的参展企业名单及展期内销售申请享受税收优惠政策的展品清单，按照《通知》和本通知的相关规定进行审核，制发《海关进出口货物征免税确认通知书》。对符合政策规定免税范围的，免征进口关税和进口环节增值税、消费税；经审核不符合规定的，按现行有关规定办理进口征税手续。

上述减免税审核确认手续纳入减免税系统管理，征免性质为：博览会留购展品（代码707）；监管方式为：一般贸易（代码0110）。

三、对享受政策的展期内销售进口展品，海关不再按特定减免税货物进行后续监管。

四、请各相关海关将本通知的要求告知有关单位，并做好政策咨询服务。执行中遇有问题，请及时反馈关税征管司。

特此通知。

财政部、海关总署、税务总局关于“十四五”期间中西部地区国际性展会展期内销售的进口展品税收优惠政策的通知

（财关税〔2021〕21号）

发布日期：2021-04-09
实施日期：2021-04-09
法规类型：规范性文件

内蒙古、吉林、黑龙江、湖南、广西、云南、青海、宁夏、新疆等省（自治区）财政厅，海关总署广东分署、各直属海关，国家税务总局内蒙古、吉林、黑龙江、湖南、广西、云南、青海、宁夏、新疆等省（自治区）税务局：

现就“十四五”期间中西部地区国际性展会展期内销售的进口展品税收优惠政策通知如下：

一、对中国—东盟博览会（以下称东盟博览会）、中国—东北亚博览会（以下称东北亚博览会）、中国—俄罗斯博览会（以下称中俄博览会）、中国—阿拉伯国家博览会（以下称中阿博览会）、中国—南亚博览会暨中国昆明进出口商品交易会（以下称南亚博览会）、中国（青海）藏毯国际展览会（以下称藏毯展览会）、中国—亚欧博览会（以下称亚欧博览会）、中国—蒙古国博览会（以下称中蒙博览会）、中国—非洲经贸博览会（以下称中非博览会），在展期内销售的免税额度内的进口展品免征进口关税和进口环节增值税、消费税。享受税收优惠的展品不包括国家禁止进口商品、濒危动植物及其产品、烟、酒、汽车以及列入《进口不予免税的重大技术装备和产品目录》的商品。

二、享受税收优惠政策的展品清单类别范围和销售额度等规定见附件1和附件2。其中，附件1适用于东盟博览会，附件2适用于东北亚博览会、中俄博览会、中阿博览会、南亚博览会、藏毯展览会、亚欧博览会、中蒙博览会和中非博览会。

三、对展期内销售的超出享受税收优惠政策的展品清单类别范围或销售额度的展品，以及展期内未销售且在展期结束后又不退运出境的展品，按照国家有关规定照章征税。

四、对享受政策的展期内销售进口展品，海关不再按特定减免税货物进行后续监管。

附件：1. 中西部地区国际性展会享受税收优惠政策的展品清单（一）（略）
2. 中西部地区国际性展会享受税收优惠政策的展品清单（二）（略）

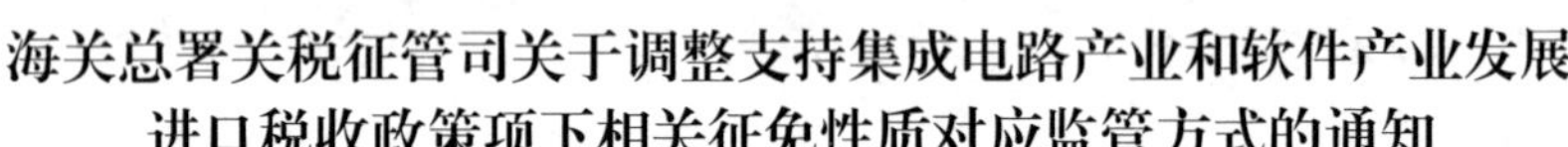

新型显示产业

海关总署关税征管司关于调整支持集成电路产业和软件产业发展进口税收政策项下相关征免性质对应监管方式的通知

（税管函〔2021〕116号）

发布日期：2021-10-19
实施日期：2021-10-19
法规类型：规范性文件

广东分署，各直属海关：

根据企业进口实际情况，现对《关税征管司关于执行支持集成电路产业和软件产业发展进口税收政策有关问题的通知》（税管函〔2021〕52号）附件1“征免性质对应监管方式”中“集成电路产业进口货物”（征免性质代码428）对应的监管方式予以调整，增加“其他进出口免费”（代码3339），调整后的征免性质对应监管方式见附件。

特此通知。

附件：征免性质对应监管方式

序号	征免性质	监管方式
1	集成电路产业进口货物（代码428）	一般贸易（代码0110）、修理物品（代码1300）、其他进出口免费（代码3339）。
2	集成电路和软件企业进口设备（代码426）	一般贸易（代码0110）、租赁贸易（代码1523）、租赁不满1年（代码1500）、租赁征税（代码9800）、合资合作设备（代码2025）、外资设备物品（代码2225）、其他进出口免费（代码3339）、暂时进出货物（代码2600）、加工设备内销（代码0446）、来料成品减免（代码0345）、进料成品减免（代码0744）。

海关部署关税征管司关于执行“十四五”期间支持科技创新进口税收政策有关问题的通知

（税管函〔2021〕68号）

发布日期：2021-07-06
实施日期：2021-01-01
法规类型：规范性文件

广东分署，各直属海关：

为落实《财政部　海关总署　税务总局关于“十四五”期间支持科技创新进口税收政策的通知》（财关税〔2021〕23号，以下简称《通知》）、《财政部　中央宣传部　国家发展改革委　教育部　科技部　工业和信息化部　民政部　商务部　文化和旅游部　海关总署　税务总局关于“十四五”期间支持科技创新进口税收政策管理办法的通知》（财关税〔2021〕24号，以下简称《管理办法》），现将政策执行中涉及的有关事项通知如下：

一、对《通知》所列享受政策的科学研究机构、技术开发机构、学校、图书馆、出版物进口单位的名单中，由科技部、国家发展改革委、工业和信息化部、教育部、文化和旅游部、中央宣传部等牵头部门按《管理办法》规定核定的，在相关牵头部门函告总署名单后，总署转发各直属海关。

对《通知》所列由省级牵头部门按《管理办法》规定核定的享受政策的省级和地市级科研院所（包括其所属具有独立法人资格的图书馆、研究生院）、省属转制为企业或进入企业的主要从事科学研究和技术开发工作的机构、事业单位性质和科技类民办非企业单位性质的社会研发机构、外资研发中心、省级和地市级公共图书馆的名单，由省级牵头部门核定后函告直属海关。

二、《通知》项下免税进口商品清单，由财政部、海关总署、税务总局制定印发。

三、享受政策的科学研究机构、技术开发机构、学校、党校（行政学院）、图书馆、出版物进口单位（以下统称“进口单位”）进口免税商品清单内所列商品，应向其主管海关办理减免税审核确认手续。其中，对于进口单位为非独立法人单位、机构的，由名单中对应的其依托单位向依托单位主管海关申请办理减免税审核确认手续，并应在《进出口货物征免税申请表》“备注”栏注明享受政策的非独立法人单位、机构的名称。

四、主管海关审核确认有关进口单位是否符合政策规定的免税资格时，应区分进口单位类型按以下要求进行审核。对符合政策规定的进口单位，进口符合免税进口商品清单规定商品的，予以免税确认，制发《海关进出口货物征免税确认通知书》（以下简称《征免税通知书》）。相关减免税审核确认手续，纳入减免税系统管理，对应征免性质、监管方式详见附件。

（一）对科研院所（包括其所属具有独立法人资格的图书馆、研究生院），应对照总署转发或省级科技主管部门函告直属海关的名单，验核其提交的《事业单位法人证书》。

（二）对国家实验室、国家重点实验室、企业国家重点实验室、国家技术创新中心、国家临床医学研究中心、国家工程研究中心、国家工程技术研究中心，应对照总署转发名单，验核其或其依托单位的《事业单位法人证书》或《民办非企业单位登记证书》。

（三）对国家产业创新中心、国家企业技术中心、国家制造业创新中心，应对照总署转发的名单。

（四）对国家中小企业公共服务示范平台（技术类）（以下简称“示范平台”），应对照总署转发名单，验核其提交的《事业单位法人证书》、《民办非企业单位登记证书》或《社会团体法人登记证书》。

（五）对科技体制改革过程中转制为企业和进入企业的主要从事科学研究和技术开发工作的机构（以下简称“转制科研机构”），应对照总署转发或省级科技主管部门函告直属海关的名单。

（六）对科技类民办非企业性质或事业单位性质的社会研发机构（以下简称“社会研发机构”），应对照总署转发或省级科技主管部门函告直属海关的名单，验核其提交的《事业单位法人证书》或《民办非企业单位登记证书》。

（七）对外资研发中心，应对照省级商务主管部门函告直属海关的名单。

（八）对高等学校及其具有独立法人资格的分校、异地办学机构，应对照总署转发的名单，验核其提交的《事业单位法人证书》或《民办非企业单位登记证书》。

（九）对公共图书馆，应对照总署转发或省级文化和旅游主管部门函告直属海关的名单，验核其提交的《事业单位法人证书》。

（十）对县级及以上党校（行政学院），应验核其提交的《事业单位法人证书》。

（十一）对出版物进口单位，应对照总署转发出版物进口单位名单，同时验核其提交免税进口图书、资料销售对象属于下列科研院所、学校、图书馆、党校（行政学院）的承诺书：1. 经科技部核定或经省级科技主管部门核定的科研院所（包括其所属具有独立法人资格的图书馆、研究生院）；2. 经教育部核定的高等学校及其具有独立法人资格的分校、异地办学机构；3. 经文化和旅游部核定或经省级文化和旅游主管部门核定的公共图书馆；4. 县级及以上党校（行政学院）。对出版物进口单位进口图书、资料后销售给非本关区辖区范围的党校（行政学院）或由省级地方科技主管部门核定的科研院所、由省级文化和旅游主管部门核定的公共图书馆的，主管海关应主动与有关党校（行政学院）、科研院所、公共图书馆所在地直属海关联系沟通，加强协作配合。

五、《通知》所列享受政策的进口单位，发生名称、经营范围或业务范围变更等情形的，由牵头部门按《管理办法》规定核定该单位变更后能否继续享受政策，并函告海关，其中按规定核定后函告海关总署的，总署收到牵头部门函告后转发直属海关。

牵头部门函告其能否继续享受政策的结果前，上述单位申请办理政策项下有关进口符合免税进口商品清单规定商品（包括出版物进口单位进口用于科研、教学的图书、资料）凭税款担保先予放行手续的，主管海关可予受理。

牵头部门核定其不能继续享受政策的，自变更登记之日起，该单位进口科学研究、科技开发和教学用品，照章征收进口关税和进口环节增值税、消费税。

对停止享受政策的进口单位，在停止享受政策之日（含）后，向海关申报进口并已享受政策的有关科学研究、科技开发和教学用品，应补缴相关税款。

六、免税进口科学研究、科技开发和教学用品（包括出版物进口单位进口用于科研、教学的图书、资料等，以下简称“免税进口用品”）的后续管理。

（一）在海关监管年限内，科学研究机构、技术开发机构、学校、党校（行政学院）、图书馆免税进口用品，未经海关审核同意，不得擅自转让、抵押、移作他用或进行其他处置。

（二）在海关监管年限内，经主管海关审核同意并办理相关手续后，科学研究机构、技术开发机构、学校、党校（行政学院）、图书馆可将免税进口用品，用于其他单位的科学研究、科技开发和教学活动，但一般不得移出本单位。因开展科研及技术开发协作、其他单位科研教学急需或对使用地点有特定要求等特殊情况，确需将免税进口用品短期或临时移出本单位使用的，经主管海关审核同意，可以移出本单位；使用结束后，应及时运回原进口单位，并向主管海关报告用品使用等情况。

上述单位应事先向主管海关提出申请，并提交相关说明材料，说明材料内容应包括：用于其他单位使用、移出本单位使用的理由，其他单位使用该免税进口用品的具体用途，使用时限，以及对用品移出本单位使用期间的管理措施等。

主管海关应建立有关免税进口用品用于其他单位科学研究、科技开发和教学活动的登记、管理制度，加强后续监管。

对纳入国家网络管理平台统一管理的免税进口科研仪器设备，用于其他单位的科学研究、科技开发和教学活动的监管措施，按照科技部会同海关总署等有关部门制定的管理办法执行。

（三）科学研究机构、技术开发机构、学校为从事科学研究或教学活动，如需将免税进口的医疗检测、分析仪器及其附件、配套设备，放置于其附属、所属医院临床使用，或放置于开展临床实验所需依托的其分立前附属、所属医院临床使用，应事先向主管海关提出申请，并经主管海关审核同意。上述医疗检测、分析仪器及其附件、配套设备免税进口后，应由科学研究机构、技术开发机构、高等学校进行登记管理。

1. 上述附属医院包括：经省级或省级以上教育或者卫生行政主管部门批准的高等学校、相关专业所在高等学校的附属医院；经省级或省级以上卫生行政主管部门批准的相关科学研究机构的附属医院；

上述所属医院包括：下设相关科学研究机构，并为其科学研究活动提供依托的医院；下设高等学校（包括相关专业所在高等学校），并为其教学活动提供依托的医院；国家临床医学研究中心等技术开发机构所依托的医院。

对于符合政策规定的科研院所中既是科学研究机构也是医院的单位，即在其《事业单位法人证书》上同时体现医院和科研机构名称的单位，或者机构编制、卫生、科技等主管部门批准其成立的文件中体现“一个机构两个牌子”内容的单位，经主管海关审核同意，可将免税进口的医疗检测、分析仪器及其附件、配套设备，放置于其所属医院临床使用。对于此类单位，应以科研机构的名义向海关申请办理减免税手续。

2. 放置于上述附属、所属医院临床使用的大中型医疗检测、分析仪器，按照主要功能和用途，限每所医院每种每3年1台。

大中型医疗检测、分析仪器的执行标准，按照进口货值200万元人民币/台（套）及以上掌握。大中型医疗检测、分析仪器按照主要功能或者用途区分有明显差别的，可认定不属于“同种”仪器。

3. 有关学校、科学研究机构、技术开发机构提交的申请材料，应当包括相关医院与高等学校或科学研究机构、技术开发机构关系的证明资料等。

有关学校、科学研究机构、技术开发机构在每年6月30日前向主管海关递交《减免税货物使用状况报告书》时，应同时提交3年内免税进口大中型医疗检测、分析仪器放置于相关医院临床使用情况的说明材料。

（四）为加强对出版物进口单位免税进口图书、资料的管理，有关出版物进口单位应在每年6月30日前，结合上一年度免税进口图书、资料的种类、进口额、销售流向、使用单位等情况进行自查，并将自查结果书面报告主管海关。

七、对在2021年1月1日至牵头部门核定的第一批科学研究机构、技术开发机构、学校、图书馆和出版物进口单位名单印发之日后30日期间内申报进口，该单位已缴纳的应免税款，依其申请予以退还。对在2021年1月1日至《管理办法》印发之日后30日期间内申报进口，县级及以上党校（行政学院）已缴纳的应免税款，依其申请准予退还。

有关免税进口单位应于其对应的第一批进口单位名单印发之日起6个月内，按规定向主管海关办理减免税审核确认手续，并提交退税说明及相关材料。其中，申请退还进口环节增值税的，应提供主管税务机关出具的《“十四五”期间支持科技创新进口税收政策项下进口商品已征进口环节增值税未抵扣情况表》。增值税已抵扣的，不予退还。

八、对享受政策的进口单位申请只免征进口关税和进口环节消费税、自愿放弃免征进口环节增值税的，主管海关可以受理，并按规定为其办理减免税审核确认手续。但免税进口单位在主动放弃免征进口环节增值税后的36个月内，如果再次申请免征进口环节增值税，主管海关不予受理。

九、请各关及时将本通知的有关规定告知相关进口单位，执行中如遇有问题，请及时向关税征管司反映。

特此通知。

附件：免税进口单位对应征免性质、监管方式表（略）

关税征管司关于执行2021—2030年支持新型显示产业发展进口税收政策有关问题的通知

（税管函〔2021〕59号）

发布日期：2021-06-11
实施日期：2021-01-01
法规类型：规范性文件

广东分署，各直属海关：

根据《财政部　海关总署　税务总局关于2021—2030年支持新型显示产业发展进口税收政策的通知》（财关税〔2021〕19号，以下简称《通知》）和《财政部　国家发展改革委　工业和信息化部　海关总署　税务总局关于2021—2030年支持新型显示产业发展进口税收政策管理办法的通知》（财关税〔2021〕20号，以下简称《管理办法》），现将海关执行中有关事项通知如下：

一、享受政策的新型显示器件生产企业和新型显示产业的关键原材料、零配件生产企业（以下统称“免税进口单位”）名单，由国家发展改革委会同工业和信息化部、财政部、海关总署、税务总局联合印发。

二、免税进口单位发生名称、经营范围变更等情形的，由国家发展改革委确定企业是否继续享受政策，并将确定结果函告总署后，总署转发各直属海关执行。

对于经确定继续享受政策的企业，自变更登记之日起继续享受免税政策；对于经确定不能继续享受政策的企业，自变更登记之日起停止享受免税政策。在总署转发函告前，有关企业可以向主管海关申请办理有关货物凭税款担保先予放行手续。

三、免税进口商品清单由工业和信息化部会同国家发展改革委、财政部、海关总署、税务总局制定印发。

四、主管海关应对照免税进口单位名单、免税进口商品清单，按规定对免税进口单位进口商品进行审核，对符合政策规定的制发《海关进出口货物征免税确认通知书》（以下简称

《征免税通知书》）。

对于免税进口单位直接从境外（包括海关特殊监管区域）以保税方式进口符合免税进口商品清单范围的自用生产性（含研发用）原材料、消耗品的，在其生产出成品并确定内销数量后，对与成品内销数量相对应的进口原材料、消耗品，可按照本通知有关规定办理减免税审核确认手续。

五、上述减免税审核确认手续纳入减免税系统管理，征免性质为：新型显示器件生产企业进口物资（简称“新型显示器件”，代码 423）；有关监管方式为：一般贸易（代码 0110）、其他进出口免费（3339）、合资合作设备（代码 2025）、外资设备物品（代码 2225）、进料料件内销（代码 0644）。

六、享受进口新设备进口环节增值税分期纳税的新型显示器件重大项目名单、承建企业名单及分期纳税方案，由财政部会同海关总署、税务总局确定，通知省级财政厅（局）、企业所在地直属海关、省级税务局后，分期纳税方案由直属海关告知相关企业。

新型显示器件重大项目进口设备进口环节增值税分期纳税操作办法见附件。

七、相关牵头部门印发的第一批免税进口单位名单（以下简称“第一批名单”）和第一批免税进口商品清单，自 2021 年 1 月 1 日起实施。

对于第一批名单中的企业，在 2021 年 1 月 1 日至第一批名单印发之日后 30 日期间申报进口的，符合《通知》规定范围的商品，已缴纳的应免关税依申请可准予退还。申请退税企业应于第一批名单印发之日起 6 个月内，按规定向主管海关办理减免税审核确认手续。

八、请各海关将本通知有关规定告知有关企业，执行中如遇问题，请及时向关税征管司反映。

特此通知。

附件：新型显示器件重大项目进口设备进口环节增值税分期纳税操作办法（略）

关税征管司关于执行支持集成电路产业和软件产业发展进口税收政策有关问题的通知

（税管函〔2021〕52 号）

发布日期：2021-05-28
实施日期：2020-07-27
法规类型：规范性文件

广东分署，各直属海关：

根据《财政部　海关总署　税务总局关于支持集成电路产业和软件产业发展进口税收政策的通知》（财关税〔2021〕4 号，以下简称《通知》）和《财政部　国家发展改革委　工业和信息化部　海关总署　税务总局关于支持集成电路产业和软件产业发展进口税收政策管理办法的通知》（财关税〔2021〕5 号，以下简称《管理办法》），现将海关执行中有关事项通知如下：

一、享受政策的集成电路生产企业、先进封装测试企业和集成电路产业的关键原材料、零配件生产企业的清单；享受政策的国家鼓励的重点集成电路设计企业和软件企业的清单，由国家发展改革委会同工业和信息化部、财政部、海关总署、税务总局联合印发。

二、免税进口企业发生名称、经营范围变更等情形的，由牵头部门确定企业是否继续享受政策，并将确定结果或不予受理情况函告总署后，总署转发各直属海关执行。

对于经确定继续享受政策的企业，自变更登记之日起继续享受免税政策；对于经确定不能继续享受政策企业及牵头部门函告不予受理变更情况的企业，自变更登记之日起停止享受免税政策。在总署转发牵头部门函告前，有关企业可以向主管海关申请办理有关货物凭税款担保先予放行手续。

三、主管海关应对照享受政策的企业清单、《通知》规定的相关商品范围，按规定对免税进口企业进口商品进行审核，对符合政策规定的制发《海关进出口货物征免税确认通知书》（以下简称《征免税通知书》）。其中，相关商品范围按以下规则对照审核。

（一）集成电路生产企业、先进封装测试企业、集成电路产业的关键原材料、零部件生产企业进口原材料、消耗品和净化室专用建筑材料、配套系统和集成电路生产设备（包括进口设备和国产设备）零配件的，应对照工业和信息化部会同国家发展改革委、财政部、海关总署、税务总局联合印发的相关免税进口商品清单进行审核。

（二）集成电路生产企业、先进封装测试企业和重点集成电路设计企业、软件企业进口自用设备及按照合同随设备进口的技术（含软件）及配套件、备件的，应对照《国内投资项目不予免税的进口商品目录》《外商投资项目不予免税的进口商品目录》和《进口不予免税的重大技术装备和产品目录》（以下简称“三个不免商品目录”）进行审核。

四、免税进口企业进口《通知》规定相关商品范围内商品的减免税审核确认手续，纳入减免税系统管理，征免性质（征免性质对应监管方式见附件1）为：

1. 对集成电路生产企业、先进封装测试企业和集成电路产业的关键原材料、零部件生产企业，进口原材料、消耗品和净化室建筑材料及配套系统、生产设备零配件，征免性质为：集成电路生产企业、先进封装测试企业和关键原材料及零配件生产企业进口货物（简称：集成电路产业进口货物，代码428）。

2. 对集成电路生产企业、先进封装测试企业和国家鼓励的重点集成电路设计企业、软件企业，进口自用设备以及按合同随设备进口的技术（含软件）、配套件和备件，征免性质为：集成电路设计、先进封装测试、集成电路生产企业和软件企业进口设备（简称：集成电路和软件企业进口设备，代码426）。

五、享受分期纳税的集成电路重大项目名单、承建企业名单及分期纳税方案，由财政部会同海关总署、税务总局确定，通知省级财政厅（局）、企业所在地直属海关、省级税务局后，分期纳税方案由直属海关通知相关企业。

集成电路重大项目进口设备进口环节增值税分期纳税操作办法见附件2。

六、相关牵头部门印发的第一批享受政策的免税进口企业清单（以下简称“第一批企业清单”）和第一批免税进口商品清单，自2020年7月27日起实施。

对申报日期在2020年7月27日至第一批企业清单印发之日后30日期间，列入第一批企业清单内的企业已缴纳的应免关税，依申请可予退还。申请退税企业应于第一批免税进口商品清单印发之日起3个月内，按规定向主管海关办理减免税审核确认手续。

七、请各海关将本通知有关规定告知有关企业，执行中如遇问题，请及时向关税征管司反映。

特此通知。

附件：1. 征免性质对应监管方式

2. 集成电路重大项目进口设备进口环节增值税分期纳税操作办法（略）

附件 1

征免性质对应监管方式

序号	征免性质	监管方式
1	集成电路产业进口货物（代码 428）	一般贸易（代码 0110）、修理物品（代码 1300）。
2	集成电路和软件企业进口设备（代码 426）	一般贸易（代码 0110）、租赁贸易（代码 1523）、租赁不满 1 年（代码 1500）、租赁征税（代码 9800）、合资合作设备（代码 2025）、外资设备物品（代码 2225）、其他进出口免费（代码 3339）、暂时进出货物（代码 2600）、加工设备内销（代码 0446）、来料成品减免（代码 0345）、进料成品减免（代码 0744）。

财政部、国家发展改革委、工业和信息化部、海关总署、税务总局关于 2021—2030 年支持新型显示产业发展进口税收政策管理办法的通知

（财关税〔2021〕20 号）

发布日期：2021-03-31

实施日期：2021-01-01

法规类型：规范性文件

各省、自治区、直辖市、计划单列市财政厅（局）、发展改革委、工业和信息化主管部门，新疆生产建设兵团财政局、发展改革委、工业和信息化局，海关总署广东分署、各直属海关，国家税务总局各省、自治区、直辖市、计划单列市税务局，财政部各地监管局，国家税务总局驻各地特派员办事处：

为落实《财政部、海关总署、税务总局关于 2021-2030 年支持新型显示产业发展进口税收政策的通知》（财关税〔2021〕19 号，以下简称《通知》），现将政策管理办法通知如下：

一、国家发展改革委会同工业和信息化部、财政部、海关总署、税务总局制定并联合印发享受免征进口关税的新型显示器件生产企业和新型显示产业的关键原材料、零配件生产企业名单。

二、工业和信息化部会同国家发展改革委、财政部、海关总署、税务总局制定并联合印发国内不能生产或性能不能满足需求的自用生产性（含研发用）原材料、消耗品和净化室配套系统、生产设备（包括进口设备和国产设备）零配件的免税进口商品清单。

三、国家发展改革委会同工业和信息化部制定可享受进口新设备进口环节增值税分期纳税的新型显示器件重大项目标准和享受分期纳税承建企业的条件，并根据上述标准、条件确定新型显示器件重大项目建议名单和承建企业建议名单，函告财政部，抄送海关总署、税务总局。财政部会同海关总署、税务总局确定新型显示器件重大项目名单和承建企业名单，通知省级（包括省、自治区、直辖市、计划单列市、新疆生产建设兵团，下同）财政厅（局）、企业所在地直属海关、省级税务局。

承建企业应于承建的新型显示器件重大项目项下申请享受分期纳税的首台新设备进口3个月前，向省级财政厅（局）提出申请，附项目投资金额、进口设备时间、年度进口新设备金额、年度进口新设备进口环节增值税额、税款担保方案等信息，抄送企业所在地直属海关、省级税务局。省级财政厅（局）会同企业所在地直属海关、省级税务局初核后报送财政部，抄送海关总署、税务总局。

财政部会同海关总署、税务总局确定新型显示器件重大项目的分期纳税方案（包括项目名称、承建企业名称、分期纳税起止时间、分期纳税总税额、每季度纳税额等），通知省级财政厅（局）、企业所在地直属海关、省级税务局，由企业所在地直属海关告知相关企业。

分期纳税方案实施中，如项目名称发生变更，承建企业发生名称、经营范围变更等情形的，承建企业应在完成变更登记之日起60日内，向省级财政厅（局）、企业所在地直属海关、省级税务局报送变更情况说明，申请变更分期纳税方案相应内容。省级财政厅（局）会同企业所在地直属海关、省级税务局确定变更结果，并由省级财政厅（局）函告企业所在地直属海关，抄送省级税务局，报财政部、海关总署、税务总局备案。企业所在地直属海关将变更结果告知承建企业。承建企业超过本款前述时间报送变更情况说明的，省级财政厅（局）、企业所在地直属海关、省级税务局不予受理，该项目不再享受分期纳税，已进口设备的未缴纳税款应在完成变更登记次月起3个月内缴纳完毕。

享受分期纳税的进口新设备，应在企业所在地直属海关关区内申报进口。按海关事务担保的规定，承建企业对未缴纳的税款应提供海关认可的税款担保。海关对准予分期缴纳的税款不予征收滞纳金。承建企业在最后一次纳税时，由海关完成该项目全部应纳税款的汇算清缴。如违反规定，逾期未及时缴纳税款的，该项目不再享受分期纳税，已进口设备的未缴纳税款应在逾期未缴纳情形发生次月起3个月内缴纳完毕。

四、《通知》第二条中的企业进口新设备，同时适用申报进口当期的《国内投资项目不予免税的进口商品目录》、《外商投资项目不予免税的进口商品目录》、《进口不予免税的重大技术装备和产品目录》所列商品的累积范围。

五、免税进口单位应按照海关有关规定，办理有关进口商品的减免税手续。

六、本办法第一、二条中，国家发展改革委、工业和信息化部分别牵头制定的名单、清单应注明批次。其中第一批名单、清单自2021年1月1日实施，至第一批名单印发之日后30日内已征的应免关税税款，依免税进口单位申请准予退还。以后批次的名单、清单，分别自印发之日后第20日起实施。

七、免税进口单位发生名称、经营范围变更等情形的，应在《通知》有效期限内及时将有关变更情况说明报送国家发展改革委。国家发展改革委按照第一条规定，确定变更后的单位自变更登记之日起能否继续享受政策，并注明变更登记日期。确定结果由国家发展改革委函告海关总署（确定结果较多时，每年至少分两批函告），抄送工业和信息化部、财政部、税务总局。

八、免税进口单位应按有关规定使用免税进口商品，如违反规定，将免税进口商品擅自转让、移作他用或者进行其他处置，被依法追究刑事责任的，在《通知》剩余有效期限内停止享受政策。

九、免税进口单位如存在以虚报情况获得免税资格，由国家发展改革委会同工业和信息化部、财政部、海关总署、税务总局等部门查实后，国家发展改革委函告海关总署，自函告之日起，该单位在《通知》剩余有效期限内停止享受政策。

十、财政等有关部门及其工作人员在政策执行过程中，存在违反执行政策规定的行为，以及滥用职权、玩忽职守、徇私舞弊等违法违纪行为的，依照国家有关规定追究相应责任；涉嫌犯罪的，依法追究刑事责任。

十一、本办法有效期为2021年1月1日至2030年12月31日。

财政部、海关总署、税务总局关于2021—2030年支持新型显示产业发展进口税收政策的通知

（财关税〔2021〕19号）

发布日期：2021-03-31
实施日期：2021-01-01
法规类型：规范性文件

各省、自治区、直辖市、计划单列市财政厅（局）、新疆生产建设兵团财政局，海关总署广东分署、各直属海关，国家税务总局各省、自治区、直辖市、计划单列市税务局，财政部各地监管局，国家税务总局驻各地特派员办事处：

为加快壮大新一代信息技术，支持新型显示产业发展，现将有关进口税收政策通知如下：

一、自2021年1月1日至2030年12月31日，对新型显示器件（即薄膜晶体管液晶显示器件、有源矩阵有机发光二极管显示器件、Micro-LED显示器件，下同）生产企业进口国内不能生产或性能不能满足需求的自用生产性（含研发用，下同）原材料、消耗品和净化室配套系统、生产设备（包括进口设备和国产设备）零配件，对新型显示产业的关键原材料、零配件（即靶材、光刻胶、掩模版、偏光片、彩色滤光膜）生产企业进口国内不能生产或性能不能满足需求的自用生产性原材料、消耗品，免征进口关税。

根据国内产业发展、技术进步等情况，财政部、海关总署、税务总局将会同国家发展改革委、工业和信息化部对上述关键原材料、零配件类型适时调整。

二、承建新型显示器件重大项目的企业自2021年1月1日至2030年12月31日期间进口新设备，除《国内投资项目不予免税的进口商品目录》、《外商投资项目不予免税的进口商品目录》和《进口不予免税的重大技术装备和产品目录》所列商品外，对未缴纳的税款提供海关认可的税款担保，准予在首台设备进口之后的6年（连续72个月）期限内分期缴纳进口环节增值税，6年内每年（连续12个月）依次缴纳进口环节增值税总额的0%、20%、20%、20%、20%、20%，自首台设备进口之日起已经缴纳的税款不予退还。在分期纳税期间，海关对准予分期缴纳的税款不予征收滞纳金。

三、第一条中所述国内不能生产或性能不能满足需求的免税进口商品清单，由工业和信息化部会同国家发展改革委、财政部、海关总署、税务总局另行制定印发，并动态调整。

四、2021—2030年支持新型显示产业发展进口税收政策管理办法由财政部、海关总署、税务总局会同国家发展改革委、工业和信息化部另行制定印发。

财政部　国家发展改革委　工业和信息化部　海关总署　税务总局关于支持集成电路产业和软件产业发展进口税收政策管理办法的通知

（财关税〔2021〕5号）

发布日期：2021-03-22
实施日期：2020-07-27
法规类型：规范性文件

各省、自治区、直辖市、计划单列市财政厅（局）、发展改革委、工业和信息化主管部门，新疆生产建设兵团财政局、发展改革委、工业和信息化局，海关总署广东分署、各直属海关，国家税务总局各省、自治区、直辖市、计划单列市税务局，财政部各地监管局，国家税务总局驻各地特派员办事处：

为落实《财政部　海关总署　税务总局关于支持集成电路产业和软件产业发展进口税收政策的通知》（财关税〔2021〕4号，以下称《通知》），现将政策管理办法通知如下：

一、国家发展改革委会同工业和信息化部、财政部、海关总署、税务总局制定并联合印发享受免征进口关税的集成电路生产企业、先进封装测试企业和集成电路产业的关键原材料、零配件生产企业清单。

二、国家发展改革委、工业和信息化部会同财政部、海关总署、税务总局制定并联合印发享受免征进口关税的国家鼓励的重点集成电路设计企业和软件企业清单。

三、工业和信息化部会同国家发展改革委、财政部、海关总署、税务总局制定并联合印发国内不能生产或性能不能满足需求的自用生产性（含研发用）原材料、消耗品和净化室专用建筑材料、配套系统及生产设备（包括进口设备和国产设备）零配件的免税进口商品清单。

四、国家发展改革委会同工业和信息化部制定可享受进口新设备进口环节增值税分期纳税的集成电路重大项目标准和享受分期纳税承建企业的条件，并根据上述标准、条件确定集成电路重大项目建议名单和承建企业建议名单，函告财政部，抄送海关总署、税务总局。财政部会同海关总署、税务总局确定集成电路重大项目名单和承建企业名单，通知省级（包括省、自治区、直辖市、计划单列市、新疆生产建设兵团，下同）财政厅（局）、企业所在地直属海关、省级税务局。

承建企业应于承建的集成电路重大项目项下申请享受分期纳税的首台新设备进口3个月前，向省级财政厅（局）提出申请，附项目投资金额、进口设备时间、年度进口新设备金额、年度进口新设备进口环节增值税额、税款担保方案等信息，抄送企业所在地直属海关、省级税务局。省级财政厅（局）会同企业所在地直属海关、省级税务局初核后报送财政部，抄送海关总署、税务总局。

财政部会同海关总署、税务总局确定集成电路重大项目的分期纳税方案（包括项目名称、承建企业名称、分期纳税起止时间、分期纳税总税额、每季度纳税额等），通知省级财政厅（局）、企业所在地直属海关、省级税务局，由企业所在地直属海关告知相关企业。

分期纳税方案实施中，如项目名称发生变更，承建企业发生名称、经营范围变更等情形的，承建企业应在完成变更登记之日起60日内，向省级财政厅（局）、企业所在地直属海关、省级税务局报送变更情况说明，申请变更分期纳税方案相应内容。省级财政厅（局）会同企业所在地直属海关、省级税务局确定变更结果，并由省级财政厅（局）函告企业所在地直属海关，抄送省级税务局，报财政部、海关总署、税务总局备案。企业所在地直属海关将变更结果告知承建企业。承建企业超过本款前述时间报送变更情况说明的，省级财政厅（局）、企业所在地直属海关、省级税务局不予受理，该项目不再享受分期纳税，已进口设备的未缴纳税款应在完成变更登记次月起 3 个月内缴纳完毕。

享受分期纳税的进口新设备，应在企业所在地直属海关关区内申报进口。按海关事务担保的规定，承建企业对未缴纳的税款应提供海关认可的税款担保。海关对准予分期缴纳的税款不予征收滞纳金。承建企业在最后一次纳税时，由海关完成该项目全部应纳税款的汇算清缴。如违反规定，逾期未及时缴纳税款的，该项目不再享受分期纳税，已进口设备的未缴纳税款应在逾期未缴纳情形发生次月起 3 个月内缴纳完毕。

五、《通知》第一条第（五）项和第三条中的企业进口设备，同时适用申报进口当期的《国内投资项目不予免税的进口商品目录》、《外商投资项目不予免税的进口商品目录》、《进口不予免税的重大技术装备和产品目录》所列商品的累积范围。

六、免税进口企业应按照海关有关规定，办理有关进口商品的减免税手续。

七、本办法第一、二条中，国家发展改革委牵头制定或者国家发展改革委、工业和信息化部牵头制定的第一批免税进口企业清单自 2020 年 7 月 27 日实施，至该清单印发之日后 30 日内，已征的应免关税税款准予退还。本办法第三条中，工业和信息化部牵头制定的第一批免税进口商品清单自 2020 年 7 月 27 日实施。以后批次制定的免税进口企业清单、免税进口商品清单，分别自其印发之日后第 20 日起实施。

八、本办法第一、二条中的免税进口企业发生名称、经营范围变更等情形的，应自完成变更登记之日起 60 日内，将有关变更情况说明报送牵头部门。牵头部门分别按照本办法第一、二条规定，确定变更后的企业自变更登记之日起能否继续享受政策。企业超过本条前述时间报送变更情况说明的，牵头部门不予受理，该企业自变更登记之日起停止享受政策。确定结果或不予受理情况由牵头部门函告海关总署（确定结果较多时，每年至少分两批函告），抄送第一、二条中其他部门。

九、免税进口企业应按有关规定使用免税进口商品，如违反规定，将免税进口商品擅自转让、移作他用或者进行其他处置，被依法追究刑事责任的，在《通知》剩余有效期限内停止享受政策。

十、免税进口企业如存在以虚报情况获得免税资格，由国家发展改革委会同工业和信息化部、财政部、海关总署、税务总局等部门查实后，国家发展改革委函告海关总署，自函告之日起，该企业在《通知》剩余有效期限内停止享受政策。

十一、财政等有关部门及其工作人员在政策执行过程中，存在违反执行政策规定的行为，以及滥用职权、玩忽职守、徇私舞弊等违法违纪行为的，依照国家有关规定追究相应责任；涉嫌犯罪的，依法追究刑事责任。

十二、本办法有效期为 2020 年 7 月 27 日至 2030 年 12 月 31 日。

财政部　海关总署　税务总局关于支持集成电路产业和软件产业发展进口税收政策的通知

（财关税〔2021〕4号）

发布日期：2021-03-16
实施日期：2021-04-01
法规类型：规范性文件

各省、自治区、直辖市、计划单列市财政厅（局），新疆生产建设兵团财政局，海关总署广东分署、各直属海关，国家税务总局各省、自治区、直辖市、计划单列市税务局，财政部各地监管局，国家税务总局驻各地特派员办事处：

为贯彻落实《国务院关于印发新时期促进集成电路产业和软件产业高质量发展若干政策的通知》（国发〔2020〕8号），经国务院同意，现将有关进口税收政策通知如下：

一、对下列情形，免征进口关税：

（一）集成电路线宽小于65纳米（含，下同）的逻辑电路、存储器生产企业，以及线宽小于0.25微米的特色工艺（即模拟、数模混合、高压、射频、功率、光电集成、图像传感、微机电系统、绝缘体上硅工艺）集成电路生产企业，进口国内不能生产或性能不能满足需求的自用生产性（含研发用，下同）原材料、消耗品，净化室专用建筑材料、配套系统和集成电路生产设备（包括进口设备和国产设备）零配件。

（二）集成电路线宽小于0.5微米的化合物集成电路生产企业和先进封装测试企业，进口国内不能生产或性能不能满足需求的自用生产性原材料、消耗品。

（三）集成电路产业的关键原材料、零配件（即靶材、光刻胶、掩模版、封装载板、抛光垫、抛光液、8英寸及以上硅单晶、8英寸及以上硅片）生产企业，进口国内不能生产或性能不能满足需求的自用生产性原材料、消耗品。

（四）集成电路用光刻胶、掩模版、8英寸及以上硅片生产企业，进口国内不能生产或性能不能满足需求的净化室专用建筑材料、配套系统和生产设备（包括进口设备和国产设备）零配件。

（五）国家鼓励的重点集成电路设计企业和软件企业，以及符合本条第（一）、（二）项的企业（集成电路生产企业和先进封装测试企业）进口自用设备，及按照合同随设备进口的技术（含软件）及配套件、备件，但《国内投资项目不予免税的进口商品目录》、《外商投资项目不予免税的进口商品目录》和《进口不予免税的重大技术装备和产品目录》所列商品除外。上述进口商品不占用投资总额，相关项目不需出具项目确认书。

二、根据国内产业发展、技术进步等情况，财政部、海关总署、税务总局将会同国家发展改革委、工业和信息化部对本通知第一条中的特色工艺类型和关键原材料、零配件类型适时调整。

三、承建集成电路重大项目的企业自2020年7月27日至2030年12月31日期间进口新设备，除《国内投资项目不予免税的进口商品目录》、《外商投资项目不予免税的进口商品目录》和《进口不予免税的重大技术装备和产品目录》所列商品外，对未缴纳的税款提供海关认可的税款担保，准予在首台设备进口之后的6年（连续72个月）期限内分期缴纳进口环节增值税，6 年内每年（连续 12 个月）依次缴纳进口环节增值税总额的 0%、20%、20%、20%、20%、20%，自首台设备进口之日起已经缴纳的税款不予退还。在分期纳税期间，海关对准予分期缴纳的税款不予征收滞纳金。

四、支持集成电路产业和软件产业发展进口税收政策管理办法由财政部、海关总署、税务总局会同国家发展改革委、工业和信息化部另行制定印发。

五、本通知自 2020 年 7 月 27 日至 2030 年 12 月 31 日实施。自 2020 年 7 月 27 日，至第一批免税进口企业清单印发之日后 30 日内，已征的应免关税税款准予退还。

六、自 2021 年 4 月 1 日起，《财政部关于部分集成电路生产企业进口自用生产性原材料、消耗品税收政策的通知》（财税〔2002〕136 号）、《财政部关于部分集成电路生产企业进口净化室专用建筑材料等物资税收政策问题的通知》（财税〔2002〕152 号）、《财政部　海关总署　国家税务总局　信息产业部关于线宽小于 0.8 微米（含）集成电路企业进口自用生产性原材料消耗品享受税收优惠政策的通知》（财关税〔2004〕45 号）、《财政部　发展改革委　工业和信息化部　海关总署　国家税务总局关于调整集成电路生产企业进口自用生产性原材料消耗品免税商品清单的通知》（财关税〔2015〕46 号）废止。

自 2020 年 7 月 27 日至 2021 年 3 月 31 日，既可享受本条上述 4 个文件相关政策又可享受本通知第一条第（一）、（二）项相关政策的免税进口企业，对同一张报关单，自主选择适用本条上述 4 个文件相关政策或本通知第一条第（一）、（二）项相关政策，不得累计享受税收优惠。

财政部　海关总署　税务总局关于取消新型显示器件进口税收政策免税额度管理的通知

（财关税〔2019〕50 号）

发布日期：2019-12-17
实施日期：2019-12-17
法规类型：规范性文件

各省、自治区、直辖市、计划单列市财政厅（局），新疆生产建设兵团财政局，海关总署广东分署、各直属海关，国家税务总局各省、自治区、直辖市、计划单列市税务局，财政部各地监管局，国家税务总局驻各地特派员办事处：

为进一步发挥进口税收政策效用，适应市场经济规律要求，对《财政部　海关总署　国家税务总局关于扶持新型显示器件产业发展有关进口税收政策的通知》（财关税〔2016〕62 号）修订如下：

（一）删除通知附件第四条中“在经核定的年度进口金额内，”和“零部件年度免税进口金额根据企业所进口生产设备的总值及设备使用年限，按照附 3 所列进口生产设备维修用零部件免税进口金额计算公式确定。新型显示器件生产企业超出年度免税进口金额进口的维修用零部件，应照章征税。”

（二）删除通知附件第六条中“对于其中涉及进口用于维修规定范围内的进口生产设备所需零部件的新型显示器件生产企业，国家发展改革委会同工业和信息化部将附 3 所列公式所需的新型显示器件生产企业‘进口生产设备总值’、‘设备的使用年限’等系数同时函告财政部。财政部会同海关总署和国家税务总局核算出新型显示器件生产企业各年度维修用零部件的免税进口金额并印发通知。”

（三）删除通知附件附 3“进口生产设备维修用零部件免税进口金额计算公式”。

本通知自印发之日起执行。

财政部、海关总署、国家税务总局关于扶持新型显示器件产业发展有关进口税收政策的通知

（财关税〔2016〕62号）

发布日期：2016-12-05
实施日期：2016-12-05
法规类型：规范性文件

（根据2018年12月26日财关税〔2018〕60号《关于调整新型显示器件及上游原材料零部件生产企业进口物资清单的通知》第一次修正；根据2019年12月17日财关税〔2019〕50号《关于取消新型显示器件进口税收政策免税额度管理的通知》第二次修正）

各省、自治区、直辖市、计划单列市财政厅（局）、国家税务局，新疆生产建设兵团财务局，海关总署广东分署、各直属海关：

经国务院批准，为继续推动我国新型显示器件产业的发展，支持产业升级优化，“十三五”期间继续实施新型显示器件以及上游原材料、零部件生产企业进口物资的税收政策。现将有关内容通知如下：

一、自2016年1月1日至2020年12月31日，新型显示器件（包括薄膜晶体管液晶显示器件、有机发光二极管显示面板）生产企业进口国内不能生产的自用生产性（含研发用）原材料和消耗品，免征进口关税，照章征收进口环节增值税；进口建设净化室所需国内尚无法提供（即国内不能生产或性能不能满足）的配套系统以及维修进口生产设备所需零部件免征进口关税和进口环节增值税。

二、自2016年1月1日至2020年12月31日，对符合国内产业自主化发展规划的彩色滤光膜、偏光片等属于新型显示器件产业上游的关键原材料、零部件的生产企业进口国内不能生产的自用生产性原材料、消耗品，免征进口关税。

三、为有效实施政策，财政部、海关总署、国家税务总局会同相关部门制定了《关于新型显示器件及上游关键原材料、零部件生产企业进口物资税收政策的暂行规定》（见附件）。

四、财政部会同相关部门制定新型显示器件产业相关免税进口商品清单，并将根据国内配套产业的发展情况进行适时调整。

请各单位遵照执行。

附件：关于新型显示器件及上游关键原材料、零部件生产企业进口物资税收政策的暂行规定（被修订）

附件

“关于新型显示器件及上游关键原材料、零部件生产企业进口物资税收政策的暂行规定”修订记录

一、根据财关税〔2018〕60号《关于调整新型显示器件及上游原材料零部件生产企业进

口物资清单的通知》做如下修订：现对《财政部　海关总署　国家税务总局关于扶持新型显示器件产业发展有关进口税收政策的通知》（财关税〔2016〕62 号）附件《关于新型显示器件及上游关键原材料、零部件生产企业进口物资税收政策的暂行规定》附 1、2、4、5 所列进口物资清单进行调整。调整后的进口物资清单见附件，自 2019 年 1 月 1 日起执行。财关税〔2016〕62 号附件中附 1、2、4、5 所列进口物资清单同时停止执行。

附件（财关税〔2018〕60 号）：

1. 薄膜晶体管液晶显示器件生产企业进口物资清单
2. 有机发光二极管显示面板生产企业进口物资清单
3. 彩色滤光膜生产企业进口物资清单
4. 偏光片生产企业进口物资清单

二、根据财关税〔2019〕50 号《关于取消新型显示器件进口税收政策免税额度管理的通知》做如下修订：对《财政部　海关总署　国家税务总局关于扶持新型显示器件产业发展有关进口税收政策的通知》（财关税〔2016〕62 号）修订如下：

（一）删除通知附件第四条中"在经核定的年度进口金额内，"和"零部件年度免税进口金额根据企业所进口生产设备的总值及设备使用年限，按照附 3 所列进口生产设备维修用零部件免税进口金额计算公式确定。新型显示器件生产企业超出年度免税进口金额进口的维修用零部件，应照章征税。"

（二）删除通知附件第六条中"对于其中涉及进口用于维修规定范围内的进口生产设备所需零部件的新型显示器件生产企业，国家发展改革委会同工业和信息化部将附 3 所列公式所需的新型显示器件生产企业'进口生产设备总值'、'设备的使用年限'等系数同时函告财政部。财政部会同海关总署和国家税务总局核算出新型显示器件生产企业各年度维修用零部件的免税进口金额并印发通知。"

（三）删除通知附件附 3"进口生产设备维修用零部件免税进口金额计算公式"。

石油天然气能源

关税征管司关于加快办理先征后返（退）税相关手续的通知

（税管函〔2022〕43号）

发布日期：2022-07-11
实施日期：2022-07-11
法规类型：规范性文件

各直属海关：

为进一步助企纾困降低企业经营成本，优化营商环境，现对天然气进口环节增值税先征后返以及用于生产乙烯、芳烃的进口石脑油、燃料油消费税先征后退政策执行有关事项通知如下：

一、压缩办理天然气进口环节增值税返还相关手续的时间

根据《进口税收先征后返管理办法》（财预〔2014〕373号）规定，海关办理先征后返手续初、复审时限分别为15个工作日和10个工作日，转发财政部驻当地监管局批复文件时限为5个工作日。为支持企业尽快享惠，决定压缩海关办理有关事项的时限。

（一）申报地海关应在收齐进口企业返税申请材料后5个工作日内完成初审并报直属海关，直属海关应在收到上报文件及相关材料后5个工作日内完成复核并报财政部驻当地监管局。

（二）直属海关应在收到财政部驻当地监管局批复文件（对于海关打印《海关专用缴款书》的，应包括退回的缴款书原件）后3个工作日内将批复文件转发申报地海关。

（三）申报地海关应在收到转发的批复文件后3个工作日内出具《收入退还书》。

二、优化用于生产乙烯、芳烃的进口石脑油、燃料油消费税退还相关手续

根据《海关总署关于执行石脑油燃料油生产乙烯芳烃类化工产品消费税退税政策有关问题的通知》（署税发〔2013〕55号，以下简称《通知》）规定，单笔退税超过2000万元的报关税司备案，为简化手续、规范管理，决定对《通知》执行进一步优化。

（一）明确海关审核时限为5个工作日。申报地海关应在收齐企业提交的申请材料后5个工作日内完成审核并出具《收入退还书》。

（二）取消向总署关税司备案。将单笔退税超过2000万元的报关税司备案，调整为事后每月一次集中报直属海关关税职能部门备案。

各海关在执行中如遇有问题，请及时向总署（关税司）反映。

特此通知。

关税征管司关于执行“十四五”期间能源资源勘探开发利用进口税收政策的通知

（税管函〔2021〕61号）

发布日期：2021-06-15
实施日期：2021-01-01
法规类型：规范性文件

广东分署，各直属海关：

为落实《财政部　海关总署　税务总局关于“十四五”期间能源资源勘探开发利用进口税收政策的通知》（财关税〔2021〕17号，以下简称《通知》）和《财政部　国家发展改革委　工业和信息化部　海关总署　税务总局　国家能源局关于“十四五”期间能源资源勘探开发利用进口税收政策管理办法的通知》（财关税〔2021〕18号，以下简称《管理办法》），现将政策执行有关事项通知如下。

一、《通知》第一至三条规定的设备（包括按照合同随设备进口的技术资料）、仪器、零附件、专用工具的免税进口商品清单（以下简称“免税商品清单”），由工业和信息化部会同财政部、海关总署、税务总局、国家能源局制定并联合印发。

二、《管理办法》第一条第一款所列项目主管单位确定本领域符合政策的能源资源勘探开发作业项目或海上油气管道应急救援项目名称、项目执行单位、项目执行单位在该项目项下进口商品，出具《能源资源勘探开发利用进口税收政策项下有关项目及进口商品确认表》（以下简称《确认表》）。

有关项目主管单位出具《确认表》的具体部门及其印章印模将另行通知。

三、项目执行单位应向项目（包括能源资源勘探开发作业项目和海上油气管道应急救援项目，下同）所在地海关（以下简称“主管海关”）办理减免税审核确认手续。对于项目由项目执行单位的非法人分支机构实施，免税进口商品由项目执行单位统一管理的，应向项目执行单位所在地海关（以下简称“主管海关”）办理减免税审核确认手续。按前述原则确定的主管海关应填写在《确认表》“项目所在地海关/项目执行单位所在地海关”栏中。

四、项目执行单位的主管海关应对照免税商品清单、《确认表》等相关材料，对项目执行单位的减免税审核确认申请进行审核。经审核，对符合免税范围的进口商品，根据项目的不同，免征关税，或免征关税和进口环节增值税，制发《海关进出口货物征免税确认通知书》（以下简称《征免税通知书》）。对于超出免税范围的，照章征收关税和进口环节增值税。

上述减免税审核确认手续纳入减免税系统管理。石油（天然气）勘探开发作业项目项下进口商品的征免性质为“海洋石油”（代码606）或“陆上石油”（代码608）；煤层气勘探开发作业项目项下进口商品的征免性质为“勘探开发煤层气”（代码605）；海上应急救援项目项下进口商品的征免性质为“海上应急救援（代码610）”，征免性质对应监管方式详见附件。

六、项目执行单位发生更名、经营范围变更等情形的，项目主管单位应当确认变更后的项目执行单位能否按《通知》规定继续享受政策。如果符合规定继续享受政策，应对该项目执行单位截至变更登记之日未申报使用的《确认表》进行重新出具，并在“项目执行单位名称、经营范围变更等情况说明”栏注明变更情况；如果该项目执行单位不能继续享受政策，项目主管单位应收回截至变更登记之日未申报使用的《确认表》。

对于项目执行单位已凭有关《确认表》向主管海关办理减免税审核确认手续的，项目执行单位应向主管海关办理相应《征免税通知书》的变更或作废手续。

七、石油（天然气）勘探开发作业项目免税进口商品的后续管理规定：

（一）经主管海关审核同意，有关海洋石油（天然气）勘探开发作业项目执行单位，可以对外租赁方式或承包工程出口方式将免税进口海油工程船舶及随船设备、物资出境作业。有关海关应建立免税进口商品租赁出境作业登记管理制度，加强后续监管。

海油工程船舶以对外承包工程方式出境和复运进境涉及的海关监管及税收征管问题，和中外合作海洋石油（天然气）勘探开发作业项目作业权转移涉及的免税进口商品监管问题，按现行相关规定办理。

（二）对中外合作石油（天然气）勘探开发作业项目合同期结束时，外方合作者将其尚在海关监管期限内的免税进口设备、仪器、零附件、专用工具（以下简称“免税设备”）转至中方项目单位继续使用并符合政策规定的，可按规定办理减免税后续管理相关手续。其中：对用于陆上特定地区自营项目且符合免税商品清单的，免征关税，补征相应进口环节增值税；对用于其他石油（天然气）勘探开发作业项目且符合免税商品清单的，免征关税和进口环节增值税；对不符合免税商品清单范围的，按规定补征相应税款。

八、对于项目执行单位在2021年1月1日至第一批免税商品清单印发之日后30日期间申报进口的商品，已缴纳的应免税款依申请可准予退还。有关项目执行单位应于第一批免税商品清单印发之日起3个月内，向主管海关办理减免税审核确认手续。其中，申请退还进口环节增值税的，应事先取得主管税务机关出具的《能源资源勘探开发利用进口税收政策项下进口商品已征进口环节增值税未抵扣情况表》。

项目执行单位凭主管海关制发的《征免税通知书》及相关材料，向申报地海关办理退税事宜。

九、天然气进口环节增值税的先征后返应按以下规定办理：

（一）天然气进口企业向海关办理天然气进口环节增值税先征后返手续，应取得《管理办法》第二条第二至四款所述主管单位（以下简称“天然气项目主管单位”）出具的《享受能源资源勘探开发利用进口税收政策的进口天然气项目及企业确认书》（以下简称《确认书》）。

（二）天然气进口企业向海关办理返税手续时，应将该企业在每个退税期间（一个季度）内同一项目下所有批次进口天然气的税收返还申请材料报送纳税地海关，随附加盖企业公章的液化天然气船次清单或管道天然气批次清单，并分别填报《长贸气进口环节增值税先征后返统计表》或《管道天然气（不含长贸气）进口环节增值税先征后返统计表》《液化天然气（不含长贸气）进口环节增值税先征后返统计表》（以下统称《统计表》）。《统计表》中的数据（包括计算过程的中间数据）保留至小数点后两位；液化天然气热值数据应依据海关认可的第三方检测报告，报告中热值计量参比条件为101.325KPa、15℃，单位为GJ；管道天然气的进口数量以海关认可的天然气交接计量站的计量结果为准。

（三）纳税地海关应按《管理办法》规定，对天然气进口企业的申请材料进行审核。对于天然气项目主管单位、项目名称属于国家发展改革委、国家能源局函告范围，申请返税天然气的申报进口日期在政策有效期内且在国家发展改革委、国家能源局函告享受政策起始日期后的，按《财政部　中国人民银行　海关总署关于印发〈进口税收先征后返管理办法〉的通知》（财预〔2014〕373号）规定，办理进口环节增值税先征后返手续。对于天然气进口企业申请返还《通知》第四条（一）长贸气相应税款的，《确认书》中长贸气进口合同编号应符合国家发展改革委函告范围。

十、请各海关将本通知的有关规定告知相关进口单位，执行中如遇有问题，请及时向关税征管司反映。

特此通知。

财政部　工业和信息化部　国家发展和改革委员会　国家税务总局　海关总署关于"十四五"期间能源资源勘探开发利用进口税收政策管理办法的通知

（财关税〔2021〕18号）

发布日期：2021-04-16
实施日期：2021-01-01
法规类型：规范性文件

各省、自治区、直辖市、计划单列市财政厅（局）、发展改革委、工业和信息化主管部门，海关总署广东分署、各直属海关，国家税务总局各省、自治区、直辖市、计划单列市税务局，各省、自治区、直辖市能源局，新疆生产建设兵团财政局、发展改革委、工业和信息化局，财政部各地监管局，国家税务总局驻各地特派员办事处：

为落实《财政部　海关总署　税务总局关于"十四五"期间能源资源勘探开发利用进口税收政策的通知》（财关税〔2021〕17号，以下简称《通知》），特制定本办法。

一、关于石油（天然气）、煤层气勘探开发作业项目和海上油气管道应急救援项目的免税规定

（一）对可享受政策的有关单位，分别按下列规定执行：

1. 自然资源部作为石油（天然气）、煤层气地质调查工作有关项目的项目主管单位，依据有关项目确认文件以及《通知》第五条规定的免税进口商品清单，向项目执行单位出具《能源资源勘探开发利用进口税收政策项下有关项目及进口商品确认表》（以下简称《确认表》，见附件1）。

中国石油天然气集团有限公司、中国石油化工集团有限公司、中国海洋石油集团有限公司作为石油（天然气）、煤层气勘探开发作业的项目主管单位，依据有关部门出具的项目确认文件，以及《通知》第五条规定的免税进口商品清单，确认勘探开发项目、项目执行单位、项目执行单位在项目主管单位取得油气矿业权之日后进口的商品，出具《确认表》。

中国海洋石油集团有限公司作为海上油气管道应急救援项目的项目主管单位，依据有关部门出具的项目确认文件，以及《通知》第五条规定的免税商品清单，确认海上油气管道应急救援项目、项目执行单位、项目执行单位在海上油气管道应急救援项目批准之日后进口的商品，出具《确认表》。

2. 其他已依法取得油气矿业权并按《通知》第一条、第二条、第三条规定开展石油（天然气）、煤层气勘探开发作业项目的企业，应在每年4月底前向财政部提出享受政策的申请，并附企业基本情况、开展石油（天然气）、煤层气勘探开发作业项目的基本情况。财政部会同自然资源部、海关总署、税务总局确定该企业作为项目主管单位后，财政部将项目主管单位及项目清单函告海关总署，抄送自然资源部、税务总局、项目主管单位。项目主管单位依据

《通知》第五条规定的免税商品清单，确认项目执行单位、项目执行单位在项目主管单位取得油气矿业权之日后进口的商品，出具《确认表》。

（二）符合本条第一项的项目执行单位，凭《确认表》等有关材料，按照海关规定向海关申请办理进口商品的减免税手续。

（三）项目执行单位发生名称、经营范围变更等情形的，应在政策有效期内及时将有关变更情况说明报送项目主管单位，并退回已开具的《确认表》。项目主管单位确认变更后的项目执行单位自变更登记之日起能否按《通知》规定继续享受政策，对符合规定的项目执行单位重新出具《确认表》，并在其中“项目执行单位名称、经营范围变更等情况说明”栏，填写变更内容及变更时间。

（四）《通知》第五条规定的免税商品清单，可根据产业发展情况等适时调整。

（五）《通知》第五条规定的已征应免税款，依项目执行单位申请准予退还。其中，已征税进口且尚未申报增值税进项税额抵扣的，应事先取得主管税务机关出具的《能源资源勘探开发利用进口税收政策项下进口商品已征进口环节增值税未抵扣情况表》（见附件2），向海关申请办理退还已征进口关税和进口环节增值税手续；已申报增值税进项税额抵扣的，仅向海关申请办理退还已征进口关税手续。

（六）石油（天然气）、煤层气勘探开发作业和海上油气管道应急救援项目的项目主管单位应加强政策执行情况的管理监督，并于每年3月底前将上一年度政策执行情况汇总报财政部、工业和信息化部、海关总署、税务总局、国家能源局。

（七）项目执行单位应严格按照《通知》规定使用免税进口商品，如违反规定，将免税进口商品擅自转让、移作他用或者进行其他处置，被依法追究刑事责任的，在《通知》剩余有效期内，停止享受政策。

（八）项目执行单位如存在以虚报信息等获得免税资格的，经项目主管单位或有关部门查实后，由项目主管单位函告海关总署，自函告之日起，该项目执行单位在《通知》剩余有效期内停止享受政策。

二、关于天然气进口环节增值税先征后返规定

（一）符合《通知》第四条规定的项目所进口的天然气，相关进口企业可申请办理天然气进口环节增值税返还。

（二）2020年12月31日前已按《财政部　海关总署　国家税务总局关于对2011-2020年期间进口天然气及2010年底前“中亚气”项目进口天然气按比例返还进口环节增值税有关问题的通知》（财关税〔2011〕39号）享受了天然气进口环节增值税返还的项目，自2021年1月1日起按《通知》规定享受进口环节增值税返还。对于上述项目在2020年12月31日及以前申报进口的天然气的进口环节增值税返还，仍按财关税〔2011〕39号文件及相关规定办理。国家发展改革委、国家能源局将上述项目名称和项目主管单位函告财政部、海关总署、税务总局，并抄送项目所在地财政部监管局、发展改革委、能源局、直属海关。

（三）自2021年1月1日起，对符合《通知》规定的跨境天然气管道和进口液化天然气接收储运装置的新增项目，以及省级政府核准的进口液化天然气接收储运装置新增扩建项目，在项目建成投产后，国家发展改革委、国家能源局将新增项目和新增扩建项目的名称、项目主管单位和享受政策的起始日期，函告财政部、海关总署、税务总局，并抄送新增项目和新增扩建项目所在地财政部监管局、发展改革委、能源局、直属海关。

（四）项目主管单位发生变更的，国家发展改革委、国家能源局应在政策有效期内及时将项目名称、变更后的项目主管单位、变更日期函告财政部、海关总署、税务总局，并抄送项目所在地财政部监管局、发展改革委、能源局、直属海关。

（五）本条第二、三、四项所述的项目主管单位，依据有关部门出具的天然气项目确认文

件，对符合《通知》规定的项目、进口企业和进口数量进行确认，并出具《享受能源资源勘探开发利用进口税收政策的进口天然气项目及企业确认书》（以下简称《确认书》，见附件3）。

（六）《通知》第四条第一项中的长贸气合同清单，由国家发展改革委函告财政部、海关总署、税务总局，抄送财政部各地监管局、有关企业。

（七）《通知》第四条第二项中的进口价格，是指以单个项目计算，一个季度内（即1-3月、4-6月、7-9月或10-12月，具体进口时间以进口报关单上列示的“申报日期”为准，下同）进口价格的算术平均值；参考基准值是指同一季度内参考基准值的算术平均值。

在计算进口价格的算术平均值时，应将同一季度内同一企业在同一项目下进口的符合《通知》第四条第二项的天然气均包含在内。管道天然气的进口价格为实际进口管道天然气单位体积进口完税价格的算术平均值。液化天然气的进口价格为实际进口液化天然气单位热值进口价格的算术平均值。

参考基准值由国家发展改革委、国家能源局确定并函告财政部、海关总署、税务总局，抄送财政部各地监管局、海关总署广东分署和各直属海关，告知相关企业。

（八）天然气进口企业应在每季度末结束后的三个月内，统一、集中将上一季度及以前尚未报送的税收返还申请材料报送纳税地海关。申请材料应包括《确认书》，分项目填报的《长贸气进口环节增值税先征后返统计表》（见附件4）、《管道天然气（不含长贸气）进口环节增值税先征后返统计表》（见附件5）或《液化天然气（不含长贸气）进口环节增值税先征后返统计表》（见附件6）。具体税收返还依照《财政部　中国人民银行　海关总署关于印发〈进口税收先征后返管理办法〉的通知》（财预〔2014〕373号）的有关规定执行。

（九）天然气进口企业如存在以虚报信息等获得进口税收返还资格的，经项目主管单位或有关部门查实后，由项目主管单位函告海关总署，自函告之日起，该天然气进口企业在《通知》剩余有效期内停止享受政策。

三、财政等有关部门及其工作人员在政策执行过程中，存在违反政策规定的行为，以及滥用职权、玩忽职守、徇私舞弊等违法违纪行为的，依照国家有关规定追究相应责任；涉嫌犯罪的，依法追究刑事责任。

四、本办法有效期为2021年1月1日至2025年12月31日。

附件：1. 能源资源勘探开发利用进口税收政策项下有关项目及进口商品确认表（略）

2. 能源资源勘探开发利用进口税收政策项下进口商品已征进口环节增值税未抵扣情况表（略）
3. 享受能源资源勘探开发利用进口税收政策的进口天然气项目及企业确认书（略）
4. 长贸气进口环节增值税先征后返统计表（略）
5. 管道天然气（不含长贸气）进口环节增值税先征后返统计表（略）
6. 液化天然气（不含长贸气）进口环节增值税先征后返统计表（略）

财政部　国家税务总局　海关总署关于“十四五”期间能源资源勘探开发利用进口税收政策的通知

（财关税〔2021〕17号）

发布日期：2021-04-12
实施日期：2021-01-01
法规类型：规范性文件

各省、自治区、直辖市、计划单列市财政厅（局）、发展改革委，海关总署广东分署、各直属海关，国家税务总局各省、自治区、直辖市、计划单列市税务局，各省、自治区、直辖市能源局，新疆生产建设兵团财政局、发展改革委，财政部各地监管局，国家税务总局驻各地特派员办事处：

为完善能源产供储销体系，加强国内油气勘探开发，支持天然气进口利用，现将有关进口税收政策通知如下：

一、对在我国陆上特定地区（具体区域见附件）进行石油（天然气）勘探开发作业的自营项目，进口国内不能生产或性能不能满足需求的，并直接用于勘探开发作业的设备（包括按照合同随设备进口的技术资料）、仪器、零附件、专用工具，免征进口关税；在经国家批准的陆上石油（天然气）中标区块（对外谈判的合作区块视为中标区块）内进行石油（天然气）勘探开发作业的中外合作项目，进口国内不能生产或性能不能满足需求的，并直接用于勘探开发作业的设备（包括按照合同随设备进口的技术资料）、仪器、零附件、专用工具，免征进口关税和进口环节增值税。

二、对在我国海洋（指我国内海、领海、大陆架以及其他海洋资源管辖海域，包括浅海滩涂，下同）进行石油（天然气）勘探开发作业的项目（包括1994年12月31日之前批准的对外合作“老项目”），以及海上油气管道应急救援项目，进口国内不能生产或性能不能满足需求的，并直接用于勘探开发作业或应急救援的设备（包括按照合同随设备进口的技术资料）、仪器、零附件、专用工具，免征进口关税和进口环节增值税。

三、对在我国境内进行煤层气勘探开发作业的项目，进口国内不能生产或性能不能满足需求的，并直接用于勘探开发作业的设备（包括按照合同随设备进口的技术资料）、仪器、零附件、专用工具，免征进口关税和进口环节增值税。

四、对经国家发展改革委核（批）准建设的跨境天然气管道和进口液化天然气接收储运装置项目，以及经省级政府核准的进口液化天然气接收储运装置扩建项目进口的天然气（包括管道天然气和液化天然气，下同），按一定比例返还进口环节增值税。具体返还比例如下：

（一）属于2014年底前签订且经国家发展改革委确定的长贸气合同项下的进口天然气，进口环节增值税按70%的比例予以返还。

（二）对其他天然气，在进口价格高于参考基准值的情况下，进口环节增值税按该项目进口价格和参考基准值的倒挂比例予以返还。倒挂比例的计算公式为：倒挂比例=（进口价格-参考基准值）/进口价格×100%，相关计算以一个季度为一周期。

五、本通知第一条、第二条、第三条规定的设备（包括按照合同随设备进口的技术资料）、仪器、零附件、专用工具的免税进口商品清单，由工业和信息化部会同财政部、海关总署、税务总局、国家能源局另行制定并联合印发。第一批免税进口商品清单自2021年1月1日实施，至第一批免税进口商品清单印发之日后30日内已征应免税款，依进口单位申请准予退还。以后批次的免税进口商品清单，自印发之日后第20日起实施。

六、符合本通知第一条、第二条、第三条规定并取得免税资格的单位可向主管海关提出申请，选择放弃免征进口环节增值税，只免征进口关税。有关单位主动放弃免征进口环节增值税后，36个月内不得再次申请免征进口环节增值税。

七、“十四五”期间能源资源勘探开发利用进口税收政策管理办法由财政部会同有关部门另行制定印发。

八、本通知有效期为2021年1月1日至2025年12月31日。

附件：享受能源资源勘探开发利用进口税收政策的陆上特定地区（略）

关于取消陆上特定地区石油（天然气）开采项目免税进口额度管理的通知

（财关税〔2020〕6号）

发布日期：2020-03-20

实施日期：2020-03-20

法规类型：规范性文件

各省、自治区、直辖市、计划单列市财政厅（局），新疆生产建设兵团财政局，海关总署广东分署、各直属海关，国家税务总局各省、自治区、直辖市、计划单列市税务局，财政部各地监管局，国家税务总局驻各地特派员办事处：

为进一步发挥进口税收政策效用，适应市场经济规律要求，对《财政部　海关总署　国家税务总局关于“十三五”期间在我国陆上特定地区开采石油（天然气）进口物资税收政策的通知》（财关税〔2016〕68号，以下简称《通知》）修订如下：

一、删除《通知》第二条中的两处“在规定的免税进口额度内”。

二、将《通知》第三条中的“实行《免税物资清单》与年度免税进口额度相结合的管理方式”修改为“实行《免税物资清单》管理。项目主管单位需按管理规定如实填报和出具《我国陆上特定地区开采石油（天然气）项目及其进口物资确认表》”。

三、删除《通知》第四条中的“暂时进口物资不纳入免税进口额度管理”。

四、删除《通知》第五条中的“上述进口物资均纳入免税进口额度统一管理”。

五、删除《通知》附件2的第三、四、六、九条。

六、将《通知》附件2第五条的“各项目主管单位”修改为“中国石油天然气集团有限公司、中国石油化工集团有限公司作为项目主管单位”；删除“及年度免税进口额度”。

七、将《通知》附件2第十条中的“发现项目主管单位擅自超出政策规定的项目范围或擅自超出上年免税进口额度认定的，暂停确定该项目主管单位下一年度的免税进口额度”修改为“发现项目主管单位擅自超出政策规定的项目范围认定的，暂停该项目主管单位下一年度的免税资格”。

八、删除《通知》附件2的附3《项目进口额申报表》。

本通知自印发之日起执行。对符合《通知》规定的项目，在本通知印发之日前进口的《免税物资清单》所列物资，因超出已印发的年度免税进口额度以及《通知》附件2第六条规定免税进口额度而征收的税款不予退还。

修订后的《通知》见附件。

附件：财政部　海关总署　税务总局关于“十三五”期间在我国陆上特定地区开采石油（天然气）进口物资税收政策的通知（修订）（略）

关于取消海洋石油（天然气）开采项目免税进口额度管理的通知

（财关税〔2020〕5号）

发布日期：2020-03-20
实施日期：2020-03-20
法规类型：规范性文件

各省、自治区、直辖市、计划单列市财政厅（局），新疆生产建设兵团财政局，海关总署广东分署、各直属海关，国家税务总局各省、自治区、直辖市、计划单列市税务局，财政部各地监管局，国家税务总局驻各地特派员办事处：

为进一步发挥进口税收政策效用，适应市场经济规律要求，对《财政部　海关总署　国家税务总局关于“十三五”期间在我国海洋开采石油（天然气）进口物资免征进口税收的通知》（财关税〔2016〕69号，以下简称《通知》）修订如下：

一、删除《通知》第一条中的“在规定的免税进口额度内”。

二、将《通知》第三条中的“实行《免税物资清单》与年度免税进口额度相结合的管理方式”修改为“实行《免税物资清单》管理。项目主管单位需按管理规定如实填报和出具《我国海洋开采石油（天然气）项目及其进口物资确认表》”。

三、删除《通知》第四条中的“暂时进口物资不纳入免税进口额度管理”。

四、删除《通知》第五条中的“并纳入免税进口额度统一管理”。

五、删除《通知》附件的第三、四、六、九条。

六、将《通知》附件第五条中的“各项目主管单位”修改为“自然资源部、中国石油天然气集团有限公司、中国石油化工集团有限公司、中国海洋石油集团有限公司作为项目主管单位”；删除“及年度免税进口额度”。

七、将《通知》附件第十条中的“发现项目主管单位擅自超出政策规定的项目范围或擅自超出上年免税进口额度认定的，暂停确定该项目主管单位下一年度的免税进口额度”修改为“发现项目主管单位擅自超出政策规定的项目范围认定的，暂停该项目主管单位下一年度的免税资格”。

八、删除《通知》附件的附3《项目进口额申报表》。

本通知自印发之日起执行。对符合《通知》规定的项目，在本通知印发之日前进口的《免税物资清单》所列物资，因超出已印发的年度免税进口额度以及《通知》附件第六条规定免税进口额度而征收的税款不予退还。

修订后的《通知》见附件。

附件：财政部　海关总署　国家税务总局关于“十三五”期间在我国海洋开采石油（天然气）进口物资免征进口税收的通知（修订）（略）

财政部、海关总署、税务总局关于“十三五”期间在我国海洋开采石油（天然气）进口物资免征进口税收的通知（修订）

（财关税〔2016〕69 号）

发布日期：2016-12-29
实施日期：2020-03-30
法规类型：规范性文件

（根据 2020 年 3 月 30 日财关税〔2020〕5 号《关于取消海洋石油（天然气）开采项目免税进口额度管理的通知》修订）

为支持我国海洋石油（天然气）的勘探开发，经国务院批准，现将“十三五”期间在我国海洋开采石油（天然气）进口物资税收政策通知如下：

一、自 2016 年 1 月 1 日至 2020 年 12 月 31 日，在我国海洋进行石油（天然气）开采作业（指勘探和开发，下同）的项目，进口国内不能生产或性能不能满足要求，并直接用于开采作业的设备、仪器、零附件、专用工具（详见附 2 所列《开采海洋石油（天然气）免税进口物资清单》，以下简称《免税物资清单》），免征进口关税和进口环节增值税。

二、本通知所指海洋为：我国内海、领海、大陆架以及其他海洋资源管辖海域（包括浅海滩涂）。

三、符合本通知规定的石油（天然气）开采项目项下免税进口的物资实行《免税物资清单》管理（管理规定见附 1）。项目主管单位需按管理规定如实填报和出具《我国海洋开采石油（天然气）项目及其进口物资确认表》（格式详见附 3）。

四、符合本通知规定的石油（天然气）开采项目项下暂时进口《免税物资清单》所列的物资，准予免税。有关物资进口时，海关按暂时进口货物办理手续。上述暂时进口物资超出海关规定　的暂时进口时限仍需继续使用的，经海关审核确认可予延期。在暂时进口（包括延期）期限内准予按本通知第一条规定免税。

五、符合本通知规定的石油（天然气）开采项目项下租赁进口《免税物资清单》所列的物资，准予按本通知第一条规定免税。租赁进口《免税物资清单》以外的物资应按有关规定照章征税。

六、1994 年 12 月 31 日之前批准的对外合作“老项目”与其他项目适用统一的《免税物资清单》。

附件：1. 关于在我国海洋开采石油（天然气）进口物资免征进口税收的管理规定（略）
2. 开采海洋石油（天然气）免税进口物资清单（略）
3. 我国海洋开采石油（天然气）项目及其进口物资确认表（略）

财政部、海关总署、税务总局关于“十三五”期间在我国陆上特定地区开采石油（天然气）进口物资税收政策的通知

（财关税〔2016〕68号）

发布日期：2016-12-29
实施日期：2020-03-30
法规类型：规范性文件

（根据2020年3月30日财关税〔2020〕6号《关于取消陆上特定地区石油（天然气）开采项目免税进口额度管理的通知》修正）

各省、自治区、直辖市、计划单列市财政厅（局）、国家税务局，新疆生产建设兵团财务局，海关总署广东分署、各直属海关：

为支持我国陆上特定地区石油（天然气）的勘探开发，经国务院批准，现将“十三五”期间在我国陆上特定地区开采石油（天然气）进口物资税收政策通知如下：

一、本通知所指陆上特定地区为：我国领土内的沙漠、戈壁荒漠（详见附件1）和中外合作开采（指勘探和开发，下同）经国家批准的陆上石油（天然气）中标区块（对外谈判的合作区块视同中标区块）。

二、自2016年1月1日至2020年12月31日，在我国领土内的沙漠、戈壁荒漠（详见附件1）进行石油（天然气）开采作业的自营项目，进口国内不能生产或性能不能满足要求，并直接用于开采作业的设备、仪器、零附件、专用工具（详见附件2管理规定的附1《开采陆上特定地区石油（天然气）免税进口物资清单》，以下简称《免税物资清单》），免征进口关税；在经国家批准的陆上石油（天然气）中标区块内进行石油（天然气）开采作业的中外合作项目，进口国内不能生产或性能不能满足要求，并直接用于开采作业的《免税物资清单》所列范围内的物资，免征进口关税和进口环节增值税。

三、符合本通知规定的开采项目项下免税进口的物资实行《免税物资清单》项目主管单位需按管理规定如实填报和出具《我国陆上特定地区开采石油（天然气）项目及其进口物资确认表》。

四、符合本通知规定的开采项目项下暂时进口《免税物资清单》所列的物资，准予免税。进口时海关按暂时进口货物办理手续。超出海关规定的暂时进口时限仍需继续使用的，经海关审核确认可予延期。在暂时进口（包括延期）期限内准予按本通知第二条规定免税。

五、符合本通知规定的沙漠、戈壁荒漠自营项目项下租赁进口《免税物资清单》所列的物资准予免征进口关税，符合本通知规定的中外合作项目项下租赁进口《免税物资清单》所列的物资准予免征进口关税和进口环节增值税。租赁进口《免税物资清单》以外的物资应按有关规定照章征税。

附件：1. 享受特定地区政策的地域范围
2. 关于在我国陆上特定地区开采石油（天然气）进口物资税收政策的管理规定（略）

附 1

享受特定地区政策的地域范围

单位：平方公里

所在地区	地域名称	分布地区	面积
新疆维吾尔自治区	塔克拉玛干沙漠	塔里木盆地	337600
	古尔班通古特沙漠	准噶尔盆地	48800
	库姆塔格沙漠	新疆东部地区	22800
	库木库里沙漠	阿尔金山山间盆地	2448
	鄯善库姆塔格沙漠	吐鲁番盆地	2500
	阿克别勒沙漠	焉耆盆地	674
	霍城沙漠	伊犁霍城	485
	福海沙漠	艾比湖东南	463
	乌苏沙漠	额尔齐斯河南侧	5513
	布尔津—哈巴河—吉木乃沙漠		400
内蒙古自治区	巴丹吉林沙漠		6645
	腾格里沙漠		6405
	乌兰布和沙漠		1485
	库布其沙漠		2415
	毛乌素沙漠		4815
	浑善达克沙地		3210
	科尔沁沙地		6345
	呼伦贝尔沙地		720
青海省	柴达木盆地沙漠及戈壁荒沙漠柴达木盆地	68367	
西藏自治区	藏北戈壁荒漠区	藏北	600000

目录清单

关于 2021—2030 年抗艾滋病病毒药物进口税收政策的通知

（财关税〔2021〕13 号）

发布日期：2021-03-29
实施日期：2021-01-01
法规类型：规范性文件

北京市财政局，北京海关，国家税务总局北京市税务局：

为坚持基本医疗卫生事业公益属性，支持艾滋病防治工作，自 2021 年 1 月 1 日至 2030 年 12 月 31 日，对卫生健康委委托进口的抗艾滋病病毒药物，免征进口关税和进口环节增值税。享受免税政策的抗艾滋病病毒药物名录及委托进口单位由卫生健康委确定，并送财政部、海关总署、税务总局。

科教及残疾人用品

残疾人专用品免征进口税收暂行规定

发布日期：1997-04-10

实施日期：1997-04-10

法规类型：部门规章

第一条 为了支持残疾人康复工作，有利于残疾人专用品进口，制定本规定。

第二条 进口下列残疾人专用品，免征进口关税和进口环节增值税、消费税：

（一）肢残者用的支辅具，假肢及其零部件，假眼，假鼻，内脏托带，矫形器，矫形鞋，非机动助行器，代步工具（不包括汽车、摩托车），生活自助具，特殊卫生用品；

（二）视力残疾者用的盲杖，导盲镜，助视器，盲人阅读器；

（三）语言、听力残疾者用的语言训练器；

（四）智力残疾者用的行为训练器，生活能力训练用品。

进口前款所列残疾人专用品，由纳税人直接在海关办理免税手续。

第三条 有关单位进口的国内不能生产的下列残疾人专用品，按隶属关系经民政部或者中国残疾人联合会批准，并报海关总署审核后，免征进口关税和进口环节增值税、消费税：

（一）残疾人康复及专用设备，包括床房监护设备、中心监护设备、生化分析仪和超声诊断仪；

（二）残疾人特殊教育设备和职业教育设备；

（三）残疾人职业能力评估测试设备；

（四）残疾人专用劳动设备和劳动保护设备；

（五）残疾人文体活动专用设备；

（六）假肢专用生产、装配、检测设备，包括假肢专用铣磨机、假肢专用真空成型机、假肢专用平板加热器和假肢综合检测仪；

（七）听力残疾者用的助听器。

第四条 本规定第三条规定的有关单位，是指：

（一）民政部直属企事业单位和省、自治区、直辖市民政部门所属福利机构、假肢厂和荣誉军人康复医院（包括各类革命伤残军人休养院、荣军医院和荣军康复医院）；

（二）中国残疾人联合会（中国残疾人福利基金会）直属事业单位和省、自治区、直辖市残疾人联合会（残疾人福利基金会）所属福利机构和康复机构。

第五条 依据本规定免税进口的残疾人专用品，不得擅自移作他用。

违反前款规定，将免税进口的物品擅自移作他用，构成走私罪的，依法追究刑事责任；

尚不构成犯罪的，按走私行为或者违反海关监管规定的行为论处。

第六条 海关总署根据本规定制定实施办法。

第七条 本规定自发布之日起施行。

海关总署关于残疾人专用品免征进口税收暂行规定的实施办法

（海关总署令第61号）

发布日期：1997-04-10

实施日期：1997-04-10

法规类型：部门规章

第一条 根据国务院批准的《残疾人专用品免征进口税收暂行规定》（以下简称《规定》）和《海关法》及有关法律、法规，特制定本实施办法。

第二条 《规定》和本办法所称“残疾人”是指由于心理、生理、人体结构或某种组织的功能丧失或不正常，以致全部或部分丧失以正常方式从事某种活动能力的人。残疾人包括视力残疾、听力残疾、语言残疾、肢体残疾、智力残疾、精神残疾、多重残疾和其他残疾人。

第三条 凡进口《规定》第二条的残疾人专用品和第三条民政部、中国残疾人联合会所属福利、康复机构所用的残疾人专用品的免税手续，按本实施办法的规定办理。

第四条 个人进口本办法附件一所列的残疾人专用物品在自用合理数量范围内，由纳税人直接在进口地海关办理免税进口手续。

第五条 批量进口本办法附件一所列残疾人专用品，进口单位在进口前应提供用途说明等文件，向所在地主管海关申请，经所在地主管海关审核同意后，出具《进出口货物征免税证明》（三联单）通知进口地海关办理免税手续。

第六条 福利、康复机构进口本办法附件二所列国内不能生产的残疾人专用品的免税手续按以下规定办理：

（一）、进口前，有关福利、康复机构应按隶属关系，填写《残疾人免税进口专用品申请表》一式三份，分别向民政部或中国残疾人联合会提出申请；

（二）、经民政部或中国残疾人联合会审核无误后，应在《申请表》上签章，将其中一份存档，另二份报送海关总署；经海关总署关税司审核无误后，通知福利、康复机构所在地主管海关。

（三）、福利、康复机构所在地主管海关凭关税司下发的批准文件，填写《进出口货物征免税证明》三联单，其中第一联福利、康复机构所在地主管海关留存，第二、三联送交进口地海关凭以免税；进口地海关在免税验放后，及时将第三联退福利、康复机构所在地主管海关。

第七条 境外捐赠给残疾人个人或有关福利、康复机构的国内不能生产的残疾人专用品，凭捐赠证明按本办法办理。

第八条 经批准免税进口的残疾人免税专用品不得擅自移作他用，违者由海关将按《海关法》有关规定予以处罚。其他违反本办法规定的，按《海关法》及有关规定处理。

第九条 本办法由海关总署负责解释。

第十条 本办法与《规定》同时实施。

附件 1

残疾人个人用专用品清单

一、假肢及其零部件：上肢假肢包括部分手、前臂、上臂、假手、肘关节；下肢假肢包括部分足、小腿、大腿、膝关节等。

二、假眼。

三、假鼻。

四、内脏托带：肾托、胃托、疝气带、疝气腰带等。

五、矫形器：包括脊柱、上肢、下肢、功能性电子刺激器和复合力源矫形器系统等。

六、矫形鞋：成品矫形鞋、订做的矫形鞋、适配的标准鞋。

七、非机动助行器：包括单臂操作助行器（手杖、肘拐、前臂支撑拐、腋拐、三脚及多脚拐杖等）；双臂操作助行器（助行架、轮式助行架、助行椅、助行台等）及助行器的附件等。

八、代步工具（不包括汽车、摩托车）：包括轮椅车（手动、电动、机动）、残疾人专用自行车（如手摇三轮车、串翼自行车、助行自行车手扒推轮椅等）。

九、辅助器具：移动用辅助器具、翻身用辅助器具（如翻身垫、翻身床单、翻身毯等）、升降用辅助器具（如轮椅爬楼梯装置、升降架等）。

十、生活自助具：包括残疾人专用服装（如轮椅使用者的连裤服、雨衣、手套；鞋和靴的防滑装置等），安全防护辅助器具（如用于头部面部、上肢、下肢及全身的防护装置等），穿脱衣服的辅助器具、画图和书写辅助器具（如书写板、书写框等），日常生活用辅助器具（如罐头开启器、防洒碗等）。

十一、专用卫生用品。

十二、视力残疾者用的盲杖。

十三、导盲镜。

十四、助视器：内装灯的放大镜行动等。

十五、盲人阅读器：电子盲文书写器、手动盲文书写器等。

十六、语言、听力残疾者的语言训练器：言语训练辅助器具。

十七、智力残疾者用的行为训练器。

十八、生活能力训练用品。

附件 2

康复福利机构进口国内不能生产的残疾人专用品清单

一、残疾人康复及专用设备，包括床旁监护设备、中心监护设备、生化分析仪和超声诊断仪。

二、残疾人特殊教育设备和职业教育设备：对残疾人进行义务教育、学历教育、职业教育所需各类设备。例如：聋人助听设备、智力残疾检测设备等。

三、残疾人职业能力评估测试设备，例如：手腕作业检查盘、注意力集中能力测试仪等。

四、残疾人专用劳动设备和劳动保护设备：如某种肢残人操作的特殊机床、聋人专用的特殊报警装置等；以及为残疾人就业设立的福利企业进口的适合于残疾人操作的生产设备。

五、残疾人文体活动专用设备：是指残疾人进行文化、娱乐、体育活动和体育竞赛所需的专用设备。例如：各种运动轮椅，盲人门球等。

六、假肢专用生产、装配、检测设备，包括假肢专用铣磨机、假肢专用真空成型机、假肢专用平板加热器和假肢综合检测仪。

七、听力残疾者用的助听器：包括各类助听器等。

国家企业技术中心认定管理办法

（国家发展和改革委员会　科学技术部　财政部　海关总署　国家税务总局令第34号）

发布日期：2016-02-26

实施日期：2016-04-01

法规类型：部门规章

第一章　总　则

第一条　为深入实施创新驱动发展战略，贯彻落实《中共中央国务院关于深化科技体制改革加快国家创新体系建设的意见》，进一步强化企业技术创新主体地位，引导和支持企业增强技术创新能力，健全技术创新市场导向机制，规范国家企业技术中心管理，依据《中华人民共和国科学技术进步法》，特制定本办法。

第二条　本办法所称企业技术中心，是指企业根据市场竞争需要设立的技术研发与创新机构，负责制定企业技术创新规划、开展产业技术研发、创造运用知识产权、建立技术标准体系、凝聚培养创新人才、构建协同创新网络、推进技术创新全过程实施。

第三条　国家鼓励和支持企业建立技术中心，发挥企业在技术创新中的主体作用，建立健全企业主导产业技术研发创新的体制机制。国家根据创新驱动发展要求和经济结构调整需要，对创新能力强、创新机制好、引领示范作用大、符合条件的企业技术中心予以认定，并给予政策支持，鼓励引导行业骨干企业带动产业技术进步和创新能力提高。

第四条　国家发展改革委、科技部、财政部、海关总署、税务总局负责指导协调国家企业技术中心相关工作。国家发展改革委牵头开展国家企业技术中心的认定与运行评价。各省、自治区、直辖市、计划单列市及新疆生产建设兵团发展改革部门或地方人民政府指定的部门会同同级管理部门，负责国家企业技术中心的申报、管理等事项。

第二章　国家企业技术中心认定

第五条　国家企业技术中心的认定，原则上每年进行一次。地方政府主管部门根据国家发展改革委通知要求报送申请材料，受理截止日期为当年5月31日。

第六条　国家企业技术中心应当具备以下基本条件：

（一）企业在行业中具有显著的发展优势和竞争优势，具有行业领先的技术创新能力和水平；

（二）企业具有较好的技术创新机制，企业技术中心组织体系健全，创新效率和效益显著；

（三）有较高的研究开发投入，年度研究与试验发展经费支出额不低于1500万元；拥有技术水平高、实践经验丰富的技术带头人，专职研究与试验发展人员数不少于150人；

（四）具有比较完善的研究、开发、试验条件，技术开发仪器设备原值不低于2000万元；

有较好的技术积累，重视前沿技术开发，具有开展高水平技术创新活动的能力；

（五）具有省级企业技术中心资格 2 年以上。

企业在申请受理截止日期前 3 年内，不得存在下列情况：

（一）因违反海关法及有关法律、行政法规，构成走私行为，受到刑事、行政处罚，或因严重违反海关监管规定受到行政处罚；

（二）因违反税收征管法及有关法律、行政法规，构成偷税、骗取出口退税等严重税收违法行为；

（三）司法、行政机关认定的其他严重违法失信行为。

第七条 地方政府主管部门会同同级管理部门，根据本办法及当年国家发展改革委发布的通知，推荐符合条件的企业技术中心，并将推荐企业技术中心名单及其申请材料（一式二份）报送国家发展改革委。申请材料主要包括企业技术中心申请报告、评价表及必要的证明材料。

第八条 母公司技术中心已是国家企业技术中心的，地方政府主管部门不得再推荐其下属子公司申请国家企业技术中心。但从事业务领域与母公司不同的子公司，可推荐其申请母公司国家企业技术中心分中心。

子公司技术中心已是国家企业技术中心的，地方政府主管部门在推荐其母公司申请国家企业技术中心时，应在推荐意见中明确提出将其子公司国家企业技术中心调整为分中心或撤销的意见。国家企业技术中心分中心的申请程序和要求与国家企业技术中心相同。

第九条 国家发展改革委委托第三方机构，依据评价指标体系对地方政府主管部门推荐的企业技术中心申请材料进行初评，并根据初评结果委托第三方机构组织专家评审。

国家发展改革委会同科技部、财政部、海关总署、税务总局，根据专家评审意见以及国家产业政策、国家进口税收税式支出的总体原则及年度方案等综合评估，确认认定结果，并通过国家发展改革委官方网站予以公示。

第十条 国家发展改革委会同科技部、财政部、海关总署、税务总局，在受理地方政府主管部门申报材料之日起 90 个工作日之内联合发文，向地方政府主管部门及同级管理部门通报认定结果。

第三章 运行评价

第十一条 国家发展改革委会同科技部、财政部、海关总署、税务总局，原则上每 2 年组织 1 次国家企业技术中心运行评价。国家发展改革委于评价年度下发评价通知。地方政府主管部门对国家企业技术中心评价材料真实性出具意见，并于评价年度的 5 月 31 日前将评价材料报送国家发展改革委。

评价材料主要包括国家企业技术中心工作总结、评价表及必要的证明材料。

第十二条 国家发展改革委委托第三方机构，依据评价指标体系，对地方政府主管部门报送的评价材料进行评价，并形成评价结果和评价报告。

第十三条 评价结果分为优秀、良好、基本合格和不合格：

（一）评价得分 90 分及以上为优秀；

（二）评价得分 65 分至 90 分（不含 90 分）为良好；

（三）评价得分 60 分至 65 分（不含 65 分）为基本合格；

（四）评价得分低于 60 分为不合格。

第十四条 国家发展改革委会同科技部、财政部、海关总署、税务总局对评价结果进行确认。国家发展改革委在受理评价材料之日起 70 个工作日内，向地方政府主管部门通报评价结果。

第四章　鼓励政策

第十五条　国家企业技术中心和国家企业技术中心分中心进口科技开发用品按照国家相关税收政策执行。

经海关确认后，国家企业技术中心可按有关规定，将免税进口的科技开发用品放置在其异地非独立法人分支机构使用。

第十六条　国家发展改革委结合企业技术中心创新能力建设、高技术产业化、战略性新兴产业发展等工作，对国家企业技术中心予以支持。

第十七条　国家支持国家企业技术中心承担中央财政科技计划（专项、基金等）的研发任务。

第五章　监督管理

第十八条　地方政府主管部门应于每年8月30日前，将国家企业技术中心所在企业发生更名、重组等变更情况报送国家发展改革委，同时抄送地方同级管理部门。

第十九条　国家发展改革委会同科技部、财政部、海关总署、税务总局，每年对地方政府主管部门报送的企业变更情况进行确认。

其中，对经确认取消国家企业技术中心资格的，自该国家企业技术中心所在企业发生更名、重组等变更之日起，停止享受科技开发用品免征进口税收政策。

第二十条　自国家企业技术中心所在企业发生更名、重组等变更之日起，该企业所属国家企业技术中心进口的有关科技开发用品，经海关审核符合有关规定，可办理凭税款担保放行手续。待国家企业技术中心所在企业更名情况确认后，根据确认结果办理已凭税款担保放行的有关进口科技开发用品的税款征免手续。

第二十一条　母公司技术中心已认定为国家企业技术中心的，其子公司原有国家企业技术中心的资格应予调整。其中，从事业务领域与母公司不同的，可调整为其母公司国家企业技术中心分中心；业务领域与母公司一致的，取消其国家企业技术中心资格。地方政府主管部门推荐母公司申请国家企业技术中心时，没有提出对其子公司国家企业技术中心调整意见的，视同母公司与子公司业务领域相同。

第二十二条　地方政府主管部门报送的企业材料和数据应当真实可靠。企业提供虚假材料和数据的行为，经核实，将纳入国家统一的信用信息平台。

第二十三条　有下列情况之一的，撤销国家企业技术中心资格：

（一）运行评价不合格；

（二）逾期未报送评价材料；

（三）提供虚假材料和数据；

（四）主要由于技术原因发生重大质量、安全事故；

（五）因违反海关法及有关法律、行政法规，构成走私行为，受到刑事、行政处罚，或因严重违反海关监管规定受到行政处罚；

（六）因违反税收征管法及有关法律、行政法规，构成偷税、骗取出口退税等严重税收违法行为；

（七）司法、行政机关认定的其他严重违法失信行为；

（八）企业被依法终止。

第二十四条　因本办法第二十三条第（一）、（二）项所列原因被撤销国家企业技术中心资格的，自撤销之日起，地方政府主管部门2年内不得再次推荐该企业。

因本办法第二十三条第（三）~（七）项所列原因被撤销国家企业技术中心资格的，自撤销之日起，地方政府主管部门3年内不得再次推荐该企业。地方政府主管部门负责指导和督促评价基本合格的国家企业技术中心改进工作。

第二十五条 各直属海关对推荐申请国家企业技术中心的企业和国家企业技术中心所在企业是否存在本办法第六条第二款第（一）项、第二十三条第（五）项所列情况进行核查，具体核查要求由海关总署另行确定。

税务机关对推荐申请国家企业技术中心的企业和国家企业技术中心所在企业是否存在本办法第六条第二款第（二）项、第二十三条第（六）项情况进行核查，具体核查要求由税务总局另行确定。

第二十六条 国家发展改革委会同科技部、财政部、海关总署、税务总局联合发文，向地方政府主管部门及同级管理部门通报国家企业技术中心调整、撤销和更名结果。

第六章　附　则

第二十七条 各地方政府主管部门可参考本办法，结合本地实际，在职责范围内依法制定相应政策，支持企业技术中心建设。

第二十八条 本办法涉及的申请材料、评价材料和评价指标体系的内容和要求，由国家发展改革委商科技部、财政部、海关总署、税务总局后另行发布并适时调整。

第二十九条 依据《中华人民共和国政府信息公开条例》，国家企业技术中心认定的相关信息向社会公开。国家企业技术中心的认定、运行评价等，逐步实现网上办理。

第三十条 本办法自2016年4月1日起施行。《鼓励和支持大型企业和企业集团建立技术中心暂行办法》（国经贸〔1993〕261号）和《国家认定企业技术中心管理办法》（第53号令）同时废止。

第三十一条 本办法由国家发展改革委会同科技部、财政部、海关总署、税务总局负责解释。

科研院所等科研机构免税进口科学研究、科技开发和教学用品管理细则

（国科发政〔2021〕270号）

发布日期：2021-09-30
实施日期：2021-01-01
法规类型：规范性文件

第一章　总　则

第一条 根据《财政部　海关总署　税务总局关于“十四五”期间支持科技创新进口税收政策的通知》（财关税〔2021〕23号）、《财政部　中央宣传部　国家发展改革委 教育部　科技部　工业和信息化部　民政部　商务部　文化和旅游部　海关总署　税务总局关于“十四五”期间支持科技创新进口税收政策管理办法的通知》（财关税〔2021〕24号）要求，为加强和规范对科研院所、国家实验室、国家重点实验室、企业国家重点实验室、国家技术创

新中心、国家临床医学研究中心、国家工程技术研究中心、转制为企业或进入企业的主要从事科学研究和技术开发工作的机构、科技类民办非企业单位性质社会研发机构、事业单位性质社会研发机构（以下统称“科研院所等科研机构”）免税进口科学研究、科技开发和教学用品的管理，特制定本细则。

第二章 科研院所

第二条 中央级科研院所是指由中央和国家机关各部委、人民团体、有关单位举办，由中央机构编制部门批复设立，主要从事基础前沿研究、公益性研究、应用技术研发的事业单位。

第三条 符合条件的科研院所应向举办部门（单位）提出免税资格申请，提交中央机构编制部门批复文件、事业单位法人证书以及本院所职责、机构、编制文件、章程等材料。科研院所举办部门（单位）初步审核后，以部门（单位）发函将审核后的名单及上述申报材料提交科技部进行核定。科技部根据相关文件要求核定符合免税资格的科研院所及其所属具有独立法人资格的图书馆、研究生院（以下称“科研院所”）名单，将符合条件的科研院所名单注明批次函告海关总署，并抄送财政部、税务总局。

第四条 符合免税资格条件的名单内科研院所可持事业单位法人证书，按规定向主管海关申请办理进口科学研究、科技开发和教学用品的减免税手续。

第五条 省级（包括省、自治区、直辖市、计划单列市、新疆生产建设兵团，下同）科技主管部门会同省级财政、税务、机构编制部门和科研院所所在地直属海关参照本细则明确享受政策的条件，核定从事科学研究工作的省级、地市级科研院所及其所属具有独立法人资格的图书馆、研究生院名单。核定结果由省级科技主管部门函告上述科研院所所在地直属海关，注明批次，并抄送省级财政、税务部门。

第三章 科研基地

第六条 科技部核定国家实验室、国家重点实验室、企业国家重点实验室、国家技术创新中心、国家临床医学研究中心、国家工程技术研究中心（以下称“科研基地”）名单，将核定后的名单函告海关总署，注明批次、单位名称（依托单位名称）等，并抄送财政部和税务总局。

第七条 经核定符合免税资格的科研基地可凭本单位（非独立法人机构凭其依托单位）事业单位法人证书等证明材料、依托单位承担减免税货物管理承诺书和其他有关材料，按规定向主管海关申请办理进口科学研究、科技开发和教学用品的减免税手续。

第四章 转制科研院所

第八条 转制为企业和进入企业的主要从事科学研究和技术开发工作的机构指根据《国务院办公厅转发科技部等部门关于深化科研机构管理体制改革实施意见的通知》（国办发〔2000〕38号），国务院部门（单位）所属科研机构已转制为企业或进入企业的主要从事科学研究和技术开发工作的机构（以下称“中央级转制院所”），以及各省、自治区、直辖市、计划单列市所属已转制为企业或进入企业的主要从事科学研究和技术开发工作的机构（以下称“地方转制院所”）。

第九条 科技部核定中央级转制院所名单，函告海关总署，注明批次等，并抄送财政部、税务总局。省级科技主管部门会同省级财政、税务部门和机构所在地直属海关核定地方转制院所名单，核定结果由省级科技主管部门函告机构所在地直属海关，注明批次等，抄送省级财政、税务部门，并报送科技部。

第十条 经核定的转制院所可持企业法人登记证书和其他有关材料，按海关规定办理免税手续；符合免税资格进入企业的转制院所持所属企业法人登记证书、所属企业承担减免税货物管理承诺书和其他有关材料，按规定向主管海关申请办理进口科学研究、科技开发和教学用品的减免税手续。

第五章 社会研发机构

第十一条 科技部会同民政部审核中央和国家机关各部委、人民团体、有关单位作为业务主管单位的科技类民办非企业单位性质社会研发机构（或新型研发机构，下同）名单。符合条件的科技类民办非企业单位性质社会研发机构（以下简称“民办非企业单位社会研发机构”）应向业务主管单位提出免税资格申请，提交民办非企业单位（法人）登记证书、上一年度工作报告等材料。业务主管单位初步审核后，将审核后的名单及上述申报材料提交科技部核定。科技部会同民政部核定名单后，由科技部将名单函告海关总署，注明批次等，并抄送民政部、财政部、税务总局。

第十二条 省级科技主管部门会同省级民政、财政、税务部门和社会研发机构所在地直属海关核定其他符合条件的民办非企业单位社会研发机构名单，核定结果由省级科技主管部门函告社会研发机构所在地直属海关，注明批次等，并抄送省级民政、财政、税务部门；会同省级财政、税务部门和社会研发机构所在地直属海关核定事业单位性质的社会研发机构名单，核定结果由省级科技主管部门函告社会研发机构所在地直属海关，注明批次等，并抄送省级财政、税务部门。

第十三条 经核定的社会研发机构可凭事业单位法人证书或民办非企业单位登记证书，以及其他有关材料，按规定向主管海关办理进口科学研究、科技开发和教学用品的减免税手续。

第六章 科研机构变更

第十四条 科研院所等科研机构发生分立、合并、撤销、更名、业务范围变更等情形的，科技部、省级科技主管部门按照本细则规定的程序重新审核相关单位免税资格。

经审核符合免税资格的机构，自变更登记之日起，继续享受支持科技创新进口税收政策。经审核不符合免税资格的机构，自变更登记之日起停止享受支持科技创新进口税收政策。

重新审核后，科技部将审核结果函告海关总署并抄送财政部、税务总局，省级科技主管部门将审核结果函告科研机构所在地直属海关并抄送所在省级财政、税务部门。对停止享受支持科技创新进口税收政策的机构，在函中注明停止享受政策日期。在停止享受政策之日（含）后，有关机构向海关申报进口科学研究、科技开发和教学用品且已享受支持科技创新进口税收政策的，应补缴税款。

第十五条 省级科技主管部门会同相关部门核定的省级、地市级科研院所、已转制为企业或进入企业的主要从事科学研究和技术开发工作的机构、科技类民办非企业单位性质的社会研发机构、事业单位性质的社会研发机构名单，应在函告相关海关之日起 20 个工作日内报送科技部。上述进口单位发生名称变更等情形的，省级科技主管部门应于函告相关海关之日起 20 个工作日内报送科技部。

第十六条 本细则印发后，科技部开展适用“十四五”支持科技创新进口税收政策的第一批中央级科研院所、科研基地、转制科研院所、科技类民办非企业单位性质的社会研发机构名单核定工作，将核定后的第一批名单函告海关总署，抄送财政部、税务总局。

自 2022 年开始，科技部于每年 3 月底、9 月底前，分两批审核上述科研机构名称、科研领域变更以及新设、合并、分立等情况，将核定后的名单注明批次函告海关总署，抄送财政部、税务总局；并于每年3月底开展上一年度税收政策执行情况评估工作。

对于不具有独立法人资格的科研机构，一并将其依托单位函告海关。上述科研机构适用支持科技创新进口税收政策具有有效期限的，在核定名单中注明其享受政策的有效期限，一并函告海关。

第七章　附　则

第十七条　经核定符合免税资格的上述机构免税进口商品范围，按照支持科技创新进口税收政策项下免税进口商品清单执行。

第十八条　上述机构在免税资格核定过程中有弄虚作假行为的，科技部、省级科技主管部门查实其不宜适用进口免税政策后，分别将有关情况函告海关总署、财政部、税务总局、所在地直属海关及所在省级财政、税务部门，自函告之日起停止享受支持科技创新进口税收政策。在停止享受政策之日（含）以后，有关机构向海关申报进口科学研究、科技开发和教学用品且已享受支持科技创新进口税收政策的，应补缴税款。

第十九条　对于按照本细则核定的第一批名单中的科研院所等科研机构，2021年1月1日前成立的，自2021年1月1日起享受支持科技创新进口税收政策。2021年1月1日之后成立的，科研院所自其事业单位法人证书有效期起始之日起享受政策；科研基地自批准成立之日起享受政策，具体由科技部在第一批名单中注明享受政策起始日期；转制科研院所自取得企业法人登记证书之日或批准进入企业之日起享受支持科技创新进口税收政策，具体由科技部或省级科技主管部门在名单中注明享受政策起始日期；社会研发机构自事业单位法人证书或民办非企业单位登记证书有效期起始之日起享受政策。

第二十条　本细则有效期为2021年1月1日至2025年12月31日。

关于“十四五”期间支持科普事业发展进口税收政策管理办法的通知

（财关税〔2021〕27号）

发布日期：2021-04-09
实施日期：2021-01-01
法规类型：规范性文件

各省、自治区、直辖市、计划单列市财政厅（局）、党委宣传部、科技厅（委、局）、工业和信息化主管部门、广播电视主管部门，新疆生产建设兵团财政局、党委宣传部、科技局、工业和信息化局、文体广旅局，海关总署广东分署、各直属海关，国家税务总局各省、自治区、直辖市、计划单列市税务局，财政部各地监管局，国家税务总局驻各地特派员办事处：

为落实《财政部　海关总署　税务总局关于“十四五”期间支持科普事业发展进口税收政策的通知》（财关税〔2021〕26号，以下简称《通知》），现将政策管理办法通知如下：

一、科技部核定或者省级（包括省、自治区、直辖市、计划单列市、新疆生产建设兵团，下同）科技主管部门会同省级财政、税务部门及所在地直属海关核定对公众开放的科技馆、自然博物馆、天文馆（站、台）、气象台（站）、地震台（站）以及高校和科研机构所属对外开放的科普基地（以下统称进口单位）名单。科技部的核定结果，由科技部函告海关总署，抄送中央宣传部、工业和信息化部、财政部、税务总局、广电总局、有关省级科技主管部门。省级科技主管部门牵头的核定结果，由省级科技主管部门函告进口单位所在地直属海关，抄送省级财政、税务部门和省级出版、电影、工业和信息化、广播电视主管部门，报送科技部。上述函告文件中，凡不具有独立法人资格的进口单位，应一并函告其依托单位。

享受政策的科技馆，应同时符合以下条件：

（一）专门从事面向公众的科普活动；

（二）有开展科普活动的专职科普工作人员、场所、设施、工作经费等条件。

享受政策的自然博物馆、天文馆（站、台）、气象台（站）、地震台（站）以及高校和科研机构设立的植物园、标本馆、陈列馆等对外开放的科普基地，应同时符合以下条件：

（一）面向公众从事科学技术普及法所规定的科普活动，有稳定的科普活动投入；

（二）有适合常年向公众开放的科普设施、器材和场所等，每年向公众开放不少于200天，每年对青少年实行优惠或免费开放的时间不少于20天（含法定节假日）；

（三）有常设内部科普工作机构，并配备有必要的专职科普工作人员。

二、省级科技主管部门会同省级出版、电影、广播电视主管部门核定属地进口单位可免税进口的自用科普影视作品拷贝、工作带、硬盘。核定结果由省级科技主管部门函告进口单位所在地直属海关，抄送省级出版、电影、广播电视主管部门，并通知相关进口单位。

享受政策的自用科普影视作品拷贝、工作带、硬盘，应同时符合以下条件：

（一）属于《通知》附件所列税号范围；

（二）为进口单位自用，且用于面向公众的科普活动，不得进行商业销售或挪作他用；

（三）符合国家关于影视作品和音像制品进口的相关规定。

三、科技部会同工业和信息化部、财政部、海关总署、税务总局制定并联合印发国内不能生产或性能不能满足需求的自用科普仪器设备、科普展品、科普专用软件等免税进口科普用品清单，并动态调整。

四、进口单位应按照海关有关规定，办理有关进口商品的减免税手续。

五、本办法第一、三条中，科技部或者省级科技主管部门函告海关的进口单位名单和科技部牵头制定的免税进口科普用品清单应注明批次。其中，第一批名单、清单自2021年1月1日实施，至第一批名单印发之日后30日内已征的应免税款，准予退还；以后批次的名单、清单，自印发之日后第20日起实施。

前款规定的已征应免税款，依进口单位申请准予退还。其中，已征税进口且尚未申报增值税进项税额抵扣的，应事先取得主管税务机关出具的《"十四五"期间支持科普事业发展进口税收政策项下进口商品已征进口环节增值税未抵扣情况表》（见附件），向海关申请办理退还已征进口关税和进口环节增值税手续；已申报增值税进项税额抵扣的，仅向海关申请办理退还已征进口关税手续。

六、进口单位可向主管海关提出申请，选择放弃免征进口环节增值税。进口单位主动放弃免征进口环节增值税后，36个月内不得再次申请免征进口环节增值税。

七、进口单位发生名称、业务范围变更等情形的，应在《通知》有效期限内及时将有关变更情况说明分别报送科技部、省级科技主管部门。科技部、省级科技主管部门按照本办法第一条规定，核定变更后的单位自变更登记之日起能否继续享受政策，注明变更登记日期。科技部负责受理的，核定结果由科技部函告海关总署（核定结果较多时，每年至少分两批函告），抄送中央宣传部、工业和信息化部、财政部、税务总局、广电总局、有关省级科技主管部门；省级科技主管部门负责受理的，核定结果由省级科技主管部门函告进口单位所在地直属海关，抄送省级财政、税务部门和省级出版、电影、工业和信息化、广播电视主管部门，报送科技部。

八、进口单位应按有关规定使用免税进口商品，如违反规定，将免税进口商品擅自转让、移作他用或者进行其他处置，被依法追究刑事责任的，在《通知》剩余有效期限内停止享受政策。

九、进口单位如存在以虚报情况获得免税资格，由科技部或者省级科技主管部门查实后函告海关，自函告之日起，该单位在《通知》剩余有效期限内停止享受政策。

十、本办法印发之日后90日内，省级科技主管部门应会同省级财政、税务部门及进口单位所在地直属海关制定核定进口单位名单的具体实施办法，会同省级出版、电影、广播电视主管部门制定核定免税进口科普影视作品拷贝、工作带、硬盘的具体实施办法。

十一、进口单位的免税进口资格，原则上应每年复核。经复核不符合享受政策条件的，由科技部或者省级科技主管部门按本办法第一条规定函告海关，自函告之日起停止享受政策。

十二、财政等有关部门及其工作人员在政策执行过程中，存在违反执行免税政策规定的行为，以及滥用职权、玩忽职守、徇私舞弊等违法违纪行为的，依照国家有关规定追究相应责任；涉嫌犯罪的，依法追究刑事责任。

十三、本办法有效期为2021年1月1日至2025年12月31日。

附件：“十四五”期间支持科普事业发展进口税收政策项下进口商品已征进口环节增值税未抵扣情况表（略）

财政部、海关总署、国家税务总局关于“十四五”期间支持科普事业发展进口税收政策的通知

（财关税〔2021〕26号）

发布日期：2021-04-09
实施日期：2021-01-01
法规类型：规范性文件

各省、自治区、直辖市、计划单列市财政厅（局）、新疆生产建设兵团财政局，海关总署广东分署、各直属海关，国家税务总局各省、自治区、直辖市、计划单列市税务局，财政部各地监管局，国家税务总局驻各地特派员办事处：

为支持科普事业发展，现将有关进口税收政策通知如下：

一、自2021年1月1日至2025年12月31日，对公众开放的科技馆、自然博物馆、天文馆（站、台）、气象台（站）、地震台（站），以及高校和科研机构所属对外开放的科普基地，进口以下商品免征进口关税和进口环节增值税：

（一）为从境外购买自用科普影视作品播映权而进口的拷贝、工作带、硬盘，以及以其他形式进口自用的承载科普影视作品的拷贝、工作带、硬盘。

（二）国内不能生产或性能不能满足需求的自用科普仪器设备、科普展品、科普专用软件等科普用品。

二、第一条中的科普影视作品、科普用品是指符合科学技术普及法规定，以普及科学知识、倡导科学方法、传播科学思想、弘扬科学精神为宗旨的影视作品、科普仪器设备、科普展品、科普专用软件等用品。

三、第一条第一项中的科普影视作品相关免税进口商品清单见附件。第一条第二项中的科普用品由科技部会同有关部门核定。

四、“十四五”期间支持科普事业发展进口税收政策管理办法由财政部、海关总署、税务总局会同有关部门另行制定印发。

附件：科普影视作品相关免税进口商品清单（2021年版）

附件

科普影视作品相关免税进口商品清单（2021年版）

2021年税则号列	名　称
37.05	已曝光已冲洗的摄影硬片及软片，但电影胶片除外：
3705.0010	---教学专用幻灯片
	---缩微胶片：
3705.0021	----书籍、报刊的
3705.0029	----其他
3705.0090	---其他
37.06	已曝光已冲洗的电影胶片，不论是否配有声道或仅有声道：
	-宽度在35毫米及以上：
3706.1010	---教学专用
3706.1090	---其他
	-其他：
3706.9010	---教学专用
3706.9090	---其他
84.71	自动数据处理设备及其部件；其他税目未列名的磁性或光学阅读机、将数据以代码形式转录到数据记录媒体的机器及处理这些数据的机器：
	-存储部件：
	---硬盘驱动器：
8471.7011	----固态硬盘（SSD）
8471.7019	----其他
85.23	录制声音或其他信息用的圆盘、磁带、固态非易失性数据存储器件、“智能卡”及其他媒体，不论是否已录制，包括供复制圆盘用的母片及母带，但不包括第三十七章的产品：
	-磁性媒体：
	--其他：
	---磁带：
8523.2928	----重放声音或图像信息的磁带
	-光学媒体：
	--其他：
8523.4990	---其他

财政部、中央宣传部、国家发展改革委等关于“十四五”期间支持科技创新进口税收政策管理办法的通知

（财关税〔2021〕24号）

发布日期：2021-04-16
实施日期：2021-01-01
法规类型：规范性文件

各省、自治区、直辖市、计划单列市财政厅（局）、党委宣传部、发展改革委、教育厅（局）、科技厅（委、局）、工业和信息化主管部门、民政厅（局）、商务厅（委、局）、文化和旅游厅（委、局），新疆生产建设兵团财政局、党委宣传部、发展改革委、教育局、科技局、工业和信息化局、民政局、商务局、文体广旅局，海关总署广东分署、各直属海关，国家税务总局各省、自治区、直辖市、计划单列市税务局，财政部各地监管局，国家税务总局驻各地特派员办事处：

为落实《财政部 海关总署 税务总局关于“十四五”期间支持科技创新进口税收政策的通知》（财关税〔2021〕23号，以下简称《通知》），现将政策管理办法通知如下：

一、科技部核定从事科学研究工作的中央级科研院所名单，函告海关总署，抄送财政部、税务总局。省级（包括省、自治区、直辖市、计划单列市、新疆生产建设兵团，下同）科技主管部门会同省级财政、税务部门和科研院所所在地直属海关核定从事科学研究工作的省级、地市级科研院所名单，核定结果由省级科技主管部门函告科研院所所在地直属海关，抄送省级财政、税务部门，并报送科技部。

本办法所称科研院所名单，包括科研院所所属具有独立法人资格的图书馆、研究生院名单。

二、科技部核定国家实验室、国家重点实验室、企业国家重点实验室、国家技术创新中心、国家临床医学研究中心、国家工程技术研究中心名单，国家发展改革委核定国家产业创新中心、国家工程研究中心、国家企业技术中心名单，工业和信息化部核定国家制造业创新中心、国家中小企业公共服务示范平台（技术类）名单。核定结果分别由科技部、国家发展改革委、工业和信息化部函告海关总署，抄送财政部、税务总局。

科技部核定根据《国务院办公厅转发科技部等部门关于深化科研机构管理体制改革实施意见的通知》（国办发〔2000〕38号），国务院部门（单位）所属科研机构已转制为企业或进入企业的主要从事科学研究和技术开发工作的机构名单，函告海关总署，抄送财政部、税务总局。省级科技主管部门会同省级财政、税务部门和机构所在地直属海关核定根据国办发〔2000〕38号文件，各省、自治区、直辖市、计划单列市所属已转制为企业或进入企业的主要从事科学研究和技术开发工作的机构名单，核定结果由省级科技主管部门函告机构所在地直属海关，抄送省级财政、税务部门，并报送科技部。

科技部会同民政部核定或者省级科技主管部门会同省级民政、财政、税务部门和社会研发机构所在地直属海关核定科技类民办非企业单位性质的社会研发机构名单。科技部牵头的核定结果，由科技部函告海关总署，抄送民政部、财政部、税务总局。省级科技主管部门牵头的核定结果，由省级科技主管部门函告社会研发机构所在地直属海关，抄送省级民政、财

政、税务部门，并报送科技部。享受政策的科技类民办非企业单位性质的社会研发机构条件见附件 1。

省级科技主管部门会同省级财政、税务部门和社会研发机构所在地直属海关核定事业单位性质的社会研发机构名单，核定结果由省级科技主管部门函告社会研发机构所在地直属海关，抄送省级财政、税务部门，并报送科技部。享受政策的事业单位性质的社会研发机构，应符合科技部和省级科技主管部门规定的事业单位性质的社会研发机构（新型研发机构）条件。

省级商务主管部门会同省级财政、税务部门和外资研发中心所在地直属海关核定外资研发中心名单，核定结果由省级商务主管部门函告外资研发中心所在地直属海关，抄送省级财政、税务部门，并报送商务部。享受政策的外资研发中心条件见附件 2。

本条上述函告文件中，凡不具有独立法人资格的单位、机构，应一并函告其依托单位；有关单位、机构具有有效期限的，应一并函告其有效期限。

三、教育部核定国家承认学历的实施专科及以上高等学历教育的高等学校及其具有独立法人资格的分校、异地办学机构名单，函告海关总署，抄送财政部、税务总局。

四、文化和旅游部核定省级以上公共图书馆名单，函告海关总署，抄送财政部、税务总局。省级文化和旅游主管部门会同省级财政、税务部门和公共图书馆所在地直属海关核定省级、地市级公共图书馆名单，核定结果由省级文化和旅游主管部门函告公共图书馆所在地直属海关，抄送省级财政、税务部门，并报送文化和旅游部。

五、中央宣传部核定具有出版物进口许可的出版物进口单位名单，函告海关总署，抄送中央党校（国家行政学院）、教育部、科技部、财政部、文化和旅游部、税务总局。

出版物进口单位免税进口图书、资料等商品的销售对象为中央党校（国家行政学院）和省级、地市级、县级党校（行政学院）以及本办法第一、三、四条中经核定的单位。牵头核定部门应结合实际需要，将核定的有关单位名单告知有关出版物进口单位。

六、中央党校（国家行政学院）和省级、地市级、县级党校（行政学院）以及按照本办法规定经核定的单位或机构（以下统称进口单位），应按照海关有关规定，办理有关进口商品的减免税手续。

七、本办法中相关部门函告海关的进口单位名单和《通知》第五条所称的免税进口商品清单应注明批次。其中，第一批名单、清单自 2021 年 1 月 1 日实施，至第一批名单印发之日后 30 日内已征的应免税款，准予退还；以后批次的名单、清单，分别自其印发之日后第 20 日起实施。中央党校（国家行政学院）和省级、地市级、县级党校（行政学院）自 2021 年 1 月 1 日起具备免税进口资格，至本办法印发之日后 30 日内已征的应免税款，准予退还。

前款规定的已征应免税款，依进口单位申请准予退还。其中，已征税进口且尚未申报增值税进项税额抵扣的，应事先取得主管税务机关出具的《"十四五"期间支持科技创新进口税收政策项下进口商品已征进口环节增值税未抵扣情况表》（见附件 3），向海关申请办理退还已征进口关税和进口环节增值税手续；已申报增值税进项税额抵扣的，仅向海关申请办理退还已征进口关税手续。

八、进口单位可向主管海关提出申请，选择放弃免征进口环节增值税。进口单位主动放弃免征进口环节增值税后，36 个月内不得再次申请免征进口环节增值税。

九、进口单位发生名称、经营范围变更等情形的，应在《通知》有效期限内及时将有关变更情况说明报送核定其名单的牵头部门。牵头部门按照本办法规定的程序，核定变更后的单位自变更登记之日起能否继续享受政策，注明变更登记日期。核定结果由牵头部门函告海关（核定结果较多时，每年至少分两批函告），抄送同级财政、税务及其他有关部门。其中，牵头部门为省级科技、商务、文化和旅游主管部门的，核定结果应相应报送科技部、商务部、文化和旅游部。

十、进口单位应按有关规定使用免税进口商品，如违反规定，将免税进口商品擅自转让、移作他用或者进行其他处置，被依法追究刑事责任的，在《通知》剩余有效期限内停止享受政策。

十一、进口单位如存在以虚报情况获得免税资格，由核定其名单的牵头部门查实后函告海关，自函告之日起，该单位在《通知》剩余有效期限内停止享受政策。

十二、中央宣传部、国家发展改革委、教育部、科技部、工业和信息化部、民政部、商务部、文化和旅游部加强政策评估工作。

十三、本办法印发之日后90日内，省级科技主管部门应会同省级民政、财政、税务部门和社会研发机构所在地直属海关制定核定享受政策的科技类民办非企业单位性质、事业单位性质的社会研发机构名单的具体实施办法，省级商务主管部门应会同省级财政、税务部门和外资研发中心所在地直属海关制定核定享受政策的外资研发中心名单的具体实施办法。

十四、财政等有关部门及其工作人员在政策执行过程中，存在违反执行免税政策规定的行为，以及滥用职权、玩忽职守、徇私舞弊等违法违纪行为的，依照国家有关规定追究相应责任；涉嫌犯罪的，依法追究刑事责任。

十五、本办法有效期为2021年1月1日至2025年12月31日。

附件：1. 享受“十四五”期间支持科技创新进口税收政策的科技类民办非企业单位性质的社会研发机构条件

2. 享受“十四五”期间支持科技创新进口税收政策的外资研发中心条件（略）

3. “十四五”期间支持科技创新进口税收政策项下进口商品已征进口环节增值税未抵扣情况表（略）

附件1

享受“十四五”期间支持科技创新进口税收政策的科技类民办非企业单位性质的社会研发机构条件

享受“十四五”期间支持科技创新进口税收政策的科技类民办非企业单位性质的社会研发机构，应同时满足以下条件：

一、符合科技部和省级科技主管部门规定的社会研发机构（新型研发机构）基本条件。

二、依照《民办非企业单位登记管理暂行条例》、《民办非企业单位登记暂行办法》的要求，在民政部或省级民政部门登记注册的、具有独立法人资格的民办非企业单位。

三、资产总额不低于300万元。

四、从事科学研究工作的专业技术人员（指大专以上学历或中级以上技术职称专业技术人员）在20人以上，且占全部在职人员的比例不低于60%。

财政部　海关总署　税务总局关于“十四五”期间支持科技创新进口税收政策的通知

（财关税〔2021〕23号）

发布日期：2021-04-15
实施日期：2021-01-01
法规类型：规范性文件

各省、自治区、直辖市、计划单列市财政厅（局）、新疆生产建设兵团财政局，海关总署广东分署、各直属海关，国家税务总局各省、自治区、直辖市、计划单列市税务局，财政部各地监管局，国家税务总局驻各地特派员办事处：

为深入实施科教兴国战略、创新驱动发展战略，支持科技创新，现将有关进口税收政策通知如下：

一、对科学研究机构、技术开发机构、学校、党校（行政学院）、图书馆进口国内不能生产或性能不能满足需求的科学研究、科技开发和教学用品，免征进口关税和进口环节增值税、消费税。

二、对出版物进口单位为科研院所、学校、党校（行政学院）、图书馆进口用于科研、教学的图书、资料等，免征进口环节增值税。

三、本通知第一、二条所称科学研究机构、技术开发机构、学校、党校（行政学院）、图书馆是指：

（一）从事科学研究工作的中央级、省级、地市级科研院所（含其具有独立法人资格的图书馆、研究生院）。

（二）国家实验室，国家重点实验室，企业国家重点实验室，国家产业创新中心，国家技术创新中心，国家制造业创新中心，国家临床医学研究中心，国家工程研究中心，国家工程技术研究中心，国家企业技术中心，国家中小企业公共服务示范平台（技术类）。

（三）科技体制改革过程中转制为企业和进入企业的主要从事科学研究和技术开发工作的机构。

（四）科技部会同民政部核定或者省级科技主管部门会同省级民政、财政、税务部门和社会研发机构所在地直属海关核定的科技类民办非企业单位性质的社会研发机构；省级科技主管部门会同省级财政、税务部门和社会研发机构所在地直属海关核定的事业单位性质的社会研发机构。

（五）省级商务主管部门会同省级财政、税务部门和外资研发中心所在地直属海关核定的外资研发中心。

（六）国家承认学历的实施专科及以上高等学历教育的高等学校及其具有独立法人资格的分校、异地办学机构。

（七）县级及以上党校（行政学院）。

（八）地市级及以上公共图书馆。

四、本通知第二条所称出版物进口单位是指中央宣传部核定的具有出版物进口许可的出版物进口单位，科研院所是指第三条第一项规定的机构。

五、本通知第一、二条规定的免税进口商品实行清单管理。免税进口商品清单由财政部、海关总署、税务总局征求有关部门意见后另行制定印发，并动态调整。

六、经海关审核同意，科学研究机构、技术开发机构、学校、党校（行政学院）、图书馆可将免税进口的科学研究、科技开发和教学用品用于其他单位的科学研究、科技开发和教学活动。

对纳入国家网络管理平台统一管理、符合本通知规定的免税进口科研仪器设备，符合科技部会同海关总署制定的纳入国家网络管理平台免税进口科研仪器设备开放共享管理有关规定的，可以用于其他单位的科学研究、科技开发和教学活动。

经海关审核同意，科学研究机构、技术开发机构、学校以科学研究或教学为目的，可将免税进口的医疗检测、分析仪器及其附件、配套设备用于其附属、所属医院的临床活动，或用于开展临床实验所需依托的其分立前附属、所属医院的临床活动。其中，大中型医疗检测、分析仪器，限每所医院每 3 年每种 1 台。

七、“十四五”期间支持科技创新进口税收政策管理办法由财政部、海关总署、税务总局会同有关部门另行制定印发。

八、本通知有效期为 2021 年 1 月 1 日至 2025 年 12 月 31 日。

科研院所、转制科研院所、国家重点实验室、企业国家重点实验室和国家工程技术研究中心免税进口科学研究、科技开发和教学用品管理办法

（国科发政〔2017〕280 号）

发布日期：2017-09-06
实施日期：2016-01-01
法规类型：规范性文件

第一条 根据财政部 海关总署 国家税务总局《关于“十三五”期间支持科技创新进口税收政策的通知》（财关税〔2016〕70 号）和财政部 教育部 国家发展改革委 科技部 工业和信息化部 民政部 商务部 海关总署 国家税务总局 国家新闻出版广电总局《关于支持科技创新进口税收政策管理办法的通知》（财关税〔2016〕71 号）要求，为加强对科研院所、转制科研院所、国家重点实验室、企业国家重点实验室和国家工程技术研究中心免税进口科学研究、科技开发和教学用品的管理，特制定本办法。

第一章 科研院所

第二条 国务院部委、直属机构所属从事科学研究工作的各类科研院所是指由国务院各部门、直属机构举办，由中央编制部门批复成立，主要从事基础和前沿技术研究、公益研究、应用研究和技术开发的事业单位。

第三条 符合条件的科研院所，应向主管部门提出免税资格申请，提交中央编制部门或主管部门批复文件、《事业单位法人证书》等申报材料。科研院所主管部门初步审核后，提交科技部进行核定。科技部根据《关于进一步完善科研事业单位机构设置审批的通知》（中央编

办发〔2014〕3号）等相关文件要求，核定符合免税资格的科研院所名单。科技部将核定符合条件的科研院所名单函告海关总署，注明享受政策起始时间，并抄送财政部、国家税务总局和科研院所主管部门。

第四条 符合免税资格条件的科研院所可持中央编制部门或主管部门批准成立的文件、《事业单位法人证书》，按规定向主管海关申请办理进口科学研究、科技开发和教学用品的减免税手续。

第五条 2016年1月1日前成立的科研院所自2016年1月1日起享受支持科技创新进口税收政策。2016年1月1日后成立的科研院所自《事业单位法人证书》有效期起始之日起享受支持科技创新进口税收政策。

第六条 省、自治区、直辖市、计划单列市所属的各类科研院所由本级科技主管部门商同级机构编制部门参照本办法有关要求作出规定。

第二章 转制院所

第七条 科技体制改革过程中转制为企业和进入企业的主要从事科学研究和技术开发工作的机构是指根据《国务院办公厅转发科技部等部门关于深化科研机构管理体制改革实施意见的通知》（国办发〔2000〕38号），国务院部门（单位）所属科研机构已转制为企业或进入企业的主要从事科学研究和技术开发工作的机构（以下简称中央级转制院所），以及各省、自治区、直辖市、计划单列市所属已转制为企业或进入企业的主要从事科学研究和技术开发工作的机构（以下简称地方转制院所）。

第八条 科技部会同财政部、海关总署和国家税务总局对中央级转制院所进行审核。地方转制院所根据管辖权限由各省、自治区、直辖市、计划单列市科技部门进行初核，并将核定后符合条件的转制院所名单及成立时间报科技部，由科技部会同财政部、海关总署和国家税务总局进行复核。科技部将经核定符合条件的中央级转制院所名单及地方转制院所名单函告海关总署，注明享受政策起始时间，并抄送财政部和国家税务总局。

第九条 经核定的转为企业的转制院所可持企业法人登记证书和其他有关材料，按海关规定办理减免税手续；符合免税资格进入企业的转制院所持所属企业法人登记证书、所属企业承担减免税货物管理承诺书和其他有关材料，按规定向主管海关申请办理进口科学研究、科技开发和教学用品的减免税手续。

第十条 2016年1月1日前转制的科研院所，自2016年1月1日起享受支持科技创新进口税收政策。2016年1月1日后转制的科研院所，自取得企业法人登记证书之日起或批准进入企业之日起享受支持科技创新进口税收政策。

第三章 国家重点实验室和企业国家重点实验室

第十一条 科技部会同财政部、海关总署和国家税务总局核定符合条件的国家重点实验室和企业国家重点实验室名单。科技部将核定后的名单函告海关总署，注明依托单位和享受政策起始时间，并抄送财政部和国家税务总局。

第十二条 经核定的国家重点实验室和企业国家重点实验室可持依托单位组织机构代码证或企业法人登记证书、依托单位承担减免税货物管理承诺书和其他有关材料，按规定向海关申请办理进口科学研究、科技开发和教学用品的减免税手续。

第十三条 经核定的国家重点实验室和企业国家重点实验室，2016年1月1日前批准建设的，自2016年1月1日起享受支持科技创新进口税收政策；2016年1月1日后批准建设的，自科技部函中注明的日期开始享受支持科技创新进口税收政策。

第四章　国家工程技术研究中心

第十四条　科技部会同财政部、海关总署和国家税务总局核定国家工程技术研究中心名单。科技部将核定后的名单函告海关总署，注明依托单位和享受政策起始时间，并抄送财政部和国家税务总局。

第十五条　经核定的符合免税资格的国家工程技术研究中心可持依托单位组织机构代码证或企业法人登记证书、依托单位承担减免税货物管理承诺书和其他有关材料，按规定向海关申请办理进口科学研究、科技开发和教学用品的减免税手续。

第十六条　经核定的国家工程技术研究中心，2016 年 1 月 1 日前成立的，自 2016 年 1 月 1 日起享受支持科技创新进口税收政策；2016 年 1 月 1 日后成立的，自科技部函中注明的日期开始享受支持科技创新进口税收政策。

第五章　附　则

第十七条　符合免税资格的国务院部委、直属机构所属科研院所，科技体制改革过程中转制为企业和进入企业的科研院所，科技部会同财政部、海关总署和国家税务总局核定的国家重点实验室、企业国家重点实验室和国家工程技术研究中心，发生分立、合并、撤销和更名等情形的，科技部应及时按照本办法规定的程序重新审核相关单位的免税资格。省、自治区、直辖市、计划单列市所属的科研院所发生分立、合并、撤销和更名等情形的，同级科技主管部门应及时按照本办法规定的程序重新审核相关单位的免税资格。

经审核符合免税资格的单位，继续享受支持科技创新进口税收政策。经审核不符合免税资格的单位，自变更之日起，停止其享受支持科技创新进口税收政策。

科技部应及时将重新审核的结果函告海关总署，省、自治区、直辖市、计划单列市科技主管部门及时将重新审核的结果函告科研院所所在地直属海关，对停止享受支持科技创新进口税收政策的单位应在函告中明确停止享受政策日期。

在停止享受政策之日（含）后，有关单位向海关申报进口并已享受支持科技创新进口税收政策的科学研究、科技开发和教学用品，应补缴税款。

第十八条　经核定符合免税资格的上述单位免税进口范围，按照进口科学研究、科技开发和教学用品免税清单

执行。

第十九条　上述单位在资格确认过程中有弄虚作假行为的，经科技部和地方科技主管部门查实后，撤销其免税

资格，及时将有关情况通报海关总署及所在地直属海关，明确停止享受支持科技创新进口税收政策的日期。在停止享受政策之日（含）以后，有关单位向海关申报进口并已享受支持科技创新进口税收政策的科学研究、科技开发和教学用品，应补缴税款。

第二十条　上述单位因违反税收征管法及有关法律、行政法规，构成偷税、骗取出口退税等严重税收违法行为的，撤销其免税资格。

第二十一条　本办法自 2016 年 1 月 1 日起实施。

财政部、教育部、国家发展改革委、科技部、工业和信息化部、民政部、商务部、海关总署、国家税务总局、国家新闻出版广电总局关于支持科技创新进口税收政策管理办法的通知

（财关税〔2016〕71 号）

发布日期：2017-01-14

实施日期：2016-01-01

法规类型：规范性文件

各省、自治区、直辖市、计划单列市财政厅（局）、教育厅（局）、发展改革委、科技厅（委、局）、工业和信息化主管部门、民政厅（局）、商务厅（局）、国家税务局，海关总署广东分署、各直属海关，新疆生产建设兵团财务局、科技局、民政局、商务局：

为深入贯彻落实党中央、国务院关于创新驱动发展战略有关精神，发挥科技创新在全面创新中的引领作用，经国务院批准，财政部、海关总署、国家税务总局联合印发了《关于“十三五”期间支持科技创新进口税收政策的通知》（财关税〔2016〕70 号）。为加强政策管理，现将支持科技创新进口税收政策管理办法通知如下：

一、国务院部委、直属机构所属从事科学研究工作的各类科研院所，由科技部核定名单，函告海关总署，并抄送本通知第八条出版物进口单位。此类科研院所持凭主管部门批准成立的文件、《事业单位法人证书》，按海关规定办理有关减免税手续。

各省、自治区、直辖市、计划单列市所属从事科学研究工作的各类科研院所，由本级科技主管部门核定名单，函告相关科研院所所在地直属海关，并抄送本通知第八条出版物进口单位。此类科研院所持凭主管部门批准成立的文件、《事业单位法人证书》，按海关规定办理有关减免税手续。

二、国家承认学历的实施专科及以上高等学历教育的高等学校，由教育部核定并在教育部门户网站公布，按海关规定办理有关减免税手续。

三、国家发展改革委会同财政部、海关总署和国家税务总局核定的国家工程研究中心的免税进口资格，按国家发展和改革委员会会同有关部门另行制定的国家工程研究中心管理办法确定。

国家发展改革委会同财政部、海关总署、国家税务总局和科技部核定的企业技术中心，按《国家企业技术中心认定管理办法》（国家发展改革委　科技部　财政部　海关总署　国家税务总局令第 34 号）确定免税资格，按海关规定办理有关减免税手续。

四、科技部会同财政部、海关总署和国家税务总局核定的科技体制改革过程中转制为企业和进入企业的主要从事科学研究和技术开发工作的机构、国家重点实验室、企业国家重点实验室、国家工程技术研究中心的免税进口管理办法由科技部会同有关部门另行制定。

五、科技部会同民政部核定或者各省、自治区、直辖市、计划单列市及新疆生产建设兵团科技主管部门会同同级民政部门核定的科技类民办非企业单位的免税进口管理办法见附件 1。

六、工业和信息化部会同财政部、海关总署、国家税务总局核定的国家中小企业公共服务示范平台（技术类）的免税进口管理办法见附件 2。

七、各省、自治区、直辖市、计划单列市及新疆生产建设兵团商务主管部门会同同级财政、国税部门和外资研发中心所在地直属海关核定的外资研发中心的免税进口管理办法见附件 3。

八、国家新闻出版广电总局批准的下列具有出版物进口许可的出版物进口单位：中国图书进出口（集团）总公司及其具有独立法人资格的子公司、中国经济图书进出口公司、中国教育图书进出口有限公司、北京中科进出口有限责任公司、中国科技资料进出口总公司、中国国际图书贸易集团有限公司，按海关规定办理有关减免税手续。免税进口商品销售对象中的科研院所是指本通知第一条中经核定的科研院所；学校是指本通知第二条中经核定的高等学校。

出版物进口单位应在每年 3 月 31 日前将上一年度免税进口图书、资料等情况报财政部、海关总署、国家税务总局、国家新闻出版广电总局备案。备案信息应包括商品种类、进口额、免税进口商品的销售流向、使用单位等。

对出版物进口单位为科研院所、学校进口用于科研、教学的图书、资料等的免税范围，按进口科学研究、科技开发和教学用品免税清单中的“五、图书、文献、报刊及其他资料（包括只读光盘、微缩平片、胶卷、地球资料卫星照片、科技和教学声像制品）”执行。

九、财政部会同有关部门核定的其他科学研究机构、技术开发机构、学校，比照上述有关条款进行免税进口管理。

十、财政部等有关部门及其工作人员在政策执行过程中，存在违反执行免税政策规定的行为，以及滥用职权、玩忽职守、徇私舞弊等违法违纪行为的，按照《预算法》、《公务员法》、《行政监察法》、《财政违法行为处罚处分条例》等国家有关规定追究相应责任；涉嫌犯罪的，移送司法机关处理。

本通知自 2016 年 1 月 1 日起实施。

附件：1. 科技类民办非企业单位免税进口科学研究、科技开发和教学用品管理办法
2. 国家中小企业公共服务示范平台（技术类）免税进口科学研究、科技开发和教学用品管理办法
3. 外资研发中心免税进口科学研究、科技开发和教学用品管理办法

附件 1

科技类民办非企业单位免税进口科学研究、科技开发和教学用品管理办法

第一条 本办法所指的民办非企业单位，应同时具备下列条件：

（一）依照《民办非企业单位登记管理暂行条例》、《民办非企业单位登记暂行办法》的要求，在民政部或省、自治区、直辖市、计划单列市和新疆生产建设兵团民政部门登记注册的、具有法人资格的民办非企业单位；

（二）资产总额在 300 万元人民币（含）以上；

（三）从事科学研究的专业技术人员（指大专以上学历或中级以上技术职称专业技术人员）在 20 人以上，且占全部人员的比例不低于 60%；

（四）兼职的科研人员不超过 25%。

第二条 符合上述条件的科技类民办非企业单位，应向科技部或省、自治区、直辖市、计划单列市、新疆生产建设兵团科技主管部门提出免税资格申请，科技主管部门会同同级民政部门按本办法第一条所列条件对其进行免税资格审核认定，对经认定符合免税资格条件的单位颁发免税资格证书，免税资格证书标明“颁发日期”，同时函告上述单位所在地直属海关。经认定符合免税资格条件的单位，自免税资格证书颁发之日起，可按规定享受支持科技创新进口税收政策。

第三条 科技主管部门会同同级民政部门对科技类民办非企业单位的免税资格进行复审。对复审未通过的单位，撤销其免税资格，注明撤销日期，并函告单位所在地直属海关。自撤销之日起，取消其免税资格。

第四条 已经获得免税资格的科技类民办非企业单位，如存在以虚报情况获得免税资格的，经科技部门会同民政部门查实后，除按有关法律法规和有关规定处理外，将撤销其免税资格，注明撤销日期，并函告同级海关，自撤销之日起，取消其免税资格。

科技主管部门会同民政部门及时将有关情况通报单位所在地直属海关，有关科技类民办非企业单位应补缴在支持科技创新进口税收政策项下已免税进口有关科学研究、科技开发和教学用品的相关税款。

第五条 经认定符合免税资格条件的科技类民办非企业单位可持有效的免税资格证书和其他有关材料，按海关规定办理减免税手续。

第六条 经认定符合免税资格条件的科技类民办非企业单位免税进口与本单位承担的科研任务直接相关的科学研究、科技开发和教学用品的范围，按照进口科学研究、科技开发和教学用品免税清单执行。

第七条 财政部会同科技部、民政部、海关总署和国家税务总局根据实际需要，适时对本办法第一条所列科技类民办非企业单位免税资格的认定条件进行调整。

附件 2

国家中小企业公共服务示范平台（技术类）免税进口科学研究、科技开发和教学用品管理办法

第一条 本办法所指的示范平台（技术类）应同时满足以下条件：

1. 属于工业和信息化部认定的国家中小企业公共服务示范平台范围，且平台类别为技术类；
2. 资产总额不低于 1000 万元；
3. 累计购置设备总额（国产和进口设备原值）不低于 300 万元；
4. 具有良好的服务资质和业绩，年服务中小企业在 150 家以上，用户满意度在 90% 以上；
5. 在专业服务领域或区域内有一定的声誉和品牌影响力。

第二条 符合本管理办法第一条条件的示范平台（技术类），应于每年 3 月 1 日前向所在省、自治区、直辖市、计划单列市、新疆生产建设兵团中小企业主管部门（以下简称省级中小企业主管部门）提出书面申请，并附以下材料：

1. 进口科学研究、科技开发和教学用品免税资格审核表（见附 1）；
2. 资产总额和累计购置设备总额的专项审计报告；
3. 年度服务中小企业情况的报告；
4. 省级中小企业主管部门对平台服务中小企业户数及满意度的测评意见（具体测评要求以及测评意见表详见附 2、3）。
5. 审核部门要求提交的其他材料。

第三条 省级中小企业主管部门会同同级财政、国税部门和示范平台（技术类）所在地直属海关对提出申请的示范平台的免税资格进行初审，并将审核意见于每年3月底前报工业和信息化部。工业和信息化部会同财政部、海关总署、国家税务总局对示范平台（技术类）的免税资格进行最终审核。工业和信息化部、财政部、海关总署、国家税务总局联合公布享受支持科技创新进口税收政策的示范平台（技术类）名单。

经认定符合免税资格条件的新增单位，自名单公布之日起，可按规定享受支持科技创新进口税收政策。

第四条 经认定符合免税资格条件的示范平台（技术类）免税进口范围按照进口科学研究、科技开发和教学用品免税清单执行。

第五条 经认定符合免税资格条件的示范平台（技术类）应按照海关规定，向海关申请办理相关进口科学研究、科技开发和教学用品的减免税手续。

第六条 示范平台（技术类）免税资格每两年复审一次。享受支持科技创新进口税收政策的示范平台（技术类）将复审申请报告和两年的工作总结报省级中小企业主管部门。省级中小企业主管部门对其服务中小企业的业绩进行测评，出具测评意见，报工业和信息化部。

工业和信息化部会同财政部、海关总署、国家税务总局对示范平台（技术类）的免税资格进行复审。复审不合格的，由工业和信息化部、财政部、海关总署、国家税务总局联合公布名单。对复审不合格的示范平台（技术类），自名单公布之日起，取消其免税资格。

第七条 已经获得免税资格的示范平台（技术类），如存在以虚报情况获得免税资格的，经工业和信息化部查实后，除按有关法律法规和有关规定处理外，将撤销其免税资格。

工业和信息化部及时将有关情况通报财政部、海关总署和国家税务总局，有关示范平台（技术类）应补缴在支持科技创新进口税收政策项下已免税进口有关科学研究、科技开发和教学用品的相关税款。

第八条 工业和信息化部应于每年6月底前，将汇总的经认定符合免税资格条件的示范平台（技术类）上一年度政策执行情况函告财政部，同时抄送海关总署和国家税务总局。

第九条 财政部会同工业和信息化部、海关总署和国家税务总局根据实际需要，适时对本办法第一条所列示范平台（技术类）免税资格的认定条件进行调整。

附：1. 国家中小企业公共服务示范平台（技术类）进口科学研究、科技开发和教学用品免税资格审核表（略）
　　2. 国家中小企业公共服务示范平台（技术类）服务满意度测评要求（略）
　　3. 国家中小企业公共服务示范平台（技术类）服务满意度测评意见表（略）

附件3

外资研发中心免税进口科学研究、科技开发和教学用品管理办法

第一条 本管理办法所指外资研发中心，根据其设立时间，应分别满足下列条件：

（一）对2009年9月30日及其之前设立的外资研发中心，应同时满足下列条件：

1. 研发费用标准：（1）对外资研发中心，作为独立法人的，其投资总额不低于500万美元；作为公司内设部门或分公司的非独立法人的，其研发总投入不低于500万美元；（2）企业研发经费年支出额不低于1000万元。

2. 专职研究与试验发展人员不低于90人。

3. 设立以来累计购置的设备原值不低于1000万元。

（二）对2009年10月1日及其之后设立的外资研发中心，应同时满足下列条件：

1. 研发费用标准：作为独立法人的，其投资总额不低于 800 万美元；作为公司内设部门或分公司的非独立法人的，其研发总投入不低于 800 万美元。

2. 专职研究与试验发展人员不低于 150 人。

3. 设立以来累计购置的设备原值不低于 2000 万元。

其中，有关定义如下：

(1)“投资总额”，是指外商投资企业批准证书或设立、变更备案回执所载明的金额。

(2)“研发总投入”，是指外商投资企业专门为设立和建设本研发中心而投入的资产，包括即将投入并签订购置合同的资产（应提交已采购资产清单和即将采购资产的合同清单)。

(3)“研发经费年支出额”，是指近两个会计年度研发经费年均支出额；不足两个完整会计年度的，可按外资研发中心设立以来任意连续 12 个月的实际研发经费支出额计算；现金与实物资产投入应不低于 60%。

(4)“专职研究与试验发展人员”，是指企业科技活动人员中专职从事基础研究、应用研究和试验发展三类项目活动的人员，包括直接参加上述三类项目活动的人员以及相关专职科技管理人员和为项目提供资料文献、材料供应、设备的直接服务人员，上述人员须与外资研发中心或其所在外商投资企业签订 1 年以上劳动合同，以外资研发中心提交申请的前一日人数为准。

(5)“设备”，是指为科学研究、教学和科技开发提供必要条件的实验设备、装置和器械。在计算累计购置的设备原值时，应将进口设备和采购国产设备的原值一并计入，包括已签订购置合同并于当年内交货的设备（应提交购置合同清单及交货期限)，适用本办法的上述进口设备范围为进口科学研究、科技开发和教学用品免税清单所列商品。

第二条 资格条件审核

(一) 各省、自治区、直辖市、计划单列市及新疆生产建设兵团商务主管部门会同同级财政、国税部门和外资研发中心所在地直属海关（以下简称审核部门)，根据本地情况，制定审核流程和具体办法。研发中心应按本办法有关要求向其所在地商务主管部门提交申请材料。

(二) 商务主管部门牵头召开审核部门联席会议，对外资研发中心上报的申请材料进行审核，按照本办法第一条所列条件和要求，确定符合免税资格条件的研发中心名单。

(三) 经审核，对符合免税资格条件的外资研发中心，由审核部门以公告形式联合发布，并将名单抄送商务部（外资司)、财政部（关税司)、海关总署（关税征管司)、国家税务总局（货物和劳务税司）备案。对不符合有关规定的，由商务主管部门根据联席会议的决定出具书面审核意见，并说明理由。上述公告或审核意见应在审核部门受理申请之日起 45 个工作日之内做出。

符合免税资格条件的外资研发中心，自公告发布之日起，可按规定享受支持科技创新进口税收政策，按照进口科学研究、科技开发和教学用品免税清单免税进口。在 2015 年 12 月 31 日（含）以前，已取得免税资格未满 2 年暂不需要进行资格复审的、按规定已复审合格的外资研发中心，在 2015 年 12 月 31 日享受免税未满 2 年的，可继续享受至 2 年期满。

(四) 审核部门每两年对已获得免税资格的外资研发中心进行资格复审。对于复审不合格的研发中心，名单函告外资研发中心所在地直属海关，抄送海关总署（关税征管司）备案，并在函中明确取消复审不合格的研发中心享受支持科技创新进口税收政策资格的日期。

第三条 外资研发中心申请进口设备免税资格，应提交以下材料：

(一) 外资研发中心进口设备免税资格申请书和审核表；

(二) 外资研发中心为独立法人的，应提交外商投资企业批准证书或设立、变更备案回执及营业执照复印件；研发中心为非独立法人的，应提交其所在外商投资企业的外商投资企业批准证书或设立、变更备案回执及营业执照复印件；

（三）验资报告及上一年度审计报告复印件；

（四）研发费用支出明细、设备购置支出明细和清单以及通知规定应提交的材料；

（五）专职研究与试验发展人员名册（包括姓名、工作岗位、劳动合同期限、联系方式）；

（六）审核部门要求提交的其他材料。

第四条 相关工作管理

（一）列入公告名单的符合免税资格条件的外资研发中心，可按有关规定向海关申请办理减免税手续。

（二）审核部门在共同审核认定研发中心资格的过程中，可到研发中心查阅有关资料，了解情况，核实其报送的申请材料的真实性。同时应注意加强对研发中心的政策指导和服务，提高工作效率。

（三）省级商务主管部门应将《外资研发中心采购设备免、退税资格审核表》有关信息及时录入外商投资综合管理信息系统。

附表：外资研发中心采购设备免、退税资格审核表（略）

财政部、科技部、国家发展改革委、海关总署、国家税务总局关于科技重大专项进口税收政策的通知

（财关税〔2010〕28号）

发布日期：2010-07-24

实施日期：2010-07-15

法规类型：规范性文件

（根据2019年12月17日财关税〔2019〕52号财政部　国家发展和改革委员会　国家税务总局　海关总署　科学技术部《关于取消科技重大专项进口税收政策免税额度管理的通知》修正）

各省、自治区、直辖市、计划单列市财政厅（局）、科技厅（委、局）、发展改革委、国家税务局，新疆生产建设兵团财务局、科技局、发展改革委，海关总署广东分署、各直属海关：

为贯彻落实国务院关于实施《国家中长期科学和技术发展规划纲要（2006—2020年）》国发〔2006〕6号若干配套政策中有关科技重大专项进口税收政策的要求，扶持国家重大战略产品、关键共性技术和重大工程的研究开发，营造激励自主创新的环境，特制定《科技重大专项进口税收政策暂行规定》（见附件，以下简称《暂行规定》），现将有关事项通知如下：

一、自2010年7月15日起，对承担《国家中长期科学和技术发展规划纲要（2006—2020年）》中民口科技重大专项项目（课题）的企业和大专院校、科研院所等事业单位（以下简称项目承担单位）使用中央财政拨款、地方财政资金、单位自筹资金以及其他渠道获得的资金进口项目（课题）所需国内不能生产的关键设备（含软件工具及技术）、零部件、原材料，免征进口关税和进口环节增值税。

二、项目承担单位在2010年7月15日至2011年12月31日期间进口物资申请享受免税政策的，应在2010年9月1日前向科技重大专项项目牵头组织单位提交申请文件，具体申请程

序和要求见《暂行规定》，逾期不予受理。符合条件的项目承担单位自2010年7月15日起享受进口免税政策，可凭牵头组织单位出具的已受理申请的证明文件，向海关申请凭税款担保办理有关进口物资先予放行手续。

三、科技重大专项牵头组织单位应按《暂行规定》有关要求，受理和审核项目承担单位的申请文件，并在2010年l0月1日前向财政部报送科技重大专项免税进口物资需求清单。财政部会同科技部、发展改革委、海关总署、国家税务总局等有关部门按照《暂行规定》有关要求，及时研究制定各科技重大专项免税进口物资清单。

四、项目承担单位应当在进口物资前按照有关规定，持有关材料向其所在地海关申请办理免税审批手续。

附件：科技重大专项进口税收政策暂行规定

附件

科技重大专项进口税收政策暂行规定

第一条 为贯彻落实国务院关于实施《国家中长期科学和技术发展规划纲要（2006—2020年）》若干配套政策中有关科技重大专项进口税收政策的要求，扶持国家重大战略产品、关键共性技术和重大工程的研究开发，营造激励自主创新的环境，特制定本规定。

第二条 承担科技重大专项项目（课题）的企业和大专院校、科研院所等事业单位（以下简称项目承担单位）使用中央财政拨款、地方财政资金、单位自筹资金以及其他渠道获得的资金进口项目（课题）所需国内不能生产的关键设备（含软件工具及技术）、零部件、原材料，免征进口关税和进口环节增值税。

第三条 本规定第二条所述科技重大专项是指列入《国家中长期科学和技术发展规划纲要（2006—2020年）》的民口科技重大专项，包括核心电子器件、高端通用芯片及基础软件产品，极大规模集成电路制造装备及成套工艺，新一代宽带无线移动通信网，高档数控机床与基础制造装备，大型油气田及煤层气开发，大型先进压水堆及高温气冷堆核电站，水体污染控制与治理，转基因生物新品种培育，重大新药创制，艾滋病和病毒性肝炎等重大传染病防治。

第四条 申请享受本规定进口税收政策的项目承担单位应当具备以下条件：

1. 独立的法人资格；

2. 经科技重大专项领导小组批准承担重大专项任务。

第五条 项目承担单位申请免税进口的设备、零部件、原材料应当符合以下要求：

1. 直接用于项目（课题）的科学研究、技术开发和应用；

2. 国内不能生产或者国产品性能不能满足要求的，且价值较高；

3. 申请免税进口设备的主要技术指标一般应优于当前实施的《国内投资项目不予免税的进口商品目录》所列设备。

第六条 为了提高财政资金和进口税收政策的使用效益，对于使用中央财政和地方财政安排的重大专项资金购置的仪器设备，在申报设备预算时，应当主动说明是否申请进口免税。

第七条 各科技重大专项牵头组织单位（以下简称牵头组织单位）是落实进口税收政策的责任主体，负责受理和审核项目承担单位的申请文件、报送科技重大专项免税进口物资需求清单、出具《科技重大专项项目（课题）进口物资确认函》（格式见附件1，以下简称《进口物资确认函》）、报送政策落实情况报告等事宜。

有两个及以上牵头组织单位的科技重大专项，由第一牵头组织单位会同其他牵头组织单位共同组织落实上述事宜。科技重大专项牵头组织单位为企业的，由该专项领导小组组长单位负责审核项目承担单位的申请文件、报送科技重大专项免税进口物资需求清单、出具《进口物资确认函》。

第八条 财政部会同科技部、国家发展改革委、海关总署、国家税务总局等有关部门根据科技重大专项进口物资需求，结合国内外生产情况和供需状况，研究制定各科技重大专项免税进口物资清单，组织落实政策年度执行方案，定期评估政策的执行效果，并适时调整和完善政策。

第九条 项目承担单位是享受本进口税收政策和履行相应义务的责任主体。项目承担单位应在每年7月15日前向牵头组织单位提交下一年度进口免税申请文件（要求见附件2），项目承担单位在领取《进口物资确认函》之前，可凭牵头组织单位出具的已受理申请的证明文件，向海关申请凭税款担保办理有关进口物资先予放行手续。上年度已享受免税政策的项目承担单位尚未领取当年度《进口物资确认函》之前，可直接向海关申请凭税款担保办理有关进口物资先予放行手续。

第十条 项目承担单位应当在进口物资前，按照《中华人民共和国海关进出口货物减免税管理办法》（海关总署令第179号）的有关规定，持《进口物资确认函》等有关材料向其所在地海关申请办理免税审批手续。

对项目承担单位在《进口物资确认函》确定的范围内进口物资的免税申请，海关按照科技重大专项免税进口物资清单进行审核，并确定相关物资是否符合免税条件。

第十一条 为及时对政策进行绩效评价，享受本规定进口税收政策的单位，应在每年2月1日前将上一年度的政策执行情况如实上报牵头组织单位。牵头组织单位应在每年3月1日前向财政部报送科技重大专项进口税收政策落实情况报告，说明上一年度实际免税进口物资总体情况，同时抄送科技部、国家发展改革委、海关总署、国家税务总局。

牵头组织单位连续两年未按规定提交报告的，该科技重大专项停止享受本规定进口税收优惠政策1年。项目承担单位未按规定提交报告的，停止该单位享受本规定进口税收优惠政策1年。

第十二条 牵头组织单位应当按照本规定要求，切实做好科技重大专项进口税收政策执行的管理工作，保证政策执行的规范性、安全性和有效性。

项目承担单位应当严格按照本规定有关要求，如实申报材料、办理相关进口物资的免税申请和进口手续。项目承担单位违反规定，将免税进口物资擅自转让、销售、移作他用或者进行其他处置，除按照有关法律、法规及规定处理外，对于被依法追究刑事责任的，从违法行为发现之日起停止享受本规定进口税收优惠政策；尚不够追究刑事责任的，从违法行为发现之日起停止享受本规定进口税收优惠政策2年。

第十三条 经海关核准，有关项目承担单位免税进口的设备可用于其他单位的科学研究、教学活动和技术开发，但未经海关许可，免税进口的设备不得移出原项目承担单位。科技重大专项项目（课题）完成后，对于仍处于海关监管年限内的免税进口设备和剩余的少量原材料、零部件，项目承担单位可及时向所在地海关申请办理提前解除监管的手续，并免于补缴税款。

第十四条 本规定自2010年7月15日起施行。

附件：1. 科技重大专项项目（课题）进口物资确认函（略）
　　　2. 项目（课题）承担单位免税申请文件有关要求（略）

航空器材

关税征管司关于执行2021—2030年支持民用航空维修用航空器材进口税收政策的通知

（税管函〔2021〕82号）

发布日期：2021-07-30

实施日期：2021-01-01

法规类型：规范性文件

为落实《财政部　海关总署关于2021—2030年支持民用航空维修用航空器材进口税收政策的通知》（财关税〔2021〕15号）和《财政部　工业和信息化部　海关总署　民航局关于2021—2030年支持民用航空维修用航空器材进口税收政策管理办法的通知》（财关税〔2021〕16号），现将政策执行中的有关事项通知如下：

一、符合政策规定的民用飞机整机设计制造企业及其所属单位、国内航空公司、维修单位和航空器材分销商（以下统称“航材进口单位”）名单，由民航局函告总署，总署转发各直属海关执行。

二、免税进口的维修用航空器材清单（以下简称“免税航材清单”），由民航局会同工业和信息化部、财政部、海关总署制定，并由民航局函告总署，总署转发各直属海关执行。

三、航材进口单位进口免税航材清单范围内的航材，应向主管海关办理减免税审核确认手续，在填报《进出口货物征免税申请表》时，应按规范申报要求，将航材的件号或型号、标号填在相应商品项的“规格型号”栏目项下“其他”栏中，对于填报的一项商品涉及多个件号或型号、标号的，每个件号或型号、标号之间应使用“;”（半角状态）分开。对应的报关单也应按上述要求填报。

四、主管海关应对照航材进口单位名单、免税航材清单等相关材料，对航材进口单位的减免税审核确认申请进行审核。经审核，对符合免税范围的进口维修用航材，免征进口关税，照章征收进口环节增值税，制发《海关进出口货物征免税确认通知书》（以下简称《征免税通知书》）。对于超出免税范围的，照章征收进口关税和进口环节增值税。

上述减免税审核确认手续纳入减免税系统管理。政策项下进口商品的征免性质为：进口维修用航空器材（简称“进口维修用航材”，代码888），对应监管方式为：一般贸易（代码0110）、其他进出口免费（代码3339）、来料料件内销（代码0245）、来料成品减免（代码0345）、进料料件内销（代码0644）、进料成品减免（代码0744）。

五、航材进口单位发生名称、经营范围变更等情形的，民航局确定该单位自变更登记之日起能否继续享受政策，并将确定结果和变更登记日期函告总署，总署转发各直属海关执行。

总署转发民航局确认其能否继续享受政策的结果前，航材进口单位向主管海关申请办理有关航材凭税款担保先予放行手续的，主管海关可予受理。

经民航局确认不再享受免税政策的进口单位，自变更登记之日起申报进口的航材，停止享受免税政策。

六、对于第一批航材进口单位名单中的单位，在2021年1月1日至第一批航材进口单位名单函告之日后30日期间申报进口的航材，已缴纳的应免进口关税依申请可准予退还。有关航材进口单位应于第一批航材进口单位名单印发之日起6个月内，按规定向主管海关办理减免税审核确认手续。

七、免征进口关税的维修用航材办结进口放行手续后，海关不再按特定减免税货物进行后续监管。

八、请各海关将本通知相关内容告知相关航材进口单位，执行中如遇有问题，请及时向关税征管司反映。

特此通知。

关于2021—2030年支持民用航空维修用航空器材进口税收政策管理办法的通知

（财关税〔2021〕16号）

发布日期：2021-03-31

实施日期：2021-01-01

法规类型：规范性文件

为加快壮大航空产业，促进我国民用航空运输、维修等产业发展，根据财政部　海关总署《关于2021-2030年支持民用航空维修用航空器材进口税收政策的通知》（财关税〔2021〕15号，以下简称《通知》）有关规定，现将2021-2030年支持民用航空维修用航空器材进口税收政策管理办法通知如下：

一、民航局确定符合《通知》第二条的进口单位名单，并将名单（需注明批次）函告海关总署，抄送工业和信息化部、财政部。名单根据实际情况动态调整。

进口单位发生名称、经营范围变更等情形的，应在政策有效期内及时将有关变更情况说明报送民航局。民航局确定变更后的单位自变更登记之日起能否继续享受政策，并将确定结果和变更登记日期函告海关总署（确定结果较多时，每年至少分两批函告），抄送工业和信息化部、财政部。

二、《通知》项下免税进口航空器材实行清单管理。民航局会同工业和信息化部、财政部、海关总署确定上述清单，由民航局将清单（需注明批次）函告海关总署，抄送工业和信息化部、财政部。清单根据实际情况动态调整。

三、民航局函告海关总署的第一批进口单位名单和免税进口航空器材清单，自2021年1月1日实施，至第一批名单函告之日后30日内已征应免税款，依进口单位申请准予退还。以后批次函告的名单、清单，自函告之日后第 20 日起实施。

四、免税进口单位应按照海关有关规定，向海关申请办理减免税手续。

五、进口单位如存在以虚报信息等获得免税资格的，经有关部门查实后由民航局函告海关总署，抄送财政部，自函告之日起，该单位在《通知》剩余有效期内停止享受政策。

六、民航局会同有关部门对政策执行效果加强评估。

七、财政等有关部门及其工作人员在政策执行过程中，存在违反执行免税政策规定的行为，以及滥用职权、玩忽职守、徇私舞弊等违法违纪行为的，依照国家有关规定追究相应责任；涉嫌犯罪的，依法追究刑事责任。

八、本办法有效期为 2021 年 1 月 1 日至 2030 年 12 月 31 日。

关于 2021—2030 年支持民用航空维修用航空器材进口税收政策的通知

（财关税〔2021〕15 号）

发布日期：2021-03-31

实施日期：2021-01-01

法规类型：规范性文件

为加快壮大航空产业，促进我国民用航空运输、维修等产业发展，现将有关进口税收政策内容通知如下：

一、自 2021 年 1 月 1 日至 2030 年 12 月 31 日，对民用飞机整机设计制造企业、国内航空公司、维修单位、航空器材分销商进口国内不能生产或性能不能满足需求的维修用航空器材，免征进口关税。

二、本通知第一条所述民用飞机整机设计制造企业、国内航空公司、维修单位、航空器材分销商是指：

（一）从事民用飞机整机设计制造的企业及其所属单位，且其生产产品的相关型号已取得中国民航局批准的型号合格证（TC）。

（二）中国民航局批准的国内航空公司。

（三）持有中国民用航空维修许可证的维修单位。

（四）符合中国民航局管理要求的航空器材分销商。

三、本通知第一条所述维修用航空器材是指专门用于维修民用飞机、民用飞机部件的器材，包括动力装置（发动机、辅助动力装置）、起落架等部件，以及标准件、原材料等消耗器材。范围仅限定于飞机的机载设备及其零部件、原材料，不包括地勤系统所使用的设备及其零部件。

航空器材一般具备中国民航局（CAAC）、美国联邦航空局（FAA）、欧盟航空安全局（EASA）、加拿大民用航空局（TCCA）、巴西民用航空局等民航局颁发的适航证明文件或俄罗斯、乌克兰等民航制造和维修单位签发的履历本。具有制造单位出具产品合格证明的标准件、原材料也属于航空器材范围。

免税进口的维修用航空器材清单，由中国民航局会同工业和信息化部、财政部、海关总署另行制定印发。

四、对本通知项下的免税进口维修用航空器材，海关不再按特定减免税货物进行后续监管。

五、本通知有关的政策管理办法由财政部会同有关部门另行制定印发。

海南“零关税”

关于调整海南自由贸易港交通工具及游艇“零关税”政策的通知

（财关税〔2023〕14号）

发布日期：2023-08-15
实施日期：2023-08-15
法规类型：规范性文件

海南省财政厅、海口海关、国家税务总局海南省税务局：

为支持海南自由贸易港建设，加大压力测试力度，现就海南自由贸易港交通工具及游艇“零关税”政策调整事项通知如下：

一、进口半挂车用的公路牵引车、机坪客车、全地形车、9座及以下混合动力小客车（可插电）等22项商品（见附件），按照本通知和《财政部　海关总署　税务总局关于海南自由贸易港交通工具及游艇“零关税”政策的通知》（财关税〔2020〕54号）有关规定，免征进口关税、进口环节增值税和消费税。

二、上述22项商品应在海南自由贸易港登记、入籍，按照交通运输、民航等主管部门相关规定开展营运，并接受监管。半挂车用的公路牵引车、9座及以下混合动力小客车（可插电），可从事往来内地的客、货运输作业，始发地及目的地至少一端须在海南自由贸易港内，在内地停留时间每年累计不超过120天，其中从海南自由贸易港到内地“点对点”、“即往即返”的客、货车不受天数限制。机坪客车、全地形车营运范围为海南自由贸易港。

违反上述规定的，按有关规定补缴相关进口税款。

三、上述22项商品的适用主体、税收政策、管理措施等其他规定，继续执行财关税〔2020〕54号文件第一条、第三条、第四条、第七条的有关规定。

四、请海南省商交通运输部、中国民航局、财政部、海关总署、税务总局等部门，根据本通知，调整完善《海南自由贸易港“零关税”进口交通工具及游艇管理办法（试行）》相关规定，明确新增商品进口后登记、入籍、营运、监管、违规处置标准等要求，防止“零关税”商品挪作他用。

五、本通知自公布之日起实施。

附件：海南自由贸易港交通工具及游艇“零关税”政策增列清单

附件

海南自由贸易港交通工具及游艇“零关税”政策增列清单

序号	税则号列	商品名称
1	87012100	半挂车用的仅装有压燃式发动机的公路牵引车
2	87012200	半挂车用的装有压燃式发动机的混合动力电动公路牵引车
3	87012300	半挂车用的装有点燃式发动机的混合动力电动公路牵引车
4	87012400	半挂车用的仅装有驱动电机的公路牵引车
5	87012900	半挂车用的其他公路牵引车
6	87021020	仅装柴油或半柴油发动机的机坪客车
7	87022010	装柴油或半柴油发动机的混合动力电动机坪客车
8	87031011	全地形车
9	87036013	装有点燃式发动机的混合动力小客车（可插电），排气量≤1L（9座及以下）
10	87036023	装有点燃式发动机的混合动力小客车（可插电），1L<排气量≤1.5L（9座及以下）
11	87036033	装有点燃式发动机的混合动力小客车（可插电），1.5L<排气量≤2L（9座及以下）
12	87036043	装有点燃式发动机的混合动力小客车（可插电），2L<排气量≤2.5L（9座及以下）
13	87036053	装有点燃式发动机的混合动力小客车（可插电），2.5L<排气量≤3L（9座及以下）
14	87036063	装有点燃式发动机的混合动力小客车（可插电），3L<排气量≤4L（9座及以下）
15	87036073	装有点燃式发动机的混合动力小客车（可插电），排气量>4L（9座及以下）
16	87037013	装有压燃式发动机的混合动力小客车（可插电），排气量≤1L（9座及以下）
17	87037023	装有压燃式发动机的混合动力小客车（可插电），1L<排气量≤1.5L（9座及以下）
18	87037033	装有压燃式发动机的混合动力小客车（可插电），1.5L<排气量≤2L（9座及以下）
19	87037043	装有压燃式发动机的混合动力小客车（可插电），2L<排气量≤2.5L（9座及以下）
20	87037053	装有压燃式发动机的混合动力小客车（可插电），2.5L<排气量≤3L（9座及以下）
21	87037063	装有压燃式发动机的混合动力小客车（可插电），3L<排气量≤4L（9座及以下）
22	87037073	装有压燃式发动机的混合动力小客车（可插电），排气量>4L（9座及以下）

注：1. 税则号列为《中华人民共和国进出口税则（2023）》的税则号列。

2. 商品名称仅供参考，具体商品范围以《中华人民共和国进出口税则（2023）》中的税则号列对应的商品范围为准。

关于调整海南自由贸易港自用生产设备“零关税”政策的通知

（财关税〔2022〕4号）

发布日期：2022-02-14
实施日期：2022-02-14
法规类型：规范性文件

海南省财政厅，海口海关，国家税务总局海南省税务局：

为进一步释放政策效应，支持海南自由贸易港建设，现就海南自由贸易港自用生产设备“零关税”政策调整事项通知如下：

一、对《财政部　海关总署　税务总局关于海南自由贸易港自用生产设备“零关税”政策的通知》（财关税〔2021〕7号）第二条所指生产设备，增列旋转木马、秋千及其他游乐场娱乐设备等文体旅游业所需的生产设备，按照《中华人民共和国进出口税则（2022）》商品分类，包括：旋转木马、秋千和旋转平台，过山车，水上乘骑游乐设施，水上乐园娱乐设备等8项商品。具体范围见附件。

二、全岛封关运作前，对海南自由贸易港注册登记并具有独立法人资格的事业单位进口财关税〔2021〕7号文件和上述第一条规定范围内的自用生产设备，按照财关税〔2021〕7号文件规定免征关税、进口环节增值税和消费税。

三、本通知自公布之日起实施。

附件：增列自用生产设备清单

附件

增列自用生产设备清单

序号	税则号列	商品名称
1	95082100	过山车
2	95082200	旋转木马，秋千和旋转平台
3	95082300	碰碰车
4	95082400	运动模拟器和移动剧场
5	95082500	水上乘骑游乐设施
6	95082600	水上乐园娱乐设备
7	95082900	其他游乐场乘骑游乐设施和水上乐园娱乐设备
8	95083000	游乐场娱乐设备

注：1. 税则号列为《中华人民共和国进出口税则（2022）》的税则号列。
2. 商品名称仅供参考，具体商品范围以《中华人民共和国进出口税则（2022）》中的税则号列对应的商品范围为准。

财政部　国家税务总局　海关总署关于调整海南自由贸易港原辅料“零关税”政策的通知

（财关税〔2021〕49号）

发布日期：2021-12-24
实施日期：2021-12-24
法规类型：规范性文件

海南省财政厅，海口海关，国家税务总局海南省税务局：

为进一步释放政策效应，支持海南自由贸易港建设，现将海南自由贸易港原辅料“零关税”政策调整事项通知如下：

一、增加鲜木薯、氯乙烯、航空发动机零件等187项商品至海南自由贸易港“零关税”原辅料清单，具体范围见附件。原辅料“零关税”政策其他内容继续执行《财政部　海关总署　税务总局关于海南自由贸易港原辅料“零关税”政策的通知》（财关税〔2020〕42号）的有关规定。

二、海南省相关部门应结合海南自由贸易港发展定位和生态环境保护要求，充分评估产业实际需要，引导企业合理使用“零关税”原辅料。

三、本通知自公布之日起实施。

附件：海南自由贸易港原辅料“零关税”政策增补清单（略）

海南自由贸易港自用生产设备“零关税”政策海关实施办法（试行）

（海关总署公告2021年第23号）

发布日期：2021-03-04
实施日期：2021-03-04
法规类型：规范性文件

第一条　为贯彻落实《海南自由贸易港建设总体方案》，根据有关法律、行政法规和《财政部　海关总署　税务总局关于海南自由贸易港自用生产设备“零关税”政策的通知》（财关税〔2021〕7号，以下简称《通知》），制定本办法。

第二条　全岛封关运作前，对海南自由贸易港注册登记并具有独立法人资格的企业，进口自用生产设备，除法律法规和相关规定明确不予免税、国家规定禁止进口的商品，以及《通知》附件所列设备外，免征关税、进口环节增值税和消费税。享受“零关税”政策的自用生产设备（以下简称“零关税”自用生产设备）实行负面清单管理，由财政部、海关总署、税务总局会同相关部门动态调整。

《通知》所称生产设备包括《中华人民共和国进出口税则》第八十四、八十五和九十章中除家用电器及设备零件、部件、附件、元器件外的其他商品，具体商品范围由财政部、海关总署会同有关部门明确。

第三条 符合享受政策条件的企业名单和《通知》附件涵盖行业的企业名单，由海南省发展改革、工业和信息化等主管部门会同海南省财政厅、海口海关、国家税务总局海南省税务局确定后，通过国际贸易“单一窗口”向海口海关传输企业名单。在实现联网传输企业名单前，由海南省相关主管部门将上述企业名单函告海口海关。

第四条 “零关税”自用生产设备实行“一企一账”管理。

符合享受政策条件的企业（以下简称“企业”）在首次申报“零关税”自用生产设备进口前，应按《中华人民共和国海关报关单位注册登记管理规定》有关规定在海关注册登记，并在国际贸易“单一窗口”中“海南零关税进口生产设备、交通工具平台”系统完善企业账户信息。

第五条 企业申报进口“零关税”自用生产设备时，进口报关单“申报地海关”应填报“海口海关”下设的隶属海关或业务现场的关区名称及代码（不含“三沙海关”）；“征免性质”填报为“零关税自用生产设备”（代码：491），自愿缴纳进口环节增值税和消费税的，应当在报关时将“征免性质”填报为“零关税自用生产设备（缴纳进口环节税）”（代码：493）；“监管方式”填报为“一般贸易”（0110）；征减免税方式填报为“随征免性质”（代码：5）；“消费使用单位”填报企业名称。

第六条 除国家另有规定外，国家对相关生产设备有限制进口管理规定的，企业应按规定凭相关许可证件办理进口等相关海关手续。

第七条 “零关税”自用生产设备仅限符合政策规定条件的企业在海南自由贸易港内自用，并依法接受海关监管。

监管年限为：3年。

监管年限自货物放行之日起计算。

监管年限届满自动解除海关监管。

除海关总署另有规定外，在海关监管年限内，企业应当按政策规定和海关规定保管、使用“零关税”自用生产设备。

第八条 在海关监管年限内，企业应当于每年6月30日（含当日）以前向其所在地海关（以下称“主管海关”）提交上一年度“零关税”自用生产设备使用情况的报告。

第九条 在海关监管年限内，企业因破产等原因，确需将“零关税”自用生产设备转让的，应在转让前通过“海南零关税进口生产设备、交通工具平台”向主管海关提出申请，经海关审核同意后办理转让手续。

其中，转让给不符合享受政策条件的主体的，应在转让前通过“海南零关税进口生产设备、交通工具平台”向主管海关提出申请，并按规定补缴相关进口税款。补税的完税价格以“零关税”自用生产设备原进口时的完税价格为基础，按照货物已进口时间与监管年限的比例进行折旧，其计算公式如下：

补税的完税价格=“零关税”自用生产设备原进口时的完税价格×［1-“零关税”自用生产设备已进口时间/（监管年限×12）］

“零关税”自用生产设备已进口时间自货物放行之日起按月计算。不足1个月但超过15日的按1个月计算；不超过15日的，不予计算。

自税款补缴并办结海关相关手续之日起，“零关税”自用生产设备解除海关监管。

第十条 在海关监管年限内，企业需将“零关税”自用生产设备向境内银行或非银行金融机构办理贷款抵押的，应事先通过“海南零关税进口生产设备、交通工具平台”向主管海关提出申请，并提供海关认可的税款担保，经海关审核同意后，可按规定办理贷款抵押。

企业不得以“零关税”自用生产设备向银行或非银行金融机构以外的公民、法人或者非法人其他组织办理贷款抵押。

第十一条 在海关监管年限内，企业需将“零关税”自用生产设备退运出境或者出口的，应通过“海南零关税进口生产设备、交通工具平台”向主管海关提出申请，经海关审核同意后办理相关手续。

“零关税”自用生产设备自退运出境或者出口之日起，解除海关监管，海关不对退运出境或者出口的“零关税”自用生产设备补征相关税款。

第十二条 除特殊情形外，企业申请办理“零关税”自用生产设备转让、贷款抵押等手续的，主管海关应自受理申请之日起10个工作日内作出是否同意的决定。

第十三条 海关依照《中华人民共和国海关法》和《中华人民共和国海关稽查条例》等相关规定，对进口和使用“零关税”自用生产设备的相关企业实施稽（核）查。

第十四条 企业违反《通知》相关规定以及将“零关税”自用生产设备移作他用的，应按规定补缴相关进口税款。补税的完税价格以“零关税”自用生产设备原进口时的完税价格为基础，按照需要补缴税款的时间与监管年限的比例进行折算，其计算公式如下：

补税的完税价格＝“零关税”自用生产设备原进口时的完税价格×［需要补缴税款的时间/（监管年限×365）］

上述计算公式中需要补缴税款的时间为企业违反《通知》相关规定以及将“零关税”自用生产设备移作他用的实际时间，按日计算，每日实际使用不满8小时或者超过8小时的均按1日计算。

第十五条 违反本办法规定，构成走私行为或者违反海关监管规定行为的，由海关依照《中华人民共和国海关法》和《中华人民共和国海关行政处罚实施条例》的有关规定予以处理；构成犯罪的，依法追究刑事责任。

第十六条 本办法由海关总署负责解释。

第十七条 本办法自公布之日起施行。

财政部　海关总署　税务总局关于海南自由贸易港自用生产设备“零关税”政策的通知

（财关税〔2021〕7号）

发布日期：2021-03-04
实施日期：2021-03-04
法规类型：规范性文件

海南省财政厅、海口海关、国家税务总局海南省税务局：

为贯彻《海南自由贸易港建设总体方案》，经国务院同意，现将海南自由贸易港自用生产设备“零关税”政策通知如下：

一、全岛封关运作前，对海南自由贸易港注册登记并具有独立法人资格的企业进口自用的生产设备，除法律法规和相关规定明确不予免税、国家规定禁止进口的商品，以及本通知所附《海南自由贸易港"零关税"自用生产设备负面清单》所列设备外，免征关税、进口环节增值税和消费税。

二、本通知所称生产设备，是指基础设施建设、加工制造、研发设计、检测维修、物流仓储、医疗服务、文体旅游等生产经营活动所需的设备，包括《中华人民共和国进出口税则》第八十四、八十五和九十章中除家用电器及设备零件、部件、附件、元器件外的其他商品。

三、符合第一条规定条件的企业名单以及从事附件涵盖行业的企业名单，由海南省发展改革、工业和信息化等主管部门会同海南省财政厅、海口海关、国家税务总局海南省税务局确定，动态调整，并函告海口海关。

四、《海南自由贸易港"零关税"自用生产设备负面清单》详见附件。清单内容由财政部、海关总署、税务总局会同相关部门，根据海南自由贸易港实际需要和监管条件进行动态调整。

五、《进口不予免税的重大技术装备和产品目录》、《外商投资项目不予免税的进口商品目录》以及《国内投资项目不予免税的进口商品目录》，暂不适用于海南自由贸易港自用生产设备"零关税"政策。符合本政策规定条件的企业，进口上述三个目录内的设备，可免征关税、进口环节增值税和消费税。

六、为便于执行，财政部、海关总署将会同有关部门另行明确第二条中家用电器及设备零件、部件、附件、元器件商品范围。

七、"零关税"生产设备限海南自由贸易港符合政策规定条件的企业在海南自由贸易港内自用，并接受海关监管。因企业破产等原因，确需转让的，转让前应征得海关同意并办理相关手续。其中，转让给不符合政策规定条件主体的，还应按规定补缴进口相关税款。转让"零关税"生产设备，照章征收国内环节增值税、消费税。

八、企业进口"零关税"自用生产设备，自愿缴纳进口环节增值税和消费税的，可在报关时提出申请。

九、海南省相关部门应通过信息化等手段加强监管、防控风险、及时查处违规行为，确保生产设备"零关税"政策平稳运行，并加强省内相关部门信息互联互通，共享符合政策条件的企业、"零关税"生产设备的监管等信息。

十、本通知自公布之日起实施。

附件：海南自由贸易港"零关税"自用生产设备负面清单

附件

海南自由贸易港"零关税"自用生产设备负面清单

一、法律法规和相关规定明确不予免税、国家规定禁止进口的商品。

二、煤炭开采和洗选业、黑色金属采选业、有色金属采选、非金属矿采选业企业进口的设备从事建筑用砂、石、土和地热、矿泉水、海域矿产资源生产的企业除外)。

三、皮革鞣制加工业、毛皮鞣制及制品加工业企业进口的设备。

四、煤化工业、核燃料加工业企业进口的设备。

五、电石法聚氯乙烯业、铬盐业企业进口的设备。

六、黑色金属冶炼和压延加工业企业进口的设备。

七、有色金属冶炼和压延加工业企业进口的设备。

八、金属表面处理及热处理加工业中的电镀工艺，铅蓄电池制造业，印刷电路板等高污染、高环境风险生产制造业，金属废料和碎屑加工处理中的旧电池拆解回收业（新能源汽车动力蓄电池梯次利用所需设备除外）企业进口的设备。

九、煤制品制造业、核辐射加工业企业进口的设备。

十、水力发电中的小水电业企业进口的设备。

十一、燃煤电力、热力生产和供应业企业进口的设备。

海南自由贸易港交通工具及游艇“零关税”政策海关实施办法（试行）

（海关总署公告 2021 年第 1 号）

发布日期：2021-01-05

实施日期：2021-01-05

法规类型：规范性文件

第一条 为贯彻落实《海南自由贸易港建设总体方案》，根据有关法律、行政法规和《财政部 海关总署 税务总局关于海南自由贸易港交通工具及游艇“零关税”政策的通知》（财关税〔2020〕54 号，以下简称《通知》），制定本办法。

第二条 全岛封关运作前，对海南自由贸易港注册登记并具有独立法人资格，从事交通运输、旅游业的企业（航空企业须以海南自由贸易港为主营运基地），进口用于交通运输、旅游业的船舶、航空器、车辆等营运用交通工具及游艇，免征进口关税、进口环节增值税和消费税。

享受“零关税”政策的交通工具及游艇（以下简称“零关税”交通工具及游艇）具体商品范围按《通知》附件《海南自由贸易港“零关税”交通工具及游艇清单》执行，由财政部、海关总署、税务总局会同相关部门动态调整。

第三条 符合享受政策条件的企业名单（以下简称“企业名单”），由海南省交通运输、文化旅游、市场监管、海事及民航等主管部门会同海南省财政厅、海口海关、国家税务总局海南省税务局确定后，通过国际贸易“单一窗口”向海口海关传输企业名单。在实现联网传输企业名单前，由海南省交通运输厅负责将企业名单函告海口海关。

第四条 “零关税”交通工具及游艇实行“一企一账”管理。

符合享受政策条件的企业（以下简称“企业”）在首次申报“零关税”交通工具及游艇进口前，应按《中华人民共和国海关报关单位注册登记管理规定》有关规定在海关注册登记，并在国际贸易“单一窗口”中“海南零关税进口生产设备、交通工具平台”系统完善企业账户信息。

第五条 企业申报进口“零关税”交通工具及游艇时，进口报关单“申报地海关”应填报“海口海关”下设的隶属海关或业务现场的关区名称及代码（不含“三沙海关”）；征免性质填报为“零关税交通工具及游艇”（代码：492），自愿缴纳进口环节增值税和消费税的，应当在报关时将征免性质填报为“零关税交通工具及游艇（缴纳进口环节税）”（代码：494）；监管方式填报为“一般贸易”（0110）、“租赁不满 1 年”（代码：1500）、“租赁贸易”（代码：1523）；征减免税方式填报为“随征免性质”（代码：5）；消费使用单位填报企业名称。

第六条 “零关税”交通工具及游艇仅限海南自由贸易港企业营运自用，并依法接受海关监管。

监管年限为：船舶（含游艇）、航空器：8年；车辆：6年。

监管年限自货物放行之日起计算。

监管年限届满自动解除海关监管。

除海关总署另有规定外，在海关监管年限内，企业应当按政策规定和海关规定保管、使用进口“零关税”交通工具及游艇。

第七条 在海关监管年限内，企业应当于每年6月30日（含当日）以前向其所在地海关（以下称“主管海关”）提交上一年度“零关税”交通工具及游艇使用情况的报告。

第八条 在海关监管年限内，企业因破产等原因，确需将“零关税”交通工具及游艇转让的，应在转让前通过“海南零关税进口生产设备、交通工具平台”向主管海关提出申请，经海关审核同意后办理转让手续。

其中，转让给不符合享受政策条件的主体的，应在转让前通过“海南零关税进口生产设备、交通工具平台”向主管海关提出申请，并按规定补缴相关进口税款。补税的完税价格以“零关税”交通工具及游艇原进口时的完税价格为基础，按照货物已进口时间与监管年限的比例进行折旧，其计算公式如下：

补税的完税价格=“零关税”交通工具及游艇原进口时的完税价格×［1-“零关税”交通工具及游艇已进口时间/（监管年限×12）］

“零关税”交通工具及游艇已进口时间自货物放行之日起按月计算。不足1个月但超过15日的按1个月计算；不超过15日的，不予计算。

自税款补缴并办结海关相关手续之日起，“零关税”交通工具及游艇解除海关监管。

第九条 在海关监管年限内，企业需将“零关税”交通工具及游艇向境内银行或非银行金融机构办理贷款抵押的，应事先通过“海南零关税进口生产设备、交通工具平台”向主管海关提出申请，并提供海关认可的税款担保，经海关审核同意后，可按规定办理贷款抵押手续。

企业不得以“零关税”交通工具及游艇向银行或非银行金融机构以外的公民、法人或者非法人其他组织办理贷款抵押。

第十条 在海关监管年限内，企业需将“零关税”交通工具及游艇退运出境或者出口的，应通过“海南零关税进口生产设备、交通工具平台”向主管海关提出申请，经海关审核同意后办理相关手续。

“零关税”交通工具及游艇自退运出境或者出口之日起，解除海关监管，海关不对退运出境或者出口的“零关税”交通工具及游艇补征相关税款。

第十一条 除特殊情形外，企业申请办理“零关税”交通工具及游艇转让、申请贷款抵押等手续的，主管海关应自受理申请之日起10个工作日内作出是否同意的决定。

第十二条 海关依照《中华人民共和国海关法》和《中华人民共和国海关稽查条例》等相关规定，对进口和使用“零关税”交通工具及游艇的相关企业实施稽核查。

第十三条 企业违反《通知》第五条第一款相关规定以及将“零关税”交通工具及游艇移作他用的，应按规定补缴相关进口税款。补税的完税价格以“零关税”交通工具及游艇原进口时的完税价格为基础，按照需要补缴税款的时间与监管年限的比例进行折算，其计算公式如下：

补税的完税价格=“零关税”交通工具及游艇原进口时的完税价格×［需要补缴税款的时间/（监管年限×365）］

上述计算公式中需要补缴税款的时间为企业违反《通知》第五条第一款相关规定以及将

"零关税"交通工具及游艇移作他用的实际时间，按日计算，每日实际使用不满8小时或者超过8小时的均按1日计算。

第十四条 违反本办法规定，构成走私行为或者违反海关监管规定行为的，由海关依照《中华人民共和国海关法》和《中华人民共和国海关行政处罚实施条例》的有关规定予以处理；构成犯罪的，依法追究刑事责任。

第十五条 本办法由海关总署负责解释。

第十六条 本办法自公布之日起施行。

海南自由贸易港进口"零关税"原辅料海关监管办法（试行）

（海关总署公告2020年第121号）

发布日期：2020-11-30

实施日期：2020-12-01

法规类型：规范性文件

第一条 为贯彻落实《海南自由贸易港建设总体方案》，规范海南自由贸易港进口"零关税"原辅料的海关监管，根据《中华人民共和国海关法》和有关法律、行政法规，制定本办法。

第二条 在全岛封关运作前，在海南自由贸易港注册登记并具有独立法人资格的企业，进口用于生产自用、以"两头在外"模式进行生产加工活动或以"两头在外"模式进行服务贸易过程中所消耗的正面清单内的原辅料（以下简称"零关税"原辅料），免征进口关税、进口环节增值税和消费税。

"零关税"原辅料正面清单，由财政部会同有关部门制发。

第三条 开展"零关税"原辅料业务的企业，应当建立符合海关监管要求的管理制度和计算机管理系统，实现对"零关税"原辅料耗用等信息的全程跟踪，并确保数据真实、准确、有效。

第四条 企业开展"零关税"原辅料业务，应当设立专用电子账册。

第五条 企业开展"零关税"原辅料业务，可以自主备案电子账册商品信息，自主核定耗用情况，并向海关如实申报，办理核销手续，自主缴纳税款。企业对自主核报数据情况负责，并承担相应法律责任。

第六条 企业进口"零关税"原辅料，应当按照规定向海关报送保税核注清单后办理报关单（备案清单）申报手续。

第七条 企业进口"零关税"原辅料，自愿缴纳进口环节增值税和消费税的，应当在报关时提出申请，并应当对自愿缴纳进口环节增值税和消费税的"零关税"原辅料与其他"零关税"原辅料分开申报。

第八条 "零关税"原辅料进出口、制成品出口、内销等时，监管方式按照"进料加工（非对口合同）"（代码0715）及相关监管方式申报。其中，"零关税"原辅料进口时免征进口关税、进口环节增值税和消费税的，征免性质填报"零关税原辅料"（代码591）；自愿缴纳进口环节增值税和消费税的，征免性质填报"原辅料部分征税"（代码592）。

第九条 "零关税"原辅料仅限海南自由贸易港内企业生产使用，接受海关监管，不得在岛内转让或出岛。因企业破产等原因，确需转让或出岛的，应当依法事先补缴税款，并办结海关手续。

第十条 以“零关税”原辅料加工制造的货物，在岛内销售或销往内地的，企业应当事先补缴其对应进口“零关税”原辅料的进口关税、进口环节增值税和消费税，并办结海关手续。

第十一条 “零关税”原辅料加工制造的货物出口或“零关税”原辅料直接出口，无需补缴税款，按照现行出口货物有关税收政策执行。

第十二条 用于航空器、船舶的维修（含相关零部件维修）的零部件满足下列条件之一的，适用“零关税”原辅料政策，免征进口关税、进口环节增值税和消费税：

（一）用于维修从境外进入境内并复运出境的航空器、船舶（含相关零部件）；

（二）用于维修以海南为主营运基地的航空企业所运营的航空器（含相关零部件）；

（三）用于维修在海南注册登记具有独立法人资格的船运公司所运营的以海南省内港口为船籍港的船舶（含相关零部件）。

使用上述零部件开展维修业务的企业，应当记录零部件使用情况，并能够与所维修航空器、船舶（含相关零部件）形成对应关系。

第十三条 “零关税”原辅料涉及的税收征管其他事项，比照海关加工贸易货物内销时税收征管有关规定办理。

第十四条 海关依法对“零关税”原辅料实施海关统计。

第十五条 本办法自2020年12月1日起施行。

财政部　海关总署　税务总局关于海南自由贸易港交通工具及游艇“零关税”政策的通知

（财关税〔2020〕54号）

发布日期：2020-12-25

实施日期：2020-12-25

法规类型：规范性文件

海南省财政厅、海口海关、国家税务总局海南省税务局：

为贯彻落实《海南自由贸易港建设总体方案》，经国务院同意，现将海南自由贸易港交通工具及游艇“零关税”政策通知如下：

一、全岛封关运作前，对海南自由贸易港注册登记并具有独立法人资格，从事交通运输、旅游业的企业（航空企业须以海南自由贸易港为主营运基地），进口用于交通运输、旅游业的船舶、航空器、车辆等营运用交通工具及游艇，免征进口关税、进口环节增值税和消费税。

符合享受政策条件的企业名单，由海南省交通运输、文化旅游、市场监管、海事及民航中南地区管理局等主管部门会同海南省财政厅、海口海关、国家税务总局海南省税务局参照海南自由贸易港鼓励类产业目录中交通运输、旅游业相关产业条目确定，动态调整。

二、享受“零关税”政策的交通工具及游艇实行正面清单管理，具体范围见附件。清单由财政部、海关总署、税务总局会同相关部门，根据海南实际需要和监管条件动态调整。

三、“零关税”交通工具及游艇仅限海南自由贸易港符合政策条件的企业营运自用，并接受海关监管。因企业破产等原因，确需转让的，转让前应征得海关同意并办理相关手续。其中，转让给不符合享受政策条件主体的，应按规定补缴进口相关税款。转让“零关税”交通工具及游艇，照章征收国内环节增值税、消费税。

四、企业进口清单所列交通工具及游艇，自愿缴纳进口环节增值税和消费税的，可在报关时提出申请。

五、“零关税”交通工具及游艇应在海南自由贸易港登记、入籍，按照交通运输、民航、海事等主管部门相关规定开展营运，并接受监管。航空器、船舶应经营自海南自由贸易港始发或经停海南自由贸易港的国内外航线。游艇营运范围为海南省。车辆可从事往来内地的客、货运输作业，始发地及目的地至少一端须在海南自由贸易港内，在内地停留时间每年累计不超过120天，其中从海南自由贸易港到内地“点对点”、“即往即返”的客、货车不受天数限制。

违反上述规定的，按有关规定补缴相关进口税款。

六、海南省商交通运输、民航、财政、海关、税务等部门制定《海南自由贸易港“零关税”交通工具及游艇管理办法》，明确符合政策条件企业名单的确定程序，“零关税”交通工具及游艇进口后登记、入籍、营运、监管等规定，航空器、船舶经营自海南自由贸易港始发或经停海南自由贸易港的国内外航线的认定标准，车辆在内地停留时间每年累计不超过120天的适用情形及计算方式，“点对点”和“即往即返”运输服务的认定标准、认定部门和管理要求，以及违反规定的处理办法等内容。

七、海南省相关部门应通过信息化等手段加强监管、防控风险、及时查处违规行为，确保交通工具及游艇“零关税”政策平稳运行，并加强省内主管部门信息互联互通，共享符合政策条件的企业、“零关税”交通工具及游艇的监管等信息。

八、本通知自公布之日起实施。

附件：海南自由贸易港“零关税”交通工具及游艇清单

海南自由贸易港“零关税”交通工具及游艇清单

序号	税则号列	货品名称
1	87021091	仅装柴油或半柴油发动机的大型客车（30座及以上）
2	87021092	仅装柴油或半柴油发动机的中型客车（20座至29座）
3	87021093	仅装柴油或半柴油发动机的小型客车（10座至19座）
4	87022091	装柴油或半柴油发动机的混合动力电动大型客车（30座及以上）
5	87022092	装柴油或半柴油发动机的混合动力电动中型客车（20座至29座）
6	87022093	装柴油或半柴油发动机的混合动力电动小型客车（10座至19座）
7	87023010	装点燃式发动机的混合动力电动大型客车（30座及以上）
8	87023020	装点燃式发动机的混合动力电动中型客车（20座至29座）
9	87023030	装点燃式发动机的混合动力电动小型客车（10座至19座）
10	87024010	电动大型客车（30座及以上）
11	87024020	电动中型客车（20座至29座）
12	87024030	电动小型客车（10座至19座）
13	87029010	其他大型客车（30座及以上）

续表1

序号	税则号列	货 品 名 称
14	87029020	其他中型客车（20 座至 29 座）
15	87029030	其他小型客车（10 座至 19 座）
16	87032150	仅装点燃式发动机的小客车，排气量≤1L（9 座及以下）
17	87032250	仅装点燃式发动机的小客车，1L<排气量≤1.5L（9 座及以下）
18	87032343	仅装点燃式发动机的小客车，1.5L<排气量≤2L（9 座及以下）
19	87032353	仅装点燃式发动机的小客车，2L<排气量≤2.5L（9 座及以下）
20	87032363	仅装点燃式发动机的小客车，2.5L<排气量≤3L（9 座及以下）
21	87032413	仅装点燃式发动机的小客车，3L<排气量≤4L（9 座及以下）
22	87032423	仅装点燃式发动机的小客车，排气量>4L（9 座及以下）
23	87033123	仅装柴油或半柴油发动机的小客车，1L<排气量≤1.5L（9 座及以下）
24	87033213	仅装柴油或半柴油发动机的小客车，1.5L<排气量≤2L（9 座及以下）
25	87033223	仅装柴油或半柴油发动机的小客车，2L<排气量≤2.5L（9 座及以下）
26	87033313	仅装柴油或半柴油发动机的小客车，2.5L<排气量≤3L（9 座及以下）
27	87033323	仅装柴油或半柴油发动机的小客车，3L<排气量≤4L（9 座及以下）
28	87033363	仅装柴油或半柴油发动机的小客车，排气量>4L（9 座及以下）
29	87034013	装有点燃式发动机的混合动力电动小客车（非插电），排气量≤1L（9 座及以下）
30	87034023	装有点燃式发动机的混合动力电动小客车（非插电），1L<排气量≤1.5L（9 座及以下）
31	87034033	装有点燃式发动机的混合动力电动小客车（非插电），1.5L<排气量≤2L（9 座及以下）
32	87034043	装有点燃式发动机的混合动力电动小客车（非插电），2L<排气量≤2.5L（9 座及以下）
33	87034053	装有点燃式发动机的混合动力电动小客车（非插电），2.5L<排气量≤3L（9 座及以下）
34	87034063	装有点燃式发动机的混合动力电动小客车（非插电），3L<排气量≤4L（9 座及以下）
35	87034073	装有点燃式发动机的混合动力电动小客车（非插电），排气量>4L（9 座及以下）
36	87035023	装有压燃式发动机的混合动力电动小客车（非插电），1L<排气量≤1.5L（9 座及以下）
37	87035033	装有压燃式发动机的混合动力电动小客车（非插电），1.5L<排气量≤2L（9 座及以下）
38	87035043	装有压燃式发动机的混合动力电动小客车（非插电），2L<排气量≤2.5L（9 座及以下）
39	87035053	装有压燃式发动机的混合动力电动小客车（非插电），2.5L<排气量≤3L（9 座及以下）
40	87035063	装有压燃式发动机的混合动力电动小客车（非插电），3L<排气量≤4L（9 座及以下）
41	87035073	装有压燃式发动机的混合动力电动小客车（非插电），排气量>4L（9 座及以下）

续表2

序号	税则号列	货品名称
42	87041030	非公路用电动轮货运自卸车
43	87041090	其他非公路用货运自卸车
44	87042100	装有柴油或半柴油发动机的货车，车重≤5 吨
45	87042230	装有柴油或半柴油发动机的货车，5 吨<车重<14 吨
46	87042240	装有柴油或半柴油发动机的货车，14 吨≤车重≤20 吨
47	87042300	装有柴油或半柴油发动机的货车，车重>20 吨
48	87043100	装有点燃式发动机的货车，车重≤5 吨
49	87043230	装有点燃式发动机的货车，5 吨<车重≤8 吨
50	87043240	装有点燃式发动机的货车，车重>8 吨
51	87049000	其他货车
52	87091110	短距离运输货物电动牵引车
53	87091190	其他电动短矩离运货车
54	87091910	短距离运输货物其他牵引车
55	87091990	其他非电动短矩离运货车
56	87161000	供居住或野营用厢式挂车及半挂车
57	87162000	农用自装或自卸式挂车及半挂车
58	87163110	油罐挂车及半挂车
59	87163190	其他罐式挂车及半挂车
60	87163910	货柜挂车及半挂车
61	87163990	其他货运挂车及半挂车
62	87164000	其他未列名挂车及半挂车
63	87168000	其他未列名非机动车辆
64	88010010	滑翔机及悬挂滑翔机
65	88010090	汽球、飞艇及其他无动力航空器
66	88021100	空载重量≤2 吨的直升机
67	88021210	2 吨<空载重量≤7 吨的直升机
68	88021220	空载重量>7 吨的直升机
69	88022000	空载重量≤2 吨的飞机及其他航空器
70	88023000	2 吨<空载重量≤15 吨的飞机及其他航空器
71	88024020	空载重量>45 吨的飞机及其他航空器
72	88052900	其他地面飞行训练器及其零件
73	89011010	机动巡航船、游览船及各式渡船
74	89011090	非机动巡航船、游览船及各式渡船
75	89012011	载重≤10 万吨的成品油船

续表3

序号	税则号列	货 品 名 称
76	89012012	10 万吨<载重≤30 万吨的成品油船
77	89012013	载重>30 万吨的成品油船
78	89012021	载重≤15 万吨的原油船
79	89012022	15 万吨<载重≤30 万吨的原油船
80	89012023	载重>30 万吨的原油船
81	89012031	容积≤20000 立方米的液化石油气船
82	89012032	容积>20000 立方米的液化石油气船
83	89012041	容积≤20000 立方米的液化天然气船
84	89012042	容积>20000 立方米的液化天然气船
85	89012090	其他液货船
86	89013000	冷藏船
87	89019021	载集装箱≤6000 箱的机动集装箱船
88	89019022	载集装箱>6000 箱的机动集装箱船
89	89019031	载重≤2 万吨的机动滚装船
90	89019032	载重>2 万吨的机动滚装船
91	89019041	载重≤15 万吨的机动散货船
92	89019042	15 万吨<载重≤30 万吨的机动散货船
93	89019043	载重>30 万吨的机动散货船
94	89019050	机动多用途船
95	89019080	其他机动货运船舶及客货兼运船舶
96	89019090	非机动货运船舶及客货兼运船舶
97	89031000	娱乐或运动用的充气快艇、划艇及轻舟等船
98	89039100	帆船
99	89039200	汽艇，装有舷外发动机的除外
100	89039900	其他娱乐或运动用船舶、划艇及轻舟

注：享受“零关税”的商品范围以税则号列为准。其中序号第 72 项商品，不含其零件。

财政部、海关总署、税务总局关于海南自由贸易港原辅料“零关税”政策的通知

（财关税〔2020〕42号）

发布日期：2020-11-11
实施日期：2020-12-01
法规类型：规范性文件

海南省财政厅、海口海关、国家税务总局海南省税务局：

为贯彻落实《海南自由贸易港建设总体方案》，经国务院同意，现将海南自由贸易港原辅料“零关税”政策通知如下：

一、在全岛封关运作前，对在海南自由贸易港注册登记并具有独立法人资格的企业，进口用于生产自用、以“两头在外”模式进行生产加工活动或以“两头在外”模式进行服务贸易过程中所消耗的原辅料，免征进口关税、进口环节增值税和消费税。

二、“零关税”原辅料实行正面清单管理，具体范围见附件。清单内容由财政部会同有关部门根据海南实际需要和监管条件进行动态调整。

三、附件所列零部件，适用原辅料“零关税”政策，应当用于航空器、船舶的维修（含相关零部件维修），满足下列条件之一的，免征进口关税、进口环节增值税和消费税：

（一）用于维修从境外进入境内并复运出境的航空器、船舶（含相关零部件）；

（二）用于维修以海南为主营运基地的航空企业所运营的航空器（含相关零部件）；

（三）用于维修在海南注册登记具有独立法人资格的船运公司所运营的以海南省内港口为船籍港的船舶（含相关零部件）。

四、“零关税”原辅料仅限海南自由贸易港内企业生产使用，接受海关监管，不得在岛内转让或出岛。因企业破产等原因，确需转让或出岛的，应经批准及办理补缴税款等手续。以“零关税”原辅料加工制造的货物，在岛内销售或销往内地的，需补缴其对应原辅料的进口关税、进口环节增值税和消费税，照章征收国内环节增值税、消费税。“零关税”原辅料加工制造的货物出口，按现行出口货物有关税收政策执行。

五、企业进口正面清单所列原辅料，自愿缴纳进口环节增值税和消费税的，可在报关时提出申请。

六、相关部门应通过信息化等手段加强监管，防控可能的风险、及时查处违规行为，确保原辅料“零关税”政策平稳运行。海南省相关部门应加强信息互联互通，共享航空器、船舶等监管信息。

七、本通知自2020年12月1日起执行。

附件：海南自由贸易港“零关税”原辅料清单（略）

慈善捐赠

中华人民共和国海关关于《扶贫、慈善性捐赠物资免征进口税收暂行办法》的实施办法

（海关总署令第 90 号）

发布日期：2001-12-13
实施日期：2010-11-26
法规类型：部门规章

（根据 2010 年 11 月 26 日海关总署令第 198 号《海关总署关于修改部分规章的决定》修正）

第一条　根据《中华人民共和国海关法》和《扶贫、慈善性捐赠物资免征进口税收暂行办法》（以下简称《暂行办法》，见附件 1）及国家有关法律、法规的规定，特制定本实施办法。

第二条　《暂行办法》所称的受赠人，是指国务院有关部门和各省、自治区、直辖市人民政府，以及从事人道救助和发展扶贫、慈善事业为宗旨的全国性的社会团体。包括中国红十字会总会、全国妇女联合会、中国残疾人联合会、中华慈善总会、中国初级卫生保健基金会和宋庆龄基金会。

本实施办法所称的使用人（使用单位），是指捐赠物资的直接使用者或负责分配该捐赠物资的单位或个人。

第三条　《暂行办法》所称的“公共图书馆和公共博物馆”是指：

（一）经省级以上文化行政管理部门认定、向社会开放的县（市）级以上单位管理的公益性图书馆。

（二）经省级以上文物行政管理部门认定、向公众开放的县（市）级以上单位管理的各类公益性博物馆。

第四条　《暂行办法》第六条各项所列的用于扶贫、慈善公益性事业的捐赠物资可予免税，其中：

（一）“基本医疗药品”是指用于急救、治疗、防疫、消毒、抗菌等用途的药品和人体移植用的器官，但不包括保健药和营养药。

（二）“基本医疗器械”是指诊疗器械、手术器械、卫生检测器械、伤残修复器械、防疫防护器械、消毒灭菌器械。

（三）“教学仪器”是指《暂行办法》规定的学校、幼儿园专用于教学的检验、观察、计

量、演示用的仪器和器具。

（四）“一般学习用品”是指《暂行办法》规定的学校、幼儿园教学和学生专用的文具、教具、婴幼儿玩具、标本、模型、切片、各类学习软件、实验室用器皿和试剂、学生服装（含鞋帽）和书包等。

（五）“直接用于环境保护的专用仪器”是指环保系统专用的空气质量与污染源废气监测仪器及治理设备、环境水质与污水监测仪器及治理设备、环境污染事故应急监测仪器、固体废物监测仪器及处置设备、辐射防护与电磁辐射监测仪器及设备、生态保护监测仪器及设备、噪声及振动监测仪器和实验室通用分析仪器及设备。

第五条 国际和外国医疗机构在我国从事慈善和人道医疗救助活动，供免费使用的医疗药品和器械及在治疗过程中使用的消耗性的医用卫生材料比照本规定办理。

第六条 扶贫、慈善捐赠进口物资由本规定第二条所述的受赠人接受捐赠并向海关出具接受捐赠物资进口证明申请免税。具体免税手续由最终使用人（使用单位）向项目所在地直属海关办理。国务院有关部门、本规定第二条所述的全国性的社会团体等受赠人接受境外捐赠的项目，由受赠人统一向北京海关申请免税。

第七条 扶贫、慈善捐赠进口物资的进口按以下规定办理免税手续：

（一）扶贫、慈善捐赠进口物资的使用人向其所在地直属海关申请免税时应当向海关提供如下单证：

1. 境外捐赠函正本；

2. 由受赠人出具的《政府部门或社会团体接受境外扶贫、慈善性捐赠物资进口证明》，并应随附《捐赠物资分配使用清单》（均为正本，详见附件2）；

3. 属于国家规定限制进口商品应提交的有关许可证件（或其他单证）的复印件；

4. 海关规定应提交的其他单证。

（二）有关项目所在地直属海关凭前款所述的单证、对照《暂行办法》规定的免税物品范围进行审批后，办理扶贫、慈善性捐赠物资免税手续，出具《进出口货物征免税证明》，对超出《暂行办法》免税物资范围的，应照章征税。

由北京海关统一办理捐赠物资免税手续的，应将项目审批情况书面通知使用人（使用单位）所在地直属海关。

（三）有关直属海关对上述免税审批工作要运用减免税管理系统进行，并与有关进口地海关加强联系，密切配合。

（四）海关对上述减免税审批工作，应在受理申请之日起10个工作日内办结。如提交的有关材料不齐全或不准确的，海关应在接到申请之日起5个工作日内通知受赠人或使用人补充有关材料后再予受理。

第八条 上述免税进口物资属海关监管货物，在海关监管期限内，未经海关许可，不得抵押、质押、转让、移作他用或者进行其他处置。有关项目所在地海关应按现行规定做好后续监管工作。对违反本办法的，海关将依照《中华人民共和国海关法》及国家有关法律、法规的规定予以处罚。

第九条 本办法由海关总署负责解释。

第十条 本办法自2002年1月1日起实施。

附件：1. 扶贫、慈善性捐赠物资免征进口税收暂行办法

2. 政府部门或社会团体接受境外扶贫、慈善性捐赠物资进口证明（略）

附件1

扶贫、慈善性捐赠物资免征进口税收暂行办法

（2001年1月15日经国务院批准，财政部、国家税务总局、海关总署发布）

第一条 为促进公益事业的健康发展，规范对扶贫、慈善事业捐赠物资的进口管理，根据《中华人民共和国公益事业捐赠法》有关规定，制订本办法。

第二条 对境外捐赠人无偿向受赠人捐赠的直接用于扶贫、慈善事业的物资，免征进口关税和进口环节增值税。

第三条 本办法所称扶贫、慈善事业是指非营利的扶贫济困、慈善救助等社会慈善和福利事业。

第四条 本办法所称境外捐赠人是指中华人民共和国关境外的自然人、法人或者其他组织。

第五条 本办法所称受赠人是指：

（一）经国务院主管部门依法批准成立的，以人道救助和发展扶贫、慈善事业为宗旨的社会团体。

（二）国务院有关部门和各省、自治区、直辖市人民政府。

第六条 本办法所称用于扶贫、慈善公益性事业的物资是指：

（一）新的衣服、被褥、鞋帽、帐篷、手套、睡袋、毛毯及其他维持基本生活的必需用品等；

（二）食品类及饮用水（调味品、水产品、水果、饮料、烟酒等除外）；

（三）医疗类包括直接用于治疗特困患者疾病或贫困地区治疗地方病及基本医疗卫生、公共环境卫生所需的基本医疗药品、基本医疗器械、医疗书籍和资料。

（四）直接用于公共图书馆、公共博物馆、中等专科学校、高中（包括职业高中）、初中、小学、幼儿园教育的教学仪器、教材、图书、资料和一般学习用品。

（五）直接用于环境保护的专用仪器。

（六）经国务院批准的其他直接用于扶贫、慈善事业的物资。

前款物资不包括国家明令停止减免进口税收的二十种商品、汽车、生产性设备、生产性原材料及半成品等。捐赠物资应为新品，在捐赠物资内不得夹带有害环境、公共卫生和社会道德及政治渗透等违禁物品。

第七条 进口的捐赠物资，由受赠人向海关提出免税申请，海关按规定负责审批并进行后续管理。经批准免税进口的捐赠物资，由海关进行专项统计。

第八条 进口的捐赠物资按国家规定属配额、特定登记和进口许可证管理的商品，受赠人应向有关部门申请配额、登记证明和进口许可证，海关凭证验放。

第九条 经批准免税进口的捐赠物资，依照《中华人民共和国公益事业捐赠法》第三章有关条款进行使用和管理。

第十条 免税进口的扶贫、慈善性捐赠进口物资，不得以任何形式转让、出售、出租或移作他用。如有违反，按国家有关法律、法规处理。

第十一条 （一）外国政府、国际组织无偿捐赠的扶贫、慈善性物资按《中华人民共和国海关法》第五十六条和《中华人民共和国增值税暂行条例》第十六条有关规定继续执行，不适用本办法。

（二）经国务院特别批准的免征进口税的捐赠物资，不适用本办法。

第十二条 本办法由财政部会同国家税务总局、海关总署解释。

第十三条 海关总署根据本办法制定具体实施办法。

第十四条 本办法自发布之日起施行。

关于对外国政府、国际组织无偿赠送及我国履行国际条约规定进口物资减免税审核确认事宜的公告

（海关总署公告2023年第20号）

发布日期：2023-03-08
实施日期：2023-03-08
法规类型：规范性文件

根据《中华人民共和国海关法》《中华人民共和国进出口关税条例》有关规定，现就海关对外国政府、国际组织无偿赠送及我国履行国际条约规定进口物资减免税审核确认事宜公告如下：

一、外国政府、国际组织无偿赠送及我国履行国际条约规定进口物资的减免税范围包括：

（一）根据外国政府、国际组织赠送函或中国与外国政府、国际组织间的协定或协议，由外国政府、国际组织直接无偿赠送进口的物资，或由其提供无偿赠款，由我国受赠单位按照赠送函、协定或协议规定范围自行采购进口的物资；

（二）外国地方政府或民间组织受外国政府委托无偿赠送进口的物资；

（三）国际组织成员受国际组织委托无偿赠送进口的物资；

（四）我国履行的国际条约中相关减免税条款规定的进口物资。

二、外国政府、国际组织无偿赠送及我国履行的国际条约中相关减免税条款规定的进口物资，属于本公告第一条第（一）、（二）、（三）项情形的，免征进口关税、进口环节增值税和消费税；属于本公告第一条第（四）项情形的，按照相关国际条约中减免税条款规定减免相应进口税。

三、外国政府、国际组织无偿赠送及我国履行的国际条约中相关减免税条款规定的进口物资的受赠单位或项目执行单位（以下统称减免税申请人），除另有规定外，应于有关物资申报进口前，取得我国政府相关主管部门出具的《外国政府、国际组织无偿赠送及我国履行国际条约规定进口物资确认表》（以下简称《确认表》，见附件1），并凭本公告第四条规定材料及相关物资的产品资料，向主管海关申请办理减免税审核确认手续。

对于无偿赠送或执行协定、协议事项涉及多个受赠单位或项目执行单位的，我国政府相关主管部门在出具《确认表》时可以指定一个受赠单位或项目执行单位作为牵头单位，由该牵头单位向其主管海关申请办理减免税审核确认手续。

相关主管部门可指定一个司局级单位具体负责出具《确认表》及相关工作，有关部门应将具体负责单位名称函告海关总署，海关总署通知各直属海关执行。

四、减免税申请人向主管海关申请办理减免税审核确认手续时，应提交以下材料：

（一）属于本公告第一条第（一）项情形的，提交外国政府、国际组织的赠送函或相关协定、协议；

（二）属于本公告第一条第（二）项情形的，提交外国地方政府或民间组织出具的赠送函、外国政府的委托书；

（三）属于本公告第一条第（三）项情形的，提交国际组织成员出具的赠送函、国际组织的委托书；

（四）属于本公告第一条第（四）项情形的，提交相关国际条约。

对于前款规定需提交外国政府、国际组织的赠送函，如因临时无偿赠送且无法提交赠送函的，可提交有关国家驻我国大使馆、有关国际组织驻中国代表处的证明函原件。

五、外国政府、国际组织无偿赠送及我国履行国际条约规定进口物资减免税审核确认手续纳入减免税管理系统管理，征免性质为“无偿援助进出口物资”（代码201，简称：无偿援助），监管方式为“国家和国际组织无偿援助物资”（代码3511，简称：援助物资）。

六、办理时限及相关要求参照《中华人民共和国海关进出口货物减免税管理办法》（海关总署令第245号）第五、六、七、八条规定办理。

七、海关总署对国际条约中进口物资减免税手续另有规定的，从其规定。

八、本公告中下列用语的含义是：

外国政府是指外国的中央政府；

国际组织是指联合国及其相关机构以及与我国有合作关系的其他国际组织（见附件2）；

国际条约是指依照《中华人民共和国缔结条约程序法》以“中华人民共和国”、“中华人民共和国政府”以及“中华人民共和国政府部门”名义同外国缔结协定或协议以及参加的国际条约；

我国政府主管部门是指我国政府主管部委（包括部委管理的国家局）和国务院直属机构；

主管海关是指减免税申请人住所地海关。

九、本公告自发布之日起施行。

附件：1. 外国政府、国际组织无偿赠送及我国履行国际条约规定进口物资确认表（略）
　　　2. 国际组织名单（略）

关于实施《慈善捐赠物资免征进口税收暂行办法》有关事宜的公告

（海关总署公告2016年第17号）

发布日期：2016-03-21
实施日期：2016-04-01
法规类型：规范性文件

经国务院批准，对境外捐赠人无偿向受赠人捐赠的直接用于慈善事业的物资，免征进口关税和进口环节增值税。财政部、海关总署和国家税务总局2015年第102号公告公布了《慈善捐赠物资免征进口税收暂行办法》（以下简称《暂行办法》）。根据《暂行办法》的有关规定，现将海关实施《暂行办法》的有关事宜公告如下：

一、《暂行办法》所称的受赠人负责接受捐赠物资，并出具《受赠人接受境外慈善捐赠物资进口证明》及《捐赠物资分配使用清单》（样式详见附件）。

二、受赠人在申报进口捐赠物资前，应向其所在地海关办理减免税手续。受赠人也可委托使用人，由使用人向使用人所在地海关办理减免税手续。

国务院有关部门、中国红十字会总会、中华全国妇女联合会、中国残疾人联合会、中华慈善总会、中国初级卫生保健基金会、中国宋庆龄基金会、中国癌症基金会作为受赠人接受捐赠物资的，由受赠人统一向北京海关办理进口捐赠物资的减免税手续。

三、本公告所称的使用人，是指捐赠物资的直接使用者，或者负责分配该捐赠物资的单位。

四、受赠人或使用人向其所在地海关办理进口捐赠物资减免税手续时，应当提交以下材料：

（一）境外捐赠函（正本）；

（二）由受赠人出具的《受赠人接受境外慈善捐赠物资进口证明》及《捐赠物资分配使用清单》（均为正本）；

（三）受赠人属于经民政部或省级民政部门登记注册且被评定为5A级的以人道救助和发展慈善事业为宗旨的社会团体或基金会的，还应当提交由民政部或省级民政部门出具的证明该社会团体或基金会符合《暂行办法》规定的受赠人条件的文件（正本），以及5A级社会团体或基金会证书（正本及复印件）；

（四）由使用人向使用人所在地海关办理减免税手续的，使用人应当提交受赠人委托其办理进口捐赠物资减免税手续的委托书（正本）；

（五）海关认为需要提供的其他材料。

五、受赠人或使用人所在地海关凭受赠人或使用人提交的上述有关材料，对照《暂行办法》有关规定进行审核，办理有关进口捐赠物资的减免税手续。

进口地海关按照有关规定，办理进口捐赠物资的验放手续。

六、进口捐赠物资的减免税手续纳入海关减免税管理系统管理。进口捐赠物资的征免性质为：慈善捐赠（代码：802）；对应的监管方式为：捐赠物资（代码：3612）。

七、进口捐赠物资按国家规定属于配额、特定登记和进口许可证管理的商品的，受赠人应当向有关部门申请配额、登记证明和进口许可证，进口地海关凭证验放。

八、免税进口的上述捐赠物资属于海关监管货物，在海关监管年限内，未经海关审核同意，不得擅自转让、抵押、质押、移作他用或者进行其他处置。

九、本公告由海关总署负责解释。

十、本公告自2016年4月1日起施行。

特此公告。

附件：《受赠人接受境外慈善捐赠物资进口证明》及《捐赠物资分配使用清单》样式（略）

慈善捐赠物资免征进口税收暂行办法

（财政部　海关总署　国家税务总局公告2015年第102号）

发布日期：2015-12-23

实施日期：2016-04-01

法规类型：规范性文件

第一条　为促进慈善事业的健康发展，支持慈善事业发挥扶贫济困积极作用，规范对慈善事业捐赠物资的进口管理，根据《中华人民共和国公益事业捐赠法》、《中华人民共和国海关法》和《中华人民共和国进出口关税条例》等有关规定，制定本办法。

第二条 对境外捐赠人无偿向受赠人捐赠的直接用于慈善事业的物资，免征进口关税和进口环节增值税。

第三条 本办法所称慈善事业是指非营利的慈善救助等社会慈善和福利事业，包括以捐赠财产方式自愿开展的下列慈善活动：

（一）扶贫济困，扶助老幼病残等困难群体；

（二）促进教育、科学、文化、卫生、体育等事业的发展；

（三）防治污染和其他公害，保护和改善环境；

（四）符合社会公共利益的其他慈善活动。

第四条 本办法所称境外捐赠人是指中华人民共和国关境外的自然人、法人或者其他组织。

第五条 本办法所称受赠人是指：

（一）国务院有关部门和各省、自治区、直辖市人民政府。

（二）中国红十字会总会、中华全国妇女联合会、中国残疾人联合会、中华慈善总会、中国初级卫生保健基金会、中国宋庆龄基金会和中国癌症基金会。

（三）经民政部或省级民政部门登记注册且被评定为5A级的以人道救助和发展慈善事业为宗旨的社会团体或基金会。民政部或省级民政部门负责出具证明有关社会团体或基金会符合本办法规定的受赠人条件的文件。

第六条 本办法所称用于慈善事业的物资是指：

（一）衣服、被褥、鞋帽、帐篷、手套、睡袋、毛毯及其他生活必需用品等。

（二）食品类及饮用水（调味品、水产品、水果、饮料、烟酒等除外）。

（三）医疗类包括医疗药品、医疗器械、医疗书籍和资料。其中，对于医疗药品及医疗器械捐赠进口，按照相关部门有关规定执行。

（四）直接用于公共图书馆、公共博物馆、各类职业学校、高中、初中、小学、幼儿园教育的教学仪器、教材、图书、资料和一般学习用品。其中，教学仪器是指专用于教学的检验、观察、计量、演示用的仪器和器具；一般学习用品是指用于各类职业学校、高中、初中、小学、幼儿园教学和学生专用的文具、教具、体育用品、婴幼儿玩具、标本、模型、切片、各类学习软件、实验室用器皿和试剂、学生校服（含鞋帽）和书包等。

（五）直接用于环境保护的专用仪器。包括环保系统专用的空气质量与污染源废气监测仪器及治理设备、环境水质与污水监测仪器及治理设备、环境污染事故应急监测仪器、固体废物监测仪器及处置设备、辐射防护与电磁辐射监测仪器及设备、生态保护监测仪器及设备、噪声及振动监测仪器和实验室通用分析仪器及设备。

（六）经国务院批准的其他直接用于慈善事业的物资。

本办法所称用于慈善事业的物资不包括国家明令停止减免进口税收的特定商品以及汽车、生产性设备、生产性原材料及半成品等。捐赠物资应为未经使用的物品（其中，食品类及饮用水、医疗药品应在保质期内），在捐赠物资内不得夹带危害环境、公共卫生和社会道德及进行政治渗透等违禁物品。

第七条 国际和外国医疗机构在我国从事慈善和人道医疗救助活动，供免费使用的医疗药品和器械及在治疗过程中使用的消耗性的医用卫生材料比照本办法执行。

第八条 符合本办法规定的进口捐赠物资，由受赠人向海关申请办理减免税手续，海关按规定进行审核确认。经审核同意免税进口的捐赠物资，由海关按规定进行监管。

第九条 进口的捐赠物资按国家规定属于配额、特定登记和进口许可证管理的商品的，受赠人应当向有关部门申请配额、登记证明和进口许可证，海关凭证验放。

第十条 经审核同意免税进口的捐赠物资，依照《中华人民共和国公益事业捐赠法》第三章有关条款进行使用和管理。

第十一条 免税进口的捐赠物资，未经海关审核同意，不得擅自转让、抵押、质押、移作他用或者进行其他处置。如有违反，按国家有关法律、法规和海关相关管理规定处理。

第十二条 本办法由财政部会同海关总署、国家税务总局解释。

第十三条 海关总署根据本办法制定具体实施办法。

第十四条 本办法自2016年4月1日起施行，《财政部 国家税务总局 海关总署关于发布〈扶贫、慈善性捐赠物资免征进口税收暂行办法〉的通知》（财税〔2000〕152号）同时废止。

海关税收篇

综合管理

中华人民共和国船舶吨税法

（主席令第 85 号）

发布日期：2017-12-27

实施日期：2018-10-26

法规类型：法律

（根据 2018 年 10 月 26 日第十三届全国人民代表大会常务委员会第六次会议《关于修改〈中华人民共和国野生动物保护法〉等十五部法律的决定》修正）

第一条 自中华人民共和国境外港口进入境内港口的船舶（以下称应税船舶），应当依照本法缴纳船舶吨税（以下简称吨税）。

第二条 吨税的税目、税率依照本法所附的《吨税税目税率表》执行。

第三条 吨税设置优惠税率和普通税率。

中华人民共和国籍的应税船舶，船籍国（地区）与中华人民共和国签订含有相互给予船舶税费最惠国待遇条款的条约或者协定的应税船舶，适用优惠税率。

其他应税船舶，适用普通税率。

第四条 吨税按照船舶净吨位和吨税执照期限征收。

应税船舶负责人在每次申报纳税时，可以按照《吨税税目税率表》选择申领一种期限的吨税执照。

第五条 吨税的应纳税额按照船舶净吨位乘以适用税率计算。

第六条 吨税由海关负责征收。海关征收吨税应当制发缴款凭证。

应税船舶负责人缴纳吨税或者提供担保后，海关按照其申领的执照期限填发吨税执照。

第七条 应税船舶在进入港口办理入境手续时，应当向海关申报纳税领取吨税执照，或者交验吨税执照（或者申请核验吨税执照电子信息）。应税船舶在离开港口办理出境手续时，应当交验吨税执照（或者申请核验吨税执照电子信息）。

应税船舶负责人申领吨税执照时，应当向海关提供下列文件：

（一）船舶国籍证书或者海事部门签发的船舶国籍证书收存证明；

（二）船舶吨位证明。

应税船舶因不可抗力在未设立海关地点停泊的，船舶负责人应当立即向附近海关报告，并在不可抗力原因消除后，依照本法规定向海关申报纳税。

第八条 吨税纳税义务发生时间为应税船舶进入港口的当日。

应税船舶在吨税执照期满后尚未离开港口的，应当申领新的吨税执照，自上一次执照期满的次日起续缴吨税。

第九条 下列船舶免征吨税：

（一）应纳税额在人民币五十元以下的船舶；

（二）自境外以购买、受赠、继承等方式取得船舶所有权的初次进口到港的空载船舶；

（三）吨税执照期满后二十四小时内不上下客货的船舶；

（四）非机动船舶（不包括非机动驳船）；

（五）捕捞、养殖渔船；

（六）避难、防疫隔离、修理、改造、终止运营或者拆解，并不上下客货的船舶；

（七）军队、武装警察部队专用或者征用的船舶；

（八）警用船舶；

（九）依照法律规定应当予以免税的外国驻华使领馆、国际组织驻华代表机构及其有关人员的船舶；

（十）国务院规定的其他船舶。

前款第十项免税规定，由国务院报全国人民代表大会常务委员会备案。

第十条 在吨税执照期限内，应税船舶发生下列情形之一的，海关按照实际发生的天数批注延长吨税执照期限：

（一）避难、防疫隔离、修理、改造，并不上下客货；

（二）军队、武装警察部队征用。

第十一条 符合本法第九条第一款第五项至第九项、第十条规定的船舶，应当提供海事部门、渔业船舶管理部门等部门、机构出具的具有法律效力的证明文件或者使用关系证明文件，申明免税或者延长吨税执照期限的依据和理由。

第十二条 应税船舶负责人应当自海关填发吨税缴款凭证之日起十五日内缴清税款。未按期缴清税款的，自滞纳税款之日起至缴清税款之日止，按日加收滞纳税款万分之五的税款滞纳金。

第十三条 应税船舶到达港口前，经海关核准先行申报并办结出入境手续的，应税船舶负责人应当向海关提供与其依法履行吨税缴纳义务相适应的担保；应税船舶到达港口后，依照本法规定向海关申报纳税。

下列财产、权利可以用于担保：

（一）人民币、可自由兑换货币；

（二）汇票、本票、支票、债券、存单；

（三）银行、非银行金融机构的保函；

（四）海关依法认可的其他财产、权利。

第十四条 应税船舶在吨税执照期限内，因修理、改造导致净吨位变化的，吨税执照继续有效。应税船舶办理出入境手续时，应当提供船舶经过修理、改造的证明文件。

第十五条 应税船舶在吨税执照期限内，因税目税率调整或者船籍改变而导致适用税率变化的，吨税执照继续有效。

因船籍改变而导致适用税率变化的，应税船舶在办理出入境手续时，应当提供船籍改变的证明文件。

第十六条 吨税执照在期满前毁损或者遗失的，应当向原发照海关书面申请核发吨税执照副本，不再补税。

第十七条 海关发现少征或者漏征税款的，应当自应税船舶应当缴纳税款之日起一年内，补征税款。但因应税船舶违反规定造成少征或者漏征税款的，海关可以自应当缴纳税款之日起三年内追征税款，并自应当缴纳税款之日起按日加征少征或者漏征税款万分之五的税款滞纳金。

海关发现多征税款的，应当在二十四小时内通知应税船舶办理退还手续，并加算银行同期活期存款利息。

应税船舶发现多缴税款的，可以自缴纳税款之日起三年内以书面形式要求海关退还多缴的税款并加算银行同期活期存款利息；海关应当自受理退税申请之日起三十日内查实并通知应税船舶办理退还手续。

应税船舶应当自收到本条第二款、第三款规定的通知之日起三个月内办理有关退还手续。

第十八条 应税船舶有下列行为之一的，由海关责令限期改正，处二千元以上三万元以下的罚款；不缴或者少缴应纳税款的，处不缴或者少缴税款百分之五十以上五倍以下的罚款，但罚款不得低于二千元：

（一）未按照规定申报纳税、领取吨税执照；

（二）未按照规定交验吨税执照（或者申请核验吨税执照电子信息）以及提供其他证明文件。

第十九条 吨税税款、税款滞纳金、罚款以人民币计算。

第二十条 吨税的征收，本法未作规定的，依照有关税收征收管理的法律、行政法规的规定执行。

第二十一条 本法及所附《吨税税目税率表》下列用语的含义：

净吨位，是指由船籍国（地区）政府签发或者授权签发的船舶吨位证明书上标明的净吨位。

非机动船舶，是指自身没有动力装置，依靠外力驱动的船舶。

非机动驳船，是指在船舶登记机关登记为驳船的非机动船舶。

捕捞、养殖渔船，是指在中华人民共和国渔业船舶管理部门登记为捕捞船或者养殖船的船舶。

拖船，是指专门用于拖（推）动运输船舶的专业作业船舶。

吨税执照期限，是指按照公历年、日计算的期间。

第二十二条 本法自2018年7月1日起施行。2011年12月5日国务院公布的《中华人民共和国船舶吨税暂行条例》同时废止。

附件

吨税税目税率表

税目 （按船舶净吨位划分）	税率（元/净吨）						备注
	普通税率 （按执照期限划分）			优惠税率 （按执照期限划分）			
	1年	90日	30日	1年	90日	30日	
不超过2000净吨	12.6	4.2	2.1	9.0	3.0	1.5	1. 拖船按照发动机功率每千瓦折合净吨位0.67吨。 2. 无法提供净吨位证明文件的游艇，按照发动机功率每千瓦折合净吨位0.05吨。 3. 拖船和非机动驳船分别按相同净吨位船舶税率的50%计征税款。
超过2000净吨，但不超过10000净吨	24.0	8.0	4.0	17.4	5.8	2.9	
超过10000净吨，但不超过50000净吨	27.6	9.2	4.6	19.8	6.6	3.3	
超过50000净吨	31.8	10.6	5.3	22.8	7.6	3.8	

中华人民共和国海关事务担保条例

（国务院令第581号）

发布日期：2010-09-14
实施日期：2018-03-19
法规类型：行政法规

（根据2018年3月19日国务院令第698号《国务院关于修改和废止部分行政法规的决定》修订）

第一条 为了规范海关事务担保，提高通关效率，保障海关监督管理，根据《中华人民共和国海关法》以及其他有关法律的规定，制定本条例。

第二条 当事人向海关申请提供担保，承诺履行法律义务，海关为当事人办理海关事务担保，适用本条例。

第三条 海关事务担保应当遵循合法、诚实信用、权责统一的原则。

第四条 有下列情形之一的，当事人可以在办结海关手续前向海关申请提供担保，要求提前放行货物：

（1）进出口货物的商品归类、完税价格、原产地尚未确定的；

（2）有效报关单证尚未提供的；

（3）在纳税期限内税款尚未缴纳的；

（4）滞报金尚未缴纳的；

（5）其他海关手续尚未办结的。

国家对进出境货物、物品有限制性规定，应当提供许可证件而不能提供的，以及法律、行政法规规定不得担保的其他情形，海关不予办理担保放行。

第五条 当事人申请办理下列特定海关业务的，按照海关规定提供担保：

（1）运输企业承担来往内地与港澳公路货物运输、承担海关监管货物境内公路运输的；

（2）货物、物品暂时进出境的；

（3）货物进境修理和出境加工的；

（4）租赁货物进口的；

（5）货物和运输工具过境的；

（6）将海关监管货物暂时存放在海关监管区外的；

（7）将海关监管货物向金融机构抵押的；

（8）为保税货物办理有关海关业务的。

当事人不提供或者提供的担保不符合规定的，海关不予办理前款所列特定海关业务。

第六条 进出口货物的纳税义务人在规定的纳税期限内有明显的转移、藏匿其应税货物以及其他财产迹象的，海关可以责令纳税义务人提供担保；纳税义务人不能提供担保的，海关依法采取税收保全措施。

第七条 有违法嫌疑的货物、物品、运输工具应当或者已经被海关依法扣留、封存的，当事人可以向海关提供担保，申请免予或者解除扣留、封存。

有违法嫌疑的货物、物品、运输工具无法或者不便扣留的，当事人或者运输工具负责人应当向海关提供等值的担保；未提供等值担保的，海关可以扣留当事人等值的其他财产。

有违法嫌疑的货物、物品、运输工具属于禁止进出境，或者必须以原物作为证据，或者依法应当予以没收的海关不予办理担保。

第八条 法人、其他组织受到海关处罚，在罚款、违法所得或者依法应当追缴的货物、物品、走私运输工具的等值价款未缴清前，其法定代表人、主要负责人出境的，应当向海关提供担保；未提供担保的，海关可以通知出境管理机关阻止其法定代表人、主要负责人出境。

受海关处罚的自然人出境的，适用前款规定。

第九条 进口已采取临时反倾销措施、临时反补贴措施的货物应当提供担保的，或者进出口货物收发货人、知识产权权利人申请办理知识产权海关保护相关事务等，依照本条例的规定办理海关事务担保。法律、行政法规有特别规定的，从其规定。

第十条 按照海关总署的规定经海关认定的高级认证企业可以申请免除担保，并按照海关规定办理有关手续。

第十一条 当事人在一定期限内多次办理同一类海关事务的，可以向海关申请提供总担保。海关接受总担保的，当事人办理该类海关事务，不再单独提供担保。

总担保的适用范围、担保金额、担保期限、终止情形等由海关总署规定。

第十二条 当事人可以以海关依法认可的财产、权利提供担保，担保财产、权利的具体范围由海关总署规定。

第十三条 当事人以保函向海关提供担保的，保函应当以海关为受益人，并且载明下列事项：

（1）担保人、被担保人的基本情况；

（2）被担保的法律义务；

（3）担保金额；

（4）担保期限；

（5）担保责任；

（6）需要说明的其他事项。

担保人应当在保函上加盖印章，并注明日期。

第十四条 当事人提供的担保应当与其需要履行的法律义务相当，除本条例第七条第二款规定的情形外，担保金额按照下列标准确定：

（1）为提前放行货物提供的担保，担保金额不得超过可能承担的最高税款总额；

（2）为办理特定海关业务提供的担保，担保金额不得超过可能承担的最高税款总额或者海关总署规定的金额；

（3）因有明显的转移、藏匿应税货物以及其他财产迹象被责令提供的担保，担保金额不得超过可能承担的最高税款总额；

（4）为有关货物、物品、运输工具免予或者解除扣留、封存提供的担保，担保金额不得超过该货物、物品、运输工具的等值价款；

（5）为罚款、违法所得或者依法应当追缴的货物、物品、走私运输工具的等值价款未缴清前出境提供的担保，担保金额应当相当于罚款、违法所得数额或者依法应当追缴的货物、物品、走私运输工具的等值价款。

第十五条 办理担保，当事人应当提交书面申请以及真实、合法、有效的财产、权利凭证和身份或者资格证明等材料。

第十六条 海关应当自收到当事人提交的材料之日起5个工作日内对相关财产、权利等进行审核，并决定是否接受担保。当事人申请办理总担保的，海关应当在10个工作日内审核并决定是否接受担保。

符合规定的担保，自海关决定接受之日起生效。对不符合规定的担保，海关应当书面通知当事人不予接受，并说明理由。

第十七条 被担保人履行法律义务期限届满前，担保人和被担保人因特殊原因要求变更担保内容的，应当向接受担保的海关提交书面申请以及有关证明材料。海关应当自收到当事人提交的材料之日起5个工作日内作出是否同意变更的决定，并书面通知当事人，不同意变更的，应当说明理由。

第十八条 被担保人在规定的期限内未履行有关法律义务的，海关可以依法从担保财产、权利中抵缴。当事人以保函提供担保的，海关可以直接要求承担连带责任的担保人履行担保责任。

担保人履行担保责任的，不免除被担保人办理有关海关手续的义务。海关应当及时为被担保人办理有关海关手续。

第十九条 担保财产、权利不足以抵偿被担保人有关法律义务的，海关应当书面通知被担保人另行提供担保或者履行法律义务。

第二十条 有下列情形之一的，海关应当书面通知当事人办理担保财产、权利退还手续：

（1）当事人已经履行有关法律义务的；

（2）当事人不再从事特定海关业务的；

（3）担保财产、权利被海关采取抵缴措施后仍有剩余的；

（4）其他需要退还的情形。

第二十一条 自海关要求办理担保财产、权利退还手续的书面通知送达之日起3个月内，当事人无正当理由未办理退还手续的，海关应当发布公告。自海关公告发布之日起1年内，当事人仍未办理退还手续的，海关应当将担保财产、权利依法变卖或者兑付后，上缴国库。

第二十二条 海关履行职责，金融机构等有关单位应当依法予以协助。

第二十三条 担保人、被担保人违反本条例，使用欺骗、隐瞒等手段提供担保的，由海关责令其继续履行法律义务，处5000元以上50000元以下的罚款；情节严重的，可以暂停被担保人从事有关海关业务或者撤销其从事有关海关业务的注册登记。

第二十四条 海关工作人员有下列行为之一的，给予处分；构成犯罪的，依法追究刑事责任：

（一）违法处分担保财产、权利；

（二）对不符合担保规定的，违法办理有关手续致使国家利益遭受损失；

（三）对符合担保规定的，不予办理有关手续；

（四）与海关事务担保有关的其他违法行为。

第二十五条 担保人、被担保人对海关有关海关事务担保的具体行政行为不服的，可以依法向上一级海关申请行政复议或者向人民法院提起行政诉讼。

第二十六条 本条例自2011年1月1日起施行。

中华人民共和国进出口关税条例

（国务院令第 392 号）

发布日期：2003-11-23
实施日期：2017-03-01
法规类型：行政法规

（根据 2011 年 1 月 8 日国务院令第 588 号《国务院关于废止和修改部分行政法规的决定》第一次修订；根据 2013 年 12 月 7 日国务院令第 645 号《国务院关于修改部分行政法规的决定》第二次修订；根据 2016 年 2 月 6 日国务院令第 666 号《国务院关于修改部分行政法规的决定》第三次修订；根据 2017 年 3 月 1 日国务院令第 676 号《国务院关于修改和废止部分行政法规的决定》第四次修订）

第一章　总　则

第一条　为了贯彻对外开放政策，促进对外经济贸易和国民经济的发展，根据《中华人民共和国海关法》（以下简称《海关法》）的有关规定，制定本条例。

第二条　中华人民共和国准许进出口的货物、进境物品，除法律、行政法规另有规定外，海关依照本条例规定征收进出口关税。

第三条　国务院制定《中华人民共和国进出口税则》（以下简称《税则》）、《中华人民共和国进境物品进口税税率表》（以下简称《进境物品进口税税率表》），规定关税的税目、税则号列和税率，作为本条例的组成部分。

第四条　国务院设立关税税则委员会，负责《税则》和《进境物品进口税税率表》的税目、税则号列和税率的调整和解释，报国务院批准后执行；决定实行暂定税率的货物、税率和期限；决定关税配额税率；决定征收反倾销税、反补贴税、保障措施关税、报复性关税以及决定实施其他关税措施；决定特殊情况下税率的适用，以及履行国务院规定的其他职责。

第五条　进口货物的收货人、出口货物的发货人、进境物品的所有人，是关税的纳税义务人。

第六条　海关及其工作人员应当依照法定职权和法定程序履行关税征管职责，维护国家利益，保护纳税人合法权益，依法接受监督。

第七条　纳税义务人有权要求海关对其商业秘密予以保密，海关应当依法为纳税义务人保密。

第八条　海关对检举或者协助查获违反本条例行为的单位和个人，应当按照规定给予奖励，并负责保密。

第二章　进出口货物关税税率的设置和适用

第九条　进口关税设置最惠国税率、协定税率、特惠税率、普通税率、关税配额税率等税率。对进口货物在一定期限内可以实行暂定税率。

出口关税设置出口税率。对出口货物在一定期限内可以实行暂定税率。

第十条 原产于共同适用最惠国待遇条款的世界贸易组织成员的进口货物，原产于与中华人民共和国签订含有相互给予最惠国待遇条款的双边贸易协定的国家或者地区的进口货物，以及原产于中华人民共和国境内的进口货物，适用最惠国税率。

原产于与中华人民共和国签订含有关税优惠条款的区域性贸易协定的国家或者地区的进口货物，适用协定税率。

原产于与中华人民共和国签订含有特殊关税优惠条款的贸易协定的国家或者地区的进口货物，适用特惠税率。

原产于本条第一款、第二款和第三款所列以外国家或者地区的进口货物，以及原产地不明的进口货物，适用普通税率。

第十一条 适用最惠国税率的进口货物有暂定税率的，应当适用暂定税率；适用协定税率、特惠税率的进口货物有暂定税率的，应当从低适用税率；适用普通税率的进口货物，不适用暂定税率。

适用出口税率的出口货物有暂定税率的，应当适用暂定税率。

第十二条 按照国家规定实行关税配额管理的进口货物，关税配额内的，适用关税配额税率；关税配额外的，其税率的适用按照本条例第十条、第十一条的规定执行。

第十三条 按照有关法律、行政法规的规定对进口货物采取反倾销、反补贴、保障措施的，其税率的适用按照《中华人民共和国反倾销条例》、《中华人民共和国反补贴条例》和《中华人民共和国保障措施条例》的有关规定执行。

第十四条 任何国家或者地区违反与中华人民共和国签订或者共同参加的贸易协定及相关协定，对中华人民共和国在贸易方面采取禁止、限制、加征关税或者其他影响正常贸易的措施的，对原产于该国家或者地区的进口货物可以征收报复性关税，适用报复性关税税率。

征收报复性关税的货物、适用国别、税率、期限和征收办法，由国务院关税税则委员会决定并公布。

第十五条 进出口货物，应当适用海关接受该货物申报进口或者出口之日实施的税率。

进口货物到达前，经海关核准先行申报的，应当适用装载该货物的运输工具申报进境之日实施的税率。

转关运输货物税率的适用日期，由海关总署另行规定。

第十六条 有下列情形之一，需缴纳税款的，应当适用海关接受申报办理纳税手续之日实施的税率：

（一）保税货物经批准不复运出境的；

（二）减免税货物经批准转让或者移作他用的；

（三）暂时进境货物经批准不复运出境，以及暂时出境货物经批准不复运进境的；

（四）租赁进口货物，分期缴纳税款的。

第十七条 补征和退还进出口货物关税，应当按照本条例第十五条或者第十六条的规定确定适用的税率。

因纳税义务人违反规定需要追征税款的，应当适用该行为发生之日实施的税率；行为发生之日不能确定的，适用海关发现该行为之日实施的税率。

第三章 进出口货物完税价格的确定

第十八条 进口货物的完税价格由海关以符合本条第三款所列条件的成交价格以及该货物运抵中华人民共和国境内输入地点起卸前的运输及其相关费用、保险费为基础审查确定。

进口货物的成交价格，是指卖方向中华人民共和国境内销售该货物时买方为进口该货物向卖方实付、应付的，并按照本条例第十九条、第二十条规定调整后的价款总额，包括直接支付的价款和间接支付的价款。

进口货物的成交价格应当符合下列条件：

（一）对买方处置或者使用该货物不予限制，但法律、行政法规规定实施的限制、对货物转售地域的限制和对货物价格无实质性影响的限制除外；

（二）该货物的成交价格没有因搭售或者其他因素的影响而无法确定；

（三）卖方不得从买方直接或者间接获得因该货物进口后转售、处置或者使用而产生的任何收益，或者虽有收益但能够按照本条例第十九条、第二十条的规定进行调整；

（四）买卖双方没有特殊关系，或者虽有特殊关系但未对成交价格产生影响。

第十九条 进口货物的下列费用应当计入完税价格：

（一）由买方负担的购货佣金以外的佣金和经纪费；

（二）由买方负担的在审查确定完税价格时与该货物视为一体的容器的费用；

（三）由买方负担的包装材料费用和包装劳务费用；

（四）与该货物的生产和向中华人民共和国境内销售有关的，由买方以免费或者以低于成本的方式提供并可以按适当比例分摊的料件、工具、模具、消耗材料及类似货物的价款，以及在境外开发、设计等相关服务的费用；

（五）作为该货物向中华人民共和国境内销售的条件，买方必须支付的、与该货物有关的特许权使用费；

（六）卖方直接或者间接从买方获得的该货物进口后转售、处置或者使用的收益。

第二十条 进口时在货物的价款中列明的下列税收、费用，不计入该货物的完税价格：

（一）厂房、机械、设备等货物进口后进行建设、安装、装配、维修和技术服务的费用；

（二）进口货物运抵境内输入地点起卸后的运输及其相关费用、保险费；

（三）进口关税及国内税收。

第二十一条 进口货物的成交价格不符合本条例第十八条第三款规定条件的，或者成交价格不能确定的，海关经了解有关情况，并与纳税义务人进行价格磋商后，依次以下列价格估定该货物的完税价格：

（一）与该货物同时或者大约同时向中华人民共和国境内销售的相同货物的成交价格。

（二）与该货物同时或者大约同时向中华人民共和国境内销售的类似货物的成交价格。

（三）与该货物进口的同时或者大约同时，将该进口货物、相同或者类似进口货物在第一级销售环节销售给无特殊关系买方最大销售总量的单位价格，但应当扣除本条例第二十二条规定的项目。

（四）按照下列各项总和计算的价格：生产该货物所使用的料件成本和加工费用，向中华人民共和国境内销售同等级或者同种类货物通常的利润和一般费用，该货物运抵境内输入地点起卸前的运输及其相关费用、保险费。

（五）以合理方法估定的价格。

纳税义务人向海关提供有关资料后，可以提出申请，颠倒前款第（三）项和第（四）项的适用次序。

第二十二条 按照本条例第二十一条第一款第（三）项规定估定完税价格，应当扣除的项目是指：

（一）同等级或者同种类货物在中华人民共和国境内第一级销售环节销售时通常的利润和一般费用以及通常支付的佣金；

（二）进口货物运抵境内输入地点起卸后的运输及其相关费用、保险费；

（三）进口关税及国内税收。

第二十三条 以租赁方式进口的货物，以海关审查确定的该货物的租金作为完税价格。

纳税义务人要求一次性缴纳税款的，纳税义务人可以选择按照本条例第二十一条的规定估定完税价格，或者按照海关审查确定的租金总额作为完税价格。

第二十四条 运往境外加工的货物，出境时已向海关报明并在海关规定的期限内复运进境的，应当以境外加工费和料件费以及复运进境的运输及其相关费用和保险费审查确定完税价格。

第二十五条 运往境外修理的机械器具、运输工具或者其他货物，出境时已向海关报明并在海关规定的期限内复运进境的，应当以境外修理费和料件费审查确定完税价格。

第二十六条 出口货物的完税价格由海关以该货物的成交价格以及该货物运至中华人民共和国境内输出地点装载前的运输及其相关费用、保险费为基础审查确定。

出口货物的成交价格，是指该货物出口时卖方为出口该货物应当向买方直接收取和间接收取的价款总额。

出口关税不计入完税价格。

第二十七条 出口货物的成交价格不能确定的，海关经了解有关情况，并与纳税义务人进行价格磋商后，依次以下列价格估定该货物的完税价格：

（一）与该货物同时或者大约同时向同一国家或者地区出口的相同货物的成交价格。

（二）与该货物同时或者大约同时向同一国家或者地区出口的类似货物的成交价格。

（三）按照下列各项总和计算的价格：境内生产相同或者类似货物的料件成本、加工费用，通常的利润和一般费用，境内发生的运输及其相关费用、保险费。

（四）以合理方法估定的价格。

第二十八条 按照本条例规定计入或者不计入完税价格的成本、费用、税收，应当以客观、可量化的数据为依据。

第四章 进出口货物关税的征收

第二十九条 进口货物的纳税义务人应当自运输工具申报进境之日起 14 日内，出口货物的纳税义务人除海关特准的外，应当在货物运抵海关监管区后、装货的 24 小时以前，向货物的进出境地海关申报。进出口货物转关运输的，按照海关总署的规定执行。

进口货物到达前，纳税义务人经海关核准可以先行申报。具体办法由海关总署另行规定

第三十条 纳税义务人应当依法如实向海关申报，并按照海关的规定提供有关确定完税价格、进行商品归类、确定原产地以及采取反倾销、反补贴或者保障措施等所需的资料；必要时，海关可以要求纳税义务人补充申报。

第三十一条 纳税义务人应当按照《税则》规定的目录条文和归类总规则、类注、章注、子目注释以及其他归类注释，对其申报的进出口货物进行商品归类，并归入相应的税则号列；海关应当依法审核确定该货物的商品归类。

第三十二条 海关可以要求纳税义务人提供确定商品归类所需的有关资料；必要时，海关可以组织化验、检验，并将海关认定的化验、检验结果作为商品归类的依据。

第三十三条 海关为审查申报价格的真实性和准确性，可以查阅、复制与进出口货物有关的合同、发票、账册、结付汇凭证、单据、业务函电、录音录像制品和其他反映买卖双方关系及交易活动的资料。

海关对纳税义务人申报的价格有怀疑并且所涉关税数额较大的，经直属海关关长或者其授权的隶属海关关长批准，凭海关总署统一格式的协助查询账户通知书及有关工作人员的工作证件，可以查询纳税义务人在银行或者其他金融机构开立的单位账户的资金往来情况，并向银行业监督管理机构通报有关情况。

第三十四条 海关对纳税义务人申报的价格有怀疑的，应当将怀疑的理由书面告知纳税

义务人，要求其在规定的期限内书面作出说明、提供有关资料。

纳税义务人在规定的期限内未作说明、未提供有关资料的，或者海关仍有理由怀疑申报价格的真实性和准确性的，海关可以不接受纳税义务人申报的价格，并按照本条例第三章的规定估定完税价格。

第三十五条 海关审查确定进出口货物的完税价格后，纳税义务人可以以书面形式要求海关就如何确定其进出口货物的完税价格作出书面说明，海关应当向纳税义务人作出书面说明。

第三十六条 进出口货物关税，以从价计征、从量计征或者国家规定的其他方式征收。

从价计征的计算公式为：应纳税额=完税价格×关税税率

从量计征的计算公式为：应纳税额=货物数量×单位税额

第三十七条 纳税义务人应当自海关填发税款缴款书之日起15日内向指定银行缴纳税款。纳税义务人未按期缴纳税款的，从滞纳税款之日起，按日加收滞纳税款万分之五的滞纳金。

海关可以对纳税义务人欠缴税款的情况予以公告。

海关征收关税、滞纳金等，应当制发缴款凭证，缴款凭证格式由海关总署规定。

第三十八条 海关征收关税、滞纳金等，应当按人民币计征。

进出口货物的成交价格以及有关费用以外币计价的，以中国人民银行公布的基准汇率折合为人民币计算完税价格；以基准汇率币种以外的外币计价的，按照国家有关规定套算为人民币计算完税价格。适用汇率的日期由海关总署规定。

第三十九条 纳税义务人因不可抗力或者在国家税收政策调整的情形下，不能按期缴纳税款的，经依法提供税款担保后，可以延期缴纳税款，但是最长不得超过6个月。

第四十条 进出口货物的纳税义务人在规定的纳税期限内有明显的转移、藏匿其应税货物以及其他财产迹象的，海关可以责令纳税义务人提供担保；纳税义务人不能提供担保的，海关可以按照《海关法》第六十一条的规定采取税收保全措施。

纳税义务人、担保人自缴纳税款期限届满之日起超过3个月仍未缴纳税款的，海关可以按照《海关法》第六十条的规定采取强制措施。

第四十一条 加工贸易的进口料件按照国家规定保税进口的，其制成品或者进口料件未在规定的期限内出口的，海关按照规定征收进口关税。

加工贸易的进口料件进境时按照国家规定征收进口关税的，其制成品或者进口料件在规定的期限内出口的，海关按照有关规定退还进境时已征收的关税税款。

第四十二条 暂时进境或者暂时出境的下列货物，在进境或者出境时纳税义务人向海关缴纳相当于应纳税款的保证金或者提供其他担保的，可以暂不缴纳关税，并应当自进境或者出境之日起6个月内复运出境或者复运进境；需要延长复运出境或者复运进境期限的，纳税义务人应当根据海关总署的规定向海关办理延期手续：

（一）在展览会、交易会、会议及类似活动中展示或者使用的货物；

（二）文化、体育交流活动中使用的表演、比赛用品；

（三）进行新闻报道或者摄制电影、电视节目使用的仪器、设备及用品；

（四）开展科研、教学、医疗活动使用的仪器、设备及用品；

（五）在本款第（一）项至第（四）项所列活动中使用的交通工具及特种车辆；

（六）货样；

（七）供安装、调试、检测设备时使用的仪器、工具；

（八）盛装货物的容器；

（九）其他用于非商业目的的货物。

第一款所列暂时进境货物在规定的期限内未复运出境的，或者暂时出境货物在规定的期限内未复运进境的，海关应当依法征收关税。

第一款所列可以暂时免征关税范围以外的其他暂时进境货物，应当按照该货物的完税价格和其在境内滞留时间与折旧时间的比例计算征收进口关税。具体办法由海关总署规定。

第四十三条 因品质或者规格原因，出口货物自出口之日起1年内原状复运进境的，不征收进口关税。

因品质或者规格原因，进口货物自进口之日起1年内原状复运出境的，不征收出口关税。

第四十四条 因残损、短少、品质不良或者规格不符原因，由进出口货物的发货人、承运人或者保险公司免费补偿或者更换的相同货物，进出口时不征收关税。被免费更换的原进口货物不退运出境或者原出口货物不退运进境的，海关应当对原进出口货物重新按照规定征收关税。

第四十五条 下列进出口货物，免征关税：

（一）关税税额在人民币50元以下的一票货物；

（二）无商业价值的广告品和货样；

（三）外国政府、国际组织无偿赠送的物资；

（四）在海关放行前损失的货物；

（五）进出境运输工具装载的途中必需的燃料、物料和饮食用品。

在海关放行前遭受损坏的货物，可以根据海关认定的受损程度减征关税。

法律规定的其他免征或者减征关税的货物，海关根据规定予以免征或者减征。

第四十六条 特定地区、特定企业或者有特定用途的进出口货物减征或者免征关税，以及临时减征或者免征关税，按照国务院的有关规定执行。

第四十七条 进口货物减征或者免征进口环节海关代征税，按照有关法律、行政法规的规定执行。

第四十八条 纳税义务人进出口减免税货物的，除另有规定外，应当在进出口该货物之前，按照规定持有关文件向海关办理减免税审批手续。经海关审查符合规定的，予以减征或者免征关税。

第四十九条 需由海关监管使用的减免税进口货物，在监管年限内转让或者移作他用需要补税的，海关应当根据该货物进口时间折旧估价，补征进口关税。

特定减免税进口货物的监管年限由海关总署规定。

第五十条 有下列情形之一的，纳税义务人自缴纳税款之日起1年内，可以申请退还关税，并应当以书面形式向海关说明理由，提供原缴款凭证及相关资料：

（一）已征进口关税的货物，因品质或者规格原因，原状退货复运出境的；

（二）已征出口关税的货物，因品质或者规格原因，原状退货复运进境，并已重新缴纳因出口而退还的国内环节有关税收的；

（三）已征出口关税的货物，因故未装运出口，申报退关的。

海关应当自受理退税申请之日起30日内查实并通知纳税义务人办理退还手续。纳税义务人应当自收到通知之日起3个月内办理有关退税手续。

按照其他有关法律、行政法规规定应当退还关税的，海关应当按照有关法律、行政法规的规定退税。

第五十一条 进出口货物放行后，海关发现少征或者漏征税款的，应当自缴纳税款或者货物放行之日起1年内，向纳税义务人补征税款。但因纳税义务人违反规定造成少征或者漏征税款的，海关可以自缴纳税款或者货物放行之日起3年内追征税款，并从缴纳税款或者货物放行之日起按日加收少征或者漏征税款万分之五的滞纳金。

海关发现海关监管货物因纳税义务人违反规定造成少征或者漏征税款的，应当自纳税义务人应缴纳税款之日起3年内追征税款，并从应缴纳税款之日起按日加收少征或者漏征税款万分之五的滞纳金。

第五十二条 海关发现多征税款的，应当立即通知纳税义务人办理退还手续。

纳税义务人发现多缴税款的，自缴纳税款之日起1年内，可以以书面形式要求海关退还多缴的税款并加算银行同期活期存款利息；海关应当自受理退税申请之日起30日内查实并通知纳税义务人办理退还手续。

纳税义务人应当自收到通知之日起3个月内办理有关退税手续。

第五十三条 按照本条例第五十条、第五十二条的规定退还税款、利息涉及从国库中退库的，按照法律、行政法规有关国库管理的规定执行。

第五十四条 报关企业接受纳税义务人的委托，以纳税义务人的名义办理报关纳税手续，因报关企业违反规定而造成海关少征、漏征税款的，报关企业对少征或者漏征的税款、滞纳金与纳税义务人承担纳税的连带责任。

报关企业接受纳税义务人的委托，以报关企业的名义办理报关纳税手续的，报关企业与纳税义务人承担纳税的连带责任。

除不可抗力外，在保管海关监管货物期间，海关监管货物损毁或者灭失的，对海关监管货物负有保管义务的人应当承担相应的纳税责任。

第五十五条 欠税的纳税义务人，有合并、分立情形的，在合并、分立前，应当向海关报告，依法缴清税款。纳税义务人合并时未缴清税款的，由合并后的法人或者其他组织继续履行未履行的纳税义务；纳税义务人分立时未缴清税款的，分立后的法人或者其他组织对未履行的纳税义务承担连带责任。

纳税义务人在减免税货物、保税货物监管期间，有合并、分立或者其他资产重组情形的，应当向海关报告。按照规定需要缴税的，应当依法缴清税款；按照规定可以继续享受减免税、保税待遇的，应当到海关办理变更纳税义务人的手续。

纳税义务人欠税或者在减免税货物、保税货物监管期间，有撤销、解散、破产或者其他依法终止经营情形的，应当在清算前向海关报告。海关应当依法对纳税义务人的应缴税款予以清缴。

第五章　进境物品进口税的征收

第五十六条 进境物品的关税以及进口环节海关代征税合并为进口税，由海关依法征收。

第五十七条 海关总署规定数额以内的个人自用进境物品，免征进口税。

超过海关总署规定数额但仍在合理数量以内的个人自用进境物品，由进境物品的纳税义务人在进境物品放行前按照规定缴纳进口税。

超过合理、自用数量的进境物品应当按照进口货物依法办理相关手续。

国务院关税税则委员会规定按货物征税的进境物品，按照本条例第二章至第四章的规定征收关税。

第五十八条 进境物品的纳税义务人是指，携带物品进境的入境人员、进境邮递物品的收件人以及以其他方式进口物品的收件人。

第五十九条 进境物品的纳税义务人可以自行办理纳税手续，也可以委托他人办理纳税手续。接受委托的人应当遵守本章对纳税义务人的各项规定。

第六十条 进口税从价计征。

进口税的计算公式为：进口税税额=完税价格×进口税税率

第六十一条 海关应当按照《进境物品进口税税率表》及海关总署制定的《中华人民共和国进境物品归类表》、《中华人民共和国进境物品完税价格表》对进境物品进行归类、确定完税价格和确定适用税率。

第六十二条 进境物品，适用海关填发税款缴款书之日实施的税率和完税价格。

第六十三条 进口税的减征、免征、补征、追征、退还以及对暂准进境物品征收进口税参照本条例对货物征收进口关税的有关规定执行。

第六章 附 则

第六十四条 纳税义务人、担保人对海关确定纳税义务人、确定完税价格、商品归类、确定原产地、适用税率或者汇率、减征或者免征税款、补税、退税、征收滞纳金、确定计征方式以及确定纳税地点有异议的，应当缴纳税款，并可以依法向上一级海关申请复议。对复议决定不服的，可以依法向人民法院提起诉讼。

第六十五条 进口环节海关代征税的征收管理，适用关税征收管理的规定。

第六十六条 有违反本条例规定行为的，按照《海关法》、《中华人民共和国海关行政处罚实施条例》和其他有关法律、行政法规的规定处罚。

第六十七条 本条例自2004年1月1日起施行。1992年3月18日国务院修订发布的《中华人民共和国进出口关税条例》同时废止。

中华人民共和国海关税收保全和强制措施暂行办法

（海关总署令第184号）

发布日期：2009-08-19

实施日期：2009-09-01

法规类型：部门规章

第一条 为了规范海关实施税收保全和强制措施，保障国家税收，维护纳税义务人的合法权益，根据《中华人民共和国海关法》、《中华人民共和国进出口关税条例》，制定本办法。

第二条 海关实施税收保全和强制措施，适用本办法。

第三条 进出口货物的纳税义务人在规定的纳税期限内有明显的转移、藏匿其应税货物以及其他财产迹象的，海关应当制发《中华人民共和国海关责令提供担保通知书》，要求纳税义务人在海关规定的期限内提供海关认可的担保。

纳税义务人不能在海关规定的期限内按照海关要求提供担保的，经直属海关关长或者其授权的隶属海关关长批准，海关应当采取税收保全措施。

第四条 依照本办法第三条规定采取税收保全措施的，海关应当书面通知纳税义务人开户银行或者其他金融机构（以下统称金融机构）暂停支付纳税义务人相当于应纳税款的存款。

因无法查明纳税义务人账户、存款数额等情形不能实施暂停支付措施的，应当扣留纳税义务人价值相当于应纳税款的货物或者其他财产。

纳税义务人的货物或者其他财产本身不可分割，又没有其他财产可以扣留的，被扣留货物或者其他财产的价值可以高于应纳税款。

第五条 海关通知金融机构暂停支付纳税义务人存款的，应当向金融机构制发《中华人民共和国海关暂停支付通知书》，列明暂停支付的款项和期限。

海关确认金融机构已暂停支付相应款项的，应当向纳税义务人制发《中华人民共和国海关暂停支付告知书》。

第六条 纳税义务人在规定的纳税期限内缴纳税款的，海关应当向金融机构制发《中华人民共和国海关暂停支付解除通知书》，解除对纳税义务人相应存款实施的暂停支付措施。

本条第一款规定情形下，海关还应当向纳税义务人制发《中华人民共和国海关暂停支付解除告知书》。

第七条 纳税义务人自海关填发税款缴款书之日起15日内未缴纳税款的，经直属海关关长或者其授权的隶属海关关长批准，海关应当向金融机构制发《中华人民共和国海关扣缴税款通知书》，通知其从暂停支付的款项中扣缴相应税款。

海关确认金融机构已扣缴税款的，应当向纳税义务人制发《中华人民共和国海关扣缴税款告知书》。

第八条 海关根据本办法第四条规定扣留纳税义务人价值相当于应纳税款的货物或者其他财产的，应当向纳税义务人制发《中华人民共和国海关扣留通知书》，并随附扣留清单。

扣留清单应当列明被扣留货物或者其他财产的品名、规格、数量、重量等，品名、规格、数量、重量等当场无法确定的，应当尽可能完整地描述其外在特征。扣留清单应当由纳税义务人或者其代理人、保管人确认，并签字或者盖章。

第九条 纳税义务人自海关填发税款缴款书之日起15日内缴纳税款的，海关应当解除扣留措施，并向纳税义务人制发《中华人民共和国海关解除扣留通知书》，随附发还清单，将有关货物、财产发还纳税义务人。发还清单应当由纳税义务人或者其代理人确认，并签字或者盖章。

第十条 纳税义务人自海关填发税款缴款书之日起15内未缴纳税款的，海关应当向纳税义务人制发《中华人民共和国海关抵缴税款通知书》，依法变卖被扣留的货物或者其他财产，并以变卖所得抵缴税款。

本条第一款规定情形下，变卖所得不足以抵缴税款的，海关应当继续采取强制措施抵缴税款的差额部分；变卖所得抵缴税款及扣除相关费用后仍有余款的，应当发还纳税义务人。

第十一条 进出口货物的纳税义务人、担保人自规定的纳税期限届满之日起超过3个月未缴纳税款的，经直属海关关长或者其授权的隶属海关关长批准，海关可以依次采取下列强制措施：

（一）书面通知金融机构从其存款中扣缴税款；

（二）将应税货物依法变卖，以变卖所得抵缴税款；

（三）扣留并依法变卖其价值相当于应纳税款的货物或者其他财产，以变卖所得抵缴税款。

第十二条 有本办法第十一条规定情形，海关通知金融机构扣缴税款的，应当向金融机构制发《中华人民共和国海关扣缴税款通知书》，通知其从纳税义务人、担保人的存款中扣缴相应税款。

金融机构扣缴税款的，海关应当向纳税义务人、担保人制发《中华人民共和国海关扣缴税款告知书》。

第十三条 有本办法第十一条规定情形的，滞纳金按照自规定的纳税期限届满之日起至扣缴税款之日计征，并同时扣缴。

第十四条 有本办法第十一条规定情形，海关决定以应税货物、被扣留的价值相当于应纳税款的货物或者其他财产变卖并抵缴税款的，应当向纳税义务人、担保人制发《中华人民共和国海关抵缴税款告知书》。

本条第一款规定情形下，变卖所得不足以抵缴税款的，海关应当继续采取强制措施抵缴税款的差额部分；变卖所得抵缴税款及扣除相关费用后仍有余款的，应当发还纳税义务人、担保人。

第十五条 依照本办法第八条、第十四条扣留货物或者其他财产的，海关应当妥善保管被扣留的货物或者其他财产，不得擅自使用或者损毁。

第十六条 无法采取税收保全措施、强制措施，或者依照本办法规定采取税收保全措施、强制措施仍无法足额征收税款的，海关应当依法向人民法院申请强制执行，并按照法院要求提交相关材料。

第十七条 依照本办法第八条、第十四条扣留货物或者其他财产的，实施扣留的海关工作人员不得少于2人，并且应当出示执法证件。

第十八条 纳税义务人、担保人对海关采取税收保全措施、强制措施不服的，可以依法申请行政复议或者提起行政诉讼。

第十九条 纳税义务人在规定的纳税期限内已缴纳税款，海关未解除税收保全措施，或者采取税收保全措施、强制措施不当，致使纳税义务人、担保人的合法权益受到损失的，海关应当承担赔偿责任。

第二十条 送达本办法所列法律文书，应当由纳税义务人或者其代理人、担保人、保管人等签字或者盖章；纳税义务人或者其代理人、担保人、保管人等拒绝签字、盖章的，海关工作人员应当在有关法律文书上注明，并且由见证人签字或者盖章。

第二十一条 海关工作人员未依法采取税收保全措施、强制措施，损害国家利益或者纳税义务人、担保人合法权益，造成严重后果的，依法给予处分。构成犯罪的，依法追究刑事责任。

第二十二条 纳税义务人、担保人抗拒、阻碍海关依法采取税收保全措施、强制措施的，移交地方公安机关依法处理。构成犯罪的，依法追究刑事责任。

第二十三条 本办法所列法律文书由海关总署另行制定并公布。

第二十四条 本办法由海关总署负责解释。

第二十五条 本办法自2009年9月1日起施行。

中华人民共和国海关进出口货物征税管理办法

（海关总署令第124号）

发布日期：2005-01-04

实施日期：2018-05-29

法规类型：部门规章

（根据2010年11月26日海关总署令第198号《海关总署关于修改部分规章的决定》第一次修正；根据2014年3月13日海关总署令第218号《海关总署关于修改部分规章的决定》第二次修正；根据2017年12月20日海关总署令第235号《海关总署关于修改部分规章的决定》第三次修正；根据2018年5月29日海关总署令第240号《海关总署关于修改部分规章的决定》第四次修正）

第一条 为了保证国家税收政策的贯彻实施，加强海关税收管理，确保依法征税，保障国家税收，维护纳税义务人的合法权益，根据《中华人民共和国海关法》（以下简称《海关法》)、《中华人民共和国进出口关税条例》（以下简称《关税条例》）及其他有关法律、行政法规的规定，制定本办法。

第二条 海关征税工作，应当遵循准确归类、正确估价、依率计征、依法减免、严肃退补、及时入库的原则。

第三条 进出口关税、进口环节海关代征税的征收管理适用本办法。

进境物品进口税和船舶吨税的征收管理按照有关法律、行政法规和部门规章的规定执行，有关法律、行政法规、部门规章未作规定的，适用本办法。

第四条 海关应当按照国家有关规定承担保密义务，妥善保管纳税义务人提供的涉及商业秘密的资料，除法律、行政法规另有规定外，不得对外提供。

纳税义务人可以书面向海关提出为其保守商业秘密的要求，并且具体列明需要保密的内容，但不得以商业秘密为理由拒绝向海关提供有关资料。

第二章　进出口货物税款的征收

第一节　申报与审核

第五条 纳税义务人进出口货物时应当依法向海关办理申报手续，按照规定提交有关单证。海关认为必要时，纳税义务人还应当提供确定商品归类、完税价格、原产地等所需的相关资料。提供的资料为外文的，海关需要时，纳税义务人应当提供中文译文并且对译文内容负责。

进出口减免税货物的，纳税义务人还应当提交主管海关签发的《进出口货物征免税证明》(以下简称《征免税证明》)，但本办法第七十条所列减免税货物除外。

第六条 纳税义务人应当按照法律、行政法规和海关规章关于商品归类、审定完税价格和原产地管理的有关规定，如实申报进出口货物的商品名称、税则号列（商品编号）、规格型号、价格、运保费及其他相关费用、原产地、数量等。

第七条 为审核确定进出口货物的商品归类、完税价格、原产地等，海关可以要求纳税义务人按照有关规定进行补充申报。纳税义务人认为必要时，也可以主动要求进行补充申报。

第八条 海关应当按照法律、行政法规和海关规章的规定，对纳税义务人申报的进出口货物商品名称、规格型号、税则号列、原产地、价格、成交条件、数量等进行审核。

海关可以根据口岸通关和货物进出口的具体情况，在货物通关环节仅对申报内容作程序性审核，在货物放行后再进行申报价格、商品归类、原产地等是否真实、正确的实质性核查。

第九条 海关为审核确定进出口货物的商品归类、完税价格及原产地等，可以对进出口货物进行查验，组织化验、检验或者对相关企业进行核查。

经审核，海关发现纳税义务人申报的进出口货物税则号列有误的，应当按照商品归类的有关规则和规定予以重新确定。

经审核，海关发现纳税义务人申报的进出口货物价格不符合成交价格条件，或者成交价格不能确定的，应当按照审定进出口货物完税价格的有关规定另行估价。

经审核，海关发现纳税义务人申报的进出口货物原产地有误的，应当通过审核纳税义务人提供的原产地证明、对货物进行实际查验或者审核其他相关单证等方法，按照海关原产地管理的有关规定予以确定。

经审核，海关发现纳税义务人提交的减免税申请或者所申报的内容不符合有关减免税规定的，应当按照规定计征税款。

纳税义务人违反海关规定，涉嫌伪报、瞒报的，应当按照规定移交海关调查或者缉私部门处理。

第十条 纳税义务人在货物实际进出口前，可以按照有关规定向海关申请对进出口货物进行商品预归类、价格预审核或者原产地预确定。海关审核确定后，应当书面通知纳税义务人，并且在货物实际进出口时予以认可。

第二节 税款的征收

第十一条 海关应当根据进出口货物的税则号列、完税价格、原产地、适用的税率和汇率计征税款。

第十二条 海关应当按照《关税条例》有关适用最惠国税率、协定税率、特惠税率、普通税率、出口税率、关税配额税率或者暂定税率，以及实施反倾销措施、反补贴措施、保障措施或者征收报复性关税等适用税率的规定，确定进出口货物适用的税率。

第十三条 进出口货物，应当适用海关接受该货物申报进口或者出口之日实施的税率。

进口货物到达前，经海关核准先行申报的，应当适用装载该货物的运输工具申报进境之日实施的税率。

进口转关运输货物，应当适用指运地海关接受该货物申报进口之日实施的税率；货物运抵指运地前，经海关核准先行申报的，应当适用装载该货物的运输工具抵达指运地之日实施的税率。

出口转关运输货物，应当适用启运地海关接受该货物申报出口之日实施的税率。

经海关批准，实行集中申报的进出口货物，应当适用每次货物进出口时海关接受该货物申报之日实施的税率。

因超过规定期限未申报而由海关依法变卖的进口货物，其税款计征应当适用装载该货物的运输工具申报进境之日实施的税率。

因纳税义务人违反规定需要追征税款的进出口货物，应当适用违反规定的行为发生之日实施的税率；行为发生之日不能确定的，适用海关发现该行为之日实施的税率。

第十四条 已申报进境并且放行的保税货物、减免税货物、租赁货物或者已申报进出境并且放行的暂时进出境货物，有下列情形之一需缴纳税款的，应当适用海关接受纳税义务人再次填写报关单申报办理纳税及有关手续之日实施的税率：

（一）保税货物经批准不复运出境的；

（二）保税仓储货物转入国内市场销售的；

（三）减免税货物经批准转让或者移作他用的；

（四）可以暂不缴纳税款的暂时进出境货物，不复运出境或者进境的；

（五）租赁进口货物，分期缴纳税款的。

第十五条 补征或者退还进出口货物税款，应当按照本办法第十三条和第十四条的规定确定适用的税率。

第十六条 进出口货物的价格及有关费用以外币计价的，海关按照该货物适用税率之日所适用的计征汇率折合为人民币计算完税价格。完税价格采用四舍五入法计算至分。

海关每月使用的计征汇率为上一个月第三个星期三（第三个星期三为法定节假日的，顺延采用第四个星期三）中国人民银行公布的外币对人民币的基准汇率；以基准汇率币种以外的外币计价的，采用同一时间中国银行公布的现汇买入价和现汇卖出价的中间值（人民币元后采用四舍五入法保留 4 位小数）。如果上述汇率发生重大波动，海关总署认为必要时，可以另行规定计征汇率，并且对外公布。

第十七条 海关应当按照《关税条例》的规定，以从价、从量或者国家规定的其他方式对进出口货物征收关税。

海关应当按照有关法律、行政法规规定的适用税种、税目、税率和计算公式对进口货物计征进口环节海关代征税。

除另有规定外，关税和进口环节海关代征税按照下述计算公式计征：

从价计征关税的计算公式为：应纳税额=完税价格×关税税率

从量计征关税的计算公式为：应纳税额=货物数量×单位关税税额

计征进口环节增值税的计算公式为：应纳税额=（完税价格+实征关税税额+实征消费税税额）×增值税税率

从价计征进口环节消费税的计算公式为：应纳税额=〔（完税价格+实征关税税额）/（1-消费税税率）〕×消费税税率

从量计征进口环节消费税的计算公式为：应纳税额=货物数量×单位消费税税额

第十八条 除另有规定外，海关应当在货物实际进境，并且完成海关现场接单审核工作之后及时填发税款缴款书。需要通过对货物进行查验确定商品归类、完税价格、原产地的，应当在查验核实之后填发或者更改税款缴款书。

纳税义务人收到税款缴款书后应当办理签收手续。

第十九条 海关税款缴款书一式六联，第一联（收据）由银行收款签章后交缴款单位或者纳税义务人；第二联（付款凭证）由缴款单位开户银行作为付出凭证；第三联（收款凭证）由收款国库作为收入凭证；第四联（回执）由国库盖章后退回海关财务部门；第五联（报查）国库收款后，关税专用缴款书退回海关，海关代征税专用缴款书送当地税务机关；第六联（存根）由填发单位存查。

第二十条 纳税义务人应当自海关填发税款缴款书之日起15日内向指定银行缴纳税款。逾期缴纳税款的，由海关自缴款期限届满之日起至缴清税款之日止，按日加收滞纳税款万分之五的滞纳金。纳税义务人应当自海关填发滞纳金缴款书之日起15日内向指定银行缴纳滞纳金。滞纳金缴款书的格式与税款缴款书相同。

缴款期限届满日遇星期六、星期日等休息日或者法定节假日的，应当顺延至休息日或者法定节假日之后的第一个工作日。国务院临时调整休息日与工作日的，海关应当按照调整后的情况计算缴款期限。

第二十一条 关税、进口环节海关代征税、滞纳金等，应当按人民币计征，采用四舍五入法计算至分。

滞纳金的起征点为50元。

第二十二条 银行收讫税款日为纳税义务人缴清税款之日。纳税义务人向银行缴纳税款后，应当及时将盖有证明银行已收讫税款的业务印章的税款缴款书送交填发海关验核，海关据此办理核注手续。

海关发现银行未按照规定及时将税款足额划转国库的，应当将有关情况通知国库。

第二十三条 纳税义务人缴纳税款前不慎遗失税款缴款书的，可以向填发海关提出补发税款缴款书的书面申请。海关应当自接到纳税义务人的申请之日起2个工作日内审核确认并且重新予以补发。海关补发的税款缴款书内容应当与原税款缴款书完全一致。

纳税义务人缴纳税款后遗失税款缴款书的，可以自缴纳税款之日起1年内向填发海关提出确认其已缴清税款的书面申请，海关经审查核实后，应当予以确认，但不再补发税款缴款书。

第二十四条条 纳税义务人因不可抗力或者国家税收政策调整不能按期缴纳税款的，依法提供税款担保后，可以向海关办理延期缴纳税款手续。

第二十五条条 散装进出口货物发生溢短装的，按照以下规定办理：

（一）溢装数量在合同、发票标明数量3%以内的，或者短装的，海关应当根据审定的货物单价，按照合同、发票标明数量计征税款。

（二）溢装数量超过合同、发票标明数量3%的，海关应当根据审定的货物单价，按照实际进出口数量计征税款。

第二十六条 纳税义务人、担保人自缴款期限届满之日起超过3个月仍未缴纳税款或者滞纳金的，海关可以按照《海关法》第六十条的规定采取强制措施。

纳税义务人在规定的缴纳税款期限内有明显的转移、藏匿其应税货物以及其他财产迹象的，海关可以责令纳税义务人向海关提供税款担保。纳税义务人不能提供税款担保的，海关可以按照《海关法》第六十一条的规定采取税收保全措施。

采取强制措施和税收保全措施的具体办法另行规定。

第三章 特殊进出口货物税款的征收

第一节 无代价抵偿货物

第二十七条 进口无代价抵偿货物，不征收进口关税和进口环节海关代征税；出口无代价抵偿货物，不征收出口关税。

前款所称无代价抵偿货物是指进出口货物在海关放行后，因残损、短少、品质不良或者规格不符原因，由进出口货物的发货人、承运人或者保险公司免费补偿或者更换的与原货物相同或者与合同规定相符的货物。

第二十八条 纳税义务人应当在原进出口合同规定的索赔期内且不超过原货物进出口之日起3年，向海关申报办理无代价抵偿货物的进出口手续。

第二十九条 纳税义务人申报进口无代价抵偿货物，应当提交买卖双方签订的索赔协议。

海关认为需要时，纳税义务人还应当提交具有资质的商品检验机构出具的原进口货物残损、短少、品质不良或者规格不符的检验证明书或者其他有关证明文件。

第三十条 纳税义务人申报出口无代价抵偿货物，应当提交买卖双方签订的索赔协议。

海关认为需要时，纳税义务人还应当提交具有资质的商品检验机构出具的原出口货物残损、短少、品质不良或者规格不符的检验证明书或者其他有关证明文件。

第三十一条 纳税义务人申报进出口的无代价抵偿货物，与退运出境或者退运进境的原货物不完全相同或者与合同规定不完全相符的，应当向海关说明原因。

海关经审核认为理由正当，且其税则号列未发生改变的，应当按照审定进出口货物完税价格的有关规定和原进出口货物适用的计征汇率、税率，审核确定其完税价格、计算应征税款。应征税款高于原进出口货物已征税款的，应当补征税款的差额部分。应征税款低于原进出口货物已征税款，且原进出口货物的发货人、承运人或者保险公司同时补偿货款的，海关应当退还补偿货款部分的相应税款；未补偿货款的，税款的差额部分不予退还。

纳税义务人申报进出口的免费补偿或者更换的货物，其税则号列与原货物的税则号列不一致的，不适用无代价抵偿货物的有关规定，海关应当按照一般进出口货物的有关规定征收税款。

第三十二条 纳税义务人申报进出口无代价抵偿货物，被更换的原进口货物不退运出境且不放弃交由海关处理的，或者被更换的原出口货物不退运进境的，海关应当按照接受无代价抵偿货物申报进出口之日适用的税率、计征汇率和有关规定对原进出口货物重新估价征税。

第三十三条 被更换的原进口货物退运出境时不征收出口关税。

被更换的原出口货物退运进境时不征收进口关税和进口环节海关代征税。

第二节 租赁进口货物

第三十四条 纳税义务人进口租赁货物，除另有规定外，应当向其所在地海关办理申报进口及申报纳税手续。

纳税义务人申报进口租赁货物，应当向海关提交租赁合同及其他有关文件。海关认为必要时，纳税义务人应当提供税款担保。

第三十五条 租赁进口货物自进境之日起至租赁结束办结海关手续之日止，应当接受海关监管。

一次性支付租金的，纳税义务人应当在申报租赁货物进口时办理纳税手续，缴纳税款。

分期支付租金的，纳税义务人应当在申报租赁货物进口时，按照第一期应当支付的租金办理纳税手续，缴纳相应税款；在其后分期支付租金时，纳税义务人向海关申报办理纳税手续应当不迟于每次支付租金后的第 15 日。纳税义务人未在规定期限内申报纳税的，海关按照纳税义务人每次支付租金后第 15 日该货物适用的税率、计征汇率征收相应税款，并且自本款规定的申报办理纳税手续期限届满之日起至纳税义务人申报纳税之日止按日加收应缴纳税款万分之五的滞纳金。

第三十六条 海关应当对租赁进口货物进行跟踪管理，督促纳税义务人按期向海关申报纳税，确保税款及时足额入库。

第三十七条 纳税义务人应当自租赁进口货物租期届满之日起 30 日内，向海关申请办结监管手续，将租赁进口货物复运出境。需留购、续租租赁进口货物的，纳税义务人向海关申报办理相关手续应当不迟于租赁进口货物租期届满后的第 30 日。

海关对留购的租赁进口货物，按照审定进口货物完税价格的有关规定和海关接受申报办理留购的相关手续之日该货物适用的计征汇率、税率，审核确定其完税价格、计征应缴纳的税款。

续租租赁进口货物的，纳税义务人应当向海关提交续租合同，并且按照本办法第三十四条和第三十五条的有关规定办理申报纳税手续。

第三十八条 纳税义务人未在本办法第三十七条第一款规定的期限内向海关申报办理留购租赁进口货物的相关手续的，海关除按照审定进口货物完税价格的有关规定和租期届满后第 30 日该货物适用的计征汇率、税率，审核确定其完税价格、计征应缴纳的税款外，还应当自租赁期限届满后 30 日起至纳税义务人申报纳税之日止按日加收应缴纳税款万分之五的滞纳金。

纳税义务人未在本办法第三十七条第一款规定的期限内向海关申报办理续租租赁进口货物的相关手续的，海关除按照本办法第三十五条的规定征收续租租赁进口货物应缴纳的税款外，还应当自租赁期限届满后 30 日起至纳税义务人申报纳税之日止按日加收应缴纳税款万分之五的滞纳金。

第三十九条 租赁进口货物租赁期未满终止租赁的，其租期届满之日为租赁终止日。

第三节 暂时进出境货物

第四十条 暂时进境或者暂时出境的货物，海关按照有关规定实施管理。

第四十一条 《关税条例》第四十二条第一款所列的暂时进出境货物，在海关规定期限内，可以暂不缴纳税款。

前款所述暂时进出境货物在规定期限届满后不再复运出境或者复运进境的，纳税义务人应当在规定期限届满前向海关申报办理进出口及纳税手续。海关按照有关规定征收税款。

第四十二条 《关税条例》第四十二条第一款所列范围以外的其他暂时进出境货物，海关按照审定进出口货物完税价格的有关规定和海关接受该货物申报进出境之日适用的计征汇率、税率，审核确定其完税价格、按月征收税款，或者在规定期限内货物复运出境或者复运进境时征收税款。

计征税款的期限为 60 个月。不足一个月但超过 15 天的，按一个月计征；不超过 15 天的，免予计征。计征税款的期限自货物放行之日起计算。

按月征收税款的计算公式为：

每月关税税额=关税总额×（1/60）

每月进口环节代征税税额=进口环节代征税总额×（1/60）

本条第一款所述暂时进出境货物在规定期限届满后不再复运出境或者复运进境的，纳税义务人应当在规定期限届满前向海关申报办理进出口及纳税手续，缴纳剩余税款。

第四十三条 暂时进出境货物未在规定期限内复运出境或者复运进境，且纳税义务人未在规定期限届满前向海关申报办理进出口及纳税手续的，海关除按照规定征收应缴纳的税款外，还应当自规定期限届满之日起至纳税义务人申报纳税之日止按日加收应缴纳税款万分之五的滞纳金。

第四十四条 本办法第四十一条至第四十三条中所称“规定期限”均包括暂时进出境货物延长复运出境或者复运进境的期限。

第四节 进出境修理货物和出境加工货物

第四十五条 纳税义务人在办理进境修理货物的进口申报手续时，应当向海关提交该货物的维修合同（或者含有保修条款的原出口合同），并且向海关提供进口税款担保或者由海关按照保税货物实施管理。进境修理货物应当在海关规定的期限内复运出境。

进境修理货物需要进口原材料、零部件的，纳税义务人在办理原材料、零部件进口申报手续时，应当向海关提供进口税款担保或者由海关按照保税货物实施管理。进口原材料、零部件只限用于进境修理货物的修理，修理剩余的原材料、零部件应当随进境修理货物一同复运出境。

第四十六条 进境修理货物及剩余进境原材料、零部件复运出境的，海关应当办理修理货物及原材料、零部件进境时纳税义务人提供的税款担保的退还手续；海关按照保税货物实施管理的，按照有关保税货物的管理规定办理。

因正当理由不能在海关规定期限内将进境修理货物复运出境的，纳税义务人应当在规定期限届满前向海关说明情况，申请延期复运出境。

第四十七条 进境修理货物未在海关允许期限（包括延长期，下同）内复运出境的，海关对其按照一般进出口货物的征税管理规定实施管理，将该货物进境时纳税义务人提供的税款担保转为税款。

第四十八条 纳税义务人在办理出境修理货物的出口申报手续时，应当向海关提交该货物的维修合同（或者含有保修条款的原进口合同）。出境修理货物应当在海关规定的期限内复运进境。

第四十九条 纳税义务人在办理出境修理货物复运进境的进口申报手续时，应当向海关提交该货物的维修发票等相关单证。

海关按照审定进口货物完税价格的有关规定和海关接受该货物申报复运进境之日适用的计征汇率、税率，审核确定其完税价格、计征进口税款。

因正当理由不能在海关规定期限内将出境修理货物复运进境的，纳税义务人应当在规定期限届满前向海关说明情况，申请延期复运进境。

第五十条 出境修理货物超过海关允许期限复运进境的，海关对其按照一般进口货物的征税管理规定征收进口税款。

第五十一条 纳税义务人在办理出境加工货物的出口申报手续时，应当向海关提交该货物的委托加工合同；出境加工货物属于征收出口关税的商品的，纳税义务人应当向海关提供出口税款担保。出境加工货物应当在海关规定的期限内复运进境。

第五十二条　纳税义务人在办理出境加工货物复运进境的进口申报手续时，应当向海关提交该货物的加工发票等相关单证。

海关按照审定进口货物完税价格的有关规定和海关接受该货物申报复运进境之日适用的计征汇率、税率，审核确定其完税价格、计征进口税款，同时办理解除该货物出境时纳税义务人提供税款担保的相关手续。

因正当理由不能在海关规定期限内将出境加工货物复运进境的，纳税义务人应当在规定期限届满前向海关说明情况，申请延期复运进境。

第五十三条　出境加工货物未在海关允许期限内复运进境的，海关对其按照一般进出口货物的征税管理规定实施管理，将该货物出境时纳税义务人提供的税款担保转为税款；出境加工货物复运进境时，海关按照一般进口货物的征税管理规定征收进口税款。

第五十四条　本办法第四十五条至第五十三条中所称“海关规定期限”和“海关允许期限”，由海关根据进出境修理货物、出境加工货物的有关合同规定以及具体实际情况予以确定。

第五节　退运货物

第五十五条　因品质或者规格原因，出口货物自出口放行之日起1年内原状退货复运进境的，纳税义务人在办理进口申报手续时，应当按照规定提交有关单证和证明文件。经海关确认后，对复运进境的原出口货物不予征收进口关税和进口环节海关代征税。

第五十六条　因品质或者规格原因，进口货物自进口放行之日起1年内原状退货复运出境的，纳税义务人在办理出口申报手续时，应当按照规定提交有关单证和证明文件。经海关确认后，对复运出境的原进口货物不予征收出口关税。

第四章　进出口货物税款的退还与补征

第五十七条　海关发现多征税款的，应当立即通知纳税义务人办理退税手续。纳税义务人应当自收到海关通知之日起3个月内办理有关退税手续。

第五十八条　纳税义务人发现多缴纳税款的，自缴纳税款之日起1年内，可以向海关申请退还多缴的税款并且加算银行同期活期存款利息。

纳税义务人向海关申请退还税款及利息时，应当提交下列材料：

（一）《退税申请书》；

（二）可以证明应予退税的材料。

第五十九条　已缴纳税款的进口货物，因品质或者规格原因原状退货复运出境的，纳税义务人自缴纳税款之日起1年内，可以向海关申请退税。

纳税义务人向海关申请退税时，应当提交下列材料：

（一）《退税申请书》；

（二）收发货人双方关于退货的协议。

第六十条　已缴纳出口关税的出口货物，因品质或者规格原因原状退货复运进境，并且已重新缴纳因出口而退还的国内环节有关税收的，纳税义务人自缴纳税款之日起1年内，可以向海关申请退税。

纳税义务人向海关申请退税时，应当提交下列材料：

（一）《退税申请书》；

（二）收发货人双方关于退货的协议和税务机关重新征收国内环节税的证明。

第六十一条　已缴纳出口关税的货物，因故未装运出口申报退关的，纳税义务人自缴纳税款之日起1年内，可以向海关申请退税，并提交《退税申请书》。

第六十二条 散装进出口货物发生短装并且已征税放行的，如果该货物的发货人、承运人或者保险公司已对短装部分退还或者赔偿相应货款，纳税义务人自缴纳税款之日起1年内，可以向海关申请退还进口或者出口短装部分的相应税款。

纳税义务人向海关申请退税时，应当提交下列材料：

（一）《退税申请书》；

（二）具有资质的商品检验机构出具的相关检验证明书；

（三）已经退款或者赔款的证明文件。

第六十三条 进出口货物因残损、品质不良、规格不符原因，或者发生本办法第六十二条规定以外的货物短少的情形，由进出口货物的发货人、承运人或者保险公司赔偿相应货款的，纳税义务人自缴纳税款之日起1年内，可以向海关申请退还赔偿货款部分的相应税款。

纳税义务人向海关申请退税时，应当提交下列材料：

（一）《退税申请书》；

（二）已经赔偿货款的证明文件。

第六十四条 海关收到纳税义务人的退税申请后应当进行审核。纳税义务人提交的申请材料齐全且符合规定形式的，海关应当予以受理，并且以海关收到申请材料之日作为受理之日；纳税义务人提交的申请材料不全或者不符合规定形式的，海关应当在收到申请材料之日起5个工作日内一次告知纳税义务人需要补正的全部内容，并且以海关收到全部补正申请材料之日为海关受理退税申请之日。

纳税义务人按照本办法第五十九条、第六十条或者第第六十四条的规定申请退税的，海关认为需要时，可以要求纳税义务人提供具有资质的商品检验机构出具的原进口或者出口货物品质不良、规格不符或者残损、短少的检验证明书或者其他有关证明文件。

海关应当自受理退税申请之日起30日内查实并且通知纳税义务人办理退税手续或者不予退税的决定。纳税义务人应当自收到海关准予退税的通知之日起3个月内办理有关退税手续。

第六十五条 海关办理退税手续时，应当填发收入退还书，并且按照以下规定办理：

（一）按照本办法第五十八条规定应当同时退还多征税款部分所产生的利息的，应退利息按照海关填发收入退还书之日中国人民银行规定的活期

储蓄存款利息率计算。计算应退利息的期限自纳税义务人缴纳税款之日起至海关填发收入退还书之日止。

（二）进口环节增值税已予抵扣的，该项增值税不予退还，但国家另有规定的除外。

（三）已征收的滞纳金不予退还。

退还税款、利息涉及从国库中退库的，按照法律、行政法规有关国库管理的规定以及有关规章规定的具体实施办法执行。

第六十六条 进出口货物放行后，海关发现少征税款的，应当自缴纳税款之日起1年内，向纳税义务人补征税款；海关发现漏征税款的，应当自货物放行之日起1年内，向纳税义务人补征税款。

第六十七条 因纳税义务人违反规定造成少征税款的，海关应当自缴纳税款之日起3年内追征税款；因纳税义务人违反规定造成漏征税款的，海关应当自货物放行之日起3年内追征税款。海关除依法追征税款外，还应当自缴纳税款或者货物放行之日起至海关发现违规行为之日止按日加收少征或者漏征税款万分之五的滞纳金。

因纳税义务人违反规定造成海关监管货物少征或者漏征税款的，海关应当自纳税义务人应缴纳税款之日起3年内追征税款，并且自应缴纳税款之日起至海关发现违规行为之日止按日加收少征或者漏征税款万分之五的滞纳金。

前款所称“应缴纳税款之日”是指纳税义务人违反规定的行为发生之日；该行为发生之

日不能确定的，应当以海关发现该行为之日作为应缴纳税款之日。

第六十八条 海关补征或者追征税款，应当制发《海关补征税款告知书》。纳税义务人应当自收到《海关补征税款告知书》之日起15日内到海关办理补缴税款的手续。

纳税义务人未在前款规定期限内办理补税手续的，海关应当在规定期限届满之日填发税款缴款书。

第六十九条 根据本办法第三十五条、第三十八条、第四十三条、第六十七条的有关规定，因纳税义务人违反规定需在征收税款的同时加收滞纳金的，如果纳税义务人未在规定的15天缴款期限内缴纳税款，海关依照本办法第二十条的规定另行加收自缴款期限届满之日起至缴清税款之日止滞纳税款的滞纳金。

第五章 进出口货物税款的减征与免征

第七十条 纳税义务人进出口减免税货物，应当在货物进出口前，按照规定凭有关文件向海关办理减免税审核确认手续。下列减免税进出口货物无需办理减免税审核确认手续：

（一）关税、进口环节增值税或者消费税税额在人民币50元以下的一票货物；

（二）无商业价值的广告品和货样；

（三）在海关放行前遭受损坏或者损失的货物；

（四）进出境运输工具装载的途中必需的燃料、物料和饮食用品；

（五）其他无需办理减免税审核确认手续的减征或者免征税款的货物。

第七十一条 对于本办法第七十条第（三）项所列货物，纳税义务人应当在申报时或者自海关放行货物之日起15日内书面向海关说明情况，提供相关证明材料。海关认为需要时，可以要求纳税义务人提供具有资质的商品检验机构出具的货物受损程度的检验证明书。海关根据实际受损程度予以减征或者免征税款。

第七十二条 除另有规定外，纳税义务人应当向其主管海关申请办理减免税审核确认手续。海关按照有关规定予以审核，并且签发《征免税证明》。

第七十三条 特定地区、特定企业或者有特定用途的特定减免税进口货物，应当接受海关监管。

特定减免税进口货物的监管年限为：

（一）船舶、飞机：8年；

（二）机动车辆：6年；

（三）其他货物：3年。

监管年限自货物进口放行之日起计算。

第七十四条 在特定减免税进口货物的监管年限内，纳税义务人应当自减免税货物放行之日起每年一次向主管海关报告减免税货物的状况；除经海关批准转让给其他享受同等税收优惠待遇的项目单位外，纳税义务人在补缴税款并且办理解除监管手续后，方可转让或者进行其他处置。

特定减免税进口货物监管年限届满时，自动解除海关监管。纳税义务人需要解除监管证明的，可以自监管年限届满之日起1年内，凭有关单证向海关申请领取解除监管证明。海关应当自接到纳税义务人的申请之日起20日内核实情况，并填发解除监管证明。

第六章 进出口货物的税款担保

第七十五条 有下列情形之一，纳税义务人要求海关先放行货物的，应当按照海关初步确定的应缴税款向海关提供足额税款担保：

（一）海关尚未确定商品归类、完税价格、原产地等征税要件的；

（二）正在海关办理减免税审核确认手续的；

（三）正在海关办理延期缴纳税款手续的；

（四）暂时进出境的；

（五）进境修理和出境加工的，按保税货物实施管理的除外；

（六）因残损、品质不良或者规格不符，纳税义务人申报进口或者出口无代价抵偿货物时，原进口货物尚未退运出境或者尚未放弃交由海关处理的，或者原出口货物尚未退运进境的；

（七）其他按照有关规定需要提供税款担保的。

第七十六条 除另有规定外，税款担保期限一般不超过6个月，特殊情况需要延期的，应当经主管海关核准。

税款担保一般应当为保证金、银行或者非银行金融机构的保函，但另有规定的除外。

银行或者非银行金融机构的税款保函，其保证方式应当是连带责任保证。税款保函明确规定保证期间的，保证期间应当不短于海关批准的担保期限。

第七十七条 在海关批准的担保期限内，纳税义务人履行纳税义务的，海关应当自纳税义务人履行纳税义务之日起5个工作日内办结解除税款担保的相关手续。

在海关批准的担保期限内，纳税义务人未履行纳税义务，对收取税款保证金的，海关应当自担保期限届满之日起5个工作日内完成保证金转为税款的相关手续；对银行或者非银行金融机构提供税款保函的，海关应当自担保期限届满之日起6个月内或者在税款保函规定的保证期间内要求担保人履行相应的纳税义务。

第七章 附 则

第七十八条 纳税义务人、担保人对海关确定纳税义务人、确定完税价格、商品归类、确定原产地、适用税率或者计征汇率、减征或者免征税款、补税、退税、征收滞纳金、确定计征方式以及确定纳税地点有异议的，应当按照海关作出的相关行政决定依法缴纳税款，并且可以依照《中华人民共和国行政复议法》和《中华人民共和国海关实施〈行政复议法〉办法》向上一级海关申请复议。对复议决定不服的，可以依法向人民法院提起诉讼。

第七十九条 违反本办法规定，构成违反海关监管规定行为、走私行为的，按照《海关法》、《中华人民共和国海关行政处罚实施条例》和其他有关法律、行政法规的规定处罚。构成犯罪的，依法追究刑事责任。

第八十条 保税货物和进出保税区、出口加工区、保税仓库及类似的保税监管场所的货物的税收管理，按照本办法规定执行。本办法未作规定的，按照有关法律、行政法规和海关规章的规定执行。

第八十一条 通过电子数据交换方式申报纳税和缴纳税款的管理办法，另行制定。

第八十二条 本办法所规定的文书由海关总署另行制定并且发布。

第八十三条 本办法由海关总署负责解释。

第八十四条 本办法自2005年3月1日起施行。1986年9月30日由中华人民共和国海关总署发布的《海关征税管理办法》同时废止。

国家税务总局关于增值税小规模纳税人减免增值税等政策有关征管事项的公告

（国家税务总局公告2023年第1号）

发布日期：2023-01-09
实施日期：2023-01-01
法规类型：规范性文件

按照《财政部　税务总局关于明确增值税小规模纳税人减免增值税等政策的公告》（2023年第1号，以下简称1号公告）的规定，现将有关征管事项公告如下：

一、增值税小规模纳税人（以下简称小规模纳税人）发生增值税应税销售行为，合计月销售额未超过10万元（以1个季度为1个纳税期的，季度销售额未超过30万元，下同）的，免征增值税。

小规模纳税人发生增值税应税销售行为，合计月销售额超过10万元，但扣除本期发生的销售不动产的销售额后未超过10万元的，其销售货物、劳务、服务、无形资产取得的销售额免征增值税。

二、适用增值税差额征税政策的小规模纳税人，以差额后的销售额确定是否可以享受1号公告第一条规定的免征增值税政策。

《增值税及附加税费申报表（小规模纳税人适用）》中的“免税销售额”相关栏次，填写差额后的销售额。

三、《中华人民共和国增值税暂行条例实施细则》第九条所称的其他个人，采取一次性收取租金形式出租不动产取得的租金收入，可在对应的租赁期内平均分摊，分摊后的月租金收入未超过10万元的，免征增值税。

四、小规模纳税人取得应税销售收入，适用1号公告第一条规定的免征增值税政策的，纳税人可就该笔销售收入选择放弃免税并开具增值税专用发票。

五、小规模纳税人取得应税销售收入，适用1号公告第二条规定的减按1%征收率征收增值税政策的，应按照1%征收率开具增值税发票。纳税人可就该笔销售收入选择放弃减税并开具增值税专用发票。

六、小规模纳税人取得应税销售收入，纳税义务发生时间在2022年12月31日前并已开具增值税发票，如发生销售折让、中止或者退回等情形需要开具红字发票，应开具对应征收率红字发票或免税红字发票；开票有误需要重新开具的，应开具对应征收率红字发票或免税红字发票，再重新开具正确的蓝字发票。

七、小规模纳税人发生增值税应税销售行为，合计月销售额未超过10万元的，免征增值税的销售额等项目应填写在《增值税及附加税费申报表（小规模纳税人适用）》“小微企业免税销售额”或者“未达起征点销售额”相关栏次；减按1%征收率征收增值税的销售额应填写在《增值税及附加税费申报表（小规模纳税人适用）》“应征增值税不含税销售额（3%征收率）”相应栏次，对应减征的增值税应纳税额按销售额的2%计算填写在《增值税及附加税费申报表（小规模纳税人适用）》“本期应纳税额减征额”及《增值税减免税申报明细表》减税项目相应栏次。

八、按固定期限纳税的小规模纳税人可以选择以1个月或1个季度为纳税期限，一经选择，一个会计年度内不得变更。

九、按照现行规定应当预缴增值税税款的小规模纳税人，凡在预缴地实现的月销售额未超过10万元的，当期无需预缴税款。在预缴地实现的月销售额超过10万元的，适用3%预征率的预缴增值税项目，减按1%预征率预缴增值税。

十、小规模纳税人中的单位和个体工商户销售不动产，应按其纳税期、本公告第九条以及其他现行政策规定确定是否预缴增值税；其他个人销售不动产，继续按照现行规定征免增值税。

十一、符合《财政部　税务总局　海关总署关于深化增值税改革有关政策的公告》（2019年第39号）、1号公告规定的生产性服务业纳税人，应在年度首次确认适用5%加计抵减政策时，通过电子税务局或办税服务厅提交《适用5%加计抵减政策的声明》（见附件1）；符合《财政部　税务总局关于明确生活性服务业增值税加计抵减政策的公告》（2019年第87号）、1号公告规定的生活性服务业纳税人，应在年度首次确认适用10%加计抵减政策时，通过电子税务局或办税服务厅提交《适用10%加计抵减政策的声明》（见附件2）。

十二、纳税人适用加计抵减政策的其他征管事项，按照《国家税务总局关于国内旅客运输服务进项税抵扣等增值税征管问题的公告》（2019年第31号）第二条等有关规定执行。

十三、纳税人按照1号公告第四条规定申请办理抵减或退还已缴纳税款，如果已经向购买方开具了增值税专用发票，应先将增值税专用发票追回。

十四、本公告自2023年1月1日起施行。《国家税务总局关于深化增值税改革有关事项的公告》（2019年第14号）第八条及附件《适用加计抵减政策的声明》、《国家税务总局关于增值税发票管理等有关事项的公告》（2019年第33号）第一条及附件《适用15%加计抵减政策的声明》、《国家税务总局关于支持个体工商户复工复业等税收征收管理事项的公告》（2020年第5号）第一条至第五条、《国家税务总局关于小规模纳税人免征增值税征管问题的公告》（2021年第5号）、《国家税务总局关于小规模纳税人免征增值税等征收管理事项的公告》（2022年第6号）第一、二、三条同时废止。

特此公告。

附件：1. 适用5%加计抵减政策的声明（略）
　　　2. 适用10%加计抵减政策的声明（略）

关于推广企业集团财务公司担保的公告

（海关总署公告2022年第56号）

发布日期：2022-07-05
实施日期：2022-07-05
法规类型：规范性文件

为降低企业通关成本，自2017年9月起，企业集团财务公司担保作为海关多元化税款担保方式之一在部分海关试点。为进一步优化口岸营商环境，提升跨境贸易便利化水平，海关总署决定推广企业集团财务公司担保。现将有关事项公告如下：

一、企业集团财务公司担保，是指企业集团内成员单位（以下简称成员单位）凭其集团财务公司出具的税款担保保函，向海关申请办理担保手续。

企业集团财务公司、成员单位应按照银保监会发布的《企业集团财务公司管理办法》确定。

二、企业集团财务公司申请开展企业集团财务公司担保业务的，应向工商注册地直属海关提出书面申请，提供公司资质、业务范围等材料。经直属海关审核同意后方可开展海关多元化税款担保业务。

已经参与试点的企业集团财务公司视同已经审核同意，名单见附件。

三、经审核同意的企业集团财务公司，可为其成员单位按照海关总署公告2021年第100号的要求出具全国通用的税款担保保函。

四、企业集团财务公司拒不履行担保责任、不配合海关税收征管工作或偿付能力存疑的，海关可停止其企业集团财务公司担保业务。

本公告自印发之日起施行。

特此公告。

附件：已参与试点的企业集团财务公司名单（略）

关于巴拿马共和国籍的应税船舶适用船舶吨税优惠税率的公告

（海关总署公告2021年第61号）

发布日期：2021-08-13
实施日期：2021-08-15
法规类型：规范性文件

根据《财政部关于巴拿马共和国籍的应税船舶适用船舶吨税优惠税率的通知》（财关税〔2021〕39号），自2021年5月17日至2026年7月19日，巴拿马共和国籍的应税船舶适用船舶吨税优惠税率。

自2021年8月15日起，巴拿马共和国籍的应税船舶按照船舶吨税优惠税率缴纳税款。2021年5月17日至8月14日，巴拿马共和国籍的应税船舶已按普通税率缴纳税款的，其较优惠税率多缴纳的吨税税款，相关企业应自2021年8月15日起6个月内按规定向海关申请办理退税手续，海关依企业申请审核后予以退还。

特此公告。

关于实施滞报金减免证明事项告知承诺制的公告

（海关总署公告 2021 年第 51 号）

发布日期：2021-07-05
实施日期：2021-08-01
法规类型：规范性文件

为贯彻落实党中央、国务院关于深化“放管服”改革决策部署，持续推进“减证便民”行动，进一步优化营商环境，海关总署决定实施进口货物滞报金减免证明事项告知承诺制，现将有关事宜公告如下：

一、滞报金减免证明事项告知承诺制，是指进口货物收货人（以下称“申请人”）依法提出滞报金减免申请时，海关一次告知其核批条件及所需提交的证明材料。申请人以书面形式承诺其符合申请条件，愿意承担不实承诺的法律责任，海关依据申请人承诺办理滞报金减免事项。

二、《中华人民共和国海关征收进口货物滞报金办法》第十二条中列明的以下情形适用告知承诺制：

第（一）项，“政府主管部门有关贸易管理规定变更，要求收货人补充办理有关手续或者政府主管部门延迟签发许可证件，导致进口货物产生滞报的”。

第（二）项，“产生滞报的进口货物属于政府间或者国际组织无偿援助和捐赠用于救灾、社会公益福利等方面的进口物资或者其他特殊货物的”。

第（四）项中的，“因相关司法、行政执法部门工作原因致使收货人无法在规定期限内申报，从而产生滞报的”。

三、根据现行规定，申请人向海关申请减免滞报金应当提交下列材料：

（一）减免滞报金申请书；

（二）有关主管部门证明材料；

（三）有关证明文件及相关进口许可证件复印件（如：配额证明、许可证、减免税证明、担保凭据等）；

（四）进口货物报关单证；

（五）滞报金缴款通知书复印件。

申请人选择告知承诺方式的，应提交《证明事项告知承诺书（进口货物滞报金减免）》（以下简称《告知承诺书》，见附件），并免于提交上述第（二）项有关主管部门证明材料。

四、申请人选择告知承诺方式申请减免滞报金时，海关应当就以下事项进行告知：

（一）滞报金减免所依据的法律、法规及相关条款；

（二）滞报金减免申请及核批条件；

（三）所需提交的相关材料；

（四）告知承诺制适用范围及办理要求；

（五）申请人义务及虚假承诺、违反承诺的法律责任；

（六）海关认为应当告知的其他事项。

五、申请人选择告知承诺方式的，可从海关总署及各直属海关门户网站下载或在受理海关现场领取《告知承诺书》文本，并在《中华人民共和国海关征收进口货物滞报金办法》第十三条规定的滞报金减免申请时限内就下列事项作出确认和承诺：

（一）无不良信用记录或曾作出虚假承诺；

（二）已知晓海关告知的全部内容；

（三）所提交的信息和材料真实、准确；

（四）符合申请条件及告知承诺制适用范围；

（五）能够在约定期限内提交办事所需相关材料；

（六）愿意承担不实承诺、违反承诺的法律责任；

（七）上述承诺意思表示真实。

六、符合条件的申请人在办理滞报金减免申请时，按规定提交经法定代表人签章并加盖机构公章的《告知承诺书》（一式两份）及上述第三条所列明的第（一）、（三）、（四）、（五）项申请材料。

七、对申请人提出的滞报金减免申请，如相关资料不齐或不符合法定形式的，海关应当一次性告知需要补正的全部内容。

八、申请人承诺内容与实际情况不符的，海关不予减免滞报金。该申请人 2 年内不再适用告知承诺制。

本公告自 2021 年 8 月 1 日起实施。

附件：证明事项告知承诺格式文书（略）

国家税务总局关于取消增值税扣税凭证认证确认期限等增值税征管问题的公告

（国家税务总局公告 2019 年第 45 号）

发布日期：2019-12-31

实施日期：2020-01-01

法规类型：规范性文件

（根据国家税务总局公告 2022 年第 4 号《关于进一步加大增值税期末留抵退税政策实施力度有关征管事项的公告》，自 2022 年 4 月 1 日起本法规第三条废止）

现将取消增值税扣税凭证认证确认期限等增值税征管问题公告如下：

一、增值税一般纳税人取得 2017 年 1 月 1 日及以后开具的增值税专用发票、海关进口增值税专用缴款书、机动车销售统一发票、收费公路通行费增值税电子普通发票，取消认证确认、稽核比对、申报抵扣的期限。纳税人在进行增值税纳税申报时，应当通过本省（自治区、直辖市和计划单列市）增值税发票综合服务平台对上述扣税凭证信息进行用途确认。

增值税一般纳税人取得 2016 年 12 月 31 日及以前开具的增值税专用发票、海关进口增值税专用缴款书、机动车销售统一发票，超过认证确认、稽核比对、申报抵扣期限，但符合规定条件的，仍可按照《国家税务总局关于逾期增值税扣税凭证抵扣问题的公告》（2011 年第 50 号，国家税务总局公告 2017 年第 36 号、2018 年第 31 号修改）、《国家税务总局关于未按期申报抵扣增值税扣税凭证有关问题的公告》(2011 年第 78 号，国家税务总局公告 2018 年第 31 号修改) 规定，继续抵扣进项税额。

二、纳税人享受增值税即征即退政策，有纳税信用级别条件要求的，以纳税人申请退税税款所属期的纳税信用级别确定。申请退税税款所属期内纳税信用级别发生变化的，以变化后的纳税信用级别确定。

纳税人适用增值税留抵退税政策，有纳税信用级别条件要求的，以纳税人向主管税务机关申请办理增值税留抵退税提交《退（抵）税申请表》时的纳税信用级别确定。

四、中华人民共和国境内（以下简称“境内”）单位和个人作为工程分包方，为施工地点在境外的工程项目提供建筑服务，从境内工程总承包方取得的分包款收入，属于《国家税务总局关于发布〈营业税改征增值税跨境应税行为增值税免税管理办法（试行）〉的公告》(2016 年第 29 号，国家税务总局公告 2018 年第 31 号修改) 第六条规定的“视同从境外取得收入”。

五、动物诊疗机构提供的动物疾病预防、诊断、治疗和动物绝育手术等动物诊疗服务，属于《营业税改征增值税试点过渡政策的规定》(财税〔2016〕36 号附件 3) 第一条第十项所称“家禽、牲畜、水生动物的配种和疾病防治”。

动物诊疗机构销售动物食品和用品，提供动物清洁、美容、代理看护等服务，应按照现行规定缴纳增值税。

动物诊疗机构，是指依照《动物诊疗机构管理办法》(农业部令第 19 号公布，农业部令 2016 年第 3 号、2017 年第 8 号修改) 规定，取得动物诊疗许可证，并在规定的诊疗活动范围内开展动物诊疗活动的机构。

六、《货物运输业小规模纳税人申请代开增值税专用发票管理办法》(2017 年第 55 号发布，国家税务总局公告 2018 年第 31 号修改) 第二条修改为：

“第二条同时具备以下条件的增值税纳税人（以下简称纳税人）适用本办法：

(一) 在中华人民共和国境内（以下简称境内）提供公路或内河货物运输服务，并办理了税务登记（包括临时税务登记）。

(二) 提供公路货物运输服务的（以 4.5 吨及以下普通货运车辆从事普通道路货物运输经营的除外），取得《中华人民共和国道路运输经营许可证》和《中华人民共和国道路运输证》；提供内河货物运输服务的，取得《国内水路运输经营许可证》和《船舶营业运输证》。

(三) 在税务登记地主管税务机关按增值税小规模纳税人管理。”

七、纳税人取得的财政补贴收入，与其销售货物、劳务、服务、无形资产、不动产的收入或者数量直接挂钩的，应按规定计算缴纳增值税。纳税人取得的其他情形的财政补贴收入，不属于增值税应税收入，不征收增值税。

本公告实施前，纳税人取得的中央财政补贴继续按照《国家税务总局关于中央财政补贴增值税有关问题的公告》(2013 年第 3 号) 执行；已经申报缴纳增值税的，可以按现行红字发票管理规定，开具红字增值税发票将取得的中央财政补贴从销售额中扣减。

八、本公告第一条自 2020 年 3 月 1 日起施行，第二条至第七条自 2020 年 1 月 1 日起施行。此前已发生未处理的事项，按照本公告执行，已处理的事项不再调整。《国家税务总局关于中央财政补贴增值税有关问题的公告》(2013 年第 3 号)、《国家税务总局关于国内旅客运输服务进项税抵扣等增值税征管问题的公告》(2019 年第 31 号) 第五条自 2020 年 1 月 1 日起废止。《国家税务总局关于增值税一般纳税人取得防伪税控系统开具的增值税专用发票进项税额抵扣问题的通知》(国税发〔2003〕第 17 号) 第二条、《国家税务总局关于调整增值税扣税凭证抵扣期限有关问题的通知》(国税函〔2009〕617 号)、《国家税务总局关于增值税一般纳税人抗震救灾期间增值税扣税凭证认证稽核有关问题的通知》(国税函〔2010〕173 号)、《国家税务总局关于进一步明确营改增有关征管问题的公告》（2017 年第 11 号，国家税务总局公告 2018 年第 31 号修改）第十条、《国家税务总局关于增值税发票管理等有关事项的公告》（2019 年第 33 号）第四条自 2020 年 3 月 1 日起废止。《货物运输业小规模纳税人申请代开增值税专用发票管理办法》（2017 年第 55 号发布，国家税务总局公告 2018 年第 31 号修改）根据本公告作相应修改，重新发布。

特此公告。

附件：货物运输业小规模纳税人申请代开增值税专用发票管理办法（略）

关于深化增值税改革有关政策的公告

（财政部　税务总局　海关总署公告 2019 年第 39 号）

发布日期：2019-03-20
实施日期：2019-04-01
法规类型：规范性文件

为贯彻落实党中央、国务院决策部署，推进增值税实质性减税，现将 2019 年增值税改革有关事项公告如下：

一、增值税一般纳税人（以下称纳税人）发生增值税应税销售行为或者进口货物，原适用 16%税率的，税率调整为 13%；原适用 10%税率的，税率调整为 9%。

二、纳税人购进农产品，原适用 10%扣除率的，扣除率调整为 9%。纳税人购进用于生产或者委托加工 13%税率货物的农产品，按照 10%的扣除率计算进项税额。

三、原适用 16%税率且出口退税率为 16%的出口货物劳务，出口退税率调整为 13%；原适用 10%税率且出口退税率为 10%的出口货物、跨境应税行为，出口退税率调整为 9%。

2019 年 6 月 30 日前（含 2019 年 4 月 1 日前），纳税人出口前款所涉货物劳务、发生前款所涉跨境应税行为，适用增值税免退税办法的，购进时已按调整前税率征收增值税的，执行调整前的出口退税率，购进时已按调整后税率征收增值税的，执行调整后的出口退税率；适用增值税免抵退税办法的，执行调整前的出口退税率，在计算免抵退税时，适用税率低于出口退税率的，适用税率与出口退税率之差视为零参与免抵退税计算。

出口退税率的执行时间及出口货物劳务、发生跨境应税行为的时间，按照以下规定执行：报关出口的货物劳务（保税区及经保税区出口除外），以海关出口报关单上注明的出口日期为准；非报关出口的货物劳务、跨境应税行为，以出口发票或普通发票的开具时间为准；保税区及经保税区出口的货物，以货物离境时海关出具的出境货物备案清单上注明的出口日期为准。

四、适用 13%税率的境外旅客购物离境退税物品，退税率为 11%；适用 9%税率的境外旅客购物离境退税物品，退税率为 8%。

2019 年 6 月 30 日前，按调整前税率征收增值税的，执行调整前的退税率；按调整后税率征收增值税的，执行调整后的退税率。

退税率的执行时间，以退税物品增值税普通发票的开具日期为准。

五、自 2019 年 4 月 1 日起，《营业税改征增值税试点有关事项的规定》（财税〔2016〕36

号印发）第一条第（四）项第1点、第二条第（一）项第1点停止执行，纳税人取得不动产或者不动产在建工程的进项税额不再分2年抵扣。此前按照上述规定尚未抵扣完毕的待抵扣进项税额，可自2019年4月税款所属期起从销项税额中抵扣。

六、纳税人购进国内旅客运输服务，其进项税额允许从销项税额中抵扣。

（一）纳税人未取得增值税专用发票的，暂按照以下规定确定进项税额：

1. 取得增值税电子普通发票的，为发票上注明的税额；

2. 取得注明旅客身份信息的航空运输电子客票行程单的，为按照下列公式计算进项税额：

航空旅客运输进项税额=（票价+燃油附加费）÷（1+9%）×9%

3. 取得注明旅客身份信息的铁路车票的，为按照下列公式计算的进项税额：

铁路旅客运输进项税额=票面金额÷（1+9%）×9%

4. 取得注明旅客身份信息的公路、水路等其他客票的，按照下列公式计算进项税额：

公路、水路等其他旅客运输进项税额=票面金额÷（1+3%）×3%

（二）《营业税改征增值税试点实施办法》（财税〔2016〕36号印发）第二十七条第（六）项和《营业税改征增值税试点有关事项的规定》（财税〔2016〕36号印发）第二条第（一）项第5点中“购进的旅客运输服务、贷款服务、餐饮服务、居民日常服务和娱乐服务”修改为“购进的贷款服务、餐饮服务、居民日常服务和娱乐服务”。

七、自2019年4月1日至2021年12月31日，允许生产、生活性服务业纳税人按照当期可抵扣进项税额加计10%，抵减应纳税额（以下称加计抵减政策）。

（一）本公告所称生产、生活性服务业纳税人，是指提供邮政服务、电信服务、现代服务、生活服务（以下称四项服务）取得的销售额占全部销售额的比重超过50%的纳税人。四项服务的具体范围按照《销售服务、无形资产、不动产注释》（财税〔2016〕36号印发）执行。

2019年3月31日前设立的纳税人，自2018年4月至2019年3月期间的销售额（经营期不满12个月的，按照实际经营期的销售额）符合上述规定条件的，自2019年4月1日起适用加计抵减政策。

2019年4月1日后设立的纳税人，自设立之日起3个月的销售额符合上述规定条件的，自登记为一般纳税人之日起适用加计抵减政策。

纳税人确定适用加计抵减政策后，当年内不再调整，以后年度是否适用，根据上年度销售额计算确定。

纳税人可计提但未计提的加计抵减额，可在确定适用加计抵减政策当期一并计提。

（二）纳税人应按照当期可抵扣进项税额的10%计提当期加计抵减额。按照现行规定不得从销项税额中抵扣的进项税额，不得计提加计抵减额；已计提加计抵减额的进项税额，按规定作进项税额转出的，应在进项税额转出当期，相应调减加计抵减额。计算公式如下：

当期计提加计抵减额=当期可抵扣进项税额×10%

当期可抵减加计抵减额=上期末加计抵减额余额+当期计提加计抵减额-当期调减加计抵减额

（三）纳税人应按照现行规定计算一般计税方法下的应纳税额（以下称抵减前的应纳税额）后，区分以下情形加计抵减：

1. 抵减前的应纳税额等于零的，当期可抵减加计抵减额全部结转下期抵减；

2. 抵减前的应纳税额大于零，且大于当期可抵减加计抵减额的，当期可抵减加计抵减额全额从抵减前的应纳税额中抵减；

3. 抵减前的应纳税额大于零，且小于或等于当期可抵减加计抵减额的，以当期可抵减加计抵减额抵减应纳税额至零。未抵减完的当期可抵减加计抵减额，结转下期继续抵减。

（四）纳税人出口货物劳务、发生跨境应税行为不适用加计抵减政策，其对应的进项税额不得计提加计抵减额。

纳税人兼营出口货物劳务、发生跨境应税行为且无法划分不得计提加计抵减额的进项税额，按照以下公式计算：

不得计提加计抵减额的进项税额=当期无法划分的全部进项税额×当期出口货物劳务和发生跨境应税行为的销售额÷当期全部销售额

（五）纳税人应单独核算加计抵减额的计提、抵减、调减、结余等变动情况。骗取适用加计抵减政策或虚增加计抵减额的，按照《中华人民共和国税收征收管理法》等有关规定处理。

（六）加计抵减政策执行到期后，纳税人不再计提加计抵减额，结余的加计抵减额停止抵减。

八、自2019年4月1日起，试行增值税期末留抵税额退税制度。

（一）同时符合以下条件的纳税人，可以向主管税务机关申请退还增量留抵税额：

1. 自2019年4月税款所属期起，连续六个月（按季纳税的，连续两个季度）增量留抵税额均大于零，且第六个月增量留抵税额不低于50万元；

2. 纳税信用等级为A级或者B级；

3. 申请退税前36个月未发生骗取留抵退税、出口退税或虚开增值税专用发票情形的；

4. 申请退税前36个月未因偷税被税务机关处罚两次及以上的；

5. 自2019年4月1日起未享受即征即退、先征后返（退）政策的。

（二）本公告所称增量留抵税额，是指与2019年3月底相比新增加的期末留抵税额。

（三）纳税人当期允许退还的增量留抵税额，按照以下公式计算：

允许退还的增量留抵税额=增量留抵税额×进项构成比例×60%

进项构成比例，为2019年4月至申请退税前一税款所属期内已抵扣的增值税专用发票（含税控机动车销售统一发票）、海关进口增值税专用缴款书、解缴税款完税凭证注明的增值税额占同期全部已抵扣进项税额的比重。

（四）纳税人应在增值税纳税申报期内，向主管税务机关申请退还留抵税额。

（五）纳税人出口货物劳务、发生跨境应税行为，适用免抵退税办法的，办理免抵退税后，仍符合本公告规定条件的，可以申请退还留抵税额；适用免退税办法的，相关进项税额不得用于退还留抵税额。

（六）纳税人取得退还的留抵税额后，应相应调减当期留抵税额。按照本条规定再次满足退税条件的，可以继续向主管税务机关申请退还留抵税额，但本条第（一）项第1点规定的连续期间，不得重复计算。

（七）以虚增进项、虚假申报或其他欺骗手段，骗取留抵退税款的，由税务机关追缴其骗取的退税款，并按照《中华人民共和国税收征收管理法》等有关规定处理。

（八）退还的增量留抵税额中央、地方分担机制另行通知。

九、本公告自2019年4月1日起执行。

特此公告。

国家税务总局关于增值税发票管理等有关事项的公告

（国家税务总局公告 2019 年第 33 号）

发布日期：2019-10-09
实施日期：2023-01-01
法规类型：规范性文件

（根据国家税务总局公告 2019 年第 45 号《国家税务总局关于取消增值税扣税凭证认证确认期限等增值税征管问题的公告》，自 2020 年 3 月 1 日起本法规第四条废止；根据国家税务总局公告 2023 年第 1 号《国家税务总局关于增值税小规模纳税人减免增值税等政策有关征管事项的公告》，自 2023 年 1 月 1 日起本法规第一条及附件《适用 15%加计抵减政策的声明》废止）

现将增值税发票管理等有关事项公告如下：

二、增值税一般纳税人取得海关进口增值税专用缴款书（以下简称“海关缴款书”）后如需申报抵扣或出口退税，按以下方式处理：

（一）增值税一般纳税人取得仅注明一个缴款单位信息的海关缴款书，应当登录本省（区、市）增值税发票选择确认平台（以下简称“选择确认平台”）查询、选择用于申报抵扣或出口退税的海关缴款书信息。通过选择确认平台查询到的海关缴款书信息与实际情况不一致或未查询到对应信息的，应当上传海关缴款书信息，经系统稽核比对相符后，纳税人登录选择确认平台查询、选择用于申报抵扣或出口退税的海关缴款书信息。

（二）增值税一般纳税人取得注明两个缴款单位信息的海关缴款书，应当上传海关缴款书信息，经系统稽核比对相符后，纳税人登录选择确认平台查询、选择用于申报抵扣或出口退税的海关缴款书信息。

三、稽核比对结果为不符、缺联、重号、滞留的异常海关缴款书按以下方式处理：

（一）对于稽核比对结果为不符、缺联的海关缴款书，纳税人应当持海关缴款书原件向主管税务机关申请数据修改或核对。属于纳税人数据采集错误的，数据修改后再次进行稽核比对；不属于数据采集错误的，纳税人可向主管税务机关申请数据核对，主管税务机关会同海关进行核查。经核查，海关缴款书票面信息与纳税人实际进口货物业务一致的，纳税人登录选择确认平台查询、选择用于申报抵扣或出口退税的海关缴款书信息。

（二）对于稽核比对结果为重号的海关缴款书，纳税人可向主管税务机关申请核查。经核查，海关缴款书票面信息与纳税人实际进口货物业务一致的，纳税人登录选择确认平台查询、选择用于申报抵扣或出口退税的海关缴款书信息。

（三）对于稽核比对结果为滞留的海关缴款书，可继续参与稽核比对，纳税人不需申请数据核对。

五、增值税小规模纳税人（其他个人除外）发生增值税应税行为，需要开具增值税专用发票的，可以自愿使用增值税发票管理系统自行开具。选择自行开具增值税专用发票的小规模纳税人，税务机关不再为其代开增值税专用发票。

增值税小规模纳税人应当就开具增值税专用发票的销售额计算增值税应纳税额，并在规定的纳税申报期内向主管税务机关申报缴纳。在填写增值税纳税申报表时，应当将当期开具增值税专用发票的销售额，按照3%和5%的征收率，分别填写在《增值税纳税申报表》（小规模纳税人适用）第2栏和第5栏“税务机关代开的增值税专用发票不含税销售额”的“本期数”相应栏次中。

六、本公告第一条自2019年10月1日起施行，本公告第二条至第五条自2020年2月1日起施行。《国家税务总局　海关总署关于实行海关进口增值税专用缴款书“先比对后抵扣”管理办法有关问题的公告》（国家税务总局　海关总署公告2013年第31号）第二条和第六条、《国家税务总局关于扩大小规模纳税人自行开具增值税专用发票试点范围等事项的公告》（国家税务总局公告2019年第8号）第一条自2020年2月1日起废止。

特此公告。

附件：适用15%加计抵减政策的声明（已废止，略）

财政部　税务总局关于调整增值税税率的通知

（财税〔2018〕32号）

发布日期：2018-04-04

实施日期：2018-05-01

法规类型：规范性文件

各省、自治区、直辖市、计划单列市财政厅（局）、国家税务局、地方税务局，新疆生产建设兵团财政局：

为完善增值税制度，现将调整增值税税率有关政策通知如下：

一、纳税人发生增值税应税销售行为或者进口货物，原适用17%和11%税率的，税率分别调整为16%、10%。

二、纳税人购进农产品，原适用11%扣除率的，扣除率调整为10%。

三、纳税人购进用于生产销售或委托加工16%税率货物的农产品，按照12%的扣除率计算进项税额。

四、原适用17%税率且出口退税率为17%的出口货物，出口退税率调整至16%。原适用11%税率且出口退税率为11%的出口货物、跨境应税行为，出口退税率调整至10%。

五、外贸企业2018年7月31日前出口的第四条所涉货物、销售的第四条所涉跨境应税行为，购进时已按调整前税率征收增值税的，执行调整前的出口退税率；购进时已按调整后税率征收增值税的，执行调整后的出口退税率。生产企业2018年7月31日前出口的第四条所涉货物、销售的第四条所涉跨境应税行为，执行调整前的出口退税率。

调整出口货物退税率的执行时间及出口货物的时间，以出口货物报关单上注明的出口日期为准，调整跨境应税行为退税率的执行时间及销售跨境应税行为的时间，以出口发票的开具日期为准。

六、本通知自2018年5月1日起执行。此前有关规定与本通知规定的增值税税率、扣除率、出口退税率不一致的，以本通知为准。

七、各地要高度重视增值税税率调整工作，做好实施前的各项准备以及实施过程中的监测分析、宣传解释等工作，确保增值税税率调整工作平稳、有序推进。如遇问题，请及时上报财政部和税务总局。

关于进一步扩大税收征管方式改革试点范围

（海关总署公告2017年第12号）

发布日期：2017-03-16
实施日期：2017-04-01
法规类型：规范性文件

为加快推进税收征管方式改革，海关总署决定进一步扩大税收征管方式改革试点范围。现将有关事项公告如下：

试点范围扩大至在全国口岸海运、陆运、空运进口，且以无纸化方式申报的《中华人民共和国进出口税则》第72至85章、第90章商品。

涉及公式定价、特案（包括实施反倾销反补贴措施和保障措施）以及尚未实现电子联网的优惠贸易协定项下原产地证书或者原产地声明的，不纳入试点范围。

其他事项按照海关总署2016年第62号公告执行。

本公告自2017年4月1日起施行。

特此公告。

海关进口增值税专用缴款书联网核查工作操作规程

（署税发〔2016〕186号）

发布日期：2016-09-26
实施日期：2016-11-01
法规类型：规范性文件

第一章　总　则

第一条　为规范海关进口增值税专用缴款书联网核查（以下简称“进口增值税联网核查”）工作，特制定本规程。

第二条　本规程适用于依据《国家税务总局　海关总署关于实行海关进口增值税专用缴款书“先比对后抵扣”管理办法有关问题的公告》（国家税务总局海关总署公告2013年第31号）和《国家税务总局　海关总署关于实行海关进口增值税专用缴款书“先比对后抵扣”管理办法有关事项的通知》（税总发〔2013〕76号，以下简称《通知》）进行的进口增值税联网核查工作。

第三条　进口增值税联网核查工作应当严格按照《通知》规定，并利用“进口增值税联网核查系统”组织开展。

第二章 职责分工

第四条 直属海关关税部门是关区进口增值税联网核查工作的职能管理部门，负责监督、指导、协调本关区进口增值税联网核查工作。

第五条 直属海关财务部门负责按照有关规定对进口增值税及时核销，并对未核销入库的数据，协调相关部门及时查明原因后进行补核销。

第六条 直属海关技术部门负责对进口增值税联网核查系统的更新、技术故障处理工作。

第七条 现场海关负责按照本规程要求，开展海关进口增值税专用缴款书（以下简称"海关缴款书"）相关信息的核查，并向税务机关回复核查结果。

第八条 本着方便税纳义务人操作的原则，各直属海关可以结合本关区实际，制定操作细则，采取集中到一个业务现场办理或由各业务现场分别办理的方式。

第三章 异常数据核查

第九条 现场海关经办科领导在海关综合业务管理平台收到税务机关发出的《海关缴款书委托核查函》（以下简称《核查函》，格式见附件1）后，转科内经办关员办理。经办关员对H2010系统海关缴款书入库电子数据的缴款书号码、缴款单位名称、填发日期、税款额等信息进行核查比对，并将核查结果于30日内通过海关综合业务管理平台，以《海关缴款书核查回复函》（以下简称《回复函》，格式见附件2）形式，转科领导审核同意后反馈税务机关。

第十条 对于《核查函》涉及多个现场海关的，现场海关仅需核查本单位开具的海关缴款书，并在《回复函》中注明办理情况及核查结果。

第十一条 税务机关发出的《核查函》填写不规范或其附件资料不能满足对海关缴款书的核查要求的，现场海关可在《回复函》中注明相关意见后反馈税务机关。

第四章 办理退税核查

第十二条 现场海关在办理企业申请退税时，需要税务机关协助核查进口增值税是否已抵扣的，现场海关经办关员应在海关综合业务管理平台制发《进口增值税抵扣信息委托核查函》（格式见附件3），并填写被核查纳税人识别号、海关缴款书号码、缴款单位名称、填发日期、税款额、联系人及联系方式等内容，经现场海关科领导审核同意后发送税务机关。

第十三条 需核查进口增值税抵扣情况的海关缴款书中"缴款单位名称"栏包含2家企业名称的，应根据纳税人识别号，在《进口增值税抵扣信息委托核查函》中分两行填写。

第十四条 因填写不规范等原因被税务机关退回的《进口增值税抵扣信息委托核查函》，现场海关经办关员在办结原核查函后补充有关数据，制发新的《进口增值税抵扣信息委托核查函》再次发送税务机关。

第十五条 现场海关经办科领导在海关综合业务管理平台收到《进口增值税抵扣信息核查回复函》（格式见附件4）后，转经办关员办理。经办关员根据税务机关回复信息办结。

第五章 附　则

第十六条 直属海关关税部门应加强监督检查，定期通过海关综合业务管理平台对进口增值税联网核查工作相关数据进行监控、统计和分析。对于监控中发现重大税收风险的，应及时进行整改并报告总署（关税司）；发现执法风险、廉政风险的，移交相关部门处理。

第十七条 在进口增值税联网核查工作中，现场海关如发现已缴款未核销入库，应及时联系财务部门核查解决，并将有关情况抄报直属海关关税部门。

第十八条 在进口增值税联网核查工作中，现场海关发现系统故障无法使用的，应及时联系技术部门处理。

第十九条 进口增值税联网核查系统的人员授权工作，由各关海关综合业务管理平台系统管理员负责。

第二十条 税务机关发出的《核查函》涉及海关缴款书数据大幅增加且大部分为“缺联”情况的，现场海关应及时将情况上报直属海关关税部门，直属海关关税部门应联系财务部门、技术部门协助核查数据交换是否存在异常情况。

第二十一条 本规程由海关总署负责解释，自2016年11月1日起施行。

附件：1.《海关缴款书委托核查函》（略）

2.《海关缴款书核查回复函》（略）

1.《进口增值税抵扣信息委托核查函》（略）

2.《进口增值税抵扣信息核查回复函》（略）

关于开展税收征管方式改革试点工作的公告

（海关总署公告2016年第62号）

发布日期：2016-10-17

实施日期：2016-11-01

法规类型：规范性文件

为进一步引导进出口企业、单位守法自律，体现“诚信守法便利、失信违法惩戒”，保障海关统一执法，提升通关便利化水平，海关总署决定开展税收征管方式改革试点工作。现将有关事项公告如下：

一、试点范围

在全国口岸海运、陆运、空运进口的《中华人民共和国进出口税则》（以下简称《税则》）第80、81、82章商品。

在上海口岸海运进口、向上海海关申报的《税则》第84、85、90章商品。

在上海口岸空运进口、向上海海关申报的《税则》第84、85、90章商品（限上海海关注册进出口企业、单位，不含快件）。

在北京、宁波口岸进口的《税则》第84、85、90章商品，分批纳入试点范围。

涉及公式定价、特案以及尚未实现电子联网的优惠贸易协定项下原产地证书或者原产地声明的，不纳入试点范围。

二、主要内容

（一）自主申报、自行缴税（自报自缴）。

进出口企业、单位在办理海关预录入时，应当如实、规范填报报关单各项目，利用预录入系统的海关计税（费）服务工具计算应缴纳的相关税费，并对系统显示的税费计算结果进行确认，连同报关单预录入内容一并提交海关。

进出口企业、单位在收到海关通关系统发送的回执后，自行办理相关税费缴纳手续；需要纸质税款缴款书的，可到申报地海关现场打印，该纸质税款缴款书上注明“自报自缴”字样，属于缴税凭证，不具有海关行政决定属性。

（二）税收要素审核后置。

货物放行后，海关对进出口企业、单位申报的价格、归类、原产地等税收要素进行抽查审核；特殊情况下，海关实施放行前的税收要素审核。相关进出口企业、单位应当根据海关要求，配合海关做好税收征管工作。

进出口企业、单位主动向海关书面报告其违反海关监管规定的行为并接受海关处理，经海关认定为主动披露的，海关应当从轻或者减轻处罚；违法行为轻微并及时纠正，没有造成危害后果的，不予行政处罚。对主动披露并补缴税款的，海关可以减免滞纳金。

本公告自2016年11月1日起施行。其中，《税则》第84、85、90章商品的试点自2016年12月1日起施行。

特此公告。

进口税收先征后返管理办法

（财预〔2014〕373号）

发布日期：2014-10-29
实施日期：2014-10-29
法规类型：规范性文件

第一章　总　则

第一条　为做好进口税收先征后返（以下简称返税）审批工作，规范报送审批程序，明确各有关部门在审批和监督过程中的责任，根据《中华人民共和国预算法》、《中华人民共和国海关法》、《中华人民共和国预算法实施条例》、《中华人民共和国国家金库条例》等法律法规，制定本办法。

第二条　经国务院及国务院有关部门批准的所有进口关税、进口环节增值税和消费税先征后返的办理，均适用本办法。

第三条　各级财政、海关、人民银行在办理返税过程中应密切协作，严格按照本办法和有关政策的要求，认真把关，堵塞漏洞，防止税款流失。

第四条　符合返税政策规定的进口企业（以下简称进口企业）应严格按照国家相关政策文件规定的货物名称、进口额度和实施时间申请办理返税手续。

第五条　进口货物应返税款为海关填发的《海关专用缴款书》中缴纳入库的全部或部分税款，已经作为进项税抵扣的税款仍然可以享受返税政策。

第二章　职责分工

第六条　纳税地海关负责对进口企业报送的返税申请材料进行初审，出具初审文件，依据财政部驻直属海关所在地财政监察专员办事处批复文件开具《收入退还书》。

第七条　直属海关负责对纳税地海关初审文件和进口企业申请材料进行复审，出具复审文件，转发财政部驻直属海关所在地财政监察专员办事处批复文件。

第八条　财政部驻直属海关所在地财政监察专员办事处（以下简称专员办）负责对直属海关复审文件和进口企业申请材料进行最终审核，批复返税文件。

西藏进口自用物资关税返还，由财政部驻四川省财政监察专员办事处负责对西藏自治区提供的申请材料进行最终审核，批复返税文件。

第九条 纳税地国库负责向进口企业划拨返税款项。

第三章 申报、审批工作规程

第十条 进口企业一般应在货物报关进口一年内，向纳税地海关申请办理返税。政策文件对返税期限另有规定的，按文件规定执行。进口时间以海关接受企业正式申报的时间为准。

第十一条 进口企业在申请办理返税时，应当提供以下材料：

（一）申请返税的书面报告；

（二）进口货物返税申请表（纸质和电子版光盘各一份，格式见附1、2）；

（三）经海关、国库经收处（银行）盖章齐全的《海关专用缴款书》原件和复印件各一份；

（四）“进口货物报关单”复印件（付汇证明联，加盖企业公章）；

（五）进口配额证明或国家规定的其他证件复印件（加盖企业公章）；

（六）进口合同复印件（加盖企业公章）；

（七）有关文件规定的其他材料。

第十二条 纳税地海关应在收齐进口企业返税申请材料后15个工作日内完成以下工作：

（一）对返税申请材料进行初次审核，需要审核确认的内容包括：

1. 进口企业及进口货物可以享受返税政策；

2. 进口企业在规定时间内进口；

3. 进口货物数量在进口配额证明或其他证明允许的范围内；

4.《海关专用缴款书》原件真实准确，所列税款已经全部缴入国库，此前没有办理过返税；

5. 企业报送的其他材料完整、真实，已按要求加盖企业章；

6. 其他需要审核的内容。

（二）确认无误后以关发文的形式出具初审文件（格式见附3）；

（三）在进口企业《进口货物返税申请表》上签署审核意见并加盖海关单证专用章；

（四）将初审文件连同进口企业申请材料密封报送所在地直属海关；

（五）如发现进口企业报送材料不符合本办法的规定，应将材料退回申请企业，并在企业返税申请表上注明不予受理的原因。

第十三条 直属海关应在收齐返税申请材料后10个工作日内完成以下工作：

（一）对纳税地海关报送的初审文件及进口企业申请材料进行复审；

（二）确认无误后以关发文的形式出具复审文件（格式见附3）；

（三）将复审文件及进口企业返税申请材料以机要方式报送财政部专员办，同时抄报海关总署（关税征管司）。

待具备条件后，财政和海关部门应通过电子方式交换税单信息，取消纸质税单的寄送。

（四）如发现纳税地海关报送材料不符合本办法的规定，应将材料退回纳税地海关，并在企业返税申请表上注明不予受理的原因。

第十四条 专员办应在收齐返税申请材料后25个工作日内完成以下工作：

（一）对直属海关报送的复审文件及进口企业申请材料进行最终审核；

（二）确认无误后以办发文的形式出具批复文件；

（三）将批复文件连同《海关专用缴款书》原件通过机要方式传递至直属海关，并抄送财政部（关税司、预算司、国库司）、海关总署、中国人民银行（国库局）和纳税地省级人民银行分支机构。

（四）如发现直属海关报送材料不符合本办法的规定，应将材料退回直属海关，并在《进口货物返税申请表》上注明不予受理的原因。

第十五条 直属海关收到专员办批复文件后，应在5个工作日内将专员办批复文件转发至纳税地海关；省级人民银行分行机构收到专员办批复文件后，应在10个工作日内将专员办批复文件转发至纳税地国库。

第十六条 纳税地海关收到直属海关转发的专员办批复文件后，应在10个工作日内完成以下工作：

（一）核对批复文件中的应返税款数额；

（二）确认无误后向申请返税企业开具《收入退还书》并注明专员办批复文号；

（三）将《海关专用缴款书》复印件和《收入退还书》送纳税地国库办理返税资金划拨事宜。

第十七条 纳税地国库收到专员办批复文件和海关出具的《收入退还书》、《海关专用缴款书》复印件后，应在2个工作日内完成以下工作：

（一）审核《收入退还书》、《海关专用缴款书》和专员办批复文件的相关内容是否相符；

（二）审核返税款项是否已经入库，以前是否办理过退库；

（三）确认无误后办理返税资金划款；

（四）将《收入退还书》（付款通知联）盖章后退纳税地海关。

第十八条 纳税地海关收到国库盖章退还的《收入退还书》后，在《海关专用缴款书》原件上盖“已返税”章，并退还给进口企业。

第四章 违规处理

第十九条 进口企业收到的返税税款，应当按照政策文件规定的用途使用。政策文件没有规定用途的，应按照会计准则及相关规定进行账务处理。

第五章 附 则

第二十条 本办法由财政部会同中国人民银行、海关总署负责解释。

第二十一条 本办法自发布之日起施行。符合政策规定、已经缴纳税款的进口企业尚未办理返税的，也遵照此文办理。

财政部、中国人民银行、海关总署、国家税务总局发布的《进口税收先征后返管理办法》（财预〔2009〕84号）同时废止。

附件：1. 返税申请表（略）

2. 返税申请表（附表）（略）

3. 初审及复审文件格式（略）

国家税务总局　海关总署关于实行海关进口增值税专用缴款书“先比对后抵扣”管理办法有关问题的公告

（国家税务总局　海关总署公告2013年第31号）

发布日期：2013-06-14
实施日期：2013-07-01
法规类型：规范性文件

（根据国家税务总局公告2019年第33号《国家税务总局关于增值税发票管理等有关事项的公告》，本法规自2020年2月1日起第二条和第六条条款废止）

为了进一步加强海关进口增值税专用缴款书（以下简称海关缴款书）的增值税抵扣管理，税务总局、海关总署决定将前期在广东等地试行的海关缴款书“先比对后抵扣”管理办法，在全国范围推广实行。现将有关事项公告如下：

一、自2013年7月1日起，增值税一般纳税人（以下简称纳税人）进口货物取得的属于增值税扣税范围的海关缴款书，需经税务机关稽核比对相符后，其增值税额方能作为进项税额在销项税额中抵扣。

三、税务机关通过稽核系统将纳税人申请稽核的海关缴款书数据，按日与进口增值税入库数据进行稽核比对，每个月为一个稽核期。海关缴款书开具当月申请稽核的，稽核期为申请稽核的当月、次月及第三个月。海关缴款书开具次月申请稽核的，稽核期为申请稽核的当月及次月。海关缴款书开具次月以后申请稽核的，稽核期为申请稽核的当月。

四、稽核比对的结果分为相符、不符、滞留、缺联、重号五种。

相符，是指纳税人申请稽核的海关缴款书，其号码与海关已核销的海关缴款书号码一致，并且比对的相关数据也均相同。

不符，是指纳税人申请稽核的海关缴款书，其号码与海关已核销的海关缴款书号码一致，但比对的相关数据有一项或多项不同。

滞留，是指纳税人申请稽核的海关缴款书，在规定的稽核期内系统中暂无相对应的海关已核销海关缴款书号码，留待下期继续比对。

缺联，是指纳税人申请稽核的海关缴款书，在规定的稽核期结束时系统中仍无相对应的海关已核销海关缴款书号码。

重号，是指两个或两个以上的纳税人申请稽核同一份海关缴款书，并且比对的相关数据与海关已核销海关缴款书数据相同。

五、税务机关于每月纳税申报期内，向纳税人提供上月稽核比对结果，纳税人应向主管税务机关查询稽核比对结果信息。

对稽核比对结果为相符的海关缴款书，纳税人应在税务机关提供稽核比对结果的当月纳税申报期内申报抵扣，逾期的其进项税额不予抵扣。

七、纳税人应在“应交税金”科目下设“待抵扣进项税额”明细科目，用于核算已申请稽核但尚未取得稽核相符结果的海关缴款书进项税额。纳税人取得海关缴款书后，应借记“应交税金—待抵扣进项税额”明细科目，贷记相关科目；稽核比对相符以及核查后允许抵扣的，应借记“应交税金—应交增值税（进项税额）”专栏，贷记“应交税金—待抵扣进项税额”科目。经核查不得抵扣的进项税额，红字借记“应交税金—待抵扣进项税额”，红字贷记相关科目。

八、增值税纳税申报表及税务机关“一窗式”比对项目的调整

（一）自2013年7月1日起，纳税人已申请稽核但尚未取得稽核相符结果的海关缴款书进项税额填入《增值税纳税申报表》（一般纳税人适用）附表二“待抵扣进项税额”中的“海关进口增值税专用缴款书”栏。

（二）自2013年8月1日起，海关缴款书“一窗式”比对项目调整为：核对《增值税纳税申报表》（一般纳税人适用）附表二第5栏税额是否等于或小于稽核系统比对相符和核查后允许抵扣的海关缴款书税额。

九、本公告自2013年7月1日起施行，《国家税务总局关于加强海关进口增值税专用缴款书和废旧物资发票管理有关问题的通知》（国税函〔2004〕128号）、《国家税务总局关于部分地区试行海关进口增值税专用缴款书“先比对后抵扣”管理办法的通知》（国税函〔2009〕83号）、《国家税务总局关于部分地区试行海关进口增值税专用缴款书“先比对后抵扣”管理办法有关问题的通知》（国税函〔2011〕196号）同时废止。

特此公告。

关于进口货物进口环节海关代征税税收政策问题的规定

（财关税号〔2004〕7号）

发布日期：2004-03-16
实施日期：2004-01-01
法规类型：规范性文件

一、经海关批准暂时进境的下列货物，在进境时纳税义务人向海关缴纳相当于应纳税款的保证金或者提供其他担保的，可以暂不缴纳进口环节增值税和消费税，并应当自进境之日起6个月内复运出境；经纳税义务人申请，海关可以根据海关总署的规定延长复运出境的期限：

（一）在展览会、交易会、会议及类似活动中展示或者使用的货物；

（二）文化、体育交流活动中使用的表演、比赛用品；

（三）进行新闻报道或者摄制电影、电视节目使用的仪器、设备及用品；

（四）开展科研、教学、医疗活动使用的仪器、设备及用品；

（五）在本款第（一）项至第（四）项所列活动中使用的交通工具及特种车辆；

（六）货样；

（七）供安装、调试、检测设备时使用的仪器、工具；

（八）盛装货物的容器；

（九）其他用于非商业目的的货物。

上述所列暂准进境货物在规定的期限内未复运出境的，海关应当依法征收进口环节增值税和消费税。

上述所列可以暂时免征进口环节增值税和消费税范围以外的其他暂准进境货物，应当按

照该货物的组成计税价格和其在境内滞留时间与折旧时间的比例分别计算征收进口环节增值税和消费税。

二、因残损、短少、品质不良或者规格不符原因，由进口货物的发货人、承运人或者保险公司免费补偿或者更换的相同货物，进口时不征收进口环节增值税和消费税。被免费更换的原进口货物不退运出境的，海关应当对原进口货物重新按照规定征收进口环节增值税和消费税。

三、进口环节增值税税额在人民币 50 元以下的一票货物，免征进口环节增值税；消费税税额在人民币 50 元以下的一票货物，免征进口环节消费税。

四、无商业价值的广告品和货样免征进口环节增值税和消费税。

五、外国政府、国际组织无偿赠送的物资免征进口环节增值税和消费税。

六、在海关放行前损失的进口货物免征进口环节增值税和消费税；在海关放行前遭受损坏的货物，可以按海关认定的进口货物受损后的实际价值确定进口环节增值税和消费税组成计税价格公式中的关税完税价格和关税，并依法计征进口环节增值税和消费税。

七、进境运输工具装载的途中必需的燃料、物料和饮食用品免征进口环节增值税和消费税。

八、有关法律、行政法规规定进口货物减征或者免征进口环节海关代征税的，海关按照规定执行。

九、本规定自 2004 年 1 月 1 日起施行。

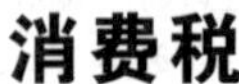

消费税

中华人民共和国消费税暂行条例

（国务院令第135号）

发布日期：1993-12-13
实施日期：2009-01-01
法规类型：行政法规

（2008年11月5日国务院第34次常务会议修订通过）

第一条 在中华人民共和国境内生产、委托加工和进口本条例规定的消费品的单位和个人，以及国务院确定的销售本条例规定的消费品的其他单位和个人，为消费税的纳税人，应当依照本条例缴纳消费税。

第二条 消费税的税目、税率，依照本条例所附的《消费税税目税率表》执行。

消费税税目、税率的调整，由国务院决定。

第三条 纳税人兼营不同税率的应当缴纳消费税的消费品（以下简称应税消费品），应当分别核算不同税率应税消费品的销售额、销售数量；未分别核算销售额、销售数量，或者将不同税率的应税消费品组成成套消费品销售的，从高适用税率。

第四条 纳税人生产的应税消费品，于纳税人销售时纳税。纳税人自产自用的应税消费品，用于连续生产应税消费品的，不纳税；用于其他方面的，于移送使用时纳税。

委托加工的应税消费品，除受托方为个人外，由受托方在向委托方交货时代收代缴税款。委托加工的应税消费品，委托方用于连续生产应税消费品的，所纳税款准予按规定抵扣。

进口的应税消费品，于报关进口时纳税。

第五条 消费税实行从价定率、从量定额，或者从价定率和从量定额复合计税（以下简称复合计税）的办法计算应纳税额。应纳税额计算公式：

实行从价定率办法计算的应纳税额=销售额×比例税率

实行从量定额办法计算的应纳税额=销售数量×定额税率

实行复合计税办法计算的应纳税额=销售额×比例税率+销售数量×定额税率

纳税人销售的应税消费品，以人民币计算销售额。纳税人以人民币以外的货币结算销售额的，应当折合成人民币计算。

第六条 销售额为纳税人销售应税消费品向购买方收取的全部价款和价外费用。

第七条 纳税人自产自用的应税消费品，按照纳税人生产的同类消费品的销售价格计算纳税；没有同类消费品销售价格的，按照组成计税价格计算纳税。

实行从价定率办法计算纳税的组成计税价格计算公式：

组成计税价格=（成本+利润）÷（1-比例税率）

实行复合计税办法计算纳税的组成计税价格计算公式：

组成计税价格=（成本+利润+自产自用数量×定额税率）÷（1-比例税率）

第八条 委托加工的应税消费品，按照受托方的同类消费品的销售价格计算纳税；没有同类消费品销售价格的，按照组成计税价格计算纳税。

实行从价定率办法计算纳税的组成计税价格计算公式：

组成计税价格=（材料成本+加工费）÷（1-比例税率）

实行复合计税办法计算纳税的组成计税价格计算公式：

组成计税价格=（材料成本+加工费+委托加工数量×定额税率）÷（1-比例税率）

第九条 进口的应税消费品，按照组成计税价格计算纳税。

实行从价定率办法计算纳税的组成计税价格计算公式：

组成计税价格=（关税完税价格+关税）÷（1-消费税比例税率）

实行复合计税办法计算纳税的组成计税价格计算公式：

组成计税价格=（关税完税价格+关税+进口数量×消费税定额税率）÷（1-消费税比例税率）

第十条 纳税人应税消费品的计税价格明显偏低并无正当理由的，由主管税务机关核定其计税价格。

第十一条 对纳税人出口应税消费品，免征消费税；国务院另有规定的除外。出口应税消费品的免税办法，由国务院财政、税务主管部门规定。

第十二条 消费税由税务机关征收，进口的应税消费品的消费税由海关代征。

个人携带或者邮寄进境的应税消费品的消费税，连同关税一并计征。具体办法由国务院关税税则委员会会同有关部门制定。

第十三条 纳税人销售的应税消费品，以及自产自用的应税消费品，除国务院财政、税务主管部门另有规定外，应当向纳税人机构所在地或者居住地的主管税务机关申报纳税。

委托加工的应税消费品，除受托方为个人外，由受托方向机构所在地或者居住地的主管税务机关解缴消费税税款。

进口的应税消费品，应当向报关地海关申报纳税。

第十四条 消费税的纳税期限分别为1日、3日、5日、10日、15日、1个月或者1个季度。纳税人的具体纳税期限，由主管税务机关根据纳税人应纳税额的大小分别核定；不能按照固定期限纳税的，可以按次纳税。

纳税人以1个月或者1个季度为1个纳税期的，自期满之日起15日内申报纳税；以1日、3日、5日、10日或者15日为1个纳税期的，自期满之日起5日内预缴税款，于次月1日起15日内申报纳税并结清上月应纳税款。

第十五条 纳税人进口应税消费品，应当自海关填发海关进口消费税专用缴款书之日起15日内缴纳税款。

第十六条 消费税的征收管理，依照《中华人民共和国税收征收管理法》及本条例有关规定执行。

第十七条 本条例自2009年1月1日起施行。

附：消费税税目税率表（略）

中华人民共和国消费税暂行条例实施细则

（财政部　国家税务总局令第 51 号）

发布日期：2008-12-15
实施日期：2014-10-23
法规类型：部门规章

（根据 2014 年 10 月 23 日国发〔2014〕50 号《国务院关于取消和调整一批行政审批项目等事项的决定》取消“销货退回的消费税退税审批”及“出口应税消费品办理免税后发生退关或国外退货补缴消费税审批”事项）

第一条　根据《中华人民共和国消费税暂行条例》（以下简称条例），制定本细则。

第二条　条例第一条所称单位，是指企业、行政单位、事业单位、军事单位、社会团体及其他单位。

条例第一条所称个人，是指个体工商户及其他个人。

条例第一条所称在中华人民共和国境内，是指生产、委托加工和进口属于应当缴纳消费税的消费品的起运地或者所在地在境内。

第三条　条例所附《消费税税目税率表》中所列应税消费品的具体征税范围，由财政部、国家税务总局确定。

第四条　条例第三条所称纳税人兼营不同税率的应当缴纳消费税的消费品，是指纳税人生产销售两种税率以上的应税消费品。

第五条　条例第四条第一款所称销售，是指有偿转让应税消费品的所有权。

前款所称有偿，是指从购买方取得货币、货物或者其他经济利益。

第六条　条例第四条第一款所称用于连续生产应税消费品，是指纳税人将自产自用的应税消费品作为直接材料生产最终应税消费品，自产自用应税消费品构成最终应税消费品的实体。

条例第四条第一款所称用于其他方面，是指纳税人将自产自用应税消费品用于生产非应税消费品、在建工程、管理部门、非生产机构、提供劳务、馈赠、赞助、集资、广告、样品、职工福利、奖励等方面。

第七条　条例第四条第二款所称委托加工的应税消费品，是指由委托方提供原料和主要材料，受托方只收取加工费和代垫部分辅助材料加工的应税消费品。对于由受托方提供原材料生产的应税消费品，或者受托方先将原材料卖给委托方，然后再接受加工的应税消费品，以及由受托方以委托方名义购进原材料生产的应税消费品，不论在财务上是否作销售处理，都不得作为委托加工应税消费品，而应当按照销售自制应税消费品缴纳消费税。

委托加工的应税消费品直接出售的，不再缴纳消费税。

委托个人加工的应税消费品，由委托方收回后缴纳消费税。

第八条　消费税纳税义务发生时间，根据条例第四条的规定，分列如下：

（一）纳税人销售应税消费品的，按不同的销售结算方式分别为：

1. 采取赊销和分期收款结算方式的，为书面合同约定的收款日期的当天，书面合同没有约定收款日期或者无书面合同的，为发出应税消费品的当天；

2. 采取预收货款结算方式的，为发出应税消费品的当天；

3. 采取托收承付和委托银行收款方式的，为发出应税消费品并办妥托收手续的当天；

4. 采取其他结算方式的，为收讫销售款或者取得索取销售款凭据的当天。

（二）纳税人自产自用应税消费品的，为移送使用的当天。

（三）纳税人委托加工应税消费品的，为纳税人提货的当天。

（四）纳税人进口应税消费品的，为报关进口的当天。

第九条 条例第五条第一款所称销售数量，是指应税消费品的数量。具体为：

（一）销售应税消费品的，为应税消费品的销售数量；

（二）自产自用应税消费品的，为应税消费品的移送使用数量；

（三）委托加工应税消费品的，为纳税人收回的应税消费品数量；

（四）进口应税消费品的，为海关核定的应税消费品进口征税数量。

第十条 实行从量定额办法计算应纳税额的应税消费品，计量单位的换算标准如下：

（一）黄酒 1 吨 = 962 升

（二）啤酒 1 吨 = 988 升

（三）汽油 1 吨 = 1388 升

（四）柴油 1 吨 = 1176 升

（五）航空煤油 1 吨 = 1246 升

（六）石脑油 1 吨 = 1385 升

（七）溶剂油 1 吨 = 1282 升

（八）润滑油 1 吨 = 1126 升

（九）燃料油 1 吨 = 1015 升

第十一条 纳税人销售的应税消费品，以人民币以外的货币结算销售额的，其销售额的人民币折合率可以选择销售额发生的当天或者当月 1 日的人民币汇率中间价。纳税人应在事先确定采用何种折合率，确定后 1 年内不得变更。

第十二条 条例第六条所称销售额，不包括应向购货方收取的增值税税款。如果纳税人应税消费品的销售额中未扣除增值税税款或者因不得开具增值税专用发票而发生价款和增值税税款合并收取的，在计算消费税时，应当换算为不含增值税税款的销售额。其换算公式为：

应税消费品的销售额 = 含增值税的销售额 ÷（1+增值税税率或者征收率）

第十三条 应税消费品连同包装物销售的，无论包装物是否单独计价以及在会计上如何核算，均应并入应税消费品的销售额中缴纳消费税。如果包装物不作价随同产品销售，而是收取押金，此项押金则不应并入应税消费品的销售额中征税。但对因逾期未收回的包装物不再退还的或者已收取的时间超过 12 个月的押金，应并入应税消费品的销售额，按照应税消费品的适用税率缴纳消费税。

对既作价随同应税消费品销售，又另外收取押金的包装物的押金，凡纳税人在规定的期限内没有退还的，均应并入应税消费品的销售额，按照应税消费品的适用税率缴纳消费税。

第十四条 条例第六条所称价外费用，是指价外向购买方收取的手续费、补贴、基金、集资费、返还利润、奖励费、违约金、滞纳金、延期付款利息、赔偿金、代收款项、代垫款项、包装费、包装物租金、储备费、优质费、运输装卸费以及其他各种性质的价外收费。但下列项目不包括在内：

（一）同时符合以下条件的代垫运输费用：

1. 承运部门的运输费用发票开具给购买方的；

2. 纳税人将该项发票转交给购买方的。

（二）同时符合以下条件代为收取的政府性基金或者行政事业性收费：

1. 由国务院或者财政部批准设立的政府性基金，由国务院或者省级人民政府及其财政、价格主管部门批准设立的行政事业性收费；

2. 收取时开具省级以上财政部门印制的财政票据；

3. 所收款项全额上缴财政。

第十五条　条例第七条第一款所称纳税人自产自用的应税消费品，是指依照条例第四条第一款规定于移送使用时纳税的应税消费品。

条例第七条第一款、第八条第一款所称同类消费品的销售价格，是指纳税人或者代收代缴义务人当月销售的同类消费品的销售价格，如果当月同类消费品各期销售价格高低不同，应按销售数量加权平均计算。但销售的应税消费品有下列情况之一的，不得列入加权平均计算：

（一）销售价格明显偏低并无正当理由的；

（二）无销售价格的。

如果当月无销售或者当月未完结，应按照同类消费品上月或者最近月份的销售价格计算纳税。

第十六条　条例第七条所称成本，是指应税消费品的产品生产成本。

第十七条　条例第七条所称利润，是指根据应税消费品的全国平均成本利润率计算的利润。应税消费品全国平均成本利润率由国家税务总局确定。

第十八条　条例第八条所称材料成本，是指委托方所提供加工材料的实际成本。

委托加工应税消费品的纳税人，必须在委托加工合同上如实注明（或者以其他方式提供）材料成本，凡未提供材料成本的，受托方主管税务机关有权核定其材料成本。

第十九条　条例第八条所称加工费，是指受托方加工应税消费品向委托方所收取的全部费用（包括代垫辅助材料的实际成本）。

第二十条　条例第九条所称关税完税价格，是指海关核定的关税计税价格。

第二十一条　条例第十条所称应税消费品的计税价格的核定权限规定如下：

（一）卷烟、白酒和小汽车的计税价格由国家税务总局核定，送财政部备案；

（二）其他应税消费品的计税价格由省、自治区和直辖市国家税务局核定；

（三）进口的应税消费品的计税价格由海关核定。

第二十二条　出口的应税消费品办理退税后，发生退关，或者国外退货进口时予以免税的，报关出口者必须及时向其机构所在地或者居住地主管税务机关申报补缴已退的消费税税款。

纳税人直接出口的应税消费品办理免税后，发生退关或者国外退货，进口时已予以免税的，经机构所在地或者居住地主管税务机关批准，可暂不办理补税，待其转为国内销售时，再申报补缴消费税。

第二十三条　纳税人销售的应税消费品，如因质量等原因由购买者退回时，经机构所在地或者居住地主管税务机关审核批准后，可退还已缴纳的消费税税款。

第二十四条　纳税人到外县（市）销售或者委托外县（市）代销自产应税消费品的，于应税消费品销售后，向机构所在地或者居住地主管税务机关申报纳税。

纳税人的总机构与分支机构不在同一县（市）的，应当分别向各自机构所在地的主管税务机关申报纳税；经财政部、国家税务总局或者其授权的财政、税务机关批准，可以由总机构汇总向总机构所在地的主管税务机关申报纳税。

委托个人加工的应税消费品，由委托方向其机构所在地或者居住地主管税务机关申报纳税。

进口的应税消费品，由进口人或者其代理人向报关地海关申报纳税。

第二十五条 本细则自2009年1月1日起施行。

财政部 税务总局关于部分成品油消费税政策执行口径的公告

（财政部 税务总局公告2023年第11号）

发布日期：2023-06-30

实施日期：2023-06-30

法规类型：规范性文件

为促进成品油行业规范健康发展，根据《财政部 国家税务总局关于提高成品油消费税税率的通知》（财税〔2008〕167号），现将符合《成品油消费税征收范围注释》规定的部分成品油消费税政策执行口径公告如下：

一、对烷基化油（异辛烷）按照汽油征收消费税。

二、对石油醚、粗白油、轻质白油、部分工业白油（5号、7号、10号、15号、22号、32号、46号）按照溶剂油征收消费税。

三、对混合芳烃、重芳烃、混合碳八、稳定轻烃、轻油、轻质煤焦油按照石脑油征收消费税。

四、对航天煤油参照航空煤油暂缓征收消费税。

五、本公告自发布之日起执行。本公告所列油品，在公告发布前已经发生的事项，不再进行税收调整。

关于对电子烟征收消费税的公告

（财政部 海关总署 税务总局公告2022年第33号）

发布日期：2022-10-02

实施日期：2022-11-01

法规类型：规范性文件

为完善消费税制度，维护税制公平统一，更好发挥消费税引导健康消费的作用，现就对电子烟征收消费税有关事项公告如下：

一、关于税目和征税对象

将电子烟纳入消费税征收范围，在烟税目下增设电子烟子目。

电子烟是指用于产生气溶胶供人抽吸等的电子传输系统，包括烟弹、烟具以及烟弹与烟具组合销售的电子烟产品。烟弹是指含有雾化物的电子烟组件。烟具是指将雾化物雾化为可吸入气溶胶的电子装置。

电子烟进出口税则号列及商品名称见附件。

二、关于纳税人

在中华人民共和国境内生产（进口）、批发电子烟的单位和个人为消费税纳税人。

电子烟生产环节纳税人，是指取得烟草专卖生产企业许可证，并取得或经许可使用他人电子烟产品注册商标（以下称持有商标）的企业。通过代加工方式生产电子烟的，由持有商标的企业缴纳消费税。电子烟批发环节纳税人，是指取得烟草专卖批发企业许可证并经营电子烟批发业务的企业。电子烟进口环节纳税人，是指进口电子烟的单位和个人。

三、关于适用税率

电子烟实行从价定率的办法计算纳税。生产（进口）环节的税率为36%，批发环节的税率为11%。

四、关于计税价格

纳税人生产、批发电子烟的，按照生产、批发电子烟的销售额计算纳税。电子烟生产环节纳税人采用代销方式销售电子烟的，按照经销商（代理商）销售给电子烟批发企业的销售额计算纳税。纳税人进口电子烟的，按照组成计税价格计算纳税。

电子烟生产环节纳税人从事电子烟代加工业务的，应当分开核算持有商标电子烟的销售额和代加工电子烟的销售额；未分开核算的，一并缴纳消费税。

五、关于进、出口政策

纳税人出口电子烟，适用出口退（免）税政策。

将电子烟增列至边民互市进口商品不予免税清单并照章征税。

除上述规定外，个人携带或者寄递进境电子烟的消费税征收，按照国务院有关规定执行。电子烟消费税其他事项依照《中华人民共和国消费税暂行条例》和《中华人民共和国消费税暂行条例实施细则》等规定执行。

本公告自2022年11月1日起执行。

特此公告。

附件：电子烟进出口税则号列及商品名称（略）

国家税务总局关于电子烟消费税征收管理有关事项的公告

（国家税务总局公告2022年第22号）

发布日期：2022-10-25

实施日期：2022-11-01

法规类型：规范性文件

根据《财政部　海关总署　税务总局关于对电子烟征收消费税的公告》（2022年第33号，以下简称33号公告）规定，自2022年11月1日起对电子烟征收消费税。现将征收管理有关事项公告如下：

一、税务总局在税控开票软件中更新了《商品和服务税收分类编码表》，纳税人销售电子烟应当选择“电子烟”类编码开具发票。

二、《消费税及附加税费申报表》〔《国家税务总局关于增值税　消费税与附加税费申报表整合有关事项的公告》（2021年第20号）附件7〕附注1《应税消费品名称、税率和计量单位对照表》中新增“电子烟”子目，调整后的表式见附件。

三、符合33号公告第二条规定的纳税人，从事生产、批发电子烟业务应当按规定填报《消费税及附加税费申报表》，办理消费税纳税申报。

四、根据《中华人民共和国消费税暂行条例实施细则》第十七条的规定和我国电子烟行业生产经营的实际情况，电子烟全国平均成本利润率暂定为10%。

五、本公告自2022年11月1日起施行。《国家税务总局关于增值税 消费税与附加税费申报表整合有关事项的公告》（2021年第20号）附件7的附注1同时废止。各级税务机关要根据33号公告和本公告的规定，对相关纳税人做好政策宣传和辅导工作，及时为其办理消费税税种认定。

特此公告

附件：应税消费品名称、税率和计量单位对照表（略）

财政部　海关总署　国家税务总局关于对部分成品油征收进口环节消费税的公告

（财政部　海关总署　国家税务总局公告2021年第19号）

发布日期：2021-05-12

实施日期：2021-06-12

法规类型：规范性文件

为维护公平税收秩序，根据国内成品油消费税政策相关规定，现将有关问题公告如下：

一、对归入税则号列27075000，且200摄氏度以下时蒸馏出的芳烃以体积计小于95%的进口产品，视同石脑油按1.52元/升的单位税额征收进口环节消费税。

二、对归入税则号列27079990、27101299的进口产品，视同石脑油按1.52元/升的单位税额征收进口环节消费税。

三、对归入税则号列27150000，且440摄氏度以下时蒸馏出的矿物油以体积计大于5%的进口产品，视同燃料油按1.2元/升的单位税额征收进口环节消费税。

四、本公告所称视同仅涉及消费税的征、退（免）税政策。

五、本公告自2021年6月12日起执行。

特此公告。

财政部　国家税务总局关于对超豪华小汽车加征消费税有关事项的通知

（财税〔2016〕129号）

发布日期：2016-11-30
实施日期：2016-12-01
法规类型：规范性文件

各省、自治区、直辖市、计划单列市财政厅（局）、国家税务局，新疆生产建设兵团财务局：

为了引导合理消费，促进节能减排，经国务院批准，对超豪华小汽车加征消费税。现将有关事项通知如下：

一、“小汽车”税目下增设“超豪华小汽车”子税目。征收范围为每辆零售价格130万元（不含增值税）及以上的乘用车和中轻型商用客车，即乘用车和中轻型商用客车子税目中的超豪华小汽车。对超豪华小汽车，在生产（进口）环节按现行税率征收消费税基础上，在零售环节加征消费税，税率为10%。

二、将超豪华小汽车销售给消费者的单位和个人为超豪华小汽车零售环节纳税人。

三、超豪华小汽车零售环节消费税应纳税额计算公式：

应纳税额=零售环节销售额（不含增值税，下同）×零售环节税率

国内汽车生产企业直接销售给消费者的超豪华小汽车，消费税税率按照生产环节税率和零售环节税率加总计算。消费税应纳税额计算公式：

应纳税额=销售额×（生产环节税率+零售环节税率）

四、上述规定自2016年12月1日起执行。对于11月30日（含）之前已签订汽车销售合同，但未交付实物的超豪华小汽车，自12月1日（含）起5个工作日内，纳税人持已签订的汽车销售合同，向其主管税务机关备案。对按规定备案的不征收零售环节消费税，未备案以及未按规定期限备案的，征收零售环节消费税。

附件

调整后的小汽车税目税率表

税目	税率	
	生产（进口）环节	零售环节
小汽车		
1. 乘用车		
（1）气缸容量（排气量，下同）在1.0升（含1.0升）以下的	1%	

续表

税目	税率	
	生产（进口）环节	零售环节
(2) 气缸容量在1.0升以上至1.5升（含1.5升）的	3%	
(3) 气缸容量在1.5升以上至2.0升（含2.0升）的	5%	
(4) 气缸容量在2.0升以上至2.5升（含2.5升）的	9%	
(5) 气缸容量在2.5升以上至3.0升（含3.0升）的	12%	
(6) 气缸容量在3.0升以上至4.0升（含4.0升）的	25%	
(7) 气缸容量在4.0升以上的	40%	
2. 中轻型商用客车	5%	
3. 超豪华小汽车	按子税目1和子税目2的规定征收	10%

财政部　国家税务总局关于调整小汽车进口环节消费税的通知

（财关税〔2016〕63号）

发布日期：2016-11-30
实施日期：2016-12-01
法规类型：规范性文件

海关总署：

为了引导合理消费，调节收入分配，促进节能减排，经国务院批准，对小汽车进口环节消费税进行调整。现将有关事项通知如下：

对我国驻外使领馆工作人员、外国驻华机构及人员、非居民常住人员、政府间协议规定等应税（消费税）进口自用，且完税价格130万元及以上的超豪华小汽车消费税，按照生产（进口）环节税率和零售环节税率（10%）加总计算，由海关代征。具体税目见附件。

本通知自2016年12月1日起执行。

附件：小汽车进口环节消费税税目税率表

附件

小汽车进口环节消费税税目税率表

序号	EX①	税则号列②	商品名称	进口环节消费税税率
1	ex	87021092	20≤座≤23 柴油客车	5%
2		87021093	10≤座≤19 柴油客车	5%
3	ex	87029020	20≤座≤23 非柴油客车	5%
4		87029030	10≤座≤19 非柴油客车	5%
5		87032130	排气量≤1 升的小轿车	1%
6		87032140	排气量≤1 升的越野车	1%
7		87032150	排气量≤1 升，≤9 座的小客车	1%
8		87032190	排气量≤1 升的其他车辆	1%
9		87032230	1 升<排气量≤1.5 升的小轿车	3%
10		87032240	1 升<排气量≤1.5 升的越野车	3%
11		87032250	1 升<排气量≤1.5 升，≤9 座的小客车	3%
12		87032290	1 升<排气量≤1.5 升的其他载人车辆	3%
13		87032341	1.5 升<排气量≤2 升的小轿车	5%
14		87032342	1.5 升<排气量≤2 升的越野车	5%
15		87032343	1.5 升<排气量≤2 升，≤9 座的小客车	5%
16		87032349	1.5 升<排气量≤2 升的其他载人车辆	5%
17		87032351	2 升<排气量≤2.5 升的小轿车	9%
18		87032352	2 升<排气量≤2.5 升的越野车	9%
19		87032353	2 升<排气量≤2.5 升，≤9 座的小客车	9%
20		87032359	2 升<排气量≤2.5 升的其他载人车辆	9%
21		87032361	2.5 升<排气量≤3 升的小轿车	12%
22		87032362	2.5 升<排气量≤3 升的越野车	12%
23		87032363	2.5 升<排气量≤3 升，≤9 座的小客车	12%
24		87032369	2.5 升<排气量≤3 升的其他载人车辆	12%
25		87032411	3 升<排气量≤4 升的小轿车	25%
26		87032412	3 升<排气量≤4 升的越野车	25%
27		87032413	3 升<排气量≤4 升，≤9 座的小客车	25%
28		87032419	3 升<排气量≤4 升的其他载人车辆	25%
29		87032421	4 升<排气量的小轿车	40%
30		87032422	4 升<排气量的越野车	40%
31		87032423	4 升<排气量，≤9 座的小客车	40%
32		87032429	4 升<排气量的其他载人车辆	40%
33		87033111	排气量≤1 升的小轿车	1%
34		87033119	排气量≤1 升的其他载人车辆	1%
35		87033121	1 升<排气量≤1.5 升的小轿车	3%
36		87033122	1 升<排气量≤1.5 升的越野车	3%
37		87033123	1 升<排气量≤1.5 升，≤9 座的小客车	3%

续表

序号	EX①	税则号列②	商品名称	进口环节消费税税率
38		87033129	1 升<排气量≤1.5 升的其他载人车辆	3%
39		87033211	1.5 升<排气量≤2 升的小轿车	5%
40		87033212	1.5 升<排气量≤2 升的越野车	5%
41		87033213	1.5 升<排气量≤2 升，≤9 座的小客车	5%
42		87033219	1.5 升<排气量≤2 升的其他载人车辆	5%
43		87033221	2 升<排气量≤2.5 升的小轿车	9%
44		87033222	2 升<排气量≤2.5 升的越野车	9%
45		87033223	2 升<排气量≤2.5 升，≤9 座的小客车	9%
46		87033229	2 升<排气量≤2.5 升的其他载人车辆	9%
47		87033311	2.5 升<排气量≤3 升的小轿车	12%
48		87033312	2.5 升<排气量≤3 升的越野车	12%
49		87033313	2.5 升<排气量≤3 升，≤9 座的小客车	12%
50		87033319	2.5 升<排气量≤3 升的其他载人车辆	12%
51		87033321	3 升<排气量≤4 升的小轿车	25%
52		87033322	3 升<排气量≤4 升的越野车	25%
53		87033323	3 升<排气量≤4 升，≤9 座的小客车	25%
54		87033329	3 升<排气量≤4 升的其他载人车辆	25%
55		87033361	4 升<排气量的小轿车	40%
56		87033362	4 升<排气量的越野车	40%
57		87033363	4 升<排气量≤9 座的小客车	40%
58		87033369	4 升<排气量的其他载人车辆	40%
59		87039000	其他型排气量≤1 升的其他载人车辆	1%
60			其他型 1 升<排气量≤1.5 升的其他载人车辆	3%
61			其他型 1.5 升<排气量≤2 升的其他载人车辆	5%
62			其他型 2 升<排气量≤2.5 升的其他载人车辆	9%
63			其他型 2.5 升<排气量≤3 升的其他载人车辆	12%
64			其他型 3 升<排气量≤4 升的其他载人车辆	25%
65			其他型 4 升<排气量的其他载人车辆	40%
66			电动汽车和其他无法区分排气量的载人车辆	0

备注：1. 对我国驻外使领馆工作人员、外国驻华机构及人员、非居民常住人员、政府间协议规定等应税（消费税）进口自用，且完税价格 130 万元及以上的汽车（详见上表），按照进口环节消费税税率与零售环节消费税税率（10%）加总计算。

2. “ex”标识表示非全税目商品。

关于对电池、涂料征收进口环节消费税的通知

（财关税〔2015〕4号）

发布日期：2015-01-29

实施日期：2016-02-01

法规类型：规范性文件

海关总署：

经国务院批准，对电池、涂料征收进口环节消费税，现将有关事项通知如下：

一、自2015年2月1日起对电池（铅蓄电池除外）、涂料征收进口环节消费税，适用税率均为4%。

对无汞原电池、金属氢化物镍蓄电池（又称“氢镍蓄电池”或“镍氢蓄电池”）、锂原电池、锂离子蓄电池、太阳能电池、燃料电池、全钒液流电池以及施工状态下挥发性有机物含量低于420克/升（含）的涂料免征进口环节消费税。

二、自2016年1月1日起对铅蓄电池（税则号列：85071000、85072000）征收进口环节消费税，适用税率为4%。

电池、涂料进口环节消费税税目税率表分别见附件1、附件2。

特此通知。

附件1

电池进口环节消费税税目税率表

税则号列	商品名称	税率（%）
ex85061011	电池，燃料电池以及汞含量低于电池重量的0.0001%（扣式电池按0.0005%）的无汞原电池及原电池组除外。	
ex85061012		
ex85061019		
ex85061090		
ex85063000		
ex85064000		
ex85066000		
ex85068000		
ex85078090		
85071000		
85072000		
85073000		
85074000		

续表

税则号列	商品名称	税率（%）
起动活塞式发动机用铅酸蓄电池		
其他铅酸蓄电池		
镍镉蓄电池		
镍铁蓄电池		

注："ex" 表示征收消费税的商品应在该税号范围内，以具体商品描述为准。

附件 2

涂料进口环节消费税税目税率表

税则号列	商品名称	税率（%）
ex32081000	涂料，施工状态下挥发性有机物含量低于 420 克/升（（含）的涂料除外。	4
ex32082010		
ex32082020		
ex32089010		
ex32089090		
ex32091000		
ex32099010		
ex32099020		
ex32099090		
ex32100000		
ex32149000		

注："ex" 表示征收消费税的商品应在该税号范围内，以具体商品描述为准。

关于明确成品油法定数量申报要求的公告

（海关总署公告 2013 年第 10 号）

发布日期：2013-03-18
实施日期：2013-04-01
法规类型：规范性文件

自 2009 年 1 月 1 日起，国家按照升（第二法定数量）对成品油计征进口环节消费税。海关总署陆续发布了 2008 年第 99 号公告、2009 年第 15 号公告（已废止）和 2010 年第 46 号公告，对应税成品油商品的第二法定数量进行了规范。

为确保海关统计数据的准确性，便于企业在办理各类海关手续中遵循统一标准，经研究，现就成品油的法定数量申报要求补充规定如下：

一、进出口货物的收发货人及其代理人在向海关申报《中华人民共和国进出口税则》和《中华人民共和国海关统计商品目录》中商品品目“2710”项下商品时，其第二法定计量数量（计量单位为升）应统一按附件中给定公式，由第一法定数量（计量单位为千克）换算后向海关申报。

二、第一法定数量未在合同等报关单随附单证及其他相关单证中直接列明的，应先按照实际密度及体积计算并申报第一法定数量，再换算第二法定数量。零售包装的成品油，其第一法定数量应为扣除零售包装后的液体部分重量。按照商业惯例成品油通常会含有一定数量的水份，申报第一法定数量时不应扣除含水量。

三、本公告适用于进出口货物报关单、进出境货物备案清单等各类具有第二法定计量单位和法定数量栏目的海关单证的申报及修改。

四、本公告内容自 2013 年 4 月 1 日起执行。

特此公告。

附件：成品油第二法定数量换算公式

成品油第二法定数量换算公式

商品编码	商品名称	换算公式	公式来源
27101210	车用汽油和航空汽油	1 千克=1. 388 升	海关总署公告 2008 年第 99 号
27101220	石脑油	1 千克=1. 385 升	海关总署公告 2008 年第 99 号
27101230	橡胶溶剂油、油漆溶剂油、抽提溶剂油	1 千克=1. 282 升	海关总署公告 2008 年第 99 号
27101911	航空煤油	1 千克=1. 246 升	海关总署公告 2008 年第 99 号
27101921	轻柴油	1 千克=1. 176 升	海关总署公告 2008 年第 99 号
27101922	5-7 号燃料油	1 千克=1. 015 升	海关总署公告 2008 年第 99 号
27101929	其他柴油及其他燃料油	1 千克=1. 176 升	海关总署公告 2010 年第 46 号
27101991	润滑油	1 千克=1. 126 升	海关总署公告 2008 年第 99 号
27101992	润滑脂	1 千克=1. 126 升	海关总署公告 2010 年第 46 号
27101993	润滑油基础油	1 千克=1. 126 升	海关总署公告 2010 年第 46 号
27101999	其他重油及重油制品	1 千克=1. 015 升	海关总署公告 2010 年第 46 号

关于成品油进口环节消费税计征问题

（海关总署公告 2010 年第 46 号）

发布日期：2010-07-19
实施日期：2010-07-26
法规类型：规范性文件

自 2009 年 1 月 1 日起，国家调整了成品油的进口环节消费税。海关总署陆续发布了 2008 年第 99 号公告、2009 年第 15 号公告，对有关问题进行明确。为方便企业通关，确保政策实施的公平、统一和规范，经研究，现就有关事项再次明确如下：

一、对于进口“其他柴油及其他燃料油（税号：27101929）”、“润滑脂（税号：27101992）”、“润滑油基础油（税号：27101993）”和“其他重油及重油制品（税号：27101999）”项下的成品油，第二法定计量单位（升）统一按附件中给定公式由第一法定计量单位（千克）换算后向海关申报并计征进口环节消费税。

二、当纳税义务人进口成品油的重量和体积的换算与给定公式不相同时，应按给定公式将重量换算为体积后向海关申报并缴纳进口环节消费税。

三、按照商业惯例成品油通常会含有一定数量的水份，申报重量时不应扣除含水量。

四、本公告内容自7月26日起执行，海关总署公告2009年第15号同时废止。

特此公告。

附件

新增成品油计量单位换算标准

税则号列	商品名称	换算公式
27101929	其他柴油及其他燃料油	1千克=1.176升
27101992	润滑脂	1千克=1.126升
27101993	润滑油基础油	1千克=1.126升
27101999	其他重油及重油制品	1千克=1.015升

海关总署关于调整成品油等商品的进口环节消费税有关问题的公告

（海关总署公告2008年第99号）

发布日期：2008-12-31

实施日期：2009-01-01

法规类型：规范性文件

经国务院批准，自2009年1月1日起，调整成品油等商品的进口环节消费税。现就有关问题公告如下：

一、进口环节消费税调整的有关情况

（一）将无铅汽油的进口环节消费税单位税额提高到每升1.0元；将含铅汽油的进口环节消费税单位税额提高到每升1.4元。

（二）恢复对石脑油征收进口环节消费税政策，并将石脑油的进口环节消费税单位税额提高到每升1.0元。

（三）将溶剂油的进口环节消费税单位税额提高到每升1.0元。

（四）将柴油的进口环节消费税单位税额提高到每升0.8元。

（五）将燃料油的进口环节消费税单位税额提高到每升0.8元。对燃料油税目中包含的蜡油开征进口环节消费税，单位税额为每升0.8元。

（六）将润滑油的进口环节消费税单位税额提高到每升 1.0 元，对润滑脂、润滑油基础油开征进口环节消费税，单位税额为每升 1.0 元。

（七）将航空煤油的进口环节消费税单位税额提高到每升 0.8 元，暂缓征收。

（八）取消化妆品中的痱子粉、爽身粉进口环节消费税。

（九）卷烟消费税仍按海关总署 2004 年第 4 号公告执行。

调整后成品油进口环节消费税税目税率表见附件 1. 由于 2009 年税则税目进行了调整，进口环节消费税税目税率总表见附件 2.

二、执行成品油进口环节消费税政策的有关问题

（一）进口消费税应税成品油时，纳税义务人应单独向海关申报，并应按第一法定计量单位（千克）和第二法定计量单位（升）同时申报进口数量。

（二）海关出具“进口消费税专用缴款书”时，在预算科目栏填写“进口成品油消费税”，在预算级次栏填写“中央”。对于以前年度多征、少征、漏征的成品油进口环节消费税也按上述预算科目办理退补税手续。

（三）在调整有关程序和参数前，海关对进口成品油消费税征收全额保证金后放行。待相关程序和参数调整后，再予转税或退还。

特此公告。

附件：1. 成品油进口环节消费税税目税率表（略）

2. 进口环节消费税税目税率总表（略）

财政部　国家税务总局关于调整部分成品油消费税政策的通知

（财税〔2008〕19 号）

发布日期：2008-02-02

实施日期：2009-01-01

法规类型：规范性文件

（根据财税〔2009〕18 号《财政部　国家税务总局关于公布废止和失效的消费税规范性文件目录的通知》自 2009 年 1 月 1 日起，本法规第一条，第二条中关于进口石脑油免征消费税的规定停止执行；根据财税〔2008〕168 号《财政部　国家税务总局关于提高成品油消费税税率后相关成品油消费税政策的通知》，自 2009 年 1 月 1 日起，本法规第二条中关于进口石脑油免征消费税的规定废止）

各省、自治区、直辖市、计划单列市财政厅（局）、国家税务局，新疆生产建设兵团财务局：

为促进以石脑油为原料的国产乙烯和芳烃类产品与进口同类产品的公平竞争，经国务院批准，现将石脑油等部分成品油消费税政策调整如下：

三、以外购或委托加工收回的已税石脑油、润滑油、燃料油为原料生产的应税消费品，准予从消费税应纳税额中扣除原料已纳的消费税税款。抵扣税款的计算公式为：当期准予扣除的外购应税消费品已纳税款=当期准予扣除外购应税消费品数量×外购应税消费品单位税额。

四、本通知自 2008 年 1 月 1 日起执行。在 2007 年 12 月 31 日以前石脑油应缴未缴的消费税，各地主管税务机关应抓紧进行清缴。原《财政部　国家税务总局关于调整和完善消费税政策的通知》（财税〔2006〕33 号）、《国家税务总局关于印发<调整和完善消费税政策征收管理规定>的通知》（国税发〔2006〕49 号）规定与本通知有抵触的，以本通知规定为准。

财政部　国家税务总局关于调整和完善消费税政策的通知

（财税〔2006〕33 号）

发布日期：2006-03-20

实施日期：2009-01-01

法规类型：规范性文件

（根据财税〔2009〕18 号《财政部　国家税务总局关于公布废止和失效的消费税规范性文件目录的通知》，自 2009 年 1 月 1 日起本法规第一条第二款第 1 项，第四条第一款第 1 项，第十条第一款“石脑油、溶剂油、润滑油、燃料油暂按应纳税额的 30%征收消费税”的规定，附件第六条停止执行；根据财税〔2008〕168 号《财政部　国家税务总局关于提高成品油消费税税率后相关成品油消费税政策的通知》，自 2009 年 1 月 1 日起本法规第一条第二款的第 1 项成品油新增子目的适用税率（单位税额）和附件的第六条废止；根据财税〔2008〕19 号《财政部　国家税务总局关于调整部分成品油消费税政策的通知》，自 2008 年 1 月 1 日起，本法规与财税〔2008〕19 号有抵触的，以财税〔2008〕19 号规定为准）

各省、自治区、直辖市、计划单列市财政厅（局）、国家税务局，新疆生产建设兵团财务局：

为适应社会经济形势的客观发展需要，进一步完善消费税制，经国务院批准，对消费税税目、税率及相关政策进行调整。现将有关内容通知如下：

一、关于新增税目

（一）新增高尔夫球及球具、高档手表、游艇、木制一次性筷子、实木地板税目、适用税率分别为：

1. 高尔夫球及球具税率为 10%；

2. 高档手表税率为 20%；

3. 游艇税率为 10%；

4. 木制一次性筷子税率为 5%；

5. 实木地板税率为 5%。

（二）取消汽油、柴油税目，增列成品油税目。汽油、柴油改为成品油税目下的子目（税率不变）。另外新增石脑油、溶剂油、润滑油、燃料油、航空煤油五个子目。

2. 上述新增子目的计量单位换算标准分别为：

（1）石脑油 1 吨 = 1385 升；

（2）溶剂油 1 吨 = 1282 升；

（3）润滑油 1 吨 = 1126 升；

（4）燃料油 1 吨 = 1015 升；

（5）航空煤油 1 吨 = 1246 升。

计量单位换算标准的调整由财政部、国家税务总局确定。

二、关于纳税人

在中华人民共和国境内生产、委托加工、进口上述新增应税消费品的单位和个人为消费税的纳税义务人，均应按《中华人民共和国消费税暂行条例》（以下简称条例）和本通知的规定申报缴纳消费税。

三、关于取消税目

取消护肤护发品税目，将原属于护肤护发品征税范围的高档护肤类化妆品列入化妆品税目。

四、关于调整税目税率

（一）调整小汽车税目税率。

取消小汽车税目下的小轿车、越野车、小客车子目。在小汽车税目下分设乘用车、中轻型商用客车子目。适用税率分别为：

2. 中轻型商用客车，税率为5%。

（二）调整摩托车税率。

将摩托车税率改为按排量分档设置：

1. 气缸容量在250毫升（含）以下的，税率为3%；

2. 气缸容量在250毫升以上的，税率为10%。

（三）调整汽车轮胎税率。

将汽车轮胎10%的税率下调到3%。

（四）调整白酒税率。

粮食白酒、薯类白酒的比例税率统一为20%。定额税率为0.5元/斤（500克）或0.5元/500毫升。从量定额税的计量单位按实际销售商品重量确定，如果实际销售商品是按体积标注计量单位的，应按500毫升为1斤换算，不得按酒度折算。

五、关于组成套装销售的计税依据

纳税人将自产的应税消费品与外购或自产的非应税消费品组成套装销售的，以套装产品的销售额（不含增值税）为计税依据。

六、关于以自产石脑油用于本企业连续生产的纳税问题

生产企业将自产石脑油用于本企业连续生产汽油等应税消费品的，不缴纳消费税；用于连续生产乙烯等非应税消费品或其他方面的，于移送使用时缴纳消费税。

七、关于已纳税款的扣除

下列应税消费品准予从消费税应纳税额中扣除原料已纳的消费税税款：

（一）以外购或委托加工收回的已税杆头、杆身和握把为原料生产的高尔夫球杆。

（二）以外购或委托加工收回的已税木制一次性筷子为原料生产的木制一次性筷子。

（三）以外购或委托加工收回的已税实木地板为原料生产的实木地板。

（四）以外购或委托加工收回的已税石脑油为原料生产的应税消费品。

（五）以外购或委托加工收回的已税润滑油为原料生产的润滑油。

已纳消费税税款抵扣的管理办法由国家税务总局另行制定。

八、关于新增和调整税目的全国平均成本利润率

新增和调整税目全国平均成本利润率暂定如下：

（一）高尔夫球及球具为10%；

（二）高档手表为20%；

（三）游艇为10%；

（四）木制一次性筷子为5%；

（五）实木地板为5%；

（六）乘用车为 8%；

（七）中轻型商用客车为 5%。

九、关于出口

出口应税消费品的退（免）税政策，按调整后的税目税率以及条例和有关规定执行。

十、关于减税免税

（一）航空煤油暂缓征收消费税。

（二）子午线轮胎免征消费税。

十一、其他相关问题

（一）本通知实施以后，属于新增税目、取消税目和调整税目税率的应税消费品，因质量原因发生销货退回的，依照条例实施细则的规定执行。具体操作办法由国家税务总局另行制定。

（二）商业企业 2006 年 3 月 31 日前库存的属于本通知规定征税范围的应税消费品，不需申报补缴消费税。

（三）对单位和个人欠缴的消费税，主管税务机关应依据《中华人民共和国税收征收管理法》及其实施细则的规定及时清缴。

（四）出口企业收购出口应税消费品的应退税额的计算，以消费税税收（出口货物专用）缴款书注明的税额为准。

（五）出口企业在 2006 年 3 月 31 日前收购的出口应税消费品，并取得消费税税收（出口货物专用）缴款书的，在 2006 年 4 月 1 日以后出口的，仍可按原税目税率办理退税。具体执行时间以消费税税收（出口货物专用）缴款书开具日期为准。

十二、关于执行时间

本通知自 2006 年 4 月 1 日起执行。以下文件或规定同时废止：

（一）《关于印发《消费税征收范围注释》的通知》（国税发〔1993〕153 号）第四条、第十一条。

（二）《关于〈消费税征收范围注释〉的补充通知》（国税发〔1994〕26 号）。

（三）《关于 CH1010 微型厢式货车等有关征收消费税问题的批复》（国税函发〔1994〕303 号）。

（四）《国家税务总局关于消费税若干征税问题的通知》（国税发〔1997〕84 号）第四条。

（五）《国家税务总局关于对部分油品征收消费税问题的批复》（国税函〔2004〕1078 号）第一条、第二条。

（六）《国家税务总局关于“皮卡”改装的“旅行车”征收消费税问题的批复》（国税函〔2005〕217 号）。

（七）《国家税务总局关于美宝莲全天候粉底液等产品征收消费税问题的批复》（国税函〔2005〕1231 号）。

附件：消费税新增和调整税目征收范围注释

附件

消费税新增和调整税目征收范围注释

一、高尔夫球及球具

高尔夫球及球具是指从事高尔夫球运动所需的各种专用装备，包括高尔夫球、高尔夫球杆及高尔夫球包（袋）等。

高尔夫球是指重量不超过45.93克、直径不超过42.67毫米的高尔夫球运动比赛、练习用球；高尔夫球杆是指被设计用来打高尔夫球的工具，由杆头、杆身和握把三部分组成；高尔夫球包（袋）是指专用于盛装高尔夫球及球杆的包（袋）。

本税目征收范围包括高尔夫球、高尔夫球杆、高尔夫球包（袋）。高尔夫球杆的杆头、杆身和握把属于本税目的征收范围。

二、高档手表

高档手表是指销售价格（不含增值税）每只在10000元（含）以上的各类手表。

本税目征收范围包括符合以上标准的各类手表。

三、游艇

游艇是指长度大于8米小于90米，船体由玻璃钢、钢、铝合金、塑料等多种材料制作，可以在水上移动的水上浮载体。按照动力划分，游艇分为无动力艇、帆艇和机动艇。

本税目征收范围包括艇身长度大于8米（含）小于90米（含），内置发动机，可以在水上移动，一般为私人或团体购置，主要用于水上运动和休闲娱乐等非牟利活动的各类机动艇。

四、木制一次性筷子

木制一次性筷子，又称卫生筷子，是指以木材为原料经过锯段、浸泡、旋切、刨切、烘干、筛选、打磨、倒角、包装等环节加工而成的各类一次性使用的筷子。

本税目征收范围包括各种规格的木制一次性筷子。未经打磨、倒角的木制一次性筷子属于本税目征税范围。

五、实木地板

实木地板是指以木材为原料，经锯割、干燥、刨光、截断、开榫、涂漆等工序加工而成的块状或条状的地面装饰材料。实木地板按生产工艺不同，可分为独板（块）实木地板、实木指接地板、实木复合地板三类；按表面处理状态不同，可分为未涂饰地板（白坯板、素板）和漆饰地板两类。

本税目征收范围包括各类规格的实木地板、实木指接地板、实木复合地板及用于装饰墙壁、天棚的侧端面为榫、槽的实木装饰板。未经涂饰的素板属于本税目征税范围。

六、成品油

本税目包括汽油、柴油、石脑油、溶剂油、航空煤油、润滑油、燃料油七个子目。

汽油、柴油的征收范围仍按原规定执行。

（一）石脑油。

石脑油又叫轻汽油、化工轻油。是以石油加工生产的或二次加工汽油经加氢精制而得的用于化工原料的轻质油。

石脑油的征收范围包括除汽油、柴油、煤油、溶剂油以外的各种轻质油。

（二）溶剂油。

溶剂油是以石油加工生产的用于涂料和油漆生产、食用油加工、印刷油墨、皮革、农药、橡胶、化妆品生产的轻质油。

溶剂油的征收范围包括各种溶剂油。

（三）航空煤油。

航空煤油也叫喷气燃料，是以石油加工生产的用于喷气发动机和喷气推进系统中作为能源的石油燃料。

航空煤油的征收范围包括各种航空煤油。

(四) 润滑油。

润滑油是用于内燃机、机械加工过程的润滑产品。润滑油分为矿物性润滑油、植物性润滑油、动物性润滑油和化工原料合成润滑油。

润滑油的征收范围包括以石油为原料加工的矿物性润滑油，矿物性润滑油基础油。植物性润滑油、动物性润滑油和化工原料合成润滑油不属于润滑油的征收范围。

(五) 燃料油。

燃料油也称重油、渣油。

燃料油征收范围包括用于电厂发电、船舶锅炉燃料、加热炉燃料、冶金和其他工业炉燃料的各类燃料油。

七、小汽车

汽车是指由动力驱动，具有四个或四个以上车轮的非轨道承载的车辆。

本税目征收范围包括含驾驶员座位在内最多不超过9个座位（含）的，在设计和技术特性上用于载运乘客和货物的各类乘用车和含驾驶员座位在内的座位数在10至23座（含23座）的在设计和技术特性上用于载运乘客和货物的各类中轻型商用客车。

用排气量小于1.5升（含）的乘用车底盘（车架）改装、改制的车辆属于乘用车征收范围。用排气量大于1。5升的乘用车底盘（车架）或用中轻型商用客车底盘（车架）改装、改制的车辆属于中轻型商用客车征收范围。

含驾驶员人数（额定载客）为区间值的（如8-10人；17-26人）小汽车，按其区间值下限人数确定征收范围。

电动汽车不属于本税目征收范围。

八、化妆品

本税目征收范围包括各类美容、修饰类化妆品、高档护肤类化妆品和成套化妆品。

美容、修饰类化妆品是指香水、香水精、香粉、口红、指甲油、胭脂、眉笔、唇笔、蓝眼油、眼睫毛以及成套化妆品。

舞台、戏剧、影视演员化妆用的上妆油、卸装油、油彩、不属于本税目的征收范围。

高档护肤类化妆品征收范围另行制定。

财政部　国家税务总局关于进口环节消费税有关问题的通知

(财关税〔2006〕22号)

发布日期：2006-03-30

实施日期：2006-04-01

法规类型：规范性文件

海关总署：

为适应社会经济形势的客观发展需要，进一步完善消费税制，经国务院批准，对消费税税目、税率及相关政策进行调整。根据《财政部、国家税务总局关于调整和完善消费税政策的通知》（财税〔2006〕33号），现将进口环节征收消费税的有关问题通知如下：

一、新增对高尔夫球及球具、高档手表、游艇、木制一次性筷子、实木地板、石脑油、溶剂油、润滑油、燃料油、航空煤油等产品征收消费税，停止对护肤护发品征收消费税，调整汽车、摩托车、汽车轮胎、白酒的消费税税率；石脑油、溶剂油、润滑油、燃料油暂按应纳消费税额的30%征收；航空煤油暂缓征收消费税；子午线轮胎免征消费税。

二、调整后征收进口环节消费税的商品共14类，具体税目税率见附件。

三、关于进口环节消费税税收政策问题，按《财政部、海关总署、国家税务总局关于印发〈关于进口货物进口环节海关代征税税收政策问题的规定〉的通知》（财关税〔2004〕7号）的有关规定执行。

四、本通知自2006年4月1日起执行。原有规定与本通知有抵触的，以本通知为准。

附件：进口环节消费税应税商品税目税率表（略）

海关总署关于国家将调整进口卷烟消费税税率执行中有关问题的公告

（海关总署公告2004年第4号）

发布日期：2004-02-27
实施日期：2004-02-27
法规类型：规范性文件

根据财政部国家税务总局关于调整进口卷烟消费税税率的通知规定，自2004年3月1日起，国家将调整进口卷烟消费税税率，现就执行中有关问题公告如下：

一、进口卷烟是指2004年海关税则号列24022000项下的“烟草制的卷烟”。

二、对上述卷烟征收进口环节消费税时，应同时征收消费税定额税和从价税。计征从价税时，应首先根据确定消费税适用比例税率的价格确定进口卷烟所适用的消费税税率，然后再根据组成计税价格和所适用的消费税税率，征收应纳税款。具体计税方法如下：

（一）每标准条进口卷烟（200支）确定消费税适用比例税率的价格=（关税完税价格+关税+消费税定额税率）/（1-消费税税率）。其中，关税完税价格和关税为每标准条的关税完税价格及关税税额；消费税定额税率为每标准条（200支）0.6元（依据现行消费税定额税率折算而成）；消费税税率固定为30%。

（二）每标准条进口卷烟（200支）确定消费税适用比例税率的价格≥50元人民币的，适用比例税率为45%；每标准条进口卷烟（200支）确定消费税适用比例税率的价格<50元人民币的，适用比例税率为30%。

（三）进口卷烟消费税组成计税价格=（关税完税价格+关税+消费税定额税）/（1-进口卷烟消费税适用比例税率）。

（四）应纳消费税税额=进口卷烟消费税组成计税价格x进口卷烟消费税适用比例税率+消费税定额税。其中，消费税定额税=海关核定的进口卷烟数量x消费税定额税率，消费税定额税率为每标准箱（50000支）150元。

三、对3月1日以前海关已经接受申报的进口卷烟，仍应按原规定征收进口消费税。

关税配额

农产品进口关税配额管理暂行办法

（商务部　国家发展和改革委员会令2003年第4号）

发布日期：2003-09-27
实施日期：2021-05-10
法规类型：部门规章

（根据2019年11月30日商务部令2019年第1号《商务部关于废止和修改部分规章的决定》第一次修正；根据2021年5月10日商务部令2021年第2号《商务部关于废止和修改部分规章的决定》第二次修正）

第一章　总　则

第一条　为有效实施农产品进口关税配额管理，建立统一、公平、公正、透明、可预见和非歧视的农产品进口关税配额管理体制，根据《中华人民共和国对外贸易法》、《中华人民共和国海关法》、《中华人民共和国货物进出口管理条例》和《中华人民共和国进出口关税条例》制定本办法。

第二条　在公历年度内，根据中国加入世界贸易组织货物贸易减让表所承诺的配额量，确定实施进口关税配额管理农产品的年度市场准入数量。

关税配额量内进口的农产品适用关税配额税率，配额量外进口的农产品按照《中华人民共和国进出口关税条例》的有关规定执行。

散装货物溢装部分按照本《办法》第十九条第二款的规定执行。

第三条　实施进口关税配额管理的农产品品种为：小麦（包括其粉、粒，以下简称小麦）、玉米（包括其粉、粒，以下简称玉米）、大米（包括其粉、粒，以下简称大米）、食糖、棉花、羊毛以及毛条。

实施关税配额管理农产品相应的税目及适用税率另行公布。

第四条　小麦、玉米、大米、食糖、棉花进口关税配额分为国营贸易配额和非国营贸易配额。国营贸易配额须通过国营贸易企业进口；非国营贸易配额通过有贸易权的企业进口，有贸易权的最终用户也可以自行进口。

第五条　农产品进口关税配额为全球配额。

第六条　符合第三条规定的农产品所有贸易方式的进口均纳入关税配额管理范围。

第七条　食糖、羊毛、毛条进口关税配额由商务部分配。

小麦、玉米、大米、棉花进口关税配额由国家发展和改革委员会（以下简称“发展改革委”）会同商务部分配。

第八条 商务部、发展改革委分别委托省级商务主管部门和省级发展改革主管部门（以下简称委托机构）负责下列事项：

（一）接收申请者的申请并将申请材料转报商务部、发展改革委；

（二）受理咨询并将其转达商务部、发展改革委；

（三）通知申请者其申请中不符合要求之处，并提醒其修正；

（四）向经过批准的申请者发放《中华人民共和国农产品进口关税配额证》（以下简称为《农产品进口关税配额证》）。

委托机构名单另行公布。

第九条 《农产品进口关税配额证》适用于一般贸易、加工贸易、易货贸易、边境小额贸易、援助、捐赠等贸易方式进口。

由境外进入保税监管场所、海关特殊监管区域的产品，免予领取《农产品进口关税配额证》。

第二章　申　请

第十条 农产品进口关税配额的申请期为每年10月15日至30日（凭合同先来先领分配方式除外）。商务部、发展改革委于申请期前1个月，分别在商务部网站（网址为http：//www.mofcom.gov.cn，下同）、发展改革委网站（网址为http：//www.ndrc.gov.cn，下同）上公布每种农产品下一年度进口关税配额总量、申请条件及国务院关税税则委员会确定的当年度关税配额农产品税目和适用税率。

食糖、羊毛、毛条由商务部公布。小麦、玉米、大米、棉花由发展改革委公布。

第十一条 商务部授权机构负责接收本地区内食糖、羊毛、毛条进口关税配额的申请。

发展改革委委托机构负责接收本地区内小麦、玉米、大米、棉花进口关税配额的申请。

第十二条 商务部授权机构根据公布的条件，接收申请者提交的食糖、羊毛、毛条申请及有关资料，并于11月15日前将申请材料转报商务部（凭合同先来先领分配方式除外），同时抄报发展改革委。

发展改革委委托机构根据公布的条件，接收申请者提交的小麦、玉米、大米、棉花申请及有关资料，并于11月30日前将申请材料转报发展改革委，同时抄报商务部。

第三章　分　配

第十三条 农产品进口关税配额将根据申请者的申请数量和以往进口实绩、生产能力、其他相关商业标准或根据先来先领的方式进行分配。分配的最小数量将以每种农产品商业上可行的装运量确定。

第十四条 每年1月1日前，商务部、发展改革委通过各自委托机构向最终用户发放《农产品进口关税配额证》，并加盖“商务部农产品进口关税配额证专用章”或“国家发展和改革委员会农产品进口关税配额证专用章”。

国营贸易配额在《农产品进口关税配额证》上注明。

第四章　期　限

第十五条 年度农产品进口关税配额于每年1月1日开始实施，并在公历年度内有效。《农产品进口关税配额证》自每年1月1日起至当年12月31日有效。

实行凭合同先来先领分配方式的《农产品进口关税配额证》有效期，按公布的实施细则执行。

第十六条 当年12月31日前从始发港出运，需在下一年到货的进口关税配额农产品，最终用户需持《农产品进口关税配额证》及有关证明单证到原发证机构申请延期。原发证机构审核情况属实后可予以办理延期，但延期最迟不得超过下一年2月底。

第五章 执 行

第十七条 最终用户按国家相关商品进口经营的有关规定，自行或委托签订进口合同。

第十八条 加工贸易进口实行关税配额管理的农产品，海关凭企业提交的在'贸易方式'栏目中注明'加工贸易'的《农产品进口关税配额证》办理通关验放手续。

加工贸易企业未能按规定期限加工复出口的，应在到期后30天内办理加工贸易核销手续。海关按加工贸易的有关规定执行。

第十九条 《农产品进口关税配额证》实行一证多批制，即最终用户需分多批进口的，凭《农产品进口关税配额证》可多次办理通关手续。最终用户须如实填写《农产品进口关税配额证》"最终用户进口填写栏"，填满后，需持该证到原发证机构换领未办理通关部分的配额证。

散装货物每批次进口溢装量不得超过该批次的5%。

第二十条 自境外进入保税仓库、保税区、出口加工区的关税配额农产品由海关按现行规定验放并实施监管。

从保税仓库、保税区、出口加工区出库或出区进口的关税配额农产品，海关凭《农产品进口关税配额证》按进口货物管理的有关规定办理进口手续。

第二十一条 最终用户完成《农产品进口关税配额证》标明配额量的最后一批次进口报关后，于20个工作日内将海关签章的《农产品进口关税配额证》第一联（收货人办理海关手续联）原件交原发证机构。

最终用户将本年度未使用完的《农产品进口关税配额证》第一联（收货人办理海关手续联）原件于下一年1月底前交原发证机构。

第六章 调 整

第二十二条 分配给最终用户的国营贸易农产品进口关税配额量，在当年8月15日前未签订合同的，最终用户可以委托有贸易权的任何企业进口；有贸易权的最终用户可以自行进口。

第二十三条 持有农产品进口关税配额的最终用户当年无法将已申领到的全部配额量签订进口合同或已签订合同无法完成，须在9月15日前将无法完成的配额量交还原发证机构。

第二十四条 农产品进口关税配额再分配量的申请期为每年9月1日至15日（凭合同先来先领分配方式除外）。申请者的申请材料需由委托机构分别转报并同时抄报商务部或发展改革委。

商务部、发展改革委于申请期前1个月，分别在商务部网站、发展改革委网站上公布农产品进口关税配额再分配量的申请条件。

食糖、羊毛、毛条由商务部公布。小麦、玉米、大米、棉花由发展改革委公布。

第二十五条 当年8月底前已完成所分配的全部农产品进口关税配额量，且将海关签章的《农产品进口关税配额证》第一联（收货人办理海关手续联）原件交原发证机构的最终用户，可申请关税配额再分配量。

第二十六条 每年9月30日前，商务部将食糖、羊毛、毛条进口关税配额再分配量分配到最终用户（凭合同先来先领分配方式除外）；发展改革委会同商务部将小麦、玉米、大米、棉花关税配额再分配量分配到最终用户。

关税配额再分配量根据公布的申请条件，按照先来先领方式进行分配。分配的最小数量将以每种农产品商业上可行的装运量确定。

获得再分配配额量的最终用户可以通过有贸易权的企业进口，有贸易权的企业也可以自行进口。

第七章　罚　则

第二十七条　加工贸易企业未经许可，擅自将关税配额农产品保税进口料件或其制成品在国内销售的，按《中华人民共和国海关法》和《中华人民共和国海关行政处罚实施条例》的有关规定处理。

第二十八条　对伪造、变造或者买卖《农产品进口关税配额证》的，依照有关法律对非法经营罪或者伪造、变造、买卖国家机关公文、证件、印章罪的规定，依法追究刑事责任。持有关税配额的最终用户有上述行为的，商务部、发展改革委两年内不再受理其进口农产品关税配额的申请。

第二十九条　对伪造有关资料骗取《农产品进口关税配额证》的，除依法收缴其《农产品进口关税配额证》，两年内不再受理其进口关税配额的申请。

第三十条　最终用户违反本办法第二十三条规定，于当年未能完成分配其全部农产品进口关税配额量进口，截止到 9 月 15 日又未将当年不能实现进口的配额量交还原发证机构的，其下年度分配的关税配额量将按未完成的比例相应扣减。

第三十一条　最终用户连续两年未能完成分配其全部农产品进口关税配额量进口，并在该两年内每年 9 月 15 日前将当年不能使用的关税配额量交还受委托的原发证机构的，其下年度分配的关税配额量将按其最近一年未完成的比例相应扣减。

第三十二条　最终用户违反本办法第二十一条规定，未在规定时间将海关签章的《农产品进口关税配额证》第一联（收货人办理海关手续联）原件交原发证机构的，视同未完成进口，相应扣减其下年度关税配额量。

第三十三条　走私进口关税配额农产品，按关税配额量外进口适用的税率计算偷逃税金额，并按有关法律、行政法规的规定进行处罚。

第八章　附　则

第三十四条　有关农产品进口关税配额分配和再分配的咨询需以书面形式向商务部、发展改革委或委托机构提出，商务部、发展改革委或其授权机构将在 10 个工作日内作出答复。

第三十五条　《农产品进口关税配额证》及“农产品进口关税配额证专用章”分别由商务部、发展改革委监制。

第三十六条　《农产品进口关税配额证》证面以下栏目：最终用户注册地区、关税配额证编号、最终用户名称、关税配额证有效期、贸易方式、商品名称、安排数量、国营贸易量、发证日期、报关口岸须用计算机打印。需要更改证面报关口岸的最终用户，到原发证机构修改换证。

第三十七条　关税配额农产品的进口购汇按国家有关规定执行。

第三十八条　本办法中的国营贸易企业指政府授予某些产品进口专营特权的企业。

国营贸易企业名单由商务部核定并公布。

第三十九条　本办法中的最终用户为直接申领到农产品进口关税配额的生产企业、贸易商、批发商和分销商等。

第四十条　本办法自公布之日起施行，2003 年度农产品进口关税配额依照原《农产品进口关税配额管理暂行办法》（国家发展计划委员会令第 19 号）执行。

附件：农产品进口关税配额证（证样）（略）

化肥进口关税配额管理暂行办法

（国家经济贸易委员会　海关总署令第27号）

发布日期：2002-01-15
实施日期：2018-10-10
法规类型：部门规章

（根据2018年10月10日商务部令2018年第7号《商务部关于修改部分规章的决定》修正）

第一章　总　则

第一条　为促进公平贸易，按照公开、公正、公平和非歧视的原则管理化肥进口，根据《中华人民共和国货物进出口管理条例》的有关规定，制定本办法。

第二条　本办法所称化肥进口关税配额是指在公历年度内，国家确定实行关税配额管理的化肥品种以及年度市场准入数量，在确定数量内的进口适用关税配额内税率，超过该数量的进口适用关税配额外税率。

第三条　化肥进口关税配额为全球配额。

第二章　化肥关税配额管理机构

第四条　商务部负责全国的化肥关税配额管理工作。

第五条　实行关税配额管理的化肥品种和年度配额总量由商务部对外公布，并同时公布由国务院关税税则委员会确定的关税配额商品税目及配额内外税率。化肥关税配额税号目录见附件一。

第六条　商务部负责化肥进口关税配额的总量管理、发放分配、组织实施和执行协调。

（一）商务部负责在化肥进口关税配额总量内，根据国民经济综合平衡及资源合理配置的要求，对化肥进口关税配额进行分配。

（二）商务部根据化肥关税配额的年度进口执行情况，对化肥进口关税配额的分配予以及时调整。

（三）商务部负责设立化肥进口关税配额咨询点，提供咨询；

商务部委托的化肥关税配额管理机构（以下简称“授权机构”）负责管辖范围内化肥进口关税配额的发证、统计、咨询和其他授权工作。委托机构名单另行公布。

第七条　海关对化肥进口关税配额商品依法实行监管、征税、稽查和统计，并负责定期公布化肥进口关税配额商品进口情况。

第三章　关税配额内进口

第八条　凡在中华人民共和国工商行政管理部门登记注册的企业（以下简称为“申请单

位”），在其经营范围内均可向所在地区的委托机构申请化肥进口关税配额。

第九条 商务部将于每年的9月15日至10月14日公布下一年度的关税配额数量。

申请单位应当在每年的10月15日至10月30日向商务部提出化肥关税配额的申请。

申请单位有关关税配额的咨询可向商务部及其委托机构提出，应在10个工作日内答复。

第十条 尿素、磷酸二铵、复合肥的进口，依据本办法第十一条规定的原则进行分配。

第十一条 商务部分配关税配额时，应当考虑下列因素：

（一）申请单位以往的进口实绩；

（二）申请单位的生产能力、经营规模、销售状况；

（三）以往分配的配额是否得到充分使用；

（四）新的进口经营者的申请情况；

（五）申请配额的数量情况；

（六）其他需要考虑的因素。

第十二条 商务部根据各地区生产和市场需求，于每年12月31日前将化肥关税配额分配到进口用户。

商务部或者其委托机构依据本办法签发相应的《化肥进口关税配额证明》（式样格式见附件三），并加盖“化肥进口关税配额专用章”（式样格式见附件四）。《化肥进口关税配额证明》需要延期或变更的，一律重新办理，旧证同时撤消。

第十三条 进口化肥关税配额产品时，进口单位向海关提供《化肥进口关税配额证明》的，海关按配额内税率征税。进口关税配额内化肥，海关凭《化肥进口关税配额证明》验放，并按照贸易方式分别统计进口。

第十四条 《化肥进口关税配额证明》和“化肥进口关税配额专用章”由商务部统一监制。

第四章 关税配额有效期及调整

第十五条 化肥进口关税配额公历年度内有效，《化肥进口关税配额证明》在公历年度内有效期不超过180天。

化肥关税配额持有者，在配额证明有效期内未完成进口时，可以到原发证机构办理延期手续，最长期限不超过前款规定。

第十六条 化肥关税配额持有者，如在当年无法完成进口的，应当在9月15日前将配额证明退还原发证机构。

第十七条 商务部每年9月15日至30日受理重新分配关税配额的申请，并于当年10月15日前将退回的关税配额重新进行再分配。

第五章 国营贸易和非国营贸易

第十八条 国家对化肥进口实行国营贸易管理。国营贸易企业名单由商务部确定和公布。

第十九条 国营贸易企业按照公开、公平和公正的原则，根据正常的商业条件从事进口经营，不得以非商业因素选择供应商，不得拒绝其他企业或者组织的委托，也不得歧视非国营贸易企业。

第二十条 按照规定的资格和条件，有关企业可以向商务部申请成为非国营贸易企业，由商务部负责认定和公布。

第二十一条 国家可以安排一定数量的关税配额，由非国营贸易企业进口经营。其中：

（一）尿素每年不少于10%的关税配额安排非国营贸易企业进口经营；

（二）磷酸二铵第一年不少于10%的关税配额安排非国营贸易企业进口经营，以后每年增加5个百分点，最终非国营贸易进口比例达到49%；

（三）复合肥第一年不少于10%的关税配额安排非国营贸易企业进口经营，以后每年增加5个百分点，最终非国营贸易进口比例达到49%。

第六章 罚 则

第二十二条 进口关税配额仅限于申请单位自用，《化肥进口关税配额证明》不得转让或者倒卖。对违反规定的，商务部负责收回其《化肥进口关税配额证明》；情节严重的，取消其申请进口关税配额资格；构成犯罪的，依法追究刑事责任。

第二十三条 配额证明持有者未能在配额证明有效期内完成进口，又未在规定期限内将配额证明退还原发证机构的，商务部将相应扣减其下年度关税配额。

第七章 附 则

第二十四条 凡具有化肥进口经营权的企业均可按关税配额外税率进口化肥，没有数量限制，无须许可，海关凭进口合同按配额外税率征税验放。

第二十五条 对原产于与中华人民共和国订有关税互惠协议的国家或地区的进口关税配额化肥，按《中华人民共和国海关进出口税则》规定的配额内税率或者配额外优惠税率征税。

对原产于与中华人民共和国未订有关税互惠协议的国家或地区的进口关税配额化肥，按配额外普通税率征税；经国务院关税税则委员会特别批准，也可以按配额内税率或者配额外优惠税率征税。

第二十六条 化肥关税配额的进口经营、购汇等，按照国家有关规定执行。

第二十七条 本办法由商务部、海关总署负责解释。

第二十八条 本办法自二〇〇二年二月一日起施行。

附件：一、化肥进口关税配额管理税目、税率表（略）
二、商务部授权的关税配额管理机构（略）
三、《化肥进口关税配额证明》式样（略）
四、“化肥进口关税配额证明专用章”印模（略）

关于全面实施《中华人民共和国农产品进口关税配额证》等3种证（明）联网核查的公告

（海关总署 国家发展改革委 商务部公告2022年第132号）

发布日期：2022-12-26
实施日期：2023-01-01
法规类型：规范性文件

为进一步优化口岸营商环境，促进跨境贸易便利化，在前期试点基础上，海关总署、国家发展改革委、商务部决定自2023年1月1日起对《中华人民共和国农产品进口关税配额证》等3种证（明）全面实施电子数据联网核查。现将有关事项公告如下：

一、对《中华人民共和国农产品进口关税配额证》《中华人民共和国化肥进口关税配额证明》《关税配额外优惠关税税率进口棉花配额证》（以下统称配额证）实施电子数据与报关单电子数据的联网核查。

二、国家发展改革委、商务部不再签发纸质配额证，改为签发电子配额证，并将电子数据传输至海关。企业凭电子配额证向海关办理进口手续，海关调用配额证电子数据与报关单电子数据进行比对核查。对于仍在有效期内的纸质配额证，企业可凭纸质配额证在有效期内向海关办理进口手续。

三、电子配额证无使用次数限制。不限贸易方式的配额证，适用于一般贸易、加工贸易、易货贸易、边境小额贸易、援助、捐赠等贸易方式进口。

四、使用配额证向海关办理进口手续的，企业应准确填报配额证代码和编号，并填报报关单商品项与配额证商品项的对应关系（填制要求详见附件）。《中华人民共和国化肥进口关税配额证明》的进口商和进口用户应分别与报关单的收发货人和消费使用单位一致。《中华人民共和国农产品进口关税配额证》和《关税配额外优惠关税税率进口棉花配额证》，以加工贸易方式进口的，最终用户名称应与报关单的消费使用单位或收发货人一致；以其他贸易方式进口的，最终用户名称应与报关单的消费使用单位一致。

五、根据《中华人民共和国进出口关税条例》第十五条有关提前申报货物“应当适用装载该货物的运输工具申报进境之日实施的税率”的规定，对于选择提前申报的货物，海关接受货物申报进口之日和运输工具申报进境之日配额证应当有效。选择两步申报的，应按照涉证模式申报。

六、使用国别关税配额证的，符合《中华人民共和国政府与新西兰政府自由贸易协定》《中华人民共和国政府和澳大利亚政府自由贸易协定》《中华人民共和国政府和毛里求斯共和国政府自由贸易协定》有关规定的，还应当根据海关总署公告2021年第34号的要求填报“优惠贸易协定享惠”类栏目。

七、如遇相关问题可联系中国国际贸易“单一窗口”客服咨询解决。电话：010-95198。

本公告自2023年1月1日起施行。海关总署、国家发展改革委、商务部2022年第92号联合公告同时废止。

特此公告。

附件：报关单填制要求

附件

报关单填制要求

一、随附单证代码栏

随附单证代码栏应填报对应的配额证代码。配额证代码对应关系如下：

“t”为进口关税配额证，对应《中华人民共和国农产品进口关税配额证》《中华人民共和国化肥进口关税配额证明》；

“e”为《关税配额外优惠关税税率进口棉花配额证》；

“q”为国别关税配额证，自贸协定项下符合自贸协定有关规定的新西兰羊毛和毛条、澳大利亚羊毛、毛里求斯食糖进口国别关税配额，对应《中华人民共和国农产品进口关税配额证》（备注栏标注相应国别配额字样）。

二、随附单证编号栏

随附单证编号栏应准确填报配额证编号，该栏目仅限填写一份配额证编号。

三、报关单商品项与配额证商品项对应关系填报

随附单证栏填写完毕后，应按照系统提示准确填报使用配额证的报关单商品项号。报关单多项商品使用配额证的，每项涉证商品均应填写对应关系。

四、填报示例

凭编号为 PEZ12345 的进口关税配额证申报进口货物，则“随附单证”栏应填报为：

随附单证代码	随附单证编号
t	PEZ12345

若报关单第 1、3、5 项商品使用配额证的，配额证商品项与报关单商品项对应关系应填报为：

报关商品项号	配额证明商品项号
1	0
3	0
5	0

海关总署关于自由贸易协定项下进口农产品实施特殊保障措施有关问题的公告

（海关总署公告 2019 年第 207 号）

发布日期：2019-12-23

实施日期：2020-01-01

法规类型：规范性文件

为便利实施《中华人民共和国政府和新西兰政府自由贸易协定》和《中华人民共和国政府和澳大利亚政府自由贸易协定》项下有关农产品特殊保障措施，海关总署决定进一步优化相关管理流程。现将有关事项公告如下：

一、本公告所称“有关农产品”是指，实施特殊保障措施的原产于新西兰的农产品，包括 4 类，共 12 个税则号列（见附件 1）；实施特殊保障措施的原产于澳大利亚的农产品，包括 2 类，共 8 个税则号列（见附件 2）。所称“在途农产品”是指，对特殊保障措施实施之日前已经签订合同且已经启运前往中国的有关农产品。

二、进口货物收货人或代理人（以下简称“进口人”）向海关申报进口有关农产品时，应当在运输工具申报进境后按照优惠贸易协定项下货物报关单填制规范进行申报。

当有关农产品适用协定税率数量超过触发水平（见附件 3），海关在“单一窗口”、“互联网+”平台和“掌上海关”APP 发布相关信息，除可适用协定税率的在途农产品外，超量进口的有关农产品适用最惠国税率。

三、对在特殊保障措施实施后申报进口的在途农产品，进口人在货物实际到港后，可通过“单一窗口”、“互联网+”平台或“掌上海关”APP 登录“进口在途农产品关税税率适用证明申请系统”录入相关信息，向海关申请办理“进口在途农产品关税税率适用证明”（以下简称“在途证明”），并提交下列单证：

（一）有效原产地证据文件；

（二）发票、装箱单、合同；

（三）能证明运输工具装运货物时间和到港时间的相关单证。

四、海关应在收到进口人申请后5个工作日内，对可适用协定税率的在途农产品，按照收到有效申请的先后次序签发“在途证明”。

五、当年适用协定税率的在途农产品的进口数量将计入下一年度适用协定税率的有关农产品进口数量，累计达到下一年度触发水平时，海关不再签发“在途证明”。

六、进口人在申报适用协定税率的在途农产品时，应当在报关单“征免性质”栏目填写“997”，“征免”栏目填写“特案”，备注栏填写原产地证据文件编号和“在途证明”编号。海关审核通过后按“特案”方式手工输入协定税率计征税款。

“在途证明”应在对应的原产地证据文件有效期内使用。

七、从境外首次申报入海关特殊监管区域和保税监管场所时相关农产品已经达到当年触发水平的，除在途农产品外，相关农产品不论在当年还是跨年度内销时，均不能享受协定税率。

八、本公告自2020年1月1日起施行。海关总署公告2008年第91号、2014年第96号、2015年第66号同时废止。

特此公告。

附件：1.《中华人民共和国政府和新西兰政府自由贸易协定》项下特殊保障措施农产品分类表（略）

2.《中华人民共和国政府和澳大利亚政府自由贸易协定》特殊保障措施农产品分类表（略）

3. 特殊保障措施农产品进口数量触发水平（略）

关于进一步明确关税配额农产品加工贸易政策执行有关问题的通知

（署加发〔2015〕17号）

发布日期：2015-01-08

实施日期：2015-01-08

法规类型：规范性文件

广东分署、各直属海关，各省、自治区、直辖市、计划单列市发展改革委、商务主管部门：

为有效实施农产品进口关税配额管理，明确、统一和规范农产品加工贸易保税监管，现就有关事项通知如下：

一、加工贸易项下实施进口关税配额管理的农产品品种为：小麦（包括其粉、粒）、玉米（包括其粉、粒）、大米（包括其粉、粒）、食糖、棉花、羊毛以及毛条。

二、关税配额农产品加工贸易手册设立（变更）时，海关加贸部门凭省级商务主管部门出具的业务批准文件为企业办理相关手续，并加强相关商品编号审核工作，对涉及关税配额外税率对应商品编号的，不予备案。

关税配额农产品加工贸易手册再次延期的，海关无需要求企业提供商务部批复文件，直接凭省级商务主管部门出具的批准文件办理。

三、加工贸易项下关税配额农产品办理内销手续时，海关加贸部门验核贸易方式为“一般贸易”的关税配额证原件或关税配额外优惠关税税率配额证原件（以下简称一般贸易配额证）、商务部批复和省级商务主管部门出具的《内销批准证》（以下简称“内销批文”），内销批文注明的配额证号码应与一般贸易配额证原件号码一致。对内销批文未注明相应配额证号码或号码不一致的，视为无一般贸易配额证。

企业提交一般贸易配额证和内销批文的，海关加贸部门按关税配额税率或关税配额外暂定优惠关税税率对应的商品编号开具内销征税联系单；企业提交内销批文，无一般贸易配额证的，海关加贸部门按关税配额外税率对应的商品编号开具内销征税联系单。

四、加工贸易项下关税配额农产品办理进口通关手续时，海关通关部门验核贸易方式栏注明“加工贸易”字样的关税配额证或关税配额外优惠关税税率配额证，逐批次登记核扣进口数量。关税配额农产品办理内销征税通关手续时，通关部门按照内销征税联系单标明的商品编号审核内销征税报关单。有一般贸易配额证的，核扣相应内销数量，按关税配额税率或关税配额外暂定优惠关税税率计征税款和缓税利息；无一般贸易配额证的，按内销征税联系单标明的商品编号，按关税配额外税率计征税款和缓税利息。

五、加工贸易项下关税配额农产品因非不可抗力造成保税货物受灾的，如企业不能提交一般贸易配额证，海关加贸部门按关税配额外税率对应商品编号开具内销征税联系单；因不可抗力造成保税货物受灾的，按《中华人民共和国海关关于加工贸易边角料、剩余料件、残次品、副产品和受灾保税货物的管理办法》（海关总署令第 111 号公布，海关总署令第 218 号修订）的相关规定办理。

六、按现行规定，广东省内企业办理加工贸易手册设立（变更）和内销手续时，海关加贸部门不再收取商务主管部门批准文件，但在相应办理环节应加强对农产品进口关税配额证件的验核。

本通知内容自下发之日起执行，其他规范性文件与本通知不一致的，按照本通知执行。

特此通知。

海关总署关于进口关税配额管理的大宗货物溢短装数量征税问题的通知

（署税发〔2013〕56 号）

发布日期：2013-06-18

实施日期：2013-06-18

法规类型：规范性文件

广东分署，各直属海关：

为规范对实施进口关税配额的大宗货物溢短装数量的征税管理，经商国家发展改革委和商务部，现将有关问题明确如下：

一、对于一份进口关税配额证项下一次到货办理进口报关手续的货物（即“一证一批”货物）出现溢装时，实际到货的溢装数量不超过规定配额数量 5%的，按照关税配额税率计征税款；

对超过 5%的部分，根据实际情况按照其他应当适用的关税税率计征税款。

二、对于一份进口关税配额证项下分多批次到货，并分批办理进口报关手续的货物（即“非一证一批”货物），在每批货物进口时，按照关税配额税率计征税款，并根据实际到货数量对进口关税配额证数量进行核扣。最后一批货物进口时，对实际到货不超过该进口关税配额证剩余数量的部分和根据剩余数量计算的溢装数量不超过5%的部分，按照关税配额税率计征税款；对超出部分，根据实际情况按照其他应当适用的关税税率计征税款。

三、对于实施关税配额管理的货物进口出现短装时，以实际到货数量按照关税配额税率计征税款。对其中“非一证一批”的货物，可按照上述第二条规定的原则办理。

在按照以上规定具体办理进口手续时，仍按照《海关总署关于散装货物进出口溢短装征税问题的通知》（署税发〔2005〕268号）的有关规定执行。

关税征管司关于明确进口棉花适用关税税率的问题通知

（税管函〔2006〕174号）

发布日期：2006-05-18
实施日期：2006-05-18
法规类型：规范性文件

广东分署、天津、上海特派办、各直属海关：

海关总署《关于2006年进出口税则调整问题的公告》（公告〔2005〕64号）发布以后，一些海关反映进口棉花适用税率的有关规定不够明确，执行中难以掌握。根据各关反映的问题，现就有关事宜进一步明确并通知如下：

一、对配额内进口的棉花（税号5201000010），企业需向海关提交由国家发展改革委授权机构出具的“农产品进口关税配额证”，经海关审核确认后按1%的税率征收关税。

二、对配额外进口一定数量的棉花（税号5201000080），企业需向海关提交由国家发展改革委授权机构出具的“关税配额外优惠关税税率进口棉花配额证”，经海关审核确认后，按2005年第64号公告规定的滑准税计算公式确定适用税率，征收进口关税。

三、对于加工贸易项下以上述方式进口棉花，备案时企业需向海关提交前述“农产品进口关税配额证”或“关税配额外优惠关税税率进口棉花配额证”。对于需实行台账保证金实转管理的企业，海关按照本通知适用的关税税率和进口环节增值税税率征税台账保证金。如因特殊情况内销时，按照本通知适用的关税税率和进口环节增值税税率征收税款和缓税利息。

特此通知。

技术进出篇

中华人民共和国技术进出口管理条例

（国务院令第 331 号）

发布日期：2001-12-10
实施日期：2020-11-29
法规类型：行政法规

（根据 2011 年 1 月 8 日国务院令第 588 号《国务院关于废止和修改部分行政法规的决定》第一次修订；根据 2019 年 3 月 18 日国务院令第 709 号《国务院关于修改部分行政法规的决定》第二次修订；根据 2020 年 11 月 29 日国务院令第 732 号《国务院关于修改和废止部分行政法规的决定》第三次修订）

第一章　总　则

第一条　为了规范技术进出口管理，维护技术进出口秩序，促进国民经济和社会发展，根据《中华人民共和国对外贸易法》（以下简称对外贸易法）及其他有关法律的有关规定，制定本条例。

第二条　本条例所称技术进出口，是指从中华人民共和国境外向中华人民共和国境内，或者从中华人民共和国境内向中华人民共和国境外，通过贸易、投资或者经济技术合作的方式转移技术的行为。

前款规定的行为包括专利权转让、专利申请权转让、专利实施许可、技术秘密转让、技术服务和其他方式的技术转移。

第三条　国家对技术进出口实行统一的管理制度，依法维护公平、自由的技术进出口秩序。

第四条　技术进出口应当符合国家的产业政策、科技政策和社会发展政策，有利于促进我国科技进步和对外经济技术合作的发展，有利于维护我国经济技术权益。

第五条　国家准许技术的自由进出口；但是，法律、行政法规另有规定的除外。

第六条　国务院对外经济贸易主管部门（以下简称国务院外经贸主管部门）依照对外贸易法和本条例的规定，负责全国的技术进出口管理工作。省、自治区、直辖市人民政府外经贸主管部门根据国务院外经贸主管部门的授权，负责本行政区域内的技术进出口管理工作。

国务院有关部门按照国务院的规定，履行技术进出口项目的有关管理职责。

第二章　技术进口管理

第七条　国家鼓励先进、适用的技术进口。

第八条　有对外贸易法第十六条规定情形之一的技术，禁止或者限制进口。

国务院外经贸主管部门会同国务院有关部门，制定、调整并公布禁止或者限制进口的技术目录。

第九条　属于禁止进口的技术，不得进口。

第十条　属于限制进口的技术，实行许可证管理；未经许可，不得进口。

第十一条 进口属于限制进口的技术，应当向国务院外经贸主管部门提出技术进口申请并附有关文件。

技术进口项目需经有关部门批准的，还应当提交有关部门的批准文件。

第十二条 国务院外经贸主管部门收到技术进口申请后，应当会同国务院有关部门对申请进行审查，并自收到申请之日起30个工作日内作出批准或者不批准的决定。

第十三条 技术进口申请经批准的，由国务院外经贸主管部门发给技术进口许可意向书。

进口经营者取得技术进口许可意向书后，可以对外签订技术进口合同。

第十四条 进口经营者签订技术进口合同后，应当向国务院外经贸主管部门提交技术进口合同副本及有关文件，申请技术进口许可证。

国务院外经贸主管部门对技术进口合同的真实性进行审查，并自收到前款规定的文件之日起10个工作日内，对技术进口作出许可或者不许可的决定。

第十五条 申请人依照本条例第十一条的规定向国务院外经贸主管部门提出技术进口申请时，可以一并提交已经签订的技术进口合同副本。

国务院外经贸主管部门应当依照本条例第十二条和第十四条的规定对申请及其技术进口合同的真实性一并进行审查，并自收到前款规定的文件之日起40个工作日内，对技术进口作出许可或者不许可的决定。

第十六条 技术进口经许可的，由国务院外经贸主管部门颁发技术进口许可证。技术进口合同自技术进口许可证颁发之日起生效。

第十七条 对属于自由进口的技术，实行合同登记管理。

进口属于自由进口的技术，合同自依法成立时生效，不以登记为合同生效的条件。

第十八条 进口属于自由进口的技术，应当向国务院外经贸主管部门办理登记，并提交下列文件：

（一）技术进口合同登记申请书；

（二）技术进口合同副本；

（三）签约双方法律地位的证明文件。

第十九条 国务院外经贸主管部门应当自收到本条例第十八条规定的文件之日起3个工作日内，对技术进口合同进行登记，颁发技术进口合同登记证。

第二十条 申请人凭技术进口许可证或者技术进口合同登记证，办理外汇、银行、税务、海关等相关手续。

第二十一条 依照本条例的规定，经许可或者登记的技术进口合同，合同的主要内容发生变更的，应当重新办理许可或者登记手续。

经许可或者登记的技术进口合同终止的，应当及时向国务院外经贸主管部门备案。

第二十二条 国务院外经贸主管部门和有关部门及其工作人员在履行技术进口管理职责中，对所知悉的商业秘密负有保密义务。

第二十三条 技术进口合同的让与人应当保证自己是所提供技术的合法拥有者或者有权转让、许可者。

技术进口合同的受让人按照合同约定使用让与人提供的技术，被第三方指控侵权的，受让人应当立即通知让与人；让与人接到通知后，应当协助受让人排除妨碍。

第二十四条 技术进口合同的让与人应当保证所提供的技术完整、无误、有效，能够达到约定的技术目标。

第二十五条 技术进口合同的受让人、让与人应当在合同约定的保密范围和保密期限内，对让与人提供的技术中尚未公开的秘密部分承担保密义务。

在保密期限内，承担保密义务的一方在保密技术非因自己的原因被公开后，其承担的保密义务即予终止。

第二十六条 技术进口合同期满后，技术让与人和受让人可以依照公平合理的原则，就技术的继续使用进行协商。

第三章 技术出口管理

第二十七条 国家鼓励成熟的产业化技术出口。

第二十八条 有对外贸易法第十六条规定情形之一的技术，禁止或者限制出口。

国务院外经贸主管部门会同国务院有关部门，制定、调整并公布禁止或者限制出口的技术目录。

第二十九条 属于禁止出口的技术，不得出口。

第三十条 属于限制出口的技术，实行许可证管理；未经许可，不得出口。

第三十一条 出口属于限制出口的技术，应当向国务院外经贸主管部门提出申请。

第三十二条 国务院外经贸主管部门收到技术出口申请后，应当会同国务院科技管理部门对申请出口的技术进行审查，并自收到申请之日起 30 个工作日内作出批准或者不批准的决定。

限制出口的技术需经有关部门进行保密审查的，按照国家有关规定执行。

第三十三条 技术出口申请经批准的，由国务院外经贸主管部门发给技术出口许可意向书。

申请人取得技术出口许可意向书后，方可对外进行实质性谈判，签订技术出口合同。

第三十四条 申请人签订技术出口合同后，应当向国务院外经贸主管部门提交下列文件，申请技术出口许可证：

（一）技术出口许可意向书；

（二）技术出口合同副本；

（三）技术资料出口清单；

（四）签约双方法律地位的证明文件。

国务院外经贸主管部门对技术出口合同的真实性进行审查，并自收到前款规定的文件之日起 15 个工作日内，对技术出口作出许可或者不许可的决定。

第三十五条 技术出口经许可的，由国务院外经贸主管部门颁发技术出口许可证。技术出口合同自技术出口许可证颁发之日起生效。

第三十六条 对属于自由出口的技术，实行合同登记管理。

出口属于自由出口的技术，合同自依法成立时生效，不以登记为合同生效的条件。

第三十七条 出口属于自由出口的技术，应当向国务院外经贸主管部门办理登记，并提交下列文件：

（一）技术出口合同登记申请书；

（二）技术出口合同副本；

（三）签约双方法律地位的证明文件。

第三十八条 国务院外经贸主管部门应当自收到本条例第三十七条规定的文件之日起 3 个工作日内，对技术出口合同进行登记，颁发技术出口合同登记证。

第三十九条 申请人凭技术出口许可证或者技术出口合同登记证办理外汇、银行、税务、海关等相关手续。

第四十条 依照本条例的规定，经许可或者登记的技术出口合同，合同的主要内容发生变更的，应当重新办理许可或者登记手续。

经许可或者登记的技术出口合同终止的，应当及时向国务院外经贸主管部门备案。

第四十一条 国务院外经贸主管部门和有关部门及其工作人员在履行技术出口管理职责中，对国家秘密和所知悉的商业秘密负有保密义务。

第四十二条 出口核技术、核两用品相关技术、监控化学品生产技术、军事技术等出口管制技术的，依照有关行政法规的规定办理。

第四章 法律责任

第四十三条 进口或者出口属于禁止进出口的技术的，或者未经许可擅自进口或者出口属于限制进出口的技术的，依照刑法关于走私罪、非法经营罪、泄露国家秘密罪或者其他罪的规定，依法追究刑事责任；尚不够刑事处罚的，区别不同情况，依照海关法的有关规定处罚，或者由国务院外经贸主管部门给予警告，没收违法所得，处违法所得 1 倍以上 5 倍以下的罚款；国务院外经贸主管部门并可以撤销其对外贸易经营许可。

第四十四条 擅自超出许可的范围进口或者出口属于限制进出口的技术的，依照刑法关于非法经营罪或者其他罪的规定，依法追究刑事责任；尚不够刑事处罚的，区别不同情况，依照海关法的有关规定处罚，或者由国务院外经贸主管部门给予警告，没收违法所得，处违法所得 1 倍以上 3 倍以下的罚款；国务院外经贸主管部门并可以暂停直至撤销其对外贸易经营许可。

第四十五条 伪造、变造或者买卖技术进出口许可证或者技术进出口合同登记证的，依照刑法关于非法经营罪或者伪造、变造、买卖国家机关公文、证件、印章罪的规定，依法追究刑事责任；尚不够刑事处罚的，依照海关法的有关规定处罚；国务院外经贸主管部门并可以撤销其对外贸易经营许可。

第四十六条 以欺骗或者其他不正当手段获取技术进出口许可的，由国务院外经贸主管部门吊销其技术进出口许可证，暂停直至撤销其对外贸易经营许可。

第四十七条 以欺骗或者其他不正当手段获取技术进出口合同登记的，由国务院外经贸主管部门吊销其技术进出口合同登记证，暂停直至撤销其对外贸易经营许可。

第四十八条 技术进出口管理工作人员违反本条例的规定，泄露国家秘密或者所知悉的商业秘密的，依照刑法关于泄露国家秘密罪或者侵犯商业秘密罪的规定，依法追究刑事责任；尚不够刑事处罚的，依法给予行政处分。

第四十九条 技术进出口管理工作人员滥用职权、玩忽职守或者利用职务上的便利收受、索取他人财物的，依照刑法关于滥用职权罪、玩忽职守罪、受贿罪或者其他罪的规定，依法追究刑事责任；尚不够刑事处罚的，依法给予行政处分。

第五章 附 则

第五十条 对国务院外经贸主管部门作出的有关技术进出口的批准、许可、登记或者行政处罚决定不服的，可以依法申请行政复议，也可以依法向人民法院提起诉讼。

第五十一条 本条例公布前国务院制定的有关技术进出口管理的规定与本条例的规定不一致的，以本条例为准。

第五十二条 本条例自 2002 年 1 月 1 日起施行。1985 年 5 月 24 日国务院发布的《中华人民共和国技术引进合同管理条例》和 1987 年 12 月 30 日国务院批准、1988 年 1 月 20 日对外经济贸易部发布的《中华人民共和国技术引进合同管理条例施行细则》同时废止。

技术进出口合同登记管理办法（试行）

（商务部令2009年第3号）

发布日期：2009-02-01
实施日期：2009-03-01
法规类型：部门规章

第一条 为规范自由进出口技术的管理，建立技术进出口信息管理制度，促进我国技术进出口的发展，根据《中华人民共和国技术进出口管理条例》，特制定本办法。

第二条 技术进出口合同包括专利权转让合同、专利申请权转让合同、专利实施许可合同、技术秘密许可合同、技术服务合同和含有技术进出口的其他合同。

第三条 商务主管部门是技术进出口合同的登记管理部门。

自由进出口技术合同自依法成立时生效。

第四条 商务部负责对《政府核准的投资项目目录》和政府投资项目中由国务院或国务院投资主管部门核准或审批的项目项下的技术进口合同进行登记管理。

第五条 各省、自治区、直辖市和计划单列市商务主管部门负责对本办法第四条以外的自由进出口技术合同进行登记管理。中央管理企业的自由进出口技术合同，按属地原则到各省、自治区、直辖市和计划单列市商务主管部门办理登记。

各省、自治区、直辖市和计划单列市商务主管部门可授权下一级商务主管部门对自由进出口技术合同进行登记管理。

第六条 技术进出口经营者应在合同生效后60天内办理合同登记手续，支付方式为提成的合同除外。

第七条 支付方式为提成的合同，技术进出口经营者应在首次提成基准金额形成后60天内，履行合同登记手续，并在以后每次提成基准金额形成后，办理合同变更手续。

技术进出口经营者在办理登记和变更手续时，应提供提成基准金额的相关证明文件。

第八条 国家对自由进出口技术合同实行网上在线登记管理。技术进出口经营者应登陆商务部政府网站上的“技术进出口合同信息管理系统”（网址：jsjckqy. fwmys. mofcom. gov. cn）进行合同登记，并持技术进（出）口合同登记申请书、技术进（出）口合同副本（包括中文译本）和签约双方法律地位的证明文件，到商务主管部门履行登记手续。商务主管部门在收到上述文件起3个工作日内，对合同登记内容进行核对，并向技术进出口经营者颁发《技术进口合同登记证》或《技术出口合同登记证》。

第九条 对申请文件不符合《中华人民共和国技术进出口管理条例》第十八条、第四十条规定要求或登记记录与合同内容不一致的，商务主管部门应当在收到申请文件的3个工作日内通知技术进出口经营者补正、修改，并在收到补正的申请文件起3个工作日内，对合同登记的内容进行核对，颁发《技术进口合同登记证》或《技术出口合同登记证》。

第十条 自由进出口技术合同登记的主要内容为：

（一）合同号

（二）合同名称

（三）技术供方

（四）技术受方
（五）技术使用方
（六）合同概况
（七）合同金额
（八）支付方式
（九）合同有效期

第十一条 国家对自由进出口技术合同号实行标准代码管理。技术进出口经营者编制技术进出口合同号应符合下述规则：

（一）合同号总长度为17位。

（二）前9位为固定号：第1-2位表示制合同的年份（年代后2位）、第3-4位表示进口或出口国别地区（国标2位代码）、第5-6位表示进出口企业所在地区（国标2位代码）、第7位表示技术进出口合同标识（进口Y，出口E）、第8-9位表示进出口技术的行业分类（国标2位代码）。后8位为企业自定义。例：01USBJE01CNTIC001。

第十二条 已登记的自由进出口技术合同若变更本办法第十条规定合同登记内容的，技术进出口经营者应当办理合同登记变更手续。

办理合同变更手续时，技术进出口经营者应登录“技术进出口合同信息管理系统”，填写合同数据变更记录表，持合同变更协议和合同数据变更记录表，到商务主管部门办理手续。商务主管部门自收到完备的变更申请材料之日起3日内办理合同变更手续。

按本办法第七条办理变更手续的，应持变更申请和合同数据变更记录表办理。

第十三条 经登记的自由进出口技术合同在执行过程中因故中止或解除，技术进出口经营者应当持技术进出口合同登记证等材料及时向商务主管部门备案。

第十四条 技术进出口合同登记证遗失，进出口经营者应公开挂失。凭挂失证明、补办申请和相关部门证明到商务主管部门办理补发手续。

第十五条 各级商务主管部门应加强对技术进出口合同登记管理部门和人员的管理，建立健全合同登记岗位责任制，加强业务培训和考核。

第十六条 中外合资、中外合作和外资企业成立时作为资本入股并作为合资章程附件的技术进口合同按外商投资企业有关法律规定办理相关手续。

第十七条 商务部负责对全国技术进出口情况进行统计并定期发布统计数据。各级商务主管部门负责对本行政区域内的技术进出口情况进行统计。

第十八条 本办法自公布之日起30日后施行。2002年1月1日起施行的《技术进出口合同登记管理办法》（对外贸易经济合作部　2001年第17号令）同时废止。

禁止出口限制出口技术管理办法

（商务部　科学技术部令2009年第2号）

发布日期：2009-04-20
实施日期：2009-05-20
法规类型：部门规章

第一条 为规范我国技术出口的管理，根据《中华人民共和国对外贸易法》、《中华人民共和国技术进出口管理条例》，制定本办法。

第二条 列入《中国禁止出口限制出口技术目录》（另行发布）中禁止出口的技术，不得出口。

第三条 国家对列入《中国禁止出口限制出口技术目录》的限制出口技术实行许可证管理，凡出口国家限制出口技术的，应按本办法履行出口许可手续。

第四条 属于本办法第三条规定的限制出口技术的出口许可由技术出口经营者所在地的省、自治区、直辖市商务主管部门（以下简称“地方商务主管部门”）会同省、自治区、直辖市科技行政主管部门（以下简称“地方科技行政主管部门）管理。

第五条 技术出口经营者出口本办法第三条所规定的限制出口技术前，应填写《中国限制出口技术申请书》（以下简称《申请书》，见附表一），报送地方商务主管部门履行出口许可手续。

属于国家秘密技术的限制出口技术，在按本办法履行许可手续前，应先按《国家秘密技术出口审查规定》办理保密审查手续，并持保密审查主管部门批准的《国家秘密技术出口保密审查批准书》按本条第一款规定程序办理出口申请。

第六条 地方商务主管部门自收到《申请书》之日起30个工作日内，会同地方科技行政主管部门分别对技术出口项目进行贸易审查和技术审查，并决定是否准予出口。

申请人提供的申请材料不完备、申请内容不清或有其他申请不符合规定的情形，地方商务主管部门可要求申请人对申请材料进行修改或补充。

第七条 地方商务主管部门应在收到《申请书》之日起5个工作日之内，将相关材料转地方科技行政主管部门。地方科技行政主管部门在收到《申请书》之日起15个工作日内，组织专家对申请出口的技术进行技术审查并将审查结果反馈地方商务主管部门，同时报科技部备案。

第八条 限制出口技术的贸易审查应包括以下内容：

（一）是否符合我国对外贸易政策，并有利于促进外贸出口；

（二）是否符合我国的产业出口政策，并有利于促进国民经济发展；

（三）是否符合我国对外承诺的义务。

第九条 限制出口技术的技术审查应包括以下内容：

（一）是否危及国家安全；

（二）是否符合我国科技发展政策，并有利于科技进步；

（三）是否符合我国的产业技术政策，并能带动大型和成套设备、高新技术产品的生产和经济技术合作。

第十条 出口申请获得批准后，由地方商务主管部门颁发由商务部统一印制和编号的《中华人民共和国技术出口许可意向书》（以下简称《技术出口许可意向书》，见附表二）。《技术出口许可意向书》的有效期为3年。

在申请出口信贷、保险意向承诺时，必须出具《技术出口许可意向书》，金融、保险机构凭《技术出口许可意向书》办理有关业务。

第十一条 对没有取得《技术出口许可意向书》的限制出口技术项目，任何单位和个人都不得对外进行实质性谈判，不得做出有关技术出口的具有法律效力的承诺。

第十二条 技术出口经营者在《技术出口许可意向书》有效期内，未签订技术出口合同的，应按本办法第五条规定的程序向地方商务主管部门重新提出出口申请。

第十三条 技术出口经营者签订技术出口合同后，持《技术出口许可意向书》、合同副本、技术资料出口清单（文件、资料、图纸、其他）（见附表四）、签约双方法律地位证明文件到地方商务主管部门申请技术出口许可证。

第十四条 地方商务主管部门对技术出口合同的真实性进行审查，并自收到本办法第十三条规定的文件之日起15个工作日内，对技术出口做出是否许可的决定，对许可出口的技术颁发由商务部统一印制和编号的《中华人民共和国技术出口许可证》（以下简称《技术出口许可证》，见附表三）。

第十五条 限制出口技术的技术出口合同自《技术出口许可证》颁发之日起生效。

第十六条 技术出口经营者到地方商务主管部门领取《技术出口许可证》前，应登录商务部网站上的“技术进出口合同信息管理系统”（网址为：jsjckqy. fwmys. mofcom. gov. cn），按程序录入合同内容。

第十七条 技术出口经营者获得《技术出口许可证》后，如需更改技术出口内容，应按本办法规定的程序重新履行技术出口许可手续。

第十八条 凡经批准允许出口的国家限制出口技术出口项目，技术出口经营者在办理海关事宜时，应主动出示《技术出口许可证》，海关验核后办理有关放行手续。

第十九条 商务部会同科技部负责对地方商务主管部门和地方科技主管部门的技术出口许可进行监督检查，同时加强对限制出口技术管理的培训和指导。

地方商务主管部门应在每年1月31日前将上年度批准的技术出口许可事项向商务部备案。

第二十条 凡违反本办法规定的，将依据《中华人民共和国技术进出口管理条例》及其他有关法律规定，追究有关当事人和单位的责任。

第二十一条 核技术、核两用品相关技术、化学两用品相关技术、生物两用品相关技术、导弹相关技术和国防军工专有技术的出口不适用本办法。

第二十二条 本办法自公布之日起30日后施行。2002年1月1日起施行的《禁止出口限制出口技术管理办法》（原对外贸易经济合作部、科学技术部2001年第14号令）同时废止。

附件：附表一　中国限制出口技术出口申请书（略）
附表二　中华人民共和国技术出口许可意向书（略）
附表三　中华人民共和国技术出口许可证（略）

禁止进口限制进口技术管理办法

（商务部令2009年第1号）

发布日期：2009-02-01
实施日期：2019-11-30
法规类型：部门规章

（根据2019年11月30日商务部令2019年第1号《商务部关于废止和修改部分规章的决定》修订）

第一条 为促进我国技术进口的发展，根据《中华人民共和国对外贸易法》、《中华人民共和国技术进出口管理条例》，制定本办法。

第二条 凡列入《中国禁止进口限制进口技术目录》（另行发布）中禁止进口的技术，不得进口。

第三条 国家对限制进口的技术实行许可证管理，凡进口列入《中国禁止进口限制进口技术目录》中限制进口技术的，应按本办法履行进口许可手续。

第四条 各省、自治区、直辖市商务主管部门（以下简称地方商务主管部门）是限制进口技术的审查机关，负责本行政区域内限制进口技术的许可工作。中央管理企业，按属地原则到地方商务主管部门办理许可手续。

第五条 技术进口经营者进口本办法第三条所规定的限制进口技术时，应填写《中国限制进口技术申请书》（以下简称《申请书》，见附表1），报送地方商务主管部门履行进口许可手续。

第六条 地方商务主管部门自收到《申请书》之日起30个工作日内，对申请进口的技术进行审查，并决定是否准予进口。

申请人提供的申请材料不完备、申请内容不清或有其他申请不符合规定的情形，地方商务主管部门可要求申请人对申请材料进行修改或补充。

第七条 限制进口技术的审查应包括以下内容：

（1）是否危及国家安全、社会公共利益或者公共道德；

（2）是否危害人的健康或安全和动物、植物的生命或健康；

（3）是否破坏环境；

（4）是否符合我国对外承诺的义务。

第八条 商务主管部门及其工作人员对在技术进口审查中所知悉的商业秘密负有保密义务。

第九条 进口申请获得批准后，由地方商务主管部门颁发由商务部统一印制和编号的《中华人民共和国技术进口许可意向书》（以下简称《技术进口许可意向书》，见附表2）。《技术进口许可意向书》的有效期为3年。技术进口经营者取得《技术进口许可意向书》后，可对外签订技术进口合同。

第十条 技术进口经营者签订技术进口合同后，应持《技术进口许可意向书》、合同副本及其附件、签约双方法律地位证明文件到地方商务主管部门申请技术进口许可证。

第十一条 地方商务主管部门应自收到本办法第十条所规定的文件之日起10个工作日内，对技术进口合同的真实性进行审查，并决定是否准予许可。

第十二条 技术进口经营者依照本办法第五条向地方商务主管部门提出技术进口申请，履行进口许可手续时，可一并提交已签订的技术进口合同副本及其附件和签约双方法律地位证明文件。

地方商务主管部门应在收到前款规定的文件之日起40个工作日内，对申请进口的技术进行审查，并对技术进口合同的真实性进行审查，决定是否准予许可。

申请人提供的申请材料不完备、申请内容不清或有其他申请不符合规定的情形，地方商务主管部门可要求申请人对申请材料进行修改或补充。

第十三条 技术进口经许可的，地方商务主管部门向进口经营者颁发由商务部统一印制和编号的《中华人民共和国技术进口许可证》（以下简称《技术进口许可证》，见附表3）。限制进口技术的进口合同自技术进口许可证颁发之日起生效。

第十四条 技术进口经营者到地方商务主管部门领取技术进口许可证前，应登录商务部网站上的“技术进出口合同信息管理系统”（网址：jsjckqy. fwmys. mofcom. gov. cn），按程序录入合同内容。

第十五条 需经有关部门审批或核准的投资项目，如涉及限制进口技术，技术进口经营者依照本办法第五条或第十二条规定向地方商务主管部门提出技术进口申请时，应提交有关部门的批准文件。

第十六条 技术进口经营者获得《技术进口许可证》后，如需更改技术进口内容，应按本办法规定的程序重新履行技术进口许可手续。

第十七条 技术进口经营者凭《技术进口许可证》，办理外汇、银行、税务、海关等相关手续。凡进口《中国禁止进口限制进口技术目录》中限制进口技术的，技术进口经营者应主动向海关出具《技术进口许可证》，海关凭《技术进口许可证》办理验放手续。

第十八条 商务部负责对地方商务主管部门的技术进口许可进行监督检查。地方商务主管部门应在每年1月31日前将上年度批准的技术进口许可事项向商务部备案。

第十九条 凡违反本办法规定的，将依据《中华人民共和国技术进出口管理条例》，追究有关当事人和单位的责任。

第二十条 国防军工专有技术的进口不适用本办法。

第二十一条 本办法自公布之日起30日后施行。2002年1月1日起施行的《禁止进口限制进口技术管理办法》（对外贸易经济合作部 国家经济贸易委员会2001年第18号令）同时废止。

附件：中国限制进口技术申请书附表等（略）

检验检疫篇

竹木及其制品

进境货物木质包装检疫监督管理办法

（质检总局令第 84 号）

发布日期：2005-12-31
实施日期：2018-04-28
法规类型：部门规章

（根据 2018 年 4 月 28 日海关总署令第 238 号《海关总署关于修改部分规章的决定》修正）

第一条 为规范进境货物木质包装检疫监督管理，防止林木有害生物随进境货物木质包装传入，保护我国森林、生态环境，便利货物进出境，根据《中华人民共和国进出境动植物检疫法》及其实施条例，制定本办法。

第二条 本办法所称木质包装是指用于承载、包装、铺垫、支撑、加固货物的木质材料，如木板箱、木条箱、木托盘、木框、木桶（盛装酒类的橡木桶除外）、木轴、木楔、垫木、枕木、衬木等。

本办法所称木质包装不包括经人工合成或者经加热、加压等深度加工的包装用木质材料（如胶合板、刨花板、纤维板等）以及薄板旋切芯、锯屑、木丝、刨花等以及厚度等于或者小于 6mm 的木质材料。

第三条 海关总署统一管理全国进境货物木质包装的检疫监督管理工作。

主管海关负责所辖地区进境货物木质包装的检疫监督管理工作。

第四条 进境货物使用木质包装的，应当在输出国家或者地区政府检疫主管部门监督下按照国际植物保护公约（以下简称 IPPC）的要求进行除害处理，并加施 IPPC 专用标识。除害处理方法和专用标识应当符合相关规定。

第五条 进境货物使用木质包装的，货主或者其代理人应当向海关报检。海关按照以下情况处理：

（一）对已加施 IPPC 专用标识的木质包装，按规定抽查检疫，未发现活的有害生物的，立即予以放行；发现活的有害生物的，监督货主或者其代理人对木质包装进行除害处理。

（二）对未加施 IPPC 专用标识的木质包装，在海关监督下对木质包装进行除害处理或者销毁处理。

（三）对报检时不能确定木质包装是否加施 IPPC 专用标识的，海关按规定抽查检疫。经抽查确认木质包装加施了 IPPC 专用标识，且未发现活的有害生物的，予以放行；发现活的有害生物的，监督货主或者其代理人对木质包装进行除害处理；经抽查发现木质包装未加施IPPC专用标识的，对木质包装进行除害处理或者销毁处理。

第六条 海关对未报检且经常使用木质包装的进境货物，可以实施重点抽查，抽查时按照以下情况处理：

（一）经抽查确认未使用木质包装的，立即放行。

（二）经抽查发现使用木质包装的，按照本办法第五条规定处理，并依照有关规定予以行政处罚。

第七条 主管海关对木质包装违规情况严重的，在报经海关总署批准同意后，监督货主或者其代理人连同货物一起作退运处理。

第八条 对木质包装进行现场检疫时应当重点检查是否携带天牛、白蚁、蠹虫、树蜂、吉丁虫、象虫等钻蛀性害虫及其为害迹象，对有昆虫为害迹象的木质包装应当剖开检查；对带有疑似松材线虫等病害症状的，应当取样送实验室检验。

第九条 需要将货物运往指定地点实施检疫或者除害处理的，货主或者其代理人应当按照海关的要求，采取必要的防止疫情扩散的措施。集装箱装运的货物，应当在海关人员的监督下开启箱门，以防有害生物传播扩散。

需要实施木质包装检疫的货物，除特殊情况外，未经海关许可，不得擅自卸离运输工具和运递及拆除、遗弃木质包装。

第十条 过境货物裸露的木质包装以及作为货物整批进境的木质包装，按照本办法规定执行。

进境船舶、飞机使用的垫舱木料卸离运输工具的，按照本办法规定执行；不卸离运输工具的，应当接受海关的监督管理，在监管过程中发现检疫性有害生物的，应当实施除害或者销毁处理。

第十一条 海关应当加强与港务、运输、货物代理等部门的信息沟通，通过联网、电子监管及审核货物载货清单等方式获得货物及包装信息，根据情况作出是否抽查的决定。

第十二条 主管海关应当根据检疫情况做好进出口商和输出国家或者地区木质包装标识企业的诚信记录，对其诚信作出评价，实施分类管理。对诚信好的企业，可以采取减少抽查比例和先行通关后在工厂或其他指定地点实施检疫等便利措施。对诚信不良的企业，可以采取加大抽查比例等措施。对多次出现问题的，海关总署可以向输出国家或者地区发出通报，暂停相关标识加施企业的木质包装入境。

第十三条 来自中国香港、澳门特别行政区（以下简称港澳地区）和中国台湾地区的货物使用木质包装的，参照本办法规定执行。

第十四条 经港澳地区中转进境货物使用木质包装，不符合本办法第四条规定的，货主或者其代理人可以申请海关总署认定的港澳地区检验机构实施除害处理并加施IPPC标识或者出具证明文件，入境时，主管海关按照本办法的规定进行抽查或者检疫。

第十五条 为便利通关，对于经港澳地区中转进境未使用木质包装的货物，货主或者其代理人可以向海关总署认定的港澳地区检验机构申请对未使用木质包装情况进行确认并出具证明文件。入境时，主管海关审核证明文件，不再检查木质包装，必要时可以进行抽查。

第十六条 旅客携带物、邮寄物使用的木质包装未加施IPPC标识的，经检疫未发现活的有害生物的，准予入境；发现活的有害生物的，对木质包装进行除害处理。

第十七条 有下列情况之一的，海关依照《中华人民共和国进出境动植物检疫法》及其实施条例的相关规定予以行政处罚：

（一）未按照规定向海关报检的；

（二）报检与实际情况不符的；

（三）未经海关许可擅自将木质包装货物卸离运输工具或者运递的；

（四）其他违反《中华人民共和国进出境动植物检疫法》及其实施条例的。

第十八条 有下列情况之一的，由海关处以3万元以下罚款：

（一）未经海关许可，擅自拆除、遗弃木质包装的；

（二）未按海关要求对木质包装采取除害或者销毁处理的；

（三）伪造、变造、盗用IPPC专用标识的。

第十九条 海关总署认定的检验机构违反有关法律法规以及本办法规定的，海关总署应当根据情节轻重责令限期改正或者取消认定。

第二十条 海关人员徇私舞弊、滥用职权、玩忽职守，违反相关法律法规和本办法规定的，依法给予行政处分；情节严重，构成犯罪的，依法追究刑事责任。

第二十一条 本办法由海关总署负责解释。

第二十二条 本办法自2006年1月1日起施行。本办法施行前颁布的有关规章及规范性文件与本办法规定不一致的，按照本办法执行。

出境货物木质包装检疫处理管理办法

（质检总局令第69号）

发布日期：2005-01-10

实施日期：2018-05-29

法规类型：部门规章

（根据2018年4月28日海关总署令第238号《海关总署关于修改部分规章的决定》第一次修正；根据2018年5月29日海关总署令第240号《海关总署关于修改部分规章的决定》第二次修正）

第一条 为规范木质包装检疫监督管理，确保出境货物使用的木质包装符合输入国家或者地区检疫要求，依据《中华人民共和国进出境动植物检疫法》及其实施条例，参照国际植物检疫措施标准第15号《国际贸易中木质包装材料管理准则》（简称第15号国际标准）的规定，制定本办法。

第二条 本办法所称木质包装是指用于承载、包装、铺垫、支撑、加固货物的木质材料，如木板箱、木条箱、木托盘、木框、木桶、木轴、木楔、垫木、枕木、衬木等。

经人工合成或者经加热、加压等深度加工的包装用木质材料（如胶合板、纤维板等）除外。薄板旋切芯、锯屑、木丝、刨花等以及厚度等于或者小于6mm的木质材料除外。

第三条 海关总署统一管理全国出境货物木质包装的检疫监督管理工作。主管海关负责所辖地区出境货物木质包装的检疫监督管理。

第四条 对木质包装实施除害处理并加施标识的企业（以下简称标识加施企业）应当建立木质包装生产防疫制度和质量控制体系。

出境货物木质包装应当按照《出境货物木质包装除害处理方法》列明的检疫除害处理方法实施处理，并按照《出境货物木质包装除害处理标识要求》的要求加施专用标识。

第五条 标识加施企业应当向所在地海关提出除害处理标识加施资格申请并提供以下

材料：

（一）《出境货物木质包装除害处理标识加施申请考核表》；

（二）厂区平面图，包括原料库（场）、生产车间、除害处理场所、成品库平面图；

（三）热处理或者熏蒸处理等除害设施及相关技术、管理人员的资料。

第六条 直属海关对标识加施企业的热处理或者熏蒸处理设施、人员及相关质量管理体系等进行考核，符合《出境货物木质包装除害处理标识加施企业考核要求》的，颁发除害处理标识加施资格证书，并公布标识加施企业名单，同时报海关总署备案，标识加施资格有效期为三年；不符合要求的，不予颁发资格证书，并连同不予颁发的理由一并书面告知申请企业。未取得资格证书的，不得擅自加施除害处理标识。

第七条 标识加施企业出现以下情况之一的，应当向海关重新申请标识加施资格。

（一）热处理或者熏蒸处理设施改建、扩建；

（二）木质包装成品库改建、扩建；

（三）企业迁址；

（四）其他重大变更情况。

未重新申请的，海关暂停直至取消其标识加施资格。

第八条 标识加施企业应当将木质包装除害处理计划在除害处理前向所在地海关申报，海关对除害处理过程和加施标识情况实施监督管理。

第九条 除害处理结束后，标识加施企业应当出具处理结果报告单。经海关认定除害处理合格的，标识加施企业按照规定加施标识。

再利用、再加工或者经修理的木质包装应当重新验证并重新加施标识，确保木质包装材料的所有组成部分均得到处理。

第十条 标识加施企业对加施标识的木质包装应当单独存放，采取必要的防疫措施防止有害生物再次侵染，建立木质包装销售、使用记录，并按照海关的要求核销。

第十一条 未获得标识加施资格的木质包装使用企业，可以从海关公布的标识加施企业购买木质包装，并要求标识加施企业提供出境货物木质包装除害处理合格凭证。

海关对出境货物使用的木质包装实施抽查检疫。

第十二条 海关对标识加施企业实施日常监督检查。

第十三条 标识加施企业出现下列情况之一的，海关责令整改，整改期间暂停标识加施资格。

（一）热处理/熏蒸处理设施、检测设备达不到要求的；

（二）除害处理达不到规定温度、剂量、时间等技术指标的；

（三）经除害处理合格的木质包装成品库管理不规范，存在有害生物再次侵染风险的；

（四）木质包装标识加施不符合规范要求的；

（五）木质包装除害处理、销售等情况不清的；

（六）相关质量管理体系运转不正常，质量记录不健全的；

（七）未按照规定向海关申报的；

（八）其他影响木质包装检疫质量的。

第十四条 因标识加施企业方面原因出现下列情况之一的，海关将暂停直至取消其标识加施资格，并予以公布。

（一）因第十三条的原因，在国外遭除害处理、销毁或者退货的；

（二）未经有效除害处理加施标识的；

（三）倒卖、挪用标识等弄虚作假行为的；

（四）出现严重安全质量事故的；

（五）其他严重影响木质包装检疫质量的。

第十五条 伪造、变造、盗用标识的，依照《中华人民共和国进出境动植物检疫法》及其实施条例的有关规定处罚。

第十六条 输入国家或者地区对木质包装有其他特殊检疫要求的，按照输入国家或者地区的规定执行。

第十七条 本办法所规定的文书由海关总署另行制定并且发布。

第十八条 本办法由海关总署负责解释。

第十九条 本办法自2005年3月1日起实施。

汽车运输出境危险货物包装容器检验管理办法

（质检总局令第48号）

发布日期：2003-05-28

实施日期：2003-12-01

法规类型：部门规章

第一章 总 则

第一条 为了加强汽车运输出境危险货物包装容器的检验和监督管理，保障汽车运输安全，促进我国对外经济贸易的发展，根据《中华人民共和国进出口商品检验法》（以下简称商检法）的规定，制定本办法。

第二条 本办法适用于直接由公路口岸运输出境的《联合国关于危险货物运输建议书》规定的危险货物常压包装容器（包括汽车运输液体危险货物包装容器、罐体）的检验和管理。

第三条 国家质量监督检验检疫总局（以下简称国家质检总局）主管全国汽车运输出境危险货物包装容器的检验和管理工作。

国家质检总局设在各地的出入境检验检疫机构（以下简称检验检疫机构）管理和办理所辖地区汽车运输出境危险货物包装容器的检验工作。

第四条 汽车运输出境危险货物包装容器检验包括性能检验和使用鉴定，其检验、鉴定标准必须符合我国国家技术规范的强制性要求以及国家质检总局指定的标准，未经检验检疫机构检验合格的包装容器不准用于盛装汽车运输出境危险货物。

第五条 生产、经营出境危险货物包装容器的单位对危险货物的包装容器负有直接责任，必须根据法律、法规和有关规定，正确地设计、生产和使用危险货物的包装容器。

第六条 交通部门设立的口岸交通运输管理站负责对出境危险货物包装及包装容器进行查验，发现不符合《汽车危险货物运输规则》或者无检验检疫机构签发的《出境危险货物运输包装容器使用鉴定结果单》（以下简称《使用鉴定结果单》），口岸交通运输管理站不予放行。口岸交通运输管理站将每批出境的危险货物《使用鉴定结果单》保存备查。保存期为1年。

第二章 检 验

第七条 国家对出境危险货物包装容器生产企业实行质量许可制度。出境危险货物包装容器生产企业应当向检验检疫机构申请并取得《出口危险货物包装容器质量许可证》后，方可从事出境危险货物包装容器的生产。

第八条 取得《出口危险货物包装容器质量许可证》的汽车运输出境危险货物包装容器生产企业（以下简称生产企业），其产品经自检合格后，应当向所在地检验检疫机构申请汽车运输出境危险货物包装容器性能检验，同时提供厂检合格单。

首次申请性能检验的或者经性能检验合格后产品设计、材质或者加工工艺发生改变的，在申请性能检验时应当同时提供该包装容器的设计、制造工艺及原材料检验合格单等资料。

第九条 检验检疫机构检验合格后，签发适于汽车运输出境危险货物包装容器性能检验结果单（以下简称《性能检验结果单》）。

第十条 汽车运输出境危险货物包装容器的《性能检验结果单》有效期根据包装容器的材料性质和所装货物的性质确定，自《性能检验结果单》签发之日起计算。有效期的终止日期在性能检验合格证书上注明。

钢桶、复合桶、纤维板桶、纸桶盛装固体货物的《性能检验结果单》有效期为 18 个月；盛装液体货物的有效期为 1 年；盛装腐蚀性货物的（包括带有腐蚀副标志的货物），从罐装之日起有效期不应超过 6 个月。

其他包装容器的《性能检验结果单》有效期为 1 年；但是盛装腐蚀性货物，从灌装之日起有效期不应超过 6 个月。

经性能检验合格的危险化学品的包装物、容器，应当在《性能检验结果单》有效期内使用完毕。如未能在有效期内使用完毕，需重新进行性能检验。

第十一条 汽车运输出境危险货物包装容器的性能检验采取周期检验和不定期抽查检验相结合的方式。

同一规格、材质、制造工艺的包装容器的检验周期为 3 个月。汽车运输常压液体危险货物罐体及附件检验周期为 1 年。

检验检疫机构根据生产企业的质量情况，在检验周期内实施定期、不定期的产品质量抽查检验。

第十二条 汽车运输出境危险货物包装容器的使用单位（以下简称使用单位）对包装容器的使用情况自检合格后，逐批向检验检疫机构申请汽车运输危险货物包装容器的使用鉴定，并同时提供所盛装危险货物的危险特性评价报告、相容性报告等有关的证明材料。

第十三条 检验检疫机构检验合格后，签发适于汽车运输出境危险货物包装容器的《使用鉴定结果单》。

第十四条 当同一批包装容器有不同使用单位时，生产企业可凭《性能检验结果单》到所在地检验检疫机构办理分证。当不同的外贸经营单位使用同一份《使用鉴定结果单》装运危险货物时，外贸经营单位可凭《使用鉴定结果单》（正本）到所在地检验检疫机构办理分证。

第三章　监督管理

第十五条 经检验合格的包装容器应当按照我国有关国家技术规范的强制性要求以及国家质检总局指定的标准规定，在包装容器上铸压或者印刷包装标记、工厂代号及生产批号。

第十六条 使用单位使用进口的包装容器或者使用国外收货人自备的包装容器，须附有生产国主管部门认可的检验机构出具的符合《联合国关于危险货物运输建议书》要求的包装性能检验证书，否则不允许使用该包装容器。

第十七条 生产企业和使用单位应当正确制造和使用包装容器，建立健全包装容器的生产验收和使用检验制度。

第十八条 汽车运输出境危险货物包装容器的检验人员须经国家质检总局考核并取得国家质检总局颁发的资格证书后，方准从事汽车运输出境危险货物包装容器检验工作。

第十九条 出境危险货物运输时，托运人应当凭检验检疫机构出具的《使用鉴定结果单》（正本）办理托运。承运人应当凭《使用鉴定结果单》受理托运，并按照有关规定进行包装查验，当发现货物和包装容器与《使用鉴定结果单》不相符或者发现包装破损、渗漏时，承运人不得承运。

第二十条 申请汽车运输出境危险货物包装容器性能检验、使用鉴定的单位对检验检疫机构的检验结果有异议的，可申请复验。具体方法按照《进出口商品复验办法》的规定办理。

第四章 附 则

第二十一条 压力容器和用于放射性物质、感染性物质的包装容器按照国家有关规定办理。

第二十二条 违反本办法规定，按照商检法及其实施条例、《危险化学品安全管理条例》等有关法律法规规定处罚。

第二十三条 检验检疫机构办理汽车运输出境危险货物包装容器检验收取性能检验和使用鉴定费用，同种性能检验、使用鉴定项目参照海运、铁路运输出境危险货物包装容器检验、鉴定标准收取检验费。

第二十四条 本办法由国家质检总局负责解释。

第二十五条 本办法自2003年12月1日起施行。

出境竹木草制品检疫管理办法

（质检总局令第45号）

发布日期：2003-04-16

实施日期：2018-05-29

法规类型：部门规章

（根据2018年4月28日海关总署令第238号《海关总署关于修改部分规章的决定》第一次修正；根据2018年5月29日海关总署令第240号《海关总署关于修改部分规章的决定》第二次修正）

第一章 总 则

第一条 为规范出境竹木草制品的检疫管理工作，提高检疫工作质量和效率，根据《中华人民共和国进出境动植物检疫法》及其实施条例等法律法规的规定，制定本办法。

第二条 本办法适用于出境竹木草制品（包括竹、木、藤、柳、草、芒等制品）的检疫及监督管理。

第三条 海关总署主管全国出境竹木草制品检疫和监督管理工作。

主管海关负责所辖区域内出境竹木草制品的检疫和监督管理工作。

第四条 海关总署对出境竹木草制品及其生产加工企业（以下简称企业）实施分级分类

监督管理。

第二章　分级分类管理

第五条　根据生产加工工艺及防疫处理技术指标等，竹木草制品分为低、中、高 3 个风险等级：

（一）低风险竹木草制品：经脱脂、蒸煮、烘烤及其他防虫、防霉等防疫处理的；

（二）中风险竹木草制品：经熏蒸或者防虫、防霉药剂处理等防疫处理的；

（三）高风险竹木草制品：经晾晒等其他一般性防疫处理的。

第六条　海关对出境竹木草制品的企业进行评估、考核，将企业分为一类、二类、三类 3 个企业类别。

第七条　一类企业应当具备以下条件：

（一）遵守检验检疫法律法规等有关规定；

（二）应当建立完善的质量管理体系，包括生产、加工、存放等环节的防疫措施及厂检员管理制度等；

（三）配备专职的厂检员，负责生产、加工、存放等环节防疫措施的监督、落实及产品厂检工作；

（四）在生产过程中采用防虫、防霉加工工艺，并配备与其生产能力相适应的防虫、防霉处理设施及相关的检测仪器；

（五）原料、生产加工、成品存放场所，应当专用或者相互隔离，并保持环境整洁、卫生；

（六）年出口批次不少于 100 批；

（七）检验检疫年批次合格率达 99%以上；

（八）海关依法规定的其他条件。

第八条　二类企业应当具备以下条件：

（一）遵守检验检疫法律法规等有关规定；

（二）企业建立质量管理体系，包括生产、加工、存放等环节的防疫措施及厂检员管理制度等；

（三）配备专职或者兼职的厂检员，负责生产、加工、存放等环节防疫措施的监督、落实及产品厂检工作；

（四）在生产过程中采用防虫、防霉加工工艺，具有防虫、防霉处理设施；

（五）成品存放场所应当独立，生产加工环境整洁、卫生；

（六）年出口批次不少于 30 批次；

（七）检验检疫年批次合格率达 98%以上；

（八）海关依法规定的其他条件。

第九条　不具备一类或者二类条件的企业以及未申请分类考核的企业定为三类企业。

第十条　企业本着自愿的原则，向所在地海关提出实施分类管理的书面申请，并提交以下资料：

（一）《出境竹木草制品生产加工企业分类管理考核申请表》；

（二）企业厂区平面图；

（三）生产工艺及流程图。

第十一条　海关自接到申请资料之日起 10 个工作日内，完成对申请资料的初审。

企业提交的申请资料不齐全的，应当在规定期限内补齐；未能在规定期限补齐的，视为撤回申请。

第十二条 初审合格后，海关在10个工作日内完成对申请企业的考核。根据考核结果，由直属海关确定企业类别，并及时公布。

第十三条 有以下情况之一的，企业应当重新提出申请：

（一）申请企业类别升级的；

（二）企业名称、法定代表人或者生产加工地点变更的；

（三）生产工艺和设备等发生重大变化的。

第三章 出境检疫

第十四条 输出竹木草制品的检疫依据：

（一）我国与输入国家或者地区签定的双边检疫协定（含协议、备忘录等）；

（二）输入国家或者地区的竹木草制品检疫规定；

（三）我国有关出境竹木草制品的检疫规定；

（四）贸易合同、信用证等订明的检疫要求。

第十五条 企业或者其代理人办理出境竹木草制品报检手续时，应当按照检验检疫报检规定提供有关单证。一类、二类企业报检时应当同时提供《出境竹木草制品厂检记录单》（以下简称厂检记录单）。

第十六条 根据企业的类别和竹木草制品的风险等级，出境竹木草制品的批次抽查比例为：

（一）一类企业的低风险产品，抽查比例5%-10%；

（二）一类企业的中风险产品、二类企业的低风险产品，抽查比例10-30%；

（三）一类企业的高风险产品、二类企业的中风险产品和三类企业的低风险产品，抽查比例30-70%；

（四）二类企业的高风险产品，三类企业的中风险和高风险产品，抽查比例70-100%。

第十七条 海关根据企业日常监督管理情况、出口季节和输往国家（地区）的差别以及是否出具《植物检疫证书》或者《熏蒸/消毒证书》等，在规定范围内，确定出境竹木草制品的批次抽查比例。

第十八条 出境竹木草制品经检疫合格的，按照有关规定出具相关证单；经检疫不合格的，经过除害、重新加工等处理合格后方可放行；无有效处理方法的，不准出境。

第四章 监督管理

第十九条 海关对出境竹木草制品的生产、加工、存放实施全过程的监督管理。

第二十条 海关对企业实施日常监督管理，内容主要包括：

（一）检查企业质量管理体系有效运行和生产、加工、存放等环节的防疫措施执行情况；

（二）检查企业生产、加工、存放等条件是否符合防疫要求；

（三）检查厂检记录以及厂检员对各项防疫措施实施监督的情况和相应记录；

（四）企业对质量问题的整改情况；

（五）其他应当检查的内容。

在实施日常监督管理中，海关应当填写《出境竹木草制品监管记录》。

第二十一条 海关应当建立竹木草制品企业的检疫管理档案。

第二十二条 海关对企业的分类实行动态管理，有以下情况之一的，对企业做类别降级处理：

（一）生产、加工、存放等环节的防疫措施不到位；

（二）厂检员未按要求实施检查与监督；

（三）海关对出境竹木草制品实施检疫，连续2次以上检疫不合格；

（四）1年内出境检验检疫批次合格率达不到所在类别要求；

（五）其他不符合有关检验检疫要求的。

对做类别降级处理的企业限期整改，经整改合格的，可恢复原类别。

第二十三条 企业不如实填写厂检记录单或者伪造、变造、出售和盗用厂检记录单的，直接降为三类企业管理。

第二十四条 海关对企业厂检员进行培训，厂检员经考核合格方可上岗。厂检员应当如实填写厂检记录单，并对厂检结果负责。

第五章 附 则

第二十五条 违反本办法规定的，海关按照有关法律法规规定处理。

第二十六条 本办法所规定的文书由海关总署另行制定并且发布。

第二十七条 本办法由海关总署负责解释。

第二十八条 本办法自2003年7月1日起施行。

关于取消进口木材数量检验要求的公告

（质检总局公告2017年第92号）

发布日期：2017-10-30

实施日期：2017-10-30

法规类型：规范性文件

为提高通关便利化水平，根据《中华人民共和国进出口商品检验法实施条例》的有关规定，质检总局决定取消进口木材产品（涉及产品见附件）的数量检验要求，检验检疫部门不再实施进口木材数量检验。

本公告自公布之日起施行。

关于调整进出境货物木质包装检疫要求的通知

（质检动函〔2014〕113号）

发布日期：2014-07-21

实施日期：2014-09-01

法规类型：规范性文件

为防止林木有害生物随进出境货物木质包装跨境传播，根据《国际贸易中木质包装管理准则》（国际植物检疫措施标准第15号），总局于2005年发布了《出境货物木质包装检疫处理管理办法》（第69号局令）和《进境货物木质包装检疫监督管理办法》（第84号局令）。

近年来，国际植物保护公约组织对第15号标准进行了多次修订（最新修订版见附件），并已在成员国或地区间得到普遍采纳。为确保我国外贸顺利进行，根据修订的国际标准，现就进出境货物木质包装检疫要求调整如下：

一、以下六种类型的木质包装不适用于国家质检总局令第69、84号和本通知的规定：

（一）完全由薄木材（厚度6毫米或以下）制作的木质包装。

（二）完全由经过胶粘、加热、加压等方法生产的胶合板、刨花板、纤维板等制作的木质包装。

（三）在制作过程中经过加热处理用于存放散装葡萄酒或烈酒的木桶。

（四）用于包装葡萄酒、雪茄或其他商品的礼品盒。在其制作过程中经过加工或其他去除有害生物的处理。

（五）锯末、刨花木、丝。

（六）永久固定于运输车辆和集装箱上的木质配件。

二、木质包装须使用去树皮木材制作。木质包装上树皮残留允许量应满足：宽度小于3cm，或总面积小于50cm^2。如使用溴甲烷对木质包装进行熏蒸处理，应在处理前去除树皮。

三、关于对木质包装进行检疫处理的方法，除使用热处理（HT）、溴甲烷熏蒸处理（MB）外，也可采用介电加热处理（DH），具体技术要求如下：

（一）介电加热处理指标：使用微波等介电加热使木材表面温度在处理开始后30分钟内达到60℃以上，并保持至少一分钟。

（二）介电加热处理要求：（1）至少使用两组温度传感器在木质包装温度最低处（通常为木材表面）进行测量。（2）厚度超过5cm的木质包装材料，应使用双向或多向介电加热。

四、木质包装上IPPC标识的大小、使用的字体及加施的位置，可根据需要进行变化，但必须是矩形或正方形（标识样式见附件）。标识内信息应符合规定，不得增加商标、防伪符号等其他内容，用于防伪、追溯等需要的其他信息可在标识框外加注。自2014年9月1日起，全面停止使用总局令第69号及第84号中规定的标识式样。目前正在使用的已加施原IPPC标识的木质包装，经检疫未发现关注的有害生物，视为合格。

五、允许进出境货物的木质包装重复使用，条件如下：

（一）按照第15号标准进行处理并加施IPPC标识的木质包装，如未经修缮、再制造或其他改造的木质包装，经检疫确认合格的，可重复使用，不需再进行检疫处理或重新标识。因此，货物输出国家或地区可以与IPPC标识显示的国家或地区不一致。

（二）修缮的木质包装是指替换部件不超过三分之一。修缮过程中增加的木材应当经过检疫处理并加施相应标识。因此，一个木质包装上可允许带有多个不同的标识。

（三）再制造的木质包装是指替换的部件超过三分之一以上。再制造的木质包装须重新进行检疫处理，并将木质包装上原有标识去除，加施新的标识。

请各局及时将调整后措施通报木质包装标识加施企业和进出口企业，做好宣传工作。执行中如遇问题，请及时报总局动植司。

关于公布确认的木质包装检疫除害处理方法及标识要求的公告

（质检总局公告 2005 年第 32 号）

发布日期：2005-02-22
实施日期：2005-02-22
法规类型：规范性文件

为防止林木有害生物随进境货物木质包装传入我国，保护我国森林、生态环境及旅游资源，根据《中华人民共和国进出境动植物检疫法》及其实施条例，参照国际植物保护公约组织（IPPC）公布的国际植物检疫措施标准第 15 号《国际贸易中木质包装材料管理准则》，国家质检总局、海关总署、商务部和国家林业局联合发布了 2005 年第 11 号公告，要求进境货物木质包装应在输出国家或地区进行检疫除害处理，并加施专用标识。现将确认的木质包装检疫除害处理方法及标识要求公告如下：

一、检疫除害处理方法

（一）热处理（HT）。

1. 必须保证木材中心温度至少达到 56℃，并持续 30 分钟以上。

2. 窑内烘干（KD）、化学加压浸透（CPI）或其他方法只要达到热处理要求，可以视为热处理。如化学加压浸透可通过蒸汽、热水或干热等方法达到热处理的技术指标要求。

（二）溴甲烷熏蒸处理（MB）。

1. 常压下，按下列标准处理：

温度	溴甲烷剂量（g/m^3）	24 小时最低浓度要求（g/m^3）
≥21℃	48	24
≥16℃	56	28
≥11℃	64	32
注：最低熏蒸温度不应低于 10℃，熏蒸时间最低不应少于 24 小时。松材线虫疫区：日本、美国、加拿大、墨西哥、韩国、葡萄牙及中国台湾、香港地区。		

待 IPPC 对溴甲烷熏蒸标准修订后，按照其确认的标准执行。

（三）国际植物检疫措施标准或国家质检总局认可的其他除害处理方法。

（四）依据有害生物风险分析结果，当上述除害处理方法不能有效杀灭我国关注的有害生物时，国家质检总局可要求输出国家或地区采取其他除害处理措施。

二、标识要求

（一）标识式样：

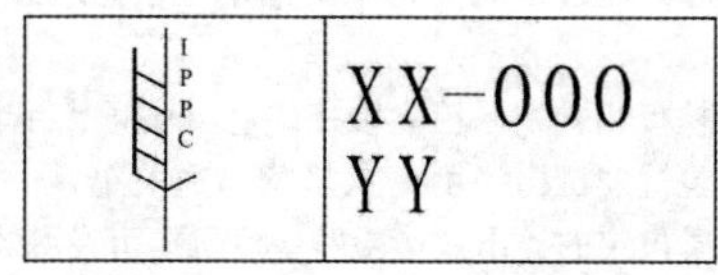

其中：

IPPC 为《国际植物保护公约》的英文缩写；

××为国际标准化组织（ISO）规定的 2 个字母国家编号；

000 为输出国家或地区官方植物检疫机构批准的木质包装生产企业编号；

YY 为确认的建议除害处理方法，如溴甲烷熏蒸为 MB，热处理为 HT。

（二）输出国家或地区官方植物检疫机构或木质包装生产企业可以根据需要增加其他信息，如去除树皮以 DB 表示。

（三）标识必须加施于木质包装显著位置，至少应在相对的两面，标识应清晰易辨、永久且不能移动。

（四）标识避免使用红色或橙色。

关于公布进境货物使用的木质包装检疫要求的公告

（国家质量监督检验检疫总局　海关总署　商务部　国家林业局公告 2005 年第 11 号）

发布日期：2005-01-31

实施日期：2006-01-01

法规类型：规范性文件

为防止林木有害生物随进境货物木质包装传入我国，保护我国森林、生态环境及旅游资源，根据《中华人民共和国进出境动植物检疫法》及其实施条例，参照国际植物保护公约组织（IPPC）公布的国际植物检疫措施标准第 15 号《国际贸易中木质包装材料管理准则》，现将进境货物使用的木质包装检疫要求公告如下：

一、本公告所称木质包装是指用于承载、包装、铺垫、支撑、加固货物的木质材料，如木板箱、木条箱、木托盘、木框、木桶、木轴、木楔、垫木、枕木、衬木等。

以下除外：

经人工合成或经加热、加压等深度加工的包装用木质材料，如胶合板、刨花板、纤维板等。

薄板旋切芯、锯屑、木丝、刨花等木质材料以及厚度等于或小于 6mm 的木质材料。

二、进境货物使用的木质包装应当由输出国家或地区政府植物检疫机构认可的企业按中国确认的检疫除害处理方法处理，并加施政府植物检疫机构批准的 IPPC 专用标识。检疫除害处理方法由国家质检总局另行公布。

三、进境货物使用木质包装的，货主或其代理人应当向出入境检验检疫机构报检，并配合出入境检验检疫机构实施检疫。对未报检的，出入境检验检疫机构依照有关法律规定进行处罚。

四、出入境检验检疫机构对进境货物使用的术质包装检疫实施分类管理，加强与港务、船代、海关等部门的信息沟通，通过审核货物载货清单等信息对经常使用木质包装的货物实施重点检疫。

五、列入《出入境检验检疫机构实施检验检疫的进出境商品目录》（以下简称目录）的进境货物使用木质包装的，检验检疫机构签发《入境货物通关单》并对木质包装实施检疫。未列入目录的进境货物使用木质包装的，出入境检验检疫机构可在海关放行后实施检疫。

六、经检疫发现木质包装标识不符合要求或截获活的有害生物的，出入境检验检疫机构监督货主或其代理人对木质包装实施除害处理、销毁处理或联系海关连同货物作退运处理，所需费用由货主承担。需实施木质包装检疫的货物，未经检疫合格的，不得擅自使用。

七、来自中国香港、澳门特别行政区和中国台湾地区的货物使用的木质包装适用本公告的规定。

八、本公告自 2006 年 1 月 1 日起正式实施，原进境货物木质包装检疫规定的有关公告同时废止。正式实施前，已经符合本公告第二条规定的进境货物木质包装，出入境检验检疫机构应当接受报检。

特此公告。

出境货物木质包装的有关要求公告

（国家质量监督检验检疫总局　海关总署　商务部　国家林业局联合公告 2005 年第 4 号）

发布日期：2005-01-13

实施日期：2005-03-01

法规类型：规范性文件

为防止林木有害生物随货物使用的木质包装在国际间传播蔓延，2002 年 3 月，国际植物保护公约组织（IPPC）公布了国际植物检疫措施标准第 15 号《国际贸易中的木质包装材料管理准则》，要求货物使用的木质包装应在出境前进行除害处理，并加施 IPPC 确定的专用标识。目前，欧盟、加拿大、美国、澳大利亚等国家已采纳该标准并将于 2005 年 3 月 1 日陆续开始实施，将来会有更多的国家采用该国际标准。对于不符合国际标准的木质包装，进口国家或地区将在入境口岸采取除害处理、销毁、拒绝入境等措施。为使我国出境货物使用的木质包装符合进口国家或地区的检疫规定，避免经济损失，现将出境货物木质包装的有关要求公告如下：

一、本公告所称木质包装是指用于承载、包装、铺垫、支撑、加固货物的木质材料，如木板箱、木条箱、木托盘、木框、木桶、木轴、木楔、垫木、枕木、衬木等。

以下除外：

经人工合成或经加热、加压等深度加工的包装用木质材料，如胶合板、刨花板、纤维板等。

薄板旋切芯、锯屑、木丝、刨花等以及厚度等于或者小于 6mm 的木质材料。

二、出境货物使用的木质包装，应按规定的检疫除害处理方法进行处理，并加施专用标识。除害处理方法、标识要求及监管规定由国家质检总局另行通知。

三、出入境检验检疫机构对出境货物使用的木质包装实施抽查检疫，不符合规定的，不准出境。

四、各地出入境检验检疫机构、海关及商务、林业主管部门应加强对出口企业的宣传工作，提高服务意识，帮助出口企业做好相关工作，避免因木质包装不符合国外要求而造成经济损失。

五、本公告自 2005 年 3 月 1 日起实施，原有关出境货物木质包装检疫规定同时废止。

特此公告。

关于防止林木有害生物随进口原木传入的公告

（国家出入境检验检疫局、海关总署、国家林业局、农业部、
对外贸易经济合作部2001年公告第2号）

发布日期：2001-02-06
实施日期：2001-07-01
法规类型：规范性文件

近年来，我国出入境检验检疫机构在进口原木中截获大量的林木有害生物，根据我国专家进行的有害生物风险分析，其中多数是检疫性有害生物。为防止林木有害生物随进口原木传入我国，保护我国森林、生态环境及旅游资源，根据《中华人民共和国进出境动植物检疫法》及其实施条例的规定，现对进口原木的检疫要求公告如下：

一、进口原木须附有输出国家或地区官方检疫部门出具的植物检疫证书，证明不带有中国关注的检疫性有害生物或双边植物检疫协定中规定的有害生物和土壤。

二、进口原木带有树皮的，应当在输出国家或地区进行有效的除害处理，并在植物检疫证书中注明除害处理方法、使用药剂、剂量、处理时间和温度；进口原木不带树皮的，应在植物检疫证书中作出声明。

三、进口原木未附有植物检疫证书的，以及带有树皮但未进行除害处理的，不准入境。出入境检验检疫机构对进口原木进行检疫，发现检疫性有害生物的，监督进口商进行除害处理，处理费用由进口商承担。无法作除害处理的，作退运处理。

四、进口商应将上述检疫要求列入贸易合同中。

五、各入境口岸海关要加强对进口原木的监管力度，对经检疫合格的原木，凭出入境检验检疫机构签发的证明办理手续。

六、本公告自2001年7月1日起施行。

关于执行进口原木检疫要求（2001年第2号）有关问题的通知

（国质检联〔2001〕43号）

发布日期：2001-06-28
实施日期：2006-07-01
法规类型：规范性文件

为贯彻落实原国家出入境检验检疫局、海关总署、国家林业局、农业部、对外贸易经济合作部联合发布的2001年第2号公告，有效防止林木检疫性有害生物随进口原木传入，保护我国森林、生态环境及旅游资源，并使调整后的检疫要求对原木进口贸易的影响尽可能减小，现就执行上述公告中的有关问题通知如下：

一、进口原木不带树皮的不要求在境外进行除害处理，但输出国官方检疫部门须出具植物检疫证书。单根原木带树皮表面积不超过5%，且整批原木带树皮表面积不超过2%的，该批原木可视为不带树皮原木。

二、对于带树皮的进口原木，在输出国植物检疫机构不健全或除害处理达不到我国要求的情况下，经当地出入境检验检疫机构报经国家质量监督检验检疫总局（以下简称国家质检总局）同意，可在原木进口量比较大的口岸地区一定区域内建立“木材加工区”或“木材检验检疫区”。进口时，海关仍凭《入境货物通关单》办理原木的进境手续。原木进境后在该区内进行初加工、深加工或除害处理，经加工或除害处理合格的，可运往内地。出入境检验检疫机构对场区实施检验检疫监管和疫情监测，发现疫情立即采取防疫措施。

三、对于来自周边国家同一生态区的原木，国家质检总局在输出国检疫部门提供原木发生有害生物名单的基础上，可根据情况组织开展境外疫情调查和预检工作。结合公告规定可采取以下措施：

1. 境外预检未发现检疫性有害生物的原木，准许入境。经境外预检的原木以入境口岸检验检疫结果为准。

2. 对于寒带地区冬季（10月至翌年4月）采伐并在本季节内入境的原木，经入境口岸检验检疫合格的予以放行；进境后经检疫仍发现检疫性有害生物的，应在指定的“木材加工区”或“木材检验检疫区”进行初加工、深加工或进行除害处理。

四、对于输出国检疫部门已经出具植物检疫证书的进口原木，经入境口岸检验检疫仍发现检疫性有害生物的，由国家质检总局向输出国通报，连续多次发现问题的，将暂停接受该检疫机构出具的检疫证书，直到其采取措施并符合中方检疫要求为止。

五、出入境检验检疫机构对信誉好、管理规范、符合检疫要求、进口量大的企业，要重点扶持和指导，鼓励木材进口企业将木材加工、除害处理工作向境外延伸。

六、各有关单位要与出入境检验检疫机构密切配合，认真做好进口原木的检验检疫工作，切实防止检疫性有害生物的传入。工作中遇有新的问题请及时向主管部门报告。

七、自2001年7月1日起对离开输出国的原木开始施行第2号公告和本通知规定。2001年7月1日以前启运的，不受第2号公告和本通知限制。

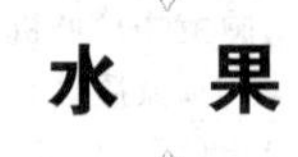

水 果

出境水果检验检疫监督管理办法

（质检总局令第 91 号）

发布日期：2006-12-25
实施日期：2018-11-23
法规类型：部门规章

（根据 2018 年 4 月 28 日海关总署令第 238 号《海关总署关于修改部分规章的决定》第一次修正；根据 2018 年 5 月 29 日海关总署令第 240 号《海关总署关于修改部分规章的决定》第二次修正；根据 2018 年 11 月 23 日海关总署令第 243 号《海关总署关于修改部分规章的决定》第三次修正）

第一章 总 则

第一条 为规范出境水果检验检疫和监督管理工作，提高出境水果质量和安全，根据《中华人民共和国进出境动植物检疫法》及其实施条例、《中华人民共和国进出口商品检验法》及其实施条例和《中华人民共和国食品安全法》等有关法律法规规定，制定本办法。

第二条 本办法适用于我国出境新鲜水果（含冷冻水果，以下简称水果）的检验检疫与监督管理工作。

第三条 海关总署统一管理全国出境水果检验检疫与监督管理工作。

主管海关负责所辖地区出境水果检验检疫与监督管理工作。

第四条 我国与输入国家或者地区签定的双边协议、议定书等明确规定，或者输入国家或者地区法律法规要求对输入该国家的水果果园和包装厂实施注册登记的，海关应当按照规定对输往该国家或者地区的出境水果果园和包装厂实行注册登记。

我国与输入国家或地区签定的双边协议、议定书未有明确规定，且输入国家或者地区法律法规未明确要求的，出境水果果园、包装厂可以向海关申请注册登记。

第二章 注册登记

第五条 申请注册登记的出境水果果园应当具备以下条件：

（一）连片种植，面积在 100 亩以上；

（二）周围无影响水果生产的污染源；

（三）有专职或者兼职植保员，负责果园有害生物监测防治等工作；

（四）建立完善的质量管理体系。质量管理体系文件包括组织机构、人员培训、有害生物监测与控制、农用化学品使用管理、良好农业操作规范等有关资料；

（五）近两年未发生重大植物疫情；

（六）双边协议、议定书或者输入国家或者地区法律法规对注册登记有特别规定的，还须符合其规定。

第六条 申请注册登记的出境水果包装厂应当具备以下条件：

（一）厂区整洁卫生，有满足水果贮存要求的原料场、成品库；

（二）水果存放、加工、处理、储藏等功能区相对独立、布局合理，且与生活区采取隔离措施并有适当的距离；

（三）具有符合检疫要求的清洗、加工、防虫防病及除害处理设施；

（四）加工水果所使用的水源及使用的农用化学品均须符合有关食品卫生要求及输入国家或地区的要求；

（五）有完善的卫生质量管理体系，包括对水果供货、加工、包装、储运等环节的管理；对水果溯源信息、防疫监控措施、有害生物及有毒有害物质检测等信息有详细记录；

（六）配备专职或者兼职植保员，负责原料水果验收、加工、包装、存放等环节防疫措施的落实、有毒有害物质的控制、弃果处理和成品水果自检等工作；

（七）有与其加工能力相适应的提供水果货源的果园，或者与供货果园建有固定的供货关系；

（八）双边协议、议定书或者输入国家或者地区法律法规对注册登记有特别规定的，还须符合其规定。

第七条 申请注册登记的果园，应当向所在地海关提出书面申请，并提交以下材料：

（一）《出境水果果园注册登记申请表》；

（二）果园示意图、平面图。

第八条 申请注册登记的包装厂，应当向所在地海关提出书面申请，并提交以下材料：

（一）《出境水果包装厂注册登记申请表》；

（二）包装厂厂区平面图，包装厂工艺流程及简要说明；

（三）提供水果货源的果园名单及包装厂与果园签订的有关水果生产、收购合约复印件。

第九条 海关按照规定对申请材料进行审核，确定材料是否齐全、是否符合有关规定要求，作出受理或者不受理的决定，并出具书面凭证。提交的材料不齐全或者不规范的，应当当场或者在接到申请后5个工作日内一次告知申请人补正。逾期不告知的，自收到申请材料之日起即为受理。

受理申请后，海关应当对申请注册登记的出境水果果园和包装厂提交的申请资料进行审核，并组织专家组进行现场考核。

第十条 海关应当自受理申请之日起20个工作日内，作出准予注册登记或者不予注册登记的决定。

隶属海关受理的，应当自受理之日起10个工作日内，完成对申请资料的初审工作；初审合格后，提交直属海关，直属海关应当在10个工作日内作出准予注册登记或者不予注册登记的决定。

直属海关应当将注册登记的果园、包装厂名单报海关总署备案。

第十一条 注册登记证书有效期为3年，注册登记证书有效期满前3个月，果园、包装厂应当向所在地海关申请换证。

第十二条 注册登记的果园、包装厂出现以下情况之一的，应当向海关办理申请变更手续：

（一）果园种植面积扩大；
（二）果园承包者或者负责人、植保员发生变化；
（三）包装厂法人代表或者负责人发生变化；
（四）向包装厂提供水果货源的注册登记果园发生改变；
（五）包装厂加工水果种类改变；
（六）其他较大变更情况。

第十三条 注册登记的果园、包装厂出现以下情况之一的，应当向海关重新申请注册登记：

（一）果园位置及种植水果种类发生变化；
（二）包装厂改建、扩建、迁址；
（三）其他重大变更情况。

第十四条 我国与输入国家或者地区签定的双边协议、议定书等明确规定，或者输入国家或者地区法律法规要求对输入该国家或者地区的水果果园和包装厂实施注册登记的，出境水果果园、包装厂应当经海关总署集中组织推荐，获得输入国家或地区检验检疫部门认可后，方可向有关国家输出水果。

第三章 监督管理

第十五条 海关对所辖地区出境水果果园、包装厂进行有害生物监测、有毒有害物质监控和监督管理。监测结果及监管情况作为出境水果检验检疫分类管理的重要依据。

第十六条 出境水果果园、包装厂应当采取有效的有害生物监测、预防和综合管理措施，避免和控制输入国家或者地区关注的检疫性有害生物发生。出境水果果园和包装厂应当遵守相关法规标准，安全合理使用农用化学品，不得购买、存放和使用我国或者输入国家或者地区禁止在水果上使用的化学品。

出境水果包装材料应当干净卫生、未使用过，并符合有关卫生质量标准。输入国家或者地区有特殊要求的，水果包装箱应当按照要求，标明水果种类、产地以及果园、包装厂名称或者代码等相关信息。

第十七条 海关对出境水果果园实施监督管理内容包括：

（一）果园周围环境、水果生长状况、管理人员情况；
（二）果园有害生物发生、监测、防治情况及有关记录；
（三）果园农用化学品存放状况，购买、领取及使用记录；
（四）双边协议、议定书或者输入国家或者地区法律法规相关规定的落实情况。

第十八条 海关对出境水果包装厂实施监督管理内容包括：

（一）包装厂区环境及卫生状况、生产设施及包装材料的使用情况，管理人员情况；
（二）化学品存放状况，购买、领取及使用记录；
（三）水果的来源、加工、自检、存储、出口等有关记录；
（四）冷藏设施使用及防疫卫生情况、温湿度控制记录；
（五）双边协议、议定书或者输入国家或者地区法律法规相关规定的落实情况。

第十九条 出境果园和包装厂出现下列情况之一的，海关应责令其限期整改，并暂停受理报检，直至整改符合要求：

（一）不按规定使用农用化学品的；
（二）周围有环境污染源的；
（三）包装厂的水果来源不明；
（四）包装厂内来源不同的水果混放，没有隔离防疫措施，难以区分；

（五）未按规定在包装上标明有关信息或者加施标识的；

（六）包装厂检疫处理设施出现较大技术问题的；

（七）海关检出国外关注的有害生物或者有毒有害物质超标的；

（八）输入国家或者地区检出检疫性有害生物或者有毒有害物质超标的。

第二十条 海关在每年水果采收季节前对注册登记的出境水果果园、包装厂进行年度审核，对年审考核不合格的果园、包装厂限期整改。

第二十一条 已注册登记的出境水果果园、包装厂出现以下情况之一的，取消其注册登记资格：

（一）限期整改不符合要求的；

（二）隐瞒或者瞒报质量和安全问题的；

（三）拒不接受海关监督管理的；

（四）未按第十三条规定重新申请注册登记的。

第二十二条 出境水果果园、包装厂应当建立稳定的供货与协作关系。包装厂应当要求果园加强疫情、有毒有害物质监测与防控工作，确保提供优质安全的水果货源。

注册登记果园向包装厂提供出境水果时，应当随附产地供货证明，注明水果名称、数量及果园名称或者注册登记编号等信息。

第四章　出境检验检疫

第二十三条 出境水果应当向包装厂所在地海关报检，按报检规定提供有关单证及产地供货证明；出境水果来源不清楚的，不予受理报检。

第二十四条 根据输入国家或者地区进境水果检验检疫规定和果园、包装厂的注册登记情况，结合日常监督管理，海关实施相应的出境检验检疫措施。

第二十五条 海关根据下列要求对出境水果实施检验检疫：

（一）我国与输入国家或者地区签订的双边检疫协议（含协定、议定书、备忘录等）；

（二）输入国家或者地区进境水果检验检疫规定或者要求；

（三）国际植物检疫措施标准；

（四）我国出境水果检验检疫规定；

（五）贸易合同和信用证等订明的检验检疫要求。

第二十六条 海关依照相关工作程序和技术标准实施现场检验检疫和实验室检测：

（一）核查货证是否相符；

（二）植物检疫证书和包装箱的相关信息是否符合输入国或者地区的要求；

（三）检查水果是否带虫体、病症、枝叶、土壤和病虫为害状，发现可疑疫情的，应及时按有关规定和要求将相关样品和病虫体送实验室检疫鉴定。

第二十七条 海关对出境水果实施出境检验检疫及日常监督管理。

出境水果经检验检疫合格的，按照有关规定签发检验检疫证书、出境货物换证凭单等有关检验检疫证单。未经检验检疫或者检验检疫不合格的，不准出境。

出境水果经检验检疫不合格的，海关应当向出境水果果园、包装厂反馈有关信息，并协助调查原因，采取改进措施。出境水果果园、包装厂不在本辖区的，实施检验检疫的海关应当将有关情况及时通知出境水果果园、包装厂所在地海关。

第五章　附　则

第二十八条 本办法下列用语含义：

（一）“果园”，是指没有被障碍物（如道路、沟渠和高速公路）隔离开的单一水果的连续种植地。

（二）“包装厂”，是指水果采收后，进行挑选、分级、加工、包装、储藏等一系列操作的固定场所，一般包括初选区、加工包装区、储藏库等。

（三）“冷冻水果”，是指加工后，在-18℃以下储存、运输的水果。

第二十九条 有关单位和个人违反《中华人民共和国进出境动植物检疫法》及其实施条例、《中华人民共和国进出口商品检验法》及其实施条例和《中华人民共和国食品安全法》的，海关将按有关规定予以处罚。

第三十条 有以下情况之一的，海关处以3万元以下罚款：

（一）来自注册果园、包装厂的水果混有非注册果园、包装厂水果的；

（二）盗用果园、包装厂注册登记编号的；

（三）伪造或变造产地供货证明的；

（四）经检验检疫合格后的水果被调换的；

（五）其他违反本办法规定导致严重安全、卫生质量事故的。

第三十一条 海关人员徇私舞弊、滥用职权、玩忽职守，违反相关法律法规和本办法规定的，依法给予行政处分；情节严重，构成犯罪的，依法追究刑事责任。

第三十二条 本办法由海关总署负责解释。

第三十三条 本办法自2007年2月1日起施行。

进境水果检验检疫监督管理办法

（质检总局令第68号）

发布日期：2005-01-05

实施日期：2018-11-23

法规类型：部门规章

（根据2018年4月28日海关总署令第238号《海关总署关于修改部分规章的决定》第一次修正；根据2018年11月23日海关总署令第243号《海关总署关于修改部分规章的决定》第二次修正）

第一条 为了防止进境水果传带检疫性有害生物和有毒有害物质，保护我国农业生产、生态安全和人体健康，根据《中华人民共和国进出境动植物检疫法》及其《中华人民共和国进出境动植物检疫法实施条例》、《中华人民共和国进出口商品检验法》及其《中华人民共和国进出口商品检验法实施条例》和《中华人民共和国食品安全法》及其他有关法律法规的规定，制定本办法。

第二条 本办法适用于我国进境新鲜水果（以下简称水果）的检验检疫和监督管理。

第三条 海关总署统一管理全国进境水果检验检疫监督管理工作。

主管海关负责所辖地区进境水果检验检疫监督管理工作。

第四条 禁止携带、邮寄水果进境，法律法规另有规定的除外。

第五条 在签订进境水果贸易合同或协议前，应当按照有关规定向海关总署申请办理进境水果检疫审批手续，并取得《中华人民共和国进境动植物检疫许可证》（以下简称《检疫许可证》)。

第六条 输出国或地区官方检验检疫部门出具的植物检疫证书（以下简称植物检疫证书）(正本)，应当在报检时由货主或其代理人向海关提供。

第七条 植物检疫证书应当符合以下要求：

（一）植物检疫证书的内容与格式应当符合国际植物检疫措施标准 ISPM 第 12 号《植物检疫证书准则》的要求；

（二）用集装箱运输进境的，植物检疫证书上应注明集装箱号码；

（三）已与我国签订协定（含协议、议定书、备忘录等，下同）的，还应符合相关协定中有关植物检疫证书的要求。

第八条 海关根据以下规定对进境水果实施检验检疫：

（一）中国有关检验检疫的法律法规、标准及相关规定；

（二）中国政府与输出国或地区政府签订的双边协定；

（三）海关总署与输出国或地区检验检疫部门签订的议定书；

（四）《检疫许可证》列明的有关要求。

第九条 进境水果应当符合以下检验检疫要求：

（一）不得混装或夹带植物检疫证书上未列明的其他水果；

（二）包装箱上须用中文或英文注明水果名称、产地、包装厂名称或代码；

（三）不带有中国禁止进境的检疫性有害生物、土壤及枝、叶等植物残体；

（四）有毒有害物质检出量不得超过中国相关安全卫生标准的规定；

（五）输出国或地区与中国签订有协定或议定书的，还须符合协定或议定书的有关要求。

第十条 海关依照相关工作程序和标准对进境水果实施现场检验检疫：

（一）核查货证是否相符；

（二）按第七条和第九条的要求核对植物检疫证书和包装箱上的相关信息及官方检疫标志；

（三）检查水果是否带虫体、病征、枝叶、土壤和病虫为害状；现场检疫发现可疑疫情的，应送实验室检疫鉴定；

（四）根据有关规定和标准抽取样品送实验室检测。

第十一条 海关应当按照相关工作程序和标准实施实验室检验检疫。

对在现场或实验室检疫中发现的虫体、病菌、杂草等有害生物进行鉴定，对现场抽取的样品进行有毒有害物质检测，并出具检验检疫结果单。

第十二条 根据检验检疫结果，海关对进境水果分别作以下处理：

（一）经检验检疫合格的，签发入境货物检验检疫证明，准予放行；

（二）发现检疫性有害生物或其他有检疫意义的有害生物，须实施除害处理，签发检验检疫处理通知书；经除害处理合格的，准予放行；

（三）不符合本办法第九条所列要求之一的、货证不符的或经检验检疫不合格又无有效除害处理方法的，签发检验检疫处理通知书，在海关的监督下作退运或销毁处理。

需对外索赔的，签发相关检验检疫证书。

第十三条 进境水果有下列情形之一的，海关总署将视情况暂停该种水果进口或暂停从相关水果产区、果园、包装厂进口：

（一）进境水果果园、加工厂地区或周边地区爆发严重植物疫情的；

（二）经检验检疫发现中方关注的进境检疫性有害生物的；

（三）经检验检疫发现有毒有害物质含量超过中国相关安全卫生标准规定的；

（四）不符合中国有关检验检疫法律法规、双边协定或相关国际标准的。

前款规定的暂停进口的水果需恢复进口的，应当经海关总署依照有关规定进行确认。

第十四条 经香港、澳门特别行政区（以下简称港澳地区）中转进境的水果，应当以集装箱运输，按照原箱、原包装和原植物检疫证书（简称“三原”）进境。进境前，应当经海关总署认可的港澳地区检验机构对是否属允许进境的水果种类及“三原”进行确认。经确认合格的，经海关总署认可的港澳地区检验机构对集装箱加施封识，出具相应的确认证明文件，并注明所加封识号、原证书号、原封识号，同时将确认证明文件及时传送给入境口岸海关。对于一批含多个集装箱的，可附有一份植物检疫证书，但应当同时由海关总署认可的港澳地区检验机构进行确认。

第十五条 海关总署根据工作需要，并商输出国家或地区政府检验检疫机构同意，可以派海关人员到产地进行预检、监装或调查产地疫情和化学品使用情况。

第十六条 未完成检验检疫的进境水果，应当存放在海关指定的场所，不得擅自移动、销售、使用。

进境水果存放场所由所在地海关依法实施监督管理，并应符合以下条件：

（一）有足够的独立存放空间；

（二）具备保质、保鲜的必要设施；

（三）符合检疫、防疫要求；

（四）具备除害处理条件。

第十七条 因科研、赠送、展览等特殊用途需要进口国家禁止进境水果的，货主或其代理人须事先向海关总署或海关总署授权的海关申请办理特许检疫审批手续；进境时，应向入境口岸海关报检，并接受检疫。

对于展览用水果，在展览期间，应当接受海关的监督管理，未经海关许可，不得擅自调离、销售、使用；展览结束后，应当在海关的监督下作退回或销毁处理。

第十八条 违反本办法规定的，海关依照《中华人民共和国进出境动植物检疫法》及其实施条例、《中华人民共和国进出口商品检验法》、《中华人民共和国食品卫生法》及相关法律法规的规定予以处罚。

第十九条 本办法由海关总署负责解释。

第二十条 本办法自 2005 年 7 月 5 日起施行。原国家出入境检验检疫局 1999 年 12 月 9 日发布的《进境水果检疫管理办法》同时废止。

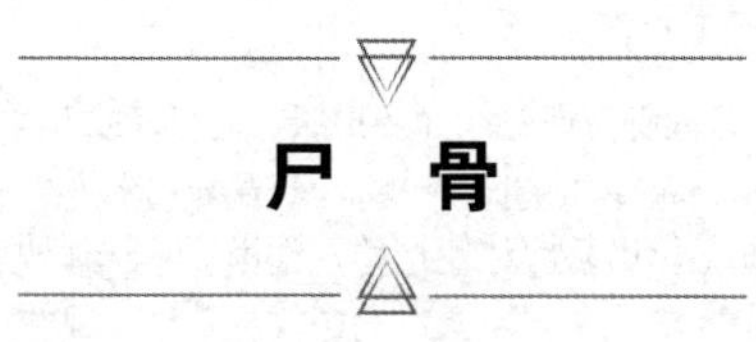

尸　骨

出入境尸体骸骨卫生检疫管理办法

（质检总局令第189号）

发布日期：2017-03-09
实施日期：2018-07-01
法规类型：部门规章

（根据2018年4月28日海关总署令第238号《海关总署关于修改部分规章的决定》第一次修正；根据2018年5月29日海关总署令第240号《海关总署关于修改部分规章的决定》第二次修正）

第一章　总　则

第一条　为了规范国境口岸入出境尸体、骸骨卫生检疫工作，防止传染病传入传出，根据《中华人民共和国国境卫生检疫法》及其实施细则、《中华人民共和国传染病防治法》及其实施办法等法律法规的规定，制定本办法。

第二条　海关总署统一管理全国入出境尸体、骸骨卫生检疫工作。

主管海关负责所辖地区的入出境尸体、骸骨卫生检疫工作。

第三条　本办法所称入出境尸体、骸骨包括：

（一）需要入境或者出境进行殡葬的尸体、骸骨；

（二）入出境及过境途中死亡人员的尸体、骸骨。

因医学科研需要，由境外运进或者由境内运出的尸体、骸骨，按照出入境特殊物品管理。

除上述情形外，不得由境内运出或者由境外运入尸体和骸骨。

第四条　海关对入出境尸体、骸骨实施卫生检疫工作包括：材料核查、现场查验、检疫处置、签发卫生检疫证书等。符合卫生检疫要求的，准予入出境。

第二章　申　报

第五条　尸体、骸骨入境前，托运人或者其代理人应当向入境口岸海关申报，按照要求提供以下材料：

（一）尸体、骸骨入出境卫生检疫申报单；

（二）死者身份证明（如：护照、海员证、通行证、身份证或者使领馆等相关部门出具的证明）；

（三）出境国家或者地区官方机构签发的死亡报告或者医疗卫生部门签发的死亡诊断书；

（四）入殓证明；

（五）防腐证明；

（六）托运人或者其代理人身份证明（如：护照、通行证或者身份证等）。

第六条 需要运送尸体、骸骨出境的，托运人或者其代理人应当取得国务院殡葬主管部门认可的从事国际运尸服务单位出具的尸体、骸骨入出境入殓证明、防腐证明和尸体、骸骨入出境卫生监管申报单。

第七条 需要运送尸体、骸骨出境的，原则上应当从入殓地所在口岸出境。尸体、骸骨出境前，托运人或者其代理人应当向出境口岸海关申报，并按照要求提供以下材料：

（一）尸体、骸骨入出境卫生检疫申报单；

（二）死者有效身份证明；

（三）县级及以上医疗机构出具的死亡证明书或者公安、司法部门出具的死亡鉴定书或者其他相应的公证材料；

（四）本办法第六条所列证明文件；

（五）托运人或者其代理人身份证明。

第八条 需要从异地口岸运送尸体、骸骨出境的，托运人或者其代理人应当向入殓地所在地海关申请检疫查验，检疫查验合格的，海关签发《尸体/棺柩/骸骨入/出境卫生检疫证书》。

运送尸体、骸骨出境时，托运人或者其代理人应当凭下列材料向出境口岸海关申报：

（一）死者有效身份证明；

（二）托运人或者其代理人身份证明。

第九条 在入出境或者过境途中发生人员死亡，需要运送尸体入境的，托运人或者其代理人应当向海关申报并提交以下材料：

（一）尸体、骸骨入出境卫生检疫申报单；

（二）死者有效身份证明；

（三）有效死亡证明或者由公安机关出具的死亡鉴定书。

第十条 从事运送尸体、骸骨入出境的单位应当取得国务院殡葬主管部门准予从事国际运尸业务的证明文件。

托运人或者代理人运送尸体、骸骨入出境的，应当委托符合本条第一款规定的单位从事运尸业务。

尸体、骸骨入出境时，应当提供运送尸体、骸骨入出境的单位的法人证书及国务院殡葬主管部门准予从事国际运尸业务的证明文件等资料。

第三章 现场查验

第十一条 入境尸体、骸骨由入境口岸海关进行材料核查并实施现场查验；出境尸体、骸骨由入殓地海关进行材料核查并实施现场查验，出境口岸海关负责在出境现场核查是否与申报内容相符，检查外部包装是否完整、破损、渗漏等。

第十二条 疑似或者因患检疫传染病、炭疽、国家公布按甲类传染病管理的疾病以及国务院规定的其他新发烈性传染病死亡的尸体、骸骨，禁止入出境。

因患检疫传染病而死亡的尸体，必须就近火化。

第十三条 口岸海关对入出境尸体、骸骨实施现场查验，填写入出境尸体、骸骨现场查验工作记录。

第十四条 海关对未入殓尸体的现场查验内容包括：

（一）检查尸体腐烂程度，所有腔道、孔穴是否用浸泡过消毒、防腐药剂的棉球堵塞，有无体液外流；

（二）对死因不明的尸体，注意检查有否皮疹（斑疹、丘疹、疱疹、脓疱）、表皮脱落、溃疡、渗液、出血点和色素沉着，异常排泄物、分泌物、腔道出血等现象；

（三）对入出境或者过境途中死亡人员的尸体，口岸海关应当实施检疫，并根据检疫结果及申报人要求采取相应的处理及卫生控制措施，未经海关许可不得移运。

第十五条 海关对已入殓尸体的棺柩现场查验内容包括：

（一）检查入出境棺柩包装是否密闭，有无破损、渗漏及异味。棺柩若无渗液、漏气等特殊原因或者无流行病学意义，原则上不开棺检疫查验；

（二）出境棺柩的现场查验应当在尸体入殓时同时进行，要求尸体经防腐处理，包装密闭无破损、渗漏及异味。

第十六条 海关对骸骨的现场查验内容包括：

（一）检查骸骨的包装容器是否密闭，有无渗漏；

（二）包装容器非密闭的，检查骸骨是否干爽，是否带肌腱，有无异味、病媒昆虫等。

第十七条 根据申报材料核查、流行病学调查以及现场查验情况，对需要进一步调查死亡原因的尸体，海关可以采取标本送有资质的实验室进行检验。

第四章 检疫处置

第十八条 海关发现有下列情况之一的，可以判定为卫生检疫查验不合格：

（一）外部包装不密闭、破损，有渗漏、异味及病媒昆虫的；

（二）入出境尸体未经防腐处理、包装入殓的；

（三）入境途中死亡且死因不明的。

第十九条 对卫生检疫查验不合格的尸体、骸骨，海关按照以下规定进行检疫处置：

（一）禁止入出境的尸体、骸骨，必须就地火化后，以骨灰的形式入出境；

（二）有渗液、漏气的棺柩，必须进行卫生处理，托运人或者其代理人应当采取改换包装、重新防腐处理、冷冻运输等措施；

（三）骸骨的包装容器不密闭，有异味散发、渗漏或者病媒昆虫的，必须进行卫生处理，并更换包装；

（四）入出境途中不明原因死亡的，应当进行死因鉴定。无法作出死因鉴定的，尸体及棺柩一并火化，以骨灰的形式入出境；

（五）无死亡报告或者死亡医学诊断书的尸体，且托运人或者其代理人未能在规定期限内补交的，按照死因不明处置，以骨灰的形式入出境；

（六）经卫生处理后仍不符合卫生检疫要求的应当就近火化，以骨灰的形式入出境。

有前款规定情形应当火化但是托运人或者其代理人不同意火化的，禁止入出境。

第二十条 尸体、骸骨符合入出境卫生检疫要求的，海关签发《尸体/棺柩/骸骨入/出境卫生检疫证书》，准予入出境。

第二十一条 对入境后再出境的尸体、骸骨，出境口岸海关应当查验入境口岸海关签发的《尸体/棺柩/骸骨入/出境卫生检疫证书》及相关材料。

第五章 附 则

第二十二条 本办法下列用语的含义：

尸体是指人死亡后的遗体及以殡葬为目的的人体器官组织。

棺柩是指盛放有尸体的固定形态的坚固密闭容器。

骸骨是指以殡葬为目的的人体骨骼。

第二十三条 本办法由海关总署负责解释。

第二十四条 本办法自 2017 年 5 月 1 日起施行。

尸体出入境和尸体处理的管理规定

（卫生部 科技部 公安部 民政部 司法部 商务部 海关总署 国家工商行政管理总局 国家质量监督检验检疫总局令第 47 号）

发布日期：2006-05-12
实施日期：2006-08-01
法规类型：部门规章

第一条 为保护社会公共利益，维护社会公共道德，防止传染病由境外传入或者由境内传出，根据《中华人民共和国国境卫生检疫法》、《中华人民共和国海关法》和《殡葬管理条例》等有关法律法规的规定，制定本规定。

第二条 本规定所称尸体，是指人去世后的遗体及其标本（含人体器官组织、人体骨骼及其标本）。

第三条 需要入境或者出境对遗体进行殡葬的，应当按照民政部、公安部、外交部、铁道部、交通部、卫生部、海关总署、民用航空局《关于尸体运输管理的若干规定》（民事发〔1993〕2 号）和民政部、海关总署、国家出入境检验检疫局《关于遗体运输入出境事宜有关问题的通知》（民事发〔1998〕11 号）以及国家其他有关规定，向民政部门、海关、出入境检验检疫机构办理有关殡葬和出入境手续。

第四条 因医学科研需要，由境内运出或者由境外运进尸体，应当按照国务院办公厅转发的《人类遗传资源管理暂行办法》和关于加强医用特殊物品出入境卫生检疫管理的通知的规定，办理相关审批手续。

第五条 除第三条、第四条规定情形外，尸体不得由境内运出或者由境外运进。

第六条 对属于殡葬遗体出入境的，出入境检验检疫机构应当对申报资料进行认真核查，并对承运物进行卫生监管，合格者签发《尸体/棺柩/骸骨/骨灰入/出境许可证》。对因医学科研原因出入境的尸体，出入境检验检疫机构凭中国人类遗传资源管理办公室核发的《人类遗传资源材料出口、出境证明》或者卫生部和省、自治区、直辖市卫生行政部门出具的《医用特殊物品准出入境证明》，按照规定实施卫生检疫审批，并依法实施卫生检疫查验和卫生处理；对符合条件的，签发《出入境货物通关单》。

第七条 申请办理尸体出入境的单位和个人应主动、如实地向海关申报进出口尸体的相关情况，包括尸体来源等，并提交有关进出口证件。对属于殡葬遗体出入境的，海关凭出入境检验检疫机构签发的《尸体/棺柩/骸骨/骨灰入/出境许可证》办理验放手续。对属医学科研原因出入境的，海关凭出入境检验检疫机构签发的《出入境货物通关单》办理验放手续；对涉及我国人类遗传资源的出境尸体，海关加验中国人类遗传资源管理办公室核发的《人类遗传资源材料出口、出境证明》。对经海关查验可能为尸体的，无论是否列入《出入境检验检疫机构实施检验检疫的进出境商品目录》，海关一律验凭出入境检验检疫机构签发的《出入境货物通关单》或者《尸体/棺柩/骸骨/骨灰入/出境许可证》放行。

第八条 严禁进行尸体买卖，严禁利用尸体进行商业性活动。

第九条 除医疗机构、医学院校、医学科研机构以及法医鉴定科研机构因临床、医学教学和科研需要外，任何单位和个人不得接受尸体捐赠。前款规定情况下使用完毕的尸体，由接受尸体的单位负责对尸体进行殡葬意义上的最终处理。

第十条 违反上述规定的，由有关主管部门按照相关规定查处；构成犯罪的，依法追究刑事责任。

第十一条 本规定由各部门按照各自职责进行解释。

第十二条 本规定自2006年8月1日起施行。

关于明确尸体骸骨入境前申报相关事宜的公告

（海关总署公告2022年第24号）

发布日期：2022-03-14
实施日期：2022-03-14
法规类型：规范性文件

为进一步规范尸体、骸骨卫生检疫管理，有效防范生物安全风险，防止传染病跨境传播，根据《中华人民共和国生物安全法》《中华人民共和国国境卫生检疫法》及其实施细则、《出入境尸体骸骨卫生检疫管理办法》等相关规定，现将尸体、骸骨入境申报事宜公告如下：

尸体、骸骨在境外启运前，托运人或者其代理人应当向入境口岸海关申报。

特此公告。

关于遗体运输入出境事宜有关问题的通知

（民事发〔1998〕11号）

发布日期：1998-09-29
实施日期：1999-01-01
法规类型：规范性文件

随着我国对外开放以及国际交往的日益扩大，来华经商、旅游的人越来越多。在我国境内因各种原因死亡和海外华人遗体、骸骨、骨灰回国安置的数量也呈逐年上升的趋势。为进一步贯彻落实《民政部、公安部、外交部、铁道部、交通部、卫生部、海关总署、民用航空局关于尸体运输管理的若干规定》（民事发〔1993〕2号），切实做好涉外殡仪服务工作，加强国际间遗体运输管理，现对国际运尸业务中《尸体/棺柩/骸骨/骨灰入/出境许可证》的申报手续及有关申报材料的内容和式样作如下规定：

一、对外国人、华侨、港澳台同胞要求将遗体、骸骨或骨灰运出境外或运回中国境内安葬者，除按《民政部、公安部、外交部、铁道部、交通部、卫生部、海关总署、民用航空局关于尸体运输管理的若干规定》的规定办理运尸手续外，承运人还必须持有中国殡葬协会国际运尸网络服务中心发放的《遗体入/出境防腐证明》、《尸体/棺柩/骸骨/骨灰入/出境入殓证明》和《尸体/棺柩/骸骨/骨灰入/出境卫生监管申报单》才能办理国际运尸业务。

二、承运人必须持有上述证明到口岸出入境检验检疫机关进行入出境申报。口岸出入境检验检疫机关工作人员对申报资料进行认真核查，并对承运物进行卫生监管后，合格者方可签发《尸体/棺柩/骸骨/骨灰入/出境许可证》。海关根据有关规定验凭上述许可证放行。

三、为保证国际运尸业务的统一管理和正常进行，承运人要严格按规定、按程序填写《遗体入/出境防腐证明》、《尸体/棺柩/骸骨/骨灰入/出境入殓证明》及《尸体/棺柩/骸骨/骨灰入/出境卫生监管申报单》，不得将以上证明交给非承运单位和个人。对违反者要严肃查处，并由其承担一切法律责任。

四、《遗体入/出境防腐证明》、《尸体/棺柩/骸骨/骨灰入/出境入殓证明》和《尸体/棺柩/骸骨/骨灰入/出境卫生监管申报单》由中国殡葬协会负责印制并发放，式样附后。

本规定自一九九九年一月一日起执行。

民政部　公安部　外交部　铁道部　交通部　卫生部　海关总署　民航局关于尸体运输管理的若干规定

（民事发〔1993〕2号）

发布日期：1993-03-30
实施日期：1993-03-30
法规类型：规范性文件

一、对国际间运送尸体实行统一归口管理。今后凡由境内外运或由境外内运尸体和殡仪活动，统一由中国殡葬协会国际运尸网络服务中心和各地殡仪馆负责承办，其他任何部门（包括外国人在中国设立的保险或代现机构）者不得擅自承揽此项业务。

二、在火葬区或土葬改革区的死亡人员，其家属要及时与当地殡葬管理部门联系，由殡葬管理部门按照卫生部、公安部、民政部《关于使用〈出生医学证明书〉、〈死亡医学证明书〉和加强死因统计工作的通知》〔卫统发（1992）第1号文件〕精神，凭卫生、公安部门开具的《居民死亡殡葬证》办理运尸手续，并依据当地殡葬管理有关规定进行火化或土葬。尸体的运送，除特殊情况外，必须由殡仪馆承办，任何单位和个人不得擅自承办。

三、凡属异地死亡者，其尸体原则上就地、就近尽快处理。如有特殊情况确需运往其他地方的，死者家属要向县以上殡葬管理部门提出申请，经同意并出具证明后，由殡仪馆专用车辆运送。

四、各地卫生、公安、铁路、交通民航等有关部门，要协助民政部管好尸体运输工作。医疗机构要积极协助殡葬管理部门加强对医院太平间的尸体管理。严禁私自接运尸体。对患有烈性传染病者的尸体要进行检疫，并督促死者家属在24小时内报告殡葬管理部门处理。凡无医院死亡证明、无公安派出所注销户口证明、无殡葬管理部门运尸证明、而将尸体运往异地的，铁路、交通和民航部门不予承运，公安部门有权禁止通行。

五、对外国人、海外华侨、港澳台同胞，要求将尸体或骨灰运出境外或运进中国境内安葬者，应由其亲属、所属驻华领馆或接待单位申报，经死亡当地或原籍或尸体安葬地的省（自治区、直辖市）民政、侨务和外事部门同意后，按卫生部《实施中华人民共和国国境卫生监督办法的若干规定》〔（1983）卫防字第 5 号〕和海关总署《关于对尸体、棺柩和骨灰进出境管理问题的通知》〔（84）署行字第 540 号〕办理尸体、骨灰进出境手续，由中国殡葬协会国际运尸网络服务中心或设在国内的地方机构承运尸体。

六、各省、自治区、直辖市民政、公安、卫生、交通厅（局）、外事办公室及铁路、海关、民航部门和中国殡葬协会国际运尸网络服务中心，可以根据本规定制定具体实施办法。

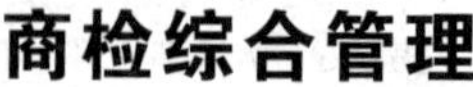

商检综合管理

中华人民共和国国境卫生检疫法

（主席令第 46 号）

发布日期：1986-12-02
实施日期：2018-04-27
法规类型：法律

（根据 2007 年 12 月 29 日第十届全国人民代表大会常务委员会第三十一次会议《关于修改〈中华人民共和国国境卫生检疫法〉的决定》第一次修正；根据 2009 年 8 月 27 日第十一届全国人民代表大会常务委员会第十次会议《关于修改部分法律的决定》第二次修正；根据 2018 年 4 月 27 日第十三届全国人民代表大会常务委员会第二次会议《关于修改〈中华人民共和国国境卫生检疫法〉等六部法律的决定》第三次修正）

第一章　总　则

第一条　为了防止传染病由国外传入或者由国内传出，实施国境卫生检疫，保护人体健康，制定本法。

第二条　在中华人民共和国国际通航的港口、机场以及陆地边境和国界江河的口岸（以下简称国境口岸），设立国境卫生检疫机关，依照本法规定实施传染病检疫、监测和卫生监督。

第三条　本法规定的传染病是指检疫传染病和监测传染病。

检疫传染病，是指鼠疫、霍乱、黄热病以及国务院确定和公布的其他传染病。

监测传染病，由国务院卫生行政部门确定和公布。

第四条　入境、出境的人员、交通工具、运输设备以及可能传播检疫传染病的行李、货物、邮包等物品，都应当接受检疫，经国境卫生检疫机关许可，方准入境或者出境。具体办法由本法实施细则规定。

第五条　国境卫生检疫机关发现检疫传染病或者疑似检疫传染病时，除采取必要措施外，必须立即通知当地卫生行政部门，同时用最快的方法报告国务院卫生行政部门，最迟不得超过二十四小时。邮电部门对疫情报告应当优先传送。

中华人民共和国与外国之间的传染病疫情通报，由国务院卫生行政部门会同有关部门办理。

第六条　在国外或者国内有检疫传染病大流行的时候，国务院可以下令封锁有关的国境或者采取其他紧急措施。

第二章 检 疫

第七条 入境的交通工具和人员，必须在最先到达的国境口岸的指定地点接受检疫。除引航员外，未经国境卫生检疫机关许可，任何人不准上下交通工具，不准装卸行李、货物、邮包等物品。具体办法由本法实施细则规定。

第八条 出境的交通工具和人员，必须在最后离开的国境口岸接受检疫。

第九条 来自国外的船舶、航空器因故停泊、降落在中国境内非口岸地点的时候，船舶、航空器的负责人应当立即向就近的国境卫生检疫机关或者当地卫生行政部门报告。除紧急情况外，未经国境卫生检疫机关或者当地卫生行政部门许可，任何人不准上下船舶、航空器，不准装卸行李、货物、邮包等物品。

第十条 在国境口岸发现检疫传染病、疑似检疫传染病，或者有人非因意外伤害而死亡并死因不明的，国境口岸有关单位和交通工具的负责人，应当立即向国境卫生检疫机关报告，并申请临时检疫。

第十一条 国境卫生检疫机关依据检疫医师提供的检疫结果，对未染有检疫传染病或者已实施卫生处理的交通工具，签发入境检疫证或者出境检疫证。

第十二条 国境卫生检疫机关对检疫传染病染疫人必须立即将其隔离，隔离期限根据医学检查结果确定；对检疫传染病染疫嫌疑人应当将其留验，留验期限根据该传染病的潜伏期确定。

因患检疫传染病而死亡的尸体，必须就近火化。

第十三条 接受入境检疫的交通工具有下列情形之一的，应当实施消毒、除鼠、除虫或者其他卫生处理：

（一）来自检疫传染病疫区的；

（二）被检疫传染病污染的；

（三）发现有与人类健康有关的啮齿动物或者病媒昆虫的。

如果外国交通工具的负责人拒绝接受卫生处理，除有特殊情况外，准许该交通工具在国境卫生检疫机关的监督下，立即离开中华人民共和国国境。

第十四条 国境卫生检疫机关对来自疫区的、被检疫传染病污染的或者可能成为检疫传染病传播媒介的行李、货物、邮包等物品，应当进行卫生检查，实施消毒、除鼠、除虫或者其他卫生处理。

入境、出境的尸体、骸骨的托运人或者其代理人，必须向国境卫生检疫机关申报，经卫生检查合格后，方准运进或者运出。

第三章 传染病监测

第十五条 国境卫生检疫机关对入境、出境的人员实施传染病监测，并且采取必要的预防、控制措施。

第十六条 国境卫生检疫机关有权要求入境、出境的人员填写健康申明卡，出示某种传染病的预防接种证书、健康证明或者其他有关证件。

第十七条 对患有监测传染病的人、来自国外监测传染病流行区的人或者与监测传染病人密切接触的人，国境卫生检疫机关应当区别情况，发给就诊方便卡，实施留验或者采取其他预防、控制措施，并及时通知当地卫生行政部门。各地医疗单位对持有就诊方便卡的人员，应当优先诊治。

第四章　卫生监督

第十八条　国境卫生检疫机关根据国家规定的卫生标准，对国境口岸的卫生状况和停留在国境口岸的入境、出境的交通工具的卫生状况实施卫生监督：

（一）监督和指导有关人员对啮齿动物、病媒昆虫的防除；

（二）检查和检验食品、饮用水及其储存、供应、运输设施；

（三）监督从事食品、饮用水供应的从业人员的健康状况，检查其健康证明书；

（四）监督和检查垃圾、废物、污水、粪便、压舱水的处理。

第十九条　国境卫生检疫机关设立国境口岸卫生监督员，执行国境卫生检疫机关交给的任务。

国境口岸卫生监督员在执行任务时，有权对国境口岸和入境、出境的交通工具进行卫生监督和技术指导，对卫生状况不良和可能引起传染病传播的因素提出改进意见，协同有关部门采取必要的措施，进行卫生处理。

第五章　法律责任

第二十条　对违反本法规定，有下列行为之一的单位或者个人，国境卫生检疫机关可以根据情节轻重，给予警告或者罚款：

（一）逃避检疫，向国境卫生检疫机关隐瞒真实情况的；

（二）入境的人员未经国境卫生检疫机关许可，擅自上下交通工具，或者装卸行李、货物、邮包等物品，不听劝阻的。

罚款全部上缴国库。

第二十一条　当事人对国境卫生检疫机关给予的罚款决定不服的，可以在接到通知之日起十五日内，向当地人民法院起诉。逾期不起诉又不履行的，国境卫生检疫机关可以申请人民法院强制执行。

第二十二条　违反本法规定，引起检疫传染病传播或者有引起检疫传染病传播严重危险的，依照刑法有关规定追究刑事责任。

第二十三条　国境卫生检疫机关工作人员，应当秉公执法，忠于职守，对入境、出境的交通工具和人员，及时进行检疫；违法失职的，给予行政处分，情节严重构成犯罪的，依法追究刑事责任。

第六章　附　则

第二十四条　中华人民共和国缔结或者参加的有关卫生检疫的国际条约同本法有不同规定的，适用该国际条约的规定。但是，中华人民共和国声明保留的条款除外。

第二十五条　中华人民共和国边防机关与邻国边防机关之间在边境地区的往来，居住在两国边境接壤地区的居民在边境指定地区的临时往来，双方的交通工具和人员的入境、出境检疫，依照双方协议办理，没有协议的，依照中国政府的有关规定办理。

第二十六条　国境卫生检疫机关实施卫生检疫，按照国家规定收取费用。

第二十七条　本法自 1987 年 5 月 1 日起施行。1957 年 12 月 23 日公布的《中华人民共和国国境卫生检疫条例》同时废止。

中华人民共和国进出口商品检验法

（主席令第 14 号）

发布日期：1989-02-21
实施日期：2021-04-29
法规类型：法律

（根据 2002 年 4 月 28 日第九届全国人民代表大会常务委员会第二十七次会议《关于修改〈中华人民共和国进出口商品检验法〉的决定》第一次修正；根据 2013 年 6 月 29 日第十二届全国人民代表大会常务委员会第三次会议《关于修改〈中华人民共和国文物保护法〉等十二部法律的决定》第二次修正；根据 2018 年 4 月 27 日第十三届全国人民代表大会常务委员会第二次会议《关于修改〈中华人民共和国国境卫生检疫法〉等六部法律的决定》第三次修正；根据 2018 年 12 月 29 日第十三届全国人民代表大会常务委员会第七次会议《关于修改〈中华人民共和国产品质量法〉等五部法律的决定》第四次修正；根据 2021 年 4 月 29 日第十三届全国人民代表大会常务委员会第二十八次会议《关于修改〈中华人民共和国道路交通安全法〉等八部法律的决定》第五次修正）

第一章　总　则

第一条　为了加强进出口商品检验工作，规范进出口商品检验行为，维护社会公共利益和进出口贸易有关各方的合法权益，促进对外经济贸易关系的顺利发展，制定本法。

第二条　国务院设立进出口商品检验部门（以下简称国家商检部门），主管全国进出口商品检验工作。国家商检部门设在各地的进出口商品检验机构（以下简称商检机构）管理所辖地区的进出口商品检验工作。

第三条　商检机构和依法设立的检验机构（以下称其他检验机构），依法对进出口商品实施检验。

第四条　进出口商品检验应当根据保护人类健康和安全、保护动物或者植物的生命和健康、保护环境、防止欺诈行为、维护国家安全的原则，由国家商检部门制定、调整必须实施检验的进出口商品目录（以下简称目录）并公布实施。

第五条　列入目录的进出口商品，由商检机构实施检验。

前款规定的进口商品未经检验的，不准销售、使用；前款规定的出口商品未经检验合格的，不准出口。

本条第一款规定的进出口商品，其中符合国家规定的免予检验条件的，由收货人或者发货人申请，经国家商检部门审查批准，可以免予检验。

第六条　必须实施的进出口商品检验，是指确定列入目录的进出口商品是否符合国家技术规范的强制性要求的合格评定活动。

合格评定程序包括：抽样、检验和检查；评估、验证和合格保证；注册、认可和批准以及各项的组合。

对本条第一款规定的进出口商品检验，商检机构可以采信检验机构的检验结果；国家商检部门对前述检验机构实行目录管理。

第七条 列入目录的进出口商品，按照国家技术规范的强制性要求进行检验；尚未制定国家技术规范的强制性要求的，应当依法及时制定，未制定之前，可以参照国家商检部门指定的国外有关标准进行检验。

第八条 其他检验机构可以接受对外贸易关系人或者外国检验机构的委托，办理进出口商品检验鉴定业务。

第九条 法律、行政法规规定由其他检验机构实施检验的进出口商品或者检验项目，依照有关法律、行政法规的规定办理。

第十条 国家商检部门和商检机构应当及时收集和向有关方面提供进出口商品检验方面的信息。

国家商检部门和商检机构的工作人员在履行进出口商品检验的职责中，对所知悉的商业秘密负有保密义务。

第二章 进口商品的检验

第十一条 本法规定必须经商检机构检验的进口商品的收货人或者其代理人，应当向报关地的商检机构报检。

第十二条 本法规定必须经商检机构检验的进口商品的收货人或者其代理人，应当在商检机构规定的地点和期限内，接受商检机构对进口商品的检验。商检机构应当在国家商检部门统一规定的期限内检验完毕，并出具检验证单。

第十三条 本法规定必须经商检机构检验的进口商品以外的进口商品的收货人，发现进口商品质量不合格或者残损短缺，需要由商检机构出证索赔的，应当向商检机构申请检验出证。

第十四条 对重要的进口商品和大型的成套设备，收货人应当依据对外贸易合同约定在出口国装运前进行预检验、监造或者监装，主管部门应当加强监督；商检机构根据需要可以派出检验人员参加。

第三章 出口商品的检验

第十五条 本法规定必须经商检机构检验的出口商品的发货人或者其代理人，应当在商检机构规定的地点和期限内，向商检机构报检。商检机构应当在国家商检部门统一规定的期限内检验完毕，并出具检验证单。

第十六条 经商检机构检验合格发给检验证单的出口商品，应当在商检机构规定的期限内报关出口；超过期限的，应当重新报检。

第十七条 为出口危险货物生产包装容器的企业，必须申请商检机构进行包装容器的性能鉴定。生产出口危险货物的企业，必须申请商检机构进行包装容器的使用鉴定。使用未经鉴定合格的包装容器的危险货物，不准出口。

第十八条 对装运出口易腐烂变质食品的船舱和集装箱，承运人或者装箱单位必须在装货前申请检验。未经检验合格的，不准装运。

第四章 监督管理

第十九条 商检机构对本法规定必须经商检机构检验的进出口商品以外的进出口商品，根据国家规定实施抽查检验。

国家商检部门可以公布抽查检验结果或者向有关部门通报抽查检验情况。

第二十条 商检机构根据便利对外贸易的需要，可以按照国家规定对列入目录的出口商品进行出厂前的质量监督管理和检验。

第二十一条 为进出口货物的收发货人办理报检手续的代理人办理报检手续时应当向商检机构提交授权委托书。

第二十二条 国家商检部门和商检机构依法对其他检验机构的进出口商品检验鉴定业务活动进行监督，可以对其检验的商品抽查检验。

第二十三条 国务院认证认可监督管理部门根据国家统一的认证制度，对有关的进出口商品实施认证管理。

第二十四条 认证机构可以根据国务院认证认可监督管理部门同外国有关机构签订的协议或者接受外国有关机构的委托进行进出口商品质量认证工作，准许在认证合格的进出口商品上使用质量认证标志。

第二十五条 商检机构依照本法对实施许可制度的进出口商品实行验证管理，查验单证，核对证货是否相符。

第二十六条 商检机构根据需要，对检验合格的进出口商品，可以加施商检标志或者封识。

第二十七条 进出口商品的报检人对商检机构作出的检验结果有异议的，可以向原商检机构或者其上级商检机构以至国家商检部门申请复验，由受理复验的商检机构或者国家商检部门及时作出复验结论。

第二十八条 当事人对商检机构、国家商检部门作出的复验结论不服或者对商检机构作出的处罚决定不服的，可以依法申请行政复议，也可以依法向人民法院提起诉讼。

第二十九条 国家商检部门和商检机构履行职责，必须遵守法律，维护国家利益，依照法定职权和法定程序严格执法，接受监督。

国家商检部门和商检机构应当根据依法履行职责的需要，加强队伍建设，使商检工作人员具有良好的政治、业务素质。商检工作人员应当定期接受业务培训和考核，经考核合格，方可上岗执行职务。

商检工作人员必须忠于职守，文明服务，遵守职业道德，不得滥用职权，谋取私利。

第三十条 国家商检部门和商检机构应当建立健全内部监督制度，对其工作人员的执法活动进行监督检查。

商检机构内部负责受理报检、检验、出证放行等主要岗位的职责权限应当明确，并相互分离、相互制约。

第三十一条 任何单位和个人均有权对国家商检部门、商检机构及其工作人员的违法、违纪行为进行控告、检举。收到控告、检举的机关应当依法按照职责分工及时查处，并为控告人、检举人保密。

第五章 法律责任

第三十二条 违反本法规定，将必须经商检机构检验的进口商品未报经检验而擅自销售或者使用的，或者将必须经商检机构检验的出口商品未报经检验合格而擅自出口的，由商检机构没收违法所得，并处货值金额百分之五以上百分之二十以下的罚款；构成犯罪的，依法追究刑事责任。

第三十三条 进口或者出口属于掺杂掺假、以假充真、以次充好的商品或者以不合格进出口商品冒充合格进出口商品的，由商检机构责令停止进口或者出口，没收违法所得，并处货值金额百分之五十以上三倍以下的罚款；构成犯罪的，依法追究刑事责任。

第三十四条 伪造、变造、买卖或者盗窃商检单证、印章、标志、封识、质量认证标志的，依法追究刑事责任；尚不够刑事处罚的，由商检机构、认证认可监督管理部门依据各自职责责令改正，没收违法所得，并处货值金额等值以下的罚款。

第三十五条 国家商检部门、商检机构的工作人员违反本法规定，泄露所知悉的商业秘密的，依法给予行政处分，有违法所得的，没收违法所得；构成犯罪的，依法追究刑事责任。

第三十六条 国家商检部门、商检机构的工作人员滥用职权，故意刁难的，徇私舞弊，伪造检验结果的，或者玩忽职守，延误检验出证的，依法给予行政处分；构成犯罪的，依法追究刑事责任。

第六章 附 则

第三十七条 商检机构和其他检验机构依照本法的规定实施检验和办理检验鉴定业务，依照国家有关规定收取费用。

第三十八条 国务院根据本法制定实施条例。

第三十九条 本法自1989年8月1日起施行。

中华人民共和国进出口商品检验法实施条例

（国务院令第447号）

发布日期：2005-08-31

实施日期：2022-05-01

法规类型：行政法规

（根据2013年7月18日国务院令第638号《国务院关于废止和修改部分行政法规的决定》第一次修订；根据2016年2月6日国务院令第666号《国务院关于修改部分行政法规的决定》第二次修订；根据2017年3月1日国务院令第676号《国务院关于修改和废止部分行政法规的决定》第三次修订；根据2019年3月2日国务院令第709号《国务院关于修改部分行政法规的决定》第四次修订；根据2022年3月29日国务院令第752号《国务院关于修改和废止部分行政法规的决定》第五次修订）

第一章 总 则

第一条 根据《中华人民共和国进出口商品检验法》（以下简称商检法）的规定，制定本条例。

第二条 海关总署主管全国进出口商品检验工作。

海关总署设在省、自治区、直辖市以及进出口商品的口岸、集散地的出入境检验检疫机构及其分支机构（以下简称出入境检验检疫机构），管理所负责地区的进出口商品检验工作。

第三条 海关总署应当依照商检法第四条规定，制定、调整必须实施检验的进出口商品目录（以下简称目录）并公布实施。

目录应当至少在实施之日30日前公布；在紧急情况下，应当不迟于实施之日公布。

海关总署制定、调整目录时，应当征求国务院对外贸易主管部门等有关方面的意见。

第四条 出入境检验检疫机构对列入目录的进出口商品以及法律、行政法规规定须经出入境检验检疫机构检验的其他进出口商品实施检验（以下称法定检验）。

出入境检验检疫机构对法定检验以外的进出口商品，根据国家规定实施抽查检验。

第五条 进出口药品的质量检验、计量器具的量值检定、锅炉压力容器的安全监督检验、船舶（包括海上平台、主要船用设备及材料）和集装箱的规范检验、飞机（包括飞机发动机、机载设备）的适航检验以及核承压设备的安全检验等项目，由有关法律、行政法规规定的机构实施检验。

第六条 进出境的样品、礼品、暂时进出境的货物以及其他非贸易性物品，免予检验。但是，法律、行政法规另有规定的除外。

列入目录的进出口商品符合国家规定的免予检验条件的，由收货人、发货人或者生产企业申请，经海关总署审查批准，出入境检验检疫机构免予检验。

免予检验的具体办法，由海关总署商有关部门制定。

第七条 法定检验的进出口商品，由出入境检验检疫机构依照商检法第七条规定实施检验。

海关总署根据进出口商品检验工作的实际需要和国际标准，可以制定进出口商品检验方法的技术规范和行业标准。

进出口商品检验依照或者参照的技术规范、标准以及检验方法的技术规范和标准，应当至少在实施之日 6 个月前公布；在紧急情况下，应当不迟于实施之日公布。

第八条 出入境检验检疫机构根据便利对外贸易的需要，对进出口企业实施分类管理，并按照根据国际通行的合格评定程序确定的检验监管方式，对进出口商品实施检验。

第九条 出入境检验检疫机构对进出口商品实施检验的内容，包括是否符合安全、卫生、健康、环境保护、防止欺诈等要求以及相关的品质、数量、重量等项目。

第十条 出入境检验检疫机构依照商检法的规定，对实施许可制度和国家规定必须经过认证的进出口商品实行验证管理，查验单证，核对证货是否相符。

实行验证管理的进出口商品目录，由海关总署商有关部门后制定、调整并公布。

第十一条 进出口商品的收货人或者发货人可以自行办理报检手续，也可以委托代理报检企业办理报检手续；采用快件方式进出口商品的，收货人或者发货人应当委托出入境快件运营企业办理报检手续。

第十二条 进出口商品的收货人或者发货人办理报检手续，应当依法向出入境检验检疫机构备案。

第十三条 代理报检企业接受进出口商品的收货人或者发货人的委托，以委托人的名义办理报检手续的，应当向出入境检验检疫机构提交授权委托书，遵守本条例对委托人的各项规定；以自己的名义办理报检手续的，应当承担与收货人或者发货人相同的法律责任。

出入境快件运营企业接受进出口商品的收货人或者发货人的委托，应当以自己的名义办理报检手续，承担与收货人或者发货人相同的法律责任。

委托人委托代理报检企业、出入境快件运营企业办理报检手续的，应当向代理报检企业、出入境快件运营企业提供所委托报检事项的真实情况；代理报检企业、出入境快件运营企业接受委托人的委托办理报检手续的，应当对委托人所提供情况的真实性进行合理审查。

第十四条 海关总署建立进出口商品风险预警机制，通过收集进出口商品检验方面的信息，进行风险评估，确定风险的类型，采取相应的风险预警措施及快速反应措施。

海关总署和出入境检验检疫机构应当及时向有关方面提供进出口商品检验方面的信息。

第十五条 出入境检验检疫机构工作人员依法执行职务，有关单位和个人应当予以配合，任何单位和个人不得非法干预和阻挠。

第二章　进口商品的检验

第十六条 法定检验的进口商品的收货人应当持合同、发票、装箱单、提单等必要的凭证和相关批准文件，向报关地的出入境检验检疫机构报检；通关放行后20日内，收货人应当依照本条例第十八条的规定，向出入境检验检疫机构申请检验。法定检验的进口商品未经检验的，不准销售，不准使用。

进口实行验证管理的商品，收货人应当向报关地的出入境检验检疫机构申请验证。出入境检验检疫机构按照海关总署的规定实施验证。

第十七条 法定检验的进口商品、实行验证管理的进口商品，海关按照规定办理海关通关手续。

第十八条 法定检验的进口商品应当在收货人报检时申报的目的地检验。

大宗散装商品、易腐烂变质商品、可用作原料的固体废物以及已发生残损、短缺的商品，应当在卸货口岸检验。

对前两款规定的进口商品，海关总署可以根据便利对外贸易和进出口商品检验工作的需要，指定在其他地点检验。

第十九条 除法律、行政法规另有规定外，法定检验的进口商品经检验，涉及人身财产安全、健康、环境保护项目不合格的，由出入境检验检疫机构责令当事人销毁，或者出具退货处理通知单，办理退运手续；其他项目不合格的，可以在出入境检验检疫机构的监督下进行技术处理，经重新检验合格的，方可销售或者使用。当事人申请出入境检验检疫机构出证的，出入境检验检疫机构应当及时出证。

出入境检验检疫机构对检验不合格的进口成套设备及其材料，签发不准安装使用通知书。经技术处理，并经出入境检验检疫机构重新检验合格的，方可安装使用。

第二十条 法定检验以外的进口商品，经出入境检验检疫机构抽查检验不合格的，依照本条例第十九条的规定处理。

实行验证管理的进口商品，经出入境检验检疫机构验证不合格的，参照本条例第十九条的规定处理或者移交有关部门处理。

法定检验以外的进口商品的收货人，发现进口商品质量不合格或者残损、短缺，申请出证的，出入境检验检疫机构或者其他检验机构应当在检验后及时出证。

第二十一条 对属于法定检验范围内的关系国计民生、价值较高、技术复杂的以及其他重要的进口商品和大型成套设备，应当按照对外贸易合同约定监造、装运前检验或者监装。收货人保留到货后最终检验和索赔的权利。

出入境检验检疫机构可以根据需要派出检验人员参加或者组织实施监造、装运前检验或者监装。

第二十二条 国家对进口可用作原料的固体废物的国外供货商、国内收货人实行注册登记制度，国外供货商、国内收货人在签订对外贸易合同前，应当取得海关总署或者出入境检验检疫机构的注册登记。国家对进口可用作原料的固体废物实行装运前检验制度，进口时，收货人应当提供出入境检验检疫机构或者检验机构出具的装运前检验证书。

对价值较高，涉及人身财产安全、健康、环境保护项目的高风险进口旧机电产品，应当依照国家有关规定实施装运前检验，进口时，收货人应当提供出入境检验检疫机构或者检验机构出具的装运前检验证书。

进口可用作原料的固体废物、国家允许进口的旧机电产品到货后，由出入境检验检疫机构依法实施检验。

第二十三条 进口机动车辆到货后，收货人凭出入境检验检疫机构签发的进口机动车辆检验证单以及有关部门签发的其他单证向车辆管理机关申领行车牌证。在使用过程中发现有涉及人身财产安全的质量缺陷的，出入境检验检疫机构应当及时作出相应处理。

第三章 出口商品的检验

第二十四条 法定检验的出口商品的发货人应当在海关总署统一规定的地点和期限内，持合同等必要的凭证和相关批准文件向出入境检验检疫机构报检。法定检验的出口商品未经检验或者经检验不合格的，不准出口。

出口商品应当在商品的生产地检验。海关总署可以根据便利对外贸易和进出口商品检验工作的需要，指定在其他地点检验。

出口实行验证管理的商品，发货人应当向出入境检验检疫机构申请验证。出入境检验检疫机构按照海关总署的规定实施验证。

第二十五条 在商品生产地检验的出口商品需要在口岸换证出口的，由商品生产地的出入境检验检疫机构按照规定签发检验换证凭单。发货人应当在规定的期限内持检验换证凭单和必要的凭证，向口岸出入境检验检疫机构申请查验。经查验合格的，由口岸出入境检验检疫机构签发货物通关单。

第二十六条 法定检验的出口商品、实行验证管理的出口商品，海关按照规定办理海关通关手续。

第二十七条 法定检验的出口商品经出入境检验检疫机构检验或者经口岸出入境检验检疫机构查验不合格的，可以在出入境检验检疫机构的监督下进行技术处理，经重新检验合格的，方准出口；不能进行技术处理或者技术处理后重新检验仍不合格的，不准出口。

第二十八条 法定检验以外的出口商品，经出入境检验检疫机构抽查检验不合格的，依照本条例第二十七条的规定处理。

实行验证管理的出口商品，经出入境检验检疫机构验证不合格的，参照本条例第二十七条的规定处理或者移交有关部门处理。

第二十九条 出口危险货物包装容器的生产企业，应当向出入境检验检疫机构申请包装容器的性能鉴定。包装容器经出入境检验检疫机构鉴定合格并取得性能鉴定证书的，方可用于包装危险货物。

出口危险货物的生产企业，应当向出入境检验检疫机构申请危险货物包装容器的使用鉴定。使用未经鉴定或者经鉴定不合格的包装容器的危险货物，不准出口。

第三十条 对装运出口的易腐烂变质食品、冷冻品的集装箱、船舱、飞机、车辆等运载工具，承运人、装箱单位或者其代理人应当在装运前向出入境检验检疫机构申请清洁、卫生、冷藏、密固等适载检验。未经检验或者经检验不合格的，不准装运。

第四章 监督管理

第三十一条 出入境检验检疫机构根据便利对外贸易的需要，可以对列入目录的出口商品进行出厂前的质量监督管理和检验。

出入境检验检疫机构进行出厂前的质量监督管理和检验的内容，包括对生产企业的质量保证工作进行监督检查，对出口商品进行出厂前的检验。

第三十二条 国家对进出口食品生产企业实施卫生注册登记管理。获得卫生注册登记的出口食品生产企业，方可生产、加工、储存出口食品。获得卫生注册登记的进出口食品生产企业生产的食品，方可进口或者出口。

实施卫生注册登记管理的进口食品生产企业，应当按照规定向海关总署申请卫生注册登记。

实施卫生注册登记管理的出口食品生产企业，应当按照规定向出入境检验检疫机构申请卫生注册登记。

出口食品生产企业需要在国外卫生注册的，依照本条第三款规定进行卫生注册登记后，由海关总署统一对外办理。

第三十三条 出入境检验检疫机构根据需要，对检验合格的进出口商品加施商检标志，对检验合格的以及其他需要加施封识的进出口商品加施封识。具体办法由海关总署制定。

第三十四条 出入境检验检疫机构按照有关规定对检验的进出口商品抽取样品。验余的样品，出入境检验检疫机构应当通知有关单位在规定的期限内领回；逾期不领回的，由出入境检验检疫机构处理。

第三十五条 进出口商品的报检人对出入境检验检疫机构作出的检验结果有异议的，可以自收到检验结果之日起15日内，向作出检验结果的出入境检验检疫机构或者其上级出入境检验检疫机构以至海关总署申请复验，受理复验的出入境检验检疫机构或者海关总署应当自收到复验申请之日起60日内作出复验结论。技术复杂，不能在规定期限内作出复验结论的，经本机构负责人批准，可以适当延长，但是延长期限最多不超过30日。

第三十六条 海关总署或者出入境检验检疫机构根据进出口商品检验工作的需要，可以指定符合规定资质条件的国内外检测机构承担出入境检验检疫机构委托的进出口商品检测。被指定的检测机构经检查不符合规定要求的，海关总署或者出入境检验检疫机构可以取消指定。

第三十七条 对检验机构的检验鉴定业务活动有异议的，可以向海关总署或者出入境检验检疫机构投诉。

第三十八条 海关总署、出入境检验检疫机构实施监督管理或者对涉嫌违反进出口商品检验法律、行政法规的行为进行调查，有权查阅、复制当事人的有关合同、发票、账簿以及其他有关资料。出入境检验检疫机构对有根据认为涉及人身财产安全、健康、环境保护项目不合格的进出口商品，经本机构负责人批准，可以查封或者扣押。

第三十九条 海关总署、出入境检验检疫机构应当根据便利对外贸易的需要，采取有效措施，简化程序，方便进出口。

办理进出口商品报检、检验、鉴定等手续，符合条件的，可以采用电子数据文件的形式。

第四十条 出入境检验检疫机构依照有关法律、行政法规的规定，签发出口货物普惠制原产地证明、区域性优惠原产地证明、专用原产地证明。

出口货物一般原产地证明的签发，依照有关法律、行政法规的规定执行。

第四十一条 出入境检验检疫机构对进出保税区、出口加工区等海关特殊监管区域的货物以及边境小额贸易进出口商品的检验管理，由海关总署另行制定办法。

第五章　法律责任

第四十二条 擅自销售、使用未报检或者未经检验的属于法定检验的进口商品，或者擅自销售、使用应当申请进口验证而未申请的进口商品的，由出入境检验检疫机构没收违法所得，并处商品货值金额5%以上20%以下罚款；构成犯罪的，依法追究刑事责任。

第四十三条 擅自出口未报检或者未经检验的属于法定检验的出口商品，或者擅自出口应当申请出口验证而未申请的出口商品的，由出入境检验检疫机构没收违法所得，并处商品货值金额5%以上20%以下罚款；构成犯罪的，依法追究刑事责任。

第四十四条 销售、使用经法定检验、抽查检验或者验证不合格的进口商品，或者出口经法定检验、抽查检验或者验证不合格的商品的，由出入境检验检疫机构责令停止销售、使用或者出口，没收违法所得和违法销售、使用或者出口的商品，并处违法销售、使用或者出口的商品货值金额等值以上3倍以下罚款；构成犯罪的，依法追究刑事责任。

第四十五条 进出口商品的收货人、发货人、代理报检企业或者出入境快件运营企业、报检人员不如实提供进出口商品的真实情况，取得出入境检验检疫机构的有关证单，或者对法定检验的进出口商品不予报检，逃避进出口商品检验的，由出入境检验检疫机构没收违法所得，并处商品货值金额5%以上20%以下罚款。

进出口商品的收货人或者发货人委托代理报检企业、出入境快件运营企业办理报检手续，未按照规定向代理报检企业、出入境快件运营企业提供所委托报检事项的真实情况，取得出入境检验检疫机构的有关证单的，对委托人依照前款规定予以处罚。

代理报检企业、出入境快件运营企业、报检人员对委托人所提供情况的真实性未进行合理审查或者因工作疏忽，导致骗取出入境检验检疫机构有关证单的结果的，由出入境检验检疫机构对代理报检企业、出入境快件运营企业处2万元以上20万元以下罚款。

第四十六条 伪造、变造、买卖或者盗窃检验证单、印章、标志、封识、货物通关单或者使用伪造、变造的检验证单、印章、标志、封识、货物通关单，构成犯罪的，依法追究刑事责任；尚不够刑事处罚的，由出入境检验检疫机构责令改正，没收违法所得，并处商品货值金额等值以下罚款。

第四十七条 擅自调换出入境检验检疫机构抽取的样品或者出入境检验检疫机构检验合格的进出口商品的，由出入境检验检疫机构责令改正，给予警告；情节严重的，并处商品货值金额10%以上50%以下罚款。

第四十八条 进口或者出口国家实行卫生注册登记管理而未获得卫生注册登记的生产企业生产的食品的，由出入境检验检疫机构责令停止进口或者出口，没收违法所得，并处商品货值金额10%以上50%以下罚款。

已获得卫生注册登记的进出口食品生产企业，经检查不符合规定要求的，由海关总署或者出入境检验检疫机构责令限期整改；整改仍未达到规定要求或者有其他违法行为，情节严重的，吊销其卫生注册登记证书。

第四十九条 进口可用作原料的固体废物，国外供货商、国内收货人未取得注册登记，或者未进行装运前检验的，按照国家有关规定责令退货；情节严重的，由出入境检验检疫机构并处10万元以上100万元以下罚款。

已获得注册登记的可用作原料的固体废物的国外供货商、国内收货人违反国家有关规定，情节严重的，由出入境检验检疫机构撤销其注册登记。(此部分应已废止)

进口国家允许进口的旧机电产品未按照规定进行装运前检验的，按照国家有关规定予以退货；情节严重的，由出入境检验检疫机构并处100万元以下罚款。

第五十条 提供或者使用未经出入境检验检疫机构鉴定的出口危险货物包装容器的，由出入境检验检疫机构处10万元以下罚款。

提供或者使用经出入境检验检疫机构鉴定不合格的包装容器装运出口危险货物的，由出入境检验检疫机构处20万元以下罚款。

第五十一条 提供或者使用未经出入境检验检疫机构适载检验的集装箱、船舱、飞机、车辆等运载工具装运易腐烂变质食品、冷冻品出口的，由出入境检验检疫机构处10万元以下罚款。

提供或者使用经出入境检验检疫机构检验不合格的集装箱、船舱、飞机、车辆等运载工具装运易腐烂变质食品、冷冻品出口的，由出入境检验检疫机构处20万元以下罚款。

第五十二条 擅自调换、损毁出入境检验检疫机构加施的商检标志、封识的，由出入境检验检疫机构处5万元以下罚款。

第五十三条 从事进出口商品检验鉴定业务的检验机构违反国家有关规定，扰乱检验鉴定秩序的，由出入境检验检疫机构责令改正，没收违法所得，可以并处10万元以下罚款，海关总署或者出入境检验检疫机构可以暂停其6个月以内检验鉴定业务。

第五十四条　代理报检企业、出入境快件运营企业违反国家有关规定，扰乱报检秩序的，由出入境检验检疫机构责令改正，没收违法所得，可以处10万元以下罚款，海关总署或者出入境检验检疫机构可以暂停其6个月以内代理报检业务。

第五十五条　出入境检验检疫机构的工作人员滥用职权，故意刁难当事人的，徇私舞弊，伪造检验结果的，或者玩忽职守，延误检验出证的，依法给予行政处分；违反有关法律、行政法规规定签发出口货物原产地证明的，依法给予行政处分，没收违法所得；构成犯罪的，依法追究刑事责任。

第五十六条　出入境检验检疫机构对没收的商品依法予以处理所得价款、没收的违法所得、收缴的罚款，全部上缴国库。

第六章　附　则

第五十七条　当事人对出入境检验检疫机构、海关总署作出的复验结论、处罚决定不服的，可以依法申请行政复议，也可以依法向人民法院提起诉讼。

当事人逾期不履行处罚决定，又不申请行政复议或者向人民法院提起诉讼的，作出处罚决定的机构可以申请人民法院强制执行。

第五十八条　出入境检验检疫机构实施法定检验、依法设立的检验机构办理检验鉴定业务，按照国家有关规定收取费用。

第五十九条　本条例自2005年12月1日起施行。1992年10月7日国务院批准、1992年10月23日原国家进出口商品检验局发布的《中华人民共和国进出口商品检验法实施条例》同时废止。

中华人民共和国海关进出口商品检验采信管理办法

（海关总署令第259号）

发布日期：2022-09-20
实施日期：2022-12-01
法规类型：部门规章

第一章　总　则

第一条　为了规范海关进出口商品检验采信工作，根据《中华人民共和国进出口商品检验法》及其实施条例的规定，制定本办法。

第二条　海关在进出口商品检验中采信检验机构的检验结果，以及对采信机构的监督管理，适用本办法。

第三条　海关总署主管进出口商品检验采信工作。

直属海关和隶属海关在进出口商品检验中依法实施采信工作。

第四条　本办法所称采信，是指海关在进出口商品检验中，依法将采信机构的检验结果作为合格评定依据的行为。

本办法所称采信机构，是指具备海关要求的资质和能力，被海关总署列入采信机构目录的检验机构。

第五条 海关总署根据进出口商品质量安全风险评估结果，确定并公布可实施采信的商品（以下简称“采信商品”）范围及其具体采信要求，并实施动态调整。

采信要求包括：采信商品名称及其商品编号、适用的技术规范、检验项目、检验方法、抽样方案、检验报告有效期以及其他与进出口商品质量安全有关的要求。

第六条 海关总署建立采信管理系统，提升采信工作信息化水平。

第二章 采信机构管理

第七条 符合以下条件的检验机构可以向海关总署申请列入采信机构目录：

（一）具有所在国家或者地区合法经营资质；

（二）具备相关采信商品的检验能力；

（三）在中华人民共和国境内注册的检验机构，应当取得检验检测机构资质认定（CMA）等国内相应资质认定，或者获得中国合格评定国家认可委员会（CNAS）实施的ISO/IEC 17025和ISO/IEC 17020认可；在中华人民共和国境外注册的检验机构，应当获得由国际实验室认可合作组织互认协议（ILAC-MRA）签约认可机构实施的ISO/IEC 17025和ISO/IEC 17020体系认可；

（四）熟悉并遵守中华人民共和国商品检验相关法律法规及标准；

（五）具备独立、公正、客观开展检验活动的能力；

（六）近三年在国内外无与检验相关的违法记录。

海关总署另有规定的，从其规定。

第八条 检验机构申请列入采信机构目录的，应当通过采信管理系统向海关总署提交下列材料：

（一）申请表；

（二）检验机构法人信息和投资方信息；

（三）相关资质认定或者认可证书以及相关证明材料；

（四）技术能力范围声明，包括相关资质的检验范围、采用的检验方法以及检验标准；

（五）从事检验活动的独立性声明以及相关证明材料；

（六）近三年在国内外无与检验相关违法记录的声明；

（七）商品检验报告的签发人名单。

有关材料为外文的应当随附中文译本。

第九条 海关总署组织专家评审组对检验机构申请材料进行评估审查，评估审查可以采用书面审查或者现场检查等形式。

第十条 经审查，符合本办法规定的，海关总署应当将检验机构列入相关采信商品对应的采信机构目录；不符合本办法规定的，通过采信管理系统告知检验机构。

第十一条 海关总署负责公布采信机构目录，并实施动态调整。

采信机构目录包括：采信商品名称及其商品编号、适用的技术规范、检验项目、采信机构名称及其代码、所在国家或者地区以及联络信息。

第三章 采信的实施

第十二条 采信机构可以接受进出口货物收发货人或者其代理人的委托，对采信商品实施检验并出具检验报告。

根据需要，经委托人书面同意，采信机构可以将部分检验项目分包给其他采信机构。承担分包项目的采信机构应当具备相应的检验能力，并不得再次分包。

第十三条 采信机构出具的检验报告除满足检验检测资质规定的内容要求外，还应当包含以下内容：

（一）采信机构名称及其代码；

（二）检验报告编号；

（三）商品信息，包括商品名称、型号规格、对应的批次编号或者产品序列号码以及其他产品追溯信息；

（四）采信要求规定的检验项目、检验方法以及抽样方案等；

（五）委托人名称以及联络信息；

（六）受理日期、检验地点、检验时间以及签发日期；

（七）检验结果；

（八）签发人签字。

采信机构认为存在其他可能对检验结果造成影响情况的，可以在检验报告中注明。

采信机构将部分检验项目分包给其他采信机构实施检验的，还应当在检验报告中注明分包的检验项目以及承担分包项目的采信机构名称及其代码。

第十四条 采信机构应当根据进出口货物收发货人或者其代理人的委托，在相关进出口货物申报前，通过采信管理系统向海关提交检验报告，但是采信要求另有规定的除外；未按照规定时限提交的，海关不予采信。

除采信要求另有规定，在已提交的检验报告有效期内，进出口相同规格型号货物的，无需重复提交检验报告。

第十五条 进出口货物收发货人或者其代理人应当按照规定向海关提供检验报告编号以及出具检验报告的采信机构代码，海关根据采信要求对相应检验报告进行审核。符合要求的，对检验结果予以采信；不符合要求的，不予采信。

第十六条 海关采信检验结果的，进出口货物收发货人或者其代理人应当向海关提交质量安全符合性声明，海关不再对进出口货物抽样检测，但是海关根据风险防控需要实施检验的除外。

第四章 监督管理

第十七条 采信机构信息发生变更的，应当及时通过采信管理系统向海关总署提交信息变更材料。

第十八条 采信机构应当按照以下规定保存与采信活动相关的原始文件：

（一）本办法第八条规定的申请材料应当长期保存；

（二）与开展采信业务相关的检验报告、检验记录，保存期限不得少于六年；

（三）采信机构的内部文件，包括说明、标准、手册、指南和参考数据等，保存期限不得少于六年。

第十九条 海关可以通过以下方式，对采信机构实施监督：

（一）对采信机构的检验能力进行验证；

（二）依法查阅或者要求采信机构报送有关材料；

（三）开展实地检查或者专项调查。

海关依照前款规定对采信机构实施监督的，采信机构应当按照海关规定的期限向海关提交有关材料。有关材料为外文的，应当随附中文译本。

第二十条 直属海关和隶属海关发现采信机构出具的检验报告存在不实或者虚假情况的，应当立即报告海关总署。

海关总署可以决定暂停采信相关机构出具的检验报告，并采取其他必要的处置措施。

第二十一条 采信机构主动退出采信机构目录的，应当通过采信管理系统提出申请。

第二十二条 采信机构主动申请退出采信机构目录，或者存在下列情形之一的，海关总署可以将其移出采信机构目录：

（一）签发不实或者虚假检验报告的；

（二）向海关提供超出采信机构目录规定的商品范围的检验报告的；

（三）检验能力不符合海关要求的；

（四）拒不配合海关监督管理工作，情节严重的；

（五）存在其他不符合采信机构条件情形的。

自移出目录并公布之日起，海关不再采信该检验机构的检验结果。

被海关总署移出采信机构目录的检验机构，一年内不得重新申请成为采信机构。

采信机构存在本条第一款第一项、第二项规定情形的，海关总署可以将有关情况通报国内外相关部门。

第二十三条 检验机构被依法移出采信机构目录的，海关根据工作需要，可以对其被移出前实施的检验活动进行追溯调查。

第二十四条 在中华人民共和国境内注册的采信机构存在本办法第二十二条第一款第一项、第二项规定情形的，海关依法给予行政处罚；构成犯罪的，依法追究刑事责任。

第二十五条 进出口货物收发货人或者其代理人违反本办法规定的，海关依法给予行政处罚；构成犯罪的，依法追究刑事责任。

第五章 附 则

第二十六条 在中华人民共和国香港特别行政区、澳门特别行政区、台湾地区注册登记的检验机构，参照本办法对中华人民共和国境外注册的检验机构的规定执行。

第二十七条 本办法由海关总署负责解释。

第二十八条 本办法自2022年12月1日起施行。

国境口岸卫生许可管理办法

（国家质量监督检验检疫总局令第182号）

发布日期：2016-04-28

实施日期：2018-05-29

法规类型：部门规章

（根据2018年3月6日国家质量监督检验检疫总局2018第196号《国家质量监督检验检疫总关于废止和修改部分规章的决定》第一次修正；根据2018年4月28日海关总署令第238号《海关总署关于修改部分规章的决定》第二次修正；根据2018年5月29日海关总署第240号令《海关总署令240号关于修改部分规章的决定》第三次修正）

第一章 总 则

第一条 为规范国境口岸卫生许可工作，加强口岸卫生监督管理，保护出入境人员健康，维护口岸卫生安全，根据《中华人民共和国国境卫生检疫法》及其实施细则、《中华人民共和国食品安全法》及其实施条例、《公共场所卫生管理条例》《中华人民共和国国境口岸卫生监督办法》等法律法规的规定，制定本办法。

第二条 本办法适用于国境口岸从事食品生产（含航空配餐）、食品销售（含入/出境交通工具食品供应）、餐饮服务（食品摊贩除外）、饮用水供应、公共场所经营的单位或者个人（以下统称生产经营者）。

第三条 海关总署统一管理全国国境口岸卫生许可管理工作。

主管海关负责所辖区域内的国境口岸卫生许可及监督管理工作。

第四条 生产经营者对其生产经营食品的安全、公共卫生安全负责，应当依照法律、法规以及食品和公共卫生安全标准从事生产经营活动。

第五条 生产经营者应当向所在地海关申请国境口岸卫生许可（以下简称卫生许可），取得国境口岸卫生许可证（以下简称卫生许可证）后方可从事相关经营或者服务活动，并依法接受海关监督。

第六条 海关实施卫生许可应当符合法律、法规和规章规定的权限、范围、条件和程序，遵循公开、公平、公正、便民的原则。

第七条 海关应当加强对卫生许可过程的监督检查，建立卫生许可档案管理制度及行政许可结果公示制度。

第八条 任何单位和个人有权监督、举报卫生许可实施过程中的违法行为，海关应当及时核实、处理。

第二章 许可要求

第九条 从事国境口岸食品生产、食品销售、餐饮服务的，应当符合国家食品安全标准及下列要求：

（一）具有与生产经营的食品品种、数量相适应的食品原料处理和食品加工、包装、贮存、销售等场所，保持该场所环境整洁，并与有毒、有害场所以及其他污染源保持规定的距离；使用的原、辅材料等应当符合相应的国家标准、行业标准及有关规定；

（二）具有与生产经营的食品品种、数量相适应的生产经营设备或者设施，有相应的消毒、更衣、盥洗、采光、照明、通风、防腐、防尘、防蝇、防鼠、防虫、洗涤以及处理废水、存放垃圾和废弃物的设备或者设施；

（三）具有合理的设备布局和工艺流程，防止待加工食品与直接入口食品、原料与成品交叉污染，避免食品接触有毒物、不洁物；

（四）贮存、运输和装卸食品的容器、工具和设备应当安全、无害、保持清洁，防止食品污染，并符合保证食品安全所需的温度等特殊要求，不得将食品与有毒、有害物品一同贮存、运输；

（五）具有经过食品安全培训、符合相关条件的食品安全管理人员；

（六）建立与本单位实际相适应的保证食品安全的规章制度，包括环境清洁卫生管理制度、食品安全自查管理制度、食品进货查验记录制度、从业人员健康管理制度。从事食品生产的，还应当建立生产加工过程食品安全管理制度、出厂检验记录制度、不合格产品管理制度；从事餐饮服务的，还应当建立设施设备卫生管理制度、清洗消毒制度、加工操作规程、食品添加剂的管理制度；

（七）用水应当符合国家规定的生活饮用水卫生标准。

第十条 从事饮用水供应的，应当符合下列要求：

（一）建立生活饮用水卫生管理制度，包括从业人员卫生培训、专（兼）职卫生管理人员、供水设备设施维护、卫生管理档案等有关内容；

（二）水质应当符合国家规定的生活饮用水卫生标准；

（三）供水设备应当运转正常，并按照规定的期限清洗、消毒；

（四）供水设施在规定的卫生防护距离内不得有污染源，生活饮用水水箱必须专用，与非饮用水不得相通，必须安全密闭、有必要的卫生防护设施；

（五）与生活饮用水直接接触的供水设备及用品，应当符合国家相关产品标准，无毒无害，不得污染水质；

（六）具备感官指标和余氯、PH 值等常用理化指标检测能力；

（七）自备水源供水设施与城镇公共供水管网不得有任何连接；

（八）二次供水设施与城镇公共供水管网不得直接连接，在特殊情况下需要连通时必须设置不承压水箱；

（九）集中式供水应当有水质消毒设备。

第十一条 从事国境口岸公共场所经营的，应当符合下列要求：

（一）有固定的营业场所，根据经营规模、项目设置清洗、消毒、保洁、盥洗等设施设备和公共卫生间，并保证各项设施运转正常，禁止挪作他用；

（二）设立卫生管理人员，具体负责本公共场所的卫生工作；

（三）建立卫生管理制度，包括从业人员卫生培训、卫生设施设备维护、公共场所危害健康事故应急、卫生管理档案等内容；

（四）水质符合国家规定的要求；

（五）应当配备有效的医学媒介生物控制措施及废弃物存放专用设施；

（六）室内空气质量和微小气候及提供的用品、用具应当符合国家卫生标准和要求，采用集中空调通风系统的，应当符合集中空调通风系统相关规定的要求；

（七）应当设置醒目的禁止吸烟警语和标志。

第十二条 生产经营者还应当符合法律、法规规定的其他要求。

第三章 许可程序

第一节 申 请

第十三条 每个具有独立固定经营场所的国境口岸食品生产、食品销售、餐饮服务、饮用水供应、公共场所经营单位应当作为一个卫生许可证发证单元，单独申请卫生许可。

第十四条 从事国境口岸食品生产、食品销售、餐饮服务的，申请卫生许可时，应当提供以下材料：

（一）卫生许可证申请书；

（二）有关负责人或者经营者的身份证明（委托他人代为办理的，应当同时提交委托书及受委托人身份证明）；

（三）其他材料：

从事食品生产的，应当提交场所及其周围环境平面图、生产加工各功能区间布局平面图、生产工艺流程图、设备布局图；食品生产设备设施清单；食品生产的执行标准。航空配餐企业还应当提供符合冷链运输要求的专用食品运输车辆、冷冻冷藏设施的证明材料。

从事食品销售，应当提交与食品销售相适应的经营设施空间布局平面图、经营设施设备清单。从事入/出境交通工具食品供应的，还应当提供符合冷链运输要求的专用食品运输车辆、冷冻冷藏设施的证明材料。利用自动售货设备进行食品销售的，申请人还应当提交自动售货设备的产品合格证明、具体放置地点，经营者名称、住所、联系方式、食品经营许可证的公示方法等材料。

从事餐饮服务的，应当提交经营场所和设备布局、加工流程、卫生设施等示意图；有送餐服务的，应当提供符合保温或者冷链运输要求的专用食品运输设施的证明材料。

第十五条 从事饮用水供应的，申请卫生许可时，应当提供以下材料：

（一）卫生许可证申请书；

（二）有关负责人或者经营者的身份证明（委托他人代为办理的，应当同时提交委托书及受委托人身份证明）；

（三）涉及饮用水卫生安全产品的卫生许可批件；

（四）设计图纸及相关文字说明，如平面布局图、设备布局图、管网平面布局图、管网系统图等；

（五）自备水源的应当提供制水工艺流程文件。

第十六条 从事国境口岸公共场所经营的，申请卫生许可时，应当提供以下材料：

（一）卫生许可证申请书；

（二）有关负责人或者经营者的身份证明（委托他人代为办理的，应当同时提交委托书及受委托人身份证明）；

（三）营业场所平面图和卫生设施平面布局图。

第十七条 法律、法规有其他要求的，应当按照要求提交相应的材料。

第十八条 申请国境口岸卫生许可的申请人（以下简称申请人）可以当面提交或者通过信函、电报、电传、传真、电子数据交换和电子邮件等方式提交材料，并对材料的真实性负责。

第二节 受 理

第十九条 海关对申请人提出的卫生许可申请，应当分别作出下列处理：

（一）申请事项依法不需要取得行政许可的，应当即时告知申请人不受理；

（二）申请事项依法不属于海关职权范围的，应当即时作出不予受理的决定，并告知申请人向有关行政机关申请；

（三）申请材料存在可以当场更正的错误的，应当允许申请人当场更正；

（四）申请材料不齐全或者不符合法定形式的，应当当场或者自收到申请材料之日起5日内一次性告知申请人需要补正的全部内容。逾期不告知的，自收到申请材料之日起即为受理；

（五）申请事项属于海关职权范围，申请材料齐全、符合法定形式，或者申请人按照海关的要求提交全部补正申请材料的，应当受理卫生许可申请。

第二十条 海关应当以书面形式决定是否受理卫生许可申请。

（一）海关受理卫生许可申请的，应当向申请人出具行政许可申请受理决定书；

（二）不属于海关职权范围的，出具行政许可不予受理决定书；

（三）申请材料不齐全或者不符合法定形式的，出具行政许可申请材料补正告知书。

第二十一条 海关不得要求申请人重复提供申请材料。

第三节 审 查

第二十二条 海关应当对申请人提交的申请材料内容的完整性、有效性进行审查。

第二十三条 申请材料经审查合格，确有必要需现场审查的，受理的海关应当在5个工作日内成立由2名以上经培训合格的海关卫生监督工作人员组成的卫生许可现场审查组，依据相应的法律法规及卫生安全标准，对企业的卫生状况、设备设施、质量安全控制能力以及相关条件进行现场审查，并填写现场审查监督笔录。

第二十四条 现场审查不合格且无法整改的，现场审查组应当提出不予许可意见；现场审查不合格且可以整改的，现场审查组可以要求申请人限时整改。

对食品生产经营单位的现场审查不计入行政许可时限，但最长不超过1个月，且应当告知申请人。

第四节　决定与送达

第二十五条　海关应当根据申请材料审查和现场审查结果，对符合条件的，作出准予行政许可的决定，应当向申请人颁发卫生许可证；对不符合条件的，作出不予行政许可的决定，海关应当向申请人送达不予行政许可决定书，同时说明理由，告知申请人享有依法申请行政复议或者提出行政诉讼的权利。

第二十六条　对送达申请人的各种文书，应一式二份，一份送申请人，一份由海关存档。送达应填写送达回证，多个文书可用一个送达回证。

第二十七条　对于已办结的卫生许可事项，海关应当将有关卫生许可材料及时归档。

第五节　期限与公示

第二十八条　海关应当自受理申请之日起20个工作日内作出行政许可决定。因特殊原因需要延长许可期限的，经本机构负责人批准，可以延长10个工作日，并应当将延长期限的理由告知申请人。对准予行政许可决定的，检验检疫部门应当自作出决定之日起10个工作日内向申请人颁发卫生许可证。

第二十九条　海关应当将许可事项、依据、条件、程序、期限以及需提交材料的目录和卫生许可证申请书示范文本等在受理办公现场公示，并定期公示卫生许可结果。

第六节　变更、延续、补发

第三十条　有以下情形之一的，生产经营者应当向作出行政许可决定的海关（以下称原发证机构）提出变更申请：

（一）名称、法定代表人（负责人或者经营者）、经营范围或者地址门牌号改变（实际经营场所未改变）；

（二）功能布局、工艺流程、设施设备改变，可能影响食品安全的。

原发证机构应当对申请变更内容进行审核。准予变更的，颁发新的卫生许可证，原卫生许可证号及有效期限不变。

第三十一条　生产经营者需要延续卫生许可证的，应当在卫生许可证有效期届满30日前向原发证机构书面提出延续申请。逾期提出延续申请的，按照新申请卫生许可证办理。

第三十二条　申请延续卫生许可证应当提供以下材料：

（一）卫生许可证申请书；

（二）原申请提交材料是否发生变化的说明材料（有变化的，应当补充相关材料）。

第三十三条　原发证机构受理卫生许可证延续申请后，应当对原许可的经营场所、功能布局、工艺流程、设施设备等是否有变化，以及是否符合相关规定进行审核。准予延续的，颁发新的卫生许可证。

第三十四条　生产经营者在领取变更、延续后的新卫生许可证时，应当将原卫生许可证交回原发证机构。

第三十五条　生产经营者遗失、毁损卫生许可证的，应当于遗失、毁损后60日内公开声明，并向原发证机构申请补发。

第七节　终止、撤销、注销

第三十六条　海关受理行政许可申请后，作出行政许可决定前，有下列情形之一的，应当终止办理卫生许可：

（一）申请事项依法不需要取得卫生许可的；

（二）申请事项依法不属于本海关职权范围的；

（三）申请人未在规定期限内补正有关申请材料的；

（四）申请人撤回卫生许可申请的；

（五）其他依法应当终止办理卫生许可的。

第三十七条 有下列情形之一的，海关应当依法撤销被许可人取得的卫生许可：

（一）海关工作人员滥用职权、玩忽职守作出准予卫生许可决定的；

（二）超越法定职权作出卫生许可决定的；

（三）违反法定程序作出卫生许可决定的；

（四）对不具备申请资格或者不符合法定条件的申请人准予卫生许可的；

（五）申请人以欺骗、贿赂等非法手段骗取卫生许可证的；

（六）依法可以撤销卫生许可的其他情形。

第三十八条 有下列情形之一的，海关应当依法办理卫生许可的注销手续，并予以公示：

（一）卫生许可有效期届满未延续的；

（二）法人或者其他组织依法终止的；

（三）被许可人申请注销卫生许可的；

（四）卫生许可依法被撤销、撤回，或者卫生许可证件依法被吊销的；

（五）因不可抗力导致卫生许可事项无法实施的；

（六）法律、法规规定的应当注销卫生许可的其他情形。

第三十九条 因卫生许可所依据的法律、法规、规章修改或者废止，或者准予行政许可所依据的客观情况发生重大变化等原因，确需变更或者撤回被许可人取得的行政许可，由准予行政许可的海关作出变更或者撤回行政许可的决定。

第四章 监督管理

第四十条 卫生许可证样式由海关总署统一规定，有效期为4年。

第四十一条 在国境口岸范围内开展临时性生产经营活动的应当申请办理临时卫生许可，临时卫生许可证有效期不超过半年。

第四十二条 卫生许可证统一使用电脑打印，卫生许可证统一15位数字编号，格式为：发证机构代码（4位）+年份号（后2位）+分类号（5位）+证书流水号（4位）。

分类号第一位数字代表食品生产，第二位代表食品流通（含交通工具食品供应），第三位代表餐饮服务，第四位代表生活饮用水供应，第五位代表公共场所，从事的经营类别以数字“1”表示，不从事的经营类别以数字“0”表示。证书流水号是指不分类的证书流水号。

第四十三条 卫生许可证不得涂改、出租、出借、非法转让、倒卖。

生产经营者应当按照许可范围依法经营，并在经营场所醒目位置悬挂或者摆放卫生许可证。

第四十四条 上级海关发现下级海关违反规定实施卫生许可的，应当责令下级海关限期纠正或者直接予以纠正。

第四十五条 海关及其工作人员履行卫生许可职责，应当自觉接受生产经营者以及社会的监督。

海关接到有关违反规定实施卫生许可的举报，应当及时进行核实；情况属实的，应当立即纠正。

第五章　法律责任

第四十六条　食品生产经营者有违反食品安全法律法规行为的，由海关依照《食品安全法》及其实施条例的规定进行处罚。

食品生产经营者超范围从事生产经营活动的，由海关依据情节轻重处以两千元以上三万元以下罚款。

第四十七条　食品生产、食品流通、餐饮服务、饮用水供应经营者有下列行为的，应当承担以下法律责任：

（一）申请人提供虚假材料或者隐瞒真实情况的，海关不予受理或者不予许可，并给予警告，申请人在一年内不得再次申请卫生许可。

（二）申请人以欺骗、贿赂等不正当手段取得卫生许可的，海关应当依法给予行政处罚，申请人在三年内不得再次申请卫生许可；涉嫌构成犯罪的，移交司法机关追究刑事责任。

（三）对涂改、出租、出借、非法转让、倒卖有效卫生许可证的，直接吊销卫生许可证，负责的主管人员自处罚决定作出之日起五年内不得从事食品生产、食品流通、餐饮服务、饮用水供应经营单位的管理工作。

第四十八条　公共场所经营者有下列行为的，实施相应的处罚：

（一）对未依法取得卫生许可证擅自营业或者超范围经营的，由海关责令限期改正，给予警告，并处以五百元以上五千元以下罚款；有下列情形之一的，处以五千元以上三万元以下罚款：

1. 擅自营业曾受过海关处罚的；

2. 擅自营业时间在3个月以上的；

3. 以涂改、出租、出借、非法转让、倒卖、伪造的卫生许可证擅自营业的；

4. 提供虚假材料、隐瞒经营活动真实情况或者拒绝提供真实材料的。

（二）有下列情形之一的，由海关责令限期改正，给予警告，并可处以二千元以下罚款；逾期不改正，造成公共场所卫生质量不符合卫生标准和要求的，处以二千元以上二万元以下罚款；情节严重的，可以依法责令停业整顿，直至吊销卫生许可证：

1. 未按照规定对公共场所的空气、微小气候、水质、采光、照明、噪声、顾客用品用具等进行卫生检测的；

2. 未按照规定对顾客用品用具进行清洗、消毒、保洁，或者重复使用一次性用品用具的。

（三）经营者对发生的危害健康事故未立即采取处置措施，导致危害扩大，或者隐瞒、缓报、谎报的，由海关处以五千元以上三万元以下罚款；情节严重的，可以依法责令停业整顿，直至吊销卫生许可证。构成犯罪的，依法追究刑事责任。

第四十九条　海关及其工作人员违反本办法规定，在卫生许可工作中滥用职权、玩忽职守、徇私舞弊的，依法追究相关法律责任。

第六章　附　则

第五十条　本办法所称的国境口岸，是指人员、行李、货物、集装箱、交通工具、物品和邮包入境或出境的国际关口，以及为入境或出境的人员、行李、货物、集装箱、交通工具、物品和邮包提供服务的单位和区域。

本办法所称入/出境交通工具食品供应，是指除航空配餐食品供应以外，为其他国际通行交通工具（如船舶、列车等）供应食品的行为。

第五十一条　本办法自2016年7月1日起施行。生产经营者在本办法施行前已经取得《国境口岸食品生产经营单位卫生许可证》《国境口岸服务行业卫生许可证》的，该许可证在有效期内继续有效。此前相关规定与本办法不一致的，以本办法为准。

出入境检疫处理单位和人员管理办法

（国家质量监督检验检疫总局令第 181 号）

发布日期：2016-03-31
实施日期：2018-05-29
法规类型：部门规章

（根据 2018 年 4 月 28 日海关总署令第 238 号《海关总署关于修改部分规章的决定》第一次修正；根据 2018 年 5 月 29 日海关总署令 240 号《海关总署关于修改部分规章的决定》第二次修正）

第一章　总　则

第一条　为规范出入境检疫处理单位和人员的管理，根据《中华人民共和国进出境动植物检疫法》及其实施条例、《中华人民共和国国境卫生检疫法》及其实施细则等相关法律法规规定，制定本办法。

第二条　本办法适用于对出入境检疫处理单位和人员的核准以及监督管理。

第三条　本办法所称：

“出入境检疫处理”是指利用生物、物理、化学的方法，对出入境货物、交通工具、集装箱及其他检疫对象采取的消除疫情疫病风险或者潜在危害，防止人类传染病传播、动植物病虫害传入传出的措施。

“出入境检疫处理单位”（以下简称检疫处理单位）是指经直属海关核准从事出入境检疫处理工作的单位。

“出入境检疫处理人员”（以下简称检疫处理人员）是指经直属海关核准，在检疫处理单位从事出入境检疫处理工作的人员。

第四条　海关总署主管全国检疫处理单位和人员管理工作。

主管海关负责所辖地区检疫处理单位和人员的日常监督管理。

第五条　出入境检疫处理按照实施方式和技术要求，分为 A 类、B 类、C 类、D 类、E 类、F 类和 G 类。

（一）A 类，熏蒸（出入境船舶熏蒸、疫麦及其他大宗货物熏蒸）；

（二）B 类，熏蒸（A 类熏蒸除外）；

（三）C 类，消毒处理（熏蒸方式除外）；

（四）D 类，药物及器械除虫灭鼠（熏蒸方式除外）；

（五）E 类，热处理；

（六）F 类，辐照处理；

（七）G 类，除上述类别外，采用冷处理、微波处理、除污处理等方式实施的出入境检疫处理。

检疫处理单位和人员可以申请从事一类或者多类出入境检疫处理工作。

第六条 检疫处理单位和人员应当在核准范围内从事出入境检疫处理工作；未经核准，不得从事或者超范围从事出入境检疫处理工作。

海关根据相关法律法规或者输入国家（地区）要求，对需要实施检疫处理的对象，向货主或者其代理人签发检验检疫处理通知书。货主或者其代理人应当委托有资质的检疫处理单位实施检疫处理。

第二章 检疫处理单位申请条件

第七条 申请从事出入境检疫处理工作的单位（以下简称申请单位），应当具备下列基本条件：

（一）具有独立法人资格；

（二）具有满足条件的办公场所；

（三）申请从事的检疫处理类别需要使用危险化学品的，其从业人员及危险化学品的运输、储存、使用应当符合国家有关规定；

（四）使用的出入境检疫处理器械、药剂以及计量器具应当符合国家有关规定；

（五）具有必要的出入境检疫处理安全防护装备、急救药品和设施；

（六）建立有效的质量控制、效果评价、安全保障以及突发事件应急机制等管理制度；

（七）建立完整的出入境检疫处理业务档案、技术培训档案和职工职业健康档案管理制度；

（八）配备经直属海关核准的检疫处理人员；

（九）配备专职或者兼职安全员，法律法规有规定的，还应当具备相应的资质。

第八条 申请从事 A 类出入境检疫处理工作的单位，除应当具备本办法第七条所列条件以外，还应当符合下列条件：

（一）具有 B 类出入境检疫处理资质 3 年以上，近 3 年无安全和质量事故；

（二）药品、仪器、设备、材料、专用药品库及操作规范符合法律法规、标准和技术规范的要求；

（三）配备检疫处理熏蒸气体浓度测定仪器、残留毒气检测仪器、大气采样仪器等设备。

第九条 申请从事 B 类出入境检疫处理工作的单位，除应当具备本办法第七条所列条件以外，还应当符合下列条件：

（一）处理场所、药品、仪器、设备、材料、专用药品库及操作规范符合法律法规、标准和技术规范的要求；

（二）配备检疫处理熏蒸气体浓度测定仪器、残留毒气检测仪器、大气采样仪器等设备。

第十条 申请从事 C 类出入境检疫处理工作的单位，除应当具备本办法第七条所列条件以外，还应当符合下列条件：

（一）药品、仪器、设备、材料、专用药品库及操作规范符合法律法规、标准和技术规范的要求；

（二）配备消毒效果评价相关检测设备。

第十一条 申请从事 D 类出入境检疫处理工作的单位，除应当具备本办法第七条所列条件以外，还应当符合下列条件：

（一）药品、仪器、设备、材料、专用药品库及操作规范符合法律法规、标准和技术规范的要求；

（二）配备除虫灭鼠试验室相关检测设备等。

第十二条 申请从事 E 类出入境检疫处理工作的单位，除应当具备本办法第七条所列条件以外，还应当符合下列条件：

（一）处理场所、库房、处理设备及操作规范符合法律法规、标准和技术规范的要求；

（二）使用特种设备的，持有特种设备许可证。

第十三条 申请从事F类出入境检疫处理工作的单位，除应当具备本办法第七条所列条件以外，还应当符合下列条件：

（一）处理场所、仪器、设备、放射性物品购置及存放、操作规范符合法律法规、标准和技术规范的要求；

（二）持有放射性设备使用许可证。

第十四条 申请从事G类出入境检疫处理工作的单位，除应当具备本办法第七条所列条件以外，还应当符合下列条件：

（一）处理场所、库房、处理设备及操作规范符合法律法规、标准和技术规范的要求；

（二）使用特种设备的，持有特种设备许可证。

第三章 检疫处理单位

第十五条 申请单位应当向所在地直属海关提出申请并提交下列材料：

（一）《出入境检疫处理单位核准申请表》；

（二）申请单位所属检疫处理人员名单。

第十六条 直属海关对申请单位提出的申请，应当根据下列情况分别作出处理：

（一）申请材料存在可以当场更正的错误的，应当允许申请单位当场更正；

（二）申请材料不齐全或者不符合法定形式的，应当当场或者在5日内一次告知申请单位需要补正的全部内容，逾期不告知的，自收到申请材料之日起即为受理；

（三）申请材料齐全、符合法定形式，或者申请单位按照要求提交全部补正申请材料的，应当受理申请。

直属海关受理或者不予受理申请，应当出具加盖本单位专用印章和注明日期的书面凭证。

第十七条 直属海关应当在受理申请后组成评审专家组，对提出申请的检疫处理单位进行现场考核评审并提交书面评审报告。

第十八条 直属海关应当自受理申请之日起20日内作出是否核准的决定。

20日内不能作出决定的，经直属海关负责人批准，可以延长10日，并将延长期限的理由书面告知申请单位。

第十九条 直属海关作出核准决定的，应当自作出决定之日起10日内颁发并送达《出入境检疫处理单位核准证书》（以下简称《核准证书》）。

不予核准的，应当书面通知申请单位并说明理由。

直属海关作出的核准决定，应当予以公开。

第四章 检疫处理人员

第二十条 年满十八周岁，身体健康，具有完全民事行为能力，具备检疫处理基本知识，掌握检疫处理操作技能的人员，可以参加检疫处理人员从业资格考试。

第二十一条 检疫处理人员资格分为两类，即熏蒸处理类（A类、B类）、其他类（C类、D类、E类、F类、G类）。

第二十二条 海关总署负责制定考试大纲，直属海关负责考试的组织实施工作。

直属海关每年至少组织一次检疫处理人员从业资格考试，同时可根据本辖区市场和业务需求，适当增加考试频次。

第二十三条 检疫处理人员从业资格考试内容包括出入境检疫处理基础知识和操作技能。

基础知识包括：法律法规、标准、技术规范等。

操作技能包括：药品、仪器、设备的操作运用，出入境检疫处理现场操作、安全防护、应急处理等。

第二十四条 通过检疫处理人员从业资格考试的人员，由直属海关颁发《从业证》。

第二十五条 《从业证》有效期3年，有效期内全国通用。检疫处理人员需要延续《从业证》有效期的，应当在有效期届满3个月前向颁发《从业证》的直属海关提出延续申请。直属海关应当在有效期届满前作出是否准予延续的决定。

第二十六条 检疫处理人员应当严格按照法律法规、标准、技术规范以及检疫处理单位制定的工作方案实施检疫处理，做好安全防护，保证处理效果。

第五章　监督管理

第二十七条 直属海关应当建立检疫处理单位和人员管理档案，将检疫处理单位纳入企业信用管理，并针对不同信用等级的检疫处理单位制定差异化的监管措施。

海关应当定期组织对所辖地区检疫处理单位和人员及其操作进行监督检查，对检疫处理单位的检疫处理效果进行监督和评价，并将监督检查结果向直属海关报告。

检疫处理单位和人员应当配合海关的监督检查工作。

第二十八条 海关按照“安全、高效、环保”的原则，定期开展检疫处理药品、器械等口岸适用性评价工作，确定适用于口岸使用的药品、器械名录。检疫处理单位实施口岸检疫处理工作时应选用目录内药品、器械，按照有关要求科学规范用药。

第二十九条 海关对未取得相应《核准证书》的单位、未获得相应《从业证》的人员及未按照法律法规、标准和技术规范实施的检疫处理结果不予认可。

第三十条 检疫处理单位应当在《核准证书》核准范围内，根据出入境检验检疫处理通知书要求，严格按照法律法规、标准和技术规范实施检疫处理。

实施处理前，检疫处理单位应当根据不同类型的处理任务制定具体的实施方案并留档备查。处理期间，检疫处理单位应当在现场设置明显的警示标志，对处理过程进行记录。处理完毕后，检疫处理单位应当准确填写检疫处理结果报告单，交海关。

第三十一条 检疫处理单位应当开展处理控制和处理效果评价，保证检疫处理效果，保护环境和生态安全，并承担相应的法律责任。

第三十二条 检疫处理单位应当建立检疫处理业务档案，真实完整地记录其检疫处理业务。

第三十三条 检疫处理单位应当于每年1月底前向其所在地直属海关提交上一年度检疫处理情况工作报告。

第三十四条 有下列情形之一的，检疫处理单位应当自变更之日起30日内向颁发《核准证书》的直属海关申请办理变更手续：

（一）法定代表人变更；

（二）检疫处理人员变更；

（三）其他重大事项变更。

符合规定要求的，直属海关应当在收到相关资料后20日内完成变更手续。

第三十五条 检疫处理单位《核准证书》有效期6年。检疫处理单位需要延续《核准证书》有效期的，应当于有效期届满3个月前向颁发《核准证书》的直属海关申请延续。直属海关应当在有效期届满前作出是否准予延续的决定，准予延续的，换发《核准证书》。

第三十六条 有下列情形之一的，直属海关根据利害关系人的请求或者依据职权，可以撤销《核准证书》或者《从业证》：

（一）海关工作人员滥用职权、玩忽职守颁发《核准证书》或者《从业证》的；

（二）超越法定职权颁发《核准证书》或者《从业证》的；

（三）违反法定程序颁发《核准证书》或者《从业证》的；

（四）对不具备申请资格或者不符合法定条件的申请人颁发《核准证书》或者《从业证》的；

（五）检疫处理单位或者检疫处理人员以欺骗、贿赂等不正当手段取得《核准证书》或者《从业证》的；

（六）依法可以撤销《核准证书》或者《从业证》的其他情形。

第三十七条 有下列情形之一的，直属海关应当依据职权注销《核准证书》或者《从业证》：

（一）检疫处理单位《核准证书》或者检疫处理人员《从业证》有效期届满未申请延续的；

（二）检疫处理单位依法终止的；

（三）检疫处理人员死亡或者丧失行为能力的；

（四）《核准证书》或者《从业证》依法被撤销、撤回或者吊销的；

（五）因不可抗力导致许可事项无法实施的；

（六）法律、法规规定的应当注销的其他情形。

第三十八条 申请从事检疫处理的单位或者人员隐瞒有关情况或者提供虚假申请材料的，直属海关不予受理或者不予颁发《核准证书》或者《从业证》，申请单位或者人员1年内不得再次申请。

以欺骗、贿赂等不正当手段取得《核准证书》或者《从业证》的，申请单位或者人员3年内不得再次申请。

第六章 法律责任

第三十九条 检疫处理单位有下列情形之一的，海关可以给予警告，并可以并处3万元以下罚款：

（一）未按照技术要求和操作规程进行操作的；

（二）出入境检疫处理质量未达到检验检疫技术要求的；

（三）发生安全、质量事故并负有管理责任的；

（四）聘用未取得《从业证》人员或者检疫处理人员超出《从业证》核准范围实施出入境检疫处理工作的；

（五）超出《核准证书》核准范围从事出入境检疫处理工作的；

（六）出入境检疫处理业务档案、安全事故档案或者职工职业健康监护档案不完整、填写不规范，情节严重的；

（七）存在本办法第三十四条所列情形，未办理变更手续的。

第四十条 检疫处理单位有下列情形之一的，由直属海关吊销其《核准证书》：

（一）有本办法第三十九条第（一）至第（五）项所列情形，情节严重或者造成严重后果的；

（二）伪造、变造、恶意涂改出入境检疫处理业务档案、安全事故档案或者职工职业健康监护档案的；

（三）涂改、倒卖、出租、出借《核准证书》，或者以其他方式非法转让《核准证书》的；

（四）转委托其他单位进行检疫处理的；

（五）检疫处理单位和人员拒绝接受海关监管或者整改不力的；

（六）检疫处理单位和人员拒不履行相关义务或者未按照相关规定实施检疫处理，处理效果评价多次不达标的。

第四十一条 检疫处理人员未按照技术要求和操作规程进行操作的，由海关给予警告或者处以2000元以下罚款。有下列行为之一的，由直属海关吊销其《从业证》：

（一）造成重大安全、质量事故的；

（二）超出核准范围从事出入境检疫处理工作的。

第四十二条 尚未取得或者已被吊销《核准证书》《从业证》和营业执照，擅自从事出入境检疫处理工作的，由海关责令改正，处以3万元以下罚款。

第四十三条 海关工作人员徇私舞弊、滥用职权、玩忽职守，违反相关法律法规和本办法规定的，依法给予行政处分；情节严重，构成犯罪的，依法追究刑事责任。

第七章　附　则

第四十四条 检疫处理单位应当将检疫处理收费的依据、项目、标准等对外公布，并严格遵守。

第四十五条 检疫处理单位和检疫处理人员核准以及监管等信息应当及时录入有关信息化管理系统。

第四十六条 检疫处理单位信用管理按照国家企业信用信息管理的有关规定执行。

第四十七条 本办法施行前已经获得出入境检疫处理单位资质许可的检疫处理单位，应当依照本办法规定重新获得核准。申请从事A类检疫处理工作的，其此前从事检疫处理资质年限可连续计算。

第四十八条 出境木质包装标识企业对出境木质包装的检疫处理及进出境货物生产企业在生产过程中进行的检疫处理不适用本办法。

第四十九条 《核准证书》《从业证》《出入境检疫处理单位核准申请表》由海关总署统一监制。

第五十条 本办法由海关总署负责解释。

第五十一条 本办法自2016年7月1日起施行。原国家检验检疫局于1998年12月24日发布的《熏蒸消毒监督管理办法（试行）》同时废止。

进出口商品检验鉴定机构管理办法

（质检总局令第180号）

发布日期：2016-01-26

实施日期：2016-05-01

法规类型：部门规章

第一章　总　则

第一条 为加强对进出口商品检验鉴定机构的管理，维护进出口商品检验鉴定市场秩序，保护进出口贸易各方的合法权益，促进对外贸易的发展，根据《中华人民共和国进出口商品检验法》及其实施条例等法律法规规定，制定本办法。

第二条 本办法适用于在中华人民共和国境内从事进出口商品检验鉴定业务机构的许可和监督管理。

第三条 本办法所称进出口商品检验鉴定机构，是指依据我国有关法律法规以及本办法规定，经国家质量监督检验检疫总局（以下简称国家质检总局）许可，接受对外贸易关系人或者国内外检验机构及其他有关单位的委托，办理进出口商品检验鉴定业务的中资进出口商品检验鉴定机构及其分支机构和中外合资、中外合作、外商独资进出口商品检验鉴定机构及其分支机构（以下简称外商投资进出口商品检验鉴定机构）。

第四条 中资进出口商品检验鉴定机构应当经国家质检总局的许可，方可办理进出口商品检验鉴定业务。

外商投资进出口商品检验鉴定机构应当经国家质检总局和省级商务主管部门许可，方可办理进出口商品检验鉴定业务。

未经工商登记注册和许可的进出口商品检验鉴定机构不得承担委托的进出口商品检验鉴定业务。

第五条 进出口商品检验鉴定机构应当遵守我国法律法规和国家质检总局的有关规定，以第三方的身份独立、公正地从事业务范围内的进出口商品检验鉴定业务，并承担相应的法律责任。

第六条 国家质检总局、商务部、国家工商行政管理总局根据各自职责分工，依法对进出口商品检验鉴定机构实施管理。

国家质检总局设在各地的直属出入境检验检疫局（以下简称直属检验检疫局）接受国家质检总局委托受理设立进出口商品检验鉴定机构的许可申请。直属检验检疫局应当对接受委托实施行政许可的有关内容予以公开。

第二章 中资进出口商品检验鉴定机构的设立

第七条 申请设立中资进出口商品检验鉴定机构应当符合下列条件：

（一）投资者或者投资一方应当是以第三方身份，依法在国内专门从事检验鉴定业务 3 年以上的法人或者自然人；

（二）具有与从事检验鉴定业务相适应的检测条件和技术资源；具有固定的住所/办公地点、检测场所和相应规模；

（三）具有符合相关通用要求的质量管理体系；

（四）法律、行政法规规定的其他条件。

第八条 申请设立中资进出口商品检验鉴定机构，应当向所在地直属检验检疫局提出申请。

第九条 申请设立中资进出口商品检验鉴定机构应当提交下列材料：

（一）设立进出口商品检验鉴定机构的申请文件；

（二）工商营业执照；

（三）住所/办公地点、检测场所的使用权或者所有权的证明文件；

（四）检测条件、技术能力材料；

（五）质量管理文件；

（六）以第三方身份依法在国内从事检验鉴定业务 3 年以上的证明；

（七）法定代表人身份证明（复印件）；

（八）法律、行政法规规定的其他文件。

第十条 国家质检总局应当自直属检验检疫局受理申请之日起 20 个工作日内完成审核，作出许可或者不予许可的书面决定；经审核许可的签发《进出口商品检验鉴定机构资格证书》，不予许可的应当说明理由。20 个工作日内不能作出决定的，经国家质检总局负责人批准，可以延长 10 个工作日，并应当将延长期限的理由告知申请人。

国家质检总局应当对提交的材料组织进行专家评审，必要时可以进行现场审核，专家评审及现场审核所需时间不计算在本条规定的期限内。

第三章　外商投资进出口商品检验鉴定机构的设立

第十一条　申请设立外商投资进出口商品检验鉴定机构应当符合下列条件：

（一）外商投资进出口商品检验鉴定机构的外方投资者应当是在所在国独立注册从事检验鉴定业务 3 年以上的合法机构或者自然人；

（二）中外合资、中外合作进出口商品检验鉴定机构的中方投资者或投资一方应当是以第三方身份，在我国国内专门从事检验鉴定业务 3 年以上的法人或者自然人；

（三）具有与从事检验鉴定业务相适应的检测条件和技术资源，具有固定的住所/办公地点、检测场所；

（四）具有符合相关通用要求的质量管理体系；

（五）法律、行政法规规定的其他条件。

第十二条　申请设立外商投资进出口商品检验鉴定机构的申请人应当向工商行政管理部门申请办理机构名称预先核准。

第十三条　设立外商投资进出口商品检验鉴定机构的申请人应当向省级商务主管部门提出设立申请，并提交以下材料：

（一）工商行政管理部门核发的机构名称预先核准通知书；

（二）设立进出口商品检验鉴定机构申请文件；

（三）地方商务主管部门或者大型企业的国务院主管部门同意申请设立外商投资进出口商品检验鉴定机构的意见；

（四）董事会成员名单及任命书；

（五）申请设立外商投资进出口商品检验鉴定机构的项目建议书；

（六）投资各方的资信证明、注册登记证明（复印件）、法定代表人身份证明（复印件）；

（七）投资各方签署的可行性研究报告、合同和章程；

（八）法律、行政法规规定的其他文件。

第十四条　省级商务主管部门对所提交的材料进行审核，并于 20 个工作日内作出许可或者不予许可的书面决定，同意的，颁发外商投资企业批准证书；不同意的，应当说明理由。

第十五条　外商投资进出口商品检验鉴定机构申请人凭省级商务主管部门颁发的许可文件及相关资料向工商行政管理部门登记注册。

第十六条　申请设立外商投资进出口商品检验鉴定机构的，应当向所在地直属检验检疫局提出申请并提交下列材料：

（一）设立进出口商品检验鉴定机构申请文件；

（二）工商营业执照；

（三）投资各方签署的可行性研究报告；

（四）检测条件、技术能力材料；

（五）质量管理文件；

（六）住所/办公地点、检测场所使用权或者所有权的证明文件；

（七）投资各方在所在国提供检验鉴定业务 3 年以上当地政府或者有关部门的证明；

（八）法定代表人身份证明（复印件）；

（九）法律、行政法规规定的其他文件。

第十七条 国家质检总局应当自受理申请之日起20个工作日内完成审核，作出许可或者不予许可的书面决定；经审核许可的签发《进出口商品检验鉴定机构资格证书》，不予许可的应当说明理由。20个工作日内不能作出决定的，经国家质检总局负责人批准，可以延长10个工作日，并应当将延长期限的理由告知申请人。

国家质检总局应当对提交的材料组织进行专家评审，必要时可以进行现场审核，专家评审及现场审核所需时间不计算在本条规定的期限内。

第四章 监督管理

第十八条 进出口商品检验鉴定机构发生合并、分立或转让股权等重大事项的，应当按照本办法重新提出申请。

第十九条 进出口商品检验鉴定机构涉及《进出口商品检验鉴定机构资格证书》事项变更的，应当向国家质检总局申请换发资格证书；进出口商品检验鉴定机构破产、解散和关闭的，应当向国家质检总局办理注销资格证书手续。

第二十条 进出口商品检验鉴定机构设立分支机构的审批按照设立程序办理。

外国检验鉴定机构和境内进出口商品检验鉴定机构设立的常驻代表机构、办事机构，一律不得在境内从事进出口商品检验鉴定业务。

第二十一条 国家质检总局设在各地的出入境检验检疫部门（以下简称检验检疫部门）负责对进出口商品检验鉴定机构的日常监督管理工作。必要时，可会同地方商务主管部门和工商行政管理部门或者其他有关部门进行监督检查。

第二十二条 对进出口商品检验鉴定机构实施日常监督管理的主要内容包括：

（一）机构的设立、变更事项的报批手续；

（二）业务经营状况；

（三）检测条件和技术能力；

（四）管理和内部控制；

（五）是否按照有关法律法规和本办法规定开展业务活动。

第二十三条 《进出口商品检验鉴定机构资格证书》有效期6年。进出口商品检验鉴定机构应当在证书有效期满前3个月内向国家质检总局换发证书。

第二十四条 进出口商品检验鉴定机构应当在每年5月30日前如实向所在地直属检验检疫局提供上一年度的业务报告、财务报告、年审报告等资料。报送的资料应当真实、完整、准确。

第二十五条 国家质检总局和直属检验检疫局在对进出口商品检验鉴定机构实施监督检查时，可以对进出口商品检验鉴定机构管理文件的建立及执行情况、检验鉴定工作质量实施检查；可以对其检验鉴定的商品实施抽查检验；可以查阅和复制当事人有关资料，被检查的进出口商品检验鉴定机构必须予以配合。

第二十六条 进出口商品检验鉴定机构的检验鉴定结果应当真实、客观、公正。对经举报、投诉或者其他途径发现涉嫌违法违规行为的，检验检疫部门可以进行调查，并可以对其检验鉴定结果进行复查。

第二十七条 国家质检总局和检验检疫部门人员对履行进出口商品检验鉴定机构许可及监督管理职责时知悉的商业及技术秘密负有保密义务。

第二十八条 国家质检总局及检验检疫部门人员不得滥用职权，谋取私利。

第二十九条 国家质检总局及直属检验检疫局应当建立进出口商品检验鉴定机构监督管理信息通报制度。

第五章 法律责任

第三十条 违反本办法规定，未经国家质检总局许可，擅自从事进出口商品检验鉴定业务的，由检验检疫部门责令停止非法经营，没收违法所得，并处违法所得一倍以上三倍以下的罚款。

第三十一条 进出口商品检验鉴定机构超出其业务范围，或者有下列违反有关规定扰乱检验鉴定秩序行为的，由检验检疫部门按照《进出口商品检验法实施条例》的规定责令改正，可以并处10万元以下罚款，国家质检总局或者检验检疫部门可以暂停其6个月以内检验鉴定业务；情节严重的，由国家质检总局吊销行政许可：

（一）提供虚假的有关年度文件和资料的；

（二）出具虚假的检验结果和证明或者提供的报告有重大失误的；

（三）机构有关事项发生变更时，未按照本办法规定办理有关变更手续的；

（四）未经许可擅自设立分支机构的；

（五）进出口商品检验鉴定机构的常驻代表机构、办事机构擅自从事进出口商品检验鉴定业务的；

（六）以合作、委托、转让等方式将其空白检验鉴定证书或者报告交由其他检验鉴定机构使用以及将相关业务交由未经国家质检总局许可设立的检验鉴定机构承担的；

（七）其他扰乱检验鉴定秩序的行为。

第三十二条 进出口商品检验鉴定机构有其他违反法律法规行为的，按照相关规定处理。

第六章 附 则

第三十三条 香港特别行政区、澳门特别行政区、台湾地区的投资者在中国其他地区投资设立进出口商品检验鉴定机构，参照本办法对外商投资进出口商品检验鉴定机构的规定执行。

第三十四条 本办法由国家质检总局、商务部和国家工商行政管理总局按照职责分工负责解释。

第三十五条 本办法自2016年5月1日起施行，国家质检总局、商务部、国家工商行政管理总局2003年9月4日公布的《进出口商品检验鉴定机构管理办法》同时废止。

进境动物隔离检疫场使用监督管理办法

（国家质量监督检验检疫总局令第122号）

发布日期：2009-10-22

实施日期：2018-11-23

法规类型：部门规章

（根据2018年4月28日海关总署令第238号《海关总署关于修改部分规章的决定》第一次修正；根据2018年5月29日海关总署令第240号《海关总署关于修改部分规章的决定》第二次修正；根据2018年11月23日海关总署令第243号《海关总署关于修改部分规章的决定》第三次修正）

第一章 总 则

第一条 为做好进境动物隔离检疫场（以下简称隔离场）的管理工作，根据《中华人民共和国进出境动植物检疫法》及其实施条例等法律法规的规定，制定本办法。

第二条 本办法所称隔离场是指专用于进境动物隔离检疫的场所。包括两类，一是海关总署设立的动物隔离检疫场所（以下简称国家隔离场），二是由各直属海关指定的动物隔离场所（以下简称指定隔离场）。

第三条 申请使用隔离场的单位或者个人（以下简称使用人）和国家隔离场或者指定隔离场的所有单位或者个人（以下简称所有人）应当遵守本办法的规定。

第四条 海关总署主管全国进境动物隔离场的监督管理工作。

主管海关负责辖区内进境动物隔离场的监督管理工作。

第五条 隔离场的选址、布局和建设，应当符合国家相关标准和要求。

相关标准与要求由海关总署另行发文明确。

第六条 使用国家隔离场，应当经海关总署批准。使用指定隔离场，应当经所在地直属海关批准。

进境种用大中动物应当在国家隔离场隔离检疫，当国家隔离场不能满足需求，需要在指定隔离场隔离检疫时，应当报经海关总署批准。

进境种用大中动物之外的其他动物应当在国家隔离场或者指定隔离场隔离检疫。

第七条 进境种用大中动物隔离检疫期为45天，其他动物隔离检疫期为30天。

需要延长或者缩短隔离检疫期的，应当报海关总署批准。

第二章　使用申请

第八条 申请使用国家隔离场的，使用人应当向海关总署提交如下材料：

（一）填制真实准确的《中华人民共和国进境动物隔离检疫场使用申请表》；

（二）使用人（法人或者自然人）身份证明材料复印件；

（三）进境动物从入境口岸进入隔离场的运输安排计划和运输路线。

第九条 申请使用指定隔离场的，应当建立隔离场动物防疫、饲养管理等制度。使用人应当在办理《中华人民共和国进境动植物检疫许可证》前，向所在地直属海关提交如下材料：

（一）填制真实准确的《中华人民共和国进境动物隔离检疫场使用申请表》；

（二）使用人（法人或者自然人）身份证明材料复印件；

（三）隔离场整体平面图及显示隔离场主要设施和环境的照片或者视频资料；

（四）进境动物从入境口岸进入隔离场的运输安排计划和运输路线；

（五）当隔离场的使用人与所有人不一致时，使用人还须提供与所有人签订的隔离场使用协议。

第十条 海关总署、直属海关应当按照规定对隔离场使用申请进行审核。

隔离场使用人申请材料不齐全或者不符合法定形式的，应当当场或者在5个工作日内一次告知使用人需要补正的全部内容，逾期不告知的，自收到申请材料之日起即为受理。

受理申请后，海关总署、直属海关应当根据本办法规定，对使用人提供的有关材料进行审核，并对申请使用的隔离场组织实地考核。

申请使用指定隔离场用于隔离种用大中动物的，由直属海关审核提出审核意见报海关总署批准；用于种用大中动物之外的其他动物隔离检疫的，由直属海关审核、批准。

第十一条 海关总署、直属海关应当自受理申请之日起20个工作日内做出书面审批意见。经审核合格的，直属海关受理的，由直属海关签发《隔离场使用证》。海关总署受理的，由海关总署在签发的《中华人民共和国进境动植物检疫许可证》中列明批准内容。20个工作日内不能做出决定的，经本机构负责人批准，可以延长10个工作日，并应当将延长期限的理由告知使用人。其他法律、法规另有规定的，依照其规定执行。

不予批准的，应当书面说明理由，告知申请人享有依法申请行政复议或者提起行政诉讼的权利。

第十二条 《隔离场使用证》有效期为6个月。

隔离场使用人凭有效《隔离场使用证》向隔离场所在地直属海关申请办理《中华人民共和国进境动植物检疫许可证》。

第十三条 《隔离场使用证》的使用一次有效。

同一隔离场再次申请使用的，应当重新办理审批手续。两次使用的间隔期间不得少于30天。

第十四条 已经获得《隔离场使用证》，发生下列情形之一时，隔离场使用人应当重新申请办理：

（一）《隔离场使用证》超过有效期的；

（二）《隔离场使用证》内容发生变更的；

（三）隔离场设施和环境卫生条件发生改变的。

第十五条 已经获得《隔离场使用证》，发生下列情况之一时，由发证机关撤回：

（一）隔离场原有设施和环境卫生条件发生改变，不符合隔离动物检疫条件和要求的；

（二）隔离场所在地发生一类动物传染病、寄生虫病或者其他突发事件的。

第十六条 使用人以欺骗、贿赂等不正当手段取得《隔离场使用证》的，海关应当依法将其《隔离场使用证》撤销。

第三章 检疫准备

第十七条 隔离场经批准使用后，使用人应当做好隔离场的维护，保持隔离场批准时的设施完整和环境卫生条件，保证相关设施的正常运行。

第十八条 动物进场前，海关应当派员实地核查隔离场设施和环境卫生条件的维护情况。

第十九条 使用人应当确保隔离场使用前符合下列要求：

（一）动物进入隔离场前10天，所有场地、设施、工具必须保持清洁，并采用海关认可的有效方法进行不少于3次的消毒处理，每次消毒之间应当间隔3天；

（二）应当准备供动物隔离期间使用的充足的饲草、饲料和垫料。饲草、垫料不得来自严重动物传染病或者寄生虫病疫区，饲料应当符合法律法规的规定，并建立进场检查验收登记制度；

饲草、饲料和垫料应当在海关的监督下，由海关认可的单位进行熏蒸消毒处理；

水生动物不得饲喂鲜活饵料，遇特殊需要时，应当事先征得海关的同意；

（三）应当按照海关的要求，适当储备必要的防疫消毒器材、药剂、疫苗等，并建立进场检查验收和使用登记制度；

（四）饲养人员和隔离场管理人员，在进入隔离场前，应当到具有相应资质的医疗机构进行健康检查并取得健康证明。未取得健康证明的，不准进入隔离场。健康检查项目应当包括活动性肺结核、布氏杆菌病、病毒性肝炎等人畜共患病；

（五）饲养人员和管理人员在进入隔离场前应当接受海关的动物防疫、饲养管理等基础知识培训，经考核合格后方可上岗；

（六）人员、饲草、饲料、垫料、用品、用具等应当在隔离场作最后一次消毒前进入隔离检疫区；

（七）用于运输隔离检疫动物的运输工具及辅助设施，在使用前应当按照海关的要求进行消毒，人员、车辆的出入通道应当设置消毒池或者放置消毒垫。

第四章　隔离检疫

第二十条　经入境口岸海关现场检验检疫合格的进境动物方可运往隔离场进行隔离检疫。

第二十一条　海关对隔离场实行监督管理，监督和检查隔离场动物饲养、防疫等措施的落实。对进境种用大中动物，隔离检疫期间实行24小时海关工作人员驻场监管。

第二十二条　海关工作人员、隔离场使用人应当按照要求落实各项管理措施，认真填写《进出境动物隔离检疫场检验检疫监管手册》。

第二十三条　海关负责隔离检疫期间样品的采集、送检和保存工作。隔离动物样品采集工作应当在动物进入隔离场后7天内完成。样品保存时间至少为6个月。

第二十四条　海关按照有关规定，对动物进行临床观察和实验室项目的检测，根据检验检疫结果出具相关的单证，实验室检疫不合格的，应当尽快将有关情况通知隔离场使用人并对阳性动物依法及时进行处理。

第二十五条　海关按照相关的规定对进口动物进行必要的免疫和预防性治疗。隔离场使用人在征得海关同意后可以对患病动物进行治疗。

第二十六条　动物隔离检疫期间，隔离场使用人应当做到：

（一）门卫室实行24小时值班制，对人员、车辆、用具、用品实行严格的出入登记制度。发现有异常情况及时向海关报告；

（二）保持隔离场完好和场内环境清洁卫生，做好防火、防盗和灭鼠、防蚊蝇等工作；

（三）人员、车辆、物品出入隔离场的应当征得海关的同意，并采取有效的消毒防疫措施后，方可进出隔离区；人员在进入隔离场前15天内未从事与隔离动物相关的实验室工作，也未参观过其他农场、屠宰厂或者动物交易市场等；

（四）不得将与隔离动物同类或者相关的动物及其产品带入隔离场内；

（五）不得饲养除隔离动物以外的其他动物。特殊情况需使用看门犬的，应当征得海关同意。犬类动物隔离场，不得使用看门犬；

（六）饲养人员按照规定作息时间做好动物饲喂、饲养场地的清洁卫生，定期对饲养舍、场地进行清洗、消毒，保持动物、饲养舍、场区和所有用具的清洁卫生，并做好相关记录；

（七）隔离检疫期间所使用的饲料、饲料添加剂与农业投入品应当符合法律、行政法规的规定和国家强制性标准的规定；

（八）严禁转移隔离检疫动物和私自采集、保存、运送检疫动物血液、组织、精液、分泌物等样品或者病料。未经海关同意，不得将生物制品带入隔离场内，不得对隔离动物进行药物治疗、疫苗注射、人工授精和胚胎移植等处理；

（九）隔离检疫期间，严禁将隔离动物产下的幼畜、蛋及乳等移出隔离场；

（十）隔离检疫期间，应当及时对动物栏舍进行清扫，粪便、垫料及污物、污水应当集中放置或者及时进行无害化处理。严禁将粪便、垫料及污物移出隔离场；

（十一）发现疑似患病或者死亡的动物，应当立即报告所在地海关，并立即采取下列措施：

1. 将疑似患病动物移入患病动物隔离舍（室、池），由专人负责饲养管理；
2. 对疑似患病和死亡动物停留过的场所和接触过的用具、物品进行消毒处理；
3. 禁止自行处置（包括解剖、转移、急宰等）患病、死亡动物；
4. 死亡动物应当按照规定作无害化处理。

第二十七条　隔离检疫期间，隔离场内发生重大动物疫情的，应当按照《进出境重大动物疫情应急处置预案》处理。

第五章 后续监管

第二十八条 隔离场使用完毕后，应当在海关的监督下，作如下处理：

（一）动物的粪便、垫料及污物、污水进行无害化处理确保符合防疫要求后，方可运出隔离场；

（二）剩余的饲料、饲草、垫料和用具等应当作无害化处理或者消毒后方可运出场外；

（三）对隔离场场地、设施、器具进行消毒处理。

第二十九条 隔离场使用人及隔离场所在地海关应当按照规定记录动物流向和《隔离场检验检疫监管手册》，档案保存期至少5年。

第三十条 种用大中动物隔离检疫结束后，承担隔离检疫任务的直属海关应当在2周内将检疫情况书面上报海关总署并通报目的地海关。检疫情况包括：隔离检疫管理、检疫结果、动物健康状况、检疫处理情况及动物流向。

第六章 法律责任

第三十一条 动物隔离检疫期间，隔离场使用人有下列情形之一的，由海关按照《进出境动植物检疫法实施条例》第六十条规定予以警告；情节严重的，处以3000元以上3万元以下罚款：

（一）将隔离动物产下的幼畜、蛋及乳等移出隔离场的；

（二）未经海关同意，对隔离动物进行药物治疗、疫苗注射、人工授精和胚胎移植等处理；

（三）未经海关同意，转移隔离检疫动物或者采集、保存其血液、组织、精液、分泌物等样品或者病料的；

（四）发现疑似患病或者死亡的动物，未立即报告所在地海关，并自行转移和急宰患病动物，自行解剖和处置患病、死亡动物的；

（五）未将动物按照规定调入隔离场的。

第三十二条 动物隔离检疫期间，隔离场使用人有下列情形之一的，由海关予以警告；情节严重的，处以1万元以下罚款：

（一）人员、车辆、物品未经海关同意，并未采取有效的消毒防疫措施，擅自进入隔离场的；

（二）饲养隔离动物以外的其他动物的；

（三）未经海关同意，将与隔离动物同类或者相关动物及其产品、动物饲料、生物制品带入隔离场内的。

第三十三条 隔离场使用完毕后，隔离场使用人有下列情形的，由海关责令改正；情节严重的，处以1万元以下罚款：

（一）未在海关的监督下对动物的粪便、垫料及污物、污水进行无害化处理，不符合防疫要求即运出隔离场的；

（二）未在海关的监督下对剩余的饲料、饲草、垫料和用具等作无害化处理或者消毒后即运出隔离场的；

（三）未在海关的监督下对隔离场场地、设施、器具进行消毒处理的。

第三十四条 隔离场检疫期间，有下列情形之一的，由海关对隔离场使用人处以1万元以下罚款：

（一）隔离场发生动物疫情隐瞒不报的；

（二）存放、使用我国或者输入国家/地区禁止使用的药物或者饲料添加剂的；

（三）拒不接受海关监督管理的。

第三十五条 隔离场使用人有下列违法行为之一的，由海关按照《进出境动植物检疫法实施条例》第六十二条规定处2万元以上5万元以下的罚款；构成犯罪的，依法追究刑事责任：

（一）引起重大动物疫情的；

（二）伪造、变造动物检疫单证、印章、标志、封识的。

第七章　附　则

第三十六条 我国与进口国家/地区政府主管部门签署的议定书中规定或者进口国家/地区官方要求对出境动物必须实施隔离检疫的，出境动物隔离检疫场使用监督工作按照进口国的要求并参照本办法执行。

第三十七条 本办法由海关总署负责解释。

第三十八条 本办法所列各类表格及证书式样另行发布。

第三十九条 本办法自2009年12月10日起施行。

进出境转基因产品检验检疫管理办法

（质检总局令第62号）

发布日期：2004-05-24

实施日期：2023-04-15

法规类型：部门规章

（根据2018年3月6日国家质量监督检验检疫总局令第196号《国家质量监督检验检疫总局关于废止和修改部分规章的决定》第一次修正；根据2018年4月28日海关总署令第238号《海关总署关于修改部分规章的决定》第二次修正；根据2018年11月23日海关总署令第243号《海关总署关于修改部分规章的决定》第三次修正；2023年3月9日海关总署令第262号《海关总署关于修改部分规章的决定》第四次修正）

第一章　总　则

第一条 为加强进出境转基因产品检验检疫管理，保障人体健康和动植物、微生物安全，保护生态环境，根据《中华人民共和国进出口商品检验法》《中华人民共和国食品安全法》《中华人民共和国进出境动植物检疫法》及其实施条例、《农业转基因生物安全管理条例》等法律法规的规定，制定本办法。

第二条 本办法适用于对通过各种方式（包括贸易、来料加工、邮寄、携带、生产、代繁、科研、交换、展览、援助、赠送以及其他方式）进出境的转基因产品的检验检疫。

第三条 本办法所称"转基因产品"是指《农业转基因生物安全管理条例》规定的农业转基因生物及其他法律法规规定的转基因生物与产品。

第四条 海关总署负责全国进出境转基因产品的检验检疫管理工作，主管海关负责所辖地区进出境转基因产品的检验检疫以及监督管理工作。

第二章　进境检验检疫

第五条 海关总署对进境转基因动植物及其产品、微生物及其产品和食品实行申报制度。

第六条 货主或者其代理人在办理进境报检手续时，应当在《入境货物报检单》的货物名称栏中注明是否为转基因产品。申报为转基因产品的，除按规定提供有关单证外，还应当取得法律法规规定的主管部门签发的《农业转基因生物安全证书》或者相关批准文件。海关对《农业转基因生物安全证书》电子数据进行系统自动比对验核。

第七条 对列入实施标识管理的农业转基因生物目录（国务院农业行政主管部门制定并公布）的进境转基因产品，如申报是转基因的，海关应当实施转基因项目的符合性检测，如申报是非转基因的，海关应进行转基因项目抽查检测；对实施标识管理的农业转基因生物目录以外的进境动植物及其产品、微生物及其产品和食品，海关可根据情况实施转基因项目抽查检测。

海关按照国家认可的检测方法和标准进行转基因项目检测。

第八条 经转基因检测合格的，准予进境。如有下列情况之一的，海关通知货主或者其代理人作退货或者销毁处理：

（一）申报为转基因产品，但经检测其转基因成分与《农业转基因生物安全证书》不符的；

（二）申报为非转基因产品，但经检测其含有转基因成分的。

第九条 进境供展览用的转基因产品，须凭法律法规规定的主管部门签发的有关批准文件进境，展览期间应当接受海关的监管。展览结束后，所有转基因产品必须作退回或者销毁处理。如因特殊原因，需改变用途的，须按有关规定补办进境检验检疫手续。

第三章 过境检验检疫

第十条 过境转基因产品进境时，货主或者其代理人须持规定的单证向进境口岸海关申报，经海关审查合格的，准予过境，并由出境口岸海关监督其出境。对改换原包装及变更过境线路的过境转基因产品，应当按照规定重新办理过境手续。

第四章 出境检验检疫

第十一条 对出境产品需要进行转基因检测或者出具非转基因证明的，货主或者其代理人应当提前向所在地海关提出申请，并提供输入国家或者地区官方发布的转基因产品进境要求。

第十二条 海关受理申请后，根据法律法规规定的主管部门发布的批准转基因技术应用于商业化生产的信息，按规定抽样送转基因检测实验室作转基因项目检测，依据出具的检测报告，确认为转基因产品并符合输入国家或者地区转基因产品进境要求的，出具相关检验检疫单证；确认为非转基因产品的，出具非转基因产品证明。

第五章 附 则

第十三条 对进出境转基因产品除按本办法规定实施转基因项目检测和监管外，其他检验检疫项目内容按照法律法规和海关总署的有关规定执行。

第十四条 承担转基因项目检测的实验室必须通过国家认证认可监督管理部门的能力验证。

第十五条 对违反本办法规定的，依照有关法律法规的规定予以处罚。

第十六条 本办法由海关总署负责解释。

第十七条 本办法自公布之日起施行。

出入境检验检疫封识管理办法

（出入境检验检疫局令第22号）

发布日期：2000-04-03
实施日期：2018-04-28
法规类型：部门规章

（根据2018年4月28日海关总署令第238号《海关总署关于修改部分规章的决定》修正）

第一章 总 则

第一条 为加强出入境检验检疫封识管理，做好出入境检验检疫监督管理工作，根据《中华人民共和国进出口商品检验法》、《中华人民共和国进出境动植物检疫法》、《中华人民共和国国境卫生检疫法》和《中华人民共和国食品安全法》的有关规定，制定本办法。

第二条 本办法适用于出入境检验检疫封识（以下简称封识）的制定、使用和管理。

第三条 本办法所称封识系指海关在出入境检验检疫工作中实施具有强制性和约束力的封存和控制措施而使用的专用标识。

第四条 海关总署统一管理封识的制定、修订、发布、印制、发放和监督工作。

主管海关负责辖区内封识的使用和监督管理工作，并对封识的使用情况进行登记备案。

第二章 封识的制定

第五条 封识的种类、式样、规格由海关总署统一规定。封识的种类包括：封条封识、卡扣封识、印章封识三种。

主管海关如需使用其他封识，必须报经海关总署批准。

第六条 封识应当标有各直属海关的简称字样。

第三章 封识的使用和管理

第七条 封识应加施在需要施封的检验检疫物及其运载工具、集装箱、装载容器和包装物上，或存放检验检疫物的场所。

第八条 有下列情况之一的，根据检验检疫工作需要可以加施封识：

（一）因口岸条件限制等原因，由海关决定运往指定地点检验检疫的；

（二）进境货物在口岸已作外包装检验检疫，需运往指定地点生产、加工、存放，并由到达地海关检验检疫和监管的；

（三）根据出入境检验检疫法律法规规定，对禁止进境物作退回、销毁处理的；

（四）经检验检疫不合格，作退回、销毁、除害等处理的；

（五）经检验检疫合格，避免掺假作伪或发生批次混乱的；

（六）经检验检疫发现进境的船舶、飞机、车辆等运载工具和集装箱装有禁止进境或应当在中国境内控制使用的自用物品的，或者在上述运载工具上发现有传染病媒介（鼠、病媒昆虫）和危险性病虫害须密封控制、防止扩散的；

（七）对已造成食物中毒事故或有证据证明可能导致食物中毒事故的食品及生产、经营场所，需要进一步实施口岸卫生监督和调查处理的；

（八）正在进行密闭熏蒸除害处理的；

（九）装载过境检验检疫物的运载工具、集装箱、装载容器、包装物等；

（十）凭样成交的样品及进口索赔需要签封的样品；

（十一）外贸合同约定或政府协议规定需要加施封识的；

（十二）其他因检验检疫需要施封的。

第九条 海关根据检验检疫物的包装材料的性质和储运条件，确定应采用的封识材料和封识方法。选用的封识应醒目、牢固，不易自然损坏。

第十条 封识由海关加施，有关单位和人员应当给予协助和配合。

第十一条 海关加施封识时，应向货主或其代理人出具施封通知书。

第十二条 未经海关许可，任何单位或个人不得开拆或者损毁检验检疫封识。

货主、代理人或承运人发现检验检疫封识破损的，应及时报告海关。海关应及时处理，必要时重新加施封识。

第十三条 检验检疫封识的启封，由海关执行，或由海关委托的有关单位或人员执行，并根据需要，由海关出具启封通知书。

施封海关与启封海关不一致时，应及时互通情况。

第十四条 在特殊情况下，如需提前启封，有关单位应办理申请启封手续。

第四章　附　则

第十五条 违反本办法规定，依照有关法律法规予以处罚。

第十六条 本办法所规定的文书由海关总署另行制定并且发布。

第十七条 本办法由海关总署负责解释。

第十八条 本办法自 2000 年 5 月 1 日起施行。原国家商检局 1987 年 8 月 22 日发布的《进出口商品封识管理办法》同时废止。过去发布的有关进出境动植物检疫、卫生检疫和食品卫生检验的封识管理办法与本办法相抵触的，以本办法为准。

出入境检验检疫报检规定

（检验检疫局令第 16 号）

发布日期：1999-12-17

实施日期：2018-11-23

法规类型：部门规章

（根据 2018 年 3 月 6 日国家质量监督检验检疫总局令第 196 号《国家质量监督检验检疫总局关于废止和修改部分规章的决定》第一次修正；根据 2018 年 4 月 28 日海关总署令第 238 号《海关总署关于修改部分规章的决定》第二次修正；根据 2018 年 5 月 29 日海关总署令第 240 号《海关总署关于修改部分规章的决定》第三次修正；根据 2018 年 11 月 23 日海关总署令第 243 号《海关总署关于修改部分规章的决定》第四次修正）

第一章　总　则

第一条　为加强出入境检验检疫报检管理，规范报检行为，根据《中华人民共和国进出口商品检验法》及其《中华人民共和国进出口商品检验法实施条例》、《中华人民共和国进出境动植物检疫法》及其《中华人民共和国进出境动植物检疫法实施条例》、《中华人民共和国国境卫生检疫法》及其《中华人民共和国国境卫生检疫法实施细则》、《中华人民共和国食品安全法》等法律法规的有关规定，制定本规定。

第二条　根据法律法规规定办理出入境检验检疫报检/申报的行为均适用本规定。

第三条　报检范围：

（一）国家法律法规规定须经检验检疫的；

（二）输入国家或地区规定必须凭检验检疫证书方准入境的；

（三）有关国际条约规定须经检验检疫的；

（四）申请签发原产地证明书及普惠制原产地证明书的。

第四条　报检人在报检时应填写规定格式的报检单，提供与出入境检验检疫有关的单证资料，按规定交纳检验检疫费。

第五条　报检单填制要求为：

（一）报检人须按要求填写报检单所列内容；书写工整、字迹清晰，不得涂改；报检日期按海关受理报检日期填写。

（二）报检单必须加盖报检单位印章。

第二章　报检资格

第六条　报检单位办理业务应当向海关备案，并由该企业在海关备案的报检人员办理报检手续。

第七条　代理报检的，须向海关提供委托书，委托书由委托人按海关规定的格式填写。

第八条　非贸易性质的报检行为，报检人凭有效证件可直接办理报检手续。

第三章　入境报检

第九条　入境报检时，应填写入境货物报检单并提供合同、发票、提单等有关单证。

第十条　入境报检时除按第九条规定办理外，还应当符合下列要求：

（一）国家实施许可制度管理的货物，应提供有关证明。

（二）品质检验的还应提供国外品质证书或质量保证书、产品使用说明书及有关标准和技术资料；凭样成交的，须加附成交样品；以品级或公量计价结算的，应同时申请重量鉴定。

（三）报检入境废物原料时，还应当取得装运前检验证书；属于限制类废物原料的，应当取得进口许可证明。海关对有关进口许可证明电子数据进行系统自动比对验核。

（四）申请残损鉴定的还应提供理货残损单、铁路商务记录、空运事故记录或海事报告等证明货损情况的有关单证。

（五）申请重（数）量鉴定的还应提供重量明细单，理货清单等。

（六）货物经收、用货部门验收或其他单位检测的，应随附验收报告或检测结果以及重量明细单等。

（七）入境的国际旅行者，国内外发生重大传染病疫情时，应当填写《出入境检疫健康申明卡》。

（八）入境的动植物及其产品，在提供贸易合同、发票、产地证书的同时，还必须提供输出国家或地区官方的检疫证书；需办理入境检疫审批手续的，还应当取得入境动植物检疫许可证。

（九）过境动植物及其产品报检时，应持货运单和输出国家或地区官方出具的检疫证书；运输动物过境时，还应当取得海关总署签发的动植物过境许可证。

（十）报检入境运输工具、集装箱时，应提供检疫证明，并申报有关人员健康状况。

（十一）入境旅客、交通员工携带伴侣动物的，应提供入境动物检疫证书及预防接种证明。

（十二）因科研等特殊需要，输入禁止入境物的，应当取得海关总署签发的特许审批证明。

（十三）入境特殊物品的，应提供有关的批件或规定的文件。

第四章　出境报检

第十一条　出境报检时，应填写出境货物报检单并提供对外贸易合同（售货确认书或函电）、发票、装箱单等必要的单证。

第十二条　出境报检时除按第十一条规定办理外，还应当符合下列要求：

（一）国家实施许可制度管理的货物，应提供有关证明。

（二）出境货物须经生产者或经营者检验合格并加附检验合格证或检测报告；申请重量鉴定的，应加附重量明细单或磅码单。

（三）凭样成交的货物，应提供经买卖双方确认的样品。

（四）出境人员应向海关申请办理国际旅行健康证明书及国际预防接种证书。

（五）报检出境运输工具、集装箱时，还应提供检疫证明，并申报有关人员健康状况。

（六）生产出境危险货物包装容器的企业，必须向海关申请包装容器的性能鉴定。

生产出境危险货物的企业，必须向海关申请危险货物包装容器的使用鉴定。

（七）报检出境危险货物时，应当取得危险货物包装容器性能鉴定结果单和使用鉴定结果单。

（八）申请原产地证明书和普惠制原产地证明书的，应提供商业发票等资料。

（九）出境特殊物品的，根据法律法规规定应提供有关的审批文件。

第五章　报检及证单的更改

第十三条　报检人申请撤销报检时，应书面说明原因，经批准后方可办理撤销手续。

第十四条　报检后30天内未联系检验检疫事宜的，作自动撤销报检处理。

第十五条　有下列情况之一的应重新报检：

（一）超过检验检疫有效期限的；

（二）变更输入国家或地区，并又有不同检验检疫要求的；

（三）改换包装或重新拼装的；

（四）已撤销报检的。

第十六条　报检人申请更改证单时，应填写更改申请单，交附有关函电等证明单据，并交还原证单，经审核同意后方可办理更改手续。

品名、数（重）量、检验检疫结果、包装、发货人、收货人等重要项目更改后与合同、信用证不符的，或者更改后与输出、输入国家或地区法律法规规定不符的，均不能更改。

第六章　报检时限和地点

第十七条　对入境货物，应在入境前或入境时向入境口岸、指定的或到达站的海关办理报检手续；入境的运输工具及人员应在入境前或入境时申报。

第十八条 入境货物需对外索赔出证的，应在索赔有效期前不少于20天内向到货口岸或货物到达地的海关报检。

第十九条 输入微生物、人体组织、生物制品、血液及其制品或种畜、禽及其精液、胚胎、受精卵的，应当在入境前30天报检。

第二十条 输入其他动物的，应当在入境前15天报检。

第二十一条 输入植物、种子、种苗及其他繁殖材料的，应当在入境前7天报检。

第二十二条 出境货物最迟应于报关或装运前7天报检，对于个别检验检疫周期较长的货物，应留有相应的检验检疫时间。

第二十三条 出境的运输工具和人员应在出境前向口岸海关报检或申报。

第二十四条 需隔离检疫的出境动物在出境前60天预报，隔离前7天报检。

第二十五条 报检人对检验检疫证单有特殊要求的，应在报检单上注明并交附相关文件。

第七章 附 则

第二十六条 报检单位和报检人伪造、买卖、变造、涂改、盗用海关的证单、印章的，按有关法律法规予以处罚。

第二十七条 司法鉴定业务、行政机关委托及其他委托检验和鉴定业务，参照本规定执行。

第二十八条 本规定由海关总署负责解释。

第二十九条 本规定自2000年1月1日起施行，原国家商检局发布的《进出口商品报验规定》和原国家卫生检疫局发布的《关于对入、出境集装箱、货物实行报检制度的通知》同时废止。

进境植物繁殖材料隔离检疫圃管理办法

（质检总局令第11号）

发布日期：1999-12-09

实施日期：2018-04-28

法规类型：部门规章

（根据2018年3月6日国家质量监督检验检疫总局令第196号《国家质量监督检验检疫总局关于废止和修改部分规章的决定》第一次修正；根据2018年4月28日海关总署令第238号《海关总署关于修改部分规章的决定》第二次修正）

第一条 为做好进境植物繁殖材料隔离检疫工作，防止植物危险性有害生物传入我国，根据《中华人民共和国进出境动植物检疫法》及其实施条例等有关法律法规的规定，制定本办法。

第二条 本办法所指的进境植物繁殖材料隔离检疫圃（以下简称隔离检疫圃）应当由海关总署或直属海关指定，授予承担进境植物繁殖材料隔离检疫工作的资格。

第三条 隔离检疫圃根据海关的要求，承担进境的高、中风险的植物繁殖材料的隔离检疫，出具隔离检疫结果和报告，并负责隔离检疫期间进境植物繁殖材料的保存和防疫工作。

第四条 隔离检疫圃依据隔离条件、技术水平和运作方式分为：

（一）国家隔离检疫圃（以下简称国家圃）：承担进境高、中风险植物繁殖材料的隔离检疫工作。

（二）专业隔离检疫圃（以下简称专业圃）：承担因科研、教学等需要引进的高、中风险植物繁殖材料的隔离检疫工作。

（三）地方隔离检疫圃（以下简称地方圃）：承担中风险进境植物繁殖材料的隔离检疫工作。

第五条 申请从事进境植物繁殖材料隔离工作的隔离检疫圃的隔离条件、设施、仪器设备、人员、管理措施应当符合隔离检疫需要。

第六条 从事进境植物繁殖材料隔离工作的隔离检疫圃须按以下程序办理申请手续：

（一）申请成为国家圃或者专业圃的隔离检疫圃，须事先向海关总署提出书面申请，并同时提交符合第五条规定的证明材料，经审核符合要求的可以指定为国家圃或者专业圃。

（二）申请成为地方圃的隔离检疫圃，须在进境植物繁殖材料入圃前30日向直属海关提出书面申请，并同时提交符合第五条规定的证明材料，经审核符合要求的可以指定为地方圃。

（三）对于已经核准为国家圃、专业圃或地方圃的隔离检疫圃，海关将对其进行定期考核。

第七条 进境植物繁殖材料进入隔离检疫圃之前，隔离检疫圃负责根据有关检疫要求制定具体的检疫方案，并报所在地海关核准、备案。

第八条 进境植物繁殖材料的隔离种植期限按检疫审批要求执行。检疫审批不明确的，则按以下要求执行：

（一）一年生植物繁殖材料至少隔离种植一个生长周期；

（二）多年生植物繁殖材料一般隔离种植2-3年；

（三）因特殊原因，在规定时间内未得出检疫结果的可适当延长隔离种植期限。

第九条 隔离检疫圃须严格按照所在地海关核准的隔离检疫方案按期完成隔离检疫工作，并定期向所在地海关报告隔离检疫情况，接受检疫监督。如发现疫情，须立即报告所在地海关，并采取有效防疫措施。

第十条 隔离检疫期间，隔离检疫圃应当妥善保管隔离植物繁殖材料；未经海关同意，不得擅自将正在进行隔离检疫的植物繁殖材料调离、处理或作它用。

第十一条 隔离检疫圃内，同一隔离场地不得同时隔离两批（含两批）以上的进境植物繁殖材料，不准将与检疫无关的植物种植在隔离场地内。

第十二条 隔离检疫完成后，隔离检疫圃负责出具隔离检疫结果和有关的检疫报告。隔离检疫圃所在地海关负责审核有关结果和报告，结合进境检疫结果做出相应的处理，并出具有关单证。

在地方隔离检疫圃隔离检疫的，由具体负责隔离检疫的海关出具结果和报告。

第十三条 隔离检疫圃完成进境植物繁殖材料隔离检疫后，应当对进境植物繁殖材料的残体作无害化处理。隔离场地使用前后，应当对用具、土壤等进行消毒。

第十四条 违反本办法规定的，依照《中华人民共和国进出境动植物检疫法》及其实施条例的规定予以处罚。

第十五条 本办法由海关总署负责解释。

第十六条 本办法自2000年1月1日起施行。原国家动植物检疫局1991年发布的《引进植物种苗隔离检疫圃管理办法（试行）》同时废止。

中华人民共和国国境卫生检疫法实施细则

（卫生部令第 2 号）

发布日期：1989-03-06
实施日期：2019-03-02
法规类型：部门规章

（根据 2010 年 4 月 24 日国务院令第 574 号《国务院关于修改〈中华人民共和国国境卫生检疫法实施细则〉的决定》第一次修订；根据 2016 年 2 月 6 日国务院令第 666 号《国务院关于修改部分行政法规的决定》第二次修订；根据 2019 年 3 月 2 日国务院令第 709 号《国务院关于修改部分行政法规的决定》第三次修订）

第一章　一般规定

第一条　根据《中华人民共和国国境卫生检疫法》（以下称《国境卫生检疫法》）的规定，制定本细则。

第二条　《国境卫生检疫法》和本细则所称：

“查验”指国境卫生检疫机关（以下称卫生检疫机关）实施的医学检查和卫生检查。

“染疫人”指正在患检疫传染病的人，或者经卫生检疫机关初步诊断，认为已经感染检疫传染病或者已经处于检疫传染病潜伏期的人。

“染疫嫌疑人”指接触过检疫传染病的感染环境，并且可能传播检疫传染病的人。

“隔离”指将染疫人收留在指定的处所，限制其活动并进行治疗，直到消除传染病传播的危险。

“留验”指将染疫嫌疑人收留在指定的处所进行诊察和检验。

“就地诊验”指一个人在卫生检疫机关指定的期间，到就近的卫生检疫机关或者其他医疗卫生单位去接受诊察和检验；或者卫生检疫机关、其他医疗卫生单位到该人员的居留地，对其进行诊察和检验。

“运输设备”指货物集装箱。

“卫生处理”指隔离、留验和就地诊验等医学措施，以及消毒、除鼠、除虫等卫生措施。

“传染病监测”指对特定环境、人群进行流行病学、血清学、病原学、临床症状以及其他有关影响因素的调查研究，预测有关传染病的发生、发展和流行。

“卫生监督”指执行卫生法规和卫生标准所进行的卫生检查、卫生鉴定、卫生评价和采样检验。

“交通工具”指船舶、航空器、列车和其他车辆。

“国境口岸”指国际通航的港口、机场、车站、陆地边境和国界江河的关口。

第三条　卫生检疫机关在国境口岸工作的范围，是指为国境口岸服务的涉外宾馆、饭店、俱乐部，为入境、出境交通工具提供饮食、服务的单位和对入境、出境人员、交通工具、集装箱和货物实施检疫、监测、卫生监督的场所。

第四条　入境、出境的人员、交通工具和集装箱，以及可能传播检疫传染病的行李、货物、邮包等，均应当按照本细则的规定接受检疫，经卫生检疫机关许可，方准入境或者出境。

第五条 卫生检疫机关发现染疫人时，应当立即将其隔离，防止任何人遭受感染，并按照本细则第八章的规定处理。

卫生检疫机关发现染疫嫌疑人时，应当按照本细则第八章的规定处理。但对第八章规定以外的其他病种染疫嫌疑人，可以从该人员离开感染环境的时候算起，实施不超过该传染病最长潜伏期的就地诊验或者留验以及其他的卫生处理。

第六条 卫生检疫机关应当阻止染疫人、染疫嫌疑人出境，但是对来自国外并且在到达时受就地诊验的人，本人要求出境的，可以准许出境；如果乘交通工具出境，检疫医师应当将这种情况在出境检疫证上签注，同时通知交通工具负责人采取必要的预防措施。

第七条 在国境口岸以及停留在该场所的入境、出境交通工具上，所有非因意外伤害而死亡并死因不明的尸体，必须经卫生检疫机关查验，并签发尸体移运许可证后，方准移运。

第八条 来自国内疫区的交通工具，或者在国内航行中发现检疫传染病、疑似检疫传染病，或者有人非因意外伤害而死亡并死因不明的，交通工具负责人应当向到达的国境口岸卫生检疫机关报告，接受临时检疫。

第九条 在国内或者国外检疫传染病大流行的时候，国务院卫生行政部门应当立即报请国务院决定采取下列检疫措施的一部或者全部：

（一）下令封锁陆地边境、国界江河的有关区域；

（二）指定某些物品必须经过消毒、除虫，方准由国外运进或者由国内运出；

（三）禁止某些物品由国外运进或者由国内运出；

（四）指定第一入境港口、降落机场。对来自国外疫区的船舶、航空器，除因遇险或者其他特殊原因外，没有经第一入境港口、机场检疫的，不准进入其他港口和机场。

第十条 入境、出境的集装箱、货物、废旧物等物品在到达口岸的时候，承运人、代理人或者货主，必须向卫生检疫机关申报并接受卫生检疫。对来自疫区的、被传染病污染的以及可能传播检疫传染病或者发现与人类健康有关的啮齿动物和病媒昆虫的集装箱、货物、废旧物等物品，应当实施消毒、除鼠、除虫或者其他必要的卫生处理。

集装箱、货物、废旧物等物品的货主要求在其他地方实施卫生检疫、卫生处理的，卫生检疫机关可以给予方便，并按规定办理。

海关凭卫生检疫机关签发的卫生处理证明放行。

第十一条 入境、出境的微生物、人体组织、生物制品、血液及其制品等特殊物品的携带人、托运人或者邮递人，必须向卫生检疫机关申报并接受卫生检疫，凭卫生检疫机关签发的特殊物品审批单办理通关手续。未经卫生检疫机关许可，不准入境、出境。

第十二条 入境、出境的旅客、员工个人携带或者托运可能传播传染病的行李和物品，应当接受卫生检查。卫生检疫机关对来自疫区或者被传染病污染的各种食品、饮料、水产品等应当实施卫生处理或者销毁，并签发卫生处理证明。

海关凭卫生检疫机关签发的卫生处理证明放行。

第十三条 卫生检疫机关对应当实施卫生检疫的邮包进行卫生检查和必要的卫生处理时，邮政部门应予配合。未经卫生检疫机关许可，邮政部门不得运递。

第十四条 卫生检疫单、证的种类、式样和签发办法，由海关总署规定。

第二章　疫情通报

第十五条 在国境口岸以及停留在国境口岸的交通工具上，发现检疫传染病、疑似检疫传染病，或者有人非因意外伤害而死亡并死因不明时，国境口岸有关单位以及交通工具的负责人，应当立即向卫生检疫机关报告。

第十六条 卫生检疫机关发现检疫传染病、监测传染病、疑似检疫传染病时，应当向当地卫生行政部门和卫生防疫机构通报；发现检疫传染病时，还应当用最快的办法向国务院卫生行政部门报告。

当地卫生防疫机构发现检疫传染病、监测传染病时，应当向卫生检疫机关通报。

第十七条 在国内或者国外某一地区发生检疫传染病流行时，国务院卫生行政部门可以宣布该地区为疫区。

第三章 卫生检疫机关

第十八条 卫生检疫机关根据工作需要，可以设立派出机构。卫生检疫机关的设立、合并或者撤销，按照有关规定执行。

第十九条 卫生检疫机关的职责：

（一）执行《国境卫生检疫法》及其实施细则和国家有关卫生法规；

（二）收集、整理、报告国际和国境口岸传染病的发生、流行和终息情况；

（三）对国境口岸的卫生状况实施卫生监督；对入境、出境的交通工具、人员、集装箱、尸体、骸骨以及可能传播检疫传染病的行李、货物、邮包等实施检疫查验、传染病监测、卫生监督和卫生处理；

（四）对入境、出境的微生物、生物制品、人体组织、血液及其制品等特殊物品以及能传播人类传染病的动物，实施卫生检疫；

（五）对入境、出境人员进行预防接种、健康检查、医疗服务、国际旅行健康咨询和卫生宣传；

（六）签发卫生检疫证件；

（七）进行流行病学调查研究，开展科学实验；

（八）执行海关总署、国务院卫生行政部门指定的其他工作。

第二十条 国境口岸卫生监督员的职责：

（一）对国境口岸和停留在国境口岸的入境、出境交通工具进行卫生监督和卫生宣传；

（二）在消毒、除鼠、除虫等卫生处理方面进行技术指导；

（三）对造成传染病传播、啮齿动物和病媒昆虫扩散、食物中毒、食物污染等事故进行调查，并提出控制措施。

第二十一条 卫生检疫机关工作人员、国境口岸卫生监督员在执行任务时，应当穿着检疫制服，佩戴检疫标志；卫生检疫机关的交通工具在执行任务期间，应当悬挂检疫旗帜。

检疫制服、标志、旗帜的式样和使用办法由海关总署会同有关部门制定，报国务院审批。

第四章 海港检疫

第二十二条 船舶的入境检疫，必须在港口的检疫锚地或者经卫生检疫机关同意的指定地点实施。

检疫锚地由港务监督机关和卫生检疫机关会商确定，报国务院交通运输主管部门和海关总署备案。

第二十三条 船舶代理应当在受入境检疫的船舶到达以前，尽早向卫生检疫机关通知下列事项：

（一）船名、国籍、预定到达检疫锚地的日期和时间；

（二）发航港、最后寄港；

（三）船员和旅客人数；

（四）货物种类。

港务监督机关应当将船舶确定到达检疫锚地的日期和时间尽早通知卫生检疫机关。

第二十四条 受入境检疫的船舶，在航行中，发现检疫传染病、疑似检疫传染病，或者有人非因意外伤害而死亡并死因不明的，船长必须立即向实施检疫港口的卫生检疫机关报告下列事项：

（一）船名、国籍、预定到达检疫锚地的日期和时间；

（二）发航港、最后寄港；

（三）船员和旅客人数；

（四）货物种类；

（五）病名或者主要症状、患病人数、死亡人数；

（六）船上有无船医。

第二十五条 受入境检疫的船舶，必须按照下列规定悬挂检疫信号等候查验，在卫生检疫机关发给入境检疫证前，不得降下检疫信号。

昼间在明显处所悬挂国际通语信号旗：

（一）“Q”字旗表示：本船没有染疫，请发给入境检疫证；

（二）“QQ”字旗表示：本船有染疫或者染疫嫌疑，请即刻实施检疫。

夜间在明显处所垂直悬挂灯号：

（一）红灯三盏表示：本船没有染疫，请发给入境检疫证；

（二）红、红、白、红灯四盏表示：本船有染疫或者染疫嫌疑，请即刻实施检疫。

第二十六条 悬挂检疫信号的船舶，除引航员和经卫生检疫机关许可的人员外，其他人员不准上船，不准装卸行李、货物、邮包等物品，其他船舶不准靠近；船上的人员，除因船舶遇险外，未经卫生检疫机关许可，不准离船；引航员不得将船引离检疫锚地。

第二十七条 申请电讯检疫的船舶，首先向卫生检疫机关申请卫生检查，合格者发给卫生证书。该证书自签发之日起12个月内可以申请电讯检疫。

第二十八条 持有效卫生证书的船舶在入境前24小时，应当向卫生检疫机关报告下列事项：

（一）船名、国籍、预定到达检疫锚地的日期和时间；

（二）发航港、最后寄港；

（三）船员和旅客人数及健康状况；

（四）货物种类；

（五）船舶卫生证书的签发日期和编号、除鼠证书或者免予除鼠证书的签发日期和签发港，以及其他卫生证件。

经卫生检疫机关对上述报告答复同意后，即可进港。

第二十九条 对船舶的入境检疫，在日出后到日落前的时间内实施；凡具备船舶夜航条件，夜间可靠离码头和装卸作业的港口口岸，应实行24小时检疫。对来自疫区的船舶，不实行夜间检疫。

第三十条 受入境检疫船舶的船长，在检疫医师到达船上时，必须提交由船长签字或者有船医附签的航海健康申报书、船员名单、旅客名单、载货申报单，并出示除鼠证书或者免予除鼠证书。

在查验中，检疫医师有权查阅航海日志和其他有关证件；需要进一步了解船舶航行中卫生情况时，检疫医师可以向船长、船医提出询问，船长、船医必须如实回答。用书面回答时，须经船长签字和船医附签。

第三十一条 船舶实施入境查验完毕以后，对没有染疫的船舶，检疫医师应当立即签发入境检疫证；如果该船有受卫生处理或者限制的事项，应当在入境检疫证上签注，并按照签注事项办理。对染疫船舶、染疫嫌疑船舶，除通知港务监督机关外，对该船舶还应当发给卫生处理通知书，该船舶上的引航员和经卫生检疫机关许可上船的人员应当视同员工接受有关卫生处理，在卫生处理完毕以后，再发给入境检疫证。

船舶领到卫生检疫机关签发的入境检疫证后，可以降下检疫信号。

第三十二条 船舶代理应当在受出境检疫的船舶启航以前，尽早向卫生检疫机关通知下列事项：

（一）船名、国籍、预定开航的日期和时间；

（二）目的港、最初寄港；

（三）船员名单和旅客名单；

（四）货物种类。

港务监督机关应当将船舶确定开航的日期和时间尽早通知卫生检疫机关。

船舶的入境、出境检疫在同一港口实施时，如果船员、旅客没有变动，可以免报船员名单和旅客名单；有变动的，报变动船员、旅客名单。

第三十三条 受出境检疫的船舶，船长应当向卫生检疫机关出示除鼠证书或者免予除鼠证书和其他有关检疫证件。检疫医师可以向船长、船医提出有关船员、旅客健康情况和船上卫生情况的询问，船长、船医对上述询问应当如实回答。

第三十四条 对船舶实施出境检疫完毕以后，检疫医师应当按照检疫结果立即签发出境检疫证，如果因卫生处理不能按原定时间启航，应当及时通知港务监督机关。

第三十五条 对船舶实施出境检疫完毕以后，除引航员和经卫生检疫机关许可的人员外，其他人员不准上船，不准装卸行李、货物、邮包等物品。如果违反上述规定，该船舶必须重新实施出境检疫。

第五章 航空检疫

第三十六条 航空器在飞行中，不得向下投掷或者任其坠下能传播传染病的任何物品。

第三十七条 实施卫生检疫机场的航空站，应当在受入境检疫的航空器到达以前，尽早向卫生检疫机关通知下列事项：

（一）航空器的国籍、机型、号码、识别标志、预定到达时间；

（二）出发站、经停站；

（三）机组和旅客人数。

第三十八条 受入境检疫的航空器，如果在飞行中发现检疫传染病、疑似检疫传染病，或者有人非因意外伤害而死亡并死因不明时，机长应当立即通知到达机场的航空站，向卫生检疫机关报告下列事项：

（一）航空器的国籍、机型、号码、识别标志、预定到达时间；

（二）出发站、经停站；

（三）机组和旅客人数；

（四）病名或者主要症状、患病人数、死亡人数。

第三十九条 受入境检疫的航空器到达机场以后，检疫医师首先登机。机长或者其授权的代理人，必须向卫生检疫机关提交总申报单、旅客名单、货物仓单和有效的灭蚊证书，以及其他有关检疫证件；对检疫医师提出的有关航空器上卫生状况的询问，机长或者其授权的代理人应当如实回答。在检疫没有结束之前，除经卫生检疫机关许可外，任何人不得上下航空器，不准装卸行李、货物、邮包等物品。

第四十条 入境旅客必须在指定的地点，接受入境查验，同时用书面或者口头回答检疫医师提出的有关询问。在此期间，入境旅客不得离开查验场所。

第四十一条 对入境航空器查验完毕以后，根据查验结果，对没有染疫的航空器，检疫医师应当签发入境检疫证；如果该航空器有受卫生处理或者限制的事项，应当在入境检疫证上签注，由机长或者其授权的代理人负责执行；对染疫或者有染疫嫌疑的航空器，除通知航空站外，对该航空器应当发给卫生处理通知单，在规定的卫生处理完毕以后，再发给入境检疫证。

第四十二条 实施卫生检疫机场的航空站，应当在受出境检疫的航空器起飞以前，尽早向卫生检疫机关提交总申报单、货物仓单和其他有关检疫证件，并通知下列事项：

（一）航空器的国籍、机型、号码、识别标志、预定起飞时间；

（二）经停站、目的站；

（三）机组和旅客人数。

第四十三条 对出境航空器查验完毕以后，如果没有染疫，检疫医师应当签发出境检疫证或者在必要的卫生处理完毕以后，再发给出境检疫证；如果该航空器因卫生处理不能按原定时间起飞，应当及时通知航空站。

第六章　陆地边境检疫

第四十四条 实施卫生检疫的车站，应当在受入境检疫的列车到达之前，尽早向卫生检疫机关通知下列事项：

（一）列车的车次，预定到达的时间；

（二）始发站；

（三）列车编组情况。

第四十五条 受入境检疫的列车和其他车辆到达车站、关口后，检疫医师首先登车，列车长或者其他车辆负责人，应当口头或者书面向卫生检疫机关申报该列车或者其他车辆上人员的健康情况，对检疫医师提出有关卫生状况和人员健康的询问，应当如实回答。

第四十六条 受入境检疫的列车和其他车辆到达车站、关口，在实施入境检疫而未取得入境检疫证以前，未经卫生检疫机关许可，任何人不准上下列车或者其他车辆，不准装卸行李、货物、邮包等物品。

第四十七条 实施卫生检疫的车站，应当在受出境检疫列车发车以前，尽早向卫生检疫机关通知下列事项：

（一）列车的车次，预定发车的时间；

（二）终到站；

（三）列车编组情况。

第四十八条 应当受入境、出境检疫的列车和其他车辆，如果在行程中发现检疫传染病、疑似检疫传染病，或者有人非因意外伤害而死亡并死因不明的，列车或者其他车辆到达车站、关口时，列车长或者其他车辆负责人应当向卫生检疫机关报告。

第四十九条 受入境、出境检疫的列车，在查验中发现检疫传染病或者疑似检疫传染病，或者因受卫生处理不能按原定时间发车，卫生检疫机关应当及时通知车站的站长。如果列车在原停车地点不宜实施卫生处理，站长可以选择站内其他地点实施卫生处理。在处理完毕之前，未经卫生检疫机关许可，任何人不准上下列车，不准装卸行李、货物、邮包等物品。

为了保证入境直通列车的正常运输，卫生检疫机关可以派员随车实施检疫，列车长应当提供方便。

第五十条 对列车或者其他车辆实施入境、出境检疫完毕后，检疫医师应当根据检疫结果分别签发入境、出境检疫证，或者在必要的卫生处理完毕后，再分别签发入境、出境检疫证。

第五十一条 徒步入境、出境的人员，必须首先在指定的场所接受入境、出境查验，未经卫生检疫机关许可，不准离开指定的场所。

第五十二条 受入境、出境检疫的列车以及其他车辆，载有来自疫区、有染疫或者染疫嫌疑或者夹带能传播传染病的病媒昆虫和啮齿动物的货物，应当接受卫生检查和必要的卫生处理。

第七章 卫生处理

第五十三条 卫生检疫机关的工作人员在实施卫生处理时，必须注意下列事项：

（一）防止对任何人的健康造成危害；

（二）防止对交通工具的结构和设备造成损害；

（三）防止发生火灾；

（四）防止对行李、货物造成损害。

第五十四条 入境、出境的集装箱、行李、货物、邮包等物品需要卫生处理的，由卫生检疫机关实施。

入境、出境的交通工具有下列情形之一的，应当由卫生检疫机关实施消毒、除鼠、除虫或者其他卫生处理：

（一）来自检疫传染病疫区的；

（二）被检疫传染病污染的；

（三）发现有与人类健康有关的啮齿动物或者病媒昆虫，超过国家卫生标准的。

第五十五条 由国外起运经过中华人民共和国境内的货物，如果不在境内换装，除发生在流行病学上有重要意义的事件，需要实施卫生处理外，在一般情况下不实施卫生处理。

第五十六条 卫生检疫机关对入境、出境的废旧物品和曾行驶于境外港口的废旧交通工具，根据污染程度，分别实施消毒、除鼠、除虫，对污染严重的实施销毁。

第五十七条 入境、出境的尸体、骸骨托运人或者代理人应当申请卫生检疫，并出示死亡证明或者其他有关证件，对不符合卫生要求的，必须接受卫生检疫机关实施的卫生处理。经卫生检疫合格后，方准运进或者运出。

对因患检疫传染病而死亡的病人尸体，必须就近火化，不准移运。

第五十八条 卫生检疫机关对已在到达本口岸前的其他口岸实施卫生处理的交通工具不再重复实施卫生处理。但有下列情形之一的，仍需实施卫生处理：

（一）在原实施卫生处理的口岸或者该交通工具上，发生流行病学上有重要意义的事件，需要进一步实施卫生处理的；

（二）在到达本口岸前的其他口岸实施的卫生处理没有实际效果的。

第五十九条 在国境口岸或者交通工具上发现啮齿动物有反常死亡或者死因不明的，国境口岸有关单位或者交通工具的负责人，必须立即向卫生检疫机关报告，迅速查明原因，实施卫生处理。

第六十条 国际航行船舶的船长，必须每隔6个月向卫生检疫机关申请一次鼠患检查，卫生检疫机关根据检查结果实施除鼠或者免予除鼠，并且分别发给除鼠证书或者免予除鼠证书。该证书自签发之日起6个月内有效。

第六十一条 卫生检疫机关只有在下列之一情况下，经检查确认船舶无鼠害的，方可签发免予除鼠证书：

（一）空舱；

（二）舱内虽然装有压舱物品或者其他物品，但是这些物品不引诱鼠类，放置情况又不妨碍实施鼠患检查。

对油轮在实舱时进行检查，可以签发免予除鼠证书。

第六十二条 对船舶的鼠患检查或者除鼠，应当尽量在船舶空舱的时候进行。如果船舶因故不宜按期进行鼠患检查或者蒸熏除鼠，并且该船又开往便于实施鼠患检查或者蒸熏除鼠的港口，可以准许该船原有的除鼠证书或者免予除鼠证书的有效期延长 1 个月，并签发延长证明。

第六十三条 对国际航行的船舶，按照国家规定的标准，应当用蒸熏的方法除鼠时，如果该船的除鼠证书或者免予除鼠证书尚未失效，除该船染有鼠疫或者鼠疫嫌疑外，卫生检疫机关应当将除鼠理由通知船长。船长应当按照要求执行。

第六十四条 船舶在港口停靠期间，船长应当负责采取下列的措施：

（一）缆绳上必须使用有效的防鼠板，或者其他防鼠装置；

（二）夜间放置扶梯、桥板时，应当用强光照射；

（三）在船上发现死鼠或者捕获到鼠类时，应当向卫生检疫机关报告。

第六十五条 在国境口岸停留的国内航行的船舶如果存在鼠患，船方应当进行除鼠。根据船方申请，也可由卫生检疫机关实施除鼠。

第六十六条 国务院卫生行政部门认为必要时，可以要求来自国外或者国外某些地区的人员在入境时，向卫生检疫机关出示有效的某种预防接种证书或者健康证明。

第六十七条 预防接种的有效期如下：

（一）黄热病疫苗自接种后第 10 日起，10 年内有效。如果前次接种不满 10 年又经复种，自复种的当日起，10 年内有效；

（二）其他预防接种的有效期，按照有关规定执行。

第八章 检疫传染病管理

第一节 鼠 疫

第六十八条 鼠疫的潜伏期为 6 日。

第六十九条 船舶、航空器在到达时，有下列情形之一的，为染有鼠疫：

（一）船舶、航空器上有鼠疫病例的；

（二）船舶、航空器上发现有感染鼠疫的啮齿动物的；

（三）船舶上曾经有人在上船 6 日以后患鼠疫的。

第七十条 船舶在到达时，有下列情形之一的，为染有鼠疫嫌疑：

（一）船舶上没有鼠疫病例，但曾经有人在上船后 6 日以内患鼠疫的；

（二）船上啮齿动物有反常死亡，并且死因不明的。

第七十一条 对染有鼠疫的船舶、航空器应当实施下列卫生处理：

（一）对染疫人实施隔离；

（二）对染疫嫌疑人实施除虫，并且从到达时算起，实施不超过 6 日的就地诊验或者留验。在此期间，船上的船员除因工作需要并且经卫生检疫机关许可外，不准上岸；

（三）对染疫人、染疫嫌疑人的行李、使用过的其他物品和卫生检疫机关认为有污染嫌疑的物品，实施除虫，必要时实施消毒；

（四）对染疫人占用过的部位和卫生检疫机关认为有污染嫌疑的部位，实施除虫，必要时实施消毒；

（五）船舶、航空器上有感染鼠疫的啮齿动物，卫生检疫机关必须实施除鼠。如果船舶上发现只有未感染鼠疫的啮齿动物，卫生检疫机关也可以实施除鼠。实施除鼠可以在隔离的情况下进行。对船舶的除鼠应当在卸货以前进行；

（六）卸货应当在卫生检疫机关的监督下进行，并且防止卸货的工作人员遭受感染，必要时，对卸货的工作人员从卸货完毕时算起，实施不超过6日的就地诊验或者留验。

第七十二条 对染有鼠疫嫌疑的船舶，应当实施本细则第七十一条第（二）至第（六）项规定的卫生处理。

第七十三条 对没有染疫的船舶、航空器，如果来自鼠疫疫区，卫生检疫机关认为必要时，可以实施下列卫生处理：

（一）对离船、离航空器的染疫嫌疑人，从船舶、航空器离开疫区的时候算起，实施不超过6日的就地诊验或者留验；

（二）在特殊情况下，对船舶、航空器实施除鼠。

第七十四条 对到达的时候载有鼠疫病例的列车和其他车辆，应当实施下列卫生处理：

（一）本细则第七十一条第（一）、第（三）、第（四）、第（六）项规定的卫生处理；

（二）对染疫嫌疑人实施除虫，并且从到达时算起，实施不超过6日的就地诊验或者留验；

（三）必要时，对列车和其他车辆实施除鼠。

第二节 霍 乱

第七十五条 霍乱潜伏期为5日。

第七十六条 船舶在到达的时候载有霍乱病例，或者在到达前5日以内，船上曾经有霍乱病例发生，为染有霍乱。

船舶在航行中曾经有霍乱病例发生，但是在到达前5日以内，没有发生新病例，为染有霍乱嫌疑。

第七十七条 航空器在到达的时候载有霍乱病例，为染有霍乱。

航空器在航行中曾经有霍乱病例发生，但在到达以前该病员已经离去，为染有霍乱嫌疑。

第七十八条 对染有霍乱的船舶、航空器，应当实施下列卫生处理：

（一）对染疫人实施隔离；

（二）对离船、离航空器的员工、旅客，从卫生处理完毕时算起，实施不超过5日的就地诊验或者留验；从船舶到达时算起5日内，船上的船员除因工作需要，并且经卫生检疫机关许可外，不准上岸；

（三）对染疫人、染疫嫌疑人的行李，使用过的其他物品和有污染嫌疑的物品、食品实施消毒；

（四）对染疫人占用的部位，污染嫌疑部位，实施消毒；

（五）对污染或者有污染嫌疑的饮用水，应当实施消毒后排放，并在储水容器消毒后再换清洁饮用水；

（六）人的排泄物、垃圾、废水、废物和装自霍乱疫区的压舱水，未经消毒，不准排放和移下；

（七）卸货必须在卫生检疫机关监督下进行，并且防止工作人员遭受感染，必要时，对卸货工作人员从卸货完毕时算起，实施不超过5日的就地诊验或者留验。

第七十九条 对染有霍乱嫌疑的船舶、航空器应当实施下列卫生处理：

（一）本细则第七十八条第（二）至第（七）项规定的卫生处理；

（二）对离船、离航空器的员工、旅客从到达时算起，实施不超过5日的就地诊验或者留验。在此期间，船上的船员除因工作需要，并经卫生检疫机关许可外，不准离开口岸区域；或者对离船、离航空器的员工、旅客，从离开疫区时算起，实施不超过5日的就地诊验或者留验。

第八十条 对没有染疫的船舶、航空器，如果来自霍乱疫区，卫生检疫机关认为必要时，可以实施下列卫生处理：

（一）本细则第七十八条第（五）、第（六）项规定的卫生处理；

（二）对离船、离航空器的员工、旅客，从离开疫区时算起，实施不超过5日的就地诊验或者留验。

第八十一条 对到达时载有霍乱病例的列车和其他车辆应当实施下列卫生处理：

（一）按本细则第七十八条第（一）、第（三）、第（四）、第（五）、第（七）项规定的卫生处理；

（二）对染疫嫌疑人从到达时算起，实施不超过5日的就地诊验或者留验。

第八十二条 对来自霍乱疫区的或者染有霍乱嫌疑的交通工具，卫生检疫机关认为必要时，可以实施除虫、消毒；如果交通工具载有水产品、水果、蔬菜、饮料及其他食品，除装在密封容器内没有被污染外，未经卫生检疫机关许可，不准卸下，必要时可以实施卫生处理。

第八十三条 对来自霍乱疫区的水产品、水果、蔬菜、饮料以及装有这些制品的邮包，卫生检疫机关在查验时，为了判明是否被污染，可以抽样检验，必要时可以实施卫生处理。

第三节 黄热病

第八十四条 黄热病的潜伏期为6日。

第八十五条 来自黄热病疫区的人员，在入境时，必须向卫生检疫机关出示有效的黄热病预防接种证书。

对无有效的黄热病预防接种证书的人员，卫生检疫机关可以从该人员离开感染环境的时候算起，实施6日的留验，或者实施预防接种并留验到黄热病预防接种证书生效时为止。

第八十六条 航空器到达时载有黄热病病例，为染有黄热病。

第八十七条 来自黄热病疫区的航空器，应当出示在疫区起飞前的灭蚊证书；如果在到达时不出示灭蚊证书，或者卫生检疫机关认为出示的灭蚊证书不符合要求，并且在航空器上发现活蚊，为染有黄热病嫌疑。

第八十八条 船舶在到达时载有黄热病病例，或者在航行中曾经有黄热病病例发生，为染有黄热病。

船舶在到达时，如果离开黄热病疫区没有满6日，或者没有满30日并且在船上发现埃及伊蚊或者其他黄热病媒介，为染有黄热病嫌疑。

第八十九条 对染有黄热病的船舶、航空器，应当实施下列卫生处理：

（一）对染疫人实施隔离；

（二）对离船、离航空器又无有效的黄热病预防接种证书的员工、旅客，实施本细则第八十五条规定的卫生处理；

（三）彻底杀灭船舶、航空器上的埃及伊蚊及其虫卵、幼虫和其他黄热病媒介，并且在没有完成灭蚊以前限制该船与陆地和其他船舶的距离不少于400米；

（四）卸货应当在灭蚊以后进行，如果在灭蚊以前卸货，应当在卫生检疫机关监督下进行，并且采取预防措施，使卸货的工作人员免受感染，必要时，对卸货的工作人员，从卸货完毕时算起，实施6日的就地诊验或者留验。

第九十条 对染有黄热病嫌疑的船舶、航空器，应当实施本细则第八十九条第（二）至第（四）项规定的卫生处理。

第九十一条 对没有染疫的船舶、航空器，如果来自黄热病疫区，卫生检疫机关认为必要时，可以实施本细则第八十九条第（三）项规定的卫生处理。

第九十二条 对到达的时候载有黄热病病例的列车和其他车辆，或者来自黄热病疫区的列车和其他车辆，应当实施本细则第八十九条第（一）、第（四）项规定的卫生处理；对列车、车辆彻底杀灭成蚊及其虫卵、幼虫；对无有效黄热病预防接种证书的员工、旅客，应当实施本细则第八十五条规定的卫生处理。

第四节　就地诊验、留验和隔离

第九十三条　卫生检疫机关对受就地诊验的人员，应当发给就地诊验记录簿，必要的时候，可以在该人员出具履行就地诊验的保证书以后，再发给其就地诊验记录簿。

受就地诊验的人员应当携带就地诊验记录簿，按照卫生检疫机关指定的期间、地点，接受医学检查；如果就地诊验的结果没有染疫，就地诊验期满的时候，受就地诊验的人员应当将就地诊验记录簿退还卫生检疫机关。

第九十四条　卫生检疫机关应当将受就地诊验人员的情况，用最快的方法通知受就地诊验人员的旅行停留地的卫生检疫机关或者其他医疗卫生单位。

卫生检疫机关、医疗卫生单位遇有受就地诊验的人员请求医学检查时，应当视同急诊给予医学检查，并将检查结果在就地诊验记录簿上签注；如果发现其患检疫传染病或者监测传染病、疑似检疫传染病或者疑似监测传染病时，应当立即采取必要的卫生措施，将其就地诊验记录簿收回存查，并且报告当地卫生防疫机构和签发就地诊验记录簿的卫生检疫机关。

第九十五条　受留验的人员必须在卫生检疫机关指定的场所接受留验；但是有下列情形之一的，经卫生检疫机关同意，可以在船上留验：

（一）船长请求船员在船上留验的；

（二）旅客请求在船上留验，经船长同意，并且船上有船医和医疗、消毒设备的。

第九十六条　受留验的人员在留验期间如果出现检疫传染病的症状，卫生检疫机关应当立即对该人员实施隔离，对与其接触的其他受留验的人员，应当实施必要的卫生处理，并且从卫生处理完毕时算起，重新计算留验时间。

第九章　传染病监测

第九十七条　入境、出境的交通工具、人员、食品、饮用水和其他物品以及病媒昆虫、动物，均为传染病监测的对象。

第九十八条　传染病监测内容是：

（一）首发病例的个案调查；

（二）暴发流行的流行病学调查；

（三）传染源调查；

（四）国境口岸内监测传染病的回顾性调查；

（五）病原体的分离、鉴定，人群、有关动物血清学调查以及流行病学调查；

（六）有关动物、病媒昆虫、食品、饮用水和环境因素的调查；

（七）消毒、除鼠、除虫的效果观察与评价；

（八）国境口岸以及国内外监测传染病疫情的收集、整理、分析和传递；

（九）对监测对象开展健康检查和对监测传染病病人、疑似病人、密切接触人员的管理。

第九十九条　卫生检疫机关应当阻止患有严重精神病、传染性肺结核病或者有可能对公共卫生造成重大危害的其他传染病的外国人入境。

第一百条　受入境、出境检疫的人员，必须根据检疫医师的要求，如实填报健康申明卡，出示某种有效的传染病预防接种证书、健康证明或者其他有关证件。

第一百零一条　卫生检疫机关对国境口岸的涉外宾馆、饭店内居住的入境、出境人员及工作人员实施传染病监测，并区别情况采取必要的预防、控制措施。

对来自检疫传染病和监测传染病疫区的人员，检疫医师可以根据流行病学和医学检查结果，发给就诊方便卡。

卫生检疫机关、医疗卫生单位遇到持有就诊方便卡的人员请求医学检查时，应当视同急诊给予医学检查；如果发现其患检疫传染病或者监测传染病，疑似检疫传染病或者疑似监测传染病，应当立即实施必要的卫生措施，并且将情况报告当地卫生防疫机构和签发就诊方便卡的卫生检疫机关。

第一百零二条 凡申请出境居住1年以上的中国籍人员，必须持有卫生检疫机关签发的健康证明。中国公民出境、入境管理机关凭卫生检疫机关签发的健康证明办理出境手续。

凡在境外居住1年以上的中国籍人员，入境时必须向卫生检疫机关申报健康情况，并在入境后1个月内到就近的卫生检疫机关或者县级以上的医院进行健康检查。公安机关凭健康证明办理有关手续。健康证明的副本应当寄送到原入境口岸的卫生检疫机关备案。

国际通行交通工具上的中国籍员工，应当持有卫生检疫机关或者县级以上医院出具的健康证明。健康证明的项目、格式由海关总署统一规定，有效期为12个月。

第一百零三条 卫生检疫机关在国境口岸内设立传染病监测点时，有关单位应当给予协助并提供方便。

第十章　卫生监督

第一百零四条 卫生检疫机关依照《国境卫生检疫法》第十八条、第十九条规定的内容，对国境口岸和交通工具实施卫生监督。

第一百零五条 对国境口岸的卫生要求是：

（一）国境口岸和国境口岸内涉外的宾馆、生活服务单位以及候船、候车、候机厅（室）应当有健全的卫生制度和必要的卫生设施，并保持室内外环境整洁、通风良好；

（二）国境口岸有关部门应当采取切实可行的措施，控制啮齿动物、病媒昆虫，使其数量降低到不足为害的程度。仓库、货场必须具有防鼠设施；

（三）国境口岸的垃圾、废物、污水、粪便必须进行无害化处理，保持国境口岸环境整洁卫生。

第一百零六条 对交通工具的卫生要求是：

（一）交通工具上的宿舱、车厢必须保持清洁卫生，通风良好；

（二）交通工具上必须备有足够的消毒、除鼠、除虫药物及器械，并备有防鼠装置；

（三）交通工具上的货舱、行李舱、货车车厢在装货前或者卸货后应当进行彻底清扫，有毒物品和食品不得混装，防止污染；

（四）对不符合卫生要求的入境、出境交通工具，必须接受卫生检疫机关的督导立即进行改进。

第一百零七条 对饮用水、食品及从业人员的卫生要求是：

（一）国境口岸和交通工具上的食品、饮用水必须符合有关的卫生标准；

（二）国境口岸内的涉外宾馆，以及向入境、出境的交通工具提供饮食服务的部门，必须取得卫生检疫机关发放的卫生许可证；

（三）国境口岸内涉外的宾馆和入境、出境交通工具上的食品、饮用水从业人员应当持有有效健康证明。

第一百零八条 国境口岸有关单位和交通工具负责人应当遵守下列事项：

（一）遵守《国境卫生检疫法》和本细则及有关卫生法规的规定；

（二）接受卫生监督员的监督和检查，并为其工作提供方便；

（三）按照卫生监督员的建议，对国境口岸和交通工具的卫生状况及时采取改进措施。

第十一章 罚 则

第一百零九条 《国境卫生检疫法》和本细则所规定的应当受行政处罚的行为是指：

（一）应当受入境检疫的船舶，不悬挂检疫信号的；

（二）入境、出境的交通工具，在入境检疫之前或者在出境检疫之后，擅自上下人员，装卸行李、货物、邮包等物品的；

（三）拒绝接受检疫或者抵制卫生监督，拒不接受卫生处理的；

（四）伪造或者涂改检疫单、证、不如实申报疫情的；

（五）瞒报携带禁止进口的微生物、人体组织、生物制品、血液及其制品或者其他可能引起传染病传播的动物和物品的；

（六）未经检疫的入境、出境交通工具，擅自离开检疫地点，逃避查验的；

（七）隐瞒疫情或者伪造情节的；

（八）未经卫生检疫机关实施卫生处理，擅自排放压舱水，移下垃圾、污物等控制的物品的；

（九）未经卫生检疫机关实施卫生处理，擅自移运尸体、骸骨的；

（十）废旧物品、废旧交通工具，未向卫生检疫机关申报，未经卫生检疫机关实施卫生处理和签发卫生检疫证书而擅自入境、出境或者使用、拆卸的；

（十一）未经卫生检疫机关检查，从交通工具上移下传染病病人造成传染病传播危险的。

第一百一十条 具有本细则第一百零九条所列第（一）至第（五）项行为的，处以警告或者100元以上5000元以下的罚款；

具有本细则第一百零九条所列第（六）至第（九）项行为的，处以1000元以上1万元以下的罚款；

具有本细则第一百零九条所列第（十）、第（十一）项行为的，处以5000元以上3万元以下的罚款。

第一百一十一条 卫生检疫机关在收取罚款时，应当出具正式的罚款收据。罚款全部上交国库。

第十二章 附 则

第一百一十二条 国境卫生检疫机关实施卫生检疫的收费标准，由海关总署会同国务院财政、物价部门共同制定。

第一百一十三条 本细则自发布之日起施行。

关于开展属地查检业务管理系统及检验检疫证单“云签发”模式试运行的公告

（海关总署公告2023年第27号）

发布日期：2023-03-31
实施日期：2023-03-31
法规类型：规范性文件

为深化海关业务改革，进一步优化检验检疫业务流程，海关总署决定自2023年4月10日起，在全国海关启动属地查检业务管理系统（以下简称查检系统）和出口检验检疫证书“云签发”模式（以下简称“云签发”）试运行工作。现就有关事宜公告如下：

一、进出口货物收发货人或者其代理人（以下统称申请人）可通过中国国际贸易单一窗口（网址：https：//www. singlewindow. cn）或“互联网+海关”（网址：http：//online. customs. gov. cn）办理海关出口货物属地查检及出口检验检疫证书申请手续，在“预约通关”模块对出口货物预约申请海关检查，同时在“预约查询”中查看具体信息；在“货物申报”栏目下“属地查检”模块进行“电子底账申请”和“申请单查询”；在“拟证出证”模块进行“证书申请”，证书种类详见附件。目前提供“自助打印”或“现场领证”两种打印方式。若选择自助打印，申请人可通过“云签发”直接打印海关签发的证书。相关操作手册可在中国国际贸易单一窗口自行下载。

二、查检系统试运行期间，出境属地查检业务将在查检系统完成，同时保留原有系统和证书申请模式作为备用。

三、对于采用“云签发”出具的证书，中国国际贸易单一窗口提供证书真伪查询功能。

特此公告。

附件：“云签发”证书种类

附件

“云签发”证书种类

序号	证书分类	证书中文名称	适用国家（地区）
1	品质证书	C1-1 检验证书-品质证书（英文证）	通用
2	其他证书	C1-1 检验证书-通用（英文证）	通用
3	重量证书	C1-1 检验证书-重量证书（英文证）	通用
4	卫生证书	C2-1 卫生证书-通用（英文证）	通用
5	卫生证书	C2-1 卫生证书-通用（中文证）	通用
6	卫生证书	C2-1 卫生证书-通用（中英文证）	通用

续表

序号	证书分类	证书中文名称	适用国家（地区）
7	健康证书	C2-2 健康证书-通用（中英文证）	通用
8	健康证书	C2-2 健康证书-通用（英文证）	通用
9	兽医卫生证书	C3-1 兽医（卫生）证书-供港澳冰鲜、冷冻水产品及其制品（中文证）	中国香港
10	兽医卫生证书	C3-1 兽医（卫生）证书-输日本热加工禽肉（英文证）	日本
11	兽医卫生证书	C3-1 兽医（卫生）证书-输日本熟制偶蹄肉类制品（英文证）	日本
12	兽医卫生证书	C3-1 兽医（卫生）证书-通用（中文证）	通用
13	兽医卫生证书	C3-1 兽医（卫生）证书-通用（中英文证）	通用
14	兽医卫生证书	C3-1 兽医（卫生）证书-通用（英文证）	通用
15	动物卫生证书	C4-1 动物卫生证书-输韩国水生动物（英文证）	韩国
16	动物卫生证书	C4-1 动物卫生证书-通用（英文证）	通用
17	动物卫生证书	C4-1 动物卫生证书-通用（中文证）	通用
18	动物卫生证书	C4-1 动物卫生证书-通用（中英文证）	通用
19	植物检疫证书	C5-1 植物检疫证书-通用（英文证）	通用
20	植物检疫证书	C5-1 植物检疫证书-通用（中英文证）	通用
21	熏蒸/消毒证书	C7-1 熏蒸/消毒证书-通用（英文证）	通用
22	熏蒸/消毒证书	C7-1 熏蒸/消毒证书-通用（中英文证）	通用
23	空白证书	Ce-1 空白证书-恶喹酸证书-日本-鳗鱼产品（英文证）	日本

关于发布《进境种用雏禽指定隔离检疫场建设规范》等90项行业标准的公告

（海关总署公告2022年第57号）

发布日期：2022-07-07
实施日期：2022-07-07
法规类型：规范性文件

现发布《进境种用雏禽指定隔离检疫场建设规范》等90项行业标准（目录见附件）。《赴外考察评估输华水果检疫风险管理指南》（SN/T 4069-2014）等18项被代替标准自新标准实施之日起废止。

本次发布的标准文本可通过中国技术性贸易措施网站（http：//www.tbtsps.cn）标准栏目查阅。

特此公告。

附件：《进境种用雏禽指定隔离检疫场建设规范》等 90 项行业标准目录

关于发布《进境种猪指定隔离检疫场建设规范》等 83 项行业标准的公告

（海关总署公告 2021 年第 97 号）

发布日期：2021-11-22
实施日期：2021-11-22
法规类型：规范性文件

现发布《进境种猪指定隔离检疫场建设规范》等 83 项行业标准（目录见附件）。《进境种猪指定隔离检疫场建设规范》（SN/T 2032-2019）等 11 项被代替标准自新标准实施之日起废止。

本次发布的标准文本可通过中国技术性贸易措施网站（http：//www. tbtsps. cn）标准栏目查阅。

特此公告。

附件：《进境种猪指定隔离检疫场建设规范》等 83 项行业标准目录

关于发布《马流行性感冒检疫技术规范》等 78 项行业标准的公告

（海关总署公告 2020 年第 136 号）

发布日期：2020-12-30
实施日期：2020-12-30
法规类型：规范性文件

现发布《马流行性感冒检疫技术规范》等 78 项行业标准（目录见附件）。《马流行性感冒检疫技术规范》（SN/T 2985—2011）等 14 项被代替标准自新标准实施之日起废止。

本次发布的标准文本可通过海关总署网站查阅（http：//zhs. customs. gov. cn）。

特此公告。

附件：《马流行性感冒检疫技术规范》等78项行业标准目录

关于调整部分进出境货物监管要求的公告

（海关总署公告2020年第99号）

发布日期：2020-08-28
实施日期：2020-08-28
法规类型：规范性文件

为深入贯彻国务院减税降费政策，落实“六稳”“六保”工作任务，持续优化口岸营商环境，减轻企业负担，海关总署决定对部分进出境货物监管要求进行调整，现将有关事项公告如下：

一、取消进境栽培介质办理检疫审批时提供有害生物检疫报告和首次进口栽培介质开展风险评估送样检验的监管要求。

二、出境饲料及饲料添加剂生产企业，输入国家或地区无注册登记要求的，免于向海关注册登记。

三、取消出境水生动物养殖场提供水质监测报告和进境水生动物隔离场工作人员提供健康证明的监管要求。

四、取消出境粮食申报提供自检合格证明的监管要求，改为提供质量合格声明。

五、取消出境水果果园及包装厂注册登记时向所在地海关提交水果有毒有害物质检测记录的监管要求。

六、取消对供港澳蔬菜生产加工企业备案时向所在地海关提交生产加工用水的水质检测报告的监管要求。

七、取消企业报关时提交供港澳蔬菜加工原料证明文件、出货清单以及出厂合格证明的监管要求。

八、取消出口生产企业对肉类和水产品加工用原辅料进行自检的监管要求。

九、取消对收货人或者其代理人向进口口岸海关提交进口水产品的原产地证书的监管要求。

取消对出口水产品养殖场投喂的饲料来自经海关备案的饲料加工厂的监管要求。

十、进口化妆品在办理报关手续时应声明取得国家相关主管部门批准的进口化妆品卫生许可批件，免于提交批件凭证。

对于国家没有实施卫生许可或者备案的化妆品，取消提供具有相关资质的机构出具的可能存在安全性风险物质的有关安全性评估资料的监管要求，要求提供产品安全性承诺。

取消对出口化妆品生产企业实施备案管理的监管要求。

本公告自发布之日起实施。

关于检验检疫单证电子化的公告

（海关总署公告2018年第90号）

发布日期：2018-07-11
实施日期：2018-08-01
法规类型：规范性文件

为进一步促进对外贸易便利，提升口岸通关效率，现就检验检疫单证电子化事宜公告如下：

一、自然人、法人或者其他组织（以下简称“申请人”）向海关办理检验检疫手续，可按照以下要求提供单证电子化信息，无需在申报时提交纸质单证：

（一）国内外相关主管部门或机构出具的单证，实现联网核查或可互联网查询的，只需录入单证编号。尚未实现联网核查且不能互联网查询的，需上传单证扫描件。

（二）海关出具的资质证明及其他单证，只需录入相关资质证明或单证编号。

（三）法律、法规、规章规定应当向海关提交的其他证明、声明类材料，只需依法申明持有相关材料。

二、申请人应保证电子化单证信息的真实性和有效性，上传单证扫描件格式应符合海关要求，并按规定保存相关纸质单证。

三、海关监管过程中按照风险布控、签注作业等要求需要验核纸质单证的，申请人应当补充提交相关纸质单证。

四、本公告内容自2018年8月1日起实施。

特此公告。

关于优化出口货物检验检疫监管的公告

（海关总署公告2018年第89号）

发布日期：2018-07-11
实施日期：2018-08-01
法规类型：规范性文件

为贯彻落实国务院机构改革要求，进一步深化全国通关一体化，优化出口货物检验检疫监管，促进贸易便利化，现将有关事项公告如下：

一、实施出口检验检疫的货物，企业应在报关前向产地/组货地海关提出申请。

二、海关实施检验检疫监管后建立电子底账，向企业反馈电子底账数据号，符合要求的按规定签发检验检疫证书。

三、企业报关时应填写电子底账数据号，办理出口通关手续。

本公告内容自 2018 年 8 月 1 日起实施。

特此公告。

质检总局关于做好《出入境检疫处理管理工作规定》实施有关工作的公告

（国家质检总局公告 2018 年第 30 号）

发布日期：2018-03-06

实施日期：2018-03-06

法规类型：规范性文件

《出入境检疫处理管理工作规定》（质检总局 2017 年第 115 号公告，以下简称《规定》）将于 2018 年 3 月 1 日起正式施行，为确保相关政策规定落实到位，现将有关工作要求进一步明确如下：

一、检疫处理单证及流程管理要求

（一）对涉及“附件 1”中检疫处理对象为“运输工具”、检疫处理指征为“3、进境汽车”和“4、装载动物的出境汽车”的检疫处理业务，检验检疫机构可以依据便利通关的原则，在做好告知行政相对人并对检疫处理单位监督管理的基础上，简化检疫处理流程，免于签发《检验检疫处理通知书》，检疫处理单位免于逐车提交检疫处理结果报告单。

除《规定》第八条“除外”的情况和上款所列情况外，对其他检疫处理业务检验检疫部门均应出具《检验检疫处理通知书》，包括按照法律法规和检疫处理指征，在查验前就明确需要实施检疫处理的货物（如废旧物品等）。

（二）检验检疫人员应严格按照规范拟制《检验检疫处理通知书》，做到内容完整、用词准确。《检验检疫处理通知书》抬头应填写交通工具负责人、货主或代理人；处理对象应具体明确，涉及集装箱的应备注需要处理的集装箱号；处理原因应对应检疫处理指征；处理方法应由检验检疫部门明确指定。

（三）检验检疫人员可以现场签发《检验检疫处理通知书》，但应按照《出入境检验检疫签证管理办法》的相关规定完成空白证单领用、核销等手续。

（四）对于《检验检疫处理通知书》通过计算机系统电子化推送，且符合业务过程无纸化和签证电子化管理要求的，检验检疫部门可以不再出具纸质《检验检疫处理通知书》。

（五）在实施审单放行过程中，符合检疫处理指征的，应该按规定实施检疫处理。

二、《规定》附件 1 动植物检疫处理指征有关说明及实施要求

（一）附件 1 中的“动植物疫区”同质检总局网站发布的“禁止从动物疫病流行国家/地区输入的动物及其产品一览表（动态更新）”中的疫区。

（二）动物产品的定义按照《中华人民共和国进出境动植物检疫法》第四十六条“动物产品是指来源于动物未经加工或者虽经加工但仍有可能传播疫病的产品，如生皮张、毛类、肉类、脏器、油脂、动物水产品、奶制品、蛋类、血液、精液、胚胎、骨、蹄、角等”的定义执行。

（三）进境动物产品的有关检疫处理按下列要求实施：

1. 对装载非食用动物产品的容器（含集装箱，下同）、外表包装、铺垫材料进行消毒处理。

2. 对装载动物源性饲料［饵料用活动物、饲料用（含饵料用）冰鲜冷冻动物产品及水产品、生的宠物食品］的容器实施消毒处理；现场发现包装破损的，应当对所污染的场地、物品、器具进行消毒处理。

3. 对进口动物源性食品（肉类、脏器、油脂、动物水产品、奶制品、蛋类、肠衣等），如发现货物出现腐败变质，或集装箱内发现禁止进境物、检疫性有害生物、媒介生物，存在疫情传播风险的，应当对运输工具及装载容器，外表包装、铺垫材料、被污染场地等进行消毒处理。

4. 上述检疫处理工作由具备资质的检疫处理单位按规定在口岸或目的地实施。

（四）对进口中药材，如发现货物出现腐败变质，或集装箱内发现禁止进境物、检疫性有害生物、媒介生物，存在疫情传播风险的，应当对运输工具及装载容器，外表包装、铺垫材料、被污染场地等进行消毒处理。

（五）检疫处理对象“运输工具”的检疫处理指征“5. 发现检疫性有害生物或者其他具有检疫风险的活体有害生物，且可能造成扩散的”和检疫处理对象“容器”的检疫处理指征“2. 发现植物检疫性有害生物及其他具有检疫风险的活体有害生物，且可能造成扩散的”，其中的检疫性有害生物是指活体检疫性有害生物。

（六）进境供拆解的废旧船舶对应的检疫处理指征和处理方式如下：

检疫处理对象	动植物检疫处理指征	处理方式
进境供拆解的废旧船舶	发现《中华人民共和国动物检疫疫病名录》所列一、二类传染病、寄生虫病的	动物、动物产品：化制、焚烧或深埋（根据实际情况选择一种方式） 废旧船舶：熏蒸或喷洒消毒
	发现活体检疫性有害生物或者其他具有检疫风险的活体有害生物的	有害生物：熏蒸、热处理、喷洒消毒或粉碎处理 废旧船舶：熏蒸或喷洒消毒
	发现禁止进境物的	禁止进境物：销毁处理 废旧船舶：熏蒸或喷洒消毒

（七）附件1中的部分处理方式如：销毁、焚烧、化制、深埋、脱毒等，不在《出入境检疫处理单位和人员管理办法》（质检总局2016年第181号令）规定的检疫处理单位A类、B类、C类、D类、E类、F类和G类业务范围内。上述检疫处理业务根据相应产品的管理办法或工作规范实施，检验检疫机构按要求做好监督管理工作。

三、《规定》附件2卫生检疫处理指征有关说明及实施要求

（一）检疫处理对象“交通工具”的检疫处理指征“船舶压舱水病原微生物超过国际公约的要求”，其中的“国际公约”是指《国际航行船舶压载水及沉积物控制与管理公约》（International Convention for the Control and Management of Ships Ballast Water and Sediments）。对装自霍乱疫区的压舱水，未经消毒，不得排放。

（二）检疫处理对象“集装箱”的检疫处理指征“装载废旧物品”的处理方式为“根据卫生状况确定除虫、灭鼠、消毒”，“卫生状况”包括公共卫生风险评估结果。

（三）检疫处理对象“集装箱”的检疫处理指征“发现病媒昆虫”：一是指发现活的病媒昆虫，包括活的成虫或若虫以及蛹和卵，进行除虫处理；二是指发现蟑螂、苍蝇等可携带病原体的死昆虫，且怀疑造成病原体污染的可消毒处理。

（四）附件2中“可疑病例”是指具有下列一种或多种症状和/或体征的人员：包括发热、咳嗽、恶心、呕吐、腹泻、呕血、便血、头痛、肌肉痛、关节痛等；皮疹、黄疸、粘膜出血、不正常的颜面、颈部、胸部潮红、出血点或面色苍白、淋巴结（腺）肿大、无辅助设备状态下无力行走等。经初步医学排查措施后，不能排除传染病的病例。

特此公告。

出入境检疫处理管理工作规定

（质检总局公告2017年第115号）

发布日期：2017-12-29

实施日期：2018-03-01

法规类型：规范性文件

第一章 总 则

第一条 为规范出入境检疫处理（以下简称检疫处理）管理工作，提高检疫处理质量安全水平，根据《中华人民共和国进出境动植物检疫法》及其实施条例、《中华人民共和国国境卫生检疫法》及其实施细则，以及《出入境检疫处理单位和人员管理办法》，制定本工作规定。

第二条 本规定适用于检验检疫机构对所辖区域检疫处理业务的管理工作。

第三条 质检总局主管全国检疫处理的监督管理工作。

直属检验检疫局的通关业务管理部门组织所辖区域检疫处理监督管理工作，卫生检疫、动植物检疫业务管理部门负责检疫处理业务的指导、检查；分支机构负责所辖区域检疫处理业务的日常监督管理。

第四条 检疫处理单位应当落实检疫处理质量安全的主体责任，规范内部管理，按照规定和要求实施检疫处理，确保出入境检疫处理工作质量安全。

第二章 检疫处理过程

第五条 具有以下情况之一的，应当实施检疫处理：

（一）法律法规明确规定应当实施检疫处理的情况。动植物检疫处理具体指征见附件1。卫生检疫处理具体指征见附件2。

（二）质检总局发布或与其他部门联合发布的公告、警示通报等规范性文件有明确规定需要实施检疫处理的。

（三）双边协议、议定书、备忘录以及其他协定要求实施检疫处理的。

（四）因输入国家（地区）官方需要，由货主或代理人申请检验检疫机构出具《熏蒸/消毒证书》（检验检疫证单格式7-1）的。

第六条 对拟实施检疫处理的对象，应遵循以下原则确定检疫处理技术措施：

（一）我国有明确处理技术标准、规范或指标的，按照相应的要求实施。

（二）我国无明确处理技术标准、规范或指标的，按照质检总局业务主管部门评估认可的技术措施实施。

（三）输入国家（地区）官方有具体检疫处理要求的，按照相应的要求实施。

检疫处理操作技术规范目录见附件3，各种检疫对象的处理方式见附件4。

第七条 检验检疫部门在现场查验过程中发现符合检疫处理指征的，应详细记录检出情况，确定实施检疫处理的原因，并向交通工具负责人、货主或代理人出具《检验检疫处理通知书》（检验检疫证单格式4-2）。

第八条 根据相关法律法规，或我国与输入、输出国家（地区）签订的强制性检疫处理协议，需要实施检疫处理的，检验检疫机构向交通工具负责人、货主或代理人出具《检验检疫处理通知书》。其他因输入国家（地区）官方需要，由货主或代理人主动申请出具《熏蒸/消毒证书》（检验检疫证单格式7-1）的除外。

《检验检疫处理通知书》应当明确标注检疫处理的对象、原因、方法等。检验检疫机构不得将《检验检疫处理通知书》直接交给检疫处理单位。

第九条 交通工具负责人、货主或代理人应当委托具备相应资质的检疫处理单位实施检疫处理。

第十条 检疫处理单位应当根据不同类型的检疫处理任务制定相应的检疫处理方案，明确检疫处理人员、药品、器械以及防护用品等配置要求，报当地检验检疫机构备案。

第十一条 检疫处理单位应当按照检疫处理方案安排具有相应资质的检疫处理人员实施检疫处理，现场处理人员不得少于2人，并建立突发事件应急处置预案。

第十二条 检疫处理完成后，检疫处理单位应当填写检疫处理工作记录，按要求出具检疫处理结果报告单，并提交委托方和有关检验检疫机构。检疫处理工作记录基本内容见附件5，检疫处理结果报告单推荐格式见附件6。

第十三条 检疫处理单位应妥善保存检疫处理工作记录、检疫处理结果报告单、检疫处理方案及效果评价等相关资料，保存期限为3年。

第三章 现场监督检查

第十四条 检疫处理日常管理工作按照风险评估、分类管理的原则，根据业务类型、处理指征、处理方式等特点，分为高风险和一般风险两个级别动态管理。

高风险检疫处理业务由质检总局发布并动态调整。高风险检疫处理业务内容见附件7。

第十五条 检验检疫机构对高风险的检疫处理业务每批均应实施全过程监管。全过程监管包括以下内容：

（一）检疫处理方案审核。审核有关检疫处理单位和人员资质、检疫处理场所、设施设备、处理措施、使用药剂、技术指标及安全防护措施等。

（二）现场操作检查。检查检疫处理对象和检疫处理现场条件与检疫处理技术规范等要求的符合性，检查检疫处理操作过程的规范性。对实施数据监控的，重点检查过程数据有无异常。

（三）安全防范监督。检查检疫处理现场安全防护设施设备配备情况，检疫处理工作人员个人防护措施，警示标志设置情况。检疫处理操作现场应与工作区、生活区保持安全距离或有效隔离。

第十六条 对一般风险的检疫处理业务，检验检疫机构应结合既往监管情况和检疫处理单位质量自控情况等确定监管频次，每月至少实施1次监管，相关监管工作按照第十五条全过程监管要求实施。

第十七条 对实施全过程监管的检疫处理批次，检验检疫机构应依据相关标准和技术规范，结合检疫处理单位提交的检疫处理方案、现场监管情况及检疫处理结果报告单，对检疫处理效果进行评价。现场监管应填写检疫处理现场监管记录表。检疫处理现场监管记录表推荐格式见附件8。

第十八条 对未实施现场监管的检疫处理批次，检验检疫机构应依据相关标准和技术规范，结合检疫处理方案及检疫处理单位提交的检疫处理结果报告单，对检疫处理效果的符合性进行审核确认。

第十九条 监管中发现检疫处理条件不符合要求、现场操作不规范、安全防范工作不到位的，应责令检疫处理单位现场整改。检疫处理技术指标不符合相关要求的，应责令检疫处理单位按相关技术规范要求采取补救措施或重新实施处理。监管中发现问题需追究法律责任的，按照《出入境检疫处理单位和人员管理办法》有关规定执行。

第二十条 检验检疫机构应妥善保存《检验检疫处理通知书》（留存联）、检疫处理结果报告单、检疫处理现场监管记录表，随报检资料存档；无报检资料的单独存档。建立检疫处理监管工作档案，保存效果评价、专项督查、年度监督检查等资料和检疫处理单位报备的检疫处理方案。

第二十一条 各直属检验检疫局每年至少组织1次现场检验检疫机构检疫处理监管工作检查，并形成工作检查报告。

第四章 年度监督检查

第二十二条 各直属检验检疫局负责组织年度检疫处理单位监督检查，并针对各检疫处理单位分别形成年度监督检查报告。年度监督检查应包括以下内容：

（一）核准范围内经营情况，持证上岗执行情况。

（二）检疫处理制度、监督管理制度等质量管理体系运行情况。

（三）检疫处理设施设备配备，包括检疫处理场地、药剂器械库房/存放点、器械设备情况。

（四）检疫处理业务单证和工作记录。

（五）检疫处理药剂使用、质量保障和效果评价。

（六）检疫处理安全管理，包括人员、设施的安全管理，防护用品配备等情况。

（七）检疫处理单位变更情况。

第二十三条 对监督检查中发现违反检验检疫有关要求的，按照规定进行处置；存在违法行为的，依照相关法律法规规定处理。

第五章 附 则

第二十四条 出境木质包装标识企业对出境木质包装的检疫处理及进出境货物生产企业在生产过程中进行的检疫处理不适用本规定。

第二十五条 本规定由质检总局负责解释。

第二十六条 本规定自2018年3月1日起施行。《国境口岸卫生处理监督管理办法》（质检总局2013年第143号公告）同时废止，其他已发文件与本规定要求不一致的，以本规定为准。

附件：1. 动植物检疫处理指征（略）
2. 卫生检疫处理指征（略）
3. 检疫处理操作技术规范目录（略）
4. 各种检疫对象的处理方式（略）
5. 检疫处理工作记录基本内容（略）
6. 检疫处理结果报告单（推荐格式）（略）
7. 高风险检疫处理业务内容（略）
8. 检疫处理现场监管记录表（推荐格式）（略）

关于调整对外援助物资检验和验放管理的通知

（商务部　海关总署　国家质量监督检验检疫总局联合公告2016年第89号）

发布日期：2016-12-30
实施日期：2017-01-01
法规类型：规范性文件

为落实党中央、国务院关于促进外贸回稳向好的系列决策部署，顺应质检系统“管办分离”的改革方向，自2017年1月1日起对外援助物资（以下简称援外物资）将实行市场化的商检制度改革，现公告如下：

一、关于法定检验物资的检验

属于《出入境检验检疫机构实施检验检疫的进出境商品名录》范围内的产品以及法律、行政法规规定须经相关检验检疫机构实施检验检疫的援外物资（以下简称法定检验物资），按照国家有关法律法规和相应工作流程进行出口检验检疫。

二、关于不属于法定检验范围的物资的检验

对于不属于法定检验范围的援外物资，将采用市场化检验方式，由援外项目实施企业自主委托社会化检验机构实施检验，原则上遵循“产地检验、装运前核验和口岸监装”的基本原则。产地检验合格后，检验机构向实施企业出具第三方检验合格证明；装运前核验和口岸监装合格后，检验机构向实施企业出具检验报告，实施企业向援外项目管理机构备案。全部物资在产地检验、装运前核验、口岸监装合格并由检验机构出具合格检验报告后，方可通关验放、启运出境。

对于符合以下条件之一的援外物资，可以免于检验：

1. 紧急人道主义援助物资；

2. 单个供货企业所供物资总价累计不超过10万元人民币的援助物资（采购文件另有规定的除外）；

3. 向已建成援外成套项目提供的零配件；

4. 援外成套项目项下产权属于援外成套项目总承包企业的施工机械、器具以及施工用周转材料、临时设施材料；

5. 按“已进口再出口”方式向生产厂家境内代理商或境内经销商采购的境外生产的援外物资；

6. 援外项目管理机构依据其有关规定认定质量具备保证条件，不需进行检验的援助物资；

7. 因对外工作需要或产品特殊等原因，可免于品质检验的其他援外物资。

三、关于社会化检验机构选定

不属于法定检验范围的物资，实施企业选定承担商品检验任务的检验机构应具备以下基本条件：

1. 在中华人民共和国境内（不含港、澳、台地区）注册，具备独立承担民事责任能力的中资机构；

2. 具备依据《中华人民共和国进出口商品检验法》从事进出口商品检验鉴定业务的许可；

3. 具备中国合格评定国家认可委员会和省级以上质量监督部门及国家计量认证行业评审

组认可的 CNAS 认可和 CMA 计量认证资质；

4. 具备 ISO/IEC17020 检验机构运行体系认证；

5. 应在实施援外物资检验的主要省份及主要港口设有分支机构或实验室，并承诺可在其他需实施检验检测的产地或采购地提供相应检验检测服务。

社会化检验机构选定的具体条件，由项目管理机构根据援外项目具体情况另行确定。

四、关于海关验放

援外项目实施企业应当提交援外项目任务通知函（由商务部、紧急援助部际工作机制领导小组或项目管理机构出具），办理报关验放手续。监管方式为“援外物资”（代码为 3511），且免于提交出口许可证。

五、检验和验放协调工作机制

为更好地服务援外项目实施企业，做好援外物资检验和验放工作，商务部、海关总署和国家质量监督检验检疫总局（以下简称质检总局）三家单位继续保留并完善有关援外物资检验和验放协调工作机制，共同研究解决重大问题。如出现援外物资重大质量安全问题，商务部和质检总局可联合进行调查，并根据有关规定进行处罚。实施企业有逃避海关监管以及私自夹带非援外出口物资出境等重大违法违规行为时，海关各地监管部门将通过海关总署向检验及验放协调工作机制通报相关情况，并根据有关规定对违规企业进行处罚。

出入境交通工具电讯卫生检疫管理办法

（质检总局公告 2016 年第 78 号）

发布日期：2016-08-15
实施日期：2016-09-01
法规类型：规范性文件

第一章　总　则

第一条　为规范全国口岸出入境交通工具的电讯卫生检疫（简称电讯检疫）管理，通过风险评估，科学有效防止传染病疫情通过口岸传播和扩散，保护人体健康，维护国门安全，便利口岸通关，服务经贸发展，依据《中华人民共和国国境卫生检疫法》及其实施细则、《国际卫生条例（2005）》等有关法律法规的规定，制定本办法。

第二条　本办法适用于出入中华人民共和国国境的船舶、航空器、列车等交通工具的电讯检疫和管理。

第三条　所有出入境交通工具应当实施卫生检疫。根据交通工具运营者或其代理人申请，经检验检疫机构进行风险评估，可以对符合条件的出入境交通工具，实施电讯检疫。

第四条　电讯检疫是指出入境的交通工具通过无线通讯或其他便捷通讯方式，按要求向出入境检验检疫机构（以下称检验检疫机构）申报规定内容。经检验检疫机构进行风险评估，认为其符合检疫要求，准予其无疫通行，不实施登交通工具检疫。

第五条　检验检疫机构根据所提供材料、诚信档案、既往卫生检疫和卫生监督结果，开展风险评估。

第六条　口岸运营者应当为检验检疫机构开展电讯检疫提供必需的场地、通道和功能用房，给予必要的支持和保障。口岸核心能力建设达标的口岸方可开展电讯检疫业务。

第七条 质检总局主管全国口岸出入境交通工具的电讯检疫管理。各检验检疫机构负责所辖口岸出入境交通工具电讯检疫的监督管理和具体实施。

第二章 船舶电讯检疫

第八条 出入境船舶申请电讯检疫的，船舶运营者或其代理人应当在船舶预计抵达或驶离口岸24小时前向检验检疫机构申报。入境船舶航程不足24小时的，在驶离上一口岸时申请入境电讯检疫。出境船舶在港时间不足24小时的，可在抵达本口岸时申请出境电讯检疫。

船舶运营者或其代理人可采用电子化、信息化及书面等方式申请电讯检疫。如船舶动态或者申报内容有变化，应当及时向检验检疫机构更正。

第九条 国际航行船舶申请出入境电讯检疫应申报以下信息：

（一）船名、国籍、呼号、国际海事组织编号、预定抵离时间；

（二）发航港、最后寄港、4周内寄港；

（三）船员和旅客人数；

（四）载货清单、船载主要物品清单；

（五）航海健康申报书、相关卫生证书等。

第十条 入境船舶有以下情形之一的，检验检疫机构不给予电讯检疫：

（一）申报资料不全的；

（二）来自或经停受染地区的；

（三）本航次发现受染人或受染嫌疑人的；

（四）本航次有人非因意外伤害而死亡并死因不明的；

（五）本航次发现啮齿动物反常死亡或死因不明，或在船上发现活鼠、鼠迹、新鲜鼠粪的；

（六）本航次发现可疑的核与辐射、生物、化学污染源或危害事实的；

（七）未持有有效《船舶免予卫生控制措施证书/船舶卫生控制措施证书》的；

（八）船上载有散装废旧物品的；

（九）入境船舶为废旧船舶的；

（十）来自动植物疫区，国家有明确要求的，或装载的货物为活动物的。

第十一条 出境船舶有以下情形之一的，检验检疫机构不给予电讯检疫：

（一）申报资料不全的；

（二）国内航行或在港期间发现受染人或受染嫌疑人的；

（三）国内航行或在港期间有人非因意外伤害而死亡并死因不明的；

（四）国内航行或在港期间船上发现啮齿动物反常死亡或死因不明，或在船上发现活鼠、鼠迹、新鲜鼠粪的；

（五）国内航行或在港期间发现可疑的核与辐射、生物、化学污染源或危害事实的；

（六）未持有有效《船舶免予卫生控制措施证书/船舶卫生控制措施证书》的。

第十二条 船舶在收到检验检疫机构给予电讯检疫批准和回复后，入境船舶解除检疫信号，在抵达后可以直接上下人员、装卸货物，出境船舶可以直接离港。

船舶运营者或其代理人应当在船舶抵达口岸24小时内，或离开口岸1小时前办理检验检疫手续。

对实施电讯检疫的船舶，检验检疫机构可以根据实际情况对其实施抽查和卫生监督。

检验检疫机构对不予实施电讯检疫的出入境船舶，应确定其他检疫方式，及时通知船舶运营者或其代理人。

第三章　航空器电讯检疫

第十三条　出入境航空器申请电讯检疫的，入境航空器在预计降落30分钟前，出境航空器在离境关闭舱门15分钟前向检验检疫机构申报。

航空器运营者或其代理人可采用电子化、信息化及书面等方式申请电讯检疫。如航班动态或者申报内容有变化，应当及时向检验检疫机构更正。

第十四条　出入境航空器申请电讯检疫应申报以下信息：

（一）航班号、国籍、机身识别号、机型、预定抵离时间；

（二）始发机场、经停机场；

（三）总申报单、旅客名单、货物舱单；

（四）必要时，提交有效灭蚊证书等其他检疫有关证书、文件。

第十五条　入境航空器有以下情形之一的，检验检疫机构不给予电讯检疫：

（一）申报资料不全的；

（二）来自或经停受染地区的；

（三）本航次发现受染人或受染嫌疑人的；

（四）本航次有人非因意外伤害而死亡并死因不明的；

（五）本航次发现啮齿动物反常死亡或死因不明，或发现活鼠、鼠迹、新鲜鼠粪的；

（六）本航次发现可疑的核与辐射、生物、化学污染源或危害事实的；

（七）入境维修的航空器。

第十六条　出境航空器有以下情形之一的，检验检疫机构不给予电讯检疫：

（一）申报资料不全的；

（二）出境前发现受染人或受染嫌疑人的；

（三）出境前有人非因意外伤害而死亡并死因不明的；

（四）出境前发现啮齿动物反常死亡或死因不明，或发现活鼠、鼠迹、新鲜鼠粪的；

（五）出境前发现可疑的核与辐射、生物、化学污染源或危害事实的。

第十七条　出入境航空器在收到检验检疫机构给予电讯检疫批准回复后，入境航空器在抵港后可以直接上下人员、装卸货物，出境航空器可以直接起飞离港。

对实施电讯检疫的航空器，检验检疫机构可以根据实际情况对其进行抽查和卫生监督。

检验检疫机构对不予实施电讯检疫的出入境航空器，确定其他检疫方式，及时通知航空器运营者或其代理人。

第四章　列车电讯检疫

第十八条　出入境列车申请电讯检疫的，列车运营者或其代理人应当在列车预计抵达或离开口岸30分钟前申报。

列车运营者或其代理人可采用电子化、信息化及书面等方式申请电讯检疫。如列车动态或者申报内容有变化，应当及时向检验检疫机构更正。

第十九条　出入境列车申请电讯检疫应申报以下信息：

（一）车次、国籍、预定抵离时间；

（二）本车次起点站、停靠车站；

（三）总申报单、旅客名单、货物舱单、其他检疫有关证书、文件。

第二十条　入境列车有以下情形之一的，检验检疫机构不给予电讯检疫：

（一）申报资料不全的；

（二）来自或经停受染地区的；

（三）本车次发现受染人或受染嫌疑人的；

（四）本车次发现有人非因意外伤害而死亡并死因不明的；

（五）本车次发现啮齿动物反常死亡或死因不明，或发现活鼠、鼠迹、新鲜鼠粪的；

（六）本车次发现可疑的核与辐射、生物、化学污染源或危害事实的；

（七）载有散装废旧物品的；

（八）来自动植物疫区，国家有明确要求的，或装载的货物为活动物的。

第二十一条 出境列车有以下情形之一的，检验检疫机构不给予电讯检疫：

（一）申报资料不全的；

（二）本车次发现受染人或受染嫌疑人的；

（三）本车次列车上发现有人非因意外伤害而死亡并死因不明的；

（四）本车次列车上发现啮齿动物反常死亡或死因不明，或发现活鼠、鼠迹、新鲜鼠粪的；

（五）本车次发现可疑的核与辐射、生物、化学污染源或危害事实的；

（六）载有散装废旧物品的。

第二十二条 出入境列车在收到检验检疫机构给予电讯检疫批复后，入境列车在抵站后可以直接上下人员、装卸货物，出境列车可直接离境。

列车运营者或其代理人必须在列车抵达口岸2小时内，或离开口岸30分钟前办理检验检疫手续。

对实施电讯检疫的列车，检验检疫机构可以根据实际情况对其进行抽查和卫生监督。

检验检疫机构对不予实施电讯检疫的出入境列车，确定其他检疫方式，及时通知运营者或其代理人。

第五章 日常管理

第二十三条 检验检疫机构对出入境交通工具的运营者及其代理人实施诚信管理，建立信息档案，内容包括：

（一）营业执照；

（二）运营航线信息；

（三）运营交通工具信息。

相关信息改变时，应及时变更。

第二十四条 检验检疫机构根据口岸抽查、卫生监督、诚信管理对已实施电讯检疫的出入境交通工具实施监督抽查，抽查比例不高于20%。对交通工具存在不符合电讯检疫要求情况的，停止受理该交通工具的电讯检疫申请6个月。

第二十五条 电讯检疫入境档案保存3年，出境档案保存2年，电子数据应长期保存，涉及重大疫情和案件、典型案例等事项的档案，作长期或永久保存。

第六章 附 则

第二十六条 本管理办法由国家质检总局负责解释。

第二十七条 本办法所涉及的主要术语定义：

本办法所指传染病包括《国境卫生检疫法》规定的检疫传染病、《国际卫生条例（2005）》附件2中的可能构成国际关注的突发公共卫生事件的疾病以及国务院规定按照检疫传染病管理的其他传染病。

受染是指人员、行李、货物、集装箱、交通工具、物品、邮包或尸体（骸骨）受到感染或污染或携带感染源或污染源以至于构成公共卫生风险。

受染嫌疑是指人员、行李、货物、集装箱、交通工具、船用物品或尸体（骸骨）已经暴露或可能暴露于公共卫生风险，并且有可能引起疾病传播。

受染地区是指世界卫生组织依据《国际卫生条例（2005）》建议采取卫生措施的某个特定地理区域，或国家质检总局发布的传染病疫情公告、警示通报所列国家或某个特定地理区域。

无疫通行是指允许船舶进入港口、离岸或登岸、卸载货物或储备用品；允许航空器着陆后登机或下机、卸载货物或储备用品；允许陆地运输车辆到达后上车或下车、卸载货物或储备用品。

第二十八条 本办法自2016年9月1日起施行。

出入境检验检疫签证管理办法

（国质检通〔2009〕38号）

发布日期：2009-01-23

实施日期：2009-03-01

法规类型：规范性文件

第一章 总 则

第一条 为加强出入境检验检疫签证管理，保证检验检疫签证工作质量，根据《中华人民共和国进出口商品检验法》及其实施条例、《中华人民共和国进出境动植物检疫法》及其实施条例、《中华人民共和国国境卫生检疫法》及其实施细则、《中华人民共和国食品卫生法》等法律法规的有关规定，制定本办法。

第二条 国家质量监督检验检疫总局（以下简称国家质检总局）统一管理全国出入境检验检疫签证工作。国家质检总局设在各地的出入境检验检疫机构（以下简称检验检疫机构）负责签证工作的实施。

第三条 出入境检验检疫签证流程一般包括受理报检（或申报）、审单、计费、收费、拟制与审签证稿、缮制与审校证单、签发证单、归档。

签证流程由检务部门统一管理。受理报检（或申报）、审单、计费、缮制与审校证单、签发证单、归档一般由检务部门负责和集中办理，收费由财务部门负责，拟制与审签证稿由施检部门负责。

第四条 按规定使用计算机业务管理系统签发的电子证单及其签证信息与纸质证单在全国检验检疫系统内等效。

第二章 受理报检和审单

第五条 受理报检人员应当按照“出入境检验检疫报检规定”的要求核查报检人的报检资格，并审核报检单及随附单证是否齐全和符合要求。

第六条 受理入境流向货物检验申请时，须凭电子转单信息受理报检；因特殊原因无法正常调用电子转单信息的，可按一般报检流程受理，但需在报检的“特殊要求”栏内注明入境口岸检验检疫机构签发的通关单号。

第七条 受理出境货物报检时，如发现信用证与合同不一致，应要求报检人对合同或信用证进行修改，不能修改的以信用证为准。

第八条 受理口岸查验换证申请时，应要求报检人提供出境货物换证凭条或注明“一般报检”的“出境货物换证凭单”正本。对检验检疫机构原因造成证单信息错漏的，口岸检验检疫机构应及时与产地检验检疫机构联系解决。

第九条 对信用等级高且具备电子方式传输随附单证条件的报检人，经检验检疫机构批准，可凭电子形式的随附单证受理报检。

第十条 采用电子审单的，应结合电子审单指令对报检单及随附单证进行审核。

第三章　计费和收费

第十一条 计费人员应严格按照《出入境检验检疫收费办法》等关于检验检疫收费的有关规定进行计费。

第十二条 计费人员应核实业务系统的计费结果，系统的计费结果与应收费用不符的，应人工更正。

第十三条 收费人员应按计费结果收取检验检疫费，并出具规定使用的票据。有条件的检验检疫机构可采用电子缴费方式收费。

第四章　拟制证稿与缮制证单

第一节　一般规定

第十四条 施检部门应根据检验检疫结果和合格评定标准，及时、准确地按照规定的证单种类、证单格式和证稿拟制规范拟制检验检疫证稿。

涉及品质检验的证稿应包括抽（采）样情况、检验依据、检验结果、评定意见等四项基本内容。

证稿应符合有关法律法规、进口国（或地区）对证书内容的要求以及国际贸易通行的做法，用词准确，文字通顺，符合逻辑。

第十五条 检务部门应按规定的证单种类、用途、格式和证稿内容及时缮制与审校证单，并在兽医官、授权检疫官、检疫医师、医师、授权签字人等签名后签发证单。缮制证单人员不得同时承担签发证单工作。

第十六条 检验检疫证单编号必须与报检单编号一致。同一批货物分批出具同一种证书的，在原编号后加-1、-2、-3……以示区别。

第十七条 对外签发的证单（含副本）应加盖签证印章。中英文签证印章适用于签发证书、中外文凭单以及国外关于签证的查询；检验检疫专用章适用于签发中文凭单以及国内关于签证的查询。

两页或两页以上的证单，应将相邻两页并行排列后在前页的右上角（证书编号处）与后页的左上角之间加盖骑缝章，进口国有特殊要求的从其规定。

第十八条 检验检疫证书一般由一正三副组成，其中正本对外签发，可同时向报检人提供二份副本，检验检疫机构留存一份副本。

第十九条 国外对检验检疫证书有备案要求的，由国家质检总局统一办理。

第二十条 检验检疫证单实行手签制度，分别由兽医官、授权检疫官、检疫医师、医师、授权签字人等签发。

国外官方机构对签字人有备案要求的，由备案签字人签发相应的证书。

第二节　证书文字和文本

第二十一条　检验检疫证书必须严格按照国家质检总局制定或批准的格式，分别使用英文、中文、中英文合璧签发。进口国（或地区）政府要求证书文字使用本国官方语言的，或有特定内容要求的，应视情况予以办理。

索赔证书一般使用中英文合璧签发，根据报检人需要也可使用中文签发。

第二十二条　证书一般只签发一份正本。报检人要求两份或两份以上正本的，须经检务部门负责人审批同意，并在证书备注栏内声明“本证书是×××号证书正本的重本”。

第二十三条　证书的数量、重量栏目中数字前应加限制符“＊＊”；证书的证明内容编制结束后，应在下一行中间位置打上结束符“＊＊＊＊＊＊＊＊＊”。

加注证明内容以外的有关项目的，应加注在证书结束符号上面。

第二十四条　进口国（或地区）有要求或用于索赔、结算等的证书，可根据需要在备注栏内加注检验检疫费金额。

第三节　证单日期和有效期

第二十五条　检验检疫证单一般应以检讫日期作为签发日期。

第二十六条　检验检疫证单的有效期不得超过检验检疫有效期。检验检疫有效期由施检部门根据国家有关规定，结合对货物的检验检疫监管情况确定。下列证单的有效期为：

“入境货物通关单”的有效期为60天。

一般报检的“出境货物换证凭单”（含电子转单方式）和“出境货物通关单”的有效期为：一般货物60天；植物和植物产品21天，北方冬季可适当延长至35天；鲜活类货物14天。

用于电讯卫生检疫的“交通工具卫生证书”的有效期为：用于船舶的12个月，用于飞机、列车的6个月。

“船舶免予卫生控制措施证书/船舶卫生控制措施证书”的有效期为6个月。

“国际旅行健康检查证明书”的有效期为12个月；“疫苗接种或预防措施国际证书”的有效时限根据疫苗的有效保护期确定。

国家质检总局对检验检疫证单有效期另有规定的从其规定。

第二十七条　检务部门签发证单，出境应在收到证稿后两个工作日、入境应在收到证稿后三个工作日内完成，特殊情况除外。

第四节　证稿的审签

第二十八条　入境货物经检验检疫合格的，其证稿由施检人员拟制并签字，部门审核人员审签。入境货物检验检疫不合格或对外签发索赔证书的，其证稿应由施检部门负责人审签。

属于以下情况的，应由施检部门报分管局领导核定：

（一）案情复杂、索赔数额较大或损失较大的；

（二）其他机构检验或收用货单位自行验收，其结果与检验检疫机构检验检疫结果相差较大的；

（三）办理异地检验检疫汇总出证，汇总签证机构需要改变原评定意见的；

（四）经检验检疫不合格，需作销毁或退运处理的。

第二十九条　出境货物经检验检疫合格，需拟制证稿的，其证稿由施检人员拟制并签字，部门审核人员核签；经检验检疫不合格的，应由施检部门负责人核签。

第三十条　现场签证的，经施检、检务部门负责人和分管局领导同意，施检人员可直接签发证单，但应及时补办核签手续。有计算机管理系统的，还应补录有关数据。

第三十一条 一份证书涉及多个施检部门的，由主施检部门拟制证稿并组织会签。

第三十二条 并批出境的货物，由施检部门核准并根据需要拟制证稿。

第五节 代签和汇总签证

第三十三条 对产地检验检疫口岸查验换证的出境货物，应报检人申请，需要在口岸更改或补充原证单的内容的，口岸检验检疫机构可凭产地检验检疫机构书面委托予以办理。

第三十四条 入境货物一批到货分拨数地的，由口岸检验检疫机构出证。特殊情况不能在口岸进行整批检验检疫的，可办理异地检验检疫手续，并由口岸检验检疫机构汇总有关检验检疫机构出具的检验检疫结果出证；口岸无到货的，由到货最多地的检验检疫机构汇总出证，如需口岸检验检疫机构出证的，应由该口岸检验检疫机构负责组织落实检验检疫和出证工作。

第三十五条 入境货物发生品质、重量或残损等问题，应根据致损原因、责任对象的不同，分别出证。因多种原因造成综合损失的变质、短重或残损，可以汇总出证，但应具体列明不同的致损原因。

第六节 更改、补充或重发证单

第三十六条 检验检疫证单发出后，报检人提出更改或补充内容的，应填写更改申请单，经检务部门审核批准后，予以办理。更改、补充涉及检验检疫内容的，还需由施检部门核准。

品名、数（重）量、包装、发货人、收货人等重要项目更改后与合同、信用证不符的，或者更改后与输入国法律法规规定不符的，均不能更改。

超过检验检疫证单有效期的，不予更改、补充或重发。

第三十七条 更改证单的，应收回原证单（含副本）。确有特殊情况不能退回的，应要求申请人书面说明理由，经法定代表人签字、加盖公章，并在指定的报纸上声明作废，经检务部门负责人审批后，方可重新签发。

第三十八条 对更改证单，能够退回原证单的，签发日期为原证签发日期；不能退回原证单的，更改后的证单（REVISION）在原证编号前加“R”，并在证单上加注“本证书/单系×××日签发的×××号证书/单的更正，原发×××号证书/单作废”，签发日期为更改证单的实际签发日期。

签发重发证单（DUPLICATE），能够退回原证单的，签发日期为原证签发日期；不能退回原证单的，在原证编号前加“D”，并在证单上加注“本证书/单系×××日签发的×××号证书/单的重本，原发×××号证书/单作废”，签发日期为重发证单的实际签发日期。

签发补充证单（SUPPLEMENT），在原编号前加“S”，并在证单上加注“本证书/单系×××日签发的×××号证书/单的补充”，签发日期为补充证单的实际签发日期。

第五章 通关与放行

第三十九条 列入实施检验检疫的进出境商品目录的进出口货物，检验检疫机构应签发“入境货物通关单”或“出境货物通关单”交由货主办理通关手续，并按有关规定实施通关单联网核查。

第四十条 入境货物由报关地检验检疫机构签发“入境货物通关单”。

由报关地检验检疫机构施检的，签发“入境货物通关单”（三联）。

需由目的地检验检疫机构施检的，签发“入境货物通关单”（四联），并及时将相关电子信息及“入境货物调离通知单”（流向联）传递给目的地检验检疫机构。通关单备注栏应注明目的地收（用）货单位的联系信息。

需实施通关前查验的入境货物，经查验合格，或经查验不合格、但可进行有效处理的，签发“入境货物通关单”；经查验不合格又无有效处理方法，需作退货或销毁处理的，签发“检验检疫处理通知书”，并书面告知海关和当事人。

第四十一条 入境货物通关后经检验检疫合格，或经检验检疫不合格、但已进行有效处理合格的，签发“入境货物检验检疫证明”，进口食品还需签发卫生证书；不合格需作退货或销毁处理的，签发“检验检疫处理通知书”，并书面告知海关和当事人。

第四十二条 “一般报检”的出境货物经检验检疫合格的，按以下情况办理：

在本地报关的，签发“出境货物通关单”和有关证书；

在异地报关的，签发有关证书，并出具注明“一般报检”的“出境货物换证凭单”；实施电子转单的，出具“出境货物转单凭条”。报关地检验检疫机构凭“出境货物换证凭单”正本或电子转单信息受理换证申请，按规定对货物进行口岸查验，查验合格的出具“出境货物通关单”。

第四十三条 受理出口预验申请，须出具标明“预验”字样的“出境货物换证凭单”。

预验货物不得实施电子转单，须在本机构或直属检验检疫局范围内授权的机构办理一般报检手续后方可实施电子转单。

检验检疫机构不得凭标明“预验”字样的“出境货物换证凭单”换发通关单。

第四十四条 根据工作需要，可以使用换证凭单作为生产原料的检验检测报告，但须注明“原料供应”字样，并不得实施电子转单或凭以直接签发通关单。

第四十五条 分批出境的货物，经核准在“出境货物换证凭单”正本上核销本批出境货物的数量并留下复印件存档，换证凭单正本退回报检人。检务部门办理分批手续，分批核销次数不得超过换证凭单栏目数量。整批货物全部出境后收回换证凭单正本存档。

电子转单一次有效，不得分批核销。

第四十六条 出境货物经检验检疫或口岸核查货证不合格的，签发“出境货物不合格通知单”。口岸验证不合格，属于检验检疫机构证单信息错漏造成的，口岸检验检疫机构应及时与产地检验检疫机构联系解决；其他情况按有关规定办理。

第四十七条 实施电子监管等方式监管并符合快速核放条件的出境货物，可由检务部门直接签发通关单或实施电子转单。

第四十八条 对实施绿色通道、直通放行等通关便利措施的货物，按有关规定办理放行手续。

第四十九条 出入境运输工具、集装箱申报后，符合检验检疫要求的，按相关规定签发检验检疫证单予以放行。需检疫除害处理的，处理后签发检疫处理证书予以放行。

第五十条 出入境人员接受检疫查验和健康检查的，按卫生检疫的有关规定签发证明或证书。

第五十一条 尸体、棺柩、骸骨入出境，由报关地检验检疫机构签发尸体/棺柩/骸骨入出境放行证明。

第六章　空白证单、签证印章及检务档案管理

第一节　空白证单管理

第五十二条 国家质检总局统一管理检验检疫空白证单，统一确定空白证单的格式、规格、种类、证单用纸及用途，统一印制。

各种检验检疫证单（含副本）实行印刷流水号管理。

第五十三条 国家质检总局指定专门机构负责全国检验检疫空白证单的征订发放工作。负责证单征订发放的机构应建立健全征订发放的规章制度。

第五十四条 各地检验检疫机构所领用的空白证单应由检务部门统一管理，并建立空白证单的入库、保管、调拨、领用和核销等制度。

第五十五条 各地检验检疫机构必须使用规定的计算机管理系统对空白证单的入库、调拨、领用和核销等进行管理，并保存相应的管理记录。

第五十六条 各直属检验检疫局应按照国家质检总局的要求，根据本局证单使用量和业务发展的实际需要拟定空白证单订购计划，于每年的十月份统一上报国家质检总局指定的证单征订发放单位，次年五月份可根据实际使用情况增订一次。临时增订的，应提前一个月联系国家质检总局指定的证单征订发放单位。

第五十七条 各地检验检疫机构收到空白证单后，应认真核对发货清单和实物证单并及时登记入库。发现异常情况的，应及时上报国家质检总局。

第五十八条 空白证单应专人保管。存放空白证单必须设立专用库房，并应具备防火、防盗、防潮、防虫等安全措施。

第五十九条 需要领取空白证单的，应按规定登记，登记内容包括申领证单种类、编号、数量及申领人员姓名，并及时进行核销。

施检部门需要领取空白证单的，应由施检部门负责人签字，检务部门负责人批准。

第六十条 空白证单不得携带外出。确需携带外出的，应经分管局领导批准，并限定核销时间。

第六十一条 空白证单应按照国家质检总局规定的种类、格式、用途正确使用。

第六十二条 作废的空白证单不得擅自毁弃，正副本均应标明“作废”字样，及时交回。检务部门日常工作中产生的作废空白证单应及时核销；施检部门工作中产生的作废空白证单，应在规定期限内退回，由检务部门统一办理核销手续。

第六十三条 启用新的证单时，各直属检验检疫局应对相应废止的空白证单进行清查，由检务部门按规定统一集中处理，其他部门不得自行处理。

第六十四条 各地检验检疫机构应建立空白证单管理定期检查制度，定期检查空白证单的保管、使用情况。如发现丢失、毁坏等问题，应及时上报。对因丢失证单造成不良后果的要追究有关人员责任，对违法倒卖证单的，移交司法机关处理。

第六十五条 建档或对外备案所需的空白证单样本须经检务部门负责人审批同意，并加盖中英文对照的“样本（SPECIMEN）”戳记。

第二节　签证印章管理

第六十六条 国家质检总局统一管理检验检疫业务签证印章，统一确定签证印章的样式、种类、规格、材质及用途，统一制作，使用统一的印油。

第六十七条 国家质检总局根据情况指定负责全国检验检疫业务签证印章的征订发放单位。承制单位应建立健全签证印章征订发放的管理制度。

第六十八条 各地检验检疫机构所领用的签证印章应由检务部门统一管理，建立签证印章的登记、保管、领用和核销等管理制度。

第六十九条 检务部门领取的签证印章应由专人保管。存放签证印章必须设立保险柜，具备相应的安全防护措施。

第七十条 签证印章应按照国家质检总局规定的种类和用途正确使用。

签证印章不得携带外出。需现场检验检疫并签证的，应经分管局领导授权，接受检务部门的监督管理。

第七十一条 签证印章与空白证单应分开存放，分别由专人负责保管。

第七十二条 各直属检验检疫局启用或增刻签证印章的，应向国家质检总局提出申请。

第七十三条 签证印章达到使用寿命或因故障、字迹不清、变形等影响签证质量的，应停止使用，并及时向国家质检总局指定的签证印章征订发放单位申请修理或更换。更换的需交回原印章。

第七十四条 作废印章应及时上交国家质检总局指定的签证印章征订发放单位，签证印章征订发放单位应按规定对作废印章和更换的旧印章进行销毁处理。

第七十五条 各地检验检疫机构应建立签证印章管理定期检查制度，定期检查签证印章的保管、使用情况。如发现签证印章丢失、毁坏等问题，应及时上报。对造成不良后果的要追究有关人员责任，情节严重构成犯罪的，移交司法机关处理。

第三节　检务档案管理

第七十六条 检务档案应由检务部门统一管理，并建立登记、保管、查阅等制度。

第七十七条 检务档案包括报检单及所附单证、检验检疫记录、证稿、证单存档联等纸质资料、电子数据等相关原始资料。

第七十八条 施检部门完成检验检疫工作之后，应及时将检务档案资料送交检务部门，并保证档案资料的完整性和有效性。

检务部门收到施检部门送交的检务档案资料后，应审核档案资料的完整性和有效性，按规定建档。发现资料有缺失、错误或检验检疫工作流程某环节未完成的，应在补齐或纠正后归档。

第七十九条 存放检务档案必须设立专用库房，并应具备防火、防盗、防潮、防虫等安全措施。

电子数据形式的检务档案应采用适当方式保存和备份，防止电子数据被散发、盗取、遗失或损毁。

第八十条 检务档案的保管期限，一般出境检验检疫检务档案为二年；入境检验检疫检务档案为三年。电子数据应长期保存。涉及重大案件、典型案例等事项的档案，作长期或永久保存。

第八十一条 检务档案仅供检验检疫机构内部查阅，查阅纸质检务档案，应经所在部门和检务部门负责人同意。内部人员可按权限查阅电子档案；未经批准，不得复制，不得对外提供、传播或散布。

第八十二条 纸质检务档案一般应当场查阅，不得带出档案库。特殊情况确需带出的，应经分管局领导批准。

查阅检务档案时应保持档案的原始状态。纸质检务档案不得换页、抽页、插页，不得涂改、污损；电子档案不得修改、删除。

第八十三条 因司法调查需要查阅检务档案的，按照有关规定办理。

第八十四条 纸质检务档案达到保存期限的可以销毁，销毁工作按保密资料的销毁程序进行。

第八十五条 各地检验检疫机构应建立检务档案管理定期检查制度，定期检查检务档案的保管情况。如发现档案资料丢失、毁坏等问题，应及时报告，及时查处，并根据规定追究相关人员的责任。

第七章　签证人员职责

第八十六条 检务部门负责人：负责本单位及下属机构签证和证书质量管理，协调和处理涉及各业务部门的签证工作。

第八十七条 施检部门负责人：负责本部门的检验检疫证稿拟制及相应的管理工作，严格执行分级核签把关制度，保证证稿质量。

第八十八条 受理报检人员：负责审核报检单、电子报检数据和随附单证是否齐全和符合规定形式，对不符合要求的报检情况进行记录。受理报检完毕，负责将报检单及所附资料按流程规定转下一环节。

第八十九条 计费人员：负责按照计费的规定和要求准确计费。

第九十条 收费人员：负责根据计费结果收取检验检疫费，并按规定出具收费收据。

第九十一条 施检人员：负责审核所附专业单证资料是否符合检验检疫有关规定和货物实际情况，按检验检疫规程等标准施检后填写检验检疫记录、出具检验检疫结果，并根据需要拟制证稿。出具外文证书的，应将证稿准确地译成外文。

第九十二条 施检部门核签人员：负责审核检验检疫记录、检验检疫结果和证稿等，证稿符合要求的，核签后交检务部门。

第九十三条 检务审核人员：负责审核报检单和证稿内容是否符合法律法规规定，是否与合同、信用证规定相符，译文是否正确。对不符合要求的证稿，提出修改意见或退回施检部门。

第九十四条 制证人员：负责正确使用各种证单。严格按照证稿内容缮制证单，做到排版得当、证面清晰、整洁、美观。将缮制完毕的证单及时送交审校人员。按规定做好领用证单的保管、核销。

第九十五条 审校人员：负责审核所用证单是否符合规定；证单内容是否与证稿相一致，有无错字、漏字，证面是否清晰、整洁、美观。发现有差错或不符合规定的，退回有关人员。

第九十六条 授权签字人员：负责审核证稿结果和用语是否正确、所用证单是否符合规定，与合同、信用证以及有关签证规定是否相符。审核无误后在证单上签名。

第九十七条 签发证单人员：负责对经签署的证单加盖签证印章，核实报检人已交纳检验检疫费后，办理发证手续，并将证书副本、证稿、报检单及所附资料整理成档。

第九十八条 空白证单管理人员：负责证单使用计划的制定、整理及上报工作；负责证单清点入库、建帐、分类保管、发放和核销。

第九十九条 签证印章管理人员：负责签证印章的领用、发放、保管等工作，并建立相应记录。

第一百条 检务档案管理人员：负责对完成检验检疫流程的检务档案建档、保管、调档、销毁等工作。

第八章　附　则

第一百零一条 原产地证及其他有特殊签发要求的证单，按照相关规定办理。

第一百零二条 司法鉴定业务、行政机关委托的检验鉴定业务、对外贸易合同或信用证规定由检验检疫机构出证的检验鉴定业务，以及其他委托检验和鉴定业务的签证管理，参照本办法执行。

第一百零三条 检验检疫工作人员违反本办法有关规定的，按照有关规定追究责任。

第一百零四条 本办法由国家质检总局负责解释。

第一百零五条 本办法自 2009 年 3 月 1 日起施行。原国家出入境检验检疫局于 1999 年 12 月 17 日发布的《出入境检验检疫签证管理办法》、《出入境检验检疫证单和签证印章管理规定》（国检法〔1999〕386 号）同时废止。国家质检总局于 2001 年 7 月 17 日发布的《出入境检验检疫电子转单管理办法》（国质检〔2001〕51 号）与本办法不一致的以本办法为准。

边境贸易出入境检验检疫管理办法（试行）

（国质检通〔2009〕36号）

发布日期：2009-01-23
实施日期：2009-01-23
法规类型：规范性文件

第一章　总　则

第一条　为规范边境贸易出入境检验检疫管理，促进边境贸易健康发展，根据《中华人民共和国进出口商品检验法》及其实施条例、《中华人民共和国进出境动植物检疫法》及其实施条例、《中华人民共和国国境卫生检疫法》及其实施细则、《中华人民共和国食品卫生法》以及其他相关法律法规，制定本办法。

第二条　本办法适用于边境贸易进出口商品的出入境检验检疫和监督管理。

第三条　本办法所称边境贸易包括边境小额贸易和边民互市贸易及其他边境贸易方式。

边境小额贸易指沿陆地边境线经国家批准对外开放的边境县（旗）、边境城市辖区内（以下简称边境地区）经批准有边境小额贸易经营权的企业，通过国家指定的陆地边境口岸，与毗邻国家边境地区的企业或其他贸易机构之间进行的贸易活动。

边民互市贸易指边境地区边民在边境线20公里以内、经政府批准的开放点或指定的集市上，在不超过规定的金额或数量范围内进行的商品交换活动。

第四条　国家质量监督检验检疫总局（以下简称：国家质检总局）主管全国边境贸易出入境检验检疫工作，国家质检总局设在各地的出入境检验检疫机构负责本辖区内边境贸易出入境检验检疫和监督管理工作。

第五条　各地出入境检验检疫机构应按照安全监管、便利通关、因地制宜、分类管理的原则，做好本地区边境贸易出入境检验检疫相关工作。

第二章　边境贸易商品的检验检疫申报

第六条　出入境检验检疫机构对边境贸易进出口商品实行全申报（报检）管理制度。

第七条　边境小额贸易中属《出入境检验检疫机构实施检验检疫的进出境商品目录》（以下简称：《法检目录》）内的进出口商品，边境小额贸易公司或其代理人应当依照有关法律、法规和规章的要求，向出入境检验检疫机构办理报检手续。

第八条　边境小额贸易中不属《法检目录》的进出口商品、边民互市贸易的所有进出口商品，边境小额贸易公司或其代理人、边民互市贸易的货主或其代理人应当向口岸出入境检验检疫机构如实申报进出口商品的品名、数量、金额、国别等信息，具体申报项目和格式由边境贸易所在地直属出入境检验检疫局制订。

第三章　进口商品的检验检疫

第九条　出入境检验检疫机构应根据边境贸易实际情况和风险评估，对边境小额贸易进口商品实施逐批检验检疫和监督抽查管理两种工作模式。

第十条 《逐批检验检疫的边境小额贸易进口商品清单》由边境贸易所在地的直属出入境检验检疫局制订和调整，报送总局并组织实施。对《逐批检验检疫的边境小额贸易进口商品清单》外的商品，出入境检验检疫机构实施监督抽查管理。

进口可用作原料的固体废物以及检验检疫高风险的边境小额贸易进口商品，应当实施逐批检验检疫。

第十一条 出入境检验检疫机构对边民互市贸易进口商品原则上仅实施现场检疫和查验，对检验检疫高风险的边境互市贸易进口商品，可视情况实施实验室监督抽查。

第十二条 边境贸易进口商品原则上应当在进境口岸实施检验检疫，必要时也可根据便利贸易和检验检疫工作需要，在出入境检验检疫机构指定的其他地点实施检验检疫。

第十三条 出入境检验检疫机构按照国家技术规范的强制性要求，对边境贸易进口商品进行检验检疫和监督管理；我国没有检验检疫强制标准的，依照边境贸易合同（合约、确认书）或双方确认的样品要求，对边境贸易进口商品进行检验检疫和监督管理。

第四章　出口商品的检验检疫

第十四条 出入境检验检疫机构应根据边境贸易实际情况和风险评估，对边境小额贸易出口商品实施逐批检验检疫和监督抽查管理两种工作模式。

第十五条 《逐批检验检疫的边境小额贸易出口商品清单》由边境贸易所在地的直属出入境检验检疫局制订和调整，报送总局组织实施。对《逐批检验检疫的边境小额贸易出口商品清单》外的商品，出入境检验检疫机构实施监督抽查管理。

出入境检验检疫机构应当对食品、农产品和日常消费品等检验检疫高风险类的边境小额贸易出口商品严格按照国家有关规定实施检验检疫和监督管理。

第十六条 边民互市贸易出口商品中，具有国家相关主管部门认可，且标有 QS 标志、CCC 标志、CIQ 标志等产品质量、安全、卫生合格标识的商品，可快速查验放行。其他边民互市贸易出口商品的检验检疫工作原则上仅实施现场检疫和查验，根据需要，可实行监督抽查。

第十七条 边境小额贸易出口商品原则上应当在商品生产地检验，在口岸进行现场检疫和查验。

为方便边境小额贸易通关，促进边境贸易发展，边境贸易所在地的直属出入境检验检疫局可根据实际情况和风险评估结果，具体制订和调整在口岸实施检验检疫的边境小额贸易出口商品范围，并报总局备案后组织实施。

第十八条 边民互市贸易出口商品原则上在口岸实施检验检疫。

第十九条 出入境检验检疫机构应当按照进口国家或地区强制性标准，对边境贸易出口商品进行检验检疫和监督管理；进口国或地区没有强制性标准要求的，依照我国标准或边境贸易合同（合约、确认书）或双方确认的样品要求，对边境贸易出口商品进行检验检疫和监督管理。

第五章　监督管理

第二十条 适当简化边境贸易进口商品检疫审批许可程序，边境贸易所在地的直属出入境检验检疫局根据国家质检总局制定的“进境检验检疫审批的产品目录”负责制定本辖区内实行检疫审批许可的边境贸易进口商品目录，并报国家质检总局批准后，具体执行本辖区内边境贸易进口商品检疫审批许可工作。

第二十一条 适当简化边境贸易出口商品的企业卫生注册登记程序，边境贸易所在地的直属出入境检验检疫局负责制定本辖区相关政策，报送国家质检总局并组织实施。

第二十二条 出入境检验检疫机构应建立边境贸易商品可追溯管理机制。

第二十三条 出入境检验检疫机构应对获得备案资格的边境小额贸易经营企业或其代理人、边境贸易出口商品供货企业、边境口岸（通道）销售边境贸易商品的店铺加强日常监督管理。

第六章 附 则

第二十四条 边境地区境外替代种植、边境地区毗邻国家经济技术合作以及其他边境贸易方式项下进出口商品的出入境检验检疫工作，按照国家质检总局有关规定执行，国家质检总局没有特别规定的，可参照本办法的有关规定执行。

第二十五条 边境贸易进出口商品的出入境检验检疫收费，按照国家有关规定执行。

第二十六条 边境贸易所在地的直属出入境检验检疫局可根据本办法，本着针对同一毗邻国家实行统一政策的原则，结合边境贸易特点，具体制定本辖区的边境贸易出入境检验检疫管理实施细则，报国家质检总局备案后执行。

第二十七条 本办法由国家质检总局负责解释。

第二十八条 本办法下发之日起施行，原国家商检局发布的《边境贸易进出口商品检验管理办法》同时废止。

中华人民共和国国境口岸卫生监督办法

（〔82〕卫防字第9号）

发布日期：1982-02-04
实施日期：2019-03-18
法规类型：部门规章

（根据2011年1月8日国务院令第588号《国务院关于废止和修改部分行政法规的决定》第一次修订；根据2019年3月2日国务院令第709号《国务院关于修改部分行政法规的决定》第二次修订）

第一章 总 则

第一条 为了加强国境口岸和国际航行交通工具的卫生监督工作，改善国境口岸和交通工具的卫生面貌，控制和消灭传染源，切断传播途径，防止传染病由国外传入和由国内传出，保障人民身体健康，制定本办法。

第二条 本办法适用于对外开放的港口、机场、车站、关口（下称国境口岸）和停留在这些处所的国际航行的船舶、飞机和车辆（下称交通工具）。

第二章 国境口岸的卫生要求

第三条 国境口岸应当建立卫生清扫制度，消灭蚊蝇孳生场所，设置污物箱，定期进行清理，保持环境整洁。

第四条 国境口岸的生活垃圾应当日产日清，设置的固定垃圾场，应当定期清除；生活污水不得任意排放，应当做到无害化处理，以防止污染环境和水源。

第五条 对国境口岸的建筑物，有关部门应当采取切实可行的措施，控制病媒昆虫、啮齿动物，使其数量降低到不足为害的程度。

第六条 候船室、候机室、候车室、候检室应当做到地面整洁、墙壁无尘土、窗明几净、通风良好，并备有必要的卫生设施。

第七条 国境口岸的餐厅、食堂、厨房、小卖部应当建立和健全卫生制度，经常保持整洁，做到墙壁、天花板、桌椅清洁无尘土；应当有防蚊、防蝇、防鼠和冷藏设备，做到室内无蚊、无蝇、无鼠、无蟑螂。

第八条 国境口岸的厕所和浴室应当有专人管理，及时打扫，保持整洁，做到无蝇、无臭味。

第九条 国境口岸的仓库、货场应当保持清洁、整齐；发现鼠类有反常死亡时，应当及时向卫生检疫机关或地方卫生防疫部门报告。

第十条 做好国境口岸水源保护，在水源周围直径30米内，不得修建厕所、渗井等污染水源设施。

第三章 交通工具的卫生要求

第十一条 交通工具上必须备有急救药物、急救设备及消毒、杀虫、灭鼠药物。必要时，船舶上还需安排临时隔离室。

第十二条 交通工具上的病媒昆虫和啮齿动物的防除：

（一）船舶、飞机、列车上，应当备有足够数量有效的防鼠装置；保持无鼠或鼠类数量保持不足为害的程度。

（二）应当保持无蚊、无蝇、无其他有害昆虫，一旦发现应当采取杀灭措施。

第十三条 交通工具上的厕所、浴室必须保持整洁，无臭味。

第十四条 交通工具上的粪便、垃圾、污水处理的卫生要求：

（一）生活垃圾应当集中放在带盖的容器内，禁止向港区、机场、站区随意倾倒，应当由污物专用车（船）集中送往指定地点进行无害化处理。必要时，粪便、污水须经过卫生处理后方能排放；

（二）来自鼠疫疫区交通工具上的固体垃圾必须进行焚化处理，来自霍乱疫区交通工具上的粪便、压舱水、污水，必要时实施消毒。

第十五条 交通工具的货舱、行李车、邮政车和货车的卫生要求：

（一）货舱、行李车、邮政车、货车应当消灭蚊、蝇、蟑螂、鼠等病媒昆虫和有害动物及其孳生条件；在装货前或卸货后应当进行彻底清扫，做到无粪便、垃圾；

（二）凡装载有毒物品和食品的货车，应当分开按指定地点存放，防止污染，货物卸空后应当进行彻底洗刷；

（三）来自疫区的行李、货物，要严格检查，防止带有病媒昆虫和啮齿动物。

第十六条 交通工具上的客舱、宿舱、客车的卫生要求：

（一）客舱、宿舱和客车应当随时擦洗，保持无垃圾尘土，通风良好；

（二）卧具每次使用后必须换洗。卧具上不得有虱子、跳蚤、臭虫等病媒昆虫。

第四章 食品、饮用水及从业人员的卫生要求

第十七条 供应国境口岸和交通工具上的食品必须符合《中华人民共和国食品安全法》的规定和食品安全标准。

第十八条 凡供应国境口岸和交通工具上的饮用水必须符合我国规定的“生活饮用水卫

生标准”。供应饮用水的运输工具、储存容器及输水管道等设备都应当经常冲洗干净，保持清洁。

第十九条 供应食品、饮用水的从业人员的卫生要求：

（一）患有肠道传染病的患者或带菌者，以及活动性结核病、化脓性渗出性皮肤病患者，不得从事食品和饮用水供应工作；

（二）从事食品、饮用水供应工作的人员，应当每年进行一次健康检查，新参加工作的人员，应当首先进行健康检查，经检查合格者，发给健康证；

（三）从事食品、饮用水供应工作的人员，要养成良好卫生习惯，工作时要着装整洁，严格遵守卫生操作制度。

第五章 国境口岸和交通工具的负责人的责任

第二十条 国境口岸和交通工具的负责人在卫生工作方面的责任是：

（一）应当经常抓好卫生工作，接受卫生监督人员的监督和检查，并为其开展工作提供方便条件；

（二）应当模范地遵守本办法和其他卫生法令、条例和规定；

（三）应当按照卫生监督人员的建议，对国境口岸和交通工具的不卫生状况，及时采取措施，加以改进；

（四）在发现检疫传染病和监测传染病时，应当向国境卫生检疫机关或地方防疫部门报告，并立即采取防疫措施。

第六章 卫生监督机关的职责

第二十一条 国境口岸卫生检疫机关对国境口岸和交通工具进行卫生监督，其主要职责是：

（一）监督和指导国境口岸有关部门和交通工具的负责人对病媒昆虫、啮齿动物进行防除；

（二）对停留在国境口岸出入国境的交通工具上的食品、饮用水实施检验，并对运输、供应、贮存设施等系统进行卫生监督；

（三）对国境口岸和交通工具上的所有非因意外伤害致死的尸体，实施检查、监督和卫生处理；

（四）监督国境口岸有关部门和交通工具的负责人对粪便、垃圾、污水进行清除和无害化处理；

（五）对与检疫传染病、监测传染病有流行病学意义的环境因素实施卫生监督；

（六）监督国境口岸周围内采取防蚊措施的执行；

（七）开展卫生宣传教育，普及卫生知识，提高国境口岸和交通工具上的人员遵守和执行本办法的自觉性。

第二十二条 国境口岸卫生检疫机关设国境口岸卫生监督员 1 至 5 名，执行卫生监督任务，发给统一式样的执法证件。

第二十三条 国境口岸卫生监督员持其证件，有权对国境口岸和交通工具的负责人，进行卫生监督、检查和技术指导；配合有关部门，对卫生工作情况不良或引起传染病传播的单位或个人，提出改进意见，协同有关部门采取必要措施，进行处理。

第七章 奖励和惩罚

第二十四条 国境口岸卫生检疫机关，对贯彻执行本办法和国家有关卫生法令、条例、规定，做出显著成绩的单位和个人，应当给予表扬和奖励。

第二十五条 国境口岸卫生检疫机关，对违犯本办法和有关卫生法令、条例、规定的单位和个人，应当根据不同情况，给予警告、罚款，直至提请司法机关依法惩处。

第八章 附 则

第二十六条 本办法自发布之日起施行。

婴幼儿配方乳粉产品配方注册管理办法

（国家市场监督管理总局令第 80 号）

发布日期：2023-06-26
实施日期：2023-10-01
法规类型：部门规章

第一章 总 则

第一条 为了严格婴幼儿配方乳粉产品配方注册管理，保证婴幼儿配方乳粉质量安全，根据《中华人民共和国行政许可法》《中华人民共和国食品安全法》《中华人民共和国食品安全法实施条例》等法律法规，制定本办法。

第二条 在中华人民共和国境内生产销售和进口的婴幼儿配方乳粉产品配方注册管理，适用本办法。

第三条 婴幼儿配方乳粉产品配方注册，是指国家市场监督管理总局依据本办法规定的程序和要求，对申请注册的婴幼儿配方乳粉产品配方进行审评，并决定是否准予注册的活动。

第四条 婴幼儿配方乳粉产品配方注册管理，应当遵循科学、严格、公开、公平、公正的原则。

第五条 国家市场监督管理总局负责婴幼儿配方乳粉产品配方注册管理工作。

国家市场监督管理总局食品审评机构（食品审评中心，以下简称审评机构）负责婴幼儿配方乳粉产品配方注册申请的受理、技术审评、现场核查、制证送达等工作，并根据需要组织专家进行论证。

省、自治区、直辖市市场监督管理部门应当配合婴幼儿配方乳粉产品配方注册的现场核查等工作。

第六条 婴幼儿配方乳粉产品配方注册申请人（以下简称申请人）应当对提交材料的真实性、完整性、合法性负责，并承担法律责任。

申请人应当配合市场监督管理部门开展与注册相关的现场核查、抽样检验等工作，提供必要工作条件。

第七条 鼓励婴幼儿配方乳粉产品配方研发和创新，结合母乳研究成果优化配方，提升婴幼儿配方乳粉品质。

第二章 申请与注册

第八条 申请人应当为拟在中华人民共和国境内生产并销售婴幼儿配方乳粉的生产企业

或者拟向中华人民共和国出口婴幼儿配方乳粉的境外生产企业。

申请人应当具备与所生产婴幼儿配方乳粉相适应的研发能力、生产能力、检验能力，符合粉状婴幼儿配方食品良好生产规范要求，实施危害分析与关键控制点体系，对出厂产品按照有关法律法规和婴幼儿配方乳粉食品安全国家标准规定的项目实施逐批检验。企业集团设有独立研发机构的，控股子公司作为申请人可以共享集团部分研发能力。

申请人使用已经符合婴幼儿配方食品安全国家标准营养成分要求的复合配料作为原料申请配方注册的，不予注册。

第九条 申请注册产品配方应当符合有关法律法规和食品安全国家标准的要求，并提供产品配方科学性、安全性的研发与论证报告和充足依据。

申请婴幼儿配方乳粉产品配方注册，应当向国家市场监督管理总局提交下列材料：

（一）婴幼儿配方乳粉产品配方注册申请书；

（二）申请人主体资质文件；

（三）原辅料的质量安全标准；

（四）产品配方；

（五）产品配方研发与论证报告；

（六）生产工艺说明；

（七）产品检验报告；

（八）研发能力、生产能力、检验能力的材料；

（九）其他表明配方科学性、安全性的材料。

申请人应当按照国家有关规定对申请材料中的商业秘密、未披露信息或者保密商务信息进行标注并注明依据。

第十条 同一企业申请注册两个以上同年龄段产品配方时，产品配方之间应当有明显差异，并经科学证实。每个企业原则上不得超过三个配方系列九种产品配方，每个配方系列包括婴儿配方乳粉（0—6月龄，1段）、较大婴儿配方乳粉（6—12月龄，2段）、幼儿配方乳粉（12—36月龄，3段）。

第十一条 已经取得婴幼儿配方乳粉产品配方注册证书及生产许可的企业集团母公司或者其控股子公司可以使用同一企业集团内其他控股子公司或者企业集团母公司已经注册的婴幼儿配方乳粉产品配方。组织生产前，企业集团母公司应当充分评估配方调用的可行性，确保产品质量安全，并向国家市场监督管理总局提交书面报告。

第十二条 对申请人提出的婴幼儿配方乳粉产品配方注册申请，应当根据下列情况分别作出处理：

（一）申请事项依法不需要进行注册的，应当即时告知申请人不受理；

（二）申请事项依法不属于国家市场监督管理总局职权范围的，应当即时作出不予受理的决定，并告知申请人向有关行政机关申请；

（三）申请材料存在可以当场更正的错误的，应当允许申请人当场更正；

（四）申请材料不齐全或者不符合法定形式的，应当当场或者在五个工作日内一次告知申请人需要补正的全部内容；逾期不告知的，自收到申请材料之日起即为受理；

（五）申请事项属于国家市场监督管理总局职权范围，申请材料齐全、符合法定形式，或者申请人按照要求提交全部补正申请材料的，应当受理注册申请。

受理或者不予受理注册申请，应当出具加盖国家市场监督管理总局行政许可专用章和注明日期的凭证。

第十三条 审评机构应当对申请配方的科学性和安全性以及产品配方声称与产品配方注册内容的一致性进行审查，自受理之日起六十个工作日内完成审评工作。

特殊情况下需要延长审评时限的，经审评机构负责人同意，可以延长二十个工作日，延长决定应当书面告知申请人。

第十四条 审评过程中认为需要申请人补正材料的，审评机构应当一次告知需要补正的全部内容。申请人应当在三个月内按照补正通知的要求一次补正材料。补正材料的时间不计算在审评时限内。

第十五条 审评机构根据实际需要组织开展现场核查和抽样检验，必要时对原料生产企业等开展延伸核查。

现场核查应当对申请人研发能力、生产能力、检验能力以及申请材料与实际情况的一致性等进行核实，并抽取动态生产的样品进行检验。抽样检验的动态生产样品品种基于风险确定。

第十六条 有下列情形之一的，应当开展现场核查：

（一）申请人首次申请注册的三个配方系列九种产品配方；

（二）产品配方组成发生重大变化的；

（三）生产工艺类型发生变化且申请人已注册尚在有效期内的配方无此工艺类型的；

（四）生产地址发生实际变化的；

（五）技术审评过程中发现需经现场核查核实问题的；

（六）既往注册申请存在隐瞒真实情况、提供虚假材料的；

（七）其他需要开展现场核查的情形。

婴幼儿配方食品安全国家标准发生重大变化，申请人申请产品配方注册或者变更的，审评机构应当开展现场核查。但是，申请人同一系列三个产品配方在标准变化后均已取得行政许可的，相同生产工艺类型的其他系列产品配方可以不再开展现场核查。

第十七条 需要开展现场核查的，审评机构应当通过书面或者电子等方式告知申请人核查事项，申请人三十个工作日内反馈接受现场核查的日期。因不可抗力等原因无法在规定时限内反馈的，申请人应当书面提出延期申请并说明理由。审评机构自申请人确认的现场核查日期起二十个工作日内完成现场核查。

审评机构通知申请人所在地省级市场监督管理部门参与现场核查的，省级市场监督管理部门应当派员参与。

第十八条 审评机构应当委托具有法定资质的食品检验机构开展检验。

检验机构应当自收到样品之日起二十个工作日内按照食品安全国家标准和申请人提交的测定方法完成检验工作，并向审评机构出具样品检验报告。

第十九条 审评机构应当根据申请人提交的申请材料、现场核查报告、样品检验报告开展审评，并作出审评结论。在技术审评、现场核查、产品检验等过程中，可以就重大、复杂问题听取食品安全、食品加工、营养和临床医学等领域专家的意见。

第二十条 申请人的申请符合法定条件、标准，产品配方科学、安全，现场核查报告结论、检验报告结论为符合注册要求的，审评机构应当作出建议准予注册的审评结论。

第二十一条 有下列情形之一的，审评机构应当作出拟不予注册的审评结论：

（一）申请材料弄虚作假，不真实的；

（二）产品配方科学性、安全性依据不充足的；

（三）申请人不具备与所申请注册的产品配方相适应的研发能力、生产能力或者检验能力的；

（四）申请人未在规定时限内提交补正材料，或者提交的补正材料不符合要求的；

（五）申请人逾期不能确认现场核查日期，拒绝或者不配合现场核查、抽样检验的；

（六）现场核查报告结论或者检验报告结论为不符合注册要求的；

（七）同一企业申请注册的产品配方与其同年龄段已申请产品配方之间没有明显差异的；

（八）其他不符合法律、法规、规章、食品安全国家标准等注册要求的情形。

审评机构作出不予注册审评结论的，应当向申请人发出拟不予注册通知并说明理由。申请人对审评结论有异议的，应当自收到通知之日起二十个工作日内向审评机构提出书面复审申请并说明复审理由。复审的内容仅限于原申请事项及申请材料。

审评机构应当自受理复审申请之日起三十个工作日内作出复审决定，并通知申请人。

第二十二条 国家市场监督管理总局在审评结束后，依法作出是否批准的决定。对准予注册的，颁发婴幼儿配方乳粉产品配方注册证书。对不予注册的，发给不予注册决定书，说明理由，并告知申请人享有依法申请行政复议或者提起行政诉讼的权利。

第二十三条 国家市场监督管理总局自受理之日起二十个工作日内作出决定。

审评机构应当自国家市场监督管理总局作出决定之日起十个工作日内向申请人送达婴幼儿配方乳粉产品配方注册证书或者不予注册决定书。

第二十四条 现场核查、抽样检验、复审所需时间不计算在审评时限内。

对境外生产企业现场核查、抽样检验的工作时限，根据实际情况确定。

第二十五条 婴幼儿配方乳粉产品配方注册证书及附件应当载明下列事项：

（一）产品名称；

（二）企业名称、生产地址；

（三）注册号、批准日期及有效期；

（四）生产工艺类型；

（五）产品配方。

婴幼儿配方乳粉产品配方注册号格式为：国食注字 YP+四位年代号+四位顺序号，其中 YP 代表婴幼儿配方乳粉产品配方。

婴幼儿配方乳粉产品配方注册证书有效期五年，电子证书与纸质证书具有同等法律效力。

第二十六条 婴幼儿配方乳粉产品配方注册有效期内，婴幼儿配方乳粉产品配方注册证书遗失或者损毁的，申请人应当向国家市场监督管理总局提出补发申请并说明理由。因遗失申请补发的，应当提交遗失声明；因损毁申请补发的，应当交回婴幼儿配方乳粉产品配方注册证书原件。

国家市场监督管理总局自受理之日起十个工作日内予以补发。补发的婴幼儿配方乳粉产品配方注册证书应当标注原批准日期，并注明“补发”字样。

第二十七条 婴幼儿配方乳粉产品配方注册证书有效期内，申请人需要变更注册证书或者附件载明事项的，应当向国家市场监督管理总局提出变更注册申请，并提交下列材料：

（一）婴幼儿配方乳粉产品配方变更注册申请书；

（二）产品配方变更论证报告；

（三）与变更事项有关的其他材料。

第二十八条 申请人申请产品配方变更等可能影响产品配方科学性、安全性的，审评机构应当按照本办法第十三条的规定组织开展审评，并作出审评结论。

申请人申请企业名称变更、生产地址名称变更、产品名称变更等不影响产品配方科学性、安全性的，审评机构应当进行核实并自受理之日起十个工作日内作出审评结论。申请人企业名称变更的，应当以变更后的名称申请。

国家市场监督管理总局自审评结论作出之日起十个工作日内作出准予变更或者不予变更的决定。对符合条件的，依法办理变更手续，注册证书发证日期以变更批准日期为准，原注册号不变，证书有效期不变；不予变更注册的，发给不予变更注册决定书，说明理由，并告知申请人享有依法申请行政复议或者提起行政诉讼的权利。

第二十九条 产品配方原料（含食品添加剂）品种不变、配料表顺序不变、营养成分表不变，使用量在一定范围内合理波动或者调整的，不需要申请变更。

产品配方原料（含食品添加剂）品种和营养成分表同时调整，实质上已经构成新的产品配方的，应当重新申请产品配方注册。

第三十条 婴幼儿配方乳粉产品配方注册证书有效期届满需要延续的，申请人应当在注册证书有效期届满六个月前向国家市场监督管理总局提出延续注册申请，并提交下列材料：

（一）婴幼儿配方乳粉产品配方延续注册申请书；

（二）申请人主体资质文件；

（三）企业研发能力、生产能力、检验能力情况；

（四）企业生产质量管理体系自查报告；

（五）产品营养、安全方面的跟踪评价情况；

（六）生产企业所在地省、自治区、直辖市市场监督管理部门延续注册意见书。

审评机构应当按照本办法第十三条的规定对延续注册申请组织开展审评，并作出审评结论。

国家市场监督管理总局自受理申请之日起二十个工作日内作出准予延续注册或者不予延续注册的决定。准予延续注册的，向申请人换发注册证书，原注册号不变，证书有效期自批准之日起重新计算；不予延续注册的，发给不予延续注册决定书，说明理由，并告知申请人享有依法申请行政复议或者提起行政诉讼的权利。逾期未作决定的，视为准予延续。

第三十一条 有下列情形之一的，不予延续注册：

（一）未在规定时限内提出延续注册申请的；

（二）申请人在产品配方注册后五年内未按照注册配方组织生产的；

（三）企业未能保持注册时研发能力、生产能力、检验能力的；

（四）其他不符合有关规定的情形。

第三十二条 婴幼儿配方乳粉产品配方变更注册与延续注册的程序未作规定的，适用本办法有关婴幼儿配方乳粉产品配方注册的相关规定。

第三章　标签与说明书

第三十三条 婴幼儿配方乳粉标签、说明书应当符合法律、法规、规章和食品安全国家标准，并按照国家市场监督管理总局的规定进行标识。

申请人申请婴幼儿配方乳粉产品配方注册，应当提交标签样稿及声称的说明材料；同时提交说明书的，说明书应当与标签内容一致。

标签、说明书涉及婴幼儿配方乳粉产品配方的，应当与产品配方注册内容一致，并标注注册号。

第三十四条 产品名称中有动物性来源字样的，其生乳、乳粉、乳清粉等乳蛋白来源应当全部来自该物种。

配料表应当将食用植物油具体的品种名称按照加入量的递减顺序标注。

营养成分表应当按照婴幼儿配方乳粉食品安全国家标准规定的营养素顺序列出，并按照能量、蛋白质、脂肪、碳水化合物、维生素、矿物质、可选择成分等类别分类列出。

第三十五条 声称生乳、原料乳粉等原料来源的，应当如实标明来源国或者具体来源地。

第三十六条 标签应当注明婴幼儿配方乳粉适用月龄，可以同时使用“1段”“2段”“3段”的方式标注。

第三十七条 标签不得含有下列内容：

（一）涉及疾病预防、治疗功能；

（二）明示或者暗示具有增强免疫力、调节肠道菌群等保健作用；

（三）明示或者暗示具有益智、增加抵抗力、保护肠道等功能性表述；

（四）对于按照法律法规和食品安全国家标准等不应当在产品配方中含有或者使用的物质，以“不添加”“不含有”“零添加”等字样强调未使用或者不含有；

（五）虚假、夸大、违反科学原则或者绝对化的内容；

（六）使用“进口奶源”“源自国外牧场”“生态牧场”“进口原料”“原生态奶源”“无污染奶源”等模糊信息；

（七）与产品配方注册内容不一致的声称；

（八）使用婴儿和妇女的形象，“人乳化”“母乳化”或者近似术语表述；

（九）其他不符合法律、法规、规章和食品安全国家标准规定的内容。

第四章　监督管理

第三十八条　承担技术审评、现场核查、抽样检验的机构和人员应当对出具的审评结论、现场核查报告、产品检验报告等负责；参加论证的专家出具专家意见，应当恪守职业道德。

技术审评、现场核查、抽样检验、专家论证应当依照法律、法规、规章、食品安全国家标准、技术规范等开展，保证相关工作科学、客观和公正。

第三十九条　市场监督管理部门接到有关单位或者个人举报的婴幼儿配方乳粉产品配方注册工作中的违法违规行为，应当及时核实处理。

第四十条　国家市场监督管理总局自批准之日起二十个工作日内公布婴幼儿配方乳粉产品配方注册信息。

第四十一条　未经申请人同意，参与婴幼儿配方乳粉产品配方注册工作的机构和人员不得披露申请人提交的商业秘密、未披露信息或者保密商务信息，法律另有规定或者涉及国家安全、重大社会公共利益的除外。

第四十二条　婴幼儿配方乳粉产品配方注册申请受理后，申请人提出撤回婴幼儿配方乳粉产品配方注册申请的，应当提交书面申请并说明理由。同意撤回申请的，国家市场监督管理总局终止其注册程序。

技术审评、现场核查和抽样检验过程中发现涉嫌存在隐瞒真实情况或者提供虚假信息等违法行为的，应当依法处理，申请人不得撤回注册申请。

第四十三条　有下列情形之一的，国家市场监督管理总局根据利害关系人的请求或者依据职权，可以撤销婴幼儿配方乳粉产品配方注册：

（一）工作人员滥用职权、玩忽职守作出准予注册决定的；

（二）超越法定职权作出准予注册决定的；

（三）违反法定程序作出准予注册决定的；

（四）对不具备申请资格或者不符合法定条件的申请人准予注册的；

（五）依法可以撤销注册的其他情形。

第四十四条　有下列情形之一的，由国家市场监督管理总局注销婴幼儿配方乳粉产品配方注册：

（一）企业申请注销的；

（二）企业依法终止的；

（三）注册证书有效期届满未延续的；

（四）注册证书依法被撤销、撤回或者依法被吊销的；

（五）法律、法规规定应当注销的其他情形。

第五章　法律责任

第四十五条　食品安全法等法律法规对婴幼儿配方乳粉产品配方注册违法行为已有规定

的，从其规定。

第四十六条 申请人隐瞒有关情况或者提供虚假材料申请婴幼儿配方乳粉产品配方注册的，国家市场监督管理总局不予受理或者不予注册，对申请人给予警告；申请人在一年内不得再次申请婴幼儿配方乳粉产品配方注册；涉嫌犯罪的，依法移送公安机关，追究刑事责任。

申请人以欺骗、贿赂等不正当手段取得婴幼儿配方乳粉产品配方注册证书的，国家市场监督管理总局依法予以撤销，被许可人三年内不得再次申请注册；处一万元以上三万元以下罚款；造成危害后果的，处三万元以上二十万元以下罚款；涉嫌犯罪的，依法移送公安机关，追究刑事责任。

第四十七条 申请人变更不影响产品配方科学性、安全性的事项，未依法申请变更的，由县级以上市场监督管理部门责令限期改正；逾期不改的，处一千元以上一万元以下罚款。

申请人变更可能影响产品配方科学性、安全性的事项，未依法申请变更的，由县级以上市场监督管理部门依照食品安全法第一百二十四条的规定处罚。

第四十八条 伪造、涂改、倒卖、出租、出借、转让婴幼儿配方乳粉产品配方注册证书的，由县级以上市场监督管理部门处三万元以上十万元以下罚款；造成危害后果的，处十万元以上二十万元以下罚款；涉嫌犯罪的，依法移送公安机关，追究刑事责任。

第四十九条 婴幼儿配方乳粉生产销售者违反本办法第三十三条至第三十七条规定，由县级以上地方市场监督管理部门责令限期改正，处一万元以上三万元以下罚款；情节严重的，处三万元以上十万元以下罚款；造成危害后果的，处十万元以上二十万元以下罚款。

第五十条 市场监督管理部门及其工作人员对不符合条件的申请人准予注册，或者超越法定职权准予注册的，依照食品安全法第一百四十四条的规定处理。

市场监督管理部门及其工作人员在注册审评过程中滥用职权、玩忽职守、徇私舞弊的，依照食品安全法第一百四十五条的规定处理。

第六章　附　则

第五十一条 本办法所称婴幼儿配方乳粉产品配方，是指生产婴幼儿配方乳粉使用的食品原料、食品添加剂及其使用量，以及产品中营养成分的含量。

第五十二条 本办法自2023年10月1日起施行，2016年6月6日原国家食品药品监督管理总局令第26号公布的《婴幼儿配方乳粉产品配方注册管理办法》同时废止。

关于婴幼儿配方食品、再制干酪等产品进口执行食品安全国家标准检验相关要求的公告

（海关总署公告2022年第136号）

发布日期：2022-12-30
实施日期：2022-12-30
法规类型：规范性文件

《食品安全国家标准 婴儿配方食品》《食品安全国家标准 较大婴儿配方食品》《食品安全国家标准 幼儿配方食品》《食品安全国家标准 再制干酪和干酪制品》《食品安全国家标准 浓

缩乳制品》(以下统称新国标) 将于近期陆续实施，为贯彻落实好《中华人民共和国食品安全法》，进一步优化营商环境，促进外贸平稳发展，参照国际惯例以及国内的监管要求，经商国家卫生健康委、市场监管总局，现就上述产品进口执行标准问题公告如下：

一、自新国标实施之日起，境外企业应按新国标生产输华食品。在新国标实施日期前生产、进口的符合原国标规定的产品，根据国内标准实施的规定和世界贸易组织规则，可在保质期内继续进口、销售。有特殊规定的，以特殊规定为准。

二、为做好新旧标准衔接，进口货物境内收货人或其报关代理人在向海关申报实际进境的上述产品时，必须填报“生产日期”，生产日期应与商品标签上的生产日期一致，具体填报为8位数字，顺序为年 (4位)、月 (2位)、日 (2位)。

上述要求分别自各新国标实施之日起执行。

特此公告。

关于明确进口乳品检验检疫有关要求的公告

(海关总署公告2021年第114号)

发布日期：2021-12-23
实施日期：2022-01-01
法规类型：规范性文件

《中华人民共和国进口食品境外生产企业注册管理规定》(海关总署第248号令) 和《中华人民共和国进出口食品安全管理办法》(海关总署第249号令) 将于2022年1月1日正式生效，《进出口乳品检验检疫监督管理办法》同时废止，进口乳品检验检疫的下列相关要求继续有效，现公告如下：

一、进口乳品需随附出口国家或者地区政府主管部门出具的卫生证书。证书应当有出口国家或者地区政府主管部门印章和其授权人签字，目的地应当标明为中华人民共和国。卫生证书样本应当经海关总署确认。

二、进口生乳、生乳制品、巴氏杀菌乳、巴氏杀菌工艺生产加工的调制乳需要办理进境检疫审批手续。

三、境外生产企业应当熟悉并保证其向中国出口的乳品符合中国食品安全国家标准和相关要求。

(一) 首次进口的乳品，应当提供相应食品安全国家标准中列明项目的检测报告。首次进口，指境外生产企业、产品名称、配方、境外出口商、境内进口商等信息完全相同的乳品从同一口岸第一次进口。

(二) 非首次进口的乳品，应当提供首次进口检测报告的复印件以及海关总署要求项目的检测报告。非首次进口检测报告项目由海关总署根据乳品风险监测等有关情况确定并在海关总署网站公布 (在海关总署食品局网站 http：//jckspj. customs. gov. cn 的“信息服务——检验检疫要求”栏目中查询)。

(三) 检测报告应与进口乳品的生产日期或生产批号对应。

(四) 对进口乳品检测报告实行证明事项告知承诺制。

四、为进口乳品出具检测报告的检测机构，可以是境外官方实验室、第三方检测机构或企业实验室，也可以是境内取得食品检验机构资质认定的检测机构。

五、本公告所指的乳品包括初乳、生乳和乳制品。初乳是指奶畜产犊后7天内的乳。生乳是指从符合中国有关要求的健康奶畜乳房中挤出的无任何成分改变的常乳。奶畜初乳、应用抗生素期间和休药期间的乳汁、变质乳不得用作生乳。生乳制品是指由生乳加工而成、加工工艺中无热处理杀菌过程的产品。乳制品是指由乳为主要原料加工而成的食品，如：巴氏杀菌乳、灭菌乳、调制乳、发酵乳、干酪及再制干酪、稀奶油、奶油、无水奶油、炼乳、乳粉、乳清粉及乳清蛋白粉、乳基婴幼儿配方食品及其生产原料基粉、酪蛋白及其他乳与乳制品（如乳矿物盐和乳蛋白等）。

本公告自2022年1月1日起执行。2013年4月15日《关于实施〈进出口乳品检验检疫监督管理办法〉有关要求的公告》（原质检总局公告2013年53号）、2015年1月8日《关于调整〈进出口乳品检验检疫监督管理办法〉实施要求的公告》（原国家质检总局公告2015年第3号）同时废止。

特此公告。

关于实行进口乳品检测报告证明事项告知承诺制的公告

（海关总署公告〔2021〕第50号）

发布日期：2021-07-05
实施日期：2021-07-05
法规类型：规范性文件

为进一步深化“放管服”改革，优化营商环境，根据《国务院办公厅关于全面推行证明事项和涉企经营许可事项告知承诺制的指导意见》（国办发〔2020〕42号）要求，经研究，海关总署决定对进口乳品检测报告实行证明事项告知承诺制。进口乳品检测报告证明事项告知承诺制办事指南见附件1，证明事项告知承诺书格式文本见附件2。

本公告自2021年7月5日起施行。

特此公告。

附件：1. 进口乳品检测报告证明事项告知承诺制办事指南（略）
2. 进口乳品检测报告证明事项告知承诺书（略）

关于加强进口婴幼儿配方乳粉管理的公告

（国家质量监督检验检疫总局公告 2013 年第 133 号）

发布日期：2013-09-23
实施日期：2013-09-23
法规类型：规范性文件

为贯彻落实国务院关于进一步加强婴幼儿乳粉质量安全工作的部署，现就有关要求公告如下。

一、本公告所称婴幼儿配方乳粉指婴儿配方乳粉、较大婴儿和幼儿配方乳粉。

二、对华出口婴幼儿配方乳粉的境外生产企业应按照《进出口乳品检验检疫监督管理办法》（质检总局令第 152 号）、《进口食品境外生产企业注册管理规定》（质检总局令第 145 号）及《质检总局关于公布〈进口食品境外生产企业注册实施目录〉的公告》（质检总局公告 2013 年第 62 号）的规定，办理注册。自 2014 年 5 月 1 日起，未经注册的境外生产企业的婴幼儿配方乳粉不允许进口。

三、进口婴幼儿配方乳粉，其报检日期到保质期截止日不足 3 个月的，不予进口。

四、严禁进口大包装婴幼儿配方乳粉到境内分装，进口的婴幼儿配方乳粉必须已罐装在向消费者出售的最小零售包装中。

五、自 2014 年 4 月 1 日起，进口婴幼儿配方乳粉的中文标签必须在入境前已直接印制在最小销售包装上，不得在境内加贴。产品包装上无中文标签或者中文标签不符合中国法律法规和食品安全国家标准的，一律按不合格产品做退货或销毁处理。

除另有说明外，本公告之各项要求自发布之日起实施。

其他货物

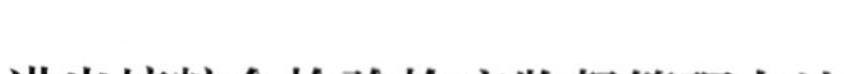

进出境粮食检验检疫监督管理办法

（国家质量监督检验检疫总局令第 177 号）

发布日期：2016-01-20
实施日期：2018-11-23
法规类型：部门规章

（根据 2018 年 4 月 28 日海关总署令第 238 号《海关总署关于修改部分规章的决定》第一次修正；根据 2018 年 5 月 29 日海关总署令第 240 号《海关总署关于修改部分规章的决定》第二次修正；根据 2018 年 11 月 23 日海关总署令第 243 号《海关总署关于修改部分规章的决定》第三次修正）

第一章　总　则

第一条　根据《中华人民共和国进出境动植物检疫法》及其《中华人民共和国进出境动植物检疫法实施条例》、《中华人民共和国食品安全法》及其《中华人民共和国食品安全法实施条例》、《中华人民共和国进出口商品检验法》及其《中华人民共和国进出口商品检验法实施条例》、《农业转基因生物安全管理条例》《国务院关于加强食品等产品安全监督管理的特别规定》等法律法规的规定，制定本办法。

第二条　本办法适用于进出境（含过境）粮食检验检疫监督管理。

本办法所称粮食，是指用于加工、非繁殖用途的禾谷类、豆类、油料类等作物的籽实以及薯类的块根或者块茎等。

第三条　海关总署统一管理全国进出境粮食检验检疫监督管理工作。

主管海关负责所辖区域内进出境粮食的检验检疫监督管理工作。

第四条　海关总署及主管海关对进出境粮食质量安全实施风险管理，包括在风险分析的基础上，组织开展进出境粮食检验检疫准入，包括产品携带有害生物风险分析、监管体系评估与审查、确定检验检疫要求、境外生产企业注册登记等。

第五条　进出境粮食收发货人及生产、加工、存放、运输企业应当依法从事生产经营活动，建立并实施粮食质量安全控制体系和疫情防控体系，对进出境粮食质量安全负责，诚实守信，接受社会监督，承担社会责任。

第二章　进境检验检疫

第一节　注册登记

第六条　海关总署对进境粮食境外生产、加工、存放企业（以下简称境外生产加工企业）实施注册登记制度。

境外生产加工企业应当符合输出国家或者地区法律法规和标准的相关要求，并达到中国有关法律法规和强制性标准的要求。

实施注册登记管理的进境粮食境外生产加工企业，经输出国家或者地区主管部门审查合格后向海关总署推荐。海关总署收到推荐材料后进行审查确认，符合要求的国家或者地区的境外生产加工企业，予以注册登记。

境外生产加工企业注册登记有效期为4年。

需要延期的境外生产加工企业，由输出国家或者地区主管部门在有效期届满6个月前向海关总署提出延期申请。海关总署确认后，注册登记有效期延长4年。必要时，海关总署可以派出专家到输出国家或者地区对其监管体系进行回顾性审查，并对申请延期的境外生产加工企业进行抽查。

注册登记的境外生产加工企业向中国输出粮食经检验检疫不合格，情节严重的，海关总署可以撤销其注册登记。

第七条　向我国出口粮食的境外生产加工企业应当获得输出国家或者地区主管部门的认可，具备过筛清杂、烘干、检测、防疫等质量安全控制设施及质量管理制度，禁止添加杂质。

根据情况需要，海关总署组织专家赴境外实施体系性考察，开展疫情调查，生产、加工、存放企业检查及预检监装等工作。

第二节　检验检疫

第八条　海关总署对进境粮食实施检疫准入制度。

首次从输出国家或者地区进口某种粮食，应当由输出国家或者地区官方主管机构向海关总署提出书面申请，并提供该种粮食种植及储运过程中发生有害生物的种类、为害程度及防控情况和质量安全控制体系等技术资料。特殊情况下，可以由进口企业申请并提供技术资料。海关总署可以组织开展进境粮食风险分析、实地考察及对外协商。

海关总署依照国家法律法规及国家技术规范的强制性要求等，制定进境粮食的具体检验检疫要求，并公布允许进境的粮食种类及来源国家或者地区名单。

对于已经允许进境的粮食种类及相应来源国家或者地区，海关总署将根据境外疫情动态、进境疫情截获及其他质量安全状况，组织开展进境粮食具体检验检疫要求的回顾性审查，必要时派专家赴境外开展实地考察、预检、监装及对外协商。

第九条　进境粮食应当从海关总署指定的口岸入境。指定口岸条件及管理规范由海关总署制定。

第十条　海关总署对进境粮食实施检疫许可制度。进境粮食货主应当在签订贸易合同前，按照《进境动植物检疫审批管理办法》等规定申请办理检疫审批手续，取得《中华人民共和国进境动植物检疫许可证》（以下简称《检疫许可证》），并将国家粮食质量安全要求、植物检疫要求及《检疫许可证》中规定的相关要求列入贸易合同。

因口岸条件限制等原因，进境粮食应当运往符合防疫及监管条件的指定存放、加工场所（以下简称指定企业），办理《检疫许可证》时，货主或者其代理人应当明确指定场所并提供相应证明文件。

未取得《检疫许可证》的粮食，不得进境。

第十一条 海关按照下列要求，对进境粮食实施检验检疫：

（一）中国政府与粮食输出国家或者地区政府签署的双边协议、议定书、备忘录以及其他双边协定确定的相关要求；

（二）中国法律法规、国家技术规范的强制性要求和海关总署规定的检验检疫要求；

（三）《检疫许可证》列明的检疫要求。

第十二条 货主或者其代理人应当在粮食进境前向进境口岸海关报检，并按要求提供以下材料：

（一）粮食输出国家或者地区主管部门出具的植物检疫证书；

（二）产地证书；

（三）贸易合同、提单、装箱单、发票等贸易凭证；

（四）双边协议、议定书、备忘录确定的和海关总署规定的其他单证。

进境转基因粮食的，还应当取得《农业转基因生物安全证书》。海关对《农业转基因生物安全证书》电子数据进行系统自动比对验核。

鼓励货主向境外粮食出口商索取由输出国家或者地区主管部门，或者由第三方检测机构出具的品质证书、卫生证书、适载证书、重量证书等其他单证。

第十三条 进境粮食可以进行随航熏蒸处理。

现场查验前，进境粮食承运人或者其代理人应当向进境口岸海关书面申报进境粮食随航熏蒸处理情况，并提前实施通风散气。未申报的，海关不实施现场查验；经现场检查，发现熏蒸剂残留物，或者熏蒸残留气体浓度超过安全限量的，暂停检验检疫及相关现场查验活动；熏蒸剂残留物经有效清除且熏蒸残留气体浓度低于安全限量后，方可恢复现场查验活动。

第十四条 使用船舶装载进境散装粮食的，海关应当在锚地对货物表层实施检验检疫，无重大异常质量安全情况后船舶方可进港，散装粮食应当在港口继续接受检验检疫。

需直接靠泊检验检疫的，应当事先征得海关的同意。

以船舶集装箱、火车、汽车等其他方式进境粮食的，应当在海关指定的查验场所实施检验检疫，未经海关同意不得擅自调离。

第十五条 海关应当对进境粮食实施现场检验检疫。现场检验检疫包括：

（一）货证核查。核对证单与货物的名称、数（重）量、出口储存加工企业名称及其注册登记号等信息。船舶散装的，应当核查上一航次装载货物及清仓检验情况，评估对装载粮食的质量安全风险；集装箱装载的，应当核查集装箱箱号、封识等信息。

（二）现场查验。重点检查粮食是否水湿、发霉、变质，是否携带昆虫及杂草籽等有害生物，是否有混杂粮谷、植物病残体、土壤、熏蒸剂残渣、种衣剂污染、动物尸体、动物排泄物及其他禁止进境物等。

（三）抽取样品。根据有关规定和标准抽取样品送实验室检测。

（四）其他现场查验活动。

第十六条 海关应当按照相关工作程序及标准，对现场查验抽取的样品及发现的可疑物进行实验室检测鉴定，并出具检验检疫结果单。

实验室检测样品应当妥善存放并至少保留3个月。如检测异常需要对外出证的，样品应当至少保留6个月。

第十七条 进境粮食有下列情形之一的，应当在海关监督下，在口岸锚地、港口或者指定的检疫监管场所实施熏蒸、消毒或者其他除害处理：

（一）发现检疫性有害生物或者其他具有检疫风险的活体有害昆虫，且可能造成扩散的；

（二）发现种衣剂、熏蒸剂污染、有毒杂草籽超标等安全卫生问题，且有有效技术处理措施的；

（三）其他原因造成粮食质量安全受到危害的。

第十八条 进境粮食有下列情形之一的，作退运或者销毁处理：

（一）未列入海关总署进境准入名单，或者无法提供输出粮食国家或者地区主管部门出具的《植物检疫证书》等单证的，或者无《检疫许可证》的；

（二）有毒有害物质以及其他安全卫生项目检测结果不符合国家技术规范的强制性要求，且无法改变用途或者无有效处理方法的；

（三）检出转基因成分，无《农业转基因生物安全证书》，或者与证书不符的；

（四）发现土壤、检疫性有害生物以及其他禁止进境物且无有效检疫处理方法的；

（五）因水湿、发霉等造成腐败变质或者受到化学、放射性等污染，无法改变用途或者无有效处理方法的；

（六）其他原因造成粮食质量安全受到严重危害的。

第十九条 进境粮食经检验检疫后，海关签发入境货物检验检疫证明等相关单证；经检验检疫不合格的，由海关签发《检验检疫处理通知书》、相关检验检疫证书。

第二十条 海关对进境粮食实施检疫监督。进境粮食应当在具备防疫、处理等条件的指定场所加工使用。未经有效的除害处理或加工处理，进境粮食不得直接进入市场流通领域。

进境粮食装卸、运输、加工、下脚料处理等环节应当采取防止撒漏、密封等防疫措施。进境粮食加工过程应当具备有效杀灭杂草籽、病原菌等有害生物的条件。粮食加工下脚料应当进行有效的热处理、粉碎或者焚烧等除害处理。

海关应当根据进境粮食检出杂草等有害生物的程度、杂质含量及其他质量安全状况，并结合拟指定加工、运输企业的防疫处理条件等因素，确定进境粮食的加工监管风险等级，并指导与监督相关企业做好疫情控制、监测等安全防控措施。

第二十一条 进境粮食用作储备、期货交割等特殊用途的，其生产、加工、存放应当符合海关总署相应检验检疫监督管理规定。

第二十二条 因科研、参展、样品等特殊原因而少量进境未列入海关总署准入名单内粮食的，应当按照有关规定提前申请办理进境特许检疫审批并取得《检疫许可证》。

第二十三条 进境粮食装卸、储存、加工涉及不同海关的，各相关海关应当加强沟通协作，建立相应工作机制，及时互相通报检验检疫情况及监管信息。

对于分港卸货的进境粮食，海关应当在放行前及时相互通报检验检疫情况。需要对外方出证的，相关海关应当充分协商一致，并按相关规定办理。

对于调离进境口岸的进境粮食，口岸海关应当在调离前及时向指运地海关开具进境粮食调运联系单。

第二十四条 境外粮食需经我国过境的，货主或者其代理人应当提前向海关总署或者主管海关提出申请，提供过境路线、运输方式及管理措施等，由海关总署组织制定过境粮食检验检疫监管方案后，方可依照该方案过境，并接受主管海关的监督管理。

过境粮食应当密封运输，杜绝撒漏。未经主管海关批准，不得开拆包装或者卸离运输工具。

第三章 出境检验检疫

第一节 注册登记

第二十五条 输入国家或者地区要求中国对向其输出粮食生产、加工、存放企业（以下简称出境生产加工企业）注册登记的，直属海关负责组织注册登记，并向海关总署备案。

第二十六条 出境粮食生产加工企业应当满足以下要求：

（一）具有法人资格，在工商行政管理部门注册，持有《企业法人营业执照》；

（二）建立涉及本企业粮食业务的全流程管理制度并有效运行，各台账记录清晰完整，能准确反映入出库粮食物流信息，具备可追溯性，台账保存期限不少于2年；

（三）具有过筛清杂、烘干、检测、防疫等质量安全控制设施以及有效的质量安全和溯源管理体系；

（四）建立有害生物监控体系，配备满足防疫需求的人员，具有对虫、鼠、鸟等的防疫措施及能力；

（五）不得建在有碍粮食卫生和易受有害生物侵染的区域。仓储区内不得兼营、生产、存放有毒有害物质。库房和场地应当硬化、平整、无积水。粮食分类存放，离地、离墙，标识清晰。

第二节 检验检疫

第二十七条 装运出境粮食的船舶、集装箱等运输工具的承运人、装箱单位或者其代理人，应当在装运前向海关申请清洁、卫生、密固等适载检验。未经检验检疫或者检验检疫不合格的，不得装运。

第二十八条 货主或者其代理人应当在粮食出境前向储存或者加工企业所在地海关报检，并提供贸易合同、发票、自检合格证明质量合格声明等材料。

贸易方式为凭样成交的，还应当提供成交样品。

第二十九条 海关按照下列要求对出境粮食实施现场检验检疫和实验室项目检测：

（一）双边协议、议定书、备忘录和其他双边协定；

（二）输入国家或者地区检验检疫要求；

（三）中国法律法规、强制性标准和海关总署规定的检验检疫要求；

（四）贸易合同或者信用证注明的检疫要求。

第三十条 对经检验检疫符合要求，或者通过有效除害或者技术处理并经重新检验检疫符合要求的，海关按照规定签发《出境货物换证凭单》。输入国家或者地区要求出具检验检疫证书的，按照国家相关规定出具证书。输入国家或者地区对检验检疫证书形式或者内容有新要求的，经海关总署批准后，方可对证书进行变更。

经检验检疫不合格且无有效除害或者技术处理方法的，或者虽经过处理但经重新检验检疫仍不合格的，海关签发《出境货物不合格通知单》，粮食不得出境。

第三十一条 出境粮食检验有效期最长不超过2个月；检疫有效期原则定为21天，黑龙江、吉林、辽宁、内蒙古和新疆地区冬季（11月至次年2月底）可以酌情延长至35天。超过检验检疫有效期的粮食，出境前应当重新报检。

第三十二条 产地与口岸海关应当建立沟通协作机制，及时通报检验检疫情况等信息。

出境粮食经产地检验检疫合格后，出境口岸海关按照相关规定查验，重点检查货证是否相符、是否感染有害生物等。查验不合格的，不予放行。

出境粮食到达口岸后拼装的，应当重新报检，并实施检疫。出境粮食到达口岸后因变更输入国家或者地区而有不同检验检疫要求的，应当重新报检，并实施检验检疫。

第四章 风险及监督管理

第一节 风险监测及预警

第三十三条 海关总署对进出境粮食实施疫情监测制度，相应的监测技术指南由海关总署制定。

海关应当在粮食进境港口、储存库、加工厂周边地区、运输沿线粮食换运、换装等易洒落地段等，开展杂草等检疫性有害生物监测与调查。发现疫情的，应当及时组织相关企业采取应急处置措施，并分析疫情来源，指导企业采取有效的整改措施。相关企业应当配合实施疫情监测及铲除措施。

根据输入国家或者地区的检疫要求，海关应当在粮食种植地、出口储存库及加工企业周边地区开展疫情调查与监测。

第三十四条 海关总署对进出境粮食实施安全卫生项目风险监控制度，制定进出境粮食安全卫生项目风险监控计划。

第三十五条 海关总署及主管海关建立粮食质量安全信息收集报送系统，信息来源主要包括：

（一）进出境粮食检验检疫中发现的粮食质量安全信息；

（二）进出境粮食贸易、储存、加工企业质量管理中发现的粮食质量安全信息；

（三）海关实施疫情监测、安全卫生项目风险监控中发现的粮食质量安全信息；

（四）国际组织、境外政府机构、国内外行业协会及消费者反映的粮食质量安全信息；

（五）其他关于粮食质量安全风险的信息。

第三十六条 海关总署及主管海关对粮食质量安全信息进行风险评估，确定相应粮食的风险级别，并实施动态的风险分级管理。依据风险评估结果，调整进出境粮食检验检疫管理及监管措施方案、企业监督措施等。

第三十七条 进出境粮食发现重大疫情和重大质量安全问题的，海关总署及主管海关依照相关规定，采取启动应急处置预案等应急处置措施，并发布警示通报。当粮食安全风险已不存在或者降低到可接受的水平时，海关总署及主管海关应当及时解除警示通报。

第三十八条 海关总署及主管海关根据情况将重要的粮食安全风险信息向地方政府、农业和粮食行政管理部门、国外主管机构、进出境粮食企业等相关机构和单位进行通报，并协同采取必要措施。粮食安全信息公开应当按照相关规定程序进行。

第二节　监督管理

第三十九条 拟从事进境粮食存放、加工业务的企业可以向所在地主管海关提出指定申请。

主管海关按照海关总署制定的有关要求，对申请企业的申请材料、工艺流程等进行检验评审，核定存放、加工粮食种类、能力。

从事进境粮食储存、加工的企业应当具备有效的质量安全及溯源管理体系，符合防疫、处理等质量安全控制要求。

第四十条 海关对指定企业实施检疫监督。

指定企业、收货人及代理人发现重大疫情或者公共卫生问题时，应当立即向所在地海关报告，海关应当按照有关规定处理并上报。

第四十一条 从事进出境粮食的收发货人及生产、加工、存放、运输企业应当建立相应的粮食进出境、接卸、运输、存放、加工、下脚料处理、发运流向等生产经营档案，做好质量追溯和安全防控等详细记录，记录至少保存 2 年。

第四十二条 进境粮食存在重大安全质量问题，已经或者可能会对人体健康或者农林牧渔业生产生态安全造成重大损害的，进境粮食收货人应当主动召回。采取措施避免或者减少损失发生，做好召回记录，并将召回和处理情况向所在地海关报告。

收货人不主动召回的，由直属海关发出责令召回通知书并报告海关总署。必要时，海关总署可以责令召回。

第四十三条 海关总署及主管海关根据质量管理、设施条件、安全风险防控、诚信经营状况，对企业实施分类管理。针对不同级别的企业，在粮食进境检疫审批、进出境检验检疫查验及日常监管等方面采取相应的检验检疫监管措施。具体分类管理规范由海关总署制定。

第五章 法律责任

第四十四条 有下列情形之一的，由海关按照《进出境动植物检疫法实施条例》规定处5000元以下罚款：

（一）未报检的；

（二）报检的粮食与实际不符的。

有前款第（二）项所列行为，已取得检疫单证的，予以吊销。

第四十五条 进境粮食未依法办理检疫审批手续或者未按照检疫审批规定执行的，由海关按照《进出境动植物检疫法实施条例》规定处5000元以下罚款。

第四十六条 擅自销售、使用未报检或者未经检验的列入必须实施检验的进出口商品目录的进出境粮食，由海关按照《进出口商品检验法实施条例》规定，没收非法所得，并处商品货值金额5%以上20%以下罚款。

第四十七条 进出境粮食收发货人生产、加工、存放、运输企业未按照本办法第四十一条的规定建立生产经营档案并做好记录的，由海关责令改正，给予警告；拒不改正的，处3000元以上1万元以下罚款。

第四十八条 有下列情形之一的，由海关按照《进出境动植物检疫法实施条例》规定，处3000元以上3万元以下罚款：

（一）未经海关批准，擅自将进境、过境粮食卸离运输工具，擅自将粮食运离指定查验场所的；

（二）擅自开拆过境粮食的包装，或者擅自开拆、损毁动植物检疫封识或者标志的。

第四十九条 列入必须实施检验的进出口商品目录的进出境粮食收发货人或者其代理人、报检人员不如实提供进出境粮食真实情况，取得海关有关证单，或者不予报检，逃避检验，由海关按照《进出口商品检验法实施条例》规定，没收违法所得，并处商品货值金额5%以上20%以下罚款。

第五十条 伪造、变造、买卖或者盗窃检验证单、印章、标志、封识、货物通关单或者使用伪造、变造的检验证单、印章、标志、封识，尚不够刑事处罚的，由海关按照《进出口商品检验法实施条例》规定，责令改正，没收违法所得，并处商品货值金额等值以下罚款。

第五十一条 有下列违法行为之一，尚不构成犯罪或者犯罪情节显著轻微依法不需要判处刑罚的，由海关按照《进出境动植物检疫法实施条例》规定，处2万元以上5万元以下的罚款：

（一）引起重大动植物疫情的；

（二）伪造、变造动植物检疫单证、印章、标志、封识的。

第五十二条 依照本办法规定注册登记的生产、加工、存放单位，进出境的粮食经检疫不合格，除依照本办法有关规定作退回、销毁或者除害处理外，情节严重的，由海关按照《进出境动植物检疫法实施条例》规定，注销注册登记。

第五十三条 擅自调换海关抽取的样品或者海关检验合格的进出境粮食的，由海关按照《进出口商品检验法实施条例》规定，责令改正，给予警告；情节严重的，并处商品货值金额10%以上50%以下罚款。

第五十四条 提供或者使用未经海关适载检验的集装箱、船舱、飞机、车辆等运载工具装运出境粮食的，由海关按照《进出口商品检验法实施条例》规定，处10万元以下罚款。

提供或者使用经海关检验不合格的集装箱、船舱、飞机、车辆等运载工具装运出境粮食的，由海关按照《进出口商品检验法实施条例》规定，处20万元以下罚款。

第五十五条 有下列情形之一的，由海关处3000元以上1万元以下罚款：

（一）进境粮食存在重大安全质量问题，或者可能会对人体健康或农林牧渔业生产生态安全造成重大损害的，没有主动召回的；

（二）进境粮食召回或者处理情况未向海关报告的；

（三）进境粮食未在海关指定的查验场所卸货的；

（四）进境粮食有本办法第十七条所列情形，拒不做有效的检疫处理的。

第五十六条 有下列情形之一的，由海关处3万元以下罚款：

（一）进出境粮食未按规定注册登记或者在指定场所生产、加工、存放的；

（二）买卖、盗窃动植物检疫单证、印章、标识、封识，或者使用伪造、变造的动植物检疫单证、印章、标识、封识的；

（三）使用伪造、变造的输出国家或者地区官方检疫证明文件的；

（四）拒不接受海关检疫监督的。

第五十七条 海关工作人员滥用职权，故意刁难，徇私舞弊，伪造检验检疫结果，或者玩忽职守，延误检验出证，依法给予行政处分；构成犯罪的，依法追究刑事责任。

第六章 附 则

第五十八条 进出境用作非加工而直接销售粮食的检验检疫监督管理，由海关总署另行规定。

第五十九条 以边贸互市方式的进出境小额粮食，参照海关总署相关规定执行。

第六十条 本办法由海关总署负责解释。

第六十一条 本办法自2016年7月1日起施行。国家质检总局2001年12月发布的《出入境粮食和饲料检验检疫管理办法》（国家质检总局令第7号）同时废止。此前进出境粮食检验检疫监管规定与本办法不一致的，以本办法为准。

进口棉花检验监督管理办法

（国家质量监督检验检疫总局令第151号）

发布日期：2013-01-18

实施日期：2018-07-01

法规类型：部门规章

（根据2018年4月28日海关总署令第238号《海关总署关于修改部分规章的决定》第一次修正；根据2018年5月29日海关总署令第240号《海关总署关于修改部分规章的决定》第二次修正）

第一章 总 则

第一条 为了加强进口棉花检验监督管理，提高进口棉花质量，维护正常贸易秩序，根据《中华人民共和国进出口商品检验法》（以下简称商检法）及其实施条例的规定，制定本办法。

第二条 本办法适用于进口棉花的检验监督管理。

第三条 海关总署主管全国进口棉花的检验监督管理工作。

主管海关负责所辖地区进口棉花的检验监督管理工作。

第四条 国家对进口棉花的境外供货企业（以下简称境外供货企业）实施质量信用管理，对境外供货企业可以实施登记管理。

第五条 海关依法对进口棉花实施到货检验。

第二章 境外供货企业登记管理

第六条 为了便利通关，境外供货企业按照自愿原则向海关总署申请登记。

第七条 申请登记的境外供货企业（以下简称申请人）应当具备以下条件：

（一）具有所在国家或者地区合法经营资质；

（二）具有固定经营场所；

（三）具有稳定供货来源，并有相应质量控制体系；

（四）熟悉中国进口棉花检验相关规定。

第八条 申请人申请登记时应当向海关总署提交下列书面材料：

（一）进口棉花境外供货企业登记申请表（以下简称登记申请表）；

（二）合法商业经营资质证明文件复印件；

（三）组织机构图及经营场所平面图；

（四）质量控制体系的相关材料；

（五）质量承诺书。

以上材料应当提供中文或者中外文对照文本。

第九条 境外供货企业可以委托代理人申请登记。代理人申请登记时，应当提交境外供货企业的委托书。

第十条 海关总署对申请人提交的申请，应当根据下列情形分别作出处理：

（一）申请材料不齐全或者不符合法定形式的，应当当场或者自收到申请材料之日起5个工作日内一次告知申请人需要补正的全部内容；逾期不告知的，自收到申请材料之日起即为受理；

（二）申请材料齐全、符合规定形式，或者申请人按照海关总署的要求提交全部补正材料的，应当受理；

（三）申请人自被告知之日起20个工作日内未补正申请材料，视为撤销申请；申请人提供的补正材料仍不符合要求的，不予受理，并书面告知申请人。

第十一条 受理当事人提交的申请后，海关总署应当组成评审组，开展书面评审，必要时开展现场评审。上述评审应当自受理之日起3个月内完成。

第十二条 经审核合格的，海关总署应当对境外供货企业予以登记，颁发《进口棉花境外供货企业登记证书》（以下简称登记证书）并对外公布。

第十三条 经审核不合格的，海关总署对境外供货企业不予登记，并书面告知境外供货企业。

第十四条 登记证书有效期为3年。

第十五条 不予登记的境外供货企业自不予登记之日起2个月后方可向海关总署重新申请登记。

第十六条 已登记境外供货企业的名称、经营场所或者法定代表人等登记信息发生变化的，应当及时向海关总署申请变更登记，提交本办法第八条规定的登记申请表及变更事项的证明材料，海关总署应当自收到变更登记材料之日起 30 个工作日内作出是否予以变更登记的决定。

第十七条 需要延续有效期的，已登记境外供货企业应当在登记证书有效期届满 3 个月前向海关总署申请复查换证，复查换证时提交本办法第八条规定的材料，海关总署应当在登记证书有效期届满前作出是否准予换证的决定。

到期未申请复查换证的，海关总署予以注销。

第三章 质量信用管理

第十八条 海关总署对境外供货企业实行质量信用管理。直属海关根据进口棉花的实际到货质量和境外供货企业的履约情况，对境外供货企业的质量信用进行评估，并上报海关总署。

第十九条 按照质量信用，境外供货企业分为 A、B、C 三个层级：

（一）A 级：境外供货企业自获得海关总署登记后即列为 A 级；

（二）B 级：A 级境外供货企业发生本办法第二十条所列情形之一的降为 B 级；

（三）C 级：未获得海关总署登记的境外供货企业默认为 C 级；B 级境外供货企业发生本办法第二十条所列情形之一的降为 C 级。

第二十条 登记境外供货企业进口的同合同、同发票、同规格的棉花发生下列情形之一的，海关应当对该境外供货企业的质量信用进行评估并作相应调整：

（一）等级降级幅度在 2 级及以上的棉包数量超过总包数 20%的；

（二）长度降级幅度在 1/16 英寸（约 1.58 毫米）及以上的棉包数量超过总包数 20%的；

（三）马克隆值不合格的棉包数量超过总包数 60%的；

（四）到货重量短少率超过 3%，未及时赔偿的；

（五）货物中发生严重油污、水渍、霉变、板结的棉包数量超过总包数的 5%的；

（六）货物包装发生影响运输、搬运、装卸的严重破损，破损棉包数量超过总包数 20%的；

（七）混有异性纤维、棉短绒、废棉和危害性杂物，经核查对企业造成严重损失的。

第二十一条 进口棉花发生本办法第二十条所列情形时，海关应当将有关检验结果告知收货人，收货人应当及时书面通知境外供货企业。未经海关允许，收货人不得销售、使用该批进口棉花。海关应当及时将进口棉花的检验情况及相关证明材料上报直属海关。

第二十二条 直属海关对检验情况及相关证明材料进行审核，初步评估确定境外供货企业的质量信用层级，并将评估结果及理由书面告知境外供货企业。

第二十三条 境外供货企业对初步评估结果有异议的，应当自收到书面通知之日起 15 个工作日内，向作出评估结果的直属海关提出书面申辩，并提交相关证明材料。经复核，原评估结果有误的，予以更正。

无异议或者期限届满未申辩的，直属海关确定最终评估结果，书面告知境外供货企业，同时上报海关总署。

第二十四条 海关总署根据评估结果及时调整境外供货企业质量信用层级，并通知主管海关及相关单位。

第二十五条 实施质量信用评估过程中发生复验、行政复议或者行政诉讼的，应当暂停评估。待复验、行政复议或者行政诉讼结束后，继续组织评估。

第二十六条 海关总署对获得登记的境外供货企业质量信用层级按下列方式进行动态调整：

（一）A级境外供货企业进口的棉花发生本办法第二十条所列情形的，境外供货企业的质量信用层级由A级降为B级；

（二）自直属海关书面通知境外供货企业质量信用层级之日起5个月内，从B级境外供货企业进口的棉花发生本办法第二十条所列情形的，境外供货企业的质量信用层级由B级降为C级；如未发生本办法第二十条所列情形的，质量信用层级由B级升为A级；

（三）自直属海关书面通知境外供货企业质量信用层级之日起5个月内，从C级境外供货企业进口的棉花未发生本办法第二十条所列情形的，境外供货企业（不含未在海关总署登记的企业）的质量信用层级由C级升为B级。

第四章　进口检验

第二十七条　进口棉花的收货人或者其代理人应当向入境口岸海关报检。

第二十八条　海关根据境外供货企业的质量信用层级，按照下列方式对进口棉花实施检验：

（一）对A级境外供货企业的棉花，应当在收货人报检时申报的目的地检验，由目的地海关按照检验检疫行业标准实施抽样检验；

（二）对B级境外供货企业的棉花，应当在收货人报检时申报的目的地检验，由目的地海关实施两倍抽样量的加严检验；

（三）对C级境外供货企业的棉花，海关在入境口岸实施两倍抽样量的加严检验。

第二十九条　实施进口棉花现场检验工作的场所应当具备以下条件：

（一）具有适合棉花存储的现场检验场地；

（二）配备开箱、开包、称重、取样等所需的设备和辅助人员；

（三）其他检验工作所需的通用现场设施。

第三十条　海关对进口棉花实施现场查验。查验时应当核对进口棉花批次、规格、标记等，确认货证相符；查验包装是否符合合同等相关要求，有无包装破损；查验货物是否存在残损、异性纤维、以次充好、掺杂掺假等情况。对集装箱装载的，检查集装箱铅封是否完好。

第三十一条　海关按照相关规定对进口棉花实施数重量检验、品质检验和残损鉴定，并出具证书。

第三十二条　进口棉花的收货人或者发货人对海关出具的检验结果有异议的，可以按照《进出口商品复验办法》的规定申请复验。

第五章　监督管理

第三十三条　境外供货企业质量控制体系应当持续有效。

海关总署可以依法对境外供货企业实施现场核查。

第三十四条　收货人应当建立进口棉花销售、使用记录以及索赔记录，海关可以对其记录进行检查，发现未建立记录或者记录不完整的，书面通知收货人限期整改。

第三十五条　主管海关应当建立质量信用评估和检验监管工作档案。海关总署对质量信用评估和检验监管工作进行监督检查。

第三十六条　已登记境外供货企业发生下列情形之一的，海关总署撤销其登记。境外供货企业自撤销之日起6个月后方可向海关总署重新申请登记。

（一）提供虚假材料获取登记证书的；

（二）在海关总署组织的现场检查中被发现其质量控制体系无法保证棉花质量的；

（三）C级已登记境外供货企业发生本办法第二十条所列情形的；

（四）不接受监督管理的。

第六章 法律责任

第三十七条 收货人发生下列情形之一的，有违法所得的，由海关处违法所得3倍以下罚款，最高不超过3万元；没有违法所得的，处1万元以下罚款：

（一）书面通知限期整改仍未建立进口棉花销售或者使用记录以及索赔记录的；

（二）不如实提供进口棉花的真实情况造成严重后果的；

（三）不接受监督管理的。

第三十八条 有其他违反相关法律、行政法规行为的，海关依照相关法律、行政法规追究其法律责任。

第三十九条 海关的工作人员滥用职权，故意刁难当事人，徇私舞弊，伪造检验检疫结果的，或者玩忽职守，延误出证的，按照《中华人民共和国进出口商品检验法实施条例》第五十六条规定依法给予行政处分；构成犯罪的，依法追究刑事责任。

第七章 附 则

第四十条 进口棉花的动植物检疫、卫生检疫按照法律法规及相关规定执行。

第四十一条 香港、澳门和台湾地区的棉花供货企业的登记管理和质量信用评估管理按照本办法执行。

第四十二条 从境外进入保税区、出口加工区等海关特殊监管区域的进口棉花，按照相关规定执行。

第四十三条 本办法由海关总署负责解释。

第四十四条 本办法自2013年2月1日起施行。

进出境转基因产品检验检疫管理办法

（国家质量监督检验检疫总局令第62号）

发布日期：2004-05-24

实施日期：2023-04-15

法规类型：部门规章

（根据2018年3月6日国家质量监督检验检疫总局令第196号《国家质量监督检验检疫总局关于废止和修改部分规章的决定》第一次修正；根据2018年4月28日海关总署令第238号《海关总署关于修改部分规章的决定》第二次修正；根据2018年11月23日海关总署令第243号《海关总署关于修改部分规章的决定》第三次修正；根据2023年3月9日海关总署令第262号《海关总署关于修改部分规章的决定》第四次修正）

第一章 总 则

第一条 为加强进出境转基因产品检验检疫管理，保障人体健康和动植物、微生物安全，保护生态环境，根据《中华人民共和国进出口商品检验法》《中华人民共和国食品安全法》《中华人民共和国进出境动植物检疫法》及其实施条例、《农业转基因生物安全管理条例》等法律法规的规定，制定本办法。

第二条 本办法适用于对通过各种方式（包括贸易、来料加工、邮寄、携带、生产、代繁、科研、交换、展览、援助、赠送以及其他方式）进出境的转基因产品的检验检疫。

第三条 本办法所称“转基因产品”是指《农业转基因生物安全管理条例》规定的农业转基因生物及其他法律法规规定的转基因生物与产品。

第四条 海关总署负责全国进出境转基因产品的检验检疫管理工作，主管海关负责所辖地区进出境转基因产品的检验检疫以及监督管理工作。

第二章 进境检验检疫

第五条 海关总署对进境转基因动植物及其产品、微生物及其产品和食品实行申报制度。

第六条 货主或者其代理人在办理进境报检手续时，应当在《入境货物报检单》的货物名称栏中注明是否为转基因产品。申报为转基因产品的，除按规定提供有关单证外，还应当取得法律法规规定的主管部门签发的《农业转基因生物安全证书》或者相关批准文件。海关对《农业转基因生物安全证书》电子数据进行系统自动比对验核。

第七条 对列入实施标识管理的农业转基因生物目录（国务院农业行政主管部门制定并公布）的进境转基因产品，如申报是转基因的，海关应当实施转基因项目的符合性检测，如申报是非转基因的，海关应进行转基因项目抽查检测；对实施标识管理的农业转基因生物目录以外的进境动植物及其产品、微生物及其产品和食品，海关可根据情况实施转基因项目抽查检测。

海关按照国家认可的检测方法和标准进行转基因项目检测。

第八条 经转基因检测合格的，准予进境。如有下列情况之一的，海关通知货主或者其代理人作退货或者销毁处理：

（一）申报为转基因产品，但经检测其转基因成分与《农业转基因生物安全证书》不符的；

（二）申报为非转基因产品，但经检测其含有转基因成分的。

第九条 进境供展览用的转基因产品，须凭法律法规规定的主管部门签发的有关批准文件进境，展览期间应当接受海关的监管。展览结束后，所有转基因产品必须作退回或者销毁处理。如因特殊原因，需改变用途的，须按有关规定补办进境检验检疫手续。

第三章 过境检验检疫

第十条 过境转基因产品进境时，货主或者其代理人须持规定的单证向进境口岸海关申报，经海关审查合格的，准予过境，并由出境口岸海关监督其出境。对改换原包装及变更过境线路的过境转基因产品，应当按照规定重新办理过境手续。

第四章 出境检验检疫

第十一条 对出境产品需要进行转基因检测或者出具非转基因证明的，货主或者其代理人应当提前向所在地海关提出申请，并提供输入国家或者地区官方发布的转基因产品进境要求。

第十二条 海关受理申请后，根据法律法规规定的主管部门发布的批准转基因技术应用于商业化生产的信息，按规定抽样送转基因检测实验室作转基因项目检测，依据出具的检测报告，确认为转基因产品并符合输入国家或者地区转基因产品进境要求的，出具相关检验检疫单证；确认为非转基因产品的，出具非转基因产品证明。

第五章　附　则

第十三条　对进出境转基因产品除按本办法规定实施转基因项目检测和监管外，其他检验检疫项目内容按照法律法规和海关总署的有关规定执行。

第十四条　承担转基因项目检测的实验室必须通过国家认证认可监督管理部门的能力验证。

第十五条　对违反本办法规定的，依照有关法律法规的规定予以处罚。

第十六条　本办法由海关总署负责解释。

第十七条　本办法自公布之日起施行。

进出口玩具检验监督管理办法

（质检总局令第111号）

发布日期：2009-03-02

实施日期：2018-11-23

法规类型：部门规章

（根据2015年11月23日国家质量监督检验检疫总局令第173号《国家质量监督检验检疫总局关于修改〈进出口玩具检验监督管理办法〉的决定》第一次修正；根据2018年4月28日海关总署令第238号《海关总署关于修改部分规章的决定》第二次修正；根据2018年5月29日海关总署令第240号《海关总署关于修改部分规章的决定》第三次修正；根据2018年11月23日海关总署令第243号《海关总署关于修改部分规章的决定》第四次修正）

第一章　总　则

第一条　为规范进出口玩具的检验监管工作，加强对进出口玩具的管理，保护消费者人身健康和安全，根据《中华人民共和国进出口商品检验法》及其实施条例和《国务院关于加强食品等产品安全监督管理的特别规定》等有关规定，制定本办法。

第二条　海关总署主管全国进出口玩具检验监督管理工作。

主管海关负责辖区内进出口玩具的检验监督管理工作。

第三条　本办法适用于列入必须实施检验的进出口商品目录（以下简称目录）以及法律、行政法规规定必须实施检验的进出口玩具的检验和监督管理。海关和从事进出口玩具的生产、经营企业应当遵守本办法。

海关对目录外的进出口玩具按照海关总署的规定实施抽查检验。

第四条　进口玩具按照我国国家技术规范的强制性要求实施检验。

出口玩具按照输入国家或者地区的技术法规和标准实施检验，如贸易双方约定的技术要求高于技术法规和标准的，按照约定要求实施检验。输入国家或者地区的技术法规和标准无明确规定的，按照我国国家技术规范的强制性要求实施检验。

政府间已签订协议的，应当按照协议规定的要求实施检验。

第五条　海关总署对存在缺陷可能导致儿童伤害的进出口玩具的召回实施监督管理。

第二章　进口玩具的检验

第六条　进口玩具的收货人或者其代理人在办理报检时，应当按照《出入境检验检疫报检规定》如实填写入境货物报检单，提供有关单证。对列入强制性产品认证目录的进口玩具还应当取得强制性产品认证证书。海关对强制性产品认证证书电子数据进行系统自动比对验核。

第七条　海关对列入强制性产品认证目录内的进口玩具，按照《进口许可制度民用商品入境验证管理办法》的规定实施验证管理。

对未列入强制性产品认证目录内的进口玩具，报检人已提供进出口玩具检测实验室（以下简称玩具实验室）出具的合格的检测报告的，海关对报检人提供的有关单证与货物是否符合进行审核。

对未能提供检测报告或者经审核发现有关单证与货物不相符的，应当对该批货物实施现场检验并抽样送玩具实验室检测。

第八条　进口玩具经检验合格的，海关出具检验证明。

第九条　进口玩具经检验不合格的，由海关出具检验检疫处理通知书。涉及人身财产安全、健康、环境保护项目不合格的，由海关责令当事人退货或者销毁；其他项目不合格的，可以在海关的监督下进行技术处理，经重新检验合格后，方可销售或者使用。

第十条　在国内市场销售的进口玩具，其安全、使用标识应当符合我国玩具安全的有关强制性要求。

第三章　出口玩具的检验

第十一条　出口玩具报检时，报检人应当如实填写出境货物报检单，除按照《出入境检验检疫报检规定》提供相关材料外，还需提供产品质量安全符合性声明。

出口玩具首次报检时，还应当提供玩具实验室出具的检测报告以及海关总署规定的其他材料等。

第十二条　海关根据本办法第四条的规定对出口玩具实施检验。

出口玩具应当由产地海关实施检验。出口玩具经检验合格的，产地海关出具换证凭单。出口玩具经检验不合格的，出具不合格通知单。

第十三条　出口玩具经产地海关检验合格后，发货人应当在规定的期限内向口岸海关申请查验。

未能在检验有效期内出口或者在检验有效期内变更输入国家或者地区且检验要求不同的，应当重新向海关报检。

第十四条　出口玩具生产、经营企业应当建立完善的质量安全控制体系及追溯体系，加强对玩具成品、部件或者部分工序分包的质量控制和管理，建立并执行进货检查验收制度，审验供货商、分包商的经营资格，验明产品合格证明和产品标识，并建立产品及高风险原材料的进货台帐，如实记录产品名称、规格、数量、供货商、分包商及其联系方式、进货时间等内容。

第四章　监督管理

第十五条　海关对出口玩具生产企业实施分类管理。

第十六条　海关应当对出口玩具生产、经营企业实施监督管理，监督管理包括对企业质量保证能力的检查以及对质量安全重点项目的检验。

第十七条　主管海关对具有下列情形之一的玩具生产、经营企业实施重点监督管理：

（一）企业安全质量控制体系未能有效运行的；

（二）发生国外预警通报或者召回、退运事件经主管海关调查确属企业责任的；

（三）出口玩具经抽批检验连续2次，或者6个月内累计3次出现安全项目检验不合格的；

（四）进口玩具在销售和使用过程中发现存在安全质量缺陷，或者发生相关安全质量事件，未按要求主动向海关总署或者主管海关报告和配合调查的；

（五）违反检验检疫法律法规规定受到行政处罚的。

第十八条 对实施重点监督管理的企业，海关对该企业加严管理，对该企业的进出口产品加大抽查比例，期限一般为6个月。

第十九条 海关总署对玩具实验室实施监督管理。玩具实验室应当通过中国合格评定国家认可委员会（CNAS）的资质认可并获得海关总署指定。

海关总署对出现检测责任事故的玩具实验室，暂停其检测资格，责令整改，整改合格后，方可恢复；情节严重的，取消其指定实验室资格。

第二十条 进出口玩具的收货人或者发货人对海关出具的检验结果有异议的，可以按照《进出口商品复验办法》的规定申请复验。

第二十一条 海关总署对进出口玩具的召回实施监督管理。

进入我国国内市场的进口玩具存在缺陷的，进口玩具的经营者、品牌商应当主动召回；不主动召回的，由海关总署责令召回。

进口玩具的经营者、品牌商和出口玩具生产经营者、品牌商获知其提供的玩具可能存在缺陷的，应当进行调查，确认产品质量安全风险，同时在24小时内报告所在地主管海关。实施召回时应当制作并保存完整的召回记录，并在召回完成时限期满后15个工作日内，向海关总署和所在地直属海关提交召回总结。

已经出口的玩具在国外被召回、通报或者出现安全质量问题的，其生产经营者、品牌商应当向主管海关报告相关信息。

第五章　法律责任

第二十二条 擅自销售未经检验的进口玩具，或者擅自销售应当申请进口验证而未申请的进口玩具的，由海关没收违法所得，并处货值金额5%以上20%以下罚款。

第二十三条 擅自出口未经检验的出口玩具的，由海关没收违法所得，并处货值金额5%以上20%以下罚款。

第二十四条 擅自销售经检验不合格的进口玩具，或者出口经检验不合格的玩具的，由海关责令停止销售或者出口，没收违法所得和违法销售或者出口的玩具，并处违法销售或者出口的玩具货值金额等值以上3倍以下罚款。

第二十五条 进出口玩具的收货人、发货人、代理报检企业、快件运营企业、报检人员未如实提供进出口玩具的真实情况，取得海关的有关证单，或者逃避检验的，由海关没收违法所得，并处货值金额5%以上20%以下罚款。

进出口玩具的收货人或者发货人委托代理报检企业、出入境快件运营企业办理报检手续，未按照规定向代理报检企业、出入境快件运营企业提供所委托报检事项的真实情况，取得海关的有关证单的，对委托人依照前款规定予以处罚。

代理报检企业、出入境快件运营企业、报检人员对委托人所提供情况的真实性未进行合理审查或者因工作疏忽，导致骗取海关有关证单的结果的，由海关对代理报检企业、出入境快件运营企业处2万元以上20万元以下罚款。

第二十六条 伪造、变造、买卖或者盗窃检验检疫证单、印章、封识或者使用伪造、变造的检验检疫证单、印章、封识，由海关责令改正，没收违法所得，并处货值金额等值以下罚款；构成犯罪的，依法追究刑事责任。

第二十七条 擅自调换海关抽取的样品或者海关检验合格的进出口玩具的，由海关责令改正，给予警告；情节严重的，并处货值金额10%以上50%以下罚款。

第二十八条 擅自调换、损毁海关加施的标志、封识的，由海关处5万元以下罚款。

第二十九条 我国境内的进出口玩具生产企业、经营者、品牌商有下列情形之一的，海关可以给予警告或者处3万元以下罚款：

（一）对出口玩具在进口国家或者地区发生质量安全事件隐瞒不报并造成严重后果的；

（二）对应当向海关报告玩具缺陷而未报告的；

（三）对应当召回的缺陷玩具拒不召回的。

第三十条 海关的工作人员滥用职权，故意刁难当事人的，徇私舞弊，伪造检验检疫结果的，或者玩忽职守，延误出证的，依法给予行政处分，没收违法所得；构成犯罪的，依法追究刑事责任。

第三十一条 违反本办法规定，构成犯罪的，依法追究刑事责任。

第六章 附 则

第三十二条 本办法所称质量安全重点项目是指海关在对输入国家或者地区技术法规和标准、企业产品质量安全历史数据和产品通报召回等信息进行风险评估的基础上，确定的产品质量安全高风险检验项目。

本办法所称产品抽批检验是指海关根据出口产品生产企业分类管理类别，对报检的出口产品按照规定的比例实施现场检验和抽样送实验室检测。

第三十三条 本办法由海关总署负责解释。

第三十四条 本办法自2009年9月15日起施行。

中华人民共和国实施金伯利进程国际证书制度管理规定

（质检总局令第42号）

发布日期：2002-12-31

实施日期：2018-11-23

法规类型：部门规章

（根据2018年3月6日国家质量监督检验检疫总局令2018年第196号《国家质量监督检验检疫总局关于废止和修改部分规章的决定》第一次修正；根据2018年4月28日海关总署令第238号《海关总署关于修改部分规章的决定》第二次修正；根据2018年5月29日海关总署令第240号《海关总署关于修改部分规章的决定》第三次修正；根据2018年11月23日海关总署令第243号《海关总署关于修改部分规章的决定》第四次修正）

第一章 总 则

第一条 为履行国际义务，维护非洲地区的和平与稳定，制止冲突钻石非法交易，根据我国有关法律法规规定和联合国大会第55/56号决议以及金伯利进程国际证书制度的要求，制定本规定。

第二条 本规定所称的毛坯钻石是指未经加工或者经简单切割或者部分抛光，归入《商品名称及编码协调制度》7102.10、7102.21和7102.31的钻石。

第三条 海关总署是我国实施金伯利进程国际证书制度的管理部门。海关总署指定的主管海关负责对进出口毛坯钻石的原产国（地）或者来源国（地）进行核查，并对毛坯钻石进行验证、检验、签证。

第四条 金伯利进程国际证书是具有法律约束力的官方证明文件。

第五条 本规定适用于金伯利进程国际证书制度成员国（以下简称成员国）之间的毛坯钻石进出口贸易。海关只受理成员国之间的毛坯钻石进出口的申报。

第六条 进出口毛坯钻石的受理申报、核查检验，由主管海关办理。

第二章　进口核查检验

第七条 毛坯钻石入境前，毛坯钻石的进出口企业或者其代理人以及承运人（以下简称申报人）应当向海关提交《中华人民共和国进口毛坯钻石申报单》、毛坯钻石出口国政府主管机构签发的金伯利进程国际证书正本等有关资料，办理入境申报手续。未提供上述单证的，不予受理申报。

第八条 海关受理申报后，应当严格审查所提交的金伯利进程国际证书，必要时可以进行成员国间核对，并按照金伯利进程国际证书制度的要求，审核申报内容是否与出口国政府主管机构签发的金伯利进程国际证书相符。

第九条 海关应当在指定地点及申报人在场的情况下，核查货物原产地标记、封识及内外包装；检查原产国（地）/来源国（地）、收货人、证书编号等是否与随附的金伯利进程国际证书所列内容一致；对申报金额进行核定；对毛坯钻石的克拉重量（数量）等按照金伯利进程国际证书制度的要求实施检验。

第十条 核查、检验结束后，海关应当签发进口毛坯钻石确认书，发送至货物原产国（地）/来源国（地）政府主管机构，同时以电子邮件方式确认该批钻石已到达目的地。

第十一条 海关应当将《中华人民共和国进口毛坯钻石申报单》、毛坯钻石出口国政府主管机构签发的金伯利进程国际证书正本和进口毛坯钻石确认书副本等有关资料一并归档。档案保存期为3年。

第三章　出口核查检验

第十二条 毛坯钻石出境前，申报人应当向海关提交《中华人民共和国出口毛坯钻石申报单》，声明所申报的出口毛坯钻石为非冲突钻石、目的国为成员国，并保证出口毛坯钻石储存在防损容器中运输，同时提供合同、发票以及其他证明毛坯钻石合法性的有关资料。

第十三条 海关受理申报后，应当在指定地点及申报人在场的情况下，对毛坯钻石原产地的真实性等进行核实，对毛坯钻石的克拉重量（数量）进行检验，并对申报金额进行核定。在确认申报人所申报的内容正确无误后，对符合金伯利进程国际证书制度要求的毛坯钻石及其包装容器进行封识，加施原产地注册标记，并签发《金伯利进程国际证书》。

海关签发《金伯利进程国际证书》后，应当以电子邮件方式将相关信息发送至进口国。

第十四条 海关在收到进口国政府主管机构发出的进口毛坯钻石确认书后，应当将确认书、《中华人民共和国出口毛坯钻石申报单》《金伯利进程国际证书》副本以及合同、发票等有关资料一并归档。档案保存期为3年。

第四章　统计管理

第十五条 海关应当按照金伯利进程国际证书制度要求，对毛坯钻石进出口贸易相关数据进行统计管理，建立统计数据库。统计数据包括：HS 编码、原产国（地）和来源国（地）、贸易国别、进出口企业、克拉重量（数量）、金额、签证份数、证书编号、确认证书份数等。统计信息保存期为 3 年。

第十六条 海关总署按照金伯利进程国际证书制度的要求及时交换数据，统一对外发布有关信息。

第十七条 申报人要保存完整的贸易证单，同时对有关贸易数据进行统计，统计内容主要包括：客户名称、进出口毛坯钻石的克拉重量（数量）和金额等。贸易证单和统计数据保存期为 3 年。

第五章 附 则

第十八条 对过境毛坯钻石，海关在申报人确保毛坯钻石密封包装容器未开封和未受损情况下，可以不予核查金伯利进程国际证书。

第十九条 为方便贸易，便于监管，有关钻石交易机构应当配合海关工作，并提供必要的条件。

第二十条 对未如实申报毛坯钻石的原产国（地）和来源国（地）的，伪造、涂改金伯利进程国际证书等有关证单的，违反金伯利进程国际证书制度有关规定、从事冲突钻石进出口的，按照有关法律法规规定予以处罚。

第二十一条 本办法所规定的文书由海关总署另行制定并且发布。

第二十二条 本规定由海关总署负责解释。

第二十三条 本规定自 2003 年 1 月 1 日起施行。

进出境集装箱检验检疫管理办法

（出入境检验检疫局令〔2000〕第 17 号）

发布日期：2000-01-11
实施日期：2023-04-15
法规类型：部门规章

（根据 2018 年 4 月 28 日海关总署令第 238 号《海关总署关于修改部分规章的决定》第一次修正；2023 年 3 月 9 日海关总署令第 262 号《海关总署关于修改部分规章的决定》第二次修正）

第一章 总 则

第一条 为加强进出境集装箱检验检疫管理工作，根据《中华人民共和国进出口商品检验法》、《中华人民共和国进出境动植物检疫法》、《中华人民共和国国境卫生检疫法》、《中华人民共和国食品安全法》及有关法律法规的规定，制定本办法。

第二条 本办法所称进出境集装箱是指国际标准化组织所规定的集装箱，包括出境、进境和过境的实箱及空箱。

第三条 海关总署主管全国进出境集装箱的检验检疫管理工作。主管海关负责所辖地区进出境集装箱的检验检疫和监督管理工作。

第四条 集装箱进出境前、进出境时或过境时，承运人、货主或其代理人（以下简称报检人），必须向海关报检。海关按照有关规定对报检集装箱实施检验检疫。

第五条 过境应检集装箱，由进境口岸海关实施查验，离境口岸海关不再检验检疫。

第二章 进境集装箱的检验检疫

第六条 进境集装箱应按有关规定实施下列检验检疫：

（一）所有进境集装箱应实施卫生检疫；

（二）来自动植物疫区的，装载动植物、动植物产品和其他检验检疫物的，以及箱内带有植物性包装物或辅垫材料的集装箱，应实施动植物检疫；

（三）法律、行政法规、国际条约规定或者贸易合同约定的其他应当实施检验检疫的集装箱，按有关规定、约定实施检验检疫。

第七条 进境集装箱报检人应当向进境口岸海关报检，未经海关许可，不得提运或拆箱。

第八条 进境集装箱报检时，应提供集装箱数量、规格、号码、到达或离开口岸的时间、装箱地点和目的地、货物的种类、数量和包装材料等单证或情况。

第九条 海关受理进境集装箱报检后，对报检人提供的相关材料进行审核，并将审核结果通知报检人。

第十条 在进境口岸结关的以及国家有关法律法规规定必须在进境口岸查验的集装箱，在进境口岸实施检验检疫或作卫生除害处理。

指运地结关的集装箱，进境口岸海关受理报检后，检查集装箱外表（必要时进行卫生除害处理），办理调离和签封手续，并通知指运地海关，到指运地进行检验检疫。

第十一条 进境集装箱及其装载的应检货物经检验检疫合格的，准予放行；经检验检疫不合格的，按有关规定处理。

第十二条 过境集装箱经查验发现有可能中途撒漏造成污染的，报检人应按进境口岸海关的要求，采取密封措施；无法采取密封措施的，不准过境。发现被污染或危险性病虫害的，应作卫生除害处理或不准过境。

第三章 出境集装箱的检验检疫

第十三条 出境集装箱应按有关规定实施下列检验检疫：

（一）所有出境集装箱应实施卫生检疫；

（二）装载动植物、动植物产品和其他检验检疫物的集装箱应实施动植物检疫；

（三）装运出口易腐烂变质食品、冷冻品的集装箱应实施适载检验；

（四）输入国要求实施检验检疫的集装箱，按要求实施检验检疫；

（五）法律、行政法规、国际条约规定或贸易合同约定的其他应当实施检验检疫的集装箱按有关规定、约定实施检验检疫。

第十四条 出境集装箱应在装货前向所在地海关报检，未经海关许可，不准装运。

第十五条 装载出境货物的集装箱，出境口岸海关凭启运地海关出具的检验检疫证单验证放行。法律、法规另有规定的除外。

第十六条 在出境口岸装载拼装货物的集装箱，由出境口岸海关实施检验检疫。

第四章 进出境集装箱的卫生除害处理

第十七条 进出境集装箱有下列情况之一的，应当作卫生除害处理：

（一）来自检疫传染病或监测传染病疫区的；

（二）被传染病污染的或可能传播检疫传染病的；

（三）携带有与人类健康有关的病媒昆虫或啮齿动物的；

（四）检疫发现有国家公布的一、二类动物传染病、寄生虫病名录及植物危险性病、虫、杂草名录中所列病虫害和对农、林、牧、渔业有严重危险的其他病虫害的；发现超过规定标准的一般性病虫害的；

（五）装载废旧物品或腐败变质有碍公共卫生物品的；

（六）装载尸体、棺柩、骨灰等特殊物品的；

（七）输入国家或地区要求作卫生除害处理的；

（八）国家法律、行政法规或国际条约规定必须作卫生除害处理的。

第十八条 对集装箱及其所载货物实施卫生除害处理时应当避免造成不必要的损害。

第十九条 用于集装箱卫生除害处理的方法、药物须经海关总署认可。

第五章 监督管理

第二十条 进出境集装箱卫生除害处理工作应当依法实施并接受海关监督。

第二十一条 海关对装载法检商品的进出境集装箱实施监督管理。监督管理的具体内容包括查验集装箱封识、标志是否完好，箱体是否有损伤、变形、破口等。

第六章 附 则

第二十二条 进出境集装箱装载的应检货物按有关规定实施检验检疫。

第二十三条 海关在对进出境集装箱实施检验检疫工作时，有关单位和个人应当提供必要的工作条件及辅助人力、用具等。

第二十四条 违反本办法规定的，依照国家有关法律法规予以处罚。

第二十五条 本办法由海关总署负责解释。

第二十六条 本办法自2000年2月1日起施行。原国家商检局发布的《集装箱检验办法》、原国家动植物检疫局发布的《进出境集装箱动植物检疫管理的若干规定》、原国家卫生检疫局发布的《关于实施〈进境、出境集装箱卫生管理规定〉的要求》同时废止。

出口烟花爆竹检验管理办法

（出入境检验检疫局令第9号）

发布日期：1999-12-02

实施日期：2018-04-28

法规类型：部门规章

（根据2018年4月28日海关总署令第238号《海关总署关于修改部分规章的决定》修正）

第一条 为加强出口烟花爆竹的检验管理工作，保证出口烟花爆竹的质量，保障公共安全和人身安全，促进对外贸易的发展，根据《中华人民共和国进出口商品检验法》及其实施条例，制定本办法。

第二条 海关总署统一管理全国出口烟花爆竹检验和监督管理工作，主管海关负责所辖地区出口烟花爆竹的检验和监督管理工作。

第三条 出口烟花爆竹的检验和监督管理工作采取产地检验与口岸查验相结合的原则。

第四条 主管海关对出口烟花爆竹的生产企业实施登记管理制度。生产企业登记管理的条件与程序按《出口烟花爆竹生产企业登记细则》办理。

主管海关将已登记的生产企业名称、登记代码等情况应当及时报海关总署备案。登记代码标记按照《出口烟花爆竹生产企业登记代码标记编写规定》确定。

第五条 出口烟花爆竹的生产企业应当按照《联合国危险货物建议书规章范本》和有关法律、法规的规定生产、储存出口烟花爆竹。

第六条 出口烟花爆竹的生产企业在申请出口烟花爆竹的检验时，应当向海关提交《出口烟花爆竹生产企业声明》。

第七条 出口烟花爆竹的检验应当严格执行国家法律法规规定的标准，对进口国以及贸易合同高于我国法律法规规定标准的，按其标准进行检验。

第八条 海关对首次出口或者原材料、配方发生变化的烟花爆竹应当实施烟火药剂安全稳定性能检测。对长期出口的烟花爆竹产品，每年应当进行不少于一次的烟火药剂安全性能检验。

第九条 盛装出口烟花爆竹的运输包装，应当标有联合国规定的危险货物包装标记和出口烟花爆竹生产企业的登记代码标记。

海关应当对出口烟花爆竹运输包装进行使用鉴定，以及检查其外包装标识的名称、数量、规格、生产企业登记代码等与实际是否一致。经检查上述内容不一致的，不予放行。

第十条 凡经检验合格的出口烟花爆竹，由海关在其运输包装明显部位加贴验讫标志。

第十一条 各口岸与内地海关应当密切配合、共同把关，加强出口烟花爆竹检验管理和质量情况等信息交流。

第十二条 主管海关每年应当对所辖地区出口烟花爆竹质量情况进行分析并书面报告海关总署，海关总署对各关出口烟花爆竹的检验、管理工作和质量情况进行监督抽查。

第十三条 对违反本办法规定的，根据《中华人民共和国进出口商品检验法》及其实施条例的有关规定予以行政处罚。

第十四条 本办法所规定的文书由海关总署另行制定并且发布。

第十五条 本办法由海关总署负责解释。

第十六条 本办法自2000年1月1日起实施。

关于进口水泥采信要求的公告

（海关总署公告2023年第21号）

发布日期：2023-03-10

实施日期：2023-03-15

法规类型：规范性文件

根据《中华人民共和国进出口商品检验法》《中华人民共和国海关进出口商品检验采信管理办法》（以下简称《采信办法》），海关总署决定对进口水泥检验实施采信管理。现就有关事项公告如下：

一、实施采信商品范围

根据进口水泥质量安全风险评估结果，进口货物收货人或者其代理人进口的水泥（HS 编码 2523290000），可以委托采信机构实施检验，海关依照《采信办法》对采信机构的检验结果实施采信。

二、检验项目、适用的技术规范及检验方法

采信机构应当按照《进口水泥采信检验项目、适用的技术规范及检验方法》（见附件 1）的要求对进口水泥实施检验。

三、检验报告内容

采信机构接受进口货物收货人或者其代理人委托，对进口水泥实施检验并出具检验报告。检验报告应当符合《采信办法》第十三条的规定并随附采信商品照片。

四、检验报告有效期

采信机构出具的检验报告，自签发之日起，六个月内有效。

五、采信机构要求

（一）申请条件。

检验机构申请纳入进口水泥采信机构目录管理的（以下简称“申请机构”），除满足《采信办法》第七条第一、二、四、五、六款规定外，还应满足以下要求：

1. 在中华人民共和国境内注册的检验机构，应当取得检验检测机构资质认定（CMA）或者获得中国合格评定国家认可委员会（CNAS）实施的 ISO/IEC 17025 认可，且检验能力范围应当包括本公告附件 1 所列明的检验项目、适用的技术规范及检验方法。

2. 在中华人民共和国境外注册的检验机构，应当获得由国际实验室认可合作组织互认协议（ILAC-MRA）签约认可机构实施的 ISO/IEC 17025 体系认可，且检验能力范围应当包括本公告附件 1 所列明的检验项目、适用的技术规范及检验方法。

（二）申请方式。

申请机构应当按照《采信办法》第八条规定向海关提交申请材料。具体申请路径如下：中国国际贸易单一窗口（https：//www. singlewindow. cn）—业务应用—标准版应用—检验检疫—进出口商品检验采信。申请流程详见《“海关进出口商品检验采信机构目录管理”事项服务指南》（见附件 2）。

六、申报要求

进口货物收货人或者其代理人如需对进口货物申请检验结果采信，申报时应在“货物属性”栏选择“检验结果需采信”类型申报，在对应货物项号的“产品资质”栏中录入“采信机构代码/检验报告编号”，并在“随附单据”栏上传《质量安全符合性声明》（见附件 3），海关按照《采信办法》实施采信。

本公告自 2023 年 3 月 15 日起执行。

特此公告。

附件：1. 进口水泥采信检验项目、适用的技术规范及检验方法（略）

2. “海关进出口商品检验采信机构目录管理”事项服务指南（略）

3. 质量安全符合性声明（略）

关于进口服装采信要求的公告

（海关总署公告 2022 年第 120 号）

发布日期：2022-12-01
实施日期：2022-12-01
法规类型：规范性文件

根据《中华人民共和国进出口商品检验法》、《中华人民共和国海关进出口商品检验采信管理办法》（以下简称《采信办法》），海关总署决定对进口服装检验实施采信管理。现就有关事项公告如下：

一、实施采信商品范围

根据进口服装质量安全风险评估结果，进口货物收货人或者其代理人进口《实施采信的进口服装商品编号清单》（见附件 1）所列服装的，可以委托采信机构实施检验，海关依照《采信办法》的规定对采信机构的检验结果实施采信。

二、检验项目、适用的技术规范及检验方法

采信机构应当按照《进口服装采信检验项目、适用的技术规范及检验方法》（见附件 2）要求对进口服装实施检验。

三、检验报告内容

采信机构接受进口货物收货人或者其代理人委托，对进口服装实施检验并出具检验报告。检验报告应当符合《采信办法》第十三条的规定并随附采信商品照片。

四、检验报告有效期

采信机构出具的检验报告，自签发之日起，一年内有效。

五、采信机构要求

（一）申请条件。

检验机构申请纳入进口服装采信机构目录管理的（以下简称申请机构），除满足《采信办法》第七条第一、二、四、五、六款规定外，还应满足以下要求：

1. 在中华人民共和国境内注册的检验机构，应当取得检验检测机构资质认定（CMA）或者获得中国合格评定国家认可委员会（CNAS）实施的 ISO/IEC 17025 认可，且检验能力范围应包括本公告附件 2 所列明的检验项目、适用的技术规范及检验方法。

2. 在中华人民共和国境外注册的检验机构，应当获得由国际实验室认可合作组织互认协议（ILAC-MRA）签约认可机构实施的 ISO/IEC 17025 体系认可，且检验能力范围应包括本公告附件 2 所列明的检验项目、适用的技术规范及检验方法。

（二）申请方式。

申请机构应当按照《采信办法》第八条规定向海关提交申请材料。具体申请路径如下：中国国际贸易单一窗口（https：//www. singlewindow. cn）—业务应用—标准版应用—检验检疫—进出口商品检验采信。申请流程详见《“海关进出口商品检验采信机构目录管理”事项服务指南》（见附件 3）。

六、申报要求

进口货物收货人或者其代理人进口货物如需申请实施采信，申报时应在“货物属性”栏按照“检验结果需采信”类型申报，在对应货物项号的“产品资质”栏中录入“采信机构代码/检验报告编号”，并在“随附单据”栏上传《质量安全符合性声明》（见附件4），海关按照《采信办法》实施采信。

本公告自2022年12月1日起执行。

特此公告。

附件：1. 实施采信的进口服装商品编号清单（略）
2. 进口服装采信检验项目、适用的技术规范及检验方法（略）
3. “海关进出口商品检验采信机构目录管理”事项服务指南（略）
4. 质量安全符合性声明（略）

质检总局关于停止实施进口电池产品汞含量备案工作的公告

（国家质量监督检验检疫总局公告2015年第163号）

发布日期：2015-12-30
实施日期：2015-12-30
法规类型：规范性文件

1997年，为加强电池产品汞污染的防治工作，保护和改善我国生态环境，中国轻工总工会会同原国家出入境检验检疫局等9部门发出了《发布〈关于限制电池产品汞含量的规定〉的通知》（轻总行管〔1997〕14号）。之后，原国家出入境检验检疫局先后下发《关于对进出口电池产品汞含量实施强制检验的通知》（国检检〔2000〕218号）、《关于印发〈进出口电池产品汞含量检验监管办法〉的通知》（国检检〔2000〕244号），自2001年1月1日起对进出口含汞电池实施汞含量检测并备案。

从电池汞含量检测备案工作实施15年的情况来看，进出口电池产品汞含量已经得到根本上的控制，生产商、出口商、进口商均已牢固树立相关责任意识和质量控制意识，目前生产工艺和技术水平可基本确保电池产品符合《碱性及非碱性锌-二氧化锰电池中汞、镉、铅含量的限制要求》（GB24427-2009）和（GB24428-2009）《锌-氧化银、锌-空气、锌-二氧化锰扣式电池中汞含量的限制要求》等标准中对汞等有毒有害物质的限量要求，从质量控制角度可取消进口电池检验中汞含量的备案工作。

同时，按照总局加快推进检验监管模式改革、提高管理效率和执法水平、促进外贸便利化发展的要求，结合电池产业发展和贸易实际，经研究决定，即日起停止实施进口电池产品检验监管中的汞含量备案工作，《关于印发〈进出口电池产品汞含量检验监管办法〉的通知》（国检检〔2000〕244号）废止不再执行。

特此公告。

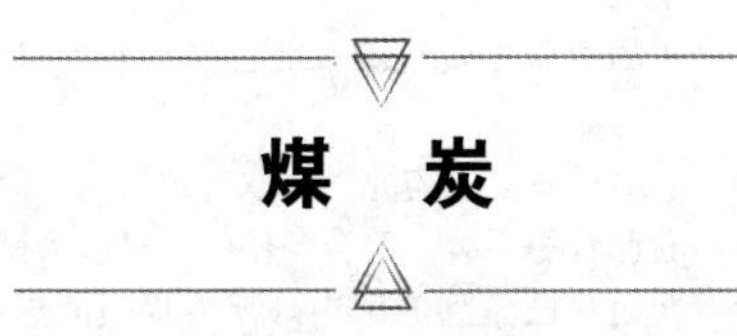

煤 炭

进出口煤炭检验管理办法

（质检总局令第 90 号）

发布日期：2006-06-26
实施日期：2018-05-01
法规类型：部门规章

（根据 2018 年 4 月 28 日海关总署令第 238 号《海关总署关于修改部分规章的决定》修正）

第一章　总　则

第一条　为规范进出口煤炭检验工作，保护人民健康和安全，保护环境，提高进出口煤炭质量和促进煤炭贸易发展，根据《中华人民共和国进出口商品检验法》（以下简称商检法）及其实施条例等相关法律法规的规定，制定本办法。

第二条　本办法适用于进出口煤炭的检验和监督管理。

第三条　海关总署主管全国进出口煤炭的检验监管工作。

主管海关按照职能分工对进出口煤炭实施检验和监督管理。

第四条　海关对进口煤炭实施口岸检验监管的方式。

第二章　进口煤炭检验

第五条　进口煤炭由卸货口岸海关检验。

第六条　进口煤炭的收货人或者其代理人应当在进口煤炭卸货之前按照海关总署相关规定向卸货口岸主管海关报检。

进口煤炭应当在口岸主管海关的监督下，在具备检验条件的场所卸货。

第七条　海关对进口煤炭涉及安全、卫生、环保的项目及相关品质、数量、重量实施检验，并在 10 个工作日内根据检验结果出具证书。

未经检验或者检验不合格的进口煤炭不准销售、使用。

第八条　对进口煤炭中发现的质量问题，主管海关应当责成收货人或者其代理人在监管下进行有效处理；发现安全、卫生、环保项目不合格的，按照商检法实施条例有关规定处理，并及时上报海关总署。

第三章 监督管理

第九条 口岸海关按照相关国家技术规范的强制性要求对本口岸进出口煤炭的除杂、质量验收等情况进行监督管理。

第十条 海关应当根据便利对外贸易的需要，采取有效措施，简化程序，方便进出口。

办理进出口煤炭报检和检验监管等手续，符合条件的，可以采用电子数据文件的形式。

第十一条 主管海关应当及时将收集到的国内外反映强烈的进出口煤炭安全、卫生、环保质量问题向海关总署报告。

海关总署对进口煤炭涉及安全、卫生、环保问题严重的情况发布预警通报。

第十二条 海关对伪造、涂改、冒用《出境货物换证凭单》及其他违反商检法有关规定的行为，依照商检法有关规定进行处理。

第十三条 海关及其工作人员履行职责时，应当遵守法律，维护国家利益，依照法定职权和法定程序严格执法，接受监督。

海关工作人员应当定期接受业务培训和考核，经考核合格，方可上岗执行职务。

海关工作人员应当忠于职守，文明服务，遵守职业道德，不得滥用职权，谋取私利。

第十四条 海关工作人员违反商检法规定，泄露所知悉的商业秘密的，依法给予行政处分，有违法所得的，没收违法所得；构成犯罪的，依法追究刑事责任。

海关工作人员滥用职权，故意刁难的，徇私舞弊，伪造检验结果的，或者玩忽职守，延误检验出证的，依法给予行政处分；构成犯罪的，依法追究刑事责任。

第四章 附 则

第十五条 本办法由海关总署负责解释。

第十六条 本办法自2006年8月1日起施行，原国家出入境检验检疫局发布的《出口煤炭检验管理办法》（国家检验检疫局第18号令）同时废止。

商品煤质量管理暂行办法

（发展改革委、环境保护部、商务部、海关总署、国家工商行政管理总局、国家质量监督检验检疫总局令第16号）

发布日期：2014-09-03

实施日期：2015-01-01

法规类型：部门规章

第一章 总 则

第一条 为贯彻落实国务院《大气污染防治行动计划》，强化商品煤全过程质量管理，提高终端用煤质量，推进煤炭高效清洁利用，改善空气质量，根据《中华人民共和国煤炭法》、《中华人民共和国产品质量法》、《中华人民共和国环境保护法》、《中华人民共和国大气污染防治法》、《中华人民共和国对外贸易法》、《中华人民共和国进出口商品检验法》等相关法律法规，制定本办法。

第二条 在中华人民共和国境内从事商品煤的生产、加工、储运、销售、进口、使用等活动，适用本办法。

第三条 商品煤是指作为商品出售的煤炭产品。不包括坑口自用煤以及煤泥、矸石等副产品。企业远距离运输的自用煤，同样适用本办法。

第四条 煤炭管理及有关部门在各自职责范围内负责建立煤炭质量管理制度并组织实施。

第二章 质量要求

第五条 煤炭生产、加工、储运、销售、进口、使用企业是商品煤质量的责任主体，分别对各环节商品煤质量负责。

第六条 商品煤应当满足下列基本要求：

（一）灰分（A_d）褐煤≤30%，其他煤种≤40%。

（二）硫分（$S_{t,d}$）褐煤≤1.5%，其他煤种≤3%。

（三）其他指标汞（Hg_d）≤0.6μg/g，砷（As_d）≤80μg/g，磷（P_d）≤0.15%，氯（Cl_d）≤0.3%，氟（F_d）≤200μg/g。

第七条 在中国境内远距离运输（运距超过600公里）的商品煤除在满足第六条要求外，还应当同时满足下列要求：

（一）褐煤

发热量（$Q_{net,ar}$）≥16.5MJ/kg，灰分（A_d）≤20%，硫分（$S_{t,d}$）≤1%。

（二）其他煤种

发热量（$Q_{net,ar}$）≥18MJ/kg，灰分（A_d）≤30%，硫分（$S_{t,d}$）≤2%。

本条中运距是指（国产商品煤）从产地到消费地距离或（境外商品煤）从货物进境口岸到消费地距离。

第八条 对于供应给具备高效脱硫、废弃物处理、硫资源回收等设施的化工、电力及炼焦等用户的商品煤，可适当放宽其商品煤供应和使用的含硫标准，具体办法由国家煤炭管理部门商有关部门制定。

第九条 京津冀及周边地区、长三角、珠三角限制销售和使用灰分（A_d）≥16%、硫分（$S_{t,d}$）≥1%的散煤。

第十条 生产、销售和进口的煤炭应按照《商品煤标识》（GB/T25209-2010）进行标识，标识内容应与实际煤质相符。

第十一条 不符合本办法要求的商品煤，不得进口、销售和远距离运输。煤炭进口检验及其监管，按《进出口商品检验法》等有关法律法规执行。

第十二条 承运企业对不同质量的商品煤应当“分质装车、分质堆存”。在储运过程中，不得降低煤炭的质量。

第十三条 煤炭生产、加工、储运、销售、进口、使用企业均应制定必要的煤炭质量保证制度，建立商品煤质量档案。

第三章 监督管理

第十四条 煤炭管理部门及有关部门在各自职责范围内依法对煤炭质量实施监管。煤炭生产、加工、储运、销售、进口、使用企业应当接受监管。

第十五条 煤炭管理部门及有关部门依法对辖区内的商品煤质量进行抽检，并将抽检结果通报国家发展改革委（国家能源局）等相关部门。

第十六条 煤炭管理部门及有关部门对煤炭生产、加工、储运、销售、使用企业实行分类管理。

第十七条 口岸检验检疫机构对本口岸进口商品煤的质量进行监督管理。每半年进行一次进口商品煤质量分析，上报国家质量监督检验检疫部门，抄送国家发展改革委（国家能源局）、商务部等相关管理部门。

第十八条 任何企业和个人对违反本办法的行为，均可向有关部门举报。有关部门应当及时调查处理，并为举报人保密。

第四章 法律责任

第十九条 商品煤质量达不到本办法要求的，责令限期整改，并予以通报；构成有关法律法规规定的违法行为的，依据有关法律法规予以处罚。

第二十条 采取掺杂使假、以次充好等违法手段进行经营的，依据相关法律法规予以处罚；构成犯罪的，由司法机关依法追究刑事责任。

第二十一条 对拒绝、阻碍有关部门监督检查、取证的，依法予以处罚；构成犯罪的，由司法机关依法追究刑事责任。

第二十二条 有关工作人员滥用职权、玩忽职守或者徇私舞弊的，依法予以行政处分；构成犯罪的，由司法机关依法追究刑事责任。

第五章 附 则

第二十三条 本办法由国家发展改革委（国家能源局）会同有关部门负责解释。各地区及相关企业可根据本办法制定更严格的标准和实施细则。

第二十四条 本办法自2015年1月1日起施行。

供港澳产品

供港澳蔬菜检验检疫监督管理办法

（国家质量监督检验检疫总局令第 120 号）

发布日期：2009-09-10
实施日期：2018-05-29
法规类型：部门规章

（根据 2018 年 3 月 6 日国家质量监督检验检疫总局 2018 第 196 号《国家质量监督检验检疫总局关于废止和修改部分规章的决定》第一次修正；根据 2018 年 4 月 28 日海关总署令第 238 号《海关总署关于修改部分规章的决定》第二次修正；根据 2018 年 5 月 29 日海关总署令第 240 号《海关总署令关于修改部分规章的决定》第三次修正）

第一章　总　则

第一条　为规范供港澳蔬菜检验检疫监督管理工作，保障供港澳蔬菜的质量安全和稳定供应，根据《中华人民共和国食品安全法》及其实施条例、《中华人民共和国进出口商品检验法》及其实施条例、《中华人民共和国进出境动植物检疫法》及其实施条例、《国务院关于加强食品等产品安全监督管理的特别规定》等法律、法规的规定，制定本办法。

第二条　本办法适用于供港澳新鲜和保鲜蔬菜的检验检疫监督管理工作。

第三条　海关总署主管全国供港澳蔬菜检验检疫监督管理工作。

主管海关负责所辖区域供港澳蔬菜检验检疫监督管理工作。

第四条　海关对供港澳蔬菜种植基地（以下简称种植基地）和供港澳蔬菜生产加工企业（以下简称生产加工企业）实施备案管理。种植基地和生产加工企业应当向海关备案。

第五条　种植基地、生产加工企业或者农民专业合作经济组织对供港澳蔬菜质量安全负责，种植基地和生产加工企业应当依照我国法律、法规、规章和食品安全标准从事种植、生产加工活动，建立健全从种植、加工到出境的全过程的质量安全控制体系和质量追溯体系，保证供港澳蔬菜符合香港或者澳门特别行政区的相关检验检疫要求。香港或者澳门特别行政区没有相关检验检疫要求的，应当符合内地相关检验检疫要求。

第六条　海关对供港澳蔬菜种植、生产加工过程进行监督，对供港澳蔬菜进行抽检。

第七条　海关对供港澳蔬菜建立风险预警与快速反应制度。

第二章　种植基地备案与管理

第八条　海关对种植基地实施备案管理。非备案基地的蔬菜不得作为供港澳蔬菜的加工原料，海关总署另有规定的小品种蔬菜除外。

第九条 种植基地、生产加工企业或者农民专业合作经济组织（以下简称种植基地备案主体）应当向种植基地所在地海关申请种植基地备案。

对实施区域化管理的种植基地，可以由地方政府有关部门向海关推荐备案。

第十条 申请备案的种植基地应当具备以下条件：

（一）有合法用地的证明文件。

（二）土地固定连片，周围具有天然或者人工的隔离带（网），符合各地海关根据实际情况确定的土地面积要求。

（三）土壤和灌溉用水符合国家有关标准的要求，周边无影响蔬菜质量安全的污染源。

（四）有专门部门或者专人负责农药等农业投入品的管理，有专人管理的农业投入品存放场所；有专用的农药喷洒工具及其他农用器具。

（五）有完善的质量安全管理体系，包括组织机构、农业投入品使用管理制度、有毒有害物质监控制度等。

（六）有植物保护基本知识的专职或者兼职管理人员。

（七）有农药残留检测能力。

第十一条 种植基地备案由其备案主体向基地所在地海关提出书面申请，提交以下材料：

（一）供港澳蔬菜种植基地备案申请表；

（二）种植基地示意图、平面图；

（三）种植基地负责人或者经营者身份证复印件；

第十二条 种植基地备案主体提交材料齐全的，海关应当受理备案申请。

种植基地备案主体提交材料不齐全的，海关应当当场或者在接到申请后5个工作日内一次性书面告知种植基地备案主体补正，以申请单位补正资料之日为受理日期。

海关受理申请后，应当根据本办法第十条和第十一条的规定进行审核。审核工作应当自受理之日起10个工作日内完成。符合条件的，予以备案，按照“省（自治区、直辖市）行政区划代码+SC+五位数字”的规则进行备案编号，发放备案证书。不符合条件的，不予备案，海关书面通知种植基地备案主体。

第十三条 种植基地负责人发生变更的，应当自变更之日起30日内向种植基地所在地海关申请办理种植基地备案变更手续。

种植基地备案主体更名、种植基地位置或者面积发生变化、周边环境有较大改变可能直接或者间接影响基地中种植产品质量安全的，以及有其他较大变更情况的，应当自变更之日起30日内重新申请种植基地的备案。

种植基地备案证书的有效期为4年。种植基地备案主体应当在基地备案资格有效期届满30日前向种植基地所在地海关提出备案延续申请。

海关按照本办法第十条和第十一条的要求进行审查。审查合格的，予以延续；不合格的，不予延续。

第十四条 种植基地备案主体应当建立供港澳蔬菜生产记录制度，如实记载下列事项：

（一）使用农业投入品的名称、来源、用法、用量、使用日期和农药安全间隔期；

（二）植物病虫害的发生和防治情况；

（三）收获日期和收获量；

（四）产品销售及流向。

生产记录应当保存2年。禁止伪造生产记录。

第十五条 种植基地负责人应当依照香港、澳门特别行政区或者内地食品安全标准和有关规定使用农药、肥料和生长调节剂等农业投入品，禁止采购或者使用不符合香港、澳门特别行政区或者内地食品安全标准的农业投入品。

第十六条 种植基地负责人应当为其生产的每一批供港澳蔬菜原料出具供港澳蔬菜加工原料证明文件。

第三章 生产加工企业备案与管理

第十七条 海关对生产加工企业实施备案管理。

第十八条 申请备案的生产加工企业应当具备以下条件：

（一）企业周围无影响蔬菜质量安全的污染源，生产加工用水符合国家有关标准要求。

（二）厂区有洗手消毒、防蝇、防虫、防鼠设施，生产加工区与生活区隔离。生产加工车间面积与生产加工能力相适应，车间布局合理，排水畅通，地面用防滑、坚固、不透水的无毒材料修建。

（三）有完善的质量安全管理体系，包括组织机构、产品溯源制度、有毒有害物质监控制度等。

（四）蔬菜生产加工人员符合食品从业人员的健康要求。

（五）有农药残留检测能力。

第十九条 生产加工企业向其所在地海关提出书面申请，提交以下材料：

（一）供港澳蔬菜生产加工企业备案申请表；

（二）生产加工企业厂区平面图、车间平面图、工艺流程图、关键工序及主要加工设备照片；

第二十条 生产加工企业提交材料齐全的，海关应当受理备案申请。

生产加工企业提交材料不齐全的，海关应当当场或者在接到申请后5个工作日内一次性书面告知生产加工企业补正，以生产加工企业补正资料之日为受理日期。

海关受理申请后，应当根据本办法第十八条和第十九条的规定进行审核。审核工作应当自受理之日起10个工作日内完成。符合条件的，予以备案，按照“省（自治区、直辖市）行政区划代码+GC+五位数字”的规则进行备案编号，发放备案证书。不符合条件的，不予备案，海关书面通知生产加工企业。

第二十一条 生产加工企业厂址或者办公地点发生变化的，应当向其所在地海关申请办理生产加工企业备案变更手续。

生产加工企业法定代表人、企业名称、生产车间变化的，应当重新申请生产加工企业的备案。

生产加工企业备案证书的有效期为4年。生产加工企业应当在备案资格有效期届满30日前向所在地海关提出备案延续申请。海关按照本办法第十八条和第十九条的要求进行审核。审查合格的，予以延续；审查不合格的，不予延续。

第二十二条 生产加工企业应当建立供港澳蔬菜原料进货查验记录制度，核查进厂原料随附的供港澳蔬菜加工原料证明文件；属于另有规定的小品种蔬菜，应当如实记录进厂原料的名称、数量、供货者名称及联系方式、进货日期等内容。进货查验记录应当真实，保存期限不得少于2年。

第二十三条 生产加工企业应当建立出厂检验记录制度，依照香港、澳门特别行政区或者内地食品安全标准对其产品进行检验。如实记录出厂产品的名称、规格、数量、生产日期、生产批号、购货者名称及联系方式等内容，检验合格后方可出口。出厂检验记录应当真实，保存期限不得少于2年。

用于检测的设备应当符合计量器具管理的有关规定。

第二十四条 生产加工企业应当在其供港澳蔬菜的运输包装和销售包装的标识上注明以

下内容：生产加工企业名称、地址、备案号、产品名称、生产日期和批次号等。

第四章　检验检疫

第二十五条　生产加工企业应当保证供港澳蔬菜符合香港、澳门特别行政区或者内地的相关检验检疫要求，对供港澳蔬菜进行检测，检测合格后报检人向所在地海关报检。

第二十六条　海关依据香港、澳门特别行政区或者内地的相关检验检疫要求对供港澳蔬菜进行抽检。

海关根据监管和抽检结果，签发《出境货物换证凭单》等有关检验检疫证单。

第二十七条　生产加工企业应当向海关申领铅封，并对装载供港澳蔬菜的运输工具加施铅封，建立台账，实行核销管理。

海关根据需要可以派员或者通过视频等手段对供港澳蔬菜进行监装，并对运输工具加施铅封。

海关将封识号和铅封单位记录在《出境货物换证凭单》或者其他单证上。

供港澳蔬菜需经深圳或者珠海转载到粤港或者粤澳直通货车的，应当在口岸海关指定的场所进行卸装，并重新加施铅封。海关对该过程实施监管，并将新铅封号记录在原单证上。

第二十八条　出境口岸海关对供港澳蔬菜实施分类查验制度。未经海关监装和铅封的，除核查铅封外，还应当按规定比例核查货证，必要时可以进行开箱抽查检验。经海关实施监装和铅封的，在出境口岸核查铅封后放行。

供港澳蔬菜经出境口岸海关查验符合要求的，准予放行；不符合要求的，不予放行，并将有关情况书面通知生产加工企业所在地海关。

第二十九条　供港澳蔬菜出货清单或者《出境货物换证凭单》实行一车/柜一单制度。

广东、深圳、珠海检验检疫机构出具的《出境货物通关单》或者《出境货物换证凭单》有效期为3个工作日；其他海关出具的通关单证有效期为7个工作日。

第五章　监督管理

第三十条　供港澳蔬菜应当来自备案的种植基地和生产加工企业。未经备案的种植基地及其生产加工企业不得从事供港澳蔬菜的生产加工和出口。

第三十一条　种植基地所在地海关对备案的种植基地进行监督管理，生产加工企业所在地海关对备案的生产加工企业进行监督管理。

海关应当建立备案的种植基地和生产加工企业监督管理档案。监督管理包括日常监督检查、年度审核等形式。

备案种植基地、生产加工企业的监督频次由海关根据实际情况确定。

第三十二条　海关对备案的种植基地实施日常监督检查，主要内容包括：

（一）种植基地周围环境状况；

（二）种植基地的位置和种植情况；

（三）具体种植品种和种植面积；

（四）生产记录；

（五）病虫害防治情况；

（六）有毒有害物质检测记录；

（七）加工原料证明文件出具情况以及产量核销情况。

根据需要，海关可以对食品安全相关项目进行抽检。

第三十三条　海关对备案的生产加工企业实施日常监督检查，主要内容包括：

（一）生产区域环境状况；

（二）进货查验记录和出厂检验记录；

（三）加工原料证明文件查验情况；

（四）标识和封识加施情况；

（五）质量安全自检自控体系运行情况；

（六）有毒有害物质监控记录。

根据需要，海关可以对食品安全相关项目进行抽检。

第三十四条 种植基地备案主体和备案的生产加工企业应当于每年 12 月底前分别向其所在地海关提出年度审核申请。

海关次年 1 月底前对其所辖区域内备案种植基地和备案生产加工企业的基本情况进行年度审核。

第三十五条 种植基地有下列情形之一的，海关应当责令整改以符合要求：

（一）周围环境有污染源的；

（二）发现检疫性有害生物的；

（三）存放香港、澳门特别行政区或者内地禁用农药的；

（四）违反香港、澳门特别行政区或者内地规定以及基地安全用药制度，违规使用农药的；

（五）蔬菜农药残留或者有毒有害物质超标的；

（六）种植基地负责人发生变更后 30 日内未申请备案变更的；

（七）种植基地实际供货量超出基地供货能力的。

第三十六条 生产加工企业有下列情形之一的，海关应当责令整改以符合要求：

（一）质量管理体系运行不良的；

（二）设施设备与生产能力不能适应的；

（三）进货查验记录和出厂检验记录不全的；

（四）违反规定收购非备案基地蔬菜作为供港澳蔬菜加工原料的；

（五）标识不符合要求的；

（六）产品被检出含有禁用农药、有毒有害物质超标或者携带检疫性有害生物的；

（七）生产加工企业办公地点发生变化后 30 天内未申请变更的；

（八）被港澳有关部门通报产品质量安全不合格的。

第三十七条 种植基地有下列行为之一的，海关取消备案：

（一）隐瞒或者谎报重大疫情的；

（二）拒绝接受检验检疫机构监督管理的；

（三）使用香港、澳门特别行政区或者内地禁用农药的；

（四）蔬菜农药残留或者有毒有害物质超标 1 年内达到 3 次的；

（五）蔬菜农药残留与申报或者农药施用记录不符的；

（六）种植基地备案主体更名、种植基地位置或者面积发生变化、周边环境有较大改变可能直接或者间接影响基地种植产品质量安全的以及有其他较大变更情况的，未按规定及时进行变更或者重新申请备案的；

（七）1 年内未种植供港澳蔬菜原料的；

（八）种植基地实际供货量超出基地供货能力 1 年内达到 3 次的；

（九）逾期未申请年审或者备案资格延续的；

（十）年度审核不合格的，责令限期整改，整改后仍不合格的。

第三十八条 生产加工企业有下列行为之一的，海关取消备案：

（一）整改后仍不合格的；

（二）隐瞒或者谎报重大质量安全问题的；

（三）被港澳有关部门通报质量安全不合格1年内达到3次的；

（四）违反规定收购非备案基地蔬菜作为供港澳蔬菜加工原料1年内达到3次的；

（五）企业法定代表人和企业名称发生变化、生产车间地址变化或者有其他较大变更情况的，未按规定及时进行变更的；

（六）1年内未向香港、澳门出口蔬菜的；

（七）逾期未申请年审或者备案资格延续的。

第三十九条 备案种植基地所在地海关和备案生产加工企业所在地海关应当加强协作。备案种植基地所在地海关应当将种植基地监管情况定期通报备案生产加工企业所在地海关；备案生产加工企业所在地海关应当将备案生产加工企业对原料证明文件核查情况、原料和成品质量安全情况等定期通报备案种植基地所在地海关。

国家质检总局海关总署应当对海关的配合协作情况进行督察。

第四十条 备案种植基地所在地海关根据国家质检总局海关总署疫病疫情监测计划和有毒有害物质监控计划，对备案种植基地实施病虫害疫情监测和农药、重金属等有毒有害物质监控。

第四十一条 生产加工企业所在地海关可以向生产加工企业派驻检验检疫工作人员，对生产加工企业的进厂原料、生产加工、装运出口等实施监督。

第四十二条 海关应当建立生产加工企业违法行为记录制度，对违法行为的情况予以记录；对于存在违法行为并受到行政处罚的，海关可以将其列入违法企业名单并对外公布。

第四十三条 生产加工企业发现其不合格产品需要召回的，应当按照有关规定主动召回。

第六章 法律责任

第四十四条 供港澳蔬菜运输包装或者销售包装上加贴、加施的标识不符合要求的，由海关责令改正，并处1000元以上1万元以下的罚款。

第四十五条 对供港澳蔬菜在香港、澳门特别行政区发生质量安全事件隐瞒不报并造成严重后果的生产加工企业，没有违法所得的，由海关处以1万元以下罚款；有违法所得的，由海关处以3万元以下罚款。

第四十六条 有其他违反相关法律、法规行为的，海关依照相关法律、法规规定追究其法律责任。

第七章 附 则

第四十七条 本办法所称的种植基地，是指供港澳蔬菜的种植场所。

本办法所称的生产加工企业，是指供港澳新鲜和保鲜蔬菜的收购、初级加工的生产企业。

本办法所称的小品种蔬菜，是指日供港澳蔬菜量小，不具备种植基地备案条件的蔬菜。

第四十八条 本办法由海关总署负责解释。

第四十九条 本办法自2009年11月1日起施行。国家质检总局2002年4月19日发布的《供港澳蔬菜检验检疫管理办法》（国家质检总局第21号令）同时废止。

供港澳活猪检验检疫管理办法

（国家出入境检验检疫局令第27号）

发布日期：2000-11-14
实施日期：2018-05-29
法规类型：部门规章

（根据2018年4月28日海关总署令第238号《海关总署关于修改部分规章的决定》第一次修正；根据2018年5月29日海关总署令第240号《海关总署关于修改部分规章的决定》第二次修正）

第一章 总 则

第一条 为做好供港澳活猪检验检疫工作，防止动物传染病、寄生虫病传播，确保供港澳活猪卫生和食用安全，根据《中华人民共和国进出境动植物检疫法》及其实施条例以及相关法律法规的规定，制定本办法。

第二条 本办法所称供港澳活猪是指内地供应香港、澳门特别行政区用于屠宰食用的大猪、中猪和乳猪。

第三条 海关总署统一管理全国供港澳活猪的检验检疫和监督管理工作。

海关总署设在各地的直属海关负责各自辖区内供港澳活猪饲养场的注册、启运地检验检疫和出证及检验检疫监督管理。

出境口岸海关负责供港澳活猪抵达出境口岸的监督管理、临床检查或复检工作。

第四条 海关对供港澳活猪实行注册登记和监督管理制度。

第五条 供港澳活猪的检疫项目包括猪瘟、猪丹毒、猪肺疫、猪水泡病、口蹄疫、狂犬病、日本脑炎和其他动物传染病、寄生虫病，以及乙类促效剂。

第六条 我国内地从事供港澳活猪生产、运输、存放的企业，应当遵守本办法。

第二章 注册登记

第七条 供港澳活猪的饲养场须向所在地直属海关申请检验检疫注册。注册以饲养场为单位，实行一场一证制度，每一个注册场使用一个注册编号。

未经注册的饲养场饲养的活猪不得供港澳。

第八条 申请注册的饲养场应当填写《供港澳活猪饲养场检验检疫注册申请表》，同时提供饲养场平面图，并提供重点区域的照片或者视频资料。

第九条 申请注册的饲养场应当建立饲养场饲养管理制度以及动物卫生防疫制度，并符合《供港澳活猪注册饲养场的条件和动物卫生基本要求》。

第十条 直属海关按照本办法第八条、第九条的规定对申请注册的饲养场提供的资料进行审核，实地考核，采样检验。合格的，予以注册，并颁发《中华人民共和国出入境检验检疫出境动物养殖企业注册证》（以下简称注册证）；不合格的，不予注册。

注册证自颁发之日起生效，有效期5年。有效期满后继续生产供港澳活猪的饲养场，须在期满前6个月按照本办法规定，重新提出申请。

第十一条 直属海关对供港澳活猪注册饲养场（以下简称注册饲养场）实行年审制度。

对逾期不申请年审，或年审不合格且在限期内整改不合格的，取消其注册资格，吊销其注册证。

第十二条 注册饲养场场址、企业所有权、名称、法定代表人变更时，应向直属海关申请办理变更手续；需要改扩建的，应事先征得直属海关的同意。

第三章 监督管理

第十三条 海关对注册饲养场实行监督管理制度，定期或不定期检查注册饲养场的动物卫生防疫制度的落实情况、动物卫生状况、饲料及药物的使用等。

海关对注册饲养场实行分类管理。

第十四条 注册饲养场应有经海关备案的兽医负责注册饲养场的日常动物卫生和防疫管理，并填写《供港澳活猪注册饲养场管理手册》，配合海关做好注册饲养场的检验检疫工作，并接受海关的监督管理。

第十五条 注册饲养场工作人员应身体健康并定期体检。严禁患有人畜共患病的人员在注册饲养场工作。

第十六条 注册饲养场必须严格执行自繁自养的规定。引进的种猪，须来自非疫区的健康群；种猪入场前，经注册饲养场兽医逐头临床检查，并经隔离检疫合格后，方可转入生产区种猪舍。

第十七条 注册饲养场须保持良好的环境卫生，做好日常防疫消毒工作，定期灭鼠、灭蚊蝇，消毒圈舍、场地、饲槽及其他用具；进出注册饲养场的人员和车辆必须严格消毒。

第十八条 注册饲养场的免疫程序须报海关备案，并按照规定的程序免疫。免疫接种情况填入《供港澳活猪注册饲养场管理手册》。

第十九条 注册饲养场不得使用或存放国家禁止使用的药物和动物促生长剂。对国家允许使用的药物和动物促生长剂，要按照国家有关使用规定，特别是停药期的规定使用，并须将使用情况填入《供港澳活猪注册饲养场管理手册》。

违反本条规定的，取消其注册资格，吊销注册证。

第二十条 供港澳活猪的饲料和饲料添加剂须符合《出口食用动物饲用饲料检验检疫管理办法》的规定。

第二十一条 注册饲养场应建立疫情报告制度。发生疫情或疑似疫情时，必须采取紧急防疫措施，并于12小时之内向所在地海关报告。

第二十二条 海关对注册饲养场实施疫情监测和残留监测制度。

第二十三条 海关根据需要可采集动物组织、饲料、药物或其他样品，进行动物病原体、药物或有毒有害物质的检测和品质鉴定。

第二十四条 注册饲养场发生严重动物传染病的，立即停止其活猪供应港澳。

海关检测发现采集样品中含有国家严禁使用药物残留的，应暂停注册饲养场的活猪供应港澳，并查明原因。

第二十五条 出口企业应遵守检验检疫规定，配合海关做好供港澳活猪的检验检疫工作，并接受海关的监督管理。

严禁非注册饲养场活猪供港澳。对违反规定的出口企业，海关停止接受其报检；对违反规定的注册饲养场，海关取消其注册资格，吊销其注册证。

第二十六条 进入发运站的供港澳活猪必须来自注册饲养场，并有清晰可辨的检验检疫标志——针印，针印加施在活猪两侧臀部。针印和印油的使用管理遵照海关总署的有关规定。

不同注册场的活猪须分舍停放。

供港澳活猪发运站应符合检验检疫要求，动物发运前后，须对站台、场地、圈舍、运输工具、用具等进行有效消毒。发运站发生重大动物疫情时，暂停使用，经彻底消毒处理后，方可恢复使用。

第二十七条 供港澳活猪的运输必须由海关培训考核合格的押运员负责押运。

押运员须做好运输途中的饲养管理和防疫消毒工作，不得串车，不准沿途抛弃或出售病、残、死猪及饲料、粪便、垫料等物，并做好押运记录。运输途中发现重大疫情时应立即向启运地海关报告，同时采取必要的防疫措施。

供港澳活猪抵达出境口岸时，押运员须向出境口岸海关提交押运记录，途中所带物品和用具须在海关监督下进行有效消毒处理。

第二十八条 来自不同注册饲养场的活猪不得混装，运输途中不得与其他动物接触，不得卸离运输工具。

第二十九条 装运供港澳活猪的回空车辆（船舶）等入境时应在指定的地点清洗干净，并在口岸海关的监督下作防疫消毒处理。

第四章 检验检疫

第三十条 出口企业应在供港澳活猪出场7天前向启运地海关申报出口计划。

第三十一条 启运地海关根据出口企业的申报计划，按规定和要求对供港澳活猪实施隔离检疫，并采集样品进行规定项目的检测。检测合格的，监督加施检验检疫标志，准予供港澳；不合格的，不予出运。

第三十二条 出口企业应在活猪启运48小时前向启运地海关报检。

第三十三条 海关对供港澳活猪实行监装制度。监装时，须确认供港澳活猪来自海关注册的饲养场并经隔离检疫合格的猪群；临床检查无任何传染病、寄生虫病症状和伤残情况；运输工具及装载器具经消毒处理，符合动物卫生要求；核定供港澳活猪数量，检查检验检疫标志加施情况等。

第三十四条 经启运地海关检验检疫合格的供港澳活猪，由海关授权的兽医官签发《动物卫生证书》，证书有效期为14天。

第三十五条 供港澳活猪运抵出境口岸时，出口企业或其代理人须持启运地海关出具的《动物卫生证书》等单证向出境口岸海关申报。

第三十六条 出境口岸海关接受申报后，根据下列情况分别处理：

（一）在《动物卫生证书》有效期内抵达出境口岸、不变更运输工具或汽车接驳运输出境的，经审核单证和检验检疫标志并实施临床检查合格后，在《动物卫生证书》上加签出境实际数量、运输工具牌号、日期和兽医官姓名，加盖检验检疫专用章准予出境。

（二）在《动物卫生证书》有效期内抵达出境口岸、更换运输工具出境的，经审核单证和检验检疫标志并实施临床检查合格后，重新签发《动物卫生证书》，并附原证书复印件准予出境。

（三）经检验检疫不合格的，无启运地海关出具的有效《动物卫生证书》，无有效检验检疫标志的供港澳活猪，不得出境。

第三十七条 供港澳活猪由香港、澳门的车辆在出境口岸接驳出境的，须在出境口岸海关指定的场地进行。接驳车辆须清洗干净，并在出境口岸海关监督下作防疫消毒处理。

第三十八条 需在出境口岸留站、留仓的供港澳活猪，出口企业或其代理人须向出境口岸海关申报，经海关现场检疫合格的方可停留或卸入专用仓。

出境口岸海关负责留站、留仓期间供港澳活猪的检验检疫和监督管理。

第五章　附　则

第三十九条　海关对违反本办法规定的企业或个人，依照有关法律法规予以处罚。

第四十条　本办法所规定的文书由海关总署另行制定并且发布。

第四十一条　本办法由海关总署负责解释。

第四十二条　本办法自2000年1月1日起施行。

供港澳活禽检验检疫管理办法

（国家出入境检验检疫局令第26号）

发布日期：2000-11-14

实施日期：2018-05-29

法规类型：部门规章

（根据2018年4月28日海关总署令第238号《海关总署关于修改部分规章的决定》第一次修正；根据2018年5月29日海关总署令第240号《海关总署关于修改部分规章的决定》第二次修正）

第一章　总　则

第一条　为做好供港澳活禽检验检疫工作，防止动物传染病、寄生虫病传播，确保供港澳活禽卫生和食用安全，根据《中华人民共和国进出境动植物检疫法》及其实施条例以及相关法律法规的规定，制定本办法。

第二条　本办法所称的供港澳活禽是指由内地供应香港、澳门特别行政区用于屠宰食用的鸡、鸭、鹅、鸽、鹌鹑、鹧鸪和其他饲养的禽类。

第三条　海关总署统一管理全国供港澳活禽的检验检疫工作和监督管理工作。

海关总署设在各地的直属海关负责各自辖区内的供港澳活禽饲养场的注册、疫情监测、启运地检验检疫和出证及监督管理工作。

出境口岸海关负责供港澳活禽出境前的临床检查或复检和回空车辆及笼具的卫生状况监督工作。

第四条　海关对供港澳活禽实行注册登记和监督管理制度。

第五条　我国内地从事供港澳活禽生产、运输、存放的企业，应当遵守本办法。

第二章　注册登记

第六条　供港澳活禽饲养场须向所在地直属海关申请检验检疫注册。注册以饲养场为单位，实行一场一证制度。每一注册饲养场使用一个注册编号。

未经注册的饲养场饲养的活禽不得供港澳。

第七条　申请注册的活禽饲养场必须符合下列条件：

（一）存栏3万只以上；

（二）建立饲养场动物防疫制度、饲养管理制度或者全面质量保证（管理）体系，并符合供港澳活禽饲养场动物卫生基本要求。

第八条 申请注册的活禽饲养场应当填写《供港澳活禽检验检疫注册申请表》，同时提供饲养场平面图，并提供重点区域的照片或者视频资料。

第九条 直属海关按照本办法第七条、第八条的规定对饲养场提供的材料进行审核和实地考核、采样检测。合格的，予以注册，并颁发《中华人民共和国出入境检验检疫出境动物养殖企业注册证》（以下简称《注册证》）；不合格的，不予注册。

第十条 注册证自颁发之日起生效，有效期5年。有效期满后继续生产供港澳活禽的饲养场，须在期满前6个月按照本办法规定，重新提出申请。

第十一条 直属海关对供港澳活禽注册饲养场实行年审制度。

对逾期不申请年审，或年审不合格且在限期内整改不合格的，海关注销其注册登记，吊销其《注册证》。

第十二条 供港澳活禽注册饲养场因场址、企业所有权、企业法人变更时，应及时向直属海关申请重新注册或办理变更手续。

第三章 监督管理

第十三条 注册饲养场应有海关备案的兽医负责饲养场活禽的防疫和疾病控制的管理，负责填写《供港澳活禽注册饲养场管理手册》（以下简称《管理手册》），配合海关做好检验检疫工作，并接受海关的监督管理。

第十四条 水禽、其他禽类、猪不得在同一注册饲养场内饲养。

第十五条 实行自繁自养的注册饲养场，其种禽的卫生管理水平不能低于本场其他禽群的卫生管理水平。

非自繁自养的注册饲养场引进的幼雏必须来自非疫区并经隔离检疫合格后，方可转入育雏舍饲养。

第十六条 注册饲养场须保持良好的环境卫生，切实做好日常防疫消毒工作，定期消毒饲养场地、笼具和其他饲养用具，定期灭鼠、灭蚊蝇。进出注册场的人员和车辆必须严格消毒。

第十七条 注册饲养场的免疫程序必须报海关备案，并须严格按规定的程序进行免疫，免疫接种情况填入《管理手册》。

严禁使用国家禁止使用的疫苗。

第十八条 注册饲养场应建立疫情报告制度。发生疫情或疑似疫情时，必须及时采取紧急防疫措施，并于12小时内向所在地海关报告。

第十九条 主管海关定期对供港澳活禽饲养场实施疫情监测。发现重大疫情时，须立即采取紧急防疫措施，于12小时内向海关总署报告。

第二十条 海关对注册饲养场实行监督管理制度，定期或不定期检查供港澳活禽注册场动物卫生防疫制度的落实、动物卫生状况、饲料和药物的使用、兽医的工作等情况。

第二十一条 注册饲养场不得饲喂或存放国家禁止使用的药物和动物促生长剂。

对国家允许使用的药物和动物促生长剂，要遵守国家有关药物使用规定，特别是停药期的规定，并须将使用药物和动物促生长剂的名称、种类、使用时间、剂量、给药方式等填入《管理手册》。

违反本条规定的，海关注销其注册登记，吊销其注册证。

第二十二条 供港澳活禽所用的饲料和饲料添加剂须符合海关总署关于出口食用动物饲用饲料的有关管理规定。

第二十三条 海关根据需要可采集动物、动物组织、饲料、药物等样品，进行动物病原、有毒有害物质检测和品质、规格鉴定。

第二十四条 供港澳活禽须用专用运输工具和笼具载运，专用运输工具须适于装载活禽，护栏牢固，便于清洗消毒，并能满足加施检验检疫封识的需要。

第二十五条 注册饲养场在供港澳活禽装运前，应对运输工具、笼具进行清洗消毒。

第二十六条 同一运输工具不得同时装运来自不同注册场的活禽。运输途中不得与其他动物接触，不得擅自卸离运输工具。

第二十七条 出口企业应遵守检验检疫的规定，配合海关做好供港澳活禽的检验检疫工作，接受海关的监督指导。

第二十八条 供港澳活禽由来自香港、澳门车辆在出境口岸接驳出境的，须在出境口岸海关指定的场地进行。接驳车辆和笼具须清洗干净，并在出境口岸海关监督下作消毒处理。

第二十九条 装运供港澳活禽的回空车辆、船舶和笼具入境时应在指定的地点清洗干净，并在口岸海关的监督下实施防疫消毒处理。

第四章　检验检疫

第三十条 每批活禽供港澳前须隔离检疫 5 天。出口企业须在活禽供港澳 5 天前向启运地海关报检。

第三十一条 海关受理报检后，对供港澳活禽实施临床检查，按照供港澳活禽数量的 0.5%抽取样品进行禽流感（H5）实验室检验（血凝抑制试验），每批最低采样量不得少于 13 只，不足 13 只全部采样。经检验检疫合格的，准予供应港澳。不合格的，不得供应港澳。

第三十二条 出口企业须在供港澳活禽装运前 24 小时，将装运活禽的具体时间和地点通知启运地海关。

第三十三条 海关对供港澳活禽实行监装制度。

发运监装时，须确认供港澳活禽来自注册饲养场并经隔离检疫和实验室检验合格的禽群，临床检查无任何传染病、寄生虫病症状和其他伤残情况，运输工具及笼具经消毒处理，符合动物卫生要求，同时核定供港澳活禽数量，对运输工具加施检验检疫封识。

检验检疫封识编号应在《动物卫生证书》中注明。

第三十四条 经启运地海关检验检疫合格的供港澳活禽由海关总署备案的授权签证兽医官签发《动物卫生证书》。

《动物卫生证书》的有效期为 3 天。

第三十五条 供港澳活禽运抵出境口岸时，出口企业或其代理人须持启运地海关出具的《动物卫生证书》向出境口岸海关申报。

第三十六条 出境口岸海关受理申报后，根据下列情况分别进行处理：

（一）在《动物卫生证书》有效期内抵达出境口岸的，出境口岸海关审核确认单证和封识并实施临床检查合格后，在《动物卫生证书》上加签实际出境数量，必要时重新加施封识，准予出境；

（二）经检验检疫不合格的、无启运地海关签发的有效《动物卫生证书》的、无检验检疫封识或封识损毁的，不得出境。

第五章　附　则

第三十七条 对违反本办法规定的，海关依照有关法律法规予以处罚。

第三十八条 本办法所规定的文书由海关总署另行制定并且发布。

第三十九条 本办法由海关总署负责解释。

第四十条 本办法自 2000 年 1 月 1 日起施行。

供港澳活牛检验检疫管理办法

（国家出入境检验检疫局令第 4 号）

发布日期：1999-11-24

实施日期：2018-05-29

法规类型：部门规章

（根据 2018 年 4 月 28 日海关总署令第 238 号《海关总署关于修改部分规章的决定》第一次修正；根据 2018 年 5 月 29 日海关总署令第 240 号《海关总署关于修改部分规章的决定》第二次修正）

第一章　总　则

第一条　为做好供应港澳活牛检验检疫工作，确保供港澳活牛的健康与港澳市民食用安全，防止动物传染病、寄生虫病的传播，促进畜牧业生产发展和对港澳贸易，根据《中华人民共和国进出境动植物检疫法》及其实施条例等法律法规和香港特别行政区政府对供港活牛的检疫要求，制定本办法。

第二条　凡在我国内地从事供港澳活牛育肥、中转、运输、贸易的企业均应遵守本办法。

第三条　供港澳活牛应检疫病是指：狂犬病、口蹄疫、炭疽、结核病、布氏杆菌病及其他动物传染病和寄生虫病。

第四条　海关总署统一管理供港澳活牛的检验检疫工作。

直属海关负责各自辖区内供港澳活牛育肥场和中转仓的注册、监督管理和疫情监测，负责供港澳活牛的启运地检验检疫和出证管理。

出境口岸海关负责供港澳活牛出境前的监督检查和临床检疫；负责供港澳活牛在出境口岸滞留站或转入中转仓的检疫和监督管理。

第二章　育肥场、中转仓的注册管理

第五条　供港澳活牛育肥场、中转仓须向所在地直属海关申请注册。注册以育肥场、中转仓为单位，实行一场（仓）一证制度。

只有经注册的育肥场饲养的活牛方可供应港澳地区；只有经注册的中转仓方可用于供港澳活牛的中转存放。

第六条　申请注册的育肥场须符合下列条件：

（一）具有独立企业法人资格；

（二）在过去 6 个月内育肥场及其周围 10 公里范围内未发生过口蹄疫，场内未发生过炭疽、结核病和布氏杆菌病；

（三）育肥场设计存栏数量及实际存栏量均不得少于 200 头；

（四）建立动物卫生防疫制度、饲养管理制度，并符合《供港澳活牛育肥场动物卫生防疫要求》。

第七条　申请注册的中转仓须符合下列条件：

（一）具有独立企业法人资格。不具备独立企业法人资格者，由其具有独立法人资格的主管部门提出申请；

（二）中转仓过去21天内未发生过一类传染病；

（三）中转仓设计存栏数量不得少于20头；

（四）建立动物卫生防疫制度、饲养管理制度，并符合《供港澳活牛中转仓动物卫生防疫要求》。

第八条 申请注册的育肥场、中转仓应当填写《供港澳活牛育肥场、中转仓检验检疫注册申请表》，并提供育肥场、中转仓平面图，同时提供重点区域的照片或者视频资料。

第九条 直属海关按照本办法第六条、第七条的条件对申请注册的育肥场、中转仓进行考核。合格者，予以注册，并颁发《供港澳活牛育肥场、中转仓检验检疫注册证》。

注册证自颁发之日起生效，有效期为5年。

第十条 直属海关对供港澳活牛注册育肥场、中转仓实施年审制度。

对逾期不申请年审或年审不合格且在限期内不整改或整改不合格的吊销其注册证。

第十一条 注册育肥场、中转仓连续2年未供应港澳活牛的，海关应注销其注册资格，吊销其注册证。

第十二条 供港澳活牛育肥场、中转仓如迁址或发生企业名称、企业所有权、企业法人变更时应及时向直属海关申请重新注册或变更手续。

第三章 动物疫病控制与预防

第十三条 进入注册育肥场的活牛须来自非疫区的健康群，并附有产地县级以上动物防疫检疫机构出具的有效检疫证书。进场前，认可兽医须逐头实施临床检查，合格后方可进入进场隔离检疫区。

违反前款规定的，应注销其注册资格。

第十四条 进入隔离检疫区的牛，由认可兽医隔离观察7至10天。对无动物传染病临床症状并经驱除体内外寄生虫、加施耳牌后，方可转入育肥区饲养。认可兽医对进入育肥区的牛要逐头填写供港澳活牛健康卡，逐头建立牛只档案。

第十五条 耳牌应加施在每头牛的左耳上。海关总署统一负责耳牌的监制；注册育肥场所在地海关负责耳牌发放与使用监督管理；注册育肥场认可兽医负责耳牌的保管与加施，并把耳牌使用情况填入《供港澳活牛检疫耳牌使用情况登记表》。

耳牌规格为3cm×6cm，上面印有耳牌流水号（均为全国统一号）。耳牌上空白部分由海关在发放耳牌时用专用笔标上注册育肥场注册编号。育肥场注册编号加耳牌流水号即为每头牛的编号。

第十六条 育肥牛在育肥场中至少饲养60天（从进场隔离检疫合格之日至进入出场隔离检疫区之日），出场前隔离检疫7天，经隔离检疫合格方可供应港澳。

第十七条 注册育肥场、中转仓须保持良好的环境卫生，做好日常防疫消毒工作。要定期清扫、消毒栏舍、饲槽、运动场，开展灭鼠、灭蝇蚊和灭吸血昆虫工作，做好废弃物和废水的无害化处理。不得在生产区内宰杀病残死牛。进出育肥场、中转仓的人员和车辆须严格消毒。

第十八条 注册育肥场须按规定做好动物传染病的免疫接种，并做好记录，包括免疫接种日期、疫苗种类、免疫方式、剂量、负责接种人姓名等。

第十九条 注册育肥场、中转仓应建立疫情申报制度。发现一般传染病应及时报告所在地海关；发现可疑一类传染病或发病率、死亡率较高的动物疾病，应采取紧急防范措施并于24小时内报告所在地海关和地方政府兽医防疫机构。

注册育肥场发生一类传染病的，应停止向港澳供应活牛，在最后一头病牛扑杀6个月后，经严格消毒处理，方可重新恢复其向港澳供应活牛。注册中转仓发生一类传染病的，在中转仓内的所有牛只禁止供应港澳，在清除所有牛只、彻底消毒21天后，经再次严格消毒，方可重新用于中转活牛。

第二十条 注册育肥场、中转仓须严格遵守国务院农业行政主管部门的有关规定，不得饲喂或存放任何明文规定禁用的抗菌素、催眠镇静药、驱虫药、兴奋剂、激素类等药物。对国家允许使用的药物，要遵守国家有关药物停用期的规定。

注册育肥场、中转仓须将使用的药物名称、种类、使用时间、剂量、给药方式等填入监管手册。

第二十一条 经海关培训、考核、认可的兽医负责注册育肥场、中转仓的日常动物卫生防疫工作，协助海关做好注册育肥场、中转仓的检验检疫管理工作。

第二十二条 注册育肥场、中转仓使用的饲料应符合有关出口食用动物饲用饲料的规定。对使用的饲料要详细记录来源、产地和主要成分。

第二十三条 供港澳活牛必须使用专用车辆（船舶）进行运输，海关或其认可兽医对供港澳活牛批批进行监装，装运前由启运地海关或其授权的认可兽医监督车辆消毒工作。

第二十四条 供港澳活牛应以注册育肥场为单位装车（船），不同育肥场的牛不得用同一车辆（船舶）运输。运输途中不得与其他动物接触，不得卸离运输工具，并须使用来自本场的饲料饲草。

第二十五条 供港澳活牛由启运地到出境口岸运输途中，需由押运员押运。

押运员须做好供港澳活牛运输途中的饲养管理和防疫消毒工作，不得串车，不得沿途出售或随意抛弃病、残、死牛及饲料、粪便、垫料等物，并做好押运记录。

供港澳活牛抵达出境口岸后，押运员须向出境口岸海关提交押运记录，押运途中所带物品和用具须在海关监督下进行熏蒸消毒处理。

第二十六条 进入中转仓的牛必须来自供港澳活牛注册育肥场，保持原注册育肥场的检疫耳牌，并须附有启运地海关签发的《动物卫生证书》。

第二十七条 装运供港澳活牛的回空火车、汽车、船舶在入境时由货主或承运人负责清理粪便、杂物，洗刷干净，进境口岸海关实施消毒处理并加施消毒合格标志。

第二十八条 出口企业不得从非注册育肥场收购供港澳活牛，不得使用非注册中转仓转运供港澳活牛。

违反前款规定的，各海关均不得再接受其报检，并依法对其予以处罚。

第二十九条 出口企业应将供港澳活牛的计划、配额与供港澳活牛出口运输途中发现异常情况及时报告启运地和出境口岸海关。

第四章　检验检疫

第三十条 出口企业在供港澳活牛出场前7-10天向启运地海关报检，并提供供港澳活牛的耳牌号和活牛所处育肥场隔离检疫栏舍号。

受理报检后，启运地海关应到注册育肥场逐头核对牛的数量、耳牌号等，对供港澳活牛实施临床检查，必要时实施实验室检验。

第三十一条 经检验检疫合格的供港澳活牛由启运地海关签发《动物卫生证书》。证书有效期，广东省内为3天，长江以南其他地区为6天，长江以北地区为7-15天。

第三十二条 供港澳活牛运抵出境口岸时，出口企业或其代理人须于当日持启运地海关签发的《动物卫生证书》正本向出境口岸海关报检。

如需卸入出境口岸中转仓的，须向海关申报，经现场检疫合格方可卸入中转仓。来自不同的注册育肥场的活牛须分群栓养。来自不同省、市、区的活牛不得同仓饲养。

第三十三条 受理报检后，出境口岸海关根据下列情况分别处理：

在《动物卫生证书》有效期内抵达出境口岸、不变更运输工具出境的，经审核证单、核对耳牌号并实施临床检查合格后，在《动物卫生证书》上加签实际出口数量，准予出境。

在《动物卫生证书》有效期内抵达出境口岸、变更运输工具出境的，经审核证单、核对耳牌号并实施临床检查合格后，重新签发《动物卫生证书》，并附原证书复印件，准予出境。

经检验检疫不合格的，或无启运地海关签发的《动物卫生证书》或超过《动物卫生证书》有效期的、无检疫耳牌的，或伪造、变造检疫证单、耳牌的，不准出境。

第三十四条 出境口岸海关如发现供港澳活牛有重大疫情，应立即上报海关总署，并向当地地方政府兽医防疫机构通报，同时通知相关海关。

第三十五条 出境口岸海关每月 5 日前应将上月各省、市、自治区供港澳活牛检验检疫数据和检疫中发现的有关疾病、证单、装载、运输等存在的问题书面通知启运地海关。

第五章 监督管理

第三十六条 海关对供港澳活牛注册育肥场、中转仓实施检验检疫监督，定期检查供港澳活牛的收购、用药、免疫、消毒、饲料使用和疾病发生情况。监督检查结果分别填入《供港澳活牛育肥场监管手册》和《供港澳活牛中转仓监管手册》。注册育肥场、中转仓应按要求如实填写监管手册，并接受海关的监督管理。

第三十七条 海关对供港澳活牛注册育肥场、中转仓实施疫情监测，并指导免疫接种和传染病防治。

第三十八条 海关根据情况可定期或不定期对注册育肥场、中转仓动物药物使用和管理情况进行检查，采集所需样品作药物残留检测。

第三十九条 海关对注册育肥场、中转仓的饲料、饲料添加剂使用情况进行监督，必要时可取样检测饲料中病原微生物、农药、兽药或其他有毒有害物质的残留量。

第六章 附 则

第四十条 “供港澳活牛育肥场”是指将架子牛育肥成符合港澳市场质量要求的活牛的饲养场。

“供港澳活牛中转仓”是指专门用于将供港澳活牛从注册育肥场输往港澳途中暂时存放的场所，包括在启运地的中转仓和在出境口岸的中转仓。

第四十一条 每一注册育肥场、中转仓使用一个注册编号，编号格式为 XXFYYY 或 XX-TYYY。其中 XX 为汉语拼音字母，代表注册育肥场、中转仓所在地的省、直辖市、自治区汉语拼音缩写；F 表示育肥场，T 表示中转仓，YYY 是流水号。

按照上述规定，深圳、拱北、宁波、厦门海关辖区的注册育肥场、中转仓的编号格式分别特别规定为 GDFSYY、GDTSYY；GDFZYY、GDTZYY；ZJFNYY、ZJTNYY；FJFXYY、FJTXYY，YY 为流水号。

第四十二条 违反本办法规定，依照《中华人民共和国进出境动植物检疫法》及其实施条例予以处罚。

第四十三条 本办法所规定的文书由海关总署另行制定并且发布。

第四十四条 本管理办法由海关总署负责解释。

第四十五条 本办法自 2000 年 1 月 1 日起施行。

供港澳活羊检验检疫管理办法

（国家出入境检验检疫局令第 3 号）

发布日期：1999-11-24

实施日期：2018-05-29

法规类型：部门规章

（根据 2018 年 4 月 28 日海关总署令第 238 号《海关总署关于修改部分规章的决定》第一次修正；根据 2018 年 5 月 29 日海关总署令第 240 号《海关总署关于修改部分规章的决定》第二次修正）

第一章　总　则

第一条　为做好供应港澳活羊检验检疫工作，确保供港澳活羊的健康与港澳市民食用安全，防止动物传染病、寄生虫病的传播，促进畜牧业生产发展和对港澳贸易，根据《中华人民共和国进出境动植物检疫法》及其《实施条例》等法律法规和香港特别行政区政府对供港活羊的检疫要求，制定本办法。

第二条　凡在我国内地从事供港澳活羊中转、运输、贸易的企业均应遵守本办法。

第三条　海关总署统一管理全国供港澳活羊的检验检疫工作。

直属海关负责各自辖区内供港澳活羊中转场的注册、监督管理和产地疫情监测，负责供港澳活羊的启运地检验检疫和出证管理。

出境口岸海关负责供港澳活羊出境前的监督检查和临床检疫；负责供港澳活羊在出境口岸滞留站或转入中转场的检疫和监督管理。

第二章　中转场的注册管理

第四条　从事供港澳活羊中转业务的企业须向所在地直属海关申请注册。只有经注册的中转场方可用于供港澳活羊的中转存放。

第五条　申请注册的中转场须符合下列条件：

（一）具有独立企业法人资格。不具备独立企业法人资格者，由其具有独立企业法人资格的上级主管部门提出申请；

（二）具有稳定的货源供应，与活羊养殖单位或供应单位签订有长期供货合同或协议；

（三）中转场设计存栏数量不得少于 200 只；

（四）中转场内具有正常照明设施和稳定电源供应；

（五）须符合《供港澳活羊中转场动物卫生防疫要求》。

第六条　申请注册的中转场应填写《供港澳活羊中转场检验检疫注册申请表》，一式三份，并提供下列材料：

（一）《企业法人营业执照》复印件；

（二）中转场平面图和照片（包括场区大门口，场区全貌，羊舍外景，羊舍内景）；

（三）中转场的动物卫生防疫制度、饲养管理制度；

（四）签订供港澳活羊供货合同或协议的单位名单（包括单位名称、地址、单位性质（中转或养殖）、生产或经营规模、负责人姓名、联系电话）。

第七条 直属海关按照本办法第五条的规定对申请注册的中转场进行考核。合格者，予以注册，并颁发《供港澳活羊中转场检验检疫注册证》。

注册证自颁发之日起生效，有效期为5年。

第八条 直属海关对供港澳活羊注册中转场实施年审制度。

对逾期不申请年审或年审不合格且在限期内不整改或整改不合格的吊销其注册证。

第九条 注册中转场连续2年未用于供应港澳活羊的，海关应注销其注册资格，吊销其注册证。

第十条 供港澳活羊中转场如迁址或发生企业名称、企业所有权、企业法人变更时应及时向直属海关申请重新注册或变更手续。

第三章 动物疫病控制与预防

第十一条 注册中转场认可兽医负责中转场的动物卫生防疫和传染病防治工作，协助海关做好注册中转场的检验检疫管理工作。

第十二条 进入注册中转场的活羊须来自非疫区的健康群，并附有产地县级以上动物防疫检疫机构出具的有效检疫证明。

违反前款规定者，海关应注销注册中转场的注册资格。

第十三条 每只进场活羊，须经认可兽医查验证单并实施进场前临床检查，无动物传染病、寄生虫病临床症状，并作体内外寄生虫驱虫处理，加施耳牌后，方可转入中转场饲养。活羊须在中转场至少饲养2天。

第十四条 耳牌应加施在每只羊的左耳上。海关总署负责耳牌的监制；注册中转场所在地海关负责耳牌发放与使用监督管理；注册中转场认可兽医负责耳牌的保管与加施，并把耳牌使用情况填入《供港澳活羊检疫耳牌使用情况登记表》。

耳牌规格为3cm×6cm，上面印有耳牌流水号（均为全国统一号）。耳牌上空白部分由海关在发放耳牌时用专用笔标上注册中转场注册编号。注册编号加耳牌流水号即为每只羊的编号。

第十五条 注册中转场须保持良好的环境卫生，做好日常防疫消毒工作，开展灭鼠、灭蚊蝇和灭吸血昆虫工作。活羊出场后须及时清扫、消毒栏舍、饲槽、运动场。不得在中转场内宰杀病残死羊。进出中转场的人员和车辆须严格消毒。

第十六条 注册中转场应建立传染病申报制度，发现一般传染病应及时报告所在地海关；发现可疑一类传染病或发病率、死亡率较高的动物疾病，应采取紧急防范措施并于24小时内报告所在地海关和地方政府兽医防疫机构。

发生一类传染病或炭疽的注册中转场，应停止向港澳供应活羊。在清除所有羊只、进行彻底消毒21天后，经再次严格消毒，方可重新用于中转活羊。

第十七条 注册中转场须严格遵守国务院农业行政主管部门的有关规定，不得饲喂或存放任何明文规定禁用的抗菌素、催眠镇静药、驱虫药、兴奋剂、激素类等药物。对国家允许使用的药物，要遵守国家有关药物停用期的规定。

注册中转场须将使用的药物名称、种类、使用时间、剂量、给药方式等填入监管手册。

第十八条 注册中转场使用的饲料应符合有关出口食用动物饲用饲料的规定。对使用的饲料饲草要详细记录来源、产地和主要成分。

第十九条 供港澳活羊必须使用专用车辆（船舶）进行运输，海关或其认可兽医对供港澳活羊批批进行监装。装运前由启运地海关或其授权的认可兽医监督车辆（船舶）消毒工作。

第二十条 供港澳活羊应以中转场为单位装车（船），不同中转场的羊不得用同一车辆

（船舶）运输。运输途中不得与其他动物接触，不得卸离运输工具，并须使用来自本场的饲料饲草。

第二十一条 进入出境口岸中转场的羊必须来自供港澳活羊注册中转场，保持原注册中转场的检疫耳牌，并须附有启运地海关签发的《动物卫生证书》。

第二十二条 装运供港澳活羊的回空火车、汽车、船舶在入境时由货主或承运人负责清理粪便、杂物，洗刷干净，进境口岸海关实施消毒处理并加施消毒合格标志。

第二十三条 出口企业不得从非注册中转场收购供港澳活羊，不得使用非注册中转场转运供港澳活羊。

违反前款规定者，各海关均不得再接受其报检，并依法对其予以处罚。

第四章 检验检疫

第二十四条 出口企业或其代理人应在活羊出场前2-5天向当地海关报检。

海关受理报检后，应到注册中转场逐头核对供港澳活羊的数量、耳牌号等，对供港澳活羊实施临床检查，必要时实施实验室检验和药残检测。

第二十五条 经检验检疫合格的供港澳活羊由启运地海关签发《动物卫生证书》。证书有效期，广东省内为3天，长江以南其他地区为6天，长江以北地区为7-15天。

第二十六条 供港澳活羊运抵出境口岸时，货主或代理人须于当日持启运地海关签发的《动物卫生证书》正本向出境口岸海关报检。

如需卸入出境口岸中转场的，须向海关申报，经现场检疫合格方可卸入中转场。来自不同的注册中转场的供港澳活羊须分群饲养。

第二十七条 受理报检后，出境口岸海关根据下列情况，分别处理：

在《动物卫生证书》有效期内抵达出境口岸、不变更运输工具出境的，经审核证单、核对耳牌号并实施临床检查合格后，在《动物卫生证书》上加签实际出口数量，准予出境。

在《动物卫生证书》有效期内抵达出境口岸、变更运输工具出境的，经审核证单、核对耳牌号并实施临床检查合格后，重新签发《动物卫生证书》，并附原证书复印件，准予出境。

经检验检疫不合格的，或无启运地海关签发的《动物卫生证书》或超过《动物卫生证书》有效期、无检疫耳牌的，或伪造、变造检疫证单、耳牌的，不准出境。

第二十八条 出境口岸海关如发现供港澳活羊有重大疫情，应立即上报海关总署，并向当地地方政府兽医防疫机构通报，同时通知相关海关。

第二十九条 出境口岸海关应定期将各省、市、自治区供港澳活羊检验检疫数据和检疫中发现的有关疾病、证单、装载、运输等存在的问题书面通知启运地直属海关。

第五章 监督管理

第三十条 海关对供港澳活羊注册中转场实施检验检疫监督，定期检查供港澳活羊的收购、用药、免疫、消毒、饲料使用和疾病发生情况。监督检查结果分别填入《供港澳活羊中转场监管手册》。注册中转场应按要求如实填写监管手册，并接受海关的监督管理。

第三十一条 海关根据情况可定期或不定期对注册中转场动物药物使用和管理情况进行检查，采集所需样品作药物残留检测。

第三十二条 海关对注册中转场的饲料、饲料添加剂使用情况进行监督，必要时可取样检测病原微生物、农药、兽药或其他有毒有害物质的残留量。

第六章 附 则

第三十三条 “供港澳活羊中转场”是指专门用于将供港澳活羊从饲养单位输往港澳途

中暂时存放的场所，包括在启运地的中转场和在出境口岸的中转场。

第三十四条 每一注册中转场使用一个注册编号，编号格式为 XXGYYY。其中 XX 为汉语拼音字母，代表注册中转场所在地的省、直辖市、自治区汉语拼音缩写；G 表示活羊中转场，YYY 是流水号。

按照上述规定，深圳、拱北、宁波、厦门海关辖区的注册中转场的编号格式分别特别规定为 GDGSYY，GDGZYY，ZJGNYY，FJGXYY，YY 为流水号。

第三十五条 违反本办法的规定，依照《中华人民共和国进出境动植物检疫法》及其实施条例予以处罚。

第三十六条 本办法所规定的文书由海关总署另行制定并且发布。

第三十七条 本办法由海关总署负责解释。

第三十八条 本办法自 2000 年 1 月 1 日起施行。

动物（水陆）及其产品

进境水生动物检验检疫监督管理办法

（质检总局令第183号）

发布日期：2016-08-01

实施日期：2018-11-23

法规类型：部门规章

（根据2018年11月23日海关总署令第243号《海关总署关于修改部分规章的决定》修正）

第一章　总　则

第一条　为了防止水生动物疫病传入国境，保护渔业生产、人体健康和生态环境，根据《中华人民共和国进出境动植物检疫法》及其实施条例、《中华人民共和国进出口商品检验法》及其实施条例、《中华人民共和国农产品质量安全法》《国务院关于加强食品等产品安全监督管理的特别规定》等法律法规的规定，制定本办法。

第二条　本办法适用于进境水生动物的检验检疫监督管理。

第三条　海关总署主管全国进境水生动物检验检疫和监督管理工作。

主管海关负责所辖地区进境水生动物的检验检疫和监督管理工作。

第四条　海关对进境水生动物在风险分析基础上实施检验检疫风险管理，对进境有关企业实施分类管理和信用管理。

第五条　进境水生动物企业应当按照法律法规和有关标准从事生产经营活动，对社会和公众负责，保证进境水生动物的质量安全，接受社会监督，承担社会责任。

第二章　检疫准入

第六条　海关总署对进境水生动物实施检疫准入制度，包括产品风险分析、安全卫生控制体系评估与审查、检验检疫要求确定、境外养殖和包装企业注册登记。

第七条　海关总署分类制定、公布进境水生动物的检验检疫要求。根据检验检疫要求，对首次向中国输出水生动物的国家或者地区进行产品风险分析和安全卫生控制体系评估，对曾经或者正在向中国输出水生动物的国家或者地区水生动物安全卫生控制体系进行回顾性审查。

海关总署可以派出专家组到输出国家或者地区对其水生动物安全卫生控制体系进行现场

审核评估。

第八条 海关总署根据风险分析、评估审查结果和检验检疫要求，与向中国输出水生动物的国家或者地区官方主管部门协商签定有关议定书或者确定检验检疫证书。

海关总署制定、调整并公布允许进境水生动物种类及输出国家或者地区名单。

第九条 海关总署对向中国输出水生动物的养殖和包装企业实施注册登记管理。

向中国输出水生动物的境外养殖和包装企业（以下简称注册登记企业）应当符合输出国家或者地区有关法律法规，输出国家或者地区官方主管部门批准后向海关总署推荐。推荐材料应当包括：

（一）企业信息：企业名称、地址、官方主管部门批准编号、养殖、包装能力等；

（二）水生动物信息：养殖和包装的水生动物品种学名、用途等；

（三）监控信息：企业最近一次疫病、有毒有害物质的官方监控结果。

第十条 海关总署应当对推荐材料进行审查。审查不合格的，通知输出国家或者地区官方主管部门补正；审查合格的，海关总署可以派出专家组对申请注册登记企业进行抽查。对抽查不符合要求的企业不予注册登记；对抽查符合要求的及未被抽查的其他推荐企业，结合水生动物安全卫生控制体系评估结果，决定是否给予注册登记。

海关总署定期公布、调整注册登记企业名单。

第十一条 境外养殖和包装企业注册登记有效期为3年。

需要延期注册登记的企业，应当在有效期届满前至少6个月，由输出国家或者地区主管部门向海关总署提出延期申请。海关总署可以派出专家组到输出国家或者地区对其安全卫生控制体系进行回顾性审查，并对申请延期的境外养殖和包装企业进行抽查。

对回顾性审查符合要求的国家或者地区，抽查符合要求的及未被抽查的其他申请延期的注册登记企业，注册登记有效期延长3年。

第十二条 逾期未提出注册登记延期申请的，海关总署注销其注册登记。

第十三条 注册登记企业向中国输出的水生动物检验检疫不合格，情节严重的，海关总署可以撤销其注册登记。

第三章 境外检验检疫

第十四条 注册登记企业和相关捕捞区域应当符合输出国家有关法律法规，并处于输出国家或者地区官方主管部门的有效监管之下。

种用、养殖和观赏水生动物的注册登记企业，应当由输出国家或者地区官方主管部门按照世界动物卫生组织推荐的方法和标准，按照输出国家或者地区的规定和双边检验检疫协定规定连续监测两年以上，未发现有关疫病。

食用水生动物的注册登记企业，应当经过输出国家或者地区官方主管部门有关水生动物疫病、有毒有害物质和致病微生物监测，结果符合双边检验检疫协定规定、中国强制性标准或者海关总署指定标准的要求。

第十五条 向中国输出水生动物的国家或者地区发生重大水生动物疫病，或者向中国输出水生动物的注册登记企业、捕捞区域发生水生动物不明原因的大规模死亡时，输出国家或者地区官方主管部门应当主动停止向中国出口并向海关总署通报相关信息。

第十六条 向中国输出的水生动物精液和受精卵，必须来自健康的亲代种群。种用、养殖和观赏水生动物输出前，应当在输出国家或者地区官方主管部门认可的场所实施隔离检疫。隔离检疫期间，不得与其他水生动物接触。

海关总署可以派遣检疫官员赴输出国家或者地区协助开展出口前隔离检疫。

第十七条 向中国输出水生动物的注册登记企业和隔离检疫场所应当具备适当的生物安

全防护设施和防疫管理制度，能有效防止其他水域的水生动物入侵，确保输出水生动物的安全卫生。

第十八条 不同养殖场或者捕捞区域的水生动物应当分开包装，不同种类的水生动物应当独立包装，能够满足动物生存和福利需要。包装容器应当是全新的或者经消毒处理，能够防止渗漏，内包装应当透明，便于检查。

第十九条 向中国输出水生动物的包装用水或者冰及铺垫材料应当符合安全卫生要求，不能含有危害动植物和人体健康的病原微生物、有毒有害物质以及可能破坏水体生态环境的水生生物。

第二十条 向中国输出的水生动物在运输前48小时内，不得有动物传染病和寄生虫病的临床症状。必要时，应当使用输出国家或者地区官方主管部门批准的有效药物进行消毒和驱虫。

第二十一条 输出国家或者地区官方主管部门应当按照与海关总署确认的检验检疫证书格式和内容对向中国输出的水生动物出具检验检疫证书。

第四章 进境检验检疫

第二十二条 进境水生动物应当符合下列要求：

（一）中国法律法规规定和强制性标准要求；

（二）海关总署分类制定的检验检疫要求；

（三）双边检验检疫协定确定的相关要求；

（四）双方确认的检验检疫证书规定的相关要求；

（五）进境动植物检疫许可证（以下简称检疫许可证）列明的要求；

（六）海关总署规定的其他检验检疫要求。

第二十三条 食用水生动物应当从海关总署公布的指定口岸进境。海关总署定期考核指定口岸，公布指定口岸名单。

进境食用水生动物指定口岸相关要求由海关总署另行制定。

第二十四条 进境水生动物收货人或者其代理人应当按照相关规定办理检疫许可证。

进境水生动物自输出国家或者地区出境后中转第三方国家或者地区进境的，收货人或者其代理人办理检疫许可证时应当详细填写运输路线及在第三方国家或者地区中转处理情况，包括是否离开海关监管区、更换运输工具、拆换包装以及进入第三方国家或者地区水体环境等。

进境种用、养殖和观赏水生动物收货人或者其代理人，应当在指定隔离场所在地海关办理检疫许可证，办理前应当按照《进境动物隔离检疫场使用监督管理办法》的规定取得隔离场使用证；进境食用水生动物的，应当在进境口岸海关办理检疫许可证。

第二十五条 水生动物进境前或者进境时，收货人或者其代理人应当凭检疫许可证、输出国家或者地区官方主管部门出具的检验检疫证书正本、贸易合同、提单、装箱单、发票等单证向进境口岸海关报检。

检疫许可证上的申请单位、国外官方主管部门出具的检验检疫证书上的收货人和货运提单上的收货人应当一致。

第二十六条 海关对收货人或者其代理人提交的相关单证进行审核，符合要求的受理报检，并按照有关规定对检疫许可证批准的数量进行核销。

第二十七条 进境口岸海关按照下列规定对进境水生动物实施现场查验：

（一）开箱查验比例：进境种用、养殖和观赏水生动物，低于10件的全部开箱，10件以上的每增加10件，开箱数增加2件，最高不超过20件；进境食用水生动物，开箱比例不高于

10%，最低不少于3件。发现问题的，适当增加开箱查验比例。

海关总署有分类管理规定的，按照有关规定开箱查验；

（二）核对货证：品名、数（重）量、包装、输出日期、运输工具信息、输出国家或者地区、中转国家或者地区等是否相符；

（三）包装和标签检查：包装容器是否完好；包装容器上是否有牢固、清晰易辨的中文或者英文标识，标明水生动物的品名、学名、产地、养殖或者包装企业批准编号等内容。活鱼运输船、活鱼集装箱等难以加贴标签的除外；

（四）临床检查：水生动物的健康状况，主要包括游动是否异常，体表有无溃疡、出血、囊肿及寄生虫感染，体色是否异常，鱼类腹部有无肿胀、肛门有无红肿，贝类闭壳肌收缩有无异常，甲壳类体表和头胸甲是否有黑斑或者白斑、鳃部发黑等；

（五）包装用水或者冰、铺垫材料：是否带有土壤及危害动植物和人体健康的有害生物等法律法规规定的禁止进境物。

第二十八条 海关应当按照有关规定对装载进境水生动物的外包装、运输工具和装卸场地进行防疫消毒处理。

第二十九条 现场查验发现有下列情形的，海关按照有关规定进行处理：

（一）发现内包装容器损坏并有装载水洒漏的，要求货主或者其代理人对包装容器进行整理、更换包装或者对破损包装内的水生动物作销毁处理，并对现场及包装容器等进行消毒；

（二）现场需要开拆包装加水或者换水的，所用水必须达到中国规定的渔业水质标准，并经消毒处理，对废弃的原包装、包装用水或者冰及铺垫材料，按照有关规定实施消毒处理；

（三）对发现的禁止进境物进行销毁处理；

（四）临床检查发现异常时可以抽样送实验室进行检测；

（五）对已经死亡的水生动物，监督货主或者其代理人作无害化处理。

第三十条 受理报检或者现场查验发现有下列情形之一的，海关签发《检验检疫处理通知书》，由收货人或其代理人在海关的监督下，作退回或者销毁处理：

（一）未被列入允许进境水生动物种类及输出国家或者地区名单的；

（二）无有效检疫许可证的；

（三）无输出国家或者地区官方主管部门出具的有效检验检疫证书的；

（四）检疫许可证上的申请单位、检验检疫证书上的收货人和货运提单上的收货人不一致的；实际运输路线与检疫许可证不一致的；

（五）来自未经注册登记企业的；

（六）货证不符的，包括品种不符、进境水生动物数（重）量超过检验检疫证书载明数（重）量、谎报用途、无标签、标签内容不全或者与检验检疫证书载明内容不符的；

（七）临床检查发现异常死亡且出现水生动物疫病临床症状的；

（八）临床检查发现死亡率超过50%的。

第三十一条 进境食用水生动物的，进境口岸海关按照有关标准、监控计划和警示通报等要求对其实施采样，对下列项目进行检验或者监测：

（一）水生动物疫病病原、食源性致病微生物、寄生虫；

（二）贝类毒素等生物毒素；

（三）重金属、农兽药残留；

（四）其他要求的项目。

第三十二条 进境食用水生动物，经海关现场查验合格后予以放行；查验不合格的，作退回或者销毁处理。监控计划和警示通报有要求的，按照要求实施抽样检测。

第三十三条 实验室检测不合格的，进境食用水生动物收货人或其代理人应当主动召回不合格食用水生动物并采取有效措施进行处理。

第三十四条 根据风险监控不合格发生频次和危害程度，经风险评估，对海关总署采取扣留检测措施的进境食用水生动物，收货人或者其代理人应当将进境食用水生动物调运至海关指定扣检暂存场所，实验室检测合格后方可放行。实验室检测不合格的，作退回或者销毁处理。

第三十五条 进境种用、养殖和观赏水生动物应当在指定隔离场进行至少14天的隔离检疫。现场查验合格后，由进境口岸海关出具《入境货物调离通知单》，运抵指定隔离场所在地后，收货人或其代理人应当向海关申报。指定隔离场所在地海关应当核对货证，并实施以下检验检疫措施：

（一）对已经死亡的水生动物作无害化处理；

（二）对原包装、装载用水或者冰和铺垫材料作消毒处理；

（三）隔离检疫期间，海关按照年度水生动物疫病监测计划、检疫许可证要求和其他有关规定抽样，实施水生动物疫病检测。

隔离检疫合格的，签发《入境货物检验检疫证明》，予以放行；不合格的，签发《检验检疫处理通知书》，对同一隔离设施内全部水生动物实行扑杀或者销毁处理，并对隔离场所进行消毒。

第五章 过境和中转检验检疫

第三十六条 运输水生动物过境的，承运人或者押运人应当按照规定办理检疫审批手续，并凭货运单、检疫许可证和输出国家或者地区官方主管部门出具的证书，向进境口岸海关报检。

第三十七条 装载过境水生动物的包装容器应当完好，无散漏。经进境口岸海关检查，发现包装容器在运输过程中可能存在散漏的，承运人或者押运人应当按照海关的要求进行整改。无法有效整改的，不准过境。

第三十八条 经香港或者澳门中转运输到内地的，发货人或者其代理人应当向海关总署指定的检验机构申请中转检验。未经中转检验或者中转检验不合格的，不得转运内地。

经第三方国家或者地区中转的，须由第三方国家或者地区官方主管部门按照海关总署有关要求出具中转证明文件，无有效中转证明文件的，不得进境。

第六章 监督管理

第三十九条 海关总署对进境水生动物实施安全风险监控和疫病监测，制定进境水生动物年度安全风险监控计划和水生动物疫病监测计划，编制年度工作报告。

直属海关结合本地实际情况制定实施方案并组织实施。

第四十条 直属海关应当按照有关规定将进境水生动物检验检疫不合格信息上报海关总署，海关总署应当向输出国家或者地区官方主管部门通报不合格信息。

第四十一条 海关总署根据进境水生动物检验检疫不合格情况、国内外相关官方主管部门或者组织通报的风险信息以及国内外市场发现的问题等，在风险分析的基础上按照有关规定发布警示通报，采取提高监控比例、扣留检测直至暂停进口等风险控制措施。

第四十二条 海关对进境水生动物收货人实施信用管理。

第四十三条 海关对进境食用水生动物收货人实施备案管理。

第四十四条 进境食用水生动物收货人应当建立进境水生动物经营档案，记录进境水生动物的报检号、品名、数/重量、输出国家或者地区、境外注册养殖和包装企业及注册号、进境水生动物流向等信息，经营档案保存期限不得少于2年。

第四十五条　海关对进境食用水生动物收货人的经营档案进行定期审核，审核不合格的，责令整改。

第四十六条　进境种用、养殖和观赏水生动物收货人应当按照《进境动物隔离检疫场使用监督管理办法》的规定做好进境水生动物隔离期间的养殖和防疫工作，并保存相关记录。海关按照有关规定对指定隔离场进行监督管理。

第四十七条　进境水生动物存在安全卫生问题的，收货人应当主动采取召回、销毁等控制措施并立即向海关报告，同时报告地方政府主管部门。收货人拒不履行召回义务的，海关可以责令收货人召回。

第七章　法律责任

第四十八条　有下列情形之一的，由海关按照《中华人民共和国进出境动植物检疫法实施条例》的规定处5000元以下的罚款：

（一）未报检或者未依法办理检疫审批手续或者未按检疫审批的规定执行的；

（二）报检的进境水生动物与实际不符的。

有前款第（二）项所列行为，已取得检疫单证的，予以吊销。

第四十九条　有下列情形之一的，由海关按照《中华人民共和国进出境动植物检疫法实施条例》的规定处3000元以上3万元以下罚款：

（一）未经海关许可擅自将进境、过境水生动物卸离运输工具或者运递的；

（二）擅自调离或者处理在海关指定的隔离场所中隔离检疫的进境水生动物的；

（三）擅自开拆过境水生动物的包装，或者擅自开拆、损毁检验检疫封识或者标志的；

（四）擅自抛弃过境水生动物的尸体、铺垫材料或者其他废弃物，或者未按规定处理包装用水的。

第五十条　有下列情形之一的，依法追究刑事责任；尚不构成犯罪或者犯罪情节显著轻微依法不需要判处刑罚的，由海关按照《中华人民共和国进出境动植物检疫法实施条例》的规定处2万元以上5万元以下的罚款：

（一）引起重大动物疫情的；

（二）伪造、变造检疫单证、印章、标志、封识的。

第五十一条　有下列情形之一的，由海关按照《国务院关于加强食品等产品安全监督管理的特别规定》予以处罚：

（一）明知有安全隐患，隐瞒不报，拒不履行事故报告义务继续进口的；

（二）拒不履行产品召回义务的。

第五十二条　有下列情形之一的，由海关处3万元以下罚款：

（一）使用伪造、变造的检疫单证、印章、标志、封识的；

（二）使用伪造、变造的输出国家或者地区官方主管部门检疫证明文件的；

（三）使用伪造、变造的其他相关证明文件的；

（四）未建立经营档案或者未按照规定记录、保存经营档案的；

（五）擅自调离或者处理在海关指定场所中扣留的进境食用水生动物的；

（六）拒不接受海关监督管理的。

第五十三条　进境水生动物收货人或者其代理人、海关及其工作人员有其他违法行为的，按照相关法律法规的规定处理。

第八章　附　则

第五十四条　本办法中下列用语的含义是：

水生动物：指人工养殖或者天然水域捕捞的活的鱼类、软体类、甲壳类、水母类、棘皮类、头索类、两栖类动物，包括其繁殖用的精液、受精卵。

养殖场：指水生动物的孵化、育苗、养殖场所。

包装场：指水生动物出境前短期集中、存放、分类、加工整理、包装的场所。

输出国家或者地区：指对进境水生动物出具官方检验检疫证书的官方主管部门所属的国家或者地区。

中转：指因运输原因，水生动物自输出国家或者地区出境后须途经第三方国家或者地区，在第三方国家或者地区期间货物离开海关监管区等特殊监管区域并变换运输工具后运输到中国内地的运输方式。

包装用水：指与水生动物直接接触的水，不包括密封的、用于调节温度的冰块或者水袋。

扣留检测：指进境食用水生动物因存在安全卫生隐患，进境口岸查验合格后调运至海关指定暂存场所，待抽样检测合格后允许放行的检验检疫措施。

第五十五条 进境龟、鳖、蛇、鳄鱼等爬行类动物的检验检疫和监督管理参照本办法执行。

第五十六条 边境贸易进境水生动物检验检疫和监督管理参照本办法执行。

第五十七条 本办法由海关总署负责解释。

第五十八条 本办法自2016年9月1日起施行。国家质检总局2003年11月1日实施的《进境水生动物检验检疫管理办法》（国家质检总局令第44号）同时废止。

进出境非食用动物产品检验检疫监督管理办法

（质检总局令第159号）

发布日期：2014-11-13

实施日期：2023-04-15

法规类型：部门规章

（根据2016年10月18日国家质量监督检验检疫总局令第184号《国家质量监督检验检疫总局关于修改和废止部分规章的决定》第一次修正；根据2018年4月28日海关总署令第238号《海关总署关于修改部分规章的决定》第二次修正；根据2018年5月29日海关总署令第240号《海关总署关于修改部分规章的决定》第三次修正；2023年3月9日海关总署令第262号《海关总署关于修改部分规章的决定》第四次修正）

第一章　总　则

第一条 为了规范进出境非食用动物产品的检验检疫和监督管理工作，防止动物传染病、寄生虫病及其他有害生物传入传出国境，保护农、林、牧、渔业生产和人体健康，根据《中华人民共和国进出境动植物检疫法》及其实施条例、《中华人民共和国进出口商品检验法》及其实施条例等法律法规规定，制定本办法。

第二条 本办法适用于进境、出境及过境非食用动物产品的检验检疫监督管理。

动物源性饲料和饲料添加剂、动物遗传物质、动物源性生物材料及制品不适用本办法。

第三条 海关总署主管全国进出境非食用动物产品的检验检疫和监督管理工作。

主管海关负责所辖地区进出境非食用动物产品的检验检疫和监督管理工作。

第四条 进出境非食用动物产品生产、加工、存放和贸易企业应当依照法律法规和有关标准从事生产经营活动，对社会和公众负责，保证进出境非食用动物产品的质量安全，接受社会监督，承担社会责任。

第二章 风险管理

第五条 海关总署对进出境非食用动物产品实施风险管理，在风险分析的基础上，实施产品风险分级、企业分类、检疫准入、风险警示及其他风险管理措施。

第六条 海关总署根据进出境非食用动物产品动物卫生和公共卫生风险，确定产品风险级别。产品风险级别及检疫监督模式在海关总署网站公布。

第七条 海关根据企业诚信程度、质量安全控制能力等，对进出境非食用动物产品生产、加工、存放企业实施分类管理，采取相应检验检疫监管措施。

第八条 海关总署根据进出境非食用动物产品质量安全形势、检验检疫中发现的问题、国内外相关组织机构的通报以及国内外发生的动物卫生和公共卫生问题，在风险分析的基础上发布风险警示信息并决定采取启动应急处置预案、限制进出境和暂停进出境等风险管理措施。

第三章 进境检验检疫

第一节 检疫准入

第九条 海关总署对进境非食用动物产品实施检疫准入制度，包括产品风险分析、监管体系评估与审查、确定检验检疫要求、境外生产企业注册登记等。

第十条 海关总署对首次向中国输出非食用动物产品的国家或者地区进行产品风险分析、监管体系评估，对曾经或者正在向中国输出非食用动物产品的国家或者地区的监管体系进行回顾性审查。

根据风险分析、评估审查结果，海关总署与输出国家或者地区主管部门协商确定向中国输出非食用动物产品的检验检疫要求，并商签有关双边协定或者确定检验检疫证书。

海关总署负责制定、调整并在海关总署网站公布允许进境非食用动物产品的国家或者地区名单以及产品种类。

第十一条 海关总署对向中国输出非食用动物产品的境外生产、加工、存放企业（以下简称境外生产加工企业）实施注册登记制度。

需要实施境外生产加工企业注册登记的非食用动物产品名录由海关总署制定、调整并公布。

第二节 境外生产加工企业注册登记

第十二条 向中国输出非食用动物产品的境外生产加工企业应当符合输出国家或者地区法律法规和标准的相关要求，并达到中国有关法律法规和强制性标准的要求。

第十三条 实施注册登记管理的非食用动物产品境外生产加工企业，经输出国家或者地区主管部门审查合格后向海关总署推荐。

海关总署收到推荐材料并经书面审查合格后，必要时经与输出国家或者地区主管部门协商，派出专家到输出国家或者地区对其监管体系进行评估或者回顾性审查，对申请注册登记的境外生产加工企业进行检查。

符合要求的国家或者地区的境外生产加工企业，经检查合格的予以注册登记。

第十四条 境外生产加工企业注册登记有效期为5年。

需要延期的境外生产加工企业，由输出国家或者地区主管部门在有效期届满6个月前向海关总署提出延期申请。海关总署可以派出专家到输出国家或者地区对其监管体系进行回顾性审查，并对申请延期的境外生产加工企业进行抽查。

对回顾性审查符合要求的国家或者地区，抽查符合要求的及未被抽查的其他申请延期的境外生产加工企业，注册登记有效期延长5年。

第十五条 注册登记的境外生产加工企业不再向中国输出非食用动物产品的，输出国家或者地区主管部门应当通报海关总署，海关总署注销其注册登记。

第十六条 注册登记的境外生产加工企业向中国输出的非食用动物产品经检验检疫不合格，情节严重的，海关总署可以撤销其注册登记。

第三节 检验检疫

第十七条 进境非食用动物产品应当符合下列要求：

（一）双边协议、议定书、备忘录以及其他双边协定确定的相关要求；

（二）双方确认的检验检疫证书规定的相关要求；

（三）中国法律法规规定和强制性标准要求；

（四）进境动植物检疫许可证（以下简称检疫许可证）列明的要求；

（五）海关总署规定的其他检验检疫要求。

第十八条 进境非食用动物产品需要办理检疫许可证的，货主或者其代理人应当按照相关规定办理。

产品风险级别较高的非食用动物产品，因口岸条件限制等原因，进境后应当运往指定的存放、加工场所（以下简称指定企业）检疫的，办理检疫许可证时，货主或者其代理人应当明确指定企业并提供相应证明文件。

第十九条 货主或者其代理人应当在非食用动物产品进境前或者进境时向进境口岸海关报检，报检时应当提供原产地证书、贸易合同、发票、提单、输出国家或者地区主管部门出具的检验检疫证书等单证，须办理检疫审批的应当取得检疫许可证。

第二十条 进境口岸海关对货主或者其代理人报检时所提供的单证进行审核，并对检疫许可证的批准数（重）量进行核销。

对有证书要求的产品，如无有效检疫许可证或者输出国家或者地区主管部门出具的有效检验检疫证书的，作退回或者销毁处理。

第二十一条 进境非食用动物产品，由进境口岸海关实施检验检疫。

因口岸条件限制等原因，进境后应当运往指定企业检疫的非食用动物产品，由进境口岸海关实施现场查验和相应防疫消毒处理后，通知指定企业所在地海关。货主或者其代理人将非食用动物产品运往检疫许可证列明的指定企业后，应当向指定企业所在地海关申报，由指定企业所在地海关实施检验检疫，并对存放、加工过程实施检疫监督。

第二十二条 海关按照以下要求对进境非食用动物产品实施现场查验：

（一）查询启运时间、港口、途经国家或者地区、装载清单等，核对单证是否真实有效，单证与货物的名称、数（重）量、输出国家或者地区、包装、唛头、标记等是否相符；

（二）包装、容器是否完好，是否带有动植物性包装、铺垫材料并符合我国相关规定；

（三）有无腐败变质现象，有无携带有害生物、动物排泄物或者其他动物组织等；

（四）有无携带动物尸体、土壤及其他禁止进境物。

第二十三条 现场查验时，海关应当对运输工具有关部位、装载非食用动物产品的容器、包装外表、铺垫材料、污染场地等进行防疫消毒处理。

第二十四条 现场查验有下列情形之一的，海关签发《检验检疫处理通知书》，并作相应检疫处理：

（一）属于法律法规禁止进境的、带有禁止进境物的、货证不符的、发现严重腐败变质的作退回或者销毁处理；

（二）对散包、容器破裂的，由货主或者其代理人负责整理完好，方可卸离运输工具。海关对受污染的场地、物品、器具进行消毒处理；

（三）带有检疫性有害生物、动物排泄物或者其他动物组织等的，按照有关规定进行检疫处理。不能有效处理的，作退回或者销毁处理；

（四）对疑似受病原体和其他有毒有害物质污染的，封存有关货物并采样进行实验室检测，对有关污染现场进行消毒处理。

第二十五条 转关的非食用动物产品，应当在进境前或者进境时由货主或者其代理人向进境口岸海关申报，根据产品的不同要求提供输出国家或者地区主管部门出具的检验检疫证书等单证。

进境口岸海关对提供的单证进行书面审核。审核不合格的，作退回或者销毁处理。审核合格的，依据有关规定对装载非食用动物产品的集装箱体表、运输工具实施防疫消毒处理。货物到达结关地后，货主或者其代理人应当向结关地海关报检。结关地海关对货物实施检验检疫和检疫监督。

第二十六条 海关按照对非食用动物产品的检验检疫要求抽取样品，出具《抽/采样凭证》，送实验室进行有关项目的检测。

第二十七条 进境非食用动物产品经检验检疫合格，海关签发《进境货物检验检疫证明》后，方可销售、使用或者在指定企业加工。

经检验检疫不合格的，海关签发《检验检疫处理通知书》，由货主或者其代理人在海关的监督下，作除害、退回或者销毁处理，经除害处理合格的准予进境。需要对外索赔的，由海关出具相关证书。

进境非食用动物产品检验检疫不合格信息应当上报海关总署。

第二十八条 未经海关同意，不得将进境非食用动物产品卸离运输工具或者运递。

第二十九条 进境非食用动物产品在从进境运输工具上卸离及运递过程中，货主或者其代理人应当采取措施，防止货物的容器、包装破损而造成渗漏、散落。

第三十条 运往指定企业检疫的非食用动物产品，应当在检疫许可证列明的指定企业存放、加工。因特殊原因，需要变更指定企业的，货主或者其代理人应当办理检疫许可证变更，并向变更后的指定企业所在地海关申报，接受检验检疫和检疫监督。

第四节 监督管理

第三十一条 海关对进境非食用动物产品存放、加工过程，实施检疫监督制度。

第三十二条 拟从事产品风险级别较高的进境非食用动物产品存放、加工业务的企业可以向所在地直属海关提出指定申请。

直属海关按照海关总署制定的有关要求，对申请企业的申请材料、工艺流程、兽医卫生防疫制度等进行检查评审，核定存放、加工非食用动物产品种类、能力。

第三十三条 指定企业应当符合动物检疫和兽医防疫的规定，遵守下列要求：

（一）按照规定的兽医卫生防疫制度开展防疫工作；

（二）按照规定的工艺加工、使用进境非食用动物产品；

（三）按照规定的方法对废弃物进行处理；

（四）建立并维护企业档案，包括出入库、生产加工、防疫消毒、废弃物处理等记录，档案至少保留 2 年；

（五）如实填写《进境非食用动物产品生产、加工、存放指定企业监管手册》；

（六）涉及安全卫生的其他规定。

第三十四条 海关按照本办法第三十三条的规定对指定企业实施日常监督管理。

指定企业应当按照要求向所在地直属海关提交年度报告，确保其符合海关总署制定的有关要求。

第三十五条 海关应当建立指定企业、收货人及其代理人诚信档案，建立良好记录企业名单和不良记录企业名单。

第三十六条 指定企业、收货人及其代理人发现重大动物疫情或者公共卫生问题时，应当立即向所在地海关报告，海关应当按照有关规定处理并上报。

第三十七条 指定企业名称、地址、法定代表人、进境非食用动物产品种类、存放、生产加工能力、加工工艺以及其他兽医卫生、防疫条件发生变化的，应当及时向所在地直属海关报告并办理变更手续。

第三十八条 海关发现指定企业出现以下情况的，取消指定：

（一）企业依法终止的；

（二）不符合本办法第三十三条规定，拒绝整改或者未整改合格的；

（三）未提交年度报告的；

（四）连续两年未从事进境非食用动物产品存放、加工业务的；

（五）未按照本办法第三十七条规定办理变更手续的；

（六）法律法规规定的应当取消指定的其他情形。

第三十九条 直属海关应当在完成存放、加工企业指定、变更后 30 日内，将相关信息上报海关总署备案。

第四章 出境检验检疫

第一节 出境生产加工企业注册登记

第四十条 输入国家或者地区要求中国对向其输出非食用动物产品生产、加工、存放企业（以下简称出境生产加工企业）注册登记的，海关总署对出境生产加工企业实行注册登记。

第四十一条 申请注册登记的出境生产加工企业应当符合进境国家或者地区的法律法规有关规定，并遵守下列要求：

（一）建立并维持进境国家或者地区有关法律法规规定的注册登记要求；

（二）按照建立的兽医卫生防疫制度组织生产；

（三）按照建立的合格原料供应商评价制度组织生产；

（四）建立并维护企业档案，确保原料、产品可追溯；

（五）如实填写《出境非食用动物产品生产、加工、存放注册登记企业监管手册》；

（六）符合中国其他法律法规规定的要求。

第四十二条 出境生产加工企业应当向所在地直属海关申请注册登记。申请注册登记时，应当提交下列材料：

（一）《出境非食用动物产品生产、加工、存放企业检验检疫注册登记申请表》；

（二）厂区平面图；

（三）工艺流程图，包括生产、加工的温度、使用化学试剂的种类、浓度和 pH 值、处理的时间和使用的有关设备等情况。

第四十三条 直属海关对申请人提出的申请，应当根据下列情况分别作出处理：

（一）申请事项依法不需要取得行政许可的，应当即时告知申请人；

（二）申请事项依法不属于本行政机关职权范围的，应当即时作出不予受理的决定，并告知申请人向有关行政机关申请；

（三）申请材料存在可以当场更正的错误的，应当允许申请人当场更正；

（四）申请材料不齐全或者不符合法定形式的，应当当场或者在5个工作日内一次告知申请人需要补正的全部内容，逾期不告知的，自收到申请材料之日起即为受理；

（五）申请材料齐全、符合法定形式或者申请人按照要求提交全部补正申请材料的，应当受理申请。

直属海关受理或者不予受理申请，应当出具加盖本行政机关专用印章和注明日期的书面凭证。

第四十四条 直属海关应当在受理申请后组成评审组，对申请注册登记的出境生产加工企业进行现场评审。评审组应当在现场评审结束后及时向直属海关提交评审报告。

第四十五条 直属海关应当自受理申请之日起20日内对申请人的申请事项作出是否准予注册登记的决定；准予注册登记的，颁发《出境非食用动物产品生产、加工、存放企业检验检疫注册登记证》（以下简称《注册登记证》）。

直属海关自受理申请之日起20日内不能作出决定的，经直属海关负责人批准，可以延长10日，并应当将延长期限的理由告知申请人。

第四十六条 直属海关应当将准予注册登记企业名单上报海关总署。海关总署组织进行抽查评估，统一向进境国家或者地区主管部门推荐并办理有关手续。

第四十七条 《注册登记证》自颁发之日起生效，有效期5年。

第四十八条 注册登记的出境生产加工企业变更企业名称、法定代表人、产品种类、存放、生产加工能力等的，应当在变更后30日内向准予注册登记的直属海关提出书面申请，填写《出境非食用动物产品生产、加工、存放企业检验检疫注册登记申请表》，并提交与变更内容相关的资料。

变更企业名称、法定代表人的，由直属海关审核有关资料后，直接办理变更手续。

变更产品种类或者生产能力的，由直属海关审核有关资料并组织现场评审，评审合格后，办理变更手续。

企业迁址的，应当重新向直属海关申请办理注册登记手续。

第四十九条 获得注册登记的出境生产加工企业需要延续注册登记有效期的，应当在有效期届满3个月前按照本办法规定提出申请。

第五十条 海关对注册登记的出境生产加工企业实施年审，年审合格的在《注册登记证》（副本）上加注年审合格记录。

第五十一条 注册登记的出境生产加工企业发生下列情况之一，准予注册登记所依据的客观情况发生重大变化，达不到注册登记条件要求的，由直属海关撤回其注册登记：

（一）注册登记内容发生变更，未办理变更手续的；

（二）年审不合格的；

（三）所依据的客观情况发生其他重大变化的。

第五十二条 有下列情形之一的，直属海关根据利害关系人的请求或者依据职权，可以撤销其注册登记：

（一）直属海关工作人员滥用职权、玩忽职守作出准予注册登记的；

（二）超越法定职权作出准予注册登记的；

（三）违反法定程序作出准予注册登记的；

（四）对不具备申请资格或者不符合法定条件的出境生产加工企业准予注册登记的；

（五）依法可以撤销注册登记的其他情形。

出境生产加工企业以欺骗、贿赂等不正当手段取得注册登记的，应当予以撤销。

第五十三条 出境生产加工企业有下列情形之一的，直属海关应当依法办理注册登记的注销手续：

（一）注册登记有效期届满未申请延续的；

（二）出境生产加工企业依法终止的；

（三）出境生产加工企业因停产、转产、倒闭等原因不再从事出境非食用动物产品生产、加工或者存放业务的；

（四）注册登记依法被撤销、撤回或者吊销的；

（五）因不可抗力导致注册登记事项无法实施的；

（六）法律、法规规定的应当注销注册登记的其他情形。

第二节 检验检疫

第五十四条 海关按照下列要求对出境非食用动物产品实施检验检疫：

（一）双边协议、议定书、备忘录和其他双边协定；

（二）输入国家或者地区检验检疫要求；

（三）中国法律法规、强制性标准和海关总署规定的检验检疫要求；

（四）贸易合同或者信用证注明的检疫要求。

第五十五条 非食用动物产品出境前，货主或者其代理人应当向产地海关报检，并提供贸易合同、自检自控合格证明等相关单证。海关对所提供的单证进行审核，符合要求的受理报检。

第五十六条 受理报检后，海关按照下列规定实施现场检验检疫：

（一）核对货证：核对单证与货物的名称、数（重）量、生产日期、批号、包装、唛头、出境生产企业名称或者注册登记号等是否相符；

（二）抽样：根据相应标准、输入国家或者地区的要求进行抽样，出具《抽/采样凭证》；

（三）感官检查：包装、容器是否完好，外观、色泽、组织状态、黏度、气味、异物、异色及其他相关项目。

第五十七条 海关对需要进行实验室检验检疫的产品，按照相关规定，抽样送实验室检测。

第五十八条 经检验检疫合格的，海关出具检验检疫证书。检验检疫不合格的，经有效方法处理并重新检验检疫合格的，可以按照规定出具相关单证，准予出境；无有效方法处理或者虽经处理重新检验检疫仍不合格的，不予出境，并出具《出境货物不合格通知单》。

第五十九条 出境口岸海关按照相关规定查验，重点核查货证是否相符。查验不合格的，不予放行。

第六十条 产地海关与出境口岸海关应当及时交流信息。

在检验检疫过程中发现重大安全卫生问题，应当采取相应措施，并及时上报海关总署。

第三节 监督管理

第六十一条 取得注册登记的出境生产加工企业应当遵守下列规定：

（一）有效运行自检自控体系；

（二）按照输入国家或者地区的标准或者合同要求生产出境产品；

（三）按照海关认可的兽医卫生防疫制度开展卫生防疫工作；

（四）企业档案维护，包括出入库、生产加工、防疫消毒、废弃物检疫处理等记录，记录档案至少保留 2 年；

（五）如实填写《出境非食用动物产品生产、加工、存放注册登记企业监管手册》。

第六十二条 海关对辖区内注册登记的出境生产加工企业实施日常监督管理，内容包括：

（一）兽医卫生防疫制度的执行情况；

（二）自检自控体系运行，包括原辅料、成品自检自控情况、生产加工过程控制、原料及成品出入库及生产、加工的记录等；

（三）涉及安全卫生的其他有关内容；

（四）《出境非食用动物产品生产、加工、存放注册登记企业监管手册》填写情况。

第六十三条 海关应当建立注册登记的出境生产加工企业诚信档案，建立良好记录企业名单和不良记录企业名单。

第六十四条 出境非食用动物产品被检出疫病、有毒有害物质超标或者其他安全卫生问题的，海关核实有关情况后，实施加严检验检疫监管措施。

第六十五条 注册登记的出境生产加工企业发现相关产品可能受到污染并影响非食用动物产品安全，或者其出境产品在国外涉嫌引发非食用动物产品安全事件时，应当在 24 小时内报告所在地海关，同时采取控制措施，防止不合格产品继续出厂。所在地海关接到报告后，应当于 24 小时内逐级上报至海关总署。

第五章　过境检验检疫

第六十六条 运输非食用动物产品过境的，承运人或者押运人应当持货运单和输出国家或者地区主管部门出具的证书，并书面提交过境运输路线，向进境口岸海关报检。

第六十七条 装载过境非食用动物产品的运输工具和包装物、装载容器应当完好。经进境口岸海关检查，发现过境非食用动物产品存在途中散漏隐患的，承运人或者押运人应当按照口岸海关的要求，采取密封措施；无法采取密封措施的，不准过境。

第六十八条 过境非食用动物产品的输出国家或者地区未被列入本办法第十条规定的名单的，应当获得海关总署的批准方可过境。

第六十九条 过境的非食用动物产品，由进境口岸海关查验单证，加施封识后放行，同时通知出境口岸海关。到达出境口岸后，由出境口岸海关确认原货柜、原包装、原封识完好后，允许出境。

第六章　法律责任

第七十条 违反本办法规定，擅自销售、使用未报检或者未经检验的属于法定检验的进境非食用动物产品的，由海关按照《中华人民共和国进出口商品检验法实施条例》第四十二条的规定没收违法所得，并处非食用动物产品货值金额 5%以上 20%以下罚款；构成犯罪的，依法追究刑事责任。

第七十一条 违反本办法规定，擅自出口未报检或者未经检验的属于法定检验的出境非食用动物产品的，由海关按照《中华人民共和国进出口商品检验法实施条例》第四十三条的规定没收违法所得，并处非食用动物产品货值金额 5%以上 20%以下罚款；构成犯罪的，依法追究刑事责任。

第七十二条 销售、使用经法定检验、抽查检验不合格的进境非食用动物产品，或者出口经法定检验、抽查检验不合格的非食用动物产品的，由海关按照《中华人民共和国进出口商品检验法实施条例》第四十四条的规定责令停止销售、使用或者出口，没收违法所得和违法销售、使用或者出口的非食用动物产品，并处没收销售、使用或者出口的非食用动物产品货值金额等值以上 3 倍以下罚款；构成犯罪的，依法追究刑事责任。

第七十三条 进出境非食用动物产品的收货人、发货人、代理报检企业或者报检人员不如实提供属于法定检验的进出境非食用动物产品的真实情况，取得海关的有关证单，或者对法定检验的进出境非食用动物产品不予报检，逃避进出口商品检验的，由海关按照《中华人民共和国进出口商品检验法实施条例》第四十五条第一款的规定没收违法所得，并处非食用动物产品货值金额 5%以上 20%以下罚款。

进出境非食用动物产品的收货人或者发货人委托代理报检企业办理报检手续，未按照规定向代理报检企业提供所委托报检事项的真实情况，取得海关的有关证单的，对委托人依照前款规定予以处罚。

第七十四条 伪造、变造、买卖或者盗窃检验证单、印章、标志、封识或者使用伪造、变造的检验证单、印章、标志、封识，构成犯罪的，依法追究刑事责任；尚不够刑事处罚的，由海关按照《中华人民共和国进出口商品检验法实施条例》第四十六条的规定责令改正，没收违法所得，并处非食用动物产品货值金额等值以下罚款。

第七十五条 擅自调换海关抽取的样品或者海关检验合格的进出境非食用动物产品的，由海关按照《中华人民共和国进出口商品检验法实施条例》第四十七条的规定责令改正，给予警告；情节严重的，并处非食用动物产品货值金额 10%以上 50%以下罚款。

第七十六条 有下列违法行为之一的，由海关按照《中华人民共和国进出境动植物检疫法实施条例》第五十九条的规定处 5000 元以下的罚款：

（一）未报检或者未依法办理检疫审批手续或者未按检疫审批的规定执行的；

（二）报检的非食用动物产品与实际不符的。

有前款第（二）项所列行为，已取得检疫单证的，予以吊销。

第七十七条 有下列情形之一的，由海关按照《中华人民共和国进出境动植物检疫法实施条例》第六十条的规定处 3000 元以上 3 万元以下罚款：

（一）未经海关批准，擅自将进境、出境、过境非食用动物产品卸离运输工具或者运递的；

（二）擅自开拆过境非食用动物产品的包装，或者擅自开拆、损毁动植物检疫封识或者标志的。

第七十八条 有下列情形之一的，依法追究刑事责任；尚不构成犯罪或者犯罪情节显著轻微依法不需要判处刑罚的，由海关按照《中华人民共和国进出境动植物检疫法实施条例》第六十二条的规定处 2 万元以上 5 万元以下的罚款：

（一）引起重大动植物疫情的；

（二）伪造、变造动植物检疫单证、印章、标志、封识的。

第七十九条 有下列情形之一，有违法所得的，由海关处以违法所得 3 倍以下罚款，最高不超过 3 万元；没有违法所得的，处以 1 万元以下罚款：

（一）未经注册登记或者指定擅自生产、加工、存放需要实施企业注册登记或者指定管理的非食用动物产品的；

（二）擅自销售、使用或者出口应当经抽查检验而未经抽查检验的进出境非食用动物产品的；

（三）买卖或者使用伪造、变造的动植物检疫单证、印章、标志、封识的；

（四）买卖或者使用伪造、变造的输出国家或者地区主管部门检验检疫证明文件的；

（五）买卖或者使用伪造、变造的其他相关证明文件的；

（六）拒不接受海关监督管理的；

（七）未按照有关规定向指定企业所在地海关申报的；

（八）实施企业注册登记或者指定管理的进境非食用动物产品，未经批准，货主或者其代理人擅自变更生产、加工、存放企业的；

（九）擅自处置未经检疫处理的进境非食用动物产品使用、加工过程中产生的废弃物的。

第八十条 申请注册登记的生产、加工、存放企业隐瞒有关情况或者提供虚假材料申请注册登记的，海关不予受理申请或者不予注册登记，并可以给予警告。

经注册登记的生产、加工、存放企业以欺骗、贿赂等不正当手段取得注册登记的，有违法所得的，由海关处以违法所得3倍以下罚款，最高不超过3万元；没有违法所得的，处以1万元以下罚款。

第八十一条 海关工作人员滥用职权，故意刁难当事人的，徇私舞弊，伪造检验检疫结果的，或者玩忽职守，延误检验检疫出证的，依法给予行政处分；构成犯罪的，依法追究刑事责任。

第七章 附 则

第八十二条 本办法中非食用动物产品是指非直接供人类或者动物食用的动物副产品及其衍生物、加工品，如非直接供人类或者动物食用的动物皮张、毛类、纤维、骨、蹄、角、油脂、明胶、标本、工艺品、内脏、动物源性肥料、蚕产品、蜂产品、水产品、奶产品等。

第八十三条 进出境非食用动物产品应当实施卫生检疫的，按照国境卫生检疫法律法规的规定执行。

第八十四条 本办法由海关总署负责解释。

第八十五条 本办法自2015年2月1日起施行。自施行之日起，进出境非食用动物产品检验检疫管理规定与本办法不一致的，以本办法为准。

出境水生动物检验检疫监督管理办法

（质检总局令第99号）

发布日期：2007-08-27

实施日期：2018-11-23

法规类型：部门规章

（根据2018年3月6日国家质量监督检验检疫总局令第196号《国家质量监督检验检疫总局关于废止和修改部分规章的决定》第一次修正；根据2018年4月28日海关总署令第238号《海关总署关于修改部分规章的决定》第二次修正；根据2018年5月29日海关总署令第240号《海关总署关于修改部分规章的决定》第三次修正；根据2018年11月23日海关总署令第243号《海关总署关于修改部分规章的决定》第四次修正）

第一章 总 则

第一条 为了规范出境水生动物检验检疫工作，提高出境水生动物安全卫生质量，根据《中华人民共和国进出境动植物检疫法》及其实施条例、《中华人民共和国进出口商品检验法》及其实施条例、《中华人民共和国食品安全法》《中华人民共和国农产品质量安全法》《国务院关于加强食品等产品安全监督管理的特别规定》等法律法规规定和国际条约规定，制定本办法。

第二条 本办法适用于对养殖和野生捕捞出境水生动物的检验检疫和监督管理。从事出境水生动物养殖、捕捞、中转、包装、运输、贸易应当遵守本办法。

第三条 海关总署主管全国出境水生动物的检验检疫和监督管理工作。

主管海关负责所辖区域出境水生动物的检验检疫和监督管理工作。

第四条 对输入国家或者地区要求中国对向其输出水生动物的生产、加工、存放单位注册登记的，海关总署对出境水生动物养殖场、中转场实施注册登记制度。

第二章 注册登记

第一节 注册登记条件

第五条 出境水生动物养殖场、中转场申请注册登记应当符合下列条件：

（一）周边和场内卫生环境良好，无工业、生活垃圾等污染源和水产品加工厂，场区布局合理，分区科学，有明确的标识；

（二）具有符合检验检疫要求的养殖、包装、防疫、饲料和药物存放等设施、设备和材料；

（三）具有符合检验检疫要求的养殖、包装、防疫、疫情报告、饲料和药物存放及使用、废弃物和废水处理、人员管理、引进水生动物等专项管理制度；

（四）配备有养殖、防疫方面的专业技术人员，有从业人员培训计划；

（五）中转场的场区面积、中转能力应当与出口数量相适应。

第六条 出境食用水生动物非开放性水域养殖场、中转场申请注册登记除符合本办法第五条规定的条件外，还应当符合下列条件：

（一）具有与外部环境隔离或者限制无关人员和动物自由进出的设施，如隔离墙、网、栅栏等；

（二）养殖场养殖水面应当具备一定规模，一般水泥池养殖面积不少于20亩，土池养殖面积不少于100亩；

（三）养殖场具有独立的引进水生动物的隔离池；各养殖池具有独立的进水和排水渠道；养殖场的进水和排水渠道分设。

第七条 出境食用水生动物开放性水域养殖场、中转场申请注册登记除符合本办法第五条规定的条件外，还应当符合下列条件：

（一）养殖、中转、包装区域无规定的水生动物疫病；

（二）养殖场养殖水域面积不少于500亩，网箱养殖的网箱数一般不少于20个。

第八条 出境观赏用和种用水生动物养殖场、中转场申请注册登记除符合本办法第五条规定的条件外，还应当符合下列条件：

（一）场区位于水生动物疫病的非疫区，过去2年内没有发生国际动物卫生组织（OIE）规定应当通报和农业部规定应当上报的水生动物疾病；

（二）养殖场具有独立的引进水生动物的隔离池和水生动物出口前的隔离养殖池，各养殖池具有独立的进水和排水渠道。养殖场的进水和排水渠道分设；

（三）具有与外部环境隔离或者限制无关人员和动物自由进出的设施，如隔离墙、网、栅栏等；

（四）养殖场面积水泥池养殖面积不少于20亩，土池养殖面积不少于100亩；

（五）出口淡水水生动物的包装用水必须符合饮用水标准；出口海水水生动物的包装用水

必须清洁、透明并经有效消毒处理；

（六）养殖场有自繁自养能力，并有与养殖规模相适应的种用水生动物；

（七）不得养殖食用水生动物。

第二节　注册登记申请

第九条　出境水生动物养殖场、中转场应当向所在地直属海关申请注册登记，并提交下列材料：

（一）注册登记申请表；

（二）养殖许可证或者海域使用证（不适用于中转场）；

（三）场区平面示意图，并提供重点区域的照片或者视频资料；

（四）水质检测报告；

（五）废弃物、废水处理程序；

（六）进口国家或者地区对水生动物疾病有明确检测要求的，需提供有关检测报告。

第十条　直属海关应当对申请材料及时进行审查，根据下列情况在5日内作出受理或者不予受理决定，并书面通知申请人：

（一）申请材料存在可以当场更正的错误的，允许申请人当场更正；

（二）申请材料不齐全或者不符合法定形式的，应当当场或者在5日内一次书面告知申请人需要补正的全部内容，逾期不告知的，自收到申请材料之日起即为受理；

（三）申请材料齐全、符合法定形式或者申请人按照要求提交全部补正申请材料的，应当受理申请。

第十一条　每一注册登记养殖场或者中转包装场使用一个注册登记编号。

同一企业所有的不同地点的养殖场或者中转场应当分别申请注册登记。

第三节　注册登记审查与决定

第十二条　直属海关应当在受理申请后组成评审组，对申请注册登记的养殖场或者中转场进行现场评审。评审组应当在现场评审结束后向直属海关提交评审报告。

第十三条　直属海关应当自受理申请之日起20日内对申请人的申请事项作出是否准予注册登记的决定；准予注册登记的，颁发《出境水生动物养殖场/中转场检验检疫注册登记证》（以下简称《注册登记证》），并上报海关总署。

直属海关自受理申请之日起20日内不能作出决定的，经直属海关负责人批准，可以延长10日，并应当将延长期限的理由告知申请人。

第十四条　进口国家或者地区有注册登记要求的，直属海关评审合格后，报海关总署，由海关总署统一向进口国家或者地区政府主管部门推荐并办理有关手续。进口国家或者地区政府主管部门确认后，注册登记生效。

第十五条　《注册登记证》自颁发之日起生效，有效期5年。

经注册登记的养殖场或者中转场的注册登记编号专场专用。

第四节　注册登记变更与延续

第十六条　出境水生动物养殖场、中转场变更企业名称、法定代表人、养殖品种、养殖能力等的，应当在30日内向所在地直属海关提出书面申请，填写《出境水生动物养殖场/中转包装场检验检疫注册登记申请表》，并提交与变更内容相关的资料。

变更养殖品种或者养殖能力的，由直属海关审核有关资料并组织现场评审，评审合格后，办理变更手续。

养殖场或者中转场迁址的，应当重新向海关申请办理注册登记手续。

因停产、转产、倒闭等原因不再从事出境水生动物业务的注册登记养殖场、中转场，应当向所在地海关办理注销手续。

第十七条 获得注册登记的出境水生动物养殖场、中转包装场需要延续注册登记有效期的，应当在有效期届满30日前按照本办法规定提出申请。

第十八条 直属海关应当在完成注册登记、变更或者注销工作后30日内，将辖区内相关信息上报海关总署备案。

第三章 检验检疫

第十九条 海关按照下列依据对出境水生动物实施检验检疫：

（一）中国法律法规规定的检验检疫要求、强制性标准；

（二）双边检验检疫协议、议定书、备忘录；

（三）进口国家或者地区的检验检疫要求；

（四）贸易合同或者信用证中注明的检验检疫要求。

第二十条 出境野生捕捞水生动物的货主或者其代理人应当在水生动物出境3天前向出境口岸海关报检，并提供捕捞渔船与出口企业的供货协议（含捕捞船只负责人签字）。

进口国家或者地区对捕捞海域有特定要求的，报检时应当申明捕捞海域。

第二十一条 出境养殖水生动物的货主或者其代理人应当在水生动物出境7天前向注册登记养殖场、中转场所在地海关报检。

第二十二条 除捕捞后直接出口的野生捕捞水生动物外，出境水生动物必须来自注册登记养殖场或者中转场。

注册登记养殖场、中转场应当保证其出境水生动物符合进口国或者地区的标准或者合同要求，并出具《出境水生动物供货证明》。

中转场凭注册登记养殖场出具的《出境水生动物供货证明》接收水生动物。

第二十三条 产地海关受理报检后，应当查验注册登记养殖场或者中转场出具的《出境水生动物供货证明》，根据疫病和有毒有害物质监控结果、日常监管记录、企业分类管理等情况，对出境养殖水生动物进行检验检疫。

第二十四条 经检验检疫合格的，海关对装载容器或者运输工具加施封识，并按照进口国家或者地区的要求出具《动物卫生证书》。

第二十五条 出境水生动物用水、冰、铺垫和包装材料、装载容器、运输工具、设备应当符合国家有关规定、标准和进口国家或者地区的要求。

第二十六条 出境养殖水生动物外包装或者装载容器上应当标注出口企业全称、注册登记养殖场和中转场名称和注册登记编号、出境水生动物的品名、数（重）量、规格等内容。来自不同注册登记养殖场的水生动物，应当分开包装。

第二十七条 经检验检疫合格的出境水生动物，不更换原包装异地出口的，经离境口岸海关现场查验，货证相符、封识完好的准予放行。

需在离境口岸换水、加冰、充氧、接驳更换运输工具的，应当在离境口岸海关监督下，在海关指定的场所进行，并在加施封识后准予放行。

出境水生动物运输途中需换水、加冰、充氧的，应当在海关指定的场所进行。

第二十八条 产地海关与口岸海关应当及时交流出境水生动物信息，对在检验检疫过程中发现疫病或者其他卫生安全问题，应当采取相应措施，并及时上报海关总署。

第四章 监督管理

第二十九条 海关对辖区内取得注册登记的出境水生动物养殖场、中转场实行日常监督管理和年度审查制度。

第三十条 海关总署负责制定出境水生动物疫病和有毒有害物质监控计划。

直属海关根据监控计划制定实施方案，上报年度监控报告。

取得注册登记的出境水生动物养殖场、中转场应当建立自检自控体系，并对其出口水生动物的安全卫生质量负责。

第三十一条 取得注册登记的出境水生动物养殖场、中转场应当建立完善的养殖生产和中转包装记录档案，如实填写《出境水生动物养殖场/中转场检验检疫监管手册》，详细记录生产过程中水质监测、水生动物的引进、疫病发生、药物和饲料的采购及使用情况，以及每批水生动物的投苗、转池/塘、网箱分流、用药、用料、出场等情况，并存档备查。

第三十二条 养殖、捕捞器具等应当定期消毒。运载水生动物的容器、用水、运输工具应当保持清洁，并符合动物防疫要求。

第三十三条 取得注册登记的出境水生动物养殖场、中转场应当遵守国家有关药物管理规定，不得存放、使用我国和进口国家或者地区禁止使用的药物；对允许使用的药物，遵守药物使用和停药期的规定。

中转、包装、运输期间，食用水生动物不得饲喂和用药，使用的消毒药物应当符合国家有关规定。

第三十四条 出境食用水生动物饲用饲料应当符合下列规定：

（一）海关总署《出境食用动物饲用饲料检验检疫管理办法》；

（二）进口国家或者地区的要求；

（三）我国其他有关规定。

鲜活饵料不得来自水生动物疫区或者污染水域，且须经海关认可的方法进行检疫处理，不得含有我国和进口国家或者地区政府规定禁止使用的药物。

观赏和种用水生动物禁止饲喂同类水生动物（含卵和幼体）鲜活饵料。

第三十五条 取得注册登记的出境水生动物养殖场应当建立引进水生动物的安全评价制度。

引进水生动物应当取得所在地海关批准。

引进水生动物应当隔离养殖30天以上，根据安全评价结果，对疫病或者相关禁用药物残留进行检测，经检验检疫合格后方可投入正常生产。

引进的食用水生动物，在注册登记养殖场养殖时间需达到该品种水生动物生长周期的三分之一且不少于2个月，方可出口。

出境水生动物的中转包装期一般不超过3天。

第三十六条 取得注册登记的出境水生动物养殖场、中转场发生国际动物卫生组织（OIE）规定需要通报或者农业部规定需要上报的重大水生动物疫情时，应当立即启动有关应急预案，采取紧急控制和预防措施并按照规定上报。

第三十七条 海关对辖区内注册登记的养殖场和中转场实施日常监督管理的内容包括：

（一）环境卫生；

（二）疫病控制；

（三）有毒有害物质自检自控；

（四）引种、投苗、繁殖、生产养殖；

（五）饲料、饵料使用及管理；

（六）药物使用及管理；

（七）给、排水系统及水质；

（八）发病水生动物隔离处理；

（九）死亡水生动物及废弃物无害化处理；

（十）包装物、铺垫材料、生产用具、运输工具、运输用水或者冰的安全卫生；

（十一）《出口水生动物注册登记养殖场/中转场检验检疫监管手册》记录情况。

第三十八条 海关每年对辖区内注册登记的养殖场和中转场实施年审，年审合格的在《注册登记证》上加注年审合格记录。

第三十九条 海关应当给注册登记养殖场、中转场、捕捞、运输和贸易企业建立诚信档案。根据上一年度的疫病和有毒有害物质监控、日常监督、年度审核和检验检疫情况，建立良好记录企业名单和不良记录企业名单，对相关企业实行分类管理。

第四十条 从事出境水生动物捕捞、中转、包装、养殖、运输和贸易的企业有下列情形之一的，海关可以要求其限期整改，必要时可以暂停受理报检：

（一）出境水生动物被国内外检验检疫机构检出疫病、有毒有害物质或者其他安全卫生质量问题的；

（二）未经海关同意擅自引进水生动物或者引进种用水生动物未按照规定期限实施隔离养殖的；

（三）未按照本办法规定办理注册登记变更或者注销手续的；

（四）年审中发现不合格项的。

第四十一条 注册登记养殖场、中转场有下列情形之一的，海关应当注销其相关注册登记：

（一）注册登记有效期届满，未按照规定办理延续手续的；

（二）企业依法终止或者因停产、转产、倒闭等原因不再从事出境水生动物业务的；

（三）注册登记依法被撤销、撤回或者《注册登记证》被依法吊销的；

（四）年审不合格且在限期内整改不合格的；

（五）一年内没有水生动物出境的；

（六）因不可抗力导致注册登记事项无法实施的；

（七）检验检疫法律、法规规定的应当注销注册登记的其他情形。

第五章　法律责任

第四十二条 从事出境水生动物捕捞、养殖、中转、包装、运输和贸易的企业有下列情形之一的，由海关处三万元以下罚款，情节严重的，吊销其注册登记证书：

（一）发生应该上报的疫情隐瞒不报的；

（二）在海关指定的场所之外换水、充氧、加冰、改变包装或者接驳更换运输工具的；

（三）人为损毁检验检疫封识的；

（四）存放我国或者进口国家或者地区禁止使用的药物的；

（五）拒不接受海关监督管理的。

第四十三条 从事出境水生动物捕捞、养殖、中转、包装、运输和贸易的企业有下列情形之一的，由海关按照《国务院关于加强食品等产品安全监督管理的特别规定》予以处罚。

（一）以非注册登记养殖场水生动物冒充注册登记养殖场水生动物的；

（二）以养殖水生动物冒充野生捕捞水生动物的；

（三）提供、使用虚假《出境水生动物供货证明》的；

（四）违法使用饲料、饵料、药物、养殖用水及其他农业投入品的；

（五）有其他逃避检验检疫或者弄虚作假行为的。

第四十四条 海关工作人员滥用职权，故意刁难，徇私舞弊，伪造检验结果，或者玩忽职守，延误检验出证，依法给予行政处分；构成犯罪的，依法追究刑事责任。

第六章　附　则

第四十五条　本办法下列用语的含义是：

水生动物：指活的鱼类、软体类、甲壳类及其他在水中生活的无脊椎动物等，包括其繁殖用的精液、卵、受精卵。

养殖场：指水生动物的孵化、育苗、养殖场所。

中转场：指用于水生动物出境前短期集中、存放、分类、加工整理、包装等用途的场所。

第四十六条　出境龟、鳖、蛇、蛙、鳄鱼等两栖和爬行类动物的检验检疫和监督管理参照本办法执行。

第四十七条　本办法由海关总署负责解释。

第四十八条　本办法自 2007 年 10 月 1 日起施行。原国家出入境检验检疫局 1999 年 11 月 24 日发布的《出口观赏鱼检疫管理办法》，国家质检总局 2001 年 12 月 4 日发布的《供港澳食用水生动物检验检疫管理办法》自施行之日起废止。

进境动物遗传物质检疫管理办法

（质检总局令第 47 号）

发布日期：2003-05-14

实施日期：2023-04-15

法规类型：部门规章

（根据 2018 年 4 月 28 日海关总署令第 238 号《海关总署关于修改部分规章的决定》第一次修正；根据 2018 年 5 月 29 日海关总署令第 240 号《海关总署关于修改部分规章的决定》第二次修正；2023 年 3 月 9 日海关总署令第 262 号《海关总署关于修改部分规章的决定》第三次修正）

第一章　总　则

第一条　为规范进境动物遗传物质的检疫和监督管理，保护我国畜牧业生产安全，根据《中华人民共和国进出境动植物检疫法》及其实施条例等法律法规的规定，制定本办法。

第二条　本办法适用于进境动物遗传物质的检疫和监督管理。

第三条　本办法所称动物遗传物质是指哺乳动物精液、胚胎和卵细胞。

第四条　海关总署统一管理全国进境动物遗传物质的检疫和监督管理工作。

主管海关负责辖区内的进境动物遗传物质的检疫和监督管理。

第五条　海关总署对进境动物遗传物质实行风险分析管理。根据风险分析结果，海关总署与拟向中国输出动物遗传物质的国家或地区政府有关主管机构签订双边检疫协定（包括协定、协议、议定书、备忘录等）。

第二章　检疫审批

第六条　输入动物遗传物质的，必须事先办理检疫审批手续，取得《中华人民共和国进境动植物检疫许可证》（以下简称《检疫许可证》），并在贸易合同或者有关协议中订明我国的检疫要求。

第七条 申请办理动物遗传物质检疫审批的，应当向所在地直属海关提交下列资料：

（一）《中华人民共和国进境动植物检疫许可证申请表》；

（二）代理进口的，提供与货主签订的代理进口合同或者协议复印件。

第八条 直属海关应当在海关总署规定的时间内完成初审。初审合格的，报海关总署审核，海关总署应当在规定的时间内完成审核。审核合格的，签发《检疫许可证》；审核不合格的，签发《中华人民共和国进境动植物检疫许可证申请未获批准通知单》。

第三章 进境检疫

第九条 输入动物遗传物质前，海关总署根据检疫工作的需要，可以派检疫人员赴输出国家或者地区进行动物遗传物质产地预检。

第十条 海关总署对输出动物遗传物质的国外生产单位实行检疫注册登记，并对注册的国外生产单位定期或者不定期派出检疫人员进行考核。

第十一条 输入的动物遗传物质，应当按照《检疫许可证》指定的口岸进境。

第十二条 输入动物遗传物质的货主或者其代理人，应当在动物遗传物质进境前，凭贸易合同或者协议、发票等有效单证向进境口岸海关报检。动物遗传物质进境时，应当向进境口岸海关提交输出国家或者地区官方检疫机构出具的检疫证书正本。

第十三条 进境动物遗传物质无输出国家或者地区官方检疫机构出具的有效检疫证书，或者未办理检疫审批手续的，进境口岸海关可以根据具体情况，作退回或者销毁处理。

第十四条 输入的动物遗传物质运抵口岸时，检疫人员实施现场检疫：

（一）查验检疫证书是否符合《检疫许可证》以及我国与输出国家或者地区签订的双边检疫协定的要求；

（二）核对货、证是否相符；

（三）检查货物的包装、保存状况。

第十五条 经进境口岸海关现场检疫合格的，调往《检疫许可证》指定的地点实施检疫。

第十六条 动物遗传物质需调离进境口岸的，货主或者其代理人应当向目的地海关申报。

第十七条 海关按照《检疫许可证》的要求实施检疫。检疫合格的动物遗传物质，由海关依法实施检疫监督管理；检疫不合格的，在海关的监督下，作退回或者销毁处理。

第四章 检疫监督

第十八条 海关对进境动物遗传物质的加工、存放、使用（以下统称使用）实施检疫监督管理；对动物遗传物质的第一代后裔实施备案。

第十九条 进境动物遗传物质的使用单位应当到所在地直属海关备案。

第二十条 使用单位应当填写《进境动物遗传物质使用单位备案表》，并提供以下说明材料：

（一）具有熟悉动物遗传物质保存、运输、使用技术的专业人员；

（二）具备进境动物遗传物质的专用存放场所及其他必要的设施。

第二十一条 直属海关将已备案的使用单位，报告海关总署。

第二十二条 使用单位应当建立进境动物遗传物质使用的管理制度，填写《进境动物遗传物质检疫监管档案》，接受海关监管；每批进境动物遗传物质使用结束，应当将《进境动物遗传物质检疫监管档案》报海关备案。

第二十三条 海关根据需要，对进境动物遗传物质后裔的健康状况进行监测，有关单位应当予以配合。

第五章　附　则

第二十四条　对违反本办法规定的，海关依照有关法律法规的规定予以处罚。

第二十五条　本办法所规定的文书由海关总署另行制定并且发布。

第二十六条　本办法由海关总署负责解释。

第二十七条　本办法自二〇〇三年七月一日起施行。

海关总署办公厅关于加强和优化进境水洗羽毛羽绒检疫措施的通知

（署办动植函〔2022〕12号）

发布日期：2022-08-28
实施日期：2022-08-28
法规类型：规范性文件

为高效统筹新冠疫情防控和促进外贸保稳提质，在确保安全的前提下助企纾困，促进水洗羽毛羽绒进口贸易健康发展。经总署同意，现就加强和优化进境水洗羽毛羽绒口岸检疫措施有关事宜通知如下：

一、强化单证审核

各海关要继续按照《海关总署办公厅关于进一步加强进口洗净毛绒等产品口岸检疫的通知》（署办动植函〔2020〕15号，以下简称《通知》）要求，加强进境水洗羽毛羽绒随附检疫证书审核。重点审核检疫证书与总署印发的证书样本是否相符、是否注明来自已注册登记的境外企业、证书评语中对水洗和高温烘干工艺描述是否符合产品检疫风险级别要求。

二、强化口岸现场检疫

各海关要继续按照《通知》和有关布控指令要求，做好口岸现场检疫工作。重点检查包装是否完好，货物是否经过水洗，货物有无霉烂、腐败变质，有无夹带或者污染明显可见的动物粪便、其他动物组织、血污块等污染物。

三、优化实验室检测

各海关要按照《羽绒羽毛 GB/T17685-2016》对水洗羽毛羽绒抽样进行浊度检测，将水洗羽毛羽绒合格判定标准调整为浊度≥50mm。同时，进境水洗羽毛羽绒须按照《海关总署关于印发2022年度〈国门生物安全监测方案（动物检疫部分）〉的通知》（署动植函〔2022〕48号）和有关布控指令开展禽流感、新城疫病毒实验室监测检测。

四、规范不合格货物处置

各海关要依法依规做好进境水洗羽毛羽绒不合格货物处置：

（一）对无有效检疫证书的或来自境外非注册登记企业的，依法作退回或者销毁处理。

（二）对口岸检疫查验发现禁止进境物的，货物严重腐败变质的，可直接判定为未加工羽毛羽绒且来自禽流感、新城疫疫区国家或地区的，通知企业作退回或者销毁处理。

（三）浊度实验室检测不合格的，对该批羽毛羽绒抽样进行禽流感检测。检测结果为阳性的，依法通知企业对该批货物作退回或者销毁处理；检测结果为阴性的，根据口岸实际和企业意愿，依法监督对该批货物进行有效熏蒸处理后放行，或监督运输至口岸所属直属海关辖区海关指定羽毛羽绒加工企业彻底水洗后放行。进境口岸海关和指定加工企业所在地海关应做好衔接，通过加施关锁等方式做好货物运输监管。

特此通知。

农业农村部办公厅关于做好金枪鱼渔业国际履约工作的通知

（农办渔〔2022〕1号）

发布日期：2022-03-07

实施日期：2022-03-07

法规类型：规范性文件

金枪鱼渔业是我国远洋渔业的重要组成部分。我国是国际养护大西洋金枪鱼委员会（ICCAT）、印度洋金枪鱼委员会（IOTC）、中西部太平洋渔业委员会（WCPFC）和美洲间热带金枪鱼委员会（IATTC）等金枪鱼管理组织（以下合称“国际金枪鱼组织”）正式成员，有效执行上述国际金枪鱼组织制定的养护和管理措施是所有成员应尽的国际义务。为进一步提升我国金枪鱼渔业国际履约能力，促进我国远洋渔业规范有序发展，维护我负责任大国形象，现将有关事项通知如下。

一、严格落实履约措施，持续强化金枪鱼渔业国际履约工作

国际金枪鱼组织针对渔船注册、捕捞日志、捕捞配额、作业海域和渔具限制、最小捕捞规格、船位监测、渔获转载和接收观察员、公海登临检查、捕捞证书制度、兼捕物种保护、海洋环境保护、临时入渔和渔船租赁、渔船标识等方面制定了相关养护和管理措施，并持续进行修订更新，我部分别制定了相关规定予以落实（有关要点详见附件）。所有金枪鱼生产企业及所属作业渔船均需遵守上述监管措施的规定，严格规范生产作业活动，及时准确报送有关数据。任何违规均可能构成不履约，严重违规者可能被列入非法、不报告和不管制（IUU）渔船名单，我部将依法对各类违规行为进行严肃调查处理。

此外，我国尚未加入养护南方蓝鳍金枪鱼委员会，无南方蓝鳍金枪鱼捕捞配额。为此我部重申：禁止我渔船捕捞南方蓝鳍金枪鱼，禁止在船上存留、转载和在岸上卸载南方蓝鳍金枪鱼，误捕的南方蓝鳍金枪鱼需立即释放并在捕捞日志中记录。

二、切实加强履约支撑，着力提升金枪鱼渔业国际履约能力

各级渔业主管部门要积极支持金枪鱼渔业科学研究和管理支撑体系建设，支持开展资源调查与监测，配合部渔业渔政管理局建立健全由渔业主管部门、远洋渔业协会、科研教育单位相结合、通力合作的科研管理和履约支撑体系，着力提高金枪鱼渔业国际履约能力和水平。

中国远洋渔业协会要配合渔业主管部门，做好各项监管措施的宣贯实施、组织协调等工作，协助完成履约执行工作及各洋区履约报告，充分发挥行业协会的自律协调作用，加强对远洋渔业企业的引导、组织和提醒，不断提高行业组织化程度和自律水平。上海海洋大学等科研教育单位要根据职责分工，强化数据收集和汇总分析，做好金枪鱼渔业资源评估等科技支撑工作，不断提高我国金枪鱼资源调查评估和科研水平。远洋渔业国际履约研究中心要不断加强履约研究，及时将国际金枪鱼组织养护管理措施汇总翻译整理印发各有关远洋渔业企业，会同中国远洋渔业协会共同做好有关国际履约和谈判支撑工作。

三、全面实施监督管理，严厉打击非法捕捞活动

非法捕捞活动破坏渔业资源和渔业生产秩序，危害我远洋渔业企业和渔船合法权益，损害我负责任国家形象。我坚定支持并积极配合国际社会打击各种非法渔业活动，对调查核实的违规远洋渔业企业和渔船将采取罚款、暂停作业、暂停或取消企业从业资格等措施进行严厉处罚。

各级渔业主管部门要针对渔船注册、渔捞日志、船位监测、公海转载等薄弱环节，加强风险隐患排查和督促检查，严防发生违规和涉外事件；发生违规和涉外事件时，要及时做好相关调查及报告工作。各远洋渔业企业要切实承担主体责任，加强制度建设，强化生产监管和渔船监控，加大培训教育力度，特别是加强所属渔船船长及职务船员管理，督促远洋渔船严格执行相关管理措施，不断提高国际履约能力。我部已将远洋渔业企业及渔船履约情况纳入远洋渔业企业履约评估主要内容，并作为渔业发展支持政策和行政监督管理的主要依据，各企业各单位要加强日常履约工作事项的总结和分析，为履约评估提供基础支撑。

本通知自下发之日起执行，《农业农村部办公厅关于进一步严格遵守金枪鱼国际管理措施的通知》（农办渔〔2019〕1号）同时废止。

附件

金枪鱼渔业国际履约要点（2022）

一、渔船注册

国际金枪鱼组织要求在各公约区作业的渔船（包括渔业辅助船）须通过船旗国政府或其授权机构在相关委员会秘书处注册，未注册渔船不得在公约区生产，渔船相关数据变更时也须及时向相关委员会秘书处登记备案。根据上述规定，取得我部颁发的《公海捕捞许可证》的金枪鱼渔船所属企业应通过中国远洋渔业协会，按国际金枪鱼组织的有关要求办理注册事宜，完成注册后方可开始生产。注册信息有任何变化的，应及时办理变更手续。中国远洋渔业协会要严格按照《公海捕捞许可证》确定的作业条件和国际金枪鱼组织要求，及时为有关渔船办理注册事宜。

二、捕捞日志

国际金枪鱼组织要求在公约区作业的渔船均须填写捕捞日志。各金枪鱼渔业企业应按照《农业部办公厅关于规范金枪鱼渔业捕捞日志的通知》（农办渔〔2008〕44号）要求，确保所属渔船认真填写《金枪鱼渔业捕捞日志》（包括如实记录误捕的禁止在船上留存的鲨鱼、海鸟、海龟、海洋哺乳动物以及无害释放等情况），并于每年3月31日将上年度每艘渔船的捕捞日志提交中国远洋渔业数据中心（上海海洋大学）。同时，金枪鱼渔业企业还应按月向中国远洋渔业协会如实报告分物种的捕捞产量（蓝鳍金枪鱼产量按周报告）。中国远洋渔业协会应根据渔业主管部门要求和国际金枪鱼组织的规定做好捕捞日志、月报信息的统一编制、印发与更新，逐步完善渔捞日志和月报信息制度。

三、捕捞配额

国际金枪鱼组织对金枪鱼和类金枪鱼主要物种均分洋区、分物种实行配额管理。根据我国金枪鱼渔船生产情况、各洋区金枪鱼资源状况和国际金枪鱼组织有关规定，我部以“公开、公平、公正”的原则，按年度将我国获得的分洋区、分物种（或种群）金枪鱼捕捞配额分配至各金枪鱼生产企业和渔船。

各金枪鱼企业和渔船须严格按照我部规定在配额内生产，不得无配额或超配额捕捞。各企业应加强捕捞生产统计，当捕捞配额使用达80%时，应及时提醒渔船控制捕捞量；当捕捞配额用尽时，应立即停止生产；如有超出配额的渔获，应丢弃或无害释放，并如实记录。中国远洋渔业协会应及时统计各金枪鱼企业和渔船捕捞产量，严格按照国际金枪鱼组织规定和我部制定的捕捞配额办理有关进出口证书。此外，根据有关措施规定，我国在中西部太平洋南纬20度以南（包括重叠区）以及赤道以北海域的长鳍金枪鱼捕捞能力受到限制，在此区域捕捞长鳍金枪鱼须经我部另行批准。

四、作业时间、海域和渔具（含辅助设备）

（一）各金枪鱼生产企业和渔船须严格按照《公海捕捞许可证》规定的作业海域和条件生产，未获得资源国许可，不得进入他国海域从事渔业活动。在公海生产的渔船应与邻近国家管辖海域外部界限保持至少1海里的安全缓冲距离。禁止在公海使用大型流网作业。所有渔船不得进入地中海生产。

（二）根据有关国际金枪鱼组织的规定，目前我国金枪鱼围网渔船在公海作业的天数不得超过26天。在大西洋东部捕捞蓝鳍金枪鱼的延绳钓渔船，作业时间限制在1月31日至5月31日，在西经10度以西和北纬42度以北围成的区域作业时间限制在8月1日至翌年1月31日。

（三）在中西部太平洋北纬20度至南纬20度作业的金枪鱼围网渔船每年7月1日至9月30日禁用集鱼装置（太平洋岛国租赁我国渔船另有规定的除外）。除在上述时间段执行集鱼装置禁用措施外，企业和渔船还须在每年4月1日至5月31日或11月1日至12月31日选择任一时间段追加执行禁用集鱼装置措施，并将追加时间段报送中国远洋渔业协会。我部于每年3月1日前将追加执行禁用集渔装置情况统一报送国际金枪鱼组织。每艘围网渔船每次放置的集鱼装置（配备位置报送器）不得超过350个。

鼓励围网渔船回收废弃的漂流集鱼装置。围网企业应于每年年末向中国远洋渔业协会报告集鱼装置的遗失情况，如发生在岛国的专属经济区内，应按岛国专属经济区分别统计集鱼装置遗失数量。

鼓励金枪鱼围网渔船尽快使用非缠绕型集鱼装置以及使用生物可降解材料制作的集鱼装置。各金枪鱼围网企业需于每年年末向中国远洋渔业协会报告使用非缠绕型集鱼装置以及使用生物可降解材料制作集鱼装置的情况。

（四）大西洋蓝鳍金枪鱼渔业和印度洋金枪鱼渔业禁止使用飞行器和无人机用于探鱼和其他辅助捕鱼目的。

（五）禁止在印度洋作业渔船以诱鱼为目的安装或使用水上或水下人工光源捕捞金枪鱼和类金枪鱼。

五、最小捕捞规格

（一）在大西洋作业的金枪鱼渔船须遵守以下最小捕捞规格：

1. 蓝鳍金枪鱼：30千克（115厘米，下颌叉长）。低于最小捕捞规格（在8千克至30千克或75厘米至115厘米之间）的条数比例每艘船不得超过5%；

2. 剑鱼：25千克（125厘米，下颌叉长）。低于最小捕捞规格的条数比例每艘船不得超过15%。

（二）在印度洋作业的金枪鱼渔船须遵守以下最小捕捞规格，并由其所属企业向中国远洋渔业协会报告本企业渔船采取的遵守最小捕捞规格的具体措施：

条纹四鳍旗鱼、印度枪鱼、蓝枪鱼和平鳍旗鱼不小于60厘米（下颌叉长）。

六、船位监测

国际金枪鱼组织对公约区作业渔船均实行船位监测。在各洋区作业的金枪鱼渔船须按我部《远洋渔船船位监测管理办法》（农渔发〔2019〕22号）等要求报送船位信息，即每1小时1次，有效船位每日不得少于18次。船位信息包括：渔船船名，渔船地理位置（纬度和经度），渔船在上述位置的日期和时间、航向、航速。下述情况须按国际金枪鱼组织的规定报送船位信息：

（一）大西洋

捕捞蓝鳍金枪鱼的渔船须每 2 小时向养护大西洋金枪鱼国际委员会秘书处报送 1 次船位信息。

（二）中西部太平洋

1. 作业渔船须每 1 小时同时向中国远洋渔业协会及中西部太平洋渔业委员会秘书处报送 1 次船位信息。

2. 金枪鱼围网渔船在禁用集鱼装置期间，须每 30 分钟同时向中国远洋渔业协会及中西部太平洋渔业委员会秘书处报送 1 次船位信息。如遇船位监测设备故障，不得手动报送船位，须立即回港修理。

3. 根据中西部太平洋渔业委员会规定，部分原经其批准使用的船位监测设备（阿戈斯系统的 FVT、MAR GE、MAR GE V2 和 MAR GE V3）已不能满足委员会确定的监测需求，使用这类设备的渔船须在 2022 年 12 月底前更换委员会许可的其他船位监测设备。

4. 除金枪鱼围网船在禁用集鱼装置期间的规定外，船位监测设备故障期间须按统一格式每 6 小时向中西部太平洋渔业委员会秘书处手动报送 1 次船位信息。如 30 天内未能恢复自动报位，该渔船应停止作业，收起所有渔具回港。如因卫星故障或渔船机械故障无法在 30 天内返港，渔船所属企业可通过中国远洋渔业协会向中西部太平洋渔业委员会秘书处申请延长 15 天的手动报送船位期限，延期期间须向中西部太平洋渔业委员会秘书处每 4 小时报送 1 次船位信息。

5. 对在中西部太平洋渔业委员会和美洲间热带金枪鱼委员会均注册的金枪鱼渔船，在南纬 4 度以南、西经 130—150 度之间上述两个国际金枪鱼组织管理的重叠区作业时，须遵守中西部太平洋渔业委员会关于船位监测的要求。

中国远洋渔业协会应跟踪落实国际金枪鱼组织关于船位监测管理措施的变动情况，确保我国管理措施与国际组织管理规定协调一致，并相应完善与之相关的监测系统功能。

七、渔获转载和接收观察员

（一）金枪鱼围网渔船和捕捞蓝鳍金枪鱼的延绳钓渔船禁止在海上转载渔获。金枪鱼围网渔船须进港卸载或转载，蓝鳍金枪鱼渔获只允许在有关国家已向国际金枪鱼组织报备的港口卸载或转载（因疫情管控等另有规定的除外）。

（二）所有金枪鱼渔船禁止在中西部太平洋“东部小公海”（即由库克群岛、法属波利尼西亚和基里巴斯的专属经济区围成的公海海域）转载渔获。

（三）除上述规定外的其他金枪鱼渔船可在海上转载渔获，但只能转载给在该洋区委员会注册并载有区域观察员的运输船（疫情期间国际金枪鱼组织另有规定的除外）。渔船或运输船需至少在每次转载前 3 天向中国远洋渔业协会提交转载申请，转载完成后应在收到观察员出具的转载报告 10 天内将该报告发送至中国远洋渔业协会，并在发送邮件后与协会确认。在中西部太平洋，计算转载时限时以中国远洋渔业协会向中西部太平洋渔业委员会秘书处发送邮件的时间作为“转载申请提前 36 小时和转载报告在转载完成后 15 天内提交”的时限计算依据。在东太平洋，运输船须在转载完成后的 24 小时内将转载报告发送至 IATTC 秘书处和渔船船旗国主管机构。

（四）金枪鱼渔船必须接受国际金枪鱼组织按有关规定派驻的区域观察员，以及我部根据国际金枪鱼组织要求派驻的国家科学观察员，并严格按照《远洋渔业国家观察员管理实施细则》（农办渔〔2016〕72 号）要求，按职务船员待遇为观察员提供生活和工作方便。不得妨碍、恐吓、干涉、影响、贿赂或企图贿赂观察员，影响其履行职责。如遇有船上观察员落水等意外情况时，需立即停止捕捞作业展开搜救，并向我部和中国远洋渔业协会报告。有条件的应留存有关影像资料。

八、公海登临检查

中西部太平洋渔业委员会对金枪鱼渔船实施公海登临检查。执法船舶须在该委员会注册，并悬挂该委员会统一执法旗帜。在公约区作业的金枪鱼渔船，在保证渔船和船员安全并核实执法船舶及人员身份后，应配合有关执法人员对渔船的登临和检查。检查中遇到问题，应及时通过所属企业向我部和中国远洋渔业协会报告。

九、合法捕捞证书制度

国际金枪鱼组织对重点金枪鱼物种实行合法捕捞证书制度。金枪鱼渔业企业运回或进口、出口或加工再出口冷冻大目金枪鱼、剑鱼和蓝鳍金枪鱼时，须按程序通过中国远洋渔业协会向我部和海关总署办理统计证书等合法捕捞证书手续。进出口大西洋蓝鳍金枪鱼的企业需按规定进行注册缴费并实行蓝鳍金枪鱼电子证书（e-BCD）的规定。

中国远洋渔业协会要严格按照我部和海关总署有关规定，做好开具合法捕捞证书有关工作。对实施合法捕捞证书联网核查的冷冻大目金枪鱼、剑鱼和蓝鳍金枪鱼，要严格按照我部和海关总署公告第2157号的要求核查，防止非法捕捞的上述产品进入我国关境。

十、兼捕物种

（一）鲨鱼

1. 我部不批准主捕鲨鱼的远洋渔业项目。各远洋渔业企业和渔船应采取有效措施，尽最大可能避免或减少兼捕鲨鱼。除国际金枪鱼组织禁止在船上留存的鲨鱼物种外，对已兼捕的鲨鱼渔获，应充分予以利用（即保留除头、内脏和皮以外的全部鱼体和鱼鳍），不得取鳍抛体。船上留存鲨鱼鳍的重量不得超过鲨鱼体重量的5%，直至渔船到达第一卸货港。

为便于港口检查或相关的公海登检，金枪鱼延绳钓渔船应将允许在船上存留的鲨鱼鱼鳍和对应的鱼体装于可降解材料制作的袋子内；或将割下的鲨鱼鳍捆绑在同一鲨鱼鱼体上；或将鲨鱼鳍和鱼体分离，且做好对应标记，存放于同一鱼舱，确保易于识别同一鲨鱼的鱼鳍和鱼体。

2. 禁止在渔船上留存、转载或在港口卸载以下物种：

（1）大西洋：大眼长尾鲨、长鳍真鲨、双髻鲨类（含路氏双髻鲨、无沟双髻鲨和锤头双髻鲨）、镰状真鲨和北大西洋尖吻鲭鲨（北纬5度以北）。

（2）印度洋：长尾鲨类、长鳍真鲨和蝠鲼。

（3）中西部太平洋：长鳍真鲨、镰状真鲨和蝠鲼。对围网渔船意外捕获的蝠鲼，应在靠港后交由相关部门处理。

（4）东太平洋：长鳍真鲨和蝠鲼。延绳钓渔船兼捕镰状真鲨的重量不得超过一个航次渔获总量的20%。

如渔船误捕上述物种，应在保证船员安全的前提下立即无害释放，在捕捞日志中如实详细记录（包括释放时的死亡或存活状态），并按规定及时将误捕情况汇总，报送中国远洋渔业数据中心。

3. 禁用鲨鱼线和钢丝材料：延绳钓渔船禁用鲨鱼线（连接在浮子绳或直接连在浮子上专用捕捞鲨鱼的单线），延绳钓支线禁止使用钢丝材料制作，以降低鲨鱼兼捕的概率。

4. 大西洋大青鲨：在大西洋作业的金枪鱼渔船需将兼捕北大西洋和南大西洋大青鲨的产量分别控制在106.8吨和85.8吨，我部视兼捕情况将上述允许兼捕量分配至各有关金枪鱼企业和渔船。

（二）海鸟

在大西洋南纬25度以南海域、印度洋南纬25度以南海域、太平洋北纬23度以北和南纬30度以南海域，金枪鱼渔船须至少采用安装惊鸟绳、放钩时对支绳加重和夜间放钩3项措施中的2项。

在中西部太平洋南纬30度以南作业的金枪鱼渔船可选择鱼钩屏蔽保护器替代上述3项措施。在南纬25度和30度之间作业的金枪鱼渔船，须至少选择安装惊鸟绳、放钩时对支绳加重和鱼钩屏蔽保护器3项措施的1项。

（三）海龟

延绳钓渔船须配备脱钩器，并尽可能使用圆形钩，减少对可能误捕海龟的伤害。鼓励在印度洋作业的延绳钓渔船使用有鳍鱼类作饵料，不鼓励用鱿鱼作饵料。

浅层延绳钓渔船（大部分钓钩位于100米水深以内）须使用圆形钩，不得用鱿鱼作饵料。

在中西部太平洋海域作业的金枪鱼围网渔船应避免误捕海龟。在误捕情况发生时，应根据有关要求对海龟进行安全释放。企业应记录作业期间误捕海龟的情况，并按规定及时将误捕情况汇总、报送中国远洋渔业数据中心。

（四）鲸豚类或鲸鲨

当目测到鲸豚类或鲸鲨时，禁止金枪鱼围网渔船放网捕捞跟随鲸豚类或鲸鲨的金枪鱼鱼群。渔获中有鲸豚类或鲸鲨时，渔船应立即停止起网，将其释放，并通过所属企业向中西部太平洋渔业委员会秘书处和中国远洋渔业数据中心报告。

（五）大西洋旗鱼和枪鱼

鼓励在大西洋作业的延绳钓渔船使用圆形钩，减少对误捕到的旗鱼和枪鱼的伤害。鼓励渔船采取适当措施将误捕的旗鱼和枪鱼无害释放，尽最大可能减少死亡率。

（六）印度洋旗鱼和枪鱼

鼓励渔船采取适当措施将兼捕的条纹四鳍旗鱼、印度枪鱼、蓝枪鱼和平鳍旗鱼无害释放，促进资源恢复。

中国远洋渔业协会应协调、督促企业做好兼捕措施执行及兼捕物种数据报送统计工作，包括组织、协调有关设备制作和统一发放。

十一、海洋环境保护

（一）在印度洋和太平洋公海作业的金枪鱼渔船不得在距离海洋环境数据采集浮标的1海里内生产，不得故意损害连接浮标的装置或将浮标捞出放置渔船上。

（二）在太平洋作业的金枪鱼渔船不得向海里丢弃塑料制品（包括塑料包装以及含塑料和聚苯乙烯的物品）。

（三）渔船捕捞到具有标记的金枪鱼、鲨鱼等，应尽可能记录所捕获鱼种的种类、长度（如叉长）、体重、捕捞位置（经纬度）等信息，并尽快反馈中国远洋渔业协会。

十二、临时入渔和渔船租赁

临时入渔他国管辖海域或通过租赁安排使用他国捕捞份额的渔船，应当严格执行国际金枪鱼组织有关措施和我部有关规定。中国远洋渔业协会需加强对金枪鱼渔船租赁和临时入渔他国管辖海域作业渔船的组织和协调，并及时将临时入渔和租赁情况报告我部，我部将按相关国际金枪鱼组织的规定进行通报。我国入渔和租赁安排的渔船应在相应国际金枪鱼组织进行注册，所有租赁给他国的我国渔船不再安排中方配额。

除中国远洋渔业协会统一办理的入渔合作外，金枪鱼渔船与他国达成入渔或租赁协议临时入渔他国海域时，渔船所属企业应事先向中国远洋渔业协会报告相关计划。租赁给印度洋资源国的我国渔船租赁合作计划需事先通过中国远洋渔业协会报我部批准。渔船在实际入渔生产前及结束后5个工作日内应向中国远洋渔业协会报告合作期间的作业船数、实际作业天数、产量、观察员上船情况及VMS安装情况等信息。

十三、禁止捕捞南方蓝鳍金枪鱼

禁止我国渔船捕捞南方蓝鳍金枪鱼。为避免非法捕捞或误捕南方蓝鳍金枪鱼，我国渔船须遵守下列措施：

（一）禁止在船上存留、转载和在岸上卸载南方蓝鳍金枪鱼，误捕的南方蓝鳍金枪鱼需立即释放并在捕捞日志中记录。

（二）印度洋：每年9月1日至10月31日禁止在南纬30—45度、东经20—45度以及南纬30—45度、东经70—140度的海域作业。全年禁止在南纬10—20度、东经100—130度的南方蓝鳍金枪鱼产卵场作业。

（三）中西部太平洋：全年禁止在南纬37—45度、东经170—180度以及南纬45—50度、东经150—170度的海域作业。

（四）大西洋：全年禁止在南纬40—45度、西经10度到东经20度的海域作业。

中国远洋渔业协会要做好船位监测预警工作。发现违反上述规定的渔船须立即提醒其撤离，并向我部报告。

十四、渔船标识

金枪鱼渔船应按照国际金枪鱼组织通过的养护和管理措施以及我部有关规定对渔船进行标识，并确保始终保持标识清晰，杜绝出现渔船无标识、错误标识、不完整标识以及涂改标识、标识模糊等情况。

上述有关国际金枪鱼组织养护和管理措施的详细内容可登陆国际金枪鱼组织官方网站及中国远洋渔业信息网查询，网址如下：

1. 养护大西洋金枪鱼国际委员会（ICCAT）

http：//www. iccat int/en RecRes. asp

2. 印度洋金枪鱼委员会（IOTC）

http：//www. iotc. org/cmms

3. 中西部太平洋渔业委员会（WCPFC）

https：//www. wcpfc. int/conservation-and-management-measures

4. 美洲间热带金枪鱼委员会（IATTC）

http：//www. iattc. org/ResolutionsActiveENG. htm

5. 中国远洋渔业信息网

www. cndwf. org

海关总署动植司、监管司关于加强泰国进口种虾检疫的警示通报

（动植函〔2020〕97号）

发布日期：2020-12-30

实施日期：2020-12-30

法规类型：规范性文件

近期，湛江海关从3批进口泰国南美白对虾种虾中检出对虾急性肝胰腺坏死病（AHPND），厦门海关从1批进口泰国斑节对虾种虾中检出传染性皮下和造血器官坏死病（IHHNV）。总署已将有关情况通报泰方，提请其开展溯源调查并加强监测整改。

为保护我国水产养殖业安全，根据《中华人民共和国进出境动植物检疫法》及其实施条例等有关法律法规规定，现发布进一步加强泰国进口种虾检疫的警示通报：

一、自本警示通报下发之日起，暂停受理泰国日夜快暹罗水产养殖有限公司（SYAQUA

SIAM Co.，Ltd，注册编号：TH8323160002）输华种虾的进境动植物检疫审批。

二、加强进口泰国种虾口岸查验和隔离检疫。隔离检疫期间，批批抽样检测急性肝胰腺坏死病（AHPND）和传染性皮下和造血器官坏死病（IHHNV）。

三、对检出疫病阳性的种虾，严格依法实施销毁处理，并对相关水体、工具和场地等进行防疫消毒。有关检出和处置情况及时报送总署动植司。

四、本警示通报在解除前持续有效。

关于进一步规范携带宠物入境检疫监管工作的公告

（海关总署公告 2019 年第 5 号）

发布日期：2019-01-02
实施日期：2019-05-01
法规类型：规范性文件

为进一步适应口岸执法新形势，安全、科学、规范做好携带入境宠物（犬、猫）的检疫监管工作，现将有关事项公告如下：

一、携带入境的活动物仅限犬或者猫（以下称“宠物”），并且每人每次限带 1 只。携带宠物入境的，携带人应当向海关提供输出国家或者地区官方动物检疫机构出具的有效检疫证书和狂犬病疫苗接种证书。宠物应当具有电子芯片。

二、携带入境的宠物应在海关指定的隔离场隔离检疫 30 天（截留期限计入在内）。需隔离检疫的宠物应当从建设有隔离检疫设施的口岸入境。海关对隔离检疫的宠物实行监督检查。海关按照指定国家或地区和非指定国家或地区对携带入境的宠物实施分类管理，具有以下情形的宠物免于隔离检疫：

（一）来自指定国家或者地区携带入境的宠物，具有有效电子芯片，经现场检疫合格的；

（二）来自非指定国家或者地区的宠物，具有有效电子芯片，提供采信实验室出具的狂犬病抗体检测报告（抗体滴度或免疫抗体量须在 0. 5IU/ml 以上）并经现场检疫合格的；

（三）携带宠物属于导盲犬、导听犬、搜救犬的，具有有效电子芯片，携带人提供相应使用者证明和专业训练证明并经现场检疫合格的。

指定国家或地区名单、采信狂犬病抗体检测结果的实验室名单、建设有隔离检疫设施的口岸名单以海关总署公布为准。

三、携带宠物入境有下列情况之一的，海关按照有关规定予以限期退回或者销毁处理：

（一）携带宠物超过限额的；

（二）携带人不能向海关提供输出国家或者地区官方动物检疫机构出具的有效检疫证书或狂犬病疫苗接种证书的；

（三）携带需隔离检疫的宠物，从不具有隔离检疫设施条件的口岸入境的；

（四）宠物经隔离检疫不合格的。

对仅不能提供疫苗接种证书的导盲犬、导听犬、搜救犬，经携带人申请，可以在有资质的机构对其接种狂犬病疫苗。

作限期退回处理的宠物，携带人应当在规定的期限内持海关签发的截留凭证，领取并携带宠物出境；逾期不领取的，作自动放弃处理。

四、关于携带宠物入境的具体检疫要求详见附件《中华人民共和国携带入境宠物检疫要求》。

本公告内容自2019年5月1日起施行。

特此公告。

附件：1. 中华人民共和国携带入境宠物检疫要求（略）

2. 海关总署采信狂犬病抗体检测结果的实验室名单（略）

3. 携带入境宠物（犬、猫）信息登记表（略）

4. 具备进境宠物隔离检疫条件的口岸名单（略）

关于决定对从俄罗斯进口的部分水产品启用《合法捕捞产品通关证明》的公告

（海关总署　农业部联合公告2014年第2146号）

发布日期：2014-09-22

实施日期：2014-11-01

法规类型：规范性文件

根据《中华人民共和国政府和俄罗斯联邦政府关于预防、阻止和消除非法、不报告和不管制捕捞海洋生物资源的合作协定》，为有效履行我国政府相关义务，决定对从俄罗斯进口的部分水产品启用《合法捕捞产品通关证明》，现公告如下：

1. 自2014年11月1日起，对进入我国关境的本公告附件所列水产品（包括进境样品、暂时进口、加工贸易进口以及进入海关特殊监管区域和海关保税监管场所等），有关单位应向农业部申请《合法捕捞产品通关证明》。进境时，有关单位应主动、如实向海关申报，并在农业部授权单位中国远洋渔业协会通知办结《合法捕捞产品通关证明》后，向海关办理相关手续。

2. 有关单位向农业部申请《合法捕捞产品通关证明》时应提交由俄罗斯联邦渔业管理部门派出机构签发的合法捕捞产品认证书原件。在俄罗斯以外的国家或地区加工附件所列产品进入我国时，申请单位应提交由俄罗斯联邦渔业管理部门派出机构签发的合法捕捞产品认证书副本。

特此公告。

附件：实施合法捕捞证明的水产品清单（略）

关于调整水产品海关商品编码的公告

（农业部　海关总署公告第 1696 号）

发布日期：2011-12-29
实施日期：2012-01-01
法规类型：规范性文件

为有效履行我国政府相关义务，树立我国负责任渔业国际形象，遏制非法捕鱼活动和有效养护有关渔业资源，中华人民共和国农业部和中华人民共和国海关总署于 2010 年 6 月 1 日发布《中华人民共和国农业部、中华人民共和国海关总署公告》（第 1389 号），决定自 2010 年 7 月 1 日起，对进口部分水产品启用《合法捕捞产品通关证明》，实施合法捕捞证明的水产品共 4 类鱼种，13 个海关商品编号的水产品。

为进一步完善对进口水产品的查验机制，根据 2012 年《中华人民共和国进出口税则》，农业部和海关总署对实施合法捕捞证明的水产品海关商品编码进行了调整，现将调整后的水产品海关商品编码予以公布，公告如下：

一、自 2012 年 1 月 1 日起，进口附件 1 所列水产品（包括进境样品、暂时进口、加工贸易进口以及进入海关特殊监管区域和海关保税监管场所等），有关单位应向农业部申请《合法捕捞产品通关证明》（附件 2）。进境时，有关单位应主动、如实向海关申报，并持《合法捕捞产品通关证明》向海关办理相关手续。有关水产品原产地按照有关规定申报、确定。

二、申请《合法捕捞产品通关证明》时应提交由船旗国政府主管机构签发的合法捕捞证明原件。如在船旗国以外的国家或地区加工附件 1 所列产品进入我国，申请单位应提交由船旗国政府主管机构签发的合法捕捞产品副本和加工国或者地区授权机构签发的再出口证明原件。

三、自 2012 年 1 月 1 日起，中华人民共和国农业部和中华人民共和国海关总署于 2010 年 6 月 1 日发布的《中华人民共和国农业部、中华人民共和国海关总署公告》（第 1389 号）废止。

特此公告。

附件：1. 实施合法捕捞证明的水产品清单（略）
　　　2. 合法捕捞产品通关证明（略）

关于加强进口三文鱼检验检疫的公告

（质检总局公告 2011 年第 9 号）

发布日期：2011-01-28
实施日期：2011-01-28
法规类型：规范性文件

2010 年以来，出入境检验检疫机构从部分进口冰鲜三文鱼中检出寄生虫鱼虱、致病微生物、兽药残留超标等问题，并已依法做了妥善处理。为保护我国消费者健康和公共卫生安全，应加强对进口三文鱼的检验检疫工作。现公告如下：

一、从 2 月 20 日起，各出入境检验检疫机构要按照《中华人民共和国进出境动植物检疫法》及其《中华人民共和国进出境动植物检疫法实施条例》和有关规定，对进口养殖三文鱼实施进境检疫审批。所有进口养殖三文鱼（HS 编码：0302121000、0302122000、0302190090、0303110000、0303190000、0303221000、0303290090、0305411000、0305412000）须事先申请进境动植物检疫许可证，未获许可证者不得进境。进口野生捕捞三文鱼须提供出口国（地区）官方出具的、注明捕捞渔船编号及捕捞区域的书面证明，否则一律视为养殖三文鱼。

二、各出入境检验检疫机构要按照《中华人民共和国食品安全法》及其《中华人民共和国食品安全法实施条例》、《中华人民共和国进出境动植物检疫法》及其《中华人民共和国进出境动植物检疫法实施条例》、《关于做好进口食品境外出口商或代理商备案准备工作的通知》（国质检食函〔2009〕618 号）等法律法规规定，对进口冰鲜三文鱼（HS 编码：0302121000、0302122000、0302190090、0305411000、0305412000）境外出口商及代理商、国内收货人及代理商做好备案管理。

三、要对进口冰鲜三文鱼（HS 编码同上）加强现场查验，官方卫生证书等证单不符合规定，或货证不符者不得入境。要按照中国有关法规标准要求，对进口冰鲜三文鱼进行检验，检验合格后方准入境。

四、请消费者注意防范潜在风险，若发现进口三文鱼存在安全卫生问题，请及时与当地出入境检验检疫机构联系。

农业部办公厅关于为输欧海洋捕捞产品办理合法捕捞证明的通知

（农办渔〔2009〕126 号）

发布日期：2009-11-26
实施日期：2009-11-26
法规类型：规范性文件

欧洲理事会于 2008 年 9 月 29 日正式通过《关于建立共同体系统以预防、阻止和消除非法、不报告和不管制捕捞的条例》（下称《条例》），规定从 2010 年 1 月 1 日起对进入欧盟市场的部分海洋捕捞产品实行合法性认证。据此规定，从 2010 年开始，出口欧盟的这部分海洋捕捞产品除须出具原产地证明、卫生证书外，还需附加合法捕捞证明文件（不需要提供此证明的水产品清单见附件 1）。

欧盟是世界最大水产品进口市场，每年进口 150 亿欧元水产品，也是我国水产品出口的重要市场。为保证我国水产品输欧贸易的正常开展，我部决定自 2010 年 1 月 1 日起，为输欧水产品办理《条例》要求出具的合法捕捞证明（附件 2）的确认及加工厂声明（附件 3）的认可。现将有关事项通知如下：

一、办理程序和审核内容

我部渔业局具体承担输欧水产品合法捕捞证明的确认及加工厂声明的认可工作。相关申请应寄至农业部渔业局国际合作处（地址：北京市朝阳区农展南里 11 号，邮政编码：100125，电话：010-59192973，传真：59192951，电子邮件：inter-coop@agri.gov.cn）。我部渔业局根据工作程序及适用的我国和国际渔业养护和管理措施，在收到申请后 15 个工作日内对相关申请进行审核。具体如下：

（一）合法捕捞证明是指为我国渔船（含远洋渔船）合法捕捞产品输欧出具的证明。我部渔业局将重点审核渔船船名和捕捞许可等内容。

（二）加工厂声明是指为我国水产品加工企业加工来自其他国家的原料后产品输欧出具的证明。我部渔业局将重点审核原料供应国主管部门所出具合法捕捞证明的真伪，以及该合法捕捞证明所提及渔船是否违反了有关国际渔业养护和管理措施。

我部渔业局委托中国渔业协会远洋渔业分会和中国水产流通与加工协会按其业务范围将审核后的文件送达有关公司。

二、合法捕捞证明和加工厂声明填写方法

（一）附件2、附件3的表格均应用英文填写并签章。

（二）附件2中的“合法捕捞证明”、“欧洲共同体再出口证明”和“附录1运输细节”3个表格是合法捕捞证明不可分割的3个部分，需要一并提供。其中，“合法捕捞证明”表格的第11、12部分以及“欧洲共同体再出口证明”表格不需要我国出口商填写，其余部分均要填写。

三、注意事项

（一）水产品来料加工企业在购买原料加工出口欧盟前，须向原料供应国的出口商说明该批次产品将出口欧盟，请其提供合法捕捞证明原件。

（二）为避免影响产品出口，原则上企业应于货物抵达欧盟港口20个工作日前申请合法捕捞证明确认或加工厂声明认可。

附件：1. 不需向欧盟出具有关合法捕捞文件的水产品清单
2. 合法捕捞证明（略）
3. 加工厂声明（略）

附件1

不需向欧盟出具有关合法捕捞文件的水产品清单（2009版）

1. 淡水渔业产品
2. 从鱼苗或幼体养殖的水产养殖产品
3. 观赏鱼类
4. 活牡蛎
5. 鲜活、新鲜或冰鲜的扇贝，包括皇后扇贝，栉孔或海扇或扇贝属
6. 冷冻的大扇贝
7. 新鲜或冰鲜的其他扇贝
8. 贻贝
9. 不是来自海洋的螺类
10. 制作或保存的软体动物

风险管理

进出口工业品风险管理办法

（质检总局令第188号）

发布日期：2017-03-06

实施日期：2018-04-28

法规类型：部门规章

（根据2018年4月28日海关总署令第238号《海关总署关于修改部分规章的决定》修正）

第一章　总　则

第一条　为了加强进出口工业品质量安全风险管理，促进贸易便利化，根据《中华人民共和国进出口商品检验法》及其实施条例、《中华人民共和国食品安全法》及其实施条例等法律法规的规定，制定本办法。

第二条　本办法适用于对进出口工业品的风险信息收集、风险信息评估、风险预警及快速反应和监督管理等工作。

本办法不适用于食品、化妆品、动植物产品的风险管理工作。

第三条　本办法所称风险即质量安全风险，是指进出口工业品对人类健康和安全、动植物生命和健康、环境保护、国家安全以及对进出口贸易有关各方合法权益造成危害的可能和程度。本办法所称风险信息，是指进出口工业品在安全、卫生、环境保护、健康、反欺诈等方面形成或者可能形成的系统性、区域性危害或者影响，以及为限制、减少或者消除上述危害或者影响需要进行收集、评估、处置的进出口工业品质量安全方面的信息。

本办法所称生产经营者，是指进口工业品的收货人及其代理人，出口工业品的生产企业、发货人及其代理人等。

第四条　海关总署统一管理全国进出口工业品风险信息收集、风险信息评估、风险预警及快速反应工作。

主管海关负责辖区内进出口工业品风险信息收集、风险信息评估、风险预警及快速反应工作。

第五条　海关总署指定符合规定资质条件的技术机构承担进出口工业品风险信息国家监测工作（以下简称国家监测中心），对特定时段、特定区域内的特定工业品进行风险信息的收集、评估，并提出相应的风险处置建议。

第六条 海关总署建立进出口工业品质量安全风险预警平台（以下简称风险预警平台），依托E-CIQ主干系统，应用信息化技术，收集和发布进出口工业品风险信息。

第七条 进出口工业品生产经营者应当建立进出口工业品风险追溯体系，保证进出口工业品质量安全，接受社会监督，承担社会责任。

第二章 风险信息收集

第八条 进出口工业品风险信息的来源可以包括：进出口检验监管信息、进出口认证监管信息、检验检测机构提供的信息、境外通报召回信息、出口退运信息、抽查检验信息、各级政府部门及行业协会通报信息、境外政府部门通报信息、医院伤害报告信息、交通事故信息、消防事故信息、产品安全事故信息、技术法规标准信息、媒体舆情信息、生产经营者报告信息、消费者投诉信息以及其他风险信息。

第九条 任何组织或者个人可以向海关或者国家监测中心实名提供有关进出口工业品风险信息。

第十条 进出口工业品的生产经营者应当建立风险信息报告制度。发现产品存在风险时，应当及时向海关或者国家监测中心报告相关风险信息。

检验检测机构开展进出口工业品检验检测业务的，应当建立风险报告机制。发现进出口工业品存在风险时，应当及时向海关或者国家监测中心报告相关风险信息。

第十一条 海关和国家监测中心对收集的风险信息进行调查核实，按照规定录入风险预警平台。海关可以委托符合规定资质条件的技术机构（以下简称技术机构）实施。

第三章 风险信息评估

第十二条 海关可以委托技术机构或者组建专家小组对进出口工业品风险信息进行评估。

第十三条 技术机构、专家小组应当在规定时间内运用国际通行的规则完成风险评估工作，得出风险评估结果，出具书面报告。

书面报告应当包括：风险评估的方法、风险类别、等级、危害、范围、残余风险、风险处置建议等内容。

第十四条 产品风险发生重大变化时，做出评估的海关或者国家监测中心应当及时组织对产品风险进行重新评估。

第四章 风险处置

第十五条 海关依照职责对风险评估报告进行研判，根据研判结论作出风险处置决定。需要采取风险预警措施和快速反应措施的，确定并实施相应的措施。

第十六条 风险预警措施包括：

（一）向相关海关发布风险警示通报；

（二）向生产经营者、相关机构发布风险警示通告，提醒或者通知其及时采取措施，消减风险；

（三）发布风险警示公告，确定对进出口工业品的风险和危害的强制性措施，提醒消费者和使用者警惕涉及进出口工业品的风险和危害。

第十七条 快速反应措施包括：

（一）调整检验监管模式；

（二）责令生产经营者对存在风险的进出口工业品实施退运或者销毁、停止进出口、停止销售和使用或者召回；

（三）按照有关法律法规的规定，对存在风险的进出口工业品实施查封或者扣押；

（四）组织调查特定时间段中，同类产品、相关行业或者关联区域内的产品质量安全状况；

（五）通报有关部门和机构，并提出协同处置的建议。

第十八条 紧急情况下，海关总署可以参照国际通行做法，对不确定的进出口工业品风险，按照本办法第十六、十七条规定采取风险预警或者快速反应措施。

第十九条 当风险发生变化时，海关应当及时调整所采取的风险预警和快速反应措施。

第二十条 海关应当将采取的风险预警和快速反应措施报告上一级海关备案。

第二十一条 风险预警和快速反应措施规定有实施期限的，期满后风险预警和快速反应措施自动解除。

风险预警和快速反应措施实施期限内，风险已经不存在或者已经降低到适当程度时，海关应当主动或者根据生产经营者的申请解除风险预警和快速反应措施。

生产经营者申请解除风险预警和快速反应措施时，应当提交风险消减评价报告。接受申请的部门应当对提交的风险消减报告的真实性、符合性进行评估。

第二十二条 生产经营者明知其产品已经或者可能存在风险时，应当履行以下义务：

（一）实施风险消减措施；

（二）及时向利益相关方通报真实情况和采取的风险消减措施；

（三）及时向海关总署或者主管海关报告采取的风险消减措施及实施结果；

（四）积极配合海关总署或者主管海关进行的风险信息调查和风险消减措施的监督。

第五章 监督管理

第二十三条 海关可以委托技术机构或者组建专家小组对下列事项进行评估：

（一）已采取的风险预警和快速反应措施；

（二）生产经营者采取的风险消减措施。

第二十四条 当进出口工业品存在风险，生产经营者未及时采取消减措施的，海关可以对其法定代表人或者主要责任人进行责任约谈。

海关未及时发现进出口工业品系统性风险，未及时消除辖区内风险的，海关总署或者上级主管海关可以对其主要负责人进行责任约谈。

第二十五条 进出口工业品风险预警及快速反应管理工作应当遵守保密规定。需要对外发布的信息应当按照海关总署相关规定予以公布。

第二十六条 海关和国家监测中心对收到的进出口工业品风险信息进行分类、归档、统计，并做好风险信息的档案管理工作。

进出口工业品风险信息档案保存期限为 3 年。涉及重大案件、典型案例等事项的档案，做长期或者永久保存。

第六章 法律责任

第二十七条 生产经营者违反本办法规定，有下列情形之一的，海关总署、主管海关可以责令其改正；拒不改正，且造成严重后果的，可以处 3 万元以下的罚款：

（一）明知其产品存在风险未主动向海关报告相关信息，或者存在瞒报、漏报的；

（二）不配合海关实施风险预警和快速反应措施或者对其风险消减措施实施监督管理的；

（三）未及时实施退运、销毁、停止进出口、停止销售和使用、召回等风险消减措施或者因措施不当未有效控制风险的；

（四）未向利益相关方通报真实情况以及风险消减措施的。

第二十八条 技术机构、专家小组应当提交客观、真实、准确的评估报告，对提供虚假报告或者篡改评估结果的机构或者个人，依法追究责任。

第二十九条 检验检测机构应当出具真实客观的报告。对提供虚假信息或者瞒报信息的机构，依法追究责任。

第三十条 海关工作人员应当秉公执法、忠于职守，不得滥用职权、玩忽职守、徇私舞弊。对违法失职的，依法追究责任。

第七章 附 则

第三十一条 本办法由海关总署负责解释。

第三十二条 本办法自2017年4月1日起施行。

国境口岸突发公共卫生事件出入境检验检疫应急处理规定

（质检总局令第57号）

发布日期：2003-11-07

实施日期：2018-05-01

法规类型：部门规章

（根据2018年4月28日海关总署令第238号《海关总署关于修改部分规章的决定》修正）

第一章 总 则

第一条 为有效预防、及时缓解、控制和消除突发公共卫生事件的危害，保障出入境人员和国境口岸公众身体健康，维护国境口岸正常的社会秩序，依据《中华人民共和国国境卫生检疫法》及其实施细则和《突发公共卫生事件应急条例》，制定本规定。

第二条 本规定所称突发公共卫生事件（以下简称突发事件）是指突然发生，造成或可能造成出入境人员和国境口岸公众健康严重损害的重大传染病疫情、群体性不明原因疾病、重大食物中毒以及其他严重影响公众健康的事件，包括：

（一）发生鼠疫、霍乱、黄热病、肺炭疽、传染性非典型肺炎病例的；

（二）乙类、丙类传染病较大规模的暴发、流行或多人死亡的；

（三）发生罕见的或者国家已宣布消除的传染病等疫情的；

（四）传染病菌种、毒种丢失的；

（五）发生临床表现相似的但致病原因不明且有蔓延趋势或可能蔓延趋势的群体性疾病的；

（六）中毒人数10人以上或者中毒死亡的；

（七）国内外发生突发事件，可能危及国境口岸的。

第三条 本规定适用于在涉及国境口岸和出入境人员、交通工具、货物、集装箱、行李、邮包等范围内，对突发事件的应急处理。

第四条 国境口岸突发事件出入境检验检疫应急处理，应当遵循预防为主、常备不懈的方针，贯彻统一领导、分级负责、反应及时、措施果断、依靠科学、加强合作的原则。

第五条 海关对参加国境口岸突发事件出入境检验检疫应急处理做出贡献的人员应给予表彰和奖励。

第二章 组织管理

第六条 海关建立国境口岸突发事件出入境检验检疫应急指挥体系。

第七条 海关总署统一协调、管理国境口岸突发事件出入境检验检疫应急指挥体系，并履行下列职责：

（一）研究制订国境口岸突发事件出入境检验检疫应急处理方案；

（二）指挥和协调全国海关做好国境口岸突发事件出入境检验检疫应急处理工作，组织调动本系统的技术力量和相关资源；

（三）检查督导全国海关有关应急工作的落实情况，督察各项应急处理措施落实到位；

（四）协调与国家相关行政主管部门的关系，建立必要的应急协调联系机制；

（五）收集、整理、分析和上报有关情报信息和事态变化情况，为国家决策提供处置意见和建议；向全国海关传达、部署上级机关有关各项命令；

（六）鼓励、支持和统一协调开展国境口岸突发事件出入境检验检疫监测、预警、反应处理等相关技术的国际交流与合作。

海关总署成立国境口岸突发事件出入境检验检疫应急处理专家咨询小组，为应急处理提供专业咨询、技术指导，为应急决策提供建议和意见。

第八条 直属海关负责所辖区域内的国境口岸突发事件出入境检验检疫应急处理工作，并履行下列职责：

（一）在本辖区组织实施国境口岸突发事件出入境检验检疫应急处理预案；

（二）调动所辖关区的力量和资源，开展应急处置工作；

（三）及时向海关总署报告应急工作情况、提出工作建议；

（四）协调与当地人民政府及其卫生行政部门以及口岸管理部门、边检等相关部门的联系。

直属海关成立国境口岸突发事件出入境检验检疫应急处理专业技术机构，承担相应工作。

第九条 隶属海关应当履行下列职责：

（一）组建突发事件出入境检验检疫应急现场指挥部，根据具体情况及时组织现场处置工作；

（二）与直属海关突发事件出入境检验检疫应急处理专业技术机构共同开展现场应急处置工作，并随时上报信息；

（三）加强与当地人民政府及其相关部门的联系与协作。

第三章 应急准备

第十条 海关总署按照《突发公共卫生事件应急条例》的要求，制订全国国境口岸突发事件出入境检验检疫应急预案。

主管海关根据全国国境口岸突发事件出入境检验检疫应急预案，结合本地口岸实际情况，制订本地国境口岸突发事件出入境检验检疫应急预案，并报上一级海关和当地政府备案。

第十一条 海关应当定期开展突发事件出入境检验检疫应急处理相关技能的培训，组织突发事件出入境检验检疫应急演练，推广先进技术。

第十二条 海关应当根据国境口岸突发事件出入境检验检疫应急预案的要求，保证应急处理人员、设施、设备、防治药品和器械等资源的配备、储备，提高应对突发事件的处理能力。

第十三条 海关应当依照法律、行政法规、规章的规定，开展突发事件应急处理知识的宣传教育，增强对突发事件的防范意识和应对能力。

第四章 报告与通报

第十四条 海关总署建立国境口岸突发事件出入境检验检疫应急报告制度，建立重大、紧急疫情信息报告系统。

有本规定第二条规定情形之一的，直属海关应当在接到报告1小时内向海关总署报告，并同时向当地政府报告。

海关总署对可能造成重大社会影响的突发事件，应当及时向国务院报告。

第十五条 隶属海关获悉有本规定第二条规定情形之一的，应当在1小时内向直属海关报告，并同时向当地政府报告。

第十六条 海关总署和主管海关应当指定专人负责信息传递工作，并将人员名单及时向所辖系统内通报。

第十七条 国境口岸有关单位和个人发现有本规定第二条规定情形之一的，应当及时、如实地向所在口岸的海关报告，不得隐瞒、缓报、谎报或者授意他人隐瞒、缓报、谎报。

第十八条 接到报告的海关应当依照本规定立即组织力量对报告事项调查核实、确证，采取必要的控制措施，并及时报告调查情况。

第十九条 海关总署应当将突发事件的进展情况，及时向国务院有关部门和直属海关通报。

接到通报的直属海关，应当及时通知本关区内的有关隶属海关。

第二十条 海关总署建立突发事件出入境检验检疫风险预警快速反应信息网络系统。

主管海关负责将发现的突发事件通过网络系统及时向上级报告，海关总署通过网络系统及时通报。

第五章 应急处理

第二十一条 突发事件发生后，发生地海关经上一级海关批准，应当对突发事件现场采取下列紧急控制措施：

（一）对现场进行临时控制，限制人员出入；对疑为人畜共患的重要疾病疫情，禁止病人或者疑似病人与易感动物接触；

（二）对现场有关人员进行医学观察，临时隔离留验；

（三）对出入境交通工具、货物、集装箱、行李、邮包等采取限制措施，禁止移运；

（四）封存可能导致突发事件发生或者蔓延的设备、材料、物品；

（五）实施紧急卫生处理措施。

第二十二条 海关应当组织专家对突发事件进行流行病学调查、现场监测、现场勘验，确定危害程度，初步判断突发事件的类型，提出启动国境口岸突发事件出入境检验检疫应急预案的建议。

第二十三条 海关总署国境口岸突发事件出入境检验检疫应急预案应当报国务院批准后实施；主管海关的国境口岸突发事件出入境检验检疫应急预案的启动，应当报上一级海关批准后实施，同时报告当地政府。

第二十四条 国境口岸突发事件出入境检验检疫技术调查、确证、处置、控制和评价工作由直属海关应急处理专业技术机构实施。

第二十五条 根据突发事件应急处理的需要，国境口岸突发事件出入境检验检疫应急处理指挥体系有权调集海关人员、储备物资、交通工具以及相关设施、设备；必要时，海关总署可以依照《中华人民共和国国境卫生检疫法》第六条的规定，提请国务院下令封锁有关的国境或者采取其他紧急措施。

第二十六条 参加国境口岸突发事件出入境检验检疫应急处理的工作人员，应当按照预案的规定，采取卫生检疫防护措施，并在专业人员的指导下进行工作。

第二十七条 出入境交通工具上发现传染病病人、疑似传染病病人，其负责人应当以最快的方式向当地口岸海关报告，海关接到报告后，应当立即组织有关人员采取相应的卫生检疫处置措施。

对出入境交通工具上的传染病病人密切接触者，应当依法予以留验和医学观察；或依照卫生检疫法律、行政法规的规定，采取控制措施。

第二十八条 海关应当对临时留验、隔离人员进行必要的检查检验，并按规定作详细记录；对需要移送的病人，应当按照有关规定将病人及时移交给有关部门或机构进行处理。

第二十九条 在突发事件中被实施留验、就地诊验、隔离处置、卫生检疫观察的病人、疑似病人和传染病病人密切接触者，在海关采取卫生检疫措施时，应当予以配合。

第六章　法律责任

第三十条 在国境口岸突发事件出入境检验检疫应急处理工作中，口岸有关单位和个人有下列情形之一的，依照有关法律法规的规定，予以警告或者罚款，构成犯罪的，依法追究刑事责任：

（一）向海关隐瞒、缓报或者谎报突发事件的；

（二）拒绝海关进入突发事件现场进行应急处理的；

（三）以暴力或其他方式妨碍海关应急处理工作人员执行公务的。

第三十一条 海关未依照本规定履行报告职责，对突发事件隐瞒、缓报、谎报或者授意他人隐瞒、缓报、谎报的，对主要负责人及其他直接责任人员予以行政处分；构成犯罪的，依法追究刑事责任。

第三十二条 突发事件发生后，海关拒不服从上级海关统一指挥，贻误采取应急控制措施时机或者违背应急预案要求拒绝上级海关对人员、物资的统一调配的，对单位予以通报批评；造成严重后果的，对主要负责人或直接责任人员予以行政处分，构成犯罪的，依法追究刑事责任。

第三十三条 突发事件发生后，海关拒不履行出入境检验检疫应急处理职责的，对上级海关的调查不予配合或者采取其他方式阻碍、干涉调查的，由上级海关责令改正，对主要负责人及其他直接责任人员予以行政处分；构成犯罪的，依法追究刑事责任。

第三十四条 海关工作人员在突发事件应急处理工作中滥用职权、玩忽职守、徇私舞弊的，对主要负责人及其他直接责任人员予以行政处分；构成犯罪的，依法追究刑事责任。

第七章　附　则

第三十五条 本规定由海关总署负责解释。

第三十六条 本规定自发布之日起施行。

进境植物和植物产品风险分析管理规定

（质检总局令第41号）

发布日期：2002-12-31
实施日期：2018-05-01
法规类型：部门规章

（根据2018年4月28日海关总署令第238号《海关总署关于修改部分规章的决定》修正）

第一章　总　则

第一条　为防止外来植物检疫性有害生物传入，保护我国农、林业生产安全及生态环境，根据《中华人民共和国进出境动植物检疫法》及其实施条例，参照世界贸易组织（WTO）关于《实施卫生与植物卫生措施协定》（SPS协定）和国际植物保护公约（IPPC）的有关规定，制定本规定。

第二条　本规定适用于对进境植物、植物产品和其他检疫物传带检疫性有害生物的风险分析。

第三条　海关总署统一管理进境植物、植物产品和其他检疫物的风险分析工作。

第四条　开展风险分析应当遵守我国法律法规的规定，并遵循下列原则：

（一）以科学为依据；

（二）遵照国际植物保护公约组织制定的国际植物检疫措施标准、准则和建议；

（三）透明、公开和非歧视性原则；

（四）对贸易的不利影响降低到最小程度。

第五条　当有关国际标准确定的措施不能达到我国农、林业生产安全或者生态环境的必要保护水平时，海关总署根据科学的风险分析结果可采取高于国际标准、准则和建议的科学措施。

第六条　有害生物风险分析包括风险分析启动、风险评估和风险管理。

第七条　风险分析完成后应当提交风险分析报告，重要的风险分析报告应当交由中国进出境动植物检疫风险分析委员会审议。

第二章　风险分析启动

第八条　出现下列情况之一时，海关总署可以启动风险分析：

（一）某一国家或者地区官方植物检疫部门首次向我国提出输出某种植物、植物产品和其他检疫物申请的；

（二）某一国家或者地区官方植物检疫部门向我国提出解除禁止进境物申请的；

（三）因科学研究等特殊需要，国内有关单位或者个人需要引进禁止进境物的；

（四）我国海关从进境植物、植物产品和其他检疫物上截获某种可能对我国农、林业生产安全或者生态环境构成威胁的有害生物；

（五）国外发生某种植物有害生物并可能对我国农、林业生产安全或者生态环境构成潜在威胁；

（六）修订《中华人民共和国进境植物检疫危险性病、虫、杂草名录》、《中华人民共和国进境植物检疫禁止进境物名录》或者对有关植物检疫措施作重大调整；

（七）其他需要开展风险分析的情况。

第九条 首次向我国输出某种植物、植物产品和其他检疫物或者向我国提出解除禁止进境物申请的国家或者地区，应当由其官方植物检疫部门向海关总署提出书面申请，并提供开展风险分析的必要技术资料。

第十条 海关总署根据有关输出国家或者地区提交申请的时间、提供技术资料的完整性、国外植物疫情的变化以及检验检疫管理等情况确定开展风险分析的先后顺序。

第十一条 国内有关单位或者个人因科学研究等特殊需要引进禁止进境物的，应当提出申请并提供必要的技术资料。

第十二条 出现本规定第八条第（四）、（五）、（六）项情形之一的，海关总署自行启动风险分析。

第十三条 在启动风险分析时，应当核查该产品是否已进行过类似的风险分析。如果已进行过风险分析，应当根据新的情况核实其有效性；经核实原风险分析仍然有效的，不再进行新的风险分析。

第三章 风险评估

第十四条 海关总署采用定性、定量或者两者结合的方法开展风险评估。

第十五条 风险评估是确定有害生物是否为检疫性有害生物，并评价其传入和扩散的可能性以及有关潜在经济影响的过程。

第十六条 确定检疫性有害生物时应当考虑以下因素：

（一）有害生物的分类地位及在国内外的发生、分布、危害和控制情况；

（二）具有定殖和扩散的可能性；

（三）具有不可接受的经济影响（包括环境影响）的可能性。

第十七条 评价有害生物传入和扩散应当考虑以下因素：

（一）传入可能性评价应当考虑传播途径、运输或者储存期间存活可能性、现有管理措施下存活可能性、向适宜寄主转移可能性，以及是否存在适宜寄主、传播媒介、环境适生性、栽培技术和控制措施等因素；

（二）扩散可能性评价应当考虑自然扩散、自然屏障、通过商品或者运输工具转移可能性、商品用途、传播媒介以及天敌等因素。

第十八条 评价潜在经济影响应当考虑以下因素：

（一）有害生物的直接影响：对寄主植物损害的种类、数量和频率、产量损失、影响损失的生物因素和非生物因素、传播和繁殖速度、控制措施、效果及成本、生产方式的影响以及对环境的影响等；

（二）有害生物的间接影响：对国内和出口市场的影响、费用和投入需求的变化、质量变化、防治措施对环境的影响、根除或者封锁的可能性及成本、研究所需资源以及对社会等影响。

第十九条 海关总署根据风险分析工作需要，可以向输出国家或者地区官方检疫部门提出补充、确认或者澄清有关技术信息的要求，派出技术人员到输出国家或者地区进行检疫考察。必要时，双方检疫专家可以共同开展技术交流或者合作研究。

第四章　风险管理

第二十条　海关总署根据风险评估的结果，确定与我国适当保护水平相一致的风险管理措施。风险管理措施应当合理、有效、可行。

风险管理是指评价和选择降低检疫性有害生物传入和扩散风险的决策过程。

第二十一条　风险管理措施包括提出禁止进境的有害生物名单，规定在种植、收获、加工、储存、运输过程中应当达到的检疫要求，适当的除害处理，限制进境口岸与进境后使用地点，采取隔离检疫或者禁止进境等。

第二十二条　当境外发生重大疫情并可能传入我国时，或者在进境检疫截获重要有害生物时，根据初步的风险分析，海关总署可以直接采取紧急临时风险管理措施；并在随后收集有关信息和资料，开展进一步的风险分析。

第二十三条　海关总署拟定风险管理措施应当征求有关部门、行业、企业、专家及 WTO 成员意见，对合理意见应当予以采纳。

第二十四条　海关总署应当在完成必要的法律程序后对风险管理措施予以发布，并通报 WTO；必要时，通知相关输出国家或者地区官方植物检疫部门。

第五章　附　则

第二十五条　对进境植物种子、苗木等繁殖材料传带限定的非检疫性有害生物的风险分析，参照本规定执行。

第二十六条　术语解释

“禁止进境物”是指《中华人民共和国进境植物检疫禁止进境物名录》中列明的和我国公告予以禁止进境的植物、植物产品或者其他检疫物。

“限定的非检疫性有害生物”是指存在于供种植的植物中且危及其预期用途，并将产生无法接受的经济影响，因而受到管制的非检疫性有害生物。

第二十七条　本规定由海关总署负责解释。

第二十八条　本规定自 2003 年 2 月 1 日起施行。

进境动物和动物产品风险分析管理规定

（国家质量监督检验检疫总局令第 40 号）

发布日期：2002-12-31

实施日期：2018-05-01

法规类型：部门规章

（根据 2018 年 4 月 28 日海关总署令第 238 号《海关总署关于修改部分规章的决定》修正）

第一章　总　则

第一条　为规范进境动物和动物产品风险分析工作，防范动物疫病传入风险，保障农牧渔业生产，保护人体健康和生态环境，根据《中华人民共和国进出境动植物检疫法》及其实施条例，参照世界贸易组织（WTO）关于《实施卫生和植物卫生措施协定》（SPS协定）的有关规定，制定本规定。

第二条 本规定所称动物和动物产品风险分析，包括对进境动物、动物产品、动物遗传物质、动物源性饲料、生物制品和动物病理材料的风险分析。

第三条 海关总署统一管理进境动物、动物产品风险分析工作。

第四条 开展风险分析应当遵守我国法律法规的规定，并遵循下列原则：

（一）以科学为依据；

（二）执行或者参考有关国际标准、准则和建议；

（三）透明、公开和非歧视原则；

（四）不对国际贸易构成变相限制。

第五条 当有关国际标准、准则和建议不能达到我国农牧渔业生产、人体健康和生态环境的必要保护水平时，海关总署根据风险分析的结果可采取高于国际标准、准则和建议的措施。

第六条 风险分析过程应当包括危害因素确定、风险评估、风险管理和风险交流。

第七条 风险分析应当形成书面报告。报告内容应当包括背景、方法、程序、结论和管理措施等。

第二章 危害因素确定

第八条 对进境动物、动物产品、动物遗传物质、动物源性饲料、生物制品和动物病理材料应当进行危害因素确定。

第九条 危害因素主要是指：

（一）《中华人民共和国进境一、二类动物传染病寄生虫名录》所列动物传染病、寄生虫病病原体；

（二）国外新发现并对农牧渔业生产和人体健康有危害或潜在危害的动物传染病、寄生虫病病原体；

（三）列入国家控制或者消灭计划的动物传染病、寄生虫病病原体；

（四）对农牧渔业生产、人体健康和生态环境可能造成危害或者负面影响的有毒有害物质和生物活性物质。

第十条 经确定进境动物、动物产品、动物遗传物质、动物源性饲料、生物制品和动物病理材料不存在危害因素的，不再进行风险评估。

第三章 风险评估

第十一条 进境动物、动物产品、动物遗传物质、动物源性饲料、生物制品和动物病理材料存在危害因素的，启动风险评估程序。

第十二条 根据需要，对输出国家或者地区的动物卫生和公共卫生体系进行评估。

动物卫生和公共卫生体系的评估以书面问卷调查的方式进行，必要时可以进行实地考察。

第十三条 风险评估采用定性、定量或者两者相结合的分析方法。

第十四条 风险评估过程包括传入评估、发生评估、后果评估和风险预测。

第十五条 传入评估应当考虑以下因素：

（一）生物学因素，如动物种类、年龄、品种，病原感染部位，免疫、试验、处理和检疫技术的应用；

（二）国家因素，如疫病流行率，动物卫生和公共卫生体系，危害因素的监控计划和区域化措施；

（三）商品因素，如进境数量，减少污染的措施，加工过程的影响，贮藏和运输的影响。

传入评估证明危害因素没有传入风险的，风险评估结束。

第十六条 发生评估应当考虑下列因素：

（一）生物学因素，如易感动物、病原性质等；

（二）国家因素，如传播媒介，人和动物数量，文化和习俗，地理、气候和环境特征；

（三）商品因素，如进境商品种类、数量和用途，生产加工方式，废弃物的处理。

发生评估证明危害因素在我国境内不造成危害的，风险评估结束。

第十七条 后果评估应当考虑以下因素：

（一）直接后果，如动物感染、发病和造成的损失，以及对公共卫生的影响等；

（二）间接后果，如危害因素监测和控制费用，补偿费用，潜在的贸易损失，对环境的不利影响。

第十八条 对传入评估、发生评估和后果评估的内容综合分析，对危害发生作出风险预测。

第四章风险管理

第十九条 当境外发生重大疫情和有毒有害物质污染事件时，海关总署根据我国进出境动植物检疫法律法规，并参照国际标准、准则和建议，采取应急措施，禁止从发生国家或者地区输入相关动物、动物产品、动物遗传物质、动物源性饲料、生物制品和动物病理材料。

第二十条 根据风险评估的结果，确定与我国适当保护水平相一致的风险管理措施。风险管理措施应当有效、可行。

第二十一条 进境动物的风险管理措施包括产地选择、时间选择、隔离检疫、预防免疫、实验室检验、目的地或者使用地限制和禁止进境等。

第二十二条 进境动物产品、动物遗传物质、动物源性饲料、生物制品和动物病理材料的风险管理措施包括产地选择，产品选择，生产、加工、存放、运输方法及条件控制，生产、加工、存放企业的注册登记，目的地或者使用地限制，实验室检验和禁止进境等。

第五章 风险交流

第二十三条 风险交流应当贯穿于风险分析的全过程。风险交流包括收集与危害和风险有关的信息和意见，讨论风险评估的方法、结果和风险管理措施。

第二十四条 政府机构、生产经营单位、消费团体等可了解风险分析过程中的详细情况，可提供意见和建议。

对有关风险分析的建议和意见应当组织审查并反馈。

第六章 附 则

第二十五条 术语解释

“风险”是指动物传染病、寄生虫病病原体、有毒有害物质随进境动物、动物产品、动物遗传物质、动物源性饲料、生物制品和动物病理材料传入的可能性及其对农牧渔业生产、人体健康和生态环境造成的危害。

“风险分析”是指危害因素确定、风险评估、风险管理和风险交流的过程。

“危害因素确定”是指确定进境动物、动物产品、动物遗传物质、动物源性饲料、生物制品和动物病理材料可能传入病原体和有毒有害物质的过程。

“有毒有害物质”是指对农牧渔业生产、人体健康和生态环境造成危害的生物、物理和化学物质。

"风险评估"是指对病原体、有毒有害物质传入、扩散的可能性及其造成危害的评估。

"风险管理"是指制定和实施降低风险措施的过程。

"风险交流"是指在风险分析过程中与有关方面进行的信息交流。

"传入评估"是指对危害因素的传入途径以及通过该途径传入的可能性的评估。

"发生评估"是指危害因素传入后，对我国农牧渔业生产、人体健康和生态环境造成危害的途径以及发生危害的可能性的评估。

"后果评估"是指危害因素传入后，对我国农牧渔业生产、人体健康及生态环境所造成的后果的评估。

"风险预测"是指对传入评估、发生评估和后果评估的结果综合分析以获得对进口风险的估计。

"定性分析"是指用定性术语如高、中、低或者极低等表示可能性或者后果严重性的风险评估方式。

"定量分析"是指用数据或概率表示风险分析结果的风险评估方式。

第二十六条 本规定由海关总署负责解释。

第二十七条 本规定自2003年2月1日起施行。

出入境检验检疫风险预警及快速反应管理规定

（国家质量监督检验检疫总局令第1号）

发布日期：2001-09-14

实施日期：2018-04-28

法规类型：部门规章

（根据2018年4月28日海关总署令第238号《海关总署关于修改部分规章的决定》修正）

第一章 总 则

第一条 为保障人类、动植物的生命健康，维护消费者的合法权益，保护生态环境，促进我国对外贸易的健康发展，根据《中华人民共和国进出口商品检验法》、《中华人民共和国进出境动植物检疫法》、《中华人民共和国食品卫生法》、《中华人民共和国国境卫生检疫法》、《中华人民共和国产品质量法》等有关法律法规的规定，制定本规定。

第二条 本规定适用于对以各种方式出入境（包括过境）的货物、物品的检验检疫风险预警及快速反应管理。

本规定所称"预警"是指为使国家和消费者免受出入境货物、物品中可能存在的风险或潜在危害而采取的一种预防性安全保障措施。

第三条 海关总署统一管理全国出入境检验检疫风险预警及快速反应工作。海关总署设立出入境检验检疫风险预警及快速反应工作办公室（以下简称预警办公室），负责风险预警及快速反应的信息管理工作。

第二章　信息收集与风险评估

第四条　海关总署根据出入境货物、物品的特点建立固定的信息收集网络，组织收集整理与出入境货物、物品检验检疫风险有关的信息。

第五条　风险信息的收集渠道主要包括：通过检验检疫、监测、市场调查获取的信息，国际组织和国外机构发布的信息，国内外团体、消费者反馈的信息等。

第六条　预警办公室负责组织对收集的信息进行筛选、确认和反馈。

第七条　根据有关规定，并参照国际通行作法，海关总署组织对筛选和确认后的信息进行风险评估，确定风险的类型和程度。

第三章　风险预警措施

第八条　根据确定的风险类型和程度，海关总署可对出入境的货物、物品采取风险预警措施。

第九条　风险预警措施包括：

（一）向各地海关发布风险警示通报，海关对特定出入境货物、物品有针对性地加强检验检疫和监测；

（二）向国内外生产厂商或相关部门发布风险警示通告，提醒其及时采取适当的措施，主动消除或降低出入境货物、物品的风险；

（三）向消费者发布风险警示通告，提醒消费者注意某种出入境货物、物品的风险。

第四章　快速反应措施

第十条　对风险已经明确，或经风险评估后确认有风险的出入境货物、物品，海关总署可采取快速反应措施。快速反应措施包括：检验检疫措施、紧急控制措施和警示解除。

第十一条　检验检疫措施包括：

（一）加强对有风险的出入境货物、物品的检验检疫和监督管理；

（二）依法有条件地限制有风险的货物、物品入境、出境或使用；

（三）加强对有风险货物、物品的国内外生产、加工或存放单位的审核，对不符合条件的，依法取消其检验检疫注册登记资格。

第十二条　紧急控制措施包括：

（一）根据出现的险情，在科学依据尚不充分的情况下，参照国际通行作法，对出入境货物、物品可采取临时紧急措施，并积极收集有关信息进行风险评估；

（二）对已经明确存在重大风险的出入境货物、物品，可依法采取紧急措施，禁止其出入境；必要时，封锁有关口岸。

第十三条　对出入境货物、物品风险已不存在或者已降低到适当程度时，海关总署发布警示解除公告。

第五章　监督管理

第十四条　海关总署对风险预警和快速反应措施实施情况进行定期或不定期的检查。

第十五条　海关应当及时向预警办公室反馈执行有关措施的情况和问题。

第六章　附　则

第十六条　不同种类货物、物品的风险预警及快速反应管理实施细则另行制定。

第十七条　本规定由海关总署负责解释。

第十八条　本规定自 2001 年 11 月 15 日起施行。

进口松材线虫发生国家松木植物检疫要求

（海关总署公告2021年第110号）

发布日期：2021-12-16

实施日期：2022-02-01

法规类型：规范性文件

一、检疫依据

1.《中华人民共和国进出境动植物检疫法》《中华人民共和国进出境动植物检疫法实施条例》；

2.《中华人民共和国生物安全法》；

3. 国际植物检疫措施标准。

二、商品名称

本公告中的松木学名为 *Pinus* spp.，英文名为 Pine wood，包括原木和锯材。

三、适用国家

加拿大、日本、韩国、墨西哥、葡萄牙、西班牙、美国。

四、出口前检疫

（一）原木。

1. 出口前，输出国植物检疫主管部门应对每批输华原木取样进行松材线虫 *Bursaphelenchus xylophilus* 实验室检测。如检出松材线虫，该批原木不得向中国出口。

2. 未检出松材线虫的，应在出口前对每批原木使用溴甲烷、硫酰氟实施熏蒸处理，确保杀死天牛等林木有害生物。

（二）锯材。

1. 出口前，应对每批出口的锯材实施热处理，以杀死松材线虫、天牛等林木有害生物。

2. 未实施热处理的，按照本要求第四条第（一）款规定，取样进行松材线虫实验室检测和熏蒸处理。

（三）检疫处理监管。

在出口前对输华松木的熏蒸处理或热处理应当在输出国植物检疫主管部门监管下实施，确保检疫处理有效。

（四）植物检疫证书要求。

1. 对出口前检疫合格的原木或锯材，输出国植物检疫主管部门应出具植物检疫证书。

2. 对实验室检测和熏蒸处理的原木或锯材，植物检疫证书上应注明熏蒸剂种类、持续时间、环境温度和剂量，并在附加声明中标注："This consignment of pine wood has been sampled and tested in laboratory, and *Bursaphelenchus xylophilus* was not detected."（该批松木已取样进行实验室检测，未检出松材线虫。）

3. 出口前实施热处理的锯材，植物检疫证书上应注明热处理的锯材中心温度和持续时间。

五、进境检疫

松木到达中国进境口岸时，中国海关按照以下要求实施检疫。

（一）进口松木应从指定口岸进境（口岸名单见附），该口岸位于中国确定的松材线虫疫区内。

（二）核查植物检疫证书是否符合本要求第四条第（四）款的规定。

（三）根据有关法律、行政法规、规章等规定，对进口松木实施检疫，并取样进行松材线虫实验室检测。经检疫合格的，准予进境。

（四）如检出松材线虫或天牛等活的林木有害生物，该批松木作退回或销毁处理。海关总署将及时向输出国植物检疫主管部门通报，并视情况暂停相关企业、产区的松木进口。

六、回顾性评估

根据松材线虫疫情发生动态及口岸截获情况，海关总署开展风险评估，根据评估结果对本植物检疫要求进行调整。

附

进口松材线虫发生国家松木指定口岸名单

江苏省：连云港（赣榆港、燕尾港、新东方码头）、南京（龙潭码头、新生圩港）。

浙江省：宁波北仑港、舟山港、温州港、台州港。

福建省：福州港（马尾、江阴）。

山东省：黄岛港、日照港、日照岚山港、董家口港。

广东省：佛山南海三山港、肇庆新港、黄埔港、东莞港、珠海湾仔港、汕头广澳港。

关于调整日本输华食品农产品检验检疫措施的通知

（国质检食函〔2011〕411号）

发布日期：2011-06-13

实施日期：2011-06-13

法规类型：规范性文件

根据目前日本福岛核电站放射性物质泄漏对周边地区食品、农产品的污染现状，总局经过风险评估，决定在确保食品安全的前提下，对目前日本输华食品、农产品检验检疫措施做如下调整：

一、自通知下发之日起，允许日本山梨、山形2个县2011年5月22日后生产的符合我国要求的食品、食用农产品和饲料进口。

二、自通知下发之日起，允许输华的日本食品、食用农产品和饲料中，除蔬菜及其制品、乳及乳制品、水产品及水生动物、茶叶及制品、水果及制品、药用植物产品外（具体HS编码见附件），不再要求日方出具放射性物质检测合格证明。所有允许输华的日本食品、食用农产品和饲料仍需日本官方出具原产地证明。

三、有关日本输华水产品放射性物质检测合格证明和原产地证明的出证机构和证书格式已下发各局，其他食品、食用农产品和饲料相关证书的出证机构和证书格式总局将另行通知。

各局在日本输华食品、食用农产品和饲料放射性物质检验工作中发现问题，请及时处理并报告总局。

附件

应出具放射性物质检测合格证明的产品 HS 编码

一、蔬菜及制品

HS 编码 07 章的 0701100000 至 0714909099；

HS 编码 20 章的 2001100000 至 2005999990、2006009010、2006009090。

二、水产品及水生动物

HS 编码 02 章的 0210930000、0208400000、0208500000、0210920000；

HS 编码 03 章的 0301100010 至 0307999090；

HS 编码 05 章的 0511919010、0511919090；

HS 编码 12 章的 1212201010 至 1212209090；

HS 编码 15 章的 1504100000、1504200000、1504300090、1506000010；

HS 编码 16 章的 1603000010 至 1605909090；

HS 编码 20 章的 2008993100 至 2008993900；

HS 编码 21 章的 2103909000。

三、茶叶及制品

HS 编码 09 章的 0902101000 至 0903000000；

HS 编码 21 章的 2101200000。

四、乳及乳制品

HS 编码 04 章的 0401100000 至 0406900000；

HS 编码 19 章的 1901100010 至 1901900000。

五、水果及制品

HS 编码 08 章的 0801110000、0802110000、0802120000、0802901090、0802902000、0803000000、0804100000、0804200000、0804300090、0804400000、0804501090、0804502090、0804503000、0805100000、0805201000、0805202000、0805209000、0805400090、0805500000、0805900000、0808100000、0808201200、0808201300、0808201900、0813100000、0813200000、0813300000、0813401000、0813402000、0813403000、0813404000；

HS 编码 20 章的 2006001000、2006002000、2006009090、2007100000、2007910000、2007991000、2007999000、2008192000、2008201000、2008209000、2008301000、2008309000、2008401000、2008409000、2008500000、2008601000、2008609000、2008701000、2008709000、2008800000、2008910000、2008920000、2008991000、2008992000、2008993900、2008999000。

六、药用植物产品

HS 编码 12 章的 1211201000 至 1211209900、1211901100 至 1211903600、1211903930 至 1211903999。

出口装运前检验

关于出口也门工业产品实施装运前检验的公告

（国家质量监督检验检疫总局公告2014年第11号）

发布日期：2014-01-27

实施日期：2014-01-27

法规类型：规范性文件

为打击进出口假冒伪劣商品行为，保证出口产品质量，促进中国和也门之间贸易的健康发展，中华人民共和国国家质量监督检验检疫总局（AQSIQ）与也门共和国标准计量与质量控制组织于2013年9月13日在北京签署了《中华人民共和国国家质量监督检验检疫总局与也门共和国标准计量与质量控制组织关于进出口商品监管合作谅解备忘录》（以下简称《中也谅解备忘录》，决定对中国出口也门工业产品实施装运前检验。根据《中也谅解备忘录》，现将有关事项公告如下：

一、自2014年6月1日起，也门共和国标准计量与质量控制组织等有关部门将凭中国出入境检验检疫机构（CIQ）签发的装运前检验证书办理中国出口也门工业产品的验证放行手续。

二、自2014年3月1日起，各地检验检疫机构开始对出口也门工业产品实施装运前检验。届时，对外贸易关系人可向当地检验检疫机构申请装运前检验。申报检验的程序、时间和单证要求按照《出入境检验检疫报检规定》执行。

三、出口也门工业产品指《商品名称及编码协调制度的国际公约》（HS编码）第25章至29章和第31章至97章的产品。

四、出口也门工业产品装运前检验内容包括产品质量性能检测报告的验证和抽查，产品外观状况、数量、标志和标识的查验，货证符合性核查和监视装载（或装箱）。

五、根据《中也谅解备忘录》，出口也门工业产品合格判定依据依次适用也门共和国技术法规和强制性标准、中国国家标准或国际标准。

六、受理申请的出入境检验检疫机构要在检验工作完成后及时向申请人签发装运前检验证书。对外贸易关系人凭出入境检验检疫机构签发的装运前检验证书向也门共和国标准计量与质量控制组织和有关部门办理进口申报。

七、免验商品的生产企业自营出口免验商品时允许自行查验和监装，检验检疫机构直接换发装运前检验证书，产品责任由企业承担。国家级出口工业产品质量安全示范区内企业自营出口本企业产品，检验检疫机构可以简化查验和监装方式，根据实际情况签发装运前检验证书。

八、对出口假冒伪劣商品，用弄虚作假手段骗取、伪造、变造或买卖检验证书，或者在检验完毕后调换货物等违法行为，经查实后，出入境检验检疫机构应根据《商检法》第三十五条、《商检法实施条例》第四十七条和有关法律法规的规定对相应责任人实施处罚，并列入严重失信企业名单予以公布。构成犯罪的，依法移交公安部门追究刑事责任。

九、各地出入境检验检疫机构对我国出口也门的工业产品实施装运前检验时，应严格执行现行出入境检验检疫收费政策。

十、即日起，对外贸易关系人可向当地出入境检验检疫机构咨询相关情况。

关于对出口苏丹工业产品实施装运前检验的公告

（国家质量监督检验检疫总局公告 2013 年第 139 号）

发布日期：2013-10-08

实施日期：2013-10-08

法规类型：规范性文件

为打击进出口假冒伪劣商品行为，促进中国和苏丹之间贸易的健康发展，中华人民共和国国家质量监督检验检疫总局（AQSIQ）与苏丹共和国标准计量组织（SSMO）于 2013 年 4 月 16 日签署了《中华人民共和国国家质量监督检验检疫总局与苏丹共和国标准计量组织谅解备忘录》（以下简称《中苏谅解备忘录》），决定对中国出口苏丹工业产品实施装运前检验。根据《中苏谅解备忘录》，现将有关事项公告如下：

一、自 2014 年 1 月 1 日起，苏丹标准计量组织等有关部门将凭中国出入境检验检疫机构（CIQ）签发的装运前检验证书办理中国出口苏丹工业产品的验证放行手续。

二、自 2013 年 11 月 1 日起，各地检验检疫机构开始对出口苏丹工业产品实施装运前检验。届时，对外贸易关系人可向当地检验检疫机构申请装运前检验。申报检验的程序、时间和单证要求按照《出入境检验检疫报检规定》执行。

三、出口苏丹工业产品指《商品名称及编码协调制度的国际公约》（HS 编码）第 25 章至 29 章和第 31 章至 97 章的产品。

四、出口苏丹工业产品装运前检验内容包括产品的质量、数量、安全、卫生、环境保护项目检验，监视装载或装箱。

五、根据《中苏谅解备忘录》，出口苏丹工业产品合格判定依据依次适用苏丹标准计量组织发布适用于该产品的标准、对外贸易合同约定的标准、中国国家标准或国际标准。

六、受理报检的出入境检验检疫机构要在检验工作完成后及时向申请人签发装运前检验证书。对外贸易关系人凭出入境检验检疫机构签发的装运前检验证书向苏丹标准计量组织和有关部门办理进口申报。

七、对逃避装运前检验、伪造装运前检验证书向苏丹出口假冒伪劣产品或不合格产品的，故意虚报出口产品品名、商品归类和安全卫生指标骗取检验证书的，或者在检验完毕后调换货物的，经查实后，出入境检验检疫机构将根据《商检法》第三十五条和有关法律法规的规定对相应责任人实施处罚。

八、各地出入境检验检疫机构对我国出口苏丹的工业产品实施装运前检验时，不收取出入境检验检疫费。其中，对列入《出入境检验检疫机构实施检验检疫的进出境商品目录》内的出口工业产品，按照《财政部国家发展改革委关于免收出口商品检验检疫费等有关问题的通知》（财综〔2013〕85号）的规定，截止到2013年12月31日，不收取出入境检验检疫费。

九、自2013年10月8日起，对外贸易关系人可向当地出入境检验检疫机构咨询相关情况。

关于出口伊朗工业产品实施装运前检验的公告

（国家质量监督检验检疫总局公告2011年第161号）

发布日期：2011-11-08
实施日期：2011-11-08
法规类型：规范性文件

为进一步提高出口伊朗工业产品质量，2011年7月9日国家质检总局与伊朗标准与工业研究院签署了《关于落实〈伊朗标准与工业研究院与中国国家质量监督检验检疫总局谅解备忘录〉的行动计划》（以下简称《行动计划》），对中国出口伊朗列入法检目录内的工业产品实施装运前检验。现将有关事项公告如下：

一、自2012年1月1日起，伊朗标准与工业研究院等有关部门将凭中国出入境检验检疫机构签发的装运前检验证书办理中国出口伊朗工业产品的验证放行手续。

二、自2011年12月1日起，各地出入境检验检疫机构开始实施出口伊朗工业产品装运前检验。届时，对外贸易关系人可根据相关要求向当地出入境检验检疫机构申请装运前检验。申报检验的程序、时间和随附单证要求按照《出入境检验检疫报检规定》执行。

三、出口伊朗列入法检目录内的工业产品指《出入境检验检疫机构实施检验检疫的进出境产品目录》中第25-29、31-97章，海关监管条件为B，检验检疫类别为N的所列产品。

四、出口伊朗工业产品实施装运前检验的内容包括产品的品质、数（重）量、安全卫生项目检验及监装。

五、根据《行动计划》，中国出口伊朗工业产品的检验标准依次采用伊朗国家标准、中国国家标准、相应的国际标准等。

六、受理报检的出入境检验检疫机构在检验工作完成后5个工作日内向申请人签发装运前检验证书。对外贸易关系人凭出入境检验检疫机构签发的装运前检验证书向伊朗进出口监管机构和有关部门办理进口申报。

七、对于逃避装运前检验或伪造装运前检验证书、向伊朗出口假冒伪劣或不合格产品，以及故意虚假申报出口产品品名、商品归类和安全卫生指标的对外贸易关系人，经查实后，各地出入境检验检疫机构将根据有关法律、法规对责任人实施处罚。

八、各地出入境检验检疫机构对出口伊朗产品实施装运前检验收费按照《出入境检验检疫收费办法》执行。

九、自2011年12月1日起，对外贸易关系人可向当地出入境检验检疫机构咨询相关情况。

关于对出口埃塞俄比亚产品实施装运前检验的公告

（国家质量监督检验检疫总局公告2006年第102号）

发布日期：2006-07-14
实施日期：2006-07-14
法规类型：规范性文件

2006年4月25日中华人民共和国国家质量监督检验检疫总局与埃塞俄比亚联邦民主共和国贸易工业部在北京签署了《中华人民共和国国家质量监督检验检疫总局与埃塞俄比亚联邦民主共和国贸易工业部关于中国出口产品装运前检验合作协议》（以下简称《中埃质检合作协议》）。根据《中埃质检合作协议》，国家质检总局决定自2006年10月1日起对中国出口埃塞俄比亚的产品实施装运前检验，现将有关要求公告如下：

一、自2006年10月1日起，各直属检验检疫局开始受理中国出口埃塞俄比亚产品的装运前检验，中国出口商向埃塞俄比亚出口产品时应向出口地检验检疫局申请装运前检验。

二、中国出口埃塞俄比亚产品装运前检验的范围是指出口货物的批次价值在2000美元以上的贸易性质商品。

三、对外贸易关系人申请装运前检验的报检手续、时间和单证要求按照出口商品报检管理规定执行。

四、中国对埃塞俄比亚出口产品检验的内容包括质量、数量、安全、卫生、环保项目检验，价格审核，监督装载和装箱等。检验标准根据埃塞俄比亚联邦民主共和国的法律和/或贸易合同确定。

五、出口检验工作完成后，受理报检的检验检疫局要在5日内向出口申请人签发检验证书。对外贸易关系人可以持中华人民共和国出入境检验检疫证书和其他单证向埃塞俄比亚海关办理进口中国产品的申报。

六、对于逃避装运前检验、向埃塞俄比亚出口假冒伪劣或不合格产品、故意虚假申报出口产品品名、类别和价格的出口商、进口商或中间商，经过查实后，中国各地出入境检验检疫局和埃塞俄比亚质量标准局将根据本国法律予以处罚。

七、根据我国现有法律、法规和《中埃质检合作协议》，各地检验检疫局对出口埃塞俄比亚产品实施装运前检验参照出口法定检验收费标准收取检验费。对于《出入境检验检疫机构实施检验检疫的进出境商品目录》范围内的产品，检验检疫机构根据商检法和收费办法收取检验费，不再另外收取装运前检验费。

关于对中华人民共和国出口塞拉利昂共和国的商品实施装运前检验的公告

（国家质量监督检验检疫总局公告2004年第7号）

发布日期：2004-01-17
实施日期：2004-01-17
法规类型：规范性文件

为了促进中国和塞拉利昂两国之间贸易的顺利发展，根据《中华人民共和国国家质量监督检验检疫总局与塞拉利昂共和国贸易工业和国有企业部合作协议》及其实施方案，中华人民共和国向塞拉利昂共和国出口的商品实施装运前检验，现将有关要求通知如下：

一、2004年2月1日起，中国向塞拉利昂出口的商品必须在装运前实施检验。各地检验检疫机构开始受理出口申请人报检。报检手续、时间和单证要求按照出口商品报检管理规定执行。塞拉利昂海关将根据中华人民共和国出入境检验检疫证书接受进口中国商品的申报。

二、中国对塞拉利昂出口商品装运前检验的范围是每批次价值在2000美元以上的贸易性质商品。

三、中国对塞拉利昂出口商品检验的内容包括品名、质量、数量、安全、卫生和环保项目检验，价值评估和监督装载和装箱。检验标准根据塞拉利昂国家的法律和（或）贸易合同确定。

四、出口检验工作完成后，当地检验检疫局要在5日内向出口商签发检验证书。该证书是塞拉利昂海关和关税部门受理进口货物申报和征收关税的依据，是塞拉利昂有关部门确定进口商品检验检疫要求的依据，是进口商向进口国银行申请外汇的依据。

五、根据我国现有法律、法规和《中华人民共和国国家质量监督检验检疫总局与塞拉利昂共和国贸易工业和国有企业部合作协议》及其实施方案，各地检验检疫局对出口塞拉利昂商品实施装运前检验参照出口检验收费标准收取检验费。如果装运前检验商品属于《出入境检验检疫机构实施检验检疫的进出境商品目录》范围内的商品，检验检疫机构根据商检法和收费办法收取检验费，不再另外收费。

附件：1.《中华人民共和国国家质量监督检验检疫总局与塞拉利昂共和国贸易工业和国有企业部合作协议》
2.《中华人民共和国国家质量监督检验检疫总局与塞拉利昂共和国贸易工业和国有企业部合作协议实施方案》

附件1

中华人民共和国国家质量监督检验检疫总局与塞拉利昂共和国贸易工业和国有企业部合作协议

中华人民共和国国家质量监督检验检疫总局和塞拉利昂共和国贸易工业和国有企业部

（以下简称双方）为了促进两国之间贸易的顺利发展，本着平等互利、友好合作的精神，签署本协议。

第一条 作为各自国家政府管理进出口商品检验工作的部门，双方同意建立长期友好合作关系，在合作中遵守中华人民共和国和塞拉利昂共和国的有关法律、法令和规定，不得违背国际商会（ICC）制定的具备效力的国际准则，如：

1. 商务票据托收统一规则

2. 跟单信用证统一惯例

第二条 双方同意，密切合作，寻求有效的方式，以保证进出口商品质量和方便进出口贸易，促进中塞贸易顺利发展。

第三条 双方同意，中国出口至塞拉利昂的商品由中华人民共和国出入境检验检疫机构检验并出具检验证书，并以此作为塞拉利昂海关征收关税、通关和银行结汇的有效凭证。双方应就诸如证书格式、运作程序等另行商定。在这一点上，中国的检验检疫机构应与塞拉利昂标准局和其他相关检验和海关部门密切配合更新和协调标准，但不违背塞政府制定的有关装船前检验的常规做法。

第四条 双方同意在下述领域进行合作：

1. 互相交流有关进出口商品检验的经验和做法；

2. 互相交流有关进出口商品质量管理和检验、鉴定的信息；

3. 互相提供有关进出口商品的最新法规与检验标准；

4. 在人员培训和检测方面进行合作。

第五条 为使第四条生效，建立由双方质检专家组成联合委员会，讨论双边具体合作事宜。联合委员会起草双方政府同意有关协议文件。联合委员会可视需要召开，双方指定联系部门和人员负责沟通双方的最新情况。联合委员会首次会议将在本协议生效后三个月召开。

第六条 本协议如需修改和补充，须经双方协商一致。

在执行和解释本协议时，如出现争议，应友好协商解决。

第七条 本协议签字后，签约双方在完成各自国内必须的程序并照会对方后生效，有效期为五年，如期满前六个月签约一方未书面通知签约另一方要求终止协议，本协议则自动延长五年。

第八条 本协议于2002年12月16日在北京签署，一式二份，分别用中文和英文书就，两种文本具有同等效力。

附件2

《中华人民共和国国家质量监督检验检疫总局与塞拉利昂共和国贸易工业和国有企业部合作协议》实施方案

根据2002年12月16日中华人民共和国国家质量监督检验检疫总局与塞拉利昂共和国贸易工业和国有企业部在北京签署的《中华人民共和国国家质量监督检验检疫总局与塞拉利昂共和国贸易工业和国有企业部合作协议》，中国国家质检总局与塞拉利昂贸易工业和国有企业部及有关部门商定，对于中国出口到塞拉利昂的商品，中国检验检疫系统将按本实施方案进行检验，塞拉利昂贸易工业和国有企业部及有关部门将承认中国检验检疫的检验工作和检验证书。

一、检验依据

中国对塞拉利昂的出口商品的检验工作应根据《中华人民共和国国家质量监督检验检疫

总局与塞拉利昂共和国贸易工业和国有企业部合作协议》进行。

二、检验范围

中国出口塞拉利昂价值2000美元以上的贸易性质商品应该在装运前实施检验。

三、检验内容

中国检验检疫机构应根据贸易合同对出口商品的品名、质量、数量、安全、卫生、环保项目进行检验，实施价值评估和监视装载或装箱等；但是塞拉利昂国家税务局具有海关征税额的最终决定权。

四、检验标准

产品检验标准根据塞拉利昂的法律和贸易合同确定，检验方法标准根据有关国际标准、中国国家标准或中国商品检验行业标准确定。

五、实施检验的机构

中国国家质检总局设在出口企业所在地的检验检疫局。

六、报检义务人

出口商或其代理人。

七、报检和检验程序

买卖双方签订出口合同后，出口商到当地检验检疫局报检，提交报检相应的文件和商业单证。当地检验检疫局受理报检后根据合同或信用证列明的品名和数量做好检验人员、技术和信息准备工作。出口货物备妥后，出口商及时通知当地检验检疫局的检验人员实施检验。完成检验后，检验检疫局在5个工作日内签发检验证书交出口人。

八、检验证书

实施检验工作的中国检验检疫机构出具检验证书，证书样本见附件。

塞拉利昂海关或关税部门依据中国检验检疫机构出具的检验证书对来自中国的进口商品征收关税，如果塞拉利昂海关或关税部门需要对进口商品的质量进行复核，其对产品的检验检疫要求应以中方出具的检验证书为准。

中国检验检疫机构出具的检验证书作为有关信用证项下的付款单据之一以及进口商在当地银行申请外汇的单据之一。

九、检验收费

中方依据中国相关法律在实施出口检验时向申报人收取检验费。当货物运抵塞拉利昂后，塞方在其国内核查中方证书时可以向当事人合理收取一定费用。

十、违法行为处罚

塞拉利昂国家税务局发现、怀疑由出口商、进口商或其他人伪造、变造中方检验证书情况时应及时通知中国国家质检总局，双方根据《中华人民共和国国家质量监督检验检疫总局与塞拉利昂共和国贸易工业和国有企业部合作协议》协商解决，并根据中国和塞拉利昂各自的法律对出口商、进口商或其他相关责任人进行处罚。

由于中国检验检疫机构无法及时检验或签发证书使出口商增加的成本不得影响出口商品的价格。

十一、附件

《检验证书——装运前检验》式样。

十二、生效

本方案自双方代表签字之日起生效。本方案于2003年12月3日在北京签署，一式两份，分别以中文和英文写成，两种文本具有同等效力。原件由双方各执一份。

进出口许可篇

消耗臭氧层物质进出口管理办法

（环境保护部　商务部　海关总署令第26号）

发布日期：2014-01-27
实施日期：2019-08-22
法规类型：部门规章

（根据2019年8月22日生态环境部令第7号《生态环境部关于废止、修改部分规章的决定》修正）

第一条　为履行《关于消耗臭氧层物质的蒙特利尔议定书》及其修正案，加强对我国消耗臭氧层物质进出口管理，根据《消耗臭氧层物质管理条例》，制定本办法。

第二条　本办法适用于以任何形式进出口列入《中国进出口受控消耗臭氧层物质名录》的消耗臭氧层物质的活动；通过捐赠、货样、广告物品、退运等方式将列入《中国进出口受控消耗臭氧层物质名录》的消耗臭氧层物质运入、运出中华人民共和国关境，其他法律法规另有规定的，从其规定。

《中国进出口受控消耗臭氧层物质名录》由国务院环境保护主管部门会同国务院商务主管部门、海关总署制定、调整和公布。

第三条　国家对列入《中国进出口受控消耗臭氧层物质名录》的消耗臭氧层物质实行进出口配额许可证管理。

第四条　国务院环境保护主管部门、国务院商务主管部门和海关总署联合设立国家消耗臭氧层物质进出口管理机构，对消耗臭氧层物质的进出口实行统一监督管理。

第五条　国务院环境保护主管部门根据消耗臭氧层物质淘汰进展情况，商国务院商务主管部门确定国家消耗臭氧层物质年度进出口配额总量，并在每年12月20日前公布下一年度进出口配额总量。

第六条　从事消耗臭氧层物质进出口的单位（以下简称“进出口单位”）应当具有法人资格，并依法办理对外贸易经营者备案登记手续。

第七条　进出口单位应当在每年10月31日前向国家消耗臭氧层物质进出口管理机构申请下一年度进出口配额，并提交下一年度消耗臭氧层物质进出口配额申请书和年度进出口计划表。

初次申请进出口配额的进出口单位，还应当提交法人营业执照和对外贸易经营者备案登记表，以及前三年消耗臭氧层物质进出口业绩。

申请进出口属于危险化学品的消耗臭氧层物质的单位，还应当提交安全生产监督管理部门核发的危险化学品生产、使用或者经营许可证。

未按时提交上述材料或者提交材料不齐全的，国家消耗臭氧层物质进出口管理机构不予受理配额申请。

第八条　国家消耗臭氧层物质进出口管理机构在核定进出口单位的年度进出口配额申请时，应当综合考虑下列因素：

（一）遵守法律法规情况；

（二）前三年消耗臭氧层物质进出口业绩；

（三）上一年度消耗臭氧层物质进出口计划及配额完成情况；

（四）管理水平和环境保护措施落实情况；

（五）其他影响消耗臭氧层物质进出口的因素。

第九条 国家消耗臭氧层物质进出口管理机构应当在每年 12 月 20 日前对进出口单位的进出口配额做出发放与否的决定，并予以公告。

第十条 在年度进出口配额指标内，进出口单位需要进出口消耗臭氧层物质的，应当向国家消耗臭氧层物质进出口管理机构申请领取进出口受控消耗臭氧层物质审批单，并提交下列材料：

（一）消耗臭氧层物质进出口申请书；

（二）对外贸易合同或者订单等相关材料，非生产企业还应当提交合法生产企业的供货证明；

（三）国家消耗臭氧层物质进出口管理机构认为需要提供的其他材料。

出口回收的消耗臭氧层物质的单位依法申请领取进出口受控消耗臭氧层物质审批单后，方可办理其他手续。

特殊用途的消耗臭氧层物质的出口，进出口单位应当提交进口国政府部门出具的进口许可证或者其他官方批准文件等材料。

第十一条 国家消耗臭氧层物质进出口管理机构应当自受理进出口申请之日起二十个工作日内完成审查，作出是否签发消耗臭氧层物质进出口审批单的决定，并对获准签发消耗臭氧层物质进出口审批单的进出口单位名单进行公示；未予批准的，应当书面通知申请单位并说明理由。

第十二条 消耗臭氧层物质进出口审批单实行一单一批制。审批单有效期为九十日，不得超期或者跨年度使用。

第十三条 进出口单位应当持进出口审批单，向所在地省级商务主管部门所属的发证机构申请领取消耗臭氧层物质进出口许可证。

在京中央企业向国务院商务主管部门授权的发证机构申请领取消耗臭氧层物质进出口许可证。

消耗臭氧层物质进出口许可证实行一批一证制。每份进出口许可证只能报关使用一次，当年有效，不得跨年度使用。

进出口许可证的申领和管理按照国务院商务主管部门有关规定执行。

第十四条 进出口单位凭商务主管部门签发的消耗臭氧层物质进出口许可证向海关办理通关手续。

第十五条 进出口单位在领取消耗臭氧层物质进出口许可证后，实际进出口的数量少于批准的数量的，应当在完成通关手续之日起二十个工作日内向国家消耗臭氧层物质进出口管理机构报告实际进出口数量等信息。

进出口单位在领取消耗臭氧层物质进出口许可证后，实际未发生进出口的，应当在进出口许可证有效期届满之日起二十个工作日内向国家消耗臭氧层物质进出口管理机构报告。

第十六条 消耗臭氧层物质在中华人民共和国境内的海关特殊监管区域、保税监管场所与境外之间进出的，进出口单位应当依照本办法的规定申请领取进出口审批单、进出口许可证；消耗臭氧层物质在中华人民共和国境内的海关特殊监管区域、保税监管场所与境内其他区域之间进出的，或者在上述海关特殊监管区域、保税监管场所之间进出的，不需要申请领取进出口审批单、进出口许可证。

第十七条 进出口单位应当按照进出口审批单或者进出口许可证载明的内容从事消耗臭

氧层物质的进出口活动。发生与进出口审批单或者进出口许可证载明的内容不符的情形的，进出口单位应当重新申请领取进出口审批单或者进出口许可证。

第十八条 国家消耗臭氧层物质进出口管理机构建立消耗臭氧层物质进出口数据信息管理系统，收集、汇总消耗臭氧层物质的进出口数据信息。

国务院环境保护主管部门、商务主管部门、海关总署以及省级环境保护主管部门应当建立信息共享机制，及时通报消耗臭氧层物质进出口、进出口单位信息和违法情况等信息。

第十九条 县级以上环境保护主管部门、商务主管部门、海关等有关部门有权依法对进出口单位的消耗臭氧层物质进出口活动进行监督检查。被检查单位必须如实反映情况，提供必要资料，不得拒绝和阻碍。检查部门对监督检查中知悉的商业秘密负有保密义务。

第二十条 进出口单位当年不能足额使用的进出口配额，应当于当年10月31日前报告并交还国家消耗臭氧层物质进出口管理机构。国家消耗臭氧层物质进出口管理机构可以根据实际情况对年度配额进行调整分配。

进出口单位未按期交还进出口配额并且在当年年底前未足额使用的，国家消耗臭氧层物质进出口管理机构可以核减或者取消其下一年度的进出口配额。

第二十一条 进出口单位以欺骗、贿赂等不正当手段取得消耗臭氧层物质进出口年度配额、消耗臭氧层物质进出口审批单或者进出口许可证的，依照《中华人民共和国行政许可法》的规定，由国家消耗臭氧层物质进出口管理机构撤销其消耗臭氧层物质进出口审批单，或者由商务主管部门撤销其消耗臭氧层物质进出口许可证，并由国家消耗臭氧层物质进出口管理机构酌情核减或者取消进出口单位本年度或者下一年度的进出口配额；构成犯罪的，依法移送司法机关追究刑事责任。

进出口单位对本办法第七条、第十条要求申请人提交的数据、材料有谎报、瞒报情形的，国家消耗臭氧层物质进出口管理机构除给予前款规定处罚外，还应当将违法事实通报给进出口单位所在地县级以上地方环境保护主管部门，并由进出口单位所在地县级以上地方环境保护主管部门依照《消耗臭氧层物质管理条例》第三十八条的规定予以处罚。

第二十二条 进出口单位倒卖、出租、出借进出口审批单或者进出口许可证的，由国家消耗臭氧层物质进出口管理机构撤销其消耗臭氧层物质进出口审批单，或者由商务主管部门撤销其消耗臭氧层物质进出口许可证，并由国家消耗臭氧层物质进出口管理机构取消其当年配额，禁止其三年内再次申请消耗臭氧层物质进出口配额；构成犯罪的，依法移送司法机关追究刑事责任。

第二十三条 进出口单位使用虚假进出口审批单或者进出口许可证的，由国家消耗臭氧层物质进出口管理机构取消其当年进出口配额，禁止其再次申请消耗臭氧层物质进出口配额；构成犯罪的，依法移送司法机关追究刑事责任。

第二十四条 进出口单位无进出口许可证或者超出进出口许可证的规定进出口消耗臭氧层物质的，或者违反海关有关规定进出口消耗臭氧层物质的，或者走私消耗臭氧层物质的，由海关依法处罚；构成犯罪的，依法移送司法机关追究刑事责任。国家消耗臭氧层物质进出口管理机构可以根据进出口单位违法行为情节轻重，禁止其再次申请消耗臭氧层物质进出口配额。

第二十五条 负有消耗臭氧层物质进出口监督管理职责的部门及其工作人员有下列行为之一的，对直接负责的主管人员和其他直接责任人员，依法给予处分；构成犯罪的，依法移送司法机关追究刑事责任：

（一）违反本办法规定发放消耗臭氧层物质进出口配额的；

（二）违反本办法规定签发消耗臭氧层物质进出口审批单或者进出口许可证的；

（三）对发现的违反本办法的行为不依法查处的；

（四）在办理消耗臭氧层物质进出口以及实施监督检查的过程中，索取、收受他人财物或者谋取其他利益的；

（五）其他徇私舞弊、滥用职权、玩忽职守行为。

第二十六条 本办法规定的消耗臭氧层物质进出口配额申请书、年度进出口计划表、消耗臭氧层物质进出口申请书、进出口受控消耗臭氧层物质审批单、消耗臭氧层物质进出口单位年度环保备案表、回收证明等文件格式由国家消耗臭氧层物质进出口管理机构统一制定并公布。

第二十七条 本办法由国务院环境保护主管部门商国务院商务主管部门、海关总署解释。

第二十八条 本办法自2014年3月1日起施行。原国家环境保护总局发布的《消耗臭氧层物质进出口管理办法》（环发〔1999〕278号）和原国家环境保护总局、原对外经济贸易合作部、海关总署发布的《关于加强对消耗臭氧层物质进出口管理的规定》（环发〔2000〕85号）同时废止。

货物出口许可证管理办法

（商务部令2008年第11号）

发布日期：2008-06-07

实施日期：2019-11-30

法规类型：部门规章

（根据2019年11月30日商务部令2019年第1号《商务部关于废止和修改部分规章的决定》修正）

第一章 总 则

第一条 为了合理配置资源，规范出口经营秩序，营造公平透明的贸易环境，履行我国加入的国际公约和条约，维护国家经济利益和安全，根据《中华人民共和国对外贸易法》和《中华人民共和国货物进出口管理条例》，制定本办法。

第二条 国家实行统一的货物出口许可证制度。国家对限制出口的货物实行出口许可证管理。

第三条 商务部是全国出口许可证的归口管理部门，负责制定出口许可证管理办法及规章制度，监督、检查出口许可证管理办法的执行情况，处罚违规行为。

商务部会同海关总署制定、调整和发布年度《出口许可证管理货物目录》。商务部负责制定、调整和发布年度《出口许可证管理货物分级发证目录》。

《出口许可证管理货物目录》和《出口许可证管理分级发证目录》由商务部以公告形式发布。

第四条 商务部授权配额许可证事务局（以下简称许可证局）统一管理、指导全国各发证机构的出口许可证签发工作，许可证局对商务部负责。

第五条 许可证局及商务部驻各地特派员办事处（以下简称各特办）和各省、自治区、直辖市、计划单列市以及商务部授权的其他省会城市商务厅（局）、外经贸委（厅、局）（以下简称各地方发证机构）为出口许可证发证机构，在许可证局统一管理下，负责授权范围内的发证工作。

第六条 本办法所称出口许可证包括出口配额许可证和出口许可证。凡实行出口配额许可证管理和出口许可证管理的货物，对外贸易经营者（以下简称经营者）应当在出口前按规定向指定的发证机构申领出口许可证，海关凭出口许可证接受申报和验放。

第七条 出口许可证不得买卖、转让、涂改、伪造和变造。

第二章　申领出口许可证应当提交的文件

第八条 经营者申领出口许可证时，应当认真如实填写出口许可证申请表（正本）1份，并加盖印章。实行网上申领的，应当认真如实地在线填写电子申请表并传送给相应的发证机构。

第九条 经营者申领出口许可证时，应当向发证机构提交有关出口货物配额或者其他有关批准文件。

第十条 经营者申领出口许可证时，应当向发证机构提交加盖对外贸易经营者备案登记专用章的《对外贸易经营者备案登记表》或者《中华人民共和国进出口企业资格证书》或者外商投资企业批准证书（复印件）。

第三章　出口许可证发证依据

第十一条 各发证机构按照商务部制定的《出口许可证管理货物目录》和《出口许可证管理分级发证目录》范围，依照下列规定签发出口许可证：

（1）实行配额许可证管理的出口货物，凭商务部或者各省、自治区、直辖市、计划单列市以及商务部授权的其他省会城市商务厅（局）、外经贸委（厅、局）（以下简称各地商务主管部门）下达配额的文件和经营者的出口合同（正本复印件）签发出口许可证。

（2）实行配额招标的出口货物，凭商务部发布的中标经营者名单、中标数量、《申领配额招标货物出口许可证证明书》或者《配额招标货物转受让证明书》以及中标经营者的出口合同（正本复印件）签发出口许可证。

（3）易制毒化学品的出口，凭《商务部易制毒化学品出口批复单》和经营者的出口合同（正本复印件）签发出口许可证。

（4）计算机的出口，凭商务部批准的《出口计算机技术审查表》和经营者的出口合同（正本复印件）签发出口许可证。

（5）监控化学品的出口，凭国家履行禁止化学武器公约工作领导小组办公室批准文件和经营者的出口合同（正本复印件）签发出口许可证。

（6）消耗臭氧层物质的出口，凭国家消耗臭氧层物质进出口管理办公室下发的批准文件和经营者的出口合同（正本复印件）签发出口许可证。

（7）其他实行出口许可证管理的出口货物，凭商务部批准文件及经营者的出口合同（正本复印件）签发出口许可证。

第十二条 加工贸易项下属于出口许可证管理的货物，发证机构按照商务部制定的《出口许可证管理货物目录》和《出口许可证管理分级发证目录》，凭商务部授权的加工贸易审批机关签发的《加工贸易业务批准证》及本办法第十一条规定的出口批准文件（属于出口配额管理但不使用配额数量的商品凭商务部批件）、海关加工贸易进口报关单和经营者的出口合同（正本复印件）签发出口许可证。

以加工贸易方式出口监控化学品、易制毒化学品、消耗臭氧层物质以及其他国际公约管辖的货物，按照本办法第十一条签发出口许可证。

第十三条 外商投资企业出口属于出口许可证管理的货物，应当按以下规定办理：

（一）外商投资企业出口属于出口配额管理的货物，发证机构凭商务部下达的外商投资企业出口配额数量签发许可证；出口配额招标管理的货物，应当附带第十一条第（二）款规定的有关批准文件；

（二）涉及第十一条（三）到（七）款及第十二条之情形的，按照相应条款规定办理。

第十四条 我国企业在国外及香港、澳门投资设立的独资、合资和合作企业，需国内供应属于出口许可证管理的货物，发证机构凭商务部批准文件和商务部境外企业批准证书或者商务部境外带料加工装配企业批准证书，按照本办法第十一条签发出口许可证。

第十五条 经商务部批准具有对外经济技术合作经营资格的企业为履行国（境）外承包工程、劳务合作、设计咨询等项目合同出口的设备（含成套设备）、材料、施工器械及人员自用的生活物资属于出口许可证管理的货物，按照本办法第十一条签发出口许可证。

第十六条 出口成套设备需运出境外项目自用属于出口许可证管理的货物，按照本办法第十一条签发出口许可证。

第十七条 偿还国外贷款或者补偿贸易项下属于出口许可证管理的货物，发证机构按商务部制定的《出口许可证管理货物目录》和《出口许可证管理分级发证目录》，凭商务部下达的偿还国外贷款或者补偿贸易的出口配额签发出口许可证。未办理备案登记的法人、其他组织或者个人从事偿还国外贷款或者补偿贸易业务时，应当委托经营者代理出口，并由该经营者办理出口许可证。

第十八条 经营者申领出口许可证时，应当按本办法如实申报，不得弄虚作假，严禁以假合同、假文件等手段骗领出口许可证。

第四章　出口许可证的签发

第十九条 各发证机构应当严格按照年度《出口许可证管理货物目录》和《出口许可证管理分级发证目录》的要求，自收到符合规定的申请之日起3个工作日内签发相关出口货物的出口许可证，不得违反规定发证。经营者出口《出口许可证管理货物目录》中的货物，应当到《出口许可证管理分级发证目录》指定的发证机构申领出口许可证。

第二十条 许可证局、各特办和各地方发证机构应当严格按照商务部发布的《出口许可证管理分级发证目录》签发出口许可证。实行网上申领出口许可证的，按照有关程序和规定办理。

（1）许可证局发证范围：

1. 按照商务部规定的《出口许可证管理分级发证目录》，签发《出口许可证管理分级发证目录》授权范围内的出口许可证。

2. 在京的中央管理企业的出口许可证。

（2）各特办发证范围：

1. 按照商务部规定的《出口许可证管理分级发证目录》，签发联系地区内经营者、联系地区内中央管理企业及配额由地方管理的在京中央管理企业子公司的出口许可证；

2. 按商务部规定的《出口许可证管理分级发证目录》，签发联系地区内经营者配额招标货物出口许可证；

3. 签发商务部规定的其他货物的出口许可证。

（3）各地方发证机构发证范围：

1. 按商务部规定的《出口许可证管理分级发证目录》签发本地经营者出口许可证；

2. 签发商务部规定的其他货物的出口许可证。

（四）指定发证机构发证的货物：凡属于《出口许可证管理分级发证目录》中指定发证机

构发证的货物，经营者一律到指定的发证机构办理出口许可证。

第二十一条 各发证机构不得无配额、超配额、越权或者超发证范围签发出口许可证。发证机构的工作人员在履行职责过程中，不得玩忽职守、徇私舞弊或者滥用职权，不得利用职务上的便利索取他人财物，或者非法收受他人财物为他人谋取利益。

第二十二条 出口许可证管理实行“一证一关”制、“一批一证”制和“非一批一证”制。“一证一关”指出口许可证只能在一个海关报关；“一批一证”指出口许可证在有效期内一次报关使用。

下列情况实行“非一批一证”制，签发出口许可证时应在备注栏内注明“非一批一证”：

（一）外商投资企业出口许可证管理的货物；

（1）补偿贸易项下出口许可证管理的货物；

（三）其他在《出口许可证管理货物目录》中规定实行“非一批一证”的出口许可证管理货物。“非一批一证”指出口许可证在有效期内可以多次报关使用，但最多不超过12次，由海关在“海关验放签注栏”内逐批签注出运数。

第五章 例外情况的处理

第二十三条 溢装货物应当为大宗、散装货物。溢装数量按照国际贸易惯例办理，即报关出口的大宗、散装货物的溢装数量不得超过出口许可证所列出口数量的5%。不实行“一批一证”制的大宗、散装货物，每批货物出口时，按其实际出口数量进行核扣，最后一批出口货物出口时，其溢装数量按该许可证实际剩余数量并在规定的溢装上限5%内计算。

发证机构在签发此类出口货物许可证时，应当严格按照出口配额数量及批准文件核定的数量签发，并按许可证实际签发数量核扣配额数量，不在出口配额数量或者批准文件核定的数量基础上加上按国际贸易惯例允许的溢装数量签发许可证。

第二十四条 对外经援项目出口实行出口许可证管理的货物免领出口许可证。有关验放凭证的规定，由商务部、海关总署和国家质检总局另行制定和发布。

第二十五条 赴国（境）外参加或者举办展览会运出境外展品、展卖品、小卖品的规定：

（1）赴国（境）外参加或者举办展览会所带属于出口许可证管理的非卖展品，免领出口许可证，海关凭出国（境）经济贸易展览会审批部门批准办展的文件和出口货物报关单监管验放。参展单位应当在展览会结束后6个月内，将非卖展品如数运回，由海关核销。在特殊情况下，经海关同意，可以延期。

（2）赴国（境）外参加或者举办展览会带出的展卖品、小卖品，属于出口许可证管理的，参展单位凭出国（境）经济贸易展览会审批部门的批准文件，向《分级发证目录》规定的发证机构申领出口许可证，不占用出口配额。

（3）监控化学品、易制毒化学品、消耗臭氧层物质以及其他国际公约管辖的货物，按正常出口办理，不适用本条第（一）、（二）项规定。

第二十六条 出口货物样品和文化交流或者技术交流需对外提供属于出口许可证管理货物的货样的规定：

（1）经营者运出国（境）外属于出口许可证管理货物的货样或者实验用样品，每批货物价值在人民币3万元（含3万元）以下者，免领出口许可证，海关凭经营者填写的出口货样报关单查验放行；超过3万元者，视为正常出口，经营者按规定申领出口许可证。出口许可证备注栏内应当注明“货样”字样。

（2）监控化学品、易制毒化学品、消耗臭氧层物质以及其他国际公约管辖的货物对外提供货样，按正常出口办理，不适用本条第（一）项规定。

第二十七条 中国政府根据两国政府间的协议或者临时决定，对外提供捐赠品或者中国政府、组织基于友好关系向对方国家政府、组织赠送的物资，涉及出口许可证管理的货物，凭有关协议或者决定签发出口许可证，不占用出口配额。

其他捐赠，涉及出口许可证管理的，按本办法第十一条签发出口许可证。

第六章　出口许可证的有效期

第二十八条　出口配额的有效期为当年12月31日前（含12月31日），另有规定者除外，经营者应当在配额有效期内向发证机构申领出口许可证。

第二十九条　各发证机构可自当年12月10日起，根据商务部或者各地方商务主管部门下发的下一年度出口配额签发下一年度的出口许可证，有效期自下一年度1月1日起。

第三十条　出口许可证的有效期最长不得超过6个月，且有效期截止时间不得超过当年12月31日。

以加工贸易方式出口属于配额许可证管理的货物，其出口许可证有效期按《加工贸易业务批准证》核定的出口期限核发，但不得超过当年12月31日。如《加工贸易业务批准证》核定的出口期限超过当年12月31日，经营者应在原出口许可证有效期内向发证机构提出换发新一年出口许可证。发证机构收回原证，在发证系统中对原证进行核销，扣除已使用的数量后，按《加工贸易业务批准证》核定的出口期限重新签发新一年度出口许可证，并在备注栏中注明原证证号。

商务部可视具体情况，调整某些货物出口许可证的有效期和申领时间。

出口许可证应当在有效期内使用，逾期自行失效，海关不予放行。

第三十一条　出口许可证因故在有效期内未使用，经营者应当在出口许可证有效期内向原发证机构提出延期申请，发证机构收回原证，在发证计算机管理系统中注销原证后，重新签发出口许可证，并在备注栏中注明延期使用和原证证号。

出口许可证因故在有效期内未使用完，经营者应当在出口许可证有效期内向原发证机构提出未使用部分的延期申请，发证机构收回原证，在发证系统中对原证进行核销，扣除已使用的数量后，重新签发出口许可证，并在备注栏中注明延期使用和原证证号。

使用当年出口配额领取的出口许可证办理延期，其延期最长不得超过当年12月31日。

未在出口许可证有效期内提出延期申请，出口许可证逾期自行失效，发证机构不再办理延证手续，该出口许可证货物数量视为配额持有者自动放弃。

第三十二条　出口许可证签发后，任何单位和个人不得擅自更改证面内容；如需要对证面内容进行更改，经营者应当在出口许可证有效期内将出口许可证退回原发证机构，重新申领出口许可证。

第三十三条　已领取的出口许可证如遗失，经营者应当立即向许可证证面注明的出口口岸地海关及相关发证机构书面报告，并在全国性经济类报刊中登载“遗失声明”，发证机构凭遗失声明，并经核实该证确未通关后，可注销该证，并核发新证。

第三十四条　海关、工商、公安、纪检、法院等单位需要向发证机构查询或者调查出口许可证，应当依法出示有关证件，发证机关方可接受查询。

第三十五条　出口许可证管理货物在发证机构调整时，自调整之日起，原发证机构不得再签发该货物的出口许可证，并将经营者在调整前的申领情况报调整后的发证机构。经营者在调整前申领的许可证在有效期内继续有效。有效期内未使用或者未完全使用的许可证按规定到调整后的发证机构办理延期手续。

第七章　检查和处罚

第三十六条　商务部授权许可证局对各发证机构进行定期检查。检查的内容为发证机构执行本办法的情况，重点是检查是否有超配额、无配额或者越权越级违章发证以及其他违反本办法的问题。检查的方式，实行各发证机构定期或者不定期自查与许可证局抽查相结合的办法。

许可证局应当将检查的情况向商务部报告。

第三十七条 各发证机构应当按照商务部许可证联网核查的规定及时传送发证数据，以保证经营者顺利报关和海关核查；对海关反馈的核查数据应当认真核对，及时检查许可证的使用情况并找出存在的问题。许可证局应当定期将核对后的海关反馈核查数据报商务部。

第三十八条 对违反本办法第二十一条，超配额，无配额和越权越级发证的发证机构，商务部将视情节轻重给予其警告、暂停或者取消发证权等处分。

第三十九条 对伪造、变造或者买卖出口许可证的经营者，依照刑法关于非法经营罪或者伪造、变造、买卖国家机关公文、证件、印章罪的规定，依法追究刑事责任；尚不够刑事处罚的，依照海关法等相关法律法规的有关规定处罚。

对以欺骗或者其他不正当手段获取出口许可证的，商务部依法收缴其出口许可证。

商务部可以禁止违法行为人自前两款规定的行政处罚决定生效之日或者刑事处罚判决生效之日起一年以上三年以下的期限内从事有关的对外贸易经营活动。在禁止期限内，海关根据商务部依法作出的禁止决定，对该经营者的有关出口货物不予办理报关验放手续，外汇管理部门或者外汇指定银行不予办理有关结汇、售汇手续。

第四十条 超配额，无配额和越权越级发放的许可证无效。对第三十七条、第三十八条所涉出口许可证，一经查实，商务部予以吊销处理。对海关在实际监管或者案件处理过程中发现的涉及上述许可证的问题，发证部门应当给予明确回复。

第四十一条 对违反第二十五条第（一）款有关规定，未将属于出口许可证管理的非卖展品如数运回由海关核销的，由海关通知商务部，商务部和出国（境）经济贸易展览会审批部门视情节轻重给予该组展单位和参展单位警告、暂停审批其出国（境）展览项目一至两年等处分。

第四十二条 对发证机构工作人员违反本办法第二十一条构成犯罪的，依照《中华人民共和国刑法》的有关规定追究其刑事责任。对发证机构工作人员违反本办法尚不构成犯罪的，应当调离工作岗位，并根据《中华人民共和国公务员法》第五十五、第五十六条给予行政处分。

第八章　附　则

第四十三条 中国关境内其他地区货物进入到保税仓库、保税区和出口加工区的，按照现行有关规定执行。出口监管仓库、保税区、出口加工区的货物出口到境外，按现行规定执行。

第四十四条 边境贸易项下出口许可证管理仍按照现行有关规定执行。

第四十五条 《敏感物项和技术出口许可证》管辖货物不适用本办法。

第四十六条 本办法由商务部负责解释。

第四十七条 本办法自 2008 年 7 月 1 日起施行。原《货物出口许可证管理办法》（商务部令 2004 年第 28 号）同时废止。

重点旧机电产品进口管理办法

（商务部　海关总署　质检总局令 2008 年第 5 号）

发布日期：2008-04-07
实施日期：2019-11-30
法规类型：部门规章

（根据商务部令 2018 年第 7 号《商务部关于废止和修改部分规章的决定》第一次修正；根据商务部令 2019 年第 1 号《商务部关于废止和修改部分规章的决定》第二次修正）

第一条　为维护国家安全、社会公共利益，保护人的健康或者安全，保护动物、植物的生命或者健康，保护环境，依据《中华人民共和国对外贸易法》、《中华人民共和国进出口商品检验法》、《中华人民共和国行政许可法》、《中华人民共和国海关法》以及《中华人民共和国货物进出口管理条例》、《中华人民共和国进出口商品检验法实施条例》等相关法律和行政法规，制定本办法。

第二条　本办法适用于将重点旧机电产品进口到中华人民共和国关境内的行为。

第三条　境外进入海关特殊监管区域或海关保税监管场所的重点旧机电产品，以及（境内）区外进入海关特殊监管区域后再出区的重点旧机电产品，不适用本办法。

第四条　境外进入海关特殊监管区域或海关保税监管场所的重点旧机电产品，再从海关特殊监管区域或海关保税监管场所进入（境内）区外的重点旧机电产品，适用本办法。

第五条　重点旧机电产品是指涉及国家安全、社会公共利益、人的健康或者安全、动植物的生命或者健康、污染环境的旧机电产品。对重点旧机电产品实行限制进口管理。

第六条　《重点旧机电产品进口目录》纳入《进口许可证管理货物目录》，由商务部会同海关总署制定、调整并公布。

第七条　商务部负责全国重点旧机电产品进口管理工作。

商务部、海关总署在各自的职责范围内，对进口重点旧机电产品的活动进行监督检查。

重点旧机电产品进口实行进口许可证管理。商务部负责重点旧机电产品进口申请的审批工作，商务部配额许可证事务局负责《进口许可证》（见附件 1）的发证工作。

重点旧机电产品进口应由最终用户提出申请。进口重点旧机电产品用于翻新（含再制造）的，应由具备从事翻新业务资质的单位提出申请。

第八条　申请进口重点旧机电产品，申请进口单位应当向商务部提供以下材料：

（一）申请进口的重点旧机电产品用途说明。

（二）《机电产品进口申请表》（见附件 2）。

（三）营业执照（复印件）。

（四）申请进口的重点旧机电产品的制造年限证明材料。

（五）申请进口单位提供设备状况说明。

（六）其他相关法律、行政法规规定需要提供的文件。

第九条　从事翻新业务进口重点旧机电产品的单位，国家规定有资质要求的，还须提供已取得相关资质证明的书面承诺。

第十条 进口旧船舶的申请进口单位，须提供第八条第一至第三款所列材料以及船舶检验机构出具的《旧船舶进口检验报告》或中华人民共和国渔业船舶检验局出具的《旧渔业船舶进口技术评定书》。

第十一条 进口单位可以通过网上申请或书面申请向商务部提出重点旧机电产品的进口申请。

书面申请程序：

（1）申请进口单位可到发证机构领取或从商务部授权网站下载《机电产品进口申请表》（可复印）；

（2）按要求如实填写《机电产品进口申请表》（须在规格型号栏中填写设备制造日期，旧船舶类则填写技术评定书号）；

（3）同时提供本办法第八条至第十条规定的相关书面材料；

（4）地方、部门机电办核实相关材料后报商务部。

网上申请程序：

（1）申请进口单位登录商务部授权网站，进入全国机电产品进口单证管理系统；

（2）按要求如实在线填写《机电产品进口申请表》（须在规格型号栏中填写设备制造日期，旧船舶类则填写技术评定书号）；

（3）地方、部门机电办核实相关信息后报商务部。

网上申请时不能随《机电产品进口申请表》一并提交的本《办法》第八条至第十条规定的相关书面材料，应经相应的地方、部门机电办核实后报商务部。

申请进口单位所提供的申请材料应当真实、有效。

第十一条 申请进口单位申请材料齐全后，商务部应正式受理，并向申请进口单位出具受理通知单。

第十二条 商务部如认为申请材料不符合要求的，应在收到申请材料后的5个工作日内一次性告知申请进口单位，要求申请进口单位说明有关情况、补充相关文件或对相关填报内容进行调整。

第十三条 正式受理申请后，商务部如认为有必要，可征求相关部门或行业协会的意见。

第十四条 商务部应当遵循下列要求审核申请：

（1）申请进口重点旧机电产品应当符合国家安全和公共利益的要求，符合保护人的健康或者安全、动植物的生命或者健康的要求。

（2）申请进口重点旧机电产品须符合我国有关安全、卫生、环境保护等国家技术规范的强制性要求。

（3）申请进口单位所申请进口的重点旧机电产品应当与其经营范围相符合。

（四）申请进口单位连续3年内无走私罪、走私行为，偷、逃汇，倒卖进口证件等不法行为。

（五）遵守其他法律、行政法规的有关规定。

第十五条 商务部应在正式受理后20日内决定是否批准进口申请。

如需征求相关部门或行业协会意见的，商务部应在正式受理后35日内决定是否批准进口申请。

第十六条 商务部配额许可证事务局凭商务部的批准文件发放《进口许可证》。

第十七条 进口重点旧机电产品经过检验检疫合格后，方可进口。

中华人民共和国海事局及其委托机构负责对进口旧船舶进行检验；中国渔业船舶检验局负责对进口旧渔船进行检验；中国民航总局负责对进口旧飞机进行检验。

海关负责对其他所有进口重点旧机电产品进行检疫，并负责对进口除旧船舶和航空器之外的重点旧机电产品进行检验；

第十八条 《进口许可证》一式四联。

进口单位凭《进口许可证》对外签约，向银行购汇，并持《进口许可证》（“商品名称”栏后标注“（旧）”字样）和其他必要材料向海关办理通关手续。

第十九条 《进口许可证》实行“一批一证”或“非一批一证”管理。

“一批一证”是指同一份《进口许可证》不得分批次累计报关使用。

“非一批一证”是指同一份《进口许可证》在有效期内可以分批次累计报关使用，但累计使用不得超过十二次。海关在《进口许可证》原件（第一联）“海关验放签注栏”内以正楷字体批注后，海关留存复印件，最后一次使用后，海关留存正本。

第二十条 《进口许可证》有效期为1年，且当年有效，特殊情况下需要跨年度使用时，有效期最长不得超过次年3月31日。

在有效期内因特殊原因需要变更《进口许可证》中有关项目内容的，进口单位应当持原《进口许可证》到原发证机构申请办理变更换证手续；原发证机构应当收回旧证。实际用汇额不超过原定用汇额10%的，不需变更《进口许可证》。

因特殊原因需要对《进口许可证》延期的，进口单位应当在有效期内到原发证机构申请办理延期换证手续，《进口许可证》只能延期1次，最长可延长3个月。

实行“非一批一证”的《进口许可证》需要延期或变更，核减原证已报关数量后，按剩余数量发放新证。

第二十一条 《进口许可证》如有遗失，进口单位应当立即向原发证机关挂失。经原发证机关核实后，如无不良后果，予以重新补发。

第二十二条 本办法由商务部、海关总署负责解释。

第二十三条 本办法自二〇〇八年五月一日起施行。

麻黄素类易制毒化学品出口企业核定暂行办法

（商务部、公安部、海关总署、国家食品药品监督管理局令2006年第9号）

发布日期：2006-10-10

实施日期：2015-10-28

法规类型：部门规章

（根据2015年10月28日商务部令2015年第2号《商务部关于修改部分规章和规范性文件的决定》修正）

第一条 为加强对麻黄素类易制毒化学品的出口管理，规范麻黄素类易制毒化学品出口经营秩序，防止其流入非法制毒渠道，根据《易制毒化学品管理条例》，制定本办法。

第二条 本办法所称麻黄素类易制毒化学品，是指列入《易制毒化学品管理条例》附表中的麻黄素、伪麻黄素、消旋麻黄素、去甲麻黄素、甲基麻黄素、麻黄浸膏、麻黄浸膏粉等麻黄素类物质及其盐类，包括原料药及其单方制剂。

第三条 麻黄素类易制毒化学品出口由商务部会同国家食品药品监督管理局依据本办法核定的企业经营。

麻黄素类易制毒化学品出口经营企业名单每两年核定一次，由商务部以公告的形式公布。

第四条 商务部负责全国麻黄素类易制毒化学品出口企业核定管理工作。各省、自治区、直辖市及计划单列市商务主管部门（以下简称省级商务主管部门）受商务部委托负责本地区麻黄素类易制毒化学品出口企业核定管理有关工作。

第五条 麻黄素类易制毒化学品出口限定在北京、天津、上海、深圳口岸报关并于同口岸实际离境。其他海关一律不予受理此类产品的出口报关业务。

第六条 申请麻黄素类易制毒化学品出口核定经营资格的企业应具备以下基本条件：

（一）依法办理对外贸易经营者备案登记手续，或者为依法批准设立的外商投资企业；

（二）近3年内未受过刑事处罚，或因进行非法经营活动受过有关部门行政处罚；

（三）已建立健全专门的麻黄素类易制毒化学品出口管理机制并配备专门管理人员；

（四）企业法定代表人及管理人员须具备相关易制毒化学品知识及管理经验；

（五）有相对固定的原料供应渠道。

第七条 核定期限届满前三个月，商务部发出资格核定通知，企业应在通知规定时限内提交符合第六条规定的证明文件报省级商务主管部门。

申请企业为外商投资企业的，还应提交外商投资企业批准证书（副本影印件）及企业合营合同或章程、营业执照（副本影印件）。

省级商务主管部门应自收到企业提交的符合规定的有关材料之日起20日内完成初审工作，经初审合格后将初审意见及有关材料报商务部审定。

商务部自收到初审意见及有关材料之日起20日内会同国家食品药品监督管理局和有关专家根据企业基本情况、国内外禁毒形势、市场状况及外贸秩序等进行综合评定，必要时可进行实地考察，核定出口经营企业并公布名单。

第八条 经核定取得麻黄素类易制毒化学品出口经营资格的企业（以下简称核定企业）申请麻黄素类易制毒化学品出口许可应按照《易制毒化学品管理条例》和《易制毒化学品进出口管理规定》有关规定办理。

第九条 核定企业中的生产企业只能出口自产麻黄素类易制毒化学品；核定企业中的流通企业只能收购具有麻黄素类易制毒化学品生产、经营许可企业的麻黄素类易制毒化学品用于出口。

第十条 核定企业须建立专门的麻黄素类易制毒化学品出口台帐，详细记录有关出口经营活动，并保留相关记录两年备查。

第十一条 核定企业应当于每年3月31日前向省级商务主管部门及公安部门、食品药品监管部门报告上年度麻黄素类易制毒化学品出口情况。

第十二条 核定企业应接受商务主管部门及食品药品监管部门监督管理。

第十三条 为保护麻黄草资源，保护自然环境，国家禁止出口天然麻黄草。

第十四条 以欺骗或者其他不正当手段获取核定企业资格的，商务部依法撤销其核定企业资格，并可给予警告，或处3万元以下罚款；违法企业在三年内不得再次申请核定企业资格。

第十五条 违反本办法第九至十二条的，商务部责令限期改正，并可处警告或3万元以下罚款；逾期拒不改正的，商务部可撤销核定企业资格。

第十六条 违反《易制毒化学品管理条例》、《易制毒化学品进出口管理规定》和本办法出口易制毒化学品的，依据《易制毒化学品管理条例》和《易制毒化学品进出口管理规定》的有关规定予以处理；商务部可视情节轻重，撤销违法企业的核定企业资格。

第十七条 自本办法施行之日起60日内，原核定麻黄素类易制毒化学品出口经营企业应按照本规定重新进行资格核定。在规定期限内未履行相关手续的，取消原核定资格。

第十八条 本办法自公布之日起30日后施行。《关于加强麻黄素类产品出口管理有关问题的通知》(〔1998〕外经贸管发第573号)同时废止。

民用航空零部件出口分类管理办法

(商务部　海关总署令2006年第6号)

发布日期：2006-08-01
实施日期：2006-09-01
法规类型：部门规章

第一条 为完善两用物项和技术出口管制，便利民用航空零部件出口，依据《中华人民共和国对外贸易法》和《中华人民共和国导弹及相关物项和技术出口管制条例》，制定本办法。

第二条 本办法所称民用航空零部件，是指受《中华人民共和国导弹及相关物项和技术出口管制条例》管制、用于民用航空用途的物项(名称及海关编码见《两用物项和技术进出口许可证管理办法》附件1《两用物项和技术进出口许可证管理目录》中“导弹及相关物项和技术出口管制清单所列物项和技术”部分)。

第三条 民用航空零部件的出口实行许可证件分类管理制度。

以“修理物品”(代码：1300)、“暂时进出货物”(代码：2600)、“保税仓库货物”(代码：1233)、“租赁不满一年”(代码：1500)和“租赁贸易”(代码：1523)出口的民用航空零部件，实行出口许可批件管理。

以前款规定的海关监管方式以外的其他方式出口的民用航空零部件，仍按照《两用物项和技术进出口许可证管理办法》(商务部、海关总署2005年第29号令)的规定实行两用物项和技术出口许可证管理。

第四条 民用航空零部件出口经营者(以下简称出口经营者)申请《出口许可批件》，应向商务部提出，并提交以下材料：

(一)出口许可申请书；

(二)拟出口的民用航空零部件名称(包括所含型号)、生产国和生产商的说明；

(三)出口用途、报关口岸、进口国(地区)的情况说明；

(四)出口经营者遵守国家出口管制法律法规及相关规定的保证文书；

(五)《中华人民共和国导弹及相关物项和技术出口管制条例》要求提交的其他文件。

第五条 商务部收到齐备有效的申请材料后予以受理，对符合条件的申请，在《中华人民共和国导弹及相关物项和技术出口管制条例》规定的审查时限内，颁发《出口许可批件》。

《出口许可批件》应包括载明出口经营者、海关监管方式、进口国(地区)、民用航空零部件名称及海关编码(包括所含型号)、批件有效期和报关口岸(样式见附件)。

第六条 出口经营者凭《出口许可批件》，在批件有效期内可多次办理海关通关手续，报关次数及出口数量不限。

第七条 海关凭商务部颁发的《出口许可批件》原件办理本办法第三条第二款所列民用航空器零部件出口验放手续，并留存《出口许可批件》复印件与报关单一并归档。《出口许可批件》原件退出口经营者或其代理人。

第八条 出口经营者在《出口许可批件》有效期截止后30日内，将其在该《出口许可批件》项下出口的民用航空零部件的出口时间、型号、数量、贸易方式、进口国（地区）、进口商、最终用户、最终用途和报关口岸等有关情况报商务部。

第九条 民用航空零部件出口的有关合同、发票、帐册、单据、记录、文件、业务函电、录音录像制品和其他资料，出口经营者应至少保存5年，以备商务部抽查。

第十条 出口经营者违反本办法规定的，商务部给予警告，处3万元以下罚款。必要时，可依据《中华人民共和国对外贸易法》和相关法律法规，责令其限期改正，撤销其《出口许可批件》，并可在3年内不受理其《出口许可批件》申请，或者禁止其在1年以上3年以下的期限内从事有关货物的出口经营活动。

出口经营者违反相关出口管制法律法规的，依照有关规定进行处罚。

第十一条 本办法由商务部和海关总署按照各自职责负责解释。

第十二条 本办法自公布之日起30日后施行。

货物进口许可证管理办法

（商务部令2004年第27号）

发布日期：2004-12-10
实施日期：2005-01-01
法规类型：部门规章

第一章　总　则

第一条 为了规范进口许可证管理，维护货物进口秩序，促进对外贸易健康发展，根据《中华人民共和国对外贸易法》和《中华人民共和国货物进出口管理条例》的规定，制定本办法。

第二条 国家实行统一的货物进口许可证制度。国家对限制进口的货物实行进口许可证管理。

第三条 商务部是全国进口许可证的归口管理部门，负责制定进口许可证管理办法及规章制度，监督、检查进口许可证管理办法的执行情况，处罚违规行为。

商务部会同海关总署制定、调整和发布年度《进口许可证管理货物目录》。商务部负责制定、调整和发布年度《进口许可证管理货物分级发证目录》。

《进口许可证管理货物目录》和《进口许可证管理分级发证目录》由商务部以公告形式发布。

第四条 商务部授权配额许可证事务局（以下简称许可证局）统一管理、指导全国各发证机构的进口许可证签发工作，许可证局对商务部负责。

第五条 许可证局及商务部驻各地特派员办事处（以下简称各特办）和各省、自治区、直辖市、计划单列市以及商务部授权的其他省会城市商务厅（局）、外经贸委（厅、局）（以下简称各地方发证机构）为进口许可证发证机构，在许可证局统一管理下，负责授权范围内的发证工作。

第六条 进口许可证是国家管理货物进口的法律凭证。凡属于进口许可证管理的货物，除国家另有规定外，对外贸易经营者（以下简称经营者）应当在进口前按规定向指定的发证机构申领进口许可证，海关凭进口许可证接受申报和验放。

第七条 进口许可证适用于《进口许可证管理货物目录》内货物的进口。

第八条 进口许可证不得买卖、转让、涂改、伪造和变造。

第二章 申请进口许可证应当提交的文件

第九条 经营者申领进口许可证时，应当认真如实填写进口许可证申请表，并加盖印章。

第十条 经营者应当根据进口货物情况，向发证机构提交本办法第三章进口许可证发证依据所规定的进口批准文件及相关材料。

第十一条 经营者应当提交经年检合格的《企业法人登记营业执照》及加盖对外贸易经营者备案登记专用章的《对外贸易经营者备案登记表》或者进出口企业资格证书。经营者为外商投资企业的，还应当提交外商投资企业批准证书。进口货物属国家实行国营贸易或者有其他资质管理要求的，应当提供商务部或者相关部门的有关文件。

第三章 进口许可证发证依据

第十二条 各发证机构按照商务部制定的《进口许可证管理货物目录》和《进口许可证管理货物分级发证目录》范围，依下列规定签发进口许可证：

（一）对监控化学品，发证机构凭国家履行禁止化学武器公约工作领导小组办公室批准的《监控化学品进口核准单》和进口合同（正本复印件）签发进口许可证。

（二）对易制毒化学品，发证机构凭商务部《易制毒化学品进口批复单》签发进口许可证。

（三）对消耗臭氧层物质，发证机构凭国家消耗臭氧层物质进出口管理办公室批准的《受控消耗臭氧层物质进口审批单》签发进口许可证。

（四）对依照法律、行政法规的规定，其他需要限制进口的商品，发证机构按照国务院商务主管部门或者由其会同国务院其他有关部门签发的许可文件签发进口许可证。

第十三条 加工贸易方式进口监控化学品、易制毒化学品和消耗臭氧层物质需领取进口许可证，发证机构分别按第十二条第（一）、（二）、（三）款规定办理。

第十四条 外商投资企业进口监控化学品、易制毒化学品和消耗臭氧层物质需领取进口许可证，发证机构分别按第十二条第（一）、（二）、（三）款规定办理。

第十五条 经营者申领进口许可证时，应当按本办法规定如实申报，不得弄虚作假，严禁以假文件、假合同等手段骗领进口许可证。

第四章 进口许可证的签发

第十六条 发证机构应当严格按照商务部发布的年度《进口许可证管理货物目录》和《进口许可证管理货物分级发证目录》的规定，签发相关商品的进口许可证。经营者进口《进口许可证管理货物目录》中的商品，必须到《进口许可证管理货物分级发证目录》指定的发证机构申领进口许可证。

第十七条 各发证机构应当凭本办法第三章规定的发证依据发放进口许可证，不得越权或者超发证范围签发进口许可证。

第十八条 进口许可证管理实行“一证一关”管理。一般情况下进口许可证为“一批一证”，如要实行“非一批一证”，应当同时在进口许可证备注栏内打印“非一批一证”字样。

“一证一关”指进口许可证只能在一个海关报关；“一批一证”指进口许可证在有效期内一次报关使用；“非一批一证”指进口许可证在有效期内可多次报关使用，但最多不超过十二次，由海关在许可证背面“海关验放签注栏”内逐批签注核减进口数量。

对进口实行许可证管理的大宗、散装货物，溢装数量按照国际贸易惯例办理，即报关进口的大宗、散装货物的溢装数量不得超过进口许可证所列进口数量的5%。不实行“一批一证”制的大宗、散装货物，每批货物进口时，按其实际进口数量进行核扣，最后一批进口货物进口时，其溢装数量按该许可证实际剩余数量并在规定的溢装上限5%内计算。

发证机构在签发此类进口货物许可证时，应当严格按照进口配额数量及批准文件核定的数量签发，并按许可证实际签发数量核扣配额数量，不在进口配额数量或者批准文件核定的数量基础上加上按国际贸易惯例允许的溢装数量签发许可证。

第十九条 申请符合要求的，发证机构应当自收到申请之日起3个工作日内发放进口许可证。特殊情况下，最多不超过10个工作日。

第五章 进口许可证的有效期

第二十条 进口许可证的有效期为一年。

（一）进口许可证应当在进口管理部门批准文件规定的有效期内签发。

（二）进口许可证当年有效。特殊情况需要跨年度使用时，有效期最长不得超过次年3月31日。

（三）进口许可证应当在有效期内使用，逾期自行失效，海关不予放行。

第二十一条 进口许可证因故在有效期内未使用的，经营者应当在进口许可证有效期内向原发证机构提出延期申请。发证机构应当将原证收回，在进出口许可证计算机管理系统中注销原证后，重新签发进口许可证，并在备注栏中注明延期使用和原证证号。

进口许可证因故在有效期内未使用完的，经营者应当在进口许可证有效期内向原发证机构提出未使用部分的延期申请，发证机构收回原证，在发证系统中对原证进行核销，扣除已使用的数量后，重新签发进口许可证，并在备注栏内注明延期使用和原证证号。

进口许可证只能延期一次，延期最长不超过三个月。

未在进口许可证有效期内提出延期申请的，进口许可证自行失效，发证机构不再受理延证手续，该进口许可证则视为持有者自动放弃。

第二十二条 进口许可证一经签发，不得擅自更改证面内容。如需更改，经营者应当在许可证有效期内提出更改申请，并将许可证交回原发证机构，由原发证机构重新换发许可证。

许可证更改内容如涉及经营者，进口商品税号、数量、金额、价格、原产地、进口用途、外汇来源，贸易方式，报关口岸等栏目，如原批准机构有相应限制，经营者应当提供原批准机构同意更改的文件。

第二十三条 已领取的进口许可证如果丢失，经营者应当立即向许可证证面注明的进口口岸地海关及相关发证机构书面报告挂失，声明作废，并及时向公安机关报案。发证机构收到经营者遗失报告，经核实该证确未通关使用后，可撤销原进口许可证并核发新证。

第二十四条 海关、工商、公安、纪检、法院等单位需要向发证机构查询或者调查进口许可证，应当依法出示有关证件，发证机关应当接受查询。

第二十五条 进口许可证管理商品在调整发证机构时，自调整之日起，原发证机构不得再签发该商品的进口许可证，并将经营者在调整前的申领情况报调整后的发证机构。经营者在调整前申领的许可证在有效期内继续有效。有效期内未使用或者未全部使用的进口许可证，按规定到调整后的发证机构办理延期手续。

第六章 检查和处罚

第二十六条 商务部授权许可证局对各发证机构进行定期检查。检查的内容为发证机构执行本办法的情况，重点检查是否有越权越级或者无批件发证等违规行为。检查的方式，实行各发证机构定期或者不定期自查与许可证局抽查相结合的办法。许可证局应当将检查情况向商务部报告。

第二十七条 各发证机构应当按照商务部许可证联网核查的规定及时传送发证数据，以保证经营者顺利报关和海关核查；对海关反馈的核查数据应当认真核对，及时检查许可证的使用情况并找出存在的问题。许可证局应当定期将核对后的海关反馈核查数据报商务部。

第二十八条 越权越级或者无有效批件发放的进口许可证无效。对违反规定的发证机构，商务部将视情节轻重给予其警告、暂停或者取消发证权等处分。

第二十九条 对违反本办法，以欺骗或者其他不正当手段骗领进口许可证的，依法收缴其进口许可证，商务部可以在三年内不受理违法行为人提出的进口许可证申请，或者禁止违法行为人在一年以上三年以下的期限内从事有关货物进口经营活动。

第三十条 对伪造、变造或者买卖进口许可证的，依照刑法关于非法经营罪或者伪造、变造、买卖国家机关公文、证件、印章罪的规定，依法追究刑事责任；尚不够刑事处罚的，依照海关法的有关规定处罚；商务部可以禁止违法行为人在一年以上三年以下的期限内从事有关货物进口经营活动。

第三十一条 对第二十八条、二十九条、三十条所涉及进口许可证，一经查实，商务部予以收缴、吊销。对海关在实际监管或者案件处理过程中发现的涉及上述许可证的问题，发证机构应当给予明确答复和积极配合。

第三十二条 对发证机构工作人员出现违规行为但尚未构成犯罪的，应当调离工作岗位，并视情节轻重分别给予行政处分；构成犯罪的，依法移交司法机关追究其刑事责任。

第七章 附 则

第三十三条 法律、行政法规对保税仓库、保税区和出口加工区的货物进口管理另有规定的，依照其规定办理。

第三十四条 本办法由商务部负责解释。

第三十五条 本办法自 2005 年 1 月 1 日起施行。原对外贸易经济合作部印发的《货物进口许可证管理办法》（对外贸易经济合作部令 2001 年第 22 号）同时废止。

货物自动进口许可管理办法

（商务部 海关总署令 2004 年第 26 号）

发布日期：2004-11-10
实施日期：2018-10-10
法规类型：部门规章

（根据 2018 年 10 月 10 日商务部令 2018 年第 7 号《商务部关于修改部分规章的决定》修正）

第一条 为了对部分货物的进口实行有效监测，规范货物自动进口许可管理，根据《中华人民共和国对外贸易法》和《中华人民共和国货物进出口管理条例》，制定本办法。

第二条 从事货物进口的对外贸易经营者或者其他单位，将属于《自动进口许可管理货物目录》内的商品，进口到中华人民共和国境内，适用本办法。

第三条 中华人民共和国商务部（以下简称商务部）根据监测货物进口情况的需要，对部分进口货物实行自动许可管理，并至少在实施前21天公布其目录。

自动进口许可管理货物目录由商务部会同海关总署等有关部门制定、调整和公布。

商务部、海关总署等有关部门在各自的职责范围内，对申请、使用货物自动进口许可证的活动进行监督检查。

第五条 商务部配额许可证事务局、商务部驻有关地方特派员办事处和受商务部委托的各省、自治区、直辖市、计划单列市、新疆生产建设兵团商务主管部门以及地方、部门机电产品进出口办公室或者法律、行政法规规定的机构（以下简称发证机构）负责货物自动进口许可管理和《中华人民共和国自动进口许可证》（以下简称自动进口许可证）的签发工作。

商务部制定和公布货物自动进口许可证分级发证机构名单。

第六条 《自动进口许可证》（样表见附件三）和自动进口许可证专用章（样章见附件四）由商务部负责统一监制并发放至发证机构。各发证机构必须指定专人保管，专管专用。

第七条 进口属于自动进口许可管理的货物，收货人（包括进口商和进口用户）在办理海关报关手续前，应向所在地或相应的发证机构提交自动进口许可证申请，并取得《自动进口许可证》。

凡申请进口法律法规规定应当招标采购的货物，收货人应当依法招标。

海关凭加盖自动进口许可证专用章的《自动进口许可证》办理验放手续。银行凭《自动进口许可证》办理售汇和付汇手续。

第八条 收货人申请自动进口许可证，应当提交以下材料：

1. 收货人从事货物进出口的资格证书、备案登记文件或者外商投资企业批准证书或营业执照（复印件）（以上证书、文件仅限公历年度内初次申领者提交）；
2. 自动进口许可证申请表（式样见附件五）；
3. 货物进口合同；
4. 属于委托代理进口的，应当提交委托代理进口协议（正本）；
5. 对进口货物用途或者最终用户法律法规有特定规定的，应当提交进口货物用途或者最终用户符合国家规定的证明材料；
6. 针对不同商品在《目录》中列明的应当提交的材料；
7. 商务部规定的其他应当提交的材料。

收货人应当对所提交材料的真实性负责，并保证其有关经营活动符合国家法律规定。

第九条 收货人可以直接向发证机构书面申请《自动进口许可证》，也可以通过网上申请。

书面申请：收货人可以到发证机构领取或者从相关网站下载《自动进口许可证申请表》（可复印）等有关材料，按要求如实填写，并采用送递、邮寄或者其他适当方式，与本办法规定的其他材料一并递交发证机构。

网上申请：收货人应当先到省级商务主管部门申领用于收货人身份认证的电子认证证书和电子钥匙。申请时，登录相关网站，进入相关申领系统，按要求如实在线填写《自动进口许可证申请表》等资料。同时向发证机构提交本办法规定的有关材料。

第十条 许可申请内容正确且形式完备的，发证机构收到后应当予以签发《自动进口许可证》，最多不超过10个工作日。

第十一条 收货人符合国家关于从事自动进口许可货物有关法律法规要求的，可申请和获得《自动进口许可证》。

第十二条 以下列方式自动进口许可货物的，可以免领《自动进口许可证》。

1. 加工贸易项下进口并复出口的（原油、成品油除外）；
2. 外商投资企业作为投资进口或者投资额内生产自用的；
3. 货样广告品、实验品进口，每批次价值不超过5000元人民币的；
4. 暂时进口的海关监管货物；
5. 国家法律法规规定其他免领《自动进口许可证》的。

第十三条 进入海关特殊监管区域或保税场所的属自动进口许可管理的货物，不适用本办法。从海关特殊监管区域或保税场所进口自动进口许可管理货物的，除本办法第十二条规定外，仍应当领取自动进口许可证。

第十四条 加工贸易自动进口许可管理货物，应当按有关规定复出口。因故不能复出口而转内销的，按现行加工贸易转内销有关审批程序申领《自动进口许可证》，各商品具体申领规定详见《自动进口许可管理货物目录》。

第十五条 国家对自动进口许可管理货物采取临时禁止进口或者进口数量限制措施的，自临时措施生效之日起，停止签发《自动进口许可证》。

第十六条 收货人已申领的《自动进口许可证》，如未使用，应当在有效期内交回原发证机构，并说明原因。发证机构对收货人交回的《自动进口许可证》予以撤销。

《自动进口许可证》如有遗失，收货人应当立即向原发证机构以及自动进口许可证证面注明的进口口岸地海关书面报告挂失。原发证机构收到挂失报告后，经核实无不良后果的，予以重新补发。

《自动进口许可证》自签发之日起1个月后未领证的，发证机构可予以收回并撤销。

第十七条 海关对散装货物溢短装数量在货物总量正负5%以内的予以免证验放。对原油、成品油、化肥、钢材四种大宗货物的散装货物溢短装数量在货物总量正负3%以内予以免证验放。

第十八条 商务部对《自动进口许可证》项下货物原则上实行“一批一证”管理，对部分货物也可实行“非一批一证”管理。

“一批一证”指：同一份《自动进口许可证》不得分批次累计报关使用。同一进口合同项下，收货人可以申请并领取多份《自动进口许可证》。

“非一批一证”指：同一份《自动进口许可证》在有效期内可以分批次累计报关使用，但累计使用不得超过六次。海关在《自动进口许可证》原件“海关验放签注栏”内批注后，海关留存复印件，最后一次使用后，海关留存正本。

对“非一批一证”进口实行自动进口许可管理的大宗散装商品，每批货物进口时，按其实际进口数量核扣自动进口许可证额度数量；最后一批货物进口时，其溢装数量按该自动进口许可证实际剩余数量并在规定的允许溢装上限内计算。

第十九条 《自动进口许可证》在公历年度内有效，有效期为6个月。

第二十条 《自动进口许可证》需要延期或者变更，一律在原发证机构重新办理，旧证同时撤销，并在新证备注栏中注明原证号。

实行“非一批一证”的自动进口许可证需要延期或者变更，核减原证已报关数量后，按剩余数量发放新证。

第二十一条 未申领《自动进口许可证》，擅自进口自动进口许可管理货物的，由海关依照有关法律、行政法规的规定处理、处罚；构成犯罪的，依法追究刑事责任。

第二十二条 伪造、变造、买卖《自动进口许可证》或者以欺骗等不正当手段获取《自动进口许可证》的，依照有关法律、行政法规的规定处罚；构成犯罪的，依法追究刑事责任。

第二十三条 自动进口许可证发证管理实施细则由商务部依据本办法另行制定。

第二十四条 本办法由商务部、海关总署负责解释。

第二十五条 本办法自2005年1月1日起施行。此前有关管理规定与本办法不一致的，以本办法为准。

中华人民共和国敏感物项和技术出口经营登记管理办法

（对外贸易经济合作部令2002年第35号）

发布日期：2002-11-12
实施日期：2015-10-28
法规类型：部门规章

（根据2015年10月28日商务部令2015年第2号《关于修改部分规章和规范性文件的决定》修正）

第一条 为规范敏感物项和技术出口经营秩序，加强对敏感物项和技术出口经营的管理，根据《中华人民共和国核两用品及相关技术出口管制条例》、《中华人民共和国导弹及相关物项和技术出口管制条例》、《中华人民共和国生物两用品及相关设备和技术出口管制条例》和《有关化学品及相关设备和技术出口管制办法》，制定本办法。

第二条 本办法所称敏感物项和技术是指《中华人民共和国核两用品及相关技术出口管制条例》、《中华人民共和国导弹及相关物项和技术出口管制条例》、《中华人民共和国生物两用品及相关设备和技术出口管制条例》和《有关化学品及相关设备和技术出口管制办法》所附清单中的物项和技术。

第三条 凡从事敏感物项和技术出口的经营者（以下简称经营者）、必须按照本办法规定，向对外贸易经济合作部（以下简称外经贸部）申请登记。未经登记，任何单位或者个人不得经营敏感物项和技术的出口。

第四条 满足下列条件的经营者，可向外经贸部科技发展和技术进出口司（以下简称科技司）提出登记申请。

（一）经外经贸部批准，获得进出口企业资格证书或外商投资企业批准证书，并已由工商行政管理部门核发营业执照；

（二）在最近三年内未受过国家刑事处罚或因进行非法经营活动受过有关部门行政处罚；

（三）了解所申请经营物项和技术的性能、指标和主要用途；

（四）有负责出口和售后跟踪服务事务的部门或机构。

第五条 经营者申请登记时，应当如实填写并提交以下材料：

（一）中华人民共和国敏感物项和技术出口经营登记申请表（见附件1）；

（二）企业法人营业执照（复印件）；

（三）进出口企业资格证书（复印件）或外商投资企业批准证书（复印件）。

第六条 外经贸部科技司在收到登记申请后10个工作日内决定是否予以登记。对予以登记的颁发《中华人民共和国敏感物项和技术出口经营登记证书》（以下简称登记证书，见附件2），并加盖“中华人民共和国出口管制专用章”。

经营者提交材料不完整，需要经营者补报的，登记工作日自收到完整材料时起计算。

第七条 经营者在申请登记过程中不得故意隐瞒实情、提供虚假信息或以其他不正当手段骗取登记证书。

第八条 登记证书仅对被登记的经营者有效，不得伪造、涂改、转借、出租或转让。

第九条 企业名称变更、合并、分立或撤销的，经营者须及时通知外经贸部科技司并交回原登记证书。需继续从事敏感物项和技术出口的，应重新履行登记手续，领取新的登记证书。

第十条 登记证书有效期为三年。需继续从事敏感物项和技术出口的，经营者应在有效期满一个月之前完成换领登记证书事宜。

第十一条 登记证书毁坏、遗失的，经营者应及时通知外经贸部科技司，并书面说明情况。需继续从事敏感物项和技术出口的，应重新履行登记手续，领取新的登记证书。

第十二条 经营者在申请敏感物项和技术出口许可证件时，须出示登记证书。

第十三条 经登记的经营者在经营敏感物项和技术出口时，必须严格遵守国家有关出口管制法律，法规和规章，并自觉接受外经贸部的管理。

第十四条 经营者未经登记，擅自经营敏感物项和技术出口的，依照《中华人民共和国核两用品及相关技术出口管制条例》、《中华人民共和国导弹及相关物项和技术出口管制条例》、《中华人民共和国生物两用品及相关设备和技术出口管制条例》、《有关化学品及相关设备和技术出口管制办法》和其他有关法律法规的规定处理。

第十五条 经营者违反本办法第七条、第八条、第九条的规定，外经贸部除可处以警告处罚外，并可依照有关规定注销其登记证书。

第十六条 经登记的经营者在经营敏感物项和技术出口过程中有违反国家出口管制法律、法规和规章行为的，除根据有关法律法规给予处罚外，外经贸部并可依照有关规定注销其登记证书。被注销登记证书后，经营者需重新履行登记手续后方可从事敏感物项和技术的出口。

第十七条 本办法中的复印件均指加盖有关发证机关印章的复印件。

第十八条 本办法由外经贸部负责解释。

第十九条 本办法自 2002 年 11 月 12 日起生效。《中华人民共和国导弹及相关物项和技术出口经营登记（暂行）管理办法》同时废止。

附件：1. 中华人民共和国敏感物项和技术出口经营登记申请表（略）
2. 中华人民共和国敏感物项和技术出口经营登记证书（略）

原油、成品油、化肥国营贸易进口经营管理试行办法

（对外贸易经济合作部令 2002 年第 27 号）

发布日期：2002-07-18
实施日期：2002-08-18
法规类型：部门规章

第一条 为规范原油、成品油、化肥的进口经营管理，维护正常的经营秩序，维护消费者利益，促进对外贸易发展，根据《中华人民共和国货物进出口管理条例》的有关规定，制定本办法。

第二条 国家对原油、成品油、化肥进口实行国营贸易管理。原油、成品油、化肥具体

税号由对外贸易经济合作部（以下简称“外经贸部”）会同国家经济贸易委员会（以下简称“国家经贸委”）、海关总署制定、调整，外经贸部负责公布。

第三条 外经贸部负责原油、成品油、化肥国营贸易和非国营贸易的进口经营管理工作。

第四条 国营贸易企业是经国家特许，获得从事某类国营贸易管理货物进口经营权的企业或机构。

第五条 国营贸易企业名录由外经贸部确定、调整并公布。

外经贸部在确定和调整国营贸易企业名录时商国家经贸委。

第六条 对实行国营贸易管理的货物，国家允许非国营贸易企业从事部分数量的进口。

第七条 具有对外贸易经营资格以及经营国营贸易管理货物必备条件的企业，经外经贸部登记备案，可成为非国营贸易企业。外经贸部在办理登记备案手续前将征求国家经贸委的意见。

前款规定的条件由外经贸部会同国家经贸委制定，并由外经贸部公布。

第八条 原油、成品油、化肥的进口数量包括国营贸易进口数量和非国营贸易进口数量。

第九条 国营贸易企业在外经贸部和国家经贸委指导下从事国营贸易业务。

第十条 国营贸易企业在每季度结束后10个工作日内将该季度国营贸易进口管理货物的市场供求情况、购买价格和销售价格等有关信息报送外经贸部和国家经贸委。

经贸部负责向世界贸易组织有关机构通报相关信息。

第十一条 非国营贸易企业应当根据正常的商业条件从事经营活动，接受外经贸部、国家经贸委的监督。

第十二条 除本办法第二十条、第二十一条规定的情况外，国营贸易企业和非国营贸易企业以外的其他企业，不得从事原油、成品油、化肥的进口业务。

第十三条 对化肥进口，国营贸易配额持有者必须委托国营贸易企业进口。

非国营贸易配额持有者可以委托国营贸易企业或非国营贸易企业进口，具备非国营贸易企业资格的配额持有者也可以自行进口。

海关凭化肥关税配额管理机构签发的《化肥进口关税配额证明》，按关税配额内税率征税验放。

第十四条 对成品油进口，国营贸易配额持有者必须委托国营贸易企业进口。

非国营贸易配额持有者可以委托国营贸易企业或非国营贸易企业进口，具备非国营贸易企业资格的配额持有者也可以自行进口。

海关凭许可证发证机构签发的成品油进口许可证验放。

第十五条 对原油国营贸易进口，国营贸易企业按照有关规定向自动进口许可管理机构申领自动进口许可证明。

对原油非国营贸易进口，自动进口许可管理机构在公布的原油非国营贸易进口数量（包括结转的前一年度未使用完的非国营贸易进口数量）内发放自动进口许可证明，达到该数量后不再向非国营贸易企业发放原油的自动进口许可证明。

海关对原油进口凭自动进口许可管理机构签发的自动进口许可证办理验放手续。

第十六条 国营贸易企业或非国营贸易企业接受委托后，必须与委托人签订书面委托合同，并据此与外商签订进口合同。

委托合同和进口合同的条款，必须符合国家法律、法规规定。

禁止国营贸易企业或非国营贸易企业以“四自三不见”（即自带客户，自带货源，自带汇票，自行报关和不见进口产品，不见供货货主，不见外商）的方式代理进口。

第十七条 对未按本办法第十三条、第十四条、第十五条和第十六条规定执行的，关税配额、配额许可证和自动进口许可的管理机构不予签发关税配额证明、进口许可证或自动进口许可证明等证明文件。

第十八条 国营贸易企业违反本办法第九条、第十条、第十六条规定的，由外经贸部会同国家经贸委予以警告，并责令限期改正；情节严重的，可以暂停直至取消其国营贸易企业资格。

第十九条 对违反本办法第十一条、第十二条规定，擅自从事国营贸易管理货物进口贸易，扰乱市场秩序的企业，外经贸部可以暂停直至撤销其对外贸易经营资格。

第二十条 凡具有对外贸易经营资格的企业都可以按关税配额外税率进口化肥。

第二十一条 加工贸易方式进口原油、成品油、化肥按现行有关规定执行。

保税仓库、保税区、出口加工区进口原油、成品油、化肥不适用本办法，由海关按现行规定验放并实施监管。

第二十二条 本办法由外经贸部负责解释。

第二十三条 本办法自公布之日起30天后实施。此前有关规定凡与本办法规定不一致的，一律以本办法为准。

出口商品配额管理办法

（对外贸易经济合作部令2001年12号）

发布日期：2001-12-20

实施日期：2002-01-01

法规类型：部门规章

第一章　总　则

第一条 为规范出口商品配额管理，保证出口商品配额管理工作符合效益、公正、公开和透明的原则，维护配额管理商品的正常出口，根据《中华人民共和国对外贸易法》（以下简称《对外贸易法》）和《中华人民共和国货物进出口管理条例》（以下简称《货物进出口条例》）的有关规定，制定本办法。

第二条 对外贸易经济合作部（以下简称外经贸部）负责全国出口商品配额管理工作。各省、自治区、直辖市及计划单列市外经贸委（厅、局）（以下简称地方外经贸主管部门）根据外经贸部的授权，负责本地区出口商品配额管理工作。

第三条 根据《货物进出口条例》第三十五条、第三十六条的规定，外经贸部对部分国家限制出口的商品实行出口配额管理。

第四条 下列出口配额管理商品不适用本办法：

（一）实行配额招标或有偿使用管理的出口商品；

（二）根据多、双边协议的规定，实行被动配额管理的出口商品；

（三）本办法附件中所列商品。

第五条 本办法适用于各种贸易方式下配额管理商品的出口。

第六条 出口商品配额有效期截止到当年12月31日。

第二章　出口配额商品目录

第七条 实行配额管理的出口商品目录，由外经贸部制定、调整并公布。

第八条 实行配额管理的出口商品目录，应当至少在实施前21天公布；在紧急情况下，应当不迟于实施之日公布。

第三章 出口配额总量

第九条 出口商品配额总量，由外经贸部确定并公布。

第十条 外经贸部确定出口商品配额总量时，应当考虑以下因素：

（一）保障国家经济安全的需要；

（二）保护国内有限资源的需要；

（三）国家对有关产业的发展规划、目标和政策；

（四）国际、国内市场的需求及产销状况。

第十一条 外经贸部应当于每年10月31日前公布下一年度出口配额总量。

第十二条 外经贸部可以根据实际需要对本年度出口商品配额总量作出调整，但有关调整应当不晚于当年9月30日完成并公布。

第四章 出口配额的申请

第十三条 依法享有进出口经营许可或资格，并且近三年内在经济活动中无违法、违规行为的出口企业可以申请出口商品配额。

第十四条 地方管理企业向地方外经贸主管部门提出配额申请；地方外经贸主管部门对本地区企业的申请审核、汇总后，按外经贸部的要求，上报外经贸部。中央管理企业直接向外经贸部申请出口商品配额。

第十五条 出口企业应当以正式书面方式提出配额申请，并按要求提交相关文件和资料。

第十六条 外经贸部于每年11月1日至11月15日受理各地方外经贸主管部门和中央管理企业提出的下一年度出口商品配额的申请；其他时间申请的，不予受理。

第五章 出口配额的分配、调整和管理

第十七条 外经贸部将出口商品配额分配给各地方外经贸主管部门和中央管理企业；各地方外经贸主管部门在外经贸部分配给本地区的配额数量内，按本办法及国家关于货物出口经营管理的有关规定，及时将配额分配给本地区提出申请的出口企业。

第十八条 外经贸部应当于每年12月15日前将下一年度的出口配额分配给各地方外经贸主管部门和中央管理企业；各地方外经贸主管部门应当及时将外经贸部下达的配额分配给本地区的申请企业。

当国际市场存在不稳定因素时，外经贸部可将下一年度出口配额分两次分配。第一次分配应当于每年12月15日前将下一年度不少于总量70%的配额下达分配；剩余部分将不晚于当年6月30日下达。

第十九条 外经贸部和各地方外经贸主管部门进行配额分配时，应当充分考虑申请企业或地区最近三年内该项商品的出口业绩、配额使用率、经营能力、生产规模、资源状况等。

第二十条 如发生下列情况时，外经贸部可以对已分配给各地方外经贸主管部门或中央管理企业的配额进行增加或减少的调整：

（一）国际市场发生重大变化；

（二）国内资源状况发生重大变化；

（三）各地区或中央管理企业配额使用进度明显不均衡。

第二十一条 各地方外经贸主管部门应当本着提高配额使用率的原则，定期对本地区出

口商品配额执行情况进行核查，对配额使用率达不到规定要求的，应当及时收回已分配的配额并重新分配。

第二十二条 地方企业应当及时将其无法使用的年度配额交还地方外经贸主管部门，地方外经贸主管部门可将其在本地区内重新分配或于当年 10 月 31 日前上交外经贸部。

中央管理企业应当于当年 10 月 31 日前将无法使用的年度配额直接交还外经贸部。

第二十三条 地方外经贸主管部门或中央管理企业未按本办法第二十二条规定交还配额，并且未能在当年年底前将本企业或本地区配额全部执行完的，外经贸部可以在下一年度扣减其相应的配额。

第二十四条 外经贸部和各地方外经贸主管部门应当将配额分配及调整结果同时通知有关出口许可证发证机构；各地方外经贸主管部门的分配结果及调整方案应当于该决定公布之日起 30 天内上报外经贸部备案。

第二十五条 出口企业凭外经贸部或地方外经贸主管部门发放的配额证明文件，按照有关出口许可证管理规定，向外经贸部授权的许可证发证机构申领出口配额许可证，凭出口配额许可证向海关办理报关验放手续。

第六章　法律责任

第二十六条 出口经营者以伪报商品名称、少报出口数量等方式超出批准、许可的范围或未经批准出口实行配额管理的出口商品的，依照《货物进出口条例》第六十五条规定处罚，外经贸部并可以取消其已获得的出口商品配额。

第二十七条 伪造、变造或者买卖出口商品配额证明、批准文件或出口配额许可证的，依照《货物进出口条例》第六十六条规定处罚，外经贸部并可以取消其已获得的出口商品配额。

第二十八条 出口经营者以欺骗或者其他不正当手段获取出口商品配额、批准文件或者出口配额许可证的，依照《货物进出口条例》第六十七条规定处罚，外经贸部并可以取消其已获得的出口商品配额。

第二十九条 各地方外经贸主管部门的配额分配违反本办法规定或国家关于实行国营贸易管理或指定经营管理规定的，依照《行政处罚法》的有关规定处罚，外经贸部可以通知其纠正并给予警告。

第三十条 对外经贸部作出的配额分配决定或处罚决定有异议的，可以依照《行政复议法》提起行政复议，也可以依法向人民法院提起诉讼。

第七章　附　则

第三十一条 外商投资企业的出口商品配额按有关规定办理。

第三十二条 本办法由外经贸部负责解释。

第三十三条 本办法自 2002 年 1 月 1 日起施行。1998 年 10 月 6 日外经贸部发布的《对外贸易经济合作部关于出口商品配额编报下达和组织实施的暂行办法》、1999 年 1 月 2 日外经贸部发布的《关于出口商品配额编报、下达和组织实施暂行办法的实施细则》同时废止。

出口商品配额招标办法

（对外贸易经济合作部令 2001 年第 11 号）

发布日期：2001-12-20
实施日期：2018-10-10
法规类型：部门规章

（根据 2018 年 10 月 10 日商务部令 2018 年第 7 号《商务部关于修改部分规章的决定》修正）

第一章　总　则

第一条　为了完善出口商品配额管理制度，建立公平竞争机制，保障国家的整体利益和出口企业的合法权益，维护对外贸易的正常秩序，根据《中华人民共和国对外贸易法》和《中华人民共和国货物进出口管理条例》，制定本办法。

第二条　对于实行配额管理的出口商品，可以实行招标。出口企业通过自主投标竞价，有偿取得和使用国家确定的出口商品配额。

第三条　商务部统一管理出口商品配额招标工作，负责确定并公布招标商品种类及招标商品的配额总量。

商务部对申请、使用出口招标配额的活动进行监督检查。

第四条　出口商品配额招标遵循“效益、公正、公开、公平竞争”的原则。

第五条　本办法适用于对全球市场以各种贸易方式出口的招标商品，包括通过一般贸易、进料加工、来料加工、易货贸易、边境贸易、补偿贸易等贸易方式出口以及通过承包工程和劳务输出带出的招标商品。但国务院另有规定者除外。

第六条　确定招标商品的原则是：

（一）属不可再生的大宗资源性商品；

（二）属在国际市场上占主导地位且价格变化对出口量影响较小的商品；

（三）属供大于求，经营相对分散，易于发生低价竞销，招致国外反倾销诉讼的商品；

（四）属我国与设限国家签订的多、双边协议中规定需要实行出口配额管理的商品。

第二章　招标管理机构

第七条　商务部通过出口商品配额招标委员会（以下简称招标委员会）负责对招标工作的领导和监督，招标委员会由商务部有关司局组成。

第八条　招标委员会履行下列职责：

（一）根据不同商品的情况确定具体商品招标次数、每次招标的配额数量、招标方式以及各招标方式占招标总量的比例；

（二）审定具体出口商品配额招标方案，主持开标及评标工作，并审定配额招标的中标结果；

（三）发布配额招标的各类通知、公告、决定等；

（四）受理企业上交配额以及配额转受让备案；

（五）审查中标保证金和中标金的收取及配额使用情况；

（六）根据投标资格标准核定投标企业名单。

（七）有关出口配额招标投标的其他事务。

招标委员会根据工作需要，可以委托进出口商会或相关行业组织等有关单位（以下简称委托服务单位）承担出口配额招标投标服务相关事务。

商务部主管业务司负责招标委员会的日常工作。

第三章　投标资格

第十一条　投标资格

出口商品配额招标采取公开招标、协议招标等方式，对于不同的商品可采取不同的招标方式。

凡具有进出口经营资格、在工商行政管理部门登记注册、办理对外贸易经营者备案登记、相关商品的出口额或出口供货额达到一定规模的各类出口企业（含外商投资企业），符合招标条件，可参加投标。具体办法由商务部另行规定。

第十二条　投标资格审查

各省、自治区、直辖市、计划单列市及新疆生产建设兵团商务主管部门（以下简称地方商务主管部门）负责对本地区投标企业资格进行核查并向商务部报送有关材料。

第十三条　投标企业的出口实绩以海关统计数为基准。

第四章　评标规则及程序

第十四条　出口商品配额招标工作由招标委员会主持。

第十五条　电子标书出现下列情况之一者，即作为废标处理：

（一）在开标前企业自动向招标委员会申请废标的标书；

（二）超过规定的截标时间送达的标书；

（三）同一企业在规定的时点前成功送达两份（含两份）以上的标书，不论内容相同与否；

（四）其他根据本办法应被确认为废标的情况。

第十六条　公开招标时，投标企业自主决定投标价格。招标委员会可视具体情况事先确定并公布最低投标价格。

企业投标价格过高，明显背离价格规律的，标书作为废标处理。

对于协议招标的最低投标价格，招标委员会可参考具体商品出口的平均利润、出口商品市场情况、往年配额中标价格及其他因素来确定。

第十七条　为了防止中标配额过分集中或分散，招标委员会根据具体商品情况设定最高投标数量和最低投标数量。高于最高投标量或低于最低投标量的标书视为废标。

第十八条　企业须在规定的时点前以电子标书的方式投标，投标时以电子数据为准。对于同一商品的同一种招标方式只能投标一次。企业无法在规定的时点前发出电子标书，视为自动放弃投标资格。

第十九条　中标企业的确定

公开招标：将所有合格投标企业的投标价格由高到低进行排列，按照排序先后累计投标企业的投标数量，当累计投标数量与招标总量相等时，计入累计投标总量（即招标总量）的企业，即为中标企业。

如果在最低中标价位的企业投标数量之和超过剩余配额数量时，此价位的企业全部中标。

协议招标：投标价格不低于招标委员会规定的最低投标价格水平的企业均为中标企业。

第二十条 中标价格和中标数量的确定

（一）公开招标企业的中标价格为其投标价格。协议招标的中标价格由招标委员会根据不同商品的具体情况另行确定。

（二）中标数量的确定：

1. 在公开招标中，中标企业的中标数量为其投标数量。如果在最低中标价位的企业投标数量之和超过剩余配额数量时，在此价位上的企业按其投标数量比例分配剩余配额。企业中标数量低于最高投标数量的，按未中标处理。

2. 协议招标中标数量：

3. （1）企业中标数量依照下列公式计算：

4. 企业中标数量=招标总量×该企业投标金额（投标配额价格×投标数量）* 各中标企业投标金额（投标配额价格×投标数量）总和

5. 或（2）企业的最高中标数量为期投标数量。

第二十一条 商务部按照规定发布招标公告。

第二十二条 招标委员会应在评标结束后规定的时间内公布初步结果。

投标企业如有疑问，可于公布初步中标结果日起2个工作日内向招标办公室提出。

第二十三条 招标委员会审定中标结果后，公布中标企业名单。

第五章 中标金

第二十四条 中标金的交纳

根据评标规则确定的中标企业须按照规定交纳中标保证金和中标金。招标收入纳入中央外贸发展基金一般公共预算管理并上缴中央国库。

收取中标保证金和中标金的有关事务可委托委托服务单位办理，按规定上缴中央国库。

委托服务单位须在中标保证金收取截止日后5个工作日内向招标委员会报告收取情况。

第二十五条 中标企业须按下列规定交纳中标保证金和中标金，且不得由其他企业代交：

（一）中标企业须在规定时间内以支票、汇票、汇款等形式将中标保证金汇到指定银行账户。中标保证金的具体比例由招标委员会根据具体商品的情况另行确定。无论中标配额使用情况如何，中标保证金不予退还。

（二）在每次申领出口许可证前，中标企业应按领证配额数量到指定银行账户交纳相应配额的中标金余额。

第二十六条 在收到企业交纳的中标金后，招标委员会向企业发放用于申领《中华人民共和国出口许可证》（简称为出口许可证）的出口商品配额招标中标证明文件（以下简称中标证明文件）。

第六章 配额上交、转让、受让及收回

第二十七条 中标企业无法使用中标配额或配额使用不完时，应按规定程序将其上交或转让。

第二十八条 出口商品招标配额上交的时间由招标委员会根据不同的商品具体确定。

第二十九条 中标企业对于出口商品招标配额的转让，须按招标委员会规定的比例向指定银行账户交纳中标金后方可提出申请。转受让企业必须将双方同意进行配额转受让的申请报招标委员会审批。受让企业必须具有投标资格。对不同商品的中标配额转受让的鼓励或限制办法，由招标委员会另行确定。

第三十条 对于逾期未交纳全部中标金的中标配额，招标委员会可视为无法使用予以收

回，且不退还已缴纳的中标保证金。收回配额的具体日期由招标委员会另行规定，收回配额的一定比例作为浪费配额计入浪费率。

第三十一条 对于收回的、上交的配额以及其他剩余配额，招标委员会可以根据其数量大小决定实行再次招标，或采取经商务部批准的其他方式进行处置。

第七章 出口许可证

第三十二条 中标配额当年有效。企业获得配额后应在配额有效期内到指定的发证机构申领出口许可证。

配额招标的中标企业名单及其中标数量，由商务部核准并转发各有关许可证发证机构及各地方商务主管部门。

第三十三条 各有关许可证发证机构按照有关规定和中标证明文件核发出口许可证。

第八章 罚 则

第三十四条 对违反本办法扰乱招标工作的个人、团体或企业，商务部视情节轻重予以行政处罚；触犯刑律的，移交司法部门追究其刑事责任。

第三十五条 任何企业或个人都有权利检举、投诉配额招标过程中发生的违反本办法的作弊行为。对于上述行为，一经查实，商务部有权否决该次招标结果。

第三十六条 对于违反本办法的招标委员会和招标办公室的成员，商务部视情节轻重予以处分，直至移交司法部门追究其刑事责任。

第三十七条 对串标、虚报投标资格条件及以其他手段扰乱配额招标工作的企业，招标委员会将收回其中标配额，并取消一至三年的该商品配额投标资格。

第三十八条 对已中标而不按规定缴纳中标保证金的企业，招标委员会将收回其中标配额，并取消其一至两年有关商品的投标资格。

第三十九条 对于企业未按规定上交、转让，又未在配额有效期截止日前领取的配额，以及虽领取但实际未使用的配额，视为被浪费的配额。对浪费中标配额超过一定比例的企业，按浪费情节的轻重予以取消其一至三年该项出口商品配额投标资格的处罚。具体由招标委员会视不同商品的具体情况确定。

第四十条 对于有本章以上各条所列情形的违规企业，如果其行为构成故意破坏招标工作且情节严重，招标委员会可取消其单项直至所有招标商品的永久投标资格，并移交司法部门处理。

第四十一条 如因不可抗力事件而未能按规定交纳中标金（包括中标保证金）的，中标企业应在合理的时间内及时提供有关机构出具的证明，经招标委员会核准，可免除其部分或者全部责任。

第四十二条 如因国际市场等原因出现某商品中标配额领证率普遍较低的情况，经招标委员会核准，可免除相关中标企业的部分乃至全部责任。

第九章 附 则

第四十三条 商务部、招标委员会、招标办公室及各地方外经贸主管部门因出口配额招标工作本身而发生的开支，按收支两条线的管理原则，每年由外经贸部审核汇总编报预算，由财政部从外经贸发展专项资金中核发，年终清算。

第四十四条 未经商务部或招标委员会批准，任何单位、组织或个人均不得发布与出口商品配额招标有关的规定、公告或通知等。

第四十五条 本办法由商务部负责解释。

第四十六条 本办法自2002年1月1日起实施。原《出口商品配额招标办法》及《出口商品配额招标办法实施细则》（〔1998〕外经贸管发第974号）同时废止。

生态环境部、商务部、海关总署关于发布《中国进出口受控消耗臭氧层物质名录》的公告

（生态环境部、商务部、海关总署公告2021年第50号）

发布日期：2021-10-25
实施日期：2021-11-01
法规类型：规范性文件

为履行《保护臭氧层维也纳公约》《关于消耗臭氧层物质的蒙特利尔议定书》及其修正案规定的义务，根据《消耗臭氧层物质管理条例》和《消耗臭氧层物质进出口管理办法》有关规定，生态环境部、商务部、海关总署共同修订了《中国进出口受控消耗臭氧层物质名录》（以下简称《名录》），现予以公告。

自2021年11月1日起，对《名录》中所列物质实行进出口许可证管理制度。凡从事《名录》中所列物质进出口业务的企业，必须按照《消耗臭氧层物质进出口管理办法》的规定提出申请，经国家消耗臭氧层物质进出口管理办公室批准后，向商务部或受商务部委托的发证机构申领进出口许可证，凭进出口许可证办理通关手续。

原《中国进出口受控消耗臭氧层物质名录（第一批）》（环发〔2000〕10号）、《中国进出口受控消耗臭氧层物质名录（第二批）》（环发〔2001〕6号）、《中国进出口受控消耗臭氧层物质名录（第三批）》（环发〔2004〕25号）、《中国进出口受控消耗臭氧层物质名录（第四批）》（环发〔2006〕25号）、《中国进出口受控消耗臭氧层物质名录（第五批）》（环发〔2009〕161号）、《中国进出口受控消耗臭氧层物质名录（第六批）》（环境保护部、商务部、海关总署公告2012年第78号）同时废止。

特此公告。

附件：中国进出口受控消耗臭氧层物质名录（略）

关于公布出口许可证件申领和适用货物通关无纸化有关事项的公告

（商务部　海关总署公告2019年第64号）

发布日期：2019-12-31
实施日期：2019-12-31
法规类型：规范性文件

为进一步深化“放管服”改革，推进“互联网+政务”服务，完善外贸管理制度，促进

外贸稳中提质，依据《中华人民共和国对外贸易法》《中华人民共和国行政许可法》《中华人民共和国货物进出口管理条例》《国务院关于在线政务服务的若干规定》《货物出口许可证管理办法》等法律、行政法规和规章，商务部、海关总署决定对出口许可证件申领和适用货物通关实行无纸化。

一、自2020年1月1日起，在全国范围内对属于限制出口管理的货物实行出口许可证件申领和通关作业无纸化。出口上述货物的出口单位可自行选择无纸作业或者有纸作业方式。选择无纸作业方式的，应向商务部或者受商务部委托的机构申请取得《中华人民共和国出口许可证》（以下简称为出口许可证）电子证书，并以通关作业无纸化方式向海关办理货物出口通关验放手续，通关程序中可免于提交出口许可证纸质证书。选择有纸作业方式的，仍按现行规定办理。

二、海关通过联网核查验核出口许可证电子证书，不再进行纸面签注，并将出口许可证使用状态、清关情况等数据电文及时反馈商务部。出口许可证发证机构依据上述数据电文执行出口许可证核销、撤销和变更等操作，不再核验海关书面签注。

三、无纸作业方式涉及的其他有关程序，按商务部公告2016年第82号、海关总署公告2014年第25号和商办配函〔2015〕494号的规定执行。因管理需要或其他情形需验核出口许可证纸质证书的，出口单位应补充提交纸质证书，或者以有纸作业方式办理货物出口通关验放手续。

四、出口许可证电子证照启用后，出口单位凭出口许可证电子证照向海关办理货物出口通关验放手续。有关事宜将另行公布。

五、受商务部委托的机构是指各省、自治区、直辖市、计划单列市、新疆生产建设兵团及沈阳市、长春市、哈尔滨市、南京市、武汉市、广州市、成都市、西安市商务主管部门。

六、出口许可证发证机构包括下列单位：受商务部委托的机构，商务部驻大连、天津、上海、广州、深圳、海南、南宁、南京、武汉、青岛、郑州、福州、西安、成都、杭州、昆明特派员办事处，商务部配额许可证事务局。

七、本公告由商务部、海关总署负责解释。以往有关规定凡与本公告不一致的，以本公告为准。